Management und Managementerfolg

Liebe Ursli, lieber Markus,

es sind immer geteilte Werte und Namen, die Gesellschaften, Unternehmen und Familien formen, stabilisieren und mit Positivem ausstatten. Auf unsere Freundschaft trifft dies ebenso zu!

Herzlich dedizii. dieses Buch!

Vitol, 24.2.21

Ihr Bonus als Käufer dieses Buches

Als Käufer dieses Buches können Sie kostenlos unsere Flashcard-App „SN Flashcards" mit Fragen zur Wissensüberprüfung und zum Lernen von Buchinhalten nutzen. Für die Nutzung folgen Sie bitte den folgenden Anweisungen:

1. Gehen Sie auf **https://flashcards.springernature.com/login**
2. Erstellen Sie ein Benutzerkonto, indem Sie Ihre Mailadresse angeben, ein Passwort vergeben und den Coupon-Code einfügen.

Ihr persönlicher „SN Flashcards"-App Code   C54E9-4CC79-B467C-A360B-F2C6D

Sollte der Code fehlen oder nicht funktionieren, senden Sie uns bitte eine E-Mail mit dem Betreff **„SN Flashcards"** und dem Buchtitel an **customerservice@springernature.com**.

Michael J. Fallgatter

Management und Managementerfolg

Analyse, Prognose und Gestaltung von Wertschöpfung

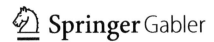

Michael J. Fallgatter
Bergische Universität Wuppertal
Wuppertal, Deutschland

ISBN 978-3-658-31698-3   ISBN 978-3-658-31699-0 (eBook)
https://doi.org/10.1007/978-3-658-31699-0

Die Deutsche Nationalbibliothek verzeichnet diese Publikation in der Deutschen Nationalbibliografie; detaillierte bibliografische Daten sind im Internet über http://dnb.d-nb.de abrufbar.

Springer Gabler
© Der/die Herausgeber bzw. der/die Autor(en), exklusiv lizenziert durch Springer Fachmedien Wiesbaden GmbH, ein Teil von Springer Nature 2020
Das Werk einschließlich aller seiner Teile ist urheberrechtlich geschützt. Jede Verwertung, die nicht ausdrücklich vom Urheberrechtsgesetz zugelassen ist, bedarf der vorherigen Zustimmung des Verlags. Das gilt insbesondere für Vervielfältigungen, Bearbeitungen, Übersetzungen, Mikroverfilmungen und die Einspeicherung und Verarbeitung in elektronischen Systemen.
Die Wiedergabe von allgemein beschreibenden Bezeichnungen, Marken, Unternehmensnamen etc. in diesem Werk bedeutet nicht, dass diese frei durch jedermann benutzt werden dürfen. Die Berechtigung zur Benutzung unterliegt, auch ohne gesonderten Hinweis hierzu, den Regeln des Markenrechts. Die Rechte des jeweiligen Zeicheninhabers sind zu beachten.
Der Verlag, die Autoren und die Herausgeber gehen davon aus, dass die Angaben und Informationen in diesem Werk zum Zeitpunkt der Veröffentlichung vollständig und korrekt sind. Weder der Verlag, noch die Autoren oder die Herausgeber übernehmen, ausdrücklich oder implizit, Gewähr für den Inhalt des Werkes, etwaige Fehler oder Äußerungen. Der Verlag bleibt im Hinblick auf geografische Zuordnungen und Gebietsbezeichnungen in veröffentlichten Karten und Institutionsadressen neutral.

Springer Gabler ist ein Imprint der eingetragenen Gesellschaft Springer Fachmedien Wiesbaden GmbH und ist ein Teil von Springer Nature.
Die Anschrift der Gesellschaft ist: Abraham-Lincoln-Str. 46, 65189 Wiesbaden, Germany

Für Ute, Ella, Finlay und Eddy

Vorwort

„Management und Managementerfolg" sind spannende Themen. Management umfasst Überlegungen zur Analyse, Prognose und Gestaltung von Wertschöpfung und damit die Erzeugung von absetzbaren Produkten und Dienstleistungen. Managementerfolg resultiert aus einer umfänglichen Zusammenschau aller Managementmaßnahmen. Mit Managementerfolg kann die Wahrscheinlichkeit für Unternehmenserfolg schließlich gesteigert werden.

Zum Thema „Management" erscheinen viele Lehrbücher in hohen Auflagen, die vielfach sehr gut etabliert sind. Was ist trotzdem der **Grund für ein weiteres Buch**? In langjähriger akademischer sowie berufsbegleitender Lehre und Unternehmensberatung wurde mir die Notwendigkeit eines erweiterten Blickes bewusst. So ist es üblich, Lehrbücher als weitgehend abgeschlossene Abfolge relevanter Themen zu konzipieren. Dies ist genau dann passend, wenn sich Themen wie Personalauswahlverfahren oder eine Stakeholder-Analyse direkt auf Unternehmenssituationen übertragen lassen. Bei den allermeisten Themen ist dies aber kaum sinnvoll. Will man beispielsweise Strategien, Organisationsstrukturen, Commitment oder Innovationsorientierung ohne Werte, Haltungen, Motivation, Führungsstile, Honorierung, Unternehmenskultur, Macht und Politik analysieren, so führt dies zu einem reduzierten Blickwinkel. Erst die Analyse komplexer Wechselwirkungen zwischen verschiedenen Themen führt zu Managementerfolg. Eine Nicht-Thematisierung dieser Zusammenhänge bedeutet, dass die notwendige Umsetzung Studierenden oder Praktikern überlassen wird und Fehlschlüsse naheliegen. Dieses Buch soll dem entgegenwirken.

Die **Konsequenz** aus einem erweiterten Blickwinkel besteht darin, keine sequenzielle Struktur umzusetzen, sondern eine Simultanität zwischen den Themen anzustreben. Dies kann auch das vorliegende Buch selbstredend nicht abschließend erreichen. Jedoch soll es einen Beitrag zu diesem vernetzten Denken leisten und darauf gerichtete Perspektiven vermitteln. Dazu werden Handlungen von Führungskräften und Mitarbeitern als integrierender Ausgangspunkt gewählt. Handlungen konstituieren Unternehmen und stellen somit die kleinste analysierbare, wertschöpfende Einheit dar. Soweit es möglich ist, werden in diesem Buch alle Themen in ihren Wirkungen auf eben diese Handlungen gerichtet. Dies führt zu Einblicken, welche Managementthemen sich in einzelnen Situationen unterstützen, widersprechen oder sogar substituieren können.

Der **Adressatenkreis** ist weit gefasst. Das Buch richtet sich an Master- sowie fortgeschrittene Bachelor-Studierende, an Teilnehmende berufsbegleitender Weiterbildungen und nicht zuletzt an Führungskräfte. Alle werden Inspirierendes finden.

Das **didaktische Konzept** setzt sich wie folgt zusammen:

- Der Umfang des Buches ist auf ein typisches universitäres Semester mit ungefähr 10 Kreditpunkten gerichtet.
- Jedes Kapitel beginnt mit einer Vignette, die Interesse wecken soll und sich für weitere Diskussionen eignet.
- Der Text ist mit zahlreichen Illustrationen, Abbildungen und Tabellen angereichert. Trotz argumentativer Dichte sollte eine fortwährende Orientierung gut möglich sein.
- Alle Kapitel eignen sich für ein isoliertes Lesen. Allerdings tauchen an vielen Stellen thematische Überlagerungen auf. Für ein Gesamtverständnis ist dann ein Nachschlagen in anderen Kapiteln erforderlich.
- Sogenannte „Quintessenzen für Managementerfolg" zeigen weitere Wechselwirkungen auf und sollen das praktische Verständnis fördern.
- Am Ende jedes Kapitels finden sich „Explorationen". Sie bieten mit zahlreichen Verständnisfragen und Fallaufgaben Möglichkeiten, das jeweilige Thema nachzuarbeiten und in seinen Bezügen zu erkunden. Anregende Bearbeitungshinweise finden sich in den Springer Nature Flashcards zu diesem Buch.

Aus Gründen der besseren Lesbarkeit findet sich in diesem Buch überwiegend das generische Maskulinum. Dies schließt immer alle Geschlechter mit ein.

Dieses Buch entstand in einem mehrjährigen Zeitraum. Ich profitierte sehr von intensiven inhaltlichen Diskussionen, prägenden konzeptionellen Beiträgen und gewissenhaften Umsetzungen durch die Mitarbeitenden an meinem Lehrstuhl. Zu besonderem **Dank** verpflichtet bin ich den wissenschaftlichen Mitarbeiterinnen Nina Elberich und Corinna Steidelmüller, den wissenschaftlichen Mitarbeitern Ehsan Ansari, Michael Knappstein, David Langer, Fabian Otto sowie Marc Wiesner. Weiterhin danke ich den wissenschaftlichen Hilfskräften Lisa Buxtrup, Niklas Strunk, Alina Stutthoff, Tobias Fries, Sean Gerdes, Niclas Kühn und Anna Löwen. Frau Barbara Stenzel danke ich für ihre beeindruckende Geduld und Genauigkeit bei den Korrekturarbeiten. Ohne die intensive und sehr souveräne Unterstützung aller Benannten wäre dieses Buch nicht entstanden.

Wuppertal Michael J. Fallgatter
Juli 2020

Inhaltsverzeichnis

Teil I Grundlegung

1 Konturen von Management, Wertschöpfung und Managementerfolg 3
   1.1 Management. 4
       1.1.1 Was ist Management? 4
       1.1.2 Was sind Unternehmen und Organisationen? 8
       1.1.3 Konstitutive Potenziale von Unternehmen und Organisationen:
              Wertschöpfungshebel. 10
       1.1.4 „Synthetisierendes" Wissenschaftsverständnis und Ziele des
              Buches 15
   1.2 Wertschöpfung und Managementerfolg. 16
       1.2.1 Modell der Wertschöpfung. 16
       1.2.2 Managementerfolg. 20
       1.2.3 Zum Nutzen des Wertschöpfungsmodells 21
   1.3 Prägung von Managementerfolg: Anspruchsgruppen,
       Unternehmensstrategien und Problemstrukturen. 23
       1.3.1 Anspruchsgruppen und ihr Einfluss. 23
       1.3.2 Unternehmensstrategien. 28
       1.3.3 Strukturen von Problemen und ihre Unterscheidung. 42
   1.4 Quintessenzen für Managementerfolg. 45
   1.5 Explorationen. 46
   Literatur. 49

2 Theorien und Beweggründe des Handelns. 53
   2.1 Überblick. 54
   2.2 Handlungstheorien: Organisatorische Formung des Handelns 56
       2.2.1 Handeln durch Indifferenzzonen 56
       2.2.2 Handeln durch reziproke Determination 58
       2.2.3 Handeln durch symbolische Interaktion 60

2.3 Persönlichkeitsmerkmale, Werte und Normen. 61
    2.3.1 Persönlichkeitsmerkmale. 61
    2.3.2 Werte und Normen. 64
  2.4 Haltungen. 66
    2.4.1 Grundlegung 66
    2.4.2 Arbeitszufriedenheit. 69
    2.4.3 Organisatorische Selbstbindung. 70
    2.4.4 Vertrauen 72
    2.4.5 Wahrgenommene organisatorische Unterstützung. 75
  2.5 Motivation 76
    2.5.1 Grundlegung 76
    2.5.2 Inhaltstheorien der Motivation. 80
    2.5.3 Prozesstheorien 86
  2.6 Zusammenschau von Werten, Haltungen und Motivation. 94
  2.7 Quintessenzen für Managementerfolg. 95
  2.8 Explorationen. 97
  Literatur. 102

Teil II Personalmanagement

3 Personalmanagement und interaktionelle Führung 109
  3.1 Grundlegung des Personalmanagements. 111
    3.1.1 Ausgangspunkte. 111
    3.1.2 Konzeption des Personalmanagements 113
    3.1.3 Sollte man für alle Mitarbeiter ein gleich intensives
           Personalmanagement betreiben?. 116
  3.2 Grundfragen der interaktionellen Führung 118
    3.2.1 Überblick 118
    3.2.2 Werden erfolgreiche Führungskräfte geboren oder gemacht?. 120
    3.2.3 Worin liegen Voraussetzungen interaktioneller Führung:
           Abhängigkeiten und Macht 122
    3.2.4 Was tun Führungskräfte?. 125
  3.3 Führungstheorien 130
    3.3.1 Führung als Beeinflussung des Handelns 130
    3.3.2 Führung als Dyade: Leader-Member Exchange-Theorie 138
    3.3.3 Führung als Transaktion und Transformation 141
  3.4 Ist „Führung" mit diesem Kapitel ausreichend bearbeitet?. 144
  3.5 Quintessenzen für Managementerfolg. 145
  3.6 Explorationen. 147
  Literatur. 150

4 Strukturelle Führung ... 153
- 4.1 Bereitstellung von Human Ressourcen: Personalrekrutierung ... 154
  - 4.1.1 Personalmarketing ... 154
  - 4.1.2 Personalauswahl ... 156
  - 4.1.3 Personaleinführung ... 159
  - 4.1.4 Kritik ... 163
- 4.2 Qualifizierung und Einsatz von Humanressourcen: Personalentwicklung, Arbeitsstrukturen, Gruppenarbeit ... 163
  - 4.2.1 Personalentwicklung ... 163
  - 4.2.2 Arbeitsstrukturen: Zur Gestaltung intrinsischer Motivation ... 170
  - 4.2.3 Gruppenarbeit ... 174
- 4.3 Vergütung: Effizienzlohn und Lohndifferenzierungen ... 178
  - 4.3.1 Arbeitsmärkte und Vergütungshöhen ... 178
  - 4.3.2 Vertikale Differenzierung: Turnierentlohnung ... 184
  - 4.3.3 Horizontale Differenzierung ... 188
- 4.4 Gehaltsvariabilisierung und Performanz ... 190
  - 4.4.1 Überblick ... 190
  - 4.4.2 Belohnungs- vs. Strafzahlungssysteme ... 191
  - 4.4.3 Implizite Kumulationsthese variabler Vergütungen ... 193
  - 4.4.4 Verdrängungseffekt der intrinsischen Motivation ... 195
  - 4.4.5 Übergreifende Kritik ... 197
- 4.5 Quintessenzen für Managementerfolg ... 199
- 4.6 Explorationen ... 202
- Literatur ... 204

5 Informatorische Fundierung und Personalstrategie ... 209
- 5.1 Überblick zur informatorischen Fundierung ... 211
- 5.2 Informationen über Handlungsbegründungen ... 212
  - 5.2.1 Messung von Persönlichkeit und Werten ... 212
  - 5.2.2 Messung von Haltungen ... 214
  - 5.2.3 Messung von Motivation ... 219
- 5.3 Informationen über individuelle Leistungen ... 221
  - 5.3.1 Grundfragen der Leistungsbeurteilung ... 221
  - 5.3.2 Welche Funktionen können Leistungsbeurteilungen erfüllen? ... 222
  - 5.3.3 Welche Verfahren zur Leistungsbeurteilung existieren? ... 223
  - 5.3.4 Welche Rolle spielen die Beurteiler? ... 226
  - 5.3.5 Was sind Gefahren von Leistungsbeurteilungen? ... 231
- 5.4 Aggregierte Informationen über Belegschaften und deren Wert ... 232
  - 5.4.1 Analyse von Humanressourcen ... 232
  - 5.4.2 Nutzung finanzwirtschaftlicher Größen zur Begründung der strukturellen Führung ... 235
  - 5.4.3 Zusammenschau der informatorischen Fundierung ... 242

	5.5	Personalstrategie	243
	5.6	Quintessenzen für Managementerfolg	246
	5.7	Explorationen	248
	Literatur		250

Teil III Organisatorische Gestaltung

6 Organisationsstrukturen: Grundlagen und Grundprobleme 255
- 6.1 Organisationsstrukturen und organisatorische Regeln 256
  - 6.1.1 Organisationsstruktur 256
  - 6.1.2 Organisatorische Regeln und ihre Substitution 258
  - 6.1.3 Bausteine von Organisationsstrukturen 261
- 6.2 Aufbauorganisatorische Grundmodelle 267
  - 6.2.1 Organisationsstrukturen als Abbild der Wertschöpfung 267
  - 6.2.2 Einachsige Strukturen 277
  - 6.2.3 Zweiachsige Kombination: Matrixorganisation 280
  - 6.2.4 Bewertung der Grundmodelle 283
- 6.3 Horizontale und vertikale Kernprobleme 286
  - 6.3.1 Überblick 286
  - 6.3.2 Worin bestehen Grenzen der Koordination von Abteilungen? 287
  - 6.3.3 Was sind negative Dynamiken von Aufbauorganisationen? 290
  - 6.3.4 Haben Bürokratien einen Nutzen oder sind sie Selbstzweck? 291
- 6.4 Quintessenzen für Managementerfolg 295
- 6.5 Explorationen 297
- Literatur 300

7 Viabilität von Organisationsstrukturen: Horizontale, vertikale und übergreifende Ansatzpunkte 303
- 7.1 Viabilität von Organisationsstrukturen 304
  - 7.1.1 Organisationsstrukturen und generische Strukturbalancen 304
  - 7.1.2 Generische Strukturbalancen 306
  - 7.1.3 Zur Anwendung der generischen Strukturbalancen 308
- 7.2 Herstellung horizontaler Strukturviabilität: Zum Abbau von Abteilungsgrenzen 311
  - 7.2.1 Strukturelle Überwindung der Spezialisierung 311
  - 7.2.2 Standardisierung und wechselseitige Abstimmung als Umgang mit Spezialisierung 314
  - 7.2.3 Nicht-strukturelle Integration 318
- 7.3 Herstellung vertikaler Strukturviabilität: Ist flach gleich gut? 319
  - 7.3.1 Hierarchie und der Vertikalisierungszwang 319
  - 7.3.2 Tendieren Hierarchien zur Aufblähung? 322
  - 7.3.3 Begrenzung der Leitungsintensität 327

	7.4	Kombinationen von horizontaler und vertikaler Strukturviabilität	328
		7.4.1 Nachfrageorientierung durch Produkt- und Projektmanagement in funktionalen Strukturen	328
		7.4.2 Variationen des Binnengefüges und Holdingstrukturen	331
		7.4.3 Stärkung divisionaler Unabhängigkeit: Interne Märkte, Dezentralisierung und Standardisierung	335
	7.5	Quintessenzen für Managementerfolg	338
	7.6	Explorationen	341
		Literatur	343
8	**Sehnsucht der Unternehmenspraxis: Einfacher Umgang mit organisatorischer Komplexität**		**345**
	8.1	Ausgangspunkte	346
	8.2	Kombinationen von Strukturbalancen: Zwischen Mechanistik und Organik	347
	8.3	Umgang mit Trends: Reduktion horizontaler Spezialisierung	350
		8.3.1 Einordnung	350
		8.3.2 Netzwerke	351
		8.3.3 Modulare Unternehmen	356
		8.3.4 Zusammenschau	358
	8.4	Abgrenzung gegenüber typischen organisationsstrukturellen Überlegungen: Entgrenzung, Holokratie, Ambidextrie	359
		8.4.1 Grenzenlose Unternehmen	359
		8.4.2 Holokratie	360
		8.4.3 Ambidextrie	363
	8.5	Methoden zur Überwindung vermuteter Schwierigkeiten: Substanz oder Mode?	365
		8.5.1 Ausgangspunkt	365
		8.5.2 Lean Management	365
		8.5.3 Business Process Reengineering	366
		8.5.4 Scrum	367
		8.5.5 Mehr Mode als Substanz	370
	8.6	Quintessenzen für Managementerfolg	373
	8.7	Explorationen	376
		Literatur	380

Teil IV Emergenz und Handeln

9	**Unternehmenskultur: Das heimliche Zentrum der Handlungssteuerung**		**385**
	9.1	Emergenz und Unternehmenskultur	387
		9.1.1 Ausgangspunkte	387

		9.1.2	Provenienz von Unternehmenskultur..................	388

      9.1.2 Provenienz von Unternehmenskultur. 388
      9.1.3 Unternehmenskulturelle Grundlagen. 390
  9.2 Aufbau und Vermittlung einer Unternehmenskultur 393
      9.2.1 Weltbild als Resonanzraum für Werte 393
      9.2.2 Werte sowie ihre Vermittlung durch Sozialisation und Sprache . . . 395
      9.2.3 Wertevermittlung durch Ausdrucksformen 399
  9.3 Wirkungen und Eingrenzungen von Unternehmenskulturen. 405
      9.3.1 Positive und negative Effekte von Unternehmenskulturen 405
      9.3.2 Starke und schwache Unternehmenskulturen 407
  9.4 Umwelt, Änderung und Ethik von Unternehmenskulturen 408
      9.4.1 Umwelt und Unternehmenskulturen 408
      9.4.2 Kulturveränderung durch Verkehrung der Zusammenhänge 412
  9.5 Quintessenzen für Managementerfolg. 416
  9.6 Explorationen. 418
  Literatur. 421

10 Macht, Politik, Ethik: Helle und dunkle Seiten von Unternehmen 423
  10.1 Macht: Chancen zur Beeinflussung des Handelns anderer 424
      10.1.1 Grundlagen. 424
      10.1.2 Erlangung und Gebrauch von Macht 426
      10.1.3 Institutionelle Macht 432
  10.2 Organisatorische Politik: Nutzung und Fehlnutzung von Macht. 435
      10.2.1 Dimensionen organisatorischer Politik 435
      10.2.2 Wirksamkeit organisatorischer Politik. 436
      10.2.3 Mikropolitik. 438
  10.3 Unternehmensethik: Das vorgelagerte Korrektiv politischen Handelns . . 438
      10.3.1 Ausgangspunkte. 438
      10.3.2 Normative Unternehmensethik 441
      10.3.3 Deskriptive Unternehmensethik. 446
      10.3.4 Zusammenfassende kritische Würdigung 449
  10.4 Quintessenzen für Managementerfolg. 450
  10.5 Explorationen. 453
  Literatur. 455

11 Entscheidungen: Strukturen und Auffälligkeiten 459
  11.1 Grundlegung 460
      11.1.1 Entscheidungen und Handeln 460
      11.1.2 Idealer Entscheidungsprozess als Referenz. 461
  11.2 Individualebene: Rationalitätsabweichungen in Entscheidungsprozessen. . . 464
      11.2.1 Informatorische Fundierung. 464
      11.2.2 Auswahl von Alternativen 467
      11.2.3 Implementierung 471

		11.2.4	Analyse und Bewertung implementierter Lösungen: Eskalierende Selbstbindung.............................	472
	11.3	\multicolumn{2}{l	}{Gruppenebene: Prägung von Entscheidungen durch kollektives Handeln ....}	477
		11.3.1	Entscheidungen in Gruppen............................	477
		11.3.2	Gruppendenken	479
		11.3.3	Risikoschub-Phänomen	480
	11.4	\multicolumn{2}{l	}{Organisationsebene: Modelle und Instrumente zur Formung von Entscheidungsprozessen ....}	483
		11.4.1	Einordnung..	483
		11.4.2	Grundlegende Modi des Entscheidens...................	483
		11.4.3	Unstrukturierter Modus: organisierte Anarchie oder „Mülleimer-Modell"	485
		11.4.4	Ansatzpunkte zur Verbesserung von Entscheidungen	489
	11.5	\multicolumn{2}{l	}{Quintessenzen für Managementerfolg........................}	496
	11.6	\multicolumn{2}{l	}{Explorationen...}	498
	\multicolumn{3}{l	}{Literatur..}	500

Teil V Umwelt, Wertschöpfungsvariationen und Handeln

12 Umwelt und Wertschöpfung: Zum Umgang mit Unsicherheit und Abhängigkeit 505

	12.1	Eingrenzung von Umwelt		506
		12.1.1	Definition und Tragweite	506
		12.1.2	Generelle Umwelt und organisatorische Domäne	507
	12.2	Unsicherheit und Institutionen...............................		509
		12.2.1	Zum Verständnis von Unsicherheit	509
		12.2.2	Unsicherheit als Ergebnis der Domänenstruktur	511
		12.2.3	Institutionen und ihre Relevanz	514
	12.3	Planbarkeit durch Gestaltung von Institutionen..................		515
		12.3.1	Institutionen zur Förderung von Domänenverlässlichkeit......	515
		12.3.2	Perspektiverweiterung: Standortwechsel und -verbünde	520
		12.3.3	Zur Entscheidung über Institutionen: Transaktionskostentheorie	523
	12.4	Planbarkeit durch Bedienung institutionalisierter Erwartungen		526
		12.4.1	Einordnung..	526
		12.4.2	Legitimation als Mittler für Austauschbeziehungen	527
		12.4.3	Institutioneller Isomorphismus: Beschränkung des unternehmerischen Handelns...........................	532
	12.5	Quintessenzen für Managementerfolg.........................		533
	12.6	Explorationen...		535
	\multicolumn{3}{l	}{Literatur..}	538

13 Wertschöpfungsvariationen und Innovationen: Typen, Struktur und Ermöglichung 541

- 13.1 Überblick und Ausgangspunkte von Wertschöpfungsvariationen 542
  - 13.1.1 Überblick 542
  - 13.1.2 Umweltherausforderungen und interne Potenziale als Ausgangspunkte 544
  - 13.1.3 Unternehmenswachstum als Ausgangspunkt 545
- 13.2 Typen von Wertschöpfungsvariation 546
  - 13.2.1 Synoptische Wertschöpfungsvariation 546
  - 13.2.2 Organische Wertschöpfungsvariation 548
  - 13.2.3 Innovationen als herausragende Wertschöpfungsvariation 549
- 13.3 Zum organisatorischen Lernen und Wissensmanagement: Ursprung von Wertschöpfungsvariationen 554
  - 13.3.1 Organisatorisches Lernen: 3E-Modell 554
  - 13.3.2 Voraussetzung, Barrieren und Auslöser des organisatorischen Lernens 560
  - 13.3.3 Wissensmanagement 568
- 13.4 Zum Umgang mit Widerständen: Ermöglichung von Wertschöpfungsvariationen 573
  - 13.4.1 Theorie des Kraftfeldes 573
  - 13.4.2 Beharrende Kräfte 575
  - 13.4.3 Modelle zur Überwindung von Widerständen 579
- 13.5 Zwischen Stabilität und Veränderungen 587
- 13.6 Quintessenzen für Managementerfolg 589
- 13.7 Explorationen 591
- Literatur 594

Stichwortverzeichnis 597

Über den Autor

Prof. Dr. Michael J. Fallgatter ist Inhaber des Lehrstuhls für Betriebswirtschaftslehre, insbesondere für Personalmanagement und Organisation, an der Bergischen Universität Wuppertal. Er studierte Betriebswirtschaft an der Goethe-Universität in Frankfurt. Danach war er an den Universitäten in Jena, Bielefeld, Boston und Siegen beschäftigt. Im Jahr 2004 folgte er dem Ruf an die Bergische Universität Wuppertal. Fallgatter ist Gründungsdekan der Schumpeter School of Business and Economics. Er ist Mitglied der Prüfungskommission für Wirtschaftsprüfer und vereidigte Buchprüfer. Des Weiteren unterstützt Fallgatter als Schirmherr studentische Initiativen. Er verfügt über langjährige Erfahrungen in der universitären Lehre, der Führungskräfteschulung und berät vor allem mittelständische Unternehmen.

Abbildungsverzeichnis

Abb. 1.1	Abteilungs- und Querschnittsmanagement	8
Abb. 1.2	Organisatorische Wertschöpfungshebel (s. ähnlich Jones 2013, S. 28)	10
Abb. 1.3	Produktivitätsverlauf in Abhängigkeit von der Arbeitsteilung	11
Abb. 1.4	Spezifität und Transaktionskosten (s. ähnlich Williamson 1991, S. 284)	14
Abb. 1.5	Modell der Wertschöpfung	17
Abb. 1.6	Stakeholder-Typologie (s. ähnlich Mitchell et al. 1997, S. 874)	26
Abb. 1.7	Strategieformierung (s. ähnlich Mintzberg et al. 2003, S. 5)	31
Abb. 1.8	Unternehmensstrategien und ihre Entwicklung	31
Abb. 1.9	Zusammenwirken von fünf Wettbewerbskräften (s. ähnlich Porter 1980, S. 4)	35
Abb. 1.10	Arten von Integration und Diversifikationen (s. ähnlich Jones 2013, S. 247)	37
Abb. 1.11	Dreiteilung von strategischem Controlling (Schreyögg und Steinmann 1987)	40
Abb. 1.12	Struktur von Problemen	42
Abb. 1.13	Typen von Problemen	43
Abb. 2.1	Handlungstheorien und individuelle Beweggründe des Handelns	55
Abb. 2.2	Indifferenzzone	57
Abb. 2.3	Reziproke Determination	59
Abb. 2.4	Verknüpfung von Werten, Haltungen und Handlungen (s. ähnlich Johns und Saks 2017, S. 127)	67
Abb. 2.5	Entstehung und Wirkung von Haltungen unter situativer Provokation	69
Abb. 2.6	Bedürfnispyramide (s. ähnlich Maslow 1954)	79
Abb. 2.7	ERG-Theorie nach Alderfer im Vergleich zur Bedürfnishierarchie nach Maslow (s. ähnlich Johns und Saks 2017, S. 165)	81
Abb. 2.8	Grundlage autonomer oder gesteuerter Motivation (s. ähnlich Johns und Saks 2017, S. 170)	84
Abb. 2.9	Hygienefaktoren und Motivatoren	85
Abb. 2.10	Beispiel zur Erwartungs-/Valenz-Theorie (Vroom 1964; Steinmann et al. 2013, S. 492)	87

Abb. 3.1	Konzeption des Personalmanagements (s. ähnlich Berthel und Becker 2017; Wunderer und Grunwald 1980)	114
Abb. 3.2	Überblick über interaktionelle Führung	119
Abb. 3.3	Managerial Grid (s. ähnlich Blake und Mouton 1964)	131
Abb. 3.4	Bezüge von Konsideration und Initiierung von Strukturen	132
Abb. 3.5	Fiedlers Kontingenztheorie (s. ähnlich Fiedler 1967)	135
Abb. 3.6	Integratives Modell der Weg-/Ziel-Theorie der Führung	137
Abb. 3.7	Idealtypische LMX-Entwicklungsphasen (s. ähnlich Graen und Scandura 1987; Steinmann et al. 2013, S. 630)	139
Abb. 3.8	Transaktionale Führung (s. ähnlich Bass und Avolio 1990; Neuberger 2002)	141
Abb. 3.9	Auswirkungen transaktionaler und transformationaler Führung auf Leistung (s. ähnlich Bass und Avolio 1990; Neuberger 2002)	144
Abb. 4.1	Erwartungsmodell der Personalrekrutierung	155
Abb. 4.2	Sozialisationstaktiken (s. ähnlich Jones 1986, S. 263)	160
Abb. 4.3	Operantes Lernen am Beispiel von „Courier Cats" (s. ähnlich Johns und Saks 2017, S. 61)	168
Abb. 4.4	Job Characteristics Model (s. ähnlich Johns und Saks 2017, S. 216)	172
Abb. 4.5	Berechnung des Motivationspotenzials (s. ähnlich Hackman und Oldham 1976)	172
Abb. 4.6	Punktiertes Gleichgewicht (s. ähnlich Johns und Saks 2017, S. 232)	176
Abb. 4.7	Effizienzlohn (s. ähnlich Sesselmeier et al. 2010, S. 212)	179
Abb. 4.8	Prinzipal/Agenten-Paradigma	183
Abb. 4.9	Preisgeldstaffelung von Wimbledon 2019 (Wimbledon o.J.)	185
Abb. 4.10	Gehaltshierarchie (s. ähnlich Backes-Gellner et al. 2001, S. 185)	186
Abb. 4.11	Neue Erwartungstheorie (Kahneman und Tversky 1979, S. 279)	192
Abb. 4.12	Implizite Kumulationsthese variabler Vergütungen	193
Abb. 4.13	Verdrängungseffekt der Motivation (s. ähnlich Osterloh und Weibel 2008, S. 408)	195
Abb. 4.14	Wirkungen intrinsischer Motivation (s. ähnlich Cerasoli et al. 2014)	198
Abb. 5.1	Modell der Arbeitszufriedenheit (s. ähnlich Borg 2003, S. 3)	214
Abb. 5.2	Kriterienproblem der Leistungsbeurteilung	223
Abb. 5.3	Verfahren der Leistungsbeurteilung (Steinmann und Schreyögg 2005, S. 796)	224
Abb. 5.4	Eigenschaftsorientiertes Verfahren	224
Abb. 5.5	Verhaltenserwartungsskala (s. ähnlich Domsch und Gerpott 1985, S. 671)	225
Abb. 5.6	Wahrnehmungsverzerrungen in der Bewertung (s. ähnlich Johns und Saks 2008, S. 103)	227

Abb. 5.7	Beispielhafte Berechnung des Calculated Intangible Value	237
Abb. 5.8	Saarbrücker Formel – ein Rechenbeispiel	241
Abb. 5.9	Unternehmensstrategie und Personalstrategie	244
Abb. 5.10	Personalstrategien (s. ähnlich Gmür und Thommen 2014, S. 23)	244
Abb. 6.1	Dualität von Struktur und Handeln in Unternehmen	257
Abb. 6.2	Substitutionsgesetz der Organisation (s. ähnlich Steinmann et al. 2013, S. 385)	260
Abb. 6.3	Organigramm als Übersicht von Stellen und Abteilungen	265
Abb. 6.4	Varianten von Hierarchien	266
Abb. 6.5	Input-, Konversions- und Output-Prozesse (s. ähnlich Jones 2013, S. 262)	268
Abb. 6.6	Wertschöpfungskategorien nach Perrow (s. ähnlich Perrow 1970, S. 78)	270
Abb. 6.7	Arten von Interdependenzen (s. ähnlich Thompson 1967, S. 16–18)	272
Abb. 6.8	Aufbauorganisatorische Grundtypen	278
Abb. 6.9	Zur Ineffizienz einer Mischung von funktionaler und divisionaler Struktur	279
Abb. 6.10	Matrixorganisation (s. ähnlich Kieser und Walgenbach 2010, S. 141)	281
Abb. 6.11	Umweltbedingungen als Fokusse von Funktionalbereichen (s. ähnlich Schreyögg und Geiger 2016, S. 215)	288
Abb. 6.12	Unsicherheitsdimensionen (s. ähnlich Lawrence und Lorsch 1967, S. 249–251; Schreyögg und Geiger 2016, S. 216 f.)	289
Abb. 7.1	Generische Strukturbalancen (s. ähnlich Jones 2013, S. 120)	308
Abb. 7.2	Gremien zur Selbstabstimmung	313
Abb. 7.3	Abteilungsbündelung (s. ähnlich Jones 2013, S. 174)	313
Abb. 7.4	Führungsbelastung (s. ähnlich Graicunas 1937, S. 631 f.)	321
Abb. 7.5	Komplexitätseffekt bei Organisationswachstum (s. ähnlich Blau und Schoenherr 1971, S. 64)	325
Abb. 7.6	Rationalisierungseffekt bei Organisationswachstum (s. ähnlich Blau und Schoenherr 1971, S. 65)	326
Abb. 7.7	Nettoeffekt bei Organisationswachstum (s. ähnlich Blau 1970; Scott 1981)	326
Abb. 7.8	Produktmanagement in der Marketingabteilung (s. ähnlich Kieser und Walgenbach 2010, S. 144)	329
Abb. 7.9	Produktmanagement durch Komitees (s. ähnlich Kieser und Walgenbach 2010, S. 146)	331
Abb. 7.10	Re-Zentralisation bei Produkthomogenität durch funktionale Vorstandsressortierung (s. ähnlich Jones 2013, S. 177)	332
Abb. 7.11	Verrechnungspreise (s. ähnlich Wöhe et al. 2016, S. 204)	337

Abb. 8.1	Stabile Netzwerkorganisation	353
Abb. 8.2	Virtuelle Netzwerkorganisation	353
Abb. 8.3	Reputationsnetzwerk	354
Abb. 8.4	Struktur des Einkaufsbüros Deutscher Eisenhändler GmbH (E/D/E) (WS WIPPERMANN GmbH o. J.)	355
Abb. 8.5	Pole von Ambidextrie (March 1991)	363
Abb. 8.6	Moden als Ausrichtung auf gewährte öffentliche Aufmerksamkeit	372
Abb. 9.1	Aufbau einer Unternehmenskultur (s. ähnlich Schein und Schein 2018, S. 15)	392
Abb. 9.2	Stufen des Sozialisationsprozesses (Robbins 2005, S. 496)	397
Abb. 9.3	Zwiebelmodell (Hofstede 1991, S. 9)	400
Abb. 9.4	Schokoladenfriedhof (Mit freundlicher Genehmigung von © Michael Knappstein [2020]. All Rights Reserved)	404
Abb. 9.5	Starke Unternehmenskultur	408
Abb. 9.6	Unterschiedlichkeit von Unternehmenskulturen (s. ähnlich Deal und Kennedy 1982, S. 107–108)	410
Abb. 9.7	Ansatzpunkte zur Veränderung einer Unternehmenskultur (s. ähnlich Jones 2013, S. 212)	414
Abb. 10.1	Formen und Konsequenzen von Macht (Steers 1991, S. 487)	426
Abb. 10.2	Machttypologie von Führungskräften und die Wirkung auf die Mitarbeiter (s. ähnlich McClelland und Burnham 1976, S. 104)	431
Abb. 10.3	Theorie organisatorischer Kontingenzen (s. ähnlich Hickson et al. 1971, S. 233.)	433
Abb. 10.4	Dimensionen von Politik (s. ähnlich Mayes und Allen 1977, S. 645)	436
Abb. 10.5	Moralfundierungen, moralische Werte und moralische Normen (Langer 2019)	447
Abb. 11.1	Grundmodell der Entscheidungstheorie (s. ähnlich Laux et al. 2018, S. 12)	462
Abb. 11.2	Versunkene Kosten und Wohlfahrtsverlust	475
Abb. 11.3	Risikoschub- und Vorsichtsschub-Phänomene	482
Abb. 11.4	„Mülleimer-Modell" nach March 1994 (Kieser und Ebers 2014, S. 134)	488
Abb. 12.1	Generelle Umwelt und organisatorische Domäne (s. ähnlich Jones 2013, S. 82)	508
Abb. 12.2	Verursachung von Unsicherheit (s. ähnlich Jones 2013, S. 88)	512
Abb. 12.3	Institutionen zur Förderung von Domänenverlässlichkeit	517
Abb. 12.4	Das kalifornische Wein-Cluster (s. ähnlich Porter 1998, S. 79)	523
Abb. 12.5	Faktoren von Transaktionskosten (s. ähnlich Jones 2013, S. 102)	524
Abb. 12.6	Stufen und Merkmale von Legitimation (s. ähnlich Aldrich und Fiol 1994, S. 646–648; Suchman 1995, S. 571–574)	528

Abb. 13.1 Greiners Model of Organizational Growth (s. ähnlich Greiner 1972, S. 37–46) 546
Abb. 13.2 Innovationsphasen (s. ähnlich Anderson und Tushman 1990, S. 606) ... 552
Abb. 13.3 Erfahrungslernen 555
Abb. 13.4 Erwartungslernen 558
Abb. 13.5 3E-Modell des organisatorischen Lernens 560
Abb. 13.6 Barrieren und Auslöser des organisatorischen Lernens 563
Abb. 13.7 Wissensspirale (s. ähnlich Nonaka und Takeuchi 1997, S. 84 f.) 569
Abb. 13.8 Kraftfeld-Theorie (s. ähnlich Lewin 1951) 574
Abb. 13.9 Berliner Phasenmodell (s. ähnlich Sydow et al. 2009, S. 4) 578
Abb. 13.10 Dreistufiger Wandelprozess (s. ähnlich Lewin 1958, S. 210) 581
Abb. 13.11 Durchführung synoptischer Variationen – Eckpunkte 582
Abb. 13.12 Gegenüberstellung Lewin und Kotter 587

Tabellenverzeichnis

Tab. 1.1	Fragen zur Analyse von Ressourcen (Barney 2002, S. 160)	18
Tab. 1.2	Stakeholder-Systematik und deren typische Interessen (s. ähnlich Macharzina und Wolf 2018, S. 11)	24
Tab. 2.1	Big Five-Modell (Weinert 2004, S. 150)	63
Tab. 2.2	Priorisierungstabelle	99
Tab. 3.1	Rollendilemata bei der Kombination beider Führungsstile	133
Tab. 4.1	Prognostische Validität von Personalauswahlverfahren (Schmidt und Hunter 1998, S. 265)	157
Tab. 4.2	Methoden der Personalentwicklung (Wegerich 2015, S. 44–46)	166
Tab. 5.1	Messung von Commitment (s. ähnlich Felfe et al. 2002)	216
Tab. 5.2	Why Do You Do Your Work? (Cook und Wall 1980)	217
Tab. 5.3	Messung von wahrgenommener Unterstützung (Eisenberger et al. 1986)	218
Tab. 6.1	Primäre Wirkungsdimensionen der Aufbauorganisation	283
Tab. 6.2	Relative Vorteile aufbauorganisatorischer Grundtypen (s. ähnlich Krüger 1994, S. 96–101)	284
Tab. 7.1	Führungsbeziehungen bei marginaler Erhöhung der Mitarbeiterzahl	321
Tab. 7.2	Parkinsonsches Gesetz (s. ähnlich Parkinson 1966, S. 18)	323
Tab. 7.3	Ansatzpunkte zur Begrenzung der Leitungsintensität	328
Tab. 8.1	Ausprägungen mechanistischer und organischer Strukturen (s. ähnlich Johns und Saks 2017, S. 523; Schreyögg und Geiger 2016, S. 214)	348
Tab. 8.2	Präferenzskala der Organisationsstruktur	377
Tab. 9.1	Beispiele für Werte, Normen und sprachliche Zuspitzungen (Neuberger und Kompa 1987, S. 94–96)	398

Tab. 9.2	Häufig genannte Wirkungen einer starken Unternehmenskultur (Johns und Saks 2017, S. 295–297; Robbins und Judge 2005, S. 550; Sørensen 2002; Weibler 2016, S. 91)	406
Tab. 10.1	Beeinflussungstaktiken (s. ähnlich Johns und Saks 2017, S. 438; Kipnis et al. 1980)	429
Tab. 10.2	Argumente für „Gehälter des Top-Managements"	445
Tab. 10.3	Argumente für „Überstunden"	445
Tab. 10.4	Argumente für den „Bausparvertrag"	446
Tab. 11.1	Beispiel „Neukundengewinnung"	463
Tab. 12.1	Konkretisierung von Legitimationsstufen (Aldrich und Fiol 1994, S. 649)	530

Teil I
Grundlegung

Konturen von Management, Wertschöpfung und Managementerfolg

Zusammenfassung

Management richtet sich auf unternehmensspezifische Wertschöpfung. Diese umfasst die Transformation von Ressourcen in Produkte oder Dienstleistungen. Neben dem Einsatz von Maschinen oder Software geschieht dies maßgeblich durch Führungskräfte und Mitarbeiter. Deren Handeln reicht von repetitiven Tätigkeiten, über Kommunikation und Diskussion bis hin zu Softwareprogrammierungen oder strategischen Unternehmensanalysen. Eine Steuerung der Wertschöpfung im Sinne einer Handlungssteuerung wird hier über die Ansatzpunkte des Personalmanagements, der organisatorischen Gestaltung, der emergenten Phänomene sowie organisatorischen Veränderungen diskutiert. Diese Steuerungselemente können sich wechselseitig unterstützen, behindern oder substituieren. Managementerfolg resultiert aus der Analyse, Prognose sowie Gestaltung dieser Ansatzpunkte und deren Nutzung für die Wertschöpfung. Ganz offensichtlich erfolgt dies nie voraussetzungslos, sondern wird durch Stakeholder und Unternehmensstrategien geprägt.

Vignette: Unternehmensmetaphern

Seit einiger Zeit existiert eine Diskussion über Metaphern von Unternehmen (s. ausführlich Morgan 1997). Metaphern sollen Aufschlüsse über die Struktur, das soziale Gefüge von Unternehmen, deren Umweltbezüge oder auch deren Reaktionsfähigkeit bieten.

Es existieren zahlreiche interessante Beispiele. Die Metapher eines Bienenschwarms beispielsweise zementiert die Vorstellung einer zentralen Person, ähnlich der Bienenkönigin, und vieler austauschbarer, abhängig Beschäftigter. Ein Symphonieorchester verbreitet die Idee eines Dirigenten, der sehr viele professionelle Akteure zentral und an der „kurzen Leine" steuert. Mitunter sehen Führungskräfte ihr Unternehmen als einen lebendigen Organismus an. Wachstum ist zu erwarten und es gilt, die Evolution aufmerksam und behutsam zu begleiten und zu steuern. Manche sehen Unternehmen als eine Jazz Band. Diese Metapher transportiert die Sichtweise, dass sehr viel improvisiert werden muss und sich die Leistung aus dem intensiven Zusammenspiel sich respektierender und sich wohlfühlender Individuen zusammenfügt. Der Jazz Band Leader, etwa der Unternehmer, regelt primär die personelle Zusammensetzung und gibt vor, auf welchen „Märkten" gespielt wird.

Auch wenn das Anführen von Metaphern vielleicht etwas verspielt klingen mag, Vorstände, Geschäftsführer und Unternehmer greifen gerne auf solche Übertragungen zurück. Das, was das Unternehmen aus ihrer Sicht darstellt, soll rasch und eindrucksvoll geschildert und gedanklich transportabel gemacht werden. Adressaten sind dabei sowohl Mitarbeiter, Kunden, Lieferanten, Aktionäre, Kapitalgeber oder die generelle Öffentlichkeit. Entsprechend finden sich viele Unternehmensbroschüren oder Websites, die diese Metaphern immer wieder aufgreifen. ◄

Bei einer Übertragung auf Unternehmen ist keine dieser Metaphern überlegen. Jede akzentuiert andere Realitätsausschnitte und fordert zu anderem, unternehmensspezifischem Denken und Handeln auf. Angesichts des so unterschiedlichen Funktionierens von Unternehmen, der vielfältigen Umweltbezüge oder des Veränderungsdrucks lässt sich vermutlich keine Metapher als irrelevant beschreiben.

Dies veranschaulicht die Vielschichtigkeit des Themas Management. Demzufolge wird Management nie etwas scharf Umgrenztes sein. Eine generelle Überlegenheit spezifischer Handlungsvorschriften, Führungsstile, Organisationsstrukturen, Unternehmenskulturen oder Entscheidungsmuster kann es nicht geben. Zu komplex ist das innerbetriebliche Wirkungsgefüge und die Notwendigkeit dynamischer Reaktionen auf Umweltfaktoren. Entsprechend bedarf es einer Herangehensweise, die Freiheitsgrade für unterschiedliche Unternehmenssituationen lässt.

1.1 Management

1.1.1 Was ist Management?

1.1.1.1 Zwischen Machbarkeit und Komplexität

„**Management**" umfasst jene Menge an Aufgaben und Tätigkeiten, die die Wertschöpfung von Unternehmen stabilisieren und möglichst weitreichend verbessern sollen. Die Analyse, Prognose und Gestaltung dieser Wertschöpfung macht den **Managementerfolg** aus. Letzterer wird hier nicht mit Unternehmenserfolg gleichgesetzt. Herangezogen werden also keine realisierten Wachstumsraten, Zielerreichungen oder finanzwirtschaftliche Kennziffern. Zu viele, kaum kalkulierbare Störgrößen verhindern die enge Koppelung von

Management- und Unternehmenserfolg. Zudem ist die Wirkung einzelner Führungskräfte auf Unternehmensergebnisse meist nur mittelbar. Von daher wird in diesem Buch „input-orientiert" argumentiert. Es geht um jene Theorien, Konzepte und empirischen Ergebnisse, die Beiträge zum Managementerfolg versprechen. Letzterer besteht somit aus der Qualität, mit der die Wertschöpfung gestaltet wird (s. ausführlich Abschn. 1.2.1).

Management in der Realität schwankt zwischen **Machbarkeitsvorstellungen** und **Komplexität**. So berichten einschlägige Publikationen gerne und ausführlich über besonders umsetzungsstarke Managertypen, generelle Erfolgsfaktoren oder auch Managementfehler. Dies produziert die Vorstellung, man könne das notwendige Wissen eingrenzen und sich die passenden Fähigkeiten auf irgendeine Art und Weise aneignen. Machbarkeitsvorstellungen zeigen sich weiterhin darin, dass viele Führungskräfte gefestigte Einschätzungen zum „**Richtig und Falsch**" von Management haben. Das heißt, ein jeder glaubt recht genau zu wissen, welche Maßnahmen erfolgreich sind und welche eher nicht.

Die Ursache dafür ist einfach. In Industrieländern gibt es niemanden, der nicht schon das **Objekt** von Unternehmen oder Organisationen war und zugleich auch Erfahrungen als deren **Subjekt** sammelte. Aus der Objektperspektive erleben die meisten Personen Organisationen beispielsweise durch ihre Schulzeit, Sportvereine oder Krankenhäuser. Genauso sind alle Personen das Objekt von Unternehmen, etwa durch Autoreparaturwerkstätten, Online-Modehäuser oder den Lebensmitteleinzelhandel. Aus der Subjektperspektive waren und sind viele Personen gestaltend in Unternehmen und Organisationen aktiv. Beispiele hierfür sind die Mitarbeit in einer Fachschaft einer Universität, in einem Gremium zur Gesundheitsförderung am Arbeitsplatz, als Schriftführer in einem Briefmarkenverein oder als Unternehmer. Solche reichhaltigen, lebenslänglichen Erfahrungen führen zu den angesprochenen, oft verfestigten Meinungen über Management.

Diesem eher **trivialen Bild von Management** stehen beispielsweise folgende Themen entgegen: Es sind die Analyse und Gestaltung von Werten, Haltungen und Motivationen oder Ressourcenabhängigkeiten, die Aufgaben von Führungskräften im Rahmen des Personalmanagements, die Wirkung von Pfadabhängigkeiten oder die Substitution organisatorischer Regeln durch unternehmenskulturelle Ausprägungen. Es handelt sich um Themen, die auf jedes Unternehmen zutreffen und deren Umsetzung sich als prägend für Managementerfolg erweisen werden. Derartige Themen gewinnen rasch an Komplexität und lassen sich nicht immer gut in den Alltag von Führungskräften einbauen. Jedoch soll deutlich werden, dass Management nicht trivial, sondern von großer **Komplexität** geprägt ist.

Diese oft unterschätzte Komplexität soll durch das folgende **Management-Quiz** aufgezeigt werden. Aufgelistet sind ausschließlich Aussagen, mit denen sich die meisten Führungskräfte in der ein oder anderen Form schon einmal beschäftigt haben. Alle Aussagen sind sehr wirkungsmächtig und können leicht teure Fehlentwicklungen nach sich ziehen. Bitte stufen Sie die Aussagen entweder als „richtig" oder als „falsch" ein (s. Illustration 1.1).

Illustration 1.1: Management-Quiz

1. Gut gestaltete variable Vergütungssysteme bergen immer auch Nachteile. In der Summe werden deren Vorteile aber überwiegen.
2. Der Erfolg von Personalentwicklungsmaßnahmen gründet in der Professionalität von Trainern.
3. Die Ausrichtung auf Stakeholder bzw. Anspruchsgruppen ist wichtig. Jedoch sollte in kritischen Unternehmenssituationen der Shareholder-Value bzw. die Aktionärssicht Vorrang haben.
4. Bei Problemen der Interaktion, beispielsweise mit anderen Abteilungen, helfen zuallererst personalwirtschaftliche Maßnahmen. Dazu zählen vor allem Motivation, Personalentwicklung sowie Leistungsbeurteilung.
5. Mit dem Einsatz spezialisierter Beratungsgesellschaften lässt sich eine Unternehmenskultur innerhalb eines Zeitrahmens von ca. zwei Jahren mit einer recht hohen Wahrscheinlichkeit an neue Umweltbedingungen und Unternehmensstrategien anpassen.
6. Konkurrenzunternehmen – gleiche Branche, ähnliche Produkte und Mitarbeiterzahl – werden sich hinsichtlich ihrer Organisationsstrukturen und Personalpolitik allenfalls moderat unterscheiden.
7. Organisatorisches Lernen soll die eigenständige Lernbefähigung aus einem Unternehmen heraus erfassen. Derartige Ideen scheitern schon deshalb, da nur Individuen lernen können. Veränderung von Organisationen sind dann Lernfortschritte durch Individuen.
8. Planung, deren fortwährende Kontrolle sowie das Beheben von Planabweichungen sind das Zentrum von Management.
9. Zufriedenheit mit dem Arbeitsplatz weist auf hohe Mitarbeitermotivation hin.
10. Entscheidungsprozesse sind regelmäßig individuellen Interessenslagen, Fehleinschätzungen und deutlichen Rationalitätsabweichungen ausgesetzt. Durch Schulungen und Kontrollstrukturen können Führungskräfte zumindest grobe Fehlentscheidungen, beispielsweise über neue Abteilungen, Kundengruppen oder Strategien, vermeiden. ◄

Alle diese Aussagen sind **falsch**. Zwar lässt sich an der einen oder anderen Stelle auch ein Interpretationsproblem vermuten. Bei längerem Nachdenken und unter Berücksichtigung von Argumenten aus diesem Buch wird man allen Aussagen zumindest skeptisch gegenübertreten.

Aber auch die korrekte Bewertung aller zehn Aussagen stellt nur den allerersten Schritt dar. Relevant sind vielmehr die zahlreich enthaltenen **Interdependenzen**. Um nur ein Beispiel anzuführen: Betrachtet man Themen wie Motivation, Führung, organisatorische Gestaltung oder Unternehmenskultur isoliert oder sequenziell, dann wird die Wertschöpfung allenfalls zufällig gut unterstützt. Alle Themen fokussieren das Handeln von Mitar-

1.1 Management

beitern. Dementsprechend ist es geradezu trivial, wenn man eine Abstimmung der Interdependenzen einfordert. Hieraus resultiert die eigentliche Komplexität von Management.

1.1.1.2 Zum Verständnis von „Management"

Eine Annäherung an den Begriff „Management" wird in der Literatur über die Unterscheidung von Management in eine **institutionelle** sowie eine **funktionale Perspektive** vorgenommen. Erstere erfasst Führungskräfte in ihrer hierarchischen Position, beispielsweise Top, Middle und Lower Manager. Allerdings trägt diese institutionelle Perspektive zum Thema Management nichts Substanzielles bei. Man erfährt lediglich, auf welcher Hierarchieebene Führungskräfte typischerweise fungieren, aber nicht was und wie sie etwas tun. Demgegenüber führt die funktionale Perspektive weiter. Es geht um die Gestaltung und Abstimmung arbeitsteiliger Strukturen.

Eine Konkretisierung erfährt dieses funktionale Verständnis durch die Ausrichtung auf das Handeln von Individuen in Unternehmen. Chester Barnard (1938) legte den Grundstein dafür und beschrieb „Handeln" als das **konstituierende Element** aller Unternehmen. Entsprechend sind es aufeinander bezogene und gebündelte Handlungen, die Unternehmen existieren lassen. Die **Gestaltung von Handlungen** bildet hier den Gegenstand von Management. Im Zentrum stehen dabei nicht nur Handlungen auf der sogenannten operativen Ebene – Fließbänder, Montagehallen, Transporte – sondern auch alle Handlungen von Führungskräften.

Diesem Verständnis folgend, geht es nicht um fachliche Details der Unternehmensfunktionen – beispielsweise Beschaffung, Produktion oder Marketing – sondern vielmehr um das im Handeln konkretisierte Zusammenwirken von Individuen und Abteilungen in einem Wettbewerbsumfeld. Daraus setzt sich die folgende **Definition von Management** zusammen:

▶ **Management** Management ist die absichtsvolle Analyse, Prognose und Gestaltung von Handlungen und formt die Wertschöpfung in Unternehmen.

Das so verstandene Management kommt in Unternehmen auf vielfältige Weise vor. Zu nennen sind an erster Stelle die betriebswirtschaftlichen Funktionen, beispielsweise Beschaffung, Produktion oder Vertrieb, die entscheidende Beiträge für Produkte und Dienstleistungen leisten. Ein spezifisches Management dieser Funktionen ist entsprechend erforderlich und obliegt den fachlich Verantwortlichen. Dies ist abteilungs- oder bereichsspezifisches Management. Die Koordination mehrerer solcher Abteilungen oder Bereiche ist das Querschnittsmanagement. Es wird auch „general management" genannt. Abb. 1.1 skizziert dies.

Sowohl das Querschnittsmanagement als auch abteilungs- sowie bereichsspezifisches Management setzt sich aus Handlungen zusammen. Das heißt, dieses Buch richtet sich sowohl auf die gesamthafte Koordination der Wertschöpfung als auch deren abteilungs- und bereichsspezifische Steuerung.

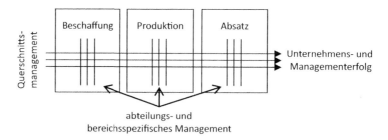

Abb. 1.1 Abteilungs- und Querschnittsmanagement

1.1.2 Was sind Unternehmen und Organisationen?

Jegliches Management findet in Unternehmen oder Organisationen statt. Umgangssprachlich weisen beide Begriffe eine deutliche Nähe auf. Beispielsweise werden Aktiengesellschaften oft als Unternehmen oder auch als große Organisationen bezeichnet. Für Stiftungen, Vereine oder Schulen passt der Begriff Unternehmen eher nicht, während man es bei einer kriminellen Vereinigung gar nicht so genau sagen kann. Die folgenden Fragen beleuchten Unternehmen und Organisationen näher:

- Worauf richten sich Unternehmen und Organisationen?
- Was sind konstitutionelle Gemeinsamkeiten von Unternehmen und Organisationen?
- Können wirtschaftlich agierende Institutionen auch aus mehreren Organisationen bestehen?

a) Worauf richten sich Unternehmen und Organisationen?
Unternehmen und Organisationen sind eigenständige, wirtschaftlich agierende Institutionen. Sie **kennzeichnet Durchsetzungsmöglichkeiten für Interessen** unterschiedlicher Anspruchsgruppen. Beispielsweise besteht das Interesse von Mitarbeitern, die einen Arbeitsvertrag unterschreiben, darin, dass sie im Gegenzug für ihre Arbeitsleistung den Anspruch auf eine kontinuierliche Lohnzahlung „erkaufen" bzw. eintauschen. Aktionäre haben durch Unternehmen die Möglichkeit, den Ertrag ihres Kapitals zu steigern.

Dabei unterscheiden sich Unternehmen und Organisationen hinsichtlich ihres wirtschaftlichen Agierens. So befinden sich „Unternehmen" typischerweise in einem kompetitiven Marktumfeld und zielen auf finanzwirtschaftlichen Erfolg. Demgegenüber sind „Organisationen" oft gemeinnützige, soziale Gesellschaften, Selbstverwaltungskörperschaften, Vereine oder Stiftungen. „Non-Profit-Organisation" ist ein gängiger Begriff dafür.

b) Was sind konstitutionelle Gemeinsamkeiten von Unternehmen und Organisationen?
Im Folgenden finden sich unterschiedliche Beschreibungen von geordneten Interaktionen mehrerer Individuen. Nicht alle sind Unternehmen oder Organisationen, aber welche zählen dazu?

(1) ein Automobilkonzern
(2) die tägliche Schlange vor der Essensausgabe einer Uni-Mensa
(3) eine abgeschottete religiöse Gemeinschaft
(4) eine Fankurve in einem Fußballstadion
(5) die Abteilung Beschwerdemanagement einer mittelständischen Versicherung
(6) die „Montagsrunde" von Abteilungsleitern, die sich zum Mittagessen treffen

Nur die ungeraden Nennungen sind Unternehmen oder Organisationen. Die Eingrenzung beruht auf **drei grundlegenden Kriterien** (Barnard 1938). Diese sind für alle Unternehmen und Organisationen unabdingbar, gelten fortwährend und lassen sich kaum aufweichen. So umfassen Unternehmen und Organisationen immer:

- die Existenz einer Zielstruktur,
- Arbeitsteilung und Spezialisierungen sowie
- beständige Grenzen, die den Stamm von Mitarbeitern markieren.

Geteilte Zielstrukturen lenken Personen – wenn auch nicht immer in der geplanten Art und Weise – quantitativ und qualitativ. Sie sollen für Klarheit und Richtung der Handlungen auf allen hierarchischen Ebenen sorgen. **Arbeitsteilung** und **Spezialisierung** stellen nichts anderes, als die Suche nach zielführenden und ökonomischen Handlungsabfolgen dar. Erfolgreiche Produkte und Dienstleistungen haben hier ihre betriebswirtschaftliche Basis.

Schließlich lassen erst **beständige Grenzen** die Entwicklung, vor allem von Humanressourcen, möglich werden. Deren Verbleib wird zumindest in Grenzen kalkulierbar. Zudem werden der Aufbau von Kompetenzen und darauf gerichtete, spezifische Aufgabenfelder erklärbar. Darüber hinaus führt diese Beständigkeit dazu, dass sich so etwas wie Unternehmenskultur, organisatorische Selbstbindung, Arbeitszufriedenheit oder einfach nur Routinen herausbilden können. Außerdem ist die Wirkung, beispielsweise von Werten, Einstellungen, Motivationen und Kompetenzen in nicht-beständigen Gruppierungen von Individuen nur schwer denkbar.

c) Können wirtschaftlich agierende Institutionen auch aus mehreren Organisationen bestehen?

Die Antwort auf diese Frage ist eindeutig „Ja". Die Kriterien Zielstruktur, Arbeitsteilung und beständige Grenzen treffen nicht nur auf Unternehmen und Organisationen gesamthaft zu. Auch rechtlich selbstständige Einheiten, einzelne Standorte oder längerfristig gebildete Abteilungen erfüllen die Kriterien oft umfänglich.

Dies hat eine **wesentliche Konsequenz**: Alle in dieser Schrift vorgetragenen Argumente gelten nicht nur für jegliche Unternehmen und Organisationen, sondern auch für alle durch die drei Kriterien definierten organisatorischen Einheiten. Das heißt, für den Produktionsbereich, eine Tochtergesellschaft oder eine Planungsabteilung können sich Führungsstile, Ablaufregeln, Leistungsbeurteilungsverfahren und möglicherweise sogar geteilte Werte und Normen unterscheiden. Dies ist ein weiterer Hinweis auf die Komplexität und Dynamik bei der Erklärung, Prognose und Lenkung von Handlungen.

1.1.3 Konstitutive Potenziale von Unternehmen und Organisationen: Wertschöpfungshebel

1.1.3.1 Überblick

Die Verknüpfung von „Management" sowie Unternehmen und Organisationen lenkt den Blick auf deren Potenziale. So lassen sich konstitutive und damit für alle Unternehmen und Organisationen nutzbare Möglichkeiten zur Zielerreichung aufzeigen.

Gäbe es solche konstitutiven Potenziale oder Wertschöpfungshebel nicht, so wäre es schlichtweg egal, ob Güter bzw. Dienstleistungen durch Organisationen oder durch Ansammlungen von Einzelpersonen erstellt würden. Diese Wertschöpfungshebel können durch Führungskräfte analysiert und eingesetzt werden. Abb. 1.2 stellt diese Hebel vor.

Die organisatorischen Hebel (1) und (2) richten sich organisationsintern aus, während (3) und (4) externe Anschlüsse zum Gegenstand machen. Deren aller Steuerung erfolgt durch Strukturen sowie durch Ausübung formaler Macht (5). Daraus resultiert Wertschöpfung.

1.1.3.2 Interne Ansätze: Arbeitsteilung und Skaleneffekte

a) Arbeitsteilung

Alle Organisationen fußen auf der Idee der **Arbeitsteilung**. Bezogen auf eine Gesellschaft wandte bereits Platon (zit. nach Abraham 1973, S. 31) die arbeitsteilige Idee an. Er konstatierte, dass sich Menschen hinsichtlich ihrer Fähigkeiten deutlich unterscheiden. Eine Spezialisierung auf einzelne Tätigkeiten und Produkte, sowie deren Tausch untereinander sei produktiv und stabilisiere ganze Gesellschaften.

Bezogen auf Organisationen und Unternehmen greift die arbeitsteilige Idee nicht minder. Adam Smith (2018) ist der Vater einer ökonomischen Auseinandersetzung mit Arbeitsteilung. Sein „Stecknadelbeispiel" schildert die Vorteile einer maximierten Arbeitsteilung auf eine geradezu perfekte Weise (s. Illustration 1.2).

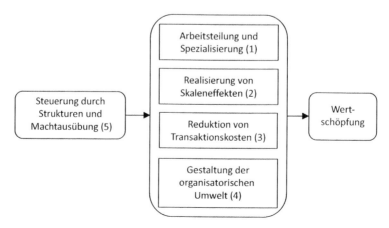

Abb. 1.2 Organisatorische Wertschöpfungshebel (s. ähnlich Jones 2013, S. 28)

1.1 Management

> **Illustration 1.2: „Stecknadelbeispiel"**
>
> Ein einzelner Arbeiter ist in der Lage, eine überschaubare Menge an Stecknadeln herzustellen, etwa 20 Stück pro Tag. Grenzen bestehen in der Unterschiedlichkeit von Tätigkeiten sowie der häufig notwendigen Umrüstung aufgrund von insgesamt 18 Arbeitsschritten. Wird demgegenüber die Arbeit auf mehrere Personen verteilt, so erfolgt eine Spezialisierung – beispielsweise Draht ziehen, abzwicken, zuspitzen, Kopf daraufsetzen und verpacken. Bei diesem Ansatz seien 10 Arbeiter in der Lage, bis zu 48.000 Stecknadeln am Tag herzustellen.
>
> Dies resultiere aus den dramatisch sinkenden Umrüstzeiten sowie den enormen Übungsgewinnen. Auch technischer Fortschritt gehe damit einher. So lassen sich bei zerlegten Arbeitsschritten, Teile eines Produktionsprozesses leichter verbessern (Smith 2018, S. 35–37). ◄

Entsprechend bewirkt die so verstandene Arbeitsteilung oder Spezialisierung, dass sich Akteure – Einzelunternehmen, Konzerne oder ganze Länder – auf jene Teile des Produktionsprozesses konzentrieren, bei denen sie komparative Vorteile erkennen. Dabei handelt es sich um relative Vorteile, die gegenüber konkurrierenden Unternehmen Vorsprünge versprechen.

Die effizienzsteigernden Wirkungen von Arbeitsteilung gelten jedoch nur bis zu einem bestimmten Ausmaß. Dieses Optimum wird bei zunehmender Arbeitsteilung von negativen Wirkungen zerstört und führt zum Produktivitätsverlust (s. Abb. 1.3). Auf der individuellen Ebene sind diese Negativwirkungen Monotonie, Motivationsverlust sowie der Verlust von jeglichem Sinn. Auch der hierarchische Aufwand, Reaktionsfähigkeit und Entscheidungsgeschwindigkeit begrenzen das optimale Ausmaß der Arbeitsteilung.

b) Skaleneffekte

In eine ähnliche Richtung wie Arbeitsteilung wirken sogenannte **Skaleneffekte**. Sie erfassen die in vielen Situationen generierbaren Vorteile durch Variationen der Einsatzgüter.

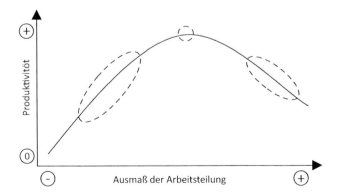

Abb. 1.3 Produktivitätsverlauf in Abhängigkeit von der Arbeitsteilung

Positive Skaleneffekte beschreiben dann das überproportionale Ergebnis, relativ zur Variation von Produktionsmitteln. Somit kann die Erreichung von Skaleneffekten ebenfalls Wertschöpfung zur Folge haben. Es sind zwei Arten von Skaleneffekten wichtig: Economies of Scale und Economies of Scope (Pindyck und Rubinfeld 2005, S. 324–329).

Economies of Scale ermöglichen großvolumige Produktion bei relativ geringen Anschaffungs- und Unterhaltungskosten. Zudem bringen größere Produktionsmengen an Produkten und Dienstleistungen eine statistisch größere Uniformität mit sich. Stabilitätseffekte spielen dabei eine Rolle, genauso wie die Realisierung von Fixkostendegressionen. Auf der Mitarbeiterseite sind vor allem Lernkurvenvorteile zu nennen. Das heißt, durch Spezialisierung sinkt die Zahl der auftretenden und zu beherrschenden Ausnahmen, weshalb von Übungsgewinnen ausgegangen werden kann.

Economies of Scope sind Verbund- oder Synergieeffekte. Diese treten genau dann auf, wenn die Hinzunahme eines weiteren Produktes oder einer Dienstleistung nicht zu proportionalen Kostensteigerungen bei allen anderen Produkten oder Dienstleistungen führt (s. Illustration 1.3).

Illustration 1.3: Economies of Scope in der Automobilindustrie

Ein gutes Beispiel stellt die sogenannte „Plattform-Strategie" aller großen Automobilhersteller dar. Eine „Plattform" umfasst die aufwändig entwickelte Grundkonstruktion, die vor allem nicht-sichtbare technische Lösungen umfasst. Plattformen stellen somit eine Einheitlichkeit bei Fahrwerk, Bremsen, Elektrifizierung, Karosserieaufbau und Ähnlichem her. Es lassen sich dann in unterschiedlichen Modellen eine große Menge einheitlicher Teile verbauen. Somit werden neue Modellreihen technisch einfach und kostengünstig produzierbar und ermöglichen auch Kooperationen mit anderen Automobilherstellern auf eben dieser Plattform (Focus 2011). ◄

Die Voraussetzung von Economies of Scope sind weniger eine Unterauslastung, sondern vielmehr die materielle Eingliederung des hinzukommenden Produktes oder einer neuen Dienstleistung.

1.1.3.3 Externe Ansätze: Transaktionskosten und Gestaltung organisatorischer Umwelt

a) Transaktionskosten

Die Beschaffung von Ressourcen – beispielsweise Rohstoffe, Kapital, Mitarbeiter, Vorprodukte, Reputation – sowie jegliche Austauschverhältnisse mit Abnehmern führen zu **Transaktionskosten**. Es handelt sich um **Marktbenutzungskosten** (Coase 1937), die vor allem in der Anbahnung, Koordination, Durchführung und Kontrolle der Geschäftsbeziehungen bestehen. Solche Kosten werfen die Frage auf, ob sie sich nicht reduzieren lassen. Dies wäre gegeben, wenn beispielsweise einzelne Vorprodukte oder Dienstleistungen selbst erstellt würden.

Hierbei handelt es sich um die klassische, transaktionskostentheoretische Frage „**Eigenfertigung vs. Fremdbezug**". Sie rückt die unternehmensinterne Koordination in das Zentrum und stellt sie in Relation zur unternehmensexternen Koordination. Die Beantwortung dieser Frage läuft auf einen Kostenvergleich hinaus: Bleiben die internen Transaktionskosten aufgrund hinzukommender Kosten – beispielsweise Koordination und Bürokratie – unter den gegebenen externen Transaktionskosten?

Bei einem erheblichen Prozentsatz der externen Vertragsbeziehungen handelt es sich um hochgradig standardisierte Produkte, beispielsweise Textmarker, Ersatzteile für den Fuhrpark oder Energie. Die Abwicklung ist dabei relativ einfach und kaum mit externen Transaktionskosten belastet. Sind jedoch die bezogenen Produkte und Dienstleistungen von hoher Komplexität, Qualitätsanforderung und strategischer Relevanz, so kann der zu erwartende Nutzen durch die Anbahnung der Geschäftsbeziehung, deren Überwachung und Neuverhandlung dramatisch sinken. Entsprechend liegt **Eigenfertigung** immer dann nahe, wenn die Spezifität der im Fokus stehenden Ressourcen und Vorprodukte sehr hoch ist. Das heißt, sie sind auf die Belange eines Unternehmens zugeschnitten. Bei etwaigen Mängeln oder neuen Spezifikationen wäre bei **Fremdbezug** eine umfängliche Transaktionsänderung erforderlich.

Der Auflösung des Spannungsfeldes zwischen Eigen- und Fremdbezug wird in Unternehmen unterschiedlich angegangen. Nike spitzte den Fremdbezug als erstes international aktives Bekleidungsunternehmen zu und lagerte die Fertigung vollständig aus (s. Illustration 1.4).

Illustration 1.4: Fremdbezug bei Nike

Ein frühes und extremes Beispiel für die Optimierung von Transaktionskosten liefert Nike. Das Unternehmen lagerte den typischen Kern von Funktionsbereichen, nämlich die Produktion, aus. Schuhe werden bei Nike ausschließlich durch eigenständige Zulieferer – vor allem in Vietnam, China und Indonesien – gefertigt und geliefert. Dies lässt sich nur so deuten, dass das erforderliche und sehr umfängliche Vertragsnetzwerk zu geringeren Transaktionskosten führt als die Steuerung einer eigenen Fertigung.

Bedenkt man, dass Lieferzeiten und Qualitäten eine herausragende Rolle bei hochpreisigen Sportschuhen darstellen, so erstaunt ein derartiger Schritt. Dieser Strategie, der mittlerweile viele andere Unternehmen der Bekleidungsindustrie folgen, liegen ausschließlich transaktionskostentheoretische Überlegungen zugrunde (Statista GmbH 2019). ◄

Auf identische Art lässt sich die verbreitete Auslagerung von sogenannten Shared Service Centern begründen. Es handelt sich um Abteilungen, die Dienstleistungen für gleichartige Abteilungen verschiedener Organisationen erbringen. So werden viele Tätigkeiten von Call Centern, IT-Diensten oder Buchhaltungen osteuropäischer oder indischer Dienstleistungsunternehmen „eingekauft". Mit „Off-Shoring" hat dies einen eingängigen Namen. Der ebenso beobachtbare Trend einer Rückverlagerung wird dann entsprechend „Re-Shoring" genannt.

Abb. 1.4 Spezifität und Transaktionskosten (s. ähnlich Williamson 1991, S. 284)

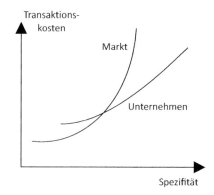

Die Entscheidung für eines der beiden sogenannten „institutionellen Arrangements" lässt sich dann am besten durch die jeweils entstehenden relativen Transaktionskosten begründen. Diese hängen vor allem von der Spezifität und der Häufigkeit von Transaktionsbeziehungen ab. In Abb. 1.4 zeigt sich folgender Zusammenhang: Hochgradige Spezifität lässt sich kaum durch den Markt, also durch Fremdbezug, sondern in erster Linie durch Eigenfertigung oder Leistungserbringung im Unternehmen umsetzen. Zunehmende Spezifität führt dann zu stark steigenden Transaktionskosten. Die Transaktionskosten einer marktlichen Koordination sind vor allem bei einer geringen Spezifität von Produkten und Dienstleistungen dominant. Bei einer zunehmenden Spezifität führt Fremdbezug zu unverhältnismäßig stark steigenden Transaktionskosten.

Des Weiteren wird deutlich, dass Transaktionskosten nicht direkt in der Rechnungslegung auftauchen. Es handelt sich hierbei um „**Organisationskosten**", die indirekt im Personalaufwand oder dem Aufwand für Ressourcen oder Dienstleister ihren Niederschlag finden.

b) Umweltgestaltung

Die organisationsexterne Umwelt setzt sich aus unterschiedlichen Einflüssen zusammen, welche die Entwicklungen von Unternehmen potenziell spürbar beeinflussen. Üblicherweise wird die Umwelt als gegeben betrachtet. Dies trifft auch auf den Staat, die Politik, die Demografie oder die Makroökonomik zu.

Jedoch ist die prägende Umwelt des Unternehmens – definiert beispielsweise über Ressourcenzugänge oder Abnehmerstrukturen – durchaus gestaltbar. Die Gestaltung kann beispielsweise über dominante Technologien erfolgen, die einen Wettbewerbsvorsprung begründen. Ebenso können stabile Netzwerkstrukturen Kunden und Lieferantenkontakte sichern. Eine besonders manifeste Sicherung der eigenen relevanten Umwelt gelingt durch Übernahme der Konkurrenten (s. Kap. 12). Eine derartige Umweltgestaltung ist ihrerseits eng an Arbeitsteilung, Skaleneffekte und Transaktionskostenentscheidungen geknüpft.

1.1.3.4 Steuerung durch Strukturen und Machtausübung

Die organisatorischen Hebel stellen keine Selbstläufer dar. Zur **Steuerung** von Handlungen bedarf es vielmehr der Einflussnahme auf das Handeln von Führungskräften und von Mitarbeitern. Es sind somit Entscheidungen sowie Steuerungen erforderlich, um die positiven Effekte zu realisieren. Dies erfolgt durch die **Gestaltung von Strukturen**. Solche Strukturen wirken positiv auf die Realisationswahrscheinlichkeit der Wertschöpfungshebel. Angesprochen sind Unternehmensstrategien, Organisationsstrukturen, Anreizsysteme und vieles mehr.

Hinzu tritt die **Ausübung formaler Macht**, die Strukturen zur Umsetzung der organisatorischen Hebel verhilft. Die Ausübung von Macht erfolgt auf unterschiedlichen Wegen. So ist zunächst jeder Arbeitsvertrag mit negativen Sanktionen bewehrt: Probezeit, Reduktion von Perspektiven, Zeugniserstellung oder Kündigung sind hier die offensichtlichen Formen. Hinzu kommt die gesetzliche Direktionsbefugnis mit Anweisungen und Dienstverpflichtungen. Macht sollte allerdings nicht nur als etwas Unangenehmes verstanden werden. Jegliche Entscheidungen zu Gratifikationen und Karriereplanung, motivierender Arbeitsgestaltung, Vergütung oder Unternehmenskultur beruhen auf Machtasymmetrien (s. Kap. 10).

Diese konstitutiven Potenziale von Unternehmen stecken den Rahmen für die in den folgenden Kapiteln diskutierte Tragweite von Wertschöpfung ab.

1.1.4 „Synthetisierendes" Wissenschaftsverständnis und Ziele des Buches

Wenn Management Handeln in Abteilungen, Bereichen oder Unternehmen steuern soll, so erfordert dies Argumente aus ganz unterschiedlichen Disziplinen. So knüpft Handeln beispielsweise an Werten, Motiven, Vergütung, Abteilungsbildung, Hierarchieaufbau, Wettbewerbskräften, neuen Technologien oder Unternehmensstrategien an. Eine Reduktion von Management auf lediglich die Ökonomik und damit auf jene Disziplin, die in weiten Teilen den „Allein-Analyse-Anspruch" für Managementfragen vertritt, stößt rasch an Grenzen. Vielmehr sind es auch psychologische, soziologische, ethische oder sogar kulturanthropologische Hintergründe, die Handeln in Unternehmen erst greifbar werden lassen.

Dementsprechend wird die Auseinandersetzung mit Wertschöpfung und deren Gestaltung durch Management in dieser Schrift als „**Synthetisierung**" unterschiedlicher Wissenschaftsgebiete verstanden und konzipiert. Alle benannten Disziplinen bieten unterschiedliche Perspektiven für die Auseinandersetzung mit dem Handeln und liefern jeweils wertvolle Mosaiksteine für ein umfassenderes Verständnis. Folglich führte eine reine Analyse von Managementerfolg auf der Ebene von Kostenkategorien oder finanzwirtschaftlichen Kennziffern zwar zu einer konsistenten Modellwelt, ließe aber allzu viele Fragen offen.

Was sind nun die Ziele eines Buches mit dem Anspruch nach Erfassung möglichst vieler Facetten der Wertschöpfung? Nicht erreichbar ist die Errichtung eines umfänglichen Leitfadens für den Weg zum Managementerfolg. Vielmehr verantworten Leser bzw. Führungskräfte es selbst, zwischen unterschiedlichen Erklärungsangeboten situationsspezifisch zu entscheiden. Das Buch unterstützt diese „Leserverantwortung" auf drei Ebenen:

- Erstens soll die Analyse des Zusammenhangs von Handeln, Wertschöpfung und Managementerfolg geleistet werden.
- Zweitens soll darauf aufbauend die Prognose von unternehmensinternen- und externen Gegebenheiten zusammen mit ihrer Wirkung auf Wertschöpfung möglich werden.
- Drittens soll eine Gestaltung und damit eine Optimierung von Wertschöpfung und Managementerfolg resultieren.

Für diese Auseinandersetzung braucht es einen gewissen Mut zur Komplexität. Viele Theorien, Hypothesen und Argumente sind eng verknüpft, stehen sich im Wege und müssen interpretiert werden. Allerdings sollten das Verständnis und die Interpretationsfähigkeit mit jedem Kapitel wachsen. Der folgende Abschnitt leistet den ersten, grundlegenden Beitrag dazu.

1.2 Wertschöpfung und Managementerfolg

1.2.1 Modell der Wertschöpfung

1.2.1.1 Überblick

Wertschöpfung umfasst die Transformation von Ressourcen zu Produkten und Dienstleistungen. Handlungen und Handlungssequenzen von Mitarbeitern und Führungskräften leisten diese Transformation. Aus diesem einfachen Gedanken folgt eine weitreichende, alle Überlegungen zum Management ausrichtende Definition:

▶ **Wertschöpfung** Wertschöpfung ist die Summe aller aufeinander abgestimmten Handlungen in der Ressourcentransformation.

Für dieses Verständnis sind drei Punkte wichtig:

- Den Ausgangspunkt bilden Ressourcen. Diese umfassen alles, was zur Wertschöpfung eingesetzt wird.
- Aufgrund der Handlungszentrierung kann die Wertschöpfung nicht eingestellt werden wie eine Maschine.
- Vielmehr erfolgt die Gestaltung der Wertschöpfung über alle jene Ansatzpunkte, die Handlungen beeinflussen. Dazu zählen hier Personalmanagement, organisatorische Gestaltung, emergente Phänomene sowie Veränderungen und Innovationen. Hierbei

1.2 Wertschöpfung und Managementerfolg

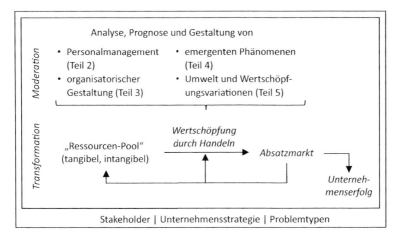

Abb. 1.5 Modell der Wertschöpfung

handelt es sich jeweils um Potenziale, deren Wirkungen nicht immer das erhoffte Ergebnis zeitigen. Entsprechend wird hier von **moderierenden Einflussnahmen** gesprochen. Deren Synchronisation weist den Weg zu Wertschöpfung und Managementerfolg.

Der folgende Analyserahmen stellt die so skizzierte Wertschöpfung vor (s. Abb. 1.5).
Die Bestandteile des Wertschöpfungsmodells werden in den nächsten Abschnitten skizziert.

1.2.1.2 Ressourcen-Pool

Organisationen sind nie leere Hüllen oder nur ein bloßer Rechtsmantel. Sie stellen vielmehr einen „Ressourcen-Pool" dar (Coleman 1979). Diese Ressourcen sind, wie bereits dargestellt, Ausgangspunkt jeglicher Wertschöpfung. Ein gängiger und umfänglicher Katalog von sogenannten tangiblen und intangiblen – fassbaren und nicht fassbaren – Ressourcen unterscheidet fünf Kategorien (Barney 2002; Hitt und Ireland 1986):

- **Finanzielle Ressourcen** umfassen die Passivseite einer Bilanz. Jegliche Varianten des für Unternehmenszwecke einsetzbaren Kapitals, auch von kurzfristiger Verfügbarkeit und geringem Volumen, zählen dazu. Die Bedeutung dieser finanziellen Ressourcen für Unternehmensstrategien und darauf gerichteter Investitionen ist offensichtlich.
- **Physische Ressourcen** stellen die Menge der materiellen oder tangiblen Einsatzgüter dar. Diese reichen von Produktionsanlagen, Vorräten, dem Zugang zu Einsatzgütern, Beteiligungen, dem Standort, bis hin zu bebauten und unbebauten Grundstücken.
- **Humanressourcen** umfassen die Menge arbeitsvertraglich gebundener Personen. Es geht vor allem um Potenziale, Qualifikationen, Erfahrungen, Kompetenzen sowie Leistungsbereitschaften und damit in weiten Teilen um intangible Ressourcen.

- **Organisatorische Ressourcen** umfassen spezifische Entwicklungen und Implementierungen, beispielsweise von Abläufen, Planungs-, Entscheidungs- und Kontrollsystemen, unternehmenskulturellen Werten oder auch informellen Beziehungen, innerhalb und außerhalb eines Unternehmens. Auch in dieser Kategorie sind intangible Ressourcen stark vertreten.
- **Technologische Ressourcen** erfassen vor allem Software, Patente, Produktionsprozesse, aber auch immaterielle Güter wie Reputation oder einen eingeführten Markennamen.

Die reine Auflistung von Ressourcenarten ist allerdings immer nur der erste Schritt. Da die Nutzungsmöglichkeiten von Ressourcen stark von Faktoren wie Branche, Kundenbindung, Mitarbeiterpotenzial oder Produkten bzw. Dienstleistungen abhängen, ist eine **situationsspezifische Bewertung** erforderlich. Auf Barney (2002, S. 159–176) geht ein anerkanntes Bewertungsschema zurück. Dieses zielt auf die Relevanz der einzelnen Ressourcen. Prägend ist dabei auch eine Berücksichtigung der Umwelt und der Wettbewerbsbedingungen. Damit kann festgestellt werden, ob auf Basis der Ressourcen ein Wettbewerbsvorteil konstatiert werden kann. Das Schema trägt den Namen „**VRIO**" und setzt sich aus den Buchstaben seiner vier Grundfragen zusammen: „Value, Rarity, Imitability, Organization" (Barney 2002, S. 160). Tab. 1.1 gibt Aufschluss darüber.

Alle fünf Ressourcenarten sollten nach dem VRIO-Modell bewertet werden. Dies führt zu einer situationsspezifischen Bewertung von Ressourcen, die das Fundament jeglicher Wertschöpfung repräsentieren.

1.2.1.3 Wertschöpfung durch Handeln

Ein mit Nutzungsprivilegien ausgestatteter Pool werthaltiger Ressourcen ist von sich aus nicht produktiv. Erst Handlungen verknüpfen Ressourcen und sind somit der Kern der Wertschöpfung.

Diese Betonung des Begriffs „Handlung" entspricht nicht den alltäglichen Verwendungsgepflogenheiten. Häufiger als vom „**Handeln**" ist vom „**Verhalten**" die Rede. Letzteres hat unter anderem in der Biologie seine Berechtigung, ist jedoch in wirtschaftlichen

Tab. 1.1 Fragen zur Analyse von Ressourcen (Barney 2002, S. 160)

Frage nach dem Wert (Value)	Ermöglichen die vorhandenen Ressourcen und organisatorisches Vermögen substanzielle Antworten auf Umweltbedrohungen und -chancen?
Frage nach der Knappheit (Rarity)	Hat derzeit nur eine kleine Menge von Konkurrenten Zugriff auf die jeweilige Ressource?
Frage nach der Imitierbarkeit (Imitability)	Stehen Konkurrenten ohne die betreffende Ressource vor Kostennachteilen, wenn sie die Ressourcen selbst erwerben oder entwickeln müssen?
Frage nach der Organisation (Organization)	Unterstützen die Strategien, Strukturen und Prozeduren die Ausschöpfung der betrachteten wertschaffenden, knappen und schwer kopierbaren Ressource?

Zusammenhängen unzureichend. So besteht Verhalten im engeren Sinne aus bloßen Bewegungen ohne Bezug auf Bedeutung oder Sinn (Bude und Dellwing 2013; Thompson 1970, S. 55). Verhalten ist eher eine bloße Reaktion auf einen Anstoß und erfolgt quasi automatisch. Individuelle Kompetenzen, Motivation und organisatorische Freiheiten sind das, was Unternehmen erst dynamisch und erfolgreich machen und lassen sich nur schwer als „Verhalten" beschreiben. Entsprechend präzisiert „Handeln" das Verhalten insofern, als dass ein „subjektiver Sinn" unterstellt wird (Weber 1972, S. 1).

Handlungen reichen dann von einfachen Verrichtungen – beispielsweise Befüllen eines Fließbandes mit Behältnissen – bis hin zu komplexen Analysen und Entscheidungen, die umfängliche Verantwortung für andere Personen kennzeichnen. Die dabei enthaltenden **Facetten von Handlungen** beleuchtete Max Weber bereits vor über 100 Jahren. Handeln sei (Weber 1972, S. 11–13):

- **zweckrational**, wenn es als Mittel auf Ziele gerichtet ist. Zweckrationales Handeln stellt ein sorgfältiges Abwägen dar, das zu bestmöglichen Entscheidungen und Ergebnissen führen soll.
- **wertrational**, wenn es durch ethische, ästhetische oder religiöse Überzeugungen geprägt ist. Es ist ein Handeln ohne bewusste Auseinandersetzung mit dessen Konsequenzen.
- **affektuell**, wenn es durch Emotionen und Gefühlslagen angetrieben wird. Affektuelles Handeln entzieht sich einer bewussten, individuellen Steuerung, besitzt einen temporären Charakter und kann leicht spontan auftreten.
- **traditionell**, wenn es auf stabilen, gelebten Gewohnheiten fußt. Ähnlich dem affektuellen Handeln ist ein bewusster, gesteuerter Umgang mit Traditionen schwierig. Traditionelles Handeln zeigt sich beispielsweise im sturen Festhalten an Regeln und der Unfähigkeit, Zusammenhänge grundlegend zu hinterfragen.

Diese Typologie kennzeichnet das grundlegende Verständnis von Handeln in Unternehmen. Später werden Beweggründe derartiger Handlungen diskutiert (s. Kap. 2). Man gelangt so zu Aussagen darüber, was Führungskräfte tun können, um Handeln wertschöpfend einzusetzen (s. Kap. 3).

1.2.1.4 Moderatoren der Wertschöpfung

Management richtet sich auf die Transformation von Ressourcen durch das Lenken des Handelns. Ausschlaggebend sind hier bewusste oder unbewusste Entscheidungen, Maßnahmen, Vorgehensweisen oder Gepflogenheiten, die Handeln beeinflussen. Das Einwirken auf die Kombination von Ressourcen moderiert die Wertschöpfung und ist weitgehend das Ergebnis von Managementhandeln.

Hier erfolgt die Unterscheidung in vier große Gruppen von Moderatoren:

- **Personalmanagement.** Der weit verstandene Umgang mit den Humanressourcen geschieht unter anderem über Führungsstile, Personalauswahl, Karriereplanung, Vergütung oder Personalentwicklung (Teil 2).
- **Organisatorische Gestaltung.** Sie umfasst unter anderem Abteilungsgrößen und deren Ausrichtung auf übergeordnete Ziele oder Fragen der Dezentralität und Zentralität (Teil 3).
- **Emergente Phänomene.** Unternehmen sind nur schwer ohne ungeplante und teilweise nicht verhinderbare Entwicklungen denkbar. Dazu zählen die Entstehung von Unternehmenskultur, Macht, Politik und Ethik sowie Entscheidungsmustern. Auch diese emergenten Phänomene wirken stark auf das Handeln ein (Teil 4).
- **Umwelt und Wertschöpfungsvariationen.** Unternehmen sind Umweltbedingungen keineswegs ausgeliefert. Vielmehr existieren Möglichkeiten, den immer erforderlichen Ressourcenstrom zu sichern. Variationen der Wertschöpfung und Innovationen verweisen auf Anpassung und entstehende Unternehmensperspektiven. Auch hier sind Wirkungen auf Handlungen erkennbar und machen spezifische Handlungen erforderlich (Teil 5).

Die Verknüpfung dieser Bestandteile als Moderatoren für die Wertschöpfung sind zugleich die Ansatzpunkte für Managementerfolg.

1.2.2 Managementerfolg

Die Bemessung von Managementerfolg bzw. die bewertete Leistung von Führungskräften wird regelmäßig über Unternehmenskennziffern oder quantifizierbare Zielerreichungen versucht. Dies lässt sich allein daran erkennen, dass daran gekoppelte Vergütungen eine große Bedeutung besitzen. Der verbreitete Weg und damit die Gleichsetzung von Managementerfolg und **Unternehmenserfolg** trägt hier allerdings nicht.

So lässt sich zwar Unternehmenserfolg über Umsatzentwicklungen, Economic Value Added oder Eigenkapitalrentabilitäten weitgehend eindeutig messen. Jedoch verhindern beispielsweise **Unwägbarkeiten** der Branche, nur schwer durchschaubare, unternehmenskulturelle Wirkungen, Kündigungen, Arbeitszufriedenheit bis hin zu zähen, organisatorischen Veränderungen eine lineare Verknüpfung zwischen Management- und Unternehmenserfolg. Entsprechend hat **Managementerfolg den Charakter einer Wahrscheinlichkeit**. Das heißt, es können gut analysierte, überzeugende Entscheidungen getroffen sowie dazu konsistente Maßnahmen ergriffen werden und dennoch bleibt Unternehmenserfolg aus. Managementerfolg stellt Unternehmenserfolg in Aussicht, eine Übereinstimmung liegt jedoch nicht vor.

Auch aus einem anderen Grund sind die benannten Unternehmenskennziffern ungeeignet für eine Analyse von Wertschöpfung und Managementerfolg. So erlauben aggregierte finanzwirtschaftliche Daten kaum Hinweise auf Verbesserungen. Vielmehr stellen finanzwirtschaftliche Kennziffern so etwas wie das **Kondensat der Wertschöpfung** dar. Wertschöpfung und Managementerfolg schlägt sich in Kennziffern nieder, jedoch geht von ihnen kein Verbesserungspotenzial aus. Eine Unzufriedenheit mit finanzwirtschaftlichen Kennziffern führt in den meisten Fällen zu einer neuerlichen Wertschöpfungsanalyse.

Entsprechend wird hier eine **input-orientierte Begründung** von Managementerfolg gewählt. Dieser Weg führt über die oben thematisierte **Wertschöpfung** von Unternehmen. Das heißt, Führungskräfte handeln und erbringen ihre Leistung, indem sie die Wertschöpfung eines Unternehmens gestalten. Es ist die Qualität der Analyse, Prognose und Gestaltung von Wertschöpfung, die den Indikator für den Managementerfolg bildet. Dies ist genau dann besonders ausgeprägt, wenn die Ressourcentransformation und deren Moderation auf einem möglichst belastbaren Fundament beruhen. Theorien, empirische Ergebnisse, bewährte Konzepte und eine systematische Herangehensweise tragen dazu bei. Es gilt die folgende Definition für Managementerfolg:

▶ **Managementerfolg** Managementerfolg ist eine theoretisch, empirisch und konzeptionell abgesicherte Analyse, Prognose und Gestaltung der Wertschöpfung. Seine Ansatzpunkte sind die Ressourcentransformation und deren Moderation.

Mit dieser Definition geht eine deutliche Einschränkung einher. So werden die Ausführungen in diesem Buch nicht zu Aussagen über ein „Besser oder Schlechter" von Managementaktivitäten führen. Das heißt, messbare Vergleiche zwischen Führungskräften sind hier nicht intendiert. Die Analyse zielt einzig auf Gestaltungspotenziale für Wertschöpfungen, ohne letztendlich sagen zu können, in welchem Ausmaß diese erreicht wurden.

1.2.3 Zum Nutzen des Wertschöpfungsmodells

Der Beitrag des Wertschöpfungsmodells wurde bislang in der Schaffung einer Ordnung gesehen. Jedoch erschöpft sich dessen Beitrag darin nicht. Diesem ist vielmehr eine „**Relationslogik**" inne, die ihrerseits zu eigenständigen Erfolgshinweisen für Unternehmen bzw. deren Führungskräften führt.

Personalmanagement, organisatorische Gestaltung, Emergenz sowie Veränderungen und Innovationen bestehen aus einer enormen Fülle an Theorien, empirischen Ergebnissen und Konzeptionen. Das heißt, es existiert ein enormer Facettenreichtum an Beeinflussungsmöglichkeiten des Handelns. Wichtig ist dabei, dass all diese gerade nicht „aus einem Guss" bestehen können. Vielmehr sind Widersprüche sowie starke oder fehlende Interdependenzen, sowohl innerhalb einzelner, als auch zwischen mehreren Moderatorengruppen, typisch.

Daraus resultiert die Notwendigkeit, zum einen **Inkonsistenzen und Behinderungen** von Moderatoren, sowie zum anderen deren **Substitutionsmöglichkeiten** zu analysieren. Dies kann nicht nur die moderierenden Wirkungen erhöhen und Wertschöpfung verbessern, sondern zugleich auch Aufwand reduzieren. Liegt eine klare Vorstellung vor, wie Handlungen gesteuert werden, dann bedarf es nicht immer neuer Konzepte, die oft eher

Managementmoden als substanzreiche Ideen darstellen (s. Kap. 8). Das Wertschöpfungsmodell hilft also auch einer „**Moderatorenvermüllung**" vorzubeugen.

Die folgende Illustration 1.5 demonstriert **Inkonsistenzen und Behinderungen** zwischen unterschiedlichen Moderatoren der Handlungslenkung. Das heißt, je nach Situation, kann sich eine als wirksam gedachte Handlungsbeeinflussung in das Negative verkehren.

Illustration 1.5: Inkonsistenz und Behinderungen durch Moderatoren

Rasche Fehlerbehebungen durch verantwortliche Mitarbeiter können in erheblicher Weise Ressourcen schonen und Kundenzufriedenheit steigern. Die Lösung kann in klaren, organisatorischen Regelungen bestehen, die konstante Abläufe erzwingen. Jedoch greift dies andererseits in die Verantwortungsbereiche einzelner Mitarbeiter ein, denen bislang die Qualität anvertraut wurde. Wirkungen auf Werte, Haltungen, Motivation und wahrgenommene Perspektiven liegen dann nahe. Dies ist sicherlich kein Argument gegen Standardisierung, zeigt aber, dass unterschiedliche Wirkungslogiken existieren.

Eine Motivationssteigerung durch Bonuszahlungen ist eine gängige personalpolitische Maßnahme. Sie baut auf der Überzeugung auf, dass Geld als Ansporn für besondere Leistungen funktioniert. Unabhängig davon legen Unternehmen in aller Regel Wert auf mitdenkende, engagierte Mitarbeiter, die Kollegen sowie andere Abteilungen unterstützen. Extrafunktionales, über den eigentlichen Aufgabenbereich hinausgehendes Handeln ist das Stichwort hierfür. Dies lässt sich aber nicht eindeutig bemessen und damit auch nicht im Bonussystem „bepreisen". Durch die starke Wirkung von Geld treten diese wichtigen anderen Aspekte in den Hintergrund (s. Kap. 5). ◄

Neben diesen Behinderungen durch Moderatoren verweist das Wertschöpfungsmodell (s. Abb. 1.5) aber auch auf deutliche Einsparungspotenziale. So wirken viele Moderatoren in die gleiche Richtung und auf ähnliche Handlungen hin. Es treten **Substitutionspotenziale** auf, das heißt ein Moderator kann andere Moderatoren ersetzen. Zwar lässt sich die erforderliche Intensität der Handlungslenkung nur schwer bestimmen, dies bedeutet aber nicht, dass immer eine möglichst große Zahl an Moderatoren aufgeboten werden muss. Bedenkt man, dass sich hinter all diesen Moderatoren vielfältige Überlegungen, Fehlerquellen und Zeit für deren Gestaltung und Einsatz verbergen, so tritt ein wichtiges Argument für das Substitutionspotenzial hervor. Die folgende Illustration 1.6 stellt hierfür ein Beispiel vor.

Illustration 1.6: Substitution von Moderatoren

Als besonders prominent wird sich die Handlungssteuerung durch geteilte Werte und damit durch die Unternehmenskultur herausstellen. Hieraus entstehen Potenziale für den Abbau von engen Kontrollsystemen oder für die Vergrößerung der Führungsspanne, die Führungskräfte dann bewältigen können (s. Kap. 9). ◄

Insgesamt stellt das Denken in dem oben skizzierten Wertschöpfungsmodell (s. Abb. 1.5) nicht nur eine Ordnung her, sondern stellt in einer adäquaten Kombination selbst einen **Erfolgsfaktor** dar.

1.3 Prägung von Managementerfolg: Anspruchsgruppen, Unternehmensstrategien und Problemstrukturen

1.3.1 Anspruchsgruppen und ihr Einfluss

1.3.1.1 Divergierende Interessen und Einflusspotenziale

Alle Unternehmen sehen sich Erwartungen von Mitarbeitern, Kapitalgebern, Kommunen, Verbänden oder Umweltschutzgruppierungen gegenüber. Es handelt sich um Anspruchsgruppen, die auch „Stakeholder" genannt werden. Sie prägen oft die Entwicklung von Unternehmen und sogar deren Entscheidungen. Anspruchsgruppen sind oft so weit organisiert, dass sie ihren Ansprüchen nicht nur ein Gehör verschaffen, sondern in Teilen sogar ihre Interessen erzwingen können.

Diese Stakeholder haben genau dann ein Einflusspotenzial, wenn sie ein „**berechtigtes Interesse**" aufweisen. Generell erlangen Anspruchsgruppen aus drei Perspektiven eine Berechtigung:

- Zum Ersten löst jegliche Geschäftstätigkeit formale Ansprüche aus. Diese richten sich auf geltende Absprachen und Verträge. So führen legislative Vorgaben – etwa Mitbestimmung, Persönlichkeitsschutz, Umweltauflagen oder Abgaben – zu berechtigten Ansprüchen.
- Zum Zweiten wirkt der potenzielle Druck von Anspruchsgruppen. Angesprochen ist die Drohung einer Ressourcenzurückhaltung etwa durch Lieferanten oder Streiks.
- Zum Dritten existieren gesellschaftliche Erwartungen und führen zu freiwilligen Leistungen von Unternehmen. Dies wiederum kann konkrete Ansprüche hervorrufen. Das Kümmern um Mitarbeiterbelange, das nicht umfängliche Ausschöpfen von Marktmacht, die Übernahme von kommunaler Verantwortung oder der proaktive Umgang mit Umweltschutzbelangen sind Beispiele dafür.

Tab. 1.2 systematisiert unternehmensinterne sowie -externe Stakeholder und skizziert sie mit ihren typischen Interessen.

Diese Auseinandersetzung mit Stakeholdern führt zur Frage nach der konzeptionellen Einbindung so unterschiedlicher Interessen. Bekannt ist dies unter der Gegenüberstellung „Stakeholder-Ansatz vs. Shareholder-Value-Ansatz".

1.3.1.2 Stakeholder-Ansatz oder Shareholder-Value-Ansatz?

Seit Längerem streiten sich Autoren, ob betriebswirtschaftliche Diskurse dem Stakeholder-Ansatz oder dem Shareholder-Value-Ansatz folgen sollten. Dahinter steht nichts anderes

Tab. 1.2 Stakeholder-Systematik und deren typische Interessen (s. ähnlich Macharzina und Wolf 2018, S. 11)

Stakeholder	Typische Interessen
interne Stakeholder aufgrund arbeitsvertraglicher Bindung	
Top-Management	Einfluss auf die Organisation und ihre Umwelt; Verwirklichung von Ideen, Macht, Prestige, Einkommen
Bereichsleitung und Spezialisten	Einfluss auf den eigenen Bereich und andere Personen; Anwendung und Erweiterung von Kenntnissen; Prestige, Einkommen
übrige Mitarbeiter	hohes Einkommen, Sicherheit, Selbstentfaltung, zufriedenstellende Arbeitsbedingungen, Perspektiven, zwischenmenschliche Beziehungen
externe Stakeholder aufgrund vertraglicher Regelungen	
Eigenkapitalgeber	Gewinnausschüttung und Kurssteigerung; Einfluss auf Top-Management
Fremdkapitalgeber	hohe Verzinsung; Sicherheit
Lieferanten	günstige Konditionen; Zahlungsfähigkeit; fortwährende Abnahme
Kunden	qualitativ passende Produkte; Kostenstruktur; Nebenleistungen; Konsumentenkredite; Service, Ersatzteilsicherheit, Beratung
externe Stakeholder aufgrund rechtlicher und gesellschaftlich akzeptierter Normen	
Kommunalbehörden	Bereitstellung von Arbeitsplätzen; Beiträge zur Infrastruktur, zur Bildung und zu kulturellen Einrichtungen
Staat	Einhaltung gesetzlicher Vorschriften; Steuereinnahmen; Exportniveau
„Pressure Groups", bspw. Greenpeace	Umsetzung selbst definierter ökologischer oder sozialer Standards
Gewerkschaften	Anerkennung der Gewerkschaftsvertreter als Verhandlungspartner; Verhandlungsfairness; Möglichkeit, Gewerkschaftsanliegen zu artikulieren
Arbeitgeberverbände	Ausrichtung von Entscheidungen an Beitragszahlungen

als die Frage nach der **relativen Relevanz von Anspruchsgruppen**. Ersterer erfasst die gesamte Menge der oben genannten Anspruchsgruppen und fordert eine darauf gerichtete Auseinandersetzung ein. Der Shareholder-Value-Ansatz führt hingegen zu einer konsequenten Aktionärsausrichtung. Daraus ergeben sich zwingend finanzwirtschaftliche Modelle, da nur ein Parameter – eben Aktienkurssteigerungen – das Zentrum bildet. Die Maximierung des Aktienkurses soll dann – quasi im zweiten Schritt – Möglichkeiten eröffnen, auch andere Interessen zu berücksichtigen.

Aufgrund seines quantitativen und auf exakte Berechnung ausgelegten Zugangs ist der Shareholder-Value-Ansatz in der Betriebswirtschaft beliebt. Alles, was nicht in diese finanzwirtschaftliche Optimierungslogik passt, wird dabei ignoriert. Es ist das eine finale Erfolgskriterium, das den Charme dieses Ansatzes ausmacht. Dies führt allerdings auch dazu, dass Kapitalgebern ein höheres Ausfallrisiko zukommt, da sie beispielsweise bei einer Insolvenz erst als letzter Stakeholder bedient werden.

Vor dem Hintergrund seiner klaren Leitlinie sowie seiner Optimierungsmöglichkeiten kritisieren viele Vertreter des Shareholder-Ansatzes den Stakeholder-Ansatz. Sie sehen in der Berücksichtigung vieler Anspruchsgruppen eine nicht erreichbare „**Harmonisierungsnotwendigkeit**" (Wöhe et al. 2016, S. 51 f.). Dabei würden Anspruchsgruppen einvernehmlich Ziele und Ergebnisverteilungen „friedensstiftend" anstreben. Aufgrund der allzu offensichtlichen Schwierigkeiten einer solchen „heilen Welt" folgern die Autoren eine unbedingte Dominanz des Shareholder-Value-Ansatzes.

Zwar lässt es sich durchaus begründen, die finanzwirtschaftliche Dimension zum Ausgangspunkt und zum dominanten Analysekern zu nehmen. Jedoch mündet dies unweigerlich in eine Schwierigkeit. Je rigider finanzwirtschaftliche Optimierungsmodelle greifen, umso weniger lassen sich qualitative Dimensionen berücksichtigen. Dies geht genau solange gut, bis Anspruchsgruppen Ressourcenbeziehungen in Frage stellen, Ressourcen vorenthalten oder sogar Ressourcen aus dem Unternehmen abziehen. Die beste Möglichkeit, Unternehmen dagegen zu wappnen, besteht in der Analyse sowie operativen Umsetzung von Stakeholder-Einflüssen.

Zur Umsetzung dieser Perspektive stellt sich die Frage nach der relativen Relevanz von Stakeholder-Gruppen.

1.3.1.3 Relative Relevanz von Stakeholder-Gruppen

Bei der Vielzahl berechtigter Ansprüche geht es um die relative Relevanz von Anspruchsgruppen. Dies antwortet auf die Frage, in welcher **Reihenfolge und mit welcher Intensität** wessen Interessen bedient werden sollen.

Grundlegend haben sich Mitchell et al. (1997) mit dieser Frage auseinandergesetzt. Sie argumentieren, dass Führungskräfte – die immer auch eigene Ziele anstreben – ihre Aufmerksamkeit auf definierte Anspruchsgruppen lenken. Somit diktiert immer die Wahrnehmung von Führungskräften die Prominenz von Stakeholdern. Sie schlagen die Unterscheidung von Stakeholdern nach der Ausstattung mit Macht, Legitimation und Dringlichkeit vor, die in ihrer Kombination unterschiedlich auf die Wahrnehmung der Entscheider wirken kann:

- **Macht** beschreibt die Möglichkeit, Unternehmen hinsichtlich substanzieller Entscheidungen zur Gewinnverteilung und der Wertschöpfung zu beeinflussen.
- **Legitimität** bildet die gesellschaftliche Anerkennung von Ausrichtungen, Strategien, Produkten sowie Prozeduren als erwünscht und angemessen ab.
- **Dringlichkeit** führt dazu, dass Aufmerksamkeit sehr unmittelbar erzeugt werden kann.

Alle drei Attribute setzen nicht erst bei grundlegend geänderten Marktstrukturen, demografischem Wandel oder gesellschaftlichem Wertewandel an. Jede Wahrnehmungsverschiebung von relevanten Führungskräften sortiert die relative Prominenz von Anspruchsgruppen neu ein und zieht darauf gerichtete Entscheidungen nach sich.

Ausgehend von diesen Stakeholder-Merkmalen, fügt Abb. 1.6 weitergehende Ausprägungen hinzu.

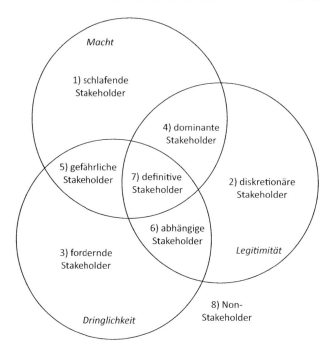

Abb. 1.6 Stakeholder-Typologie (s. ähnlich Mitchell et al. 1997, S. 874)

Die in der Abbildung benannten Anspruchsgruppen lassen sich hinsichtlich ihrer Generierung von Aufmerksamkeit als latent, moderat oder zentral einschätzen. Trifft keines der drei Kriterien zu, dann besteht für eigene Ansprüche keinerlei Durchsetzungspotenzial (8, Non-Stakeholder).

Latente Stakeholder
Auf latente Stakeholder trifft nur eines der drei Kriterien zu, was zu geringen Durchsetzungsmöglichkeiten führt. Beispielsweise leiden fordernde Stakeholder-Situationen zuallererst an der fehlenden Legitimität sowie Macht (3). Legitimität alleine – es handelt sich dabei um diskretionäre Stakeholder – krankt an der immer notwendigen Macht, um einen Anspruch mit hinreichender Aufmerksamkeit aufzuladen (2). Macht alleine bleibt bei der Geltendmachung von Ansprüchen begründungsfrei und damit potenziell akzeptanzgefährdend. Es besteht ein **schlafender Charakter** (1).

Moderate Anspruchsgruppen
Das Auftreten von zwei Kriterien lässt sich am besten als moderate Anspruchsgruppen beschreiben. Dominante Anspruchsgruppen sind legitimiert und machtvoll (4). Der dominante Charakter wird lediglich durch die nicht existente Dringlichkeit gebremst. Gefährliche Anspruchsgruppen haben aufgrund ihrer fehlenden Legitimität das Potenzial, Entscheidungen in inakzeptabler und mittelfristig schädlicher Weise zu lenken (5). Die

Kombination aus dringlich und legitimiert erfasst abhängige Anspruchsgruppen (6). Aufgrund deren aktueller Situation und hoher Akzeptanz erfahren sie oft die größte Aufmerksamkeit und Ressourcenzuwendung.

Zentrale Anspruchsgruppen
Zentrale Anspruchsgruppen kennzeichnet eine Erfüllung aller drei Kriterien (7). Das heißt, das Durchsetzungspotenzial für spezifische Interessen ist sehr groß. Die Berechtigung derartiger Anspruchsgruppen steht außer Zweifel. In vielen Fällen – beispielsweise bei Betriebsräten – werden die jeweiligen Belange im üblichen Rahmen und sehr rasch in das Organisationsgeschehen einfließen (s. Illustration 1.7).

> **Illustration 1.7: Betriebsrat bei VW blockiert Werk in Osteuropa**
>
> Die Stimmung zwischen Vorstand und Betriebsrat bei VW ist angespannt. Vorstandschef Herbert Diess plant die Errichtung einer neuen Fabrik in Osteuropa und im Zuge dessen den Abbau von 7000 Stellen in Deutschland. Nach Informationen des Norddeutschen Rundfunks will der Betriebsrat für dieses Bauvorhaben seine Zustimmung nicht erteilen, da die Belegschaft in Deutschland noch ausreichend Kapazitäten zur Verfügung hat.
>
> Zwei Jahre lang haben Vorstandschef Diess und Betriebsratschef Bernd Osterloh ohne nennenswerte Probleme zusammengearbeitet, diese Eintracht scheint jedoch zu bröckeln. Ein Sprecher Osterlohs wollte sich zu diesem Thema nicht äußern, nach Informationen des Norddeutschen Rundfunks wollen sich die Arbeitnehmer dem Bau allerdings widersetzen. Im Mai will der Aufsichtsrat über die in Rumänien, Bulgarien, Serbien oder Türkei geplante Fabrik abstimmen, wobei für eine Mehrheit die Stimmen der Arbeitnehmer erforderlich sind.
>
> Zusätzlich bezichtigt Betriebsratschef Osterloh das Management, massive Fehler begangen zu haben. So wirft er dem Management vor, dass aufgrund von Entwicklungsproblemen wichtige neue Modelle verschoben werden mussten sowie die Umstellung der Autos auf das Abgas-Prüfverfahren WLTP VW eine Milliarde Euro gekostet hätte. Daher fordert Osterloh das Management zu personellen Maßnahmen auf (Menzel 2019). ◄

Die Prominenz von Stakeholdern begrenzt Unternehmen in ihren strategischen und operativen Freiheiten. Es resultiert ein Rahmen für die folgende Auseinandersetzung mit Unternehmensstrategien.

1.3.2 Unternehmensstrategien

1.3.2.1 Ausgangspunkte
a) Bandbreite und Komplexität von Strategien

Die Verständnisse von „Unternehmensstrategien" sind kaum zu überblicken. Sie reichen von militärischen, präzisen Analysen und darauf gerichteten Durchsetzungsüberlegungen (Clausewitz 2010) bis hin zu Beispielen von großen, erfolgreichen Unternehmen, die gar keine auf Produkte und Märkte gerichtete Strategie zu haben scheinen, sondern lediglich einen organisatorischen Rahmen schaffen (s. Gore & Ass. Kap. 9).

Mit jeglichen Strategieüberlegungen geht eine große **Komplexität** einher. Diese fußt auf der Analyse und Prognose von Unternehmens- und Wettbewerbssituationen sowie den Wertschöpfungsmöglichkeiten. Die Illustration 1.8 veranschaulicht diese Komplexität.

> **Illustration 1.8: Unternehmensberater treffen auf Kunden**
>
> Eine Strategieberatung erhält den Auftrag eines großen mittelständischen Unternehmens (5200 Mitarbeiter) zur Begleitung der Strategieentwicklung. Das Unternehmen produziert hochbelastbare Gelenkverbindungen für Offshore-Windkraftanalagen. Immer mehr Umsatz erzielt das Unternehmen durch eine ausgefeilte und alle technischen Standards übertreffende Sensorik zur Messung der Belastungen. Dafür wurde schon früh ein Spezialunternehmen gekauft.
>
> Der Vorstand des Unternehmens erläutert den Beratern die Hintergründe dieser Erfolge im europäischen Markt. Umfängliches Knowhow, Erfahrungen und eingespielte Abläufe ermöglichen eine stetige Entwicklung von Neuprodukten. Bislang übersteigt dies die Fähigkeiten der meisten Konkurrenten deutlich. Allerdings befürchte er auch Marktanteilsverluste. Der Grund hierfür ist die Fusion von zwei wichtigen internationalen Konkurrenten. Der Vorstand fragt sich nun, ob der traditionsreiche Mittelständler eine globale Ausrichtung vornehmen sollte. Zwar werden schon Produktionsstätten in Brasilien und China unterhalten, der Absatz konzentriert sich aber auf Europa.
>
> Die Unternehmensberater machen sich intensive Gedanken. Ein Team setzt sich mit der Wettbewerbssituation auseinander. Ein zweites Team analysiert unter Befragung der Spezialisten des Unternehmers die technologische Reife der Produkte und möglicher Substitutionsgefahren. Ein drittes Team setzt sich mit dem Wertschöpfungsprozess auseinander und der Art und Weise, wie Handlungen gelenkt werden.
>
> Im nächsten Schritt sollen die Ergebnisse zu den Perspektiven gebündelt sowie unternehmensintern vorgestellt und diskutiert werden. ◄

Hieran wird das **zentrale Merkmal** von Strategien deutlich. Wegen ihrer Bandbreite und Komplexität sind sie niemals das Ergebnis nüchterner Kalküle. Es ist vor allem die enge Verwobenheit von Daten, Personen und Erfahrungen, die zu tragfähigen Entwürfen führen. Genau dieses Strategieverständnis liegt hier zugrunde und wird im folgenden Abschnitt als „Strategie-Emergenz" vorgestellt.

b) Strategie als Emergenz

Strategie-Emergenz bedeutet, dass Kräfte jenseits der reinen Analytik existieren und bewusst akzeptiert werden. Diese Kräfte stammen vor allem aus Erfahrungen mit vergangenen und aktuellen Wertschöpfungsprozessen. Aufgrund dieser Verwobenheit entsteht eine gewisse strategische Konsistenz, die sich beispielsweise auf der Ebene von Produkten, Märkten, Technologien und Humanressourcen niederschlägt. In diesem Sinne stellen Unternehmensstrategien ein **übergreifendes Entscheidungsmuster** dar, das sich in aller Regel nur langsam verändert. Somit weisen Unternehmensstrategien eine **Historizität** auf.

Mintzberg et al. (2003, S. 4–8) kennzeichnen das übergreifende Grundmuster durch vier Facetten. Diese sind somit Bestandteile von Strategien:

- Die **Perspektive** in Unternehmensstrategien umfasst eine Art Weltanschauung über das eigene Unternehmen und darüber hinausgehende Entwicklungen. Es folgen zu allen relevanten Strategiebestandteilen perspektivische Aussagen.
- Strategien umfassen immer auch **Finten**. Es geht um Signale an Konkurrenten oder Stakeholder. Dort sollen Entscheidungen und Maßnahmen ausgelöst oder verhindert werden. Sind beispielsweise der Ausbau von Vertriebswegen oder von technologischen Kompetenzen die Ziele, so kann eine allzu frühe Veröffentlichung derartige Vorhaben gefährden.
- Strategie als **Positionierung** baut auf Wissen über Konkurrenten, Lieferbeziehungen und Absatzwege sowie innerbetrieblichen Gestaltungsnotwendigkeiten auf. Daraus lässt sich eine Positionierung im Wettbewerbsumfeld vornehmen.
- Strategie konkretisiert eine Menge von **Plänen**, die aussagen, welche Zielgrößen perspektivisch erreicht werden sollen.

Diese Facetten finden sich in nahezu allen Unternehmensstrategien wieder. Die folgende Illustration 1.9 greift dies auf.

Illustration 1.9: Das „Earth-Phone"

Ein etablierter Hersteller von Mobiltelefonen schätzt die Wachstumsmöglichkeiten für typische High-End-Geräte als abnehmend ein. Man sieht Potenziale für preiswerte, robuste und hinsichtlich ihrer Ökobilanz hervorragende Geräte. Kostspieliger, technologischer Schnickschnack soll außen vor bleiben. Absatzmöglichkeiten sieht man in Schwellenländern sowie generell für ökologisch bewegte Kunden, die nicht mehr ein neues Smartphone als Statussymbol nutzen wollen. Bei einer Umfrage zeigten sich viele Mitarbeiter begeistert von dieser Idee. Der Name „Earth-Phone" hat sich in dem Unternehmen rasch etabliert.

Eine Unternehmensstrategie könnte die folgenden Merkmale aufweisen:

- Perspektive. Es besteht eine eigenständige Perspektive, die das Selbstverständnis verschiedener Stakeholder aufgreift und in der Etablierung eines neuen Marktsegmentes mündet.

- Finte. Bestehende Entwicklungs- und Produktionskapazitäten werden genutzt und lassen das Vorhaben verborgen bleiben. Man hofft mit einem First Mover-Advantage dieses neue Marktsegment eröffnen zu können. Vertrauen soll durch den Namen des Mutterkonzerns entstehen.
- Positionierung. Da nicht die Konkurrenz zu teuren und in allen Metropolen aufwändig präsentierten Smartphones aufgenommen wird, ist die Positionierung auf dem Mobiltelefon-Markt eindeutig. Es besteht automatisch eine Distanz zu anderen namhaften Anbietern.
- Pläne. Aufgrund der soliden Erfahrungen und Kompetenzen ist die planerische und technische Umsetzung sowohl unternehmensintern als auch in der Kundenansprache überschau- und umsetzbar.

Die Realisierbarkeit dieser strategischen Neuausrichtung hängt nicht nur von diesen vier Facetten ab. Bei dem „Earth-Phone" zeigt sich, dass viele bisherige, strategische Entscheidungen nicht das Ergebnis einer langfristigen Planung waren. Zudem sind die mit dem „Earth-Phone" verbundenen Werte hochkompatibel mit den Erwartungen der Stakeholder. Somit schreibt das „Earth-Phone" das Grundmuster in einem Strom von Entscheidungen fort. ◄

Diese Illustration 1.9 verdeutlicht die vier Strategiefacetten vor dem Hintergrund eines Grundmusters. Wenn man diese Facetten als bedeutsam einstuft, dann sollten sie auch den Kern einer Strategie-Definition bilden (Mintzberg et al. 2003, S. 4 f.).

▶ **Unternehmensstrategie** Eine Unternehmensstrategie ist ein Grundmuster in einem Strom von Entscheidungen. Perspektiven, Finten, Positionierungen und Pläne präzisieren dieses Grundmuster weiter.

Diese Sichtweise eines „Grundmusters in einem Strom von Entscheidungen" bedarf einer Ergänzung. Bislang standen absichtsvoll durchdachte Strategien im Blickpunkt und diese spiegeln auch das übliche Verständnis wider. Nicht minder relevant für ein Grundmuster sind unrealisierte sowie ungeplant entstandene und somit emergente Strategien. Der Begriff „**Strategieformierung**" soll dies erfassen. Abb. 1.7 stellt die Menge unterschiedlicher Strategieströme vor.

Unrealisierte Strategie-Entwürfe haben immer etwas mit Scheitern zu tun. So existiert zu keinem Zeitpunkt mehr Klarheit über die Realität, wenn Kunden Produkte nicht annehmen oder Wettbewerber qualitativ und preislich bessere Produkte anbieten. Die Realität teilt dann eindeutig mit, dass die jeweiligen Ressourcen und Stärken falsch eingeschätzt wurden. Mithin handelt es sich um Daten, die das Grundmuster in einem Strom von Entscheidungen prägen werden. **Emergente Strategien** sind ungeplant und beruhen auf bewährter Wertschöpfung. Es sind Erfahrungen aus dem Umgang mit eigenen Produkten bzw. Dienstleistungen, Kundengruppen und Wettbewerbsstrukturen, die Strategie-Ideen generieren. Da emergente Strategien eine deutliche Nähe zur existenten Wertschöp-

1.3 Prägung von Managementerfolg: Anspruchsgruppen, Unternehmensstrategien ...

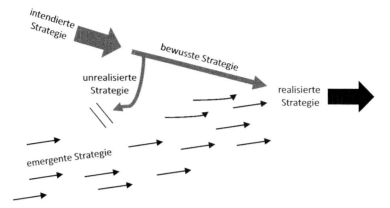

Abb. 1.7 Strategieformierung (s. ähnlich Mintzberg et al. 2003, S. 5)

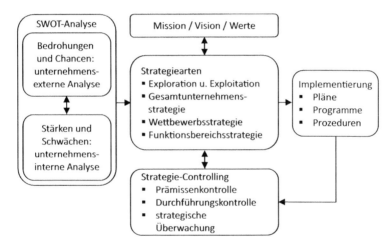

Abb. 1.8 Unternehmensstrategien und ihre Entwicklung

fung haben, ist deren gesamter Strategieprozess an dieser Stelle reduziert dargestellt. Der im Folgenden skizzierte Rahmen stellt das Ideal dar und richtet sich auf bewusste Strategien. Emergente Strategien setzen entsprechend nicht am Anfang des Rahmens an.

Die in Abb. 1.7 angesprochenen beabsichtigten Strategien sind der übliche Gegenstand der Strategielehre und werden in den nächsten Abschnitten diskutiert. Diese bedeutet zugleich, dass die Strategieemergenz auch weiterhin gilt, aber nicht näher thematisiert wird.

c) Rahmen für absichtsvoll durchdachte Strategien

Absichtsvoll durchdachte, und damit intendierte, Unternehmensstrategien entstehen durch typische Schrittfolgen. Abb. 1.8 skizziert einen Rahmen zur Entwicklung von Unternehmensstrategien.

Alle diese Schrittfolgen sind weitgehend selbsterklärend und fügen sich konsequent aneinander an. Auf einen Punkt soll schon an dieser Stelle hingewiesen werden: So werden bereits die Ausgangspunkte – die unternehmensinterne und -externe Analyse – eine chronische Unschärfe offenbaren. Dies hat eine wesentliche Konsequenz. Bei der Entwicklung von Unternehmensstrategien muss sich das Augenmerk weg von einer Planungszentrierung (Steinmann et al. 2013) und hin zur **Kompensation unvermeidbarer Planungsschwächen** bewegen. Konzeptionell wird dies im Strategierahmen durch das Strategie-Controlling aufgefangen. Das kontinuierliche Hinterfragen aller relevanten Parameter, ihren Bezügen und resultierender Korrekturnotwendigkeiten zählt dazu.

1.3.2.2 SWOT-Analyse
a) Idee

Es ist unvermeidbar, einen strategischen Prozess mit unternehmensexternen und unternehmensinternen Analysen zu beginnen. Sie bilden den harten Kern jeglicher Strategien. Diese Vorgehensweise ist in der Literatur sowie auch in der Unternehmenspraxis als „**SWOT-Analyse**" bekannt. „SWOT" steht zum einen für „strength and weaknesses" und zum anderen für „opportunities and threats". Stärken und Schwächen setzen sich aus unternehmensinternen Gegebenheiten zusammen. Chancen und Bedrohungen resultieren aus unternehmensexternen Daten.

Unweigerlich greift dieses Analysegerüst auf unterschiedlich präzise Daten zurück. So lassen sich Chancen und Risiken – beispielsweise durch Marktanteile, Konsumentenverhalte oder Funktionalität von Softwarelösungen – recht genau fassen. Aussagen zur Leistungsbereitschaft von Humanressourcen oder zur Unterstützung strategischer Orientierung durch Unternehmenskultur sind hingegen weniger eindeutig messbar. Somit tritt bei der Zusammenführung von Daten im Rahmen einer SWOT-Analyse immer **Inkommensurabilität** auf. Dies spricht die Unvereinbarkeit der unterschiedlichen Dimensionen von Chancen und Risiken sowie Stärken und Schwächen an. So lassen sich Lieferantenmacht oder Substitutionsprodukte durch Eintrittswahrscheinlichkeiten und die Funktionalität von Softwarelösungen durch Intuitivität erfassen. Auf die Leistungsbereitschaft von Mitarbeitern weisen die Konstrukte Arbeitszufriedenheit, organisatorische Selbstbindung zusammen mit dem Qualifikationsniveau hin, während die Passung einer Unternehmenskultur sich nicht so recht in Kriterien fassen lässt.

Die Zusammenführung aller Informationen aus einer SWOT-Analyse ist dann eine unternehmerische Entscheidung und aggregiert unterschiedliche Daten auf einer verbalen Ebene. Dies rückt Interpretationen und Deutungen in den Vordergrund. Auch wenn dieser Schritt die quantitative Ebene verlässt, so ist er unvermeidbar. Es muss ganz einfach eine Aussage erfolgen, ob Chancen oder Risiken – unter Berücksichtigung von Stärken und Schwächen – strategischer Überlegungen überwiegen.

b) Strategisch einsetzbare Ressourcen

Die Analyse von strategisch einsetzbaren Ressourcen ist eine komplexe Frage. Stärken und Schwächen erschließen sich nicht einfach. Sie setzen sich vielmehr aus unterschiedli-

1.3 Prägung von Managementerfolg: Anspruchsgruppen, Unternehmensstrategien ...

chen Konstrukten zusammen, die oft nicht beobachtbar sind, sondern teilweise aufwändig erhoben werden müssen.

Oben wurden Ressourcen in tangible und intangible Ressourcen unterschieden, die zudem mit unterschiedlichen Verfügungsrechten ausgestattet sind. Zusammen mit der VRIO-Bewertung entstand ein Bild von Ressourcen und wie sie einsetzbar sind. Aus einer strategischen Perspektive wird dieses Denken noch weitergeführt.

Man gelangt zu organisatorischen Fähigkeiten (Johnson et al. 2017). Diese werden auch als **Kernkompetenzen** bezeichnet. Damit sind vor allem organisatorische Fähigkeiten gemeint, von denen ein Wettbewerbsvorteil ausgeht. Allerdings wird dieser Begriff häufig so verwendet, dass man gerade keine strategische Relevanz erkennen kann. Fragt man nach der Kernkompetenz eines Sportwagenherstellers, so liegt diese gerade nicht im Bau schöner und schnellerer Autos. Definiert man Kernkompetenz so, dann wäre das eine Tautologie oder ein Zirkelschluss. Das heißt, man sieht das Ergebnis und sagt dann, dass ein Unternehmen genau das kann.

Demgegenüber sind Kernkompetenzen – genau im Sinne intangibler Ressourcen – Bündel von Fähigkeiten. Es sind Kombinationen, beispielsweise von gemeinsamen Erfahrungen, stimmigen Werten, struktureller Führung oder flexiblen Strukturen, die zu Kernkompetenzen führen. Alle im weiteren Verlauf der Schrift und in dem Wertschöpfungsrahmen (s. Abb. 1.5) aufgeführten handlungsrelevanten Ausführungen stellen potenzielle Beiträge für Kernkompetenzen dar. Zwei Beispiele sollen die Idee von Kernkompetenzen illustrieren (s. Illustration 1.10).

Illustration 1.10: Kernkompetenzen

Fragt man nach dem Erfolg von Discountern – beispielsweise Aldi – so liefern Wettbewerbskräfte und Konsumentenverhalten Begründungen. Genauso relevant sind Kernkompetenzen. So ist der Unterschied zwischen der Prozesskompetenz von Aldi auf der einen Seite und höherpreisigen Supermärkten auf der anderen Seite deutlich. Aldi gelingt es, alle Entscheidungen und Vorgänge mit einer herausragenden Geschwindigkeit bei minimalem Ressourceneinsatz durchzuführen. Diese organisatorische Fähigkeit ist unter anderem das Zusammenwirken von Führung, Erfahrungen, Kultur, Humanressourcen und organisatorischen Lösungen. Dies prägt den gesamten Wertschöpfungsprozess von Aldi in einer extrem effizienten Art und Weise.

Bei Vorwerk ist die Kernkompetenz ganz anders ausgeprägt. Denkt man an den großen Erfolg des „Thermo-Mix" oder des Kobold-Staubsaugers, so hat man den Eindruck, die Entwicklung technischer Geräte seien die Erfolgsbasis. Gewiss ist eine hohe technologische Kompetenz versammelt. Nicht minder wichtig ist aber die organisatorische Fähigkeit, Direktvertriebssysteme weltweit auf eine faszinierende Art und Weise zu steuern. Dies erklärt den internationalen Erfolg auch mit Kosmetika, Wasseraufbereitern, Teemaschinen oder Teppichen. Letztendlich ist diese Kernkompetenz auch der Auslöser für Erweiterungen des Produktprogramms. ◄

Diese beiden Beispiele verdeutlichen, dass Kernkompetenzen nicht nur intangibel, sondern auch kurzfristig nicht imitierbar sind. Drei weitere Merkmale greifen dies auf:

- Die Fülle an angedeuteten Einflüssen auf die Kernkompetenzen zeigt, dass sie immer kausal unverstanden sein werden. Das heißt, sie funktionieren gerade nicht wie eine Maschine, man kann nur schlecht Bestandteile ersetzen und auch nur bedächtig Umgestaltungen vornehmen.
- Deren Entstehung ist historisch, das heißt Personen, unterschiedliche Handlungen, ähnliche Strukturen sowie andere Faktoren wirken zusammen und formen – gar nicht automatisch absichtsvoll – Kernkompetenzen.
- Kernkompetenzen sind sozial komplex, da eben viele Personen daran mitwirken (Barney 2002).

Wie zu Beginn bereits erwähnt, sind diese Kombinationen von Ressourcen keineswegs trivial und auch nicht additiv verknüpft. Letztendlich sind es Kernkompetenzen, die die Grundlage von allen Unternehmensstrategien darstellen oder durch Strategien aufgebaut werden sollen.

c) Wettbewerbsstruktur
Die unternehmensexterne Analyse soll Wettbewerbskräfte analysieren (Porter 1980). Diese Kräfte prägen mittel- und langfristige Entwicklungen in einer Branche – im Sinne einer Mehrzahl konkurrierender Unternehmen – und entscheiden über die Attraktivität dieser Branche oder einzelner Geschäftsfelder.

Es sind fünf Kräfte unterscheidbar, die die strategische Ausrichtung prägen. Porter (1980) unterscheidet die Bedrohung durch Ersatzprodukte und potenzielle Neueinsteiger sowie die Marktmacht der Lieferanten und Käufer. Als fünfte und zugleich zentrale Triebkraft ist die Rivalität unter den Konkurrenten angesprochen (s. Abb. 1.9).

Die Rivalität unter den Konkurrenten steht im Zentrum, da sie aus dem Zusammenwirken der anderen Kräfte resultiert. So kann etwa die hohe Marktmacht von Lieferanten dazu führen, dass sich weniger Konkurrenten in diesem Umfeld engagieren möchten, wodurch die Intensität des Branchenwettbewerbs abnimmt und damit die Attraktivität steigt. Ist die Wettbewerbsintensität hingegen hoch, so ist von einer tendenziell weniger attraktiven Branche auszugehen. In Abb. 1.9 sind selbsterklärende Kriterien für die fünf Wettbewerbskräfte enthalten.

1.3.2.3 Strategien und deren Umsetzung
a) Mission, Vision, Werte
Nach einer SWOT-Analyse lassen sich Unternehmensstrategien nicht einfach ableiten. Sie sind vielmehr eingebettet in einen Rahmen. Dieser besteht aus den bisherigen Erfahrungen im Sinne des Grundmusters in einem Strom von Entscheidungen, aus dem Einflusspoten-

1.3 Prägung von Managementerfolg: Anspruchsgruppen, Unternehmensstrategien ...

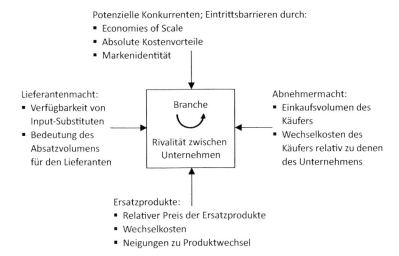

Abb. 1.9 Zusammenwirken von fünf Wettbewerbskräften (s. ähnlich Porter 1980, S. 4)

zial von Stakeholdern und einer sich daraus entwickelnden Sicht auf die Unternehmenssituation. Was so abstrakt klingt, erfährt in nahezu allen Strategie-Verlautbarungen von Unternehmen eine Konkretisierung. So dienen die Begriffe Mission, Vision und Werte als Unterbau für viele Unternehmensstrategien (Johnson 2008).

Mission
Die **Mission** oder das Leitbild von Unternehmen beschreibt auf einer allgemeinen Ebene deren Selbstverständnis. Es geht darum, Mitarbeitern, Führungskräften und Stakeholdern eine Idee zu vermitteln, warum ein Unternehmen in einer bestimmten Branche wirkt und auf welche Art und Weise ein ökonomischer Sinn existiert. Dies soll allen relevanten internen und externen Personen einen grundlegenden Zugang und ein positives Empfinden über das Unternehmen vermitteln. Es hört sich aber einfacher an, als es ist. Gerade bei solchen Einordnungen, Bedeutungszuschreibungen und damit bei Hinweisen, was und wie gedacht werden soll, sind Menschen oft aufmerksam und kritisch.

Vision
Ein deutlich ausgeprägterer Bezug zur Zukunft der Organisation findet sich in der **Vision** wieder. Bei Betrachtung der Wortherkunft aus dem mittelhochdeutschen „visiun", gelangt man zum Begriff der „Erscheinung". Es wird damit klar, dass es hier darum geht, etwas zu sehen, was aktuell noch nicht existent ist. Es soll die Frage beantwortet werden, wie das Unternehmen die Zukunft gestalten kann. Welches Ausmaß an Marktdurchdringung soll etwa in den nächsten Jahren erreicht werden? Zwei gute Beispiele stellen Spotify und Ford dar. So wollte Spotify „das weltweite Betriebssystem für Musik werden" (Dredge 2012). Henry Ford formulierte in den 1920er-Jahren: „Jeder Mensch soll die Möglichkeit haben, ein Auto zu besitzen" (Ford-Werke GmbH o. J.).

Werte

Die dritte relevante Stufe zur Substantiierung von Unternehmensstrategien stellen **Werte** dar. Werte sind ein überdauernder Maßstab für Handlungen. Sie geben also an, welche Handlungen und in welcher Form eine Berechtigung besitzen. Angenommen, es existiert der Wert „Sorgfalt vor Schnelligkeit", so ist dies vermutlich das Ergebnis persönlicher Werte von Gründern und von anderen prägenden Personen, langjähriger Erfahrungen mit Kunden oder schwierigen und aufwändigen Nachbesserungen. Dieser Wert wirkt sich dann idealerweise direkt auf das Handeln aus und könnte zu einer besonders gut durchdachten, mehrwöchigen und intensiven Vorbereitung auf die Akquise eines potenziellen Schlüsselkunden führen. Die Herausforderung liegt darin, Werte aus der Menge bisheriger spezifischer und kontextabhängiger Handlungen „herauszusynthetisieren".

b) Strategiearten
Spannungsfeld von Exploitation und Exploration als Ausgangspunkt

Einen Ausgangspunkt für die Einstufung von Strategien schafft das Spannungsfeld von Exploitation und Exploration (March 1991). Es thematisiert zwei Pole, zwischen denen alle Unternehmensstrategien platziert sind. Es sind insofern Pole, als dass die Umweltsituationen sowie deren unternehmensinterne Bearbeitungserfordernisse sich grundlegend unterscheiden. Hinweise auf eine solche Platzierung einer Unternehmensstrategie soll die SWOT-Analyse bieten.

Exploitation steht für die Ausschöpfung eines bestehenden und stabilen Geschäftsfeldes. Bereits vorhandene Ressourcen sollen dabei so gebündelt werden, dass Abläufe möglichst reibungslos und kosteneffizient erfolgen. Veränderungen auf der Ebene der internen Systeme haben keine Ausrichtung auf Innovationen. Die Ressourcenabhängigkeit wird durch die umfängliche Lenkung eigener Ressourcen auf ein einzelnes Geschäftsfeld zu einem zentralen Thema. Demgegenüber zielt **Exploration** auf die Entwicklung und Gestaltung neuer Geschäftsfelder ab. Es geht um die aktive Erforschung und Modifikation zukunftsträchtiger Geschäftsfelder auf der einen Seite sowie auf der anderen Seite um die Schaffung der passenden unternehmensinternen Wertschöpfungszusammenhänge. Außerdem werden darunter die Suche nach neuen Möglichkeiten und Ressourcen sowie deren Ausrichtung gefasst.

Wenn es sich bei Exploitation und Exploration um zwei Pole handelt, wie sieht es dann mit deren Kombinierbarkeit und damit einer „zwei poligen" Strategie aus? Dies wird unter dem Stichwort „**Ambidextrie**" diskutiert. Gemeint ist damit eine Beidhändigkeit und damit die Ausrichtung auf die konsequente Umsetzung beider Pole. Vergleichbar wäre diese Beidhändigkeit mit Handballern oder Fußballern, die den rechten und linken Arm bzw. Fuß gleichgut einsetzen können und dadurch über ein besonderes Potenzial verfügen. Bei Unternehmen ist das schwierig, da der Einsatz von Ressourcen, beispielsweise für die Exploitation, einer gänzlich anderen Logik – unter anderem bedingt durch die organisatorischen Hebel – unterliegt, als der Ressourceneinsatz für die Geschäftsfelderkundung. Letztere ist vor allem das Ergebnis einer umfänglichen Pflege von Humanressourcen und deren organisatorischer Einbettung. Hinzu treten Unterschiede in der Planbarkeit, Risiko

1.3 Prägung von Managementerfolg: Anspruchsgruppen, Unternehmensstrategien …

und Dynamik von Exploitation und Exploration. So ist die Weiterentwicklung hocheffizienter Produktionsverfahren planbarer, risikoärmer und weniger dynamisch, als die Schaffung und Bearbeitung innovativer Produkte und Dienstleistungen.

Unterschiede bei der Planung, dem Risiko und der Dynamik müssen bei Ambidextrie innerhalb eines Unternehmens parallel und in ähnlichen Abteilungen umgesetzt werden. Dies schafft auf der personalpolitischen, führungspolitischen, organisatorischen sowie auf der unternehmenskulturellen Ebene viele Herausforderungen. Beidhändigkeit ist somit eine hoch attraktive Fähigkeit. Sie lebt davon, dass trotz aller Standardisierung und großer Kapitalbindung – etwa für Maschinen und Distributionskanäle – kreative Freiheiten und organische Strukturen (s. Kap. 8) keine Einschränkung erfahren (Jansen et al. 2006).

Strategieebenen
Strategien können sehr unterschiedliche Kombinationen unternehmensinterner und -externer Gegebenheiten zum Gegenstand haben. Entsprechend ist es kaum möglich, in einem großen Entwurf, Märkte, Kernkompetenzen und zeitgleich unterschiedliche Produktkategorien oder Maßnahmen im Produktions- oder F&E-Bereich zu berücksichtigen. Eine Abstufung und Differenzierung sind erforderlich. Diese führt zu drei unterschiedlichen Strategieebenen.

Gesamtunternehmensstrategie
Bei der Gesamtunternehmensstrategie handelt es sich um die Festlegung der Geschäftsfelder und deren Ressourcenzuteilung. Es resultieren eigenständige, organisatorische Einheiten sowie strukturell abgebildete Sparten oder Divisionen (s. Kap. 6). Im Vordergrund steht dann deren Wettbewerbsposition und damit die erwartbaren Wertschöpfungsbeiträge (Johnson et al. 2017). Je nach Menge und Positionierung der strategischen Geschäftseinheiten lassen sich unterschiedliche Ausmaße der Integration und Diversifikation verdeutlichen. So bedeutet eine hohe Integration und Diversifikation, dass die Unterschiedlichkeit zwischen strategischen Geschäftseinheiten – alle basieren auf einer eigenen SWOT-Analyse – ausgeprägt ist. Als Kriterien für diese Differenzierung führen die Stellung in der Wertschöpfungsstufe sowie der Verwandtschaftsgrad bzw. die Verbundenheit mit dem bisherigen Kerngeschäft weiter (Reed und Luffmann 1986). Abb. 1.10 stellt dies vor.

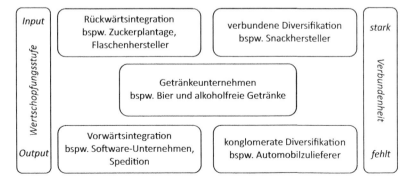

Abb. 1.10 Arten von Integration und Diversifikationen (s. ähnlich Jones 2013, S. 247)

Neben der Integration und Diversifikation ist die Zusammenschau aller vorhandenen Geschäftsfelder ein wichtiges Thema. Dazu dienen die sogenannten Portfolio-Analysen. Besonders bekannt ist die 4-Felder-Matrix der Boston Consulting Group. Anhand der Achsen „relativer Marktanteil" sowie „Marktwachstum" werden alle Geschäftsfelder positioniert und hinsichtlich ihrer zwei-achsigen Entwicklungspotenziale eingeschätzt. Dies soll für Stabilität sorgen, indem immer ausreichende Ertragsbringer sowie potenzialreiche neue Geschäftsfelder im Fokus stehen.

Wettbewerbsstrategie
Wettbewerbsstrategien richten sich nicht mehr auf die gesamte Menge an Produkt/Markt-Kombinationen. Vielmehr ist es erforderlich, für jedes einzelne Geschäftsfeld zu klären, auf welche Art und mit welcher Intensität der Konkurrenzkampf aufgenommen werden soll. Besonders populär sind die Differenzierungsstrategie, die Kostenführerschaft und die Nischenstrategie (Porter 1980). Deren Logik besteht darin, dass sich bei bestimmten Produkten Kundenströme genau zwischen diesen drei unterschiedlichen Angeboten selektieren und dementsprechend Offerten durch die Unternehmen vorgelegt werden. Hotels, Fluggesellschaften oder Lebensmitteleinzelhandel sind Beispiele dafür. In vielen anderen Branchen greift eine derartige strategische Differenzierung nicht. Beispielsweise verhindert der gut funktionierende Gebrauchtwagenmarkt den Erfolg von Lowcost-Automobilproduzenten. Zumindest werden solche Angebote nicht vergleichbar erfolgreich sein wie Aldi und Lidl. In jedem Fall bleibt die Notwendigkeit, spezifische Überlegungen für Geschäftsfelder zu formulieren. Diese müssen dann nicht automatisch dem porterschen Algorithmus folgen.

Funktionsbereichsstrategie
Funktionsbereichsstrategien beschreiben schließlich den Einsatz spezifischer Abteilungen zur Unterstützung von Gesamtunternehmens- und Wettbewerbsstrategien. Besonders ist dies bei Marketing-, Personal- oder Forschungs- & Entwicklungsstrategien zu beobachten. Das Ziel besteht in dem Einsatz von Ressourcen, um Kernkompetenzen zu erweitern und damit aktuellen sowie künftigen Entwicklungen zu begegnen (Jones 2013).

c) Ziele, Programme, Prozeduren
Die Umsetzung von Strategien, die durch Missionen, Visionen und Werte eine Eingrenzung erfahren haben, ist ein komplexes Unterfangen. Jegliche Strategieentwürfe kollidieren in aller Regel mit Teilen der Unternehmensrealität oder -umwelt, erfordern Veränderungen im Denken und Handeln und wecken keineswegs automatisch Sympathie bei den Betroffenen. Ziele, Programme und Prozeduren sind konkretisierende Begriffe für eine Strategieimplementierung (Wheelen und Hunger 2004, S. 15–17).

Ziele bilden prüfbare Vorgaben an einzelne Personen oder Abteilungen. Ziele von Unternehmen und Organisationen sind genau dann legitimiert, wenn sie einen Kompromiss zwischen Interessen der Anspruchsgruppen (s. oben) bilden. Solche Ziele sind Maßstäbe und informieren über **angestrebte künftige Zustände** (Fallgatter 1996). Ziele werden verständlicher, sobald man nach deren Dimensionen und Funktionen fragt (Macharzina und Wolf 2018):

- **Dimensionen von Zielen** bestehen aus dem Inhalt, dem Ausmaß sowie dem zeitlichen Bezug. Besteht der Zielinhalt aus einer qualitativen Festlegung, so informiert das Ausmaß über das angestrebte Qualitätsniveau. Der zeitliche Bezug definiert das Ende von Zielerreichungsanstrengungen. Diese drei Dimensionen operationalisieren Ziele und sind eine Voraussetzung für deren Funktionieren.
- Ziele haben unterschiedliche **Funktionen**: Sie informieren über unternehmensintern als zentral eingeschätzte Themen und erfüllen eine Orientierungsfunktion. Damit geht auch eine Koordinationsfunktion einher. Darüber hinaus wirken Ziele formal konfliktlösend und haben eine Entscheidungsfunktion.

Diese rasch deutlich werdende Vielfalt an Ausprägungen lässt leicht den Wunsch nach einem **konsistenten Zielsystem** aufkommen. Viele Führungskräfte sprechen dann auch – mit einer gewissen Begeisterung – von einem „Herunterbrechen von Zielen". Das heißt, ein Oberziel führt zu einer mehrstufigen Menge an nachgeordneten Zielen, die gemeinschaftlich das Oberziel erfüllen sollen. Dies funktioniert bestimmt bei technischen Entwürfen. Bei Unternehmen und den konstituierenden Handlungen und variierenden Umweltbedingungen ist das aber oft nicht erreichbar. Weder sind die erforderlichen Handlungen zum Bestehen auf Märkten genügend prognostizierbar, noch ist es das Handeln selbst. Gerade, wenn es zudem auch um Komplexität und Innovationen geht, ist das offensichtlich. Entsprechend führt kein Weg an einer oft steinigen, fortwährenden Auseinandersetzung mit Zielen und deren Anpassungen vorbei.

Durch die folgenden Themen lässt sich die Strategieimplementierung strukturieren:

- **Programme** sind Festlegungen über erforderliche Maßnahmenbündel. Betroffen können dabei alle Moderatoren der Wertschöpfungssteuerung sein, vom Personalmanagement über organisatorische Regelungen, Unternehmenskultur bis hin zum Veränderungsmanagement.
- Die **Budgetierung** umfasst die Hinterlegung von Programmen mit finanziellen Größen. Ist beispielsweise ein hoher Betrag für Beratungsleistungen im Rahmen der Entwicklung von Organisationsstrukturen bewilligt, so haben Führungskräfte einen eindeutigen Auftrag und die Verfügungsrechte über das angewiesene Budget. Dies soll eine starke Konzentration auf spezifische Themen fördern.
- **Prozeduren** beschreiben, wie die Überführung von Ressourcen in Leistung erfolgen soll. Solche Handlungsnormen geben beispielsweise exakte Wenn/Dann-Beziehungen vor. Wenn sich zum Beispiel Mitarbeiter beschweren, dann könnte eine bestimmte Gesprächstechnik anzuwenden sein. Genauso kann damit geregelt werden, dass bei bestimmten Kundenreaktionen eine bestimmte Abteilung informiert werden muss. Solche Prozeduren setzen strategische Überlegungen mit Nachdruck um.

Die damit angesprochene Implementierung von Zielen ist aber bei weitem noch nicht das Ende des Strategieprozesses. Erst das strategische Controlling führt zu einer Vollständigkeit.

Abb. 1.11 Dreiteilung von strategischem Controlling (Schreyögg und Steinmann 1987)

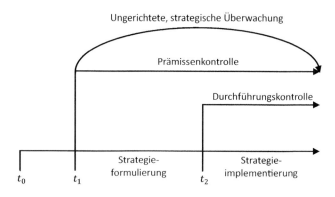

1.3.2.4 Strategisches Controlling

Jegliche Planung – und damit auch die strategische Planung mit den resultierenden Strategien – vernichtet Unsicherheit. Das heißt, statt darüber nachzudenken, was alles Positives und Negatives eintreten könnte, beruhen Pläne auf gefestigten Einschätzungen über alle Stärken und Schwächen sowie Chancen und Risiken. Strategien stellen die Umsetzung in den Vordergrund und nicht substanzielle Zweifel an den strategischen Voraussetzungen.

Nach Schreyögg und Steinmann (1987) lässt sich die strategische Kontrolle in die Prämissenkontrolle, die Durchführungskontrolle und die ungerichtete, strategische Überwachung dreiteilen (s. Abb. 1.11).

Prämissenkontrolle

Die Prämissenkontrolle richtet sich auf die Grundannahmen der strategischen Planung. Prämissen müssen systematisch und kontinuierlich auf ihre andauernde Gültigkeit überprüft werden und sollen Anpassungen auslösen. Informationsquelle hierfür können Studien, Personen oder Marketingabteilungen sein, die dann zur kontinuierlichen Überprüfung der Prämissen herangezogen werden. Die Prämissenkontrolle beginnt schon während der Strategie-Formulierung und ist vorwärtsgerichtet.

Durchführungskontrolle

Im Rahmen der Durchführungskontrolle werden alle Auswirkungen von Maßnahmen der Strategie-Implementierung analysiert. Hieraus sollen Rückschlüsse darauf gezogen werden, inwieweit die strategische Ausrichtung zukünftig einer Anpassung bedarf. Durch diesen Bezug ist die Durchführungskontrolle zugleich vergangenheits- und zukunftsgerichtet. Sie soll jedes strategische Projekt durchgängig begleiten und wird beispielsweise durch Meilensteine und Schwellenwerte praktikabel.

Ungerichtete, strategische Überwachung

Die beiden beschriebenen „Arten" des strategischen Controllings sind auf einen spezifischen Bereich fokussiert. Die ungerichtete, strategische Überwachung hingegen ist allgemeiner ausgerichtet. Sie dient dem Nachhalten aller potenziell bedrohlichen Aspekte innerhalb und außerhalb des Unternehmens und kann damit weitere Informationen für die Prämissenkontrolle liefern. Um ein möglichst breites Spektrum kritischer Faktoren einer Strategie erfassen zu können, ist die Offenheit des Überwachungsprozesses entscheidend. Alle Ereignisse und Informationen können im Sinne der ungerichteten strategischen Überwachung potenzielle Hinweise auf eine Krise sein. Die allgemeine Schwierigkeit besteht darin, dass sich die Eindeutigkeit dieser Hinweise erst mit zunehmender Stärke und zeitlichem Fortschritt erhöht, diese jedoch gleichzeitig möglichst in frühem Stadium erkannt werden sollen.

Am Beispiel eines Zigarettenherstellers lässt sich das strategische Controlling nachvollziehen. Jahrzehntelang galten die folgenden Prämissen: (1) Die gesundheitlichen Auswirkungen des Rauchens sind für Raucher kaum relevant. (2) Klassische Zigaretten werden weiterhin stabile Umsätze erzielen. (3) Kein Wettbewerber wird mit alternativen Angeboten die Markstellung bedrohen. (4) Es gibt also keinen ausreichend großen Markt für Rauchalternativen. Die folgende Illustration 1.11 skizziert die Reaktion von Philip Morris auf geänderte Prämissen.

> **Illustration 1.11: Philip Morris rät vom Rauchen ab**
>
> Seit 2014 hat Philip Morris, einer der größten Tabakkonzerne der Welt, Tabakerhitzer unter dem Markennamen Iqos im Angebot. Hier wird Tabak nicht mehr verbrannt, sondern lediglich auf über 300 Grad erhitzt, wodurch sich die negativen Gesundheitsauswirkungen erheblich verringern sollen.
>
> Die Bewerbung der neuen Produktkategorie geht dabei zulasten des bestehenden Geschäfts. In einigen britischen Tageszeitungen schaltete Philip Morris bereits Anzeigen, die vom Rauchen von Zigaretten abraten. Der Hersteller von Marken wie Marlboro oder Chesterfield gibt an, den Verkauf klassischer Zigaretten langfristig ganz einstellen zu wollen und spricht von einer „smoke-free transformation". Allen, die das Rauchen nicht aufgeben wollen, legt Philip Morris die Alternative „Iqos" ans Herz.
>
> Überraschend kommt diese Maßnahme nicht. Bereits 2016 kündigte Philip Morris an, aufgrund des kontinuierlichen Rückganges des Zigarettenmarktes, den Konzern langfristig auf weniger schädliche Alternativen auszurichten. In die Forschung hierfür wurden seit 2008 über 7,2 Mrd. Dollar investiert (Hornig und Freund 2018; Philip Morris International Inc. o. J.). ◄

Die ungerichtete, strategische Überwachung könnte in diesem Beispiel folgende Bedrohungen festgestellt haben: (1) Es bildet sich ein allgemeiner Trend zu Selbstoptimierung und Gesundheitsbewusstsein. (2) Die Umsätze anderer Unternehmen mit alternativen Produkten steigen stark an. (3) Der Vertrieb über das Internet wird insgesamt wichtiger. Solange diese Hinweise nur in geringer Stärke vorliegen, kann kaum mit ausreichender Sicherheit festgestellt werden, ob es sich um ernst zu nehmende Bedrohungen handelt. Eine Reaktion auf diese Hinweise wäre somit riskant, da sie sich auch als kurzfristige Modeerscheinungen herausstellen könnten. Sind diese Hinweise stark genug für eine ausreichend sichere Einschätzung als reale Bedrohung, so ist ein geeigneter Zeitpunkt zur Reaktion möglicherweise bereits verstrichen.

Diese Ausführungen sollten einen Einblick in jene Bereiche geben, die für jegliches Management die Grundlage schaffen. Darauf aufbauend werden Problemstrukturen unterschieden, die auf strategischer Ebene sowie auch bei Programmen und Prozeduren auftreten.

1.3.3 Strukturen von Problemen und ihre Unterscheidung

1.3.3.1 Strukturen von Problemen

Stakeholder-Interessen sowie die formulierten Unternehmensstrategien führen in aller Regel zu offenen Fragen oder Herausforderungen. Diese werden hier als Probleme verstanden. Das Beheben derartiger Probleme ist nicht einfach, da in Organisationen oft Ressourcen fehlen, Wege zur Problembehebung uneindeutig sind und sich sogar Ziele oft erst durch das Handeln herausschälen und schärfen. Das heißt, der Weg zur Zielerreichung ist nicht einfach analysierbar.

Um den Umgang mit Problemen zu strukturieren und zu vereinfachen, geht es zunächst um die Frage: Was ist ein Problem? Probleme kennzeichnet die gleichzeitige Existenz von **Barrieren** und daraus resultierenden **Unwägbarkeiten**. So besteht ein Problem immer aus einer aktuellen, aber unerwünschten Ist-Situation (S_0) und einer präferierten, künftigen Soll-Situation (S_1). Letztere ist bei einem Problem nicht unmittelbar einfach erreichbar, sondern durch eine oder mehrere Barrieren versperrt. Abb. 1.12 skizziert diesen Zusammenhang.

Diese allgemeine Struktur von Problemen lässt sich anhand von zwei Achsen mit jeweils zwei Ausprägungen verdeutlichen. Die eine Achse steht für die Ziele und die andere für die Mittel. Die „Ziel-Achse" verweist auf die Eindeutigkeit und Präzision von Zielzuständen. Die „Mittel-Achse" markiert die Bekanntheit bzw. die Verfügbarkeit der einsetzbaren Mittel zur Überwindung der Barriere (s. Abb. 1.13).

Die Problemstruktur eines bekannten Mittels und eines uneindeutigen Ziels (rechts oben) kann nicht existieren, da sich bekannte Mittel über den Zielbezug definieren. Die anderen drei Problemtypen werden im Folgenden skizziert.

Abb. 1.12 Struktur von Problemen

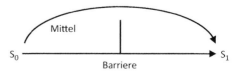

Abb. 1.13 Typen von Problemen

		Ziele	
		eindeutig	nicht eindeutig
Mittel	bekannt bzw. verfügbar	Interpolationsproblem	/
Mittel	nicht bekannt bzw. nicht verfügbar	Syntheseproblem	dialektisches Problem

1.3.3.2 Typen von Problemen

Interpolationsprobleme

Interpolationsprobleme lösen die Vermutung einer besonders einfachen Bearbeitbarkeit aus. So erzeugt die Eindeutigkeit von Zielen und die Klarheit von Mitteln eine „Programmierbarkeit". Das heißt, es hängt von der Sorgfalt, dem Überblick und der Intensität von Entscheidungsträgern ab, ob ein guter Zielzustand erreicht werden kann. Allerdings erweist sich diese Struktur als keineswegs unterkomplex.

Zwei Beispiele illustrieren diesen Problemtypus (s. Illustration 1.12).

Illustration 1.12: Interpolationsproblem

Beim Schachspiel sind durch die Regeln alle Mittel eindeutig. Das Ziel „Schachmatt" ist völlig unstrittig. Barrieren bestehen durch die Vielfalt möglicher gegnerischer Reaktionen. Interpolationen sind die sorgfältigen Versuche, möglichst weit vorauszudenken.

Das betriebswirtschaftliche Äquivalent findet sich beispielsweise im Bereich der Logistik mit der typischen Optimierung von Transportwegen oder der Platzierung von Gütern in einem Hochregallager. Alle Nebenbedingungen im Sinne von Barrieren werden mit klar definierten Mitteln angegangen. Software interpoliert so lange, bis Zielsetzungen wie Kosten- und/oder Geschwindigkeitsoptimalität zumindest näherungsweise erreicht sind. ◄

Syntheseprobleme

Demgegenüber kennzeichnet die meisten Wertschöpfungssituationen keine Programmierbarkeit. Ist eine Situation eindeutig unzufriedenstellend, dann ist auch das Ziel fixiert. Uneindeutigkeiten bei den Mitteln führen dann zu Syntheseproblemen. Dieser Begriff markiert einen eigenen Problemlösungsmodus. Kennzeichnend ist zum einen, dass Wirkungen auf die Zieldimension unscharf oder sogar unbekannt sind. Zum anderen können die Mittel zur Überwindung einer Barriere auch gar nicht existent sein. Hat man keine Idee zur Problemlösung, so begibt man sich auf die Suche nach Mitteln oder leitet Ideen aus bereits realisierten anderen Situationen ab. In beiden Fällen liegt eine **Neukombination im Sinne einer Synthese** vor. Die folgenden Beispiele (s. Illustration 1.13) demonstrieren dies.

Illustration 1.13: Syntheseproblem

Ein Unternehmen will die Kundenorientierung forcieren. Erforderliche Entscheidungen können sich unter anderem auf die Bildung spezifischer Abteilungen, Entscheidungsdezentralisierung, Anreizsysteme, Personalentwicklung oder Leistungsbeurteilungen beziehen. Zudem steht alles unter dem Vorbehalt geteilter Werte und Normen und damit der Unternehmenskultur. Die Lösung ist nicht einfach. Sie besteht aus Analysen der einzelnen Maßnahmen und deren Zusammenspiel. Es resultiert in jedem Fall eine unternehmens- und situationsspezifische Lösung für das eindeutige Ziel.

Das Ziel eines sogenannten „Onboarding-Prozesses" – oder Personaleinführung – ist von seiner Zielstruktur her eindeutig. Ein bestimmtes Maß an Neugier, Bindung oder Begeisterung soll innerhalb eines bestimmten Zeitraumes erreicht werden. Sind dafür Präsentationen, Rundgänge, Kicker-Turniere, Vorstellungsrunden und Ähnliches hinreichend? Diese Frage allgemein zu beantworten wäre falsch. Es sind vermutlich komplexe Wechselwirkungen zwischen Branchenbedingungen, alternativen Beschäftigungsmöglichkeiten, ausgewählten neuen Mitarbeitern sowie deren Interessen, Bildung und Perspektiven, die erst bestimmte Onboarding-Maßnahmen begründen können. ◄

Dialektische Probleme

Mangelnde Eindeutigkeit oder Kenntnis nicht nur von Mitteln, sondern auch von Zielen ist eine auf den ersten Blick erstaunliche Kombination. Kann es wirklich sein, dass man Ziele nicht formulieren kann? Wenn dies der Fall ist, dann kann es auch keine Menge an definierbaren Mitteln geben. Dieser Umstand charakterisiert eine dialektische Problemstruktur. Die folgende Illustration 1.14 schildert dies.

Illustration 1.14: Dialektisches Problem

Eine typische, dialektische Problemstruktur weist das Thema Innovationssteigerung aus. Man hat allenfalls Vermutungen, in welchen Facetten von Produkten, Dienstleistungen und Prozessen sich Innovationspotenziale verbergen. Entsprechend sind anfangs keine grundlegenden Weichenstellungen, beispielsweise durch die Vorgabe von Themen oder durch Versetzungen von Mitarbeitern, sinnvoll. Nur wenn mit einer besonderen Offenheit Innovationspotenziale diskutiert werden, können sich durch das Handeln selbst Ziele und Mittel herauskristallisieren. Das heißt, die Vorstellung von Innovationen wird sich erst nach und nach durch die variierende Anwendung verschiedener Mittel schärfen.

Wird für ganze Abteilungen oder Unternehmen ein Programm zur Steigerung der Arbeitszufriedenheit und Motivation gestartet, so ist der zu erwartende Zielzustand oft nur als Abkehr vom Ausgangszustand beschreibbar. Das künftige Ausmaß hängt von zu vielen Ressourcen und Moderatoren ab. Auch die Mittel sind aus diesem Grund unscharf. Es ist ein dialektischer Prozess der fortwährenden Hinterfragung und Präzisierung von Zielen und Mitteln. ◄

Diese Beispiele zeigen, dass der erste Schritt zur Schärfung eines Zielzustandes darin besteht, gleichzeitig Ziele und Mittel zu bedenken. Ohne Mittelüberlegungen wären jegliche Zielüberlegungen zunächst bloße Träumerei. Häufig ist es aber auch so, dass erst durch Generierung von Mitteln Ideen für Zielzustände resultieren. Weiterhin ziehen Ideen zu Mitteln oft weitere Mittelüberlegungen nach sich oder auch eine Verwerfung der zunächst angedachten Zielzustände. Das heißt, die Entwicklung von Zielen und Mitteln vollzieht sich unter zweiseitiger Rekursivität. Ziele und Mittel bedingen sich wechselseitig und sind das besondere Merkmal einer dialektischen Problemstruktur.

Diese drei Problemtypen schaffen für diese Arbeit eine fortlaufende Grundlage. Geht es doch bei der Wertschöpfung und mithin bei dem Wertschöpfungsmodell, immer um die Überwindung von Barrieren. Diese Überwindung manifestiert sich ihrerseits in Handlungen von Führungskräften und Mitarbeitern.

1.4 Quintessenzen für Managementerfolg

„**Management**" umfasst jene Menge an Aufgaben und Tätigkeiten, die die Wertschöpfung von Unternehmen stabilisieren und möglichst weitreichend verbessern sollen. Die Qualität dieser Analyse, Prognose und Gestaltung der Wertschöpfung entspricht dem **Managementerfolg**. Diese Qualität kann nur dann hoch sein, wenn bewährtes Wissen oder Erfahrungen die Grundlage bilden. Dies führt nicht zwangsläufig zu Unternehmenserfolg, Managementerfolg ist vielmehr eine Wahrscheinlichkeit dafür und stellt ihn so in Aussicht.

Unternehmen bzw. Organisationen werden durch die Kriterien Zielstruktur, Arbeitsteilung sowie beständige Grenzen bestimmt. Diese drei Kriterien treffen nicht nur auf gesamte Unternehmen zu, sondern in vielen Fällen auch auf Unternehmensbereiche oder Abteilungen. Alle noch folgenden Ausführungen beziehen sich somit prinzipiell auf ganze Unternehmen, separierbare Organisationseinheiten und deren Zusammenwirken.

Einen ersten Ansatzpunkt für Managementerfolg bieten die prinzipiell in allen Unternehmen nutzbaren, organisatorischen Hebel. Diese zeigen die grundlegende Überlegenheit von Unternehmen gegenüber dem losen Zusammenarbeiten ungebundener Personen. Die Hebel greifen sehr weit und umreißen die ganze Bandbreite des Themas Management.

Wertschöpfung wird hier verstanden als die Summe aller Handlungen, die von Mitarbeitern und Führungskräften in Unternehmen geleistet wird. Diese Handlungen transformieren Ressourcen in Produkte und Dienstleistungen. Es sind ganz unterschiedliche Handlungen, die dies ermöglichen. Die Lenkung dieser Transformation und damit der Handlungen erfolgt durch sogenannte Wertschöpfungsmoderatoren. Es sind all jene Überlegungen, die auf das Handeln von Führungskräften und Mitarbeitern einwirken. Dazu zählen Personalmanagement, organisatorische Gestaltung, emergente Phänomen, Umweltanpassungen und Innovationen.

Die Betrachtung als **Wertschöpfungsmoderation** ist auch insofern relevant, als untereinander Ergänzungen, Konflikte und Substitutionen zum Vorschein kommen. Managementerfolg erfordert somit nicht nur die Abschätzung der Wirkungen von spezifischen Maßnahmen einzelner Moderatoren, sondern vielmehr die umfassende Berücksichtigung von deren Wechselwirkungen. Daraus folgen dann den Unternehmenserfolg entscheidend prägende Überlegungen, inwiefern sich diese Moderatoren ergänzen, behindern oder sogar wechselseitig substituieren können.

Wertschöpfung kann niemals voraussetzungslos gedacht werden. Es sind zuerst die Anspruchsgruppen oder **Stakeholder**, die ihr auch jenseits rein betriebswirtschaftlicher Überlegungen eine Richtung geben. Um Wertschöpfung darauf ausrichten und Konflikte vermeiden zu können, ist die Kenntnis der relativen Relevanz von Stakeholdern, ihrer Interessen und Durchsetzungsmacht zentral.

Ausgehend von den Richtungsentscheidungen der Stakeholder beschreiben **Unternehmensstrategien** die Ausrichtung der Wertschöpfung. Sie definieren dabei sogenannte strategische Geschäftsfelder, die den Fokus auf den jeweiligen Absatzmärkten markieren. Dadurch verliert Umwelt ihren Charakter als komplexer Block und Wettbewerbsstrategien erhalten ein Fundament.

Das Verständnis von Unternehmensstrategien als ein **Grundmuster in einem Strom von Entscheidungen** ist für Managementerfolg insofern zentral, als es einer überzogenen Planungsperspektive entgegentritt. Zudem eröffnet dieses Denken in Grundmustern den Blick auf ungeplante Unternehmensperspektiven. Es ist genau jene Sichtweise, die den Wertschöpfungsmoderatoren und deren noch folgender Diskussionen zugrunde liegt.

Aus den Unternehmensstrategien und deren Umsetzungen resultieren ganz unterschiedliche Probleme. Diese lassen sich im Sinne von Kombinationen aus Mitteln und Zielen in drei **Problemstrukturen** unterscheiden. An deren Lösung setzt Wertschöpfung an. Zugleich schärfen sie den Blick für das, was Mitarbeiter und Führungskräfte leisten müssen.

1.5 Explorationen

Verständnisfragen
1. Unternehmen lassen sich nur als solche bezeichnen, wenn …
   a. die Anzahl des Stammpersonals bei mindestens 20 Personen liegt, eine Eintragung im Handelsregister sowie beständige Grenzen vorliegen.
   b. eine tarifvertragliche Bindung sowie gemeinsame Ziele und beständige Grenzen bestehen.
   c. gemeinsame Ziele, Arbeitsteilung bei der Aufgabenerfüllung sowie beständige Grenzen vorliegen.
2. Die Wertschöpfungshebel sind …
   a. spezifische Ansätze, um Produktionsausdehnungen zu ermöglichen. Dies wird auch unter dem Begriff Skaleneffekt zusammengefasst.

    b. in allen Unternehmen inhärente Möglichkeiten, die Wertschöpfung ermöglichen.
    c. strukturelle Maßnahmen, um die Wertschöpfung zu lenken. Daher werden sie auch Wertschöpfungsmoderatoren genannt.
3. Managementerfolg besteht aus …
    a. priorisierten Kriterien, so dass sich eine relative Abstufung ergibt.
    b. einer Auswahl von Kriterien, von denen dann ein Einzelnes ausgewählt werden muss.
    c. einem Kanon von Kriterien, für den keine Hierarchie festgelegt werden kann.
4. Management basiert …
    a. auf Unternehmensstrategien, da diese die Wertschöpfung festlegen.
    b. auf Anspruchsgruppen und Problemtypen, da diese beschreiben, womit das Unternehmen konfrontiert ist.
    c. auf Unternehmensstrategien, Anspruchsgruppen und Problemtypen.
5. Kernkompetenzen …
    a. sind vor allem im Forschungs- und Entwicklungsbereich sowie in der Produktion eines Unternehmens vorzufinden.
    b. werden durch die Humanressourcen bestimmt.
    c. sind kausal unverstanden.
6. Jedes Unternehmen hat Anspruchsgruppen. Zu deren Berücksichtigung gilt Folgendes:
    a. Am besten sollten nur die Anspruchsgruppen berücksichtigt werden, die hohe Macht haben.
    b. Alle Anspruchsgruppen sollten relativ nach ihrer Macht, Legitimität und Dringlichkeit Beachtung finden.
    c. Es sollten die Shareholder eines Unternehmens an erster Stelle stehen, da sie dessen Eigentümer sind.
7. Die realisierte Strategie lässt sich aus der bewussten und der unrealisierten Strategie ableiten.
    a. richtig
    b. falsch

Weiterführende Fragen
a. Was verstehen Sie unter den Begriffen Management, Wertschöpfung und Managementerfolg?
b. Welche Verbindungen sehen Sie zwischen Unternehmensstrategien und Wertschöpfung?
c. Beschreiben und systematisieren Sie Ressourcen und Stakeholder von Fluggesellschaften.

Falldiskussion 1: Mowi ASA
Das norwegische Unternehmen „Mowi ASA", mit Sitz in Bergen, ist eins der weltweit größten Fischereiunternehmen und der Weltmarktführer im Bereich Zuchtlachs. Das Un-

ternehmen besitzt eine eigene Futterproduktion, die sowohl die eigenen Zuchtbetriebe beliefert, als auch den Markt für Fischfutter bedient.

Darüber hinaus vertreibt Mowi rohen Lachs, der beispielsweise an Supermarktketten geliefert wird. Die notwendige Brut und Aufzucht der Lachse wird ebenfalls unternehmensintern durchgeführt, so dass kein Fremdbezug notwendig ist. Die Lachse werden dann bis zu einem Alter von 24 Monaten großgezogen, bis sie „geerntet" und geschlachtet werden und erste Verarbeitungsschritte wie filetieren, häuten oder entgräten folgen. Die Zucht erfolgt unter anderem in Schottland, Kanada und Norwegen.

Auch verarbeitete Endprodukte wie geräucherter oder in Soße eingelegter Fisch werden auf drei Kontinenten unter der Marke Mowi angeboten. Hierfür wird der Lachs entsprechend verarbeitet und in gelabelte Verpackungen für Endkunden verpackt.

Neben diesen Produktionsprozessen, die eher standardisiert und straff geführt sind, betreibt das Unternehmen auch intensive Forschung und Entwicklung. Einerseits wird intensiv an Produktinnovationen gearbeitet. Andererseits wurde 2020 beispielsweise eine Kooperation mit Alphabet eingegangen, um per Unterwasserkamera und KI die Gesundheit der Fische zu überwachen. Auch werden teilweise andere Farmbetreiber übernommen, um Größenvorteile zu erzielen (Mowi ASA o. J., 2019, 2020).

Sie haben die Aufgabe, einen Überblick über die Wertschöpfung zu erstellen.

a. Welche Wertschöpfungshebel sind identifizierbar und wie sind sie ausgestaltet?
b. Wie sieht der Wertschöpfungsprozess bei Mowi ASA aus? Welche Ressourcen sind notwendig und welche Produkte der Wertschöpfung überführt das Unternehmen in die Umwelt?
c. Wie stellen Sie sich die Gestaltung der Wertschöpfungsmoderatoren – bezogen auf die Produktionsabteilung sowie die Forschungs- und Entwicklungsabteilung – grob vor? Treffen Sie hier sinnvolle Annahmen.

Falldiskussion 2: Bayer AG

Sie sind Mitarbeiter in einer Stabsstelle der Bayer AG mit Sitz in Leverkusen und sind direkt dem Vorstand unterstellt. Im Jahr 2018 hat Ihr Unternehmen die Monsanto AG, einen US-amerikanischen Hersteller von Saatgut und Herbiziden, für rund 60 Mrd. € übernommen. Diese Übernahme konnte nur unter Zustimmung der EU-Kommission, wofür Bayer einige Unternehmensteile abstoßen musste, und dem US Department of Justice (Justizministerium) erfolgen. Schon während der Übernahme liefen in den USA eine Reihe von Klagen gegen Monsanto aufgrund potenzieller Gesundheitsschädigung. Auch der Einsatz von Gentechnik sorgt für ein negatives Image. Gleichzeitig ist Bayer seit der Übernahme erheblicher Kritik von Umweltschützern ausgesetzt. Der Vorstandsvorsitzende Werner Baumann bekam schon 2016 von Nabu e.V. den Negativpreis „Dinosaurier des Jahres" verliehen.

Gleichzeitig wächst die Kritik von Investoren, die Baumann 2019, erstmals in der DAX-Geschichte, die Entlastung verweigerten. Mitten in diesen Schwierigkeiten ist der

US-Milliardär Paul Singer mit seinem Hedgefonds „Elliot" bei Bayer eingestiegen. Ihm wird nachgesagt, als „aktivistischer" Investor teilweise andere Interessen zu verfolgen als andere Investoren (Bayer AG o. J.; Der Spiegel 2019, 2016; Dostert und Müller 2019; Handelsblatt 2016; Zeit 2018). Der Vorstand beauftragt Sie, die Anspruchsgruppen genauer zu analysieren.

a. Welche Anspruchsgruppen (Stakeholder) können Sie hier identifizieren? Welche weiteren sind für die Bayer AG noch denkbar?
b. Wie würden Sie die Stakeholder klassifizieren?
c. Welche Interessen haben die verschiedenen Stakeholder? Wie können Sie dadurch die Probleme der Bayer AG erklären?

Literatur

Abraham, J. H. (1973). *The origins and growth of sociology*. London: Pelican.
Barnard, C. I. (1938). *The functions of the executive* (13. Aufl.). Cambridge, MA: Harvard University Press.
Barney, J. B. (2002). *Gaining and sustaining competitive advantage* (2. Aufl.). Upper Saddle River: Prentice Hall.
Bayer AG. (o. J.). https://www.bayer.de/. Zugegriffen am 20.04.2020.
Bude, H., & Dellwing, M. (2013). *Herbert Blumer. Symbolischer Interaktionismus. Aufsätze zu einer Wissenschaft der Interpretation* (1. Aufl.). Berlin: Suhrkamp.
Clausewitz, C. v. (2010). *Vom Kriege. Vollständige letzte Fassung von 1832*. Neuenkirchen: RaBaKa.
Coase, R. H. (1937). The nature of the firm. *Economica, 4*(16), 386–405.
Coleman, J. S. (1979). *Macht und Gesellschaftsstruktur*. Tübingen: Mohr.
Der Spiegel. (28. Dezember 2016). Bayer-Chef ist ein Umwelt-Dino. https://www.spiegel.de/wirtschaft/unternehmen/bayer-chef-faengt-sich-den-umwelt-dinosaurier-a-1127746.html. Zugegriffen am 20.04.2020.
Der Spiegel. (27. Juni 2019). „Elliott" legt Milliardenbeteiligung an Bayer offen. https://www.spiegel.de/wirtschaft/unternehmen/bayer-hedgefonds-elliott-von-paul-singer-legt-milliardenbeteiligung-offen-a-1274517.html. Zugegriffen am 20.04. 2020.
Dostert, E., & Müller, B. (27. April 2019). Beispielloses Misstrauensvotum für Bayer-Chef Baumann. *Süddeutsche Zeitung*. https://www.sueddeutsche.de/wirtschaft/bayer-monsanto-vorstand-entlastet-1.4422892. Zugegriffen am 22.04.2020.
Dredge, S. (6. März 2012). Spotify: ‚We have to turn ourselves into the OS of music'. *The Guardian*. https://www.theguardian.com/technology/appsblog/2012/mar/06/spotify-apps-platform. Zugegriffen am 19.09.2019.
Fallgatter, M. J. (1996). *Beurteilung von Lower-Management-Leistung. Konzeptualisierung eines zielorientierten Verfahrens*. Lohmar/Köln: Eul.
Focus. (7. September 2011). Plattformstrategie der Autohersteller. *Produktivitätsexplosion durch Gleichteile*. https://www.focus.de/auto/news/plattformstrategie-der-autohersteller-produktivitaetsexplosion-durch-gleichteile_aid:663059.html. Zugegriffen am 07.10.2019.
Ford-Werke GmbH. (o. J.). *Die Henry Ford Story*. https://www.ford.de/ueber-ford/geschichte. Zugegriffen am 19.09.2019.

Handelsblatt. (14. September 2016). Der 66-Milliarden-Dollar-Deal ist fix. https://www.handelsblatt.com/unternehmen/industrie/bayer-kauft-monsanto-warum-monsanto-so-interessant-fuer-bayer-ist/14543592-2.html?ticket=ST-2026958-El9ZILgQmF62axOHYoII-ap4. Zugegriffen am 20.04.2020.

Hitt, M. A., & Ireland, R. D. (1986). Relationships among corporate level distinctive competencies, diversification strategy, corporate structure and performance. *Journal of Management Studies, 23*(4), 401–416.

Hornig, N., & Freund, M. (2018). Philip Morris rät vom Rauchen ab (06.01.2018). *Handelsblatt.* https://www.handelsblatt.com/unternehmen/handel-konsumgueter/marlboro-hersteller-philip-morris-raet-vom-rauchen-ab/20819250.html?ticket=ST-3120898-QweYWh0dqbys1m7vDXJi-ap2. Zugegriffen am 19.09.2019.

Jansen, J. J. P., van den Bosch, F. A. J., & Volberda, H. W. (2006). Exploratory innovation, exploitative innovation, and performance: Effects of organizational antecedents and environmental moderators. *Management Science, 52*(11), 1661–1674.

Johnson, D. P. (2008). *Contemporary sociological theory. An integrated multi-level approach.* New York: Springer Science + Business Media.

Johnson, G., Scholes, K., Whittington, R., & Angwin, D. (2017). *Fundamentals of strategy* (4. Aufl.). Harlow: Pearson.

Jones, G. R. (2013). *Organizational theory, design, and change* (7. Aufl.). Boston: Pearson.

Macharzina, K., & Wolf, J. (2018). *Unternehmensführung. Das internationale Managementwissen: Konzepte – Methoden – Praxis* (10. Aufl.). Wiesbaden: Springer Gabler.

March, J. G. (1991). Exploration and exploitation in organizational learning. *Organization Science, 2*(1), 71–87.

Menzel, S. (2019). VW-Betriebsrat blockiert Bau von neuem Osteuropa-Werk (10.03.2019). *Handelsblatt.* https://www.handelsblatt.com/unternehmen/industrie/streit-bei-volkswagen-vw-betriebsrat-blockiert-bau-von-neuem-osteuropa-werk/24086140.html. Zugegriffen am 13.05.2020.

Mintzberg, H., Lampel, J., Quinn, J. B., & Ghoshal, S. (2003). *The strategy process. Concepts, contexts, cases* (4. Aufl.). Upper Saddle River: Pearson.

Mitchell, R. K., Agle, B. R., & Wood, D. J. (1997). Toward a theory of stakeholder identification and salience: Defining the principle of who and what really counts. *Academy of Management Review, 22*(4), 853–886.

Morgan, G. (1997). *Images of organization.* Thousand Oaks: SAGE.

Mowi ASA. (o. J.). https://mowi.com/. Zugegriffen am 20.04.2020.

Mowi ASA. (2019). *Salmon farming. Industry handbook.* https://corpsite.azureedge.net/corpsite/wp-content/uploads/2019/06/Salmon-Industry-Handbook-2019.pdf. Zugegriffen am 20.04.2020.

Mowi ASA. (2020). *Mowi. The brand opportunity.* https://corpsite.azureedge.net/corpsite/wp-content/uploads/2020/03/MOWI-NASF-2020-final-web.pdf. Zugegriffen am 20.04.2020.

Philip Morris International Inc. (o. J.). *Tobacco meets technology.* https://www.pmi.com/smoke-free-products/iqos-our-tobacco-heating-system. Zugegriffen am 10.06.2020.

Pindyck, R. S., & Rubinfeld, D. L. (2005). *Mikroökonomie* (6. Aufl.). München: Pearson Studium.

Porter, M. E. (1980). *Competitive strategy. Techniques for analyzing industries and competitors.* New York: Free Press.

Reed, R., & Luffmann, G. A. (1986). Diversification: The growing confusion. *Strategic Management Service, 7*(1), 29–36.

Schreyögg, G., & Steinmann, H. (1987). Strategic control: A new perspective. *The Academy of Management Review, 12*(1), 91–103.

Smith, A. (2018). *Der Wohlstand der Nationen. Eine Untersuchung seiner Natur und seiner Ursachen* (5. Aufl.). München: dtv.

Statista GmbH. (2019). *Weltweite Verteilung der Standorte der Nike-Zulieferer von Sportschuhen nach Produktionsanteilen im Geschäftsjahr 2018/2019* (13.11.2019). https://de.statista.com/statistik/daten/studie/250150/umfrage/verteilung-der-standorte-der-nike-zulieferer-nach-laendern/. Zugegriffen am 07.10.2019.

Steinmann, H., Schreyögg, G., & Koch, J. (2013). *Management. Grundlagen der Unternehmensführung. Konzepte, Funktionen, Fallstudien* (7. Aufl.). Wiesbaden: Springer Gabler.

Thompson, J. D. (1970). *The behavioral science. An interpretation.* London: Addison-Wesley.

Weber, M. (1972). *Wirtschaft und Gesellschaft. Grundriss der verstehenden Soziologie* (5. Aufl.). Tübingen: Mohr.

Wheelen, T. L., & Hunger, J. D. (2004). *Strategic management and business policy* (9. Aufl.). Upper Saddle River: Pearson, Prentice Hall.

Williamson, O. E. (1991). Comparative economic organization: The analysis of discrete structural alternatives. *Administrative Science Quarterly, 36*(2), 269–296.

Wöhe, G., Kaiser, H., Döring, U., & Brösel, G. (2016). *Einführung in die allgemeine Betriebswirtschaftslehre* (26. Aufl.). München: Franz Vahlen.

Zeit. (21. März 2018). EU-Kommission erlaubt Übernahme von Monsanto durch Bayer. https://www.zeit.de/wirtschaft/2018-03/eu-kommission-erlaubt-uebernahme-von-monsanto-durch-bayer. Zugegriffen am 20.04.2020.

Theorien und Beweggründe des Handelns 2

Zusammenfassung

Die Summe aller Handlungen zur Ressourcentransformation entspricht der Wertschöpfung eines Unternehmens. Entsprechend ist es relevant, das Entstehen und die Beeinflussbarkeit von Handeln zu hinterfragen. Dies geschieht zum einen über Handlungstheorien. Sie erklären die Auslösung von Handeln über die Einbettung von Mitarbeitern in einen sozialen Rahmen und damit auf organisatorischer Ebene. Zum anderen erklären die Konstrukte, Persönlichkeit, Werte, Haltungen und Motivation das Zustandekommen von Handeln auf einer individuellen Ebene. Nur wenn eine trennscharfe Betrachtung dieser Konstrukte erfolgt, wird eine Handlungssteuerung aussichtsreich. Es wird sich zeigen, dass im alltäglichen Gebrauch beispielsweise die Konstrukte Motivation, Commitment oder Vertrauen eher als eine Gemengelage und nicht analytisch ihre Verwendung finden. Durch die systematische Analyse der Handlungstheorien und Konstrukte erfolgen erste Ansatzpunkte für deren Gestaltung im Sinne der Wertschöpfung.

Vignette: Fehlende Bindung

Laut einer Studie des Beratungsunternehmens Gallup, fühlen sich vier von fünf Mitarbeitern ihrem Unternehmen gar nicht oder nur kaum verbunden. Viele von ihnen erfüllten Aufgaben lediglich soweit, dass es gerade ausreiche und nur 15 Prozent aller Befragten fühlten sich im Jahr 2018 richtig wohl mit ihrem Arbeitsplatz. „Dienst nach Vorschrift" scheint demnach sehr weit verbreitet zu sein.

Fehlender Wissensaustausch, wenig Lob und eine geringe Fehlertoleranz führten dazu, dass sehr viele Mitarbeiter in Deutschland unzufrieden mit ihrem Job sind und sogar über Kündigung nachdenken würden. Verantwortlich dafür seien in vielen Fällen die Vorgesetzten (Engelke 2018; Gallup 2018). ◄

Wie auch immer man Studien von Unternehmensberatungen einschätzen und bewerten mag – ein gewisser Grad an innerer Kündigung wird in manchen Teilen von Belegschaften existieren. Dienst nach Vorschrift sowie die anderen in der Vignette beschriebenen Auffälligkeiten von Führungskräften und Mitarbeitern sind das Resultat deren Handelns oder besser formuliert: deren Nicht-Handelns. Aber worin liegen die Ursachen dafür? Im weiteren Verlauf wird ausgeführt, wie die Moderatoren der Wertschöpfung das Handeln beeinflussen können. Dies geschieht nie unmittelbar, sondern über die Adressierung sogenannter Beweggründe des Handelns, die erst das Handeln auslösen. Ohne Kenntnis der Beweggründe des Handelns ist es allenfalls zufällig möglich, Handeln zu steuern und auch dem Phänomen der inneren Kündigung zu begegnen.

2.1 Überblick

Handeln wurde bislang durch Zweckrationalität, Wertrationalität, Affekte sowie Traditionen beschrieben (s. Kap. 1). Handeln setzt demnach an dem erwarteten Nutzen an, folgt geteilten Werten, erfährt eine Prägung durch Emotionen und wird in Teilen aufgrund von Gewohnheiten nicht weiter hinterfragt. Dies sind bereits umfängliche Hinweise auf das Zustandekommen von Handlungen in Unternehmen. Sie bedürfen jedoch einer Konkretisierung, welche durch Handlungstheorien sowie durch individuelle Beweggründe des Handelns erfolgt.

Handlungstheorien bieten Hinweise über unterschiedliche Faktoren, die gemeinsam Handlungen auslösen. Damit ist immer auch eine Bezugnahme auf organisatorische Zusammenhänge vorhanden, denn Handeln in Unternehmen ist immer unmittelbar mit den jeweiligen, situativen Gegebenheiten verbunden. Darauf gerichtete Handlungstheorien beschreiben im übergeordneten Sinne, wie das Zusammenwirken von **Personen** und **Situationen** innerhalb von Unternehmen auf Handlungen einwirkt. Mit Personen sind ihre Eigenschaften und mit Situationen der organisatorische Rahmen oder der jeweilige Kontext des Handlungsvollzugs angesprochen. Im Einzelnen geht es um:

- sogenannte Indifferenzzonen, innerhalb derer Mitarbeiter Anweisungen nicht in Frage stellen und in Handeln münden lassen,
- reziproke Determination im Sinne von Wechselwirkungen zwischen Person, Situation und Handeln sowie
- symbolischen Interaktionismus, der für Mitarbeiter relevante Bedeutungen und darauf gerichtetes Handeln entstehen lässt.

Diese Perspektiven bleiben insofern unvollständig, als dass sie individuelle Auslöser des Handelns nicht erfassen. So existieren enorm viele **Beweggründe für das individuelle**

2.1 Überblick

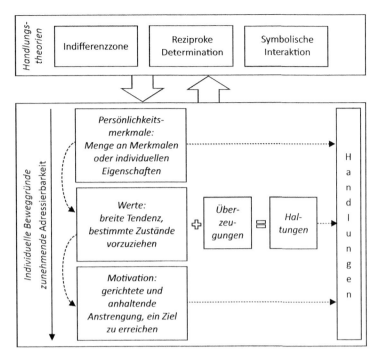

Abb. 2.1 Handlungstheorien und individuelle Beweggründe des Handelns

Handeln. Beispielsweise zählen Persönlichkeitsmuster, Werte, Commitment, Arbeitszufriedenheit oder Motivation dazu. Eine visuelle Einordnung und Zusammensetzung von Handlungstheorien und individuellen Beweggründen des Handelns veranschaulicht Abb. 2.1.

Im Rahmen **individueller Beweggründe** wird Handeln ausgehend von personenbezogenen Konstrukten betrachtet. „Konstrukt" beschreibt dabei spezifische Sachverhalte, die nur durch eine Menge an Kriterien erfassbar sind. Den Ausgangspunkt schaffen hierbei Persönlichkeitsmerkmale. Sie begründen jegliches Handeln insofern, als dass sie gleichzeitig wie eine Art Filter für jegliche Handlungszusammenhänge wirken und Handlungen auch ohne unmittelbare, persönlichkeitsexterne Impulse auslösen können. Diese Persönlichkeitsmerkmale können auch die individuellen Werte einer Person beeinflussen. Kommen zu den individuellen Werten Überzeugungen hinzu, bilden sich Haltungen, die ebenfalls zu Handeln führen können. Die individuellen Werte, Überzeugungen und Haltungen können sich jedoch weiterhin auch auf die Motivation einer Person auswirken, welche Handlungen ebenfalls begründet.

In Abb. 2.1 ist der Begriff „zunehmende Adressierbarkeit" individueller Beweggründe aufgenommen. Er soll darauf hindeuten, dass innerhalb der individuellen Beweggründe Unterschiede hinsichtlich der Handhabbarkeit bestehen. Dabei ist die Handhabbarkeit groß, wenn ein einfacher Zugang zur Formung des Beweggrundes besteht. Dies ist beim Thema Motivation eindeutiger als bei Werten oder Persönlichkeit. Motivation lässt sich also genauer adressieren, als immer breit ausgerichtete Werte oder die in Unternehmen kaum oder gar nicht beeinflussbare Persönlichkeitsstruktur. Die einzelnen Aspekte dieser Übersicht in Abb. 2.1 werden in den folgenden Kapiteln diskutiert.

2.2 Handlungstheorien: Organisatorische Formung des Handelns

2.2.1 Handeln durch Indifferenzzonen

Alle Mitarbeiter von Unternehmen sehen sich vielfältigen Erwartungen gegenüber. So gehen von Verträgen, Ablaufnormierungen, Kollegen oder Vorgesetzten an jeden Mitarbeiter Erwartungen aus. Die Idee einer „**Indifferenzzone**" (Barnard 1938) verweist darauf, dass in einem bestimmten Spektrum unternehmensrelevante Erwartungen quasi automatisch erfüllt werden und das Handeln bestimmen. Mitarbeiter hinterfragen diese Erwartungen nicht, sondern kommen ihnen wie selbstverständlich nach. Dies bedeutet, dass Mitarbeiter alternativen Erwartungen – Optimierung der persönlichen Situation oder Wünschen von Kollegen – neutral gegenüberstehen (Berger und Bernhard-Mehlich 2006). Prägungen, Werte, Erfahrungen spielen hier eine wichtige Rolle. Partikularinteressen existieren zwar selbstredend weiter, wirken sich allerdings nicht auf das Handeln aus. Es gilt die folgende Definition.

▶ **Indifferenzzonen** Indifferenzzonen sind das Ausmaß, in dem Mitarbeiter an sie gestellte Handlungserwartungen akzeptieren.

Die folgende Illustration 2.1 verdeutlicht den Zusammenhang.

Illustration 2.1: Dienst nach Vorschrift

In einem Unternehmen, das mit ca. 12.000 Mitarbeitern landwirtschaftliche Großmaschinen, Zubehör, Schulungen und Service weltweit anbietet, kommt es zu einer grundlegenden Diskussion über die Leistungsbereitschaft von Mitarbeitern der Marketingabteilung. Im Rahmen der großen monatlichen „GeFü-Runde" (Geschäftsleitung und Führungskräfte) berichtet der Marketing-Verantwortliche über seine Beobachtungen.

„Viele haben ganz offensichtlich innerlich gekündigt. Ich habe schon vor zwei Jahren davor gewarnt, als wir mehr internen Wettbewerb entfachen wollten und dafür die mittelfristige Karriereplanung einstellten."

Die Inhaber-Geschäftsführerin fragt nach: „Wie wirkt sich das bei Ihren Mitarbeitern aus?". Es folgt eine ausgiebige Schilderung, dass Mitarbeiter alle Aufgaben mit einem rechtlich nicht zu beanstandendem Minimalaufwand durchführten. Zudem bewirken Bitten und Aufforderungen zur Beschleunigung von Analysen, Kalkulationen und Kundenreklamationen nichts. Weiterhin ergab eine Auswertung von Massendaten des Zeiterfassungssystems, dass Mitarbeiter sich am entferntesten Terminal einloggen und ihren PC erst deutlich verzögert erreichen. Das Ausloggen sei auch auffällig. Die minütlich getaktete Zeiterfassung notiert die allermeisten „Stempelungen" in den ersten 10 Sekunden nach einer vollen Minute. In den letzten 10 Sekunden vor der nächsten Minute finden sich so gut wie keine Ausgänge.

Die Geschäftsführerin sagt: „Das heißt, die Mitarbeiter sind nicht einmal bereit, uns auch nur ein paar Sekunden zu überlassen! Dienst nach Vorschrift ist ja viel weniger, als wir bei allen Einstellungsgesprächen als Erwartung formuliert haben. Wir haben somit keinen, auch nur halbwegs funktionierenden psychologischen Vertrag. Das kann das ganze Unternehmen gefährden. Wir müssen dringend etwas tun." ◄

Wie entsteht eine Indifferenzzone? Den Ausgangspunkt bildet ein Arbeitsvertrag, zu dem sich Individuen mit ihrer Unterschrift bekennen. Dabei bleibt es aber in den meisten Fällen nicht. Vielmehr erfahren Arbeitsverträge eine Präzisierung durch das, was man einen **psychologischen Vertrag** (s. Kap. 5) nennt. Dieser Vertrag ist informell und umfasst ein erweitertes Spektrum an wechselseitigen Erwartungen. Arbeitgeber betonen die künftige Bereicherung und Entwicklung durch die neuen Mitarbeiter und schildern Entwicklungsperspektiven. Mitarbeiter gehen darauf ein, sagen Einsatzbereitschaft zu und erwarten, dass ihre individuelle Entwicklung auch tatsächlich positiv verlaufen wird. Arbeitsrechtlich und psychologisch resultiert eine Indifferenzzone.

Genauso wie diese Indifferenzzone entsteht, kann sie sich aber auch schnell wieder auflösen. Die Reduktion der Indifferenzzone verläuft oft deutlich rasanter als deren Ausdehnung. Die zwei unterschiedlichen Wirkungskräfte auf die Indifferenzzone werden in der Abb. 2.2 visuell dargestellt. Dabei markieren die Pfeile die Richtung der Kräfte und deren Auswirkungen auf die organisatorische Formung des Handelns.

Zur **Ausdehnung** dieser Indifferenzzone tragen verschiedene Konstrukte bei. Zu nennen sind vor allem Arbeitszufriedenheit, organisatorische Selbstbindung bzw. Commitment, wahrgenommenes Vertrauen, distributive, prozedurale und informatorische Gerechtigkeit oder Unternehmenskultur. Alle diese Konstrukte sind zumindest in Grenzen, wenngleich auch kaum kurzfristig, einer Gestaltung durch Führungskräfte zugänglich. Eine Vernachlässigung derartiger Konstrukte führt zur **Reduktion** einer Indifferenzzone. Darüber hinaus leiden Indifferenzzonen unter einer Nicht-Erfüllung mitarbeiterseitiger Individualerwartungen.

Vor dem Hintergrund einer Indifferenzzone sind individuelle Beweggründe des Handelns – Persönlichkeit, Werte und Motivation – nicht trennbar. Die Indifferenzzone

Abb. 2.2 Indifferenzzone

markiert nämlich einen Beitrag zur Erklärung von Handeln, der von individuellen Beweggründen eingerahmt wird.

2.2.2 Handeln durch reziproke Determination

Handeln ist zu einem Teil das Resultat von **Kognitionen**. Kognitionen sind jene Prozesse, die das Wahrnehmen, Erkennen und Beurteilen von Sachverhalten regulieren. Erinnern, Problemlösen, kreatives Denken, Planen, Orientieren oder auch Introspektion spielen dabei die entscheidende Rolle (Myers 2005; Rieger und Wenke 2017). Dies lässt sich leicht auf die Frage, „Mit welcher Intensität werde ich die anstehende Aufgabe, beispielsweise den aktuellen Projektbericht bearbeiten?", anwenden. Es sind Kognitionen, die einen Vorsatz oder eine Entscheidung prägen, welche wiederum in Handlungen münden.

Zwei bekannte kognitive Handlungstheorien sind mit den Namen Kurt Lewin und Albert Bandura verbunden. Die Basis legte Lewin (1963), indem er Personen und Situationen integrierte. Viele Autoren vor ihm stellten nur auf die Person als handlungsbegründend ab. Zudem ist es offensichtlich, dass unterschiedliche Situationen eine differenzierte Betrachtung der Persönlichkeit erfordern. Darauf aufbauend beschrieb Lewin (1963) Handlungen als eine funktionale Relation dieser beiden Grundlagen (s. Gl. 2.1).

$$Handeln = f\left(Person, Situation\right) \tag{Gl. 2.1}$$

Bei dieser funktionalen Relation bleibt jedoch fraglich, in welchem Zusammenhang Person und Situation stehen. Lewin (1963) ging von einer weitgehenden Unabhängigkeit aus. Ganz offensichtlich ist diese Unabhängigkeit in vielen Situationen aber nicht gegeben. So prägen viele Situationen die Personen und genauso naheliegend ist es, dass Personen spezifische Situation prägen. Beispielsweise findet sich in vielen Unternehmen eine „**Führung von unten**" (Weibler 2016; Yukl 2010). Dies bedeutet nichts anderes, als dass Mitarbeiter Einfluss auf „ihre" Führungskraft nehmen. Möglichkeiten dazu bieten sich unter anderem durch den Verweis auf Normen und Traditionen, durch Sachargumente oder durch Beharrlichkeit. Dadurch erfährt die Führungskraft eine ungeplante und möglicherweise nicht gewünschte Beeinflussung seitens der unterstellten Mitarbeiter.

Darüber hinaus erlauben viele Personencharakteristika keine verlässliche **Prognose über das Handeln.** So weist Bandura (1979) darauf hin, dass etwa aus Motiven und Bedürfnissen keine verlässliche Prognose über Handeln folgen kann. Motive und Bedürfnisse lassen sich autonom nur schwer erschließen. Glaubt man sie erkannt zu haben, dann erfolgt dieses Erkennen immer im Zusammenhang mit einer bestimmten Situation. Für Prognosen wäre es aber erforderlich, Motive und Bedürfnisse generell und ohne Situationsbezug in einer kontrollierten Laborsituation zu ermitteln.

Bandura (1979) greift dies auf und erweitert das Modell von Lewin (1963). Die Bestandteile sind nun Handeln, Person und Situation. Diese beeinflussen sich wechselseitig und stellen die reziproke Determination des Handelns dar. Es gilt die folgende Definition.

2.2 Handlungstheorien: Organisatorische Formung des Handelns

▶ **Reziproke Determination** Reziproke Determination erklärt Handeln im Zusammenspiel mit Personen und Situationen.

Abb. 2.3 visualisiert die reziproke Determination.

Diese Sichtweise nach Bandura (1979) trägt dem regelmäßig beobachtbaren Sachverhalt Rechnung, nach dem sich Menschen gerade nicht lediglich gezielt durch bestimmte Stimuli oder Maßnahmen situativ steuern lassen. Es sind vielmehr immer interdependente Faktoren, die je nach Situation, Handeln und Eigenschaften der Person ihren relativen Einfluss ausüben. Die folgende Illustration 2.2 soll dies verdeutlichen.

Illustration 2.2: Handeln durch reziproke Determination

Ein Mitarbeiter einer Stabsstelle soll die Möglichkeiten „agiler Arbeitsweisen" (s. Kap. 8) für eine Personalabteilung beleuchten und einen Umsetzungsplan erstellen (Situation). Er beginnt mit dem Einlesen in die Thematik (Handeln). Auf dem Flur kommt es zu einem Treffen mit seinem Vorgesetzten. Dieser teilt mit, dass der zuständige Vorstand gerne schon in der kommenden Woche erste Hinweise erfahren würde (Situation). Zugleich erkennt der Stabsmitarbeiter, dass die Mitarbeiter der Personalabteilung ihre Funktion weniger im „Projektgeschäft" sehen, sondern vielmehr Wert auf eine kontinuierliche Betreuung unterschiedlicher Mitarbeitergruppen legen. So beraten sie hinsichtlich Lohn- und Gehaltsfragen, setzen Personalentwicklungsmaßnahmen um und informieren Führungskräfte über aktuelle Kennziffern und deren Entwicklung (Situation).

Der Mitarbeiter selbst gilt als motiviert und hat aufgrund seiner psychologischen Vorbildung ein starkes Augenmerk auf die Individualität (Person). Er stellt sich die Frage, wie eine Agilitäts-Struktur zu der Personalabteilung passt. Er begibt sich auf die Suche nach passenden Anhaltspunkten (Handeln). Er stellt fest, dass sich dazu keine passende Literatur finden lässt (Situation). Er entwickelt daher selbst einen konzeptionellen Entwurf. Dennoch bleibt sein Umgang mit der einschlägigen Literatur eher selektiv (Handeln). ◀

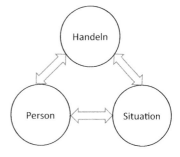

Abb. 2.3 Reziproke Determination

Die Erstellung des voranstehenden konzeptionellen Entwurfes agiler Methoden ist nicht nur bei diesem Beispiel ein Wechselspiel von Person, Situation und Handeln. Vielmehr wirken in fast allen Situationen solche Determinierungszusammenhänge.

Gegenüber dieser Kombination aus Person, Situation und Handeln setzen die folgenden Überlegungen an sozialen Interaktionen und der Entstehung von Bedeutungen an. Diese sind unweigerlich unternehmensintern ausgelöst und runden die handlungstheoretischen Erklärungen ab.

2.2.3 Handeln durch symbolische Interaktion

Die dritte organisatorische Handlungstheorie setzt an sozialen Interaktionen an. Jegliche argumentationszugänglichen Situationen in Unternehmen sind dessen Gegenstand. Sie werden beispielsweise über Sprache, Gesten, Umgangsformen, Diskussionen oder Erläuterungen zwischen Mitarbeitern transportiert und es kommt zu einer **symbolischen Interaktion**. Das heißt, Situationen erfahren ihre Bedeutung durch den Austausch von Symbolen mit Kollegen, Mitarbeitern, Führungskräften und unternehmensexternen Personen. Solche symbolisch vermittelten Interaktionen führen dann zu Handlungen (Blumer 1966). Es gilt die folgende Definition.

▶ **Symbolischer Interaktionismus** Symbolischer Interaktionismus erklärt Handeln von Personen, das in bestimmten Bedeutungen eingerahmt ist.

Gegenstand von **Austauschbeziehungen** sind alle argumentationszugänglichen Situationsvariablen. Dadurch erfahren Positionen, Tätigkeiten, Wunschvorstellungen oder Perspektiven eine individualisierte Aufladung und damit einen Wert. Dieser Wert entspricht nicht einer monetären Vergütung, die an eine Position geknüpft ist, sondern geht darüber hinaus, indem der Wert eine **subjektive Zuschreibung von Bedeutungen** erfasst.

Den **Ausgangspunkt** für die Entstehung von Bedeutungen stellen sogenannte „Dinge" dar. Es sind nicht im umgangssprachlichen Sinne „Dinge", um die es an dieser Stelle geht. Gemeint sind vielmehr all jene Bestandteile, Komponenten oder Ausgangspunkte, die über eine soziale Interaktion Bedeutungen formen.

- Es gibt „Dinge", wie soziale Rollen, Statuspositionen, Rangordnungen, Bürokratie, Beziehungen zwischen Institutionen, Autoritätsarrangements, soziale Codes, Normen und so weiter.
- Im Unternehmenskontext zählen zu Dingen beispielsweise Werte, soziale Kategorien, Handlungen anderer, Strukturen, Prognosen, Personalentwicklungsprogramme oder Führungsstile.

Alle diese Dinge sind zentral, aber ihre Wichtigkeit ist anders gelagert, als man üblicherweise meint. Ihre Bedeutsamkeit liegt nicht in einer Determination von Handlungen.

Sie sind vielmehr nur insofern wichtig, als dass sie **in den Prozess der Interpretation und Definition einfließen**, aus denen gemeinsame Handlungen geformt werden (Blumer 1966).

Somit besteht eine wichtige **Erkenntnis** darin, dass Bedeutungen nicht im Sachverhalt selbst liegen und somit auch nicht darin entdeckt werden können. Die Bedeutung liegt auch nicht in Subjekten, die die Objekte mit Bedeutungen aus ihren individuellen Ideen, Vorstellungen, Wünschen und Motiven tränken. Vielmehr liegt die Bedeutung von Objekten im „sozialen Zwischenraum" und resultiert aus der Bezugnahme von Dingen auf konkrete Situationen. Jegliche Bedeutung ist also eine soziale Konstruktion. So haben Bedeutungen keinen Ursprung und kein Ende, sondern entstehen und bestätigen sich immer wieder in gegenseitiger Bezogenheit aufeinander (Bude und Dellwing 2013).

Ausgehend von dieser Beschreibung stellt sich die Frage, wie man den symbolischen Interaktionismus praktisch verwenden kann. Ein **Management von Bedeutungen** kann an allen Moderatoren der Wertschöpfung ansetzen. Diese funktionieren eben gerade nicht im Sinne einer unmittelbaren Auslösung von Handlungen. Die Aufgabe besteht fortwährend darin, die „sozialen Zwischenräume" für Handlungen einzuschätzen. So umfassen Maßnahmen und Entscheidungen von Führungskräften immer auch eine Metakommunikation. Dies sind Hinweise, die über das Gesagte hinausgehen, Hintergründe betreffen und oftmals Argumente erst abrunden.

2.3 Persönlichkeitsmerkmale, Werte und Normen

2.3.1 Persönlichkeitsmerkmale

2.3.1.1 Persönlichkeit als Kombination verschiedener Dimensionen

Einige Menschen mögen als zurückhaltend und ruhig gelten, während andere Personen eher durch die Merkmale lebhaft, exzentrisch und gesprächsfreudig beschrieben werden. Dies deutet an, dass Persönlichkeit nie aus nur einem Merkmal besteht, sondern sich als facettenreiches Kompositum darstellt. Es sind unterschiedliche Merkmale, die individuelle Persönlichkeit ausmachen. Es gilt die folgende Definition.

▶ **Persönlichkeit** Persönlichkeit ist eine Menge an bestimmten individuellen Merkmalen, die zu einem Bündel verwoben sind. Jegliches Handeln erfährt durch sie eine grundlegende Prägung.

Diese gebündelten Merkmale oder Eigenschaften lassen sich als **Dimensionen der Persönlichkeit** beschreiben. Sie bestimmen, wie wir mit unseren Mitmenschen und unserer Umwelt interagieren. Persönlichkeit wird dabei als zeitstabiles und kaum veränderbares Konstrukt aufgefasst (Borkenau und Ostendorf 1993). Erste Bemühungen, individuelle Persönlichkeitseigenschaften zu beschreiben, gehen auf die Arbeiten von Allport und Odbert (1936), Cattell (1943) sowie Fiske (1949) zurück.

Eines der etabliertesten Modelle zur Beschreibung und Erklärung von Persönlichkeit ist das Modell der sogenannten „**Big Five**". Ihm liegt eine fünf-faktorielle Struktur zugrunde, deren jeweilige Faktorausprägungen für Handlungen grundlegend prägend sind. Die Big Five setzen sich aus den fünf Faktoren Extraversion, emotionale Stabilität, Verträglichkeit, Gewissenhaftigkeit sowie Offenheit für neue Erfahrungen zusammen. Diese fünf Dimensionen konnten in zahlreichen Studien repliziert werden (Johnson und Ostendorf 1993; Norman 1963). Die Dimensionen werden im Folgenden skizziert:

Extraversion
Personen mit einer hohen Ausprägung dieser Dimension werden als selbstsicher, gesprächig, aktiv und heiter beschrieben und fühlen sich in Gruppen und menschlichen Ansammlungen bestens aufgehoben. Entgegen der weit verbreiteten Vermutung weisen introvertierte Charaktere, also solche mit einer niedrigen Ausprägung, nicht zwangsläufig eine hohe Tendenz an sozialer Ängstlichkeit, Unsicherheit oder Verschüchterung auf. Vielmehr gehen sie dem Wunsch nach, allein zu sein und sich Gruppen zu entziehen.

Emotionale Stabilität
Diese Dimension zielt auf die Wahrnehmung, das Empfinden sowie die Einordnung der eigenen Emotionen ab. Emotional stabile Menschen gelten als ausgeglichen, stressresistent und lassen sich nur schwer aus der Ruhe bringen. Labile oder auch neurotische Menschen gelten als ängstlich, nervös und schnell zu verunsichern und berichten, dass sie sich zeitweise von ihren Emotionen überwältigt fühlen.

Verträglichkeit
Hohe Werte auf der Skala Verträglichkeit weisen auf ein altruistisches, wohlwollendes und verständnisvolles Verhalten hin. Hingegen werden Menschen mit einer niedrigen Ausprägung an Verträglichkeit als eher egozentrisch und kompetitiv anstelle von kooperativ beschrieben. Folglich bildet Verträglichkeit, ähnlich der Dimension Extraversion, Verhaltensweisen auf der interpersonellen Ebene ab.

Gewissenhaftigkeit
Die Basis dieser Dimension liegt in der Art, wie bestimmte Aufgaben oder auch Handlungen geplant und durchgeführt werden. Gewissenhafte Personen sind dabei sehr fleißig, systematisch, ordentlich und zuverlässig. Personen mit einer niedrigeren Ausprägung können eher durch gegenteilige Adjektive beschrieben werden und gelten somit eher als chaotisch, nachlässig und unzuverlässig.

Offenheit für neue Erfahrungen
Diese Dimension berücksichtigt zum einen das Interesse an neuen Eindrücken und Erfahrungen, zum anderen aber auch die Beschäftigung mit diesen. So gelten Menschen mit einem hohen Maß an Offenheit für Erfahrungen als neugierig, intellektuell und kreativ und bevorzugen gleichzeitig neue, unkonventionelle Handlungen und Lösungsalternativen.

2.3 Persönlichkeitsmerkmale, Werte und Normen

Tab. 2.1 Big Five-Modell (Weinert 2004, S. 150)

Extraversion	gesellig, gesprächig, dominant, durchsetzungsstark, bestimmt, aktiv
Verträglichkeit	freundlich, höflich, kooperativ, gutherzig, vertrauensvoll, versöhnlich
Gewissenhaftigkeit	verantwortungsvoll, zuverlässig, sorgfältig, planvoll, ausdauernd
Emotionale Stabilität	Gegenpol von Neurotizismus; positiv, ruhig, enthusiastisch, sicher
Offenheit für neue Erfahrungen	einfallsreich, intellektuell, sensibel für Ästhetik, aufgeschlossen, originell

Personen mit einem niedrigen Ausmaß auf dieser Dimension präferieren eher bewährte Methoden und neigen zu konservativeren Einstellungen (Borkenau und Ostendorf 2008).

Tab. 2.1 erläutert diese Persönlichkeitsdimensionen anhand ihrer beschreibenden Merkmale.

Für Wertschöpfung im Sinne der Summe aller Handlungen kommt Persönlichkeit eine große Bedeutung zu. Dies zeigt sich durch die Wirkungen von Persönlichkeitsmerkmalen.

2.3.1.2 Wirkungen der Persönlichkeitsmerkmale

Seit geraumer Zeit geht das Erfassen von Persönlichkeitsstrukturen über den klinisch-psychologischen Kontext hinaus. So konnten einige bedeutsame Zusammenhänge zwischen Persönlichkeit und arbeitsbezogenen Konstrukten festgestellt werden. Demnach gehen unterschiedliche Persönlichkeitsausprägungen mit unterschiedlichen **Berufsinteressen** einher (Costa et al. 1984). Dies mag ein nicht allzu überraschender Zusammenhang sein. Dass Persönlichkeit jedoch auch Zusammenhänge mit beruflichem Erfolg, Einkommen, Arbeitszufriedenheit und Arbeitsmotivation aufweist, sollte auf größeres Gehör stoßen.

- So haben Barrick und Mount (1991) herausgefunden, dass der Faktor **Gewissenhaftigkeit** ein signifikanter Prädiktor für beruflichen Erfolg ist, unabhängig von der Art des ergriffenen Berufes.
- Bei genauerer Betrachtung von einzelnen Berufsbildern weisen auch die weiteren Dimensionen eine hohe prognostische Validität für Berufserfolg auf. So gibt es einen direkten Zusammenhang zwischen der Dimension **Extraversion** und Erfolg in Berufen, die viel soziale Interaktion erfordern, wie z. B. Angestellte im Vertrieb (Barrick und Mount 1991).
- Auch bekommen Personen mit einer hohen Ausprägung an **Extraversion** statistisch ein höheres Gehalt (Seibert und Kraimer 2001).
- In einer weiteren Studie konnte ein Zusammenhang zwischen den Dimensionen **Gewissenhaftigkeit** und **Neurotizismus** (als Gegenteil von emotionaler Stabilität) mit Arbeitsmotivation festgestellt werden. Wichtig ist, dass bei der letzteren Dimension eine negative Korrelation vorliegt (Judge und Ilies 2002).

- Ebenso liegt ein negativer Zusammenhang zwischen der Dimension **Neurotizismus** und Arbeitszufriedenheit vor (Judge et al. 2002).

Diese einschlägigen Befunde der Zusammenhänge zwischen **Persönlichkeit und Handeln** lassen den Einfluss von Persönlichkeitsmerkmalen auf Handlungen im privaten, wie auch im organisatorischen Kontext kaum ausschließen. Trotzdem ist an dieser Stelle Vorsicht geboten. Persönlichkeitsmerkmale lassen sich von Laien nur schwer erheben und unterliegen leicht einer Überschätzung.

So lässt sich beispielsweise der Zusammenhang von Gewissenhaftigkeit mit beruflichem Erfolg dadurch erklären, dass eine hoch gewissenhafte Person beruflichen Erfolg durch ehrgeiziges, fleißiges und diszipliniertes Verhalten erlangt. Jedoch mag es in Unternehmen auch immer wieder Situationen und Gelegenheiten geben, in denen kühnes und originelles Verhalten – was eher durch eine hohe Ausprägung an Offenheit für neue Erfahrung erreicht wird – gefragt ist und somit ebenfalls ein gewünschtes Verhalten ist. Zudem würde mit einer zu dominierenden Betrachtung des Einflusses von Persönlichkeit auf Handlungen das Risiko bestehen, den Einfluss weiterer individueller Variablen, wie Motivation und Einstellungen, aber auch situativen Gegebenheiten zu unterschätzen.

2.3.2 Werte und Normen

Eine Diskussion über Werte und Normen ist allgegenwärtig. Jeder spricht gerne über Werte und deren Bedeutung. Jedoch fällt den meisten Menschen das Reden über **eigene Werte** schwer und sie zeigen sich oft verwirrt, wenn man sie danach fragt.

Dennoch gibt es keine Menschen ohne Werte, denn jeder wird zu spezifischen und ihn selbst interessierenden Fragen oder Situationen eine genaue Vorstellung haben. Für viele Menschen haben Gerechtigkeit, Freizeit, kollegiale Zusammenarbeit sowie die konsequente Beachtung ihrer Individualität eine hohe Bedeutung. Dies sind typische Werte, die jedoch in ihrer Konkretisierung und Wirkungsmächtigkeit zwischen Mitarbeitern stark variieren. Eine Kollision mit derartigen Werten löst oft spontane und nachhaltige Reaktionen aus. Es gilt die folgende Definition (Johns und Saks 2017; Weinert 2004).

▶ **Werte** Werte sind breit ausgerichtete, dauerhafte Überzeugungen darüber, was richtig und was falsch ist.

Dies wiederum bedeutet, dass Werte fest verankerte und stabile Auffassungen von Wünschenswertem darstellen. Diese Stabilität lässt sie zu individuellen Wesensmerkmalen werden. Persönlichkeitseigenschaften, Erfahrungen, unterschiedliche soziale Kontakte sowie Wunschvorstellungen prägen sie.

In engem Zusammenhang mit Werten stehen **Normen**. Man kann sogar so weit gehen und sagen, dass Normen nahezu aus Werten folgen. Dies bedeutet auf der individuellen Ebene, dass ein Wert bestimmte Normen einfordert. Ist für eine Person der Wert

Gerechtigkeit zentral, so wird die Person bei wahrgenommener Ungerechtigkeit für sich selbst, aber auch für andere, eine Erwartung verspüren, sich zu beschweren. Es gilt die folgende Definition.

▶ **Normen** Normen sind Handlungserwartungen und können Werte konkretisieren.

In Unternehmenskontexten entstehen oft gemeinsame oder **geteilte Werte**. Das Handeln selbst und die Identifikation mit einer Tätigkeit oder auch deren Ablehnung sind ursächlich dafür. Solche geteilten Werte reichen oft über die oben beispielhaft genannten, individuellen Werte hinaus und richten sich auf unternehmensspezifische Situationen und Lösungen. Es handelt sich um geteilte Werte, da sie gemeinsame Vorstellungen und Orientierungsmuster umfassen. Eine Unterstützung von Unternehmenszielen folgt beispielsweise aus etablierten Fehlerkulturen, Widersprüche oder über das passende Maß an Sorgfalt. Unter dem Stichwort „Unternehmenskultur" wird die Entwicklung gemeinsamer Werte näher diskutiert (s. Kap. 9).

Mit Werten und Normen sind häufig positive und in Unternehmenszusammenhängen produktive Konnotationen verknüpft. Sie können aber zugleich auch unproduktives und **schädigendes Handeln** zur Folge haben (s. Illustration 2.3).

Illustration 2.3: Absenz- oder Drückeberger-Normen

„Absentismus" erfasst motivationsbedingte Fehlzeiten. Auf den ersten Blick scheint dies auf individuellen Bedürfnissen, Empfindungen und Entscheidungen zu beruhen. Dazu passt allerdings nicht die ungleiche Verteilung, mit der Absentismus in vergleichbaren, westlichen Industrieländern und dort sogar in vergleichbaren Unternehmen auftritt. Zudem ist das Ausmaß von Absentismus bei Unternehmen der gleichen Branche und mit ähnlicher Belegschaftsstruktur oft dauerhaft unterschiedlich.

Ganz offensichtlich können Mitarbeiter ein recht präzises und geteiltes Empfinden haben, wie weit man bei der Eigennutzorientierung gehen darf. Die wiederholte Einreichung einer plötzlichen Krankmeldung vor und nach einem Brückentag beruht genau auf einer solchen Vorstellung des „Gerade-noch-Akzeptablen". Manche Mitarbeiter berichten dann sogar offen über intensive Gartenarbeit am Wochenende oder den Besuch eines Auswärtsspiels ihres Lieblingsvereins, obwohl ihre telefonische Kurzzeit-Krankmeldung auf Heuschnupfen oder einer Darmerkrankung beruhte.

Auch Drückebergerei am Arbeitsplatz und das dadurch entstehende temporäre Nichtstun interpretieren manche Mitarbeiter als eine Art Zusatzanspruch. Sie sind von der Richtigkeit dieses „Anspruchs" überzeugt und leben ihn wie selbstverständlich aus.

Sowohl Absentismus als auch die Drückebergerei fußen zu einem Teil auf kollektiv entwickelten Normen. Das Ausmaß des Schweigens von Führungskräften gegenüber der beschriebenen Nutzung von Brückentagen und auch das Ausbleiben kollegialer Sanktionierung sind Referenzwerte. Beide tragen zur Normierung des Handelns innerhalb der Belegschaft bei und räumen dem Wert der Eigennutzorientierung einen hohen Stellenwert ein (s. ähnlich Johns und Saks 2017, S. 248). ◀

Die Relevanz von Werten und Normen für die Wertschöpfung kann gar nicht hoch genug geschätzt werden. Viele Versuche, Handlungslenkung durch Management-Maßnahmen gegen individuelle Werte und Normen gestalten zu wollen, stoßen rasch an Grenzen. Jedoch zeigt gerade die Nutzung geteilter Werte und Normen viele positive Wirkungen bei der Zielorientierung, der Leistungsbereitschaft, reibungslosen Abläufen oder kurzen Kommunikationswegen (s. Kap. 9).

2.4 Haltungen

2.4.1 Grundlegung

Haltungen oder synonym Einstellungen formen in ähnlichen Situationen weitgehend **gleichförmige, individuelle Bewertungsreaktionen**. Das heißt, das Vorliegen einer Haltung führt in einer spezifischen Situation zu prognostizierbarem Handeln. Es gilt die folgende Definition (Johns und Saks 2017; Weinert 2004).

▶ **Haltungen** Haltungen sind relativ stabile, evaluative Tendenzen, konstant auf Situationen, Personen oder Institutionen zu reagieren.

Der Unterschied zu Werten besteht – wie bei Normen auch – unter anderem in dem Konkretisierungsgrad. So deutet die Definition von Einstellungen auf eine „relativ stabile" und „evaluative Tendenz" und somit auf eine objektbezogene Bewertung hin, während Werte breit ausgerichtete Präferenzen darstellen.

Im Alltag werden Haltungen oder Einstellungen oft eine andere Bedeutung zugeschrieben. Sie werden viel eher als etwas aktiv Abrufbares eingestuft (Illustration 2.4).

> **Illustration 2.4: Die Begriffe Haltungen und Einstellungen im Alltag**
>
> In der Auseinandersetzung mit politischen Extremisten fordern Politiker oder Vertreter von Interessensverbänden „Haltung" ein. Gemeint ist damit, sich deutlich abzugrenzen, dagegen zu argumentieren oder sich an einer Gegendemonstration zu beteiligen.
>
> Besonders regelmäßig adressieren Trainer von Mannschaftssportarten Einstellungen. Typische Formulierungen nach Spielende sind etwa: „In der ersten Halbzeit stimmte die Einstellung meiner Mannschaft nicht. Gegen Ende der zweiten Halbzeit war die Einstellung dann besser und entsprechend erzielten wir den Siegtreffer." ◂

Dem in der Illustration 2.4 beschriebenen Begriffsverständnis wird hier nicht gefolgt. Erstens ist Haltung nichts, was aufgerufen werden kann. Haltungen existieren und sind nicht das Ergebnis von Apellen. Letztere wirken über die symbolische Interaktion zwischen Individuen. Dies schafft eine Bedeutung, die zu entsprechendem Handeln führt.

2.4 Haltungen

Zweitens ist eine Haltung nicht durch eine Kabinenansprache gestaltbar. Hier greift viel eher das Konstrukt Motivation. Diese beiden Hinweise verdeutlichen die Notwendigkeit trennscharfer Konstrukte. Ordnet man einer Situation das falsche Konstrukt zu, so rückt deren Gestaltung in weite Ferne.

Wie entstehen Haltungen? Haltungen entstehen nie autonom, sondern werden vor allem durch Werte geprägt. Deren relativ breit anwendbaren Aussagen über das „richtig" und „falsch" fordern fortwährend eine darauf bezogene Auseinandersetzung mit beobachtetem Handeln, Entscheidungen oder Ergebnissen ein. Diese Auseinandersetzung wird immer vorhanden sein, da Werte als grundlegend für viele Situationen beschrieben wurden (Johns und Saks 2017). Entsprechend lösen Werte in spezifischen Situationen **Überzeugungen** aus. Es liegen damit gefestigte Einschätzungen über die Passung von Wert und Situation vor (Johns und Saks 2005, S. 109).

Abb. 2.4 zeigt die Verknüpfung unterschiedlicher Komponenten zu Haltungen.

Im Unterschied zu Werten sind Überzeugungen eindeutig, spezifisch gerichtet und trennen erwünschte von nicht erwünschten Handlungen, Situationen, Entscheidungen und Ergebnissen. Sie sind **kognitiv** besser zugänglich als Werte. Zwei Beispiele sollen diese Struktur erläutern (s. Illustration 2.5).

> **Illustration 2.5: Entstehung von Haltungen**
>
> „Ich mag meinen Job nicht!"
> Liegt als Wert eine starke Familienorientierung vor, so kann sich dies in der Aussage „Ich mag nichts, was meine Familie schädigt." manifestieren.
> Die Wahrnehmung von Leistungsdruck, Überstunden und Angespanntheit auch in der Freizeit kann dann zur Überzeugung führen: „Meine Arbeit behindert mein Familienleben".
> Es kann daraus eine negative Haltung zur eigenen Arbeit resultieren – „Ich mag meinen Job nicht" – und in aller Konsequenz zu einer Kündigungshandlung führen.
> „Ich mag meinen Job!"
>
> Liegen bei einem Mitarbeiter die Werte Selbstbestimmung und Entfaltungsmöglichkeiten vor, so führt dies zur Einschätzung von allen relevanten Facetten der Arbeitssituation: „Ich mag alles, was mich beruflich weiterbringt."

Abb. 2.4 Verknüpfung von Werten, Haltungen und Handlungen (s. ähnlich Johns und Saks 2017, S. 127)

Ist die Arbeitssituation von zahlreichen Perspektiven, Eigenverantwortung, Zurechenbarkeit von Ergebnissen, Bedeutungsgehalt sowie beruflichen Perspektiven geprägt und empfindet der Mitarbeiter die Entscheidungen im Wesentlichen als nachvollziehbar und gerecht, so liegt die Überzeugung einer sehr guten Arbeitswahl nahe: „Meine Arbeit bietet mir gute Entwicklungsmöglichkeiten."

In Kombination mit den Werten wird die Überzeugung zu einer Haltung und richtet sich nicht nur auf die Facetten, sondern auch auf einen Arbeitsplatz insgesamt. Es folgt die Aussage „Ich mag meinen Job." Diese Haltung wiederum entspricht dem Konzept der Arbeitszufriedenheit (s. u.) und kann zu einer reduzierten Fluktuationsneigung führen (s. ähnlich Johns und Saks 2017, S. 127). ◄

Wichtig ist, dass diese in Illustration 2.5 angesprochenen Haltungen nicht einfach durch eine neue Arbeitsstruktur oder andere Maßnahmen kompensierbar sind. Sie sind insofern „relativ stabil", als dass vorgenommene oder eintretende Veränderungen sich nicht automatisch und kurzfristig auswirken werden. Die Bedeutung von Haltungen besteht also nicht nur in der Konsequenz, mit der sie auf Handeln wirken, sondern auch in naheliegenden Verzögerungen oder dem zumindest temporären Ausschluss von Einflüssen. Positiv betrachtet, stellen Haltungen eine Art durch Mitarbeiter gewährtes „**Akzeptanzpolster**" für unternehmerische Entscheidungen dar. Das heißt, positive Haltungen bleiben bestehen, auch wenn aus Mitarbeitersicht ungünstige und nicht favorisierte Entscheidungen getroffen werden.

Bislang wurde die Sequenz von Werten, Überzeugungen, Haltungen und Handeln als Abfolge betrachtet. Jedoch ist der Schluss von Haltungen auf Handeln nur schwer möglich. So gibt es viele **intervenierende Variablen**, die Haltungen zumindest situativ ändern können. Die klassische psychologische Studie von LaPiere (1934) zeigt dies (s. Illustration 2.6).

Illustration 2.6: Rassendiskriminierende Hotelbuchung und deren Veränderung

Für Chinesen war das Bereisen der USA während der vor rund 100 Jahren verbreiteten Rassendiskriminierung insofern problematisch, als dass Hotels vorab keine Zimmer für Chinesen reservierten. Diese Haltung der Hoteliers führte zu einem konsistenten Handeln. Tauchten reisende, chinesisch-stämmige Personen jedoch persönlich auf, so griff die Haltung oft nicht mehr und es wurde eine Beherbergung gewährt (s. ähnlich Fetchenhauer 2017). ◄

Die diskriminierende Haltung unterlag ganz offensichtlich einer plötzlich entstandenen Situation und provozierte den Wert der Gastfreundschaft. Abb. 2.5 integriert die neue Variable als eine situative Provokation.

Die „situative Provokation" fügt eine affektive Komponente hinzu (Weinert 2004). Dies ergänzt die Formung von Haltungen durch Werte und berücksichtigt die Menge

2.4 Haltungen

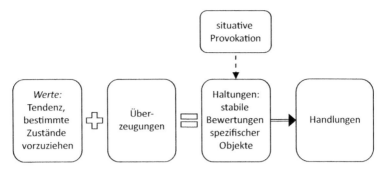

Abb. 2.5 Entstehung und Wirkung von Haltungen unter situativer Provokation

anderer Einflüsse. Daraus resultiert der angesprochene, tendenziell stabile Umgang mit Situationen. Im Folgenden werden für Unternehmen besonders relevante Haltungen diskutiert.

2.4.2 Arbeitszufriedenheit

Eines der grundlegendsten Konstrukte, um individuelles Handeln in Unternehmen zu erfassen, ist die Arbeitszufriedenheit. Sie wirkt vor allem auf Leistung und Kollegialität ein. Zudem trägt sie zur Erklärung jener individuellen Leistungen bei, die über das arbeitsvertraglich geregelte Maß hinausreichen.

Arbeitszufriedenheit richtet sich nicht nur auf Tätigkeiten, wie sie einer Stellenbeschreibung zugrunde liegen oder auf die zu verrichtenden Aufgaben. Sie ist mehr als die bloße Freude an anspruchsvoller Programmierung, intensiver Kundenbetreuung oder zeitkritischer Projektverantwortung. Die folgende Definition umfasst dies.

▶ **Arbeitszufriedenheit** Arbeitszufriedenheit ist ein positives Gefühl, das auf einer autonomen Bewertung der eigenen Arbeitssituation beruht. Arbeitszufriedenheit ist ein bipolares Konstrukt und kann daher auch „Unzufriedenheit" beinhalten.

Es überrascht daher nicht, dass Arbeitszufriedenheit die **Arbeitsleistung** positiv beeinflusst. So zeigen Schleicher et al. (2015), dass zufriedene Mitarbeiter eher gute Leistungen vollbringen.

Um den Umgang mit Arbeitszufriedenheit einzugrenzen, ist es wichtig, sie als **Haltung** zu begreifen. Das heißt, sie ist eine relativ stabile Tendenz, konstant auf die Gesamtbeschäftigungssituation als auch auf die einzelnen Facetten zu reagieren. Zeigt sich beispielsweise im Rahmen einer Mitarbeiterbefragung eine Unzufriedenheit mit der Informationspolitik, so lässt der Ausbau des unternehmensinternen Informationssystems in vielen Fällen keine Steigerung der Arbeitszufriedenheit erwarten. Zwei Gründe legen dies nahe:

Zum einen ist die Veränderung einer Haltung kein spontaner Akt. Zum anderen wird Arbeitszufriedenheit aus der Fülle der angesprochenen Faktoren gespeist.

Es existieren zahlreiche Forschungsergebnisse zu Arbeitsbedingungen und ihren Wirkungen auf die Arbeitszufriedenheit. Die folgende Illustration 2.7 skizziert Evidenzen.

> **Illustration 2.7: Arbeitsbedingungen und Arbeitszufriedenheit**
>
> Zu erfüllende Aufgaben tragen eher zur Arbeitszufriedenheit bei, wenn sie als intrinsisch motivierend wahrgenommen werden (Fong und Snape 2015; Ronen und Mikulincer 2014).
>
> Arbeitnehmer werden nicht alle Arbeitsbedingungen als gleichwertig wahrnehmen. Auf Arbeitszufriedenheit wirken in genau dieser Reihenfolge (Robbins und Judge 2018): 1) Arbeit selbst, 2) Kollegen, 3) Vorgesetzte, 4) Bezahlung, 5) Aufstieg.
>
> Dabei mag es überraschend sein, dass die Bezahlung nur die vorletzte und der Aufstieg gar die letzte Stelle im Ranking einnehmen. Dies zeigt, dass intrinsische Motivation und soziale Interaktion in ihrer Bedeutung vor reinen Sachleistungen, Vergünstigungen und Besserstellungen steht.
>
> In diese Richtung weist auch die empirische Forschung zur sozialen Verantwortung (Corporate Social Responsibility) von Unternehmen. Thorpe (2013) führt aus, dass dort häufig selbstregulierendes und selbstbestimmtes Handeln vorhanden sind und dann mehr geleistet wird, als lediglich der Dienst nach Vorschrift. Solches extrafunktionales Rollenverhalten löse eine besonders hohe Arbeitszufriedenheit aus. ◄

Von diesen Arbeitsbedingungen abgesehen, beeinflusst die **Persönlichkeit** als stabiler Faktor die Arbeitszufriedenheit. Im Gegensatz zu den Arbeitsbedingungen, kann die Persönlichkeit jedoch kaum mit Maßnahmen des Managements verändert werden. Es bleibt also nur, sich dieses Einflusses der Persönlichkeit auf die Arbeitszufriedenheit bewusst zu werden und als Führungskraft Persönlichkeit zum Gegenstand der Personalauswahl zu machen.

2.4.3 Organisatorische Selbstbindung

Der Begriff organisatorische **Selbstbindung** synonym „Commitment", beschreibt den individuellen Zugehörigkeitswunsch an ein Unternehmen oder an eine Abteilung. Das heißt, Selbstbindung oder Commitment lassen sich nicht direkt anreizen und auslösen. Vielmehr fügen sich konkrete, bindungsorientierte Maßnahmen in die Menge bisheriger Bindungsangebote ein. Diese erfahren dann eine Neubewertung und stellen möglicherweise eine veränderte Selbstbindung dar. Das Konstrukt Selbstbindung ist demnach kein Persönlichkeitsmerkmal, kein Wert und auch keine Motivation, sondern wie Arbeitszufriedenheit ebenfalls eine **Haltung**.

Dieser Beschreibung folgend, bezieht sich Commitment grundsätzlich auf alle möglichen Situationen und angestrebten Ergebnisse. Mit Abstand am häufigsten wurde bislang jedoch das Commitment gegenüber Unternehmen untersucht (van Rossenberg et al. 2018). Hier gilt folgende Definition s. ähnlich (Mowday et al. 1982).

▶ **Organisatorische Selbstbindung** Organisatorische Selbstbindung bedeutet, dass Mitarbeiter sich den Verbleib in einem Unternehmen wünschen.

Zur detaillierten Beschreibung und auch zur Messung (s. Kap. 5) von Commitment liefert das sogenannte **Drei-Komponenten-Modell** weiterführende Hinweise. Meyer und Allen (1991) differenzieren dazu Commitment in drei Komponenten: affektives, normatives und kalkulatorisches Commitment.

Affektive Selbstbindung
Ein affektiv gebundener Mitarbeiter bleibt in dem Unternehmen, weil er **dortbleiben möchte**. Gemeint ist ein gewünschtes, emotional geprägtes Bleiben. Das Unternehmen hat für das Individuum eine große persönliche Bedeutung. Man fühlt sich als „Teil einer Familie" zugehörig. Beeinflusst werden kann diese Komponente beispielsweise durch ein gelungenes Patensystem in der Einarbeitung oder mit einer interessanten Arbeitsgestaltung. Eine Steigerung des affektiven Commitments kann auch in eine individuelle Leistungssteigerung münden. Der zuletzt genannte Zusammenhang wird jedoch stärker, wenn man Commitment, statt auf das gesamte Unternehmen, auf kleinere Einheiten (wie zum Beispiel auf Teams oder Gruppen) bezieht (van Dick 2007). Außerdem kann affektives Commitment innovatives Verhalten fördern (van Dick 2004).

Normative Selbstbindung
Ein normativ gebundener Mitarbeiter bleibt in dem Unternehmen, weil er **dortbleiben soll**. Er fühlt sich gegenüber dem Unternehmen verpflichtet, jedoch nicht in dem Ausmaß zugehörig, wie beim affektiven Commitment. Der Gedanke an eine Kündigung wird aus moralischen oder auf die Sozialisierung zurückgehenden Gründen als bedenklich und verwerflich erachtet. Aufgrund eines Gefühls der Dankbarkeit entsteht die Überzeugung, dass es richtig ist, in dem Unternehmen zu verbleiben. Wichtige Einflussfaktoren auf normatives Commitment stellen Fairness auf Verteilungs- und Entscheidungsebene oder gewährte Personalentwicklungsperspektiven dar.

Kalkulatorische Selbstbindung
Ein kalkulatorisch gebundener Mitarbeiter bleibt in dem Unternehmen, weil er **dortbleiben muss**. Die Kosten für das Verlassen sind aus seiner Sicht zu hoch. Dies wird beispielsweise dadurch begründet, dass er woanders weniger verdienen würde, oder dass er seine Chancen auf dem Arbeitsmarkt als gering erachtet. Kalkulatorisches Commitment entsteht

beispielsweise durch hohe Investitionen von Mitarbeitern in ihre Beschäftigungssituation, zum Beispiel durch die Vorbereitung und das Bestehen herausfordernder und schwieriger Auswahlverfahren. Gesteigert wird es außerdem durch kommunale Integration, beispielsweise in Form von Mitgliedschaften in lokalen Vereinen und Initiativen.

Diese drei Komponenten dürfen nicht so verstanden werden, dass Ausprägungssteigerungen immer erstrebenswerte Ziele sind. Dies zeigt sich bei der Zusammenschau von kalkulatorischem und affektivem Commitment. Langfristig wirksame Maßnahmen wie Ruhestandsregelungen, Karriereplanung oder Möglichkeiten zur Umwandlung von Gehaltsbestandteilen in Sonderurlaub oder Dienstwagen wirken auf das kalkulatorische Commitment. Dies ist aber genau dann schädlich, wenn gleichzeitig das affektive Commitment niedrig ausgeprägt ist. Dies versammelt Personen, die bleiben müssen, dies aber nicht wollen. Das heißt, Mitarbeiter richten sich mit als störend empfundenen Aufgabenfeldern langfristig ein.

An diesen drei Dimensionen lassen sich auch schwerwiegende Nachteile einer starken Bindung verdeutlichen. Zwar wird jedes Unternehmen an möglichst stark affektiv gebundenen Mitarbeitern interessiert sein. Umgekehrt können stark kalkulatorisch und gleichzeitig nur schwach affektiv gebundene Mitarbeiter hinderlich für den Unternehmenserfolg sein, beispielsweise wenn sie schlechte Leistungen erbringen und für eine negative Stimmung sorgen, das Unternehmen aber aus kalkulatorischen Gründen nicht von selbst verlassen wollen. Commitment kann demnach sogar die Trennung von leistungsschwachen Mitarbeitern erschweren (Nerdinger et al. 2014).

Die **Relevanz** von organisatorischem Commitment erklärt sich durch den Bedarf von Unternehmen an qualifizierten Mitarbeitern, die sich jetzt und in der Zukunft mit der Arbeit verbunden fühlen (Bakker et al. 2011). Dieser Bedarf wird durch den Wandel zu **flachen Hierarchien** beschleunigt. Da die Kontrolle durch Vorgesetzte hier fehlt oder zumindest erschwert ist, wird eine zunehmende Verpflichtung von Arbeitnehmern gegenüber Zielen und Aufgaben relevant. Darüber hinaus entspricht Commitment gegenüber einem Unternehmen wichtigen, menschlichen Bedürfnissen nach Zugehörigkeit und Sicherheit. Allerdings kann Commitment auch reduziert werden, wenn es beispielsweise zu größeren Entlassungswellen kommt, Kürzungen von Sozialleistungen vorgenommen werden und zunehmend auf befristete oder Leiharbeitsverhältnisse zurückgegriffen wird. Dies stellt die Aufrechterhaltung eines hohen Commitments vor Herausforderungen (van Dick 2007).

2.4.4 Vertrauen

2.4.4.1 Grundlegung

Vertrauen ist eine Basis für zwischenmenschliche Interaktionen. Es ist das Gefühl, sich auf andere Personen verlassen zu können. Dies ist in Unternehmen nicht anders. So steht bei der Einführung eines neuen Vergütungssystems oder bei Entscheidungen zur organisatorischen Gestaltung immer Vertrauen im Zentrum. Mitarbeiter werden sich zwei Fragen stellen: Was bringen die Veränderungen für mich persönlich? Wie glaubhaft sind die

2.4 Haltungen

unternehmensseitigen Prognosen? Vertrauen bedeutet dabei, ein Risiko einzugehen und einen ersten Schritt der Akzeptanz zu tun. Daraus resultiert die folgende Definition (Luhmann 2000; Simmel 1992, S. 393).

▶ **Vertrauen** Vertrauen ist eine positive Erwartungshaltung gegenüber Entscheidungen, Reaktionen und Handlungen von Personen sowie Institutionen trotz des Risikos der Erwartungsenttäuschung.

Wie stellt sich dieser **Weg hin zum Vertrauen** dar? Vertrauen schreibt anderen Personen positive Eigenschaften zu. Nimmt beispielsweise ein Mitarbeiter wahr, dass der Vorgesetzte nicht nur eigene Interessen in den Fokus rückt, sondern sich für all seine Mitarbeiter auch gegen Widerstände einsetzt, so kann dies Vertrauen auslösen. Es ist also ein grundlegendes Wohlwollen, das eine wichtiger Faktor für die Gewinnung von Vertrauen auslöst. Allerdings ist dies noch nicht ausreichend.

Aktuelle empirische Forschung (Ragins 2016) führt auf, dass neben dem Zuschreiben von Wohlwollen außerdem noch Integrität, Fähigkeiten und Persönlichkeitsmerkmale dazu führen, Vertrauen aufbauen zu können. Diese sind allerdings nicht kumulativ zu erfüllen, sondern können je nach Situation unterschiedliche, relative Bedeutungen haben und sich aus der Perspektive von Mitarbeitern oder Führungskräften ergeben:

Wohlwollen
Die Unterstellung von Wohlwollen bei anderen Personen ist ein erster Schritt zu einer positiven Erwartungshaltung gegenüber deren Handlungen.

Integrität
Integrität oder Glaubwürdigkeit kennzeichnet die Übereinstimmung von Rede und Handlung. Beispielsweise kann ein Vorgesetzter an Integrität verlieren, wenn er vor einem Mitarbeiter eine Aussage tätigt wie „ich mache x" und dann entgegen dieser Aussage „y" ausführt. Die Wahrscheinlichkeit ist damit gering, dem Vorgesetzten vertrauen zu können. Wer würde sich schon verletzbar machen, indem er eine positive Erwartungshaltung (Vertrauen) annimmt, wenn die entsprechende Person nachweislich anders handelt als sie redet?

Fähigkeiten
Fähigkeiten im Sinne von Wissen und Kompetenzen sind für Vertrauen ebenfalls zentral. Selbst wenn beispielsweise ein Mitarbeiter davon ausgeht, dass der Vorgesetzte integer ist, wird er kaum vertrauen, sollten Wissen oder Kompetenzen in Zweifel stehen.

Persönlichkeitseigenschaft
Von den Mitarbeiter-Vorgesetzten-Beziehungen abgesehen, gibt es empirische Forschungsergebnisse, die nahe legen, dass Vertrauen insbesondere mit der Persönlichkeitseigenschaft der Verträglichkeit korreliert und Individuen, die vertrauen können, außerdem über ein hohes Selbstwertgefühl verfügen (Simpson 2007).

Nach der Beschreibung von Vertrauen stellt sich die Frage nach dessen **Wirkungen** (s. Illustration 2.8).

> **Illustration 2.8: Wirkungen von Vertrauen**
>
> Insgesamt führt Vertrauen zu unbeschwerter Kommunikation und reduziert ein allzu kritisches Hinterfragen von Entscheidungen und Zusagen. Handlungen entfalten dadurch eine Selbstverständlichkeit.
>
> Wechselseitiges Vertrauen eröffnet Perspektiven zur Reduktion von Bürokratie, von kontrollorientierten Strukturen oder allgemein von Formalismen.
>
> Darüber hinaus erhöht Vertrauen die Risikobereitschaft. Diese Risikobereitschaft meint nun aber nicht, dass Mitarbeiter plötzlich waghalsige Entscheidungen treffen. Sie richtet sich vor allem auf das Innenverhältnis der Mitarbeiter zu ihren Vorgesetzten. Es geht hierbei eher um die Aufgabenerfüllung und die daran gesetzten gegenseitigen Erwartungen. Mitarbeiter gehen bei Vertrauen weniger davon aus, dass Änderungen im Aufgabenablauf ihren Vorgesetzten enttäuschen würden. Vielmehr meinen sie, die Erwartungen besser einschätzen und entsprechende Änderungen vornehmen zu können. So wird es für die Mitarbeiter zum Beispiel einfacher, Aufgaben auf eine neue Art und Weise zu erledigen.
>
> Ein weiteres empirisches Ergebnis ist eine erhöhte Arbeitsleistung bei Gruppen, in denen dem Vorgesetzten Vertrauen entgegengebracht wird (Detert und Burris 2007; Colquitt et al. 2007). ◄

Genauso wie alle anderen Haltungen ist Vertrauen keine Konstante. Es drängt sich die Frage auf, wie mit verlorenem Vertrauen umgegangen werden kann.

2.4.4.2 Umgang mit verlorenem Vertrauen

In Unternehmen wird nicht immer ein solides, gegenseitiges Vertrauen möglich sein. Die Folgen können aus den bisherigen Darstellungen abgeleitet werden. Führt Vertrauen zu erhöhter innerer Risikobereitschaft, einer besseren und offeneren Kommunikation sowie erhöhter Arbeitsleistung, so führt **Misstrauen** mindestens zum Gegenteil. Wie können Führungskräfte die Vertrauenssituation analysieren und damit umgehen?

Auf Kim et al. (2009) geht ein dreistufiges Frageszenario zurück. Dieses soll eine Annäherung der Enttäuschten wieder möglich machen, indem Vertrauen neu aufgebaut wird. Um diese Transformation zu erreichen, analysieren die Fragen, ob der Mitarbeiter überhaupt der hauptausschlaggebende Grund des Vertrauensmissbrauches ist. Je geringer die individuelle Schuld zu sein scheint, desto wahrscheinlicher ist der Wiederaufbau des Vertrauens. Die Fragen beziehen sich auf die Mitarbeiter-Vorgesetzten-Beziehung und können aus beiden Perspektiven beantwortet werden. An dieser Stelle werden die Fragen beispielhaft aus der Sicht des Vorgesetzten beantwortet, wenn sein Vertrauen in den Mitarbeiter (Vertrauensnehmer) verletzt wurde:

- Ist der Vertrauensnehmer unschuldig oder schuldig, die Vertrauensverletzung begangen zu haben?
- Falls der Vertrauensnehmer schuldig der Verletzung des Vertrauens ist, muss diese Verletzung der Person oder der Situation zugeschrieben werden?
- Falls die Vertrauensverletzung zumindest teilweise der Person zugeschrieben werden muss, ist das persönliche Defizit, welches zur Verletzung führte, veränderbar oder handelt es sich um ein beständiges Persönlichkeitsmerkmal?

Die sich anschließende und entscheidende Frage, ob verlorenes Vertrauen wiederhergestellt werden kann, ist nur schwer präzise zu beantworten. So bleibt der Wiederaufbau von Vertrauen nach einer Situation, die zum Vertrauensverlust führte, unkalkulierbar. Vertrauen ist schnell beschädigt und wird nur langsam, mit viel Zeit und Mühe wiederhergestellt (Endreß 2002).

2.4.5 Wahrgenommene organisatorische Unterstützung

Wahrgenommene organisatorische Unterstützung oder „Perceived Organizational Support" (POS) ist ein Konstrukt, das sich explizit auf den Unternehmenskontext bezieht. Es weist eine Nähe zu Arbeitszufriedenheit, Commitment und Vertrauen auf.

Dabei präzisiert wahrgenommene organisatorische Unterstützung die Basis für die weitere Zusammenarbeit und Arbeitsleistung. Dies kann beispielsweise dadurch geschehen, dass ein Unternehmen seine Mitarbeiter beim effektiven Arbeiten und beim Umgang mit stressvollen Situationen unterstützt (Rhoades und Eisenberger 2002). Die folgende Definition führt dies aus (Eisenberger et al. 1986).

▶ **Wahrgenommene organisatorische Unterstützung** Wahrgenommene organisatorische Unterstützung steht für das Ausmaß, in dem Mitarbeiter überzeugt sind, dass ihr Arbeitgeber ihre Beiträge wertschätzt und sich um ihr Wohlbefinden sorgt.

POS erzeugt eine **innere Verpflichtung** nicht nur loyal zu sein, sondern auch ein Verhalten zu zeigen, dass die Erreichung der Unternehmensziele fördert (Johns und Saks 2017). Es wird also ein Ausgleich zwischen dem, was man gibt, und dem, was man bekommt, angestrebt. Die folgende Illustration 2.9 stellt zwei Beispiele vor.

Illustration 2.9: Versuche einer Steigerung von wahrgenommener Unterstützung

Google legt Wert darauf, dass Mitarbeiter 20 % ihrer Arbeitszeit mit dem Verfolgen eigener Projekte und Anliegen verbringen dürfen. Außerdem werden allen Angestellten hochwertiges Essen, ärztliche Sprechstunden sowie Schwimm- und Entspannungsmöglichkeiten kostenlos zur Verfügung gestellt (Riggle et al. 2009).

Beim Cloud-Computing Unternehmen Salesforce haben Arbeitgeber und Kollegen einem an Leukämie erkrankten Mitarbeiter alle notwendigen Medikamente bezahlt und auch während seiner Abwesenheit vom Arbeitsplatz Kontakt zu ihm gehalten.

Sowohl bei Google als auch bei Salesforce sind die Ausprägungen von POS bei den betroffenen Mitarbeitern vermutlich infolgedessen rasant angestiegen (Robbins und Judge 2018). ◄

Weiterhin kann das Vorhandensein guter **Arbeitsbedingungen** zur Steigerung von POS führen. Hierbei geht es insbesondere um Mitspracherechte bei wichtigen Entscheidungen, Möglichkeiten für Wachstum und Entwicklung, faire Belohnungen sowie wahrgenommene, organisationale Gerechtigkeit (Allen et al. 2003; Rhoades et al. 2001; Rhoades und Eisenberger 2002; Shanock und Eisenberger 2006).

Wahrgenommene Unterstützung steigert die Arbeitszufriedenheit, Commitment, die Arbeitsleistung und reduziert Absentismus sowie Kündigungsraten. Diese Wirkbeziehungen haben aufgrund meta-analytischer Belege eine besondere Evidenz (Riggle et al. 2009). Des Weiteren kann POS die Gewissenhaftigkeit in der Aufgabenerfüllung, die Innovationsbereitschaft und das Engagement von Mitarbeitern steigern. Eine Reduktion von Belastungen wie Müdigkeit, Kopfschmerzen, Angst und Burnout rundet die breiten möglichen Wirkungen von POS ab (Muse und Stamper 2007; Rhoades und Eisenberger 2002; Wayne et al. 1997). Allerdings fällt auf, dass fast alle Wirkungen von POS bei Mitarbeitern mit **intensivem Kundenkontakt** geringer ausfallen. Das heißt, erforderlich ist das Vergleichen und Erfahren von POS, bevor es sich Mitarbeiter zu eigen machen. Bei Außendienstmitarbeitern fehlt dies zumindest in Teilen und POS entwickelt sich weniger intensiv.

2.5 Motivation

2.5.1 Grundlegung

2.5.1.1 Definition

„Motivation" ist ein **schillernder Begriff**. Er wird in allen lebensweltlichen Zusammenhängen gerne verwendet. Auf Situationen in Schulen, Unternehmen, im Sport oder sozialen Einrichtungen trifft dies zu. Meistens wird Motivation so verstanden, dass motivierte Menschen mehr tun als andere und sich für etwas aufopfern. Ein solches Alltagsverständnis bedarf einiger Konkretisierungen, um dann Überlegungen zur Motivationssteigerung in Unternehmen hervorrufen zu können.

Zunächst weist Motivation **deutliche Unterschiede** zu Werten und Normen aber auch zu Haltungen auf. Diese richten sich nicht unmittelbar auf Unternehmensziele oder

2.5 Motivation

Arbeitsaufgaben und sind weniger gut zu beobachten oder zu gestalten als Motivation. Eine Analyse von Motivation gelingt am besten nicht nur anhand der erreichten Ergebnisse – eben der Leistung –, sondern durch vier **vorgelagerte Merkmale** (Johns und Saks 2017). Mit Intensität und Dauerhaftigkeit ist eine **quantitative Komponente** von Motivation angesprochen. Dabei gelten diese Handlungen aber erst dann als motivierend, wenn sie auf ein Unternehmensziel gerichtet sind. Dies markiert die **qualitative Komponente** von Motivation. Zusammenführend erfolgt die Definition.

▶ **Motivation** Motivation umfasst Intensität, Dauerhaftigkeit, Richtung und Ziel des Handelns.

Motivation selbst setzt sich aus **zwei Komponenten** zusammen: Intrinsische und extrinsische Motivation. Die beiden Komponenten erklären Motivation auf eine jeweils andere Weise. Diese Unterscheidung ist wichtig, auch wenn sie nicht immer ganz eindeutig auf die verschieden Motivationstheorien übertragen werden kann. Dies ergibt sich dann immer aus dem Kontext und der jeweiligen Argumentation.

Intrinsische Motivation. Sie entstammt der Verbindung zwischen Arbeitsaufgabe und Person. Es sind bestimmte Bedürfnisse – beispielsweise Leistungsstreben, Zielerreichung oder Selbstbestimmung –, die Menschen in unterschiedlichem Maße antreiben. Vor dem Hintergrund spezifischer Situationen führen diese Motive zu intrinsischer Motivation. Es gilt die folgende Definition.

▶ **Intrinsische Motivation** Intrinsische Motivation entstammt der Arbeitsaufgabe selbst. Sie wird nicht durch externe Anreize ausgelöst, sondern durch tätigkeitsbezogene Merkmale erzeugt.

Eine Auslösung intrinsischer Motivation resultiert vor allem aus Aufgaben, die fordernd sowie abwechslungsreich sind, und wenn zusätzlich die strukturellen Merkmale Feedback und Autonomie gegeben sind. Es wird sich zeigen, dass die intrinsische Motivation eine oft unterschätzte Wirkung auf das Handeln hat (s. Kap. 4).

Extrinsische Motivation. Sie entstammt nicht der Arbeit oder der Arbeitsaufgabe selbst, sondern den durch das Handeln erreichbaren Konsequenzen. Das heißt, diese Motivation funktioniert nur durch eine enge Verknüpfung zwischen Handeln sowie dessen Bedingungen und Konsequenzen. Die folgende Definition greift dies auf.

▶ **Extrinsische Motivation** Extrinsische Motivation resultiert aus der Arbeitsumgebung und wird somit hinzugefügt.

Ausschlaggebend für extrinsische Motivation sind also Anreize, die von Führungskräften, Kollegen oder Mitarbeitern in Aussicht gestellt werden. Vergütungen oder Beförderungen sind sehr offensichtliche extrinsische Anreize. Neben solchen Strukturen führt oft auch ein Lob oder die erhoffte Anerkennung durch Kollegen zu extrinsischer Motivation.

Wiederum wird auch die Motivationswirkung von Anreizen durch die Persönlichkeit, Werte oder Haltungen moderiert und damit nur individuell prognostizierbar.

Diese Differenzierung soll so verstanden werden, dass jede einzelne der beiden Komponenten, enorme Motivationspotenziale in sich trägt. Problematisch kann sich jedoch eine Vermengung der beiden Komponenten auswirken. Würde man beispielsweise an intrinsisch wirkende Arbeitsbedingungen extrinsische Anreize koppeln, so ist es fraglich, ob eine gesteigerte, additive Motivation resultierte. So können sich die beiden Motivationskomponenten verdrängen oder sogar zuwiderlaufen. Dies wird später unter dem Thema Anreizsysteme intensiv diskutiert (s. Kap. 4).

2.5.1.2 Unterscheidet sich die Motivierbarkeit in unterschiedlichen Situationen?

Sind Personen in allen ihren relevanten Lebensbereichen ähnlich motiviert oder können große Unterschiede existieren? Diese Frage nach einem Normal-Maß lässt sich leicht verneinen. So werden Anreize unterschiedlich stark wirken und auch intrinsische Zusammenhänge sind in Freizeit, Unternehmen oder bei der Übernahme von sozialer Verantwortung stark unterschiedlich.

Hinsichtlich ihrer Motivation als negativ eingeschätzte Mitarbeiter werden in vielen Unternehmen als „Schlechtleister" bezeichnet. Dass derartige Einschätzungen von „low performern" häufig nicht ausreichend bedacht sind, zeigt die folgende Illustration 2.10.

Illustration 2.10: Schlechtleister oder „low performer"

Als „low performer" werden häufig Personen bezeichnet, die hinter Erwartungen von Unternehmen und Vorgesetzten zurückbleiben. Auch Kollegen nehmen dies rasch wahr und stellen sich darauf ein. Es besteht eine Situation von sinkender Produktivität und vor allem auch von der um sich greifenden Unzufriedenheit in Bezug auf den Schlechtleister. Solche „low performer" gelten als weniger motiviert und machen lediglich den negativ verstandenen „Dienst nach Vorschrift".

Macht man sich die Mühe und hinterfragt, was „Schlechtleister" in ihrer Freizeit tun, so kommt es oft zu verblüffenden Ergebnissen. Engagement in karitativen Organisationen oder Briefmarkensammlervereinen, ehrenamtliche Tätigkeit als Trainer im Sportverein zählen u. a. dazu. ◄

Freilich sind Freizeit und Berufstätigkeit nicht vergleichbar. Kann man jedoch nicht auch – zumindest in Teilen – ein Scheitern seitens der Führungskräfte vermuten? Faktisch sind die betroffenen Personen aus der voranstehenden Illustration 2.10 motivierbar und jenseits ihrer Arbeitsaufgaben auch nachweislich motiviert. Das heißt, die Überlegungen und Maßnahmen, die Vorgesetzte und Personalabteilungen verfolgen, greifen nicht genügend.

Für ein tiefergreifendes Verständnis über das Zustandekommen von Motivation bietet die Literatur seit langer Zeit viele Hinweise. Diese schaffen sehr gute Ausgangspunkte,

2.5 Motivation

um sich dem Problem der Motivation systematisch zu nähern. Die folgenden Ausführungen stellen diese Motivationstheorien vor. Eine Unterteilung in zwei Kategorien von Motivationstheorien schafft etwas Klarheit.

- Die erste Theorieströmung stellt die Frage, „was" Menschen motiviert. Es geht also um **Inhalte der Motivation**, deren Inhalte sich aus Bedürfnissen zusammensetzen. Dahinter steht die Idee, dass unerfüllte Bedürfnisse substanzielle „Spannungen" erzeugen, die als Triebfeder des Handelns gelten. Auflösung solcher Spannungen kann durch individuelles Handeln erfolgen und stellt letztendlich die Motivation dar. Man spricht auch von „**Bedürfnisspannungstheorien**".
- Demgegenüber interessiert sich die zweite Theorieströmung nicht für Bedürfnisspannungen. Vielmehr geht es um die Frage, wie sich das Zustandekommen von Motivation erklären lässt. Hieraus lässt sich beispielsweise schließen, dass Personen allein aufgrund ihrer persönlichen Eigenschaften oder Arbeitssituation unterschiedlich stark motiviert werden können, unabhängig vom Gegenstand der Motivation. Man spricht daher auch von „**Prozesstheorien der Motivation**".
- Schon diese Unterteilung deutet es an: Leider reicht eine einzelne Motivationstheorie niemals aus. Motivation ist ein derart vielschichtiges Phänomen, das eine Annäherung über mehrere Wege erfordert.

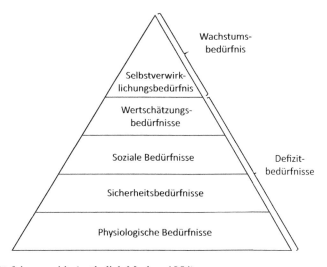

Abb. 2.6 Bedürfnispyramide (s. ähnlich Maslow 1954)

2.5.2 Inhaltstheorien der Motivation

2.5.2.1 Hierarchien von Bedürfnissen
a) Bedürfnispyramide nach Maslow

Prägend für die Beschäftigung mit Bedürfnissen als solchen war Abraham Maslow (1954). Er formulierte die weltweit vermutlich populärste Motivationstheorie. Andere Autoren stellten sie als eine Hierarchie von Bedürfnissen dar. Abb. 2.6 stellt die Hierarchie in Form einer Pyramide vor.

Nach Maslow (1954) seien Bedürfnisse hierarchisch geschichtet. Sie reichen von physiologischen, Sicherheits-, sozialen oder Zugehörigkeits-, Wertschätzungs- bis hin zu Selbstverwirklichungs-Bedürfnissen. Diese Reihenfolge soll Motivation erklären. Demnach führt die ausreichende Zufriedenstellung einer Bedürfnisebene zum Wirksamwerden der nächsthöheren Ebene. Deutlich wird das sogenannte **Defizitprinzip**. Das heißt, das verspürte Defizit bei der Bedürfniserfüllung ist der Antrieb und entspricht der oben angesprochenen Bedürfnisspannung. Maslow (1954) geht dabei nicht von der Notwendigkeit einer vollumfänglichen Zufriedenstellung aller einzelnen Bedürfnisebenen aus. Vielmehr kann auch das Bestehen eines teilweisen Defizits auf der nächsthöheren Ebene Bedürfnisspannungen auslösen und zu Motivation führen.

Dieses Defizitprinzip gelte aber nicht umfänglich, sondern nur bis zur vierten Ebene. Auf der Ebene der Selbstverwirklichung handele es sich nicht mehr um eine Bedürfnisspannung durch ein wahrgenommenes Defizit. Vielmehr sei Selbstverwirklichung nie vollständig erfüllbar, etwa im Gegensatz zu der Menge an Sozialkontakten, Anerkennung oder Sicherheit. Entsprechend ist es passend, das Prinzip zur Auslösung von Motivation auf der obersten Ebene nicht als Defizitabbau, sondern als Wachstum zu denken.

Das zugrunde liegende **Wachstums- oder Progressionsprinzip** behält, im Unterschied zu den Defizitbedürfnissen, dauerhaft seine Motivationswirkung. Das heißt, die Bedürfnisspannung nach Selbstverwirklichung endet beispielsweise nicht mit einer positiven, den eigenen Ansprüchen und Vorstellungen entsprechenden Arbeitssituation. Vielmehr macht Selbstverwirklichung immer den Weg frei für weitere Situationen, die zu Selbstverwirklichung beitragen können.

Die **Anwendung** der Bedürfnispyramide als ein „Abarbeiten" von Defizit- und Wachstumsbedürfnissen verbleibt auf einer allzu trivialen Ebene. Die folgenden Kritikpunkte sprechen gegen diese so bekannte Motivationstheorie:

- Maslow (1954) verwendete einen kaum repräsentativen Datensatz, der rund 60 Jahre alt ist. Ob sich daraus so etwas wie ein „Gesetz" entwickelt hat, das für alle Personen zutrifft, erscheint fraglich zu sein.
- Die ersten beiden Ebenen sind für hier im Fokus stehende Unternehmen erfüllt. Arbeitsschutzgesetze und Mindestlöhne sowie Tarifvereinbarungen sorgen dafür. Anwendungsmöglichkeiten der Bedürfnisse beschränken sich auf drei Ebenen, was den Interpretationsspielraum einengt.

Abb. 2.7 ERG-Theorie nach Alderfer im Vergleich zur Bedürfnishierarchie nach Maslow (s. ähnlich Johns und Saks 2017, S. 165)

- Es müsste bekannt sein, bei welchem Mitarbeiter welche Bedürfnisspannungen vorliegen und ab welchem Niveau die nächsthöhere Ebene greift. Dies ist aber ausgeschlossen. Entsprechend können nur eher grobe Hinweise aus der Bedürfnishierarchie folgen.
- Darüber hinaus müsste Kenntnis darüber vorliegen, welche Maßnahmen in Arbeitskontexten helfen, die individuellen Spannungszustände abzubauen oder sogar in Wachstum münden zu lassen. Jedoch ist dieses Unterfangen in der Unternehmenspraxis nicht realisierbar.
- Die hierarchische Anordnung der Stufen ist ebenfalls fraglich. Damit lässt sich nicht das offenkundige Streben vieler Menschen nach Selbstverwirklichung erklären, obwohl die darunterliegenden Bedürfnisse deutlich unerfüllt sind.

Diese umfängliche Problematik führt dazu, dass die Maslowsche Bedürfnispyramide trotz ihrer so großen Verbreitung nur hinsichtlich der Kennzeichnung von Wachstumsbedürfnissen weiterführt. Mit der ERG-Theorie steht im Folgenden eine differenziertere Bedürfnistheorie zur Diskussion.

b) ERG-Theorie nach Alderfer
Alderfers (1969) Theorie ist nach den Anfangsbuchstaben von „Existence", „Relatedness" und „Growth" benannt. ERG ordnet Bedürfnisspannungen in drei, im Vergleich zur Bedürfnishierarchie, größeren Gruppen. In die Beschreibung von Existenz-, Zugehörigkeits- und Wachstumsbedürfnissen fließen jeweils unterschiedliche Ebenen der Bedürfnishierarchie ein. Abb. 2.7 skizziert dies.

Alleine auf Basis einer Regruppierung von Bedürfniskategorien wäre eine neue Inhaltstheorie nicht erwähnenswert. Zumal auch hier die oben benannten Kritikpunkte einer mangelnden Individualisierung zutreffen. Das Besondere an der ERG-Theorie ist, dass anders als bei der Bedürfnishierarchie, Motivation nicht nur als Erklimmen der nächsthöheren Ebene angesehen wird. Vielmehr formuliert Alderfer den sogenannten **„Frustrations-/Regressions-Effekt"**.

Während bei der Bedürfnishierarchie die Nichterfüllung eines Bedürfnisses das Verschenken von Motivationspotenzialen erfasst, geht Alderfer einen Schritt weiter. So bedeutet der Frustrations-/Regressions-Effekt nicht nur das Nicht-Erreichen der nächsthöheren Ebene, sondern führt zur umso stärkeren, frustrationsbedingten Fokussierung auf eine untere Bedürfnisebene. Dies bedeutet einen Motivationsrückschritt, da Wachstum als Bedürfnis nicht greift.

Für Unternehmen lässt sich die nachteilige Wirkung einfach verdeutlichen. Bleiben Wachstumsbedürfnisse unerfüllt, so deutet die ERG-Theorie die umso intensivere Fokussierung der Bedürfnisse „Beziehung" und „Verbundenheit". Mitarbeiter, die in einer solchen Situation sind, werden also umso stärker ihr innerbetriebliches Netzwerk pflegen, intensiv und auch nicht fachlich kommunizieren, neue Mitglieder „unter ihre Fittiche nehmen" und genau darin Erfüllung finden. Dies distanziert sie zugleich von Aufgaben oder Projekten, die zu Wachstum führen könnten und für ein Unternehmen Wertschöpfung bedeuten sollten.

Die **Konsequenz** daraus ist einfach: Fehlende Wachstumschancen in Unternehmen sind doppelt teuer. Motivationspotenziale bleiben unausgeschöpft und zugleich liegt eine unproduktive „Bedürfnisübertreibung" nahe.

2.5.2.2 Motive nach McClelland

McClelland (1961) machte die Bedürfnisse nach Leistung, Zugehörigkeit und Macht bekannt. Er beschreibt diese nicht als Hierarchie, sondern stellt die Bedürfnisse oder Motive nebeneinander. Somit schließen sich Motive nicht gegenseitig aus, sodass ganz unterschiedliche Bedürfniskombinationen existieren können. Die Umsetzung dieser Motivationstheorie erfordert zum einen Kenntnis über individuelle Motivausprägungen sowie zum anderen deren Passung zu spezifischen Situationen und Bedingungen.

Das **Leistungsbedürfnis** stellt eine Auseinandersetzung mit einem individuellen „Tüchtigkeitsmaßstab" dar. Daraus folgt ein starkes Streben, herausfordernde Aufgaben und Probleme zu bewältigen. Das Kennzeichen ist, dass Leistungsstreben keiner Hinzufügung extrinsischer Anreize bedarf (McClelland 1961, S. 45 f.). Somit stellt das Leistungsbedürfnis eine intrinsische Motivation dar und ist darüber hinaus ein Beispiel eines Wachstumsbedürfnisses (Johns und Saks 2017). Die folgende Illustration 2.11 skizziert Situationen, die das Leistungsmotiv in besonderem Maße ansprechen.

Illustration 2.11: Leistungsbedürfnis

Ein hohes Leistungsbedürfnis kann in Situationen, die von Zufällen geprägt sind, nicht umgesetzt werden. Zielerreichungen wären dann nicht der eigenen Leistung zuzuschreiben. Entsprechend greift das Leistungsbedürfnis in Situationen, die individuelle Ergebniszuschreibungen nicht nur ermöglichen, sondern diese sogar erzwingen. Individuen mit hohem Leistungsbedürfnis werden Situationen mit Ergebnisverantwortung und geringen Zufallswirkungen präferieren.

Das Leistungsbedürfnis passt weder zu einfachen, noch zu sehr schwierigen Aufgaben und Problemen. Sind Aufgaben und Probleme einfach, so erfüllen sie nicht den „Tüchtigkeitsmaßstab". Schwierige und nicht kalkulierbare Aufgaben und Probleme bergen Gefahren des Scheiterns und passen dann nicht zum Leistungsbedürfnis. So greift das Leistungsbedürfnis besonders bei moderaten Schwierigkeitsgraden von Aufgaben und Problemen (McClelland 1961, S. 45 f.).

Zudem unterstützt eine beständige Fortschrittsrückkoppelung das Leistungsbedürfnis. Dies erlaubt eine Anpassung von Vorgehensweisen, um dem Tüchtigkeitsmaßstab zu entsprechen.

Personen mit hohem Leistungsstreben finden sich besonders in innovativen Situationen, die durch eigene Anstrengungen bewältigt werden können. Auch Situationen, die eine Langfristorientierung umfassen, passen zu diesem Bedürfnis (Johns und Saks 2017). ◄

Das **Anschluss- oder Zugehörigkeitsbedürfnis** setzt sich aus dem starken Streben nach Etablierung und Erhaltung freundschaftlicher, interpersoneller Beziehungen zusammen. Dies erfordert die Fähigkeit des sozialen „Networkings" und geht mit zugewandter Kommunikation einher. Dieses Bedürfnis hat in verschiedenen organisatorischen Situationen eine Relevanz.

- Sind stabile Kundenkontakte, Gestaltung von Schnittstellenfunktionen oder auch beratende, unterstützende Tätigkeiten, wie Personalreferentenstellen gefragt, so bringen Personen mit einem starken Zugehörigkeitsmotiv gute Voraussetzungen mit.
- Muss hingegen innerorganisatorisch verhandelt, Trennungssituationen geregelt oder weitgehend abgeschlossene und für sich alleinstehende Aufgaben bewältigt werden, so löst dieses Bedürfnis sicherlich keine Motivation aus.

Das **Machtbedürfnis** entstammt dem starken Streben danach, andere zu beeinflussen. In Unternehmen lässt es sich als Beeinflussung der Zielerreichung anderer beschreiben (s. Kap. 10). Dies manifestiert sich in der Wirkung auf andere oder deren Beeindruckung. Macht ist dabei ein komplexes Bedürfnis, das in sehr unterschiedlichen Situationen motivierend wirkt. Es wirkt in kleinen Gruppen, aber auch in großen Konzernen. Bis auf die operative Ebene ist das Machtbedürfnis durch alle Hierarchieebenen und alle Funktionsbereiche adressierbar. Beispielsweise passen journalistische, politische Berufe oder die Führung öffentlicher und privater Institutionen bis hin zu den Vorstandsämtern in Vereinen zum Machtbedürfnis.

McClellands (1961) Bedürfnistheorie legt nahe, dass Individuen immer nach passenden Bedürfnis-Situationen suchen und auch nur dort erfolgreich sein werden. Erfolg ist dabei unabhängig von der Art des Grundbedürfnisses gefasst. Folglich können auf Basis dieser Motivationstheorie weniger Erkenntnisse zur direkten Bedürfnisbefriedigung

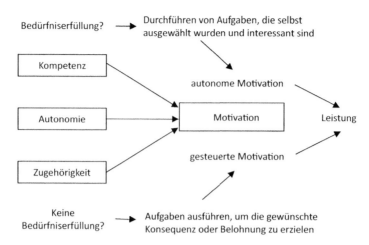

Abb. 2.8 Grundlage autonomer oder gesteuerter Motivation (s. ähnlich Johns und Saks 2017, S. 170)

gewonnen werden. Vielmehr wird deutlich, wie allein schon die Passung einzelner Mitarbeiter zu Tätigkeiten und Situationen zu Motivation führen kann.

2.5.2.3 Selbstbestimmungstheorie nach Deci und Ryan

Die Selbstbestimmungstheorie nach Deci und Ryan (2000) erklärt die Motivationsstärke über drei Bedürfnisse und zwei dadurch auslösbare Arten von Motivation. Die Autoren verwenden dafür die Begriffe „**autonome sowie gesteuerte Motivation**". Erstere ist weisungsfrei und deckt sich weitgehend mit intrinsischer Motivation. Auch hier führen freiwillige Beschäftigung mit Aufgaben sowie eigenes Interesse zu autonomer Motivation. Demgegenüber basiert gesteuerte Motivation auf Weisungen und deckt sich mit der extrinsischen Motivation. Freiwilligkeit und Interesse sind dann nicht kennzeichnend, vielmehr treibt eine externe Regulation die betroffenen Personen an.

Den Antrieb für beide Motivationsarten stellen drei Bedürfnisse dar: **Kompetenz**, **Autonomie**, und **Zugehörigkeit** (s. Abb. 2.8). Diese Bedürfnisse weisen nach Deci und Ryan (2000) keine Hierarchie auf und können sich bei jedem Individuum unterschiedlich ausprägen. Die Zufriedenstellung aller drei Bedürfnisse führt zu autonomer bzw. selbstbestimmter Motivation. Werden die drei Bedürfnisse nicht positiv durch die Arbeitsbedingungen adressiert, so kann Motivation nur gesteuert erfolgen. Demgegenüber ist autonome Motivation hinsichtlich der Erfüllung komplexer Aufgabenfelder durch positive Arbeitshaltungen, verinnerlichte Qualitätsansprüche, Innovationsneigung oder auch Geschwindigkeit überlegen. Mit gesteuerter Motivation und der Vernachlässigung zentraler Bedürfnisse stehen demgegenüber in erster Linie mangelnde Performanz, Unzufriedenheit und Fluktuationsneigung in Verbindung.

Wie lassen sich nun Situationen mit hoher autonomer Motivation gestalten? Studien zeigen, dass alle drei Bedürfnisse über ein bestimmtes Bedürfnis adressiert werden können (Gagné et al. 2015; Gillet et al. 2013). Es ist die **Autonomie** und die daraus resultierenden **Wahlmöglichkeiten**, die Zugehörigkeit über das enthaltene Vertrauen auslösen. Wahlmöglichkeiten stellen in diesem Sinne eine Dezentralisierung von Verantwortung dar und werden vor allem durch Vorgesetzte und organisatorische Regeln gewährt. Darüber hinaus sind dem Zugehörigkeits-Bedürfnis kollaborative und auf Gruppenarbeit zielende Arbeitsstrukturen zuträglich. Diese beruhen in vielen Situation besonders auf individueller Autonomie und ermöglichen Kompetenzerleben. Hingegen sind eher starre und getaktete Arbeitsstrukturen autonomer Motivation abträglich (Deci und Ryan 2000).

2.5.2.4 Zweifaktoren-Theorie nach Herzberg

Herzberg (1967) unterscheidet zwei Gruppen von Faktoren, um Arbeitszufriedenheit und Motivation zu erklären. Für erstere zieht er sogenannte Hygienefaktoren heran und für zweitere sogenannte Motivatoren. Hygienefaktoren müssen weitreichend erfüllt sein, damit Motivation folgen kann. Herzberg (1967) verknüpft dadurch die Konstrukte Haltung und Motivation, was zur Argumentation des gesamten Kapitels passt. Es wurde bereits postuliert, dass Werte – eine Einordnung über das „richtig" oder „falsch" – eine Grundlage schaffen und sich darauf basierende Haltungen formen. Dies ebnet dann den Weg für Motivationsprozesse. Den Zusammenhang von Haltungen und Motivation beschreibt Herzberg (1967) als **Zweifaktoren-Theorie**.

Berufliche und organisatorische Hygiene umfasst alle Gegebenheiten, die sich bei nicht ausreichender Erfüllung physisch, psychisch oder perspektivisch nachteilig auswirken. Hygienefaktoren sind demnach die Unternehmens-, Personal- oder die generelle Informationspolitik. Auch das Handeln der Vorgesetzten oder die eingesetzten Leistungsbeurteilungs- und Incentivierungsverfahren zählen dazu. Die Klassifikation als Haltung verdeutlicht, dass „Hygiene-Defizite" in bestimmte Reaktionen münden werden. Diese reichen beispielsweise von psychischer Belastung, Betrug bis hin zu innerer sowie realer Kündigung (Herzberg 1967, S. 113 f.). Eine starke Beeinflussung erfahren die Hygienefaktoren durch die sogenannte strukturelle Führung (s. Kap. 4).

Aufbauend auf einer Hygiene sind es dann **Motivatoren**, die hohe Leistungen auslösen können. Dazu zählen die schon angesprochenen, offensichtlichen Punkte wie Anerkennung, Perspektiven, Kollegialität oder fordernde Arbeitsbedingungen. Sind Hygienefaktoren umfänglich erfüllt, so ist dies ein Zustand, der für Motivatoren keine Hürden erkennen lässt. Jede Nichterfüllung von Hygienefaktoren stellt jedoch eine Belastung oder sogar

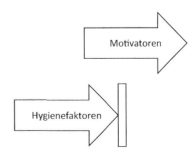

Abb. 2.9 Hygienefaktoren und Motivatoren

eine Verhinderung von Motivatoren dar. Andersherum sind umfänglich und erfüllte Hygienefaktoren nicht in der Lage, Motivation zu steigern (Herzberg 1967, S. 114 f.).

Abb. 2.9 skizziert diese Zusammenhänge.

Die Zwei-Faktoren-Theorie transportiert wichtige Überlegungen:

- Erstens existiert für Hygienefaktoren eine Grenze oder ein Optimum. Dies weist daraufhin, dass ab einem bestimmten Punkt weitere Hygiene-Bemühungen keine zusätzlichen Wirkungen mit sich bringen.
- Zweitens stehen Hygienefaktoren in einer individuellen Hierarchie, welche – bezogen auf eine Person – schrittweise erfüllt werden.
- Drittens wäre es unglaubwürdig, wenn Motivatoren erst ab einer umfänglich erreichten Hygiene greifen würden. Vielmehr wird immer ein Überlappungsbereich zwischen Hygienefaktoren und Motivatoren existieren. Ein Optimum an Hygienefaktoren bietet freilich bessere Voraussetzungen für das Handeln durch Motivation.
- Viertens ist Motivation selbst mit keiner Grenze versehen. Dies greift die motivationstheoretische Erkenntnis auf, dass bei Motivation ein mitunter nicht prognostizierbares, intrinsisches Wachstumsbedürfnis existiert.

Wie bei keiner anderen Motivationstheorie steht die Verknüpfung von Haltungen und Motiven im Zentrum. Ein Zusammenhang, der nicht wegdiskutiert werden kann. Der Prozess der Motivationsentstehung bleibt aber auch bei der Zwei-Faktoren-Theorie im Dunkeln. Hieran setzen die folgenden Abschnitte an.

2.5.3 Prozesstheorien

2.5.3.1 Erwartungs-/Valenz-Theorie

Die Erwartungs-/Valenz- oder „VIE-Theorie" (Vroom 1964) modelliert Motivation als einen Alternativenvergleich. Die Alternativen setzen sich aus den zu erreichenden Unternehmenszielen und deren Verknüpfung mit Mitarbeiterzielen zusammen. Daraus ergibt sich ein Handlungszwang – „force to act" genannt – der das Motivationsausmaß darstellt. Die Abkürzung „VIE" erfasst die Modellkomponenten Valenzen, Instrumentalitäten und Erwartungswahrscheinlichkeiten.

Valenzen

Diese verweisen auf individuelle Interpretationen der Wertigkeit von Mitarbeiterzielen. Erforderlich ist zumindest eine grobe, unternehmensseitige Kenntnis individueller Valenzstrukturen. Dahinter steht der einfache Gedanke, dass jede Erreichung eines Unternehmenszieles durch einen Mitarbeiter mit bestimmten Konsequenzen verknüpft ist. Dies ist dann wirksam, wenn eine Konsequenz eine **positive Wertigkeit** – oder Valenz – besitzt. Steht ein Teeservice in Aussicht, das er als hässlich empfindet und für das sich kein relevanter Verkaufspreis erzielen lässt, so ist die Wertigkeit dieser Konsequenz entsprechend

2.5 Motivation

gering. Resultieren aus einem erreichten Ziel hingegen Beförderungsmöglichkeiten, die dem Mitarbeiter etwas bedeuten, so ist die Wertigkeit entsprechend hoch. Typische, positive Valenzen sind etwa Vergütung, Aufstieg, Freizeit und Interessen. Solche Valenzen erfassen den Nutzen oder die realisierte Präferenzstruktur, die die Tätigkeit innerhalb eines Unternehmen für ein Individuum bietet.

Instrumentalitäten

Dies sind individuelle Wahrscheinlichkeitszuschreibungen, welche Unternehmensziele mit welcher Wahrscheinlichkeit zur Erreichung der Mitarbeiterziele führen. Per Definition können diese Wahrscheinlichkeiten auch negative Werte annehmen, um mögliche, negative Konsequenzen abbilden zu können. Für Unternehmen geht es also motivationstheoretisch um möglichst hohe Instrumentalitäten für positive Valenzen und um möglichst niedrige Instrumentalitäten für negative Valenzen. So sollte mit einer bestimmten Erreichung von Unternehmenszielen die Erreichung von Mitarbeiterzielen mit hohen Valenzen, wie

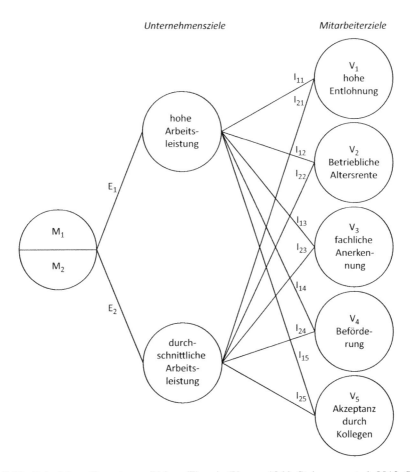

Abb. 2.10 Beispiel zur Erwartungs-/Valenz-Theorie (Vroom 1964; Steinmann et al. 2013, S. 492)

Aufstieg und Anerkennung, stark verknüpft sein. Wichtig sind dann bewährte, transparente Prozeduren, wie Geld ausgeschüttet wird oder wie über Versetzungen entschieden wird. An dieser Stelle wird zudem deutlich, dass wahrgenommenes Vertrauen die Überzeugung und zugesprochene Verlässlichkeit ist, dass Ankündigungen auch greifen werden.

Erwartungswahrscheinlichkeiten
Gegenüber den Komponenten Valenz und Instrumentalität haben Erwartungswahrscheinlichkeiten eine besondere Hebelstellung. Sie bezeichnen die wahrgenommene Wahrscheinlichkeit, dass ein Individuum bestimmte Unternehmensziele erreichen kann. Damit geht kalkulatorisch eine unterschiedliche Gewichtung der Kombinationen aus Instrumentalitäten und Valenzen einher. Es stellt sich die Frage, wie sich der Hebel nutzen lässt. Die Antwort ist einfach, der Weg zur möglichst hohen Zielebene muss geglättet werden. Dies kann unter anderem durch Diskussionsbereitschaften von Vorgesetzten, ausreichende und nachverhandelbare Ressourcen – beispielsweise Zeit oder kollegiale Unterstützung – gelingen. Da es letztendlich aber um die Überzeugungen von Individuen geht, hohe oder höchste Zielausmaße anzustreben, so rückt auch die gesamte Bandbreite von Personalentwicklungsmaßnahmen in den Motivations-Vordergrund. Abb. 2.10 stellt diese Zusammenhänge dar.

Um die Alternativenwahl bzw. die Motivation des Mitarbeiters berechnen zu können, müssen allerdings das Ausmaß der Erwünschtheit der Valenzen, deren instrumentelle Verknüpfung über erreichte Unternehmensresultate sowie die Erwartungswahrscheinlichkeiten vorliegen. Eine Berechnung des Beispiels erfolgt später unter „Explorationen".

Der Nutzen der VIE-Theorie für die Praxis ist groß, da Unternehmensziele und Mitarbeiterziele im Hinblick auf die Motivation verknüpft werden können. Dabei kann es jedoch nie um Versuche gehen, Motivation lediglich zu berechnen. Die entsprechenden Werte und Kalkulationen werden immer im Verborgenen bleiben. Vielmehr resultieren die so wichtigen Hinweise aus der VIE-Struktur selbst. Entsprechend bieten sich Unternehmen verschiedene Ansatzpunkte, indem sie:

- Valenzen grob bestimmen oder auch Valenzen, bspw. Karriereperspektiven, fördern;
- Instrumentalitäten steigern; bspw. durch Transparenz in Bemessungsverfahren für Vergütung und Karriere;
- Erwartungswahrscheinlichkeiten steigern; Beispiele geben, Ansprechbarkeiten und Diskussionsrunden herstellen oder Selbstbewusstsein stärken und Ähnliches.

Die VIE-Theorie macht die Idee von Prozesstheorien sehr gut deutlich. Es ist die Struktur und Reihung von Motivationskomponenten, die sich auf die Praxis anwenden lassen.

2.5.3.2 Zielsetzungstheorie
Die Zielsetzungstheorie ist eine der am besten belegten Prozesstheorien der Motivation. Ihr liegen hunderte Studien in verschiedenen Experimenten und Feldversuchen zugrunde (Locke und Latham 2006). Sie besagt im Wesentlichen,

- dass die **Zielschwierigkeit** in einem linearen Zusammenhang mit Leistung oder Performanz steht und dass
- **spezifische und herausfordernde Ziele** zu höherer Leistung motivieren als keine Ziele oder lediglich vage formulierte „gib dein Bestes"-Ziele (Locke und Latham 1990).

Die **Schwierigkeit** variiert von leichten, mittleren und schwierigen bis hin zu unmöglichen Zielen. Allerdings ist die Zielschwierigkeit ein relatives Konzept, so kann das gleiche Ziel für eine Person leicht und für eine andere schwierig sein. **Spezifität** ist die Ziel-Konkretisierung, die von vage bis spezifisch variiert. Ein vages Ziel ist beispielsweise die Vorgabe in der Produktion, den Ausschuss so gut wie möglich zu reduzieren, während ein konkretes Ziel die Vorgabe ist, den Ausschuss auf unter fünf Prozent zu senken.

Der von diesen Zielattributen zur Leistungssteigerung verlaufende Prozess wird durch mehrere Faktoren vermittelt. Es handelt sich dabei um die Mediatoren: **Zielrichtung, Anstrengung, Ausdauer** und die Anwendung von **aufgabenrelevanten Strategien**.

- Ein spezifisches und herausforderndes Ziel ermöglicht, die **Richtung** der Aufmerksamkeit auf aufgabenrelevante Aktivitäten zu lenken und damit irrelevante Tätigkeiten zu reduzieren.
- **Anstrengung** setzt das Bedürfnis nach Zielerreichung um und wirkt auf den Zielerreichungsprozess ein.
- **Ausdauer** bezeichnet die Beharrlichkeit, die zur Erreichung des Ziels aufgewendet wird.
- Die **Aufgabenstrategie** umfasst schließlich die Fertigkeiten und das Wissensrepertoire einer Person. Im Rahmen der Zielsetzungstheorie sind beide anfänglich entweder vorhanden oder müssen zur Zielerreichung erst entwickelt werden (Locke und Latham 2013).

Ein prominentes Beispiel für die motivationalen Effekte der Zielsetzungstheorie ist die Leistungssteigerung der Lastwagenfahrer bei dem Holzbewirtschaftungsunternehmen Weyerhaeuser Company (s. Illustration 2.12).

Illustration 2.12: Wie motiviert man Lastwagenfahrer?

Das Problem bei dem Holzbewirtschaftungsunternehmen Weyerhaeuser Company bestand darin, dass die gesetzliche Auslastungskapazität der LKWs beim Transport von gefällten Bäumen aus dem Wald zum Sägewerk deutlich unterschritten wurde. Normalerweise benötigt ein LKW 60–120 Stämme, um seine maximale Zuladung zu erreichen. Dies wurde aber dadurch erschwert, dass sich die Stämme in ihrer Länge und Größe deutlich unterschieden und die Lastwagenfahrer sich nicht sonderlich anstrengten, das Ladungsgewicht durch geschicktes Beladen zu erhöhen. Erschwerend kam hinzu, dass die Lastwagenfahrer gewerkschaftlich sehr gut organisiert waren und jegliche Interventionen des Managements mit Argwohn betrachteten. Um schließlich das Beladungsgewicht systematisch zu steigern, wurde die Zielsetzungstheorie angewendet.

Im ersten Schritt erläuterte ein Forschungsteam dem Management und den Gewerkschaftsführern die Problematik anhand von Messungen der Auslastungskapazitäten aller LKWs und mögliche positive Effekte bei der Anwendung von Zielsetzungen. Gemeinsam wurde dann ein spezifisches und herausforderndes Ziel beschlossen, dass eine 94 %ige Auslastungskapazität der LKWs umfasste. Dieses Ziel wurde zwar als schwieriges, aber erreichbares Leistungsziel betrachtet. Im ersten Zeitraum wurde den Lastwagenfahrern lediglich mitgeteilt, dass sie ihr „Bestes" geben sollen, um die Ladungskapazität zu erhöhen. Nach einer gewissen Zeit bekamen die Lastwagenfahrer die Instruktion, dass sie nun Teil eines experimentellen Programms seien und die Ladungskapazität ihrer LKWs auf 94 % steigern sollten. Dabei wurde versichert, dass sie nicht mehr Fahrten auf sich nehmen müssen, es keine Strafen bei Nichterreichung des Ziels und es keine monetäre Belohnung außer Lob geben würde. Zudem wurden keine speziellen Schulungen für die Fahrer und deren Vorgesetzte durchgeführt. An jedem Aufnahmeplatz wurde eine Waage platziert. So konnten die Fahrer Erfahrungen über die bereits beladene Holzmenge sammeln.

Nach drei Monaten führte die Zielsetzung zu einem großen Erfolg. Nach den ersten Wochen der Zielvorgabe stieg die Auslastungskapazität der LKWs nachhaltig auf über 90 Prozent. In einem Zeitraum von neun Monaten konnten erhebliche Finanzmittel eingespart werden (Latham und Baldes 1975). ◄

Neben den oben benannten Mediatoren lassen sich in Illustration 2.12 auch Moderatoren finden. Somit kommt auch den folgenden Moderatoren eine substanzielle Bedeutung für den Zusammenhang zwischen Zielattributen und Performanz zu. Es handelt sich um: Zielcommitment, Fähigkeiten, Feedback, situative Restriktionen und Aufgabenkomplexität.

Zielcommitment

Das Zielcommitment ist der wichtigste Moderator (Latham 2016) und bezeichnet die Selbstbindung an das Ziel oder die Entschlossenheit, ein Ziel zu erreichen (Latham et al. 1988). Dies ist vor allem für besonders herausfordernde Ziele relevant, da diese mehr Aufwand erfordern und mit geringeren Erfolgsaussichten verbunden sind als einfache Ziele (Erez und Zidon 1984). Das Zielcommitment kann unter anderem durch externe Faktoren, Gruppeneinfluss, Vergütung, Partizipation und durch die Selbstwirksamkeit gesteigert werden (Latham et al. 1988):

- **Externe Faktoren** bestehen aus der Zuweisung von Zielen durch legitimierte Autoritäten, Gruppeneinfluss sowie extrinsische Belohnungen. Durch die Zuweisung des Ziels vonseiten der Führungskräfte steigt das Zielcommitment, da der Zielrezipient so eine implizite Anerkennung seines Leistungsvermögens erfährt (Latham et al. 1988).

- Der **Gruppeneinfluss** auf das Zielcommitment beinhaltet den Erwartungsdruck der Kollegen durch bestimmte Leistungsnormen als auch Rollenmodelle der Zielerreichung. Das Zielcommitment kann durch den Gruppeneinfluss umso höher ausfallen, wenn hohe Leistungsnormen und leistungsorientierte Rollenmodelle in der Gruppe vorliegen (Latham et al. 1988).
- **Partizipation**, als Mittel für die Steigerung des Zielcommitments, bezeichnet den Grad der Beteiligung bei der Zielsetzung und reicht von direkten Zielvorgaben durch die Führungskräfte bis hin zur aktiven Teilnahme bei der Bestimmung von Zielen. Studienergebnisse deuten darauf hin, dass keine Unterschiede im Zielcommitment vorliegen, wenn eine Partizipation oder eine sinnhafte Vorgabe bei Zielen erfolgt. Daher ist es wichtig, dass bei herausfordernden Zielvorgaben ein Verständnis beim Zielrezipienten vorliegt, sofern keine Partizipation erfolgt. Strikte Zielvorgaben, die für Zielrezipienten keinen Sinn ergeben, unbekannt sind oder hohe Lernaktivitäten erfordern, können ohne Partizipation zu einer Reduktion des Zielcommitments führen (Erez et al. 1985; Latham et al. 1988).
- Die **Selbstwirksamkeit** der Zielrezipienten ist eine variierbare Größe, die durch entsprechende Handlungen der Führungskräfte beeinflusst werden kann. Mit Rücksicht auf das Konzept der Selbstwirksamkeit aus der sozial-kognitiven Theorie von Bandura können Führungskräfte etwa durch adäquate Trainings, überzeugende Kommunikation oder durch Hinweise auf erfolgreiche Rollenmodelle die Selbstwirksamkeit erhöhen (Bandura 1997; Locke und Latham 2002).

Fähigkeiten

Der Moderator Fähigkeiten bezeichnet das Vermögen eines Zielrezipienten, ein Ziel wirksam erfüllen zu können. Der zunächst lineare Zusammenhang von Zielschwierigkeit und Performanz lässt mit zunehmender Zielschwierigkeit nach, da die Schwierigkeit die Fähigkeiten ab einem bestimmten Punkt übersteigt (Locke 1982). Neuere Studien deuten darauf hin, dass herausfordernde Ziele zu unethischem Handeln führen können, wenn die Fähigkeiten überschritten und das Ziel als unmöglich angesehen wird. Beispielsweise kann eine erfolgreiche Zielerfüllung lediglich vorgetäuscht werden, da ein Zugeben des Scheiterns psychologische Kosten verursacht (Latham 2016; Schweitzer et al. 2004).

Feedback

Dies bezeichnet Wissen über den aktuellen Stand der Zielerreichung. Durch eine Rückkoppelung der aktuellen Ergebnisse ist der Zielrezipient besser in der Lage, die gerichtete Anstrengung auf das Ziel bei Bedarf zu variieren, indem zielgerichtete Aktivitäten passgenauer justiert werden. Dies kann beispielsweise durch eine eigene Einschätzung oder durch regelmäßige Gespräche zwischen Vorgesetzten und Zielrezipient erfolgen. Darüber hinaus bieten sich ergebnisorientierte Leistungsbeurteilungsverfahren an, die verhältnismäßig einfach zu erheben sind (Fallgatter 2013).

Situative Restriktionen
Situative Restriktionen bezeichnen die Verfügbarkeit von Ressourcen, die für die Zielerreichung notwendig sind. Fehlen beispielsweise aufgabenrelevante Informationen und wichtige Materialien oder sind Umweltbedingungen ungünstig, so kann die Performanz Einbußen erleiden (Peters et al. 1982).

Aufgabenkomplexität
Der Moderator der Aufgabenkomplexität erfasst, wie viele verschiedene Aufgabentätigkeiten und damit verknüpftes Wissen erforderlich sind, in welcher Relation die Tätigkeiten zueinanderstehen und welche Dynamiken vorliegen (Wood 1986). Mit zunehmender Komplexität reduziert sich der positive Zusammenhang zwischen Zielattributen und Performanz, da das Ziel nicht an bestehendem Wissen oder bereits internalisierten Fertigkeiten anknüpft und neue Strategien erlernt werden müssen (Latham und Locke 2013; Locke und Latham 1990; Wood et al. 1987).

2.5.3.3 Equity-Theorie

Der bisherigen Diskussion wird mit der Equity-Theorie ein weiterer prozessualer Aspekt hinzugefügt. Die Equity-Theorie (Adams 1965) setzt an dem Phänomen des sozialen Vergleichs an. So existieren regelmäßig Situationen, in denen sich Individuen mit unterschiedlichen Referenzpersonen vergleichen. Der Vergleich umfasst dann zwei Relationen. Die eine Relation ist das Verhältnis von eigenen Leistungen zu den realisierten Ergebnissen. Die andere Relation ist das Input/Output-Verhältnis einer Referenzperson (siehe Gl. 2.2).

$$\frac{Input_P}{Output_P} = \frac{Input_{RP}}{Output_{RP}} \qquad (Gl.\ 2.2)$$

Dieser Vergleich zwischen sich selbst (P) und einer Referenzperson (RP) wirkt genau dann motivierend, wenn eine Disparität besteht. Ist die Gleichung ausgewogen, so bleiben Handlungen davon unbeeinflusst. Ungleichheiten können jedoch eine sogenannte kognitive Dissonanz auslösen. Das heißt, die eigene Relation steht in Frage, was eine nicht einfach ignorierbare Situation erzeugt. So halten Individuen üblicherweise kognitive Dissonanzen – den Unterschied zwischen Vorstellungen, was sein kann und was ist – nur schlecht aus (Festinger et al. 1956). Es kommt damit zu Reaktionen in Form von auch länger anhaltenden Handlungen zur Dissonanzreduktion. Dies bedeutet, sobald eine Ungleichheit der Relationen zwischen P und RP vorliegt, erzeugt dies Spannungen, die Menschen versuchen aufzulösen.

Der Begriff „kognitive Dissonanz" geht auf die Sozialpsychologen Festinger et al. (1956) zurück. Sie analysierten eine sehr spezielle Gruppe von Menschen und deren Handeln. So beschrieben sie kognitive Dissonanz bei Weltuntergangssekten. Bei diesen muss zwangsläufig eine kognitive Dissonanz existieren, da ganz offensichtlich der Weltuntergang trotz aller Prognosen nicht eintrat. Die folgende Illustration 2.13 verdeutlicht die Mächtigkeit von kognitiven Dissonanzen.

> **Illustration 2.13: Kognitive Dissonanzen bei Weltuntergangssekten**
>
> Weltuntergangssekten glauben exakt zu wissen, wann der Weltuntergang ansteht und dass Aliens oder andere fremde Wesen diesen verantworten. Des Weiteren waren einzelne Sekten davon überzeugt, durch intensives Beten, Tanzen und Trommeln die Außerirdischen gnädig stimmen zu können. Sie selbst würden dadurch, im Unterschied zum Rest der Bevölkerung, vom Weltuntergang verschont bleiben und in das Raumschiff der Außerirdischen einsteigen.
>
> Leon Festinger stellte die Frage: Was passiert am Tag X_{+1}? Wie gehen die Sekten damit um, dass nach dem avisierten Weltuntergang Menschen auf der Straße sind, der Kühlschrank läuft, Tankstellen geöffnet haben und sie selbst nach wie vor auf der Erde sind?
>
> Ganz offensichtlich handelt es sich um eine starke, kognitive Dissonanz. Die Realität befindet sich im massiven Gegensatz zu den eigenen Überzeugungen und Erwartungen. Die Reaktion der Sekten war frappierend: Die Sektenmitglieder beteten, tanzten und trommelten umso intensiver, da genau dies die Erde gerettet habe. Dies zeigt, dass kognitive Dissonanzen in Handlungen münden (Festinger et al. 1956). ◄

Die Reaktionen und das aus einer kognitiven Dissonanz resultierende Handeln lässt sich wie folgt abstufen. Die ersten drei Taktiken führen dabei zu keiner Handlungsveränderung. Die vierte und fünfte Taktik greifen dafür umso stärker (Adams 1965).

1. Die subjektive Wahrnehmung der Input- oder Output-Seite wird verändert.
2. Die Bewertung der Referenzperson auf der Input- oder Output-Seite wird verändert.
3. Es wird eine andere Vergleichsperson gewählt.
4. Die eigenen Inputs oder Outputs werden verändert.
5. Die Vergleichssituation wird verlassen, das heißt, es erfolgt eine innere oder sogar eine faktische Kündigung.

Für eine durch den sozialen Vergleich bzw. einer dadurch resultierenden kognitiven Dissonanz ausgelöste Motivation ist eines zentral: Es sind immer die Betroffenen, die diese **Gleichung kontrollieren**. Dies ist dabei weniger ein bewusster Prozess und somit ist dieser auch anfällig für viele Fehleinschätzungen. Es mag zwar in Einzelsituationen möglich sein, unternehmensseitig Argumente beizusteuern und dadurch Vergleiche zu beeinflussen oder zu „rationalisieren". Die Wirkungen des sozialen Vergleichs werden aber in aller Regel eher überraschend und für Führungskräfte nur schwer einschätzbar auftreten.

Erschwerend kommt hinzu, dass die **Wahl der Referenzperson** üblicherweise schwer zu kontrollieren und nicht unbedingt der Unternehmenssicht entspricht. So vergleichen sich Männer eher mit Männern und Frauen eher mit Frauen. Zudem vergleicht man sich tendenziell eher mit ranghöheren Personen, während bei einer starken fachlichen Professionalisierung – etwa Vergütungsspezialisten, Entwicklungsingenieuren oder Marktforschungsspezialisten – unternehmensexterne Referenzpersonen herangezogen werden (Johns und Saks 2017).

2.6 Zusammenschau von Werten, Haltungen und Motivation

In Unternehmen werden häufig Mitarbeiterinnen und Mitarbeiter aufgrund ihres überragenden Einsatzes, der möglicherweise sogar über Jahre anhielt und durchweg keinen Anlass zur Kritik bot, beschrieben, herausgestellt und gefeiert. Derartige Leistungen werden dann oft mit dem Begriff „Motivation" belegt. Oftmals scheint also jegliche Arbeitsverrichtung und deren Qualität eine Frage der Motivation zu sein. Doch dies ist zu kurz gedacht.

Die folgende Illustration 2.14 schildert ein extremes Beispiel. Dies soll den Blick auf die immer erforderliche Zusammenschau von Motivation, Haltungen und Werten lenken.

Illustration 2.14: Arthur Winston

Arthur Winston (1906–2006) war eine in hohem Maß ungewöhnliche Person. Sein Leben und vor allem auch die Erfüllung seiner beruflichen Tätigkeit sind vermutlich einzigartig.

Winston begann seine berufliche Laufbahn im Alter von 10 Jahren als Baumwollpflücker im Süden der USA. Sehr gerne wäre er Busfahrer oder Ingenieur geworden. Dies blieb ihm aber in den von Rassentrennung geprägten USA zu Beginn des 20. Jahrhunderts versagt. Von 1934 an arbeitete er ohne Unterbrechung bei der „Los Angeles County Metropolitan Transportation Authority", deren wesentliche Aufgabe das Betreiben der Bus- und U-Bahn-Netze war. Die Aufgabe von Winston war es, Busse zu reinigen. Er führte dabei auch eine kleine Kolonne von Arbeitern an. Winston erledigte diese Aufgabe mit ungewöhnlicher Gewissenhaftigkeit. Er kam nie zu spät zur Arbeit und fiel in keiner Weise negativ auf. Während seiner insgesamt 72 Jahre bei der LA Metro bat er nur einmal um einen freien Tag, zur Beerdigung seiner Frau.

Im Jahr 1996 wurde er zum „Employee of the Century" gewählt. Der damals amtierende Präsident Bill Clinton verlieh die Auszeichnung. Nach Aussage des US-amerikanischen Arbeitsministeriums existierten keine Hinweise auf einen vergleichbaren Arbeitnehmer. Nach der Auszeichnung arbeitete Arthur Winston noch weitere 10 Jahre und trat im Jahr 2006, damals 100-jährig, in den Ruhestand ein. Einen Monat später verstarb er (The Los Angeles Metropolitan Transportation Authority 2004). ◄

Wie lässt sich das Arbeitshandeln von Arthur Winston fassen und erklären? Die Inhaltstheorien bieten kaum Anhaltspunkte. Die Uniformität der Aufgaben lässt sich nur mühsam mit Selbstverwirklichung (Maslow 1954), Leistungs-, Macht- und Zugehörigkeitsmotiv

(McClelland 1961) oder Kompetenz, Selbstbestimmung und Autonomie (Deci und Ryan 2000) in Einklang bringen. Auf der Ebene der Prozesstheorien ließe sich möglicherweise die Zielsetzungstheorie anwenden. Das Argument würde dann lauten, dass die Zielvorgaben und das fortlaufende Feedback Motivation täglich auf das Neue auslösen würden. Allerdings kann an dieser Stelle kaum von Zielvereinbarungen gesprochen werden. Auch die Hinterfragung der VIE-Theorie oder der Equity Theorie bieten keine tragfähigen Erklärungen.

Entsprechend wird dieses Beispiel als Hinweis verstanden, nicht alles, was als motiviertes Handeln aussieht, als Motivation zu begreifen. Bei der Erklärung kommt man einen deutlichen Schritt voran, wenn man zugrunde liegende Persönlichkeitsmuster, Werte und Haltungen betrachtet. Es sind frühkindliche Prägungen und Sozialisierungen von Werten wie hartes Arbeiten, Ehrlichkeit, Dankbarkeit und darauf aufbauende Einstellungen wie Selbstbindung oder Arbeitszufriedenheit, die einen Zugang zu dem Handeln von Arthur Winston bieten können. Dies soll verdeutlichen, dass Werte und Haltungen in ihrer produktiven Wirkung keineswegs nachrangig gegenüber der Motivation sind. Wie diese zusammenspielen, ist immer eine individuelle und nicht generalisierbare Fragestellung. Eindrücklicher als durch Arthur Winston lässt sich die Relevanz von Persönlichkeit, Werten und Haltungen für Leistung jedoch kaum darstellen. Die Schlussfolgerung daraus lautet, dass es neben Motivation zahlreiche, weitere Faktoren für Handlungen gibt und diese ähnlich intensiv beachtet werden müssen.

2.7 Quintessenzen für Managementerfolg

Wertschöpfung besteht aus der Summe aller auf die Wertschöpfung gerichteten Handlungen. Die Beweggründe für dieses Handeln schaffen die **Basis** für Wertschöpfung und Managementerfolg. Will man eben diese Handlungen zielgerichtet steuern, so erfordert dies umfängliche Kenntnisse, wie sich diese Handlungen zusammensetzten. Versuche, Wertschöpfung jenseits dieser Beweggründe des Handelns steuern zu wollen, würden in Zufälligkeiten enden und Managementerfolg verhindern.

Indifferenzzonen, reziproke Determination und symbolische Interaktion begründen Handlungen auf einer **organisatorischen Ebene**. Das heißt, es liegt ein Mehrpersonenfokus vor, der hier Rahmenbedingungen für das Handeln skizziert.

Indifferenzzonen sind Akzeptanzbereiche, in denen Mitarbeiter Handlungen nicht hinterfragen. Sie entstehen aus formalen Arbeitsverträgen und präzisierenden, psychologischen Verträgen. Eine Ausdehnung von Indifferenzzonen führt oft zu höherer Geschwindigkeit in Abläufen oder der Reduktion von Reibungsverlusten, wodurch ihre Bedeutung im Sinne der Managementperformanz deutlich wird. Eine Ausdehnung von Indifferenzzonen nimmt ihren Ausgangspunkt bei Arbeitszufriedenheit, Commitment, Führungsstilen oder vielen Themen des Personalmanagements.

Die **reziproke Determination** behandelt den Dreiklang von Handeln, Person und Situation. Diese Faktoren beeinflussen sich hierbei wechselseitig. Eine Änderung einer dieser

Komponenten kann ebenso zu Änderungen anderer Komponenten führen. Dies ist eine letztendlich triviale, aber entscheidende Idee. Managementperformanz resultiert entsprechend aus einem Perspektivwechsel und nicht dem Festklammern an linearen und beständigen Wirkungsbeziehungen, beispielsweise zwischen Vergütung und Handeln oder Führungsspannen und Handeln. Zudem erfordern dynamische Situationen nicht selten regelmäßig angepasstes Handeln, sodass sich dieser Perspektivwechsel auch innerhalb einer Aufgabe oder Tätigkeit mehrmals vollziehen kann.

Die **symbolische Interaktion** thematisiert soziale Interaktionen, die sich in jedem Unternehmen in großer Anzahl finden. Diese Interaktionen produzieren eigenständige Bedeutungen in den Augen von Mitarbeitern. Grundlage hierfür sind Symbole, beispielsweise Statuspositionen, Werte, Handlungen anderer, Gesten, Personalentwicklungsprogramme oder Führungsstile. Die Bedeutung entwickelt sich dann durch Kommunikation. Der symbolische Interaktionismus liefert Hinweise auf Unvorhersehbarkeiten und Dynamiken bei der Steuerung von Handlungen.

Auf der **individuellen Ebene** lösen Persönlichkeitsmerkmale, Werte, Haltungen und Motivation Handlungen aus. Sie wirken dabei nicht unabhängig voneinander.

Die Big Five bieten einen Zugang zur **Persönlichkeit**. Die fünf Dimensionen sind Extraversion, Verträglichkeit, Gewissenhaftigkeit, emotionale Stabilität (Neurotizismus) und Offenheit für neue Erfahrungen. Sie sind die individuelle Basis des Handelns. Dies macht ihre Bedeutung deutlich.

Werte sind individuelle, breit ausgerichtete Einschätzungen über das „Richtig" oder „Falsch" von Aussagen, Handlungen, Situationen oder Perspektiven. **Normen** lassen die Werte durch Handlungsvorgaben greifbar werden. Individuelle Werte sind enorm wirkungsmächtig, da sie Ausdruck des individuellen Weltbildes, tiefer Überzeugungen oder auch der eigenen Ethik sind. Handeln wird in den allermeisten Fällen entlang dieser Werte ausgerichtet. Sie sind somit neben der Persönlichkeit eine Konstante für das individuelle Handeln, sowohl in positiver als auch in negativer Richtung.

Haltungen sind eine relativ stabile Tendenz, konstant auf Personen, Situationen oder Institutionen zu reagieren. In diesem Sinne sind Haltungen konkreter und in ihrem Ausdruck sichtbarer als Werte und lösen durch die enthaltene Reaktionstendenz ständig Handlungen aus. Sie haben somit einen erheblichen Anteil an der Erklärung jeglichen Handelns. Zudem sind Haltungen auch das Ergebnis von unternehmensinternen Entwicklungen und somit einer Gestaltung zugänglich. Als im Unternehmenskontext sehr wichtige Haltungen lassen sich Commitment, Arbeitszufriedenheit oder Vertrauen nennen.

Motivation wird sehr oft in das Zentrum von Handlungen gerückt. Wichtig ist jedoch die Erkenntnis, dass jegliche Motivation durch Persönlichkeitsmerkmale, Werte und Haltungen schon eine grundsätzliche Ausrichtung erfährt. Ohne deren Beachtung werden motivatorische Überlegungen also immer fraglich bleiben. Intrinsische Motivation entstammt der Arbeit selbst, während extrinsische Motivation durch andere Personen oder Reize belebt wird. Für die Managementperformanz ist es von großer Wichtigkeit, Anreize, Arbeitsbedingungen und Arbeitsaufgabe situations- und mitarbeiterabhängig im Hinblick auf die motivatorischen Auswirkungen zu überprüfen und gegebenenfalls anzupassen.

Diese instrumentelle Perspektive von Handeln innerhalb der Wertschöpfung und die Relevanz der Beweggründe werden zusätzlich an anderer Stelle deutlich. So ist beispielsweise die Bestimmung des Optimums des ökonomischen Hebels (s. Kap. 1) der Arbeitsteilung und Spezialisierung abhängig von den Beweggründen des Handelns, sprich an welchem Punkt es aufgrund von Monotonie und einhergehender Motivationsprobleme zu Produktivitätseinbußen kommt. Des Weiteren begrenzt sich die Kenntnis der Beweggründe von Handeln nicht ausschließlich auf Mitarbeiter innerhalb eines Unternehmens, auch Forderungen und Interessen von Stakeholder-Gruppen lassen sich über unterschiedliche Beweggründe, zum Beispiel das Vorliegen divergierender Werte, analysieren und erklären. Beweggründe des Handelns sind somit auch beidseitig in die Umwelt zu überführen (s. Kap. 1). In die eine Richtung kann sämtliches Handeln, was in einem Unternehmen zusammenkommt, die Umwelt prägen. So kann durch Innovationsorientierung maßgeblich zu neuen Standards in einer Branche beigetragen und somit ein Vorteil für das Unternehmen generiert werden. Andersherum fordert eine Umwelt, wenn sie zum Beispiel sehr dynamisch ist, ständige Anpassungen der Handlungen. Damit sind die Beweggründe des Handelns unmittelbar adressiert. Indifferenzzonen müssen sich weiter ausdehnen, das Zusammenspiel von Handeln, Person und Situation ändert sich und die symbolische Interaktion bedarf ständiger Anpassung.

Im Anschluss an die Beweggründe des Handelns zeigt sich ganz offensichtlich ein Dilemma von Unternehmensstrategien. Strategien stellen Perspektiven dar, wie Handlungen erfolgen sollen und wo Freiräume und Grenzen verlaufen. Jedoch sind das individuelle Handeln und seine Formung nicht vergleichbar transparent, wie Kosten für eine Erweiterung der Produktionskapazitäten. Eine Messung der individuellen Handlungsbegründungen kann hier helfen (s. Kap. 5).

Die folgende Diskussion der Moderatoren der Wertschöpfung und deren Ausgestaltung basiert grundsätzlich auf der Idee, Handeln zu beeinflussen und somit hinsichtlich Managementperformanz steuerbar zu machen.

2.8 Explorationen

Verständnisfragen

1. Eine Indifferenzzone …
   a. beschreibt Mitarbeiterhandeln in ambivalenten und unklaren Arbeitssituationen.
   b. beschreibt Mitarbeiterhandeln, das einer Aufforderung durch Weisungsbefugte bedarf.
   c. beschreibt erwartungskongruentes Mitarbeiterhandeln, das nicht hinterfragt wird.
2. Die Big Five der Persönlichkeitsmerkmale bestehen aus …
   a. Extraversion, Emotionale Stabilität, Intelligenz, Verträglichkeit, Gewissenhaftigkeit.
   b. Verträglichkeit, Extraversion, Gewissenhaftigkeit, Offenheit für Emotionen, Neurotizismus.

c. Offenheit für neue Erfahrungen, Gewissenhaftigkeit, Extraversion, Verträglichkeit, Emotionale Stabilität.
3. Werte unterscheiden sich von Haltungen durch ...
   a. ihre größere Eindeutigkeit.
   b. ihre bessere Gestaltbarkeit.
   c. ihre breitere Ausrichtung.
4. Haltungen sind ...
   a. relativ stabile Überzeugungen über die eigenen Wertvorstellungen bzgl. bestimmter Handlungen.
   b. relativ stabile, evaluative Tendenzen, die sich aus dem eigenen Handeln ergeben und bestimmte Werte und Überzeugungen zur Folge haben.
   c. relativ stabile, evaluative Tendenzen, konstant auf Personen, Situationen oder Institutionen zu reagieren.
5. Maslows Bedürfnispyramide dient vielen Motivationstheorien als Grundlage, weil sie eine der am besten belegten Inhaltstheorien der Motivation ist.
   a. richtig
   b. falsch
6. Hygienefaktoren selbst haben keine motivierende Wirkung. Zudem müssen sie nicht bis zu einem maximalen Punkt erfüllt sein, so dass Motivatoren wirken können.
   a. richtig
   b. falsch
7. Die Equity Theorie ...
   a. beantwortet die Frage, welche konkreten Inputs und Outputs motivierend wirken.
   b. stellt eine Gleichung von Input- und Output Relationen auf, die Individuen versuchen, im Gleichgewicht zu halten.
   c. ist eine Inhaltstheorie der Motivation.

Weiterführende Fragen

a. Welcher Zusammenhang besteht zwischen den Beweggründen des Handelns und der Wertschöpfung?
b. Wie lassen sich symbolische Interaktionen beeinflussen?
c. Wie steht die Vielfalt von Handlungsbegründungen zu Kernkompetenzen?

Falldiskussion 1: Getränkezulieferung
Herr Müller ist Mitarbeiter in einem mittelgroßen Wuppertaler Unternehmen, welches Getränke an Einzelhändler verkauft. Er ist zuständig für die Tourenplanung und das Bestandsmanagement. Er gilt als zielstrebig, akkurat und korrekt, fehlt fast nie und kommt gerne zur Arbeit. Sein Vorgesetzter, Herr Schmidt, ist stets zufrieden mit ihm, vertraut ihm

2.8 Explorationen

blind und lässt ihm viele Freiheiten, Dinge selber in die Hand zu nehmen auch ohne seine Kontrolle. Seine Kollegen kommen gut mit ihm zurecht und sind mit seiner Arbeit zufrieden.

In seiner Freizeit engagiert er sich schon seit langer Zeit ehrenamtlich als Trainer im Fußballverein seines Sohnes. Zwei Mal wöchentlich trainiert er leidenschaftlich gerne die Kinder und fährt mit ihnen an Wochenenden zu Spielen. Vor einem halben Jahr gab es eine Umstellung auf ein neues, komplexes Spezialprogramm mit einer halbtägigen Schulung in das IT-System. Zusätzlich erreicht Herr Müller mit diesem System die Vorgabe, deutlich effizientere Touren zu planen. Müller hat erhebliche Probleme, das System zu bedienen. Neben den eigenen Bedienschwierigkeiten kommen ständige Abstürze des Systems dazu. Er fühlt sich von seinem Vorgesetzten im Stich gelassen, jedoch berichtet er Herrn Schmidt nichts davon.

Seitdem sinkt das Ansehen von Herrn Müller rasant. Einige Fahrer haben sich bei Herrn Schmidt beschwert, dass die ihnen zugetragenen Touren nicht annähernd zeitlich einzuhalten und oftmals die falschen Mengen an Getränken auf ihren LKW's seien. Ohne Erklärung gegenüber Herrn Müller misstraut Herr Schmidt ihm mittlerweile derart, dass er sich alles von ihm vorlegen lässt und es überprüft. Müllers Arbeit verlangsamt sich daraufhin, sodass manche Fahrer morgens gar keine Tour bekommen und in der Firma Kästen stapeln müssen.

Nach wenigen Tagen sucht Herr Schmidt ein kurzes Gespräch mit Herrn Müller, indem er ihn scharf auffordert, die Touren besser zu planen und dafür zu sorgen, dass die richtigen Mengen an Ware auf den LKW's sind. An dieser Stelle ergreift Müller die Gelegenheit und berichtet seinem Vorgesetzten über seine Probleme mit dem System.

a. Was lässt sich hinsichtlich der Arbeitszufriedenheit von Herrn Müller vor und nach der Umstellung auf das neue Programm erahnen?
b. Welchen Einfluss haben die Arbeitsbedingungen nach dem Wechsel auf das neue Programm auf die Leistung von Herrn Müller? Gehen Sie dabei auch auf die wahrgenommene organisatorische Unterstützung ein.
c. Beantworten Sie die drei Fragen zu verloren gegangenem Vertrauen und geben Sie eine Prognose ab, ob nach dem Gespräch wieder Vertrauen zwischen Herrn Schmidt und Herrn Müller entstehen kann.
d. Die Zwei-Faktoren-Theorie nach Herzberg unterscheidet Hygienefaktoren und Motivatoren. Wie beurteilen Sie diese beiden Faktoren vor und nach der Programmumstellung?

Tab. 2.2 Priorisierungstabelle

Hohe Entlohnung	5
Betriebliche Altersrente	2
Wertschätzung des Vorgesetzten	3
Beförderung	4
Akzeptanz durch Kollegen	5

Falldiskussion 2: Erwartungs-Valenz Theorie
Gegeben sei folgendes Beispiel (Steinmann et al. 2013, S. 491–493):

- Es liegt eine klar strukturierte Arbeitssituation und ein nur schwer kalkulierbares Anstrengungsniveau des Mitarbeiters A vor.
- Zur Vereinfachung werden nur zwei Leistungsergebnisse bedacht: hohe Anstrengung und hohe Leistung sowie durchschnittliche Anstrengung und durchschnittliche Leistung.
- Es wird angenommen, dass der Mitarbeiter A fünf Valenzen für relevant hält: hohe Entlohnung, betriebliche Arbeitsrente, Wertschätzung des Vorgesetzten, Beförderung sowie Akzeptanz durch die Arbeitsgruppe.

Die Priorisierung der Valenzen (Mitarbeiterresultate, gemessen auf einer Likert-Skala (1 = gleichgültig bis 5 = begehrenswert) entspricht der folgenden Priorisierungs-Tabelle (s. Tab. 2.2).

Die Instrumentalitäten werden wie folgt wahrgenommen (s. Illustration 2.15).

Illustration 2.15: Instrumentalitäten

Im Betrieb, in dem Mitarbeiter A tätig ist, basiert die Lohnhöhe auf der Leistung. Da die Löhne jedoch maximal um nur +/− 15 % schwanken, betrachtet Mitarbeiter A hohe Leistung als nur bedingt geeignet, um eine hohe Entlohnung zu erzielen ($I_{11} = 0{,}5$).

Die betriebliche Altersrente ist leistungsunabhängig an die Dauer der Betriebszugehörigkeit geknüpft. A geht nicht von einem Zusammenhang zwischen Leistung und Altersrente aus ($I_{12} = 0$).

Die Wertschätzung des Vorgesetzten hängt von der Leistung der Mitarbeiter ab. A sieht einen engen Zusammenhang zwischen Leistung und Wertschätzung durch den Vorgesetzten ($I_{13} = 0{,}75$).

In Bezug auf Beförderungsentscheidungen, hat Mitarbeiter A zwar das Gefühl, Leistung wäre wichtig, jedoch unterstellt er, dass andere Faktoren eine größere Rolle spielen ($I_{14} = 0{,}25$).

In der Abteilung existieren deutliche, informelle Leistungsnormen, die von Vorgesetzten akzeptiert sind. Um eine Höhersetzung der Leistungsnormen und damit mehr Stress in der Abteilung zu vermeiden, kommt es rasch zu Mobbing gegenüber ambitionierten Mitarbeitern. A sieht das Anstreben eines hohen Unternehmensresultates als ungeeignet an, um ein akzeptiertes Mitglied der Gruppe zu sein ($I_{15} = -1$). ◄

2.8 Explorationen

Mitarbeiter A ist recht überzeugt von seiner **Leistungsfähigkeit** und schätzt sich selbst als überdurchschnittlich ein ($E_1 = 0{,}75$). Er geht davon aus, dass eine hohe Wahrscheinlichkeit existiert, hohe Unternehmensresultate zu erreichen. Die Erwartungswahrscheinlichkeit für eine durchschnittliche Leistung nimmt er hingegen sicher mit $E_2 = 1$ an.

a. Berechnen Sie das Motivationspotenzial M_1 bei Fokussierung auf die hohe Leistung.
b. Für die Alternative einer durchschnittlichen Leistungsanstrengung gelte Folgendes: Die Valenzen und die Erwartungswahrscheinlichkeiten bleiben unverändert. Für die Instrumentalitäten schätzt A die folgenden Werte als realistisch ein: $I_{21} = 0$; $I_{22} = 0$; $I_{23} = 0{,}25$; $I_{24} = -0{,}25$; $I_{25} = 0{,}75$. Berechnen Sie das Motivationspotenzial M_2 der Alternative einer durchschnittlichen Leistung.
c. Wie lassen sich die alternativen Stränge hinsichtlich ihres Motivationspotenzials bewerten?

Falldiskussion 3: Konfekt AG

Dem Süßwarenproduzenten „Konfekt AG" geht es wirtschaftlich nicht gut, was sich an negativen Gewinnerwartungen zeigt. Die Mitarbeiter sind nicht bereit, mehr als das absolut Nötige zu tun. Dies wirkt sich negativ auf den gesamten Wertschöpfungsprozess, sowie die allgemeine Stimmung aus und einige Mitarbeiter sprechen bereits davon, innerlich gekündigt zu haben.

In der Anfangsphase der Konfekt AG gab es klare Wertvorstellungen innerhalb eines Unternehmens und man wählte Mitarbeiter entsprechend dieser Werte aus. Die Führung setzte also auf intrinsische Motivation durch Identifikation mit dem Unternehmen. Ethisches Verhalten, fairer Handel mit den Rohstofferzeugern und eine qualitativ hochwertige Präsentation der Waren galten als Kernpunkte der Konfekt AG.

Ein Großteil der Aktionäre sieht ein derartiges Vorgehen kritisch, da solche Maßnahmen hohe Kosten erzeugen und es „bei den Süßwaren vor allem um den Geschmack geht und sich kaum jemand für die Aufmachung oder die Produktionsbedingungen interessiert", wie ein Großaktionär feststellt. Das Management setzt somit zunehmend auf Effizienzsteigerung und Kosteneinsparung und beginnt, sich vermehrt an den Interessen der Shareholder zu orientieren. Schließlich könne das Unternehmen ohne das Kapital der Aktionäre die Produktion nicht ausweiten und damit der immer größer werdenden Nachfrage nicht gerecht werden, so das Management.

Trotz Optimierung aller Prozesse, Kosteneinsparungen, Einstellung neuer Mitarbeiter und Investitionen in effizientere Produktionsmaschinen sinken allerdings die Umsätze.

Nach einer umfassenden Untersuchung kommt heraus: Die Mitarbeiter der Qualitätskontrolle sind nachlässig geworden, der Kundenservice ist miserabel und die Zahl der „Krankheitsfälle", insbesondere montags, hat drastisch zugenommen. Ein Mitarbeiter beklagt: „In all den Jahren sind wir noch nie so schlecht bezahlt worden. Wir haben uns noch nie so austauschbar gefühlt. Wir dürfen uns zwischendurch nicht einmal mehr kurz mit unseren Kollegen über das Wochenende unterhalten, weil dies Zeitverschwendung sei. Fakt ist, all das passt nicht mehr zu unseren Werten."

Auch bei anderen Stakeholdern herrscht zunehmende Unzufriedenheit. So fühlen sich die Kunden nicht mehr mit „ihrem" Produkt verbunden, Produzenten fühlen sich unfair behandelt und selbst die Shareholder klagen über monetäre Verluste.

a. Erläutern Sie anhand dieses Fallbeispiels die Entstehung und Wirkung von Haltungen.
b. Erklären Sie, weshalb die 5 Wettbewerbskräfte nach Porter nach der Umstrukturierung der Konfekt AG nun stärker wirken.
c. Was kann das Management jetzt tun, um positive Gewinnerwartungen zu erzeugen? Gibt es Möglichkeiten, den Shareholder-Value-Ansatz mit den Bedürfnissen der Mitarbeiter zu vereinbaren?

Literatur

Adams, J. S. (1965). Inequity in social exchange. *Advances in Experimental Social Psychology, 2*, 267–299.
Alderfer, C. P. (1969). An empirical test of a new theory of human needs. *Organizational Behavior and Human Performance, 4*(2), 142–175.
Allen, D., Shore, L. M., & Griffeth, R. W. (2003). The role of perceived organizational support and supportive human resource practices in the turnover process. *Journal of Management, 29*(1), 99–118.
Allport, G. W., & Odbert, H. S. (1936). Trait-names: A psycho-lexical study. *Psychological Monographs, 47*(1), 1–171.
Bakker, A. B., Albrecht, S. L., & Leiter, M. P. (2011). Key questions regarding work engagement. *European Journal of Work and Organizational Psychology, 20*(1), 4–28.
Bandura, A. (1979). *Sozial-kognitive Lerntheorie* (1. Aufl.). Stuttgart: Klett-Cotta.
Bandura, A. (1997). *Self-efficacy: The exercise of control*. New York: W.H. Freeman.
Barnard, C. I. (1938). *The functions of the executive* (13. Aufl.). Cambridge, MA: Harvard University Press.
Barrick, M. R., & Mount, M. K. (1991). The big five personality dimensions and job performance: A meta-analysis. *Personnel Psychology, 44*(1), 1–26.
Berger, U., & Bernhard-Mehlich, I. (2006). Die verhaltenswissenschaftliche Entscheidungstheorie. In A. Kieser & M. Ebers (Hrsg.), *Organisationstheorie* (6. Aufl., S. 174–176). Stuttgart: W. Kohlhammer.
Blumer, H. (1966). Sociological implications of the thought of George Herbert Mead. *American Journal of Sociology, 71*(5), 535–544.
Borkenau, P., & Ostendorf, F. (1993). *NEO-Fünf-Faktoren-Inventar (NEO-FFI) nach Costa und McCrae* (1. Aufl.). Göttingen: Hogrefe.
Borkenau, P., & Ostendorf, F. (2008). *NEO-Fünf-Faktoren-Inventar (NEO-FFI) nach Costa und McCrae* (2. Aufl.). Göttingen: Hogrefe.
Bude, H., & Dellwing, M. (2013). *Herbert Blumer. Symbolischer Interaktionismus. Aufsätze zu einer Wissenschaft der Interpretation* (1. Aufl.). Berlin: Suhrkamp.

Cattell, R. B. (1943). The description of personality: Basic traits resolved into clusters. *The Journal of Abnormal and Social Psychology, 38*(4), 476–506.

Colquitt, J. A., Scott, B. A., & LePine, J. A. (2007). Trust, trustworthiness, and trust propensity: A meta-analytic test of their unique relationships with risk taking and job performance. *Journal of Applied Psychology, 92*(4), 909–927.

Costa, P. T., McCrae, R. R., & Holland, J. L. (1984). Personality and vocational interests in an adult sample. *Journal of Applied Psychology, 69*(3), 390–400.

Deci, E. L., & Ryan, R. M. (2000). Self-determination theory and the facilitation of intrinsic motivation, social development, and well-being. *American Psychologist, 55*(1), 68–78.

Detert, J. R., & Burris, E. R. (2007). Leadership behavior and employee voice: Is the door really open? *Academy of Management Journal, 50*(4), 869–884.

van Dick, R. (2004). *Commitment und Identifikation mit Organisationen*. Göttingen: Hogrefe.

van Dick, R. (2007). Identifikation und Commitment. In H. Schuler (Hrsg.), *Handbuch der Arbeits- und Organisationspsychologie* (S. 278–293). Göttingen: Hogrefe.

Eisenberger, R., Huntington, R., Hutchison, S., & Sowa, D. (1986). Perceived organizational support. *Journal of Applied Psychology, 71*(3), 500–507.

Endreß, M. (2002). *Vertrauen*. Bielefeld: transcript.

Engelke, A. (29. August 2018). Unzufriedene Mitarbeiter – Fünf Millionen Deutsche haben innerlich gekündigt. *Frankfurter Allgemeine Zeitung*. https://www.faz.net/aktuell/karriere-hochschule/buero-co/merheit-der-arbeitnehmer-haben-innerlich-schon-gekuendigt-15753720.html. Zugegriffen am 04.05.2020.

Erez, M., & Zidon, I. (1984). Effect of goal acceptance on the relationship of goal difficulty to performance. *Journal of Applied Psychology, 69*(1), 69–78.

Erez, M., Earley, P. C., & Hulin, C. L. (1985). The impact of participation on goal acceptance and performance: A two-step model. *Academy of Management Journal, 28*(1), 50–66.

Fallgatter, M. J. (2013). Personalbeurteilung. In R. Stock-Homburg (Hrsg.), *Handbuch Strategisches Personalmanagement* (S. 171–185). Wiesbaden: Springer Gabler.

Festinger, L., Riecken, H. W., & Schachter, S. (1956). *When prophecy fails*. Minneapolis: University of Minnesota.

Fetchenhauer, D. (2017). *Psychologie* (2. Aufl.). München: Franz Vahlen.

Fiske, D. W. (1949). Consistency of the factorial structures of personality ratings from different sources. *The Journal of Abnormal and Social Psychology, 44*(3), 329–344.

Fong, K. H., & Snape, E. (2015). Empowering leadership, psychological empowerment and employee outcomes: Testing a multi-level mediating model. *British Journal of Management, 26*(1), 126–138.

Gagné, M., Forest, J., Vansteenkiste, M., Crevier-Braud, L., van den Broeck, A., Aspeli, A. K., Bellerose, J., Benabou, C., Chemolli, E., Güntert, S. T., Halvari, H., Indiyastuti, D. L., Johnson, P. A., Molstad, M. H., Naudin, M., Ndao, A., Olafsen, A. H., Roussel, P., Wang, Z., & Westbye, C. (2015). The multidimensional work motivation scale: Validation evidence in seven languages and nine countries. *European Journal of Work and Organizational Psychology, 24*(2), 178–196.

Gallup. (2018). *Die Ergebnisse der bekanntesten Studie zur Mitarbeiterbindung. Engagement Index Deutschland*. https://www.gallup.de/183104/engagement-index-deutschland.aspx. Zugegriffen am 06.05.2020.

Gillet, N., Gagné, M., Sauvagère, S., & Fouquereau, E. (2013). The role of supervisor autonomy support, organizational support, and autonomous and controlled motivation in predicting employees' satisfaction and turnover intentions (30.07.2013). *European Journal of Work and Organizational Psychology 22*(4), 450–460. https://www.tandfonline.com/doi/abs/10.1080/1359432X.2012.665228. Zugegriffen am 09.10.2019.

Herzberg, F. (1967). *The motivation to work*. New York: Wiley.

Johns, G., & Saks, A. M. (2005). *Organizational behaviour. Understanding life at work* (6. Aufl.). Toronto: Pearson Prentice Hall.

Johns, G., & Saks, A. M. (2017). *Organizational behaviour. Understanding and managing life at work* (10. Aufl.). Toronto: Pearson.

Johnson, J. A., & Ostendorf, F. (1993). Clarification of the five-factor model with the abridged big five dimensional circumplex. *Journal of Personality and Social Psychology, 65*(3), 563–576.

Judge, T. A., & Ilies, R. (2002). Relationship of personality to performance motivation: A meta-analytic review. *Journal of Applied Psychology, 87*(4), 797–807.

Judge, T. A., Heller, D., & Mount, M. K. (2002). Five-factor model of personality and job satisfaction: A meta-analysis. *Journal of Applied Psychology, 87*(3), 530–541.

Kim, P. H., Dirks, K. T., & Cooper, C. D. (2009). The repair of trust: A dynamic bilateral perspective and multilevel conceptualization. *Academy of Management Review, 34*(3), 401–422.

LaPiere, R. T. (1934). Attitudes vs. actions. *Social Forces, 13*(2), 230–237.

Latham, G. P. (2016). Goal-setting theory: Causal relationships, mediators, and moderators (05.2016). *Organizational and Institutional Psychology.* https://oxfordre.com/psychology/view/10.1093/acrefore/9780190236557.001.0001/acrefore-9780190236557-e-12. Zugegriffen am 04.05.2020.

Latham, G. P., & Baldes, J. J. (1975). The „practical significance" of Locke's theory of goal setting. *Journal of Applied Psychology, 60*(1), 122–124.

Latham, G. P., & Locke, E. A. (2013). Goal Setting Theory. In E. A. Locke & G. P. Latham (Hrsg.), *New developments in goal setting and task performance* (S. 3–15). New York: Routledge.

Latham, G. P., Erez, M., & Locke, E. A. (1988). Resolving scientific disputes by the joint design of crucial experiments by the antagonists: Application to the Erez–Latham dispute regarding participation in goal setting. *Journal of Applied Psychology, 73*(4), 753–772.

Lewin, K. (1963). *Feldtheorie in den Sozialwissenschaften. Ausgewählte theoretische Schriften* (1. Aufl.). Bern: Huber.

Locke, E. A. (1982). Relation of goal level to performance with a short work period and multiple goal levels. *Journal of Applied Psychology, 67*(4), 512–514.

Locke, E. A., & Latham, G. P. (Hrsg.). (2013). *New developments in goal setting and task performance.* New York: Routledge.

Locke, E. A., & Latham, G. P. (1990). *A theory of goal setting & task performance.* Englewood Cliffs: Prentice Hall.

Locke, E. A., & Latham, G. P. (2002). Building a practically useful theory of goal setting and task motivation. A 35-year odyssey. *American Psychologist, 57*(9), 705–717.

Locke, E. A., & Latham, G. P. (2006). New directions in goal-setting theory. *Current Directions in Psychological Science, 15*(5), 265–268.

Luhmann, N. (2000). *Vertrauen. Ein Mechanismus der Reduktion sozialer Komplexität* (4. Aufl.). Stuttgart: Lucius & Lucius.

Maslow, A. H. (1954). *Motivation and personality.* New York: Harper.

McClelland, D. C. (1961). *The achieving society.* New York: Van Nostrand.

Meyer, J. P., & Allen, N. J. (1991). A three-component conceptualization of organizational commitment. *Human Resource Management Review, 1*(1), 61–89.

Mowday, R. T., Porter, L. W., & Steers, R. M. (1982). *Employee organization linkages. The psychology of commitment, absenteeism, and turnover.* New York: Academic Press.

Muse, L. A., & Stamper, C. A. (2007). Perceived organizational support: Evidence for a mediated association with work performance. *Journal of Managerial Issues, 19*(4), 517–535.

Myers, D. G. (2005). *Psychologie.* Heidelberg: Springer.

Nerdinger, F. W. (2014). Gravitation und organisationale Sozialisation. In F. W. Nerdinger, G. Blickle & N. Schaper (Hrsg.), *Arbeits- und Organisationspsychologie* (Springer-Lehrbuch, S. 71–82). Berlin/Heidelberg: Springer.

Norman, W. T. (1963). Toward an adequate taxonomy of personality attributes: Replicated factor structure in peer nomination personality ratings. *Journal of Abnormal and Social Psychology, 66*(6), 574–583.

Peters, L. H., Chassie, M. B., Lindholm, H. R., O'Connor, E. J., & Kline, C. R. (1982). The joint influence of situational constraints and goal setting on performance and affective outcomes. *Journal of Management, 8*(2), 7–20.

Ragins, B. R. (2016). From the ordinary to the extraordinary: High-quality mentoring relationships at work. *Organizational Dynamics, 45*(3), 228–244.

Rhoades, L., & Eisenberger, R. (2002). Perceived organizational support: A review of the literature. *Journal of Applied Psychology, 87*(4), 698–714.

Rhoades, L., Eisenberger, R., & Armeli, S. (2001). Affective commitment to the organization: The contribution of perceived organizational support. *Journal of Applied Psychology, 86*(5), 825–836.

Rieger, M., & Wenke, D. (2017). Embodiment und Sense of Agency. In J. Müsseler (Hrsg.), *Allgemeine Psychologie* (3. Aufl., S. 773–811). Berlin/Heidelberg: Springer.

Riggle, R. J., Edmondson, D. R., & Hansen, J. D. (2009). A meta-analysis of the relationship between perceived organizational support and job outcomes: 20 years of research. *Journal of Business Research, 62*(10), 1027–1030.

Robbins, S. P., & Judge, T. A. (2018). *Essentials of organizational behavior* (14. Aufl.). Boston: Pearson.

Ronen, S., & Mikulincer, M. (2014). The foundation of autonomous motivation in the workplace. In M. Gagné (Hrsg.), *The Oxford handbook of work engagement, motivation, and self-determination theory* (S. 109–126). Oxford: Oxford University Press.

van Rossenberg, Y. G. T., Klein, H. J., Asplund, K., Bentein, K., Breitsohl, H., Cohen, A., Cross, D., Rodrigues, A., de, A. C., Duflot, V., Kilroy, S., Ali, N., Rapti, A., Ruhle, S. A., Solinger, O., Swart, J., & Yalabik, Z. Y. (2018). The future of workplace commitment: Key questions and directions. *European Journal of Work and Organizational Psychology, 27*(2), 153–167.

Schleicher, D. J., Smith, T. A., Casper, W. J., Watt, J. D., & Greguras, G. J. (2015). It's all in the attitude: The role of job attitude strength in job attitude-outcome relationships. *Journal of Applied Psychology, 100*(4), 1259–1274.

Schweitzer, M. E., Ordóñez, L., & Douma, B. (2004). Goal setting as a motivator of unethical behavior. *Academy of Management Journal, 47*(3), 422–432.

Seibert, S. E., & Kraimer, M. L. (2001). The five-factor model of personality and career success. *Journal of Vocational Behavior, 58*(1), 1–21.

Shanock, L. R., & Eisenberger, R. (2006). When supervisors feel supported: relationships with subordinates' perceived supervisor support, perceived organizational support, and performance. *Journal of Applied Psychology, 91*(3), 689–695.

Simmel, G. (1992). Soziologie. Untersuchung über die Formen der Vergesellschaftung. In O. Rammstedt (Hrsg.), *Gesamtausgabe in 24 Bänden*. Frankfurt am Main: Suhrkamp.

Simpson, J. A. (2007). Foundations of interpersonal trust. In A. W. Kruglanski & E. T. (. E.). Higgins (Hrsg.), *Social psychology: Handbook of basic principles* (2. Aufl., S. 587–607). New York: Guilford.

Steinmann, H., Schreyögg, G., & Koch, J. (2013). *Management. Grundlagen der Unternehmensführung. Konzepte, Funktionen, Fallstudien* (7. Aufl.). Wiesbaden: Springer Gabler.

The Los Angeles Metropolitan Transportation Authority. (2004). Metro's most senior employee, 97-year-old Arthur Winston, celebrates 70 Continuous years of employment in L.A. Public Transit (23.01.2004). https://www.metro.net/news/simple_pr/metros-most-senior-employee-97-year-old-arthur-win/. Zugegriffen am 16.10.2019.

Thorpe, D. (2013). Why CSR? The benefits of corporate social responsibility will move you to act (18.05.2013). *Forbes Inc.* https://www.forbes.com/sites/devinthorpe/2013/05/18/why-csr-the-benefits-of-corporate-social-responsibility-will-move-you-to-act/#1097489465a3. Zugegriffen am 04.05.2020.

Vroom, V. H. (1964). *Work and motivation*. New York: Wiley.

Wayne, S. J., Shore, L. M., & Liden, R. C. (1997). Perceived organizational support and leader-member exchange: A social exchange perspective. *Academy of Management Journal, 40*(1), 82–111.

Weibler, J. (2016). *Personalführung* (3. Aufl.). München: Franz Vahlen.

Weinert, A. B. (2004). *Organisations- und Personalpsychologie* (5. Aufl.). Weinheim: Beltz PVU.

Wood, R. E. (1986). Task complexity: Definition of the construct. *Organizational Behavior and Human Decision Processes, 37*(1), 60–82.

Wood, R. E., Mento, A. J., & Locke, E. A. (1987). Task complexity as a moderator of goal effects: A meta-analysis. *Journal of Applied Psychology, 72*(3), 416–425.

Yukl, G. A. (2010). *Leadership in organizations* (7. Aufl.). Upper Saddle River/London: Pearson.

Teil II

Personalmanagement

Personalmanagement und interaktionelle Führung 3

Zusammenfassung

Personalmanagement richtet sich auf die Beschaffung, Nutzung, Erhaltung sowie Förderung von Humanressourcen. Die inhaltliche Präzisierung nehmen viele danach vor, welche Aufgaben durch eine Personalabteilung verantwortet werden. Dies schließt das Zusammenwirken von Personalabteilungen und Vorgesetzten nicht ein und lässt wichtige Potenziale ungenutzt. Personalmanagement besteht somit aus dem, was auf der einen Seite Führungskräfte und auf der anderen Seite Personalabteilungen verantworten. Ersteres ist die sogenannte interaktionelle Führung. Sie zielt auf die folgenden Fragen: Werden Führungskräfte geboren oder gemacht? Gibt es ideale Führungsstile? Wie lassen sich innovative Vorhaben durch Führung gestalten? Welche Relevanz besitzen die zwischenmenschlichen Beziehungen zwischen Vorgesetzten und Mitarbeitern für den Führungserfolg? Die strukturelle Führung zielt auf standardisierbare Konzepte und Maßnahmen zur Förderung von Handlungsvermögen, -bereitschaften und -potenzialen.

Vignette: Trends im Personalmanagement

Trends sind in vielen Bereichen ein guter Indikator dafür, mit welchen Themen man sich befassen sollte. In der Mode wird dies anhand von Brillen, Schuhen oder Jeans deutlich und führt über die trendgetriebene Einschränkung der Auswahlmöglichkeiten zu einer Komplexitätsreduktion sowie zu oft überfüllten Kleiderschränken. Der Wandel von gesellschaftlichen Werten – beispielsweise hin zu mehr Beachtung der Work-Life-Balance oder Sinnhaftigkeit von Jobtätigkeiten – geben Unternehmen Anhaltspunkte, auf was sie sich einstellen sollten.

Auch im Personalmanagement gibt es Trends, sogar reichlich viele. Verschiedene Institutionen filtern diese aus Unternehmensnachrichten, Publikationen und eigenen Studien heraus. Die folgende Auflistung schildert die Trends der Jahre 2019 und 2020. Es wurden unter den ersten zehn Treffern bei Google (13.04.2020) für die Stichworte „Personalmanagement Trends" drei eigenständige Studien ausgewählt.

Bundesverband der Personalmanager:

- Digital HR (Digitales Human Ressource Management)
- Digitale Bildung; Future of Work
- Mitarbeitergewinnung als Kernherausforderung auf dem Bewerbermarkt
- Mitbestimmung 4.0
- Diversity wird zum entscheidenden Wettbewerbsfaktor
- HR als Potenzialentfalter
- Führungskräfte sind als Vorbilder und Coaches gefragt
- Würdest Du Deinen Arbeitgeber empfehlen?
- Employee Experience und Employee Engagement stärken
- Betriebliches Gesundheitsmanagement als Anti-Entgrenzungs-Strategie (Bundesverband der Personalmanager e.V. 2019)

Personio:

- People Analytics: Fakten statt Bauchgefühl
- Mitarbeiter-Engagement: Angestellte in den Fokus rücken
- Individuelle Weiterbildung: Gemeinsam wachsen
- Mitarbeiter bei der Entwicklung fördern
- Corporate Culture: Mit einer starken Kultur zum Erfolg (Personio GmbH o.J.)

Human Ressource Manager:

- Mitarbeiter-Engagement: Angestellte in den Mittelpunkt stellen
- People Analytics: Daten statt Bauchgefühl
- Demokratisierung des Coachings: individuelle Weiterbildung für alle Karrierelevel (Daniel und Haus 2019) ◄

Was lernt man aus dieser Übersicht zu aktuellen Trends? Ganz offensichtlich scheinen Trends im Personalmanagement nicht so eindeutig zu sein, wie in der Bekleidungsindustrie. Versucht man abzuleiten, welche Themen für Unternehmen besonders drängend sind oder sein werden, so wird man angesichts dieses Wustes an Hinweisen verzweifeln. Genauso unergiebig ist die Tatsache, dass diese sogenannten Trends weitestgehend die Beziehung von Vorgesetzten und Mitarbeitern unbeachtet lassen.

Ein konstruktiver Umgang mit der thematischen Unübersichtlichkeit setzt ein stimmiges Gesamtverständnis von „Personalmanagement" voraus. Ohne einen Überblick, der zur Einordnung von Themen führt, würde man sich in all den Schlagwörtern verheddern. Eine tragfähige Konzeption zum Personalmanagement steht hier im Zentrum und zeigt, welche Themen oder auch Trends diese unterstützen und auf welche man am leichtesten verzichten kann.

3.1 Grundlegung des Personalmanagements

3.1.1 Ausgangspunkte

Dieser zweite Teil der Schrift macht die Analyse, Prognose und Gestaltung von Handeln und Wertschöpfung unmittelbar an Individuen fest. Dies markiert zugleich den Unterschied zu den Inhalten der noch folgenden Teile organisatorische Gestaltung, emergente Phänomene sowie Umweltbedingungen und Veränderungen. Letztere schaffen Bedingungen für die Wertschöpfung. Das heißt, sie richten sich nicht wie das Personalmanagement auf einzelne Individuen in deren spezifischer Arbeitssituation, sondern setzen den Fokus auf Personenmehrheiten.

Der Begriff Personalmanagement lässt sich demnach auf Basis von Gegenstandsbereich und Ziel näher charakterisieren. Den **Gegenstandsbereich des Personalmanagements** bilden „Humanressourcen". Es gilt die folgende Definition.

▶ **Humanressourcen** Humanressourcen bestehen aus dem Handlungsvermögen, den -bereitschaften sowie den -potenzialen aller Mitarbeiter und Führungskräfte eines Unternehmens.

Dabei steht Handlungsvermögen für Fach-, Methoden- und Sozialkompetenzen, während Handlungsbereitschaft auf Persönlichkeit, Werten, Haltungen und Motivation beruhen. Handlungspotenziale verweisen auf die Nutzbarkeit von Handlungsvermögen und -fertigkeiten in anderen Situationen.

Recht häufig fällt der Begriff **Humankapital**. Darunter versteht man Humanressourcen, die monetär bewertet werden. Dies ist jedoch in betriebswirtschaftlichen Zusammenhängen schwierig und entsprechend wird dieser Begriff hier nicht systematisch verwendet. Einige Hintergründe dazu stehen in Illustration 3.1.

Illustration 3.1 Humankapital

Wesentliche Grundlagen für die Auseinandersetzung mit Humankapital legten vor allem Becker (1964) sowie Schultz und Krais (1986). Sie analysierten den Zusammenhang von Bildung und Qualifikationen auf wirtschaftliche Prosperität, Innovationsneigung und Arbeitslosigkeit. Dies führte dann unter anderem zur Analyse von „Bildungsrenditen" und dem erwartbaren, monetären Nutzen unterschiedlicher Bildungsabschlüsse. Letztere stellen dabei unter anderem das Humankapital dar.

Ist bei einer volkswirtschaftlichen Analyse Humankapital bestimmbar, so scheitert dies auf betrieblicher Ebene schnell. Zwar sind die Humanressourcen verstanden als

Handlungsvermögen, -bereitschaften und -potenziale ausschlaggebend für den Unternehmenserfolg. Jedoch sind sie nicht wie formale Bildungsabschlüsse eingrenzbar und auch nicht, wie beispielsweise Arbeitslosigkeit, in ihren Wirkungen messbar.

Der Bezug zwischen Humanressourcen, Produktivität und dem finanziellen Ergebnis eines Unternehmens wird immer unscharf sein. Dies zeigt sich auch im Wertschöpfungsmodell (s. Kap. 1). Dort geht es gerade darum, wie Moderatoren unterschiedliche Ausstattungen von Humanressourcen nutzbar machen. Diese komplexen und unkalkulierbaren Zusammenhänge entziehen sich jedoch der eindeutigen Messbarkeit. ◄

Das **Ziel von Personalmanagement** leitet sich wiederum aus der Definition der Humanressourcen ab. Es gilt die folgende Definition.

▶ **Ziel von Personalmanagement** Personalmanagement soll durch die Analyse, Prognose und Gestaltung der vertraglich gebundenen Humanressourcen zur Wertschöpfung beitragen.

Eine tragfähige **Konzeption des Personalmanagements** ist nicht leicht zu entwickeln. So muss eine prinzipielle Offenheit für die in der Vignette deutlich gewordene thematische Vielfalt bestehen. Hier werden zwei Anforderungen an eine Konzeption des Personalmanagements als grundlegend eingeschätzt, um Handlungsvermögen, -bereitschaften und -potenziale zu fördern.

- Die **erste Anforderung** besteht in der konzeptionellen Handhabung aller typischen Themen. Hierzu zählen unter anderem Führung, Rekrutierung, Entwicklung, Arbeitsgestaltung oder Vergütung. Erforderlich ist eine **Ordnung**, die das Denken und Argumentieren über Personalmanagement auf stimmige Kategorien reduziert und damit einfach erfassbar macht. Andernfalls besteht die Gefahr, dass eine Gemengelage von Schlagwörtern Personalmanagement zerfasert.
- Die **zweite Anforderung** berücksichtigt die oft ähnlichen Wirkungsrichtungen von Personalmanagementthemen. So beeinflussen nicht nur Personalentwicklungsmaßnahmen individuelle Handlungsvermögen, -bereitschaften sowie die -potenziale. Es bestehen ebenfalls Wirkungen bei den Themen Vergütungen, Führungsstilen und Arbeitsstrukturierungen. Teilweise können diese Strukturen auch einander entgegenstehen. Eine Personalmanagement-Konzeption ist dann ökonomisch vertretbar, wenn sie derartige Wechsel- und auch Substitutionsbeziehungen erfassen kann.

Sowohl in der Theorie als auch in der Praxis ist es verbreitet, Personalmanagement in einer zeitlichen Reihenfolge zu denken (Bröckermann 2016; Nicolai 2017). Dies entspricht einem **Arbeitnehmer-Lebenszyklus** und reiht alle relevanten Aktivitäten von der ersten Kontaktaufnahme, dem Arbeitnehmerstatus, bis hin zur Trennung auf. Wesentliche Kettenglieder sind dann die Personalrekrutierung, -einführung, -beurteilung, -entwicklung und -versorgung sowie die Arbeitsplatzgestaltung und Vergütung.

So sympathisch und nachvollziehbar das Bild von ineinandergreifenden Kettengliedern auch sein mag, es trägt nicht. So bestehen – wie oben angesprochen – zu viele Wechselwirkungen, die gerade nicht in einem kettenartigen Ablauf bearbeitet werden können. Beispielsweise sollte eine Offenheit von Leistungsbeurteilungen bis hin zu Rekrutierungsüberlegungen, Arbeitsplatzgestaltungen, Personalentwicklungskonzepten, Vergütungsfragen, Führungsstilen oder strategischen Überlegungen bestehen. Dies unterstreicht die Notwendigkeit eines vernetzten Denkens, zu dem idealtypisch positionierte Themen nicht passen. Die folgende Konzeption soll bessere Perspektiven bieten.

3.1.2 Konzeption des Personalmanagements

Die hier präferierte Konzeption baut auf den Überlegungen von Berthel und Becker (2017) sowie Wunderer (2011) auf. Prägend für diese Konzeption ist die Unterscheidung von **interaktioneller** und **struktureller Führung**. Dies beruht auf der Idee, dass Individuen in ihrem Handeln einerseits durch Interaktionen und andererseits durch übergreifende Regelungen beeinflusst werden können. Beide Zugänge „führen" Mitarbeiter, sie unterscheiden sich jedoch grundlegend voneinander. Dennoch verantworten sie gemeinsam die Entwicklung und den Einsatz von Potenzialen, Befähigungen und Bereitschaften. Es gilt daher die folgende Definition.

▶ **Personalmanagement** Personalmanagement besteht einerseits aus der interaktionellen Führung durch Vorgesetzte sowie andererseits aus der strukturellen Führung durch übergreifend geltende Regeln, die durch Personalabteilungen verantwortet werden.

Die **interaktionelle Führung** fokussiert alle direkten Einwirkungsmöglichkeiten von Vorgesetzten auf das Handeln von Mitarbeitern. Vor allem Führungsstile und sich entwickelnde Führungsbeziehungen sowie die Beteiligung an der Ausgestaltung von Regeln stehen im Vordergrund. Handlungsvermögen, -bereitschaften und -potenziale sollen dabei durch die fachliche Perspektive der Vorgesetzten gefördert werden.

Demgegenüber markiert die **strukturelle Führung** den Beitrag von Personalabteilungen – sofern vorhanden – für das Handeln. Es geht um vorhandene Regeln und Verfahrensweisen, mit denen Handlungsvermögen, -bereitschaften und -potenziale systematisch bearbeitet werden. Die Einrichtung von Personalabteilungen erlaubt es, aktuelles Wissen, Erfahrungen und Unternehmensspezifika auf viele Mitarbeiter zu übertragen. Auch die gerade bei Personalentscheidungen so wichtige interpersonelle Vergleichbarkeit und die Gerechtigkeitswahrnehmung werden befördert.

Interaktionelle und strukturelle Führung bestimmen gemeinsam die Inhalte einer Personalstrategie. Abb. 3.1 skizziert das so verstandene Personalmanagement.

Aus dieser Konzeption resultieren unterschiedliche Anforderungen, die an die verantwortlichen Personen gestellt werden. Die interaktionelle Führung wird von Vorgesetzten selbst ausgeführt und stellt Anforderungen an beispielsweise Empathie, funktionsspezifi-

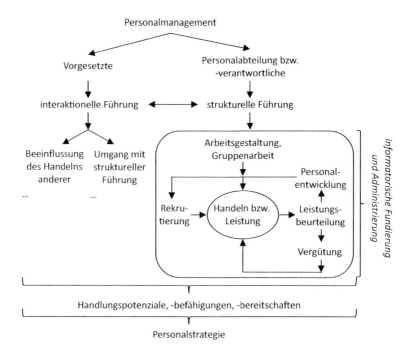

Abb. 3.1 Konzeption des Personalmanagements (s. ähnlich Berthel und Becker 2017; Wunderer und Grunwald 1980)

sches Knowhow, die Einhaltung eines Führungsstils oder die Übernahme von Managementrollen. Nur so sind beispielsweise der Beziehungsaufbau, der Abgleich von Soll- und Ist-Leistungen oder die Berücksichtigung von Individualzielen der Mitarbeiter überhaupt denkbar. Vor allem **Personalabteilungen**, die die **strukturelle Führung** verantworten, benötigen psychologische Expertise beispielsweise für die Rekrutierung, Leistungsbeurteilungen oder Vergütungsentscheidungen. Hinzu kommt die Anforderung an statistische Kompetenzen für Datenerhebungen und -aufbereitungen.

Die strukturelle Führung (s. Kap. 4) selbst wird hier in einer Binnenstruktur gedacht (Tichy et al. 1982). Den Kern bilden sogenannte primäre Funktionen, die von informatorischen sowie administrativen Funktionen abgerundet werden.

- Die **primären Funktionen** wirken unmittelbar auf Handlungen. Rekrutierung schafft Potenziale, die durch Entwicklung und Arbeitsgestaltung eine weitere Formung erfahren. Die Leistungsbeurteilung lenkt Bereitschaften, die beispielsweise auf Karriereperspektiven und die Honorierung reagieren.
- Die **informatorische Fundierung** hat die Aufgabe, Belegschaftsentwicklung zu analysieren und darauf gerichtete Informationen in geeigneter Weise zur Verfügung zu stellen. Die regelmäßige Analyse der Arbeitsmarktentwicklung, des Commitments sowie der Arbeitszufriedenheit stellen gute Beispiele dar.

3.1 Grundlegung des Personalmanagements

- Zu **administrativen Funktionen** gehören neben dem Arbeitsrecht die Lohn- und Gehaltsbuchhaltung, Dokumentation oder Umsetzung weiterer Verordnungen und Gesetze. Darauf wird hier nicht explizit eingegangen.

Diese Zweiteilung von Personalmanagement in interaktionelle und strukturelle Führung ist bislang allerdings immer noch nicht vollständig. Entscheidend für eine erfolgreiche Anwendung ist die **Klärung des Zusammenhangs** von interaktioneller und struktureller Führung. Beide Bereiche richten sich auf das Handeln von Mitarbeitern. Ganz offensichtlich verfügen Vorgesetzte über Kenntnisse, Erfahrungen sowie individuelle Einschätzungen, die beispielsweise Leistungsbeurteilungsverfahren aufwerten können. Vorgesetzte sind also hinsichtlich der strukturellen Personalarbeit deutlich mehr als bloße „teilnehmende Beobachter", denn sie sollten die Gestaltung der strukturellen Führung prägen. So darf diese niemals unabhängig von interaktioneller Führung wirken. Wie könnte man Strukturen bzw. Regelungen zur Personalentwicklung, Personalauswahl oder Leistungsbeurteilung ohne Vorgesetzte durchführen? Folglich stellen Vorgesetzte das **Bindeglied** zwischen Mitarbeitern und verallgemeinerten Regelungen dar.

Der **Nutzen der Konzeption** lässt sich anhand der folgenden drei Punkte skizzieren. Es geht um Wechselbeziehungen, Substitutionsmöglichkeiten sowie die Entwicklung einer Personalstrategie.

Es werden **Wechselbeziehungen** zwischen einzelnen Themen beider Kategorien offensichtlich, was durch den Doppelpfeil zwischen interaktioneller und struktureller Führung in Abb. 3.1 veranschaulicht wird. Diese Wechselbeziehungen bedeuten nichts anderes, als dass bestimmte Themen parallel gedacht werden müssen. Streben Vorgesetzte mehr individuelle Freiheit und Kreativität an, so führt dies in aller Regel auch zu Änderungen bei der Leistungsbeurteilung, der Incentivierung oder der Personalrekrutierung.

Darüber hinaus stellt sich die Frage nach den **Substitutionsmöglichkeiten** zwischen interaktioneller und struktureller Führung. Beide richten sich ausschließlich auf das Mitarbeiterhandeln und steuern dieses. In Extrema gedacht, kann dies entweder weitgehend ohne interaktionelle Führung durch Vorgesetzte oder weitgehend ohne strukturelle Führung geschehen. Zwar wird sich dies in aller Regel nicht finden lassen, es lässt sich aber auch nicht sagen, dass eine hoffnungslose Ineffizienz folgen würde. Dafür sind interaktionelle und strukturelle Führung isoliert betrachtet zu wirkungsmächtig.

Gemeinsam fordern Wechselbeziehungen und Substitutionsmöglichkeiten dazu auf, die **relative Nutzungsintensität** interaktioneller und struktureller Führung zu analysieren. Viele Kombinationen werden zu einer ähnlichen Wirkung auf Handlungen führen.

Schließlich formt die Gesamtschau auch **Personalstrategien**. Es handelt sich um Kombinationen von interaktioneller und struktureller Führung. Die Passung zu den anderen Moderatoren der Wertschöpfung sowie zu der Unternehmensstrategie führt dann zu Entscheidungen, Standards und Maßnahmen für die Wertschöpfung. Dies wird später vorgestellt (s. Kap. 5).

3.1.3 Sollte man für alle Mitarbeiter ein gleich intensives Personalmanagement betreiben?

Der Aufwand für interaktionelle und strukturelle Führung kann rasch und deutlich steigen. Er resultiert unter anderem aus intensiver Führungstätigkeit von Vorgesetzten, Rekrutierung, Personalentwicklung oder Vergütung. Wie differenziert man den Aufwand zur Verbesserung von Handlungsvermögen, -bereitschaften, und -potenzialen am besten und welche Schwierigkeiten können resultieren?

Ein grundlegender Hinweis stammt aus der Unterscheidung von allgemeinen und spezifischen Humanressourcen. Der Unterschied besteht in den jeweiligen unternehmensbezogenen Nutzungsmöglichkeiten. Allgemeine Human Ressourcen sind demgegenüber in nahezu allen vergleichbaren Unternehmen einsetz- und nutzbar. Spezifität meint an dieser Stelle, dass die Nutzung in nur sehr wenigen, wenn nicht sogar nur in einem Unternehmen möglich ist.

Allgemeine und spezifische Humanressourcen lassen sich anhand des unterschiedlichen Umgangs mit der strukturellen Führung bei Fluggesellschaften auf der einen und nationalen Raumfahrtzentren auf der anderen Seite darstellen. An dieser Differenzierung lässt sich der Umgang mit Handlungsvermögen, -bereitschaften und-potenzialen unterschiedlicher Mitarbeiter verdeutlichen (s. Illustration 3.2).

Illustration 3.2 Piloten und Astronauten

Zwischen den Berufsgruppen Piloten und Astronauten besteht hinsichtlich ihrer Humanressourcenspezifität ein deutlicher Unterschied. Piloten können ihre Lizenz in ganz unterschiedlichen Fluggesellschaften auf der ganzen Welt verwerten. Aus der Perspektive einer Fluggesellschaft ist die Qualifikation nicht spezifisch. Bei Astronauten ist dies anders. Ihre Qualifikation ist nicht nur extrem aufwändig, sondern auch hoch spezifisch.

Diese Divergenz erklärt die jeweilige Intensität, mit der Handlungsvermögen, -bereitschaften und -potenziale bearbeitet werden. Angesichts der nicht-spezifischen Ressource Pilot ist es für Fluggesellschaften rational, die Ausbildung von Piloten und Flugbegleitern nicht zu bezahlen oder zumindest einen hohen Eigenanteil zu verlangen. Eine monetäre Beteiligung von Astronauten ist hingegen aufgrund der immensen Kosten sowie der nationalen Bedeutung der Raumfahrt ausgeschlossen.

Für Raumfahrtgesellschaften besteht kein Problem der Bindung von Astronauten. Fremdländische Astronauten wären zumindest derzeit unüblich. Dies bedeutet, dass sich die „eigenen", inländischen Astronauten nicht in einem anderen Land verdingen können. Dies stellt die Finanzierung einer extrem teuren Ausbildung durch Raumfahrt-Institutionen vor keine „Verwertungssorgen".

Für Fluggesellschaften hingegen besteht ein massives strukturelles Bindungsproblem. Es wird mit dem Institut der „Seniorität" bewältigt. So geschieht der Aufstieg von Co-Piloten zu den wesentlich besser bezahlten Kapitänen über eine „lange Liste".

Das heißt, jeder Co-Pilot beginnt am Ende der langen Liste und rutscht ausschließlich durch das Ausscheiden von höher notierten Co-Piloten und Kapitänen oder durch eine Ausdehnung des Flugplanes entsprechend nach oben. Da viele Fluggesellschaften Seniorität konsequent umsetzen, würde man sich bei einem Wechsel wieder „hinten anstellen" müssen. ◄

Bei Fluggesellschaften ist der zentrale Wert die absolvierten Flugstunden (s. Illustration 3.2). Entsprechend ist das Beförderungskriterium eindeutig und personalpolitische Entscheidungen folgen einer strengen Logik. In Unternehmen gelten für personalpolitische Entscheidungen zumeist vielfältigere Anforderungen. Bei Beförderungen werden dies neben Erfahrung, auch wahrgenommene soziale Kompetenzen, fachliche Ausrichtungen und Ähnliches sein. Entsprechend sind mitarbeiterbezogene Belastungen bzw. Unzufriedenheiten aufgrund eines als nicht nachvollziehbar empfundenen Zuganges zu Personalentwicklungsmaßnahmen, Vergütungen und Karrieren keine Seltenheit. Angesprochen ist die Frage der individuell wahrgenommenen Gerechtigkeit oder Fairness von personalpolitischen Entscheidungen. Schon die Equity-Theorie (s. Kap. 2) zeigt Wirkungen einer wahrgenommenen Ungerechtigkeit auf.

Die Definition des **Fairness-Konzepts** ist eine hochphilosophische Angelegenheit und lässt sich unter verschiedenen Denkschulen betrachten. Im wirtschaftlichen Kontext bezieht sich Fairness beispielsweise darauf, wie Ungleichverteilungen verhindert oder behoben werden können (Kaufmann 2007, S. 229) oder inwiefern ein wechselseitiger Altruismus vorliegt, um einen nachhaltigen Austausch in Kooperationen zu ermöglichen (Graham et al. 2013, S. 69). Für die weitere Annäherung an das Fairness-Konzept in Unternehmen wird eine dreigeteilte Betrachtung herangezogen. Dies führt zu den Aspekten der distributiven, prozessualen und interaktionellen Fairness.

Distributive Fairness
Die distributive Fairness geht auf die Equity-Theorie von Adams (1965) zurück und wurde bereits unter den Prozesstheorien der Motivation (s. Kap. 2) besprochen. An dieser Stelle wird der motivationstheoretische Aspekt ausgeklammert und der Fokus auf die subjektive Empfindung gesetzt. Konkret geht es bei der distributiven Fairness um die Verteilung von Ergebnissen, wie Bezahlung oder Beförderung und inwiefern diese von den Individuen subjektiv als gerecht erachtet werden (Cohen-Charash und Spector 2001, S. 280). Entscheidend für die Bewertung ist, welche Anstrengung eine Person in die Arbeitsleistung investiert hat, was sie dafür erhält und wie sich dieses Verhältnis zu einer bestimmten Referenzperson oder- gruppe ausgestaltet. Die Gleichung wird von einem Individuum dann als fair bewertet, wenn die Distribution in einem wahrgenommenen ausgewogenem Verhältnis steht (Colquitt et al. 2001, S. 426).

Prozedurale Fairness
Die prozedurale Fairness bezieht sich auf die Verfahren, wie Ergebnisse distribuiert werden und inwiefern diese Prozeduren akzeptiert werden (Cohen-Charash und Spector 2001,

S. 280). Eine Prozedur wird tendenziell als fair bewertet, wenn sie konsistent bei allen Personen über die Zeit angewendet wird, frei von Verzerrungen ist (beispielsweise durch Partikularinteressen), adäquate Informationen in der Entscheidungsfindung für die Distribution herangezogen werden, Kontrollmechanismen bestehen, die inadäquate Verteilungen revidieren können und sich auf bestimmte Standards (beispielsweise ethische Richtlinien) beziehen. Zudem sollten die Interessen und Meinungen verschiedener Gruppen berücksichtigt worden sein, die von den Prozeduren betroffen sind (Colquitt et al. 2001, S. 426).

Interaktionelle Fairness
Die interaktionelle Fairness ist eine Erweiterung der prozeduralen Fairness und bezeichnet das kommunikative Auftreten des Managements gegenüber dem Empfänger der Fairness (Cohen-Charash und Spector 2001, S. 281). Das kommunikative Auftreten kann hierbei durch zwei Dimensionen weiter charakterisiert werden. Einerseits beschreibt die interaktionelle Fairness, inwiefern Vorgesetzte bei der Ausführung von Prozeduren die Mitarbeiter mit Freundlichkeit, Würde und Respekt behandeln und andererseits, inwiefern Vorgesetze nachvollziehbare Begründungen über die Prozeduren kommunizieren (Colquitt et al. 2001, S. 427). Die interaktionelle Fairness hat zudem das Potenzial, negative Effekte einer distributiven Unfairness abzumildern. So konnte beispielsweise die Schlaflosigkeit von Krankenpflegern und Krankenpflegerin, die durch Lohnkürzungen eines neuen Vergütungssystems verursacht wurden, durch das Anwenden einer adäquaten interaktionellen Fairness abgemildert werden (Greenberg 2006, S. 63).

Die folgenden Abschnitte haben die interaktionelle Führung zum Gegenstand. Sowohl die Überlegungen zur Spezifität von Humanressourcen sowie zur Fairness lassen sich auf dieses sowie alle noch folgenden Kapitel beziehen.

3.2 Grundfragen der interaktionellen Führung

3.2.1 Überblick

Die Aufgabe von Führungskräften besteht unter anderem darin, Mitarbeiter bei deren Aufgabenerfüllung zu lenken. Darüber hinaus existieren auch andere „lenkende" Personen. So existieren Führungsbeziehungen, die als „kollegiale Führung" oder „Führung von unten" bekannt sind. Die Richtung der Führung ist dabei verändert, was durchaus realen Situationen entspricht und zum Verständnis von Unternehmen beiträgt. Bei allen diesen Arten von Führung stehen Interaktionen zwischen zwei oder mehreren Personen im Zentrum. Es gilt die folgende Definition.

▶ **Interaktionelle Führung** Interaktionelle Führung ist die direkte Beeinflussung von Handlungen im Zielerreichungsprozess einer Person durch eine andere Person.

3.2 Grundfragen der interaktionellen Führung

Die Potenziale der so verstandenen interaktionellen Führung sind weitreichend. Bis auf Persönlichkeitsmerkmale wirkt sie auf alle oben diskutierten Handlungsbegründungen (s. Kap. 2). Werte, Normen, Haltungen, Motivation, Zuschreibungen, aber auch Bedeutungen lassen sich beispielsweise durch vorbildhaftes, integres oder personenorientiertes Führungshandeln formen. Andererseits birgt die interaktionelle Führung aber zugleich die erhebliche Gefahr, Neutralität oder sogar Negativität auszulösen. Ein unwirsches Auftreten eines Vorgesetzten, eine Überbetonung von rationalen Gegebenheiten gegenüber Mitarbeiterbefindlichkeiten oder auch die Gewährung von zu viel Eigenverantwortung und damit eine Überforderung sind Beispiele. Dies unterstreicht die Notwendigkeit einer Auseinandersetzung mit Führungshandeln.

Bevor auf dieses Führungshandeln – oder genauer Führungsmodelle oder Führungsstile – eingegangen wird, sollen zunächst **Grundfragen der interaktionellen Führung** diskutiert werden. Es handelt sich um Themengebiete, zu denen die meisten Personen eine gefestigte Meinung haben. Zu diesen Grundfragen gehören:

- Kann jeder die so verstandene interaktionelle Führung leisten? Dafür steht die Frage: „Werden Führungskräfte geboren oder werden sie gemacht?" (s. Abschn. 3.2.2).
- Was sind die Voraussetzungen für interaktionelle Führung? (s. Abschn. 3.2.3).
- Wie lassen sich Facetten von Führung durch Theorien und Modelle erfassen? (s. Abschn. 3.3).

Die folgenden Ausführungen greifen diese Fragen auf und sollen zum Verständnis der interaktionellen Führung beitragen. Einen Gesamtüberblick über dieses Kapitel bietet die Abb. 3.2.

Abb. 3.2 Überblick über interaktionelle Führung

Der zweite Teil der interaktionellen Führung – der Umgang mit der strukturellen Führung – wird im Folgenden nur punktuell diskutiert. Die Bezüge sind für eine systematische Auseinandersetzung zu komplex.

3.2.2 Werden erfolgreiche Führungskräfte geboren oder gemacht?

Werden erfolgreiche Führungskräfte geboren oder durch Prägung, Personen oder Situationen „gemacht"? Ersteres spricht die Persönlichkeit und auch die Genetik an. Letzteres fokussiert die Gesamtheit der Einflüsse, die auf spätere Führungskräfte wirken, beispielsweise Elternhaus, Schule, Ausbildung oder Erfahrungen.

Die sogenannte „**Traits-School**" der Führungsforschung richtet sich auf Persönlichkeitseigenschaften von Führungskräften. Dies entspricht der „**born-Hypothese**". Diese Forschungsrichtung gebar unzählige Studien. Alle hatten das Ziel, Führungspotenzial zu verstehen, um dann Selektionsentscheidungen begründen zu können. Die zum Teil sehr umfassenden Kataloge kommen auf zwei Wegen zustande (Steinmann et al. 2013, S. 549–595):

Eine **intuitiv-introspektive** Ermittlung setzt an Erfahrungen und Eindrücken von Führungskräften an. Nicht sehr überraschend resultieren daraus großartige Eigenschaften, über die viele gerne verfügen würden. Selbstvertrauen, Entschlusskraft, Mut, Selbstgenügsamkeit und großes Wissen zählen unter anderem dazu. Derartige Kataloge schließen kaum etwas Positives aus, was in eine Nichtverwertbarkeit mündet. **Empirisch-statistische** Ansätze verfolgen hingegen einen generalisierbaren Anspruch. Führungskräfte werden dabei nach psychologischen Kriterien, etwa den Big Five (s. Kap. 2) analysiert und sortiert.

Mit Blick auf die jüngere Führungsforschung sieht Weibler (2016, S. 100) folgende Eigenschaften als empirisch begründet an. Demnach kennzeichnen die folgenden Punkte erfolgreiche Führungskräfte:

- kognitive Kapazitäten, wie Intelligenz und kreatives Denken
- spezifische Ausprägungen der „Big Five"
- Bedürfnis nach Macht, zur Zielerreichung und zum Führen
- soziale Kapazitäten wie Selbst-Beobachtung oder soziale und emotionale Intelligenz
- Problemlösungsfähigkeit, vor allem bei der Problemanalyse und -bearbeitung sowie der grundlegenden Problemeinordnung
- Expertise in relevanten, fachlichen Bereichen sowie generelles Wissen

Eine solche Liste an Eigenschaften weist neben der empirischen Fundierung auch eine erhebliche Plausibilität auf. Da sich interaktionelle Führung immer auf die Beeinflussung anderer Personen in einem oft hoch komplexen organisatorischen Kontext richtet, können die benannten Eigenschaften gar nicht überflüssig sein. Jede einzelne trägt auf ihre Weise zum Führungserfolg bei. Jedoch eröffnet diese Liste grundlegende Probleme:

Charakter der Eigenschaften

Die benannten Eigenschaften sind so fundamental und zugleich auch so zugespitzt, dass man lange nach Personen mit einer solchen Ausstattung wird suchen müssen. Es liegt nahe, dass bei den meisten Führungskräften, wenn überhaupt, nur einzelne dieser Eigenschaften stark ausgeprägt sind. Eine Reihung der Eigenschaften oder deren Gewichtung konnte bislang nicht erreicht werden.

Empirie

Jenseits von psychologischen Laborbedingungen wird es nicht möglich sein, das Vorhandensein derartiger Eigenschaften zu messen. Alles was in der Unternehmensrealität bleibt, ist das Sammeln von wahrgenommenen Indikatorvariablen, die irgendwie auf einzelne Eigenschaften hindeuten könnten.

Führungsgenese

Solche Eigenschaftslisten lassen die Führungsgenese unbeachtet. So entsteht Führungserfolg immer auch durch Prägung, Ausbildung, Erfahrungen sowie Vorbilder. Diese schaffen individuelle Führungsvoraussetzungen. Muss Durchsetzungsstärke also „mitgebracht" werden und somit als Eigenschaft vorhanden sein oder wird sie, zumindest zu einem Teil, durch die Führungsverantwortung geübt oder sogar erst erlernt? Umgangssprachlich sagt man: „Die Würde kommt mit dem Amt".

Führungsausübung

Darüber hinaus unterscheiden sich die Kontexte der Führungsausübung stark. Hierarchieebenen, Unternehmenskultur, -alter, -strategien oder Branchen führen zu gänzlich unterschiedlichen Situationen. Zudem muss berücksichtigt werden, dass auch Organisationsstrukturen, das organisatorische Lernen oder die gesamte strukturelle Führung Einfluss auf das Mitarbeiterhandeln ausüben. Entsprechend wird sich auch erfolgreiche Führung massiv unterscheiden. Von einem einheitlichen Kanon an Eigenschaften auszugehen, erscheint dann als fraglich.

Diese Erläuterung soll die Relevanz von Persönlichkeit und anderen individuellen Eigenschaften nicht in Abrede stellen. Erkennen höhere Führungskräfte oder Unternehmer Defizite beispielsweise bei sozialen Interaktionen, so werden sie selbstverständlich und zu Recht diese Erkenntnis für personalpolitische Entscheidungen verwenden. Aufgrund der empirischen Probleme der „born-Hypothese" sowie der Vielfalt und der unterschiedlichen situativen Bedingungen von Führungssituationen rückt die **Führungsgenese** in den Vordergrund.

Die Führungsgenese hat ihren Hintergrund in persönlichen Eigenschaften sowie in Vorbildern, Erfahrungen und Qualifikationen. Diese betten die interaktionelle sowie die strukturelle Führung ein. Jede Führungskraft ist beiden Führungsarten ausgesetzt und wendet sie zugleich auch an. Hinzu treten die organisatorische Gestaltung sowie emergente Phänomene, die unweigerlich prägend wirken und die zugleich für jede Führungskraft einen Rahmen darstellen. Zu emergenten Phänomenen zählen Entscheidungsphänomene und vor allem die Unternehmenskultur. Die so angedeutete Führungsgenese trägt erheblich zur individuellen Führungsqualifikation bei.

Erfolgreiche Beeinflussung im Sinne von Führung baut demnach auf vielmehr Punkten auf und beschränkt sich eben nicht lediglich auf die benannten persönlichen Eigenschaften. Die Einflüsse sind von so großer Vielfalt, dass von einer Einzigartigkeit jeder Führungssituation gesprochen werden kann. Dies lässt dann auch einzelne Eigenschaften in ihrer relativen Bedeutung sinken und wirft folgende Fragen auf: Wie stehen die spezifischen Führungseigenschaften zu geteilten Werten und Normen (s. Kap. 9), zur Flexibilität in einer Matrixorganisation (s. Kap. 6), zu sehr direktiven Ansprachen von Mitarbeitern in mancher funktionaler Organisation (s. Kap. 6) oder der Notwendigkeit einer sogenannten transformationalen Führung (s. Abschn. 3.3.3)?

Die „**born-or-made-Debatte**" ist demnach eine künstliche Gegenüberstellung und wird damit falsch geführt. Selbstverständlich kann man auf keine der beiden Argumentationsstränge verzichten. Aufgrund der Schwierigkeiten der Traits-School wird diese hier aber nicht weiterverfolgt. Es wird sich zeigen, dass ein passender situativer Umgang mit Führungssituationen auch Führungskräfte bestehen lässt, die nicht über die benannte herausragende, persönliche Ausstattung mit Eigenschaften verfügen.

3.2.3 Worin liegen Voraussetzungen interaktioneller Führung: Abhängigkeiten und Macht

Die Voraussetzung von interaktioneller Führung ist Macht. Nur dann besteht eine reale Möglichkeit zur Beeinflussung anderer. Dies baut immer auf einer Form von Abhängigkeit auf, aus der erst eine Beeinflussungsmöglichkeit resultieren kann. Letztere entstehen beispielsweise durch formale Legitimation oder durch informelle Zusammenhänge innerhalb eines Unternehmens. Es gilt die folgende Definition (Weber 1976, S. 28).

▶ **Macht** Macht ist jede Chance, innerhalb einer sozialen Beziehung den eigenen Willen auch gegen Widerstreben durchzusetzen. Zentral ist hierfür die aus einer sozialen Beziehung entstehende Abhängigkeit.

Seit French und Raven (1959) ist die Unterscheidung in fünf Arten von Abhängigkeiten und damit auch von Macht üblich. Abhängigkeiten beschreiben das Beziehungsgefüge von Individuen innerhalb von Unternehmen. Daraus resultieren Machtasymmetrien und **Formen der Macht**. Die folgende Illustration 3.3 skizziert die Machtformen anhand der Serie „Suits".

Illustration 3.3 Machtformen anhand der Serie „Suits"

Die preisgekrönte Anwaltsserie „Suits" stellt beispielhaft ein fiktives Beispiel für die unterschiedlichen Machtformen dar, denn unter den offiziell organisatorischen Machtgefällen wird schnell deutlich, dass diese nur augenscheinlich existieren und vielmehr unterschwellig stärkere Abhängigkeiten bestehen.

1. Als Leiterin der Anwaltskanzlei befindet sich „Jessica Pearson" auf der hierarchisch höchsten Position in der Kanzlei. Beispielsweise hat sie die Macht, ihre unterstellten Seniorpartner zu überstimmen und damit die finale Entscheidung zu treffen. Eine solche Ausübung von Macht kann als „Macht durch Legitimation" bezeichnet werden.
2. „Louis Litt" ist, hierarchisch betrachtet, der Rolle von Harvey Specter gleichgestellt. Daher kann Louis seine Vorstellungen nicht immer durchbringen, sobald eine der beschriebenen Personen sein Veto einbringt. Dahingehend greift Louis häufig zu Drohungen und Erpressungen, um seine Interessen durchzusetzen. Diese Form der Machtausübung durch potenzielle Sanktionierungen wird „Macht durch Drohung" genannt.
3. Der charismatische „Harvey Specter" befindet sich häufig in Situationen, in denen er versucht, Mandanten im Sinne seiner Vorstellungen umzustimmen oder Richter von seiner Position zu überzeugen. Er setzt dabei auf seinen Charme und die ihm entgegengebrachten Sympathien. Dies ist charakteristisch für „referentielle Macht".
4. Zugang zu besonderen Kompetenzen und Informationen und damit eine essenzielle „Expertenmacht" hat Harveys persönliche Assistentin „Donna Roberta Paulsen" inne. Durch Informationen aus ihrem großen und weit verzweigten informellen Netzwerk werden ganze Prozesse gewonnen. Sie stellt daher eine Schlüsselfigur mit Expertenwissen dar. ◄

Legitimationsmacht
Macht durch Legitimation ist durch eine hierarchisch definierte, höhere Position gekennzeichnet. Diese Machtform beschreibt ein Abhängigkeitsgefüge, das in seiner Begründung Willkür entbehrt und eine justiziable Ordnung darstellt. Max Weber (1976, S. 124) führte dazu den Begriff der „rational-legalen Herrschaft" ein. Das heißt, Macht wird arbeitsvertraglich und durch ganz unterschiedliche Gesetzesnormen sowie durch unternehmensinterne Regeln, Vorschriften und Verfahren legitimiert und gültig. Eine Person kann diese Machtform nur dann ausüben, wenn die anerkannten rechtlichen Schritte befolgt werden. Festlegung von Arbeitsverträgen oder übertragene Leitungsbefugnisse werden in der Regel von Mitarbeitern, zumindest in einem bestimmten Rahmen, dann nicht grundsätzlich hinterfragt. Macht entsteht in diesem Sinne dadurch, dass der Position und nicht der Person gefolgt wird.

In aller Regel ist eine derartige Machtform für **Führungskräfte nicht hinreichend**. Der bloße Verweis auf die eigene Position wird leicht als Schwäche ausgelegt. Zudem ist Macht durch Legitimation ausschließlich formal definiert. Entsprechend können unterschiedliche Lösungsideen, bis hin zu offenen Konflikten nur im bestehenden formalen Rahmen behandelt werden. Entsprechend differiert der Umgang mit Legitimationsmacht stark. Unternehmen mit flacher Hierarchie und großem Vertrauen in die Wirksamkeit ihrer motivierten und stark gebundenen Mitarbeiter legen regelmäßig keinen besonderen Wert auf Hierarchie und Legitimationsmacht. Das Gegenteil sind beispielsweise militärische Einrichtungen oder Unternehmen in stabilen, stark strukturierten Geschäftsfeldern und mit einer deutlichen, vertikalen Differenzierung der Hierarchieebenen.

Belohnungsmacht
Belohnungsmacht leitet sich von der Möglichkeit ab, Positives – beispielsweise Lob, Beurteilung oder Inaussichtstellung von Perspektiven – zu gewähren oder Mitarbeiter vor negativen Entwicklungen zu schützen. Derartige Möglichkeiten bestehen nicht nur für Vorgesetzte, sondern auch für Gleichgestellte, beispielsweise durch Feedback, Lob, weiterführende Informationen oder Kontaktanbahnungen. Machtpositionen entstehen dann im Vergleich zur Legitimationsmacht unvorhergesehen und versteckt.

Macht durch Drohung
Macht durch Drohung kennzeichnet den Einsatz von Bestrafungen oder zumindest den glaubhaften Einsatz entsprechender Machtpotenziale. Die Verknüpfung mit Legitimationsmacht ist leicht ersichtlich. Darüber hinaus erstreckt sich die Drohmacht beispielsweise auch auf gleichgestellte Mitarbeiter. So entwickeln kohäsive Arbeitsgruppen oft Produktivitätsnormen. Mitarbeiter, die eine höhere, individuelle Leistung anstreben, lösen dann rasch ein Missfallen aus. Damit geht mitunter sogar die Androhung einer Bestrafung von anderen Gruppenmitgliedern einher.

Ein deutliches Risikopotenzial besitzt Drohmacht für Führungskräfte. Werden Drohungen ausgesprochen, muss auch eine umfängliche Bereitschaft und Kompetenz zur Umsetzung existieren. Nicht sanktionierte Drohungen führen zu einem Verlust der Glaubwürdigkeit einer Führungskraft und leisten einen Beitrag zur Umkehrung des Machtgefälles. Darüber hinaus ist die Lenkung von Handlungen durch Drohungen ineffektiv, da die Anwendung von Zwang in der Regel einen hohen Widerstand bei den Rezipienten auslösen kann.

Referenzielle Macht
Referenzielle Macht beruht auf Sympathie, Bewunderung, Achtung und generell auf der Ausstrahlung einzelner Personen. Die entstehende Abhängigkeit ist trotz ihres informellen und nicht auf Belohnungen oder Drohungen beruhenden Charakters häufig stark. Referentielle Macht ist wohl die umfänglichste Quelle von Macht, da sie durch eine Identifikation mit einer gemochten Person entsteht und potenziell von jedem Stakeholder ausgeübt werden kann. Beispielsweise kann ein stets freundlicher Mitarbeiter, jenseits von legitimierter Macht, Einfluss auf andere Mitarbeiter ausüben, indem er sie um einen bestimmten Gefallen bittet.

Des Weiteren kann referenzielle Macht durch bestimmte Persönlichkeitswirkungen weiter manifestiert werden. Daher wird der Begriff der referenziellen Macht auch als **charismatische Macht** bezeichnet. Die organisatorischen Auswirkungen dieser Form des Führungsverhaltens sind hinsichtlich der Mitarbeiterperformanz auf Individual- sowie auf

Gruppenebene metaanalytisch evident (DeGroot et al. 2000). Damit wird, jenseits von Sympathie zu einer Person, eine besondere Qualität einer bestimmten Persönlichkeitswirkung unterstrichen. So definiert Max Weber (1976, S. 124) Charisma als außergewöhnliche, außeralltägliche und vorbildlich geltende Qualität einer Persönlichkeit, die nicht jedem inhärent ist. Durch diese Qualität wird einer Person eher ein Führungsanspruch zugeschrieben. Personen, die einer anderen Person ein besonderes Charisma zuschreiben, begeben sich so in eine starke Abhängigkeit. Dies eröffnet ein Machtgefälle und eine enorm große Indifferenzzone (s. Kap. 2), in der Personen bereit sind, einer Führungspersönlichkeit zu folgen.

Expertenmacht
Expertenmacht setzt sich aus besonderen Kompetenzen und dem Zugang zu Informationen zusammen. Derartige Experten kennzeichnet eine besondere Beständigkeit, da sie durch eine erworbene Expertise in einem relevanten Spezialbereich nur schwer ersetzbar sind. Ihr Fehlen würde eine substanzielle Lücke reißen, die nur unter hohem Aufwand und allenfalls mittelfristig geschlossen werden kann. Zu grundlegend sind solche Experten für die Lieferung spezifischer Informationen und deren Bewertung. Gute Beispiele sind Computerspezialisten, die die Entwicklung und Anpassung von Software verantworten, Juristen, die mit komplexen Vertragsverflechtungen vertraut sind oder auch Sekretariate, die informelle Beziehungen seit Langem überblicken und einschätzen können.

Auch wenn der Begriff „Macht" meistens „top-down" verstanden wird, so zeichnen diese Ausführungen ein anderes Bild. Viele Führungssituationen sind durch asymmetrische Beeinflussungsmöglichkeiten gekennzeichnet. Das heißt, es ist vermutlich die Ausnahme, dass eine Führungskraft alle Beeinflussungsmöglichkeiten auf sich vereint. Zu führende Mitarbeiter werden zudem oft durch mehrere Personen eine Beeinflussung verspüren oder erfahren. Darüber hinaus weisen die Ausführungen darauf hin, dass individuelle Werte, Haltungen und Motivationen als Beeinflussung wirken können.

3.2.4 Was tun Führungskräfte?

3.2.4.1 Überblick
Lassen sich Tätigkeiten auflisten, die typisch für Führungskräfte sind? Dies ist nicht nur generell interessant, sondern schafft auch einen Referenzrahmen zur Analyse von Führungssituationen.

Im Folgenden sollen drei unterschiedliche Zugänge einen Einblick in alltägliche Führungstätigkeiten geben:

- Management-Rollen nach Mintzberg
- Agenda-Setzung nach Kotter
- Management-Aktivitäten nach Luthans, Hodgetts & Rosenkranz

3.2.4.2 Management-Rollen nach Mintzberg

In einer Studie zur Beschreibung von Managertätigkeiten identifizierte Mintzberg (1973) zehn Management-Rollen. Diese teilte er in drei Kategorien ein: Interpersonalitäts-, Informations- und Entscheidungs-Rollen (Johns und Saks 2017; Mintzberg 1973; Weibler 2016).

Interpersonalitäts-Rollen

Interpersonalitäts-Rollen erfassen den Aufbau sowie die Aufrechterhaltung von zwischenmenschlichen Beziehungen. Dazu gehören (Mintzberg 1973; Weibler 2016):

- Galionsfigur: Eine Führungskraft fungiert als symbolischer Kopf des Unternehmens oder einer Abteilung und repräsentiert diese bei förmlichen oder sozialen Belangen. Das Rollenspektrum reicht dann von Auftritten über die Abteilungs- bzw. Unternehmensgrenzen hinaus bis hin zu Jubiläumsreden.
- Vorgesetzter: Diese Rolle umfasst Personalauswahl, -einsatz, Führung und Incentivierung bis hin zur Ausführung von Disziplinarmaßnahmen.
- Vernetzer: Den zentralen Aspekt bei dieser Rolle spielen der Aufbau und die Pflege interner sowie externer Kontakte formeller oder informeller Art.

Informations-Rollen

Informations-Rollen richten sich auf den Empfang, die Verarbeitung sowie die Vermittlung von Berichten über aktuelle Entwicklungen. Dadurch erfahren Mitarbeiter relevante Hintergründe und Interpretationen (Johns und Saks 2017; Mintzberg 1973). Dies erfordert die Übernahme von drei Rollen:

- Radarschirm: In dieser Rolle sammelt eine Führungskraft sämtliche Informationen aus unternehmensinterner und -externer Umwelt, um sich selbst, sowie die Mitarbeiter, bezüglich Trends und neuer Ideen auf dem Laufenden zu halten.
- Sender: Die Senderrolle impliziert die Interpretation und Weitergabe relevanter Informationen an die Mitarbeiter.
- Sprecher: Die Sprecherrolle umfasst insbesondere die Vertretung der Abteilung oder des Unternehmens gegenüber der Außenwelt, beispielsweise durch Berichte zu Entwicklungen und Herausforderungen oder durch Pressemitteilungen.

Entscheidungs-Rollen

Die dritte Kategorie richtet sich auf Entscheidungs-Rollen. Es ist jenes Rollenbündel, an das man im Zusammenhang mit Führungskräften als erstes denkt. So sind in ganz unterschiedlichen Situationen formal verbindliche Entscheidungen zu treffen. Diese schaffen den Hintergrund, vor dem Abteilungen und Unternehmen ihre Ziele angehen. Es sind vier Rollen, die sich darauf richten (Mintzberg 1973; Weber 1972, S. 149):

3.2 Grundfragen der interaktionellen Führung

- Innovator: Diese Rolle impliziert die Abwägung von Chancen und Risiken zur Herbeiführung innovativer Veränderungen. Es ist eine Rolle, die an allen Moderatoren des Wertschöpfungsprozesses ansetzt und neue Orientierungen leisten soll.
- Problemlöser: Kernaktivitäten dieser Rolle sind Schlichtung von Konflikten und Beseitigung unerwarteter Probleme und Störungen.
- Ressourcenzuteiler: Angesprochen ist die Zuweisung von Ressourcen. Dazu zählen vor allem Zeit, Autonomie und Entscheidungskompetenzen. Diese Ressourcenzuteilung obliegt – wenn auch in unterschiedlichen Grenzen – allen Führungskräften. In allen Abteilungen und Unternehmen wird es hinsichtlich der Ressourcenverteilung deutliche Unterschiede geben.
- Verhandlungsführer: Führungskräfte treten als Verhandlungsführer gegenüber Externen auf.

Die Auflistung dieser plausiblen Rollen trägt eine normative Aussage in sich. So sind die Annahme und Umsetzung dieser Rollen durch Führungskräfte unverzichtbar. Dies lässt sich so eindeutig formulieren, da diese Rollen Bedürfnisse und Erwartungen adressieren und zugleich deren Handlungshintergrund schaffen. Die Erfüllung dieser Rollen gibt Mitarbeitern Sicherheit, das Gefühl einer Einbindung sowie den Glauben einer guten Entwicklung der eigenen Abteilung und damit der Entwicklung von individuellen Perspektiven. Zum anderen speisen sich einige Rollen aus der **arbeitsteiligen Struktur** von Unternehmen. Der Kern von Führung – die Formung und Verknüpfung von Handlungssequenzen – erfährt ihre Umsetzung genau durch diese zehn Führungsrollen.

Eine Gefährdung der Umsetzung besteht allerdings in der **Forderung** von Führungskräften **nach Authentizität**. So ist es keineswegs jedermanns Sache, „nach vorne in das Zentrum zu gehen", Reden zu halten, Begrüßungen durchzuführen, Beratungs- und Kritikgespräche zu führen oder ein innerorganisatorisches Netzwerk aufzubauen. Folgte man konsequent dem Authentizitätsgedanken, so könnte man auch pointiert formulieren, „Teile dieser Führungsrollen sind meine Sache nicht". Dies begründete dann eine Haltung, die eine gewisse Beliebigkeit als Führungskraft zur Folge hätte. Eine derartige Haltung reduzierte die Breite der Führungsrollen und würde den Führungsanforderungen nicht mehr entsprechen. Nimmt eine Führungskraft die Führungsrollen nicht wahr, dann lösen sich die entsprechenden Themen auf andere Weise oder werden von anderen Personen gelöst.

Zudem ist hier die Erkenntnis aus dem vorherigen Abschnitt wichtig, dass Führungsvoraussetzungen eine Genese durchlaufen. Genauso ist die Übernahme der Führungsrollen nicht angeboren, sie sind vermutlich zu einem großen Teil das Ergebnis einer Entwicklung. Entsprechend liegt die Überzeugung vor, dass diese Führungsrollen – zumindest bis zu einem gewissen Grad – erlernt werden können. Wichtig ist – und das ist hier die Kernaussage –, dass diese Führungsrollen von dazu aufgeforderten Personen angenommen werden.

3.2.4.3 Agenda-Setzung nach Kotter

Der Ansatz der Agenda-Setzung basiert auf einer Studie von John Kotter (1982), in der er das Handeln von 15 erfolgreichen Führungskräften beobachtete und auswertete. Er fand heraus, dass zwei grundlegende Herausforderungen und Dilemmata für das Verhalten der Führungskräfte existieren: (1) Was tun Führungskräfte trotz Unsicherheit, Ambiguität und Informationsüberlastung? (2) Wie kommen sie zum Ziel, trotz der Abhängigkeit zu anderen Personen und keiner Möglichkeit, Einfluss auf diese zu nehmen?

Als Antwort auf diese Herausforderungen formulierte Kotter folgende drei Kategorien: Agenda-Setzung, Networking und Agenda-Implementierung (Bowditch et al. 2007; Johns und Saks 2017; Kotter 1982; Weibler 2016).

Agenda-Setzung

Alle Führungskräfte dieser Kategorie verfassten eine ausführliche Agenda darüber, was sie in dem Unternehmen erreichen wollen. Einige taten dies sogar, bevor sie die Führungsposition erreichten. In der Regel handelt es sich bei der Agenda um eine informelle Schrift. Diese beschäftigt sich mit Werten, Haltungen oder Motivation und ist weniger numerisch als die meisten strategischen Planungsvorhaben.

Networking

Formelle und informelle Informationskanäle innerhalb und außerhalb des Unternehmens spielen eine große Rolle für die Entwicklung einer validen Agenda. Zu den Schlüsselpersonen zählen beispielsweise eigene Kollegen, Mitarbeiter und Vorgesetzte sowie die Mitarbeiter und Vorgesetzten der Kollegen. Zu den Schlüsselpersonen außerhalb des Unternehmens zählen Kunden, Lieferanten, Konkurrenten, Regierungsvertreter und die Presse. Das Netzwerk versorgt die Führungskräfte mit Informationen und verhilft zu kooperativen Beziehungen, welche wiederum wichtig für die Entwicklung der Agenda sind (Johns und Saks 2017, S. 16; Kotter 1982).

Agenda-Implementierung

Nach erfolgter Agenda-Setzung und dem Networking fokussieren sich die Führungsaktivitäten darauf, das Netzwerk zu nutzen, um die Agenda zu implementieren. Grundlegend hierfür sind die interpersonellen Fähigkeiten der Führungskräfte, monetäre Ressourcen sowie die Informationsbasis und die Fähigkeit, Menschen durch symbolische Kommunikation auf direktem oder indirektem Wege zu beeinflussen. In der Regel muss das ganze Netzwerk in Anspruch genommen werden, um die Agenda zu implementieren (Bowditch et al. 2007; Kotter 1982).

Eine wichtige Erkenntnis der Studie ist der hohe Grad an informeller Interaktion und Auseinandersetzung mit Anliegen anderer, die für die Führungskräfte notwendig waren, um die Agenda zu erreichen. Die Schlüsselaktivitäten der Führungskräfte sind demnach solche, die die Agenda-Setzung und die Bildung des Netzwerks unterstützen.

3.2.4.4 Führungsaktivitäten nach Luthans, Hodgetts & Rosenkranz

Basierend auf den Erkenntnissen von Mintzberg und Kotter führten Luthans et al. (1988) eine weiterreichende Studie zu Managerverhalten in vielen unterschiedlichen Unternehmen durch.

Ausgehend von 12 deskriptiven Kategorien, die aus den Beobachtungen abgeleitet werden konnten, fassten die Autoren vier übergeordnete Führungsaktivitäten zusammen (Johns und Saks 2017; Luthans 1988; Weibler 2016):

1. **Routine-Kommunikation** impliziert das formale Senden und Empfangen von Informationen, sowie administrative Aufgaben wie Telefonauskünfte, Verfassen von Berichten und Buchhaltung.
2. Die zentralen Aufgaben des **traditionellen Managements** bestehen aus Planung, Entscheidungsfindung und Controlling. Beispiele hierfür sind Zielsetzung, Definieren von Aufgaben zur Zielerreichung, Führung und Instruktion der Mitarbeiter.
3. Das **Networking** umfasst die Interaktion und den informellen Austausch, sowie das Knüpfen sozialer Kontakte außerhalb des Unternehmens.
4. Das **Humanressourcen-Management** umfasst die Motivation von Mitarbeitern, Disziplinarmaßnahmen, Konfliktmanagement, Personalrecruiting sowie Personalentwicklung.

Danach zielt die Studie auf Tätigkeiten, die Karriereerfolg auf der einen Seite sowie Führungserfolg im Unternehmensinteresse auf der anderen Seite unterstützen. Karriereerfolg wurde dabei als die Schnelligkeit der Beförderung innerhalb eines Unternehmens definiert. Führungserfolg kennzeichnet ein quantitativ und qualitativ hoher Leistungsstandard der Führungskraft und ihrer Abteilung. Die Ergebnisse der Untersuchungen zeigten die folgenden Ergebnisse:

- Networking hat den größten Effekt auf Karriereerfolg.
- Humanressourcen-Management leistet den geringsten Beitrag zum Karriereerfolg.
- Den größten Einfluss auf den Führungserfolg haben die Kommunikation sowie die Aktivitäten des Humanressourcen-Managements.

In anderen Worten heißt dies nichts anderes, als dass „karriereerfolgreiche" Führungskräfte nicht zwangsläufig denselben Aktivitäten nachgehen wie hinsichtlich des Führungserfolges überlegene Führungskräfte. Die Aktivitäten sind teilweise sogar gegenläufig.

Nachdem die Frage „Was tun Führungskräfte?", behandelt wurde und Führungsaktivitäten vorgestellt wurden, widmet sich der nächste Abschnitt der Frage „Was Führungskräfte tun sollten"? Dabei werden ausgewählte Führungstheorien diskutiert.

3.3 Führungstheorien

3.3.1 Führung als Beeinflussung des Handelns

3.3.1.1 Führungsstile: Konsideration und Initiierung von Strukturen

Bei der Frage, wie Führungskräfte Einfluss auf das Handeln von Mitarbeitern ausüben, treten unweigerlich Führungsstile in das Zentrum. Viele Menschen setzen Führung dann sogar gleich mit Führungsstilen. Es gilt die folgende Definition.

▶ **Führungsstil** Ein Führungsstil beschreibt die Art und Weise, wie Führungskräfte mit ihren Mitarbeitern interagieren.

Als Ausgangspunkt ist „Konsideration" und „Initiierung von Strukturen" ein relevantes Begriffspaar. Es beschreibt zwei unterschiedliche Wege einer Führungskraft, Einfluss auszuüben. Konsideration betont einen freundlichen, wertschätzenden, respektvollen und unterstützenden Führungsstil. Die Initiierung von Strukturen hingegen umfasst klare Definitionen von Aufgaben- und Rollenerwartungen, die Betonung von Standards und Prozeduren, regelmäßige Fortschritts- und Ergebniskontrollen sowie verlässliche Terminierungen.

Mit beiden Führungsstilen sind positive Wirkungen verbunden (Johns und Saks 2017, S. 325). Dabei scheint Konsideration einen stärkeren Effekt auf Arbeitszufriedenheit und Zufriedenheit mit dem Vorgesetzten, Motivation und Führungseffektivität zu haben. Die Initiierung von Strukturen hingegen hat einen geringfügig stärkeren Effekt auf die Performanz der Mitarbeiter und auf Gruppenleistungen. Wie wichtig die Konsideration und die Initiierung von Strukturen tatsächlich ist, hängt dabei von der Führungssituation und insbesondere von den Aufgabencharakteristika, den Mitarbeitereigenschaften und der Arbeitsumgebung ab.

Die positive Einschätzung beider Führungsstile ist nicht erstaunlich, da diese Typologie augenscheinlich sehr grundlegend ist. So können Führungskräfte gar nicht viel anderes tun, als sich Mitarbeitern oder Aufgaben mehr oder weniger intensiv zuzuwenden. Daraus folgt die Frage: Lassen sich beide Führungsstile kombinieren? Studien zeigen, dass die Führungsstile zumindest nicht inkompatibel sind (Judge et al. 2004). Einen Umgang mit der Kombination schlägt das bekannte Führungsmodell „**Managerial Grid**" von Blake und Mouton (1964) vor. Es beschreibt den Versuch, beide Führungsstile gleichzeitig zu erreichen (s. Abb. 3.3). Das Managerial Grid besagt, dass der optimale Führungsstil mit einer möglichst umfänglichen Erfüllung beider Führungsstile einhergeht. Dies entspricht dem Quadranten 9.9., wo hohes Leistungsstreben bei gleichzeitig starker Berücksichtigung der Mitarbeiterbelange zu verorten ist.

Die Umsetzung des 9.9.-Führungsstils gestaltet sich jedoch als schwierig. So zeigt ein Blick in die Unternehmenspraxis, dass Führungskräfte oftmals schon genug Schwierigkeiten haben, auch nur einen der beiden Führungsstile mit einer gewissen Souveränität und Nachdruck umzusetzen. Dies ist gar nicht so erstaunlich, da hierfür

3.3 Führungstheorien

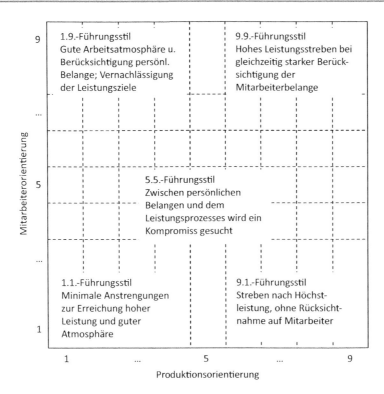

Abb. 3.3 Managerial Grid (s. ähnlich Blake und Mouton 1964)

jeweils ganz unterschiedliche persönliche Voraussetzungen, Werte und Einstellungen erforderlich sind. Würde eine Führungskraft einen nicht von ihr als bewährt eingestuften Führungsstil versuchen umzusetzen, so tritt rasch eine Verunsicherung und Unglaubwürdigkeit auf.

Einen substanzielleren Einblick in die beiden Führungsstile erhält man durch die Analyse unterschiedlicher Kombinationsmöglichkeiten und den damit einhergehenden Übertragungsmöglichkeiten auf reale Situationen. Die Abb. 3.4 setzt die beiden Führungsstile in unterschiedlicher Form in Bezug zueinander.

Die drei Skizzen bergen konkrete Aussagen zum Umgang mit den beiden Führungsstilalternativen:

1. Wähle jenen polaren Führungsstil, der von einer Führungskraft in einer bestimmten Situation umgesetzt werden kann.
2. Optimiere jeden Führungsstil unabhängig vom jeweils anderen.
3. Optimiere die Führungsstilkombination vor dem Hintergrund der Befähigung von Führungskräften auf der einen Seite und Bedingungen – Persönlichkeit, geteilte Werte, Haltungen, Motivation, organisatorische Strukturen oder Unternehmenskultur – auf der anderen Seite.

Abb. 3.4 Bezüge von Konsideration und Initiierung von Strukturen

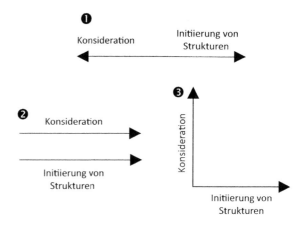

Lassen sich, wie in Skizze ❶ angedeutet, Konsideration und Initiierung von Strukturen als bipolares **Kontinuum** verstehen? Dies wäre nicht sinnvoll, da der Wegfall von beispielsweise Konsideration nicht automatisch ein gleich starkes Aufleben der Initiierung von Strukturen zeitigt. Die Logik eines Kontinuums passt nicht, denn beiden Führungsstilen liegt aktives Führungshandeln zugrunde und eben kein automatischer Ausgleich. Zudem würde ein Kontinuum bedeuten, dass die Vorteilhaftigkeit eines Führungsstiles die Verdrängung des anderen bedeutete und es würde sich hiernach ein Optimierungsproblem ergeben, eine bestmögliche Platzierung auf dem Kontinuum zu erreichen. Offensichtlich spricht einiges für eine andere Anwendung beider Führungsstile, denn warum sollte nicht eine Konsideration durch Strukturen unterstützbar sein?

Skizze ❷ plädiert für eine völlige Unabhängigkeit der beiden Führungsstile. Führt man sich jedoch die Idee einer isolierten Optimierung vor Augen, so stößt man rasch an Grenzen. Beide Führungsstile basieren auf jeweils anderen Grundideen. So erschwert eine deutliche Aufgabenorientierung und eine damit einhergehende Initiierung von Strukturierung in vielen Fällen die Konsideration von individuellen Situationen. Entsprechend liegt es nahe, keine isolierte Optimierbarkeit der Führungsstile zu unterstellen.

Skizze ❸ kommt der Realität am nächsten. Sie rückt die Zusammenschau der beiden Führungsstile in das Zentrum. Es sind dabei unterschiedliche Kombinationen und wechselseitige Beeinflussungen, die zu einem situativ passenden Führungsstil führen. Durch diese wechselseitige Bezugnahme gestaltet sich ein erfolgversprechender Führungsstil als Funktion (s. Gl. 3.1).

$$\textit{Führungsstil} = f\left(\textit{Konsideration, initiierung von Struktur, Situation}\right) \quad (3.1)$$

Das heißt, je nach Situation – bestehend aus Handlungsvermögen, -bereitschaften und -potenzialen sowie Kultur, Organisationsstruktur und anderem mehr – resultiert eine spezifische und erfolgversprechende Kombination der Führungsstile.

Insgesamt vereint die Funktion in Skizze ❸ die meisten Argumente für sich. Führungsstile werden sich nicht umfänglich behindern und sich auch nicht vollends unterstützen. Die **Funktion** lässt viel Offenheit zu und bindet bewusst ganz unterschiedliche Situationsbedingungen ein. So wird es Situationen geben, in denen eine Initiierung von Strukturen aufgrund von bestehenden Routinen, motivierender Aufgabengestaltung (s. Job Characteristics Model, Kap. 4) oder ausgeprägter Persönlichkeitsmerkmale – etwa Gewissenhaftigkeit – keine primäre Rolle zukommt. Zudem kann die Notwendigkeit einer Konsideration durch Haltungen, wie ausgeprägte Arbeitszufriedenheit und organisatorische Selbstbindung, durch Kompetenzerleben, durch hohe Kollegialität und Autonomie (s. Selbstbestimmungstheorie der Motivation, Kap. 2) oder durch Introvertiertheit ebenfalls stark in den Hintergrund rücken.

Darüber hinaus wird das Zusammenspiel der beiden Führungsstile immer von **Konflikten und Widersprüchlichkeiten** geprägt sein. So gehen von beiden Führungsstilen unterschiedliche Erwartungen aus. Dies weist darauf hin, dass das Ziel „Leistung" bei beiden im Zentrum steht. Die beiden Führungsstile wollen jedoch über unterschiedliche Wege dorthin gelangen. Dabei handelt es sich um sogenannte Rollendilemmata. Sie treten häufig bei einer Kombination der beiden Führungsstile auf (Blessin und Wick 2014) und bestehen beispielsweise in den folgenden Punkten (s. Tab. 3.1).

Allerdings werden diese Rollendilemmata kaum in der beschriebenen Eindeutigkeit auftreten. Die Situationsbedingungen bergen viel Potenzial, um Widersprüchlichkeiten zu reduzieren oder sogar auszugleichen. Somit ist es die beschriebene Funktion, die zu einem passenden Verständnis führt. Führungsstile sollten daher nie isoliert von den anderen Management-Moderatoren betrachtet werden.

Tab. 3.1 Rollendilemata bei der Kombination beider Führungsstile

Gleichbehandlung vs. Eingehen auf den Einzelfall	Die Führungskraft möchte keine Bevorzugungen oder Vorrechte erteilen und als fair wahrgenommen werden. Gleichzeitig möchte sie rücksichtsvoll sein und gegebenen Besonderheiten des Einzelfalls Beachtung schenken.
Distanz (Sachlichkeit) vs. Nähe (Emotionalität)	Einerseits soll die Führungskraft-Mitarbeiter-Beziehung auf einer sachlichen Ebene stattfinden, weshalb hierarchische Überlegenheit und Statusbetonung signalisiert werden. Andererseits soll ein warmes Arbeitsklima geschaffen werden.
Fremdbestimmung vs. Selbstbestimmung	In bestimmten Situationen ist eine Reglementierung durch die Führungskraft unabdingbar. Lenkung, Strukturierung und Überwachung sind die Folgen. Gleichzeitig besteht das Ziel, mithilfe von Dezentralisierung die Autonomie und Entscheidungsspielräume der Mitarbeiter zu steigern und ihnen Entfaltungsmöglichkeiten zu bieten.
Zielorientierung vs. Verfahrensorientierung	Führungskräfte stehen oftmals vor der Entscheidung, dem Mitarbeiter lediglich eine Zielvorgabe zu machen und ihm somit die Ausgestaltung des zielführenden Weges zu überlassen, um zum Beispiel das Autonomieempfinden zu erhöhen. In anderen Fällen, zum Beispiel bei zeitlichen Engpässen, werden die Wege, die zum Ziel führen sollen, vorgegeben und kontrolliert.

3.3.1.2 Situative Theorie der Führung: Fiedlers Kontingenztheorie

Fiedlers (1967) Kontingenztheorie – im Sinne einer Ausrichtung auf existente Rahmenbedingungen – setzt sich ebenfalls mit Führungsstilen auseinander. Der Autor untersuchte den Zusammenhang von vermuteten Persönlichkeitsmerkmalen von Führungskräften und dem Führungserfolg. Die Argumentation setzt sich konkret aus einer situativen „Günstigkeit" von Führungssituationen und aus Persönlichkeitseigenschaften zusammen, die einen bestimmten Führungsstil bedingen.

Die **Günstigkeit** einer Führungssituation ist genau dann hoch, wenn (1) die Führungskraft-Mitarbeiter-Beziehung gut, (2) die Aufgabenstruktur hoch und (3) die Positionsmacht einer Führungskraft stark ausgeprägt ist. Letztere beschreibt das Ausmaß der innerorganisatorischen Weisungsbefugnisse einer Führungskraft. Je nach Ausprägung dieser Situationen sind ganz unterschiedliche Führungsstile passend (Fiedler 1967). Dies ist ein Gedanke, der oben bei der Diskussion von Konsideration und Initiierung von Strukturen zwar angesprochen, aber nicht expliziert wurde. Diese variierende Günstigkeit von Führungssituationen erfordert demnach jeweils andere Ausprägungen des Führungsstiles für den Führungserfolg.

Hinzu tritt ein weiterer, wesentlicher Gedanke: Fiedler (1967) geht davon aus, dass Führungsstile nicht frei wählbar, sondern durch **Persönlichkeitsmerkmale** determiniert sind. Der sogenannte Least Preferred Coworker-Test (LPC-Test) soll Hinweise auf die grundlegenden Führungsstilorientierungen von Führungskräften geben. Somit soll dieser Test die Fähigkeiten zur Initiierung von Struktur auf der einen Seite und Konsideration auf der anderen Seite als Persönlichkeitskonstante messen. Der Test ist einfach aufgebaut und beruht auf der Memorierung vorangegangener Führungssituationen. Illustration 3.4 stellt den LPC-Test vor.

Illustration 3.4 LPC-Test

Bitte erinnern Sie sich an jenen Mitarbeiter, mit dem Sie Ihre unangenehmste Führungssituation erlebten. „Unangenehm" bezieht sich dabei auf menschliches Verhalten, auf Produktivität oder soziale Normen.

Stufen Sie, ausgehend von dieser Erinnerung an den „least preferred coworker", die Führungssituation bitte bipolar ein: beispielsweise freundlich vs. düster, locker vs. angespannt, seriös vs. unseriös.

Wenn Sie relativ positive Bewertungen abgegeben haben, obwohl es sich um die schlechteste Führungssituation ihrer Karriere handelt– beispielsweise freundlich, locker, seriös –, dann kennzeichnet Sie ein hoher LPC-Wert. Entsprechend offenbarte sich eine Führungsstilorientierung – im Sinne eines Persönlichkeitsmerkmales – die stark mitarbeiterzentriert ist.

Bei einem niedrigen LPC-Wert gelten Sie als aufgabenorientiert (Fiedler 1967). ◄

Abb. 3.5 stellt die Kontingenztheorie der Führung in den wesentlichen Zusammenhängen vor. Die Beziehung zwischen Vorgesetztem und Mitarbeiter wird lediglich dichotom

3.3 Führungstheorien

situative Günstigkeit	gut							schlecht
Beziehung zu Mitarbeiter	gut				schlecht			
Aufgabenstruktur	strukturiert		un-strukturiert		strukturiert		un-strukturiert	
Positionsmacht	+	-	+	-	+	-	+	-
Führungssituationen	I	II	III	IV	V	VI	VII	VIII
Führungsstil	Aufgaben-orientierung				Beziehungs-orientierung			Aufg. orient.

Abb. 3.5 Fiedlers Kontingenztheorie (s. ähnlich Fiedler 1967)

in gut und schlecht eingeteilt. Die Aufgabenstruktur – von strukturiert bis unstrukturiert – unterteilt die Führungsbeziehungen weiter, wodurch mit der Hinzunahme der Positionsmacht – differenziert in stark und schwach – acht Führungssituationen resultieren. Diese unterscheiden sich hinsichtlich ihrer Günstigkeit. Aufgrund empirischer Studien und Plausibilitäten ordnete Fiedler (1967) diesen Feldern Führungsstilorientierungen zu. Durch die Führungsstilorientierung – ermittelt durch den LPC-Test – lassen sich letztlich für spezifische Situationen passende Führungskräfte bestimmen und somit die Effektivität steigern.

Die Abb. 3.5 zeigt, dass die Aufgabenorientierung – niedriger LPC-Wert – effektiv ist, wenn die Führungssituationen günstig oder sehr ungünstig sind. In besonders günstigen Führungssituationen führt eine Initiierung von Strukturen nicht zu einer Demotivation oder emotionalen Abwendung der Mitarbeiter. Laut Fiedler (1967) passt eine Initiierung von Strukturen demnach zu einer guten **Günstigkeitssituation** und soll die Bedingungen zu einer sehr hohen Leistung formen. Der besonders schlechten Günstigkeit liegt die Idee zugrunde, dass eine Aufgabenorientierung einen gewissen Druck entfaltet und dies die einzige Möglichkeit ist, in einer schlechten Führungssituation überhaupt Leistung zu erreichen.

Ein konsiderierender Führungsstil ist vornehmlich in der mittleren Günstigkeit angesiedelt. Aufgrund überwiegend ungünstiger Vorgesetzten/Mitarbeiterbeziehungen kommt hier vor allem eine Fokussierung von Mitarbeiterbelangen durch einen entsprechenden zugewandten Führungsstil infrage. Es eröffnet sich dann die Möglichkeit, nach und nach eine günstige Führungssituation zu etablieren. Dann wäre nach Fiedler (1967) allerdings eine andere aufgabenorientierte Führungskraft erforderlich. Dies ist die Konsequenz aus der Annahme von Fiedler, dass Persönlichkeitsmerkale Führungsstile determinieren.

Was lehrt die Kontingenztheorie der Führung?

- Es wird erstmals der Begriff der Kontingenz mit Führung und Führungsstilen in Verbindung gebracht. Vorher betrachtete man Führung lediglich aus der Perspektive von Eigenschaften und generalisiert gedachten Führungsstilen.

- Die Beschreibung der situativen Günstigkeit durch die Führungskraft-Geführten-Beziehung, Aufgabenstruktur und Positionsmacht ist ein Hinweis auf relevante Kontingenzen.
- Mit Blick auf die situative Günstigkeit resultieren gleich drei Ansatzpunkte für Verbesserungen: (1) Fortwährende Analyse der Günstigkeit von Führungssituationen, (2) Veränderung der Günstigkeit, beispielsweise durch Steigerung der Positionsmacht, der Klärung von Abläufen sowie durch Vorgesetztenschulungen zur Gestaltung interaktioneller Führung, (3) Einsatz von Führungskräften streng nach der Günstigkeit sowie der Führungsstilorientierung und der damit einhergehende konsequente Austausch von Führungskräften.

Trotz einer gewissen modelltheoretischen Stringenz lassen sich Fiedlers (1967) Argumente **empirisch nicht untermauern**. Zudem rückt er eine Messbarkeit von Führungsstilen in den Vordergrund, die mit der Berücksichtigung von anderen Kontingenzen – beispielsweise Organisationsstrukturen oder Unternehmenskultur – an deutlicher Relevanz verlieren würde. Darüber hinaus ist der LPC-Test eines der großen Mysterien der Führungsforschung (Johns und Saks 2017, S. 326–328). Da er sich nicht replizieren lässt, ist es fraglich, was er genau aussagt und ob er tatsächlich Führungskräften einen Führungsstil zuweisen kann. Ist dies nicht der Fall – und dafür spricht einiges –, so ist eine Grundannahme der Kontingenztheorie der Führung erschüttert. Sind darüber hinaus Führungskräfte in der Lage, ihren Führungsstil zu variieren, so müsste man nicht viel über die Führungssituation nachdenken. Aus der Kontingenztheorie kann man jedoch ableiten, dass unabhängig von dem Führungsstil weitere Einflussfaktoren existieren, die die Führungseffektivität beeinflussen.

3.3.1.3 Weg-/Ziel-Theorie der Führung

Die Weg-/Ziel-Theorie nach House und Mitchell (1975) und Evans (1970) baut auf der **Erwartungs-/Valenz-Theorie der Motivation** auf (s. Kap. 2). Diese erfährt eine führungstheoretische Wendung und soll dadurch fundierte Hinweise für den Einsatz von Führungsstilen bieten.

Die VIE-theoretische Sequenz von Erwartungen, Leistungsanstrengungen bzw. Unternehmensresultaten sowie deren instrumenteller Verknüpfung mit Mitarbeiterresultaten schafft die Grundlage. Die erste Erweiterung stellen **organisatorische Faktoren**, zum Beispiel der Grad der Formalisierung, die Aufgabenstruktur, die vorhandene Ambiguität oder die Funktionsfähigkeit der Arbeitsgruppe dar. Zudem werden **personenbezogene Faktoren**, wie die Einstellung der Arbeitszufriedenheit, Autonomiestreben, Kompetenzen, Erfahrungen oder Selbstwirksamkeit betrachtet. Bei den Faktoren handelt es sich um alle jene situativen Gegebenheiten, die Erwartungen und Einschätzungen von Instrumentalitäten formen. Die zweite Erweiterung folgt aus vier unterschiedlichen Führungsstilen. Diese sollen Mitarbeiter- sowie Unternehmensspezifika aufeinander abstimmen und hinsichtlich einer möglichst hohen Leistungsanstrengung formen. Sie sollen hohe Erwartungswahrscheinlichkeiten gangbar machen und instrumentelle Verknüpfungen zwischen

3.3 Führungstheorien

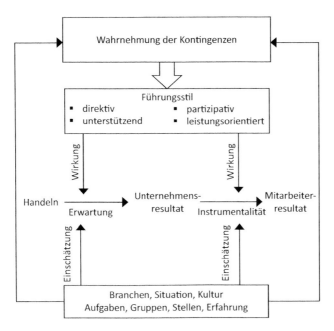

Abb. 3.6 Integratives Modell der Weg-/Ziel-Theorie der Führung

Unternehmens- und Mitarbeiterresultaten glaubhaft machen. Die Abb. 3.6 skizziert diese Zusammenhänge.

Hinsichtlich des Umgangs mit organisatorischen Faktoren resultieren allerdings Unterschiede zwischen der VIE-Theorie und der Weg-/Ziel-Theorie: Mitarbeiter nehmen diese automatisch wahr und lassen sie oft auch nur unbewusst in ihre Einschätzung von Erwartungswahrscheinlichkeiten sowie in ihre Instrumentalitäten einfließen. Bei Führungskräften ist das anders. Situationsbezogene Führung heißt hier, die Mitarbeitereinschätzungen durch passende Führungsstile bewusst zu adressieren und sogar zu antizipieren. Daher besteht für Führungskräfte im Rahmen der Weg-/Ziel-Theorie die Aufgabe, relevante Arbeitsergebnisse für Mitarbeiter zu identifizieren und mit zu den Unternehmenszielen passenden Anreizen zu belohnen. In der Konsequenz sollte der „Weg" zu diesen Zielen offenbar werden, wodurch Motivationspotenziale freigesetzt werden. Um auf die Vielfalt von Situationsbedingungen zu reagieren und Mitarbeiter zu motivieren, kommen nach House und Mitchell (1975) und Evans (1970) vier Führungsstile bzw. **Führungspersonen** infrage:

- **Direktive** Führungskräfte geben genaue Arbeitsanweisungen vor und legen Standards fest, formulieren Erwartungen und kontrollieren die Einhaltung von Regeln. Das Verhalten überschneidet sich mit der zuvor behandelten Initiierung von Strukturen.
- **Unterstützende** Führungskräfte sind freundlich und zugänglich und bemühen sich um ein angenehmes Arbeitsklima. Unterstützendes Verhalten ist deckungsgleich mit der Konsideration.

- Führungskräfte mit einem **leistungsorientierten** Führungsstil ermutigen die Mitarbeiter zur Erreichung höherer Ziele und streben immer ein hohes Leistungsniveau an. Leistungsorientierte Führungskräfte zeigen gegenüber den Mitarbeitern Zuversicht über die Zielerreichung.
- **Partizipative** Führungskräfte stehen den Mitarbeitern beratend zur Seite und diskutieren mögliche Entscheidungsalternativen gemeinsam aus.

Zusammenfassend erweist sich die **integrative Betrachtung** der Kontingenztheorie (Fiedler 1967), der Erwartungs-Valenz Theorie (Vroom 1964) und der Weg-/Ziel- Theorie (Evans 1970; House und Mitchell 1975) in Abb. 3.6 als weiterführend. Zwei zentrale Erkenntnisse sind zu nennen: Erstens wird eine Erweiterung der Kontingenztheorie auf eine breitere Faktorenebene deutlich, ohne dabei jedoch die Relevanz der fiedlerschen Kontingenzen aufzugeben. Vielmehr werden die Situationsvariablen in Form von individuellen Einschätzungen auf die Erwartungen und die Instrumentalitäten bezogen. Zweitens bestehen durch die Situationsvariablen Rückkopplungen auf die Wahrnehmung der Kontingenzen durch die Führungskräfte. Es ist daher entscheidend, dass diese Perzeptionen aktiv im Führungsverhalten berücksichtigt werden. Führungskräfte müssen bei der Anwendung der Führungsstile also stets die vielfältigen Kontingenzen antizipieren, um so die direkte Wirkung ihres Führungsverhaltens auf die Erwartungen sowie die Instrumentalitäten ihrer Mitarbeiter zu realisieren.

Der integrative Blickwinkel mittels der Weg-/Ziel-Theorie weist im Unterschied zu den „nackten Führungsstilen" sowie zu der Theorie von Fiedler (1967) kaum Einengungen auf. Führungskräfte werden als agierende und verantwortliche Personen gedacht und nicht nur auf einzelne Führungsstile reduziert. Auch die Breite der Einflussfaktoren ist sehr gut verträglich mit anderen Theoriesträngen, wie beispielsweise der strukturellen Führung, Organisationsstrukturen oder emergenten Phänomenen. Insgesamt steht somit der Austausch zwischen Mitarbeitern und Führungskräften im Zentrum. Dies erfährt im Folgenden eine Vertiefung.

3.3.2 Führung als Dyade: Leader-Member Exchange-Theorie

Die Leader-Member-Exchange-Theorie (LMX-Theorie) stellt die Frage nach der Stabilität sowie Qualität und damit nach der Wirksamkeit von Führungsbeziehungen. Dies unterscheidet sich gegenüber allen bisherigen Überlegungen zu Führungsstilen. So lag bislang immer die implizite Annahme zugrunde, dass ein spezifischer Führungsstil besonders gut zu einer Situation passe. Insofern sprechen einige Autoren auch vom „average leadership style" (Graen et al. 1982, S. 868). Dies wird an dieser Stelle um den Gedanken dyadischer und nicht konstanter Führungsbeziehungen erweitert. Es gilt die folgende Definition.

▶ **LMX-Theorie** Die LMX-Theorie charakterisiert Beziehungen zwischen Führungskräften und Mitarbeitern, die durch Handlungen und Erwartungen geprägt werden. Diese Beziehungen beruhen auf einer gewachsenen, dyadischen Struktur und sind einer fortwährenden Entwicklung unterworfen.

3.3 Führungstheorien

Der Mechanismus für diese LMX-Funktionsweise ist die soziale Austauschtheorie nach Blau (1964). Reziprozitätsnormen – Verhaltenserwartungen werden ausgetauscht – stabilisieren demnach die Dyade und machen Handlungen des Gegenübers erwartbar. Ihnen liegt eine Serie von Rollenepisoden, basierend auf der Rollentheorie nach Kahn et al. (1964), zugrunde. Deutlich wird dies bei der Betrachtung der LMX-Entwicklungsphasen nach Graen und Scandura (1987).

- So wird das **Role Taking** durch Erwartungen in initiierten Interaktionen seitens der Führungskraft geprägt. Diese eher einseitige Austauschbeziehung resultiert aus der Unsicherheit über das Verhalten des Mitarbeiters und reduziert sich in der folgenden Phase.
- **Role Making** besteht aus dem zunehmend reziproken und damit dyadischen Austausch von Verhaltenserwartungen.
- **Role Routinization** markiert den Übergang zur weiteren Stabilisierung der LMX-Beziehung.

Diese idealtypische Phasenabfolge mit ihren zugrunde liegenden Prozessen ist in Abb. 3.7 dargestellt.

So wird dem Mitarbeiter in der Role Taking Phase eine Aufgabe oder ein Aufgabenbündel zugewiesen. Die Führungskraft beobachtet die Reaktion des Mitarbeiters, die sich in unterschiedlichem Leistungsverhalten oder Nachverhandlungen äußern kann. Beide

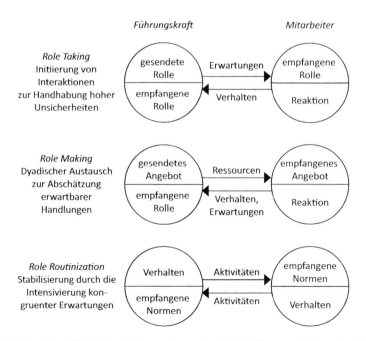

Abb. 3.7 Idealtypische LMX-Entwicklungsphasen (s. ähnlich Graen und Scandura 1987; Steinmann et al. 2013, S. 630)

Reaktionen dienen der Führungskraft als Leistungstest, um mit dem hohen Maß von Unsicherheit in der Beziehung umzugehen. In der Role Making Phase wird für die Führungskraft immer deutlicher, welches Anspruchsniveau der Mitarbeiter erfüllen kann und welche Aufgaben daher sinnvoll zuteilbar sind. Aufseiten des Mitarbeiters werden hingegen die an ihn gestellten Erwartungen klarer. Zudem rückt der gegenseitige Austausch in den Vordergrund, wodurch auch Aspekte wie individuelle Kommunikationsgepflogenheiten beidseitig einschätzbar werden. Die Ausprägung derartig stabiler Erwartungskongruenzen auf Grundlage nun bekannter Verhaltensnormen ist dann für die Role Routinization Phase prägend.

Im Laufe der drei Phasen erfolgt eine Zuordnung des Mitarbeiters in die **In-** oder **Outgroup**. Sie ist die Konsequenz der Beziehungsentwicklung und fußt auf der Idee, dass die Ressourcen einer jeden Führungskraft begrenzt sind (Rowold 2015). Infolgedessen muss die Führungskraft eine Priorisierung der Ressourcen-Zuteilung vornehmen, was sich wiederum ebenfalls in unterschiedlichen Beziehungsqualitäten niederschlägt. Wie viel Handlungsspielraum sollte bei der Aufgabenerfüllung zugeteilt werden? Wie viele nützliche Informationen zur individuellen Karriereplanung lohnt es sich bereitzustellen? Diese Fragen lassen sich bei Mitgliedern der In-group mit „viel" und der Out-group mit „wenig" beantworten.

Trotz der beschriebenen Unterschiede zwischen dem „gemittelten" Führungsstil und dem individualisierten LMX lassen sich beide Sichtweisen in Teilen zusammenführen. LMX kann in der Role Taking und Role Making Phase als „transaktionaler" und in der Role Routinization Phase als „transformationaler" (s. folgenden Abschnitt) Austausch bezeichnet werden (Graen und Uhl-Bien 1995, S. 238). Die anfänglichen Transaktionen werden dabei vorwiegend von der Führungskraft durch das Ausloten der Leistung des Mitarbeiters initiiert. In Transaktionen werden dabei materielle Ressourcen, also etwa Gehalt gegen Arbeitsleistung, ausgetauscht. Mit zunehmender Dauer der Beziehung werden aber auch soziale Austauschprozesse in Gang gesetzt, womit auch nicht tangible Konstrukte, wie Vertrauen (s. Kap. 2), angesprochen sind. Die Intensität steigt dabei im Zeitverlauf, wodurch die Parallelen zur transformationalen Führung deutlich werden. Es geht nun zunehmend weniger um das Eigeninteresse der Führungskraft die Leistung zu evaluieren, als vielmehr um eine partnerschaftliche Zusammenarbeit mit beidseitig erwartbaren Handlungen (ähnlich bei Graen und Uhl-Bien 1995, S. 238).

Ähnlich zur Konzeption der Weg-/Ziel-Theorie bietet sich bei gesamthafter Betrachtung der Führungsstile mit der LMX-Theorie eine ebenfalls integrative Sichtweise an. LMX fungiert dabei als **überspannende Beziehungskomponente**, die die Inhalte der Führungsstile erst einer Wirksamkeit zuführt. LMX sollte jedoch nicht als leerer Rahmen für Führungsverhalten angesehen werden. Vielmehr sind die Vorgänge in den Interaktionen so grundlegend, sodass etwa das Aufzeigen einer lebhaften Vision dadurch erst ermöglicht bzw. glaubhaft wird. Einerseits kann der Mitarbeiter in der In-group erst mit den privilegierten Ressourcen, zum Beispiel mit Autonomie oder der Verfügbarkeit einer größeren Informationsbasis, die Erwartungen dieser abstrakten Vision umsetzen. Andererseits gelingt es dem Mitarbeiter durch die dyadischen Austauschprozesse die Erwartungen der

Führungskraft überhaupt erst adäquat einzuschätzen. Stellen sich vermehrte Erwartungskongruenzen ein, substituiert LMX gegebenenfalls sogar die explizite Kommunikation der Vision. Demgegenüber ist es kaum denkbar, dass die Vision in der Phase des Role Takings aufgrund der hohen Unsicherheiten in der Einschätzung des Gegenübers ausreichend verstanden wird (Otto 2020).

Empirische Unterstützung erhält der Gedanke der enormen Bedeutung von LMX in der Metaanalyse von Gottfredson und Aguinis (2017, S. 461). Hier konnte LMX als entscheidender Mediator für die Wirkung von Konsideration, Initiierung von Strukturen, kontingenten Belohnungen und transformationaler Führung identifiziert werden. Der transaktionale und der transformationale Führungsstil werden im Folgenden nun näher beschrieben.

3.3.3 Führung als Transaktion und Transformation

3.3.3.1 Führung als Austausch

Burns (1978) führte den Begriff der **transaktionalen Führung** ein, der auch als Austausch, Abkommen oder Handel bezeichnet werden kann. Dies betrachtet den Führungsprozess als Kombination von Ressourcen. Mitarbeiterseitig zählen vor allem Anstrengung, organisatorische Selbstbindung oder Bereitstellung von Wissen dazu. Unternehmensseitige Ressourcen im Führungsprozess umfassen beispielsweise Arbeitsbedingungen, Perspektiven oder Personalentwicklung. Führungskräfte motivieren also im Rahmen der transaktionalen Führung und kontrollieren zugleich. Dies weist auf eine Tendenz zu einem sachlichen Austauschverhältnis (Transaktion) zwischen Mitarbeiterleistung und Vorgesetztenreaktion hin. Der Führungserfolg wird dann besonders hoch sein, wenn die Transaktionen möglichst reibungslos verlaufen.

Anders formuliert, zielt die transaktionale Führung auf den **Abbau von Kontingenzen**. Das heißt, Situationsbedingungen rücken in das Zentrum, die die Kombination von mitarbeiter- und unternehmensseitigen Ressourcen in ihrer zweckmäßigen Transaktion belasten. Immer dann, wenn Kontingenzen reduziert wurden, liegt im Sinne der transaktionalen Führung ein Erfolg vor. Letztendlich ist diese Perspektive trivial. Es geht um den Austausch von Entgelt, Perspektiven und Wohlwollen gegen Leistung. Abb. 3.8 stellt den Zusammenhang vor. Demnach sind es zwei sich nicht ausschließende Führungsüberlegun-

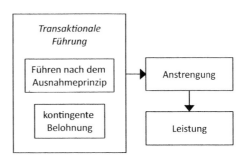

Abb. 3.8 Transaktionale Führung (s. ähnlich Bass und Avolio 1990; Neuberger 2002)

gen, die Anstrengung und Leistung bedingen. Dies stabilisiert Verpflichtungen und Erwartungen aus einem Arbeitsvertrag und lässt sie wahrscheinlich werden.

Für tragfähige und belastbare Austauschbeziehungen werden zwei transaktionale Führungsstile betont (Judge et al. 2004):

Führen nach dem Ausnahmeprinzip
Dies (auch Management by Exception) meint, dass die Führungskraft nur dann korrektiv eingreift, wenn die Soll- nicht der Ist-Leistung entspricht bzw. anderweitige Probleme bei der Aufgabenbewältigung auftreten. Hierbei kann die Führungskraft beim Erkennen derartiger Situationen direkt oder erst nach dem Hinweis des Mitarbeiters eingreifen. Beispielsweise wird die Zielerreichung für den Mitarbeiter durch erhöhte Personalfluktuation zuarbeitender Stellen erschwert, wodurch die Führungskraft Aufgaben neu zuteilen muss und dadurch obstruierende Kontingenzen beseitigt. Die Bezeichnung deutet bereits an, dass diese Interventionen eher Ausnahmen darstellen.

Kontingente Belohnung
Außerdem werden Leistungsanreize in Form von Belohnungen gesetzt. Dieser, auch als kontingente Belohnung (Contingent Reward) bezeichnete Führungsstil, kann aus klassischen monetären Mitteln wie einem Bonus oder auch aus dem Aufzeigen von Karriereperspektiven bestehen. Entscheidend ist, dass die zu erreichenden Individualziele sowie die in Aussicht stehenden Belohnungen für den Mitarbeiter transparent sind. Damit werden unmittelbar Gemeinsamkeiten zur Weg-/Ziel-Theorie deutlich. Außerdem eröffnet sich das Instrumentarium des operanten Lernens, das auf eindeutige Rückkoppelungen sowie Wiederholungen verweist, bevor ein Lerneffekt eintritt (s. Kap. 4). Dabei ist insbesondere die positive Verstärkung – etwa in Form eines Bonus – zu nennen, da damit die Wahrscheinlichkeit von transaktionalem und zugleich zielkongruentem Verhalten angereizt wird.

Bei der transaktionalen Führung stehen damit vor allem interne und dadurch meist eindeutige Zielgrößen im Mittelpunkt, an deren Erreichung das Führungsverhalten ausgerichtet wird. Eine mögliche Konsequenz besteht darin, dass eine gesamthafte Perspektive – etwa auf die strategische Ausrichtung des Unternehmens oder auf eine zukunftsgerichtete Vision – unterbleibt. Der Rahmen der transaktionalen Führung wurde somit gezogen. Der folgende Abschnitt geht auf die Erweiterung der transaktionalen durch die transformationale Führung ein.

3.3.3.2 Führung als Veränderung
Transformationale Führung richtet sich auf Veränderungen und stellt einen Ausbruch aus einem feststehenden Zielsystem dar, welches bei den bisherigen Führungstheorien die Grundlage bildete. Ein solcher Ausbruch ist notwendig, da Unternehmensdynamik und unterschiedliche Problemstrukturen (s. Kap. 1) die Varianz von Zielsystemen belegen. Eine Ausrichtung auf variable Ziele sowie auf den Umgang mit Dynamik ist in der transaktionalen Führung nicht angelegt. Veränderungen in den Zielstrukturen lassen sich nicht in diese Anreizlogik einbauen (Rowold 2015).

Die transformationale Führung zielt entsprechend auf mitarbeiterseitige **Veränderungen von Überzeugungen, Haltungen und Motivationen**. Die Transformation soll die intrinsische Motivation der Mitarbeiter für die organisatorischen Ziele nutzbar machen. Ähnlich wie im Job Characteristics Model (s. Kap. 4) soll eine umfängliche Ausrichtung und Sinnhaftigkeit der Aufgabenerfüllung aufgezeigt werden. Gelegentlich wird die Transformation daher auch als Motivation durch Ziele höherer Ordnung bezeichnet (Heinitz und Rowold 2007).

Nach Bass (1985) und Bass und Avolio (1990) besteht eine transformationale Führung aus vier Fähigkeiten, Aktivitäten oder Eigenschaften (s. Illustration 3.5).

Illustration 3.5 Fähigkeiten, Aktivitäten oder Eigenschaften der transformationalen Führung

- **Intellektuelle Stimulation** soll eine Vision über das bislang nicht recht denkbare bei den Mitarbeitern herbeiführen. Führungskräfte würden dazu bestehende Grundüberzeugungen tiefergehend hinterfragen. Damit sollen die Mitarbeiter zu einem konstruktiven Nachdenken und Perspektivenwechsel bei der Lösung von Aufgaben und Problemen angeregt werden.
- Eine **inspirierende Motivation** ist eine Kommunikation der Vision, die von den Mitarbeitern als „prickelnd" wahrgenommen wird. Beispielsweise werden Visualisierungen, wie Symbole, genutzt, um die Ziele bei den Mitarbeitern zu verankern. Enthusiasmus, Optimismus und hoher Bedeutungsgehalt soll die Folge sein.
- Ein sehr persönlicher Umgang und damit die konsequente Beachtung persönlicher Bedürfnisse wird mit der **individuellen Zuwendung** adressiert. Dabei werden die Mitarbeiter in ihren aktuellen und künftigen Entwicklungsschritten bedürfnisgerecht unterstützt. So wird die herausfordernde, intellektuelle Stimulation abgefedert und auch in einem ersten Schritt institutionalisiert.
- Charisma oder ein **idealisierter Einfluss** ist das wichtigste Thema der transformationalen Führung. Eine funktionale Definition lautet, dass damit eine starke und loyale Gefolgschaft von Mitarbeitern hervorgerufen werden kann. Die Notwendigkeit von Charisma erschließt sich rasch. Es soll eine Identifikation des Mitarbeiters mit der Führungskraft erreicht werden. Das bloße Bereden einer Vision reicht in typischen organisatorischen Zusammenhängen allerdings kaum zur Überzeugung aus. ◄

Empirische Befunde legen die Wirksamkeit sowohl der transaktionalen als auch der transformationalen Führung nahe. So zeigen Wang et al. (2011, S. 243) einen metaanalytisch positiven Zusammenhang zwischen der bedingten Belohnung der transaktionalen Führung und der Aufgabenperformanz auf. Außerdem sind diverse organisatorische Effekte der transformationalen Führung postuliert worden. Beispielsweise sind metaanalytisch positive Beziehungen zur Mitarbeiterzufriedenheit, Mitarbeitermotivation und der Gruppen- sowie organisatorischen Performanz evident (Judge und Piccolo 2004, S. 760). Weiterhin konnte durch Guay und Choi (2015) gezeigt werden, dass die transformationale Führung zu einem erhöhten Ausmaß des freiwilligen Leistungsverhaltens (Organizational Citizenship Behaviour) führt.

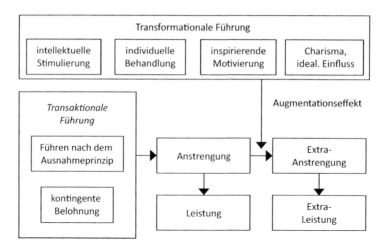

Abb. 3.9 Auswirkungen transaktionaler und transformationaler Führung auf Leistung (s. ähnlich Bass und Avolio 1990; Neuberger 2002)

Damit lässt sich festhalten, dass die transaktionale Führung zu einem bestimmten Anstrengungsniveau führt und durch die transformationale Führung in Extra-Anstrengungen überführt wird. Dieser sogenannte Augmentationseffekt (Bass und Avolio 1994) findet sich in Abb. 3.9 wieder und verdeutlicht den damit komplementären Charakter der beiden Führungsstile.

Abb. 3.9 ordnet die wesentlichen Bestandteile der transaktionalen sowie der transformationalen Führung in den Gesamtkontext ein. Zwei Aspekte sind dabei wesentlich: Zum einen liegen jeder transformationalen Führung immer auch transaktionale Elemente zugrunde. Andernfalls wäre Handeln gar nicht darstellbar. Zum anderen – und das ist die Erweiterung der transaktionalen Führung – können die transformationalen Stimulierungen so stark wirken, dass der Ausbruch aus einer fixierten Zielstruktur plausibel wird.

Dies ist der sogenannte **Augmentations-Effekt** im Sinne einer Vergrößerung oder Erweiterung des bisherigen Zuganges. Eine Extra-Anstrengung sowie eine Extra-Leistung umfassen dann nicht nur begeistertes Handeln, sondern eben auch die Ausrichtung auf unbekannte und ungewisse Themenfelder. Die spontane Hilfestellung für Kollegen ist dabei nur ein Beispiel, das die Relevanz für komplexe Zielstrukturen verdeutlicht.

3.4 Ist „Führung" mit diesem Kapitel ausreichend bearbeitet?

Die Führungstheorien zeigen eine Fülle unterschiedlicher Ansatzpunkte auf und beleuchten verschiedene Facetten von Führungssituationen. Allerdings suggerieren sie auch, dass eine proaktive und grundsätzlich gestaltende Beeinflussung von Mitarbeitern durch sie möglich sei. Dies scheint überzogen zu sein.

Alle Führungstheorien gehen von einer klassischen Situation aus, in der Führungskraft und Mitarbeiter kontinuierlich zusammenarbeiten. Die Realität prägen jedoch virtuelle

Teams, Projektgruppen bestehend aus Gleichgestellten, häufiger Wechsel von Vorgesetzten oder Dynamiken. Das heißt, der mehrheitlich in den Führungstheorien propagierte Aufbau von Kontinuität, Positionsmacht oder LMX-Beziehungen ist bei weitem nicht in allen Führungssituationen gegeben. Daher bedarf interaktionelle Führung einer Ergänzung, um Realitäten zu entsprechen.

Das Modell der Wertschöpfung (s. Kap. 1) geht genau auf diese Herausforderungen ein. Dort lag der Fokus auf dem Handeln sowie auf Handlungssequenzen von Mitarbeitern. Gesteuert wird diese Wertschöpfung – im Sinne der Summe aller Handlungen – durch verschiedene Moderatoren. Ein Moderator darunter ist das Personalmanagement und damit auch die interaktionelle Führung. Die Logik des Modells sieht aber genauso vor, dass die Handlungslenkung auch durch die anderen Moderatoren erreichbar ist. Das Wertschöpfungsmodell geht sogar so weit und misst dem Personalmanagement selbst keine herausragende Relevanz für die Handlungssteuerung von Mitarbeitern oder deren Führung bei. Organisatorische Gestaltung und emergente Phänomen sind ebenfalls kraftvolle Ansatzpunkte. Deren Mechanismen unterscheiden sich zwar von der interaktionellen Führung, es kommt jedoch zu ergänzenden und sogar substitutiven Wirkungen.

Darüber hinaus ist ein weiterer Gedanke wichtig: In vielen Situationen richtet sich Führung nicht lediglich auf einen strengen, transaktionalen Austausch. Vielmehr erfolgt häufig eine **Vermittlung und Sozialisierung** von generellen, positionsübergreifenden Handlungserwartungen. Somit prägt interaktionelle Führung maßgeblich jenen Rahmen, in dem Führung stattfindet. Jedoch gehen die Führungstheorien regelmäßig von einem gesetzten Rahmen aus. Dies soll nun nicht heißen, dass Führungskräfte fortwährend in der Lage wären, den informellen Gegebenheiten grundlegende Impulse zu geben. Allerdings verschenkt das Ausblenden dieses Zusammenhangs, zumindest in mittlerer Frist, erhebliche Potenziale.

Schließlich soll schon hier der Hinweis auf eine weitere, wichtige Funktion der interaktionellen Führung gegeben werden. Diese besteht in der „Verlängerung" der Personalentwicklung. Im Rahmen der strukturellen Führung (s. Kap. 4) wird argumentiert, dass eine Umsetzung oder Verstetigung von Personalentwicklungsmaßnahmen nur am Arbeitsplatz erfolgen kann. Gelerntes muss geübt werden. Die Ermöglichung und Begleitung dieses Lernens erfolgen in erster Linie durch die kontinuierliche Teilhabe von Führungskräften.

Insgesamt sollte deutlich werden, dass „Führung" viel mehr ist, als die bloße Beschäftigung mit Führungsstilen.

3.5 Quintessenzen für Managementerfolg

Interaktionelle Führung durch Vorgesetzte zielt darauf, direkt in das Handeln von Mitarbeitern einzugreifen. Den Ausgangspunkt hierfür bilden die Beweggründe des Handelns, sodass interaktionelle Führung immer durch Handlungstheorien, Persönlichkeitsmerkmale, Werte und Normen, Haltungen und Motivation vermittelt wird. Das heißt, jegliche

Führungsstile bedürfen einer solchen Ausrichtung, sodass sie einzelne Handlungsbegründungen situativ geeignet adressieren (s. Kap. 2). Dies zeigt sich beispielsweise bei Kostensenkungsprogrammen, bei denen die genannten Handlungsbegründungen insgesamt betroffen sein können.

Die Potenziale der interaktionellen Führung lassen sich erst durch das Zusammenwirken mit der **strukturellen Führung** ausschöpfen. Deutlich wird das in Situationen mit geringer Präsenz von Vorgesetzten, großer Führungsbelastung oder weitgehend autonomer Projektarbeit. Die Lenkung von Mitarbeitern kann dann auch Strukturen übernehmen, beispielsweise in Form von Leistungsbeurteilung, Personalentwicklung oder Vergütung. Dies öffnet zugleich den Blick auf weitergehende Perspektiven wie Hierarchieabbau, Dezentralisierung oder Verantwortungsausdehnung von Mitarbeitern. Jeweils erfahren interaktionelle Führungssituationen eine Änderung, die nicht einfach hingenommen werden können, sondern eine veränderte strukturelle Führung erfordern.

Die Darstellung, dass **persönliche Eigenschaften** Führungskräfte und ihr Handeln prägen, ist unstrittig. Jedoch ist es weder theoretisch noch empirisch haltbar, einzelne Eigenschaftskombinationen als zwingend notwendig zu erachten. Die Vielfalt an Situationen, Werten, Haltungen und Motivation ist so groß, dass Führungserfolg weniger von Eigenschaften, sondern vielmehr durch vielfältige Beweggründe des Handelns gestaltbar ist. Ein situativer Klärungsversuch, welche Faktoren die interaktionelle Führung stützen und begrenzen, bildet also den Ausgangspunkt und nicht den Hinweis auf generelle Eigenschaftsmerkmale.

Die **Management-Rollen** nach Mintzberg veranschaulichen die Bandbreite der Handlungsvielfalt von Führungskräften. Es zeigen sich damit auch diverse Verbindungen von Führungshandeln zu weiteren Moderatoren. So wird etwa der Innovator durch sein kreatives und unkonventionelles Denken auch Einfluss auf emergente Phänomene, wie die Unternehmenskultur, ausüben. Damit verbunden ist die Frage, zu welchem Ausmaß transformational und damit auf Veränderungen ausgerichtet, geführt wird. Der Vernetzer baut informelle Netzwerke auf und kann damit auch Problemen in der Organisationsstruktur begegnen, beispielsweise durch eine gesteigerte Integration. So können formalisierte Prozesse und Kommunikationswege durch informelle Netzwerke der Führungskraft effizienter werden. Auch die **Agenda-Setzung** sowie Analyse von Führungsaktivitäten geben einen Einblick, was erfolgreiche Führungskräfte tun.

Die in diesem Kapitel vorgestellten **Führungstheorien** sind sehr vielfältig. Es geht hier unabhängig von der Konzeption der Führungstheorien immer um den Umgang mit unterschiedlich ausgestalteten Ressourcen hin zum Führungserfolg. Man denke hier nur an die Weg-/Ziel-Theorie, in der es darum geht, organisatorische und individuelle Ressourcen sichtbar zu machen, um Motivationspotenziale und letztlich Wertschöpfung zu generieren.

Bei der Betrachtung der **Leader-Member Exchange-Theorie** wird erkennbar, dass sich Wertschöpfung nicht nur durch ein generalistisches Verständnis von Handlungen realisieren lässt. So wird hier von einzelnen und einzigartigen Austauschbeziehungen ausgegangen. Anders gesagt, sind es hier individuelle Handlungen, die trotz oder gerade deswegen zu Wertschöpfung führen. Mit Blick auf die individuellen Beweggründe des Handelns (s. Kap. 2), wie Persönlichkeitsmerkmale und Werte, wird klar, dass Führungskräfte in LMX-Beziehungen genau diese Individualität berücksichtigen müssen, um Führungserfolg zu generieren.

Eine große Relevanz für den Managementerfolg besitzt die sogenannte **transformationale Führung**. Sie hat das Ziel, gegebene Wertschöpfung zu verändern. Dies soll bei den Mitarbeitern auf der Ebene von Werten, Normen und Haltungen beginnen und eine starke Motivation für neue Lösungen nach sich ziehen. Nach diesem Führungsstil müssen Führungskräfte in der Lage sein, als Vorbild zu fungieren, inspirierend zu motivieren, intellektuell anzuregen und individuell zu unterstützen.

Auch liegt ein enger Bezug der interaktionellen Führung zu **Unternehmensstrategien** nahe. Vor allem die LMX-Theorie sowie der transformationale Führungsstil werden bei substanziellen strategischen Veränderungen relevant. Die Fähigkeit von Führungskräften diese umzusetzen sowie die Ressourcen zur Personalentwicklung und zur Gestaltung von Honorierungen lassen solche strategischen Perspektiven realistisch werden.

3.6 Explorationen

Verständnisfragen

1. Personalmanagement ...
    a. wird maßgeblich durch Personalabteilungen geprägt.
    b. wird maßgeblich durch Führungskräfte geprägt.
    c. setzt sich aus interaktioneller und struktureller Führung zusammen.
2. Welcher Führungsstil wird am besten durch spezifische, persönliche Eigenschaften unterstützt?
    a. Konsideration
    b. Initiierung von Struktur
    c. beide ähnlich stark
3. In Fiedlers Kontingenztheorie der Führung misst ein LPC Wert ...
    a. den Typ der Führungsorientierung.
    b. die Aufgabenorientiertheit.
    c. die Führungskraft-Mitarbeiter-Beziehung.
4. Die Weg-/Ziel-Theorie ...
    a. beruht auf der Erwartungs/Valenz-Theorie der Motivation.
    b. schafft ein Verständnis für Situationen, allerdings tritt dadurch das eigenverantwortliche Handeln von Führungskräften in den Hintergrund.
    c. ist unabhängig von der strukturellen Führung zu sehen.
5. Inwiefern unterscheidet sich die LMX-Theorie von anderen Führungskonzeptionen?
    a. Es wird die Entwicklung der Beziehung zwischen Führungskraft und Mitarbeiter unter Einbezug von deren Dynamik abgebildet.

b. Der Führungserfolg hängt nicht von der individuellen Berücksichtigung Einzelner, sondern von der gesamthaften Betrachtung der Belegschaft ab.
   c. Den Mitarbeitern soll eine lebendige Vision über die Zukunft des Unternehmens vermittelt werden.
6. Eine Führungskraft beobachtet das Mitarbeiterhandeln, um Probleme zu erkennen. Nur wenn schwerwiegende Konsequenzen aus dem problematischen Verhalten zu erwarten sind, greift sie mit Korrekturmaßnahmen, etwa Mitarbeitergesprächen, ein. Dieses Führungsverhalten ist Ausdruck von …
   a. transformationaler Führung, da die Werte der Mitarbeiter bedarfsgerecht mittels inspirierender Motivation transformiert werden.
   b. transaktionaler Führung, da Führung nach dem Ausnahmeprinzip vorliegt.
   c. LMX-Theorie, da die Dynamik der Beziehungsentwicklung durch die korrektiven Maßnahmen gefördert wird.
7. Nach der transformationalen Führung führen Führungskräfte …
   a. mit Partizipation, Initiierung von Strukturen, Konsideration und Charisma.
   b. mit intellektueller Stimulation, individueller Zuwendung, inspirierender Motivation und idealisiertem Einfluss.
   c. mit Belohnung, Bestrafung und Charisma.

Weiterführende Fragen

a. Warum werden in vielen jungen Unternehmen die interaktionelle Führung gegenüber der strukturellen Führung bevorzugt?
b. Personalentwicklung, Gruppenarbeit und Vergütung (als Bestandteile der strukturellen Führung) wirken auf Werte, Haltungen und Motivation (Beweggründe des Handelns). Lassen sich diese Wirkungen hinsichtlich ihrer Dauer in kurz- und langfristig sortieren?
c. Führung wurde als Beeinflussung des Handels anderer, als Dyade sowie als Transaktion und Transformation beschrieben. Substituieren sich diese drei Zugänge oder ergänzen sie sich?

Falldiskussion 1: Der Führungsstil von Jack Welch
Amernic et al. (2007) analysierten anhand von Aktionärsbriefen die Rhetorik von Jack Welch, der von 1981–2000 CEO von General Electric (GE) war. Hierbei stellten sie fünf grundlegende Metaphern fest, die von Jack Welch gezeichnet wurden:
Pädagoge: Welch inszeniert sich in den Briefen regelmäßig als Lehrer, der die richtigen Antworten kennt. Er referiert auch über Themen, die nicht direkt in Verbindung mit dem Unternehmen stehen, beispielsweise über Aspekte von Politik oder Unternehmertum. Hierbei hat er einen erklärenden, schulmeisterlichen Ton und stellt in Sokrates-ähnlicher Manier Fragen an den Leser.
Arzt: Regelmäßig nimmt Welch auch die Rolle eines Arztes ein. Hierbei diagnostiziert er GE im Vokabular der Humanmedizin und beschreibt gewisse Gesundheitszustände oder

Krankheiten. Weiter sieht er sich auch als eine Art Menschenkenner und beschreibt, wie Mitarbeiter im Unternehmen handeln sollten.

Architekt: Wie ein Architekt sieht er strukturelle Beziehungen und beschreibt notwendige strukturelle Veränderungen im Unternehmen. Aus dieser Perspektive versteht er Unternehmen als eine Art „Bauwerk", das mithilfe eines „Bauplans" von ihm als führendem Architekten gelenkt wird. In diesem Sinne sieht er Veränderungen als etwas per Plan Anzuweisendes und formuliert Geschwindigkeit und Grenzenlosigkeit als Anforderungen.

Kommandeur: Andere Zusammenhänge formuliert er in militärischem Tonus. Er selbst erscheint als Kommandeur der militärischen Einheit, dem Unternehmen, in feindlicher Umwelt, dem Wettbewerb. Es geht um Gewinnen oder Verlieren, Sieg oder Niederlage. Stärke spielt ebenfalls eine große Rolle. Funktionen des Unternehmens sieht er als „Lehen" und „Imperien", zwischen denen die Mauern niedergerissen werden müssen.

Heiliger: Im Sinne eines Heiligen unterscheidet Welch zwischen „Gut und Böse" und spricht von der „Seele" und dem „Geist" des Unternehmens. Der hohe Qualitätsanspruch im Unternehmen wird in nahezu religiösen Ritualen praktiziert. Mitarbeiter werden hierbei als „Gläubige" gesehen, die von ihm ermächtigt werden, ihre Kreativität und Ambitionen auszuleben.

a. Wie lässt sich das Führungsverhalten von Jack Welch mit der transaktionalen und transformationalen Führung in Verbindung bringen?
b. Worin können potenzielle Widersprüche im Führungsverhalten von Jack Welch gesehen werden?
c. Ist dieses Führungsverständnis mit dem Aufbau einer positiven Beziehungsqualität im Sinne der LMX-Theorie vereinbar? Begründen Sie Ihre Antwort.

Falldiskussion 2: Berg- und Tal-Bahn AG
Die Berg- und Tal-Bahn AG ermöglicht auf ihrem 380 km langen Streckennetz Fahrten mit der Dampfeisenbahn durch das malerische Alpenland. Besonders Touristen schätzen diese außergewöhnliche Reisemöglichkeit in Oberbayern.

Die Öffentlichkeitsarbeit wurde bisher bei der Berg- und Tal-Bahn AG dezentral über die einzelnen Funktionsbereiche wahrgenommen und über das Büro der Geschäftsführung koordiniert. Nun hat die Geschäftsführung beschlossen, die Abteilung zentral zu organisieren. Die Mitarbeiter, die bislang Kundenanfragen, Veranstaltungsorganisationen und Reklamationen bearbeitet haben, werden in dieser neuen Öffentlichkeitsabteilung unter einer Leitung zusammengeführt. Da sie bereits in der Vergangenheit eng zusammengearbeitet haben, werden keine neuen Arbeitsprozesse und -abläufe nötig.

Die Geschäftsleitung hat entschieden, dass Martina Bummel die Führung der Öffentlichkeitsarbeit übernimmt. Ihr unterstellt sind dann drei Mitarbeiter, die zu dieser Abteilung gehören. Presseanfragen sollen von ihr persönlich bearbeitet werden. In Kooperation mit einer externen Agentur soll sie sämtliche Veranstaltungen der Berg- und Tal-Bahn AG organisieren und durchführen. Darüber hinaus ist sie befugt, in Vertretung der Berg- und

Tal-Bahn AG, Verträge über Werbekampagnen abzuschließen. Alle anderen Aufgaben soll sie an ihre Mitarbeiter delegieren (Becker und Kluckow 2011).

a. Die interaktionelle und die strukturelle Führung sind Kernbestandteile des Personalmanagements. Wie lassen sich in dem Fall die Wechselbeziehungen dieser Bestandteile erkennen?
b. Welche Rollen nach Mintzberg muss Martina Bummel zur Ausübung ihrer Managementaufgaben durch die Entscheidung der Geschäftsführung verstärkt wahrnehmen?
c. Wie bewerten Sie die zu erwartenden Einflüsse der Zentralisierung der Verantwortung für die Öffentlichkeitsarbeit auf Handlungspotenziale, -befähigungen und -bereitschaften der Mitarbeiter?

Literatur

Adams, J. S. (1965). Inequity in social exchange. *Advances in Experimental Social Psychology, 2*, 267–299.
Amernic, J., Craig, R., & Tourish, D. (2007). The transformational leader as pedagogue, physician, architect, commander, and saint: Five root metaphors in Jack Welch's letters to stockholders of general electric. *Human Relations, 60*(12), 1839–1872.
Bass, B. M. (1985). *Leadership and performance beyond expectations* (1. Aufl.). New York: Free Press.
Bass, B. M., & Avolio, B. J. (1990). Developing transformational leadership: 1992 and beyond. *Journal Euro Industrial Training, 14*(5), 21–27.
Bass, B. M., & Avolio, B. J. (1994). *Improving organizational effectiveness through transformational leadership*. Thousand Oaks: Sage.
Becker, G. S. (1964). *Human capital: A theoretical and empirical analysis, with special reference to education*. New York: Columbia University Press.
Becker, M., & Kluckow, N. (2011). *Fallstudien für Human Resources Management. Band I: Führung und Organisation. Lehr- und Übungsbuch für Studium und Weiterbildung. 13 Fallstudien und Lösungen* (1. Aufl.). Augsburg: Rainer Hampp.
Berthel, J., & Becker, F. G. (2017). *Personal-Management. Grundzüge für Konzeptionen betrieblicher Personalarbeit* (11. Aufl.). Stuttgart: Schäffer-Poeschel.
Blake, R., & Mouton, J. (1964). *The managerial grid: The key to leadership excellence*. Houston: Gulf Publishing.
Blau, P. M. (1964). *Exchange and power in social life*. New York: Wiley.
Blessin, B., & Wick, A. (2014). *Führen und führen lassen. Ansätze, Ergebnisse und Kritik der Führungsforschung; [Bonus: 20 Fallbeispiele aus der Praxis]* (7. Aufl.). Konstanz: UVK.
Bowditch, J. L., Buono, A. F., & Stewart, M. M. (2007). *A primer on organizational behavior* (7. Aufl.). Hoboken: Wiley.
Bröckermann, R. (2016). *Personalwirtschaft. Lehr- und Übungsbuch für Human Resource Management* (7. Aufl.). Stuttgart: Schäffer-Poeschel.
Bundesverband der Personalmanager e.V. (2019). *Die 10 HR Trends 2019 aus Sicht des BPM*. https://www.bpm.de/meldungen/die-10-hr-trends-2019-aus-sicht-des-bpm. Zugegriffen am 13.05.2020.
Burns, J. M. (1978). *Leadership*. New York: Harper & Row.
Cohen-Charash, Y., & Spector, P. E. (2001). The role of justice in organizations: A meta-analysis. *Organizational Behavior and Human Decision Processes, 86*(2), 278–321.

Colquitt, J. A., Conlon, D. E., Wesson, M. J., Porter, C. O., & Ng, K. Y. (2001). Justice at the millennium: A meta-analytic review of 25 years of organizational justice research. *Journal of Applied Psychology, 86*(3), 425–445.

Daniel, M., & Haus, S. (2019). HR 2020: Das sind die wichtigsten Trends (15.11.2019). *Human Resources Manager.* https://www.humanresourcesmanager.de/news/hr-2020-das-sind-die-wichtigsten-trends.html. Zugegriffen am 13.05.2020.

DeGroot, T., Kiker, D. S., & Cross, T. C. (2000). A meta-analysis to review organizational outcomes related to charismatic leadership. *Canadian Journal of Administrative Sciences, 17*(4), 356–372.

Evans, M. G. (1970). The effects of supervisory behavior on the path-goal relationship. *Organizational Behavior and Human Performance, 5*(3), 277–298.

Fiedler, F. E. (1967). *A theory of leadership effectiveness.* New York: McGraw-Hill.

French, J. R. P., & Raven, B. H. (1959). The bases of social power. In D. Cartwright (Hrsg.), *Studies in social power* (S. 251–260). Ann Arbor: Institute for Social Research.

Gottfredson, R. K., & Aguinis, H. (2017). Leadership behaviors and follower performance: Deductive and inductive examination of theoretical rationales and underlying mechanisms. *Journal of Organizational Behavior, 38*(4), 558–591.

Graen, G. B., & Scandura, T. A. (1987). Toward a psychology of dyadic organizing. *Research in Organizational Behavior, 9*, 175–208.

Graen, G. B., & Uhl-Bien, M. (1995). Relationship-based approach to leadership: Development of leader-member exchange (LMX) theory of leadership over 25 years: Applying a multi-level multi-domain perspective. *The Leadership Quarterly, 6*(2), 219–247.

Graen, G. B., Liden, R. C., & Hoel, W. (1982). Role of leadership in the employee withdrawal process. *Journal of Applied Psychology, 67*(6), 868–872.

Graham, J., Haidt, J., Koleva, S., Motyl, M., Iyer, R., Wojcik, S. P., & Ditto, P. H. (2013). Moral foundations theory: The pragmatic validity of moral pluralism. In P. Devine & A. Plant (Hrsg.), *Advances in experimental social psychology* (S. 55–130). Cambridge, MA: Elsevier Academic Press.

Greenberg, J. (2006). Losing sleep over organizational injustice: Attenuating insomniac reactions to underpayment inequity with supervisory training in interactional justice. *Journal of Applied Psychology, 91*(1), 58–69.

Guay, R. P., & Choi, D. (2015). To whom does transformational leadership matter more? An examination of neurotic and introverted followers and their organizational citizenship behavior. *The Leadership Quarterly, 26*(5), 851–862.

Heinitz, K., & Rowold, J. (2007). Gütekriterien einer deutschen Adaption des Transformational Leadership Inventory (TLI) von Podsakoff. *Zeitschrift für Arbeits- und Organisationspsychologie, 17*(1), 1–14.

House, R. J., & Mitchell, T. R. (1975). *Path-goal theory of leadership* (No. TR-75- 67). Seattle: Washington University, Department of Psychology.

Johns, G., & Saks, A. M. (2017). *Organizational behaviour. Understanding and managing life at work* (10. Aufl.). Toronto: Pearson.

Judge, T. A., & Piccolo, R. F. (2004). Transformational and transactional leadership: A meta-analytic test of their relative validity. *Journal of Applied Psychology, 89*(5), 755–768.

Judge, T. A., Piccolo, R. F., & Ilies, R. (2004). The forgotten ones? The validity of consideration and initiating structure in leadership research. *Journal of Applied Psychology, 89*(1), 36–51.

Kahn, R. L., Wolfe, D. M., Quinn, R. P., Snoek, J. D., & Rosenthal, R. A. (1964). *Organizational stress: Studies in role conflict and ambiguity.* Oxford: John Wiley.

Kaufmann, F.-X. (2007). Soziale Gerechtigkeit. In W. Fuchs-Heinritz & E. Barlösius (Hrsg.), *Lexikon zur Soziologie* (4. Aufl., S. 229). Wiesbaden: Verlag für Sozialwissenschaften.

Kotter, J. P. (1982). *The general managers.* New York: Free Press.

Luthans, F. (1988). Successful vs. effective real managers. *Academy of Management Perspectives, 2*(2), 127–132.

Luthans, F., Hodgetts, R. M., & Rosenkrantz, S. A. (1988). *Real managers*. Cambridge, MA: Ballinger.

Mintzberg, H. (1973). *The nature of managerial work*. New York: Harper & Row.

Neuberger, O. (2002). *Führen und führen lassen. Ansätze, Ergebnisse und Kritik der Führungsforschung; mit zahlreichen Tabellen und Übersichten* (6. Aufl.). Stuttgart: Lucius & Lucius.

Nicolai, C. (2017). *Betriebliche Organisation* (2. Aufl.). Stuttgart: UTB.

Otto, F. (2020). *Leader-member exchange revisited in the short run – An event based perspective to affective microdynamics in dyadic leadership episodes*. Unveröffentlichtes Manuskript. Wuppertal: Bergische Universität Wuppertal.

Personio GmbH. (o.J.). www.personio.de. Zugegriffen am 10.06.2020.

Rowold, J. (2015). *Human resource management*. Berlin/Heidelberg: Springer.

Schultz, T. W., & Krais, A. (1986). *In Menschen investieren. Die Ökonomik der Bevölkerungsqualität*. Tübingen: Mohr.

Steinmann, H., Schreyögg, G., & Koch, J. (2013). *Management. Grundlagen der Unternehmensführung. Konzepte, Funktionen, Fallstudien* (7. Aufl.). Wiesbaden: Springer Gabler.

Tichy, N. M., Fombrun, C. J., & Devanna, M. A. (1982). Strategic human resource management. *Sloan Management Review, 23*(2), 11–17.

Vroom, V. H. (1964). *Work and motivation*. New York: Wiley.

Wang, G., Oh, I.-S., Courtright, S. H., & Colbert, A. E. (2011). Transformational leadership and performance across criteria and levels: A meta-analytic review of 25 years of research. *Group & Organization Management, 36*(2), 223–270.

Weber, M. (1972). *Wirtschaft und Gesellschaft. Grundriss der verstehenden Soziologie* (5. Aufl.). Tübingen: Mohr.

Weber, M. (1976). *Wirtschaft und Gesellschaft. Grundriss der verstehenden Soziologie* (5. rev. Aufl.). Tübingen: Mohr.

Weibler, J. (2016). *Personalführung* (3. Aufl.). München: Franz Vahlen.

Wunderer, R. (2011). *Führung und Zusammenarbeit. Eine unternehmerische Führungslehre* (9. Aufl.). Köln: Luchterhand.

Wunderer, R., & Grunwald, W. (1980). *Führungslehre. Band 2: Kooperative Führung*. Berlin: de Gruyter.

Strukturelle Führung

4

Zusammenfassung

Strukturen führen. Gemeint sind Strukturen, die als verbindliche Regeln von Personalabteilungen entwickelt und umgesetzt werden. Diese Strukturen sind insofern führungsrelevant, als dass sie Handlungsvermögen, -bereitschaften und -potenziale gestalten und fördern. Angesprochen sind die Bereitstellung, die Qualifizierung, der Einsatz sowie die Vergütung von Mitarbeitern. Deren Hintergrund und Intention werden diskutiert und dabei weniger auf operative Details eingegangen. So führt bei der Entscheidung über Personalauswahlverfahren das statistische Maß der prognostischen Validität weiter als reine Ablaufbeschreibungen. Für die Personalentwicklung sind Lerntheorien unerlässlich. Erst deren Anwendung mündet in wirkungsvolle Schulungsmaßnahmen. Bei Vergütungsfragen liefern vor allem Ausführungen zu deren horizontaler und vertikaler Differenzierung Antworten für die in allen Unternehmen präsenten Fragen.

Vignette: Personalvorstand als „Gedöns"?

Sozialstrukturen kennzeichnen jegliches menschliche Zusammenleben und auch Zusammenarbeiten. Schnell bilden sich einzelne Bedeutungen von Personen und Rangordnungen heraus. Vorstände von Aktiengesellschaften bilden hierbei keine Ausnahme. Formal ist das Gewicht gleich, informal existieren deutliche Unterschiede. Aufgrund ihrer Verantwortung für finanzwirtschaftliche Kennziffern, die in Unternehmenserfolg münden, genießen Controller typischerweise eine besondere Position. Diese Hierarchie runden häufig Personalvorstände nach unten ab.

Oft gibt es nicht mal einen eigenständigen Vorstand für Personal, sodass darauf gerichtete Aufgaben von anderen nebenberuflich mitverantwortet werden. Mitunter werden Personalverantwortlichkeiten auf Führungskräfte übertragen, die in ihrem bisherigen Arbeitsleben mit ganz anderen Themen beschäftigt waren.

Kein Wunder also, dass die Wertschätzung der Vorstände oder Geschäftsführer der Personalabteilungen eher nachrangig ist. Der Altkanzler Schröder verwendete vor einiger Zeit für das Familienministerium die abfällige Bezeichnung „Gedöns". In manchen Chefetagen scheint das Personalressort das Gedöns zu sein (Löhr 2015). ◄

Ist es glaubhaft, was in dieser Vignette geschildert wird? Lassen sich tatsächlich Führungskräfte auf höchster Ebene finden, die Personalmanagement als „Gedöns" betrachten? Oder replizieren Führungskräfte einfach nur das, was sie selbst erlebt haben? Es handelt sich dabei um eine bedenkliche Sichtweise. Managementerfolg wurde zuvor (s. Kap. 1) als die Lenkung von Handlungen interpretiert, die zur Wertschöpfung beiträgt. Was kann unmittelbarer auf Handeln und Wertschöpfung einwirken als das Personalmanagement?

Die folgenden Ausführungen zeigen den wertschöpfenden Beitrag von Personalmanagement auf. Es wird deutlich, dass es sich eben nicht um triviale Zusammenhänge und reine Verwaltung von Personalthemen handelt. Vielmehr besteht die Komplexität darin, dass eine Gestaltung zusammen mit Themen wie Organisationsstrukturen, Emergenz, Veränderungen oder Strategie erfolgen muss.

4.1 Bereitstellung von Human Ressourcen: Personalrekrutierung

4.1.1 Personalmarketing

4.1.1.1 Ausrichtung

Jenseits von regelmäßig als besonders attraktiv geltenden Unternehmen, ist die Rekrutierungssituation vielfach angespannt. Dies betrifft sowohl die absolute Zahl an eingehenden Bewerbungen, als auch das Einhalten des erhofften Qualifikationsniveaus. Vor allem jene Unternehmen, die für keine namhaften Produkt- oder Dienstleistungsmarken bekannt sind, die ihren Stammsitz nicht in urbanen Regionen haben oder die nicht in der Öffentlichkeit stehen, kennen diese Probleme. Die Bedeutung des Rekrutierungsprozesses ist daher nicht zu unterschätzen. Er beginnt mit dem **Personalmarketing**, dem sich die **Personalauswahl** anschließt und dann in der **Personaleinführung** mündet. Es gilt die folgende Definition.

▶ **Personalrekrutierung** Personalrekrutierung umfasst die Unternehmenspräsentation gegenüber potenziellen Bewerbern, die Bewerberauswahl sowie die Sozialisierung nach der Vertragsunterzeichnung.

Personalmarketing oder auch die Prägung des Arbeitgeberimages sollen zu positiver Aufmerksamkeit führen und dadurch qualifizierte und passende Bewerber anziehen. Dies

4.1 Bereitstellung von Human Ressourcen: Personalrekrutierung

ist kein einfaches Unterfangen. Befinden sich Bewerbende nicht in Arbeitslosigkeit oder einer anderen Notsituation, so werden sie genau überlegen, wohin sie ihre ernsthaften Bewerbungsabsichten hinlenken. Im Vordergrund werden dann kaum kurzfristige Kalküle stehen, sondern erhoffte mittelfristige Perspektiven. Die erhofften Perspektiven lassen sich am besten durch das Konstrukt **Arbeitszufriedenheit** erfassen. Es gilt dann die folgende Aussage: Die Auslösung einer Bewerbung hängt von den Erwartungen über die kalkulierte oder prognostizierte mittelfristige Arbeitszufriedenheit durch eine vakante Stelle ab.

Für eine **Kalkulation der mittelfristigen Arbeitszufriedenheit** verfügen Bewerbende ganz offensichtlich nur über begrenzte Informationen. Bekannt sind jedoch die eigenen Präferenzen, die Stellenausschreibung, Signale durch den potenziellen Arbeitgeber und Informationen über die Branche. Es handelt sich hierbei um ein Kalkül, das zwar nicht exakt durchgeführt wird, aber zumindest das Bauchgefühl für oder gegen einen Arbeitgeber prägt.

Arbeitszufriedenheit wird als Passung zwischen den Erwartungen an eine Beschäftigung und der sich bietenden Realität beschrieben. Faktoren wie Werte, Überzeugungen sowie Dispositionen und Emotionen formen die empfundene Zufriedenheit (s. Kap. 2). Eine solche Modellierung ist für die Rekrutierungsphase jedoch nicht anwendbar. Zwar existieren Erwartungen in Bezug auf die vakante Position, nicht jedoch eine Passung oder Diskrepanz zu der noch nicht vorliegenden Beschäftigung. Für Bewerbungsüberlegungen muss vielmehr der **Abgleich** zwischen Erwartungen einerseits und den Unternehmensversprechungen andererseits den Ausgangspunkt bilden.

4.1.1.2 Erwartungsmodell der Personalrekrutierung

Interesse von Bewerbern an einer vakanten Stelle oder an einem Traineeprogramm fußt auf zwei unterschiedlichen Überlegungen: Zuerst geht es um die Passung der persönlichen Präferenzstruktur – im Sinne von Arbeitsplatzwünschen – und dem Stellenprofil. Es handelt sich hierbei um Erwartungen 1. Ordnung. Sie beruhen auf Wünschen und Vorstellungen, wie sich der Arbeitsplatz gestalten wird. Hinzu treten vom Unternehmen ausgesendete Signale, die die offene Stelle sowie Vorzüge des Unternehmens bewerben. Daraus resultieren Erwartungen 2. Ordnung. Diese erfassen die Wahrscheinlichkeit mittelfristiger Arbeitszufriedenheit. Abb. 4.1 skizziert das Modell.

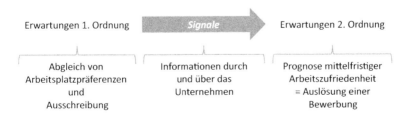

Abb. 4.1 Erwartungsmodell der Personalrekrutierung

Signale bezüglich der Attraktivitätsmerkale beeinflussen Erwartungen 2. Ordnung, das heißt, über die mittelfristig prognostizierte eigene Arbeitszufriedenheit. Relevant sind dabei Informationen über alle Themen, die mit dem Mitarbeiterhandeln bei dem ausschreibenden Arbeitgeber zusammenhängen. Doch um welche Themen kann es sich handeln und wie werden diese übermittelt? Antworten lassen sich im Bereich der Forschung zur Arbeitgeberattraktivität finden.

Die **Arbeitgeberattraktivität** beschreibt die angenommenen Vorteile einer Beschäftigung bei einem potenziellen Arbeitgeber (Berthon et al. 2005, S. 156). Lohaus et al. (2013) analysierten diesbezüglich Attraktivitätsmerkmale von Arbeitgebern auf Basis von 37 Studien mit etwa 64.000 Teilnehmern in Deutschland. Da diese Ergebnisse von Lohaus et al. (2013) auf der Bewerbersicht basieren, handelt es sich um Hinweise für **Arbeitsplatzpräferenzen**. Die ersten zehn Punkte in der Rangliste der Attraktivitätsmerkmale umfassen Team/Arbeitsatmosphäre/Klima, Arbeitsaufgabe, Work-Life-Balance, Weiterbildung, Karriere/Aufstieg, Arbeitsplatzsicherheit, Entgelt inklusive Sozialleistungen, Identifikation mit dem Unternehmen, den Produkten und den Dienstleistungen, Arbeitszeitmodelle sowie die Unternehmenskultur.

Arbeitgeber sollten daher bemüht sein, positiv vorhandene Attraktivitätsmerkmale so früh wie möglich im Bewerbungsprozess glaubwürdig zu vermitteln. Möglichkeiten sind beispielsweise der direkte Austausch mit potenziellen Bewerbern auf Kontaktmessen, authentisch gestaltete Erfahrungsberichte von Mitarbeitern auf der Unternehmenshomepage, Aktivitäten in sozialen Netzwerken oder Blogs, Angebote interessanter Praktika, Gelegenheiten für Abschlussarbeiten oder Gastvorträge an Hochschulen (Lohaus et al. 2013, S. 7 f.).

Eine Kenntnis über diese Zusammenhänge und die spezifischen Ausprägungen unterschiedlicher Variablen helfen Arbeitgebern, ihren Rekrutierungsprozess zu verbessern. Es sind dann nicht nur die Messestände und generelle Ansprachen, sondern auch der Umgang mit Signalen und deren Gestaltung, die Erwartungen aufseiten der Bewerbenden schaffen oder verändern können.

4.1.2 Personalauswahl

Die Personalauswahl stellt eine besonders kritische Aufgabe in jedem Unternehmen dar. Sie muss Mitarbeiter mit Handlungsvermögen, -bereitschaften und -potenzialen identifizieren, um einen Beitrag zur Lösung von Aufgaben und Problemen zu leisten. Es gilt die folgende Definition.

▶ **Personalauswahlverfahren** Personalauswahlverfahren umfassen Analysen und Einschätzungen von Handlungsvermögen, -bereitschaften sowie -potenzialen von Bewerbenden im Hinblick auf aktuelle und künftige Tätigkeiten.

4.1 Bereitstellung von Human Ressourcen: Personalrekrutierung

Die Vielfalt von Personalauswahlverfahren ist groß und einige wurden systematisch untersucht. Nach Schmidt und Hunter (1998) werden im Folgenden verschiedene Verfahren vorgestellt. Zugleich haben die Autoren **metaanalytische Untersuchungen** hinsichtlich der prognostischen Validität von Personalauswahlverfahren zusammengefasst (s. Tab. 4.1). Die prognostische Validität erfasst die Übereinstimmung zwischen gemessenen Handlungspotenzialen und den zu einem späteren Zeitpunkt am Arbeitspatz und damit in realen Arbeitssituationen gezeigten Handlungen.

Tab. 4.1 basiert auf metaanalytischen Daten, die aus 85 Jahren Forschung zur prognostischen Validität von Personalauswahlverfahren zusammengetragen wurden. Das Validitätsmaß „r" bezeichnet den standardisierten Korrelationskoeffizienten zwischen dem Personalauswahlverfahren und der Performanz nach erfolgter Einstellung. Ein Wert von 1 beschreibt einen perfekt linearen Zusammenhang und 0 keinen linearen Zusammenhang. Die Unterschiede zwischen den Verfahren sind enorm. Dies bedeutet, dass der Einsatz eines schlechten Verfahrens keine Prognose über die künftige Leistung von Bewerbern zulässt.

Oft werden mehrere Verfahren miteinander kombiniert. So beginnen viele Führungskräfte und Personaler mit einer biografischen Analyse des Lebenslaufes, schließen ein Interview an, bevor ein Gespräch mit künftigen Kollegen die Bewerbungsprozedur abschließt. Eine solche Koppelung steigert die prognostische Validität, aber nicht so, als könne man die Einzelvaliditäten addieren. Dies liegt daran, dass Kollegen oder Führungskräfte sich auf eine jeweils andere Weise mit dem Handlungspotenzial und der -bereitschaft eines Bewerbers auseinandersetzen. Das heißt, die zu kombinierenden Personalauswahlverfahren korrelieren untereinander. Entsprechend messen sie das gleiche Konstrukt.

Tab. 4.1 Prognostische Validität von Personalauswahlverfahren (Schmidt und Hunter 1998, S. 265)

Auswahlverfahren	prognostische Validität (r)
Arbeitsproben	,54
Intelligenztests (GMA)	,51
strukturiertes Interview	,51
Gleichgestelltenbeurteilung	,49
Prüfung von Fachkenntnissen	,48
Arbeitssimulation	,44
Integritäts-Test	,41
unstrukturiertes Interview	,38
Assessment Center	,37
Biografische Analyse	,35
Gewissenhaftigkeits-Test	,31
Prüfung von Referenzen	,26
Arbeitserfahrung (in Jahren)	,18
Qualifizierungsdauer	,10
Interessenprüfung	,10
Grafologie	,02
Alter	−,01

Zudem kann das Verfahren mit der höheren Validität so an Aufmerksamkeit verlieren, sodass die Gesamtvalidität sogar geringer wird.

Im Folgenden werden exemplarisch einige Personalauswahlverfahren näher beleuchtet:

Arbeitsproben
Arbeitsproben weisen die höchste prognostische Validität auf. Arbeitsproben sind simulierte Tätigkeiten innerhalb der angestrebten Rollen, die von Bewerbern durchgeführt werden. Sie können allerdings nur mit Bewerbern durchgeführt werden, die die genauen Tätigkeiten bereits auf Basis ihrer Berufserfahrung kennen. Vorwiegend trifft dies zum Beispiel auf handwerkliche Berufe zu.

Intelligenztests (GMA)
Intelligenztests haben eine leicht geringere Validität als Arbeitsproben, sie sind aber deutlich kostengünstiger, weniger zeitintensiv und können mit Bewerbern für verschiedenste Positionen durchgeführt werden. Eine große Stärke dieser Tests liegt in ihrer breiten empirisch-theoretischen Fundierung.

Strukturierte Interviews
Strukturierte Interviews sind ebenfalls eine gängige und vielversprechende Methode, die Performanz eines Bewerbers zu prognostizieren. Hier werden die Fragen an den Bewerber auf Basis einer sorgfältigen Analyse der Anforderungen im Job entwickelt und die Antworten des Bewerbers systematisch bewertet. Daraus folgt dann die Performanzeinschätzung des Bewerbers. Im Gegensatz dazu weisen unstrukturierte Interviews eine geringere Validität auf. Die Ursache liegt darin, dass sie keinen festen Leitfaden aufweisen, unterschiedlichen Bewerbern nicht unbedingt die gleichen Fragen gestellt werden und die Bewertung von Antworten keinem bestimmten Kriterienkatalog unterliegt. Hier greift primär der Gesamteindruck und die Erfahrung des Interviewers für die prognostizierte Performanz (Schmidt und Hunter 1998, S. 264–266).

Assessment Center
Assessment Center gelten als so etwas wie die Königsdisziplin der Personalauswahl. Viele unterschiedliche Verfahren werden unter standardisierten Bedingungen durchgeführt. In einem Assessment-Center verbringen Bewerber meist in Gruppen einen bis mehrere Tage an einem zentralen Ort, werden beobachtet und hinsichtlich bestimmter Zielkriterien evaluiert. Das Ziel ist es, einen realitätsnahen Arbeitsalltag zu simulieren und Erkenntnisse aufgrund des Handelns der Bewerber zu erzielen. Dabei kommt eine Kombination an unterschiedlichen Verfahren zum Einsatz, beispielsweise Gruppendiskussionen, Vorträge, Rollenspiele aber auch Intelligenztests (Obermann 2006, S. 12–14). Allerdings ist die prognostische Validität nicht so hoch, wie es die große Aufmerksamkeit eigentlich vermuten lässt. Dies liegt an der unterschiedlichen Art und Weise, wie die prognostizierte Performanz gemessen wird. Die Kombination verschiedener Verfahren, wie bereits erwähnt, erlauben aber aufgrund von Interkorrelationen keine einfache Addi-

tion der einzelnen Validitäten. Da die jeweiligen Ergebnisse zusammengeführt werden müssen, kann zudem das besonders aussagekräftige Auswahlverfahren leiden und es kommt so zu einer Nivellierung.

Die Vielfalt der Personalauswahlverfahren führt zur Frage, welches Verfahren zu bevorzugen ist? Auf diese Frage kann es keine pauschale Antwort geben, es sind jedoch Fragen der Kosteneffizienz und der Wirksamkeit zu beachten. Während Assessment Center aufwendig und kostspielig sind, können Intelligenztests und Arbeitsproben eine günstigere Alternative darstellen. Vor allem die Kombination von Intelligenztests und strukturierten Interviews versprechen die höchste Prognosefähigkeit. Zu vermeiden sind Auswahlverfahren, die gänzlich keine Aussage über die Eignung von Bewerbern haben, wie die Grafologie, die keinerlei Aussage über die Passung von Bewerbungen zulässt (Schmidt und Hunter 1998, S. 272).

4.1.3 Personaleinführung

Nach einer Einschätzung des Handlungsvermögens, der -bereitschaften und der -potenziale neuer Mitarbeiter folgen zwei Schritte der Personaleinführung: Zum einen ist es die Herstellung einer fachlichen Passung. Dies umfasst die Vermittlung von Wissen und Befähigungen für den übernommenen Arbeitsplatz.

Zum anderen zielt die **Sozialisation** oder ein Sozialisationsprozess vor allem auf das Lernen von Werten, Haltungen, Motivation sowie Unternehmenskultur ab (Kristof-Brown et al. 2005). Dies ist insofern relevant, als damit positive Effekte auf die organisatorische Selbstbindung, Arbeitszufriedenheit, Wechselneigungen und die Performanz resultieren können (Oh et al. 2014, S. 124). Es gilt die folgende, zusammenfassende Definition (Johns und Saks 2017, S. 277).

▶ **Personaleinführung** Personaleinführung ist ein Sozialisationsprozess. Lernen im Sinne der Sozialisation umfasst die Internalisierung von unternehmensspezifischen Werten, Haltungen, Wissen und Handlungen, die notwendig sind, um eine neue Rolle ausführen zu können.

Methoden der Personaleinführung bzw. der Sozialisation sind unter anderem Sozialisationstaktiken, Mitarbeiter-Orientierungsprogramme, Onboarding und Mentoring. Hier gilt es zu beachten, dass die Sozialisation an mehreren Zeitpunkten ansetzen kann, die vor dem Eintritt in das Unternehmen beginnen und beim Zusammentreffen als auch bei der Formung der Rolle im späteren Verlauf stattfinden kann (Feldman 1976, S. 434).

Sozialisationstaktiken
Sozialisationstaktiken (van Maanen und Schein 1979, S. 232) richten sich auf zwei verschiedene herauszubildende Rollenverständnisse (Jones 1986, S. 263): institutionalisierte

und individualisierte Sozialisationstaktiken. Ersteres Bündel an Taktiken hat ein **bewahrendes** und letzteres ein **veränderungsbereites Rollenverständnis**.

Eine institutionalisierte Sozialisationstaktik richtet sich vor allem auf typische und regelmäßig erforderliche Rollen. Eine extreme Zuspitzung erfährt diese Sozialisationstaktik bei Servicekräften in der Systemgastronomie. Hier geht es um das Funktionieren nach einem präzisen Drehbuch und fast schon um den Verzicht auf Individualität.

Eine individualisierte Sozialisationstaktik passt zu Rollenverständnissen, die auf selbstständigen Analysen und Entscheidungen beruhen. Die darauf gerichtete Sozialisationstaktik stärkt die Individualität und Erfahrungen von Mitarbeitern.

Die Sozialisationstaktiken bilden ein Kontinuum. Allerdings finden sich Taktiken nur in Ausnahmefällen als Extrema eines Kontinuums wieder. Beispiele sind etwa die Sozialisierung von Soldaten oder von Kreativdirektoren in Werbeagenturen. Eher changieren die Erwartungen an zu sozialisierende Mitarbeiter zwischen diesen beiden Extrema. Entsprechend ist eine Sozialisierung genau dann erfolgreich, wenn der passende Ausschnitt auf dem Kontinuum von bewahrendem bis hin zu veränderungsbereitem Verständnis erreicht wurde und Mitarbeiter genau wissen, was von ihnen erwartet wird. Abb. 4.2 skizziert die Sozialisationstaktiken.

Kontextbezogen werden bei einer kollektiven Taktik gemeinsame Lernerfahrungen mit anderen neuen Mitarbeitern erzeugt, um standardisierte Reaktionen auf Situationen zu erzielen. Im individuellen Sozialisierungskontext erfährt jeder Neuankömmling ein eigenes Lernerlebnis, das Heterogenität in seinen Reaktionen ermöglicht. Formal bedeutet dies, dass neue Mitarbeiter von anderen Organisationsmitgliedern im ersten Sozialisati-

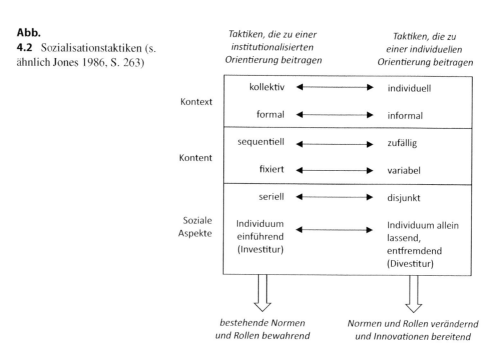

Abb. 4.2 Sozialisationstaktiken (s. ähnlich Jones 1986, S. 263)

onsprozess getrennt werden. Mit informalen Taktiken werden die neuen Mitarbeiter hingegen Teil von Arbeitsgruppen und das Lernen findet „on-the-job" statt.

In der **kontentbezogenen Kategorie** liefern sequenzielle Taktiken neuen Mitarbeitern explizite Informationen über die Abfolge des Sozialisationsprozesses und der Lernziele, die sie im Unternehmen durchlaufen, während zufällige Taktiken keine festen Abläufe vorsehen. Fixierte Taktiken liefern genaue Kenntnisse über den Zeitplan der Sozialisierung. Im Gegensatz dazu liefern variable Sozialisationstaktiken keine Informationen darüber, wann neue Mitarbeiter eine bestimmte Stufe in einem Lernprozess erreichen.

Bei den **sozialen Aspekten** eines Sozialisierungsprozesses und der seriellen Taktik fungieren erfahrene Organisationsmitglieder als Vorbilder für neue Mitarbeiter. In disjunktiven Prozessen müssen jedoch eigene Definitionen von Situationen entwickelt werden, da keine Rollenvorbilder zur Verfügung stehen. Die letzten beiden Taktiken – Investitur, Devestitur – umfassen den Grad, in dem neuen Mitarbeiter von erfahrenen Organisationsmitgliedern soziale Unterstützung erhalten. Bei einer positiven Unterstützung kann es bei neuen Mitarbeitern zu einer Bestätigung ihrer Kompetenzen kommen, die zu einer bewahrenden Rollenorientierung führt. Negative Unterstützung kann hingegen dazu führen, dass Individuen Definitionen von Situationen in Frage stellen und damit eine innovative Rollenorientierung annehmen (Jones 1986, S. 263–265).

Der Sozialisationsprozess ist nicht nur eine passive Internalisierung, die lediglich durch äußere Umstände induziert wird. Ein neuer Mitarbeiter kann auch **ein proaktives Verständnis der Sozialisation** vornehmen und Einfluss auf die eigene Rolle nehmen. Dies kann durch die Veränderung von Arbeitsverständnissen durch Verdeutlichung von Erfahrungen der Zusammenarbeit erreicht werden (Ashford und Black 1996, S. 200 f.). Positive Folgen können eine verbesserte Aufgabenbewältigung, Performanz, Rollenklarheit, Arbeitszufriedenheit und Selbstbindung an die Organisation sein (Song et al. 2016, S. 43).

Mitarbeiter-Orientierungsprogramme
Mitarbeiter-Orientierungsprogramme sind systematische Einführungsprogramme für neue Mitarbeiter, die darauf abzielen, sich mit dem Unternehmen, der Arbeitsstelle und den neuen Kollegen vertraut zu machen (Klein und Weaver 2000, S. 48). Folgende Themen werden überwiegend in solchen Programmen behandelt: Gesundheits- und Sicherheitsaspekte, Arbeitsbedingungen, die Organisation selbst, zum Beispiel ihre Geschichte oder eine Einführung- und Begrüßungsrunde bei den Mitarbeitern (Wanous und Reichers 2000, S. 436).

Ein gut angelegtes Orientierungsprogramm kann dabei helfen, dass neue Mitarbeiter ein besseres Verständnis des Unternehmens und dessen Zielen und Werten erlangen. Zudem bereitet es die produktive Zusammenarbeit mit den Kollegen vor und idealerweise resultiert eine frühzeitige Selbstbindung an das Unternehmen (Klein und Weaver 2000, S. 59).

Onboarding

Ein gängiges Orientierungsprogramm ist das Onboarding. Es umfasst ein Bündel von Praktiken, um die Sozialisation von Neuankömmlingen zu erleichtern. Dabei kann das Onboarding in drei Kategorien unterteilt werden: Informations- (Kommunikation, Ressourcen, Training), Willkommens- und Guide-Programme (Klein et al. 2015, S. 263 f.). Folgende Illustration 4.1 zeigt beispielhaft das Onboarding Programm bei BASF.

> **Illustration 4.1 Onboarding Programm der BASF**
>
> Das Willkommensprogramm soll den neuen Mitarbeitern einen erfolgreichen und angenehmen Start bei BASF ermöglichen. Neuen Angestellten steht während des Programms ein Kollege zur Unterstützung zur Seite, es gibt Infoveranstaltungen und einen Überblick über die gesamte BASF.
>
> Das Programm ist aufgeteilt in 3 Phasen. In der ersten Phase handelt es sich um den Ankunftstag, bei dem die Angestellten empfangen werden, ihre Kollegen und den Arbeitsplatz kennenlernen und es genug Zeit für jegliche Art von Fragen gibt. Die zweite Phase setzt voraus, dass die Angestellten ihre Ziele, Kollegen und ihr Arbeitsumfeld nun kennen und sie sich jetzt mit der Strategie der BASF und dem Unternehmen an sich verstärkt auseinandersetzen. In der dritten und letzten Phase geht es darum, sich in der BASF zu integrieren, sich ein Netzwerk aufzubauen und auch eigenständige Ideen in das Unternehmen einzubringen (BASF SE o. J.). ◄

Mentoring

Unter Mentoring wird üblicherweise eine Beziehung zwischen einer älteren und erfahrenen Person (Mentor) und einem weniger erfahrenen Mitarbeiter (Mentee) verstanden, der in seiner anfänglichen Karriereentwicklung gefördert wird. Es können vor allem drei Kernkriterien für die Definition von Mentoring herausgearbeitet werden: Es muss eine Reziprozität, eine positive Kompetenzentwicklung und eine regelmäßige Interaktion zwischen Mentor und seinem Mentee vorliegen (Haggard et al. 2011, S. 2; Montgomery 2017, S. 2). Beispielsweise ist ein charismatischer Vorgesetzter, der lediglich gute Ratschläge parat hat, per Definition nicht als ein Mentor zu verstehen.

Das Mentoring verfolgt dabei unter anderem zwei Funktionen: die psychosoziale Förderung sowie die Karriereentwicklung. Die **psychosoziale Funktion** bezeichnet Aspekte in der Austauschbeziehung, die eine verbesserte Handlungsfähigkeit, Selbstvertrauen und Effektivität des Mentees hervorrufen können. Dies kann erreicht werden, indem der Mentor als Rollenmodell fungiert und damit bestimmte Einstellungen und Werte als auch Handlungsweisen an den Mentee weitergibt. Die Möglichkeit der Beratung dient dazu, Probleme und Bedenken in beruflicher Hinsicht sowie Konflikte zwischen Privat- und Berufsleben zu diskutieren und Ratschläge vom Mentor einzuholen. Die **Karrierefunktion**, wie der Name schon sagt, soll die Fortschritte in der Karriere sicherstellen. Hier kann der Mentor sich für eine Beförderung des Mentees einsetzen, die Sichtbarkeit bei relevanten Stakeholdern erhöhen, Stärken und Schwächen identifizieren und Arbeitsstrategien vorschlagen (Arthur und Kram 1985, S. 614; Ghosh und Reio 2013, S. 107).

4.1.4 Kritik

Diese Ausführungen zur Rekrutierung hinterlassen einen unzufriedenstellenden Eindruck. Das Personalmarketing, die Personalauswahl und die Personaleinführung lassen nicht systematisch erwarten, Handlungsvermögen, -bereitschaften und -potenziale adäquat ausschöpfen zu können. Die Menge an Fallstricken reicht von der nicht gelingenden Auslösung passender Bewerbungen, über die durchaus naheliegende Fehlmessung von erwarteten Eigenschaften, Fähigkeiten und Potenzialen bis hin zu einer eher zähen Personaleinführung. Irgendwelche Unzufriedenheiten werden bei den meisten Rekrutierungsprozessen vorliegen. Die Vielfalt und die ständige Weiterentwicklung von Ideen und Maßnahmen in der Praxis sind vor allem dadurch zu erklären.

Es stellt sich die ernst gemeinte Frage, warum Unternehmen dennoch gut funktionieren? Aus dem Grundmodell der Wertschöpfung (s. Kap. 1) lässt sich eine Antwort formulieren. Jeder Rekrutierungsprozess hat das Ziel, Handlungen nach der erfolgten Einstellung zu beeinflussen und damit auch zu lenken. Etwaige erste Defizite können so ausgeglichen werden. Hinzutreten aber immer auch die Organisationsgestaltung, emergente Phänomene, organisatorische Veränderungen oder auch die interaktionelle Führung. Von allen geht eine Handlungslenkung aus, die ebenfalls Rekrutierungsdefizite mildern oder kompensieren kann. Versetzungen, eine enge Anbindung an Vorgesetzte oder an ein Kollegium können anfangs nicht ausgeprägte Eigenschaften, Fähigkeiten und Potenziale schließlich ausschöpfen.

Aber auch die strukturelle Führung selbst funktioniert in weiten Teilen als Variante zur Milderung von Rekrutierungsdefiziten. Die folgenden Kapitel beschreiben dies über die Qualifizierung und den Einsatz von Humanressourcen.

4.2 Qualifizierung und Einsatz von Humanressourcen: Personalentwicklung, Arbeitsstrukturen, Gruppenarbeit

4.2.1 Personalentwicklung

4.2.1.1 Grundlegung und Objekte des Lernens

Vermutlich sind bei keinem Beschäftigungsverhältnis arbeitgeberseitige Erwartungen an Aufgabenerfüllung dauerhaft deckungsgleich mit dem Handlungsvermögen von Mitarbeitern. Ursachen für solche Differenzen sind beispielsweise Rekrutierungsdefizite, innovative Technologien, neue Formen der Kooperation, Wertewandel oder Hierarchieabbau.

Die Notwendigkeit von Personalentwicklung wird deutlich. Das heißt, Mitarbeiter und Führungskräfte sollen notwendiges Wissen, Kenntnisse und Fähigkeiten für die Umsetzung arbeitgeberseitiger Erwartungen lernen. Es gilt die folgende Definition.

▶ **Personalentwicklung** Personalentwicklung bezeichnet einen Prozess, in dem Differenzen zwischen aktuellem und erforderlichem Handlungsvermögen aufgehoben sowie Handlungsbereitschaften und -potenziale aufgebaut werden sollen.

Diese Definition stellt Lernen in den Mittelpunkt. Personalentwicklung ist demnach nichts anderes als Lernen, das auf unterschiedliche Themengebiete, Anlässe und Ansprüche bezogen wird. Dies wird hier so interpretiert, dass jegliche Überlegungen zur Personalentwicklung auf Lernen bzw. Lerntheorien beruhen. Lerntheorien prägen dann Personalentwicklungsverfahren oder -maßnahmen, indem sie Möglichkeiten und Herangehensweisen des Lernens aufzeigen. Lernen wird damit über das Handeln selbst und dessen Modifikation gesteuert. Es gilt die folgende Definition (Johns und Saks 2017, S. 55).

▶ **Lernen** Lernen beschreibt eine andauernde Handlungsänderung, die durch Wiederholung, Erfahrungen und Kognitionen hervorgerufen wird.

Was kann alles in Unternehmen der **Gegenstand von Personalentwicklung** bzw. des Lernens sein? Es fallen sofort Lernobjekte ein, wie Umgang mit Software und Programmiersprachen, Maschinenbedienung, Führungsstilen oder Gesprächsführung. Eine solche Auflistung bedarf einer Systematisierung, um nicht eine schier endlose Reihung von einzelnen Schulungsmaßnahmen vorlegen zu müssen. Es lassen sich vier als Kompetenzen beschriebene Felder des Lernens in Unternehmen differenzieren:

Kompetenzen durch Fertigkeiten und Wissen
Dies sind typische Kompetenzen, die als erstes in Verbindung mit Personalentwicklung gesetzt werden. Sie reichen von der Maschinenbedienung über die Anwendung und Programmierung von Software bis hin zu Wissen, das durch unternehmensspezifische Rahmenbedingungen entstehen soll.

Intrapersonelle Kompetenzen
Angesprochen sind Selbstmanagement, Selbstreflektion, Handlungsregulation und alles das, was zur Bewältigung organisatorischer Probleme erforderlich ist. Dies ist von Position zu Position stark unterschiedlich. Polizisten etwa, die auf Demonstrationen eingesetzt werden, brauchen spezifische Kompetenzen, um ihre Emotionen in geordnete Bahnen zu lenken.

Interpersonelle Kompetenzen
Interpersonelle Kompetenzen richten sich auf den adäquaten Umgang mit Personen und Abteilungen innerhalb und außerhalb des Unternehmens. Beispielsweise umfasst dies den Umgang mit renitenten Kunden oder richtet sich dabei auf Verfahrensweisen, um den Kontakt aufrechtzuerhalten und einen Verkaufsabschluss zu erreichen. Für Führungskräfte sind das Beratungs- und Konfliktgespräche sowie das jeweils enthaltene Feedback zu zentralen Themen. Auch Präsentationen und sicheres Auftreten zählen zu diesen Kompetenzen.

Kompetenz einer kulturellen Aufmerksamkeit
Später (s. Kap. 9) wird der Unternehmenskultur bzw. den geteilten Werten und Normen größte Bedeutung für das Funktionieren von Unternehmen zugesprochen. Das Erkennen und der Umgang mit Werten und Normen ist keine Selbstverständlichkeit. Eine Aufmerksamkeit für diese Zusammenhänge und ein entsprechend behutsamer Umgang hilft Mitarbeitern und Führungskräften bei der Interpretation und auch Entwicklung dieser so zentralen Größe.

Die im folgenden vorgestellten Verfahren sollen die Bandbreite der Personalentwicklungserfordernisse skizzieren.

4.2.1.2 Verfahren der Personalentwicklung
Verfahren der Personalentwicklung werden üblicherweise nach ihrer Koppelung an arbeitsplatzbezogene Handlungen unterschieden: Das sogenannte Training „on-the-job" findet während der Aufgabenvollzüge statt. Training „off-the-job" hingegen ist davon getrennt. Mit beiden Varianten können alle vier angesprochenen Kompetenzarten erlernt werden. Je substanzieller und weitgreifender die zu erlernende Kompetenz ist, umso eher rückt die Distanz zum Arbeitsplatz in den Vordergrund. Dies eröffnet einen Perspektivenwechsel und erfordert im Arbeitsgeschehen große zeitliche Freiheiten, die aber oft fehlen.

Tab. 4.2 stellt exemplarisch Methoden der Personalentwicklung vor. Lerntheorien schließen sich daran an.

Die Liste ließe sich erheblich erweitern, da die Praxis voll von kaum zu überblickenden unterschiedlichen Verfahren ist. Inhaltlich gründet eine solche Vielfalt in der Verschiedenartigkeit von Unternehmenssituationen, in denen gelernt werden soll. Sie zielen zunächst auf spezifische Ausprägung individueller und organisatorischer Beweggründe des Handelns ab (s. Kap. 2). Führt man sich beispielsweise alleine nur die Unterschiedlichkeiten von Haltungen vor Augen, so resultieren mannigfaltige Voraussetzungen für die Auseinandersetzung mit Lernobjekten. Des Weiteren bilden für das Lernen die gesamte Ressourcentransformation sowie die Moderation der Wertschöpfung Ausgangspunkte. Der resultierende Facettenreichtum sowie die Ausrichtung auf dynamische Umweltbedingungen (s. Kap. 12) erklärt dann auch, warum immer neue Verfahren entwickelt werden.

Tab. 4.2 Methoden der Personalentwicklung (Wegerich 2015, S. 44–46)

Methode	Beschreibung
Training „on-the-job"	
Erfahrungslernen am Arbeitsplatz	Weiterbildung innerhalb der konkreten Arbeitssituation im Hinblick auf ihre technischen, organisatorischen und sozialen Momente.
Mentoring	Beratung, Begleitung und Förderung von Kompetenzen durch eine erfahrene Person.
Coaching	Persönliche Weiterentwicklung durch Feedback von Experten und Reflexion von Handlungen sowie die Planung weiterer beruflicher Schritte.
Supervision und kollegiale Beratung	Fokus auf Situationsanalyse in Einzel- oder Gruppengesprächen unter Leitung eines Supervisors mit spezifischen Fach-, Methoden- und Sozialkompetenzen; Reflexion des eigenen Führungsverhaltens, Umgang mit Kollegen und der eigenen Rolle im Unternehmen.
Selbststudium	Selbstständige Weiterbildung (zum Beispiel mit Lehrbüchern, Fachzeitschriften, Nachschlagewerken oder Anleitungen zum Arbeitsprozess).
Training „off-the-job"	
Interne betriebliche Weiterbildung	Qualifizierungsmaßnahme, die mit internen oder externen Trainern und mit inhaltlicher Ausrichtung auf betriebsspezifische Belange durchgeführt werden.
Externe betriebliche Weiterbildung	Qualifizierungsmaßnahme, die außerhalb des Unternehmens bei externen Trägern durchgeführt wird.
Arbeitsplatzwechsel (Job-Rotation)	Systematischer Arbeitsplatzwechsel für einen begrenzten Zeitraum. Einbringen von Wissen und eigene Kompetenzerweiterung sowie Vermittlung von übergreifenden Schlüsselqualifikationen.

4.2.1.3 Lerntheorien

Alle angesprochenen Methoden der Personalentwicklung basieren auf der Idee des Lernens. Lerntheorien skizzieren den Weg, wie neues Wissen und Kompetenzen von Mitarbeitern internalisiert werden. Lerntheorien umfassen also substanzielle Ideen, wie Individuen Fähigkeiten und Wissen so verarbeiten, dass eine dauerhafte Handlungsänderung eintritt. Entsprechend wird Personalentwicklung hier als untrennbar von Lerntheorien betrachtet. Es gilt die folgende Definition.

▶ **Lerntheorien** Lerntheorien sind eine Spezifikation des Lernens als Muster von Rahmenbedingungen und Schritten.

Ohne die Kenntnis, welche psychologischen Mechanismen beim Lernen wirken und vor allem, wer alles am erfolgreichen Lernen beteiligt ist, bleibt Personalentwicklung orientierungslos. Es bedarf daher einer lernpsychologischen Fundierung in der Personalentwicklung (Reio und Batista 2014). Eine Missachtung dieser Mechanismen ist eine zentrale Ursache, wenn von gescheiterter Personalentwicklung gesprochen wird. Dies offenbart sich, wenn die angestrebte, dauerhafte Änderung von Handlungen ausbleibt. Genau einen solchen Sachverhalt greift die folgende Illustration 4.2 auf.

4.2 Qualifizierung und Einsatz von Humanressourcen: Personalentwicklung, …

Illustration 4.2 Courier Cats

Um wettbewerbsfähig zu bleiben, aktualisieren viele Unternehmen regelmäßig ihre Software. Dies war auch bei Courier Cats der Fall, einem kleinen, aber profitablen Kurierdienstleister. Um die Auslieferung und Verfolgung von Paketen zu verbessern, entschied sich die Firma, in eine neue Software zu investieren. Die Geschäftsleitung versprach sich davon nicht nur eine Umsatzsteigerung, sondern auch eine Verbesserung der Servicequalität.

Weil die neue Software viel komplexer und anspruchsvoller als ihr Vorgängerprodukt war, mussten die Mitarbeiter einen Tag lang eine Schulung besuchen, um das neue System zu erlernen. Einen festen Zeitpunkt zur Umstellung des Gesamtsystems gab es allerdings nicht.

Sechs Monate nach Einführung der neuen Software haben immer noch viele Mitarbeiter das alte System verwendet. Während einige von ihnen es ablehnten, die neue Software zu verwenden, waren andere der Auffassung, dass sie nie in der Lage wären, das neue System zu benutzen (Johns und Saks 2017, S. 75). ◄

Ganz offensichtlich zeigt die Illustration 4.2 eine gescheiterte Personalentwicklungsmaßnahme. Den Mitarbeitern gelingt es nach den lediglich informierenden Schulungen nicht, die neue Software in den Alltag zu überführen. Die Kosten des Scheiterns sind nicht benannt, übersteigen aber die reine Durchführung der Schulung sicherlich deutlich, vor allem, wenn auch die verlorenen Gewinne einer erfolgreichen Systemumstellung mit einkalkuliert werden. Fragt man nun nach den Ursachen, so werden viele bei der Qualität der Trainer, bei der Überschätzung der Mitarbeiter oder der Länge der Schulungsmaßnahmen ansetzen.

Hierin können überall Ursachen liegen. Besonders weitreichend ist jedoch, dass eine lerntheoretische Fundierung der Personalentwicklung bei Courier Cats fehlt. Erst diese ermöglicht eine Erklärung des Falles. Besonders relevant sind zwei Lerntheorien:

- Zum einen die Idee, dass Rückkoppelungen für ein Lernen unerlässlich sind und in diesem Fall insbesondere von Vorgesetzten ausgehen sollten. Dies nennt man operantes Lernen.
- Zum anderen verweist die sozialkognitive Lerntheorie auf individuelle Befähigungen, so dass ein selbstgesteuertes Lernen stattfinden kann. Auch dies erfolgte bei Courier Cates nicht.

Theorie des operanten Lernens

Die Theorie des operanten Lernens geht auf Skinner (1938) zurück. Sie beschreibt, wie durch den Einsatz bestimmter Stimuli erwünschtes Verhalten entweder gefördert oder erhalten und wie unerwünschtes Handeln reduziert werden kann (s. Abb. 4.3). Anders

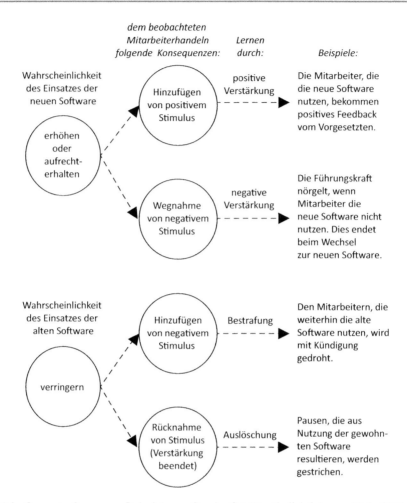

Abb. 4.3 Operantes Lernen am Beispiel von „Courier Cats" (s. ähnlich Johns und Saks 2017, S. 61)

ausgedrückt: Eine Person zeigt ein bestimmtes Handeln und es folgt ein Stimulus, um die Wahrscheinlichkeit für das zukünftige Handeln zu verändern.

Verstärker
Stimuli für die Förderung von Verhalten werden positive und negative Verstärker genannt. Ein **positiver Verstärker** bezeichnet das Hinzufügen eines angenehmen Reizes, wenn eine bestimmte Handlung durchgeführt wurde. Beispielsweise könnten Mitarbeiter bei Courier Cats ein positives Feedback in Form von Anerkennung erhalten oder es wird ihnen eine Belohnung versprochen, wenn sie erfolgreich die neue Software verwenden. Ein **negativer Verstärker** bezeichnet das Wegnehmen eines negativen Reizes, um eine Handlungsfolge zu erreichen. Beispielsweise könnte die Führungskraft sich ständig bei den Mitarbeitern beschweren und herumnörgeln, weshalb sie nicht die neue Software benutzen.

Das Entfernen des negativen Verstärkers besteht dann darin, dass der Vorgesetzte das Nörgeln einstellt, wenn die Mitarbeiter die neue Software schließlich verwenden.

Bestrafung
Lernen von bestimmtem Verhalten kann auch aus der umgekehrten Perspektive gelenkt werden. Das heißt, nicht erwünschtes Handeln kann durch Bestrafung oder Auslöschung reduziert werden. Bestrafung meint das Hinzufügen eines negativen Stimulus. Beispielsweise könnte die Führungskraft die Mitarbeiter bestrafen und mit einer Kündigung drohen, wenn sie die neue Software nicht verwenden. Die Anwendung von Bestrafung ist für Unternehmen allerdings nicht die erste Wahl und sollte nur mit Bedacht gewählt werden, da sie heftige emotionale Reaktionen auslösen kann und in der Regel keine Botschaft für erwünschte Alternativhandlungen beinhaltet. Daher kann das unerwünschte Verhalten bei Abwesenheit der Führungskraft wieder auftreten.

Auslöschung
Auslöschung beschreibt das Wegnehmen eines Verstärkers. Beispielsweise könnte die Ursache für das Nichtverwenden der neuen Software durch neu gewonnene Pausen resultieren. Dies liegt nahe, wenn die gewohnte Software und ein großzügigeres Zeitbudget für die neue Software aufeinandertreffen.

Schließlich ist auch von Bedeutung, wie häufig und mit welcher Verzögerung die Stimuli eingesetzt werden. Werden die Stimuli fast immer nach bestimmten Handlungen eingesetzt und erfolgt der Stimulus jeweils unmittelbar nach der Handlung, kann ein schneller Lernerfolg erreicht werden. Bedauerlicherweise sind die Lernerfolge nicht nachhaltig. Sobald die Häufigkeit des Reizes nachlässt, wird das erlernte Verhalten nicht mehr ausgeführt. Eine nachhaltige Handlungsänderung kann hingegen erreicht werden, wenn die Stimuli unregelmäßig und verzögert eingesetzt werden, Grund hierfür ist der Grad der Habituation. Bei zu häufigen und unmittelbar wiederholten Reizvorgaben schwächt sich die Orientierungsreaktion an den Reizen ab (Gluck et al. 2016, S. 73).

Sozialkognitive Theorie
Ein weiterer Lernansatz geht auf die sozialkognitive Theorie von Bandura (1989) zurück. Während die Theorie des operanten Lernens den Fokus auf eigene Lernerfahrungen setzt, wird diese Perspektive in der sozialkognitiven Theorie erweitert. Diese beschreibt kognitive Prozesse des Lernens in Bezug auf sich selbst und auch in Bezug auf andere Personen. Die Theorie umfasst drei zentrale Unterkonzepte: Beobachtungslernen, Selbstregulation und Selbstwirksamkeit (Bandura 1989).

Beobachtungslernen
Beobachtungslernen beschreibt, dass Handlungen von anderen Personen und die damit verbundenen Konsequenzen beobachtet werden. Führt eine beobachtete Handlung zu einer positiven Konsequenz, so steigt die Wahrscheinlichkeit, dass die Handlung imitiert wird, um ebenfalls diese positiven Konsequenzen zu erzielen. Andere Personen im Referenznetzwerk

können daher als Rollenmodelle fungieren, um bestimmte Handlungsweisen zu erlernen (Bandura 1979, S. 22–24). Wird das Verwenden der Software von einer Person bei Courier Cats belohnt – beispielsweise durch Lob und Anerkennung, monetär oder durch eine bessere Erreichung von Zielvorgaben –, so können andere Mitarbeiter die positiven Konsequenzen „on-the-job" beobachten und die Person imitieren.

Selbstregulation
Selbstregulation behandelt den individuellen, kognitiven Prozess für die Steuerung von Handlungen. Dabei sind die Mechanismen Selbstbeobachtung, Selbstbewertung und affektive Selbstreaktion wirksam. Eine Person beobachtet das eigene Handeln und setzt es zu einem internen Bewertungsmaßstab in Relation. Die Bewertung erfolgt dann auf Basis der Diskrepanz eigener Handlungen und des Maßstabs. Je nach Kongruenz oder Differenz von Handlung und Maßstab erfolgt eine positive bzw. negative emotionale Reaktion. Diese Reaktionen führen dann zu einer Beibehaltung oder Anpassung der Handlung, um die Kongruenz aufrechtzuerhalten oder die Diskrepanz zu reduzieren (Bandura 1991, S. 250–252). Bei Courier Cats könnten zusätzlich zu der Softwareschulung Selbstregulations-Trainings angeboten werden, die den Mitarbeitern helfen, ihr Verhalten zu beobachten und sich für das erfolgreiche Durchführen einer geforderten Handlung selbst zu belohnen.

Selbstwirksamkeit
Selbstwirksamkeit bezeichnet den Glauben an die eigenen Fähigkeiten, mit denen bestimmte Handlungen erfolgreich durchgeführt werden können. Daher können Personen mit objektiv gleichen Fähigkeiten unterschiedliche Leistungen zeigen, wenn die Selbstwirksamkeit variiert (Bandura 1997, S. 36). Da die Selbstwirksamkeitserwartung keine stabile Persönlichkeitseigenschaft ist, kann sie adressiert werden. Dabei können vergangene Erfolge einer Person eine Rolle spielen, das Beobachtungslernen wirken oder die Mitarbeiter durch das Hinweisen auf deren eigentliche Leistungsfähigkeit ermutigt werden, bestimmte Handlungen vorzunehmen (Johns und Saks 2017, S. 65). Bezogen auf Courier Cats könnten beispielsweise gezielte Selbstwirksamkeits-Trainings angeboten werden, in denen der Glaube an die eigenen Fähigkeiten gestärkt wird.

Eine weitere Möglichkeit ist die Anwendung der Goal-Setting Theorie (s. Kap. 2). Es wird mit der Führungskraft vereinbart, unter welchen spezifischen Umständen die neue Software eingesetzt werden sollte und wie diese im Einklang mit den Fähigkeiten der Mitarbeiter steht. Bei einer erfolgreichen Zielerfüllung steigert sich die Selbstwirksamkeit und es können in der Folge höhere Ziele gesetzt werden (Locke und Latham 2002, S. 714).

4.2.2 Arbeitsstrukturen: Zur Gestaltung intrinsischer Motivation

Ist eine bewusste und gerichtete Gestaltung der so relevanten intrinsischen Motivation realistisch oder gar möglich? Oder entsteht intrinsische Motivation eher beiläufig aus dem

Handeln heraus? Einen Hinweis auf die Antwort (s. Kap. 2) bietet die Definition, nach der intrinsische Motivation aus der Arbeit und deren Bedingungen entsteht. Sie ist somit zumindest nicht primär an Persönlichkeitsmuster gekoppelt, erfährt aber eine Unterstützung durch individuelle Beweggründe. Eine Reihe von Theorien haben genau die Ordnung und Rahmenbedingungen von Handlungen zum Gegenstand, welche den Weg zur intrinsischen Motivation weisen sollen.

Besonders bekannt und gut bewährt ist das sogenannte **Job Characteristics Model** (Hackman und Oldham 1976, S. 256). Grundsätzlich ist dieses Modell den in Kap. 2 vorgestellten Motivationskonzepten zuzuordnen, unterscheidet sich aber in folgendem Punkt: Das Modell liefert weniger eine Erklärung über individuelle Motivationsprozesse und wie diese entstehen, als dass es eine Reihe von Aufgaben- und Tätigkeitsmerkmalen postuliert, die ein bestimmtes Motivationspotenzial in sich tragen. Die Ausprägung der einzelnen Aufgabenmerkmale hat dementsprechend einen positiven oder negativen Einfluss sowohl auf die intrinsische Motivation der Mitarbeiter als auch auf deren Handeln.

Nicht zuletzt liefert dieses Modell nicht nur für die Forschung, sondern auch für die Praxis einen wichtigen Beitrag: Zum einen fokussiert es speziell den Arbeitskontext und ist nicht, wie beispielsweise die Selbstbestimmungstheorie, auf unterschiedliche Lebensbereiche übertragbar. Zum anderen liefert es aufgrund seiner Ausrichtung auf arbeitsgestalterische Faktoren automatisch Ansatzpunkte, um potenzielle motivationsfördernde Maßnahmen einzuleiten (Nerdinger et al. 2014, S. 361 f.). Abb. 4.4 stellt das Modell vor.

Hackman und Oldham (1976) unterscheiden in ihrem Modell zwischen **Aufgaben- und Handlungsmerkmalen** (Job Characteristics), die auf das **psychologische Erleben** eines Individuums einwirken. Das Modell basiert auf fünf zentralen und potenziell motivationsfördernden Aufgaben- und Tätigkeitsmerkmalen (Dunckel 1999, S. 206 f.):

1. Anforderungsvielfalt: Inwiefern ermöglicht der Job die Ausführung unterschiedlicher Tätigkeiten unter Anwendung unterschiedlicher Kenntnisse und Fähigkeiten?
2. Ganzheitlichkeit der Aufgabe: Kann die Erledigung einer Aufgabe vollständig verrichtet und von Anfang bis Ende begleitet werden?
3. Bedeutsamkeit der Aufgabe: Welchen Einfluss haben Handlungen auf die Arbeit anderer Personen?
4. Feedback: In welchem Ausmaß wird die Effektivität der eigenen verrichteten Tätigkeiten durch die Ausführung zurückgemeldet?
5. Autonomie: Bietet der Job die Möglichkeit, den Arbeitsablauf nach eigenem Ermessen zu planen und die Art und Weise der Verrichtung der Aufgaben selbstständig zu gestalten?

Die Ausprägungen der Aufgabenmerkmale beeinflussen psychologische Erlebenszustände der Individuen. Nach Hackman und Oldham (1976) sind das die erlebte Bedeutsamkeit der eigenen Arbeit, die erlebte Verantwortung für das Ergebnis der eigenen Arbeit und das Wissen über den eigenen Arbeitsfortschritt und die -ergebnisse. Daraus resultieren

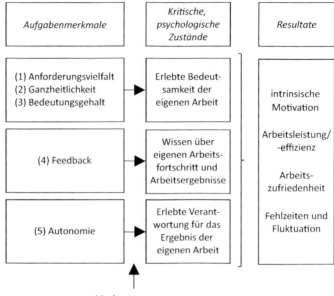

Abb. 4.4 Job Characteristics Model (s. ähnlich Johns und Saks 2017, S. 216)

Abb. 4.5 Berechnung des Motivationspotenzials (s. ähnlich Hackman und Oldham 1976)

persönliche und arbeitsspezifische Ergebnisse: intrinsische Motivation, Selbstverwirklichung, Arbeitszufriedenheit, Erwartungen hoher Effizienz und Effektivität sowie geringere Fluktuation und Fehlzeiten.

Jedoch kann der Einfluss hoch motivierender Arbeitsplätze auf gewünschte Resultate auch von weiteren **Moderatoren** beeinflusst werden. So können nicht vorhandene Kenntnisse und Fähigkeiten der Mitarbeiter den positiven Wirkungszusammenhang nivellieren, ein hohes Bedürfnis nach persönlicher Entfaltung kann jedoch den Effekt stärken. Zudem ist die Wirkung motivationsbeladener Tätigkeiten abhängig von Kontext- oder auch Hygienefaktoren, wie beispielsweise dem Gehalt, organisatorischen Regularien oder weiteren Maßnahmen des Personalmanagements. Liegt eine geringe Ausprägung dieser Hygienefaktoren vor, so sind solche Mitarbeiter weniger empfänglich für motivationsfördernde Tätigkeiten.

Für die Berechnung des gesamten Motivationspotenzials der fünf Faktoren schlagen Hackman und Oldham (1976) folgende Berechnungsformel vor (s. Abb. 4.5).

Bei diesen Überlegungen sticht für die praktische Anwendbarkeit vor allem ein Teil der Formel sofort ins Auge: Hat entweder die **Autonomie** oder das **Feedback** eine sehr geringe Ausprägung, so können die anderen Faktoren diese nicht ausgleichen und es resultiert ein niedriges Gesamtmotivierungspotenzial. Autonomie und Feedback sind somit starke Hebel, um das Gesamtmotivationspotenzial der Arbeitsbedingungen zu steuern. Die praktische Anwendbarkeit der Komponenten des Job Characteristics Models lässt sich anhand der Illustration 4.3 aufzeigen.

Illustration 4.3 Der Hausmeister – Ein perfekter Job?

Schaut man sich den Beruf und die Tätigkeiten eines Hausmeisters an und möchte das Motivationspotenzial basierend auf den Annahmen von Hackman und Oldham (1976) bewerten, so kommt man schnell zu dem Schluss, dass das gesamte Motivationspotenzial durchaus hoch ist:

Anforderungsvielfalt: Die Tätigkeiten eines Hausmeisters sind vielfältig und reichen von der Reparatur von Gartenzäunen bis hin zur Instandhaltung haustechnischer Anlagen wie beispielsweise einer Zentralheizung.

Ganzheitlichkeit: In der Regel begleitet ein Hausmeister seine Aufgaben von Anfang bis Ende und erledigt nicht nur Teilaufgaben. Ist zum Beispiel ein Türschloss nicht funktionsfähig, so ist seine Tätigkeit erst mit der Problembehebung abgeschlossen.

Bedeutsamkeit: Auch dieses Merkmal scheint bei einem Hausmeister ausgeprägt, da seine Handlungen unmittelbare Effekte auf seine Mitmenschen auslösen.

Autonomie: Grundsätzlich scheint ein Hausmeister autonom in der Art und Weise seiner Aufgabenbewältigung zu sein und hat keinen Vorgesetzten, dessen Anweisungen gefolgt werden muss. Er ist lediglich in geringem Maße abhängig von plötzlich auftretenden Problemen und den davon betroffenen Mitmenschen.

Feedback: Nicht zuletzt scheint auch das Feedback hoch ausgeprägt zu sein, denn beispielsweise erhält er für die Reparatur von technischen Geräten ein direktes Feedback der eigenen Tätigkeitsausführung.

Demnach sollten Hausmeister eine hohe Bedeutsamkeit und Verantwortung ihrer Arbeit erleben und Wissen über ihren Arbeitsfortschritt haben, was wiederum in einer hohen intrinsischen Motivation, hoher Arbeitszufriedenheit und erwarteter Effektivität und Effizienz mündet. ◄

Das von Hackman und Oldham (1976) postulierte Wirkungsgefüge findet empirische Untermauerung. Der Zusammenhang zwischen den Aufgaben- und Tätigkeitsmerkmalen und den Ergebnissen wie intrinsische Motivation, aber auch Leistung und Commitment, wurde bestätigt (Humphrey et al. 2007).

Über Gruppenarbeit erfolgt ein Arbeitseinsatz, der die individuelle, arbeitsstrukturelle Ebene nicht überflüssig macht, jedoch einen wichtigen leistungswirksamen Blickwinkel hinzufügt.

4.2.3 Gruppenarbeit

Gruppenarbeit findet ihre ersten ernst zu nehmenden Ansätze in der Automobilproduktion in den 70er-Jahren. Womack et al. (1991) haben in ihrer viel beachteten Studie die damalige Rückständigkeit europäischer Automobilhersteller gegenüber der japanischen Konkurrenz bezüglich Produktivität und Qualität untersucht. Unter anderem konnten sie als ein zentrales Unterscheidungsmerkmal feststellen, dass der Großteil der Verantwortung bei dem japanischen Konzept – im Vergleich zur europäischen Produktion – direkt bei kleinen Arbeitsgruppen liegt. Doch wann genau stellen eine Mehrzahl von arbeitenden Personen eine tatsächliche „Arbeitsgruppe" dar?

Rosenstiel und Nerdinger (2011) definieren eine **Arbeitsgruppe** über folgende Merkmale: Eine Arbeitsgruppe besteht aus

- mehreren Personen,
- die über einen längeren Zeitraum in direktem Kontakt stehen,
- bei der eine Rollenverteilung der Mitglieder stattgefunden hat,
- bei der Gruppennormen austariert wurden und
- bei der sich eine Gruppenkohäsion bzw. ein „Wir-Gefühl" entwickelt hat.

Eine klassische Fließbandstraße, bei der die Angestellten nacheinander Aufgaben bearbeiten, keine Koordination und Kooperation notwendig ist und bei der kein Austausch stattfindet, stellt demnach keine Arbeitsgruppe dar. Können jedoch Aufgaben gleichzeitig, von mehreren Personen „team-artig" bearbeitet und Kooperation sowie Austausch unabdingbar werden, so spricht man von einer Arbeitsgruppe. Die bereits angesprochenen Merkmale, die eine Arbeitsgruppe charakterisieren, stehen allerdings nicht direkt bei der Neuzusammensetzung einer Gruppe fest. Diese müssen sich zunächst entwickeln oder formieren.

Gruppenformierung
Bevor ein neu zusammengestelltes Team sich der gemeinsamen Aufgabenerledigung widmen kann, durchläuft es einen Entwicklungsprozess. Dieser kann anhand des folgenden **Phasenmodells** in fünf Stadien unterteilt werden (Tuckman 1965; Tuckman und Jensen 1977).

- Forming: Mitarbeiter orientieren sich zunächst, machen sich miteinander bekannt und ergründen die Ursache für ihr Zusammenkommen.
- Storming: Die zweite Phase ist von Diskussionen und möglichen Konflikten geprägt. Rollen, Verantwortungsbereiche und Umsetzungsideen prallen aufeinander, werden verhandelt und verteilt. Dabei kann es durchaus zu Meinungsverschiedenheiten und Machtkämpfen kommen.

- Norming: Für die zuvor entstandenen Konflikte wird in dieser Phase auf eine Lösung abgezielt, indem sich Gruppennormen herausbilden und Kompromisse eingegangen werden.
- Performing: Für eine fortbestehende Gruppe stellt dies die letzte Phase dar. Es geht um die gemeinsame Zielerreichung auf Basis der zuvor herausgebildeten Rollen und gültig gemachten Normen.
- Adjourning: Falls eine Arbeitsgruppe nur für einen bestimmten Zeitraum angedacht ist, wie es zum Beispiel bei Projektgruppen häufig der Fall ist, so löst sie sich in dieser Phase nach Erledigung der Aufgabe wieder auf und stellt das Ende der gemeinsamen Gruppenarbeit dar.

Diese Phasen machen deutlich, dass Arbeitsgruppen keineswegs direkt mit Beginn der Zusammenstellung ihr Leistungsmaximum zeigen können. Die ersten drei Phasen fokussieren sich viel mehr auf die Gruppenentwicklung, die Erledigung einer gemeinsamen Aufgabe rückt hierbei vorerst in den Hintergrund und wird erst wieder in der Performing-Phase relevant, in der dann ein Leistungsanstieg erkennbar ist. Jedoch gilt das Phasenmodell nicht für alle Arbeitsgruppen: Bei einer Besatzungscrew einer Airline, die auf jedem Flug in unterschiedlicher Besatzung zusammenarbeitet, sind die Verantwortungsbereiche bereits vor Abflug klar verteilt und auch geltende Normen müssen nicht erst von der Gruppe verhandelt werden. In solch einem Fall werden die ersten drei Gruppenentwicklungsstufen übersprungen.

Die bisherigen Ausführungen zur Gruppenformierung suggerieren eine Art Automatismus: Sofern die Phasen gut verlaufen sind, sei eine hohe Gruppenleistung wahrscheinlich. Doch dies ist nicht zwangsläufig der Fall. Einen Einblick für das Zustandekommen einer hohen Gruppenleistung, unter der Bedingung, dass eine Deadline besteht, veranschaulicht das Modell des „punktierten Gleichgewichts".

Punktiertes Gleichgewicht
Nicht immer ist eine Arbeitsgruppe fortbeständig. Das Ende markiert dann eine Deadline zur Erreichung einer erteilten Aufgabe, nach der sich die Gruppe auflöst. Diese Art einer Arbeitsgruppe findet sich häufig in Form von Projektgruppen in Unternehmen wieder, ist allerdings auch auf das universitäre Lehrsystem übertragbar: So werden Studierende, die an einem gleichen Seminar teilnehmen, zu Beginn des Seminars in Gruppen eingeteilt und bekommen die Aufgabe, gemeinsam eine Seminararbeit zu einem bestimmten Thema zu verfassen. Für die Abgabe der Seminararbeit gibt es eine Deadline, die das Ende der Gruppenarbeit darstellt.

Der Entwicklungsverlauf einer zeitweiligen Arbeitsgruppe wird von Gersick (1989) mittels der **Punctuated Equilibrium-Theorie** beschrieben. Gersick (1989) unterteilt den Zeitraum der Zusammenarbeit in eine erste Phase, die genau bis zur Hälfte („Midpoint") der Gruppenexistenz andauert. Danach beginnt die zweite Phase, die mit der Projektdeadline endet. Abb. 4.6 skizziert diese Theorie.

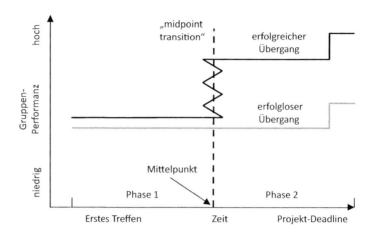

Abb. 4.6 Punktiertes Gleichgewicht (s. ähnlich Johns und Saks 2017, S. 232)

Die beiden Phasen unterscheiden sich grundlegend in der Aufgabenerledigung und in der sichtbaren Leistung der Gruppe. Entscheidend für eine erfolgreiche Beendigung des Projekts bzw. der Gruppenaufgabe ist vor allem der **Übergangszeitpunkt von Phase 1 zu Phase 2** („Midpoint Transition"). Phase 1 beginnt zunächst mit dem ersten Gruppenmeeting. Hier wird die Aufgabenplanung besprochen, Vorgehensweisen diskutiert und eventuelle Bedingungen abgeklärt. Auch wenn in dieser Phase kaum ein Fortschritt sichtbar ist, wird hier der Grundstein für das Gelingen der kommenden Phasen gelegt.

Die „Midpoint Transition" unterteilt die beiden Phasen. Zu genau diesem mittleren Punkt soll ein Treffen und die Präsentation aller bisherigen Zwischenergebnisse erfolgen. Deutlich wird die Notwendigkeit, erste Ergebnisse zu liefern und vorwärts zu kommen. Erforderlich ist dabei, dass die Durchführung der Midpoint Transition genau zur Mitte des Projektes terminiert ist. Dies baut einen einfach kommunizierbaren Druck auf und stellt einen entscheidenden Prädiktor zur Erreichung des Gruppenziels dar. Hierbei kann sich die Gruppe an der in Phase 1 geplanten Vorgehensweisen orientieren. So wird es möglich, bisherige Überlegungen zu verwerfen und eine neue Herangehensweise zu etablieren.

Führungskräfte, die dieses Treffen der Midpoint Transition durchführen, sollten sehr genau über die bisherigen Entwicklungen informiert sein, um passende Anstöße geben zu können. Dies ist die kritische Situation, in der grundlegende Änderungen des bisherigen Projektverlaufs angestoßen werden können. An dieser Stelle entscheidet sich der Erfolg einer solchen Gruppenarbeit.

Auch wenn dieses Modell nicht immer eins zu eins auf die Praxis anwendbar ist, können doch einige Erkenntnisse daraus gewonnen werden. So ist es zum Beispiel nicht unüblich, dass zu Beginn eines Projekts keine direkten Erfolge sichtbar werden. Erst im weiteren Verlauf der Projektarbeit treten diese auf. Die strikte Zeitplanung macht dann unmissverständlich klar, wann die halbe Zeit endet. Eine derartige Gruppendynamik kann, auch durch ein Vorgesetztenfeedback unterstützt, zu einem zielgerichteten Selbstverständnis führen. Das heißt, die Aufgabenschwerpunkte werden weg von einer immer breiteren Informationssuche, hin zu einer Bündelung von Lösungsideen gelenkt.

Einer solchen Gruppendynamik würden unscharfe zeitliche Vorgaben oder die Erwartungshaltung, bei Schwierigkeiten „sei eine Verschiebung des Zeitplans realistisch", entgegenstehen. Die eindeutig eingehaltene Halbzeit und aufkommende Formulierungen, wie Bergfest oder halb leeres Glas tragen zur Umlenkung der einzelnen Handlungsschwerpunkte und der Zusammenarbeit bei. Ein Eingehen auf Verschiebungswünsche, schon in der ersten Phase, ist kein guter Ansatz.

Gruppenkohäsion
Neben den Entwicklungsphasen hat ein weiteres Merkmal in der Erforschung von Arbeitsgruppen viel Aufmerksamkeit erhalten: Die Gruppenkohäsion meint nach Festinger (1950, S. 274): „the resultant of all the forces acting on members to remain in the group".

Von anderen Autoren wird Gruppenkohäsion auch als **dynamischer Prozess** beschrieben, der die Tendenz zum Zusammenhalt zur Verfolgung der Gruppenaufgaben und -ziele meint (Carron 1982, S. 124). Bei den zuvor von Festinger beschriebenen „forces" lassen sich drei Faktoren nennen, die das Maß der Gruppenkohäsion bedingen:

- das Prestige der Gruppe,
- die Attraktivität der Gruppenmitglieder und
- die Attraktivität der Gruppenaufgaben.

Der Gruppenkohäsion kommt im wirtschaftswissenschaftlichen Kontext deshalb viel Beachtung zu, da metaanalytische Untersuchungen einen starken Zusammenhang zwischen **Gruppenkohäsion und Gruppenleistung** zeigen konnten (Mullen und Copper 1994):

- Dabei zeigte sich unter anderem, dass dieser Zusammenhang bei kleineren Gruppen deutlicher ausfällt als bei größeren Gruppen.
- Zudem besteht deutliche Evidenz dafür, dass nicht nur das Maß der Gruppenkohäsion die Leistung beeinflusst, sondern vielmehr Handeln und Leistung zu einer Steigerung der Gruppenkohäsion beitragen.
- Auf der anderen Seite konnte jedoch auch gezeigt werden, dass ein hohes Maß an Gruppenkohäsion nicht ausnahmslos vorteilhaft ist. So können Gruppen mit einem hohen Maß an Gruppenkohäsion dazu tendieren, eigene Normen zu entwickeln, die entgegen der Ziele und Normen des Unternehmens stehen. Diese wiederum könnten sich in einer geringeren Arbeitsleistung niederschlagen (Seashore 1954).

Auch wenn die Gruppenkohäsion nicht gänzlich kontrollierbar scheint und nicht eindeutig formulierbare Erfolgsfaktoren zur Steigerung einer Gruppenkohäsion existieren, gibt es durchaus Ansatzpunkte, die eine Steuerung möglich machen. So kann bei einer Neuzusammensetzung einer Arbeitsgruppe über die Gruppengröße und -beständigkeit nachgedacht werden. Auch vor dem Hintergrund, dass Leistung zur Steigerung der Gruppenkohäsion führt, ist hier denkbar, frühe Erfolge einer Gruppe sichtbar zu machen. Möglichkeiten bestehen beispielsweise in der Präsentation von Zwischenständen.

4.3 Vergütung: Effizienzlohn und Lohndifferenzierungen

4.3.1 Arbeitsmärkte und Vergütungshöhen

4.3.1.1 Konkurrieren sich Löhne und Gehälter nach unten?
a) Preisbildung auf Güter- und Arbeitsmärkten
Auf dem Arbeitsmarkt treffen Angebot und Nachfrage nach vergleichbaren Handlungsbereitschaften, -kompetenzen und -potenzialen aufeinander. Dieses Aufeinandertreffen erfährt eine Prägung vor allem durch fachliche und regionale Knappheit. So erfahren Löhne – im Sinne von monatlich in Abhängigkeit von geleisteten Stunden variierenden Zahlungen – und Gehälter – im Sinne vertraglich fixierter Zahlungen für die erwartete Arbeitsleistung – auf dem Arbeitsmarkt ihre grundlegende Bestimmung. Gehälter und Löhne sind jedoch nicht nur Marktkräften ausgesetzt. Hinzu treten tarifvertragliche Festlegungen oder Unternehmensstandards, die nicht selten in übertarifliche Zahlungen und Leistungen münden.

Jedoch sind Löhne und Gehälter **keine Preise** im eigentlichen Sinne. Eine Preisfindung beispielsweise bei Handyhüllen, Gebrauchtwagen oder Flugreisen resultiert einfach durch das Zusammenspiel von Angebot und Nachfrage. Spätestens durch deutliche Preissenkungen werden die meisten Güter abgesetzt. Es kann also bei Handyhüllen, Gebrauchtwagen oder Flugreisen zu einer Markträumung kommen, wenn sich die angebotene Menge und die Nachfrage in einem Gleichgewichtspreis decken. Der Unterschied zu Arbeitsmärkten besteht darin, dass Arbeitslosigkeit herrscht, also kein markträumendes Lohnniveau entsteht. Eine solche **Sockelarbeitslosigkeit** existiert selbst dann, wenn keine Mindestlöhne und keine tarifvertragliche Absicherung bestehen und sich ein Gleichgewichtslohn einstellt. Darüber hinaus existieren Beispiele von Gehaltszahlungen, die deutlich über einem Gleichgewichtslohn liegen. Auch dies ist auf einem Gütermarkt nur schwer darstellbar. Die folgende Illustration 4.4 stellt ein Beispiel dar.

> **Illustration 4.4 Hohes Lohnniveau bei Volkswagen**
>
> Das Geschäft von VW läuft trotz des Abgasskandals sehr gut und davon wollen auch die Beschäftigten etwas abbekommen. Fast 5 Prozent mehr Lohn wurde bei den letzten Tarifverhandlungen herausgeschlagen.
>
> Kontinuierliche Gewinne und eine ständig hohe Produktivität der Angestellten sorgen für einen Lohn auf sehr hohem Niveau, auch schon für Berufseinsteiger. Grundgehälter für 20-jährige Mitarbeiter, die gerade die Ausbildung beendet haben, können junge Akademiker oft nicht erreichen (Sorge 2018). ◄

4.3 Vergütung: Effizienzlohn und Lohndifferenzierungen

Diese angedeuteten Auffälligkeiten eines Lohnes in Arbeitsmärkten, der deutlich oberhalb des Gleichgewichtslohns liegt, ist in der Literatur durch den Begriff „**Effizienzlohn**" beschrieben (Franz 2009; Pindyck und Rubinfeld 2005, S. 828–830; Sesselmeier et al. 2010, S. 211–214). Es gilt die folgende Definition.

▶ **Effizienzlohn** Der Effizienzlohn bezeichnet einen Lohn, der oberhalb des Gleichgewichtslohns eines Arbeitsmarktsegmentes liegt. Der Zusatz „Effizienz" verweist auf Möglichkeiten, Handlungen wirksam zu steuern.

Auf Gütermärkten erfolgt die typische formale Darstellung der Preisbildung durch eine fallende Nachfrage- und eine steigende Angebotskurve. Den Schnittpunkt bildet dann der Gleichgewichtspreis für alle Güter. Demgegenüber ist auf Arbeitsmärkten lediglich die Arbeitsangebotskurve monoton steigend. Das heißt, bei steigendem Gehalt werden mehr Arbeitskräfte Interesse an Arbeitgebern mit hohen Gehaltsversprechen zeigen und sich dementsprechend dort bewerben. Die Arbeitsnachfrage verläuft jedoch nicht monoton fallend. Es handelt sich vielmehr um eine „rückwärts-geneigte" Funktion. Abb. 4.7 skizziert dies.

Die **rückwärtsgeneigte Arbeitsnachfrage-Kurve** eröffnet die Erklärung für die Besonderheiten von Arbeitsmärkten bei Gehaltsfindungen. Oberhalb des Schnittpunktes mit der Arbeitsangebotskurve ist die Arbeitsnachfrage schlüssig. Je höher das Gehaltsniveau liegt, umso weniger Unternehmen werden bereit sein, dieses zu zahlen. Unterhalb des Schnittpunktes mit der Arbeitsangebotskurve sinkt jedoch die Nachfrage ebenfalls stark ab. Der Grund liegt darin, dass der niedrige Lohnsatz ein geringes Qualifikationsniveau widerspiegelt. Für eine derartig niedrige Qualifikation haben Arbeitgeber – zumindest im westlichen Kontext – allerdings keine Position, die sie anbieten könnten. Zudem ist das

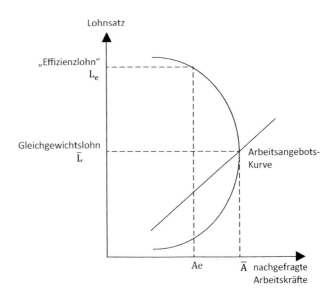

Abb. 4.7 Effizienzlohn (s. ähnlich Sesselmeier et al. 2010, S. 212)

Bildungsniveau in westlichen Ländern vergleichsweise hoch, sodass sich auch hier die Arbeitsangebotsgerade auf einem niedrigen Niveau befindet.

Blickt man dynamisch auf Arbeitsangebotssituationen, so liegt es nahe, dass immer weitere Effizienzlohn-Optionen resultieren werden. Dies führt dann entweder zu einem hohen Durchschnittslohn über dem Gleichgewichtslohn oder zu Unternehmen, die von einem neuen Effizienzlohn profitieren möchten. Zu beachten ist allerdings, dass ein solches „Hoch-Konkurrieren" von Gehältern nur bei hohen Qualifikationen funktioniert, die nicht leicht und kurzfristig austauschbar sind.

b) Effekte des Effizienzlohnes

Das Vorliegen des Effizienzlohnes führt zu verschiedenen Effekten. Aus der Differenz von $\bar{A}$ und A_e (s. Abb. 4.7) resultiert die **drohende Komponente** des Effizienzlohnes. Diese drohende Komponente ergibt sich aus der Besserstellung gegenüber dem Gleichgewichtslohn, der den Schnittpunkt von Angebot und Nachfrage widerspiegelt. Demnach werden Arbeitnehmer, die ein Gehalt oberhalb des Gleichgewichtslohns beziehen, eine potenzielle Kündigung mit dem Rückfall auf den niedrigeren Gleichgewichtslohn verknüpfen.

Über Drohungen hinaus existieren noch weitere Wirkungen durch den Effizienzlohn. Das folgende klassische Beispiel umfasst Hinweise darauf (s. Illustration 4.5).

Illustration 4.5 Zahlte Henry Ford Effizienzlöhne?

Am 12.01.1914 reduzierte die Ford Motor Company mit einem Schlag die tägliche Arbeitszeit von 9 auf 8 Stunden und verdoppelte nahezu den Mindestlohn von 2,34 auf 5,00 Dollar für männliche Arbeiter im Alter von 22 Jahren, deren Betriebszugehörigkeit mindestens ein halbes Jahr betrug.

Die Hauptgründe für diese Maßnahmen waren wohl Anreizwirkungen für eine höhere Produktivität zu schaffen, indem die Fluktuationsrate und die Abwesenheit vom Arbeitsplatz reduziert werden sollten.

Beide Aspekte sind zentrale Themen der Effizienzlohntheorie. In der Tat kommen Raff und Summers (1987) in einer empirischen Studie zu dem Ergebnis, dass die Erfahrungen der Ford Motor Company positiv waren und die Relevanz der Effizienzlohntheorie bestätigen – beispielsweise im Hinblick auf eine deutliche Verbesserung der Produktivität. Henry Ford stellte später fest: „The payment of five dollars a day for an eight hours day was one of the finest cost cutting moves we ever made." (Franz 2006, S. 325). ◄

Dieses Beispiel impliziert, dass die Besserbezahlung zu unternehmensspezifischen Vorteilen führen kann. Verschiedene Ursachen können hier wirken:

- Der **Incentivierungs-Effekt** basiert auf der Realität, dass Beschäftigte immer einen Spielraum für eigennutzorientiertes Handeln haben. Die Incentivierung durch ein Gehalt, das den Gleichgewichtslohn übersteigt und das Streben, diesen nicht zu verlieren,

4.3 Vergütung: Effizienzlohn und Lohndifferenzierungen

wirken ansporned. Dies hilft, Eigennutz von Hochqualifizierten in Bezug auf einen Stellenwechsel zu reduzieren.
- Eine **Fluktuationsreduktion** ist zusätzlich der Arbeitsmarktfriktion geschuldet. Das heißt, bei einem Arbeitsplatzverlust ließe sich in der Regel nicht kurzfristig eine alternative und gleichwertige Beschäftigung finden.
- Es besteht aber auch ein **Ansporn zur Bewerbung** auf Stellen zum Gleichgewichtslohn bezahlter Personen. Sie wollen sich dann für andere Unternehmen attraktiv machen, die den Effizienzlohn bezahlen. Das heißt, es kommt auch dann zu Bewerbungen, wenn ein Arbeitskräftemangel besteht.
- Ganz im Sinne der sozialen Austauschtheorie und dem sogenannten „**Gift/Exchange-Effekt**" befördert das „Schenken" eines hohen Gehaltes das „Schenken" einer hohen Leistung. Dieses Prinzip basiert auf dem Reziprozitätsgedanken. Auch wenn diese keine Gesetzmäßigkeit darstellt, liegt es zumindest nahe und wurde bereits als normatives Commitment diskutiert (s. Kap. 2).

Die rückwärtsgeneigte Arbeitsnachfragekurve umfasst noch eine weitere wichtige Facette von Arbeitsmärkten: Die Bereitschaft von Arbeitssuchenden, ihre Gehaltserwartungen unter das Durchschnittsgehalt zu senken, führt nicht zwangsläufig zu einer Beschäftigung. Wenn ein Arbeitssuchender die Bereitschaft zeigt, ein niedriges Gehalt zu akzeptieren, dann greift die Vermutung beim potenziellen Arbeitgeber, dass eine Aussage bezüglich einer geringen Qualifizierung abgegeben wird.

Dies lässt sich weiter ausführen und für den Bereich oberhalb des Gleichgewichtslohnes anwenden. Befindet sich ein Effizienzlohn zahlendes Unternehmen in der Personalrekrutierung, so bietet sich die Möglichkeit, eine Selbstauskunft über die Gehaltsvorstellungen des Arbeitssuchenden einzuholen. Teilt das Unternehmen allerdings den Effizienzlohn nicht mit, den es bereit ist zu bezahlen, und fordert es gleichzeitig den Arbeitssuchenden dazu auf, die Gehaltsvorstellung präzise mitzuteilen, so resultiert sich für den Bewerbenden ein **Dilemma**:

- Liegt das Reservations- oder Anspruchsgehalt des Bewerbers unter dem Effizienzlohn, so sagt dies über ihn aus, dass er entweder den Markt für seine Qualifikation nicht kennt oder sich selbst nur als nachrangig einstuft. Ein Effizienzlohn zahlendes Unternehmen wird eine solche Bewerbung nicht akzeptieren, da es gerade nur hervorragende Qualifikationen rekrutieren möchte.
- Übermitteln Bewerber dem suchenden Unternehmen ein sehr hohes Anspruchsgehalt, so ist der Druck in der Probezeit entsprechend groß. „Hoch-pokernde" und nicht entsprechend qualifizierte Bewerber sehen sich in der Gefahr, noch während der Probezeit ausscheiden zu müssen.

Somit existiert eine Logik, dass ein hohes formuliertes Anspruchsgehalt oft eine Aussage zur eigenen Qualifikation umfasst. Dies ist die Selbstauskunft, die eine wichtige Grundlage zur Ergänzung von Personalauswahlverfahren darstellen kann. Bei der

Personalrekrutierung kann der Effizienzlohn so zu einer **Positivauslese** von qualifizierten Fachkräften beitragen.

4.3.1.2 Das Beispiel von Top-Führungskräften: Marktlogik vs. institutionelle Logik

Die Diskussion um die Vergütung von Top-Führungskräften ist ein dauerhaftes und ebenso präsentes Thema. Immer wieder kommt es zur Veröffentlichung tatsächlicher oder unterstellter Gehaltsexzesse (Zeit 2017). Ein Argumentationsstrang zum Zustandekommen solcher Vergütungen vergleicht Führungskräfte mit Superstars aus Sport, Musik oder Film (Rosen 1981). Das Argument ist recht einfach, da Superstars wegen ihres Talentes enorm viel verdienen und erfolgreiche Führungskräfte oft nicht weniger talentiert, bekannt und einflussreich sind, sei eine ähnlich hohe Vergütung geboten. Teilweise umgibt Vorstände tatsächlich auch so etwas wie ein Starkult.

Das Argument ist aber falsch. Superstars beziehen ihren enormen Verdienst aus einer **Marktlogik** heraus. Wenn also Joanne K. Rowling derart erfolgreiche Harry Potter-Bücher schreibt, so setzt sich ihre Vergütung aus Buchhonoraren, Vorträgen, Lizenzen für Hörbücher, Kinofilme, Schokolade, Spiele und so weiter zusammen. Ihnen allen gelingt es, ihren relevanten Markt und ihre öffentliche Wahrnehmung auszudehnen. Das heißt, der Verdienst von Superstars resultiert aus einer einfachen Angebots-Nachfragelogik.

Demgegenüber können Führungskräfte ihre Leistung nicht skalieren und an verschiedenen Orten und Situationen verwerten. Entsprechend greift die Logik einer Superstar-Vergütung für Führungskräfte nicht, denn sie werden immer nur von einem Unternehmen vergütet. Sie vergrößern zwar im Idealfall dessen Marktanteil, aber genau dafür wurden sie auch angestellt. Ihr eigener Marktanteil kann sich immer nur auf ihre Position bei ihrem Arbeitgeber beziehen und bleibt damit konstant. Wie kommt es dann aber zu so hohen Gehältern von Vorständen? Die Antwort ist einfach, es handelt sich um eine **institutionelle Logik**.

Diese institutionelle Logik basiert auf dem in der Ökonomik dominanten **Prinzipal-Agenten-Paradigma** (Jensen und Meckling 1976). Es ist der Versuch, die typische Situation von Auftraggebern (Prinzipalen) und Beauftragten (Agenten) in einem Modell zu erfassen und die entsprechenden Handlungen zu analysieren. Solche Situationen lassen sich in sehr vielen Alltagssituationen und auch in allen hierarchischen Strukturen wiederfinden. Zur Buchung einer Reise in den sonnigen Süden gehen viele in ein Reisebüro. Empfiehlt man dort ein Hotel in Portugal, so stellt sich die Frage, was mit Marokko, Griechenland oder Spanien ist? Ist der erste Vorschlag wirklich der beste oder ist er das Ergebnis einer Konzernvorgabe, die unterausgelastete Hotel- und Flugkontingente in den Blickpunkt stellt und weniger das Interesse der Kunden? Genau diese Unsicherheit umreißt den Kern des Prinzipal-Agenten-Problems.

In der Beziehung zwischen Aufsichtsrat (Prinzipal) und Vorstand (Agent) unterstellt das Paradigma letzterem gute Schummel- und Betrugsmöglichkeiten sowie zugleich einen amoralen Charakter. Informationsasymmetrien führen zum einen dazu, dass Vorstände Daten gestalten und zurückhalten können. Zum anderen ist ihr Handeln nur schlecht kon-

4.3 Vergütung: Effizienzlohn und Lohndifferenzierungen

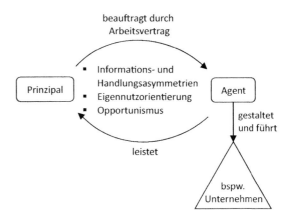

Abb. 4.8 Prinzipal/Agenten-Paradigma

trollierbar. Dementsprechend bestehen gute Möglichkeiten für schädliche Entscheidungen und Handlungen der Vorstände, die ja annahmegemäß nur ihren Eigennutz im Sinn haben. Dies beschreibt ganz reale Situationen, die mit angestellten Führungskräften und prinzipiell bei allen Arbeitsverträgen existieren. Das Prinzipal-Agenten-Paradigma geht aber noch einen deutlichen Schritt weiter. Es wird eine sehr negative Persönlichkeitsannahme getroffen. Opportunismus sei die Basis und damit eine extreme Eigennutzorientierung, die mit List und Tücke vorangetrieben werde. Dies führt zu der Abb. 4.8.

Die Lösung dieses Problems wird darin gesehen, dass eine Zielkomplementarität zwischen Prinzipal und Agent angestrebt wird. Diese soll durch finanzielle Strukturen, insbesondere durch variable Vergütungen, in Form von kurz-, mittel- und auch langfristigen Anreizen hergestellt werden. Eine gängige Bemessungsgrundlage ist beispielsweise der Economic Value Added™ (EVA), um den Erfolg von Investitionsbemühungen in eine variable Vergütung zu überführen. Dies dämme Opportunismus und auch die Nutzung von Informationsasymmetrien ein. Allerdings stellt sich die Frage, warum gerade für Vorstände Opportunismus unterstellt wird und bei anderen Führungskräften nicht? Hinzu kommt die Tatsache, dass Vorstände in ihrer bisherigen Karriere keinesfalls durch unredliche Vorgehensweisen aufgefallen sein können. Ansonsten wären sie nicht in eine Spitzenposition vermittelbar. Warum soll geradezu plötzlich eine durch List und Tücke ausgeprägte Eigennutzorientierung bestehen?

Die Ausführung will nun keinesfalls das Bild extrem altruistischer Führungskräfte zeichnen, die ohne Überwachung funktionieren. Ursache für die hohen, variablen Gehälter ist jedoch die Opportunismusannahme, die in aller Konsequenz nur mit Geld unterdrückbar ist. Unterstellte man keinen so weitreichenden Opportunismus, so hätte ein hohes Grundgehalt einen deutlich höheren Stellenwert. Vergütung wäre in seiner Höhe planbar und erführe nicht durch Zielrealisationen eine enorme Aufblähung.

Jedoch sind Vergütungsstrukturen von Vorständen zugleich auch kapitalmarktrelevante Informationen. Weniger als der Durchschnitt vergleichbarer Gesellschaften zu vergüten, würde möglicherweise Nachfragen und Irritationen bei Anlegern hervorrufen. Zudem würden Aufsichtsräte sich den Vorwurf einfangen, nicht die fähigsten Vorstände akquirieren zu wollen. Vor diesem Hintergrund konkurrieren sich Vorstandsgehälter eher nach oben als nach unten.

4.3.2 Vertikale Differenzierung: Turnierentlohnung

4.3.2.1 Idee und Beispiel

Die Gehaltsdiskussion von Top-Führungskräften wirft zugleich die Frage nach dem Gehalt der Führungskräfte auf den unteren Ebenen auf. Welcher Gehaltsabstand ist aus welchen Gründen angemessen und auch funktional? Der Begriff **vertikale Gehaltsdifferenzierung** erfasst hierarchieebenen-bezogene Unterschiede. Es erfolgt dadurch eine Betrachtung der Gehaltsstrukturen über alle Ebenen hinweg. Die Turnierentlohnung ist eine strukturierte Form vertikaler Differenzierung.

▶ **Turnierentlohnung** Die Turnierentlohnung ist eine an Sportturnieren angelehnte Vergütungsstruktur in Unternehmen. Sie soll Anreize für hohe Leistungen geben und zielt hierfür auf Gehaltsdifferenzen zwischen Hierarchieebenen ab.

Die vertikale Gehaltsdifferenzierung steht bei weitem nicht so intensiv im öffentlichen Fokus wie die absolute Höhe von Gehältern. Dabei existiert ein theoretischer Zugang, der wichtige Impulse für unternehmensspezifische Gehaltsstrukturen liefert und Wirkungen auf das Handeln der beteiligten Führungskräfte und Mitarbeiter aufzeigt. Es ist die **Turnierentlohnung**, die genau die Differenzierung zwischen Hierarchieebenen zum Gegenstand hat. Dahinter steht die Frage, wie Hierarchieebenen in der Gehaltsstruktur abgebildet werden sollen. Sollen Gehälter gleichförmig, das heißt, pro Hierarchieebene prozentual konstant steigen oder nicht? Das Beispiel von Aktiengesellschaften verweist auf ein überproportionales Anwachsen mit zunehmender Hierarchiehöhe.

Eine Analogie zu arbeitsvertraglichen Vergütungen in Unternehmen lässt sich in vielen professionell betriebenen **Individual-Sportarten** finden. Anhand der Anzahl der Konkurrenten, die abgehängt wurden, erfolgt die Bemessung des individuellen Preisgeldes. Dies ist bei Marathonläufen, im Badminton, Golf oder Tennis der Fall.

Besonders gut lässt sich dies bei professionellen Tennisturnieren darstellen. Wobei im Folgenden rein ökonomisch argumentiert wird und Siegeswille oder Weltranglistenpunkte außen vor bleiben.

- Mit dem Erreichen einer Runde bzw. dem Finalsieg hat ein Tennisspieler Anspruch auf ein bestimmtes Preisgeld.
- Wäre dies nun uniform ausgestaltet, also für jede Runde eines Turnieres identisch, so würde sich die Anreizstruktur von Runde zu Runde verschlechtern.
- In der ersten Runde hätte ein Tennisspieler das gesamte Preisgeld aus den n-Runden in Aussicht.
- Nach dem gewonnenen ersten Spiel reduziert sich diese Aussicht um das Preisgeld der ersten Runde.

4.3 Vergütung: Effizienzlohn und Lohndifferenzierungen

Runde	Variante A			Variante B		
	Preisgeld*	Optionswerte	Δ gegenüber Vorrunde	Preisgeld**	Optionswerte	Δ gegenüber Vorrunde
8	£ 2.350.000	£ 1.175.000	£ 1.175.000	£ 293.750	£ 293.750	£ 293.750
7	£ 1.175.000	£ 1.762.000	£ 587.000	£ 293.750	£ 587.500	£ 293.750
6	£ 588.000	£ 2.056.000	£ 294.000	£ 293.750	£ 881.250	£ 293.750
5	£ 294.000	£ 2.174.000	£ 118.000	£ 293.750	£ 1.175.000	£ 293.750
4	£ 176.000	£ 2.239.000	£ 65.000	£ 293.750	£ 1.468.750	£ 293.750
3	£ 111.000	£ 2.280.000	£ 39.000	£ 293.750	£ 1.762.500	£ 293.750
2	£ 72.000	£ 2.310.000	£ 32.000	£ 293.750	£ 2.056.250	£ 293.750
1	£ 40.000	£ 2.350.000	£ 40.000	£ 293.750	£ 2.350.000	£ 293.750

* nur der letzte Sieg wird ausbezahlt
** alle Siege werden ausbezahlt

Abb. 4.9 Preisgeldstaffelung von Wimbledon 2019 (Wimbledon o.J.)

- Das heißt, im Zeitablauf verschlechtern sich die Aussichten und es wird sogar denkbar, dass das noch zu gewinnende Preisgeld des Turnieres den Muskelkater, den Trainingsaufwand und versäumtes Feiern nicht mehr kompensiert.
- Ein uniformes Preisgeld wirkt sich also nicht leistungssteigernd aus und kann sogar sehr schlechte Finalspiele mit sich bringen.

Die folgende Abb. 4.9 zeigt dies anhand der Preisgeldstaffelung des Wimbledon-Turnieres von 2019. Die Variante A ist die originale Staffelung, während die Variante B von einem uniformen Preisgeld pro Runde ausgeht. Die Optionswerte umfassen das maximal in der jeweiligen Runde noch in Aussicht stehende Preisgeld. Dieser Optionswert setzt sich aus dem maximalen Preisgeld zusammen, das um das bis zur jeweiligen Runde bereits realisierte Preisgeld reduziert wird. Die Veränderung gegenüber der Vorrunde bzw. dem Verlierer im Finale sagt aus, um welchen Betrag sich das noch ausstehende Preisgeld verändert.

Sicherlich überrascht zunächst die absolute Höhe, die selbst Verlierer der ersten Runde erhalten. Darüber hinaus beeindruckt besonders, was Turniersieger gewinnen können. Diese Höhe ist jedoch für die Argumentation nicht relevant. Das zentrale Kennzeichen dieser Turniervergütung ist die Steigerung des Preisgeldes. Könnte man nicht auch für eine Uniformität argumentieren? Warum sollten gleichmäßige Steigerungen im weiteren Verlauf nicht mehr ausreichen, die am Anfang eines Turniers für die Motivation ganz offensichtlich als ausreichend angesehen werden?

Die Preisgelder zeigen bei der Variante A die ausgelobten bzw. gezahlten Preisgelder. Optionswerte nehmen dabei kontinuierlich, von Runde zu Runde ab. Zwar wird immer mehr Preisgeld gezahlt, aber die Aussicht auf das verbleibende Preisgeld sinkt. Die Sieger der jeweilige Turnierrunde haben ja bereits ein Preisgeld realisiert. Eine Veränderung des Zuwachses an Preisgeld von Runde zu Runde steigt daher sehr deutlich an. Das heißt, eine derartige vertikale Differenzierung wirkt dem sinkenden Optionswert entgegen.

Ohne diesen Ausgleich und damit bei einer linearen Aufteilung des Preisgeldes würde Variante B resultieren. Anfänglich sind die Beträge höher als bei Variante A. Jedoch erkennt man, dass die Optionswerte für den Verbleib im Turnier spürbar und kontinuierlich sinken. Dies würde eine Situation heraufbeschwören – sofern Preisgeld tatsächlich eine große Motivationswirkung besitzt –, in der das Anstrengungsniveau der Turnierteilnehmer am Anfang des Turnieres größer wäre als in den Finalrunden.

4.3.2.2 Optionswerte und die Ausrichtung auf die nächsttiefere Ebene

Die Antwort auf die Frage der Überproportionalität setzt an der Interpretation des gesamten Gehaltsgefüges als einem Anreizsystem an. Hierarchiestufen und die damit verbundenen asymmetrischen Vergütungen können als **gesamthaftes Anreizsystem** verstanden werden. Das heißt, für die unterste Stufe ist nicht nur das in der nächsten Turnierrunde erreichbare Preisgeld anreizend, sondern alle potenziell erreichbaren Preisgelder bis hin zum Turniersieg.

Innerhalb einer solchen Gegebenheit entstehen somit Optionswerte, die individuelle Leistung auslösen sollen. Der **Optionswert** beschreibt hier die Möglichkeiten, auf weitere potenzielle Stufen aufzusteigen und die entsprechend verbleibenden Preisgelder zu gewinnen. Dieser ist aufgrund der noch maximalen Zahl folgender Spiele und Preisgelder in der ersten Runde am größten. Entsprechend sinkt der Optionswert mit jeder Runde, da die noch erreichbaren Stufen mit den einhergehenden Gehältern weniger werden. Die überproportionale Steigerung der Preisgelder soll dann eine Motivationswirkung entfalten, um den sinkenden Optionswert zu kompensieren.

In einigen Unternehmen ist genau eine solche überproportionale, vertikale Vergütungsdifferenzierung typisch. Die Abstände zwischen den unteren Ebenen sind moderat und wachsen dann deutlich an. Dies bedeutet nun nicht, dass es realistisch wäre, schon auf der untersten Ebene eine Vorstandsposition ins Auge zu fassen. Dennoch fordert die Idee der Turnierentlohnung, dass die Vergütung einer höheren Ebene als Anreiz für den Aufstieg zu betrachten ist. Damit geht vor allem eine erwartete Performanzsteigerung einher. Die Idee, dass eine Gehaltshierarchie insgesamt ein Anreizsystem darstellt, wird deutlich. Abb. 4.10

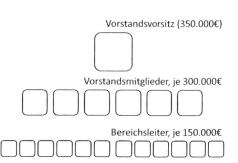

Abb. 4.10 Gehaltshierarchie (s. ähnlich Backes-Gellner et al. 2001, S. 185)

skizziert drei Gehaltsebenen und deren Vergütungsniveau. Dies soll den Zusammenhang der Anreizwirkungen der unteren Ebenen bis hin zu der obersten Ebene verdeutlichen.

Ein solches Gehaltsniveau an der Unternehmensspitze, wie in Abb. 4.10, ist beispielsweise für mittelständische Unternehmen oder für kleinere Sparkassen zutreffend. Betrachtet man wiederum ausschließlich den finanziellen Anreiz, so stößt die geringe Differenzierung zwischen einfachen Vorstandsmitgliedern und dem Vorstandsvorsitz offensichtlich an Grenzen. Üblicherweise würde man hier die Frage stellen, ob die steigende Verantwortung so angemessen alimentiert ist. Dies ist aber eine Frage, die die Turnierentlohnung nicht interessiert. Ihre Frage lautet vielmehr: Reicht der Gehaltszuschlag aus, um möglichst viele Vorstände auf die Vorsitzendenposition zu fokussieren und entsprechend hohe Leistungen auszulösen? Es handelt sich somit um eine Ausrichtung auf die nächsttiefere Organisationsebene.

Von den Bereichsleitungen hin zum Vorstand ist der Gehaltsaufschlag hingegen enorm, aber in der beschriebenen Konstellation nachvollziehbar. Durch eine große Menge an Bereichsleitungen besteht eine starke Konkurrenz, die wenigen Vorstandspositionen zu erreichen. Wird zudem noch auf externe Rekrutierung Wert gelegt und sind die Vorstandsmitglieder noch nicht alle an der Pensionierungsgrenze, so bedarf es eines umso stärkeren finanziellen Anreizes. Die Argumentation der Turnierentlohnung lautet also, dass die vertikale Differenzierung Optionswerte berücksichtigen muss, damit sich Personen motivieren, eine besondere Leistung zu erbringen, um sich selbst für eine **nächsthöhere Position** nachdrücklich in das Gespräch einzubringen.

4.3.2.3 Kritik

Anwendung findet eine solche Gestaltung von Gehaltshierarchien bei Unternehmensberatungen, Vertriebsgesellschaften und vielen Unternehmen, die in einen amerikanischen Konzern eingebunden sind. Bei den meisten anderen Ebenen ist lediglich die starke Spreizung der Einkommen auf den oberen Ebenen typisch. Die **Anwendung** solcher Leistungsturniere setzt persönliche Homogenität voraus, das heißt zur Auswahlbegründung müssen die zu erbringenden Leistungen vergleichbar sein. Daher wird auch von einer relativen Leistungsbeurteilung gesprochen. Es bestehen auch einige **Gefahren**, vor allem negative Auswirkungen auf die Kooperationsbereitschaft, die Beeinflussung der Entscheider anstatt der Produktivität oder die Demotivation der Verlierer. Haß et al. (2015, S. 31) konnten zudem auf Basis amerikanischer Unternehmen feststellen, dass eine allzu hohe Lohnspreizung die Wahrscheinlichkeit eines Betrugsskandals erhöht.

Insgesamt sollen zwei Punkte festgehalten werden. Zum einen lassen sich Unternehmen in vielen Situationen als Leistungsturniere auffassen. Konkurrenz zwischen bestimmten Personen tritt in den Vordergrund. Dies erfährt jedoch durch höher gestellte Führungskräfte, unternehmenskulturelle Ausprägungen oder sogar persönliche Werte, Haltungen und Motive eine Eindämmung. Letzteres lässt sich vor allem formulieren, da Ellenbogen-Mentalität gerade nicht zu der Vorstellung von vielen Unternehmen passt. Zum anderen bleibt der Hinweis, dass die Vergütungshöhe jeder Führungsebene nicht nur der dort verantwortlichen Führungskraft dient. Voraussetzung für die Anreizwirkung ist dann eine umfängliche Vergütungstransparenz.

4.3.3 Horizontale Differenzierung

4.3.3.1 Übersicht

Eine personenbezogene leistungsorientierte Differenzierung von Gehältern zielt auf deren Äquivalenz zu den erbrachten individuellen Leistungen. Das Leistungsprinzip soll im Sinne des arbeitgebenden Unternehmens umgesetzt werden und durch leistungsbezogene variable Vergütungen dokumentiert und verstärkt werden. Hierbei handelt es sich immer um eine horizontale Gehaltsdifferenzierung, da jegliche Incentivierung immer die Leistung vergleichbarer Mitarbeiter zum Ausgangspunkt hat.

Es sind drei Argumentationsstränge, die Ausgangspunkte für Gehaltsdifferenzierungen schaffen:

- Es ist die Frage nach den Dimensionen der Vergütungshöhe und wie Anpassungsflexibilität entsteht.
- Darüber hinaus sind es Wirkungen eines kollegialen Vergleichs, die immer mit personenbezogener Vergütung in Verbindung stehen. Dies ist der Gegenstand der Equity-Theorie.
- Die Auseinandersetzung mit zwei entgegengesetzten Variabilisierungsvarianten schärft das Denken für negative Wirkungen.

4.3.3.2 Dimensionen von Vergütungshöhen

Die Vergütungshöhe bestimmt sich über drei Dimensionen von Gerechtigkeit. Sogenannte Gehaltsbänder haben das Ziel, eine darüber hinausreichende Flexibilisierung zu ermöglichen und runden die Dimension der Vergütungshöhe ab.

Anforderungsgerechtigkeit

Anforderungsgerecht ist eine Vergütung, die den Arbeitsplatz oder die Stelle, relativ zu vergleichbaren Stellen, analysiert und bewertet. Vergütungen werden dann beispielsweise durch Gefahren, Reisetätigkeiten, fachliche Qualifikationen oder Verantwortungen steigen. Die Durchführung einer solchen relativen Einordnung einander nahestehender Stellen erfolgt über Verfahren der **Arbeitsbewertung**. Diese bestehen aus Merkmalsgruppen, die sich auf spezifische Anforderungen richten. Unterschiede bestehen dann bei der Gewichtung von Merkmalen oder bei der Menge heranzuziehender Stellen. Die Anforderungsgerechtigkeit erfasst nicht, was an individueller Leistung in einem Beurteilungszeitraum konkret erbracht wurde.

Leistungsgerechtigkeit

Leistungsgerechtigkeit setzt genau hier an und zielt auf die Differenzierung der Handlungen und deren Nutzen für den Arbeitgeber ab. Angesprochen ist die Ebene der betrieblichen Leistungsbeurteilung. Es sind unterschiedliche Verfahren, die sich mit dieser komplexen Aufgabe befassen (s. Kap. 5).

Soziale Gerechtigkeit

Mit der sozialen Gerechtigkeit trifft eine dritte Dimension auf die Vergütungshöhe. Ihr Einfluss wird aber – je nach Landeskulturen, Branchen, Unternehmensgrößen und selbstgeprägter Belegschaftsverantwortung – starken Schwankungen unterliegen. Gerade bei traditionsreichen Familienunternehmen war bei der Finanzkrise 2008/2009 ein vergleichsweiser zurückhaltender Umgang mit Kündigungen zu beobachten. Demgegenüber reagierten börsennotierte Kapitalgesellschaften auf die einbrechende Konjunktur rasch mit Personalabbau. Auch andere Punkte fließen regelmäßig in Vergütungen ein, beispielsweise familiäre Entwicklungen, Seniorität, Unterstützungen für Weiterbildungsstudiengänge oder auch Kulanz bei Lohnfortzahlungen bei chronischen Erkrankungen.

Gehaltsbänder

Eine gängige Vergütungsgestaltung in Unternehmen sind sogenannte „Gehaltsbänder". Es handelt sich um unterschiedliche Vergütungsspannen, in die Mitarbeiter eingeordnet werden. Für jeden Mitarbeiter ist es dann transparent, wie viel die maximale Jahresvergütung betragen kann. Das Minimum bildet das Fixum, während sich das Maximum aus den bisher benannten Faktoren zusammensetzt. Es ist dann möglich, bei Neueinstellungen und entsprechender Arbeitsmarktknappheit, das Gehaltsband auszuschöpfen. Demgegenüber wissen existente Mitarbeiter oft, was die Einstufung in ein anderes Gehaltsband – beispielsweise durch eine interne Bewerbung oder durch veränderte Anforderungen – in Aussicht stellt. Dies entspricht dann den Optionswerten im Rahmen der Turnierentlohnung.

4.3.3.3 Wirkungen des kollegialen Vergleiches

Die Wirkungen horizontaler Differenzierungen dürfen nicht unterschätzt werden. So wirken Vergütungen nicht nur positionsspezifisch, sondern sind auch Gegenstand eines sozialen Prozesses. Die Equity-Theorie (s. Kap. 2) beschreibt genau diesen Zusammenhang. Das, was Mitarbeiter erhalten, ist ein Output, der in Relation zum geleisteten Input steht. Sofern keine absolute Gehaltsgeheimhaltung realisiert wurde, nehmen andere Personen kollegiale Gehälter nicht nur wahr, sondern ordnen sie als Output/Input-Relation ein und vergleichen diese mit ihrer eigenen, wahrgenommenen Output/Input-Relation. Auftretende Ungleichungen lösen im besten Fall Anstrengungen zum Abbau aus und führen im schlimmsten Fall zur Kündigung. Dazwischen liegen Frustration und innere Kündigung.

Leistungsbezogene Variabilisierung birgt immer die Gefahr, Ungleichungen auszulösen. Jetzt könnte man argumentieren, dass es eine Aufgabe der prozeduralen und distributiven Fairness ist, quasi offensiv und von vorne herein, solche Ungleichungen zu verhindern. Dieses Argument ist auch schlüssig, allerdings muss man bedenken, dass immer

Mitarbeiter die Gleichung kontrollieren. Das heißt, sie suchen sich bestimmte Vergleichspersonen und verschiedene Inputparameter aus. Zudem bewerten sie vor dem Hintergrund ihrer eigenen Vorstellungen und Erfahrungen den Input und Output der Vergleichspersonen mit ihrer eigenen Gleichung.

In Kap. 3 wurden bereits Hinweise angedeutet, inwieweit **prozedurale, distributive und interaktionelle Gerechtigkeit** dagegen ankommen und eine Glättung bewirken können. Im Endeffekt ist dies dennoch offen und wiederum nur aus Sicht der betroffenen Mitarbeiter nachvollziehbar. Nun könnte man meinen, dass ein Belohnungs- bzw. Bestrafungssystem zumindest eine prozedurale und distributive Fairness bereits in sich trägt und eine subjektive Fehleinschätzung ausschließt. Doch dies ist mitnichten der Fall. Beispielsweise könnte ein Mitarbeiter wahrnehmen, dass die Kollegen über bessere Ressourcen verfügen, erfolgreichere Verkaufsabschlüsse zu erzielen und dies als unfairen Sachverhalt einordnen. Daraus folgende Konsequenzen müssen den erwarteten Wirkungen einer horizontalen Gehaltsdifferenzierung daher immer gegenübergestellt werden.

4.4 Gehaltsvariabilisierung und Performanz

4.4.1 Überblick

Die Variabilisierung von Gehalt und damit die Umsetzung des Leistungsprinzips ist eine ebenso alte wie plausible Idee. Warum sollten Leistungsträger nicht besser honoriert werden als „Normalleister"? Dies wird im Folgenden selbstredend nicht verneint. Dennoch werden sich gewichtige Argumente auftun, die einen Automatismus zwischen mehr Geld und höherer Leistung in Zweifel ziehen. Auch wird hier nicht bestritten, dass die Aussicht auf Geld das Handeln von Mitarbeitern und Führungskräften lenkt. Ganz im Gegenteil leidet eine solche Aussicht sogar dadurch, dass sie zu stark wirken kann.

Gehaltsvariabilisierungen lassen sich verschiedenen Funktionen zuordnen: Die **Dokumentationsfunktion** klärt über aktuelle Entwicklungen, Unternehmensstrategien und strategische Programme auf. Eine Aufnahme darauf bezogener Kriterien in die individuelle Vergütungsstruktur macht in besonders eindrücklicher Weise auf Unternehmensperspektiven aufmerksam. Die **Abstimmungsfunktion** greift automatisch in die Erstellung und Koordination von Mengen und Qualitäten unterschiedlicher Abteilungen ein. Beispielsweise sorgt eine durch den Vertrieb abzusetzende und incentivierte Menge für eine positive Wahrscheinlichkeit, dass die Lagerhaltung überschaubar bleibt. Andersherum kann auch eine incentivierte Absatzmenge des Vertriebs Auswirkungen auf andere Funktionen haben.

Diese beiden Funktionen sind weitgehend unstrittig. Es bleibt lediglich die Frage offen, ob die Wege zur Zielerreichung ausreichend klar sind und in den Erwartungshorizont der Mitarbeiter passen. Die Erwartungs-/Valenz-Theorie der Motivation gibt hierzu weiterführende Hinweise (s. Kap. 2). Für die Dokumentations- und Abstimmungsfunktionen ist eine Annahme grundlegend: Gehaltsvariabilisierungen dürfen die Beweggründe des Han-

4.4 Gehaltsvariabilisierung und Performanz

delns – Werte, Haltungen, Motivation (s. Kap. 2) – nicht verändern. Andernfalls könnte leicht eine dysfunktionale Wirkung entstehen.

Die **Führungs-** und **Motivierungsfunktionen** gehen einen Schritt weiter. Variable Kennziffern bzw. die enthaltenden Kriterien greifen in die interaktionelle Führung ein. Es erfolgt eine Art Führung über transparente Kennziffern und Vorgesetzte werden nur in Ausnahmefällen eingreifen. Hinsichtlich der Motivierungsfunktion wird argumentiert, dass Geld einen derart starken Anreiz darstellt, der für überdurchschnittliche Leistungsintensitäten notwendig ist. „Pay for Performance" ist der international präsente Begriff dafür.

Die folgenden Ausführungen richten sich auf die Motivierungsfunktion. Auf die anderen Funktionen wird nicht näher eingegangen, da ohne die Motivierung Ziele hinsichtlich der Dokumentation, der Abstimmung oder der Führung ausscheiden.

4.4.2 Belohnungs- vs. Strafzahlungssysteme

Generell kann eine leistungsbezogene Vergütung durch eine positive oder negative Incentivierung erfolgen. Erstere beruht auf der Gewährung von leistungsabhängigen Zuschlägen, die an das Erreichen bestimmter Leistungsvorgaben gekoppelt sind. Zweiteres stellt einen Abschlag von einem zuvor gewährten, höheren Ausgangswert dar. Ausgehend von diesem Wert wird somit die Nichterreichung von Leistungsvorgaben bestraft.

Die positive sowie die negative Incentivierung sind in den beiden folgenden Beispielen umgesetzt:

- Belohnungssystem
  - Zielquote: 3000 verkaufte Einheiten
  - 2000 € pro Monat (Auszahlung)
  - Bonus von 1 € für jede verkaufte Einheit
  - Vergütung: 2000 € + 1 € × (Absatzmenge)
- Strafzahlungssystem
  - Zielquote: 3000 verkaufte Einheiten
  - 5000 € pro Monat (Auszahlung)
  - Abschlag von 1 € für jede Einheit unter Zielquote
  - Nichtverkäufe = N = {0, ..., 3000}
  - Vergütung = 5000 € − 1 € × (3000 − Nicht-Verkäufe)

Beide Alternativen kennzeichnet eine definierte, maximal absetzbare Menge. Bei jeder abgesetzten Menge resultiert bei beiden Incentivierungsverfahren das gleiche Gehalt. Leistungen könnten so unabhängig davon sein, ob das Vergütungssystem positiv oder negativ gestaltet ist. Jedoch besteht ein deutlicher Einfluss der Art der Incentivierung auf das Empfinden und somit auf das Handeln der Individuen. Kahneman und Tversky (1979) verdeutlichen dies mithilfe ihrer neuen Erwartungstheorie. Abb. 4.11 stellt dies vor.

Abb. 4.11 Neue Erwartungstheorie (Kahneman und Tversky 1979, S. 279)

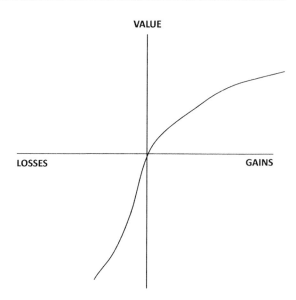

Den Ausgangspunkt bildet die Unterscheidung von „Wert" in eine **objektive (x-Achse) und eine subjektive (y-Achse) Kategorie**. Gerade beim Umgang mit Geld müsste man eigentlich davon ausgehen, dass es nur einen objektiven Wert gibt. Jedoch ist die Abweichung des subjektiven vom objektiven Wert dafür entscheidend, ob man zusätzlich Geld erhält (Quadrant rechts oben) oder Geld verliert (Quadrant links unten). Hier liegt gerade keine 45-Grad Linearität vor. Vielmehr deutet der Verlauf an, dass ein steigender objektiver Wert mit einem abnehmenden subjektiven Wert verknüpft ist. Bei Verlusten ist dies nicht nur genau umgekehrt, sondern erfolgt auf einem viel intensiveren Niveau.

Schon ein kleiner objektiver Verlust führt zu einem deutlich negativen subjektiven Empfinden. Kahneman und Tversky (1979) beschreiben dies als das Phänomen der „**Verlust- oder Risikoaversion**". Das heißt, das Bestreben, genau diesen Verlust zu vermeiden, ist in Relation zur Gewinnzone erstaunlich hoch ausgeprägt und eben nicht lediglich durch objektive Werte erklärbar. Die folgende Illustration 4.6 schildert ein passendes Experiment.

Illustration 4.6 Verlustaversion

Versuchsteilnehmer wurden in einen Raum gebeten. Nachdem sich die Versuchspersonen gesetzt hatten, wurde an eine Gruppe Tassen ausgegeben. Die Personen mit den Tassen hatten die Option, die Tasse als Geschenk zu behalten oder zu einem späteren Zeitpunkt zu verkaufen. Anschließend sollten sich die Tassenbesitzer auf einen Verkaufspreis zwischen $ 0,25 und $ 9,25 festlegen.

Eine andere Gruppe wurden vor die Wahl gestellt, ob sie eine Tasse oder lieber einen später festgesetzten Geldbetrag präferierten. Auch die Teilnehmer dieser Gruppe sollten angeben, ab welcher Summe zwischen $ 0,25 und $ 9,25 sie den Geldbetrag der Tasse vorziehen würden.

4.4 Gehaltsvariabilisierung und Performanz

Obwohl beide Gruppen vor demselben Entscheidungsproblem standen, ergaben sich bei den angegebenen Geldbeträgen deutliche Unterschiede. Bei den Tassenbesitzern ergab sich ein Mittelwert von 7,12 $ für den Verkaufspreis, während die tassenlosen Teilnehmer im Durchschnitt nur 3,12 $ angaben. Offensichtlich löste der Tassenbesitz eine Verlustaversion aus, die zu dem höheren Verkaufspreis führte (Kahneman et al. 1991, S. 196). ◄

Für beide Incentivierungssysteme lassen sich diese Überlegungen nutzen. Immer ist der abnehmende Nutzen in Aussicht gestellter und auch realisierter objektiver Werte relevant. Zu einer besonderen Leistungssteigerung führt aber die Drohung, Geld im Zeitablauf wieder zu verlieren. Es ist aber nicht nur die Leistungssteigerung, die ein solches Strafzahlungssystem kennzeichnet. Aufgrund der Verlustaversion kommt es auch zu besonderen Härten in Verhandlungen, um ein hohes Fixum zu behalten. Unethisches Handeln liegt ebenso nahe, wie eine erhebliche Frustration durch eine vollzogene Strafzahlung.

4.4.3 Implizite Kumulationsthese variabler Vergütungen

Bonussysteme sind in der Praxis enorm verbreitet. Sie stellen Sonderzahlungen in Abhängigkeit erreichter Leistungsziele in Aussicht. Dies basiert immer auf der Annahme intrinsischer und extrinsischer Motivation. Da in der Praxis diese Annahme meist nicht thematisiert ist, wird sie oft als implizit angenommen. Mit der Kumulationsthese ist gemeint, dass **extrinsische Anreize** unabhängig von der intrinsischen Motivation optimiert werden können. Entsprechend kann man auch von einer Additivität der beiden Motivationsarten und deren singulärer Optimierbarkeit sprechen.

Diese Kumulationsthese liegt allen üblichen Vergütungsstrukturen zugrunde, die **Leistungsgerechtigkeit** zum Ziel haben. Es soll nichts anderes hergestellt werden, als eine Vergütungsbemessung in Abhängigkeit von der individuellen Leistung. Beispiele sind vor allem Aktienoptionen und damit das Recht, zu einem späteren Zeitpunkt Anteile am eigenen Unternehmen zu erwerben und das zu einem Preis eines früheren Zeitpunktes. Die Differenz des Aktienwertes wird dann als Management-Leistung interpretiert und stellt

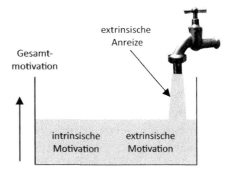

Abb. 4.12 Implizite Kumulationsthese variabler Vergütungen

eine Bezugsbasis für Leistungsgerechtigkeit dar. Andere verbreitete Bezugsbasen sind finanzwirtschaftliche Kennziffern wie EVA oder das mehrperiodige Maß EBITDA – Gewinn vor Zinsen, Steuern und Abschreibungen. Darüber hinaus wird oft die Erreichung von Projektzielen, verkauften Einheiten im Vertrieb oder Ähnliches incentiviert.

Abb. 4.12 skizziert die implizite Kumulationsthese.

Motivation ist dabei als eine Füllung oder eine Menge skizziert. Die Steigerung des Volumens ist das Ziel und wird bei jeglicher Vergütungsvariabilisierung durch die Vergabe extrinsischer Anreize versucht. Der Hahn steht für die Zuführung von Anreizen, die die extrinsische Motivation und damit die Gesamtmotivation optimieren sollen. In der Literatur sind zahlreiche Beispiel dokumentiert, die die Additivität der beiden Motivationsarten zum Thema machen. Die folgenden Beispiele illustrieren dies (s. Illustration 4.7).

Illustration 4.7 Beispiele zum Umgang mit der Kumulationsthese

Berufstätige Eltern kennen die mit vielen Berufen inkompatiblen Öffnungszeiten von Kindergärten. Dies führt dazu, dass Eltern ihre Kinder erst ganz zum Ende der Öffnungszeiten abholen können und sich daher auch oft verspäten. Kinderbetreuer sind davon gar nicht begeistert und das nicht abgeholte Kind auch nicht. Letzteres schreit und Kinderbetreuerinnen sehen sich um ihren verdienten Feierabend geprellt, da sie ja nicht dafür bezahlt werden. Dieses Problem sollte in einer Studie monetär gelöst werden. Es wurde eine negative Incentivierung – eine Strafzahlung – beschlossen. Das ohnehin stark vorhandene Streben nach rechtzeitiger Abholung sollte somit monetär unterstützt werden. Das Ergebnis war nicht wie erhofft: Die Anzahl verspätet abgeholter Kinder stieg sogar an (Gneezy und Rustichini 2000).

In Wolfenschiessen, Innerschweiz, wurde ein Endlager für leichte und mittelschwere Nuklearabfälle geplant. Sehr aufwändig wurden die Bürger informiert. Die Bereitschaft zur Zustimmung bei den Bürgern in der betroffenen Gemeinde lag bei – für deutsche Verhältnisse schwer vorstellbaren – 50,8 %. Ohne weitere Informationen beizusteuern, entschied die Regierung die Gewährung einer vierstelligen Geldzahlung, um nun alle Bürger zu überzeugen. Dies führte zu einem Rückgang der Zustimmungsbereitschaft auf 24,6 % (Frey und Oberholzer-Gee 1997). ◄

Mit Blick auf die beiden Beispiele kommen rasch Antworten, wie man könne sich nun im Kindergarten freikaufen und was für das Nuklear-Lager gelte, dafür lasse man sich selbstverständlich nicht kaufen. Beide Argumente sind aus Sicht der Betroffenen sicherlich stimmig, sie zeigen aber folgende Problematik auf: Die Zahlungsandrohung sowie die realisierte Zahlung sind mitnichten unabhängig von anderen Konstrukten. Vielmehr wirken Sie auf Werte, Haltungen und die soziale Einbettung der Personen. Zwar werden in diesen Beispielen zuvorderst Werte sowie Haltungen beeinflusst. Wenn aber Konstrukte wie Werte und Haltungen durch Geld in Mitleidenschaft gezogen werden, so liegen auch negative Effekte auf die intrinsische Motivation nahe. Die möglichen Mechanismen der Verdrängung werden im Folgenden näher thematisiert.

4.4.4 Verdrängungseffekt der intrinsischen Motivation

4.4.4.1 Struktur

Der Verdrängungseffekt ist in der Literatur gut beschrieben und wird auch – aus dem Englischen übernommen – crowding-out-Effekt oder Korrumpierungs-Effekt genannt. Letzteres macht gut deutlich, dass Geld substanziell und im Sinne einer Zerstörung oder Ruinierung des Motivationsgefüges wirken kann. Es gilt die folgende Definition.

▶ **Verdrängungseffekt** Der Verdrängungseffekt der Motivation ist die Korrumpierung intrinsischer Motivation durch extrinsische Anreize. Vor allem Bonuszahlungen können eine zerstörerische Kraft auf die intrinsische Motivation von Mitarbeitern entfalten.

Der Verdrängungseffekt lässt sich wie folgt skizzieren:

- Die Basis bildet eine Situation ohne variable Vergütung. Mitarbeiter sind dann durch das Fixum, ihren Arbeitsvertrag, durch Normen oder Herausforderungen und vor allem durch intrinsische Motivation bewegt, eine gute Leistung zu bringen. Ohne zusätzliche extrinsische Anreize führt dies zu einem Anstrengungsniveau (A_1).
- Wird eine variable Vergütung eingeführt, so wirkt dies nur, wenn eine extrinsische Motivierbarkeit besteht. Dies wird mit der Motivationsfunktion (M) dargestellt. Das heißt, Mitarbeiter reagieren positiv auf extrinsische Anreize. Die Steigung der Motivationsfunktion zeigt an, in welchem Ausmaß eine extrinsische Anreizbarkeit wirkt.
- Wird nun ein monetärer Anreiz ausgelobt, so führt dies unmittelbar zu einem Preiseffekt. Dies bedeutet eine Steigerung des Anstrengungsniveaus hin zu (A_2).
- Zugleich kommt es zu einer Verschiebung der Motivationsfunktion. Die reduzierte intrinsische übersteigt die gestiegene extrinsische Motivation. Dies ist als Verschiebung der Motivationsfunktion (M*) modelliert.

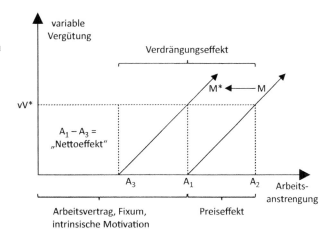

Abb. 4.13 Verdrängungseffekt der Motivation (s. ähnlich Osterloh und Weibel 2008, S. 408)

Abb. 4.13 stellt diese Überlegungen gebündelt vor.

Nach dieser formalen Beschreibung drängt sich geradezu die Suche nach Hintergründen für diesen Effekt auf. Die folgende Diskussion zeigt: Es ist nicht getan mit den für Kindergärten und Endlager-Zustimmungen benannten Argumenten des „Erkaufens".

4.4.4.2 Ursachen des Verdrängungseffektes

Die Ursachen des Verdrängungseffektes lassen sich recht gut vermitteln. Es sind immer Wirkungen, die ihrerseits gut nachvollziehbar sind, aber aufgrund der Fokussierung auf eine finanzielle Incentivierung und der damit oft angenommenen Dominanz nicht bedacht werden. Die folgenden Ursachen des Verdrängungseffektes geben einen guten Einblick in die Pay for Performance-Diskussion.

Selbstbestimmungs-Perzeption

Eine Ursache ist die Perzeption einer verminderten Selbstbestimmung. Vor allem die Selbstbestimmungstheorie von Deci und Ryan (2000) hebt Autonomie, Kompetenz- und Zugehörigkeitserleben hervor. Dies führe zu einer Selbstverständlichkeit und großem Nachdruck beim Handeln. Intrinsische Motivation sei dann die Folge (s. Kap. 2). Da Incentivierungen unweigerlich auf eindeutigen Bemessungsgrundlagen basieren, tritt die Wahrnehmung hervor, Handlungen seien nicht mehr selbstbestimmt, sondern durch die Vergütungsmaßstäbe determiniert.

Hinzu kommt, dass sehr viele Personen **anstreben, intrinsische Motivation zu zeigen**. Es geht darum, dass man nicht als maschinenartig Handelnder wahrgenommen werden will, sondern seine Aufgaben mit Leidenschaft ausführen möchte. Vor dem Hintergrund einer strengen Skalierung variabler Vergütung lässt sich ein solcher Demonstrationswunsch nur schwer erfüllen.

Reziprozitätsnormen

Variable Vergütungssysteme führen oft zu Verletzungen von Reziprozitätsnormen. Alle Sozialstrukturen sind voll von solchen Normen. Das heißt, die eine Erwartung fordert die Einhaltung einer anderen Erwartung. Die folgende Illustration 4.8 schildert ein Beispiel.

Illustration 4.8 Reziprozitätsnorm

Stellen Sie sich vor, Sie sind zum 80. Geburtstag ihrer Großmutter geladen. Sie gehen davon aus, dass sich Ihre Oma wie immer sehr viel Mühe macht – mehrere selbst gebackene Kuchen, Kaffeeduft, Tischdecken, üppiger Blumenschmuck.

Aufgrund Ihrer diversen Verpflichtungen hatten Sie keine Zeit ein Geburtstagsgeschenk zu kaufen. Sie wissen aber, dass Ihre Oma einen Blumenstrauß und eine Flasche Eierlikör sehr schätzt.

Sie klingeln und Ihre Oma macht auf. Nach einer herzlichen Beglückwünschung ziehen Sie einen Briefumschlag hervor, verweisen auf ihre diversen Verpflichtungen

4.4 Gehaltsvariabilisierung und Performanz

und sagen: „Liebe Oma, hier sind € 21,50. Dies ist das monetäre Äquivalent für einen Blumenstrauß und einen Eierlikör."

Ihre Oma schaut Sie ein wenig verwundert an und sagt: „Meinen 81. Geburtstag möchte ich aber wieder richtig feiern!" ◄

In diesem Beispiel wird der Erwartung nicht entsprochen, dass Geburtstagsfeiern gut vorbereitet sein sollen und im Gegenzug durch nicht-monetäre Geschenke wertgeschätzt werden sollen. Ganz ähnlich sind Arbeitsverträge nicht nur Niederschriften justiziabler Zusammenhänge. Vielmehr geht es vor der Unterschrift immer auch um die Vereinbarungen über nicht Kodifizierbares. Der künftige Vorgesetzte hat demnach große Hoffnungen über die Leistungsbereitschaft, die er mit dem Bewerber verbindet. Letzterer wird seinerseits betonen, dass er sich auf die neue Beschäftigung freut und sich sehr gerne intensiv einbringen möchte. Es handelt sich um so etwas wie einen psychologischen Vertrag über die intrinsische Motivation. Würde man nun im Nachhinein für die Leistungen des Mitarbeiters eine variable Vergütung gewähren, so beschädigt das die Reziprozitätsnormen und den psychologischen Vertrag (Johns und Saks 2017, S. 281).

Spill-Over-Effekt
Schließlich rücken auch Spill Over-Effekte in den Vordergrund. Gemeint ist, dass das Gewähren von extrinsischen Anreizen für bestimmte Handlungen zu der Erwartung führt, dass alle anderen Handlungen incentiviert werden sollen. Dies mag für Arbeitsverhältnisse zwar möglicherweise etwas kindisch klingen. Jedoch binden variable Vergütungen so viel Aufmerksamkeit, dass andere Themen fast schon automatisch aus dem Fokus geraten oder bei der Erreichung der Incentives stören.

4.4.5 Übergreifende Kritik

4.4.5.1 Bedeutung intrinsischer Motivation
Wie bereits angesprochen, wird Geld gemeinhin als ein bedeutender, wenn nicht sogar als der wichtigste Anreiz eingestuft. Zumindest stellt die unternehmensbezogene Literatur dies so dar, obwohl die Inhaltstheorien der Motivation dies nicht stützen.

Will man die Frage nach der Wirkung von Geld empirisch bearbeiten, so gelangt man schnell zu einer zentralen, motivationstheoretischen Frage: Unter welchen organisatorischen Kontingenzen bzw. Bedingungen können extrinsische sowie intrinsische Anreize Motivationspotenziale entfalten? Einen Beitrag zur Klärung leisten Cerasoli et al. (2014) mit einer Metaanalyse.

Hierbei kann zunächst der grundsätzlich **positive Einfluss intrinsischer Motivation auf die Performanz** gezeigt werden. Da diese Beziehung über nahezu alle Subpopulationen hinweg gilt, folgern die Autoren, dass bei vorhandener intrinsischer Motivation kaum mit einer niedrigen Performanz zu rechnen ist. Anders ausgedrückt, ist die intrinsische Motivation für die Performanz damit derart relevant, dass sie nur in ihrer Intensität, nicht aber in der Richtung des Zusammenhangs schwankt. Dies macht die herausragende Bedeutung der intrinsischen Motivation deutlich.

Ein solcher Zusammenhang ist grundsätzlich nicht neu, jedoch wird er nun als Ausgangsbasis für weitere differenziertere Analysen verwendet. So unterscheiden Cerasoli et al. (2014) zwischen Performanz in **qualitätsbezogenen** und Performanz in **quantitätsbezogenen** Aufgaben.

- Erstere erfordern ein hohes Maß an komplexen Fähigkeiten sowie intensives, persönliches Engagement. Ein Beispiel stellt die Tätigkeit in einer Forschungsabteilung eines Pharmazieunternehmens dar. Hier müssen ständig neue Erkenntnisse generiert und auf neue Sachverhalte angewendet werden.
- Zweitere kennzeichnet eine geringe Komplexität und geringe persönliche Anstrengungserfordernisse. Beispielsweise werden Fertigbauteile immer nach dem gleichen Schema zusammengesetzt. Der Lösungsweg und damit der kognitive Aufwand sind hier als relativ gering einzustufen.

Bei Betrachtung desselben Zusammenhangs unter Berücksichtigung dieser Aufgabentypen, erweist sich der Effekt der intrinsischen Motivation als stärker für die **qualitätsbezogene als für die quantitätsbezogene Performanz**. Durch die Rolle der intrinsischen Motivation als positiver Prädiktor unter beiden Aufgabentypen, zeigt sich die Wichtigkeit dieser erneut.

Abb. 4.14 skizziert die Zusammenhänge.

Wenn nun intrinsische Motivation so bedeutsam ist, so stellt sich die Frage, ob der positive Effekt einer Incentivierung nicht höher ausfällt. Dieser These begegnen die folgenden Ausführungen zu weiteren negativen Wirkungen extrinsischer Anreize.

4.4.5.2 Nachteile von Pay for Performance

Die Einbindung variabler Vergütungen in ein übergeordnetes und oft finanzwirtschaftliches Zielsystem prägt die Vergütungskriterien substanziell. Jedoch droht dadurch eine **Trivialisierung von Arbeitszusammenhängen**.

Abb. 4.14 Wirkungen intrinsischer Motivation (s. ähnlich Cerasoli et al. 2014)

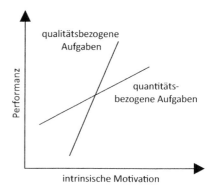

Das Zielsystem muss die Vergabe von Incentives ermöglichen und auch relativen Vergleichen mit Zielsystemen anderer Mitarbeiter standhalten. Zudem müssen die Indikatoren des Zielsystems eindeutig sein und ebenso gemessen werden können. Die Trivialisierung von Arbeitszusammenhängen meint, dass sehr viele Aufgabenfelder nicht eindeutig abgrenzbar sind und entsprechend auch kein passendes Zielsystem formuliert werden kann. Will man nun doch variabel vergüten, so führt dies aufgrund der Messanforderungen eine Trivialisierung herbei.

Darüber hinaus scheiden besonders wichtige Themen für eine Incentivierung aus. So lassen sich **Beiträge zur Kreativität und Innovativität** nur schlecht skalieren. Auch Beiträge zu unternehmensspezifischen Gemeingütern – beispielsweise Kundenzufriedenheit oder langfristiges Image – passen nicht zur typischen Incentivierungslogik. Dies trifft auch für die Übertragung impliziten Wissens zu. Würde man die Anzahl der Einträge in einer Datenbank vergüten, so würde dies gewiss nicht die Qualität der Einträge steigern. Implizites Wissen muss eine gewisse Umlaufgeschwindigkeit haben, das heißt, möglichst rasch und informell in unterschiedlichen Bereichen und Abteilungen ankommen. Incentivierungen werden dabei kaum helfen.

Der Nutzen variabler Vergütungen liegt damit vor allem in einem anderen Feld. Er kann einen **Verstärkungseffekt** in dem Sinne auslösen, dass eine Bereitschaft und eine Hinwendung zu Handlungsfeldern entstehen. Dies schafft dann die Basis, sodass in einem bestimmten Arbeitsbereich erst intrinsische Motivation entstehen kann. Der Verstärkungseffekt geht dabei über monetäre Incentivierungen hinaus und kann als extrinsische Komponente auch Formen der Mitsprache umfassen.

Schließlich kann man auch argumentieren, Geld wirke auch auf einer anderen Ebene. Geld hat dann die Funktion, eine Art Feedback zu geben und bediene das intrinsische Motiv nach Leistung und Anerkennung. Jedoch verkennt dies, dass das Leistungsmotiv nur mit dem Erfüllen einer Aufgabe in Verbindung steht. Geld kann jedoch nur außerhalb von Aufgabenvollzügen und damit extern bemessen und hinzugefügt werden. Fühlen sich Mitarbeiter durch Geld anerkannt, so handelt es sich gerade nicht um eine intrinsische Motivation. Damit wird offensichtlich, dass extrinsische Anreize allein nicht ausreichend sind, um Menschen zu motivieren. Vielmehr braucht es eine intrinsische Komponente, die nicht erst durch das Hinzufügen von externen Anreizen aktiviert wird, sondern von Personen und Tätigkeiten abhängt.

4.5 Quintessenzen für Managementerfolg

Die **strukturelle Führung** besteht aus standardisierten Vorgehensweisen, die das Handeln mitarbeitergruppenspezifisch, wenn nicht sogar für eine gesamte Belegschaft, lenken sollen. Strukturelle Führung adressiert auf jeweils unterschiedliche Weise die Beweggründe des Handelns (s. Kap. 2). Handlungsvermögen, -bereitschaften und -potenziale werden somit über den Einsatz von Strukturen geprägt. Dies gelingt durch Personalrekrutierung, Personalentwicklung, Arbeitsgestaltung, Gruppenarbeit und Vergütung.

Bei der **Personalrekrutierung** ist es die Beachtung der sogenannten prognostischen Validitäten, die Auskunft über das Leistungspotenzial von Kandidaten geben kann. Dabei lässt sich die Vorteilhaftigkeit bestimmter Auswahlverfahren im Einzelnen und in der Kombination bestimmen. Dies führt zu Hinweisen für Auswahlverfahren, die durch die recht einfache Durchführung einen relativ geringen Aufwand verursachen. Zudem bieten bei einzelnen Verfahren besonders gute Erfolgsaussichten, adäquate Prognosen für künftige Leistungsvollzüge zu geben. Empirische Evidenzen über die Auswahlverfahren haben allerdings nicht umfänglich Eingang in die Praxis gefunden. Dies zeigt sich beispielsweise an dem starken Glauben an Assessment Centern als Königsweg der Personalauswahl. Auch sollten die weiteren Beweggründe des Handelns, wie beispielsweise individuelle Werte oder die Passung zu potenziellen Kollegen, bei der Personalauswahl berücksichtigt werden.

Bei der **Personaleinführung** steht die frühzeitige Vermittlung von Werten und Haltungen im Zentrum. Unterschiedliche Sozialisierungstaktiken bieten sich hierzu an. Diese legen die Basis für die Entstehung von unternehmensspezifischem Handlungsvermögen und fördern zudem Handlungsbereitschaften.

Personalentwicklung umfasst das Lernen von Fertigkeiten und Wissen, intra- und interpersonellen Kompetenzen sowie einer kulturellen Aufmerksamkeit. Dies wurde oben primär lerntheoretisch bearbeitet. Das Argument dafür ist einfach. Ohne Verständnis des Lernens lassen sich weder Personalentwicklungsmethoden noch deren Umsetzung gestalten. Ersteres verantworten Personalabteilungen. Letzteres zählt zur Verantwortung von Vorgesetzten, indem das Gelernte in den Alltag eingebettet wird und sich durch Wiederholungen eine Routine einstellt. Der Bezug zur verzahnten interaktionellen (s. Kap. 3) und strukturellen Führung werden an dieser Stelle besonders deutlich. Zudem können Personalentwicklungsmaßnahmen, neben der Vermittlung von Wissen und Fertigkeiten, zur Kompetenzsteigerung weitere Nebeneffekte mit sich bringen. So kann eine Inaussichtstellung von Schulungsmaßnahmen – unabhängig von den dort thematisierten Inhalten – positive Auswirkungen auf das Gefühl der Anerkennung haben und somit motivationsfördernd wirken. Dies stellt den unmittelbaren Bezug der strukturellen Führung zu den Beweggründen des Handelns dar (s. Kap. 2). Die Umsetzung und Etablierung der strukturellen Führung geschieht zu einem wesentlichen Teil durch Vorgesetzte. Auf diesem Weg wirkt die strukturelle Führung auf Mitarbeiter und deren Beweggründe des Handelns ein.

Die **Arbeitsstrukturierung** bedingt zu einem wesentlichen Teil intrinsische Motivation. Das Job Characteristics Model demonstriert dies und verweist auf in vielen Situationen nutzbare Faktoren. Deren Zusammenwirken hat bei einer günstigen Ausprägung eine positive Wahrscheinlichkeit, dass eine deutliche und anhaltende Leistungssteigerung erfolgt. Eine weitere Form der Arbeitsstrukturierung ist die **Gruppen- oder Projektarbeit**. Die Gestaltungsoptionen können sich hier auf die Struktur und Dauer sowie auf die Entwicklung von Haltungen (s. Kap. 2) durch die Gruppenarbeit beziehen.

Die so verstandene strukturelle Führung prägt **Kernkompetenzen** (s. Kap. 1) eines Unternehmens. Sind Kernkompetenzen ein Bündel an intangiblen Ressourcen, Fähigkeiten, Erfahrungen, Traditionen, Organisationsstrukturen und Ähnlichem, so werden sie stark durch die strukturelle Führung und deren Wirkung auf individuelle Werte, Haltungen und Motivation ausgeformt. Auch die Rekrutierung, Personalentwicklung, Arbeitsstrukturierung, Gruppenarbeit und die Honorierung leisten ihren Beitrag zu Kernkompetenzen.

Vergütungsfragen richten sich sowohl auf die horizontale als auch auf die vertikale Ebene. Beide Perspektiven haben das Potenzial, Leistung zu steigern, aber auch zu reduzieren. Die Bedeutung individueller Vergleiche auf horizontaler Ebene werden genauso betont wie die Praxis, deutliche Abstufungen der Vergütungen unterschiedlicher Hierarchieebenen vorzunehmen. Letzteres lässt dann eine Vergütungshierarchie als ein gesamthaftes Anreizsystem deutlich werden. Die Vergütung auf einer bestimmten Ebene dient dann vornehmlich zur Anreizung der Ebene darunter, weiter aufzusteigen. Daraus folgen allerdings nicht notwendigerweise positive Beiträge zum Managementerfolg, da derartige Anreizsysteme wichtige andere Fragen der Wertschöpfungsmoderation in den Hintergrund rücken lassen.

Gehaltsvariabilisierungen und vermeintlich positive Effekte auf Motivationswirkungen werden hier in der Summe als problematisch angesehen. Es ist der Verdrängungseffekt der Motivation, der intrinsische Motivation durch das Hinzufügen eines externen Anreizes ausschalten kann. So leben jegliche Gehaltsvariabilisierungen von einer ex ante festgelegten Bemessungsgrundlage in Form von eindeutigen Zielen. Wertschöpfung erfährt so eine Trivialisierung und „Entdynamisierung". Wie aber sollen Wertschöpfungsveränderungen eingepreist werden? Die distributive Gerechtigkeit wäre immer berührt, wenn sich Bemessungsgrundlagen zwischen Mitarbeitern verschieben und eine davon attraktiver ist. Davon nicht betroffen sind solche Mitarbeiterbeteiligungen oder Erfolgsprämien, die auf Abteilungs- oder Unternehmensebene angesiedelt sind. So sind derartige Gratifikationen als nicht auf individueller Leistung beruhende Sonderzahlungen definiert.

Vergütungsmöglichkeiten können **Führungsstile** (s. Kap. 3) teilweise substituieren. Die Struktur eines variablen Vergütungssystems oder einer Gehaltsstruktur stellt einen Ordnungsrahmen dar. Die Beweggründe des Handels werden geprägt und Handlungen erfahren eine besonders starke Prägung. Je besser funktionierend und je präziser dieser Rahmen gesetzt ist, desto weniger müssen Führungskräfte im Rahmen interaktioneller Führung darauf eingehen. Auch Teile der Personalentwicklung können Einfluss auf die **interaktionelle Führung** nehmen. Zahlreiche Schulungsmöglichkeiten oder regelmäßige Abteilungs- und Perspektivenwechsel entlasten die direkten Führungskräfte in den Abteilungen in ihren Rollentätigkeiten oder sonstigen Führungsaktivitäten. Durch die Art der Entwicklung wird Mitarbeitern ein Weg aufgezeigt, den sie eigenverantwortlich einschlagen können. Neue Perspektiven erschließen sich auch ohne regelmäßiges Feedback des Vorgesetzten.

Mit Blick auf das **Wertschöpfungsmodell** (s. Kap. 1) erfährt die Summe aller Handlungen durch die strukturelle Führung einen wesentlichen Einfluss. Gesteigert wird dieser noch durch das Zusammenspiel mit der interaktionellen Führung (s. Kap. 3). Es sind aber nicht nur die Wirkungen innerhalb des Personalmanagements selbst, die so entscheidend sind. Auch die später diskutierten Organisationsstrukturen (s. Kap. 6) und vor allem auch die geteilten Werte und Normen (s. Kap. 9) interagieren stark mit dem Personalmanagement.

4.6 Explorationen

Verständnisfragen
1. Bezogen auf das Kosten- Nutzenverhältnis (Aufwand vs. Validität) sind Assessment Center die beste Rekrutierungsmethode.
   a. richtig
   b. falsch
2. Grundlegende und weitreichende Kompetenzen sollten eher …
   a. während der Aufgabenvollzüge vermittelt werden.
   b. außerhalb der Aufgabenvollzüge vermittelt werden.
   c. mittels Mentoring vermittelt werden.
3. Wie hoch ist der MPS (motivating potenzial score) für dieses Stellenprofil? Anforderungsvielfalt = 4; Ganzheitlichkeit = 3; Bedeutsamkeit = 5; Autonomie bei der Aufgabenerfüllung = 1; Feedback = 4.
   a. 16
   b. 30
   c. 42
4. In der Punctuated Equilibrium-Theorie …
   a. entscheidet sich die Gruppe bereits beim ersten Treffen für hohe oder niedrige Gruppenperformanz.
   b. entscheidet sich erst am Midpoint, ob es zu einer hohen oder niedrigen Gruppenperformanz kommt.
   c. wird davon ausgegangen, dass Führungskräfte die Projektdeadline variabel an die Gruppenperformanz anpassen.
5. Das Prinzipal-Agenten-Paradigma …
   a. unterstellt ein altruistisches Menschenbild, in dem jeder Person zunächst positive Absichten unterstellt werden.
   b. schreibt dem Prinzipal eine potenzielle Eigennutzorientierung zu, dem Agenten hingegen nicht.
   c. ist die Basis der institutionellen Logik.
6. Unter Bezugnahme auf die neue Erwartungstheorie bildet Geld den entscheidenden Mechanismus der Funktionsweise von Vergütungssystemen, weil Geld objektiv und interindividuell einheitlich bemessen werden kann.
   a. Richtig
   b. Falsch
7. Die implizite Kumulationsthese variabler Vergütungen …
   a. gewichtet die Bedeutung von intrinsischen Anreizen höher als die von extrinsischen Anreizen.

b. nimmt Motivationssteigerungen durch das Hinzufügen von extrinsischen Anreizen an.
c. lässt negative Auswirkungen durch extrinsische Anreize zu.

Weiterführende Fragen
a. Welche Personalauswahlverfahren sollten in der Praxis genutzt werden?
b. Welche Probleme können sich aus einer rein evidenzbasierten Kombination von Personalauswahlverfahren ergeben?
c. Diskutieren Sie die Bedeutung intrinsischer Motivation. Durch welche Ausprägungen der strukturellen Führung lässt sie sich verstärken?

Falldiskussion 1: Postkorb-Übung im Assessment Center
Ein prominentes Verfahren innerhalb eines Assessment Centers ist die Postkorb-Übung, etwa in dieser Form: Sie verantworten die Kundenbetreuung eines mittelständischen Unternehmens des Anlagenbaus. Ihr Bruder hat geheiratet und sie kommen von einem fünftägigen Urlaub aus Südfrankreich zurück. An diesem Montag fahren Sie in Ihr Büro. Sie haben noch gut die mahnenden Worte eines Kunden im Ohr, der sich über die nicht wie gewohnt liefernde Spedition beschwerte. Zudem sollte die Konstruktionsabteilung eine Aussage über die Realisierbarkeit einer Dosenbefüllungsanlage liefern. Sie hoffen jetzt nur, dass die in der letzten Woche kränkelnden Mitarbeiter keine Krankmeldung abgegeben haben. Sie betreten Ihr Büro, schalten den Rechner ein und wenden sich dem üppig gefüllten Postkorb zu. Die Aufgabe lautet: Bitte bearbeiten Sie den Postkorb.

a. Auf welche Kompetenzen wird bei dieser Übung abgezielt?
b. Welche Rolle spielt hierbei die „richtige Lösung"?
c. Wie schätzen Sie die Eignung dieses Verfahrens für einerseits operativ tätige Mitarbeiter ohne Weisungsbefugnisse und andererseits Führungskräfte ein?

Falldiskussion 2: Puzzle Experiment
Deci (1971) führte ein Experiment durch, bei dem Probanden im Labor gebeten wurden, Puzzles in dreidimensionaler Konfiguration nach einem Vorbild zusammenzustellen. Die dabei benötigte Zeit wurde gemessen. Hatte ein Proband ein Puzzle nach 13 Minuten noch nicht gelöst, wurde ihm die Lösung von der Versuchsleitung präsentiert.

In der ersten Phase des Experiments sollten die Probanden vier Konfigurationen nachbauen. In der zweiten Phase erhielten die Probanden wieder 13 Minuten, um erneut vier Konfigurationen nachzubauen. Probanden der Experimentalgruppe wurden nun, im Gegensatz zu Probanden der Kontrollgruppe, mit einem Dollar pro erfolgreich gebildeter Konfiguration belohnt. In der dritten Phase sollten wiederum vier Konfigurationen nachgebaut werden, diesmal jedoch erneut für alle Probanden ohne Bezahlung.

Zu jeder der drei Phasen wurde das Experiment unter einem Vorwand unterbrochen und die Probanden für acht Minuten allein gelassen. Probanden konnten somit wählen, ob sie sich weiterhin mit dem Puzzle beschäftigen oder die Zeit für etwas Anderes nutzen, wie z. B. zu warten oder Zeitung zu lesen. Die Zeit, die die Probanden freiwillig dazu nutzten, weitere Konfigurationen nachzubauen, wurde als Maß für ihre intrinsische Motivation genommen.

Nach jeder Phase wurden die Probanden befragt, wie gerne sie die Puzzles bearbeitet hatten. Es zeigte sich, dass die Motivation in der Experimentalgruppe in Phase 2 deutlich zunahm und in der Kontrollgruppe leicht abnahm. In Phase 3 jedoch, in der es keinerlei Belohnung gab, sank die Motivation in der Experimentalgruppe unter das Ausgangsniveau in Phase 1. Die Zeit, in der sich die Probanden mit dem Puzzle beschäftigten, sank um etwa 50 Sekunden. In der Kontrollgruppe hingegen, die keine finanzielle Belohnung erhielt, nahm die Motivation in Phase 3 sogar zu. Etwa 28 Sekunden länger beschäftigten sich die Probanden mit den Puzzles.

Wie können die Ergebnisse des Experiments motivationstheoretisch erklärt werden?

Falldiskussion 3: 3M

Bei 3M erhalten Mitarbeiter die Möglichkeit, 15 % ihrer Arbeitszeit für kreative oder innovative Projekte einzusetzen („15 % Kultur") (3M Corp. o. J.). Kritische Stimmen wenden ein, dass eine monetäre Incentivierung motivationsförderlicher für die Mitarbeiter wäre.

a. Wie bewerten Sie die 15 % Kultur bei 3M vor dem Hintergrund des Crowding-Out-Effektes und des Job Characteristics Modells?
b. Welche Konsequenzen hat die 15 % Kultur einerseits und eine rein monetäre Incentivierung andererseits auf das Führungsverhalten von Führungskräften?

Literatur

3M Corp. (o. J.). 5 reasons 3Mers love working here. https://www.3m.com/3M/en_US/careers-us/working-at-3m/life-with-3m/. Zugegriffen am 11.05.2020.

Arthur, M. B., & Kram, K. E. (1985). Mentoring at work: Developmental relationships in organizational life. *Administrative Science Quarterly, 30*(3), 454.

Ashford, S. J., & Black, J. S. (1996). Proactivity during organizational entry: The role of desire for control. *Journal of Applied Psychology, 81*(2), 199–214.

Backes-Gellner, U., Lazear, E. P., & Wolff, B. (2001). *Personalökonomik. Fortgeschrittene Anwendungen für das Management*. Stuttgart: Schäffer-Poeschel.

Bandura, A. (1979). *Sozial-kognitive Lerntheorie* (1. Aufl.). Stuttgart: Klett-Cotta.

Bandura, A. (1989). Human agency in social cognitive theory. *American Psychologist, 44*(9), 1175–1184.

Bandura, A. (1991). Social cognitive theory of self-regulation. *Organizational Behavior and Human Decision Processes, 50*(2), 248–287.

Bandura, A. (1997). *Self-efficacy: The exercise of control*. New York: W.H. Freeman.
BASF SE. (o. J.). *Onboarding. Willkommen bei BASF*. https://www.basf.com/global/de/careers/why-join-basf/what-you-will-get/onboarding.html. Zugegriffen am 11.05.2020.
Berthon, P., Ewing, M., & Hah, L. (2005). Captivating company: Dimensions of attractiveness in employer branding. *International Journal of Advertising, 24*(2), 151–172.
Carron, A. V. (1982). Cohesiveness in sport groups: Implications and considerations. *Journal of Sport Psychology, 4*, 123–138.
Cerasoli, C. P., Nicklin, J. M., & Ford, M. T. (2014). Intrinsic motivation and extrinsic incentives jointly predict performance: A 40-year meta-analysis. *Psychological Bulletin, 140*(4), 980–1008.
Deci, E. L. (1971). Effects of externally mediated rewards on intrinsic motivation. *Journal of Personality and Social Psychology, 18*(1), 105–115.
Deci, E. L., & Ryan, R. M. (2000). Self-determination theory and the facilitation of intrinsic motivation, social development, and well-being. *American Psychologist, 55*(1), 68–78.
Dunckel, H. (Hrsg.). (1999). *Handbuch psychologischer Arbeitsanalyseverfahren*. Zürich: Vdf-Hochschulverlag.
Feldman, D. C. (1976). A contingency theory of socialization. *Administrative Science Quarterly, 21*(3), 433.
Festinger, L. (1950). Informal social communication. *Psychological Review, 5*(57), 271–282.
Franz, W. (2006). *Arbeitsmarktökonomik. Mit 59 Tabellen* (6. Aufl.). Berlin/Heidelberg: Springer.
Franz, W. (2009). *Arbeitsmarktökonomik* (7. Aufl.). Berlin: Springer.
Frey, B. S., & Oberholzer-Gee, F. (1997). The cost of price incentives: An empirical analysis of motivation crowding- out. *The American Economic Review, 87*(4), 746–755.
Gersick, C. J. G. (1989). Marking time: Predictable transitions in task groups. *Academy of Management Journal, 32*(2), 274–309.
Ghosh, R., & Reio, T. G. (2013). Career benefits associated with mentoring for mentors: A meta-analysis. *Journal of Vocational Behavior, 83*(1), 106–116.
Gluck, M. A., Mercado, E., & Myers, C. E. (2016). *Learning and memory: From brain to behavior* (3. Aufl.). New York: Worth Publishers, Macmillan Learning.
Gneezy, U., & Rustichini, A. (2000). A fine is a price. *The Journal of Legal Studies, 29*(1), 1–17.
Hackman, J. R., & Oldham, G. R. (1976). Motivation through the design of work: Test of a theory. *Organizational Behavior and Human Performance, 16*(2), 250–279.
Haggard, D. L., Dougherty, T. W., Turban, D. B., & Wilbanks, J. E. (2011). Who is a mentor? A review of evolving definitions and implications for research. *Journal of Management, 37*(1), 280–304.
Haß, L. H., Müller, M. A., & Vergauwe, S. (2015). Tournament incentives and corporate fraud. *Journal of Corporate Finance, 34*, 251–267.
Humphrey, S. E., Nahrgang, J. D., & Morgeson, F. P. (2007). Integrating motivational, social, and contextual work design features: A meta-analytic summary and theoretical extension of the work design literature. *Journal of Applied Psychology, 92*(5), 1332–1356.
Jensen, M. C., & Meckling, W. H. (1976). Theory of the firm: Managerial behavior, agency costs and ownership structure. *Journal of Financial Economics, 3*(4), 305–360.
Johns, G., & Saks, A. M. (2017). *Organizational behaviour. Understanding and managing life at work* (10. Aufl.). Toronto: Pearson.
Jones, G. R. (1986). Socialization tactics, self-efficacy, and newcomers' adjustments to organizations. *Academy of Management Journal, 29*(2), 262–279.
Kahneman, D., & Tversky, A. (1979). Prospect theory. An analysis of decision under risk. *Econometrica, 47*(2), 263–291.
Kahneman, D., Knetsch, J. L., & Thaler, R. H. (1991). Anomalies: The endowment effect, loss aversion, and status quo bias. *Journal of Economic Perspectives, 5*(1), 193–206.

Klein, H. J., & Weaver, N. A. (2000). The effectiveness of an organizational-level orientation training program in the socialization of new hires. *Personnel Psychology, 53*(1), 47–66.

Klein, H. J., Polin, B., & Leigh Sutton, K. (2015). Specific onboarding practices for the socialization of new employees. *International Journal of Selection and Assessment, 23*(3), 263–283.

Kristof-Brown, A. L., Zimmermann, R. D., & Johnson, E. C. (2005). Consequences of individuals' fit at work: A meta-analysis of person-job, person-organization, person-group, and peson-supervisor fit. *Personnel Psychology, 58*(2), 281–342.

Locke, E. A., & Latham, G. P. (2002). Building a practically useful theory of goal setting and task motivation. A 35-year odyssey. *American Psychologist, 57*(9), 705–717.

Lohaus, D., Rietz, C., & Haase, S. (2013). Talente sind wählerisch – was Arbeitgeber attraktiv macht. *Wirtschaftspsychologie aktuell, 3*(20), 12–15.

Löhr, J. (26. April 2015). Der Gedöns-Vorstand. *Frankfurter Allgemeine Zeitung*. https://www.faz.net/aktuell/wirtschaft/wirtschaftspolitik/personalmanagement-wird-oft-belaechelt-zu-unrecht-13557610.html. Zugegriffen am 11.05.2020.

van Maanen, J., & Schein, E. H. (1979). Toward a theory of organizational socialization. *Research in Organizational Behavior, 1*, 209–264.

Montgomery, B. L. (2017). Mapping a mentoring roadmap and developing a supportive network for strategic career advancement. *SAGE Open, 7*(2), 1–13.

Mullen, B., & Copper, C. (1994). The relation between group cohesiveness and performance: An integration. *Psychological Bulletin, 115*(2), 210–227.

Nerdinger, F. W., Blickle, G., & Schaper, N. (2014). *Arbeits- und Organisationspsychologie* (3. Aufl.). Berlin/Heidelberg: Springer.

Obermann, C. (2006). *Assessment Center. Entwicklung, Durchführung, Trends; mit originalen AC-Übungen* (3. Aufl.). Wiesbaden: Gabler.

Oh, I.-S., Guay, R. P., Kim, K., Harold, C. M., Lee, J.-H., Heo, C.-G., & Shin, K.-H. (2014). Fit happens globally: A meta-analytic comparison of the relationships of person-environment fit dimensions with work attitudes and performance across East Asia, Europe, and North America. *Personnel Psychology, 67*(1), 99–152.

Osterloh, M., & Weibel, A. (2008). Managing Motivation – Verdrängung und Verstärkung der intrinsischen Motivation aus Sicht der psychologischen Ökonomik. *Wirtschaftswissenschaftliches Studium, 37*(8), 406–411.

Pindyck, R. S., & Rubinfeld, D. L. (2005). *Mikroökonomie* (6. Aufl.). München: Pearson Studium.

Raff, D. M. G., & Summers, L. (1987). Did Henry Ford pay efficiency wages? *Journal of Labor Economics, 5*(4), 57–86.

Reio, T. G., & Batista, L. C. (2014). Psychological foundations of HRD. In N. Chalofsky, T. S. Rocco & M. L. Morris (Hrsg.), *Handbook of human resource development* (S. 1–20). San Francisco: Wiley.

Rosen, S. (1981). The economics of superstars. *The American Economic Review, 71*(5), 845–858.

von Rosenstiel, L., & Nerdinger, F. W. (2011). *Grundlagen der Organisationspsychologie. Basiswissen und Anwendungshinweise* (7. Aufl.). Stuttgart: Schäffer-Poeschel.

Schmidt, F. L., & Hunter, J. E. (1998). The validity and utility of selection methods in personnel psychology: Practical and theoretical implications of 85 years of research findings. *Psychological Bulletin, 124*(2), 262–274.

Seashore, S. E. (1954). *Group cohesiveness in the industrial work group*. Oxford: University of Michigan.

Sesselmeier, W., Funk, L., & Waas, B. (2010). *Arbeitsmarkttheorien. Eine ökonomisch-juristische Einführung* (3. Aufl.). Heidelberg: Physica.

Skinner, B. F. (1938). *The behavior of organisms. An experimental analysis*. Oxford: Appleton-Century.

Song, Y., Liu, Y., Shi, J., & Wang, M. (2016). Use of proactive socialization tactics and socialization outcomes: A latent growth modeling approach to understanding newcomer socialization process. *Academy of Management Discoveries, 3*(1), 42–63.

Sorge, N.-V. (2018). 7 Jobs, in denen Akademiker weniger verdienen als VW-Arbeiter. Satter Tarifabschluss bei Volkswagen (21.02.2018). *manager magazin.* https://www.manager-magazin.de/unternehmen/autoindustrie/volkswagen-tarifverhandlungen-wer-verdient-wieviel-a-1182870.html. Zugegriffen am 31.10.2019.

Tuckman, B. W. (1965). Developmental sequence in small groups. *Psychological Bulletin, 63*(6), 384–399.

Tuckman, B. W., & Jensen, M. A. C. (1977). Stages of small-group development revisited. *Group & Organization Studies, 2*(4), 419–427.

Wanous, J. P., & Reichers, A. E. (2000). New employee orientation programs. *Human Resource Management Review, 10*(4), 435–451.

Wegerich, C. (2015). *Strategische Personalentwicklung in der Praxis. Instrumente, Erfolgsmodelle, Checklisten, Praxisbeispiele* (3. Aufl.). Berlin: Springer Gabler.

Wimbledon. (o.J.). https://www.wimbledon.com/index.html. Zugegriffen am 11.05.2020.

Womack, J. P., Jones, D. T., & Roos, D. (1991). *The machine that changed the world. The story of lean production* (1. Aufl.). New York: Harper Perennial.

Zeit. (19. Oktober 2017). Empörung über Millionen für Air-Berlin-Chef. https://www.zeit.de/wirtschaft/unternehmen/2017-10/air-berlin-chef-thomas-winkelmann-insolvenz-gehalt. Zugegriffen am 31.10.2019.

Informatorische Fundierung und Personalstrategie

5

Zusammenfassung

Die informatorische Fundierung schafft die Grundlage aller Entscheidungen und Maßnahmen von Vorgesetzten und Personalabteilungen. Für Informationen über Handlungsbegründungen werden unterschiedliche Messverfahren skizziert. Ein Einsatz solcher Messverfahren ist jedoch nicht immer hürdenfrei, so kann beispielsweise die Messung von Persönlichkeitsmerkmalen an Rechtsnormen scheitern. Auch die Messung von Werten wird aufgezeigt. Aufgrund der einfacheren Zugänglichkeit ist jedoch die Erfassung von Haltungen wie Arbeitszufriedenheit, Commitment oder Vertrauen leichter realisierbar. Ebenso führen Leistungsbeurteilungen zu Informationen über den Arbeitsprozess sowie individuelle Erfolgsbeiträge. Daran schließen sich Ausführungen zum Personalcontrolling sowie zu „belegschaftsmonetarisierenden" Ansätzen an. Die so verstandene informatorische Fundierung mündet in Personalstrategien. Aufbauend auf der interaktionellen sowie der strukturellen Führung werden verschiedene Strategietypen demonstriert.

Vignette: Vorstandssitzung bei der Max und Piet Schneider AG

Die traditionsreiche Max und Piet Schneider AG stellt mit knapp 9000 Beschäftigten an fünf nationalen und internationalen Standorten Fahrwerksmodule für die Automobilindustrie her. Das Unternehmen konnte wider Erwarten mehrere Großaufträge nicht gewinnen. Neue technologische Standbeine werden seit einigen Jahren analysiert und klingen technologisch vielversprechend. Aus Furcht vor der Verwässerung des Kerngeschäftes wurden diese Perspektiven allerdings nicht in Angriff genommen.

Der Finanzvorstand präsentiert seine Interpretation zur kritischen finanziellen Situation des Unternehmens in den kommenden Jahren. Er untermauert seine Analyse mit einer Vielzahl an Kennzahlen. Nach allem, was sich prognostizieren lasse, werde in den kommenden Jahren ein deutlicher Personalabbau unvermeidbar sein. Alle Ausgaben müssten auf den Prüfstand gestellt werden. Der Marketingvorstand unterstützt dies durch seine absatzorientierten Kennziffern.

Der Personalvorstand hingegen plädiert für die Realisierung neuer Technologien, mit denen man sich schon seit Jahren beschäftige. Dies sei doch der Gegenstand vieler Vorstandssitzungen in den letzten Jahren gewesen. Entsprechend solle das Personalbudget ausgebaut werden, vor allem um Qualifikationen sowie moderne Formen der Arbeitsorganisation zu realisieren. „Zudem ist es dringend erforderlich, auch die Veränderungsbereitschaft der Mitarbeiter in den Fokus zu rücken!" Nur das schaffe Anpassungsflexibilität und eröffne Innovationsperspektiven.

Die Vorstandsvorsitzende fragt nach: „Können Sie begründen, warum dies unseren finanziellen Missstand positiv beeinflussen wird? Und wann werden erste Erfolge eintreten? Meines Erachtens sind die finanzwirtschaftlichen Kennziffern an dieser Stelle unstrittig. Wir sollten unsere Entscheidungen für das Personalbudget daran orientieren."

Der Personalvorstand gibt zu bedenken: „Eine allzu enge Ausrichtung auf finanzwirtschaftliche Kennziffern oder überprüfbare Daten lassen immer noch keine eindeutigen Schlussfolgerungen zu. Diese Denkweise solcher Maßzahlen lässt sich nicht uneingeschränkt auf Humanressourcen übertragen. Es geht schließlich um Menschen, mit all ihren so verschiedenen Facetten. Da sind viel Intuition und Erfahrung gefragt. Nur so kann man das System Unternehmen als Ganzes betrachten."

Der Finanzvorstand mischt sich erneut ein: „Auch Personalmanagement besteht aus Investitionen im betriebswirtschaftlichen Sinne: Investiert man in Personal, dann ist dies ein Verzicht auf andere Investitionen sowie auch auf Gewinnausschüttungen. Entsprechend muss sich jede personalwirtschaftliche Investition gegenüber alternativen Mittelverwendungen rechnen." ◄

Handelt es sich hierbei um eine reale Situation? Vermutlich ist die wechselseitige Skepsis von Finanz- und Personalvorstand eher übertrieben. Jedoch weisen die beiden Disziplinen durchaus unterschiedliche Charakteristika auf. Auf der einen Seite steht die finanzwirtschaftliche Logik mit ihrer Ausrichtung auf aggregierte, entindividualisierte und planbare Daten. Auf der anderen Seite stehen Handlungsvermögen, -bereitschaften und -potenziale. Hinsichtlich der Eindeutigkeit von Argumenten werden Verantwortliche für die Humanressourcen gegenüber zahlengetriebenen Bereichen, wie Controlling oder Finanzierung, in vielen Fällen unterliegen. Aber muss es wirklich so schlimm kommen, wie in der Vignette angedeutet? Können Personalvorstände tatsächlich nicht viel mehr beitragen als „man muss das System Unternehmen als Ganzes betrachten"?

Ausgehend von dem Wertschöpfungsmodell (s. Kap. 1) und einer Analyse der Wertschöpfungsstruktur selbst, lässt sich verdeutlichen, an welchen Stellen Handlungen intensiviert oder ausgebaut werden sollten. Dies lenkt zugleich den Fokus auf Situationen und

Perspektiven von Handlungsbereitschaften, die ihrerseits durch Personalmanagement gefördert werden können. Erfolgt diese Analyse im engen Austausch mit beispielsweise Technologie- und Produktionsverantwortlichen, so steht die Machbarkeit neuer Technologien im Zentrum und Handlungen lassen sich darauf ausrichten. Die Basis dafür bilden Informationen.

5.1 Überblick zur informatorischen Fundierung

In Unternehmen steht und fällt die gesamte Wertschöpfung mit Informationen über das aktuelle und das erwartbare Handeln von Mitarbeitern (s. Kap. 1). Es sind drei Themenfelder, bei denen das besonders deutlich ist.

Die ersten beiden Themenfelder sind die interaktionelle sowie die strukturelle Führung. Beispielsweise gibt der Erfolg von bisherigen Personalentwicklungsmaßnahmen Hinweise für deren Fortsetzung oder Verstärkung durch die interaktionelle Führung. Eine gute Kenntnis über individuelle Motive fundiert Vergütungsentscheidungen. Schließlich fordert eine sinkende, organisatorische Selbstbindung zur Prüfung der LMX-Qualität oder der mittelfristigen Perspektiven von Mitarbeitern auf. Die dritte Perspektive geht über Führung hinaus und richtet sich auf die Gesamtunternehmensebene. So sind Informationen zu den Humanressourcen für Vorstandssitzungen (s. o.), für Unternehmensstrategien oder für organisatorische Veränderungen eine zwingende Voraussetzung. Dies sichert idealerweise eine Handlungsfähigkeit nach erfolgten Veränderungen. Das heißt, es müssen systematisch Informationen über die Humanressourcen erhoben, analysiert sowie interpretiert werden. Es gilt die folgende Definition.

▶ **Informatorische Fundierung** Die informatorische Fundierung soll unterschiedliche Facetten der Humanressourcen analysierbar und interpretierbar machen. Diese Informationen dienen als Grundlage für die interaktionelle und die strukturelle Führung.

Spricht man von informatorischer Fundierung im Zusammenhang mit dem Handeln von Mitarbeitern, so stößt man auf das Problem der Datenqualität. Es ist die Gesamtheit von Handlungsbegründungen, von interaktioneller sowie struktureller Führung – gar nicht zu sprechen von den noch folgenden Themen – die eng miteinander verwoben sind. Misst man also beispielsweise Arbeitszufriedenheit, dann resultieren keine eindeutigen und unanfechtbaren Informationen zu deren Steigerung.

Neben dem Problem der Datenqualität steht das Problem der Datenauswertung. Persönlichkeitsrechte von Mitarbeitern verbieten die Messung und Auswertung von Informationen zu den Handlungsbegründungen. In vielen Fällen ist es dann die einzige Möglichkeit, in Absprache mit dem Betriebsrat Handlungsbeweggründe anonymisiert zu erheben und aggregiert auszuwerten. Dies soll das Rückschließen auf einzelne Personen verhindern.

Sowohl die Datenqualität als auch die Datenverwendung schränken die informatorische Fundierung deutlich ein. Dennoch verbleiben viele Ansatzpunkte, um Personalmanagement und Unternehmensentscheidungen substanziieren zu können. Im Folgenden werden informatorische Beiträge für Handlungsbegründungen, individuelle Leistungen sowie gesamte Belegschaften aufgeführt.

5.2 Informationen über Handlungsbegründungen

5.2.1 Messung von Persönlichkeit und Werten

5.2.1.1 Persönlichkeit

Ganz offensichtlich ist die individuelle **Persönlichkeit** ein prägender Faktor für Handlungsbefähigungen, -bereitschaften und -potenziale. Die Analyse von Persönlichkeitsmustern liegt also sehr nahe. Anhand der Persönlichkeitsdimensionen „Big Five" wurden bereits grundlegende Handlungsbegründungen beschrieben (s. Kap. 2). Um die Ausprägung dieser Persönlichkeitsdimensionen messbar und erfassbar zu machen, haben Costa und McCrae (1992) das NEO-Persönlichkeitsinventar (NEO-PI-R) entwickelt. Die ökonomische und damit für die Anwendung im betrieblichen Kontext relevantere Kurzversion ist das NEO Fünf-Faktoren-Inventar (NEO-FFI) (s. Illustration 5.1).

> **Illustration 5.1 NEO Fünf-Faktoren-Inventar**
>
> Das NEO-FFI ist ein Fragebogen mit insgesamt 60 persönlichkeitsbeschreibenden Aussagen – 12 Aussagen pro Dimension. Personen können mittels einer fünfstufigen Antwortskala zustimmen bzw. ablehnen. Nach Beantwortung aller Items werden die Summenwerte der fünf Dimensionen gebildet, anhand derer die Ausprägungen abgelesen werden können.
>
> Durch diese Skalierung wird das Modell der „Big Five", im Vergleich zu anderen, persönlichkeitserfassenden Inventaren der Fülle an existierenden Eigenschaften und Persönlichkeitsmustern gerecht und beugt einer simplen Kategorisierung in „Persönlichkeitstypen" vor (Costa und McCrae 1992). ◄

Wie kann nun aber das Wissen über Persönlichkeit und der fünf Dimensionen im betrieblichen Rahmen angewendet werden? Das **Erfassen von Persönlichkeitsmerkmalen** kann beispielsweise im Rahmen von Personalauswahlverfahren genutzt werden, was mitunter bereits Eingang in die Praxis gefunden hat. Auch wenn die prädiktive Validität geringer ist als die von Intelligenz als Auswahlkriterium (Schmidt und Hunter 1998), kann es als ergänzende Methode hinzugezogen werden. So kann zum Beispiel für die Einstellung eines neuen Sales-Managers die Ausprägung auf der Dimension Extraversion ein zu berücksichtigender Faktor sein. Zudem ist das NEO-FFI mit circa 15 Minuten Durchführungszeit und simpler Auswertung hoch ökonomisch.

Die Interpretation der resultierenden Ausprägungsgrade auf den einzelnen Dimensionen sollte in einem reflektierten Maße stattfinden. Zum einen ist laut Borkenau und Ostendorf (2008) das NEO-FFI nicht geeignet, um spezielle Persönlichkeitsmuster zu finden. Das Inventar ist viel mehr geeignet, grobe, aber vollständige Persönlichkeitsunterschiede zu erfassen. Zum anderen kann nicht unmittelbar von Persönlichkeitsmerkmalen auf zukünftiges Verhalten geschlossen werden. Man stelle sich vor, ein Unternehmen würde ausschließlich Mitarbeiter mit einer hohen Ausprägung an Gewissenhaftigkeit und einer niedrigen Ausprägung an Neurotizismus auswählen oder für Aufgaben, die viele soziale Interaktionen erfordern, nur extravertierte Personen einstellen. Daraus ließe sich nicht folgern, dass diese Personen hoch motiviert sowie zufrieden sind und persistent eine gute Arbeitsleistung zeigten. Wäre dies der Fall, so wäre der Einfluss und die damit einhergehenden Diskussionen der Honorierung, der Personalentwicklung oder der Arbeitsbedingungen redundant.

Insgesamt können Instrumente zur Erfassung der Persönlichkeit wie das NEO-FFI einen Beitrag zur Rekrutierung leisten. Zudem sollten sie als ergänzendes Instrument für weitere informatorische Fundierungen genutzt werden. Als alleiniges Auswahlkriterium für die Rekrutierung sollten sie hingegen nicht verwendet werden, da Persönlichkeitstest lediglich einen Anhaltspunkt über die individuellen Merkmale einer Person liefern und eine Kategorisierung nahe liegt.

5.2.1.2 Werte
Im Anschluss an die herausgehobene Bedeutung von Werten (s. Kap. 2) stellt sich die Frage nach deren Bestimmung. Dafür existieren validierte Messinstrumente, zum Beispiel der Schwartz Value Survey (Schwartz 1992, 2003).

In **Personalauswahlgesprächen** wird sich in der Praxis häufig über standardisierte Interviewfragen der Erfassung von Werten eines Bewerbers genähert, wie beispielsweise über indirekte Fragen: „Stellen Sie sich vor, wir würden Sie einstellen. Welchen Aufgaben würden Sie sich in Ihrer ersten Woche widmen?", oder der Kandidat soll Stellung beziehen zu der Unternehmensmission und -vision (Scandura 2019). Dies soll zur Aufklärung über die Werte und Passung des Kandidaten zum Unternehmen beitragen.

Eine weitere, informatorische Quelle von Werten sind groß angelegte **Gesellschaftsstudien**, so wie die regelmäßig durchgeführten Shell-Jugendstudien (Shell Deutschland Oil GmbH o. J.)". Die Ergebnisse der Shell-Jugendstudien sind für das Personalmanagement ebenfalls relevant, da die Ergebnisse Hinweise auf die Werte (künftiger) Mitarbeiter geben und eine entsprechende Gestaltung von Vergütungssystemen oder Rekrutierungsstrategien nach sich ziehen. Diese Studien dokumentieren Werte, Haltungen und Sichtweisen der jungen Generation in Deutschland. Sie zeigen vor allem Änderungen zu den Vorjahren auf. Neben politischen Themen werden auch Facetten wie Familienorientierung, das Streben nach einem hohen Lebensstandard, die Durchsetzung eigener Bedürfnisse und die Erwartungen an einen künftigen Arbeitsplatz erhoben.

5.2.2 Messung von Haltungen

5.2.2.1 Arbeitszufriedenheit

Arbeitszufriedenheit ist eines der besonders weitreichenden Konstrukte im Management. So treten sehr viele unternehmensbezogene Entscheidungen oder Situationen auf, die die Zufriedenheit der Arbeitnehmer formen. Die Arbeitszufriedenheit wurde definiert als ein positives „Gefühl", das auf einer autonomen Bewertung der eigenen Arbeitssituation beruht (s. Kap. 2). Arbeitszufriedenheit ist damit zugleich so etwas wie eine subjektiv interpretierte Wahrnehmung aller Moderatoren des Handelns und ihrer Rahmenbedingungen (s. Kap. 1).

Die Arbeitszufriedenheit kann aus einer allgemeinen und einer Facettenperspektive betrachtet werden. Die allgemeine Arbeitszufriedenheit umfasst die Haltung gegenüber der gesamten Arbeitssituation, während die Facetten spezielle Einstellungsobjekte umfassen (Spector 1997, S. 3), wie beispielsweise die Zufriedenheit mit der Vergütung oder der interaktionellen Führung.

Die allgemeine Arbeitszufriedenheit sowie deren Facetten stehen in einem komplexen Wirkungszusammenhang und können durch drei Ebenen dargestellt werden (s. Abb. 5.1).

Allgemeine Arbeitszufriedenheit

Die allgemeine Arbeitszufriedenheit stellt einen **globalen Indikator** der Arbeitszufriedenheit dar. Je nach Person können dabei verschiedene Facetten unterschiedlich gewichtet sein. Sinnbildlich für die allgemeine Arbeitszufriedenheit wäre folgende Aussage: „Im Großen und Ganzen bin ich mit meinem Job zufrieden, allerdings gibt es einige Aspekte, die man optimieren könnte." Dabei wird deutlich, dass erste Hinweise bezüglich der Gesamtzufriedenheit einer Person geliefert werden. Eine Interpretation ist schwierig, da sich kein differenziertes Bild der Arbeitszufriedenheit ableiten lässt. So könte ein Arbeitnehmer beispielsweise zufrieden mit der Vergütung, aber unzufrieden mit seinem direkten Vorgesetzten sein.

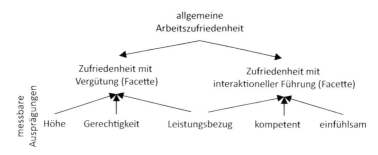

Abb. 5.1 Modell der Arbeitszufriedenheit (s. ähnlich Borg 2003, S. 3)

Facetten der Arbeitszufriedenheit
Konkrete Maßnahmen lassen sich nur aus den ermittelten Facetten, beispielsweise auf der Ebene der interaktionellen Führung, ableiten. Eine Erhebung der einzelnen Facetten erscheint daher in diesem Kontext unabdingbar.

Zur **Messung von Arbeitszufriedenheit** finden sich verschiedene Vorschläge (s. Illustration 5.2).

> **Illustration 5.2 Messung von Arbeitszufriedenheit**
>
> Dolbier et al. (2005) führen an, dass Arbeitszufriedenheit eines der wenigen Konstrukte ist, welches sich zuverlässig als Single-Item messen lässt: „Taking everything into consideration, how do you feel about your job as a whole?" Die praktische Verwertbarkeit ist jedoch fraglich. Selbst wenn ein Praktiker mit diesem Single-Item beispielsweise einen auffällig niedrigen Arbeitszufriedenheitswert ermittelt, ist damit überhaupt nicht ersichtlich, weshalb der Wert so niedrig ist. Können sich die Mitarbeiter nicht richtig für die Aufgaben motivieren? Wird die Bezahlung als ungerecht empfunden oder liegen Probleme mit der Führung vor? Diese Fragen können nicht beantwortet werden.
>
> Haarhaus (2016) hat mit dem Kurzfragebogen zur Erfassung allgemeiner und facettenspezifischer Arbeitszufriedenheit (KAFA) ein deutschsprachiges Instrument entwickelt, welches Arbeitszufriedenheit in fünf Facetten unterteilt. Es stellt dar, wie sich die Arbeitszufriedenheit im Einzelfall zusammensetzt. Die Facetten lauten: Tätigkeiten, Arbeitskollegen, Entwicklungsmöglichkeiten, Bezahlung und Vorgesetzte. Sie werden jeweils mit fünf Fragen erhoben. Weitere fünf Fragen bilden zusätzlich eine allgemeine Arbeitszufriedenheit ab. So soll mittels des KAFA genau bestimmt werden, ob die Zufriedenheit der Mitarbeiter beispielsweise gering ist, da eher die Tätigkeit selbst oder die Vorgesetzten Schwierigkeiten bereiten.
>
> Noch mehr Facetten bindet der Arbeitsbeschreibungsbogen nach Neuberger und Allerbeck (2014) ein. ◄

Darüber hinaus zeigt die empirische Forschung, dass fehlende Arbeitszufriedenheit zu nachteiligem Handeln führen kann. Darunter wird allgemeines Fehlverhalten, wie zum Beispiel Mobbing, Lügen, Manipulationen von Kollegen, Absentismus oder auch Diebstahl von Unternehmenseigentum gefasst. All diese Verhaltensweisen, die einen äußerst destruktiven Einfluss nehmen, entstehen nicht einfach so, sondern sind häufig das Resultat unerkannter und lang anhaltender Arbeitsunzufriedenheit (Robbins und Judge 2018). Es ist also von Bedeutung, bei vermehrtem Auftreten derartigen Fehlverhaltens tatsächliche Gründe auch in der Arbeits(un)zufriedenheit zu suchen und nicht nur direkte Konsequenzen in Form von Sanktionen zu ziehen. Hier können regelmäßige Messungen, zum Beispiel über den soeben vorgestellten KAFA, Klarheit verschaffen. Wie auch zuvor, sollten hier vor allem die Facetten betrachtet werden, da nur so die Gründe für die Unzufriedenheit sinnvoll erfasst werden können und entsprechend gehandelt werden kann.

5.2.2.2 Organisatorische Selbstbindung

Commitment (organisatorische Selbstbindung) lässt sich in die drei Komponenten affektiv, normativ und kalkulatorisch unterteilen (s. Kap. 2). Ein verbreiteter Fragebogen zur Messung von organisatorischer Selbstbindung ist der Fragebogen Commitment Organisation, Beruf und Beschäftigungsform (COBB) von Felfe et al. (2002). Auszüge davon umfasst Tab. 5.1.

Allerdings ist auch das Drei-Komponenten-Modell nicht frei von Limitationen. Klein et al. (2014) verweisen diesbezüglich auf die Überschneidungen zwischen affektivem und normativem Commitment. Außerdem führen die Autoren an, dass die Dimension des kalkulatorischen Commitments (Investitionen und mangelnde Alternativen) zwei unterschiedliche Aspekte beinhaltet, die eigentlich eine getrennte Betrachtung erfahren sollten. Schließlich werden die Messungen von affektivem, normativem und kalkulatorischem Commitment als problematisch angesehen, da es zu Überschneidungen mit den Konstrukten Zufriedenheit, Identifikation, Kündigungsabsicht und Motivation kommen kann. Dies trifft auch auf die im deutschsprachigen Kontext sehr häufig verwendeten Skalen von Felfe et al. (2002) zu.

5.2.2.3 Vertrauen

Vertrauen als eine Haltung kann in zwei Perspektiven unterschieden werden (s. Kap. 2). Zum einen kann Vertrauen generalisiert und zum anderen spezifisch verstanden werden.

Generalisiertes Vertrauen

Generalisiertes Vertrauen meint die grundsätzliche Erwartungshaltung von Individuen, sich auf Äußerungen oder Versprechen anderer zu verlassen (Rotter 1967, S. 651). Vertrauen ist damit an dieser Stelle eine eher stabile Persönlichkeitsdimension. Das vorherrschende Instrument ist die im Jahr 1967 von Rotter entwickelte Interpersonal Trust Scale,

Tab. 5.1 Messung von Commitment (s. ähnlich Felfe et al. 2002)

Verbundenheit und Identifikation mit dem Unternehmen	Skala
Ich wäre sehr froh, mein weiteres Arbeitsleben mit diesen Kollegen verbringen zu können.	affektiv
Es wäre momentan mit zu vielen Nachteilen für mich verbunden, wenn ich diese Organisation verlassen würde.	kalkulativ
Ich fühle mich emotional nicht sonderlich mit dieser Organisation verbunden.	affektiv
Ich bin stolz darauf, dieser Organisation anzugehören.	affektiv
Zu vieles in meinem Leben würde sich verändern, wenn ich diese Organisation jetzt verlassen würde.	kalkulativ
Ich glaube, dass ich momentan zu wenige Chancen habe, um einen Wechsel der Organisation ernsthaft in Erwägung zu ziehen.	kalkulativ
Ich habe schon zu viel Kraft und Energie in diese Organisation gesteckt, um jetzt noch an einen Wechsel zu denken.	kalkulativ
Viele Leute, die mir wichtig sind, würden es nicht verstehen oder wären enttäuscht, wenn ich diese Organisation verlassen würde.	normativ

5.2 Informationen über Handlungsbegründungen

welche bereits in angepasster Form in die deutsche Sprache übersetzt und anhand einer deutschen Stichprobe validiert wurde (Amelang und Bartussek 2014). Die deutsche Fassung besteht aus insgesamt 27 Items, die auf einer fünfstufigen Likert-Skala beantwortet werden. Die Addition der einzelnen Skalenwerte ergeben den Gesamtwert.

Spezifisches Vertrauen

Eine zweite und für die Praxis womöglich interessantere Betrachtungsweise ist die des spezifischen Vertrauens. Hiermit ist das Vertrauen gegenüber bestimmten Situationen oder Personengruppen, wie zum Beispiel Arbeitskollegen, gemeint und kann durchaus unterschiedliche Werte annehmen, je nachdem, auf welches Zielobjekt das Vertrauen gerichtet ist. Basierend auf diesem multidimensionalen Ansatz ist es denkbar, dass eine Person den Arbeitskollegen ein hohes Maß an Vertrauen entgegenbringt, allerdings kein Vertrauen in das Management des Unternehmens hat.

Dies berücksichtigend, haben Cook und Wall (1980) die Skala Interpersonal trust at work entwickelt (s. Tab. 5.2), wobei die insgesamt 12 Items entweder auf das Vertrauen in a) die Kollegen, oder b) das Management abzielen. Des Weiteren nehmen die Autoren zwei Dimensionen von Vertrauen an: Zum einen die Vertrauenswürdigkeit der Intentionen anderer und zum anderen das Vertrauen in die Kompetenzen und Fähigkeiten anderer. Das Antwortformat besteht aus einer siebenstufigen Antwortskala, das Aufsummieren der einzelnen Itemwerte bildet den Gesamtwert der Skala bzw. der Subskalen.

Darüber hinaus existieren zahlreiche weitere Skalen, die jeweils auf bestimmte Bereiche, Situationen oder Gruppen abzielen. So kann der Fragebogen von Cook und Wall (1980) eingesetzt werden, wenn das Vertrauen gegenüber den Kollegen oder dem Manage-

Tab. 5.2 Why Do You Do Your Work? (Cook und Wall 1980)

Items	Skala
Management at my firm is sincere in its attempts to meet the workers' point of view.	FM
Our firm has a poor future unless it can attract better managers.	CM
If I got into difficulties at work I know my workmates would try and help me out.	FP
Management can be trusted to make sensible decisions for the firm's future.	CM
I can trust the people I work with to lend me a hand if I needed it.	FP
Management at work seems to do an efficient job.	CM
I feel quite confident that the firm will always try to treat me fairly.	FM
Most of my workmates can be relied upon to do as they say they will do.	FP
I have full confidence in the skills of my workmates.	CP
Most of my fellow workers would get on with their work even if supervisors were not around.	CP
I can rely on other workers not to make my job more difficult by careless work.	CP
Our management would be quite prepared to gain advantage by deceiving the workers.	FM

FP = Faith in intentions of Peers
FM = Faith in intentions of Management
CP = Confidence in actions of Peers
CM = Confidence in actions of Management

ment im Fokus steht. Beispielsweise würde man für die Erfassung des Vertrauenslevels innerhalb einer Gruppe jeweils auf ein anderes Messinstrument zurückgreifen (Simons und Peterson 2000).

5.2.2.4 Wahrgenommenen Unterstützung

Wahrgenommene Unterstützung (POS: perceived organizational support) beschreibt, ob Mitarbeiter Unterstützung durch das Unternehmen verspüren. Dies beruht darauf, dass sich Personen, die von einer anderen Person gut behandelt wurden, zu einer ebenso wohlwollenden Reaktion verpflichtet fühlen (Gouldner 1957). Positive Auswirkungen von POS, beispielsweise auf Commitment und Leistung, begründen sich dementsprechend durch die Reziprozitätsnorm.

Im Gegensatz zu anderen Konstrukten handelt es sich bei POS um ein **unidimensionales Konstrukt**. In vielen Fällen wird hierfür auf die 17 am stärksten ladenden Items von Eisenberger et al. (1986) aus dem survey of perceived organizational support (SPOS) zurückgegriffen (s. Tab. 5.3).

Wahrgenommene Unterstützung rundet die Diskussion der Messung von Haltungen ab. Es bleibt lediglich ein Einblick in die Möglichkeiten, wie solide empirische Analysen vorgenommen werden können. Dennoch wird die Idee deutlich. Des Weiteren sind die Ergebnisse solcher Analysen zwar für sich genommen solitär, lassen sich aber leicht mit interaktioneller und struktureller Führung oder auch der organisatorischen Gestaltung verknüpfen.

Tab. 5.3 Messung von wahrgenommener Unterstützung (Eisenberger et al. 1986)

Items
The organization values my contribution to its well-being.
If the organization could hire someone to replace me at a lower salary it would do so.
The organization fails to appreciate any extra effort from me.
The organization strongly considers my goals and values.
The organization would ignore any complaint from me.
The organization disregards my best interests when it makes decisions that affect me.
Help is available from the organization when I have a problem.
The organization really cares about my well-being.
The organization is willing to extend itself in order to help me perform my job to the best of my ability.
Even if I did the best job possible, the organization would fail to notice.
The organization is willing to help me when I need a special favor.
The organization cares about my general satisfaction at work.
If given the opportunity, the organization would take advantage of me.
The organization shows very little concern for me.
The organization cares about my opinion.
The organization takes pride in my accomplishments at work.
The organization tries to make my job as interesting as possible.

5.2.3 Messung von Motivation

Motivation ist ein schillernder und in der Unternehmenspraxis allgegenwärtiger Begriff. Die meisten Personen äußern sehr schnell, und dann meistens auch sehr überzeugend ihre Einschätzung zur Motivation von Kollegen, Mitarbeitern oder Führungskräften. Berücksichtigt man die Schwierigkeiten von Leistungsbeurteilungen oder die attributionstheoretischen Argumente, so bleiben große Zweifel an der Zuverlässigkeit individueller Einschätzungen.

Die Messung von Motivation ist kein einfaches Unterfangen, da viele Motivationstheorien das Konstrukt beleuchten. So wie bereits vorgestellt, kann man auf keine Motivationstheorie einfach verzichten. Vielmehr zeigen diese, wie man sich dem latenten Konstrukt aus verschiedenen Perspektiven nähern und es greifbar machen kann. Demzufolge kann es nur schwer gelingen, eine zusammenfassende Aussage zu generieren.

Job Diagnostic Survey (JDS)
Ein vielversprechendes Instrument, das eine starke theoretische Fundierung aufweist und sich in der Praxis im Rahmen von Arbeitsanalyseverfahren bewährt hat, ist der **Job Diagnostic Survey (JDS)** (Hackman und Oldham 1975). Das Verfahren zielt nicht primär auf die Erhebung einer generellen, inneren Motivation von Personen ab, sondern auf die Erfassung des Motivationspotenzials einer bestimmten Tätigkeit. Da der JDS in einem Selbstbewertungsverfahren von den Beschäftigten selber ausgefüllt wird und somit die subjektive Wahrnehmung des Motivationspotenzials erfasst, handelt es sich um ein **personenbezogenes Arbeitsanalyseverfahren**.

Theoretisch fundiert ist der JDS durch das Job Characteristics Model (Hackman und Oldham 1975, S. 4). Hierin äußern sich intrinsische Motivation, allgemeine Arbeitszufriedenheit und Zufriedenheit mit den Kontextfaktoren und den Entfaltungsmöglichkeiten der Arbeit. Zusätzlich wurde noch die Variable „Bedürfnis nach persönlicher Entfaltung" aufgenommen. In Summe zielen das Job Characteristics Model und das Motivationspotenzial auf die intrinsische Motivation ab, die sich aus den Aufgaben- und Tätigkeitsmerkmalen ergeben.

Insgesamt gilt es 83 Items auf einer siebenstufigen Antwortskala zu beantworten, wobei ein höherer Wert für ein höheres Motivationspotenzial der Tätigkeit spricht. Ein solches Instrument kommt wohl kaum in der Personalauswahl zum Einsatz, sondern wird eher dann notwendig, wenn Probleme wie eine hohe Fluktuation oder Abwesenheit deutlich werden. Mithilfe des JDS können Ursachen solcher Auffälligkeiten ausfindig gemacht werden und als Grundlage für eventuelle Gestaltungsmaßnahmen des Arbeitsdesigns dienen. Eine deutschsprachige und validierte Version des JDS liegt vor (Schmidt et al. 1985).

Intrinsic Motivation Inventory (IMI)
Neben dem auf die Praxis ausgerichteten JDS bestehen weitere Instrumente zur Erfassung der intrinsischen Motivation. Diese basieren größtenteils auf der in der Forschung viel beachteten Selbstbestimmungstheorie nach Deci und Ryan (2000). So haben die Autoren

das **Intrinsic Motivation Inventory (IMI)** entwickelt (Ryan und Deci 2003). Es erfasst die subjektive Erfahrung eines Teilnehmers, bezogen auf eine durchzuführende Aufgabe und besteht in der Vollversion aus den folgenden sieben Subskalen:

- Interesse/Freude
- Wahrgenommene Kompetenz
- Aufwand
- Wertigkeit und Nützlichkeit
- Empfundener Druck und Anspannung
- Wahrgenommene Entscheidungsfreiheit
- Verbundenheit

Anders als der JDS wurde das IMI nicht ausschließlich zur Erfassung von Motivationspotenzialen von Arbeitstätigkeiten konzipiert, sondern kommt ebenso in anderen Forschungsdisziplinen zum Einsatz, wie beispielsweise im sportwissenschaftlichen Bereich oder in der Bildungsforschung. Die Vollversion des IMI umfasst 45 Items, jedoch liefern die Autoren zusätzliche Instruktionen, wie sich der Fragebogen an die eigenen Bedürfnisse und Anforderungen der Untersuchung anpassen lässt. Eine durch die Forscher eigens adaptierte Version wird häufig verwendet. Die eigentliche Erfassung der intrinsischen Motivation erfolgt ausschließlich über die erste Subskala Interesse/Freude, die weiteren Subskalen haben sich jedoch als gute Prädiktoren intrinsischer Motivation erwiesen (Ryan und Deci 2003). Aus diesem Grund werden in Studien, die die Ergründung der Motivation von Personen zum Ziel haben, häufig nur die Items der ersten Dimension genutzt.

Work Extrinsic and Intrinsic Motivation Scale (WEIMS)
Ein Instrument, das ausschließlich auf den Arbeitskontext und somit auch speziell auf die Arbeitsmotivation abzielt, wurde erstmals von Blais et al. (1993) konzipiert. Auch diesem Inventar liegt die Selbstbestimmungstheorie nach Ryan und Deci zugrunde. Der französischsprachige Fragebogen wurde von Tremblay et al. (2009) in die englische Sprache übersetzt und evaluiert. Die **Work Extrinsic and Intrinsic Motivation Scale (WEIMS)** besteht aus insgesamt 18 Items. Jeweils drei Items sind sechs Dimensionen zugeordnet: Intrinsic Motivation, Integrated Regulation, Identified Regulation, Introjected Regulation, External Regulation und Amotivation. Die Items sind auf einer fünfstufigen Antwortskala zu beantworten.

Diese Ausführungen zur Messung von Motivation sind insofern unvollständig, als dass die extrinsische Motivation nicht gleichermaßen im Zentrum steht. Wie sollte dies aber auch gelingen? Wird sie doch von außen hinzugefügt und ist genau dann wirksam, wenn Anreize existente Motive oder Bedürfnisse wecken. Motive und Bedürfnisse verschließen sich jedoch weitgehend einer systematischen Analyse. Allerdings generiert jedes Unternehmen fortwährend Erfahrungen über die extrinsische Anreizbarkeit ihrer Mitarbeiter. Jegliche Beschwerden, Kündigungen, Wünsche und Ähnliches sind entsprechende Hinweise.

5.3 Informationen über individuelle Leistungen

5.3.1 Grundfragen der Leistungsbeurteilung

Leistung ist das zentrale Konstrukt des Themas Management. Es wird durch alle Handlungsbegründungen sowie durch die Moderatoren der Wertschöpfung geprägt. Es gilt die folgende Definition.

▶ **Leistung** Leistung erfasst sowohl unternehmensrelevante Ergebnisse als auch den Beitrag der dafür erforderlichen individuellen Handlungen.

Diese Betonung auf das Individuum führt zur Fokussierung der Leistungsbeurteilung individuelle Leistungen. Eine Betrachtung von Mehrpersonen- oder Gruppenleistungen erfolgt hier nicht. Diese wichtige Größe ist Gegenstand von Feedbackgesprächen durch Vorgesetzte sowie deren Teilhabe an der strukturellen Führung.

Eine **Leistungsbeurteilung** soll individuelle Leistung systematisch erfassen. Die Hauptakteure sind die Vorgesetzten. Es gilt die folgende Definition (Becker 2009, S. 162; Drumm 2005, S. 115).

▶ **Leistungsbeurteilungen** Leistungsbeurteilungen sind regelmäßig angewendete Verfahren, die Leistungen von Mitarbeitern strukturiert erfassen und einer Auswertung zugänglich machen sollen

Was in dieser Definition so eindeutig und wohl strukturiert klingt, entpuppt sich als komplexes Unterfangen. Sowohl die mit Leistungsbeurteilungen verbundenen Funktionen als auch die einzusetzenden Kriterien und Verfahrensarten werfen Schwierigkeiten auf. Dies liegt zunächst daran, dass – von getakteter Arbeit abgesehen – Leistung ein unternehmens-, positions- und situationsbezogenes Konstrukt darstellt (Becker 2009, S. 164; Coutts und Schneider 2004, S. 67–81). Darüber hinaus steigt die Unschärfe von Leistung, wenn die beteiligten Akteure ihrerseits unterschiedliche Interessen besitzen und dadurch das abschließend festgestellte Leistungsniveau während der Leistungserstellung und bei deren Beurteilung verzerren (Moser et al. 2000).

Auf diese Komplexität richtet sich seit Jahrzehnten eine intensive Diskussion. Dessen Schwerpunkte lassen sich als **Grundfragen der betrieblichen Leistungsbeurteilung** beschreiben, die im Nachfolgenden diskutiert werden:

- Welche Funktionen können Leistungsbeurteilungsverfahren erfüllen (s. Abschn. 5.3.2)?
- Welche Verfahren zur Leistungsbeurteilung existieren (s. Abschn. 5.3.3)?
- Welche Rolle spielen die Beurteiler (s. Abschn. 5.3.4)?
- Was sind die Gefahren von Leistungsbeurteilungen (s. Abschn. 5.3.5)?

5.3.2 Welche Funktionen können Leistungsbeurteilungen erfüllen?

Leistungsbeurteilungsverfahren werden eine Reihe von Funktionen zugewiesen. Eine umfassende, verbreitete Klassifikation basiert auf der Trennung von personal- und führungspolitischen Funktionen (Becker 2009, S. 264–268; Gerpott und Domsch 1995, S. 1698; Helmig et al. 2008, S. 60):

- **Personalpolitische Funktionen** zielen auf Informationen für mitarbeiterbezogene Entscheidungen, wie Karriereschritte und Entgeltzahlungen. Dies erfordert die Betrachtung der Gesamtheit vergleichbarer Mitarbeiter, beispielsweise jener mit ähnlicher Qualifikation und hierarchischer Zugehörigkeit. Eine starke Standardisierung mit quantifizierenden Beurteilungsergebnissen ist erforderlich.
- **Führungspolitische Funktionen** rücken das Verhältnis zwischen Vorgesetztem und Mitarbeiter, die Mitarbeitermotivation oder auch ablauforganisatorische Aspekte in den Vordergrund. Dafür müssen Leistungsbeurteilungsverfahren jedoch keine quantifizierten Informationen erheben, sondern sollten eine qualitative Nachvollziehbarkeit der Leistungserstellung ermöglichen.

Wie stehen nun diese beiden Funktionsklassen zueinander? In diesem Zusammenhang besteht in der Fachliteratur weitgehend Einigkeit, dass personalpolitische und führungspolitische Funktionen nicht gleichzeitig und auch nicht durch ein einzelnes Verfahren erreicht werden können (Becker 2009, S. 373–377; Neuberger 1980, S. 42). So prägen die beiden Funktionsklassen unterschiedliche Grundgedanken, die sich auch widersprechen können.

Eine Ausrichtung auf beide Funktionsklassen führt zum **Problem der Multifunktionalität**. Daraus folgt, dass Beurteiler bzw. Führungskräfte unterschiedlichen Anforderungen ausgesetzt sind oder sogar widersprüchliche Rollen erfüllen müssen. So fußen personalpolitische Funktionen in aller Konsequenz auf einer „richterartigen Rolle", die eine Messung von Leistung und deren relative Einordnung realisieren soll. Nur dadurch lassen sich Entscheidungen über variable Entgelte, Karriereschritte und Ähnliches begründen.

Führungspolitisch ist hingegen gerade kein objektiver Richter erforderlich, sondern ein unterstützender, „mentorartiger" Vorgesetzter, der die Beziehung zueinander oder die Mitarbeitermotivation im Blick hat. Doch eine gleichzeitige Bewertung beider Funktionen trägt eine Unvereinbarkeit in sich. Vorgesetzte würden versuchen, „Gott zu spielen" und würden scheitern. Mit dieser Formulierung betonte McGregor (1957, S. 92) bereits vor längerer Zeit, dass die widersprüchlichen Rollen nicht innerhalb eines Verfahrens und zu einem identischen Zeitpunkt erfüllbar sind.

Es kann angemerkt werden, dass personalpolitische Funktionen aufgrund ihrer manifesten und unmittelbaren Perspektive dominieren werden. Die Gleichzeitigkeit von Funktionen führt also zu einer Verdrängung und Nichterreichbarkeit führungspolitischer Funktionen (Newton und Findlay 1996, S. 43 f.). Allerdings kann dem Problem der Multifunktionalität mit zeitlich und strukturell getrennten Verfahren begegnet werden.

5.3.3 Welche Verfahren zur Leistungsbeurteilung existieren?

Leistungsbeurteilungen beruhen immer auf Kriterien, die den Zugang zu individueller Leistung erschließen sollen. Je nach gewählter Art der Kriterien resultieren unterschiedliche Verfahren.

Die Schwierigkeit besteht darin, dass Leistung immer gleichzeitig ein unternehmens-, positions- und situationsbezogenes Konstrukt ist. Während die zur Leistungsbeurteilung eingesetzten Kriterien üblicherweise scharf umrissen sind, bleibt Leistung „wolkenartig". Dies deutet an, dass die genaue Erwartungshaltung an eine möglichst gute Leistung ex ante nur schwer bestimmbar ist.

Leistung – das ultimative Kriterium – muss somit durch eine Reihe sich ergänzender Kriterien erfasst werden, was in Abb. 5.2 skizziert wird. Jedoch sind diese allenfalls zufällig deckungsgleich mit der tatsächlichen Leistung. Vielmehr liegt nahe, dass nur ein Teil der eingesetzten Kriterien leistungsrelevant ist (II Kriterienrelevanz). Zudem werden weite Teile der Leistung keiner Messung unterzogen werden können (I Kriteriendefizienz). Schließlich werden auch immer nicht leistungsrelevante Subkriterien zur Leistungsmessung eingesetzt (III Kriterienkontamination).

Typisch ist die Verwendung von unterschiedlichen Kriterienarten für Leistungsbeurteilungen. Abb. 5.3 gibt einen Überblick zu Beurteilungsgegenständen, die durch Kriterien erfasst werden sollen. Daraus resultieren die gängigen Leistungsbeurteilungsverfahren.

Eigenschaftsorientierte Verfahren setzen an jenen Persönlichkeitsmerkmalen an, denen eine besondere Leistungsrelevanz zugesprochen wird. Tätigkeits- oder verhaltensorientierte Verfahren greifen auf sogenannte Verhaltenserwartungs- oder -beobachtungsskalen zurück. Ergebnisorientierte Ansätze analysieren Arbeitsergebnisse, die sich auf einzelne Zwischenschritte oder diese übergreifend beziehen können (Becker 2009, S. 313–322; Marcus und Schuler 2001, S. 397–431).

Eigenschaftsorientierte Verfahren
Eine **Orientierung an Eigenschaften** soll Leistung über das Potenzial von Mitarbeitern kenntlich machen. Dieses setzt sich dann aus persönlichen Eigenschaften zusammen. Das

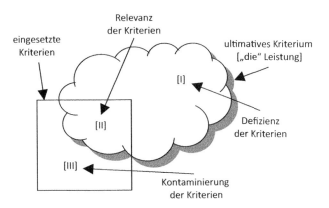

Abb. 5.2 Kriterienproblem der Leistungsbeurteilung

Arbeitsprozess	Input	Transformation	Output
Gegenstand der Beurteilung	Fähigkeiten der Mitarbeiter	Arbeits-verhalten	Arbeits-ergebnis
Ansatz	eigenschafts-orientierter Ansatz	tätigkeits-orientierter Ansatz	ergebnis-orientierter Ansatz

Abb. 5.3 Verfahren der Leistungsbeurteilung (Steinmann und Schreyögg 2005, S. 796)

Persönliche Eigenschaften (Beispiele)	Gewichtung	Beurteilungsskala 1 2 3 4 5
Arbeitsqualität – Fachkenntnisse – Regeltreue – Geschicklichkeit		
Arbeitsquantität – Belastbarkeit – Termineinhaltung – Schnelligkeit		
Leistungsverhalten – Zuverlässigkeit – Zusammenarbeit – Initiative		
Führungsverhalten (nur für Vorgesetzte) – Planung, Disposition, Delegation – Motivierung – Mitarbeiterförderung		

Abb. 5.4 Eigenschaftsorientiertes Verfahren

heißt, eine Erklärung für Leistung und Arbeitsergebnisse eines Mitarbeiters resultiert aus dessen individueller Ausstattung mit arbeitsrelevanten Eigenschaften. (s. Abb. 5.4).

Die benannten Eigenschaften sind jedoch nur schwer operationalisierbar, nicht auf bestimmte Positionen bezogen und stehen in keinem nachvollziehbaren Zusammenhang zur geforderten Leistung. Unterstellt wird damit vielmehr, es sei ausreichend, wenn Mitarbeiter mit einer bestimmten Eigenschaftskonfiguration ausgestattet sind, unabhängig davon, ob diese benötigt oder eingesetzt wird. Auch wenn es auf den ersten Blick nahezuliegen scheint, Eigenschaften als Beurteilungskriterien einzusetzen, bleibt deren Bezug zu der in der Vergangenheit erbrachten Leistung von Mitarbeitern unklar.

Tätigkeits- oder verhaltensorientierte Verfahren

Ein weiteres Verfahren, die Leistungen zu messen, ist die **Verhaltenserwartungsskala**. In diesem wird ein Vergleich von erwartendem sowie tatsächlichem Verhalten gegenübergestellt, um daraus „Leistungen" zu ermitteln. Das Beispiel eines Bereichsleiters aus dem Verkauf zeigt, wie eine an Tätigkeiten ausgerichtete Leistungsbeurteilung aussehen könnte (s. Abb. 5.5).

Bei einer solchen Verhaltenserwartungsskala werden positionsbezogene Beurteilungsstufen den Beurteilern von der Personalabteilung vorgegeben oder von Vorgesetzten erarbeitet. Bei der Skalierung werden sowohl Übererfüllungen als auch Abschläge der erwarteten Leistung integriert. Deutlich ist der große Aufwand, da eine unmittelbare Ausrichtung auf den positionsspezifischen Leistungserstellungsprozess erfolgen muss.

Ergebnisorientierte Verfahren

Ergebnisorientierte Leistungsbeurteilungen haben den Vorteil, dass mit ihnen ein relativ geringer Aufwand verbunden ist. Erreichte Ergebnisse lassen sich in vielen Situationen feststellen und werden oftmals automatisch mit dem Betriebsergebnis erhoben. Problematisch sind dann vielmehr die Vereinbarung von Zielen sowie die Frage nach den Ursachen von Abweichungen. Für eine an Zielen orientierte Leistungsbeurteilung spricht darüber hinaus insbesondere die zu erwartende positive Motivationswirkung. So gibt die Goal-Setting Theory stabile Hinweise, dass erreichbare und gut präzisierte Ziele, die eine

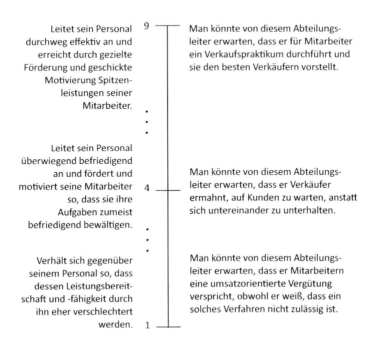

Abb. 5.5 Verhaltenserwartungsskala (s. ähnlich Domsch und Gerpott 1985, S. 671)

fortlaufende Ergebnisrückkopplung bewirken, eine stark motivierende Wirkung haben (s. Kap. 2) (Locke und Latham 1990).

5.3.4 Welche Rolle spielen die Beurteiler?

5.3.4.1 Verzerrungen von Beurteilungen

Neben den Kriterienarten und damit den Beurteilungsverfahren sind in der Literatur Bewertungsverzerrungen von Beurteilern selbst Gegenstand vieler Studien geworden. Als erster Aufschlag dient hier das Konzept der Mikropolitik. Damit werden „Wollens-Probleme", und damit die Existenz von Zielen der Beurteiler subsumiert, die von Unternehmenszielen abweichen können. Daneben treten in kognitiver Hinsicht „Könnens-Probleme" auf. Diese beschreiben faktische Grenzen menschlicher Beurteilungsfähigkeiten.

Mikropolitische Einschränkungen

Mikropolitische Einschränkungen stellen bewusst ablaufende Verzerrungen dar. So ist die Bewertung, beispielsweise von mitarbeiterbezogenen Verhaltensweisen, immer auch von den Interessen und Bedürfnissen eines Beurteilers abhängig (Lueger 1992, S. 174; Neuberger 1995, S. 2–8). Jedoch endet Mikropolitik nicht bei den Beurteilern. Auch Mitarbeiter, die den Beurteilungen ausgesetzt sind, handeln politisch. Dies wurde oben beim Problem der Multifunktionalität gezeigt.

Kognitive Einschränkungen

Kognitive Einschränkungen unterliegen unbewussten Prozessen und resultieren daraus, dass die kognitiven Verarbeitungskapazitäten begrenzt sind. Jede Beurteilung basiert auf einer Vielzahl an Beobachtungen, Eindrücken, sowie auf der Auswertung relevanter Informationen. Hinzu kommen unbewusste Interpretationen vor dem Hintergrund persönlicher Einstellungen, Erfahrungen sowie nicht explizierbare Erwartungen. Auch Sympathie und Antipathie spielen oft eine gewichtige Rolle. Zudem ist immer eine Kategorisierung von Informationen erforderlich, die Beurteiler erst in die Lage einer adäquaten Bewertung versetzen würde. Dies erfordert, eine Vielzahl relevanter Beurteilungsaspekte zu speichern, was aber wiederum durch die begrenzten, kognitiven Kapazitäten einen Informationsverlust mit sich bringt. Schließlich beeinflussen auch das Begriffsverständnis und die Sprachkompetenz der Beurteiler das Ergebnis.

Diese kognitiven Verzerrungen werden auch unter dem Begriff **Wahrnehmungsverzerrungen** diskutiert. Es handelt sich um Einschätzungsfehler individueller Leistungen. Aus der großen Menge an Fehlern werden im Folgenden einige typische Wahrnehmungsverzerrungen in Bezug auf Beurteilungen benannt (Johns und Saks 2008, S. 104):

- Fehlerhafte Beurteilungen als Folge von **Nachsicht** sind meistens in persönlichen Erfahrungen des Beurteilenden begründet. Schlechte Erfahrungen mit negativ bewerteten Individuen, die Angst vor Konfrontationen haben oder die überproportionale

Berücksichtigung emotionaler Komponenten des Arbeitsalltags, sind häufige Ursachen für eine Nachsicht des Beurteilenden. Genau entgegensetzt zur Nachsicht fällt der sogenannte **Härte-Effekt** aus.
- Die sogenannte **Tendenz zur Mitte** zeigt sich in der Haltung des Beurteilers, stets mittelmäßige Beurteilungen anzusetzen. Darin zeigt sich ein bekannter Messfehler der empirischen Sozialforschung. Ist sich ein Individuum unsicher, einer Beobachtung eine klare Bewertung zuteilwerden zu lassen, so bietet die Wahl einer mittleren Ausprägung einen einfachen Ausweg.

Abb. 5.6 visualisiert die drei benannten Wahrnehmungsverzerrungen bei der Beurteilung von Mitarbeitern, allerdings resultieren erst ab einer größeren Anzahl an Mitarbeitern (etwa über 100) solche Kurven.

Hinzu treten zwei weitere Effekte bei der Beurteilung von Mitarbeitern, die sich nicht ohne Weiteres in die Abb. 5.6 aufnehmen lassen, aber eine starke Wirkung ausüben können:

- Der **Ausstrahlungseffekt** beeinflusst die Leistungsbeurteilung durch die überproportionale Berücksichtigung einer einzelnen Charaktereigenschaft, die sich dann auf die Bewertung aller anderen Eigenschaften auswirkt. Ein Ausstrahlen von Charaktermerkmalen wie Höflichkeit, Professionalität und Zielstrebigkeit beeinflusst dann beispielsweise die gesamte Beurteilung.
- Der **Ähnlichkeitseffekt** beschreibt die Tendenz, diejenigen Personen positiv zu evaluieren, die dem Beurteilenden besonders ähnlich sind. Die angestrebte geringe Differenz richtet sich oft auf Charaktereigenschaften, aber auch auf soziale Grundsätze oder kulturelle bzw. soziale Hintergründe. Entsprechend tendieren Individuen dazu, das eigene Verhalten und das eigene Wesen als Maßstab für andere Personen zu verwenden.

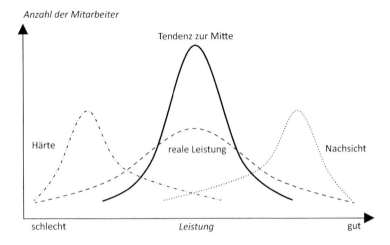

Abb. 5.6 Wahrnehmungsverzerrungen in der Bewertung (s. ähnlich Johns und Saks 2008, S. 103)

Umgang mit den Verzerrungen
Wie sollte der Umgang mit diesen Verzerrungen aussehen? Zwar lassen sich **Beurteilerschulungen** durchführen, die über typische Schwächen informieren und diese reduzieren können. Allerdings handelt es sich um Verzerrungen, die im Wahrnehmungsprozess fest verankert sind und sich somit einer bewussten Erfahrung entziehen.

Einige Unternehmen greifen auf eine **Beurteilersteuerung** zurück. Deutlich wird dies durch den Einsatz eines normorientierten Bewertungsansatzes. Das bedeutet, Beurteiler müssen eine erzwungene Verteilung vornehmen. Somit müssen alle Beurteilungsstufen nach einem vorgegebenen Schema ausgeschöpft werden. Warum aber sollte etwa eine Normalverteilung zu einer besonders realitätsnahen Beurteilung führen? So könnten in einer Abteilung besonders viele leistungsstarke Individuen arbeiten, während die Mehrheit einer anderen Abteilung eher unterdurchschnittliche Leistungen erbringt. Zudem ist damit eine negative Aussage zur eigenen Personalauswahl und -entwicklung sowie der Mitarbeiterführung verbunden, da einige Mitarbeiter als „Schlechtleister" diskreditiert werden müssen.

Insgesamt folgt aus diesen unterschiedlichen Verzerrungen, dass Beurteiler nicht einfach das wiedergeben können, was „objektiv" feststellbar ist, sondern vielmehr unbewusste Prozesse die Beurteilung nachhaltig prägen.

5.3.4.2 Attribution von Ursachen und Motiven
Im Rahmen der Leistungsbeurteilung wird das Mitarbeiterhandeln reflektiert und im Hinblick auf dessen Zielerreichung bewertet. Dazu ist es notwendig, den beobachteten Verhaltensweisen Ursachen und Motive zuzuschreiben. Diesen Prozess nennt man **Attribution**. Einblicke in Zuschreibungen liefert die Attributionstheorie, indem sie die dahinterliegenden Prozesse identifiziert.

Demnach lassen sich Ursachen und Motive von Handeln entweder dispositiv oder situativ begründen (Johns und Saks 2017, S. 91). **Dispositive Begründungen** richten sich auf Persönlichkeitseigenschaften, Charakter, Intellekt, Werte oder Haltungen. Eine daraus resultierende Disposition ist zumindest nicht kurzfristig veränderbar. Diese Form der Attribution wird auch internal genannt. Demgegenüber basiert eine **situative Attribution** auf den Rahmenbedingungen des Handels. Demnach werden die Gründe für das beobachtete Verhalten in situationsabhängigen Zwängen vermutet, die das Individuum nicht beeinflussen kann. Somit handelt es sich um eine externale Attribution (Weinert 2004, S. 233).

Die Frage nach Ursachen und Motiven stellt sich in vielen Gegebenheiten. Zum Beispiel wurden bestimmte Abteilungen trotz einer bestehenden Routine nicht informiert, Protokolle treffen verspätet ein und sind nachlässig formuliert oder wichtige Analysen wurden nicht rechtzeitig fertig. Führungskräfte werden regelmäßig Zuschreibungen von Ursachen und Motiven für solche Handlungen vornehmen müssen. Um zu entscheiden, welche Form der Attribution für ein konkretes Verhalten angebracht ist, schlägt Kelley (1973, S. 110) vor, das Handeln bezüglich seiner **Konsistenz**, **sozialen Konformität** sowie seiner **Distinktheit** zu beurteilen. Er formuliert Leitfragen, die zur passenden Attribution beitragen sollen (s. Illustration 5.3).

5.3 Informationen über individuelle Leistungen

> **Illustration 5.3 Leitfragen für eine adäquate Attribution**
>
> - Konsistenz: Handelt die Person regelmäßig und konsistent in einer bestimmten Weise?
> - Soziale Konformität: Handeln andere Personen ebenfalls so oder betrifft das nur eine bestimmte Person?
> - Distinktheit: Handelt die Person in verschiedenen oder nur in einer bestimmten Situation so?
>
> (Johns und Saks 2017, S. 91; s. ähnlich Kelley 1973, S. 110) ◄

Tritt ein Verhalten wiederholt auf, neigen Beobachter dazu, dieses Verhalten eher den Veranlagungen des Handelnden zuzuschreiben. Konsistentes, also regelmäßig beobachtbares Handeln sei demnach ein Indikator für Motive, die innerhalb der Person verankert sind. Treten Verhaltensweisen von Individuen eher vereinzelt auf, spräche dies für eine situationsbedingte Ursache des Verhaltens und wird demnach eher situativ attribuiert (Johns und Saks 2017, S. 91 f.). Vereinfacht formuliert: Der Beurteiler sucht bestimmte Handlungen, die als typisch oder atypisch für den Handelnden sind.

Anhand des Verbreitungsgrads einer Handlung und damit ihrer sozialen Konformität lassen sich ebenfalls Schlüsse auf die grundlegenden Motive des Handelnden ziehen. Es kann davon ausgegangen werden, dass sozial konforme Handlungen öfter zu beobachten sind, als weniger konforme. Verhalten, das sich abseits sozialer Erwartungen vollzieht, wird demnach eher dispositiv attribuiert, während gruppenkonformes Handeln tendenziell situativ attribuiert wird. Dahinter liegt die Annahme, dass abweichendes Handeln und die Missachtung von der Gruppenkonformität von Individuen ein Ausdruck starker persönlicher Motive sind, weshalb dieses Kriterium auch als personales Kriterium bezeichnet wird (Weinert 2004, S. 223 f.).

Das Kriterium der Distinktheit bezieht sich auf das Ausmaß, in dem sich ein Individuum über verschiedene Situationen hinweg nicht gleichartig verhält. Sollte eine Verhaltensweise in verschiedenen Situationen eine hohe Gleichartigkeit aufweisen, kann gefolgert werden, dass die Handlung durch dispositive sowie situationsbedingte Faktoren begründet werden kann. Die Handlungen können eben nicht den einzelnen Situationen zugeschrieben werden, wenn sie in nahezu allen anderen Situationen auftreten.

Doch wie können diese Attributionsüberlegungen in die Unternehmenspraxis transferiert werden? Anhand des folgenden Beispiels über Fehlzeiten von Mitarbeiter kann diese Theorie Gestalt annehmen (s. Illustration 5.4). Stellen Sie sich also eine Führungskraft vor, der drei Mitarbeiterinnen unterstellt sind. Sie macht sich Gedanken über deren Fehlzeiten und worin die Ursachen dafür liegen könnten, um so eine adäquate Leistungsbeurteilung und bestimmte Maßnahmen ergreifen zu können.

> **Illustration 5.4 Fehlzeiten von drei exemplarischen Mitarbeiterinnen**
>
> - Klaus meldet sich oft krank, seine Kollegen melden sich selten krank und er hat sich bereits in seinem vorherigen Job oft krankgemeldet.

- Peter meldet sich oft krank, seine Kollegen melden sich ebenfalls oft krank, aber er hat sich in seinem vorherigen Job so gut wie nie krankgemeldet.
- Petra meldet sich selten krank, ihre Kollegen melden sich ebenfalls selten krank und sie hat sich selten in ihrem vorherigen Job krankgemeldet (Johns und Saks 2017, S. 92 f.). ◄

Werden die Leitfragen der Attribution angewendet, so kann für Klaus davon ausgegangen werden, dass eine dispositive Attribution zutreffend ist. Seine Handlungen sind regelmäßig und konsistent, es handelt sich um ein nicht konformes Handeln innerhalb der Gruppe und er zeigte dieses Handeln schon in anderen Situationen. Bei Peter liegt eine situative Attribution nahe. Er fehlt zwar oft, aber seine Kollegen fehlen ebenfalls oft, in anderen Situationen hat er sich jedoch anders verhalten. Die Führungskraft kann dann den Schluss ziehen, dass etwas nicht mit den Arbeitsbedingungen stimmt. Bei Petra handelt es sich um eine temporäre, situative Attribution. Sie meldet sich nicht regelmäßig krank und ihre Kollegen ebenfalls nicht. Zudem unterscheidet sich ihr Verhalten in Bezug auf andere Situationen. Eine Führungskraft kann daraus ableiten, dass sie tatsächlich krank ist und sie sich auskurieren muss (Johns und Saks 2017, S. 93).

Eine weitere Verzerrung legt der sogenannte **fundamentale Attributionsfehler** nahe (Johns und Saks 2017, S. 93). Dieser beschreibt die häufige Tendenz, dispositive Zuschreibungen zu betonen und situative Zusammenhänge zu vernachlässigen. Die folgende Illustration 5.5 erklärt dieses Phänomen.

Illustration 5.5 „Wer wird Millionär?" und Kompetenzunterstellungen

Im Rahmen einer Management-Vorlesung betritt der Professor den Saal und teilt den Studierenden mit, er möchte jetzt „Wer wird Millionär?" spielen. Zwei Freiwillige sind erforderlich. Eine Studentin findet sich für die Aufstellung der Fragen und ein weiterer Student für deren Beantwortung.

Die Studentin ist auf ihre Rolle vorbereitet. Sie wurde instruiert, sich beispielsweise Fragen aus ihrem letzten Urlaub, ihren Hobbies oder sonstigen Interessen auszudenken. Alle Fragen sollten in den 64.000- bis 250.000 Euro-Kategorien liegen.

Frage 1 richtet sich auf ihren jüngsten Thailand-Urlaub: An welches Land grenzt Thailand nicht an?
    a) Laos b) Malaysia c) Vietnam d) Myanmar

Frage 2 richtet sich auf ihre Tennisleidenschaft: Welcher Schlag hat auf Rasenplätzen eine geringere Wirkung als auf Sandplätzen?
    a) Aufschlag b) Stoppball c) Topspin d) Slice

Frage 3 lautet: Wie hat sich der Nikkei-Index in den letzten Monaten entwickelt?
    a) gestiegen b) konstant auf hohem Niveau c) konstant auf niedrigem Niveau d) gesunken

Der Student wird von Frage zu Frage nervöser und kann keine beantworten. Der Professor fragt das Auditorium: Wer von beiden ist kompetenter? Selbstverständlich antwortet keiner auf diese Frage. Jedoch setzt sich bei allen Beobachtern der Eindruck fest, dass die Studentin intelligent, weit gereist und vielfältig interessiert ist. Der Student hingegen hinterlässt einen gegenteiligen Eindruck. ◄

Bei dieser Illustration 5.5 handelt es sich um eine einfach zu durchschauende Situation: Diese Fragesituation ist hochgradig unfair und produziert fast zwangsläufig einen Verlierer. Dennoch trauen sich Beobachter in aller Regel eine Einschätzung zu. Dabei vernachlässigen sie die Situation und schreiben die ausbleibenden Antworten der mangelnden Intellektualität des Studenten zu. Die Situation als einzig belastbare Begründung für das Scheitern des Studenten tritt in den Hintergrund. Der fundamentale Attributionsfehler hat Wirkung gezeigt.

5.3.5 Was sind Gefahren von Leistungsbeurteilungen?

Da Leistungsbeurteilungen üblicherweise stark standardisiert sind – der verzerrende individuelle Einfluss soll gerade eingedämmt werden – besteht unweigerlich die Ausrichtung auf zeitlich zurückliegende Kriterien. Das heißt, Leistungsbeurteilungsverfahren können einer **strategischen Anpassungsflexibilität** entgegenstehen.

Das folgende, gut dokumentierte Fallbeispiel des Einstiegs von Honda Mitte der 1960er-Jahre auf dem US-amerikanischen Markt für schwere Motorräder zeigt genau die Bedeutung einer Anpassungsflexibilität (s. Illustration 5.6).

Illustration 5.6 Einstieg von Honda auf dem US-amerikanischen Markt

Lange Zeit wurde argumentiert, dass der Kern des Erfolges von Honda auf dem US-amerikanischen Markt eine langfristige Strategie gewesen sei. Über kleine Motorräder mit geringen Margen sei der Marktzugang erfolgt. Die existenten Vertriebskanäle seien dann für hubraumstarke Motorräder genutzt worden, wobei Gewinne zunächst nachrangig gewesen seien. Auf dieser Basis seien in einem zweiten Schritt Kostenvorteile sowie die produktbezogenen Kompetenzen genutzt worden, um den Gesamtmarkt anzugreifen. Strategische Planung sei demnach die Basis des Erfolges gewesen.

Pascale (1984) zeichnete in einer späteren Studie ein konträres Bild. Zu mangelnden Englischkenntnissen seien knappe Finanzmittel gekommen und deshalb hätten erhebliche Schwierigkeiten bestanden, ein Vertriebsnetz aufzubauen. Zudem wurde rasch deutlich, dass die Anforderungen des Straßenverkehrs zu raschem Verschleiß bei Honda-Motorrädern führten. Während Ingenieure in Japan diese Konstruktionsmängel bearbeiteten, stellten die Honda-Vertriebsleute in den USA fest, dass ein deutliches Interesse an den 50cc Motorrädern bestand, mit dem sich die japanische Gruppe selbst fortbewegte. Diese Zufallsentdeckung war der Einstieg in das hoch rentable US-Geschäft gewesen, dem dann erst später starke Motorräder folgten (Pascale 1984, S. 47–72; Rumelt 1996, S. 103–111). ◄

Ohne Zweifel war die begonnene Penetration des US-amerikanischen Marktes im Nachhinein eine herausragende Leistung. Stellt man nun die Frage, was ein hoch standardisiertes und auf personalpolitische Funktionen ausgerichtetes Leistungsbeurteilungsverfahren bewirkt hätte, so ist das Ergebnis ernüchternd. Mit zunehmender Standardisierung wäre der Raum für die tatsächlich realisierte, emergente Entwicklung geschrumpft. Unter dem Spannungsfeld „**Vollzug und Öffnung**" lässt sich dieser Zusammenhang fassen (Steinmann et al. 2013, S. 769 f.).

- **Vollzug** bedeutet nichts anderes, als das Nachzeichnen einer Leistungserstellung anhand vorgegebener, starrer Kriterien. Dies hätte in dem Honda-Fall wahrscheinlich nicht weniger als ein Scheitern bedeutet. Entsprechend ist rasch ersichtlich, dass Leistungsbeurteilungsverfahren auf sich ändernde Rahmenbedingungen vorbereitet sein sollten.
- Daher sollten Leistungsbeurteilungsverfahren ihrerseits einen Beitrag zur **Öffnung** und zur Generierung neuer Optionen leisten. Dies kann bis zur Neugewichtung oder Reinterpretation von Kriterien reichen. Gerade bei innovativen Unternehmen wird die Notwendigkeit öffnender Leistungsbeurteilungen deutlich (Simmons 2002, S. 97).

Vor dem Hintergrund von Vollzug und Öffnung erscheinen sogenannte freie Leistungsbeurteilungen – also nicht an zu erfüllende Kriterien gebundene, sondern von Vorgesetzten frei gewählte Kriterien – und die eigenschaftsorientierte Leistungsbeurteilung in einem neuen Licht. Der ihnen vorzuwerfende Schwachpunkt eines geringen Bezuges zur erbrachten Leistung kehrt sich dabei in den Vorteil einer Ausrichtung auf unvorhergesehene Entwicklungen um.

5.4 Aggregierte Informationen über Belegschaften und deren Wert

5.4.1 Analyse von Humanressourcen

Dem sogenannten **Personalcontrolling** kommt konzeptionell eine große Bedeutung zu. Vor allem die strukturelle Führung baut auf belastbaren Informationen auf, die die Passung von Humanressourcen zu Handlungsfähigkeiten, -bereitschaften und -potenzialen kennzeichnen. Wörtlich übersetzt bedeutet Personalcontrolling die Steuerung des Personals. Dies ist aber irreführend. Personalcontrolling steuert nicht selbst, sondern liefert Informationen, die im Rahmen der strukturellen Führung umgesetzt werden. Darüber hinaus resultieren auch Informationen, die auf der Unternehmensebene - beispielsweise Unternehmensstrategien, organisatorische Anpassungen, bis hin zu Fusionen - fundieren können (s. Kap. 12 und 13). Es gilt die folgende Definition.

▶ **Personalcontrolling** Personalcontrolling soll systematisch Informationen über Handlungsvermögen, -bereitschaften und -potenziale erheben und diese zur Steuerung personalwirtschaftlicher Maßnahmen aufbereiten.

Prominente Kennzahlen sind beispielsweise Fluktuation, Krankenstand, Arbeitsunfälle, Personalentwicklungsaufwand oder Lohn- und Gehaltsaufwand (Wöhe et al. 2016, S. 199). Was aber tragen solche Kennziffern zur Steuerung sowie zur Verbesserung des Mitarbeiterhandelns bei? Die meisten Kennziffern bieten weniger Aussagegehalt als man auf den ersten Blick vermutet.

Personalentwicklungs- und Honorierungsaufwand
Eine Optimierung dieser vielfach enormen Aufwandsblöcke kann kaum auf der Basis absoluter Zahlen entschieden werden. Sowohl Mitarbeiterqualifikation als auch Vergütungen sind eng verwoben mit Werten, Haltungen und Motivation. Wenn also eine Optimierung zu Lasten der Personalentwicklung und Vergütung fällt, kann die Wirkung nur schwer einzuschätzen sein. Dies kann unerwartet auf unterschiedliche, individuelle Beweggründe des Handelns einen erheblichen Einfluss nehmen. Es ist daher erforderlich, das gesamte Wirkungsgefüge zu betrachten. Dies führt dann idealerweise zur Feststellung, ob eine Optimierung durch andere Moderatoren des Handelns (s. Kap. 1) eine Kompensation erfahren kann.

Präsenzbezogene Kennziffern
Aus gestiegenen Arbeitsunfällen, Krankenständen oder anders begründeter Abwesenheit lassen sich keine Schlussfolgerungen ziehen. Die angesprochenen Aspekte umfassen ein weites Feld. Beispielsweise sind bei betrieblichen Unfällen die Ursachen oft vielschichtig. Sie reichen von technischen Gegebenheiten, über Einstellungen, Motivation, problematischen, unternehmenskulturellen Normierungen, bis hin zum Führungsstil der Vorgesetzten, der Arbeitsverdichtung und vielem anderen mehr. Die verbreitete **Fluktuationsquote** ist jene Kennziffer, die besonders ungeeignet ist, Konsequenzen abzuleiten. Sie wird im Folgenden vertieft analysiert und zeigt Grenzen einer allzu vereinfachten Interpretation und Verwendung auf. Die folgende Illustration 5.7 schildert dazu ein Beispiel.

Illustration 5.7 Fluktuationsquote

In einem großen mittelständischen Unternehmen ist man recht stolz auf das neu eingeführte Personalcontrolling-System. Alle mitarbeiterübergreifenden sowie mitarbeiterbezogenen Kennzahlen werden zu einheitlichen Zeitpunkten und auf einer einheitlichen Grundlage erhoben und ausgewertet. Zudem wurde eine App programmiert, mit der die Personalabteilung sowie die Geschäftsführung tagesgenau alle Daten im Blick hat.

Der Personalleiter präsentiert der Geschäftsführung diese App. Die Geschäftsführung probiert sie aus und ist von den übersichtlichen Daten zunächst positiv angetan. Dabei fällt einem Geschäftsführer auf, dass die Fluktuationsquote in einer größeren, organisatorischen Einheit gegenüber dem Vorjahr um drei Prozentpunkte auf 11 Prozent gestiegen ist. In einem dreijährigen Vergleich hat sie sich sogar verdoppelt.

Leicht erschrocken fragt der Geschäftsführer nach den Ursachen. Der Personalleiter sagt, dass der Zuwachs auch mit Leiharbeitern zusammenhänge. Abläufe seien nicht mehr so eingespielt und auch das Commitment leide darunter. Ein anderer Geschäftsführer erkundigt sich nach den denkbaren Konsequenzen. Der Personalleiter antwortet, man müsse diese Quote ganz offensichtlich im Blick behalten und zusätzlich in allen Unternehmensbereichen kurzfristig bessere Arbeitsbedingungen realisieren.

Die Geschäftsführer schauen sich irritiert an, einer sagt: „Es sind doch immer vergangenheitsorientierte Daten. Wenn man sich für eine Kündigung entscheidet, dann geht es doch kaum von heute auf morgen! Wir wissen doch überhaupt nicht, ob unsere jetzigen Mitarbeiter Wechselabsichten haben oder nicht!" ◄

Diese Illustration 5.7 spricht das Dilemma der Fluktuationsquote an. Jeder kennt sie und will sie hören, gleichzeitig ist sie aber untauglich und lässt kaum eine Analyse zu. So findet sich die Fluktuationsquote zwar in nahezu allen Unternehmensberichterstattungen, sie ist aber immer chronisch veraltet und ebenso wenig informativ. Man kann leicht abschätzen, dass die Fluktuationsquote einen Vorlauf von mehr als zwei Jahren hat. Dieser Vorlauf setzt sich wie folgt zusammen (s. Illustration 5.8).

Illustration 5.8 Vorlauf der Fluktuation

1. Wird Fluktuation halb- oder ganzjährlich erhoben, dann kann das Vorliegen dieser Quote bis zu einem halben oder einem Jahr dauern. Es muss immer einen präzisen Stichtag geben, da andernfalls keine jährlichen oder halbjährlichen Vergleiche möglich wären.
2. Vor der Kündigung können Verhandlungen mit dem neuen Arbeitgeber anstehen. Aufgrund der Entscheidungsprozesse beim potenziellen Arbeitgeber ist mit einem Zeitraum von mindestens einem Monat zu rechnen.
3. Davor befindet sich ein Mitarbeiter in der Phase einer „trennungsorientierten Unzufriedenheit". Die Kündigungsidee konkretisiert sich und wird hinsichtlich des persönlichen Lebensentwurfes abgewogen. Auch hier ist eine Zeitdauer von mehreren Monaten sicherlich keine Seltenheit.
4. Hinzu kommen die gesetzlichen Kündigungsfristen von 28 Tagen bis zu 7 Monaten. Das heißt, jemand der sich mit einem anderen Arbeitgeber einig ist, muss noch die Kündigungsfrist abwarten. In aller Regel zählt erst der Zeitpunkt der tatsächlichen Vertragsauflösung zur Fluktuationsquote.
5. Die Suche nach einem neuen Arbeitgeber kann bei direkter Abwerbung zwar relativ kurz sein, umfasst aber in der Regel auch einen Zeitraum von mehreren Monaten. In aller Regel überschneidet sich diese Phase mit der der „trennungsorientierten Unzufriedenheit", da die Aussicht auf eine andere Stelle großen Einfluss auf die Abwägung einer Kündigung haben kann.

6. Einer Kündigung geht eine Phase der wachsenden Unzufriedenheit voran. Diese lässt sich nicht bemessen. Daraus kann dann eine organisatorische Selbstentbindung folgen. Das heißt, was zur Bindung beigetragen hat, wird nicht mehr geschätzt oder als bindend empfunden. ◄

Maßnahmen zur Verhinderung einer Fluktuation sind somit also in allen Phasen vor der Kündigung relevant. Dazu gibt die Fluktuation jedoch keinen Hinweis, denn immer ist sie das Resultat eines längeren Vorlaufes.

Die **Fluktuationsforschung** hat eine über 100-jährige Tradition (Hom et al. 2017) und es wurde bisher eine große Anzahl an Ursachen festgestellt, die weit über die bisherigen Ausführungen hinaus gehen (Heavey et al. 2013; Spector 1997). Dieser Umstand wird in der Praxis nicht immer systematisch bedacht. Heavey et al. (2013) identifizieren in ihrer Metaanalyse als mögliche Ursachen für die Fluktuation – um nur einige zu nennen – die Ausgestaltung von Vergütungssystemen, Investitionen in Humanressourcen, Umstrukturierung der Organisationsstruktur, Grad der Mitarbeiterüberwachung, organisationales Commitment, Arbeitszufriedenheit, Arbeitsklima, Autonomieempfinden, Gruppenkohäsion, die Beziehung zu den Führungskräften oder auch die Verfügbarkeit von alternativen Arbeitsstellen.

Am Beispiel der Fluktuation wird deutlich, dass es vermessen oder sogar unmöglich wäre, auf Basis von oft vermeintlich „harten Fakten" unmittelbare Maßnahmen abzuleiten. Die wahren Ursachen und Wirkungen blieben verborgen.

5.4.2 Nutzung finanzwirtschaftlicher Größen zur Begründung der strukturellen Führung

Die Idee einer Nutzung finanzwirtschaftlicher Kennziffern zur Fundierung der strukturellen Führung ist auf den ersten Blick erst mal erstaunlich. Wenn man schon Leistung sowie Handlungsvermögen, -bereitschaft und -potenzial auf der Ebene von Individuen nur schwer messen kann, was soll dann der Einsatz von Spitzenkennziffern auf Unternehmensebene bringen?

Jedoch ist ein Brückenschlag zur Finanzwirtschaft unausweichlich. So stellt Personalmanagement, genauso wie die anderen Moderatoren der Wertschöpfung, die Basis des Unternehmenserfolges dar. Im finanzwirtschaftlichen Erfolg aggregiert sich somit in gewisser Weise das Personalmanagement gemeinsam mit den anderen Themenfeldern dieses Buches. Geht man nun einen Schritt zurück, dann können aus der Monetarisierung der Belegschaft weitere Wertschöpfungsbeiträge abgeleitet werden, auch wenn dies lediglich näherungsweise möglich ist.

Auch die Eingangsvignette verwies auf einen potenziellen Nutzen. Dort ist es die kaum vorhandene quantitative Untermauerung der Argumente des Personalvorstandes, die ihn unterliegen lässt. Der Versuch, personalwirtschaftliche Zusammenhänge mit finanzwirtschaftlichen Kennziffern zu verknüpfen, könnte eine Antwort darstellen. Im Folgenden werden drei darauf gerichtete Ansätze diskutiert.

Der Calculated Intangible Value strebt an, das intangible Vermögen, das dem Wert der Humanressourcen entspricht, aufzudecken. Der Value Explorer versucht sich an einer anderen Erfassung des immateriellen Vermögens. Dabei kommt es zur Gleichsetzung mit Kernkompetenzen. Deren Veränderung soll unternehmenswertbezogene Informationen für das Personalmanagement liefern. Die Saarbrücker-Formel integriert eine Vielzahl von Größen, die den Belegschaftswert und dessen Veränderung verdeutlichen. Dies soll Maßnahmen der strukturellen Führung zugutekommen.

5.4.2.1 Calculated Intangible Value

Der **Calculated Intangible Value (CIV)** ist ein Ansatz, der die Obergrenze des intangiblen Humankapitals (s. Kap. 3) ermitteln soll. Dieses stellt bewertete Humanressourcen und damit die Werthaltigkeit einer gesamten Belegschaft dar.

Der CIV setzt dazu an der finanziellen Besserstellung eines Unternehmens relativ zu Konkurrenzunternehmen an. Die Idee ist, dass solch ein Überschussertrag Auskunft über die relative Wirkung der Humanressourcen gibt. Da es sich um eine monetäre Aussage über eine Belegschaft handelt, wird dies als Humankapital bezeichnet. Die folgende Formel skizziert dies (s. Gl. 5.1).

$$Humankapital = CIV = \frac{Ueberschussertrag}{Kapitalkostensatz} \quad (5.1)$$

Humankapital resultiert dabei aus der Diskontierung des Überschussertrages. Dies unterstellt, dass der Überschussertrag konstant weiter realisierbar und entsprechend in jedem Folgejahr um den Faktor $(1+i)^n$ abgezinst wird. Es handelt sich investitionstheoretisch um eine ewige Rente. Diese wird zwar allenfalls zufällig der Realität entsprechen. Genauso könnte man jedoch auch Prognosewerte der Überschussertäge, beispielsweise für die kommenden drei Jahre, verwenden. Dies wäre jedoch aufwändiger darzustellen und würde die Überschussertäge relativ unverändert lassen.

Die Operationalisierung des Überschussertrages erfolgt anhand von Daten des Rechnungswesens. Dazu wird über die vergangenen drei Jahre sowohl der gleitende, durchschnittliche Gewinn als auch der gleitende, durchschnittliche Wert des Anlagevermögens ermittelt. Dies führt zur Gesamtkapitalrentabilität (Return on Assets oder ROA) gemäß der folgenden Formel (s. Gl. 5.2).

$$ROA = \frac{gleitender\ Durchschnitt\ des\ Gewinns}{gleitender\ Durchschnitt\ des\ materiellen\ Anlagevermögens} \quad (5.2)$$

Darüber hinaus ist die branchen-durchschnittliche Gesamtkapitalrentabilität erforderlich. Diese kann entweder geschätzt werden, aus Brancheninformationen oder von Daten der wichtigsten Konkurrenten abgeleitet werden (Scholz et al. 2011, S. 151–153). Abb. 5.7 stellt die Berechnung des CIV vor.

5.4 Aggregierte Informationen über Belegschaften und deren Wert

> durchschnittlicher Gewinn (t_{-3} bis t_0): €3 Mrd.
> durchschnittlicher Wert des materiellen Anlagevermögens (t_{-3} bis t_0): €10 Mrd.
> ROA (Gesamtkapitalrentabilität): 3 Mrd. / 10 Mrd. = 0,3 = 30 %
> Branchendurchschnitts-ROA: 20 %
> Überschussertrag: €3 Mrd. − (0,2 x €10 Mrd.) = €1 Mrd.
> Kapitalkostensatz: 10 %
> Nettogegenwartswert: €1 Mrd. / 0,10 = €10 Mrd.
> Wert der Belegschaft (CIV): €10 Mrd.

Abb. 5.7 Beispielhafte Berechnung des Calculated Intangible Value

Was sagt dieser Wert von 10 Milliarden Euro über das Humankapital aus? Es ist vor allem der relative Vergleich zu Konkurrenten, der weiterführt. So erfasst der berechnete Belegschaftswert den Vorteil gegenüber der Gesamtkapitalrentabilität der Konkurrenten. Hier kann also die Robustheit der Wettbewerbsposition abgeleitet werden. Eine Begründung der Gesamtkapitalrentabilität durch Brancheneffekte oder Zufälle greift an dieser Stelle nicht, denn gleitende Durchschnittswerte stehen dem entgegen.

Der Calculated Intangible Value fokussiert das Personalmanagement insgesamt. Er ist nur erklärbar über eine relative Qualität von interaktioneller und struktureller Führung sowie der informatorischen Fundierung. Dieser Wert macht durch seine unweigerlich schiere Höhe die Bedeutung des Personalmanagements plastisch. Damit ist also eine appellative Wirkung verbunden. Ein Sinken des Humankapitals in einem oder mehreren Jahren umfasst dann den monetär begründeten Auftrag, die Humanressourcen und deren Einsatz stärker zu fokussieren. Das heißt, nach dieser Denkweise folgen aus finanzwirtschlich verschlechterten Situationen immer auch Investitionen im Sinne einer intensiveren Beschäftigung mit den Ursachen von Überschusserträgen.

5.4.2.2 Analyse von Kernkompetenzen: Value-Explorer

Der **Value Explorer-Ansatz** zielt auf die Kernkompetenzen (s. Kap. 1), jene Größen, die in besonderem Maß Wettbewerbsvorteile erklären können. Diesem Ansatz liegen drei Zielsetzungen zugrunde:

- Verdeutlichung der Existenz und Wirksamkeit von Kernkompetenzen,
- Skizze der Anpassungsnotwendigkeit von Kernkompetenzen,
- Beiträge des Personalmanagements zum Erhalt von Kernkompetenzen.

Eine Kernkompetenz ist kein Aktivposten im Sinne der Rechnungslegung und unterliegt im Gegensatz zu Aktiva keiner regelmäßigen Abnutzung. Es handelt sich immer um ein Bündel von Fähigkeiten. Beispiele sind Prozessoptimierungen oder die Generierung von Innovationen. Dies führt dazu, dass Kernkompetenzen den Zugang zu einer Mehrzahl von Märkten ermöglichen. Die Operationalisierung von Kernkompetenzen gelingt durch fünf Kriterien (Scholz et al. 2011, S. 93–96):

- Kundennutzen (also jener Nutzen, für den Kunden bereit sind, einen bestimmten Preis zu bezahlen)
- relative Wettbewerbsstärke (gemessen als Bruttogewinn, Gross Profit GP)
- Zukunftsorientierung (gemessen als prognostizierte Wachstumsrate des Bruttogewinns, Potenzial P)
- schwierige Imitierbarkeit (prognostizierte Abschreibung der Kernkompetenz, Sustainability S)
- Verankerung im Unternehmen (Robustness, Schätzung der unternehmensinternen Verankerung, R)

Das folgende Beispiel bietet eine Datenbasis, um die Anwendung der fünf Kriterien zu veranschaulichen (s. Illustration 5.9).

Illustration 5.9 Value-Explorer – ein Rechenbeispiel

Die Bewachungs-AG hat drei Kernkompetenzen: Gefahrenanalyse, Personenschutz sowie Vertraulichkeit und Seriosität. Diese Kernkompetenzen tragen gemeinsam zu den vier Geschäftsbereichen (A) Unternehmens-, (B) Veranstaltungs- und (C) Transportüberwachung sowie (D) spontane Dienstleistungen bei. Die Berechnung wird am Beispiel der Kernkompetenz „Vertraulichkeit und Seriosität" exemplarisch vorgestellt. Die Werte sind in Mio. Euro angegeben.

	A	B	C	D
Bruttogewinn (competitiveness)	11,8	6,7	1,3	12,9
Beitrag der Kernkompetenz Vertraulichkeit und Seriosität (geschätzt)	20 %	67 %	43 %	50 %

Die relative Wettbewerbsstärke entspricht dem Bruttogewinn. Der Anteil der Kernkompetenz „Vertraulichkeit und Seriosität" beträgt dann:

$$0{,}2 \times 11{,}8 + 0{,}67 \times 6{,}7 + 0{,}43 \times 1{,}3 + 0{,}5 \times 12{,}9 = 13{,}9 \, \text{Mio EUR}$$

Zum Bruttogewinn in Höhe von 32,7 Mio. EUR trug die Kernkompetenz „Vertraulichkeit und Seriosität" genau 13,9 Mio. EUR bei.

Weitere Größen:

- Aufgrund von Marktanalysen werden für die Kernkompetenz Vertraulichkeit und Seriosität ein Potenzial (P) von 10 % geschätzt.
- Die Nachhaltigkeit – Zeit bis zur Einholung der Kernkompetenz durch Wettbewerber – wird auf (S) = 3 Jahre geschätzt.
- Die Wahrscheinlichkeit, die Kernkompetenz zu behalten und damit die Robustness (R) wird auf 100 % geschätzt. ◄

Der Wert einer Kernkompetenz setzt sich aus der multiplikativen Verknüpfung dieser Kriterien zusammen. Die folgende Formel gibt dies wieder (s. Gl. 5.3).

$$V_{CC} = \left[\sum_{t=1}^{s} \frac{GP \times (1+P)^t}{(1+i)^t} \right] \times R \qquad (5.3)$$

Unter Verwendung eines Diskontierungssatzes von 0,05 hat die Kompetenz Vertraulichkeit und Seriosität einen Wert in Höhe von 45,8 Mio. Euro.

Summiert man die Werte aller Kernkompetenzen auf, so soll dies eine Aussage über die Qualität der Belegschaft darstellen. Nur durch deren gemeinsames Handeln resultieren Nutzungsmöglichkeiten einer Kernkompetenz. Dieser absolute Wert ist hier allerdings nebensächlich. Vielmehr geht es darum, die Kernkompetenzen systematisch zu analysieren und in Gestaltungsüberlegungen einzubeziehen. Erforderlich ist dafür eine ganze Reihe von Schätzwerten. An einigen Stellen wird man sich fragen, ob dies noch zielführend sein kann. Die Alternative wäre jedoch, sich mit Größen ohne Schätzungsnotwendigkeit zu befassen. Allerdings handelt es sich dann um weniger relevante Größen und Zusammenhänge blieben unberücksichtigt.

Insgesamt zwingt der Value-Explorer daher zu tiefgreifenderen Überlegungen. Die Generierung eines monetären Wertes ist dann eher ein Ausrufezeichen und macht die Notwendigkeit von Investitionen in Humanressourcen deutlich.

5.4.2.3 Analyse der Struktur von Humanressourcen: Saarbrücker-Formel

Das Ziel der **Saarbrücker-Formel** ist ebenfalls die Ermittlung eines monetären Belegschaftswertes. Dieser setzt sich hier nicht aus Spitzenkennziffern, sondern aus der Zusammenfügung unterschiedlicher Größen zusammen. Deren Zusammenspiel und Ergebnis soll Möglichkeiten eröffnen, möglichst substanzreiche Investitionen in Humanressourcen zu begründen (Scholz et al. 2011, S. 214–217).

Der Wert einer Belegschaft im Sinne des Human Capital (HC) als absoluter Größe setzt sich aus einer Reihe von Indikatoren zusammen:

- Eine Wertbasis schafft den Ausgangspunkt. Sie resultiert aus der Anzahl der Vollzeitbeschäftigten, multipliziert mit deren marktüblichen Gehältern (l). Alle Teilzeitbeschäftigten werden in Vollzeitäquivalente umgerechnet (FTE, full time equivalent). So wird nicht die tatsächlich gezahlte Vergütung zur Grundlage gelegt, da sonst hohe Vergütungen den Belegschaftswert nach oben treiben würden.
- Diese Wertbasis erfährt einen Verlust, wenn das erforderliche Wissen oder die Fertigkeiten (w) sich abnutzen. Dies hat einen Zusammenhang mit der Betriebszugehörigkeit (b). Das heißt, je weiter eine Person von einer Ausbildungsinstitution zeitlich entfernt ist, umso weniger relevant ist das gelernte Wissen. Dazu führen neues Wissen, neue Technologien oder Anforderungen. Darauf aufbauend legt die Wissensrelevanzzeit eine

Diskontierung der Wissensbasis nahe. Erworbenes Erfahrungswissen gleicht diese Diskontierung zumindest zu einem Teil aus.
- Die daraus resultierende Notwendigkeit, Wissen wiederaufzubauen und den Wertverlust zu kompensieren, ist die Aufgabe der Personalentwicklung (PE).
- Ein Motivationsfaktor soll schließlich die bislang benannten Größen gemäß der Unternehmenssituation auf- oder abwerten (M).

Diese Zusammenhänge lassen sich anhand der folgenden Formel nachvollziehen (Scholz et al. 2011, S. 205). Dabei gibt es eine bestimmte Anzahl an Beschäftigtengruppen (g), wie Angestellte, Meister, mittleres Management und so weiter; „i" steht dabei für eine bestimmte Beschäftigungsgruppe (s. Gl. 5.4).

$$HC = \sum_{i=1}^{g} \left[FTE_i \times l_i \times f(w_i; b_i) + PE_i \right] \times M_i \qquad (5.4)$$

Besonders erklärungsbedürftig in der Formel ist die Wissenserosion innerhalb des Werteverlusts (w). Es handelt sich um eine Funktion, die aus der Wissenserosion und der Betriebszugehörigkeit (b) resultiert. Wissen erodiert vor allem bei wissensintensiven Tätigkeiten, beispielsweise Informatik oder Forschung, besonders schnell. Bei Kellnern oder LKW-Fahrern hat das einmal angesammelte Wissen, beispielsweise der Führerschein, eine wesentlich größere und vielfach über die eigene Betriebszugehörigkeit hinausreichende Nutzungsdauer. In diesem Fall spielt die bisherige Dauer der Betriebszugehörigkeit sogar keine Rolle. Bei wisssensintensiven Stellen spielt es hingegen eine große Rolle, ob ein Mitarbeiter erst kürzlich von einer akademischen Bildungseinrichtung kommt oder bereits mehrere Jahre tätig ist. Jemand, der gerade von einer Universität kommt, ist mit dem neuesten Wissen ausgestattet. Das heißt, es liegt im Vergleich zu einer Person, die seit mehreren Jahren beruflich tätig ist, noch keine Wissenserosion vor (Scholz et al. 2011, S. 218–220).

Dies bedeutet wiederum, dass bei einer Analyse des Belegschaftswertes die betriebliche Verweildauer und damit die Wissenserosion eine große Rolle spielt. Sie bemisst die Höhe der erforderlichen Kompensation mit Personalentwicklungsaufwand. Die Struktur der benannten Formel ist bewusst als Funktion beschrieben. Dies soll unternehmensspezifische Anpassungen erlauben.

Abb. 5.8 bietet eine Datenbasis, um die Anwendung der Saarbrücker-Formel zu veranschaulichen.

Dieses Ergebnis umfasst vor allem eine Aussage im Vergleich zweier Zeitpunkte. Besonders bei einer negativen Abweichung bietet dies Ansatzpunkte zum Handeln. Um den Belegschaftswert nicht weiter zu gefährden, sondern auf das ursprüngliche Niveau oder sogar darüber hinaus zu heben, lassen sich Maßnahmenpakete direkt ablesen. Es handelt sich somit um eine Steuerung des Aufwandes für Rekrutierung, Personalentwicklung sowie Motivation. Es wird erkennbar, in welchem Umfang einzelne Maßnahmen einen Wert-

5.4 Aggregierte Informationen über Belegschaften und deren Wert

Ein mittelständisches IT-Unternehmen besteht aus 50 Mitarbeitern, die – gemäß ihrem Schulabschluss – in fünf Beschäftigungsgruppen unterteilt werden können. Für die Berechnung sind deren marktüblichen Gehälter erforderlich:

1. Hauptschulabschluss (4 Personen) $FTE_1 = 4$ Verdienst $l_1 = 45.560$ EUR
2. Ausbildung (12 Personen) $FTE_2 = 12$ Verdienst $l_2 = 42.919$ EUR
3. Abitur (24 Personen) $FTE_3 = 24$ Verdienst $l_3 = 49.642$ EUR
4. Universitätsabschluss (8 Personen) $FTE_4 = 8$ Verdienst $l_4 = 60.105$ EUR
5. Promotion (2 Personen) $FTE_5 = 2$ Verdienst $l_5 = 59.150$ EUR

Daraus gehen folgende **Wertbasen** aus Vollzeitkräften (FTE_i) und Marktgehältern (l_i) hervor:

$FTE_1 \times l_1 = 4 \times 45.560$ EUR $= 182.240$ EUR
$FTE_2 \times l_2 = 12 \times 42.919$ EUR $= 515.028$ EUR
$FTE_3 \times l_3 = 24 \times 49.642$ EUR $= 1.191.408$ EUR
$FTE_4 \times l_4 = 8 \times 60.105$ EUR $= 480.840$ EUR
$FTE_5 \times l_5 = 2 \times 59.150$ EUR $= 118.300$ EUR

Die Wissensrelevanzzeiten (w) sowie die Diskontierung (b) sind für die Gruppen wie folgt angegeben [in Jahren]:

$w_1 = 10; w_2 = 6; w_3 = 2; w_4 = 2; w_5 = 2$ $b_1 = 12; b_2 = 7; b_3 = 6; b_4 = 2; b_5 = 7$

Daraus geht folgender **Wertverlust** hervor: w / b

$w_1 / b_1 = 10 / 12 = 0,83$ $w_2 / b_2 = 6 / 7 = 0,86$ $w_3 / b_3 = 2 / 6 = 0,33$
$w_4 / b_4 = 2 / 2 = 1,00$ $w_5 / b_5 = 2 / 7 = 0,29$

Zusätzlich hat das Unternehmen im vergangenen Jahr Personalentwicklungsmaßnahmen (PE) durchgeführt, welche pro Beschäftigungsgruppe folgende Kosten verursacht haben:
$PE_1 = 5.000$ EUR $PE_2 = 23.000$ EUR $PE_3 = 51.000$ EUR $PE_4 = 6.000$ EUR
$PE_5 = 4.000$ EUR

Der Motivationsfaktor (M) ist wie folgt angegeben:
$M_1 = 1,2$ $M_2 = 0,8$ $M_3 = 1,1$ $M_4 = 1,9$ $M_5 = 0,7$

Die Saarbrücker Formel führt in hier zu folgendem Ergebnis:

HC   = [(182.240 EUR x 0,83 + 5.000 EUR) x 1,2 + (515.028 EUR x 0,86 + 23.000 EUR) x 0,8 + (1.191.408 EUR x 0,33 + 51.000 EUR) x 1,1 + (480.840 EUR x 1,00 + 6.000 EUR) x 1,9 + (118.300 EUR x 0,29 + 4.000 EUR) x 0,7]
      = 156.259,20 EUR x 1,2 + 465.924,08 EUR x 0,8 + 444.164,64 EUR x 1,1 + 486.840 EUR x 1,9 + 38.307 EUR x 0,7
      = 187.511,04 EUR + 372.739,26 EUR + 488.581,10 EUR + 924.996 EUR + 26.814,90 EUR
      = **2.000.642,31 EUR**

Abb. 5.8 Saarbrücker Formel – ein Rechenbeispiel

zuwachs versprechen. Zudem fordert die Saarbrücker-Formel zur Auseinandersetzung mit Wissensrelevanzzeiten auf.

Was bringt die Saarbrücker Formel? Diese Formel ist ein Instrument zur gesamthaften Justierung des Personalbudgets eines Unternehmens. Das Argument ist einfach: Wenn andere Entscheidungsträger auf einmal einem Verlust gegenüberstehen, so ist die Aufmerksamkeit gesichert. Sie werden dann anders über eine Variation des Personalbudgets nachdenken, als wenn Personalverantwortliche über letztendlich diffuse Potenziale berichten.

Aber es sind etliche, offene methodische Fragen enthalten. Zum Beispiel die Skalierung der Motivation als einem Hebel. Zudem bleibt die Frage nach der Wirkung von Werten und Haltungen offen.

5.4.3 Zusammenschau der informatorischen Fundierung

Nach dem Kapitel zur informatorischen Fundierung werden viele Personen hinsichtlich einer abschließenden Bewertung unschlüssig sein. Man fragt sich, ob das denn alles sein kann. Dem muss aber entgegnet werden, dass es beim hier verstandenen Management ausschließlich um Menschen geht. Damit steht das, was Menschsein ausmacht, im Zentrum. Menschen sind eben nicht gut messbar oder in ihrem Handeln und Wirken eindeutig prognostizierbar. Nichtsdestotrotz wäre das Nichterfassen solcher Informationen ein verschenktes Potenzial. Es ist durchaus möglich, sich näherungsweise Informationen einzuholen.

Sieht man diese Feststellung als gesetzt an, so erscheint die hier vorgestellte informatorische Fundierung in einem besseren Licht. So lassen sich viele der benannten Punkte hervorragend für die Unternehmenspraxis nutzen. Dies trifft in großem Maß auf die beschriebenen Haltungen zu. Relativ stabile Konstrukte zeigen an, beispielsweise die organisatorische Selbstbindung oder das wahrgenommene Vertrauen in die organisatorische Unterstützung, welche unmittelbaren Maßnahmen der strukturellen Führung erforderlich sein können. Eine Motivationsmessung hingegen ist weniger relevant, da fehlende Termineinhaltung oder mangelnder wahrgenommener Einsatz offensichtliche Gründe für eine geringe Motivation sein können. Zudem ist sie viel kurzfristiger beeinflussbar und daher schwerer zu erfassen.

Leistungsbeurteilungen, so verzerrt wie sie auch sein mögen, erfüllen eine wichtige Erwartungshaltung aller Mitarbeiter nach Feedback. Zudem kommen Führungskräfte und Mitarbeiter in turnusmäßige Gespräche. Oft und völlig zurecht stellen Leistungsbeurteilungskriterien lediglich einen Gesprächseinstieg dar. Diese werden dann häufig von anderen Gesprächskomponenten überlagert. Dazu gehören vor allem alle benannten Beweggründe des Handelns, generelle Informationen oder auch Persönliches.

Ganz ähnlich lässt es sich auch für die belegschaftsmonetarisierenden Ansätze argumentieren. Sie öffnen dem Personalmanagement einen Zugang zu der Sprache, in der Unternehmensentscheidungen getroffen werden. Dies wird immer die finanzwirtschaftliche Nomenklatur sein. Personalmanagement für diese Nomenklatur zu öffnen, bietet erweiterte Diskussionsperspektiven. Zudem verstärkt es die Integration des Personalmanagements in unternehmerische Entscheidungen.

Insgesamt sollte der Fehler vermieden werden, sich alle geschilderten Informationen gesamthaft integriert zu wünschen. Viele Informationen überlappen sich und messen etwas Ähnliches. Es ist unvermeidbar, die Ansätze der informatorischen Fundierung selektiv anzugehen. Unternehmenssituationen, Ressourcen und strategische Ziele variieren und erzwingen eine passende Auswahl an Ansätzen und Informationen.

Darüber hinaus hilft auch die zeitliche Strukturierung der informatorischen Fundierung bei der Wahl von Ansätzen:

- Frühwarnindikatoren sind Haltungen wie die Arbeitszufriedenheit. So verlaufen deren Verschlechterung und reduzierte Leistungsbeiträge oft nicht parallel. Bis sich eine Verschlechterung auswirkt, bleibt somit oft Zeit für gestaltende Maßnahmen.
- Aktuell ausgerichtete Indikatoren, beispielsweise Leistungsbeurteilungen, richten sich auf die Wertschöpfung. Die Informationen richten sich dann weniger auf Künftiges, sondern eher auf gegenwärtige Situationen des Inputs, der Transformation oder des Outputs und deren Verbesserungen.
- Einen zukünftigen Fokus umfassen beispielsweise Kernkompetenzen, Personalcontrolling, Informationen zu den relevanten Arbeitsmärkten, Vergütungsentwicklungen oder rechtliche Grundlagen.

Alle solche Überlegungen bereichern die strukturelle Führung. Letztendlich ist diese niemals deterministisch und der Nutzen gründet immer im Austausch von Argumenten.

5.5 Personalstrategie

Oben wurden Unternehmens-, Wettbewerbs- und Funktionalstrategien unterschieden (s. Kap. 1). Letztere beschreiben, wie Hauptabteilungen, beispielsweise Beschaffung, Logistik, Produktion und Marketing, perspektivisch ausgerichtet sein sollen. Sie setzen die Idee um, eine formulierte Unternehmensstrategie in dezentralen Einheiten zum Kern zu machen. Für eine solche Umsetzung sind genauso Überlegungen des Personalmanagements relevant. So führen jegliche geänderte Teilziele immer auch zur Frage nach der Verfügbarkeit passender Qualifikationen. Die Aufgabe der **Personalstrategie** ist damit umrissen.

Aus diesen Formulierungen wird ein **derivatives Verständnis** der Personalstrategie deutlich: Demnach existieren strategische Sollgrößen in der Unternehmensstrategie, die das Personalmanagement prägen. Bedenkt man zudem das Verständnis der Wertschöpfung mit (s. Kap. 1), so stößt eine derivative Perspektive aber an ihre Grenzen. Dies liegt daran, dass die Wertschöpfungsmoderatoren und damit auch das Personalmanagement individuelles Handeln formen. Wie kein anderer Moderator wirkt Personalmanagement besonders unmittelbar auf das Handeln. Daraus folgt, dass Personalmanagement nicht nur Unternehmensstrategien als Ausgangspunkt hat, sondern erst Wertschöpfungsperspektiven für Unternehmensstrategien schafft. Somit ist eine Personalstrategie **auch originär** wirksam (s. Abb. 5.9).

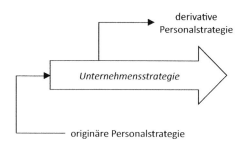

Abb. 5.9 Unternehmensstrategie und Personalstrategie

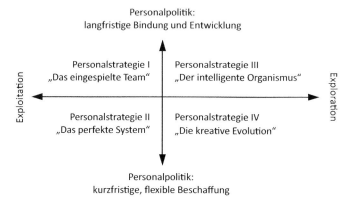

Abb. 5.10 Personalstrategien (s. ähnlich Gmür und Thommen 2014, S. 23)

Zu einer Definition einer Personalstrategie gelangt man in erster Linie über die interaktionelle und strukturelle Führung, sowie über deren Einbettung in die Moderatoren der Wertschöpfung und die Unternehmensstrategie. Es gilt die folgende Definition.

▶ **Personalstrategie** Eine Personalstrategie bündelt Ausprägungen der interaktionellen sowie der strukturellen Führung zu mittel- bis langfristigen Entscheidungen.

Auf Gmür und Thommen (2014, S. 23) geht die folgende Darstellung von Personalstrategien zurück. Kennzeichnend ist die zweiachsige Erfassung sowohl von Unternehmens- als auch von Personalstrategien. Dies stellt eine prinzipielle Offenheit gegenüber der derivativen, als auch der originären Sichtweise dar. Abb. 5.10 skizziert dies.

Exploitation und **Exploration** bilden die Pole der Unternehmensstrategie ab (s. Kap. 1). Das Argument und die Voraussetzung für die Verwendung des Kontinuums ist die sogenannte Ambidextrie und damit die Schwierigkeit, beide unternehmensstrategischen Pole gleichzeitig hochwertig zu bedienen. Zu dieser Unternehmensperspektive fügen Gmür und Thommen (2014, S. 23) eine personalpolitische Dimension als weitere strategische Ausrichtung hinzu. Sie fassen darunter die Pole **langfristige Bindung und Entwicklung** versus **kurzfristige, flexible Beschaffung**.

Es resultieren vier unterschiedliche Personalstrategien, die sowohl unternehmensstrategisch, als auch personalpolitisch integriert sind. Es überrascht weniger die Exploitations-/Explorationsachse, sondern eher die Fristigkeit der Bindung und Entwicklung. Diese Achse enthält eine Bedeutung, da es sich nicht einfach um eine pauschale Vorentscheidung für die eine oder die andere Ausprägung handelt. Vielmehr sind die Fristigkeit der Bindung und Entwicklung eng mit Produkten, Branchen, unternehmensinternen Gegebenheiten sowie Arbeitsmarktsituationen verknüpft. Dies führt dann zur Auffaltung spezifischer Personalstrategien. Vier Idealtypen sind im Folgenden skizziert.

Das eingespielte Team
Das eingespielte Team findet sich in Unternehmen, die Produkte systematisch weiterentwickeln und produzieren. Ebenfalls zählen Unternehmen, die Produktionsanlagen herstellen, Softwareentwickler oder Arztpraxen dazu. Es gilt die Reputation auszubauen. Solche Unternehmen können zwar innovativ sein, aber immer nur bezogen auf bereits bewährte Produkte. Die Kernmerkmale bestehen dann aus persönlichen Kompetenzen, weitgehend bekannter Anforderungen und langsamer Veränderung. Dies rundet die Personalstrategie durch eine starke Zuwendung und Bindung von Mitarbeitern ab. Fachkompetenz, Erfahrung, Teamfähigkeit und Zuverlässigkeit sind wesentliche Ziele der Personalstrategie.

Das perfekte System
Das perfekte System ist ebenfalls exploitativ ausgerichtet, das heißt, das Geschäftsfeld entwickelt sich nur extrem langsam weiter. Ein gutes Beispiel ist vor allem die Systemgastronomie mit ihrem Mitarbeitereinsatz. Die Kernmerkmale liegen auf einem sehr hohen Standardisierungsgrad sowie der Anpassung der Mitarbeiter an das System. Die Anforderungen an Mitarbeiter sind dann vor allem Leistungsbereitschaft, Disziplin, Flexibilität sowie Bereitschaft zur Einordnung.

Der intelligente Organismus
Der intelligente Organismus soll sich – so die biologische Analogie – selbstständig weiterentwickeln. Dies trifft beispielsweise auf Unternehmen der Pharmaforschung zu. Die Kernmerkmale sind die Schaffung langfristiger Innovationen. Die Anforderungen an Mitarbeiter sind fachübergreifende Kompetenzen, Loyalität, Lern- und Teamfähigkeit.

Die kreative Evolution
Die kreative Evolution ist eine radikale Ausrichtung auf die Erkundung neuer Geschäftsfelder. Neue Technologien werden systematisch angewandt und führen zu einer raschen Wissenserosion. Dies trifft beispielsweise auf Spieleentwickler zu. Für jede neue Variante einer Spielkonsole existieren neue technische Möglichkeiten und Spiele, die auch dem Zeitgeist entsprechen müssen. Die Kernmerkmale sind Variation und Selektion von Ideen und Personen, sehr gute kreative Rahmenbedingungen sowie eine flexible Rekrutierung und Freistellung. Die Anforderungen an Mitarbeiter sind individuelle Fähigkeiten und die Bereitschaft, auch projektbasierten Termindruck auszuhalten.

Dies sind nur grobe Skizzen von Personalstrategien. Diese können, bezogen auf Einzelfälle, sehr einfach durch die Überlegungen zur interaktionellen und strukturellen Führung ergänzt und belebt werden.

5.6 Quintessenzen für Managementerfolg

Die **informatorische Fundierung** rundet zusammen mit der Personalstrategie das Thema Personalmanagement ab. Sie umfasst Analysen und Interpretationen über unterschiedliche Facetten der Humanressourcen. Dies hat zwei Ziele: Zum einen sollen die interaktionelle (s. Kap. 3) und die strukturelle Führung (s. Kap. 4) eine Basis erfahren und nicht auf Eindrücken und subjektiven Interpretationen beruhen. Zum anderen sollen unternehmensweite Entscheidungen verbessert und Personalstrategien erkennbar werden.

Für beides sind eine empirisch tragfähige Datengenerierung sowie eine möglichst weitreichende Eindeutigkeit notwendig. Erst ein solcher Umstand erlaubt es, mit Entscheidungsträgern anderer Bereiche über Handlungsvermögen, -bereitschaften und -potenziale in einen zielführenden Austausch zu treten. Ohne eine solche Fundierung würde Personalmanagement im Ringen um unternehmensinterne Aufmerksamkeit einen Nachteil erleiden und von Machtasymmetrien und Zufälligkeiten abhängen.

Die Bandbreite von einzubeziehenden Informationen ist groß. Sie reicht beispielsweise von der Dokumentation individueller Leistungen bis hin zu hoch aggregierten Informationen in Form von Personalkennziffern. Diese fundieren dann sowohl die interaktionelle als auch die strukturelle Führung. Die Personalstrategie wiederum geht mit den Ideen der interaktionellen sowie der strukturellen Führung um und entwirft ein Bild, wie sich Schwerpunkte des Personalmanagements herausbilden sollten.

Das Handeln von Mitarbeitern und Führungskräften wird durch die **Beweggründe des Handelns** – Persönlichkeit, Werte, Haltungen und Motive – (s. Kap. 2) entscheidend geprägt. Die Möglichkeit der systematischen Erfassung all dieser Konstrukte stellt einen erheblichen Beitrag zur Gestaltung von Wertschöpfung (s. Kap. 1) dar. Auf einer individuellen Ebene sind solchen Analysen datenschutzrechtliche Grenzen gesetzt. Auf einer aggregierten Ebene kann die Auseinandersetzung mit derartigen Informationen aber wertvolle Hinweise liefern. Vor allem durch Längsschnittbetrachtungen resultieren Offenlegungen von unerwünschten oder nachteiligen Verschiebungen, die dann durch Anpassungen der interaktionellen und strukturellen Führung aufgefangen werden können. Solche Erhebungen werden häufig im Rahmen von jährlichen Mitarbeiterbefragungen vollzogen, um so Haltungen wie Commitment oder Arbeitszufriedenheit und deren auf Unternehmens- oder Abteilungsebene aggregierte Entwicklung zu erfassen. Zum einen bietet dies Hinweise, welche Faktoren zu einer Steigerung oder Abnahme solcher Haltungen beitragen. Zum anderen lassen sich basierend auf dieser Analyse einlenkende Maßnahmen der interaktionellen oder strukturellen Führung einleiten.

Im Rahmen der **Personalrekrutierung** lassen sich weiterführende Verknüpfungen erkennen. Die informatorische Fundierung bietet theoretische Ansätze, die Geeignetheit eines Bewerbers zu überprüfen und kann die strukturelle Führung (s. Kap. 4) somit unterstützen. Das NEO Fünf-Faktoren-Inventar stellt eine Möglichkeit dar, Persönlichkeitseigenschaften zu betrachten. Dies wiederum lässt Rückschlüsse auf die Beweggründe des Handelns (s. Kap. 2) zu. Wichtig ist die Betrachtung und Analyse der individuellen Werte von Bewerbern und deren Passung zu den Unternehmenswerten. Aus einer Passung der individuellen und der Unternehmenswerte können erhebliche Motivationspotenziale entstehen. Entsprechend lassen sich durch diese Informationen Strategien für die strukturelle Führung ableiten, wie mit den Mitarbeitern hinsichtlich Faktoren wie Karriereplanung oder Vergütung umgegangen werden kann. Diese Vorgaben gilt es dann wiederum im Rahmen der interaktionellen Führung (s. Kap. 3) durch die Führungskräfte umzusetzen. Dennoch gilt es zu beachten, dass Menschen im Zentrum des Handelns stehen und diese sich nur schwer messen lassen. Es muss berücksichtigt werden, dass die Ansätze hilfreiche Richtungen aufzeigen und die Nicht-Nutzung Potenzial verschenkt, aber keine absolut sicheren Vorgaben oder Aussagen getroffen werden können.

Leistungsbeurteilungen als strukturierte Messverfahren können Leistungen nie umfänglich erfassen. Es ist die Komplexität individueller Leistungen – von getakteter Arbeit einmal abgesehen –, die sich nicht in wenigen Kriterien abbilden lässt. Hinzu treten Beurteilungs- und Attributionsfehler. Dies lässt nur den Schluss zu, dass an Leistungsbeurteilungen keine zu schwerwiegenden und manifesten Konsequenzen geknüpft sein sollten, beispielsweise hinsichtlich Vergütung oder Karriere.

Insbesondere die Gegenüberstellung von **öffnenden und nachvollziehenden Verfahren** findet sich in vielen Anwendungsfällen lediglich implizit. So stellt sich den Beurteilern immer die Frage, inwieweit Eigeninitiative durch eine Leistungsbeurteilung gefördert oder unterdrückt werden soll. Eng geschnittene Kriterien, und vor allem die dadurch verbreitete Orientierung an Zielen, begrenzen die Ausrichtung des Handelns stark. Sind Kriterien hingegen offengehalten, so lassen sie auch situative Anpassungen und somit Eigeninitiative zu. Darunter leiden wiederum Leistungsvergleiche, die dann stark von unvorhergesehenen Ereignissen bestimmt werden. Wertschöpfung erfährt ihre passende Gestaltung daher erst durch einen Ausgleich in diesem Spannungsfeld.

Analysen der Humanressourcen im **Personalcontrolling** bergen unterschiedlichen Informationsgehalt. Fluktuationsquoten stellen aufgrund ihres oft langen Vorlaufes bis zur Kündigung kaum nutzbare Steuerungsinformationen bereit. Andere Kennziffern hingegen bieten unmittelbare Hinweise für die interaktionelle und strukturelle Führung, zum Beispiel Zahlen über Arbeitsunfälle, Krankenstand, Vertrauen in Führungskräfte, Wertschätzung oder das Betriebsklima.

Eine **monetarisierende Belegschaftsbewertung** folgt der Idee, finanzwirtschaftliche Spitzenkennziffern über die Humanressourcen zu erhalten. Mit einer solchen Aggregation sollen das immaterielle Vermögen, Kernkompetenzen oder Personalbudgets gemessen werden. Dies soll zu einer Anschlussfähigkeit des Personalmanagements an das Controlling führen. Zwar sind alle drei der hier diskutierten Zugänge – CIV, Value Explorer und Saarbrücker Formel – mit Schwächen behaftet, jedoch bieten sie recht einfache Zugänge, um Humanressourcen zu bewerten. So werden derartig gebildete Werte oftmals von anderen Entscheidern viel eher als bedeutsam empfunden, als wenn Personaler beispielsweise über zu geringe Arbeitszufriedenheit sprechen.

Ausgehend von einer **Unternehmensstrategie** – Exploitation vs. Exploration – bündelt eine Personalstrategie passende Elemente der interaktionellen und strukturellen Führung. Dabei besteht eine prinzipielle Offenheit gegenüber der originären als auch der derivativen Perspektive. Es resultiert eine Aussage über die konkrete Lenkung von Ressourcen und das Ziel, das Personalabteilung und Fachvorgesetzte im Blick behalten sollten. Auf dieser Aggregationsebene wird deutlich, dass jegliche Wertschöpfung eine oder mehrere Personalstrategien erfordert.

Befasst man sich mit dem, was Humanressourcen ausmacht – Handlungsvermögen, -bereitschaften und -potenziale –, so bildet die die informatorische Fundierung den Ausgangspunkt. Personalentwicklung zielt auf die Behebung von Defiziten des Handlungsvermögens. Die Handlungsbegründungen (s. Kap. 2), vor allem Werte, Haltungen und Motivation, erfassen Handlungsbereitschaften. Handlungspotenziale resultieren aus einer Prognose von Handlungsvermögen und -bereitschaften. Somit führen die angesprochenen Möglichkeiten einer Messung zu strategisch relevanten Aussagen. Diese sind die Basis für alle Unternehmensstrategien, für die Humanressourcen entscheidend sind.

5.7 Explorationen

Verständnisfragen

1. Die informatorische Fundierung ...
   a. ist zwingend für die interaktionelle und strukturelle Führung erforderlich.
   b. ist unabhängig von der Wertschöpfung zu sehen.
   c. ist mangels professioneller IT-Systeme für kleine und mittlere Unternehmen weniger relevant.
2. Bei organisatorischer Selbstbindung ...
   a. handelt es sich um eine persönliche Einstellung, wodurch eine Formung durch Unternehmen nicht möglich ist.
   b. können ungünstige Kombinationen der Komponenten negative Wirkungen hervorrufen. Dies gilt für das Zusammenwirken von hoher kalkulatorischer und niedriger affektiver Selbstbindung.
   c. gilt das Prinzip: Je mehr von einer Komponente desto besser, unabhängig von der Ausprägung der anderen Komponenten.
3. Leistungsbeurteilungsverfahren ...
   a. nutzen stets monetäre Kennzahlen, um eine objektive Beurteilung sicherzustellen.
   b. sind durch das Spannungsfeld zwischen Personal- und Führungspolitik gekennzeichnet.
   c. führen bei verschiedenen Beurteilungsverfahren und gleichen Beurteilern in der Regel zum selben Ergebnis.
4. Eigenschaftsorientierte Verfahren der Leistungsbeurteilung ...
   a. erweisen sich am geeignetsten, um die geforderte Leistung zu definieren.
   b. erweisen sich als problematisch, da der Bezug zur Leistung nicht eindeutig ist.
   c. erweisen sich als objektives Messinstrument für Leistung, da Beurteilungsskalen eingesetzt werden.

5. Der fundamentale Attributionsfehler ist eine Wahrnehmungsverzerrung, die dispositive gegenüber situativen Ursachenzuschreibungen priorisiert.
   a. richtig
   b. falsch
6. Das Personalcontrolling verantwortet die Personalabteilung direkt unter sich und stellt dafür wichtige Kennzahlen bereit.
   a. richtig
   b. falsch
7. Die Saarbrücker Formel hat ihre Stärke …
   a. bei der Bemessung des Erfolges einer Personalabteilung.
   b. bei der groben Verdeutlichung relevanter Parameter.
   c. bei der systematischen Datengewinnung und -auswertung.

Weiterführende Fragen

a. „Haltungen sind relativ stabile Reaktionen. Daher sind jährliche Messungen von Arbeitszufriedenheit und Commitment nicht sinnvoll." Wie bewerten Sie diese Aussage?
b. Diskutieren Sie die Möglichkeiten und Grenzen von Personalcontrolling.
c. Personalstrategien prägen Unternehmensstrategien und übersetzen sie in die interaktionelle und die strukturelle Führung. Welche Rolle spielen hierbei die Beweggründe des Handelns?

Falldiskussion 1: Volvo „Reflective Production System"

Volvo hat Ende der 1980er-Jahre das „Reflective Production System" im Produktionswerk im schwedischen Uddevalla eingeführt. Dabei arbeitete eine Gruppe von neun Mitarbeitern jeweils in einem Team an der gesamten Produktion von jeweils einem Auto. Statt einer klassischen Fließbandstruktur befinden sich die Autos den gesamten Produktionsprozess über an festen Orten. Mitarbeiter bewegen sich um die Karosserie herum und führen ihre verschiedenen Aufgaben bei der Montage aus. Dabei wird die gleiche Aufgabe nur wenige Male am Tag von demselben Mitarbeiter ausgeführt, was zu langen Arbeitszyklen führt. Kennzeichnend ist zudem, dass alle nötigen Arbeitsschritte von den Teams autonom verwaltet und verantwortet werden. Eine Führungskraft gibt es nicht, die Teams kontrollieren sich intern (Sandberg 2007).

a. Welche Probleme bei der Leistungsbeurteilung können sich bei einer derartigen Arbeitsstruktur ergeben?
b. Welche Personalstrategien nach lassen sich dem Fall zuordnen? Begründen Sie ihre Antwort.
c. Wie lässt sich das Motivationspotenzial eines solchen Arbeitsplatzes mit dem Job Characteristics Model erklären?

Falldiskussion 2: Selbstbindung und Personalrekrutierung
Stellen Sie sich vor, eine Person wird durch eine Werbeanzeige auf eine Stellenausschreibung eines Unternehmens aufmerksam. Nach dem erfolgreichen Abschluss des Bewerbungs- und Auswahlverfahrens wird sie fest angestellt.

Beschreiben Sie beispielhafte Maßnahmen der Personalrekrutierung, um den Aufbau von organisatorischer Selbstbindung neuer Mitarbeiter zu fördern bzw. passende Voraussetzungen hierfür zu schaffen.

Literatur

Amelang, M. & Bartussek, D. (2014). Zwischenmenschliches Vertrauen. *Zusammenstellung sozialwissenschaftlicher Items und Skalen (ZIS)*. https://doi.org/10.6102/zis127.

Becker, F. G. (2009). *Grundlagen betrieblicher Leistungsbeurteilungen. Leistungsverständnis und -prinzip, Beurteilungsproblematik und Verfahrensprobleme* (5. Aufl.). Stuttgart: Schäffer-Poeschel.

Blais, M. R., Lachance, L., Vallerand, R. J., Briére, N. M., & Riddle, A. S. (1993). The Blais inventory of work motivation [French]. *Revue Québécoise de Psychologie, 14*, 185–215.

Borg, I. (2003). *Führungsinstrument Mitarbeiterbefragung. Theorien, Tools und Praxiserfahrungen* (3. Aufl.). Göttingen: Hogrefe.

Borkenau, P., & Ostendorf, F. (2008). *NEO-Fünf-Faktoren-Inventar (NEO-FFI) nach Costa und McCrae* (2. Aufl.). Göttingen: Hogrefe.

Cook, J., & Wall, T. (1980). New work attitude measures of trust, organizational commitment and personal need non-fulfilment. *Journal of Occupational Psychology, 53*(1), 39–52.

Costa, P. T., & McCrae, R. R. (1992). *Revised NEO Personality Inventory (NEO-PI-R) and NEO Five-Factor Inventory (NEO-FFI) professional manual*. Odessa: Psychological Assessment Resources.

Coutts, L. M., & Schneider, F. W. (2004). Police officer performance appraisal systems. *Policing, 27*(1), 67–81.

Deci, E. L., & Ryan, R. M. (2000). Self-determination theory and the facilitation of intrinsic motivation, social development, and well-being. *American Psychologist, 55*(1), 68–78.

Dolbier, C. L., Webster, J. A., McCalister, K. T., Mallon, M. W., & Steinhardt, M. A. (2005). Reliability and validity of a single-item measure of job satisfaction. *American Journal of Health Promotion, 19*(3), 194–198.

Domsch, M., & Gerpott, T. J. (1985). Verhaltensorientierte Beurteilungsskalen. *Die Betriebswirtschaft, 45*(6), 660–680.

Drumm, H. J. (2005). *Personalwirtschaft* (5. Aufl.). Berlin/Heidelberg: Springer.

Eisenberger, R., Huntington, R., Hutchison, S., & Sowa, D. (1986). Perceived organizational support. *Journal of Applied Psychology, 71*(3), 500–507.

Felfe, J., Six, B., Schmook, R., & Knorz, C. (2002). Commitment Organisation, Beruf und Beschäftigungsform (COBB). *Zusammenstellung sozialwissenschaftlicher Items und Skalen (ZIS)*. https://doi.org/10.6102/zis9.

Gerpott, T. J., & Domsch, M. (1995). Personalbeurteilung von Führungskräften. In A. Kieser, G. Reber, & R. Wunderer (Hrsg.), *Handwörterbuch der Führung* (2. Aufl., S. 1694–1704). Stuttgart: Schäffer-Poeschel.

Gmür, M., & Thommen, J.-P. (2014). *Human Resource Management. Strategien und Instrumente für Führungskräfte und das Personalmanagement in 14 Bausteinen* (4., überarb. u. erw. Aufl.). Zürich: Versus.

Gouldner, A. W. (1957). Cosmopolitans and locals: Toward an analysis of latent social roles – I. *Administrative Science Quarterly, 2*(3), 281–306.

Haarhaus, B. (2016). Entwicklung und Validierung eines Kurzfragebogens zur Erfassung von allgemeiner und facettenspezifischer Arbeitszufriedenheit. *Diagnostica, 62*(2), 61–73.

Hackman, J. R., & Oldham, G. R. (1975). Development of the job diagnostic survey. *Journal of Applied Psychology, 60*(2), 159–170.

Heavey, A. L., Holwerda, J. A., & Hausknecht, J. P. (2013). Causes and consequences of collective turnover: A meta-analytic review. *Journal of Applied Psychology, 98*(3), 412–453.

Helmig, B., Michalski, S., & Lauper, P. (2008). Performance Management in Public & Nonprofit Organisationen. Empirische Ergebnisse zum Teilaspekt Performance Appraisal. *Zeitschrift für Personalforschung, 22*(1), 58–82.

Hom, P. W., Lee, T. W., Shaw, J. D., & Hausknecht, J. P. (2017). One hundred years of employee turnover theory and research. *Journal of Applied Psychology, 102*(3), 530–545.

Johns, G., & Saks, A. M. (2008). *Organizational behaviour* (7. Aufl.). Harlow: Prentice Hall.

Johns, G., & Saks, A. M. (2017). *Organizational behaviour. Understanding and managing life at work* (10. Aufl.). Toronto: Pearson.

Kelley, H. H. (1973). The processes of causal attribution. *American Psychologist, 28*(2), 107–128.

Klein, H. J., Cooper, J. T., Molloy, J. C., & Swanson, J. A. (2014). The assessment of commitment: Advantages of a unidimensional, target-free approach. *Journal of Applied Psychology, 99*(2), 222–238.

Locke, E. A., & Latham, G. P. (1990). *A theory of goal setting & task performance.* Englewood Cliffs: Prentice Hall.

Lueger, G. (1992). *Die Bedeutung der Wahrnehmung bei der Personalbeurteilung. Zur psychischen Konstruktion von Urteilen über Mitarbeiter.* München: Hampp.

Marcus, B., & Schuler, H. (2001). Leistungsbeurteilung. In H. Schuler (Hrsg.), *Lehrbuch der Personalpsychologie* (S. 397–431). Göttingen: Hogrefe.

McGregor, D. (1957). *The human side of enterprise.* New York: McGraw-Hill.

Moser, K., Zempel, J., & Schultz-Amling, D. (2000). Strategische Elemente in Leistungsbeurteilungen. *Zeitschrift Führung und Organisation, 69*(4), 218–225.

Neuberger, O. (1980). Rituelle (Selbst-)Täuschung: Kritik der irrationalen Praxis der Personalbeurteilung. *Die Betriebswirtschaft, 40*(2), 27–43.

Neuberger, O. (1995). *Mikropolitik. Der alltägliche Aufbau und Einsatz von Macht in Organisationen; 12 Tabellen.* Stuttgart: Enke.

Neuberger, O., & Allerbeck, M. (2014). Arbeitszufriedenheit. *Zusammenstellung sozialwissenschaftlicher Items und Skalen (ZIS).* https://doi.org/10.6102/zis2.

Newton, T., & Findlay, P. (1996). Playing god? The performance of appraisal. *Human Resource Management Journal, 6*(3), 42–58.

Pascale, R. T. (1984). Perspectives on strategy: The real story behind Honda's success. *California Management Review, 26*(3), 47–72.

Robbins, S. P., & Judge, T. A. (2018). *Essentials of organizational behavior* (14. Aufl.). Boston: Pearson.

Rotter, J. B. (1967). A new scale for the measurement of interpersonal trust. *Journal of personality, 35*(4), 651–665.

Rumelt, R. P. (1996). The „Honda effect" revisited: The many faces of Honda. *California Management Review, 38*(4), 103–111.

Ryan, R. M., & Deci, E. L. (2003). *Intrinsic Motivation Inventory (IMI)*. http://www.psych.rochester.edu/SDT/measures/intrins.html. Zugegrifen am 23.10.2018.

Sandberg, Å. (2007). *Enriching Production, Perspectives on Volvo's Uddevalla plant as an alternative to lean production*. Aldershot: Avebury.

Scandura, T. A. (2019). *Essentials of organizational behavior. An evidence-based approach* (2. Aufl.). Los Angeles: Sage.

Schmidt, F. L., & Hunter, J. E. (1998). The validity and utility of selection methods in personnel psychology: Practical and theoretical implications of 85 years of research findings. *Psychological Bulletin, 124*(2), 262–274.

Schmidt, K. H., Kleinbeck, U., Ottmann, W., & Seidel, B. (1985). Ein Verfahren zur Diagnose von Arbeitsinhalten: Der Job Diagnostic Survey (JDS). *Zeitschrift für Arbeits- und Organisationspsychologie, 29*, 162–172.

Scholz, C., Stein, V., & Bechtel, R. (2011). *Human capital management. Raus aus der Unverbindlichkeit!* (3. Aufl.). Köln: Luchterhand.

Schwartz, S. H. (1992). Universals in the content and structure of values: Theoretical advances and empirical tests in 20 countries. *Advances in Experimental Social Psychology, 25*, 1–65.

Schwartz, S. H. (2003). Values and behavior: Strength and structure of relations. *Personality & Social Psychology Bulletin, 29*(10), 1207–1220.

Shell Deutschland Oil GmbH. (o. J.). Shell Jugendstudie. https://www.shell.de/ueber-uns/shell-jugendstudie.html. Zugegriffen am 11.11.2020.

Simmons, J. (2002). An „expert witness" perspective on performance appraisal in universities and colleges. *Employee Relations, 24*(1), 86–100.

Simons, T. L., & Peterson, R. S. (2000). Task conflict and relationship conflict in top management teams: The pivotal role of intragroup trust. *Journal of Applied Psychology, 85*(1), 102–111.

Spector, P. E. (1997). *Job satisfaction. Application, assessment, cause, and consequences*. Thousand Oaks: SAGE.

Steinmann, H., & Schreyögg, G. (2005). *Management. Grundlagen der Unternehmensführung. Konzepte, Funktionen, Fallstudien* (6. Aufl.). Wiesbaden: Springer Gabler.

Steinmann, H., Schreyögg, G., & Koch, J. (2013). *Management. Grundlagen der Unternehmensführung. Konzepte, Funktionen, Fallstudien* (7. Aufl.). Wiesbaden: Springer Gabler.

Tremblay, M. A., Blanchard, C. M., Taylor, S., Pelletier, L. G., & Villeneuve, M. (2009). Work extrinsic and intrinsic motivation scale: Its value for organizational psychology research. *Canadian Journal of Behavioural Science, 41*(4), 213–226.

Weinert, A. B. (2004). *Organisations- und Personalpsychologie* (5. Aufl.). Weinheim: Beltz PVU.

Wöhe, G., Kaiser, H., Döring, U., & Brösel, G. (2016). *Einführung in die allgemeine Betriebswirtschaftslehre* (26. Aufl.). München: Franz Vahlen.

Teil III
Organisatorische Gestaltung

Organisationsstrukturen: Grundlagen und Grundprobleme

6

Zusammenfassung

Organisationsstrukturen stellen ein unabdingbares Gerüst für das Funktionieren eines Unternehmens dar. Damit Wertschöpfung und der Weg dorthin erfolgreich verlaufen, ist das Wissen über Grundlagen und Grundprobleme von Organisationsstrukturen relevant. Welche grundlegenden Strukturtypen gibt es? Wann sind welche Strukturtypen sinnvoll einzusetzen? Was sind organisatorische Regeln und was haben sie mit Strukturen zu tun? Welche Ineffizienzen können auftreten und wie kann man sie lösen? Dieses Kapitel beinhaltet eine theoretische Einordnung der organisatorischen Grundtypen „funktional", „divisional" und „Matrixstruktur". Zudem werden einige, in der Praxis gut anwendbare Modelle vorgestellt. Dabei wird immer wieder auf das Zusammenwirken der einzelnen Moderatoren der Wertschöpfung aufmerksam gemacht, da auch Organisationsstrukturen nicht als ein in sich geschlossenes Thema betrachtet werden können.

Vignette: Sparmaßnahmen bei SAP

Der Software-Konzern SAP plant Sparmaßnahmen, dazu soll in Zukunft effizienter gearbeitet und eine Verringerung von sich überlappenden Produkten erreicht werden. Zudem soll Software sowohl für Kunden als auch für Mitarbeiter einfacher werden, sodass nun erst mal Prioritäten gesetzt und Redundanzen aufgeräumt werden.

Auf den ersten Blick hört sich dies nach einem Stellenabbau an. Jedoch startete SAP bereits im Jahr 2015 ein großes Restrukturierungsprogramm. Man wollte sich von etwa 4000 Mitarbeitern trennen. Dies soll 2020 weitgehend abgeschlossen sein.

Jetzt sollen organisatorische Maßnahmen, unter anderem eine Zentralisierung des Einkaufs und die Steigerung der Profitabilität in der schnell wachsenden Cloudsparte, greifen. Auch das „Aufräumen" von Prioritäten und Redundanzen zählen zur organisatorischen Gestaltung (Mayr 2019). ◄

Dies ist ein typischer Bericht über Organisationsstrukturen. Typisch deshalb, weil geradezu dramatische Fehlentwicklungen geschildert werden, die sich auf der Ebene von Organisationsstrukturen manifestieren. Dementsprechend werden Strukturen oft als eine Art Ausdrucksform für Managementfehler, nicht erkannte Umweltveränderungen oder nicht geglückte Unternehmensgestaltungen diskutiert. Die Behebung dieser Schwierigkeiten soll dann oft über Personalabbau geschehen und über strukturelle Anpassungen wieder in die Erfolgsspur führen.

Jedoch ist dies eine erheblich verkürzte Sichtweise, wenn nicht die eigenständigen Erfolgspotenziale von Organisationsstrukturen systematisch analysiert und ausgeschöpft werden. Sie sind genauso wie Führung oder beispielsweise die später diskutierten emergenten Phänomene (s. Teil 4) Ansatzpunkte zur Steuerung von Handeln und Wertschöpfung. Somit tragen passende Organisationsstrukturen zum wirtschaftlichen Erfolg bei und stellen unweigerlich einen Erfolgsfaktor dar. Erforderlich ist das Wissen darüber, wie Organisationsstrukturen gestaltet werden können, auf welche Weise die geschilderten Fehlentwicklungen oder hohe Kosten vermieden und eine Wertschöpfungsdynamik gefördert werden können. Das folgende Kapitel soll dies verdeutlichen.

6.1 Organisationsstrukturen und organisatorische Regeln

6.1.1 Organisationsstruktur

Das Thema **Organisationsstruktur** taucht meistens in bedrohlichen Zusammenhängen auf. Werden Organisationsstrukturen von Unternehmen zu einem öffentlichen Thema, so stehen damit oft Strategiekorrekturen und damit nicht selten harte Entscheidungen für die Belegschaft in Verbindung (s. Vignette).

Jedoch sind es nicht nur derartig weitgreifende Entscheidungen, die Organisationsstrukturen betreffen. Viele Facetten von Organisationsstrukturen sind fortwährend aktuell und wirken oft bloß leicht korrigierend auf die Wertschöpfung ein. Die folgende Definition soll die gesamte, angedeutete Breite von Organisationsstrukturen erfassen.

▶ **Organisationsstrukturen** Organisationsstrukturen sind bewusst geschaffene und relativ dauerhafte Bündelungen von in Bezug zueinanderstehenden Ressourcen, Aufgaben und Mitarbeitern.

Somit integrieren Organisationsstrukturen Personen, Arbeitsplätze, Abteilungen, Hierarchien, Entscheidungsbefugnisse und ganz unterschiedliche Ressourcen. Alle diese Be-

6.1 Organisationsstrukturen und organisatorische Regeln

standteile oder Objekte von Organisationsstrukturen steuern das Handeln von Mitarbeitern oder sind zumindest darauf ausgerichtet. Das heißt, Organisationsstrukturen schaffen einen Rahmen, der bestimmte, gewünschte Handlungen wahrscheinlich werden lässt. Angesichts dieser Aufgabenbreite folgt zugleich, dass nur in Ausnahmefällen kurzfristige, grundlegende Abänderungen realisierbar sind. Dies meint die Beschreibung „relativ dauerhaft" in der Definition.

Darin offenbart sich ein instrumentelles Verständnis. Organisationsstrukturen umfassen Handlungserwartungen und sind ein Instrument zu deren Erfüllung. Die folgende Illustration 6.1 skizziert dies.

Illustration 6.1 Organisationsstrukturen und deren Handlungswirkungen

Die Öffnungszeiten von Tankstellen, Möbelhäusern, öffentlichen Einrichtungen oder Arztpraxen bringen sowohl die Erwartung nach Präsenz des zuständigen Personals als auch die Lenkung von Kunden und Patienten mit sich. Dies stellt eine Grundlage für das Funktionieren der jeweiligen Dienstleistungen und vor allem ihrer internen Abläufe dar.

Die Einrichtung der Abteilung „Produktionsvorbereitung" führt zu einer Spezialisierung von Personen, kommuniziert Qualitätserwartungen und senkt idealerweise die Umrüstkosten für unterschiedliche, zu produzierende Produkte.

Die Einrichtung einer Mordkommission birgt die Erwartung einer maximalen Fokussierung auf Kapitalverbrechen und ermöglicht den Zugang zu allen relevanten Informationen und Diensten des eigenen sowie anderer Polizeipräsidien. ◂

Eine tiefergehende Auseinandersetzung mit Organisationsstrukturen stellt Giddens (1984, S. 25–28) vor. Er machte die **Dualität von Struktur und Handeln** bekannt. Abb. 6.1 skizziert den Zusammenhang.

Dieses Schaubild (s. Abb. 6.1) lässt sich wie folgt interpretieren: Zum einen richten sich Organisationsstrukturen als Handlungserwartungen immer auf Personen und lösen Handeln aus. Werden die Handlungserwartungen erfüllt, so bestätigt dies Strukturüberlegungen. Die Erfolgsmessung von Strukturen erfolgt also vor allem über das ausgelöste Handeln, das einen Beitrag zur Wertschöpfung leistet. Zum anderen prägen Mitarbeiter und Führungskräfte durch ihr Handeln Strukturen. Es ist dann der Umgang mit existenten Strukturen, der das bestehende Regelwerk bestätigt oder ihm entgegensteht und zu einer Verwerfung und Neuausrichtung führt. Diese Dualität von Struktur und Handeln produziert und reproduziert fortlaufende neue Strukturvorstellungen. Diese können sich durch-

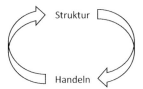

Abb. 6.1 Dualität von Struktur und Handeln in Unternehmen

setzen oder scheitern, in jedem Fall wird die Dynamik von Organisationsstrukturen deutlich.

Organisationsstrukturen ist ein Widerspruch inhärent. Zum einen setzen sie die Idee der Spezialisierung (s. Kap. 1) um und schaffen Abteilungen sowie Hierarchien. Zum anderen lösen sie Schwierigkeiten aus, da innerorganisatorische Grenzen entstehen. Diese müssen im Sinne einer funktionierenden und schnittstellenarmen Wertschöpfung aufgehoben werden. Andernfalls wären Doppel- und Nacharbeiten die Folge oder terminliche und sachliche Koordination nicht realisierbar.

Entsprechend bestehen Organisationsstrukturen immer aus dem, was man in Form von Abteilungsbezeichnungen oder Hierarchien sieht. Hinzu tritt das, was geleistet werden muss, um die Grenzen wiederum aufzuheben und was man meistens nicht so deutlich ablesen kann. Dies beschreibt die sogenannte **Aufbau- und Ablauforganisation**. Synonyme Begriffe sind Struktur- und Prozessorganisation. Es gilt die folgende Definition.

▶ **Aufbau- und Ablauforganisation** Die Aufbauorganisation ordnet Ressourcen, Arbeitsplätze und Abteilungen nach ihrer Aufgabennähe. Die Ablauforganisation umfasst situationsspezifische Vorgaben sowie eingeübte Prozeduren, die die Nachteile der Spezialisierung ausgleichen sollen.

Es ist die Aufgabe der Ablauforganisation, die Flexibilität in einer Aufbauorganisation zu sichern. Entsprechend handelt es sich um ineinandergreifende Strukturarten. Sie verhalten sich wie eine Medaille, bei der es bekanntermaßen unmöglich ist, auf eine Seite zu verzichten.

6.1.2 Organisatorische Regeln und ihre Substitution

Organisationsstrukturen bestehen aus einer Vielzahl **organisatorischer Regeln**. Die Aufbau- und Ablauforganisation sind besonders prominente Beispiele.

Organisatorische Regeln wären jedoch viel zu eng gedacht, würde man sie ausschließlich auf organisationsstrukturelle Themen ausrichten. Genauso wie Organisationsstrukturen steuern auch viele andere Moderatoren die Wertschöpfung (Robbins et al. 2017; Robbins und Judge 2018, S. 267; Scandura 2016). Sie alle fordern spezifisches Handeln ein und stellen Handlungserwartungen dar. Somit sind jegliche Managemententscheidungen organisatorische Regeln.

▶ **Organisatorische Regeln** Organisatorische Regeln formen die Verknüpfung von Ressourcen, Individuen sowie Aufgaben und transportieren Handlungserwartungen.

Der Grund für diese breite und über Organisationsstrukturen hinausgehende Definition von organisatorischen Regeln ist leicht erklärt. Aufgrund der Überlappungen mit organisatorischen Regeln lässt sich gar keine organisationsstrukturelle Entscheidung ohne Beachtung alternativer Realisationen und Perspektiven der Handlungsbeeinflussung denken. Beispielsweise wäre es fahrlässig, organisationsstrukturelle Themen – wie Abteilungsgrößen, Dezentralisierungen oder Standardisierungen – zu fixieren, ohne unter anderem existente Haltungen und Motive, Führungsstile, unternehmenskulturelle Gegebenheiten gründlich zu hinterfragen. Darauf Bezug nehmend kann gefolgert werden, dass jedes Unternehmen über eine spezifische, nicht vergleichbare und sich ändernde Menge an Regeln verfügt.

In Zusammenhang mit Organisationsstrukturen geht es im Folgenden um generelle sowie fallweise Regeln. **Generelle Regeln** zielen darauf ab, identische Sachverhalte zu verallgemeinern, während **fallweise Regelungen** sich auf nicht identische Sachverhalte beziehen. Beispielsweise wäre eine generelle Regel, dass Mitarbeiter bei Fehlern in der Produktion den Produktionsleiter darauf aufmerksam machen müssen. Fallweise Regeln kommen hingegen zum Zuge, wenn für bestimmte Situationen keine generellen Regeln vorhanden sind. Die Regel wird dann passgenau aufgestellt und behält für diese spezifische Situation ihre Gültigkeit. Beispielsweise wird eine hoch spezialisierte Mitarbeiterin langfristig krank und ihre Aufgaben müssen für die Dauer ihrer Abwesenheit auf andere Personen verteilt werden. Die Aufgabenverteilung geschieht dann nicht nach einem vorgefertigtem Ablaufplan, sondern wird je nach Auslastung und dem vorhandenen Knowhow verteilt.

Generelle Regeln basieren auf der Idee, **gleichförmige** organisatorische Sachverhalte weitestgehend zu verallgemeinern. Das heißt, die Ähnlichkeit von Aufgaben führt zu deren gemeinsamer Regulierung. Es dominieren dann Regelungen, die darauf abzielen, besonders gut aufeinander abgestimmte Aufgabenvollzüge zu erreichen. Personenbezogene Besonderheiten des Handelns treten zugunsten einer Standardisierung in den Hintergrund. Der Vorteil besteht in der angesprochenen optimierten Planbarkeit und Erwartbarkeit von Handlungen. Diese lassen die organisatorischen Hebel (s. Kap. 1) wirksam werden und schöpfen Spezialisierungsvorteile aus. Fallweise Regeln basieren auf der Idee, **ungleichförmige** organisatorische Sachverhalte zu regulieren und Unvorhergesehenes aufeinander abzustimmen. Der Vorteil besteht in der Flexibilität des Aufeinander-Bezugs von Aufgabenvollzügen. Personenbezogene Besonderheiten treten dann wieder in den Vordergrund.

Prägend für generelle und fallweise Regeln sind die Umweltbedingungen. Armeen, Banken oder Versicherungen sehen sich oft stabilen Umweltanforderungen gegenüber. Zudem sind sie gesetzlich stark reguliert und verfügen entsprechend über relativ viele generelle Regeln. Dominieren hingegen dynamische Umwelten, kreative Aufgaben und starke Dienstleistungsorientierungen, so stößt die strikte Standardisierung rasch an eine Grenze und fallweise Regelungen erhalten den Vorzug. Fallweise Regelungen können im Anschluss wieder zu generellen Regeln überführt werden, wenn eine identische Schnittmenge an Sachverhalten identifizierbar wird (s. Illustration 6.2).

Illustration 6.2 Immatrikulationsschalter

Bis etwa zum Jahr 2007 war die Immatrikulation an einer deutschen Universität einfach. Mit Hochschulzugangsberechtigung, Personalausweis und weiteren Formerfordernissen ging man zum Studierendensekretariat und brachte die Einschreibung für einen Studiengang auf den Weg. Mit der Umstellung auf Bachelor- und Masterabschlüsse im Jahr

2007, der Vielfalt akkreditierter Studiengänge, deren europäischer Angleichungen, der zum Teil unterschiedlichen Zugangsvoraussetzungen sowie einer gestiegenen öffentlichen Erwartung, löste sich die Einfachheit des ursprünglichen Prozesses auf.

Bewerbungen mussten in ihrer Neuartigkeit sowie Komplexität individuell durch das Studierendensekretariat beantwortet werden. Dazu wurden generelle Regeln in Teilen aufgehoben und durch fallweise Regelungen ersetzt.

Anfangs konnte das nur durch viel Improvisation und Engagement geleistet werden. Das Ergebnis bestand in einer Verschiebung von generellen hin zu fallweisen Regeln. Auch wechselseitige Abstimmungen nahmen aufgrund der Varianz der Bewerberhintergründe zu. Dies erlaubte den Umgang mit atypischen Bewerbungen, also solchen aus dem Ausland, mit unterschiedlichen Vorqualifikationen oder auch von Quereinsteigern. Die Universitäten investierten dann in Personal, Infrastruktur und Abläufe und strebten wieder eine größere Uniformität durch Standardisierung an. ◄

Mit der Überführung von fallweisen zu generellen Regeln ist zugleich eine Tendenz zur **„Ent-Individualisierung"** von Organisationsstrukturen angesprochen. Es ist die organisatorische Rationalität, Schritt für Schritt fallweise durch generelle Regeln zu ersetzen, wenn dies möglich erscheint. Dies nennt man das **Substitutionsgesetz der Organisation** (Gutenberg 1983, S. 240).

Das Substitutionsgesetz umfasst zudem nicht nur die Relation der beiden Regelungsarten fallweise und generell, sondern auch deren Erfolgswirkung in Bezug auf ein Optimum. Abb. 6.2 skizziert dies.

Demnach existiert immer ein Optimum aus fallweisen und generellen Regeln. Dieses Optimum rahmen Situationen einer **Unter-** und einer **Überstrukturierung** ein. Ersteres bedeutet einen Überhang an fallweisen Regeln und den Verzicht auf Spezialisierungs- und Standardisierungsvorteile. Hingegen erstickt Überstrukturierung die situative Flexibilität. Der optimale Regelungsgrad ist ein multifaktorielles Problem und lässt sich nur heuristisch lösen. Entscheidend ist die Annäherung an das Optimum. Faktoren, die die Erreichung des Optimums fördern oder auch genau entgegengesetzt wirken, entstammen

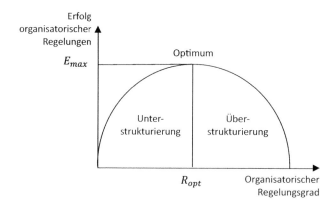

Abb. 6.2 Substitutionsgesetz der Organisation (s. ähnlich Steinmann et al. 2013, S. 385)

- der organisatorischen Domäne – vor allem Kundenbedürfnisse und Konkurrenzsituationen –,
- der interaktionellen und strukturellen Führung,
- den emergenten Phänomenen,
- den Unternehmenszielen,
- den daraus abgeleiteten Aufgabenfeldern sowie
- den Belegschaftscharakteristika. Dazu gehören vor allem Selbstbindung, Motivation, Kompetenzen, Erfahrungen oder Personalentwicklungsstrukturen.

Daraus lassen sich jeweils Argumente für generelle oder für fallweise Regeln formulieren. Jedoch ist es ausgeschlossen, aus diesen sich zum Teil bedingenden Faktoren einen allgemeinen Algorithmus ableiten zu wollen.

6.1.3 Bausteine von Organisationsstrukturen

6.1.3.1 Rollen, Stellen, Abteilungen

Der Begriff „Baustein" deutet an, dass Organisationsstrukturen als Zusammensetzungen gedacht werden müssen. Dazu gehören zuallererst Rollen, Stellen und Abteilungen. Diese Zusammenfügung mündet in eine Darstellungsform, die als Organigramm bekannt ist.

Rollen
Rollen sind der kleinste Strukturbestandteil von Organisationen. Der Begriff „Rolle" ähnelt dabei Theateraufführungen. Schauspieler spielen Rollen und übernehmen damit einen eigenständig definierten Teil eines Stückes. Ein Verzicht, auch nur auf eine Nebenrolle, würde das Stück verändern oder möglicherweise sogar unverständlich werden lassen. Dies lässt sich auch auf Unternehmen projizieren. Somit erfassen Rollen Vorstellungen und Festlegungen, wie einzelne Personen zu Ergebnissen beitragen sollen. Es existieren somit recht präzise Erwartungen an zu erfüllende Handlungen. In aller Regel treten fünf verschiedene Rollen auf (Katz und Kahn 1966, S. 39–46). Dazu gehören:

1. Die wesentliche, operative Leistungserstellung, also die **produzierenden Rollen**.
2. Eine Verlässlichkeit erfährt die Leistungserstellung durch **Erhaltungsrollen**. Dazu gehören Personalrekrutierung, technische Dienstleistungen oder auch Hausmeistertätigkeiten.
3. **Unterstützungsrollen**, beispielsweise rechtliche Angelegenheiten oder Marketing stabilisieren den Produktionsprozess.
4. **Adaptationsrollen** sichern die Anpassung an Umweltentwicklungen. Dazu gehören beispielsweise F&E, langfristige Planung und Szenario-Analysen.
5. Die Koordination, Verteilung von Ressourcen und Sicherstellung dieser Rollenkomplexe erfolgt durch **Führungsrollen**. Die Hauptaufgabe besteht in der Pflicht, Personen an ihrer Rolle zu messen und für Ergebnisse verantwortlich zu machen.

Bei kleinen Unternehmen – etwa Handwerksbetrieben, Architekturbüros oder Nachhilfe-Instituten – erfolgt die Umsetzung mehrerer Rollen oft durch einzelne Mitarbeiter. Diese verantworten dann ein **Rollenbündel**. Hingegen beauftragen größere Unternehmen – beispielsweise im Fertigungsbereich – ganze Hundertschaften von Personen mit enger geschnittenen Rollen. Rollen und der damit realisierte Wertschöpfungsprozess finden in Unternehmen durch die Bildung von **Stellen und Abteilungen** ihre formale Umsetzung.

Stellen
Bei **Stellen** handelt es sich um durch Rollen definierte Aufgaben, die eine bestimmte Person zeitübergreifend in einem Unternehmen zu erfüllen hat. Die formale Umsetzung geschieht mithilfe von **Stellenbeschreibungen**. Dabei handelt es sich um verschriftlichte Handlungserwartungen, an denen eine Person gemessen wird. Somit bekleiden alle Mitarbeiter einer Organisation eine Stelle. Diese reicht von operativen Stellen bis hin zu Geschäftsleitungsstellen. Dabei kann eine Stelle deckungsgleich mit einer Rolle sein, mehrere Rollen bündeln oder nur einen Ausschnitt davon betreffen.

Abteilungen
Durch hierarchische Überordnung entstehen aus mehreren Stellen **Abteilungen**. Sie bestehen aus mehreren analogen, ähnlichen oder sich ergänzenden Stellen. Eine eindeutige Leitungsbefugnis von Abteilungen lässt eine Führungskraft rechenschaftspflichtig für die Leistung einer Abteilung werden. Thematisch bildet die Gesamtheit aller Abteilungen die Wertschöpfung ab und zeigt dadurch das Ausmaß der Spezialisierung an. Die ranghöchste Abteilung findet sich in der Geschäftsleitung, dem Vorstand oder dem Aufsichtsrat wieder. Diese werden aber meist nicht als Abteilung, sondern als Führungs- oder Überwachungsgremium bezeichnet.

6.1.3.2 Spezielle Typen von Abteilungen

In den meisten Unternehmen finden sich unterschiedliche Ausprägungen von Abteilungen. Diese resultieren aus Umweltbedingungen, Qualifikationen oder Erfahrungen. Abteilungen oder Stellen, denen andere Stellen oder Abteilungen nachgeordnet sind, nennt man **Instanzen**. Diese bestehen meist aus einer Führungsperson, zu deren fachlicher Unterstützung eine Abteilung beigeordnet ist. Derartige Abteilungen erhöhen die Wirksamkeit einzelner Führungskräfte, indem sie Aufgabenbereiche professionalisieren und somit die Steuerung als solche verbessern.

Operative Abteilungen
Operative Abteilungen finden sich beispielsweise in Beschaffungs-, Produktions- oder Vertriebsabteilungen. Angesprochen sind jene Abteilungen und Mitarbeiter, die die Bearbeitung von Produkten und Dienstleistungen „operativ" leisten. So sind die Mitarbeiter einer operativen Abteilung unmittelbar auf die Erstellung oder Bearbeitung von Vor- und Endprodukten, bzw. Dienstleistungen gerichtet. Hingegen liegt diese „Bearbeitungsun-

mittelbarkeit" bei Instanzen nicht vor, da sie intellektuelle und koordinierende Aufgaben verfolgen.

Linienabteilungen
Linienabteilung ist ebenfalls ein gängiger Begriff. Eine „Linie" ist die im Organigramm abgebildete, direkte Verbindung der Geschäftsleitung hin zur operativen Ebene. Alle Abteilungen, die entlang einer solchen Linie positioniert sind, werden so genannt. Dadurch wird eine Art Gesamtverknüpfung deutlich.

Zentralabteilungen
Zentralabteilungen entsprechen weitestgehend den oben genannten Unterstützungsrollen. Zwar ähneln Zentralabteilungen von ihren regelmäßigen Aufgaben und auch von der Routine her den operativen Abteilungen, der Unterschied besteht jedoch in der Unterstützung und nicht in der direkten Beteiligung am Wertschöpfungsprozess. Das heißt, Zentralabteilungen stellen eine administrative Professionalisierung und Qualität sicher. Dazu zählen Themen wie Informationstechnologie, Recht, Personal, Controlling, Rechnungswesen oder Öffentlichkeitsarbeit. Eine Bündelung oder eben Zentralisation ist erforderlich, um eine Einheitlichkeit in allen Funktionalbereichen zu gewährleisten. Es resultieren dann für alle Zentralbereiche Professionalisierungsmöglichkeiten und Routinen, die individuell in den Funktionsbereichen kaum erreichbar wären.

Stabsstellen
Oft werden Zentralabteilungen mit **Stabsstellen** gleichgesetzt oder verwechselt. Der wesentliche Unterschied besteht in dem grundlegenden Auftrag. So gehen Stabsstellen gerade keinen wiederkehrenden Aufgaben nach. Zudem besteht ihr Beitrag nicht in der Unterstützung des bestehenden Wertschöpfungsprozesses. Ihr Beitrag besteht vielmehr in der Lösung grundlegender Problemstellungen, die nicht für einzelne Funktionsbereiche, sondern für das gesamte Unternehmen substanziell sind.

Entsprechend sollen einzelne Stabsstellen oder „Stäbe" im Sinne von Abteilungen die Analyse- und Planungsfähigkeit von Instanzen erweitern. Entsprechend finden sich Stabsstellen vor allem bei der Geschäftsleitung. Themengebiete wie strategische Planung, Marktentwicklungen, Umweltschutz und deren dynamische Entwicklung bilden oft die Hauptaufgabe von Stäben. Die dafür erforderliche, umfangreiche Datenrecherche und -auswertung passt nämlich nicht in den Alltag von Geschäftsführungen. Es sind spezielle und zeitkonsumierende Themengebiete, die die Existenz von Stäben begründen.

Die Machtposition der im Hintergrund agierenden Experten in den Stäben ist groß, da sie relevante Entscheidungen maßgeblich beeinflussen können. Mit einer solchen Konstruktion geht das Problem der **unverantworteten Expertenmacht** einher. Stäbe recherchieren und werten Daten aus, können dabei jedoch keiner direkten Überwachung unterzogen werden. Der Grund liegt darin, dass Geschäftsleitungen in Spezialthemen keine fundierten Detailkenntnisse haben können und auf die Expertise von Stäben angewiesen sind. Damit geht allerdings auch ein Risiko einher, wenn die Experten in ihren

Empfehlungen falsch liegen. Trifft eine Geschäftsleitung dann eine spezifische Entscheidung, so stellt sich häufig die Frage, wessen Ergebnis eigentlich umgesetzt wird.

Deutlich wird, dass die **Rechenschaftspflicht** von Stäben gegenüber der Geschäftsleitung direkt besteht und dabei Vertrauen in die Expertise des Stabes unvermeidbar ist. Hier liegt ein weiterer Unterschied zu Zentralabteilungen. So können Zentralabteilungen anhand ihrer Unterstützungsleistung für Funktionsbereiche gemessen werden. Es geht also um analytisch zugängliche und bewertbare Effizienzverbesserungen. Beispielsweise inwieweit Rechtsberatung, Controlling-Daten oder Personalbeschaffung den Funktionsbereichsbedürfnissen entsprechen und dort die Wertschöpfung verbessern. Zentralabteilungen sind dann gegenüber den Funktionsbereichen und der Geschäftsführung mit ihren Unterstützungsleistungen rechenschaftspflichtig. Bei Stabsstellen ist diese analytische Bewertbarkeit allerdings nur schwer möglich.

Bislang wurden Stabsstellen im Zusammenhang mit der Geschäftsleitung angesprochen. Gibt es auch Stäbe auf der zweiten oder gar der dritten Hierarchieebene? Denkbar ist das sicherlich, jedoch überzeugen Stabsstellen nur auf der ersten Hierarchieebene. Vor allem hier existieren jene übergreifenden Aufgabenstellungen und die Bündelungsmöglichkeiten von Informationen, für die sich Stäbe eignen. Ab der zweiten Hierarchieebene – bzw. ab der dritten Ebene in einer divisionalen Struktur – sind die Funktionsbereiche thematisch fixiert. Entsprechend liegt es nahe, die grundlegenden Fragen von einem dafür verantwortlichen Personenkreis aus dem betreffenden Funktionalbereich bearbeiten zu lassen und nicht von zusätzlichen Stabsmitarbeitern. Wie sollten auch Stabsmitarbeiter über bessere Befähigungen verfügen als jene Mitarbeiter, die die operative Verantwortung in den Funktionsbereichen tragen?

6.1.3.3 Darstellung als Organigramm

Ein **Organigramm** ordnet die Bausteine von Organisationsstrukturen und stellt eine hierarchische Übersicht her. Aus einer solchen bloßen Ordnung lassen sich kaum Aussagen über die Wertschöpfung ableiten. Abb. 6.3 skizziert ein Organigramm mit den unterschiedlichen organisatorischen Bausteinen.

Diese Abb. 6.3 präsentiert ein **Einliniensystem**. Angesprochen ist die Art der Verknüpfung zwischen Abteilungen und Stellen. Die „Linie" ist die im Organigramm zugeordnete Instanz zu den operativen Abteilungen. Ein Einliniensystem fasst Stellen und Abteilungen nach dem Prinzip der sogenannten „Einheit der Auftragserteilung" zusammen (Fayol 1929). Nach diesem Prinzip besteht eine zweifelsfreie Zuordnung von Mitarbeitern zu genau einer Führungskraft. Dies verhindert Reibungsverluste durch doppelte Anweisungen und unklare Verantwortlichkeiten. Im Gegensatz dazu sind bei **Mehrliniensystemen** die Mitarbeiter oder Abteilungen nicht mehr nur einer Führungskraft, sondern noch einer zweiten unterstellt. Ein solches Zwei- oder Mehrliniensystem fördert eine positionsübergreifende, thematische Auseinandersetzung sowie die Integration unterschiedlicher Perspektiven.

Eine sogenannte **Passerelle**, auch „Fayolsche Brücke" genannt, ist ein Kommunikationskanal zwischen zwei Abteilungen, ohne dass der Dienstweg entlang der Linien

6.1 Organisationsstrukturen und organisatorische Regeln

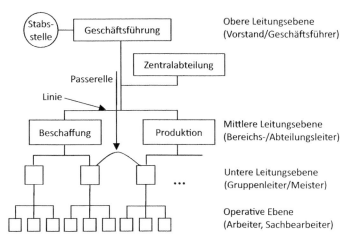

Abb. 6.3 Organigramm als Übersicht von Stellen und Abteilungen

eingehalten werden muss. Darüber hinaus ist die Aufnahme einer **Stabsstelle** als Kreis erkennbar. Diese Darstellung als Kreis markiert den Unterschied zu den rechteckig dargestellten Abteilungen und ihren wiederkehrenden Aufgaben sowie der unmittelbaren Rechenschaftspflicht. Zentralabteilungen sind separat und nicht direkt auf die eigentliche Wertschöpfung hin ausgerichtet. Die übergeordneten Abteilungen „Beschaffung" und „Produktion" werden hier als **Hauptabteilungen** bezeichnet und bilden die zweite Hierarchieebene. Sie prägen thematisch die jeweils nachfolgenden Abteilungen.

6.1.3.4 Pyramidenartige Strukturen und Abweichungen

Die Anzahl an Hierarchieebenen schwankt von einer Instanz bis zu kaum mehr als sechs oder sieben Ebenen. Typisch ist dabei die Vorstellung einer Pyramide. Dies folgt der naheliegenden Idee, Entscheidungsnotwendigkeiten von der unteren Hierarchieebene hin zu höheren Ebenen zu verdichten oder von höheren Ebenen ausgehend handhabbar zu machen. Demnach verantworten alle Instanzen Überwachungs-, Koordinations- und Entscheidungsaufgaben. Je nach ihrer Bedeutung sollen Entscheidungen Instanzen mit einer passenden Verantwortungsbreite zugeführt werden.

Wird von mehr als den benannten sechs oder sogar sieben Ebenen berichtet, so handelt es sich regelmäßig um Konzernstrukturen, die rechtlich selbstständige Geschäftsbereiche steuern. Dies zählt zwar formal zu einer Hierarchie, erfährt aber in dieser Schrift keine weitere Betrachtung.

Für eine Annäherung an die Praxis ist es wichtig, dass die einfache, **pyramidenartige Darstellung** einer Hierarchie etliche Schattierungen und sogar Umkehrungen aufweisen kann. Abb. 6.4 skizziert Varianten von Hierarchien. Dazu gehören flache, steile sowie inverse Hierarchieformen.

Flache und steile Hierarchien unterscheiden sich hinsichtlich der Anzahl an Hierarchieebenen. Bei einer **flachen Hierarchie (1.)** fällt diese Anzahl gering aus, bei einer **steilen Hierarchie (2.)** ist diese jedoch hoch. Bei Letzterer liegt ein großer Wert auf formaler

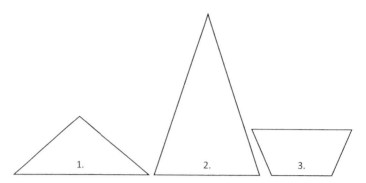

Abb. 6.4 Varianten von Hierarchien

Abstimmung in meist wenig dynamischen Märkten. Steile Hierarchien sind nur dann effizient, wenn die Erstellung von Produkten und Dienstleistungen einer intensiven Koordination und Knowhow-Beisteuerung durch Führungskräfte bedarf. Für flache Hierarchien gilt das Umgekehrte.

Neben der pyramidenartigen Form finden sich in der Praxis auch **inverse Pyramiden** (3.). Was auf den ersten Blick nach Verschwendung aussieht, liegt für Abteilungen oder Unternehmen mit anspruchsvollen Wertschöpfungstätigkeiten nahe. Gute Beispiele sind Unternehmensberatungen, Kanzleien, Marketing-Agenturen und andere Dienstleistungsgesellschaften. Hierbei sind die oberen Führungskräfte selbst wertschöpfend tätig und können nur in geringem Umfang Aufgaben delegieren. Das heißt, obere Führungskräfte stellen in Teilen auch die operative Ebene dar. Auch eine inverse Pyramide kann wiederum als flach oder steil beschrieben werden.

Worin bestehen die unterschiedlichen Wirkungen von flachen und steilen Hierarchien? Mitunter wird einfach das Stichwort „minimum chain of command" als vorteilhafte Überlegung bemüht. Es ist eine Beschreibung, die dem Militärischen entstammt und im Deutschen als „**Prinzip der minimalen Befehlskette**" bekannt ist. Diese sagt allerdings recht wenig aus. Was sollte man schon anderes beachten, als keine Instanz mehr zu etablieren, als erforderlich? Die Frage nach der Vorteilhaftigkeit von flachen und steilen Hierarchien bedarf zusätzlicher Argumente.

Auch wenn viele Personen eine Sympathie für die Idee einer flachen Hierarchie empfinden, so ist diese Frage dennoch nicht pauschal zu beantworten. Die beiden Extreme unterscheiden sich deutlich hinsichtlich so wichtiger Punkte wie Kosten, Abstimmung, Beständigkeit, Informationsgenerierung, Kommunikation und Motivation. Einige Argumente werden im Folgenden angedeutet:

- Kosten entstehen beispielsweise durch die steigende Anzahl von Führungskräften, die besonders in steilen Hierarchien vorzufinden ist. Daraus folgen innerbetriebliche Transaktionskosten, die auch als **Bürokratiekosten** eingestuft werden können.
- Steile Hierarchien tragen die Ideen von umfänglicher Abstimmung, Beständigkeit und Informationsgenerierung in sich. Es ist die für steile Hierarchien typische **Formalisie-**

rung, die genau die benannten Punkte realisieren kann. Diese werden oft übersehen, sodass steile Hierarchien lediglich als Bürokratie geschmäht werden.
- Da mit einer steilen Hierarchie zumeist auch die horizontale Spezialisierung steigt, droht hier eine „**Kommunikationsverdünnung**". Zusätzliche Führungskräfte beziehen Informationen auf abteilungsbezogene Situationen und betätigen sich zwangsläufig „filternd". Zudem werden mit einer hierarchischen Auffaltung Informationen immer spezifischer. Die Verlässlichkeit und Passung von Informationen sinkt (Steinmann et al. 2013, S. 399). Schließlich sind derartige Verzerrungen nicht nur durch objektive Realitäten – beispielsweise der Informationsüberlastung oder dem schlechteren Zugang zu anderen Themen – verursacht, sondern werden zum Teil auch bewusst von Mitarbeitern im Sinne einer eigenen individuellen Politik (s. Kap. 10) herbeigeführt.
- Aus den gängigen **Motivationstheorien** (s. Kap. 2) ist ersichtlich, dass unter anderem Autonomie, Erweiterung der eigenen Kompetenz oder auch Zugehörigkeit zu einem Kollegium, arbeitsrelevante Situationen durch intrinsische Motivation verbessern können. Dies trifft eher für flache Hierarchien zu. Steile Hierarchien bedienen ein Machtbedürfnis, tragen aber zu den anderen genannten Motivatoren nicht viel bei. Wichtig ist, dass auf dieser recht abstrakten Ebene der Organisationsstrukturen Bezüge zur individuellen Motivation möglich sind.

Setzt man sich nach den strukturellen Grundlagen mit der Frage der Spezialisierung auseinander, mündet dies in funktionale und divisionale Organisationsstrukturen. Auf der Ebene der Hauptteilungen sind dies jene Begriffe, die die zentrale Bedeutung für Organisationsstrukturen besitzen.

6.2 Aufbauorganisatorische Grundmodelle

6.2.1 Organisationsstrukturen als Abbild der Wertschöpfung

6.2.1.1 Überblick
Organisationsstrukturen wurden definiert als bewusst geschaffene und relativ dauerhafte Bündelungen von in Bezug zueinanderstehender Ressourcen, Aufgaben und Mitarbeitern. Diese Definition zeigt, um was es bei Organisationsstrukturen geht. Der Weg dorthin ist jedoch unklar. So können Organisationsstrukturen sowohl einen derivativen als auch einen originären Charakter haben.

Derivativ bedeutet, dass es bestimmte Auslöser sind, die Strukturen prägen. Solche Auslöser existieren in vielfältiger Form. Zu nennen sind neben Stakeholdern, Unternehmensstrategien, Ressourcenabhängigkeiten, Karrierepfade oder rechtliche Vorgaben. Gegenüber derartigen Punkten nehmen Organisationsstrukturen dann eine empfangende Rolle ein und reagieren auf die jeweils enthaltenen Erwartungen, Anforderungen oder Zwänge. **Originär** bedeutet, dass Organisationsstrukturen keinen externen Auslöser haben.

Die originäre Perspektive setzt an der Wertschöpfung an, also an dem, was Organisationsstrukturen abbilden sollen. Wertschöpfung wurde (s. Kap. 1) als die Summe aller Handlungen definiert. Dies wiederum lässt sich als eine Kombination aus **Input-, Konversions- und Output-Prozessen** denken (Jones 2013, S. 262). Jeder Teilprozess bedarf unterschiedlicher Einsatzfaktoren, wie Humanressourcen oder technischer Ressourcen. Die Bündelung der drei Teilprozesse rückt dann das Handeln in bestimmten organisatorischen Strukturen und deren Zusammenwirken in den Mittelpunkt. Abb. 6.5 stellt dies dar.

Insgesamt umfasst diese Sichtweise die bewusst gewählten und prinzipiell beeinflussbaren Zusammenhänge der Leistungserstellung. Diese Leistungserstellung oder Wertschöpfungsstruktur erstreckt sich auf einzelne, isolierte Abteilungen, übergreift diese und richtet sich auf ein ganzes Unternehmen. Es stellen sich zwei Fragen:

- Welche unterschiedlichen Wertschöpfungsstrukturen lassen sich unterscheiden?
- Welche Schlussfolgerungen für Organisationsstrukturen folgen daraus?

Zwei klassische Studien geben Hinweise hierzu und werden nachfolgend vorgestellt: Die Analysierbarkeit und Varietät von Handlungsfolgen rückt Perrow (1970) ins Zentrum. Die Interdependenzen von Handlungsfolgen erschließt der Ansatz von Thompson (1967).

6.2.1.2 Analysierbarkeit und Varietät von Handlungsfolgen nach Perrow

a) Grundlagen

Auf Charles Perrow (1970) geht ein breit rezipierter Ansatz zurück. Dieser bemisst die Komplexität von Aufgaben. Wertschöpfungskomplexität ist dabei das Ergebnis zweier Dimensionen: **Analysierbarkeit** bzw. Prognostizierbarkeit und **Varietät** bzw. Steuerbarkeit der Wertschöpfung.

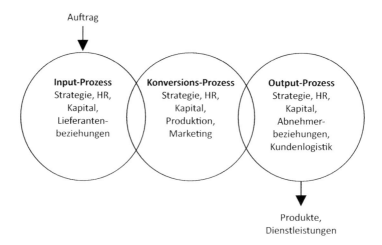

Abb. 6.5 Input-, Konversions- und Output-Prozesse (s. ähnlich Jones 2013, S. 262)

6.2 Aufbauorganisatorische Grundmodelle

Nach Perrow (1970) determinieren die benannten zwei Kriterien die Konsequenzen für einzelne Abteilungen, ganze Funktionsbereiche oder Sparten. Deren Analyse soll zu unterscheidbaren, organisationsstrukturellen Ausprägungen führen:

- Die **Analysierbarkeit von Aufgaben** thematisiert das Ausmaß von deren grundsätzlich möglicher, systematisch-rationaler Durchdringung. Dies führt zu einer Aussage darüber, ob Aufgaben oder der Wertschöpfungsprozess gut oder weniger gut „verstanden" sind. Messbar wird dieses Kriterium vor allem durch die erforderliche Suche und Umsetzung nach Informationen zur Problemlösung. Eine sehr gute Durchdringung oder ein sehr gutes Verständnis führt dann zu Routinen. Diese können in Prognosen über Konkurrenten, Kunden sowie Lieferanten oder in steigender organisationstheoretischer Durchdringung des eigenen Handelns liegen.
- Die **Varietät von Handlungen** bzw. Aufgabenvollzügen hängt von der Anzahl der Ausnahmen ab. Das heißt, potenzielle Varietät lässt die Ausnahmen in den Handlungsabfolgen steigen. Zugleich führt dies zu abnehmenden Handlungsroutinen, da eine Programmierung von Handlungsabfolgen unrealistisch und nicht praktikabel wäre.

Beide Kriterien und vor allem deren Entwicklungen prägen, wie erwähnt, die Handlungsabfolgen. Reaktionen darauf sind solche, die die Flexibilität oder Standardisierung steigern oder hemmen. Dies führt zum einen zu einer unterschiedlichen Gestaltung der interaktionellen und der strukturellen Führung. Qualifizierungsmaßnahmen, Leistungsbeurteilungsverfahren oder Mitarbeiterführung haben entsprechende Potenziale. Diese lassen sich sowohl unterstützend für Flexibilität, als auch für Standardisierbarkeit formen. Zum anderen lassen sich organisatorische Gestaltungsmaßnahmen genauso zweigeteilt einsetzen. Die folgende Illustration 6.3 stellt ein sehr simples Beispiel vor.

Illustration 6.3 Wertschöpfung in einem Fastfood-Restaurant

In einem Fastfood-Restaurant – so wird die Überzeugung der meisten Besucher sein – sind die zu verrichtenden Tätigkeiten überschaubar. Es liegt eine geringe Komplexität vor. Alle Tätigkeiten sind sehr gut prognostizier- und steuerbar oder gut analysierbar und wenig variabel. Die Summe aller Handlungen und deren passende Bezugnahme aufeinander lässt sich leicht bestimmen. Dies legt eine starke Ausrichtung auf Routinen nahe.

Organisationsstrukturen werden geprägt sein von einem geringen Handlungsspielraum aller Mitarbeiter und der Zuweisung zu einem Arbeitsplatz. Für alle Arbeitsplätze liegen kleinteilige, aber kurze Skizzen der Handgriffe vor. Zudem erfolgt eine Überwachung durch eine Führungskraft sowie durch Technik – beispielsweise Klingeln oder Leuchtzeichen. Auch die Fragen der interaktionellen Führung – eher aufgabenbezogen und direktiv – sowie der strukturellen Führung, lassen sich leicht und konsequent auf minimale Kosten und ausgeprägte Standardisierung hin ausrichten.

Ein Bedarf an zusätzlichen Informationen ist wegdefiniert und wird von der jeweiligen Regionalverwaltung erledigt. ◄

b) Kategorien der Wertschöpfung

Mit der bloßen Benennung und Beschreibung der grundsätzlichen Kriterien bzw. Dimensionen ist es jedoch nicht getan. Erforderlich und dann auch weiterführend, ist die Kombination der beiden Kriterien, um Freiheitsgrade von Managemententscheidungen – in einem positiven Verständnis – zu reduzieren. Die Unterscheidbarkeit bemisst sich dann an der Routine von Handlungen sowie den Abweichungen davon.

Fasst man die beiden Dimensionen zu vier Feldern zusammen, so resultiert eine übersichtliche Darstellung. Dabei verläuft die Routine- bis hin zu Non-Routinen von links unten nach rechts oben. Davon weichen Handlungsabfolgen ab, die als handwerkliche bzw. als industrielle oder Ingenieur-Wertschöpfung bezeichnet werden können (s. Abb. 6.6).

Bei der Einhaltung einer zweistufigen Betrachtung der beiden Dimensionen Analysierbarkeit und Varietät bilden sich folgende vier Kategorien der Wertschöpfung heraus:

Routine-Wertschöpfung

Sind Aufgaben und deren erforderliche Handlungen von wenigen Ausnahmen gekennzeichnet und können mögliche Abweichungen schnell durchdrungen und erfasst werden, so lassen sich diese als Routine-Wertschöpfung bezeichnen. Ein hohes Maß an Standardisierung ist an dieser Stelle möglich und erwünscht. So wird zum einen die Anzahl potenzieller Ausnahmen durch die Standardisierung von Ressourcen reduziert und kontrollierbar gemacht, zum anderen erleichtert ein hohes Maß an Analysierbarkeit die Standardisierung von Handlungsabfolgen, sodass auf neu auftretende Situationen direkt und schnell reagiert werden kann. Ein typisches Beispiel hierfür stellt die Fließbandarbeit dar.

Industrielle oder Ingenieurs-Wertschöpfung

Bei der industriellen oder Ingenieurs-Wertschöpfung ist die Anzahl potenzieller Ausnahmen, mit denen umgegangen werden muss, hoch. Ähnlich wie bei der Routine-Wertschöpfung ist jedoch ein hohes Maß an Analysierbarkeit der Aufgaben – sprich ein standardisierter Umgang mit auftretenden Abweichungen – gegeben. So kann durch variierende Inputs und zu generierende Outputs bei der Nutzung und Instandhaltung von Produktionsmaschinen eine große Menge an unterschiedlichen Ausnahmen und Problemen

	Zahl der Ausnahmen	
	wenige	viele
schwere Analysierbarkeit	Meister-Wertschöpfung Schreinerei, öffentliche Schule, Kürschnerei	Nicht-Routine-Wertschöpfung Forschungseinrichtung, psychiatrische Klinik, Softwareimplementierung
einfache Analysierbarkeit	Routine-Wertschöpfung Montagelinie, Berufsausbildung, Banken	Industrielle Wertschöpfung Schwermaschinenbau, Fertighausbau, Steuerberatung

Abb. 6.6 Wertschöpfungskategorien nach Perrow (s. ähnlich Perrow 1970, S. 78)

entstehen, die Lösung dieser ist allerdings meist durch vorgegebene Standardabläufe und Instruktionen klar definiert.

Handwerkliche oder meistergestützte Wertschöpfung

Die handwerkliche oder auch meistergestützte Wertschöpfung ist durch eine niedrige Varietät an Handlungsabfolgen, aber ebenso durch eine schwierige und wenig standardisierbare Durchdringung von potenziellen Ausnahmen gekennzeichnet. So dienen zum einen Handwerksbetriebe als Beispiel hierfür, aber auch Schulen lassen sich in diese Kategorie einordnen. Die Inputs und Ressourcen einer Schule – junge Schüler, Lehrinhalte und entsprechendes Lehrmaterial, die Bereitstellung von Klassenräumen – sind eindeutig, wodurch die Anzahl potenzieller Änderungen in den Handlungsabfolgen minimiert wird. Tritt jedoch eine Abweichung auf, wie zum Beispiel ein Schüler, der den Lehrinhalten nur langsam folgen kann und intensivere Betreuung benötigt, so kann an dieser Stelle kein standardisierter und instruierter Lösungsprozess angewendet werden. Stattdessen müssen die Handlungen zur Lösung der jeweiligen Ausnahmesituation jedes Mal individuell und neu gestaltet werden.

Non-Routine-Wertschöpfung

Non-Routine-Wertschöpfung weist den höchsten Grad an Komplexität auf, weshalb eine Routinisierung schwer bis gar nicht zu realisieren ist. Die Varietät an neuen Situationen und potenziell auftauchenden Problemen ist hoch, die Analysierbarkeit dieser gestaltet sich komplex und vorab angefertigte Standardlösungen können keine Anwendung finden. So muss in einem medizinischen Labor mit immer wieder neuartigen und nicht vorhersehbaren Forschungsergebnissen umgegangen werden. Die Erklärung und Lösung solcher neuen Befunde sind weder simpel, noch folgen sie einer Routine. Dies erfordert eine auf die jeweilige Situation angepasste Anwendung von Ressourcen oder eine Entwicklung neuer Handlungsketten, wie zum Beispiel den Einsatz anderer Laborinstrumente und Analysemittel oder das zu Rate ziehen eines vorher nicht bedachten Experten.

c) Nutzen des Ansatzes

Der Nutzen des Ansatzes von Perrow (1970) ist groß. Er schafft die Möglichkeit eines relativ simplen und unproblematischen Einblickes in umzusetzende Bedingungen. Die Auseinandersetzung mit den beiden Dimensionen eröffnet darüber hinaus die Möglichkeit, frühzeitig auf Anforderungen zu reagieren.

Die Verwendung des Begriffs der Handlung als zentrale Bezugsgröße lenkt zugleich den Blick auf ganz verschiedene **Umsetzungsvarianten** der jeweiligen Dimensionen. Beispielsweise könnte eine starke Standardisierung oder Routineausrichtung aufgrund sehr guter Durchdringung der Wertschöpfung durch generelle, organisatorische Regeln erreicht werden. Es stehen dann klare Weisungsbeziehungen, eindeutig definierte Aufgabenbereiche oder eine zentralisierte Verantwortung im Vordergrund. Eine ganz ähnliche Wirkung haben die Rekrutierung passender Mitarbeiter, Leistungsbeurteilungsverfahren oder Vergütungsstrukturen, die Mitarbeiter zu genau definierten Handlungen führen. Es lässt sich ebenfalls unternehmenskulturell (s. Kap. 9) argumentieren, wenn die Auspragung geteilter Werte und Normen genau die Standardisierung in das Zentrum rückt. Letzteres wäre zwar ungewöhnlich, ist aber keineswegs ausgeschlossen.

Dies sollte darauf hinweisen, dass die beiden Kriterien Analysierbarkeit und Varietät Handlungen und Handlungsmuster einfordern, die ihrerseits ganz unterschiedlich umsetzbar sind. Für alle drei anderen Quadranten kann ganz ähnlich diskutiert werden.

6.2.1.3 Interdependenz von Handlungsfolgen nach Thompson
a) Grundlagen

Während Perrow (1970) Handlungskomplexität in den Mittelpunkt stellt, geht es bei Thompson (1967) um **Interdependenzen zwischen Handlungen** und Handlungsfolgen. Dies ist ebenfalls ein Zugang, der für Abteilungen, Funktionsbereiche und Sparten Anwendung finden kann.

Die Interdependenz von Handlungen spricht die Art von deren Beziehung an. Wenn die Interdependenz nur eine schwache Ausprägung aufweist, so sind Individuen, Abteilungen und Funktionsbereiche auf sich alleine gestellt. Spezialisierungen können sehr gut vorangebracht werden und tragen zu den spezifisch eingrenzbaren Zielen bei. Eine stark ausgeprägte Handlungsinterdependenz führt dann zu einer gemeinsamen Spezialisierung. Das heißt, Abteilungen und Funktionsbereiche sind bei ihrer Zielerreichung von den Aufgabenerfüllungen und Ergebnissen einer anderen Abteilung abhängig. Genauso prägen ihre Ergebnisse die Zielerreichung anderer Abteilungen. Die Analyse von Interdependenzen mündet so in **Sequenzen und Relationen** von Handlungsverknüpfungen.

Thompson (1967, S. 16–18) identifiziert drei Arten von Wertschöpfung. Abb. 6.7 skizziert diese als mediierend, umfänglich-verknüpft und reziprok.

Diese drei Arten von Interdependenzen vermitteln eine eigenständige Idee zur Erfassung der Wertschöpfung von Unternehmen. Die folgenden Abschnitte führen dies aus.

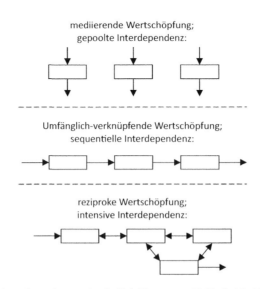

Abb. 6.7 Arten von Interdependenzen (s. ähnlich Thompson 1967, S. 16–18)

6.2 Aufbauorganisatorische Grundmodelle

b) Gepoolte Interdependenz oder mediierende Wertschöpfung
Gepoolte Interdependenz von Aufgaben beschreibt Arbeitsabfolgen, bei denen Einsatzfaktoren, deren Konversion sowie Produkt- bzw. Dienstleistungsaktivitäten unabhängig voneinander erfolgen. Mediierende oder vermittelnde Wertschöpfung verteilt dann lediglich die jeweiligen Güter. Daraus ergibt sich folgende Definition.

▶ **Gepoolte Interdependenz** Gepoolte Interdependenz bezeichnet die Unabhängigkeit von Handlungsfolgen, sodass insbesondere generelle Regeln zur Nutzung von Zwischenprodukten und Dienstleistung in das Zentrum rücken.

In diesem Sinne trägt jede Person, jede Abteilung sowie jeder Funktionsbereich **unabhängig voneinander** zum Unternehmenserfolg bei. Eine über die Vermittlung hinausgehende Zusammenarbeit zwischen Abteilungen bei der Leistungserstellung erfolgt hingegen nicht und würde sich auch nicht positiv auswirken. Eine solche Zuweisung von Einsatz- und Zwischenprodukten – dies mag an dieser Stelle etwas abstrakt klingen – findet sich im Alltag recht häufig. Die folgende Illustration 6.4 zeigt dies auf.

Illustration 6.4 Beispiele mediierender Wertschöpfungen

Bei Taxizentralen, einigen Frisörgeschäften oder Managementberatungen handelt es sich um eine mediierende Wertschöpfung. Die jeweiligen Dienstleistungen werden getrennt von den eigentlichen Dienstleistern betrachtet.

Taxizentralen vermitteln Fahrgäste an Taxis, Frisörgeschäfte setzen Kunden auf einzelne Stühle und Managementberatungen weisen Beratungsaufträge passenden und verfügbaren Spezialisten zu. Jeweils ist prägend, dass die Funktion der Akquise und der Umsetzung entkoppelt sind.

In Vertriebsabteilungen agiert das Vertriebspersonal in dem Sinne unabhängig, als dass zwar sicherlich ein Austausch über Kundenbesonderheiten gepflegt wird, die eigentliche Arbeit aber in keinem Zusammenhang dazu steht. Kontakte zwischen vorgeschalteten Funktionsbereichen, beispielsweise Produktspezifikationen oder Garantieausgestaltungen, erfolgen dann standardisiert.

Bei Banken liegt eine vermittelnde Wertschöpfung bei der Trennung von Kapitalaufnahme durch Sparkonten oder Einlagen auf der einen Seite sowie der Verwendung des Kapitals für Anlagen auf der anderen Seite vor. ◀

Ein Umgang mit einer derartigen gepoolten Abhängigkeit ist einfach. Er besteht in der Überwachung, Steuerung und Leistungsbeurteilung von eindeutig individuell zurechenbaren Ergebnissen. Dies erfolgt recht einfach über Standards, individuelle Zielvorgaben und vielfach über maßgeschneiderte Software.

Auf der Unternehmensebene finden sich gepoolte Interdependenzen beispielsweise bei Franchiseunternehmen oder Banken. Erstere geben über Produktgestaltungen, organisatorische Festlegungen bis hin zur Werbung Standards für die Franchisenehmer vor.

Die Verknüpfung zwischen Franchisegeber und Franchisenehmer ist dann im Normalfall vermittelnd, indem sehr genaue, generelle organisatorische Umsetzungsregelungen existieren. Deren Kontrolle ist dann Teil der Verknüpfung und macht die Franchiseidee realisierbar.

c) Sequentielle Interdependenz oder umfänglich-verknüpfende Wertschöpfung

Eine **sequentielle Interdependenz** besteht immer dann, wenn ein Ausgangs- oder Zwischenprodukt das Einsatzprodukt einer sich anschließenden Fertigungsstufe bildet. Handlungsfolgen enden also nicht an Abteilungsgrenzen, sondern stellen den nicht substituierbaren Ausgangspunkt einer nachgelagerten Abteilung dar. Dieser Situation kann nur Rechnung getragen werden, wenn die Wertschöpfung umfänglich-verknüpfend angelegt ist. Generelle, organisatorische Regelungen sind genau dann zielführend, wenn Handlungen andere Handlungsfolgen prägen. Dies führt zur folgenden Definition.

▶ **Sequentielle Interdependenz** Sequentielle Interdependenz bezeichnet den nicht substituierbaren Ausgangspunkt von Handlungen einer Abteilung zu einer oder mehreren nachgelagerten Abteilungen. Generelle Regelungen bilden dabei die Grundlage.

Das beste Beispiel ist sicherlich die **Massenproduktion**. Die Arbeitsschritte sind ausgehend von der Beschaffung und Logistik bis hin zum Vertrieb weitgehend getaktet. Dies soll Effizienz sowie Zuverlässigkeit in der Qualität und den Lieferzeiten sicherstellen. Der Unterschied zur gepoolten Interdependenz ist deutlich: Mit der Fokussierung auf die Sequenz erfolgt eine ausgeklügelte Abstimmung zwischen und nicht innerhalb von Arbeitsplätzen und Abteilungen. Immer wieder korrigierende Eingriffe sind an der Tagesordnung, denn an jeder Produktionsstufe kann ein erheblicher Schaden angerichtet werden, wobei die potenziellen Schäden mit jeder Fertigungsstufe zunehmen.

Der Umgang mit den Anforderungen einer sequentiellen Interdependenz ist vielfältig. Eine hochgradige Standardisierung mit ausgefeilten IT-Lösungen ist häufig der Ausgangspunkt. Um die Notwendigkeit einer Koordination und direkter Eingriffe zu reduzieren, bietet sich die Einrichtung von sogenannten „Slack Ressourcen" (Fallgatter 1996) an. Dies sind zusätzlich verfügbare Vorräte, Zwischenprodukte oder auch mehrfachqualifizierte Mitarbeiter, um unvorhergesehenen Situationen begegnen zu können. Häufig hängt die Produkterstellung von Lieferanten und Abnehmern – beispielsweise Vertriebsgesellschaften – ab. Eine Möglichkeit, um den unternehmensübergreifenden Produkterstellungsprozess abzusichern, ist die **vertikale Integration**. Das heißt, es kommt zu langfristigen Verträgen, Beteiligungen oder sogar Unternehmensübernahmen von vor- oder nachgelagerten Unternehmen im Produktionsprozess. Die Idee ist die Stabilisierung der eigenen, sequentiellen Interdependenz.

Mit einer umfänglich-verknüpften Wertschöpfung gehen enorme Spezialisierungsvorteile und Skaleneffekte einher. Diese werden aber, relativ zur mediierenden Wertschöpfung, mit höheren Kosten erkauft. Die Kosten sind deshalb höher, da die Koordination und Steuerung zwischen den sequentiell verknüpften Elementen im Fokus stehen und sich nicht auf singuläre Gegebenheiten beziehen. Prägend sind dabei Routinen, da Aufgabenbereiche stark vereinfacht werden und die Vorhersehbarkeit hoch ist. Die individuelle Ebene ist jedoch hinsichtlich Einstellungen, Motivation und fehlenden Perspektiven stark limitiert.

d) Intensive Interdependenz oder reziproke Wertschöpfung

Mit **intensiver Interdependenz** rücken nicht separierbare Handlungsfolgen in das Zentrum. Sind bei mediierender Wertschöpfung Handlungsfolgen definitorisch getrennt und bei sequentieller Interdependenz in Teilen aus funktionalen Überlegungen heraus aufgegliedert und verknüpft, so funktioniert eine reziproke Wertschöpfung durch den fortlaufenden und wechselseitigen Input anderer Abteilungen (Thompson 1967, S. 17 f.). Präzisiert wird dies durch folgende Definition.

▶ **Intensive Interdependenz** Intensive Interdependenz bezeichnet eine fortlaufende Wechselseitigkeit von Aufgaben und erfordert einen ständigen Austausch zwischen Personen und Abteilungen. Fallweise Regelungen stechen dabei hervor.

Bei der Entwicklung und Umsetzung einer intensiven Wertschöpfung sind zwei Besonderheiten auffällig:

- Auf der Ebene der Aufgaben bzw. Handlungen steigt die Komplexität und die Routine nimmt zugleich stark ab. Steigende Komplexität entstammt der wechselseitigen Bezugnahme von Informationen, Einschätzungen und Interpretationen. Zudem ist in einem solchen Fall die Frage, wer wen zu etwas auffordert, nicht eindeutig festgelegt. Fallweise Regelungen treten so in den Vordergrund. Es muss sich dabei nicht zwingend um hierarchische Weisungen handeln. Die Idee ist vielmehr, dass jeder Beteiligte mit den eigenen Beobachtungen und Interpretationen einen substanziellen Beitrag verantwortet und leisten sollte.
- Erkennen Führungskräfte nicht den Kern einer intensiven Wertschöpfung, so reduzieren sie zugleich die Komplexität notwendiger Handlungen. Standards, Berichtswesen und Anderes schaffen eine vordergründige Klarheit. Dies ist allerdings kein erstrebenswerter Zustand, sondern zeigt lediglich, dass eine Reihe von intensiven Interdependenzen unbeachtet bleiben. Die Situation erfährt eine falsche Vereinfachung, da die erforderlichen Handlungsabfolgen in ihrer Grundstruktur keiner Umsetzung zugeführt werden.

Die folgende Illustration 6.5 stellt ein eingängiges Beispiel einer reziproken Wertschöpfung vor:

Illustration 6.5 Krankenhaus der Maximalversorgung

Ein gutes Beispiel ist ein Krankenhaus der Maximalversorgung. Eine Klinik, die alle wesentlichen Krankheitsbilder behandeln kann und auch über alle essenziellen Gerätschaften verfügt. Die Behandlung schwerer Erkrankungen vereint oft mehrere medizinische Disziplinen, Pflegepersonal sowie Physiotherapie.

Der Behandlungserfolg wird genau dann am größten sein, wenn schwere, unklare Krankheitsbilder nicht als Sequenz betrachtet werden. Vielmehr interagieren die medizinischen Spezialisierungen hochgradig. Alle stellen Ausgangspunkte für andere Disziplinen oder Abteilungen dar und sind auf wechselseitige Informierung und auch Diskussionen angewiesen.

Entsprechend besteht bei diesem Beispiel die Managementaufgabe darin, die Bereitschaft und Möglichkeit schneller Reaktionen und wechselseitiger Abstimmungen zu ermöglichen. Das heißt, Chirurgie, Anästhesie, Radiologie, Pflegepersonal und Physiotherapie – um nur einige zu nennen – bedingen sich in ihren Handlungen wechselseitig. Genauso muss auch der Informationsfluss verlaufen. Alle beteiligten Personen bilden potenziell den Ausgangspunkt für das Aufleben wechselseitiger Abstimmungen. Standardisierung zur Kostenreduktion würden dieser Wertschöpfung zuwiderlaufen. ◄

Die Aufrechterhaltung einer **intensiven Interdependenz** ist kein einfaches Unterfangen. Immer dann, wenn Absprachen und Diskussionen zwischen mehreren unterschiedlich fachlich gebildeten und hierarchisch eingeordneten Personen erforderlich sind, bildet sich rasch eine interne Sozialstruktur heraus. Diese zementiert, wer in welcher Weise ansprechbar ist und wie offen und lebendig Kommunikation erfolgt. Es sind dann vor allem Wertvorstellungen und geteilte Normen, die der Beschneidung einer intensiven Wertschöpfung entgegenwirken können. Das Thema „Unternehmenskultur" zeigt dies eindrucksvoll (s. Kap. 9).

Eine nicht mindere Gefahr besteht in der Anwendung ökonomischer finanzwirtschaftlicher Kennziffern. Anteilige Personalkosten pro Fall, Durchlaufgeschwindigkeiten oder Nutzung von Gerätschaften passen nur bedingt zu dieser Wertschöpfung. Man benötigt zwar derartige Kennziffern, um einen Referenzrahmen zu schaffen. Die Verwendung der Kennziffern geben aber keinen adäquaten Aufschluss über die reziproke Wertschöpfung und können sogar maximal damit kollidieren. Dies gilt zum Teil genauso für die bisherigen, angesprochenen Wertschöpfungsstrukturen.

e) Gibt es einen „Wertschöpfungs-Imperativ"?

Ausgehend von der beschriebenen, durchaus weitgreifenden Wirkung von Wertschöpfung entsteht leicht der Eindruck, Wertschöpfung führe zu Wenn/Dann-Strukturen. Das heißt, dass spezifische Gegebenheiten eine eindeutige, organisationsstrukturelle Konsequenz hätten. Es resultiert die Frage: Wirkt Wertschöpfung determinierend auf die Organisationsstruktur und stellt sie somit einen „**Wertschöpfungs-Imperativ**" dar?

Ein solcher Imperativ würde bedeuten, dass alle anderen Managemententscheidungen daran gebunden und mehr als nur vorstrukturiert wären. Es resultierte eine Welt voller Uniformität, die sich ausschließlich strukturell begründen ließe (Child und Mansfield 1972; Singh 1986; Zwerman 1970). Dieser Sichtweise eines Wertschöpfung-Imperativs wird nicht gefolgt. Allein schon die Einschätzung, dass reale Wertschöpfungsstrukturen und Koppelungen von Abteilungen kaum jemals idealtypisch ausgeprägt sein werden, spricht dagegen. Es wird kaum vorzufinden sein, dass sich eine Wertschöpfung unternehmensübergreifend feststellen lässt. Vielmehr werden sich unterschiedliche Wertschöpfungsstrukturen aneinanderfügen oder teilweise gar nicht als solche identifizierbar sein. Vor diesem Hintergrund geben Wertschöpfungsstrukturen aber zumindest Hinweise auf das, was durch Organisationsstrukturen abgebildet werden soll.

6.2.2 Einachsige Strukturen

6.2.2.1 Funktionale und divisionale Organisation

Die grundlegenden Strukturtypen gliedern sich in funktional und divisional. Sie besitzen grundverschiedene Ausrichtungen und prägen die Wertschöpfung durch ihre jeweiligen Schwerpunktsetzungen. Dies wird hier als Achsen bezeichnet. Die Ausrichtung auf die Abfolge von Verrichtungen bezeichnet man als **funktionale Organisationsstruktur**. Die Ausrichtung auf Produkte, Kunden oder Regionen sind **divisionale Strukturen**. Das heißt, jedes dieser beiden Grundmodelle fokussiert nur eine Achse. Die Kombination der beiden Achsen nennt man eine **Matrixstruktur**, sie ist eine zweiachsige Kombination und wird am Ende diskutiert (s. C. III.). Die Namen der benannten drei Grundtypen richten sich nach der umgesetzten Spezialisierung auf der zweiten Hierarchieebene.

Der Unterschied manifestiert sich in der Art und Weise, wie die Spezialisierung auf der zweiten Hierarchieebene – also direkt unter der Geschäftsleitung oder dem Vorstand – als sinnvoll erachtet und umgesetzt wird. Je nachdem, welche Differenzierung auf der zweiten Ebene erfolgt, hat eine der beiden Achsen – **Optimierung der Wertschöpfung** oder **Fokussierung auf Nachfragespezifika** – eine relativ höhere Gewichtung. Diese Spezialisierungsgrundentscheidung setzt sich in aller Regel ab der dritten Ebene nicht weiter fort (Robbins und Judge 2017, S. 533 f.). Es gilt die folgende Definition.

▶ **Funktionale Struktur** Eine funktionale Struktur ordnet Abteilungen auf der zweiten Hierarchieebene nach dem Wertschöpfungsprozess.

Somit bildet der innerorganisatorische Strom an Ressourcen, Zwischenprodukten, Produkten oder Dienstleistungen den Kern. Man könnte ebenfalls sagen, die gesamte Wertschöpfung offenbart sich strukturell. Es resultiert das Bild von sich ergänzenden Verrichtungen oder eben Funktionen. Diese reichen beispielsweise von der Beschaffung, über die Produktion, das Marketing, die Logistik bis hin zum Absatz. Die Transformationen von Ressourcen in fertige Produkte oder Dienstleistungen, die vermarktet werden, ist dabei leicht erkennbar.

Selbstverständlich besteht auch bei der **divisionalen Struktur** ein systematischer Fluss von Produkten und Dienstleistungen. Bei der Entscheidung für eine divisionale Struktur wird dieser Fluss jedoch als weniger zentral eingestuft. Die Ausrichtung der zweiten Hierarchieebene auf externe Anforderungen macht dies deutlich. Es gilt die folgende Definition.

▶ **Divisionale Struktur** Eine divisionale Struktur ordnet Abteilungen auf der zweiten Hierarchieebene nach besonders relevanten Objekten, beispielsweise nach Produkten, Kunden oder Regionen.

Produkte, Kunden oder Regionen als Strukturierungsobjekte erfahren erst auf der dritten Hierarchieebene über funktionale Abteilungen – beispielsweise Beschaffung, Produktion, Absatz – ihre Wertschöpfungsstruktur. Der Ressourcenstrom wie bei einer funktionalen Organisation ist somit eine Hierarchieebene tiefer verankert. Allerdings ist die Bedeutung durch die hierarchisch niedrigere Einordnung geringer. Divisional zu strukturieren bedeutet daher, auf der zweiten Hierarchieebene den Fokus auf Objekte statt auf Funktionen zu legen.

Abb. 6.8 stellt die beiden Grundtypen beispielhaft gegenüber.

Bei der untersten, operativen Ebene in Abb. 6.8 handelt es sich um eine Kombination von einzelnen Stellen, die eine Abteilung bilden und in einer übergeordneten Funktion (z. B. Beschaffung) oder Division (z. B. Produkt A) beheimatet sind. In der Realität wird es jedoch nur durch Zufall so sein, dass alle Funktionen und Divisionen genau gleich viele Abteilungen umfassen. Die Abteilungsanzahl der einzelnen Funktionsbereiche sowie der Divisionen hat ihre Ursache immer in Produkten und Dienstleistungen sowie in dem marktlichen Umfeld. Beispielsweise führt hoher Wettbewerbsdruck um anspruchsvolle Kunden immer zu einer Ausdehnung der unmittelbaren Marktbearbeitung. Das heißt, in so einem Fall erfahren Absatz und Vertrieb eine Aufwertung, die sich meistens strukturell und somit im Organigramm erkennbar manifestiert.

6.2.2.2 Zur unmöglichen Reihung funktionaler und divisionaler Fokussierungen

Lassen sich die Vorteile funktionaler und divisionaler Strukturen zu einem Ideal kombinieren? Dies ist eine häufig gestellte Frage. Sie folgt dem Motto, die Vorteile beider Achsen zu nutzen und durch die gewonnene Gestaltungsfreiheit sehr gut passende Strukturen zu realisieren. Befeuert wird eine solche integrative Sichtweise durch Aussagen von Füh-

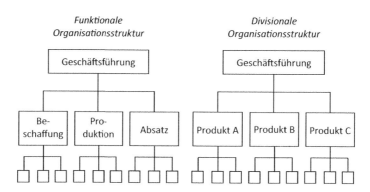

Abb. 6.8 Aufbauorganisatorische Grundtypen

6.2 Aufbauorganisatorische Grundmodelle

rungskräften, sowie von nicht weniger häufigen Darstellungen von Organigrammen. So können Praktiker häufig nicht genau sagen, ob eine funktionale oder eine divisionale Struktur vorliegt.

Abb. 6.9 skizziert eine Kombination aus funktionalen und divisionalen Strukturen. Anhand des Schaubildes sollen die Ineffizienz und das vorprogrammierte Scheitern derartiger Vorhaben geschildert werden.

In aller Regel schließen sich derartige, einachsige Kombinationen aus. Dies lässt sich so eindeutig sagen, da das Gliederungsprinzip der funktionalen Organisation den Prozess der Leistungserstellung – also eine Abfolge genau aufeinander aufbauender und sich bedingender Wertschöpfungsstufen – adressiert. Demgegenüber stellt eine divisionale Struktur die Objekte ins Zentrum. Prozesse und Objekte schließen sich zwar nicht zwangsläufig aus, was auch an der Abbildung erkennbar ist. Jedoch ist damit auf der zweiten Hierarchieebene nicht mehr unterscheidbar, welche Struktur vorliegt. Ist damit das Beste beider Welten vereint? Mitnichten! Ineffizienz und Chaos würden folgen und sehr rasch eine Reorganisation erzwingen. Dies wird an folgenden Punkten exemplarisch deutlich:

- Welche Tätigkeiten in Beschaffung und Produktion werden in den funktionalen Abteilungen durchgeführt, wenn die Produkte in eigenen Abteilungen (A und B) organisiert sind?
- Sollten die Sparten- oder Geschäftsbereichsleitungen (A und B) in den Leistungserstellungsprozess der Funktionsbereiche eingreifen? Wenn dies der Fall ist, sollten eventuell nur sie die zweite Hierarchieebene bilden?
- Zudem wären dauerhafter Stillstand und Blockaden die Folge, sofern nicht die Geschäftsleitung massiv und sehr detailliert eingreifen würde.
- Wenn aber massive Eingriffe der Geschäftsleitung folgen würden, welche Funktion hätten dann noch die Führungskräfte der zweiten Hierarchieebene?
- Der Aufwand für hohe Führungskräfte und für Abstimmungen bekäme dramatische Ausmaße.
- Das ganze Übel zeigt sich in der Frage, wer für Erfolge bzw. Misserfolge verantwortlich ist. Niemand kann mehr zur Rechenschaft gezogen werden, denn es sind ja immer mehrere Führungskräfte, deren Verantwortlichkeiten sich unweigerlich überschneiden.

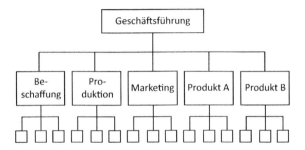

Abb. 6.9 Zur Ineffizienz einer Mischung von funktionaler und divisionaler Struktur

Diese Ausführungen wären allerdings falsch verstanden, wenn man beispielsweise divisionale Perspektiven in einer funktionalen Struktur – und umgekehrt – ausschließen würde. Dies kann vielmehr durch eine hierarchische Ordnung gelingen, die objektbezogene Vorteile auf der **dritten Hierarchieebene** einordnet. So lässt sich in einer funktionalen Struktur die Gliederung nach Produkten, Kunden und Regionen auf die dritte Hierarchieebene verlagern. Deren Bedeutung kann dann durch weitere Regelungen jenseits der Aufbauorganisation gestärkt werden. Es bleibt jedoch auch dann bei einer funktionalen Struktur. Im Gegensatz dazu, können Funktionalbereiche ebenfalls auf die dritte Hierarchieebene verlagert werden und sind dann den jeweiligen Objekten zugeordnet. Dabei handelt es sich allerdings um die bereits angeführte divisionale Organisationsstruktur.

Zu unterscheiden sind diese Überlegungen von einer sogenannten Matrixstruktur, die eine zweiachsige Struktur darstellt.

6.2.3 Zweiachsige Kombination: Matrixorganisation

Die sogenannte **Matrixstruktur** lässt sich als dritter Grundtypus aufbauorganisatorischer Grundmodelle bezeichnen. Bei ihr handelt es sich nicht um eine bloße Reihung von Hauptabteilungen, sondern um deren **zweiachsige Kombination**.

In einer Matrixstruktur sind die Wertschöpfungsanforderungen sowie die Nachfragespezifika, eben die Kombination aus funktionaler und divisionaler Perspektive, strukturell gleichrangig verankert und damit gleichwertig. Das heißt, es ist eine bewusste, aufeinander bezogene Kombination von funktionalen und divisionalen Elementen. Dies wiederum mündet in einem Mehrlinien-System, da einzelne Mitarbeiter zwei Vorgesetzte haben. Damit besteht keine Einheit der Auftragserteilung, wodurch das entscheidende Merkmal eines gewollten und akzeptierten **institutionalisierten Konflikts** erwächst. Es gilt die folgende Definition.

▶ **Matrixstruktur** Die Matrixstruktur ist ein Mehrliniensystem und kombiniert funktionale und divisionale Strukturen. Kennzeichnend ist ein institutionalisierter Konflikt.

Die Kernidee einer Matrixstruktur lässt sich wie folgt darstellen: Innerhalb einer Matrixorganisation sind funktionale Abteilungen dargestellt, die jeweils auf unterschiedliche Produkte ausgerichtet sind. Aus einer funktionalen Perspektive stellen die Hauptabteilungen F&E, Produktion, Absatz und Finanz- & Rechnungswesen die spezialisierten Funktionen dar und fordern deren Professionalisierung. Die objektorientierte Perspektive der einzelnen Produktmanager ist demgegenüber auf das jeweilige Produkt, Kundengruppen oder Regionen ausgerichtet. Beispielsweise sollen für Produkte die produktspezifischen Perspektiven der Produktmanager mit den Funktionalabteilungen verhandelt werden. Die Abstimmung erfolgt dann einerseits über einen direkten Austausch zwischen den Führungskräften und andererseits indirekt über die unterstellten Mitarbeiter innerhalb der Schnittstelle. Abb. 6.10 skizziert die Grundstruktur einer Matrixorganisation.

6.2 Aufbauorganisatorische Grundmodelle

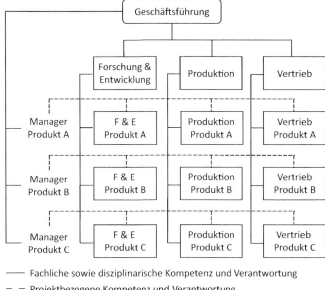

— Fachliche sowie disziplinarische Kompetenz und Verantwortung
− − Projektbezogene Kompetenz und Verantwortung

Abb. 6.10 Matrixorganisation (s. ähnlich Kieser und Walgenbach 2010, S. 141)

Angesichts der typischen Sichtweisen klingt das reichlich merkwürdig. So liegt es augenscheinlich eher nahe, innerorganisatorische Konflikte zu vermeiden. Diese sind üblicherweise negativ belegt und bergen die Gefahr von Demotivation und Blockaden. Entsprechend kennzeichnen viele Organisationsstrukturen eindeutige Weisungsbeziehungen, unstrittige Abteilungszugehörigkeiten oder klare Kompetenzzuschnitte. Liegt bei diesen Beispielen die Idee von Konflikten als enorm störend und als zu vermeidend vor, so sollen bei einer Matrixstruktur genau diese Konflikte zur besseren Abstimmung und Problemlösung verhelfen.

Entsprechend ist ein **Konflikt** als solcher generell etwas Produktives, sofern nicht persönliche, sondern fachliche Ursachen existieren. Solche fachlichen Ursachen resultieren bei der Matrixstruktur aufgrund unterschiedlicher Ziele, Logiken und Überzeugungen. Die funktionale und die divisionale Perspektive – faktisch von der Geschäftsführung als gleichermaßen relevant eingestuft – lösen fachliche Meinungsverschiedenheiten aus. Konflikte bestehen dann in der leidenschaftlichen Argumentation für die funktionale oder die divisionale Perspektive. Genau hier liegen die Potenziale für eine effiziente Ressourcennutzung, für Innovationen und für marktbezogene Reaktionen. Dies führt bei einer Matrixstruktur zu mehr Informationen und unterschiedlichen Sichtweisen, die in Entscheidungsprozessen enden und verarbeitet werden.

Stark vereinfacht ist die folgende Frage typisch für eine Matrixorganisation: Welche Produkte oder Dienstleistungen sollen als Nächstes erstellt werden? Es geht um die Abstimmung, mit welchen Ressourcen sich Funktionalabteilungen den einzelnen Produkten oder Dienstleistungen widmen sollen. Die Abstimmung ist insofern zweiachsig, als dass auch allen produktspezifischen Überlegungen die gleiche Relevanz zukommt. Zur Lösung dieses Ressourcenverteilungsproblems existiert kein Algorithmus. Auch können keine pauschalen Festlegungen durch eine Geschäftsführung vorliegen, da diese die Matrixidee konterkarieren würden. Eine Geschäftsführung greift erst bei der Nicht-Lösung des Ressourcenverteilungsproblems oder einer Blockade ein. Der so verankerte und gewollte Konflikt führt zu einem „**Rede- und Argumentationszwang**". Sofern alle Argumente vorliegen und die Personen nicht maximal egozentrisch denken und argumentieren, wird das Potenzial einer Matrixstruktur leicht deutlich.

> **Illustration 6.6 Idealtypische Entscheidungsfindung zwischen Produktmanagerin A sowie den Bereichsleitern Produktion und Vertrieb**
>
> Die Produktmanagerin A deutet sehr gute Absatzperspektiven an. „Wir haben letzte Woche einen Großauftrag eines Neukunden erhalten. Zudem konnten wir im letzten Jahr einige leistungsstarke Vertriebler rekrutieren. Ich habe den Eindruck, diese leisten sehr gute Arbeit. Ich rechne in Kürze noch mit weiteren Anfragen für Produkt A. Wir sollten diese ungewöhnliche Chance konsequent bearbeiten".
>
> Der Bereichsleiter Produktion gibt zu bedenken: „Der Aufwand wäre groß, da wir gerade die Produkte B und C im Blick haben. Die Perspektiven hören sich aber sicherlich gut an." Der Vertriebsleiter führt aus: „Nach den mir vorliegenden Daten stehen auch die Produkte B und C sehr gut im Saft. Ich kann nicht abschätzen, wie sich die Produktionsumstellung zusammen mit den möglichen Verlusten der anderen beiden Produktlinien auswirken würde."
>
> Die Produktmanagerin A sagt: „Das war mir gar nicht bewusst und ich möchte sicherlich nicht meine Kollegen brüskieren. Ich sehe aber eine große strategische Bedeutung in der derzeitigen Marktlage. Die anderen Marktsegmente sind ja eher stabil und gut von uns bearbeitet."
>
> Der Produktionsleiter merkt an: „Vielleicht können wir die Produktion erst in ungefähr 4 bis 6 Wochen ändern. Bis dahin können wir Volllast fahren und dann vielleicht deutlich früher als geplant Produkt A anschieben."
>
> Die Produktmanagerin A: „Das hört sich doch gut an. Ich denke aber, dass wir zunächst alle Produktmanager und alle Funktionsbereichsleitungen zusammentrommeln sollten. Das muss von allen mitgetragen werden. Zudem schlage ich vor, dies ohne die Geschäftsleitung vorzubereiten. Wir entscheiden das ohnehin und wenn wir uns einig werden, ist das doch ein weiteres gutes Zeichnen unserer Zusammenarbeit." ◄

Die Illustration 6.6 soll zeigen, dass weder mit einer funktionalen, noch mit einer divisionalen Organisationsstruktur sich ähnlich weitgreifende Perspektiven aufeinander abstimmen ließen. Beim Fehlen einer Matrixstruktur müsste die Geschäftsführung für die zweiachsige Abstimmung sorgen. Allerdings hat sie in der Regel weniger spezialisierte Kenntnisse, der Abstimmungsbedarf würde dramatisch steigen und Ineffizienzen und Chaos wären die Folgen. Man würde daher, im weiteren Sinne, wieder bei einer einachsigen Kombination ankommen, die versucht, Funktionen und Objekte miteinander zu vereinen. Erst durch das Mehrliniensystem wird daher überhaupt eine sinnvolle Kombination von Funktion und Objekt auf der zweiten Hierarchieebene „handhabbarer", da sich die Fachleute in einer Matrix weitestgehend selbst abstimmen.

In einer Gesamtbewertung stehen sich folgende Argumente gegenüber: Durch die zahlenmäßige Ausdehnung der Führungskräfte auf der zweiten Hierarchieebene steigen die Kosten und die Bürokratie (interne Transaktionskosten) deutlich an. Dafür besteht das einzige Argument in der verbesserten wechselseitigen Abstimmung gegenüber den zwei Grundtypen. Dies soll zu qualitativ besseren Resultaten führen als bei einer einachsigen Struktur (s. ähnlich Schreyögg und Geiger 2016, S. 85).

6.2.4 Bewertung der Grundmodelle

6.2.4.1 Generelle Bewertungskriterien

Schon auf der Ebene der Aufbauorganisation – und damit vor jeglichen Überlegungen, diese ablauforganisatorisch zu dynamisieren – liefert ein Katalog mit **generellen Bewertungskriterien** einen Einblick in allgemeine Vor- und Nachteile der Grundmodelle.

In Anlehnung an Krüger (1994, S. 14) lassen sich generelle Wirkungen der funktionalen und divisionalen Dimensionen benennen. Es gilt dabei, dass einzelne Vorteile der einen Dimension, die Nachteile der jeweils anderen Dimension ausmachen. Es resultieren so facettenreiche Argumente, die untrennbar mit den Grundmodellen verbunden sind. Für die Matrixorganisation greifen die Argumente ebenfalls. Aufgrund der Gleichzeitigkeit beider Dimensionen sind die einzelnen Bewertungskriterien allerdings nicht mehr eindeutig als Vor- oder Nachteil bestimmbar. Eine solche grobe Bewertung erfolgt nach organisationsinternen und -externen Wirkungen. Tab. 6.1 zeigt dies auf.

Die damit beschriebene Bandbreite von Wirkungen der Aufbauorganisation ist enorm. Es wird deutlich, dass immer nur Ausschnitte der Wirkungen erreichbar sein können. Das heißt, jede Entscheidung für einen der beiden Grundtypen führt zur Vernachlässigung ei-

Tab. 6.1 Primäre Wirkungsdimensionen der Aufbauorganisation

Organisationsstrukturen wirken nach innen auf die:	Organisationsstrukturen wirken nach außen und prägen die:
(1) Finanz- und Sachressourcen – Ausschöpfung unterschiedlicher Ressourcen	(5) Markt- und Wettbewerbsorientierung – Reaktionen auf Kundenwünsche bis hin zum Umgang mit intensiver Konkurrenz
(2) Geschäftsprozesse – Verknüpfungen von Stellen und Abteilungen	(6) Innovationsfähigkeit – Produkte, Dienstleistungen und Verfahren
(3) Führungsprozesse – Gestaltung struktureller und interaktioneller Führung	(7) Flexibilität – organisatorische Adaption neuer Entwicklungen
(4) Werte, Haltungen, Motivation – Beweggründe des Handelns auf der individuellen Ebene	

ner Reihe anderer Wirkungen. Dies wird bei der folgenden relativen Bewertung der aufbauorganisatorischen Grundmodelle verständlich.

6.2.4.2 Relative Vor- und Nachteile der Grundmodelle

Ohne auf Abteilungen und Stellen ab der dritten Ebenen näher einzugehen, lassen sich prinzipielle Vor- und Nachteile der beiden Strukturalternativen benennen (Steinmann et al. 2013, S. 396). Diese haben ihren Ursprung ausschließlich auf der zweiten Hierarchieebene.

Tab. 6.2 erfasst **relative Vorteile** der beiden aufbauorganisatorischen Grundtypen. Dabei ist ein benannter, relativer Vorteil eines Typs zugleich der Nachteil eines anderen Typs.

Demgegenüber birgt die Matrixstruktur erhebliche koordinative Potenziale. Die Bewertung hinsichtlich der anderen Beurteilungskriterien fällt hingegen weniger ein-

Tab. 6.2 Relative Vorteile aufbauorganisatorischer Grundtypen (s. ähnlich Krüger 1994, S. 96–101)

Wirkungsdimensionen	Funktionale Organisation	Divisionale Organisation
Finanz- und Sachressourcen	Realisierung von Skaleneffekten durch Bündelung von Funktionen; geringer administrativer Aufwand durch große Leitungsspannen und wenige Führungskräfte	Eigenständigkeit von Divisionen erlaubt spezifische Erfolgsrechnung; eindeutige und messbare Verantwortlichkeiten
Geschäftsprozesse	Prozesseffizienz durch Einbindung und Abstimmung aller Abteilungen; Professionalisierung der Planung und Steuerung von Geschäftsprozessen	Abstimmung aufgrund relativ kleiner Divisionen; geringere Planungsnotwendigkeit
Führungsprozesse	zentrale und einheitliche Implementierung von Auswahl-, Beurteilungs-, Entwicklungs- und Vergütungsfragen; direkte Mitarbeiterführung aufgrund der Beständigkeit von Abteilungen	Zuweisung von Erfolgsverantwortung an einzelne Instanzen auf der zweiten Ebene und Entlastung der Geschäftsleitung
Werte, Haltungen, Motivation	Ausrichtung auf Bestehendes und Sicherstellung von Routinen	hohe Motivation durch Nähe zu Produkten und Dienstleistungen; Vermeidung von Funktionsbereichsegoismen
Markt- und Wettbewerbsorientierung	keine Kannibalisierungsgefahr, das heißt, es entsteht keine unternehmensinterne Konkurrenzsituation	Ausrichtung auf Nachfragespezifika; rasches Erkennen und Reagieren auf Nachfrageänderungen
Innovationsfähigkeit	Innovation primär durch optimierte Verfahren und Abläufe; Fokussierung der horizontalen Spezialisierung	Innovation primär durch Produkt- und Dienstleistungsinnovationen
Flexibilität	Anpassung an kleinteilige Umweltveränderungen, die zur Grundstruktur passen	Organisationsentwicklung durch Hinzufügen und Entfernen eigenständiger, organisatorischer Einheiten

deutig aus. Es greifen vielmehr alle Argumente zu den Vor- und Nachteilen funktionaler und divisionaler Strukturen. Die Funktionsfähigkeit einer Matrixstruktur lebt dabei viel stärker von „nicht-organisationsstrukturellen" Aspekten. Zu nennen sind alle Fragen der strukturellen sowie der interaktionellen Führung oder der Unternehmenskultur. Daraus resultierende Bedingungen können institutionalisierte Konflikte auf einer produktiven Ebene halten und das Abgleiten in persönliche Dimensionen verhindern.

Ganz im Einklang mit der Definition der Grundtypen sticht die funktionale Struktur bei organisationsinternen Fragen hervor, während die divisionale Struktur erhebliche, relative Vorteile bei der organisationsexternen Ausrichtung aufweist. Die Bedingung für eine organisationsexterne Ausrichtung ist allerdings eine spezifische Nachfragesituation. Diese besteht in manifesten Unterschieden bei den Produkten, Kunden und Regionen und verbietet eine uniforme Wertschöpfung. Ein verbreiteter Irrtum besteht darin, Divisionalität lediglich auf die Größe des Unternehmens zurückzuführen. So lassen sich viele mittelständische Unternehmen und auch große, global aktive Unternehmen mit einer funktionalen Struktur finden (Jones 2013, S. 170–172).

Ein gutes Beispiel für eine funktionale Organisationsstruktur stellt BMW mit seiner Produktion von unterschiedlichen Modellen an unterschiedlichen Standorten dar (s. Illustration 6.7).

Illustration 6.7 Mini in Oxford

Betrachtet man nicht die Gesamtunternehmensorganisation von BMW, sondern die einzelnen Standorte – Arbeitsteilung, eine Zielstruktur und beständige Grenzen sind als Organisationsmerkmale zweifelsfrei erfüllt –, so tritt die für Organisationsstrukturen relevante Ebene hervor.

Beispielsweise basiert die die Produktion des „Mini" in Oxford auf einer funktionalen Struktur. Dies ist auch nachvollziehbar, denn die Unterschiedlichkeiten der einzelnen Baureihen verlangen nicht nach unabhängigen Produktionsweisen. Moderne Fertigungsanlagen können eine große Menge an Varianten beherrschen (BMW AG o. J.). ◄

Erst wenn grundlegend andere Baureihen in das Werk aufgenommen werden, kann sich die Notwendigkeit einer divisionalen Fokussierung ergeben. Die Unterschiedlichkeit in der Nachfrage – ausgelöst von jeweils eigenen Vorstellungen in den verschiedenen Weltregionen – lässt sich aber auch durch die dritte Hierarchieebene auffangen. Dies könnte dann beispielsweise zu spezialisierten Vertriebseinheiten – gerichtet auf Europa, Asien, die USA oder den Mittleren Osten – führen, die ihre jeweiligen Erfahrungen und Analysen mit den Funktionsbereichen Design, Logistik oder Marketing teilen. Dieses einfache Beispiel zeigt, dass funktionale Strukturen keineswegs nur für eher kleine und mittelständische Unternehmen angemessen sind.

Dieses Fallbeispiel und die vorangegangenen Diskussionen, ausschließlich auf der aufbauorganisatorischen Ebene, vernachlässigt tiefergehende organisatorische Zusammenhänge. Diese lassen sich adäquater als horizontale und vertikale Kernprobleme verstehen und werden im folgenden Abschnitt skizziert.

6.3 Horizontale und vertikale Kernprobleme

6.3.1 Überblick

Das bloße Denken in den drei diskutierten Grundmodellen ist nur der erste Schritt auf dem Wege, durch Strukturen die Wertschöpfung zu optimieren. Gegenüber den aufbauorganisatorischen Bewertungskriterien lassen sich nämlich **weitere Analysenotwendigkeiten** ausgehend von einer typischen Pyramidenstruktur erkennen. Ganz gleich, ob es sich um eine flache, eine steile oder eine inverse Pyramide handelt, stehen alle Organisationen fortwährend vor der Aufgabe, horizontale und vertikale Strukturentscheidungen zu treffen. Diese tauchen sozusagen in das Innere von Strukturen ein und führen zu spezifischen, strukturellen Ausgestaltungen.

Dieser Zugang thematisiert zudem insofern Dynamik, als dass alle Moderatoren der Handlungsbeeinflussung bzw. der Wertschöpfung zusammen mit organisationsexternen Gegebenheiten – Umwelt und Anpassungen – einer organisationsstrukturellen Umsetzung zugeführt werden. Beispielsweise sind Konkurrenzprodukte, Lieferanten- oder Abnehmerabhängigkeiten, Substitutionsprodukte und die Rivalität innerhalb einer Branche zu nennen. Dabei erfolgt eine Justierung aller drei Grundmodelle auf **horizontaler** sowie auf **vertikaler Ebene**. Erstere richten sich auf die horizontale Spezialisierung, das heißt auf die funktionsbereichsübergreifende Überführung von Tätigkeiten in Stellen und Abteilungen. Die vertikalen Strukturentscheidungen formen eine Hierarchie, die typischerweise in eine pyramidenartige Darstellung mündet und die Koordination verantwortet.

Die Ausgestaltung der horizontalen und vertikalen Ebene erfasst allerdings keine trivialen Probleme. Strukturelle Umsetzung dieser Anpassungsnotwendigkeiten werden weiter unten (s. Kap. 7) diskutiert. Dort werden typische Ergänzungs- bzw. Gestaltungsoptionen systematisch vorgestellt. Dies zeigt zugleich, welche Anpassungsvielfalt das Thema Organisation bietet. Zuvor liefert der nächste Abschnitt Einblicke in die strukturellen Hürden auf der horizontalen und vertikalen Ebene.

Den für das weitere Verständnis und den Umgang mit organisatorischen Optimierungsüberlegungen (s. Kap. 7) erforderlichen Hintergrund sollen die folgenden drei Fragen bieten:

- Worin bestehen Grenzen der Koordination von Abteilungen?
- Was sind negative Dynamiken von Aufbauorganisationen?
- Haben Bürokratien einen Nutzen oder sind sie Selbstzweck?

Zur Sensibilisierung und Verdeutlichung werden im Folgenden zwei klassische Studien und Argumentationsgänge präsentiert.

6.3.2 Worin bestehen Grenzen der Koordination von Abteilungen?

6.3.2.1 Überblick

Aus der horizontalen Sicht geht es um den Umgang mit der erzeugten Spezialisierung. Die Koordination bzw. die Bezugnahme von Vorgehensweisen und Rationalität einer Abteilung mit vor- und nachgelagerten Abteilungen beschreibt ein Kernproblem jeder organisatorischen Gestaltung. Dies stellt eine Erweiterung der bisher reinen Binnenbetrachtung von Strukturen dar und ermöglicht eine präzisere Betrachtung von Entitätsrelationen.

Es ist die Ähnlichkeit von Abteilungen bzw. von deren Mitarbeitern hinsichtlich Werten, Leistungsbereitschaft, Motivation, Qualifikation oder Aufgabenstellungen, die über die Integrierbarkeit – damit ist die Arbeits- und Aufgabensynthese gemeint – von Abteilungen entscheidet. Alle derartigen Ausprägungen bestimmen über reibungslose Abläufe, Kommunikation oder extrafunktionale Qualitäten. Diese Ausprägungen sind aber zum großen Teil durch die Umwelt geprägt und entsprechend nicht einfach gestaltbar. Daher sind viele Abstimmungsschwierigkeiten extern determiniert. Es waren Lawrence und Lorsch (1967), die schon sehr früh die Wirkungen **der Unternehmensumwelt** auf Abteilungen und deren Integrierbarkeit erhoben haben. Dies führte sie dann zu der Frage: Wie weit sollen organisatorische Regeln reichen; unternehmensweit oder bezogen auf einzelne Abteilungen?

Ihre Ausgangsthese richtet sich sowohl auf die generelle Umwelt, als auch auf die organisatorische Domäne (s. Kap. 11), also auf die Wettbewerbsstruktur. Beide wirken auf einzelne Funktionsbereiche und Abteilungen ein und zwar in jeweils verschiedener Weise. Entsprechend verlangen die jeweils relevanten, aber chronisch uneinheitlichen Umweltausschnitte nach einer bereichs- oder abteilungsspezifischen Bearbeitung. Man kann auch annehmen, dass hier die Ursache für bereichs- und abteilungsbezogene Strategien liegt.

6.3.2.2 Das Beispiel von drei typischen Funktionsbereichen

Die These, dass die Unternehmensumwelt Abteilungen formt, wird im Folgenden anhand von drei Beispielen verdeutlicht. Abb. 6.11 skizziert die Umwelten von drei zentralen Hauptabteilungen einer funktionalen Struktur. Deutlich wird, dass segmentspezifische Umwelt-Funktionslogiken existieren. Die Abteilungen F&E, Produktion sowie Marketing replizieren genau diese Umweltcharakteristika „ihrer" relevanten Umwelt.

Diese typischen Fokussierungen der Funktionsbereiche führen zu Realitäten, die sich in Unterschiedlichkeiten auswirken. Lawrence und Lorsch (1967) entwickelten Skalen, die die Unterschiedlichkeit von Funktionsbereichen anhand von drei Unsicherheitsdimensionen messbar machen.

Wissen über funktionsbereichsbezogene Aufgabenerfüllung

Wissen über funktionsbereichsbezogene Aufgabenerfüllung bezeichnet die Klarheit der Arbeitsanforderungen. In sehr vielen Fällen wird das Produktionswissen so stabil sein, sodass die Arbeitsanforderungen klar sind und Planungen exakt eingehalten werden kön-

Abb. 6.11 Umweltbedingungen als Fokusse von Funktionalbereichen (s. ähnlich Schreyögg und Geiger 2016, S. 215)

nen. Beispielsweise funktioniert die Messung von Kaufbereitschaften im Marketing häufig gut, während bei der F&E eher Fragen über Herangehensweisen vorherrschen.

Gewissheit über kausale Beziehungen
Kausale Beziehungen offenbaren einen eindeutigen Zusammenhang zwischen Abteilungsressourcen und Handeln auf der einen Seite und dem damit verknüpften Bereichserfolg auf deren anderen Seite. Damit ist der Idealfall eines Interpolationsproblems angesprochen. Der Umgang damit ist einfach: Alles andere als die konsequente Nutzung der Kausalität stellt Verschwendung dar. Klare Kausalitäten auf Abteilungsebene sind allerdings selten, meistens gibt es weniger zu planen und auszuschöpfen. Ist die Gewissheit von Kausalitäten gering, so treten vielmehr die Suche und das Aufdecken von belastbaren Abhängigkeiten mehrerer Variablen in den Vordergrund. Dies umfasst entweder synthetische oder dialektische Problemstrukturen. Eine hohe Kommunikationsdichte, organische Strukturen sowie die Beschäftigung mit Innovationsmanagement (s. Kap. 13) gewinnen an Bedeutung.

Zeitspanne bis zur Erfolgsrückmeldung
Rückmeldungen über die Zielerreichung oder den Fortschritten auf dem Weg dorthin wirken sich auf Organisationsstrukturen aus. Sehr kurze Zeitspannen erlauben probierendes Handeln. Damit ist weniger die Vorbereitung als vielmehr die Berücksichtigung von Erfolgsrückmeldungen wichtig. Beispielsweise werden bei Konsumgütern Marketingbemühungen einer raschen Bewertung durch belastbare Kundenreaktionen unterzogen.

In Abb. 6.12 wird die Operationalisierung von Lawrence und Lorsch (1967) konkretisiert.

Die Ausführungen von Lawrence und Lorsch (1967) verdeutlichen die Erfolgswirksamkeit organisationsstruktureller Entscheidungen. Zwangsläufig führt eine erhöhte Unsicherheit in der externen Umwelt zu hohen Abteilungsunterschiedlichkeiten, bezogen auf

6.3 Horizontale und vertikale Kernprobleme

1. *Wissen über funktionsbereichsbezogene Aufgabenerfüllung*

Es gilt: Je unklarer die Arbeitsanforderungen,
umso höher ist die Umweltunsicherheit in dem betreffenden Subsystem.

2. *Gewissheit über kausale Beziehungen*

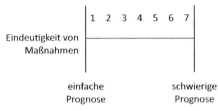

Es gilt: Je schwieriger die Arbeitsbewältigung,
umso höher ist die Umweltunsicherheit in dem Segment.

3. *Zeitspanne bis zur Erfolgsrückmeldung*

Tag, eine Woche, ein Monat, sechs Monate, ein Jahr oder
mehr, drei Jahre oder mehr

Es gilt: Je länger die Feedbackspanne in einem Subsystem,
umso höher ist die Umweltunsicherheit in dem Segment.

Abb. 6.12 Unsicherheitsdimensionen (s. ähnlich Lawrence und Lorsch 1967, S. 249–251; Schreyögg und Geiger 2016, S. 216 f.)

Rückkopplungen, Zentralisierung oder Standardisierung. Diese sind dann zunehmend substanziell und nur schwer zu beherrschen, sodass eine erfolgreiche Abstimmung einen Wettbewerbsvorteil darstellt.

6.3.2.3 Konsequenzen

Mit zunehmender Unsicherheit wächst die Komplexität der Abstimmung durch unklare Arbeitsanforderungen, schwache Kausalität und ungünstigen Feedbacksituationen. Dies spiegelt sich in großen Unterschiedlichkeiten der Abteilungen wider. Hierarchische Abstimmung oder die Vorgabe eindeutiger Kommunikationsregeln stoßen rasch an ihre Grenzen. Hohe Unterschiedlichkeit bedarf stärkerer dezentraler Gestaltung wie Arbeitsgruppen, Konferenzen oder informellen Kombinationsmöglichkeiten. Einen starken Beitrag dazu leisten geteilte Werte, Normen und Grundüberzeugungen. Diese werden später als Unternehmenskultur und als das „heimliche Zentrum der Handlungssteuerung" bezeichnet (s. Kap. 9). Die Wirkung von Werten ist nicht nur besonders mächtig, sondern lässt sich auch für die beiden Pole der Abteilungsunterschiedlichkeit gleichermaßen anwenden.

Hinzu kommen zu einem erheblichen Teil auch Argumente, die der Individual-, sowie Gruppenebene entstammen. So bleibt eine Aufhebung von Unterschiedlichkeiten ohne Beachtung von beispielsweise Arbeitszufriedenheit, Commitment, Motivation, Anreizstrukturen, Personalauswahl oder Personalentwicklung unglaubwürdig. Dies zeigt erneut die enge Verzahnung zwischen den Gebieten Organisationsstrukturen sowie Humanressourcen-Management. Wie bereits erwähnt: Aus organisatorischer Sicht erschöpft sich Management nicht in der Festlegung eines strukturellen Grundgerüsts. Vielmehr ist es eine ebensolche Aufgabe, fortwährend alle verschiedenen Maßnahmen zur Abstimmung zu analysieren, darüber zu befinden und diese dann zu implementieren.

6.3.3 Was sind negative Dynamiken von Aufbauorganisationen?

Den positiven Effekten der Spezialisierung (s. organisatorische Hebel, Kap. 1) treten sukzessive Koordinationsschwierigkeiten gegenüber. Dies wird allein schon durch den mit Spezialisierung verbundenen Organisationsbegriff „Ab-teilung" deutlich. So mündet Spezialisierung unumgehbar in der Schaffung von zunehmend dezentraleren und auf kleinteiligere Zusammenhänge fokussierten Abteilungen sowie Unterabteilungen. Aufgrund der entstehenden Schnittstellen liegt eine **negative Dynamik** nahe. Diese zeigt sich in sogenannten **Zentrifugalkräften** (Schreyögg und Geiger 2016, S. 66).

Eine Zentrifuge trennt durch Beschleunigung Objekte von unterschiedlicher Masse. Beispielsweise lassen sich in einer Salatschleuder Wasser und Salat gut trennen. Was ist aber die „Antriebskraft" bei der Spezialisierung, die zu einer Loslösung von anderen Personen und Abteilungen führen kann?

- Es sind Fokussierungen auf Abteilungsziele oder auf spezifische Erfahrungen, die wie eine Zentrifuge wirken: Je höher der Grad der Spezialisierung und je fokussierter die Ziele und Erfahrungen sind, desto deutlicher entfernen sich die einzelnen Abteilungen sowohl thematisch, als auch bezüglich ihrer Handlungsmuster voneinander. Der unternehmensübergreifende Wertschöpfungsprozess droht durch diese fokussierte Perspektive aus dem Blick zu geraten.
- Aufgrund spezifischer Aufgaben, Handlungssequenzen sowie daraus resultierenden Erfahrungen können sich spezifische, abteilungsbezogene Vorstellungen und möglicherweise sogar eigenständige Überzeugungen und Werte herausbilden (Schreyögg und Koch 2015, S. 219). Die Entstehung von Partikularinteressen und von manifesten Subzielen einzelner Abteilungen liegt dann nicht mehr fern.
- Es folgt schließlich fast zwangsläufig ein reduzierter und verwässerter Kommunikationsstrom. Das heißt, die ausgetauschten Informationen verlieren an inhaltlicher und quantitativer Mächtigkeit.

In Illustration 6.8 wird ein Beispiel von Zentrifugalkräften skizziert, das sich auf die Grenzen der Spezialisierung richtet.

6.3 Horizontale und vertikale Kernprobleme

Illustration 6.8 Qualität und Kosteneffizienz in einem Fahrradgeschäft

Der Inhaber eines Fahrradgeschäfts lebt vom Verkauf von Fahrrädern und Zubehör sowie von deren Reparatur. Die vier Angestellten decken unterschiedliche Öffnungszeiten ab. Sie erfüllen je nach Bedarf unterschiedliche Aufgaben. Sind gleichzeitig mehrere Kunden im Verkaufsraum, so finden sich hier alle Mitarbeiter und der Inhaber ein. Bei ausbleibenden Kunden sind alle Personen in der Werkstatt beschäftigt. Der Nachteil besteht in häufigen Unterbrechungen sowie einem eher durchschnittlichen Knowhow.

Der Inhaber möchte mehr technische Kompetenz aufbauen, um auch anspruchsvolle Kunden zu binden. Zudem startet er einen Online-Shop. Er stellt zwei weitere Mitarbeiter ein. Dies erlaubt eine Spezialisierung von Personen auf Werkstattfragen, auf Fahrradverkauf sowie auf den Online-Shop. Die jeweiligen Fachkompetenzen und -fähigkeiten wachsen deutlich. Zwei Mitarbeiter mit einer besonderen Neigung zum Reparieren werden im Normalfall nicht mehr aus ihrem Reparaturprozess herausgerissen. Die anderen Mitarbeiter betreiben vorwiegend den Verkauf und helfen auch in der Werkstatt aus. Einer von ihnen verantwortet den Online-Shop.

Mit Reparatur und Verkauf sowie dem Online-Shop liegen Spezialisierungen vor, die eine Professionalisierung, beschleunigte Geschäftsprozesse und Kostenreduktion mit sich bringen sollen. Die Probleme lassen allerdings nicht lange auf sich warten. Verkäufer nehmen Reparaturen an, die die Werkstatt verzweifeln lassen. Auch der Online-Shop unterliegt einer eigenen Logik. So bedarf es einer Abstimmung zwischen Verkaufspreisen online und im stationären Handel, was sich als schwierig herausstellt. ◄

Selbst bei einem kleinen Unternehmen – wie dem Fahrradgeschäft – erreicht die Ausdehnung des Geschäfts eine bis dahin unbekannte Komplexität. Bei dieser Unternehmensgröße wird der Inhaber diese Komplexität durch noch mehr Präsenz oder spontane Abstimmungsgespräche bewältigen können. Es liegt somit eine **intrapersonelle Integration** nahe. Bei einer weiteren Ausdehnung des Geschäfts ist dies aber nur noch schwer realisierbar.

Die Antwort auf dieses Auftreten von Zentrifugalkräften heißt in der Organisationslehre **Integration**, oder „Re-Verzahnung". Es handelt sich um das Bestreben, die negative Dynamik der Arbeitsteilung zu kompensieren oder wieder „einzufangen". Die Festlegung des Organisationsaufbaus – vor allem Tätigkeitsbereiche, Abteilungsgrenzen und organisatorische Einheiten – bedarf demnach eines Ausgleichs. Ablaufregelungen – beispielsweise zu Qualitäten, Terminen, Koordinationserwartungen – sollen den Aufbau „gangbar" halten (s. bereits Kosiol 1962, S. 188).

6.3.4 Haben Bürokratien einen Nutzen oder sind sie Selbstzweck?

6.3.4.1 Max Weber und der Bürokratieansatz

Die Frage der Bürokratisierung ist nicht direkt auf steile oder flache Hierarchien anzuwenden. **Bürokratie** ist vielmehr ein Instrument, das in jeder Hierarchieform in starker oder schwacher Ausprägung eingesetzt werden kann. Bürokratie stellt die Auseinandersetzung mit der **Verlässlichkeit einer Hierarchie** in Bezug auf die horizontale Ebene dar: Wie steigt die Wahrscheinlichkeit, dass horizontale Spezialisierung eine möglichst positive Steuerung erfährt? Verlässlichkeit und Rationalisierungspotenziale finden ihren Ursprung in einer funktionierenden Bürokratie (Weber 1972).

Die verbreitete, negative Assoziation von Bürokratie lässt sich zuallererst auf starke Formalisierungen in Organisationen zurückführen. Verwiesen sei exemplarisch auf das eingangs erwähnte Beispiel SAP, in dem der „Abbau von Hierarchien" ausgerufen wird (s. Eingangsvignette). Starke Formalisierungen zeigen sich dann in Trägheit, Kosten und einer nur geringen organisationsinternen Innovationsfähigkeit. Dennoch wäre es zu kurz gedacht, eine Bürokratie lediglich auf die alltagsgebräuchlichen, negativen Assoziationen zu reduzieren. Dies widerspräche auch dem eigentlichen Gedanken des Bürokratieansatzes von Max Weber (1972).

Max Weber (1972) analysierte Großunternehmen, die im ausgehenden 19. Jahrhundert hoch innovative Produkte zur Erschließung neuer Märkte und Weltregionen einsetzten. Werner v. Siemens ist ein besonders prominentes Beispiel hierfür (Feldenkirchen 1996). Derartige Unternehmen durchliefen erstaunliche Wachstumsschritte. Max Weber begründete dies mit der konsequenten **Anwendung bürokratischer Prinzipien**. Er sah in der Bürokratie jene Voraussetzungen, um den steigenden Funktionsumfang durch Wachstum, Technologieentwicklung und Umweltveränderungen beherrschbar zu machen. Eine Verstetigung von Regeln würde individuelle Handlungen aufeinander beziehen und könne zu Effizienz führen.

Den Ausgangspunkt für den angesprochenen Erfolg einiger Unternehmen bildet der von Weber eingeführte **Legitimitätsglaube**. So geht es Weber (1972) nicht um eine auf Zwang oder auf Gewährung spontaner, gutsherrenartiger Vergünstigungen ausgerichtete Vorgesetzteninterpretation. Vielmehr basiere in einer Bürokratie „Herrschaft" auf einem Legitimationsglauben. Entsprechend werden Mitarbeiter in einer Welt ohne Sklavenhaltung und ohne Leibeigenschaft die Führungskräfte zu einem gewissen Grad immer hinterfragen. Weber spricht dann auch von legitimer Herrschaft, wenn das Hinterfragen in den Hintergrund tritt. Das heißt, im Zentrum steht nicht die individuelle Macht, sondern vielmehr der Glaube an begründete und gerechtfertigte Vorgesetztenpositionen (Weber 1972, S. 124).

Weber (1972, S. 124) differenziert drei Typen **legitimer Herrschaft**. Was heute unüblich klingt, war der damals gebräuchliche Begriff für hierarchische und mit Weisungskompetenzen aufgeladene Unterstellungen:

- Wurden Vorgesetzte satzungsgemäß eingesetzt und resultiert daraus der Glaube an und die Überzeugung von Legalität, so handelt es sich um eine **legale oder rationale Herrschaft**. Aufgrund eingespielter Prozeduren ist dies bei Aktiengesellschaften und GmbHs üblicherweise der Fall.
- Beruhen Vorgesetztenpositionen auf dem Alltagsglauben an die Unabänderlichkeit von jeher geltenden sozialen Schichtungen und von Traditionen, so handelt es sich um die **traditionale Herrschaft**.

- Zeigen Vorgesetzte in „außeralltäglichem" Maße „Heldenkraft" oder Vorbildlichkeit und werden durch sie zentrale Unternehmenswerte deutlich, so handelt es sich um eine **charismatische Herrschaft**.

An diese drei Typen knüpft Weber (1972) seine Überlegungen zur Ausgestaltung von Bürokratien an. Auch wenn alle drei Herrschaftsformen immer eine Relevanz für alle Unternehmen haben werden, so richtet sich der Bürokratieansatz explizit auf die legal-rationale Herrschaft. Dies gründet in deren Plan- und Organisierbarkeit. Es handelt sich damit keinesfalls um eine bloße definitorische Unterscheidung.

6.3.4.2 Bürokratische Prinzipien

Der **Bürokratieansatz** strukturiert legale Herrschaftssysteme. Planbarkeit, Verlässlichkeit und zumindest ansatzweise, auch ein Interessensausgleich sollen sichergestellt werden. Dazu stellte Weber (1972, S. 125–130) Prinzipien bürokratischer Strukturen auf:

- Eine Bürokratie gründet auf der Idee einer rational und legal legitimierten Autorität.
- Organisatorische Rollen werden durch Kompetenzen und nicht durch sozialen Status, Verwandtschaft oder Erbe zugewiesen.
- Die mit Rollen einhergehende Aufgabenverantwortlichkeit sowie die Verknüpfungen mit anderen Rollen sollen möglichst eindeutig spezifiziert sein.
- Rollen innerhalb einer Bürokratie sollten so definiert sein, dass jede Stelle und jede Instanz unter der Steuerung und Aufsicht einer höheren Instanz steht.
- Regeln und standardisierte Abläufe sollten eingesetzt werden, um Handeln in Relation mit anderen Rollen zu steuern.

Um die Führungspositionen machte sich Weber (1972, S. 126 f.) ebenfalls detaillierte Gedanken und formulierte Prinzipien für Vorgesetzte. Diese sollen eine professionelle Verwaltung, sowie der rationalen Pflege und Abstimmung unterschiedlichster Interessen dienen (Weber 1972, S. 125). Dies erfordere hauptberufliche Mitarbeiter, die ihren Lebensunterhalt durch den Verdienst aus einem Arbeitsvertrag bestreiten können, die einer professionellen Ausbildung unterliegen und die durch einen geregelten beruflichen Werdegang in Laufbahnen motiviert werden. Darüber hinaus sind es organisationsstrukturelle Maßnahmen, die Leistungsfähigkeit und Berechenbarkeit durch Arbeitsteilung, Amtshierarchie, Dienst- und Fachaufsicht sowie Aktenmäßigkeit und deren Verschriftlichung sicherstellen. All dies basiert auf dem **Legitimitätsglauben** sowie dem Handeln nach allgemeinen, berechenbaren **Regeln frei von Willkür**. Das gut ausgebildete, hauptamtliche Personal handele frei von persönlichen Beziehungen oder persönlichen Vorteilen und auch unabhängig von politischen Einstellungen.

6.3.4.3 Handlungserwartungen und Bürokratie

Ganz offensichtlich ist eine derart beschriebene Bürokratie der ideale Ausgangspunkt, um nachhaltige Handlungserwartungen an alle Stellen und Instanzen zu richten. Deren Implementierung und Durchsetzung ist aufgrund der differenzierten **Rechenschaftspflichtigkeit** unkompliziert. Rollenunklarheiten zwischen Personen gleicher Ebene oder zwischen verschiedenen Ebenen sind „weggeplant". Eine solche Struktur wirkt nicht nur glaubhaft nach außen, sondern schafft eine umfängliche Basis für die Übertragung von Verantwortung. Mitarbeiter auf allen Ebenen werden rechenschaftspflichtig für ihr Handeln und auch für das Handeln von jedem ihrer unterstellten Mitarbeiter. Darüber hinaus führt die Rechenschaftspflichtigkeit zu sinkenden, **internen Transaktionskosten**, da dieser Planungsansatz Durchführungs- und Überwachungskosten reduziert. Sofern Kompetenzen offen liegen und persönliche Motive nicht das Zentrum bilden, bleiben Diskussionen zwischen verantwortlichen Personen begrenzt.

Weber (1972, S. 561 f.) skizziert eindrucksvoll das enorme Wirkungspotenzial umgesetzter bürokratischer Prinzipien (s. Illustration 6.9).

Illustration 6.9 Bürokratische Prinzipien

„Der entscheidende Grund für das Vordringen der bürokratischen Organisation war von jeher ihre rein technische Überlegenheit über jede andere Form. Ein voll entwickelter bürokratischer Mechanismus verhält sich zu diesen genau wie eine Maschine zu den nicht mechanischen Arten der Gütererzeugung. Präzision, Schnelligkeit, Eindeutigkeit, Aktenkundigkeit, Kontinuität, Diskretion, Einheitlichkeit, straffe Unterordnung, Ersparnisse an Reibungen, sachlichen und persönlichen Kosten sind bei streng bürokratischer, speziell: monokratischer Verwaltung durch geschulte Einzelbeamte gegenüber allen kollegialen oder ehren- und nebenamtlichen Formen auf das Optimum gesteigert" (Weber 1972, S. 561 f.). ◄

Einer so skizzierten Bürokratie sind zunächst keine Nachteile inhärent. So lässt sich argumentieren, dass die Fixierung auf eine Regelgebundenheit sehr veränderungsbereit ist. Diese lässt sich mit Rationalität und Legalität begründen. Wenn sich Bedingungen der organisatorischen Domäne verändern, so stellt dies eine neue, einfach begründbare Situation durch Führungskräfte dar. Auf diese passen unweigerlich die Bürokratie-Kriterien und man gelangt fast zu einer Art friktionsfreier Organisationsentwicklung.

Allerdings ist diese Rationalität nach einiger Zeit des regelgebundenen Arbeitens kaum noch die Gleiche und sicherlich auch nicht mehr frei von persönlichen Präferenzen. Veränderungen oder Entwicklung von Vorlieben für Aufgaben, Standorte oder Kollegen prägen dann alle betroffenen Personen. Es resultieren die typischen Schwierigkeiten von Organisationsentwicklungen (s. Kap. 13). Hat sich zudem das Denken in Regularien erst einmal etabliert, dann ist es nicht einfach, dieses Denken zu verlassen.

Der wesentliche Beitrag von Weber (1972) besteht allerdings in der Schaffung von **Verlässlichkeit bei vertikaler und horizontaler Unterschiedlichkeit**. Zudem sollte deutlich geworden sein, dass Webers Verständnis von Bürokratie deutlich positiver ausfällt, als unsere heutige Verwendung. Auch wenn hier erneut kein eindeutiges Ergebnis folgt, so zeigt sich immerhin die Breite möglicher Wirkungen und der darauf gerichteten Argumente. Es ist dann ohnehin immer die Aufgabe von Praktikern, derartige Argumente unternehmensspezifisch anzuwenden. Dies gelingt immer dann gut, wenn Argumente zur Analyse herangezogen werden und nicht wenn die Analyse „zu Fuß" oder nur auf Basis alltäglicher Meinungen erfolgt.

Das folgende Kap. 7 baut auf den vorliegenden Ausführungen auf und diskutiert spezifische Optimierungsoptionen. Diese Diskussion ist unabdingbar, da es sich bei den aufbauorganisatorischen Grundmodellen noch nicht um gangbare Lösungen handelt. Die Lebendigkeit von Organisationsstrukturen ist nur durch eine intensivere Diskussion spezifischer, ablauforganisatorischer Gestaltungsoptionen erreichbar.

6.4 Quintessenzen für Managementerfolg

Organisationsstrukturen bilden die Wertschöpfung (s. Kap. 1) ab und geben Hinweise darauf, wie Aufgabenvollzüge umgesetzt werden sollten. Organisationsstrukturen sind bewusst geschaffene und relativ dauerhafte Bezugnahmen von Ressourcen, Aufgaben und Individuen. Sie bestehen aus zwei sich wechselseitig bedingenden Teilstrukturen: Aufbau- und Ablauforganisation. Daraus resultieren sowohl organisatorische Einheiten als auch Festlegungen, wie ihre Zusammenarbeit, Ressourcenaustausch und Kommunikation funktionieren sollen.

Funktionale und **divisionale Organisationsstrukturen** besitzen grundverschiedene Ausrichtungen und prägen die Wertschöpfung durch ihre jeweiligen Schwerpunktsetzungen. Erstere legt den Fokus auf die Abfolge von Verrichtungen und damit auf die effiziente Abbildung von aufeinanderfolgenden Wertschöpfungsstufen. Zweitere fokussiert Produkte, Kunden oder Regionen und optimiert die Ausrichtung auf Nachfragespezifika. Die Unterscheidung von funktional und divisional erfolgt jeweils auf der zweiten Hierarchieebene. Dadurch wird deutlich, dass jeweils eine andere Wertschöpfungsstruktur gezeichnet wird.

Durch die unterschiedliche Ausrichtung auf der zweiten Hierarchieebene ändert sich jedoch nicht nur die Wertschöpfungsstruktur im organisatorischen Sinne, sondern auch **Anforderungen an einzelne Mitarbeiter** werden sich unterscheiden. So sind Aufgaben in funktionalen Strukturen eher von Effizienzmaximierung und Routine geprägt. In divisionalen Strukturen sind hingegen Anpassungsfähigkeit und die Übernahme außerplanmäßiger Aktivitäten gefordert. Unweigerlich zieht sich hier die Frage der Führung und deren Gestaltung nach sich. Zum einen lässt sich über unterschiedliche Führungsstile diskutieren, zum anderen über die Intensität, mit der interaktionelle Führung (s. Kap. 3) betrieben wird. Auch sollten Ziel- und Anreizsysteme sowie Inhalte von Personalentwicklungsmaßnahmen (s. Kap. 4) der jeweiligen Struktur angepasst sein.

Eine **Matrixstruktur** stellt eine zweiachsige Kombination funktionaler und divisionaler Organisationsstrukturen dar. Das zentrale Merkmal dieser Struktur sind institutionalisierte Konflikte, um wechselseitige Abstimmung und Koordination gegenüber den beiden anderen Grundtypen zu verbessern. Dies deutet an, dass eine Matrixstruktur vor allem durch koordinative Potenziale lebt, indem „Konflikte" auf eine produktive Ebene gehoben werden. Dadurch können hochgradig interdependente Wertschöpfungssituationen abgebildet werden, die sich aufgrund dynamischer Umweltsituationen weiterentwickeln und zugleich auf realisierte Lösungen zurückgreifen müssen.

Die funktionale Struktur besitzt grundsätzlich **relative Vorteile** bei unternehmensinternen Fragen, während die divisionale Struktur relative Vorteile bei der unternehmensexternen Ausrichtung aufweist. Die Funktionsfähigkeit einer **Matrixstruktur** lebt viel stärker von nicht-strukturellen Aspekten. Zu nennen sind dabei alle Fragen der strukturellen sowie der interaktionellen Führung oder der Unternehmenskultur (s. Kap. 9).

Horizontale und vertikale Kernprobleme stehen in enger Verbindung mit Organisationsstrukturen und bestimmen so alle aufbauorganisatorischen Grundmodelle: Koordination, negative Dynamiken sowie **Bürokratie**. Die Lösung dieser Problemkreise können organisationsstrukturelle Lösungen alleine nicht leisten. Es sind wieder die interaktionelle und strukturelle Führung, als auch die später noch diskutierte Unternehmenskultur (s. Kap. 9), die als wesentliche Problembegrenzer auftreten können.

Handlungstheorien sowie die Beweggründe des Handelns – Persönlichkeit, Werte und Normen, Haltungen und Motivation (s. Kap. 2) – werden durch Organisationsstrukturen adressiert und weisen daher eine starke Nähe zu ihnen auf. Es erfolgt eine Handlungsauslösung und -steuerung, die dem Personalmanagement nicht nachrangig gegenüberstehen. Ganz offensichtlich wird dies beispielsweise dadurch, dass Organisationsstrukturen Aspekte wie mögliche Karrierewege begründen, die Nähe einzelner Personen zu Produkten oder Dienstleistungen bestimmen oder individuelle Freiräume der Zusammenarbeit definieren (s. Kap. 4). Zum einen können Haltungen wie Arbeitszufriedenheit, Selbstbindung oder Vertrauen durch die organisatorische Gestaltung strukturell geformt werden. Zum anderen führen Organisationsstrukturen zu einer inhaltlichen Klarheit, die unter anderem für extrinsische Anreize notwendig ist. Des Weiteren kann die intrinsische Motivation durch Organisationsstrukturen gesteigert oder reduziert werden, indem Aufgabenzuschnitte, Kommunikationswege oder Dezentralisierung in einer bestimmten Weise gestaltet werden.

Funktionale und divisionale Strukturen haben hinsichtlich der **interaktionellen Führung** (s. Kap. 3) Besonderheiten. In einer funktionalen Organisationsstruktur stehen Führungsaufgaben im Vordergrund, die Spezialisierung der Mitarbeiter und Optimierung der Prozesse fördern. Ist die Motivation bei den Mitarbeitern dazu geweckt, so kann aufgrund der Routine in den Tätigkeiten und der nicht allzu hohen Vielfalt auf eine intensive Führung verzichtet werden. Dies lässt eine größere Führungsspanne und eine geringere Leitungsintensität (s. Kap. 7) zu. Dabei darf eine Verbindung zu den anderen Abteilungen jedoch nicht vergessen werden. Eine reine Konzentration auf den eigenen Funktionsbereich kann den Wertschöpfungsprozess negativ beeinträchtigen. In divisionalen Strukturen, in denen der Fokus eher auf Produkten, Kunden oder Regionen liegt, bedarf es schnellerer Anpassungen. Dynamischere Umwelten (s. Kap. 1) erfordern fortwährende Reaktionen. Entsprechend muss intensiver geführt werden. Beispielsweise sind andere, auf Anpassung gerichtete Haltungen erforderlich (s. Kap. 2). Die Selbstbindung an ein Unternehmen, Vertrauen in den Vorgesetzten, wahrgenommene, organisatorische Unterstützung und auch Motivation bedürfen einer höheren Ausprägung, um den Anforderungen gerecht zu werden. Es sind nicht zuletzt Führungsstile, die dazu beitragen.

Eine Fortsetzung finden diese Überlegungen in der **Personalentwicklung** (s. Kap. 4) statt. In funktional strukturierten Organisationen bestehen Entwicklungsmaßnahmen in einer tiefergehenden Spezialisierung in der jeweiligen Abteilung. Um Verfahren und Prozesse optimieren zu können, wird hinsichtlich spezifischer Themen geschult und entwickelt. Ein Training „off-the-job" bietet sich dafür an. Darüber hinaus sind in funktionalen Organisationen abteilungsübergreifende Schulungen von hoher Bedeutung. Mitarbeiter sollen ein Verständnis dafür bekommen, was in anderen Abteilungen geschieht. Eine effiziente Wertschöpfung lebt auch in funktionalen Organisationen von der Zusammenarbeit der einzelnen Funktionen. Weiterführend können Personalentwicklungsmaßnahmen wie zum Beispiel Job Rotation gedacht werden, in denen Mitarbeiter nacheinander aus dem Blickwinkel verschiedener Abteilungen lösungsorientiert arbeiten.

In divisionalen Strukturen verläuft eine Entwicklung der Mitarbeiter ähnlich. Durch die Betrachtung von Produkten, Kunden, oder Regionen ist eine Personalentwicklung hinsichtlich anderer Divisionen denkbar, um ein abwechslungsreiches Tätigkeitsfeld zu schaffen. Schulungen können hier selbstverständlich auch hinsichtlich einer vertieften Kenntnis über die Produkte, Kunden oder eben Regionen angeboten werden. Dieses Wissen wird am besten beim Training „on-the-job" vermittelt, um Bezüge und Verbindungen direkt aufzuzeigen.

Organisationsstruktur wird oft in Verbindung mit **Unternehmensstrategien** (s. Kap. 1) gebracht. Viele Manager stellen sich die Frage, welches der beiden Elemente eher vorhanden ist und ob Struktur die Strategie beeinflusst oder andersherum. Darauf wird es keine Antwort geben, da es wechselseitige Beeinflussungen gibt. Definitiv finden sich in allen Organisationsstrukturen Elemente der Strategie. Da die Strategie ein Grundmuster darstellt, werden Strukturen dieses Grundmuster unterstützen. Im Rahmen der Strategieimplementierung werden zunächst interne Stärken und Schwächen sowie externe Chancen und Risiken gefiltert, Kernkompetenzen werden ersichtlich und ein organisationaler Rahmen wird festgelegt. Strukturen können diesen Rahmen nun weiter ausfüllen bzw. anreichern. Liegt beispielsweise die Kernkompetenz in einem flexiblen Vertriebssystem und weltweiter Vernetzung bei zeitgleich sich voneinander unterscheidenden Produkten, so bietet sich eine divisionale Struktur an. Hingegen tendiert ein Unternehmen zu einer funktionalen Struktur, wenn die Kernkompetenzen in einer extrem effizienten Produktion, der Spezialisierung und Arbeitsteilung oder der Herstellung eines eher homogenen Produkts liegen.

6.5 Explorationen

Verständnisfragen
1. Organisationsstrukturen sind …
    a. aus Mitarbeiterbefragungen resultierende Bündelungen von Ressourcen, und Aufgaben.
    b. bewusst geschaffene und relativ dauerhaft wirkende Bündelungen von Ressourcen, Aufgaben und Mitarbeitern.

c. bewusst geschaffene, auch kurzfristig änderungsbereite, Bündelungen von Ressourcen, Aufgaben und Mitarbeitern.
2. Welche der nachfolgenden Abteilungen wird üblicherweise als Zentralabteilung organisiert?
   a. Beschaffung, Produktion und Vertrieb
   b. Geschäftsführung
   c. Controlling
3. Welche Aussage ist richtig?
   a. Eine mediierende Wertschöpfung geht auf die Medienbranche zurück.
   b. Umfänglich-verknüpfende Wertschöpfung findet sich bei pharmazeutischen Unternehmen und genauso in Filialen von Fastfood-Ketten.
   c. Reziproke Wertschöpfung ist ein Ansatz zum Umgang mit dynamischer Umwelt.
4. In einem Unternehmen sind alle Vertriebsmitarbeiter in einer Abteilung organisiert und berichten jeweils an den gleichen Vorgesetzten. Das Unternehmen ist höchstwahrscheinlich …
   a. nach verschiedenen Kundengruppen strukturiert.
   b. funktional strukturiert.
   c. dezentral strukturiert.
5. Einachsige Kombinationen von funktionaler und divisionaler Struktur sind …
   a. ineffizient, da unklare Verantwortlichkeiten resultieren.
   b. effizient, da sie die Vorteile beider Strukturen vereinen.
   c. eine Matrixstruktur.
6. Hohe Unsicherheit in der Umwelt führt …
   a. zu einer hohen Unterschiedlichkeit von Abteilungen im Hinblick auf Werte, Leistungsbereitschaft, Motivation, Qualifikation oder Aufgabenstellung.
   b. zu einer hohen Ähnlichkeit von Abteilungen im Hinblick auf Werte, Leistungsbereitschaft, Motivation, Qualifikation und Aufgabenstellung.
   c. zu einer Gewissheit über kausale Beziehungen.
7. Die Anwendung des Bürokratie-Ansatzes führt zu …
   a. Verlässlichkeit bei vertikaler und horizontaler Ähnlichkeit.
   b. Besetzung organisatorischer Rollen auf Basis von Kompetenzen und Status.
   c. einer Reduktion interner Transaktionskosten.

Weiterführende Fragen
   a. Recherchieren Sie Beispiele von Unternehmen mit einer funktionalen, divisionalen und Matrixstruktur. Wie unterscheidet sich das Wettbewerbsumfeld?
   b. Welche fallweisen und generellen Regeln vermuten Sie in einem Restaurant mit großem Biergarten und einer Werbeagentur?
   c. Diskutieren Sie folgendes Zitat: „Werte und Haltungen unterscheiden sich bei den aufbauorganisatorischen Grundmodellen." Falls Sie dem Zitat zustimmen: Welche Ausprägungen werden Werte und Haltungen tendenziell haben?

6.5 Explorationen

Falldiskussion 1: Softgetränke

Sie sind eine Gruppe von Führungskräften eines führenden Softgetränke-Unternehmens, welches sich ein Kopf-an-Kopf-Rennen mit Coca-Cola leistet, um den eigenen Marktanteil zu erhöhen. Ihre Strategie ist die Erweiterung der eigenen Produktpalette, um Softgetränke in jedem Marktsegment anbieten zu können. Dies soll zu mehr neuen Kunden führen. Außerdem möchten Sie damit beginnen, Ihr Getränkeangebot an die Kundenbedürfnisse in verschiedenen Ländern anzupassen.

Zurzeit weist Ihr Unternehmen eine funktionale Struktur auf. Ihre Aufgabe ist es nun herauszufinden, wie Sie Ihre Strategie am besten umsetzen können, um Ihre neuen Produkte bestmöglich auf dem Markt zu platzieren. (Jones 2013, S. 197)

a. Diskutieren Sie die Vor- und Nachteile aufbauorganisatorischer Grundmodelle.
b. Welche Struktur eignet sich am besten, um …
  1. Ihr Ziel mit möglichst geringen Kosten zu erreichen?
  2. bestmöglich auf Kundenwünsche einzugehen?
  3. beides zu erreichen?

Falldiskussion 2: Growing Pains

Sie sind Gründungsunternehmer der Zylon Unternehmung, einer schnell wachsenden Softwarefirma, die sich auf elektronische Bankgeschäfte spezialisiert hat. Die Kundennachfrage hinsichtlich der Lizenzierung Ihrer Software hat stark zugenommen. In nur zwei Jahren haben Sie daher über 50 neue Softwareprogrammierer eingestellt. Das Wachstum Ihres Unternehmens verlief derart zügig, dass die neuen Programmierer, wie auch die etablierten Kollegen, informell mit einer lockeren und flexiblen Rollenaufteilung arbeiten. Diese Struktur hat in der Vergangenheit gut funktioniert.

Nun gibt es vermehrt Beschwerden von Mitarbeitern, dass Leistungen in der Organisation nicht anerkannt würden und dass sie sich nicht gleichberechtigt behandelt fühlen würden. Darüber hinaus wird kritisiert, dass neue Ideen von Mitarbeitern managerseitig wenig wahrgenommen und beachtet würden. Es scheint sich eine schlechte Atmosphäre im Unternehmen zu entwickeln. Vor kurzem haben mehrere talentierte Mitarbeiter das Unternehmen verlassen (Jones 2013, S. 139).

a. Welche Ursachen für die Probleme lassen sich in der Organisationsstruktur finden?
b. Welche strukturellen Maßnahmen schlagen Sie vor, um die Probleme zu lösen?

Falldiskussion 3: Die Form und Guss GmbH

Die Form und Guss GmbH betätigt sich in der Herstellung und dem Vertrieb von Feingussteilen. Dabei werden entsprechend den Kundenwünschen maßgeschneiderte und hochpräzise Metallbauteile produziert. 1992 kam im Management die Intention nach einer weiteren Expansion auf.

Hierzu wurde der Bau einer neuen und automatisierten Fertigungsanlage geplant. Besondere Berücksichtigung fand die Reduktion der Durchlaufzeiten der Produkte von der

Stapelfertigung hin zu einer automatisierten und kontinuierlichen Prozessfertigung, bei der unnötige Wartezeiten vermieden werden. Damit wurden die Themen Geschwindigkeit, geringe Kosten und Flexibilität aktiv in den Produktionsprozess eingebunden.

Der enorme Geschwindigkeitsvorteil konnte allerdings nur realisiert werden, wenn die Produktion zu jeder Zeit fehlerfrei lief. In der Stapelfertigung waren die Mitarbeiter hingegen hoch spezialisiert und arbeiteten unter einer mechanistisch geprägten Struktur. Aufgrund der geänderten Abläufe und Aufgabenbereiche wird von den sogenannten „Technikern" nun die koordinative Interaktion untereinander und eine Bereitschaft für 12-Stunden-Schichten erwartet. Mitarbeiter bei der Form und Guss GmbH können verschiedene Tätigkeiten ausführen, es wird darauf geachtet, dass niemand mehr als 6 Stunden dieselbe Aufgabe erledigt. Dies soll die Aufgabenbereiche abwechslungsreich halten, verschiedene Fähigkeiten der Mitarbeiter schulen und die Unfallgefahr reduzieren.

a. Wie bewerten Sie die eingeführten Prozessveränderungen hinsichtlich der Handlungsfolgen nach Charles Perrow (1970) und James Thompson (1967)?
b. Wie bewerten Sie die Produktion als Stapelfertigung einerseits und als kontinuierliche Prozessfertigung andererseits motivationstheoretisch?

Literatur

BMW AG. (o. J.). *Visit mini*. https://www.visit-mini.com/visitmini/?lang=de. Zugegriffen am 07.11.2019.
Child, J., & Mansfield, R. (1972). Technology, size, and organization structure. *Sociology, 6*(3), 369–393.
Fallgatter, M. J. (1996). *Beurteilung von Lower-Management-Leistung. Konzeptualisierung eines zielorientierten Verfahrens*. Lohmar/Köln: Eul.
Fayol, H. (1929). *Allgemeine und industrielle Verwaltung*. München: Oldenbourg.
Feldenkirchen, W. (1996). *Werner von Siemens. Erfinder und internationaler Unternehmer*. München: Piper.
Giddens, A. (1984). *The constitution of society. Outline of the theory of structuration* (1. Aufl.). Berkeley: University of California Press.
Gutenberg, E. (1983). *Grundlagen der Betriebswirtschaftslehre, Band 1: Die Produktion* (24. Aufl.). Berlin/Heidelberg: Springer.
Jones, G. R. (2013). *Organizational theory, design, and change* (7. Aufl.). Boston: Pearson.
Katz, D., & Kahn, R. L. (1966). *The social psychology of organizations*. New York: Wiley.
Kieser, A., & Walgenbach, P. (2010). *Organisation* (6. Aufl.). Stuttgart: Schäffer-Poeschel.
Kosiol, E. (1962). *Organisation der Unternehmung*. Wiesbaden: Springer Gabler.
Krüger, W. (1994). *Organisation der Unternehmung* (3. Aufl.). Stuttgart: Kohlhammer.
Lawrence, P. R., & Lorsch, J. W. (1967). *Organization and environment. Managing differentiation and integration*. Boston: Harvard Business School Press.
Mayr, S. (12. November 2019). „Harte Entscheidungen" angekündigt. *Süddeutsche Zeitung*. https://www.sueddeutsche.de/wirtschaft/sap-harte-entscheidungen-angekuendigt-1.4679328. Zugegriffen am 18.02.2020.
Perrow, C. B. (1970). *Organizational analysis. A sociological view*. Monterey: Brooks/Cole.
Robbins, S. P., & Judge, T. A. (2017). *Organizational behavior* (17. Aufl.). Boston: Pearson.

Robbins, S. P., & Judge, T. A. (2018). *Essentials of organizational behavior* (14. Aufl.). Boston: Pearson.

Robbins, S. P., Coulter, M., & Fischer, I. (2017). *Management. Grundlagen der Unternehmensführung* (12. Aufl.). Hallbergmoos: Pearson.

Scandura, T. A. (2016). *Essentials of organizational behavior. An evidence-based approach*. Thousand Oaks: Sage.

Schreyögg, G., & Geiger, D. (2016). *Organisation. Grundlagen moderner Organisationsgestaltung: mit Fallstudien* (6. Aufl.). Wiesbaden: Springer Gabler.

Schreyögg, G., & Koch, J. (2015). *Grundlagen des Managements. Basiswissen für Studium und Praxis* (3. Aufl.). Wiesbaden: Springer Gabler.

Singh, J. V. (1986). Technology, size, and organizational structure: A reexamination of the Okayama study data. *Academy of Management Journal, 29*(4), 800–812.

Steinmann, H., Schreyögg, G., & Koch, J. (2013). *Management. Grundlagen der Unternehmensführung. Konzepte, Funktionen, Fallstudien* (7. Aufl.). Wiesbaden: Springer Gabler.

Thompson, J. D. (1967). *Organizations in action. Social science bases of administrative theory*. New York: McGraw-Hill.

Weber, M. (1972). *Wirtschaft und Gesellschaft. Grundriss der verstehenden Soziologie* (5. Aufl.). Tübingen: Mohr.

Zwerman, W. L. (1970). *New perspectives on organization theory*. Westport: Greenwood.

7 Viabilität von Organisationsstrukturen: Horizontale, vertikale und übergreifende Ansatzpunkte

Zusammenfassung

Organisationsstrukturen sind auf Basis von Funktionen, Divisionen oder der Matrix nur unzureichend erklärt. Auch dynamische Faktoren wie Marktbedingungen, Umweltveränderungen, Rivalität innerhalb der Branche, Qualifikationen, Routinen oder Erfahrungen müssen durch Organisationsstrukturen umgesetzt werden. Dies zieht zum einen horizontale Überlegungen nach sich, die das Zusammenwirken von Abteilungen betreffen. Zum anderen geht es um die vertikale Ausgestaltung von hierarchischen Ebenen. Solche Adaptationsmöglichkeiten werden durch Steuerungselemente wie etwa der Abteilungsintegration, Führungs- und Leitungsspannen oder Holdingstrukturen angeboten. Zudem werden Tendenzen zur Ausdehnung der vertikalen Hierarchie diskutiert. Im Vordergrund stehen steigende Kosten und wachsende Distanzierung zwischen Führungs- und operativen Ebenen. Für dieses Problem werden Handhabungsmöglichkeiten aufgezeigt.

Vignette: Apple Inc.-Zentrale in Cupertino

Die Zentrale der Apple Inc. in Cupertino ist ein gigantisches Bauwerk. Es ist ein 1,6 km langer Ring aus Stahl und Glas, der so gar nichts gemein hat mit den üblichen Architekturen von Großunternehmen. Tausende Bäume wurden gepflanzt und als Park angelegt, in den sich das Gebäude einschmiegt. Für die Kosten von über 5 Milliarden US-Dollar wird für 12.000 Mitarbeiter der Arbeitsplatz zu einem Erlebnis.

Die Grundidee ist, dass Architektur nicht trennen, sondern verbinden soll. Die kreisrunde Form, nahezu ausschließlich Glaswände, Großraumbüros oder neudeutsch „Open Space", sollen Offenheit, Transparenz und Durchlässigkeit symbolisieren.

Ganz reibungslos verlief der Umzug jedoch nicht. Viele Mitarbeiter mussten liebgewonnene Einzelbüros aufgeben und mit der umfänglichen Beobachtbarkeit umgehen lernen. Vielleicht trösten dabei die freie Nutzung eines großen Fitness- oder Yoga-Zentrums sowie die Tatsache, dass Klimaanlagen durch alternative Belüftungstechnik überflüssig wurden, darüber hinweg (Apple Inc. o. J.; Der Spiegel 2017). ◄

Was hat es mit diesem riesigen und vermutlich teuersten Bürogebäude der Welt auf sich? Ökonomische Argumente für eine solche architektonische Leistung resultieren kaum aus der öffentlichen Aufmerksamkeit, der Darstellung finanzieller Potenz oder der Präsentation einer enormen Designorientierung. So viele Smartphones, Tablets oder Computer lassen sich gar nicht zusätzlich absetzen, um die Gebäudekosten aufzufangen.

Deutlich plausibler wird diese Investition durch ihre Wirkung auf die Organisationsstruktur. 12.000 Mitarbeiter ziehen in das neue Gebäude ein. Diese große Zahl bedeutet zugleich, dass eine große Menge an unterschiedlichen Abteilungen vorliegen wird. Neben so typischen Funktionalbereichen wie Forschung & Entwicklung, Hard- und Softwaredesign, Marketing und Vertrieb werden viele Unterabteilungen und Projektteams als temporäre Strukturen existieren. Wie kann die Viabilität – sprich die Gangbarkeit oder Zukunftsfähigkeit – einer stark differenzierten Organisationsstruktur sichergestellt werden?

Ganz offensichtlich setzt Apple darauf, dass die architektonische Gestaltung die Organisationsstruktur in ihrer Funktionalität erweitert. Einen zentralen Punkt nimmt die teaminterne, als auch abteilungs- und hierarchieübergreifende Kommunikation ein, um eine Integration der Belegschaft zu fördern. Auch könnten an dieser Stelle organisatorische Regeln als Ansatzpunkte dienen. Generelle Regeln werden jedoch bei der Notwendigkeit von sehr offenem, intensivem und vor allem zufälligem Austausch von Mitarbeitern an Grenzen stoßen. So sollen sich Mitarbeiter informell treffen, abstimmen und Ideen, Konkretisierungsmöglichkeiten sowie Perspektiven der Zusammenarbeit jenseits von Abteilungsgrenzen entwickeln. Ungewöhnliche Aufenthaltsqualitäten, gläserne Wände und moderne Großraumbüros sollen dazu beitragen.

Diese Vignette soll andeuten, dass organisatorische Gestaltung weit über die grafische Darstellung eines Organigramms und der Verknüpfung von Ressourcen, Mitarbeitern und Aufgaben hinausgeht. Unterschiedliche Ansätze werden im Folgenden vorgestellt.

7.1 Viabilität von Organisationsstrukturen

7.1.1 Organisationsstrukturen und generische Strukturbalancen

Organisationsstrukturen in der Form der beschriebenen Grundmodelle (s. Kap. 6) sind sehr grob geschnitzt. Sie lassen sich so in der Realität vermutlich nie antreffen. Erforderlich sind vielmehr Organisationsstrukturen, die die unternehmensspezifische Situation abbilden und viabel halten. Es gilt die folgende Definition.

7.1 Viabilität von Organisationsstrukturen

▶ **Viabilität von Organisationsstrukturen** Viabilität oder Gangbarkeit von Organisationsstrukturen regelt Wertschöpfungszusammenhänge und richtet diese auf aktuelle sowie künftige unternehmensinterne sowie -externe Herausforderungen aus.

Die angesprochenen Herausforderungen umspannen eine große Bandbreite. Sie reichen unter anderem von Motivation, Arbeitszufriedenheit, der Wirksamkeit der interaktionellen sowie strukturellen Führung, über Unternehmensstrategien bis hin zu Kunden und Lieferanten. Hinzu kommt, dass Wertschöpfung keineswegs eine einfache Struktur aufweist, sondern beispielsweise vermittelnd, umfänglich verknüpft oder komplex sein kann (s. Kap. 6).

Man braucht nicht viel Fantasie um festzustellen, dass die zu bearbeitenden Bezüge und Wirkungen nach spezifischen und facettenreichen Organisationsstrukturen verlangen. Zudem zeigt das Eingangsbeispiel von Apple, dass dafür auch Ansatzpunkte jenseits von aufbau- und ablauforganisatorischen Regelungen gute Dienste leisten können. Dies ist ein erster Hinweis darauf, dass, zumindest in Teilen, Aspekte der Aufbau- und Ablauforganisation substituierbar sind.

Einen Einblick, worin Gestaltungsmöglichkeiten und -notwendigkeit bestehen, bieten die sogenannten **generischen Strukturbalancen**. Es handelt sich um drei Dimensionen, die insofern generisch sind, als dass sie auf jegliche Unternehmen anwendbar sind (Jones 2013, S. 120). Dabei handelt es sich um Balancen, da es keine auf Dauer angelegten Fixierungen sind, sondern fortlaufende Anpassungen naheliegen.

(1) Wie umfangreich soll Arbeitsteilung genutzt werden? Hieraus resultiert die Dimension „**Spezialisierung und Integration**".
(2) Wie ist die Verantwortung vertikal verteilt? Diese Frage bildet die Dimension „**Zentralisation und Dezentralisation**" ab.
(3) In welchem Ausmaß soll das Handeln zwischen Individuen und Abteilungen durch generelle Regeln aufeinander bezogen werden? Die darauf gerichtete Dimension lautet „**Standardisierung und wechselseitige Abstimmung**".

Aus den generischen Balancen resultieren keine definitiven Aussagen über die Ausgestaltung von Aufbau- oder Ablauforganisationen. Jedoch helfen die generischen Strukturbalancen bei Analysen, Einschätzungen und Bewertungen von Organisationsstrukturen. Es gilt die folgende Definition.

▶ **Generische Strukturbalancen** Generische Strukturbalancen bieten Hinweise auf Gestaltungsmöglichkeiten und -notwendigkeiten und somit auf die Viabilität von Organisationsstrukturen.

Im Folgenden werden diese drei generischen Strukturbalancen diskutiert.

7.1.2 Generische Strukturbalancen

7.1.2.1 Spezialisierung und Integration

Die erste generische Strukturbalance setzt an der Effizienz des Spezialisierungsphänomens an. **Spezialisierung** ist konstituierend für alle Unternehmen (s. Kap. 1). Ausgehend vom organisationstypischen und unvermeidbaren Spezialisierungsbemühen besteht regelmäßig eine Unsicherheit darin, wie weit Arbeitsteilung getrieben werden kann. Arbeitsteilung führt zur Distanz zwischen Abteilungen und erschwert die Bezugnahme aufeinander (s. Kap. 6). Entsprechend muss eine **Integration** diesen Spezialisierungsdefiziten entgegenwirken. Es gilt die folgende Definition.

▶ **Spezialisierung und Integration** Spezialisierung zielt auf Größenvorteile und entkoppelt dazu Ressourcen, Individuen und organisatorische Einheiten voneinander. Integration soll die erforderlichen Bezüge wiederherstellen und sichern.

Wesentlich ist, dass der Ausgleich zwischen Spezialisierung und Integration nie vollständig plan- und realisierbar sein wird. Zentral ist jedoch der Umgang mit dieser Balance. Es sind Mechanismen der Integration, die den Ausgleich über unterschiedliche Ansatzpunkte leisten können. Diese werden später eingehend diskutiert.

7.1.2.2 Zentralisation und Dezentralisation

Die zweite generische Strukturbalance fordert eine Analyse des Spannungsfeldes von **Zentralisation** und **Dezentralisation**. Dahinter verbergen sich Entscheidungen darüber, welche Mitarbeiter und Führungskräfte für welche Themen verantwortlich gemacht werden sollen. Es gilt die folgende Definition.

▶ **Zentralisation und Dezentralisation** Zentralisation und Dezentralisation beschreiben die Verteilung von Entscheidungsbefugnissen auf hierarchisch unterschiedlichen Ebenen.

Es erfolgt also durch Führungskräfte und Mitarbeiter eine Festlegung über die Menge selbstbestimmter Aufgabenanteile. Dies kann die Verantwortung über ganze Geschäftsbereiche oder auch über kleinteilige Themen – beispielsweise die Urlaubskoordination einer Abteilung – sein. Eine solche Zuweisung von Verantwortung stabilisiert die Wertschöpfung grundlegend. Die resultierende Rechenschaftspflichtigkeit bindet Personen nämlich in vielen Situationen stark an die Aufgaben und stellt somit Beiträge zur Wertschöpfung sicher.

Die beiden Pole dieser generischen Strukturbalance weisen einige Vor- und Nachteile auf:

Zentralisation
Zentralisation bündelt Entscheidungsbefugnisse auf höheren hierarchischen Ebenen und erhöht die Distanz zwischen Verantwortung und operativen Vorgängen. Sie bietet allerdings

Vorteile bei der innerorganisatorischen Abstimmung, bei der Entwicklung und Implementierung grundlegender Strategien sowie bei der Reduktion von Koordinationsverlusten.

Dezentralisation

Dezentralisation verteilt Entscheidungsbefugnisse auf niedrigeren Hierarchieebenen und verringert die Distanz zwischen Verantwortung und operativen Vorgängen. Dies ermöglicht schnelle Reaktionen, wie etwa in turbulenten Marktsituationen und bei notwendigen kunden- und situationsspezifischen Reaktionen. Ein besonders wichtiges Argument für Dezentralisation entstammt dem unmittelbaren Bereich des Handelns selbst (s. Kap. 2). So lebt Handeln von der Verantwortung und der Rechenschaftspflicht, was vielfach motivierend wirkt. Besonderes Potenzial bietet Dezentralisation hierbei für die intrinsische Motivation. Zudem gehen mit dezentraler Entscheidungskompetenz auch Anreize für organisationsinterne Auszeichnungen und Beförderungen einher. Jedoch sind mehr innerorganisatorische Abstimmung und ein hohes Maß an Koordinationsaufwand notwendig.

Es wird deutlich, dass sich auch das Spannungsfeld von Zentralisation und Dezentralisation niemals pauschal beantworten lässt, sondern immer eine Funktion aus ganz unterschiedlichen Faktoren ist. Dazu zählen beispielsweise Belegschafts- und Führungskompetenzen sowie die unterstellte Vertrauenswürdigkeit, die Geschwindigkeit zur Realisierung eines Produkt- oder Dienstleistungserfolges oder die Unternehmenskultur.

7.1.2.3 Standardisierung und wechselseitige Abstimmung

Die dritte generische Strukturbalance befasst sich mit dem Spannungsfeld von **Standardisierung** und **wechselseitiger Abstimmung**. So lassen sich jegliche Abhängigkeiten zwischen Personen oder Abteilungen prinzipiell mit intensiver Standardisierung oder aber auch durch wechselseitige Abstimmung regeln. Diese Balance ist wichtig, da in Unternehmen starke Bezüge zwischen Stellen, Abteilungen und Geschäftsbereichen typisch sind. Es gilt die folgende Definition.

▶ **Standardisierung und wechselseitige Abstimmung** Standardisierung beschreibt das Ausmaß an generellen Regeln, die sich auf Ausschnitte oder auf die gesamte Wertschöpfung richten. Wechselseitige Abstimmung beschreibt bestehende Freiheiten für Führungskräfte und Mitarbeiter, situativ und fallweise zu reagieren.

Standardisierung

Bei der Vorgabe von generellen Regeln handelt es sich um Weisungen, die im Sinne einer **Wenn-/Dann-Beziehung** funktionieren. Das heißt, präzisen Situationsbeschreibungen folgen ebenso eindeutige Konsequenzen. Diese Standards richten sich auf Ausschnitte oder auf die gesamte Wertschöpfung. Sie sind somit Normen – im Sinne von Erwartungen an einzelne Mitarbeiter und Führungskräfte – und schaffen einen Rahmen für deren

Handeln. Vor allem wenn Kunden- und Lieferantensituationen oder das eingesetzte Knowhow stabil sind, bieten sich derartige Standards an.

Wechselseitige Abstimmung
Häufig bestehen jedoch Gefährdungen der Wertschöpfung, die mittelfristig nicht vorhersehbar sind: Mitarbeiter melden sich plötzlich krank, ein Spediteur steht im Stau oder eine komplexe technische Ausarbeitung passt nicht zu aktuellen internationalen Normierungen. Erkennbar werden solche Schwierigkeiten meist erst kurzfristig. Entsprechend liegt es nahe, die Steuerung dort zu verankern, wo besonders früh reagiert werden kann. Sollen Mitarbeiter ihr Urteilsvermögen einsetzen, so handelt es sich nicht mehr um Standardisierung. Dies ist der Fall, wenn beispielsweise ein Speditionsmitarbeiter aufgrund des Verkehrsaufkommens seine festgelegte Route in Rücksprache mit der Logistikabteilung ändert. Es liegt dann in der Ermächtigung von Mitarbeitern, selbstständig wechselseitige Abstimmungen vorzunehmen und Probleme gar nicht erst entstehen zu lassen.

Wie kommt es aber zu einer passablen Abstimmung? In das Zentrum rücken die Beweggründe des Handelns (s. Kap. 2). So können Werte wie Kollegialität und Zusammenarbeit, Einstellungen wie Arbeitszufriedenheit oder Vertrauen und auch Motivation den Ausgangspunkt für eine funktionierende, wechselseitige Abstimmung bilden.

7.1.3 Zur Anwendung der generischen Strukturbalancen

Der Nutzen von generischen Strukturbalancen liegt in ihrem Analysepotenzial. Dieses soll dazu führen, strukturelle Ergänzungsnotwendigkeiten und -varianten zu erkennen. Wichtig dafür ist, den unterschiedlichen Charakter der Strukturbalancen zu beachten.

Plausibel ist es, Spezialisierung und Integration als Erstes zu betrachten. So regelt diese Balance die Abteilungsbildung, -größen sowie die -integration. Die beiden anderen Balancen knüpfen daran an. Abb. 7.1 skizziert die drei generischen Strukturbalancen in einer Zusammenschau.

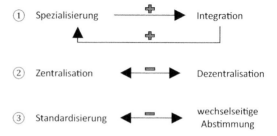

Abb. 7.1 Generische Strukturbalancen (s. ähnlich Jones 2013, S. 120)

7.1 Viabilität von Organisationsstrukturen

Der unterschiedliche Charakter der Strukturbalancen zeigt sich in folgenden Punkten:

- Mit zunehmender Spezialisierung geht eine zunehmende Integrationsnotwendigkeit einher. Der Zusammenhang meint, „je mehr von dem einen, desto mehr von dem anderen".
- Jedoch ist das bei den beiden anderen Dimensionen nicht so. Zunehmende Zentralisation/Dezentralisation und Standardisierung/wechselnde Abstimmung wirken sich strukturell nach dem Zusammenhang „je mehr von dem einen, desto weniger von dem anderen" aus.
- Es handelt sich bei allen drei Strukturbalancen um die Notwendigkeit, jeweils zwei Größen auszutarieren.

Bislang erfolgten keine Aussagen zur Unterschiedlichkeit von generischen Strukturbalancen auf gleichen oder auf unterschiedlichen Ebenen desselben Unternehmens. Liegt eine komplexe Wertschöpfung vor, so resultiert die Prognose, dass es kaum ein Unternehmen geben wird, dass nur ein einziges Bündel von Balance-Ausprägungen realisiert hat. Vielmehr ist es notwendig, Abteilungen oder sogar einzelne Stellen im Hinblick auf die Balancen passgenau auszutarieren, um den jeweiligen Wertschöpfungsbeitrag möglichst gut zu unterstützen. Beispielsweise werden im Produktionsbereich Spezialisierung, Zentralisation und Standardisierung fast schon entgegengesetzt einer Marketingabteilung ausgerichtet sein. Das heißt, es sind die jeweiligen abteilungsspezifischen Anforderungen sowie auch die vorhandenen Humanressourcen, die in erster Linie die Gestaltung der Strukturbalancen prägen. Allerdings – und das resultiert leicht aus den bisherigen Überlegungen – zieht eine solche Unterschiedlichkeit Integrationsschwierigkeiten nach sich.

Mit dem Verweis auf die Humanressourcen wird die Nähe von Organisationsstrukturen zum Handeln von Individuen unmittelbar deutlich. Generische Strukturbalancen weisen aber noch deutlich weitreichendere Bezüge auf. Spätestens mit den folgenden Hinweisen sollte der Stellenwert der organisatorischen Gestaltung innerhalb der Wertschöpfung deutlich werden:

Werte
Zunächst tragen Organisationsstrukturen zur Werteausprägung bei. So kann angenommen werden, dass Spezialisierung die Wahrscheinlichkeit des Auftretens von Werten wie Präzision erhöht. Standardisierung und Zentralisation begünstigen dann eher Werte wie Zurückhaltung und Folgsamkeit, während durch wechselseitige Abstimmung und Dezentralisation eher Ausprägungen wie Eigeninitiative resultieren.

Haltungen
Jede Konfiguration von Strukturbalancen wirkt auf Haltungen ein. Klar definierte Karrierewege, die sich in einer Aufbauorganisation erkennen lassen, steigern vor allem das kalkulative Commitment (s. Kap. 2). Zudem resultieren aus der Positionierung von Entschei-

dungen sowie aus dem Ausmaß der Standardisierung Situationswahrnehmungen, die in die Arbeitszufriedenheit einfließen können.

Inhaltstheorien der Motivation
Stark adressierbar durch generische Strukturbalancen ist auch die Motivation. Dies lässt sich anhand der Motivationstheorien (s. Kap. 2) aufzeigen. Im Sinne der Inhaltstheorien von Motivation können durch Dezentralisation und wechselseitige Abstimmung Leistungs-, Selbstverwirklichungs-, oder Wachstumsbedürfnisse angesprochen sein. Auch können Aufgaben eher selbst ausgewählt und autonom bearbeitet werden, was nach der Selbstbestimmungstheorie von Deci und Ryan (2000) zu einer erhöhten intrinsischen Motivation führen würde.

Prozesstheorien der Motivation
Bezüglich der Prozesstheorien können Klärungen der generischen Strukturbalancen wahrgenommene Instrumentalitäten und Erwartungswahrscheinlichkeiten im Sinne der Erwartungs-/Valenz-Theorie prägen. Auch eine Wirkung auf die Ausprägung spezifischer und herausfordernder Ziele und des Commitments im Rahmen der Zielsetzungstheorie (s. Kap. 2) ist denkbar. Schließlich können ebenso Auswirkungen auf den Vergleich mit Referenzpersonen im Sinne der Equity-Theorie erwartet werden.

Darauf aufbauend resultieren drei Analyseperspektiven zur Anwendung der Strukturbalancen. Gemeinsam stellen sie die Viabilität von Organisationsstrukturen im Sinne einer unternehmensspezifischen Anpassung sicher.

Horizontale Betrachtung
Die Menge an Stellen sowie Abteilungen und damit die „pyramidale Breite" ist der erste Blickwinkel. Die Breite der Pyramide ist der unmittelbare Ausdruck der Spezialisierung. Dabei resultiert jedoch das Problem des Auseinanderdriftens von Abteilungen, dem Verlust des Fokus und somit die Distanzierung vom eigentlichen Wertschöpfungsprozess. Hier kann eine Integration über **aufbauorganisatorische Maßnahmen** erfolgen. Das heißt, es erfolgt eine „Re-Verzahnung" der auseinanderdriftenden Abteilungen. Beispielsweise können aufbauorganisatorische Strukturen durch zusätzliche Stellen ergänzt werden, welche eine Integrationsaufgabe übernehmen. Darüber hinaus können Analysen über Informations- und Güterströme zu Strukturentscheidungen führen, die eine Optimierung von Abläufen zur Folge haben. Schließlich sind es auch **nicht-strukturelle Maßnahmen** (z. B. individuelle Merkmale, Unternehmenskultur oder Architektur), die potenziell Spezialisierungsnachteile beheben können.

Vertikale Betrachtung
Aus einer hierarchischen Betrachtung heraus sollen Instanzen Spezialisierungsnachteile auffangen. Es sind dann Personen mit Steuerungskompetenzen, die die Koordination von Informationen, Güterströmen oder Entscheidungssituationen übernehmen. Dies deutet an, dass, neben der horizontalen Betrachtung, die Instanzen ebenfalls die Viabilität von Unter-

nehmen prägen können. Unweigerlich stellt sich dann die Frage, wie viel an Hierarchie erforderlich ist und wie dies bestimmt werden kann.

Kombinierte Betrachtung

Spezialisierungsnachteile können auch durch eine **Gleichzeitigkeit** angegangen werden. Dabei handelt es sich um Lösungen, die sowohl durch aufbau- und ablauforganisatorische Maßnahmen, als auch durch vertikale und horizontale Entscheidungen adressiert werden können. Dies führt zu einer umfänglichen Modifikation einer Organisationsstruktur und wird später anhand funktionaler und divisionaler Strukturoptimierungen aufgezeigt.

Die folgenden Abschnitte stellen jene Analyseperspektiven vor, aus denen Möglichkeiten zur Stärkung der organisatorischen Viabilität hervorgehen können.

7.2 Herstellung horizontaler Strukturviabilität: Zum Abbau von Abteilungsgrenzen

7.2.1 Strukturelle Überwindung der Spezialisierung

7.2.1.1 Einrichtung zusätzlicher Stellen und Abteilungen

Ein typischer organisatorischer Nachteil – besonders bei funktionalen Strukturen – besteht in den Themen **Koordination und Überwindung der Spezialisierung**. Wie bei divisionalen und Matrixorganisationen kommt eine extern induzierte Komplexität hinzu. Durch die Komplexität der Wertschöpfung, zunehmende Produktheterogenität oder wachsende Nachfrage ist die Koordination und Steuerung über die Funktionsbereiche auf der zweiten bzw. dritten Ebene hinweg ein kritischer und nur schwer beherrschbarer Faktor.

Zentralabteilungen

Die einfachste organisatorische Lösung besteht in der Schaffung zusätzlicher Abteilungen, die fachliche Unterstützungen leisten. Es sind vor allem Zentralabteilungen, die professionalisierte, unternehmensinterne Unterstützungsleistungen bereitstellen können. Dies mag zunächst als ein Widerspruch erscheinen, denn eine Beherrschung der Komplexität wird durch eine Komplexitätssteigerung aufgrund einer weiteren zusätzlichen Abteilung erkauft. Jedoch ist es die Ausrichtung von Zentralabteilungen auf beispielsweise personalwirtschaftliche, infrastrukturelle oder planerische Aufgaben, die Nutzen verspricht.

Stabsstellen

Stabsstellen sind ein weiteres Instrument. Sie erweitern fachliche Spezifika und helfen, den Anforderungen, vor allem in dynamische Umwelten, zu begegnen. Hierbei sind Stabsstellen unabhängig von den Grundmodellen einsetzbar. Sie unterstützen insbesondere auf der Ebene der Geschäftsführung die Analysefähigkeit. Im Unterschied zu Zentralabteilungen stehen dabei keine Routineaufgaben, sondern die Erweiterung der Entscheidungskompetenz von Führungsgremien im Zentrum. Aufgrund der großen Fachlichkeit entsteht dann aber oft das Problem der „unverantworteten Expertenmacht". Dies macht deutlich, dass Auftraggeber mitunter gezwungen sind, den Analysen von Stabsstellen unhinterfragt zu folgen, da es zeitlich und inhaltlich nicht möglich ist, alles nachzuvollziehen.

Integrationsabteilungen
Integrationsabteilungen stellen im Vergleich ein sehr aufwändiges Koordinationsgremium dar. Anders als bei Abteilungsleiterkonferenzen erfolgt mit einer Integrationsabteilung die Einrichtung eines neuen und beständigen Gremiums. Eine eigenständige Abteilung erhält die Verantwortung für die Koordination anderer Abteilungen. Die Bearbeitung von Schnittstellen zwischen Forschung & Entwicklung oder Produktion und Marketing kann hier als gutes Beispiel dienen. Integrationsabteilungen sondieren und moderieren Zusammenhänge zwischen den Abteilungen und führen Informationen und Erfahrungen umfänglich zusammen.

7.2.1.2 Koordinationsgremien
Für eine Selbstabstimmung zwischen organisatorischen Einheiten – beispielsweise Geschäftsbereichen oder Funktionalabteilungen – kommen diverse Koordinationsgremien, auch oft Ausschüsse genannt, in Frage. Konkrete Ausprägungen von Gremien sind beispielsweise thematische Ausschüsse, oder Abteilungsleiterkonferenzen und die bereits angesprochenen Integrationsabteilungen. Im Allgemeinen verfügen solche Gremien über ein recht hohes Maß an Autonomie und weisen in vielen Unternehmen vielfach eine langjährige Existenz auf. Abb. 7.2 skizziert die organisatorische Einbettung von Gremien bzw. Ausschüssen.

Abb. 7.2 zeigt die thematisch inspirierte Bildung von zwei Ausschüssen: Produktionsplanung und Marketing. Diese setzen sich jeweils aus unterschiedlichen Funktionen und verschiedenen Hierarchieebenen zusammen. Dabei ist die Wirkung einfach und unmittelbar auf die Überwindung der Spezialisierung gerichtet. Unterschiedliche Perspektiven und Fachkompetenzen, die an Personen festgemacht werden, sind in dem Sinne institutionalisiert, als zu bestimmten Zeitpunkten Fachkompetenz erzwungen aufeinandertrifft. Die Ausschüsse selbst verlaufen ritualisiert beispielsweise hinsichtlich Tagungsfrequenz und -dauer sowie der erwarteten Ergebnisse. Relativ zu einer Koordination über die Linie produzieren solche Gremien tendenziell mehr Facetten, Perspektiven und umfassendere Lösungen.

Abteilungsleiterkonferenzen setzen hingegen an der Idee an, dass funktional spezialisierte Führungskräfte am ehesten Koordinationsnotwendigkeiten überblicken und bearbeiten können. Entsprechend wird die Zugehörigkeit gegenüber den benannten Ausschüssen reduziert und einzig an der formalen Verantwortung der Führungskräfte festgemacht. Da Führungskräfte derselben Hierarchieebene das institutionalisierte Gremium bilden, liegt eine konsequente Selbstabstimmung vor. Zumindest bei reibungsarmen Situationen führt dies zu einer hohen Geschwindigkeit und Selbstbindung. Beschlüsse haben mit dem Ende einer Gremiumssitzung schon den ersten Implementierungsschritt durchlaufen. Zudem kommt der formellen sowie der informellen Macht von Führungskräften eine große Rolle zu.

7.2 Herstellung horizontaler Strukturviabilität: Zum Abbau von Abteilungsgrenzen 313

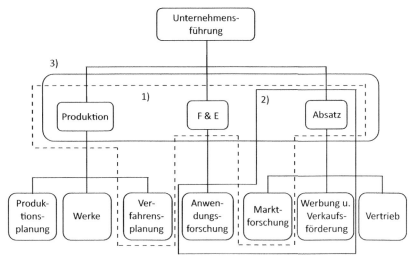

1) Produktionsplanungsausschuss 2) Marketingausschuss
3) Abteilungsleiterkonferenz

Abb. 7.2 Gremien zur Selbstabstimmung

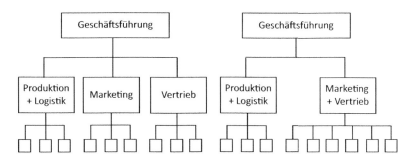

Abb. 7.3 Abteilungsbündelung (s. ähnlich Jones 2013, S. 174)

7.2.1.3 Abbau von Integrationshürden

Die Grenzen einer Spezialisierung bestehen in steigenden Integrationsanforderungen. Dies war Gegenstand der ersten generischen Strukturbalance. Ein besonders einfacher Umgang kann in der bewussten „Wegdefinition" dieser Schwierigkeiten bestehen. Gemeint ist das „Fusionieren" zweier oder mehrerer Abteilungen und ihrer Tätigkeitsbereiche. Angesprochen ist hiermit eine Reduktion der Abteilungsanzahl und eine damit einhergehende Koordination von Entscheidungen durch die oberen Ebenen. Diese strukturelle Variante hat Abb. 7.3 zum Gegenstand (Jones 2013, S. 174).

Leiden Geschäftsleitungsentscheidungen unter hoher Komplexität, so kann diese durch den Abbau der Komplexitätsursachen sinken. Eine Bündelung von Marketing und Vertrieb zu einer großen Funktionalabteilung reduziert so eine Komplexitätsursache. Das heißt, der Geschäftsleitung obliegt nicht mehr die Koordination zwischen Marketing und Vertrieb, da diese nun eine gemeinsame Entität bilden. Eine größere Klarheit und Beherrschbarkeit wird dabei allerdings durch eine Komplexitätsverlagerung auf nachfolgende Abteilungen erkauft. Der Nutzen einer Bündelung von funktionalen Abteilungen ist dann ein relatives Konstrukt. Es geht dabei um den bewerteten Nutzen der Steuerungseffizienz auf der oberen Ebene relativ zur steigenden Komplexität bei den Abteilungsbündelungen.

Bei derartigen Lösungen stellt sich immer die Frage, ob die erwartete Komplexitätsreduktion auf der zweiten Hierarchieebene nicht durch die Komplexität in der vergrößerten Funktionalabteilung überkompensiert wird.

7.2.2 Standardisierung und wechselseitige Abstimmung als Umgang mit Spezialisierung

7.2.2.1 Fayolsche Brücke und Liaison-Rolle
Fayolsche Brücke
Eine Fayolsche Brücke – erstmals von Henri Fayol 1916 erwähnt – stellt eine Verknüpfung zwischen zwei getrennten Abteilungen dar. Es handelt sich um eine bewusste Ermächtigung, dezentrale Abstimmungen ohne explizite Erlaubnis durch übergeordnete Instanzen vorzunehmen. Gebräuchlich ist auch der synonyme Begriff der „Passerelle". Dies bedeutet so viel wie Fußgängerüberweg oder kleines Viadukt. Ein fest gebauter Fußgängerüberweg entspricht sehr gut der Idee, Stellen und Abteilungen zur Zusammenarbeit zu bewegen.

Vor über 100 Jahren war dies noch eine kleine organisatorische Revolution. Mit Hilfe der Passerelle wurde mit der Vorstellung gebrochen, dass die menschliche Arbeitskraft nur dann ökonomisch eingesetzt ist, wenn der Mensch vor seiner eigenen Fehlerhaftigkeit geschützt werde. Entsprechend blieben Abteilungsgrenzen hart und definierten exakt den Bereich, innerhalb dessen Mitarbeiter handeln dürfen. Eine starke Planung, Aufteilung des Arbeitsprozesses in möglichst kleinteilige Schritte und eine strikte Überwachung rücken so in das Zentrum. Nimmt man hingegen menschliche Arbeitskraft nicht als störend für Arbeitsvollzüge wahr, sondern vertraut auch nur ein klein wenig auf die menschliche Leistungsfähigkeit und auf die Eigenverantwortung, so wendet sich das Bild rasch. Dementsprechend ist es für heutige Unternehmen keine Frage, ob Passerellen eingerichtet werden oder nicht. Es geht vielmehr um die thematische Ausgestaltung sowie die Anreizgestaltung, damit Mitarbeiter diese Übergänge auch nutzen.

Liaison-Rolle
Die Schaffung einer Liaison-Rolle (Jones 2013, S. 122) stellt die Zuweisung einer spezifischen Verantwortlichkeit, oft unter gleichgestellten Führungskräften, dar. Das heißt, eine Person ist eine Art „Kümmerer" für Themen, die nicht von anderen Stellen und Abteilungen alleine gelöst werden können. Es resultiert ein vielfältiger Austausch an Informationen, die durch diesen „Kümmerer" angestoßen wird. Eine Liaison-Rolle involviert vielfach die nächsthöhere Instanz, da mit der Rolle alleine keine Steuerungs- und Entscheidungsbefugnisse einhergehen.

Sowohl eine Passerelle als auch eine Liaison-Rolle sind auf Dauer angelegte, generelle, organisatorische Regeln. Entsprechend handelt es sich hier um eine aufbauorganisatorische Variante zur Überwindung von Koordinationsdefiziten.

7.2.2.2 Prozessorganisation

Eine Prozessorganisation regelt immer den Ressourcenfluss. Welche Ressourcen werden zu welchem Zeitpunkt, an welcher Stelle und unter Zuhilfenahme welcher Kommunikations-, Informierungs- und Entscheidungsunterstützungen eingesetzt? Der Begriff „Ablauf" ist etwas aus der Mode geraten, denn heutzutage dominieren **„Prozesse"** den Unternehmensalltag.

Gegenüber dem „Prozess" ist der Begriff „Ablauf" weiter gefasst. Entsprechend sind Prozesse immer unter dem Begriff der Abläufe verortet. So stellen Prozesse speziell getaktete Abläufe dar. Es handelt sich vor allem um das exakte Ausrichten von Ressourcen, Zwischenprodukten und Informationen. Eine Taktung erfolgt, wenn jegliche Weitergabe Folgehandlungen auslöst und daher innerhalb und zwischen Abteilungen erwartet wird. Durch eine solche **Prozessorganisation** werden zuvor arbeitsteilige Tätigkeiten in einem neuen Prozess zusammengefasst. Dieser wird entweder von einem einzelnen Mitarbeiter oder von einer Gruppe von Mitarbeitern verantwortet. Ziel ist eine ganzheitliche und schnittstellenfreie Bearbeitung (Gaitanides 2012; Hammer und Champy 1994; Osterloh und Frost 2006).

Im Kern soll eine Prozessorganisation dazu führen, dass Prozess und Struktur als etwas Zusammenhängendes begriffen wird (Hammer und Champy 1994, S. 57). Durch die Zerlegung einer Gesamtaufgabe nach Prozessen wird eine unnötige Zerteilung von Arbeitsabläufen vermieden. Eine Prozessorganisation fängt zudem die zunehmende Arbeitsteilung durch eine umfassende Integration wieder ein (Steinmann et al. 2013, S. 413 f.). Begonnen werden kann dabei zum einen mit übergreifenden Schlüssel- oder Kernprozessen, die für Unternehmen besonders wichtig sind. Zum anderen kann eine Prozessanalyse bei besonders kritischen Teilprozessen beginnen (Davenport 1993, S. 27; Hammer und Champy 1994, S. 159). Die folgende Illustration 7.1 zeigt beispielhafte Prozessstrukturen auf.

Illustration 7.1: Prozessstrukturen innerhalb eines Krankenhauses

- In einem Krankenhaus dreht sich der Kernprozess um Patienten. Dieser Prozess umfasst dann grob die Notfallambulanz, stationäre Aufnahme, Operationen, Behandlungen bis hin zur Entlassung. Es liegt dann eine Abfolge von menschlichen und technischen Ressourcen vor. Aufgrund der schwierigen Prognose von Krankheitsverläufen darf der Prozess allerdings nicht statisch gedacht werden.
- Dieser Kernprozess ist für sich jedoch weitgehend wirkungslos. Er lebt davon, dass qualifiziertes Personal vorhanden ist. Dazu tragen die Teilprozesse, beispielsweise Rekrutierung, Gehaltsabrechnung oder Schulungen, bei.
- Genauso relevant sind die Patientendaten. Entsprechend werden Daten hochstandardisiert erhoben, gepflegt und an alle in Frage kommenden Abteilungen weitergelei-

tet. So sollen beispielsweise Patientenverwechselungen vermieden und auch eine störungsfreie Abrechnung mit Krankenkassen sichergestellt werden.
- Die Existenz einer Vielzahl von Prozessen wirft die Frage nach deren Integration auf. Diese erfolgt sehr häufig durch spezialisierte Beratungsgesellschaften, die Prozesse und deren informationstechnologische Abbildung in hoch komplexen und aufwändigen Beratungsprojekten analysieren und implementieren. Häufig ist dafür ein Zeitraum erforderlich, der nicht mehr auf der Monatsebene bemessen werden kann. ◄

Die **positive Konsequenz** einer Prozessorganisation ist zunächst die Konzentration auf die tatsächlich wertschöpfenden Aktivitäten eines Unternehmens. Damit sollten kürzere Durchlaufzeiten, Kosteneffizienz sowie ein reduziertes Fehlverhalten einhergehen. Zudem verzichtet eine Prozessorganisation weitgehend auf eine hierarchische Koordination (Steinmann et al. 2013, S. 414 f.). Stattdessen steuern sich Beschäftigte über die Ergebnisse selbst. Voraussetzungen sind ausreichende Befähigungen, ein ausgeprägter Handlungsspielraum und die Ermächtigung aufseiten der Mitarbeiter. Eine viel beschworene Wirkung stellt zudem eine starke Kundenorientierung dar: Gemäß der Prozessorganisation werden interne und externe Prozesse an ihren Leistungen für Kunden beurteilt und die Wertschöpfung am Kundennutzen gemessen (Hammer und Champy 1994, S. 30).

Kritisch muss jedoch angemerkt werden, dass der **vorhergesagte Erfolg** einer Prozessorganisation nur in wenigen Fällen tatsächlich eintritt (s. schon Maier 1997, S. 9). Stattdessen gehen Versuche zur Einführung einer Prozessorganisation häufig mit einem hohen Implementierungsaufwand einher, der sich später nicht wie gewünscht auszahlt. Zudem ist die Idee bedenklich, durch Prozessdefinitionen Spezialisierungen nicht mehr spürbar werden zu lassen. Ein Prozess soll also Schnittstellen durch Regeln wegdefinieren und einen kontinuierlichen Fluss in der Wertschöpfung ermöglichen. Jedoch leben Unternehmen seit Beginn der industriellen Revolution von einer immer weiter zunehmenden Spezialisierung. Sehr gute Beispiele sind jene Stellen und Abteilungen, die sich mit Veränderungen, Entwicklungen oder Innovationen befassen. Derartige Themen lassen sich kaum einer Prozesslogik unterwerfen, da diese einen zu weitreichenden Überblick über die zu bewältigenden Aufgaben voraussetzt. Prozesse können also nicht integrieren, wenn gerade die Spezialisierung und Abgeschlossenheit den Erfolg verspricht.

Dementsprechend fand die von Hammer und Champy (1994) ursprünglich sehr dogmatisch vorgetragene Prozessorganisation in der deutschen Unternehmenslandschaft bislang nur eine geringe Verbreitung. Einzelne Elemente können insbesondere zu Abrechnungs- und Kostenkontrollzwecken umgesetzt werden, keineswegs aber ist eine Gesamtumstellung von Unternehmen auf Prozesse zu verwirklichen (Hess und Schuller 2005). Auch namhafte, deutschsprachige Vertreter einer Prozessorientierung, wie Osterloh und Frost (2006), betonen, dass eine Prozessorganisation nicht als Allzweckwerkzeug beansprucht werden darf, sondern nur zusammen mit bewährten Management-Konzepten Anwendung finden sollte. Beispielsweise sollten Prozesse auf den Kernkompetenzen (s. Kap. 1) basieren, die ein Unternehmen als strategisch relevant definiert (Frost 2018).

Studien kommen auch zu dem Ergebnis, dass eine Prozessorganisation in vielen Unternehmen nur in einzelnen Punkten umgesetzt wird. Sie kann dann auch nur funktionieren, wenn die Unterstützung durch die Geschäftsleitung gegeben ist (Dombrowski et al. 2015). Gelingt ein positiver Einfluss auf die organisationale Effizienz, dann ist dies vor allem einer unternehmenskulturellen Dimension der Prozessorganisation geschuldet (Gaitanides 2012; Liebert 2012). Hindernisse stellen dann eine Dominanz funktionsbezogener Subkulturen sowie Anreiz- und Karrieresysteme dar, die an der klassischen aufbauorganisatorischen Hierarchie ausgerichtet sind.

Im Ergebnis bleibt festzuhalten, dass jede Prozessorganisation eine standardisierte Bezugnahme von verschiedenen aufbauorganisatorisch gebündelten Ressourcen, Mitarbeitern und Spezialisierungen umfasst. Idealerweise stellt die Prozessorganisation dann eine spezialisierungsübergreifende Abbildung der Wertschöpfung dar, die durch generelle Regelungen gesteuert wird. Damit setzt eine Prozessorganisation ein Gegengewicht zu tief gehender Spezialisierung. Allerdings stellt sich immer die Frage nach der Nutzung von Mitarbeiter-Knowhow, nach der Realisierung von Prozessinnovationen und vor allem der Reaktionsmöglichkeit auf unternehmensexterne Veränderungen und Anforderungen.

7.2.2.3 Sekundärorganisation oder duale Organisation

Sekundärorganisation, oder synonym **duale Organisation**, ist eine organisatorische Gestaltung, die nicht im Organigramm auftaucht, aber dennoch eine generelle Regel darstellt. Tatsächlich handelt es sich um eine Idee, die die Aufbauorganisationen erst lebendig werden lässt. So kann ein Organigramm aufgrund von starker Spezialisierung und zahlreichen Instanzen durchaus den Eindruck einer enormen Unbeweglichkeit vermitteln, sich aber in der Realität als sehr flexibel und innovationsorientiert präsentieren.

Aber um was geht es bei dieser Strukturvariante? Die Adjektive „sekundär", als auch synonym „dual", verweisen zunächst darauf, dass etwas Primäres existiert. Den Grundtypus stellt die primäre Organisation dar und ist in einem Organigramm ablesbar. Die Idee des Sekundären besteht nun darin, dass der Spezialisierung nicht bloß durch einzelne, ablauforganisatorische Regeln begegnet wird. Vielmehr entstehen über das Organigramm hinaus oft komplexe **Projektstrukturen**, **Teams** oder „**Task Forces**" mit drängenden Aufgaben sowie daraus resultierenden Prioritäten. Sekundärorganisationen zeichnen sich damit durch einen temporären Charakter aus und sind thematisch durch zeitliche Horizonte sowie die Annahme von „Lösungsaufgaben" im Unterschied zu Routineaufgaben geprägt (Meyer 2015, S. 176).

Verliert die eigentliche Organisationsstruktur ihre Relevanz? In aller Regel ist das nicht der Fall. Mitarbeiter sind oft temporär ihrer aufbauorganisatorischen Verpflichtung oder eines Teiles davon entbunden. Es besteht damit eine Aufbauorganisation, die durch eine sekundäre Struktur eine Art Dualität erhält. Die Komplexität kann dabei enorm groß werden. Dies liegt an chronisch unterschiedlichen Laufzeiten, Bedeutungen für andere Abteilungen oder an anderen Projekten.

In extremen Beispielen sind Mitarbeiter ausschließlich in derartigen dualen Strukturen eingebettet, das heißt, ihre funktionale Zugehörigkeit scheint aufgehoben zu sein. Manche

Personen sprechen sogar davon, es gäbe keine Organisationsstruktur mehr, sondern sie würden nur in Projekten arbeiten. Dennoch erfolgt die Spezialisierung über eine funktionale oder divisionale Einbettung. Dies erlaubt den Austausch mit ähnlich Qualifizierten und auch die Wahrnehmung von Lösungen, die an unterschiedlichen Stellen eines Unternehmens realisiert werden.

Die Beschreibung einer Sekundärorganisation als eine ablauforganisatorische Förderung der Koordination durch ausgiebige, wechselseitige Abstimmung ist somit durchaus zutreffend.

7.2.3 Nicht-strukturelle Integration

Auch nicht-strukturelle Möglichkeiten zur organisatorischen Integration können erheblich zur Überwindung von Abteilungsgrenzen und unterschiedlichen Perspektiven helfen. Zu nennen sind vor allem individuelle Merkmale, Unternehmenskultur und auch Architektur.

Individuelle Merkmale
Individuelle Merkmale, vor allem Qualifikationen und individuelle Beweggründe des Handelns (s. Kap. 2) – Persönlichkeit, Werte, Haltungen und Motivation – können eine ähnliche Wirkung wie die oben benannten Strukturbalancen entfalten. Sie können Integrationsschwierigkeiten gar nicht erst erkennbar werden lassen und glätten diese sogar fast schon beiläufig. Einerseits eröffnen individuelle Merkmale den Zugang zu anderen Meinungen und Perspektiven und können daher über die Grenzen der Wirksamkeit von gängigen Integrationsmaßnahmen hinaus gehen. Andererseits liegen auf dieser individuellen Ebene durchaus die Gründe für zunächst strukturell zu lösende Integrationsnotwendigkeiten.

Unternehmenskultur
Das Thema „Unternehmenskultur" (s. Kap. 9) – verstanden als eine Menge geteilter Werte und Normen – ist der wohl mächtigste Ausgangspunkt bei der Bekämpfung von Schnittstellenproblemen. Geteilte Werte und Normen bedeuten nichts anderes als eine umfängliche Verständlichkeit und Orientierung an ähnlichen Zielen, die an bestimmte Erwartungen geknüpft sind. Geteilte Werte und Normen sind daher am ehesten prädestiniert, Schnittstellenprobleme erst gar nicht auftreten zu lassen. Aufgrund dieser enormen ökonomischen Relevanz ist Unternehmenskultur Gegenstand eines eigenständigen Kapitels.

Architektur
Architektur steht in engster Verbindung zu organisatorischer Integration sowie zur Kommunikation. Dies zeigte sich schon beim Eingangsbeispiel von Apple. Architektur reguliert vor allem über Wege, Sichtbarkeit oder Aufenthaltsqualität die Menge der möglichen Interaktionen zwischen Personen in ungezwungenem Rahmen. Die Architektur kann eine „gesteigerte Zufälligkeit" hervorrufen, um mit aufbauorganisatorisch entfernteren Perso-

nen in Kontakt zu kommen. Entsprechend kann die Notwendigkeit einer organisierten Integration in den Hintergrund treten.

Viele der sehr namenhaften Unternehmen betreiben einen immensen architektonischen Aufwand. Das Filmunternehmen Lucas Arts integrierte die Sparten durch das „Erzwingen" von Begegnungen auf einem neuen Campus (Jones 2013, S. 124). Die Zentralen zahlreicher Silicon Valley-Unternehmen umfassen eine fast schon irritierende Wohlfühlatmosphäre. Die häufige Reaktion, Konzerne stellten damit bloß ihre Macht zur Schau, greift dabei zu kurz. Der enorme ablauforganisatorische Aufwand und die dadurch schöpfbaren Potenziale einer nicht-hierarchischen Integration sind fundamental. Eine fehlende Auseinandersetzung mit Architektur ist dann fast schon ein Managementfehler.

7.3 Herstellung vertikaler Strukturviabilität: Ist flach gleich gut?

7.3.1 Hierarchie und der Vertikalisierungszwang

7.3.1.1 Führungsspanne

Lässt sich in einer gegebenen Abteilungsbildung – bestehend aus einem Vorgesetzten und mehreren Mitarbeitern – problemlos Wachstum umsetzen? Ganz offensichtlich nicht, denn ein reduzierter Überblick, mangelnde Koordination oder demotivierte Mitarbeiter werden rasch die Folge sein. Typisch ist also eine Art Vertikalisierungszwang, der zu einem vertikalen Wachstum der Organisationsstruktur führt. Zugleich bleiben Abteilungen in einer führbaren Größe. Aber woran macht man diese Wachstumsgrenzen von Abteilungen am besten fest?

Das bekannteste Maß zur Beschreibung einer realisierten Abteilungsbildung ist die „Kontrollspanne". Allerdings hat sich hier aus dem Englischen eine falsche Übersetzung etabliert. „Span of control" legt den Schwerpunkt auf Steuerung und gerade nicht auf Kontrolle im Sinne der Führung von Mitarbeitern (Fallgatter 2004, S. 669). Vielmehr geht es hier um das Formen, Entwickeln und Pflegen von Handlungen. Entsprechend wird an dieser Stelle der Begriff „Führungsspanne" verwendet. Es gilt die folgende Definition.

▶ **Führungsspanne** Die Führungsspanne bezeichnet die Anzahl der einer Führungskraft eindeutig unterstellten Mitarbeiter.

Es existieren zahlreiche Studien zur optimalen „Führungsspanne" (Thiel 2009; Woodward 1958). Alle Aussagen zur Optimalität stehen jedoch unter einem deutlichen Vorbehalt. Die Aufgaben- und Wettbewerbsstruktur sowie die innerorganisatorische Handlungssteuerung unterscheiden sich notwendigerweise dramatisch. Vermeintlich exakte Aussagen helfen da nicht weiter. Im Produktionsbereich – beispielsweise in der Automobilindustrie mit gut etablierten standardisierten Abfolgen sowie mit relativ hoher Mitarbeiterqualifikation – finden sich Relationen von 1:80 oder mehr.

Dies weist auf eine **Ausnahmefokussierung** durch Führungskräfte und deren eher geringe persönliche Interaktionen zu den unterstellten Mitarbeitern hin. Die Führung selbst erfolgt durch standardisierte Arbeitsabläufe – etwa bei teilautonomen Arbeitsgruppen –, durch Qualifikationen der Mitarbeiter und abgeschlossenen Aufgabenspektren. Sind hingegen organisatorische Einheiten – vor allem Stabsstellen – mit hoch qualifizierten Mitarbeitern besetzt und auf die Bewältigung verschiedener, nicht standardisierbarer Themen gerichtet, wird die optimale Führungsspanne eher bei 1:4 bis 1:6 gesehen (Hare 1976; Shaw 1976). Wichtiger als derartige Aussagen sind Zusammenhänge, die zu Optimalitätsüberlegungen beitragen können.

7.3.1.2 Führungsbelastung nach Graicunas

Zur optimalen Führungsspanne leistete Graicunas (1937) einen wichtigen Beitrag. Er argumentiert, dass schon durch eine geringe Steigerung geführter Mitarbeiter eine erhebliche **Führungsbelastung** entsteht. Vorgesetzte sind dann primär mit Führung, Koordination, Informierung und Administration befasst, so dass der Zeitraum für eigene Impulse schwindet. Graicunas (1937) beschreibt die Dehnungsgrenzen von Führungsspannen und legt seinen Überlegungen zwei grundsätzliche Ausgangspunkte zugrunde. Zum einen sei die simultan kognitive Verarbeitung von einzelnen Reizen einer Führungskraft begrenzt („Aufmerksamkeitsspanne"). Zum anderen reiche es bei weitem nicht aus, lediglich die Menge der Führungsbeziehungen zu jedem einzelnen Mitarbeiter zu betrachten.

Graicunas (1937) beschrieb drei Varianten von Führungsbeziehungen, die in ihrer Komplexität zunehmen:

- Den Ausgangspunkt bildet die Menge (n) aller direkt unterstellten Mitarbeiter. Die Aufgaben einer Führungskraft für diese Mitarbeiter richten sich auf eine unmittelbare, direkte Interaktion. Dazu zählen beispielsweise Anleiten, Informieren oder Motivieren. Es wird demnach das individuelle Verhältnis zu den einzelnen Mitarbeitern betrachtet.
- Zudem können auch Querbeziehungen auftreten, wenn Mitarbeiter untereinander interagieren. Diese stellen für Vorgesetzte eine Art „Gruppe" dar und setzen sich aus dem Arbeiten in Projekten, aus dem Abstimmen über Abläufe oder dem Kommunikationsfluss zusammen. Solche Gruppen nehmen offensichtlich keine geringere Stellung als das zuerst genannte Aufgabenspektrum und die Bewältigung direkter Beziehungen einer Führungskraft ein. Für die Anzahl der direkten Gruppenbeziehungen geht Graicunas (1937) davon aus, dass Vorgesetzte immer nur zu einem Gruppenmitglied Kontakt pflegen.
- Darüber hinaus ist auch die Möglichkeit direkter Gruppenbeziehungen denkbar. Eine dritte Steigerung der Komplexität resultiert dann aus den wechselseitigen Beziehungen zwischen den Mitarbeitern der Gruppen.

Abb. 7.4 visualisiert dies.

Diese Beziehungen schließen sich nicht gegenseitig aus, sondern treten additiv auf. Somit wird das exponentielle Wachstum der zu verantwortenden Führungsbeziehungen

7.3 Herstellung vertikaler Strukturviabilität: Ist flach gleich gut?

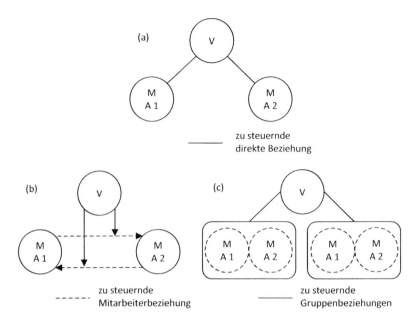

Abb. 7.4 Führungsbelastung (s. ähnlich Graicunas 1937, S. 631 f.)

Tab. 7.1 Führungsbeziehungen bei marginaler Erhöhung der Mitarbeiterzahl

Vorgesetzte	1	1	1	1	1	1
Mitarbeiter	2	3	4	5	6	7
Beziehungen	4	10	21	41	78	148

und der damit verbundene Anstieg der Komplexität bei einer marginalen Steigerung der Mitarbeiterzahl erklärbar. Dies führt zur Tab. 7.1, die die geradezu dramatische Steigerung der Führungsbelastung durch nur einen hinzukommenden Mitarbeiter dokumentiert.

Bei einer derartigen Rechnung sind mindestens zwei Punkte fraglich: Zum einen bleibt eine Gewichtung der Führungsbeziehungen außen vor. So sind die Führungsbeziehungen sicherlich kaum in jeder Situation gleich relevant. Darüber hinaus bleiben substitutive Wirkungen auf die Führungsspanne unbeachtet. So kann eine intensive Führungsbeziehung unter anderem durch Werte, organisatorische Selbstbindung sowie aus Mitarbeiterkompetenz und Zielkongruenz resultieren. Es sollte deutlich werden, dass ein statischer Umgang mit einem Maß wie der Führungsspanne kaum zielführend ist.

Diese Aussagen relativieren zwar die Formel von Graicunas (1937), jedoch bleibt der grundlegende Gedanke bestehen. In jedem Fall determiniert die Menge an Führungsbeziehungen die Mindestmenge an hierarchischer Koordination. Das heißt, vertikale Strukturzusammenhänge haben in den Führungsbeziehungen ihre maßgebliche Begründung.

7.3.2 Tendieren Hierarchien zur Aufblähung?

7.3.2.1 Leitungsintensität: Zwischen Obstipation und Ausschöpfung horizontaler Spezialisierung

Leitungsintensität ist ein Maß, das sich auf ein ganzes Unternehmen oder auf einzelne organisatorische Einheiten richtet. Im Zeitablauf lässt sie erkennen, wie viele nicht-operative Stellen relativ zu operativen, unmittelbar wertschöpfenden Stellen etabliert wurden. Es gilt die folgende Definition.

▶ **Leitungsintensität** Leitungsintensität markiert das Verhältnis leitender und unterstützender Stellen – Instanzen, Stabsstellen und Zentralabteilungen – in Relation zur Anzahl der operativen, unmittelbar wertschöpfenden Stellen.

Die Leitungsintensität beeinflusst die Qualität und Funktionsfähigkeit der horizontalen Spezialisierung, wurde doch deren Grenze an der zu bewältigenden Koordination festgemacht. Eine hohe Leitungsintensität ist eher erforderlich, wenn die horizontale Spezialisierung stark ausgeprägt ist. Die Menge an Instanzen trägt dann zur Bewältigung der vielfältigen Abstimmungen bei. Den aufgeführten positiven stehen jedoch auch negative Wirkungen gegenüber. Negative Wirkungen einer großen Leitungsintensität können mit dem Begriff der „Obstipation" umschrieben werden.

„Obstipation" ist ein der Medizin entlehnter Begriff. Er beschreibt Darmträgheit bis hin zur Verstopfung. Organisatorisch kennzeichnen diese Situationen defizitär eingerichtete und gesteuerte Hierarchien. Verstopfungen kommen in Unternehmen in Form von langwierigen Entscheidungsprozessen vor. Scheinbar zum Selbstzweck werden Formalismen erstellt, geringere Innovationsneigung sowie auch geringere Motivation oder unproduktive Haltungen zu Tage befördert. Eine solche Verstopfung ist durch eine ungünstige Relation zwischen horizontaler und vertikaler Spezialisierung definiert.

Einen guten Einblick in den Zusammenhang von Leitungsintensität und Obstipation bieten die Wachstumsphasen von Unternehmen. Bei einem **Organisationswachstum** liegt zunächst keine Verstopfungsgefahr nahe. So lässt Wachstum in erster Linie die horizontale Spezialisierung ansteigen. Jedoch endet Wachstum nur selten bei der technologischen Realisierung von Skaleneffekten, sondern verändert beispielsweise auch Lieferanten- und Abnehmerbeziehungen. Es resultiert ein deutlich umfänglicher Steuerungsaufwand. Somit manifestiert sich Wachstum regelmäßig in größeren Kapazitäten, die vor allem neue Stellen in der Beschaffungs-, Produktions- sowie Vertriebsabteilung mit sich bringen. Eine Beibehaltung der bisherigen Hierarchie bedeutet dann eine reduzierte Leitungsintensität sowie eine vergrößerte Führungsspanne. Das heißt, Führungskräfte müssen eine steigende Zahl von Mitarbeitern steuern und für ihre Tätigkeiten verantwortlich halten.

Im Folgenden geht es um zwei klassische Studien zu dieser Thematik. Jene von Parkinson (1966) illustriert sehr eingängig das unverhältnismäßige Wachstum von Instanzen. Die Studie von Blau und Schoenherr (1971) tritt dem gegenüber und korrigiert die parkinsonschen Überlegungen und betont dabei die Rationalisierungseffekte bei einem

Organisationswachstum. Überlegungen zur Begrenzung der Leitungsintensität runden dieses Kapitel ab.

7.3.2.2 Überlegungen von Parkinson

Vor allem großen und öffentlichen Unternehmen wird häufig ein „Wasserkopf" im Sinne einer Tendenz zur Überbürokratisierung nachgesagt. So finden sich zahllose Berichte über Reorganisationen, welche versuchen, die „Aufblähungs-Tendenzen" zu vermeiden oder bereits geschehene Aufblähung rückgängig zu machen. Ist das aber vielleicht alles nur Folklore und in der Realität ganz anders?

Parkinson (1966) setzte sich schon vor einiger Zeit mit diesem Aufblähungs-Problem auseinander. Er formulierte derartige Entwicklungen zu einem nach ihm benannten Gesetz und begründete es facettenreich. Er trägt nur zufällig den Namen der sogenannten Parkinson-Krankheit, hat aber sonst keine weitere Verbindung zu dieser neuronalen Erkrankung. Vielmehr argumentiert er organisationssoziologisch auf Basis historischer Daten der britischen Kriegsmarine. Er konnte zeigen, dass sich die Relation zwischen Personen und Aufgaben dramatisch unterschiedlich entwickelten (s. Tab. 7.2). Hinweise auf eine stark gestiegene, strategische Relevanz von Kriegsschiffen finden sich nicht, vielmehr wurden sie von Kampfflugzeugen in ihrer Bedeutung verdrängt.

Leicht zu erkennen ist, dass die erheblich geringere Anzahl von Kriegsschiffen auf der Ebene des Schiffspersonals zu einer Reduktion führte. Der begrenzte Platz an Bord definiert eindeutig die Zahl von Seeoffizieren und Matrosen. Je größer jedoch die Distanz zur operativen Ebene der Seefahrt ist, desto stärker fallen die Entwicklungen auf. Am stärksten ist dies bei den Beamten in der Admiralität, also dort, wo die größte Distanz zu den Kampfschiffen besteht.

Parkinson (1966) begründet die allzu deutliche Asymmetrie durch zwei Argumentationsstränge:

- Zum einen setzt er an der zeitlichen Betrachtung auf der Ebene der Mitarbeiter an und
- zum anderen betrachtet er Führungskräfte aus einer machtpolitischen Perspektive.

Zeitliche Betrachtung

Der erste Argumentationsstrang beginnt mit einer zeitlichen Betrachtung oder vielmehr mit der zeitlichen Begrenzung von Arbeit. Demnach sei die beobachtbare Arbeit von Mitarbeitern und Führungskräften ein eigentümliches Phänomen. So müsste unter der An-

Tab. 7.2 Parkinsonsches Gesetz (s. ähnlich Parkinson 1966, S. 18)

	1914	1928	Veränderung
Großkampfschiffe im Dienst	62	20	− 67,74 %
Seeoffiziere und Matrosen	146.000	100.000	− 31,5 %
Werftarbeiter	57.000	62.439	+ 9,54 %
Werftbeamte und Angestellte	3249	4558	+ 40,3 %
Beamte in der Admiralität	2000	3569	+ 78,45 %

nahme von nicht opportunistischen, dafür stark gebundenen und motivierten Mitarbeitern ein zu großes Zeitbudget zum Einfordern neuer Aufgaben führen. Dies ist durchaus realistisch. Jedoch existiert auch die andere Realität, dass Mitarbeiter bei einem zu großen Zeitbudget dies als Aufforderung verstehen, sich intensiver mit Nachdenken, Vergewissern, Durchführen und Berichten zu befassen. Obwohl immer noch kein Opportunismus herrscht, wird der verfügbare Zeitraum vollständig ausgeschöpft. Parkinson (1966, S. 12) führte aus: „Arbeit läßt sich wie Gummi dehnen, um die Zeit auszufüllen, die für sie zur Verfügung steht."

Das soll keinesfalls unterstellen, gründliches Arbeiten sei auch mit einem generell kleinen Zeitbudget problemlos möglich. Vielmehr verweist Parkinson (1966) damit auf die faszinierende Idee, dass kontinuierliche Arbeit kein Indikator für Effizienz sei. Zudem muss die Ausdehnung der Arbeit bzw. die Nutzung des vollen Zeitbudgets keineswegs mit einem schlechten Gewissen einhergehen. Die gummiartige Ausdehnung von Arbeit stellt auch keinen Müßiggang dar. Jedoch besteht für den Fall der Britischen Kriegsmarine und auch für sämtliche andere Unternehmen eine Tendenz zur Aufblähung.

Machtpolitische Erklärung
Mit der machtpolitischen Erklärung für eine Aufblähung von Hierarchien geht Parkinson (1966) auf persönliche Ziele von Führungskräften ein. So würden neue und etablierte Führungskräfte stark auf ihre eigene Reputation achten. Jede Führungskraft wünsche sich demnach die **Ausdehnung ihrer Mitarbeiterzahl**. Zudem fallen dabei immer auch besonders qualifizierte und ambitionierte Mitarbeiter auf, die Vorgesetzten den Rang ablaufen könnten. Eine Lösung für die Vorgesetzten bestehe darin, eine neue Unterabteilung zu implementieren. Die leistungsstarke Nachwuchs-Führungskraft erhalte dabei die Verantwortung für eine neue Abteilung.

Eine solche Vorgehensweise erhöht nicht nur die Geltung des Vorgesetzten, sondern „parkt" auch ambitionierte Mitarbeiter in einer darunterliegenden Instanz. Eine Begründung fällt meist nicht schwer und erfährt Unterstützung durch die gummiartige Ausdehnung von Arbeit. Dies bedeutet nichts anderes als der Eindruck, dass „Arbeiten am Limit" erfolgt und geradezu nach Entlastung ruft. Jede Führungskraft und auch Mitarbeiter haben dann „gute" Argumente, um gegen Stellenabbau und für Stellenzuwachs zu argumentieren. Zudem tritt ein weiterer Effekt auf: Die Einbindung einer neuen Abteilung bedeutet wiederum **Koordinationsaufwand** und Formalisierung. Führungskräfte machen sich also wechselseitig Arbeit. Das hierarchische Wachstum erscheint nicht als Hierarchie-Aufblähung, sondern als begründet und einer Rationalitätslogik folgend.

7.3.2.3 Studie von Blau und Schoenherr

Eine Erweiterung und auch einen Kontrast zu Parkinson (1966) stellt die Studie von Blau und Schoenherr (1971) dar. Sie analysiert die Leitungsintensität in Verbindung mit der Organisationsgröße. Der Kontrast besteht in dem Ergebnis, dass ein **übermäßiger Anstieg der Leitungsintensität** vermeidbar ist. Die Studie von Blau und Schoenherr (1971) stellt somit ein Gegengewicht zu den auf Erhöhung der Leitungsintensität gerichteten

Abb. 7.5 Komplexitätseffekt bei Organisationswachstum (s. ähnlich Blau und Schoenherr 1971, S. 64)

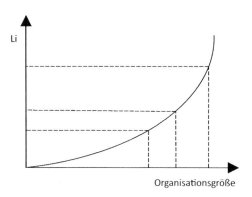

Thesen von Parkinson sowie zu der häufigen Verbindung mit dem plakativen Begriff „Wasserkopf" dar.

Als Vertreter der sogenannten **Kontingenztheorie** untersuchten sie quantitative Zusammenhänge von der Organisationsgröße als unabhängige Variable und deren Wirkung auf die Ausprägungen weiterer Organisationsvariablen. Abhängig davon sei die organisatorische Strukturgestaltung und dabei vor allem die Leitungsintensität. Die empirische Untersuchung betrachtet Arbeitsämter und -verwaltungen verschiedener amerikanischer Bundesstaaten. Integriert wurden unter anderem 387 Hauptverwaltungen sowie rund 1200 lokale Verwaltungen von Arbeitsämtern mit mindestens fünf Beschäftigten und zwei Hierarchieebenen.

Gegenüber den Argumenten von Parkinson (1966) kommen Blau und Schoenherr (1971) zu einem differenzierten Ergebnis. Einerseits bestreiten sie einen Druck auf die vertikale Differenzierung durch neue Mitarbeiter keineswegs. Die Leitungsintensität nimmt demnach zu, das heißt, es resultiert ein **Komplexitätseffekt**. Dies ist aber nicht der einzige Effekt. Genau entgegensetzt greift ein **Rationalisierungseffekt**. Das heißt, die steigende Mitarbeiterzahl erlaubt eine Professionalisierung der Führung und den Einsatz auch von nicht-hierarchischen Koordinationsmöglichkeiten. Bei einer gemeinsamen Betrachtung überwiegt dann der Rationalisierungseffekt gegenüber dem Komplexitätseffekt (Miner 2006, S. 297–299).

Die zwei Abbildungen Abb. 7.5 und 7.6 veranschaulichen den Zusammenhang. Auf der x-Achse steht die Organisationsgröße, die in Mitarbeiterzahlen gemessen wird. Den Mitarbeiterzahlen steht die Menge der „Leitungsstellen und unterstützenden Stellen" auf der y-Achse gegenüber, was wiederum als Leitungsintensität (Li) beschrieben ist. Abb. 7.5 verdeutlicht so einen Komplexitätseffekt. Dies bedeutet, dass konstantes organisatorisches Wachstum auf eine überproportionale Steigerung der Leitungsintensität hinwirkt.

Dem Komplexitätseffekt steht allerdings der Rationalisierungseffekt gegenüber (s. Abb. 7.6). Die Kurve verweist bei konstantem Wachstum auf einen logarithmischen Anstieg der Leitungsintensität. So wie beim Komplexitätseffekt handelt es sich um eine beobachtbare Ausprägung. Beide Effekte bergen also Potenziale, die in entgegengesetzte Richtungen wirken.

Abb. 7.6 Rationalisierungseffekt bei Organisationswachstum (s. ähnlich Blau und Schoenherr 1971, S. 65)

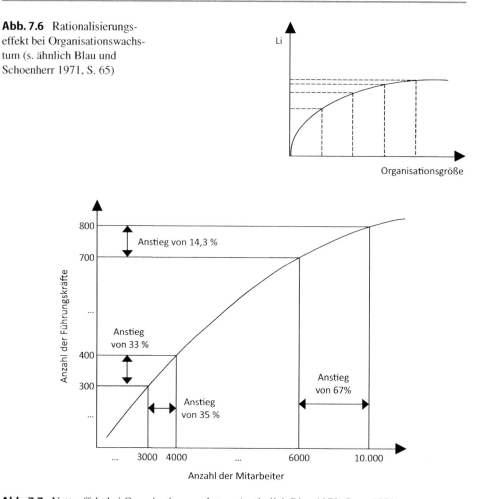

Abb. 7.7 Nettoeffekt bei Organisationswachstum (s. ähnlich Blau 1970; Scott 1981)

Interessant ist nun, wie der Nettoeffekt der beschriebenen Entwicklungen aussieht (s. Abb. 7.7). In welchem Ausmaß führt eine Steigerung der Mitarbeiterzahl zu hierarchischem Wachstum? Generelle Aussagen sind aufgrund der unterschiedlichen Umwelt- sowie Unternehmensbedingungen, der divergierenden Kulturen und vielem anderem schwierig zu formulieren. Interessant ist dabei aber das Ergebnis, dass eine unterproportionale Entwicklung der Zahl an Führungskräften relativ zur Mitarbeiterzahl vorliegt.

Ganz offensichtlich unterstützen die gegebenen Daten keine umfängliche Wirkung des Parkinson-Effektes. Dies bedeutet nun keineswegs dessen Irrelevanz, sondern lediglich, dass die Daten der Autoren auf kein flächendeckendes Auftreten einer kontraproduktiven Instanzenausdehnung hinweisen. Eigentlich müsste man annehmen, dass eine Linearität zwischen absolutem Wachstum – gemessen anhand der Mitarbeiterzahl – und den Führungskräften besteht. Warum sollte diese Relation sinken? Auf welche Weise findet diese

Zähmung parkinsonscher Entwicklungen statt? Warum kommen ganz offensichtlich große Unternehmen mit einer geringeren Leitungsintensität aus?

Ein Argument besteht in den oben angeführten **Hierarchieproblemen**. Bürokratie, sinkende Motivation durch weniger Eigenverantwortung und Kommunikationsverdünnung (s. Kap. 2) lassen die relativen Kosten deutlich ansteigen. Deren Auftreten gilt es zu verhindern. Es sind dann vor allem drei Argumente, die das unterproportionale Wachsen der Leitungsintensität als möglich erscheinen lassen.

Schaffung rechtlich selbstständiger Unternehmen
Große Unternehmen verfügen über Möglichkeiten – und nutzen diese im Vergleich zu kleineren Unternehmen häufiger – kleine und unter Umständen sogar rechtlich selbstständige Unternehmen zu bilden. Spezifische Erfolgsindikatoren, ein naher Bezug zu Produkten und Märkten können so vielen Problemen entgegentreten. Deren Führung ist dann weniger durch Eingriffe in Alltäglichkeiten, sondern durch Zielvorgaben und daran anknüpfenden Rechenschaftspflichten möglich. Dies bedeutet in gewisser Weise wiederum eine wachsende horizontale Komplexität, die mit einer steigenden Integrationsnotwendigkeit zwischen den Funktionsbereichen einhergeht. Insgesamt ist jedoch der Nettoeffekt ausschlaggebend.

Professionalisierung der Human-Ressourcen-Abteilung
Eine Professionalisierung auf der Ebene von Zentralbereichen schafft erhebliche Rationalisierungspotenziale. Gerade durch systematisch gepflegte Verfahren der Personalauswahl, -beurteilung und -entwicklung steigt das Niveau des Humankapitals oft an und es kann beispielsweise mehr Handlungsspielraum gewährt werden. Neben den angesprochenen organisationsstrukturellen Auswirkungen sind in großen Unternehmen die Möglichkeiten gegeben, horizontale, vertikale und laterale Karrierepfade zu skizzieren und diese anzupassen. Insgesamt eröffnen sich Perspektiven für Standardisierungen und damit einer Entlastung von Führungskräften.

Professionalisierung der IT-Abteilung
Im Bereich der Informationstechnologien liegen ebenfalls erhebliche Standardisierungspotenziale vor. Funktionierende und gut schulbare IT-Lösungen lassen sich organisationsspezifisch entwickeln und pflegen.

7.3.3 Begrenzung der Leitungsintensität

Als **Erklärung vertikaler Entwicklungen** wurden bislang Interessen von Führungskräften, die gummiartige Arbeitsausdehnung (Parkinson 1966), die Organisationsgröße (Blau und Schoenherr 1971) sowie ergänzende Argumente herangezogen. Darüber hinaus bestehen weitere Ansatzpunkte, um die Hierarchieausdehnung zu begrenzen. Dies ist dem

Tab. 7.3 Ansatzpunkte zur Begrenzung der Leitungsintensität

Ansatzpunkte	Parameter
organisatorisches Umfeld	stabile Beziehungen innerhalb einer Branche reduzieren Anpassungen und immer wiederkehrende Verhandlungen
organisatorische Gestaltung	hohe Standardisierung von Aufgaben geringe horizontale Spezialisierung dezentrale Entscheidungskompetenzen strategische Ausrichtung, vor allem Kostenführerschaft und Nutzung von Skaleneffekten
emergente Phänomene	einheitliche Werte und Normen zur Verhinderung komplexer und langwieriger Abstimmungsprozesse Gruppenkohäsion zur Förderung der Selbstverständlichkeit von Teams
interaktionelle Führung	Mitarbeiterführung und hohe LMX-Ausprägungen zur Förderung von wechselseitigem Verständnis
strukturelle Führung	Einstellungen und Motivation zur Reduktion von Führungsaufwand Personalauswahl und Personalentwicklung Anreizsysteme zum Ausgleich individueller und organisatorischer Ziele

Bestreben geschuldet, Kompetenzen und Verantwortung möglichst nah bei der operativen Ebene zu belassen.

Tab. 7.3 ordnet und benennt Ansatzpunkte – die Moderatoren der Wertschöpfung – und Ausprägungen vertikaler Strukturparameter. Die Formulierungen der Ausprägungen sind so gefasst, dass Hinweise auf eine Begrenzung der Leitungsintensität folgeenthalten sind.

Die benannten Ansatzpunkte lassen sich in ähnlicher Weise interpretieren. Beispielsweise bedeuten geringe horizontale Spezialisierung, geteilte Werte und Normen oder funktionierende Anreizsysteme einen geringeren Hierarchieaufwand. Die Steuerung von Mitarbeitern, Ressourcen und Abläufen kann dadurch dezentralisiert werden. Diese Vielfalt an Ansatzpunkten macht deutlich, um was es bei dem Thema Management geht: Nur eine **organisationsspezifische** und **situativ passende Kombination** ganz unterschiedlicher Ausgangspunkte lässt eine passende Lebendigkeit und Dynamik entstehen.

7.4 Kombinationen von horizontaler und vertikaler Strukturviabilität

7.4.1 Nachfrageorientierung durch Produkt- und Projektmanagement in funktionalen Strukturen

Ein Problem funktionaler Organisationen besteht in der Gleichrangigkeit aller Abteilungen auf der zweiten Hierarchieebene (s. Kap. 6). Das heißt, auch unternehmensextern ausgerichtete Marketing- oder Absatzabteilung reihen sich neben der Einkaufsabteilung ein. Somit erfährt die oft so relevante Nachfrageorientierung bei einer typischen funktionalen

7.4 Kombinationen von horizontaler und vertikaler Strukturviabilität

Organisation **keine explizite Fokussierung**. Produkte, Kunden oder Regionen genießen gegenüber den anderen Funktionsbereichen keinen besonderen Stellenwert.

Jedoch bedarf es in kompetitiven, organisatorischen Domänen regelmäßig eines intensiven Umganges mit Kundenbedürfnissen. Hinzu kommt die proaktive Bearbeitung von Produktentwicklungen sowie Umsetzung regionaler Besonderheiten. Im Kern bedeutet es nichts anderes, als eine Differenzierung hinsichtlich Qualitäten, Quantitäten und Reaktionsgeschwindigkeiten. Fehlt dies, so liegt eine schwache Marktorientierung vor. Wenn eine Geschäftsleitung aufgrund einer zu geringen fachlichen Nähe oder der komplexen Steuerung vieler Funktionalabteilungen dies nicht sicherstellen kann, dann erlangen zusätzliche organisatorische Lösungen an Aufmerksamkeit.

Produktmanagement in der Marketingabteilung

Produktmanagement in der Marketingabteilung stellt eine Aufwertung der Nachfrageorientierung dar (s. Abb. 7.8).

Die Marketingleitung bzw. die Marketingabteilung erfährt bei diesem Beispiel eine Ergänzung durch Produktverantwortliche. Jede neu hinzukommende Produktgruppe mit wiederum spezifischen Marktforschungs- oder Vertriebserfordernissen steigert die Unübersichtlichkeit. Es sind dann Produktmanager, die eine dezentralisierte Steuerung übernehmen und so die Komplexität innerhalb des Marketings handhabbarer machen. Die Grenzen dieser Steuerung bestehen in der fachlichen Weisungsbefugnis anderer Produktmanager sowie des Marketingleiters. Gemeinsam wird um die passende Verteilung von Ressourcen – beispielsweise die Reihenfolge von Marktforschungsstudien oder Maschinenbelegungen – konkurriert und verhandelt. Die folgende Illustration 7.2 stellt ein Beispiel für die eben genannten Strukturierungskomplexitäten vor.

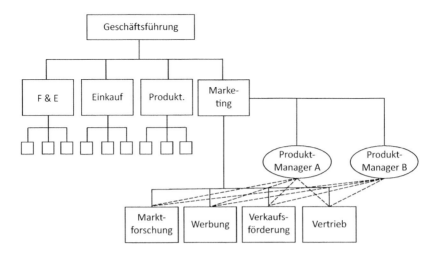

Abb. 7.8 Produktmanagement in der Marketingabteilung (s. ähnlich Kieser und Walgenbach 2010, S. 144)

> **Illustration 7.2: Produktmanagement eines Kaffeeunternehmens**
>
> Stellen Sie sich einen international bekannten Kaffeeröster vor. Die einzelnen Kaffeesorten unterscheiden sich je nach Bohnen, Art der Röstung, Verpackung sowie Werbung. Die vorhandene Produktdivergenz ist eher technisch und wird zu unterschiedlichen Produktsparten kaum ausreichend Anlass bieten, sodass eine funktionale Bearbeitung nahe liegt.
>
> Kritischer sind bei diesem Beispiel hingegen die Kundengruppen. So lassen sich mehrere differenzierte und mit unterschiedlichen Präferenzen ausgestattete Kundengruppen beschreiben. Zu nennen sind zunächst die Supermärkte mit spezifischen Konditionen und Logistikanforderungen. Darüber hinaus gibt es auch spezifische Verpackungsgrößen für Hotels und Gastronomie. Eine Optimierung zwischen Kaffeesorten und spezifischen Vollautomaten ist ebenfalls denkbar. Schließlich kommt auch die Deutsche Bahn als Schlüsselkunde infrage. Auch hier wird sich die Kaffeesorte nicht grundlegend unterscheiden. Jedoch sind es die kundenspezifischen Anforderungen und die Marktmacht, welche für ein Produktmanagement sprechen. ◄

Produktmanagement durch Komitees

Produktmanagement durch Komitees verankert organisatorisch einen fachlich weitreichenden, heterogenen und beschlussfassenden Informationsaustausch. Dies bedeutet einen regulierten „Zusammenarbeits-Zwang". Zwar lässt sich argumentieren, dass ein solcher Austausch bei jeder funktionalen Organisation eine große Notwendigkeit besitzt. Es ist jedoch eine institutionalisierte Konkretisierung des fachlichen Austausches, welche die Geschäftsführung enorm entlasten kann. Zudem ist es immer passend, wenn sich Verantwortliche mit dem Thema der Nachfrageorientierung strukturiert befassen und nicht dem betrieblichen Alltag mit all seinen Zufälligkeiten diese Aufgabe überlassen.

Gegenüber einem Produktmanagement resultiert eine noch größere fachliche Breite und Verantwortungsübernahme. Dem stehen allerdings mehr Zeitaufwand und die Möglichkeit von Patt-Situationen gegenüber. Abb. 7.9 skizziert diesen Zusammenhang.

Alle vorgestellten organisatorischen Lösungen verankern eine Marktorientierung in einer auf funktionale Eigenständigkeit und Äquivalenz ausgelegten Grundstruktur. Dies steigert den Abstimmungsbedarf, bleibt dabei aber deutlich unter einer „großen Lösung" wie der Matrixstruktur. Produktmanagement und -komitees sind häufig Ergänzungen in funktionalen Organisationsstrukturen.

Key-Account-Management

Von einem Key-Account- oder Schlüsselkunden-Management spricht man, wenn einzelnen Kunden oder Kundengruppen eine besondere Aufmerksamkeit zugesprochen werden soll. Dies gelingt durch Zuweisung von Verantwortung an einzelne Produktmanager und ergänzt damit Produktmanagement und Produktkomitees durch eine spezifische Ausrichtung.

7.4 Kombinationen von horizontaler und vertikaler Strukturviabilität

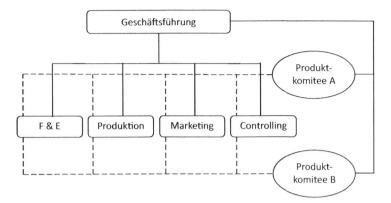

Abb. 7.9 Produktmanagement durch Komitees (s. ähnlich Kieser und Walgenbach 2010, S. 146)

7.4.2 Variationen des Binnengefüges und Holdingstrukturen

7.4.2.1 Einordnung

In der Unternehmenspraxis finden sich zahlreiche Varianten vertikaler Unterschiedlichkeiten. Diese zeigen sich in erster Linie bei **divisionalen Strukturen**. Das liegt daran, dass deren Stärke in der Abgeschlossenheit organisatorischer Einheiten liegt. Divisionale Nachteile entstehen horizontal durch die nicht im Fokus stehende Nutzung von Spezialisierungen und Größenvorteilen. Die Lösung dieses Problems lässt sich vor allem vertikal denken. Demgegenüber bestehen bei einer **funktionalen Struktur** die Nachteile in der horizontalen Abstimmung. Darauf richten sich die vielen, oben diskutierten Integrationsmöglichkeiten. Vertikale Integration findet ihr ökonomisches Ende in einer Hierarchieebene oberhalb der Funktionsbereiche.

Ein Umgang mit den angeführten und gängigen Nachteilen führt zu zwei Varianten vertikaler Unterschiedlichkeiten bei divisionalen Organisationsstrukturen:

- Die eine Variante greift die benannten Schwächen strukturell auf und lässt die Grundkonstanten weitgehend unangetastet. Das heißt, dass das Produkt- und Dienstleistungsprogramm oder die Zahl der Hierarchieebenen nicht von Veränderungen betroffen sind. Allerdings wird eine **Variation des Binnengefüges** vorgenommen.
- Die andere Variante setzt nicht am strukturellen Gefüge an, sondern spitzt die **Eigenständigkeit** einer Division, Sparte oder eines Geschäftsbereiches noch weiter zu. Die Stärken einer Divisionalisierung sollen somit hervorgehoben werden, was unter dem Begriff **Holding** bekannt ist.

Diese zwei Varianten werden im Folgenden geschildert.

7.4.2.2 Variationen des Binnengefüges

Die Grundidee einer divisionalen Organisation besteht in einer weitgehenden Eigenständigkeit und führt zu einem verteilten Knowhow. Dieses existiert in einzelnen Sparten, während es in anderen Sparten fehlt und dort nicht einmal bekannt ist, dass dieses spezifische Knowhow woanders, innerhalb des Unternehmens, existiert. Auch stellt sich die Frage nach der geteilten Nutzung von Ressourcen. Eine Doppelung von F&E, Produktion oder Marketing erweist sich rasch als nicht praktikabel. Kosten werden aufgebläht, weil keine Größenvorteile genutzt werden. Auch Qualitäten und Geschwindigkeiten werden immer besser sein, wenn keine insularen Lösungen angestrebt werden.

Re-Zentralisation von Funktionsbereichen

Weisen die Produkte oder Produktgruppen in den einzelnen Sparten eine erkennbare Homogenität auf, so bietet sich eine **Re-Zentralisation von Funktionsbereichen** an. Diese führt zu Ressourceneffizienz und wachsendem Knowhow in den bündelbaren Funktionsbereichen, die zu einer Art Zentralabteilung werden. Abb. 7.10 skizziert die Zentralisationspotentiale aufgrund homogener Produkte. Hier zeigt sich eine **funktionale Vorstandsressortierung**. Mitglieder des Vorstandes setzen so funktionale Perspektiven um.

Veränderung der Primärorientierung

Auch eine Veränderung der Primärorientierung – im Sinne der Ausrichtung auf der zweiten Hierarchieebene nach unterschiedlichen Objekten – bietet Möglichkeiten, um mit einzelnen divisionalen Nachteilen umzugehen. Bei allen divisionalen Beispielen dieses Kapitels besteht die Primärorientierung in der Ausrichtung auf Produkte oder Produktgruppen. Stehen nun aber Kundengruppen oder regionale Unterschiede im Zentrum, so liegt es nahe, die Divisionalisierung auf diese Primärorientierung auszurichten.

Schließlich ist es gar nicht selten, dass eine innovative Trägheit, vor allem in Großkonzernen, vorliegt. Dies wird dann durch die Integration von Start-ups angegangen. Dabei soll deren Innovationsgeist nicht durch bestehende Strukturen und Bürokratien belastet

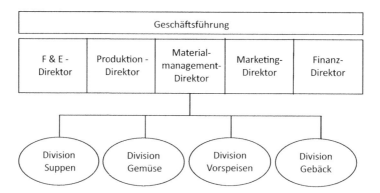

Abb. 7.10 Re-Zentralisation bei Produkthomogenität durch funktionale Vorstandsressortierung (s. ähnlich Jones 2013, S. 177)

werden. Demzufolge verfügen diese Start-ups über weitgehend autonome Aufgabenbereiche und operative Freiheiten. Letztendlich handelt es sich nicht um eine echte Veränderung der Primärorientierung, aber dennoch um deren Ergänzung mit einer potenziell substanziellen Perspektive (s. Illustration 7.3).

> **Illustration 7.3: Das Start-up im Großkonzern**
>
> Um neue Produkte zu entwickeln, setzt die Deutsche Telekom bereits seit 2010 auf Produktgruppen, die als sogenannte „Squads" bezeichnet werden. Die Squads sind selbstständige Teams mit nicht mehr als acht Mitarbeitern, die aus allen Fachrichtungen kommen und überwiegend an eindeutig definierten Aufgaben tätig sind. 2018 sind über 5000 Mitarbeiter des Unternehmens in diesen Gruppen organisiert.
>
> Bisher wurden so die Magenta Service App entwickelt und Innovationsprojekte im Bereich künstlicher Intelligenz, Kundenservice und Sales unterstützt. Die Telekom folgt damit dem Musikstreamingdienst Spotify, welcher nach eigenen Angaben überwiegend in Squads organisiert ist. Die Idee hinter dieser Organisationstruktur ist, mit der Innovationsfähigkeit eines Gründers bei gleichzeitiger Marktführerschaft agieren zu können (Jerzy 2018). ◄

7.4.2.3 Holding: Zuspitzung divisionaler Eigenständigkeit

Eine **Holding** ist ein rechtlich nicht definierter Begriff. Verbreitete alternative Bezeichnungen sind Dach-, Ober- oder Muttergesellschaft, sowie auch „Unternehmensgruppe". Die **Zuspitzung divisionaler Eigenständigkeit** verweist auf die reduzierten Aufgaben der Holding bzw. der Muttergesellschaft. Eine dezentralisierte Wertschöpfung erfolgt in weitgehend selbstständigen Unternehmen, Divisionen, Sparten oder Geschäftsbereichen. Die Muttergesellschaft ist damit nicht mehr direkt verantwortlich, sondern entscheidet über Strategien, die Besetzung der obersten Führungskräfte sowie die Abstimmung zwischen den Tochtergesellschaften.

Das **Einflusspotenzial einer Holding** beruht auf gesellschaftsrechtlichen Institutionen. Besonders deutlich ist dies bei einer Kapitalbeteiligung an einer Aktiengesellschaft. Dabei verfügt die Muttergesellschaft dann über das Recht, Aufsichtsratsmitglieder der Tochtergesellschaft zu benennen. Sofern eine Tochtergesellschaft keine eigene Rechtsform hat, wird sie durch die Muttergesellschaft über Linieninstanzen und ihre Direktionsbefugnis gesteuert.

An dieser Stelle wird die Weiterentwicklung einer Holding gegenüber einer divisionalen Struktur deutlich. Lebt eine divisionale Struktur oft von der Nähe zwischen einzelnen Divisionen, so sind Holding-Tochtergesellschaften vielfach stark distanziert von der Holding. Der Grad der Unabhängigkeit von Tochtergesellschaften kennzeichnet dann die unterschiedlichen **Holding-Formen**. Allen gemein ist, dass deren grundlegende Integration auf einer sichergestellten Kapitalausstattung basiert (Macharzina und Wolf 2018, S. 503–506):

Stammhauskonzern

Ein sogenannter Stammhauskonzern ist eine einfache Ergänzung einer divisionalen Struktur. Dem angestammten Geschäft werden vor- oder nachgelagerte Produktionsstufen hinzugefügt, beispielsweise ein Logistikdienstleister oder eine Vertriebsgesellschaft. Dies geschieht über den Zukauf und der anschließenden Abstimmung auf die existenten Strukturen und Abläufe. Prägend ist dabei die Dominanz eines angestammten Geschäftsfeldes. Die Ergänzungsinvestitionen schützen vor allem vor Ressourcenknappheit.

Management-Holding

Eine Management-Holding umfasst selbstständige Divisionen, deren Bestehen auf der Kompetenz der Holdingleitung beruht. Das heißt, die Leitung spendet mindestens genau so viel Knowhow und Management-Kompetenz, sodass die Holdingkosten – vor allem interne Transaktionskosten – kompensiert werden. Die Management-Eingriffe richten sich zum einen auf strategische, aber auch auf operative Fragen. Operative Fragen liegen beispielsweise bei einer Vergleichbarkeit von funktionalen Fragestellungen, wie zum Beispiel bei Fertigungs- oder Vertriebsthemen, nahe. Management-Knowhow ist dann gebündelt und kommt allen Divisionen zugute.

Finanz-Holding

Eine Finanz-Holding nimmt sich gegenüber den ersten beiden Varianten deutlich zurück. Im Extremfall existiert keine substanzielle Auseinandersetzung mit den Divisionen selbst. Die Divisionen werden vor allem im Hinblick auf ihre Rendite- sowie über das Querfinanzierungspotenzial begutachtet. Die Aufgaben einer Finanzholding erschöpfen sich dann vor allem im Kauf- und Verkauf rechtlich selbstständiger Divisionen.

Organisatorische Holding

Als organisatorische Holding versteht man die Aufteilung eines existenten, funktionalen Unternehmens in einzelne Divisionen. Das heißt, es liegt eine „vertauschte" Holding-Entwicklung vor. Während typischerweise Divisionen in eine Holding überführt werden, baut eine organisatorische Holding erst Wachstum auf und wird danach divisionalisiert. Es sind dann Ziele wie Eigenständigkeit, Ergebnisverantwortung und steuerliche Gründe, die dies bedingen und zu Effizienz und Effektivität beitragen sollen.

Diese Arten von Holdingstrukturen machen die gesamte Bandbreite von Entwicklungsperspektiven gut deutlich. Die Realisierung von **Holding-Formen** vollzieht sich kaum ruckartig, sondern immer schleichend. Die Risiken sind zu groß, um beispielsweise von einer Finanz-Holding zu einer Management-Holding oder von einem Stammhauskonzern zu einer Management-Holding zu wechseln. Es liegen vielmehr erst kleinteilige „Tests" mit einzelnen Sparten nahe. So wird eher absehbar, ob die jeweils erwarteten Potenziale eintreten werden.

Obgleich es wichtig ist, die verschiedenen Holding-Formen zu kennen und ihre Besonderheiten gegeneinander abgrenzen zu können, ist in der Praxis eine **eindeutige Zuordnung** zu einer bestimmten Holding-Form schwierig. Häufig werden die verschiedenen Formen kombiniert, was mit folgender Illustration 7.4 verdeutlicht wird.

> **Illustration 7.4: Erfolgreich durch die Holdingsstruktur**
>
> Zahlreiche Unternehmen jeder Form sind als Holdings erfolgreich, ob mittelständisch oder DAX-notiert. In Wuppertal sitzt die GESCO AG, welche nach eigenen Angaben ein Verbund mittelständischer Industrieunternehmen ist. Alle Tochterunternehmen der GESCO AG sind operativ selbstständig und werden durch die Holding in wirtschaftlicher Hinsicht unterstützt. Dabei geht es um Rechnungswesen, Controlling und strategische Beratungen. Ziel ist ein Verbund von langfristig profitablen Unternehmen ohne kurzfristige Exit-Strategie aus der Holding.
>
> Die Rocket Internet SE ist für seine vielen Unternehmen des elektronischen Handels weithin bekannt. Der Risiko-Finanzierer ist an zahlreichen Start-ups mit häufig bewährten und teilweise innovativen Geschäftsmodellen beteiligt und im MDAX gelistet. Die Holdingstruktur entspricht grundsätzlich der einer Finanzholding, allerdings mit einigen operativen Eingriffen in die Start-ups, insbesondere im Bereich Marketing und Vertrieb (Deutsche Wohnen SE o. J.; GESCO AG o. J.; Rocket Internet SE o. J.). ◀

7.4.3 Stärkung divisionaler Unabhängigkeit: Interne Märkte, Dezentralisierung und Standardisierung

7.4.3.1 Zugrundeliegende Idee

Eine weitere Möglichkeit zur Koordination von Funktionsbereichen oder Sparten stellen „**interne Märkte**" dar. Dabei sollen, wie auf einem typischen Güter- oder Dienstleistungsmarkt, nicht Personen die zu erstellenden Mengen und Preise steuern, sondern Marktmechanismen. Die Koordination obliegt dem – allerdings sehr reduzierten – Aufeinandertreffen von Angebot und Nachfrage. Das marktwirtschaftliche Prinzip findet so seine unternehmensinterne Umsetzung. Schmalenbach (1948) erkannte die Potenziale schon früh und prägte den Begriff der „**pretialen Lenkung**" – „vom Preis her folgend" (s. Duden). Vor allem im Kontrast zur Bürokratisierung von Betrieben und den damit einhergehenden Koordinationsschwierigkeiten, erschien Schmalenbach die Lenkungsfunktion von Verrechnungspreisen auf internen Märkten als adäquates Koordinationsinstrument.

Jedoch kann niemals ein echter Markt entstehen, weil es immer nur einen einzigen Anbieter (beispielsweise den Beschaffungsbereich) und nur einen oder zumindest nur wenige Nachfrager bzw. Abnehmer gibt (beispielsweise den Produktionsbereich). Zudem gehören beide Seiten dem gleichen Unternehmen an. Es wird also ein „Quasi-Markt" erzeugt, der Abstimmungsprozesse durchführt und die Geschäftsführung entlastet. Der Vorteil soll darin bestehen, dass durch Preise umfängliche Knappheitsinformationen einfließen. Das heißt, stehen Preise erst einmal fest, so prägen sie die Kalkulationen von notwendigem Input, Qualitäten und Abteilungs-Output. Diese Orientierung an Knappheitsinformationen soll Ressourcenverschwendung vermeiden.

Ganz ähnlich sollen unternehmensinterne Märkte – unabhängig von einer letztendlich immer durch Weisungsbefugnisse strukturierten Organisationsbeziehung – eine Koordination über Preise sicherstellen. Führungskräfte können und sollen eigenverantwortlich Kosten/Nutzen-Abwägungen, etwa über den Zeitpunkt oder die Intensität des Ressourceneinsatzes, treffen (Frese et al. 2012, S. 172 f.). Eine Alternative besteht dabei immer auch in der Nicht-Durchführung des Projektes und damit in der Einsparung der Ressourcen.

Bei dieser Vorgehensweise bringen verantwortliche Führungskräfte Wissen und Erfahrungen über das operative Geschäft, über Projektdurchführungen oder spezifische Märkte ein. Es handelt sich um Wissen, das häufig dezentral verteilt und entsprechend nur dort aktivierbar ist. Verbunden mit dezentralen Handlungs- und Entscheidungsfreiheiten ist die Sinnhaftigkeit des Einsatzes eines solchen Marktes insbesondere bei ambivalenten Input-Output-Relationen gegeben (Frese et al. 2012). Derartige Mehrdeutigkeiten bringen Unsicherheiten mit sich. Der Preismechanismus kann dann umfängliche Informationen abbilden, zusammenführen und zu einem Ausgleich zwischen organisatorischen Einheiten führen und Mehrdeutigkeiten sowie Unsicherheiten reduzieren. Zugleich stellen die Preise sowie die daraus resultierenden Gewinn- und Verlustmöglichkeiten ein Anreiz- und Kontrollsystem dar. Hier ist leicht erkennbar, dass eine passgenauere, dezentrale Abstimmung im Vordergrund steht, die zentral nicht erreichbar wäre. So würde eine Abteilung, die an eine andere liefert, ihre „Produktion" reduzieren, wenn der erzielbare Preis nicht zu einem Abteilungsgewinn führte. Eine Ineffizienz wäre aufgedeckt, die dann weitere Überlegungen nach sich zöge.

Wie angesprochen, ist eine Geschäftsleitung dabei niemals völlig außen vor. Es wird immer zu Entscheidungen kommen, ob für eine Abteilung ein Verlust akzeptabel ist oder nicht. Bei Verlusten stellt sich unweigerlich die Frage: Sind die Preise falsch bemessen oder liegen ablauforganisatorische Defizite vor? Besondere Kostentreiber sind eine hohe Leitungsintensität oder eine starke Ressourcenabhängigkeit in einzelnen Abteilungen. Genauso wird eine Geschäftsführung auch immer Themen wie beispielsweise die Beweggründe des Handelns (s. Kap. 2) und Anreizstrukturen bedenken müssen.

Die Voraussetzungen für das Funktionieren derartiger interner Märkte lassen sich leicht benennen: Dazu zählen klare organisatorische Abgrenzungen mit dezentraler Entscheidungs- und Rechenschaftspflicht sowie die Existenz einer dezentralen Gewinn- und Verlustrechnung. „**Profit Center**" heißen jene organisatorischen Einheiten, die genau diese Voraussetzungen umsetzen. Der angestrebte Gewinn kann dabei auch unternehmensintern erzielt und berechnet werden. Entsprechend muss sichergestellt sein, dass den Bereichen oder Abteilungen auch die notwendigen Befugnisse und Verantwortlichkeiten zugewiesen werden, um erfolgsabhängige Maßnahmen ergreifen zu können. Werden hingegen entscheidende Erfolgsfaktoren von einer übergeordneten Instanz gesteuert und damit fremdbestimmt, so wäre die Anreizwirkung gefährdet. Die Beschränkung auf bestimmte Vorgaben würde einen erwarteten Erfolg so kaum ermöglichen. Eine Passung von Organisationsstruktur und der Einrichtung von Profit-Centern ist also kritisch zu evaluieren.

7.4.3.2 Verrechnungspreise
Wie schon deutlich wurde, ist die Bestimmung von Preisen der kritische Punkt bei der Umsetzung interner Märkte. Diese Preise verrechnen abteilungsübergreifend den Wert

7.4 Kombinationen von horizontaler und vertikaler Strukturviabilität

von Gütern und Dienstleistungen. Alle Führungskräfte orientieren daran ihre Planungen und es kommt zu entsprechenden Aussagen über den Abteilungserfolg.

Die Ermittlung von Verrechnungspreisen kann auf drei Arten erfolgen:

- Einen besonders „objektiven" und gut begründeten Zugang stellt die Orientierung an realen **Marktpreisen** dar. Dies funktioniert beim Vorliegen nicht-spezifischer und damit auch von anderen Unternehmen nachgefragten Gütern und Dienstleistungen. Es werden dementsprechend Informationen zur internen Ressourcenallokation herangezogen, die in unabhängigen Marktpreisen enthalten sind.
- Sofern Marktpreise fehlen, kann eine kostenorientierte Preisfindung erfolgen. Betrachtet werden **Durchschnittskosten** von Produkten und Dienstleistungen, welche die Ressourcensteuerung begründen können.
- Darüber hinaus können **Grenzkosten** – Kosten, die auf die letzte produzierte Einheit entfallen – herangezogen werden. Dies führt dann zu einer besonderen Berücksichtigung des Kostenverlaufs bei den entsprechenden Abteilungen. Beispielsweise lässt sich so ein u-förmiger Kostenverlauf und die Bestimmung eines Optimums gut abbilden. Insbesondere aus steigenden Grenzkosten resultierende Nachteile fließen so in die Kalkulation ein. Durch Grenzkosten kommt es also zu einer zeitlichen und mengenmäßigen Dynamisierung in der Ressourcenallokation.

Abb. 7.11 skizziert die Entstehung von Verrechnungspreisen und verdeutlicht, wie externe Preise die Kalkulation sowohl von Mengen als auch von Folgepreisen determinieren können.

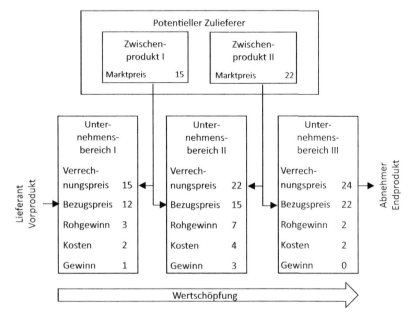

Abb. 7.11 Verrechnungspreise (s. ähnlich Wöhe et al. 2016, S. 204)

7.4.3.3 Anwendungen

Verrechnungspreise finden sich in der betrieblichen Praxis in erster Linie im Zusammenhang mit Lieferungen von Gütern und Dienstleistungen in Unternehmensgruppen und Konzernen bzw. Holdingunternehmen. Dortige Verrechnungspreise dienen vor allem der Nutzung und Auslastung von Unternehmensverbünden. Der Gesetzgeber wacht darüber, dass die jeweils angesetzten Verrechnungspreise zumindest einen Marktpreischarakter haben. Ungerechtfertigte steuerrechtliche Besserstellungen wären andernfalls die Regel. Trotz des geradezu bestechenden Charmes einer marktwirtschaftlichen Lösung des unternehmensinternen Koordinationsproblems finden sich nur wenige darauf gerichtete Verrechnungspreismodelle. Die Festlegung eines knappheitsorientierten Preises gestaltet sich oft als zu komplex. Ein gelungenes Beispiel hingegen schildert die folgende Illustration 7.5.

> **Illustration 7.5: Produktion von DRAM durch Intel**
>
> Ein Beispiel stellt die Produktion von DRAM (Dynamic Random Access Memory) ab den 1970er-Jahren bei Intel dar. Dort wurde den einzelnen Produktdivisionen die „maximize-margin-per-wafer-start"-Regel als Zielgröße vorgegeben. Demnach war jede Division angehalten, die Produktion ihrer Produktvariante möglichst gewinnbringend zu organisieren.
>
> Dabei standen die Bereiche in einem regelmäßigen Wettbewerb um Nutzung und Allokation von Ressourcen für die Produktion. Zugleich wurde durch die „maximize-margin-per-wafer-start"-Regel ein monetäres Informationsinstrument geschaffen, mit dessen Hilfe in offenen Debatten zwischen den Produktdivisionen augenscheinlich wurde, welche Produktvarianten erfolgsversprechend sind (Burgelmann 2002). ◄

Eine weitere – diesmal aber regelmäßig anzutreffende – Realisation interner Märkte findet sich im Rahmen sogenannter **interner Arbeitsmärkte**. Jegliche Vakanzen werden mitsamt der erforderlichen Qualifikation, der Tätigkeitsbeschreibung sowie den Perspektiven intern ausgeschrieben. Dabei tauchen diese Stellenausschreibungen nicht nur auf einer Plattform auf. Vielmehr treten Mitarbeiter der Personalabteilung als eine Art Agentur auf, sprechen Kandidaten an und informieren umfänglich. Interessierte Mitarbeiter haben es dadurch leichter, die aus ihrer Sicht bestehende „Preis- und Erlössituation" zu erkennen, also in diesem Fall alles, was aus der Option der Stelle folgt. Wie auf einem realen Markt legen Interessierte ihre persönliche Einschätzung als eine Art „Preis" fest. Vor allem wenn eine Vakanz mehrere Personen anspricht, kann eine marktähnliche Koordination auftreten.

7.5 Quintessenzen für Managementerfolg

Viabilität von Organisationsstrukturen kann dann erreicht werden, wenn umfängliche Adaptionen der aufbauorganisatorischen Grundmodelle an situative Gegebenheiten genutzt werden und die organisatorische Gestaltung so zu einem eigenständigen Erfolgspotenzial wird. Dies kann sowohl horizontal als auch vertikal erfolgen, indem eine Abbildung der Wertschöpfung auf Basis von Verrichtungen oder Objekten erfolgt und mit Hilfe von Hierarchien hinsichtlich ihrer Entwicklung und Grenzen eingebettet wird.

Für eine **Analyse** bestehender oder potenzieller Organisationsstrukturen bieten sich die drei generischen Strukturbalancen an. Diese polarisieren „Spezialisierung und Integration", „Zentralisation und Dezentralisation" sowie „Standardisierung und wechselseitige Abstimmung". Je mehr Spezialisierung stattfindet, desto mehr muss integriert werden. Je nach Grad der Zentralisation werden Entscheidungsbefugnisse vertikal anders verteilt. Je nach Grad der Standardisierung werden auf die Wertschöpfung mehr oder weniger gerichtete Regeln vorgegeben.

Die Verwobenheit zwischen den drei generischen Strukturbalancen und dem **Handeln** von Mitarbeitern sowie Führungskräften ist groß. Alle Beweggründe des Handelns (s. Kap. 2) werden unmittelbar adressiert: Die Re-Integration der Spezialisierung soll Handeln hervorrufen, das Abteilungen untereinander abstimmt. Ähnlich intensiv wirken übertragene Entscheidungsbefugnisse oder das Ausmaß, indem die Koordination von Aufgaben, Mitarbeitern oder Führungskräften zugrunde liegt. Es darf auch nicht außer Acht gelassen werden, inwiefern routinemäßige Regelanwendungen oder situationsspezifische Absprachen zum Managementerfolg (s. Kap. 1) beitragen können.

Die Analyse von Organisationsstrukturen erfordert immer den **Rückgriff** auf die Themen der anderen Wertschöpfungsmoderatoren. Dies zeigt sich besonders bei der Balance zwischen Zentralisation und Dezentralisation. Ohne die Möglichkeiten der interaktionellen und strukturellen Führung (s. Kap. 3 und 4) oder der noch zu diskutierenden Unternehmenskultur (s. Kap. 9) kann das Ausmaß der geeigneten Verantwortungsverteilung kaum beantwortet werden.

Die Herstellung einer horizontalen **Strukturviabilität** erfordert eine große Bandbreite von Lösungen, die das Gewicht von Grenzen einzelner organisatorischer Einheiten verringern sollen. Unterschiedliche Abteilungen, Stäbe, Sekundärorganisation bis hin zu einem Projektmanagement helfen hier, Unternehmensspezifika umzusetzen und negative Zentrifugalkräfte zu begrenzen. Bei der Etablierung solcher integrativ wirkenden Maßnahmen schließen sich gleichzeitig Fragen der strukturellen Führung (s. Kap. 4) an. Um beispielsweise bei der Mitarbeit in Projektgruppen nicht das Gefühl einer Doppelbelastung in den Vordergrund rücken zu lassen, können die Beweggründe des Handelns der Mitarbeiter durch entsprechende Vergütungs- oder Anreizstrukturen adressiert werden.

Vertikale Strukturviabilität resultiert aus der Bewältigung aller typischen Hierarchiefragen und -probleme. Hierzu existieren einige organisatorische Kennzahlen: Führungsspanne, Führungsbelastung und Leitungsintensität. Jedoch wird die Bedeutung solcher organisatorischer Kennzahlen, wie sie hier beschrieben wurden, durch die Berücksichtigung von Mitarbeiterkompetenzen, Zielkongruenzen, Haltungen der Mitarbeiter oder Kommunikationssystemen relativiert. Nichtsdestotrotz können derartige Kennzahlen zumindest ergänzende Hinweise auf Entwicklungen geben.

Die **Führungsspanne** gibt die Anzahl eindeutig unterstellter Mitarbeiter einer Führungskraft an. Aussagen zu der optimalen Führungsspanne können nicht eindeutig abgeleitet werden, da Führungsspannen stark von der Aufgaben- und Wettbewerbsstruktur abhängen.

Die **Führungsbelastung** resultiert aus der Gesamtmenge der zu verantwortenden Führungsbeziehungen zwischen einer Führungskraft und Individuen, Gruppen sowie Gruppenbeziehungen. Die Anzahl der zu steuernden Beziehungen und damit der Führungsbelastung steigt bei marginaler Erhöhung der Mitarbeiterzahl aufgrund direkter Führungsbeziehungen, Mitarbeiterbeziehungen und Gruppenbeziehungen dramatisch an. Es handelt sich also um ein Maß, das andeutet, ob die vorhandene Anzahl an Mitarbeitern in Bezug auf die Führungskräfte problematisch werden könnte.

Die **Leitungsintensität** beschreibt die Relation von leitenden zu operativen Stellen. Es gilt hierbei der Zusammenhang: „Je größer die Führungsspanne ist, desto geringer ist die Leitungsintensität". Es handelt sich vor allem um ein Maß, das im Zeitablauf Hinweise auf meist nicht beabsichtigte Relationen zwischen zunehmendem Führungspersonal und operativ tätigen Mitarbeitern gibt.

Der Parkinson-Effekt beschreibt **Hierarchieaufblähungen**. Demnach dehnt sich Arbeit mit der zur Verfügung stehenden Zeit aus. Zudem tendieren Führungskräfte dazu, die Anzahl der ihnen unterstellten Mitarbeiter zu erhöhen und sich somit wechselseitig Arbeit zu machen. Empirische Studien zeigen, dass dieser Komplexitätseffekt existiert, es jedoch mit dem Rationalisierungseffekt eine Antwort dazu gibt. Letzterer beschreibt, dass ein übermäßiges Hierarchiewachstum durch eine aktive Auseinandersetzung mit der organisatorischen Gestaltung vermeidbar ist. Ein zur Organisationsgröße unterproportionales Wachstum der Leitungsintensität kann beispielsweise durch die Professionalisierung der Humanressourcen-Abteilung, dem intensiven Einsatz von IT und anderen Technologien oder durch die Schaffung rechtlich selbstständiger Einheiten gelingen.

Nicht immer lassen sich horizontale und vertikale Maßnahmen voneinander trennen. Es ist dann eine **gleichzeitige Optimierung der Strukturviabilität** erforderlich. So kann bei funktionalen Organisationen durch Maßnahmen wie Produktmanager und Produktkomitees der fehlenden Fokussierung auf die Nachfrage entgegengewirkt werden. Re-Zentralisation in Form einer funktionalen Vorstandsressortierung kann die Ressourceneffizienz und das Knowhow, vor allem bei homogenen Produkten, verbessern. Eine Holding hingegen umfasst die Zuspitzung divisionaler Eigenständigkeit und die damit einhergehende dezentralisierte Wertschöpfung. Sie erfolgt in weitgehend selbstständigen Unternehmen, Divisionen, Sparten oder Geschäftsbereichen. Das Ausmaß der Unabhängigkeit kennzeichnen dabei unterschiedliche Holding-Formen. Hingegen sollen bei der Koordination durch „interne Märkte", Funktionsbereiche oder Sparten durch Angebot und Nachfrage gesteuert werden.

Strukturviabilität wirft, wie bereits erwähnt, Zusammenhänge mit **interaktioneller** (s. Kap. 3) und **struktureller Führung** (s. Kap. 4) auf. Strukturelle Führung liefert einen grundsätzlichen Rahmen, sowohl für die Viabilität, als auch für die interaktionelle Führung. So erfahren die Strukturbalancen eine Unterstützung durch die strukturelle Führung im Rahmen passender Rekrutierungs-, Personaleinführungs- und Personalentwicklungsmaßnahmen.

Auch die Führungskräfte selber müssen die entsprechende Ausrichtung der Strukturbalancen bei der Wahl ihres Führungsstils und im Umgang mit den Mitarbeitern (s. Kap. 3) berücksichtigen, um den Wertschöpfungsprozess bestmöglich zu unterstützen. So würde ein transformationaler Führungsstil in Unternehmen mit starker Spezialisierung, hoher Zentralität und Standardisierungen auf Abteilungsebene nicht weiterhelfen. Die Mitarbeiter könnten das entgegengebrachte Vertrauen und den Ansporn zu einer Extra-Anstrengung durch die geltenden Strukturvorgaben nicht umsetzen. Eher bedarf es in solchen Situationen der Initiierung von Strukturen durch eine interaktionelle Führung.

Um die Strukturbalancen auf einem allgemein akzeptierten Niveau zu halten, hilft die **informatorische Fundierung** (s. Kap. 5). Die verschiedenen Messverfahren können eingesetzt werden, um festzustellen, ob sich Führungskräfte auf den unteren Hierarchieebenen, oder Mitarbeiter selber, beispielsweise mehr Handlungsspielraum wünschen, woraufhin Dezentralisierungsmaßnahmen ergriffen werden können. Genauso gut können Mängel in der Integration zu Tage treten, wenn einzelne Abteilungen über die Arbeit anderer Abteilungen klagen und mit deren Ergebnissen nicht weiterarbeiten können.

7.6 Explorationen

Verständnisfragen
1. Die generischen Strukturbalancen …
    a. wirken unabhängig von Haltungen.
    b. prägen Werte, Haltungen und Motive.
    c. sind Substitute für Motivation.
2. Bezüglich der generischen Strukturbalancen gilt:
    a. Je mehr Standardisierung desto mehr wechselseitige Abstimmung.
    b. Je mehr Zentralisation desto weniger wechselseitige Abstimmung.
    c. Je mehr Zentralisation desto weniger Dezentralisation.
3. Spezialisierungsnachteile können durch wechselseitige Abstimmung überwunden werden, indem eine Verknüpfung zwischen zwei getrennten Abteilungen hergestellt wird. Dies erfolgt mithilfe einer …
    a. Stabsstelle.
    b. Zentralabteilung.
    c. Fayolschen Brücke.
4. Die Führungsbelastung nach Graicunas (1937) basiert auf drei Varianten von Führungsbeziehungen. Welche Variante gehört nicht dazu?
    a. direkte Beziehungen zur Führungskraft
    b. Beziehungen zu anderen Führungskräften
    c. Beziehungen zwischen Mitarbeitern
5. Bezogen auf Hierarchieebenen zielt der Rationalisierungseffekt auf eine Professionalisierung der Führung, welche der steigenden Leitungsintensität entgegenwirkt.
    a. richtig
    b. falsch

6. Produktmanagement durch Komitees ermöglicht einen heterogenen, abteilungsübergreifenden Informationsaustausch.
   a. richtig
   b. falsch
7. Vertikale Strukturgestaltungen …
   a. können den Führungsaufwand nicht beeinflussen, da Strukturen Weisungsbefugnisse festlegen.
   b. sollen koordinieren.
   c. bedürfen in der Regel Führungskräften, die Strukturen initiieren und weniger konsiderieren.

Weiterführende Fragen
a. Von der Einführung einer umfänglichen Prozessorganisation bleiben die generischen Strukturbalancen nicht unberührt. Welche Wirkungen werden auftreten?
b. Welche Bedeutung besitzen die Handlungsbegründungen für den Parkinson-Effekt? Kann man ihm durch Personalmanagement begegnen?
c. Diskutieren Sie, ob eine Holding zur Steuerung der einzelnen Beteiligungen bzw. Sparten oder Divisionen auch als Matrixstruktur Erfolg verspricht.

Falldiskussion 1: Führungsspanne bei Google
Google, der Internet-Innovator par excellence, verlässt sich für neue Produkte und Dienstleistungen mehr auf Basis-Ideen als auf top-down Strategien. Diese Ideen werden häufig in kleinen Projektteams entwickelt, die unter geringer Aufsicht stehen. Während in anderen Unternehmen Führungsspannen typischerweise zwischen 5 und 30 liegen, berichten bei Google bis zu 160 Angestellte einer Führungskraft.

Was verrät Ihnen dieses strukturelle Merkmal darüber, wie die Arbeit bei Google organisiert ist? Wie fördert eine hohe Führungsspanne das Entstehen von Innovationen (Johns und Saks 2017, S. 534)?

Falldiskussion 2: Hierarchieabbau
In Ihrem Unternehmen sind die Kosten enorm hoch. Sie wurden vom Vorstand beauftragt, einen Vorschlag zum Abbau von 25 % der Führungspositionen des Unternehmens zu unterbreiten. Zusätzlich sollen die verbleibenden Führungspositionen so organisiert werden, dass das Unternehmen auch weiterhin Mitarbeiter steuern kann (Jones 2013, S. 166).

a. Wie würden Sie bei der Analyse der Organisationsstruktur vorgehen, um entscheiden zu können, welche Führungspositionen zuerst abgebaut werden sollten?
b. Wie können Sie eine angemessene Steuerung mit weniger Führungskräften sicherstellen?
c. Was können Sie tun, um den Downsizing-Prozess für diejenigen, die gehen und für diejenigen, die bleiben, weniger schmerzhaft zu gestalten?

Falldiskussion 3: Anlagen und Zubehör AG
Die Anlagen und Zubehör AG ist eine große Organisation, die Maschinenteile, wie hochbelastbare Getriebe, für verschiedene Branchen herstellt. In den vergangenen Jahren begannen die Verkaufszahlen des Unternehmens aufgrund stärkeren Wettbewerbs zu sinken und Kunden sich über die Qualität der Produkte zu beschweren. Daraufhin wurde die Forschungs- & Entwicklungsabteilung gebeten, neue Designs für die am stärksten nachgefragten Produkte des Unternehmens zu entwickeln.

Die technische Abteilung lehnte diese Designs offen ab, veränderte sie und sendete sie so weiter an die Produktionsabteilung, welche sie als nicht-produzierbar einstufte. Währenddessen hatte jedoch die Marketingabteilung auf Basis des anfänglichen Materials der F&E-Abteilung schon eine Kampagne zur Bewerbung der neuen Designs gestartet. Auch nach einem Jahr war die Anlagen und Zubehör AG der Veröffentlichung neuer Produkte noch keinen Schritt nähergekommen, während sich immer mehr Kunden beschwerten und mit dem Wechsel zu anderen Lieferanten drohten. Es gelang den Wettbewerbern, immer mehr Marktanteile für sich zu gewinnen (Johns und Saks 2017, S. 535).

a. Beschreiben Sie die Struktur der Anlagen und Zubehör AG. Was sind die Probleme des Unternehmens? Ist die Organisationsstruktur ein Faktor hierfür?
b. Welche Struktur schlagen Sie vor, um neue und hochqualitative Produkte schnell entwickeln zu können? Was wären Vorgehensweisen, die die Situation verbessern würden?

Literatur

Apple Inc. (o. J.). *Apple park visitor center*. https://www.apple.com/retail/appleparkvisitorcenter/. Zugegriffen am 11.06.2020.
Blau, P. M. (1970). A formal theory of differentiation in organizations. *American Sociological Review, 35*, 201–208.
Blau, P. M., & Schoenherr, R. A. (1971). *The structure of organizations*. New York/London: Basic Books.
Burgelmann, R. A. (2002). *Strategy is destiny: How strategy-making shapes a company's future*. New York: The Free Press.
Davenport, T. H. (1993). *Process innovation. Reengineering work through information technology*. Boston: Harvard Business School Press.
Deci, E. L., & Ryan, R. M. (2000). Self-determination theory and the facilitation of intrinsic motivation, social development, and well-being. *American Psychologist, 55*(1), 68–78.
Der Spiegel. (2017). *Das Ufo ist gelandet* (12.09.2017). https://www.spiegel.de/stil/apple-park-so-sieht-das-neue-apple-gebaeude-aus-a-1167309.html. Zugegriffen am 11.06.2020.
Deutsche Wohnen SE. (o. J.). https://www.deutsche-wohnen.com/. Zugegriffen am 20.11.2019.
Dombrowski, U., Grundeij, J., Melcher, P. R., & Schmidtchen, K. (2015). Prozessorganisation in deutschen Unternehmen. *Zeitschrift für Führung & Organisation, 84*(1), 63–69.
Fallgatter, M. J. (2004). Kontrolle. In G. Schreyögg & A. von Werder (Hrsg.), *Handwörterbuch der Unternehmensführung und Organisation* (4. Aufl., S. 668–679). Stuttgart: Schäffer-Poeschel.
Frese, E., Graumann, M., & Theuvsen, L. (2012). *Grundlagen der Organisation. Entscheidungsorientiertes Konzept der Organisationsgestaltung* (10. Aufl.). Wiesbaden: Springer Gabler.

Frost, J. (2018). Immer noch: Prozessmanagement als Kernkompetenz. In M. Sulzberger & R. J. Zaugg (Hrsg.), *ManagementWissen. Was Leader erfolgreich macht* (S. 121–130). Wiesbaden: Springer Gabler.

Gaitanides, M. (2012). *Prozessorganisation. Entwicklung, Ansätze und Programme des Managements von Geschäftsprozessen* (3. Aufl.). München: Franz Vahlen.

GESCO AG. (o. J.). https://www.gesco.de/home/. Zugegriffen am 13.05.2020.

Graicunas, V. A. (1937). Relationship in organization (1933). In L. Gulick & L. Urwick (Hrsg.), *Papers on the science of administration* (S. 181–187). New York City: Institute of Public Administration, Columbia University.

Hammer, M., & Champy, J. (1994). *Business reengineering. Die Radikalkur für das Unternehmen*. Frankfurt a. M.: Campus.

Hare, A. P. (1976). *A handbook of small group research* (2. Aufl.). New York: Free Press.

Hess, T., & Schuller, D. (2005). Business Process Reengineering als nachhaltiger Trend? Eine Analyse der Praxis in deutschen Großunternehmen nach einer Dekade. *Zeitschrift für betriebswirtschaftliche Forschung, 57*(4), 355–373.

Jerzy, N. (28. August 2018). Arbeiten in Squads. Flink wie ein Start-up, mächtig wie ein Marktführer. *WirtschaftsWoche*. https://www.wiwo.de/erfolg/management/arbeiten-in-squads-flink-wie-ein-start-up-maechtig-wie-ein-marktfuehrer/22950414.html. Zugegriffen am 06.05.2020.

Johns, G., & Saks, A. M. (2017). *Organizational behaviour. Understanding and managing life at work* (10. Aufl.). Toronto: Pearson.

Jones, G. R. (2013). *Organizational theory, design, and change* (7. Aufl.). Boston: Pearson.

Kieser, A., & Walgenbach, P. (2010). *Organisation* (6. Aufl.). Stuttgart: Schäffer-Poeschel.

Liebert, T. (2012). *Prozessorientierung in der Unternehmensorganisation. Eine empirische Untersuchung in deutschen Industrieunternehmen*. Wiesbaden: Springer Gabler.

Macharzina, K., & Wolf, J. (2018). *Unternehmensführung. Das internationale Managementwissen: Konzepte – Methoden – Praxis* (10. Aufl.). Wiesbaden: Springer Gabler.

Maier, P. (Hrsg.). (1997). *Reengineering – Fluch oder Segen? Die Erfahrungen namhafter Unternehmen*. Wiesbaden: Springer Gabler.

Meyer, M. (2015). Organisation: Strukturen und klassische Formen. In W. Mayrhofer (Hrsg.), *Personalmanagement – Führung – Organisation* (5. Aufl., S. 149–205). Wien: Linde.

Miner, J. B. (2006). *Organizational Behavior 2*. New York: Routledge.

Osterloh, M., & Frost, J. (2006). *Prozessmanagement als Kernkompetenz. Wie Sie Business Reengineering strategisch nutzen können* (5. Aufl.). Wiesbaden: Springer Gabler.

Parkinson, N. C. (1966). *Parkinsons Gesetz und andere Untersuchungen über die Verwaltung*. Reinbek: Rowolt.

Rocket Internet SE. (o. J.). https://www.rocket-internet.com/. Zugegriffen am 20.11.2019.

Schmalenbach, E. (1948). *Pretiale Wirtschaftslenkung: Pretiale Lenkung des Betriebes*. Bremen-Horn: Dorn.

Scott, W. R. (1981). *Organizations. Rational, natural, and open systems* (5. Aufl.). Upper Saddle River: Prentice Hall.

Shaw, M. E. (1976). *Dynamics of small group behaviour* (2. Aufl.). Mexico: McGraw-Hill.

Steinmann, H., Schreyögg, G., & Koch, J. (2013). *Management. Grundlagen der Unternehmensführung. Konzepte, Funktionen, Fallstudien* (7. Aufl.). Wiesbaden: Springer Gabler.

Thiel, C. (2009). *Leitungsspanne und Hierarchietiefe von Organisationen. Modellierung und Simulation bei einfacher und stochastischer Informationsentstehung* (1. Aufl.). Mering: Hampp.

Wöhe, G., Kaiser, H., Döring, U., & Brösel, G. (2016). *Einführung in die allgemeine Betriebswirtschaftslehre* (26. Aufl.). München: Franz Vahlen.

Woodward, J. (1958). *Management and technology*. London: H. M. Stationery Off.

Sehnsucht der Unternehmenspraxis: Einfacher Umgang mit organisatorischer Komplexität

8

Zusammenfassung

In der Unternehmenspraxis tauchen regelmäßig Konzepte auf, die versprechen, die Komplexität von Organisationsstrukturen zu reduzieren und Umweltanforderungen zu integrieren. Es handelt sich um Reaktionen auf Gegebenheiten wie internationale Arbeitsteilung, Digitalisierung, gesellschaftlicher Wertewandel oder Wettbewerbsdynamik. Antworten hierauf können Modulare Organisationen und Netzwerkstrukturen geben. Daneben gibt es bewusste Abgrenzungen von typischen Organisationsstrukturen. So werden grenzenlose Unternehmen, Ambidextrie oder Holokratie zur Diskussion gestellt. Zudem ist die organisatorische Gestaltung häufig das Opfer von Managementmoden. Dazu zählen Lean Management oder agile Organisationen. Hier wird jeweils ein einzelner Erfolgsfaktor zum Retter gekürt, der die Vielfalt organisatorischer Strukturalternativen besiegen und die Zukunft sichern soll. Jedoch ist dies ein gefährlicher Standpunkt, denn die Erfolgsfaktoren erweisen sich allzu oft als vergänglich.

Vignette: Trendthemen

Eine Studentin – interessiert am Thema Management und sehr engagiert – wird im Rahmen ihrer Werkstudententätigkeit zur Geschäftsführung gebeten. Grund dafür ist ein ungutes Gefühl der Geschäftsführerin: Sie verspürt eine gewisse Trägheit in ihrer Belegschaft, Projekte werden verschleppt, es kommen wenige Ideen und Verbesserungsvorschläge und auch Kundenbeschwerden häufen sich.

Die Geschäftsführerin erkundigt sich nach dem Studium der Werkstudentin und welche neuen Erkenntnisse es aus der Managementforschung und -lehre seit ihrem eigenen Abschluss im Jahr 1990 gibt. Die Geschäftsführerin sagt zur Werkstudentin:

„Aktuell wird viel über agiles Management, Scrum und Netzwerke geredet. Ich kenne einige Geschäftsführer anderer Unternehmen, die sind regelrecht begeistert davon. Die Belegschaft sei richtig auf Trab gekommen. Ich denke, damit sollten wir auch schnell bei uns starten. Können wir das nicht auch bei uns umsetzen?"

Die Studentin antwortet: „Letztendlich handelt es sich nicht um vielmehr als Variationen der bestehenden organisationstheoretischen Überlegungen. In Teilen lassen sich diese Konzepte sicherlich nutzen. Eine pauschale Performanzsteigerung zu erwarten, wäre nach allem was ich weiß, deutlich überzogen."

Die Geschäftsführerin antwortet: „Ganz offensichtlich hat sich seit meinem Examen vor 30 Jahren nicht viel geändert. Noch immer drückt man sich vor eindeutigen Aussagen." Sie fragt nicht weiter nach, sondern erkundigt sich nach den Tätigkeiten und Erfahrungen als Werkstudentin. ◄

Die voranstehende Schilderung deutet es an: Diskussionen in der Unternehmenspraxis um mitarbeiterseitige Leistungssteigerungen sind durchzogen von vielfältigen und oft innovativ wirkenden Vorschlägen. Viele Personen und Institutionen beteiligen sich daran und oft werden einzelne der Ideen als das Absolute gekennzeichnet. Mitunter wird aber nicht so recht deutlich, worin die jeweiligen Vorteile gründen und warum es immer neue Vorschläge sein müssen, die gute Perspektiven versprechen. Die folgenden Ausführungen diskutieren Inhalte verschiedener, organisatorischer Vorschläge.

8.1 Ausgangspunkte

Die bisherigen Ausführungen zu den generischen Strukturbalancen, der horizontalen sowie der vertikalen Spezialisierung, des Zusammenspiels mit der interaktionellen und strukturellen Führung sowie der noch folgenden emergenten Phänomene sind nicht einfach zu durchschauen. An welcher Stelle sind Verknüpfungen besonders relevant? Wie interagieren diese unterschiedlichen Zugänge und wie können Umsetzungen aussehen? Diese Fragen verdeutlichen eine große Komplexität.

Übertragungen in die Unternehmenspraxis sind nicht einfach. So prägen Mutmaßungen – gefüttert durch verschiedene Erfahrungen, Erwartungen und interpretierten Notwendigkeiten – das Denken über Organisationsstrukturen. Es resultiert eine Situation, die hier mit **„Sehnsucht"** zugespitzt wird. Diese besteht darin, die reale Vielfalt von organisationsstrukturellen Zugängen, deren Wirkungskombinationen und Perspektiven, zu ordnen und dadurch zu vereinfachen.

Schon vor mehreren Jahrzehnten wurde eine solche erste Ordnung in die Diskussion gebracht. Die Stichworte **mechanistische und organische Strukturen** umfassen eine Kombination der generischen Strukturbalancen. Es werden zwei Pole skizziert, die hinsichtlich ihrer Planbarkeit an gegensätzlichen Umweltsituationen ansetzen (s. Abschn. 8.2).

Darüber hinaus ist die unternehmenspraktische Diskussion seit langem geprägt von der Reaktion auf **Umweltentwicklungen** und **übergreifende Trends**. Organisationsstrukturelle Vorschläge knüpfen oft an neuen Technologien, globalen Absatzmärkten, informationstechnologischen Entwicklungen oder sogenannten Megatrends an. Es resultieren Organisationsvorstellungen, die derartige Akzente aufgreifen. So versprechen Netzwerkstrukturen und modulare Organisationsmodelle eine Reduktion von Spezialisierung und damit eine bessere Koordination. Derartige Ansätze sind in Theorie und Praxis breit rezipiert, spätestens seit Beginn der Digitalisierung. Schon ab dem kleineren Mittelstand wird es eine Vielzahl an Führungskräften geben, die sich dafür interessieren (s. Abschn. 8.3).

Ebenfalls wird ein ganzes Bündel von Organisationsüberlegungen regelmäßig mit dem Label „modern" versehen. Diese brechen nach eigener Aussage mit dem bisherigen oder „traditionellen Standard" der Organisationstheorie. Dazu zählen sogenannte entgrenzte Unternehmen, Holokratie oder Ambidextrie. Wie lassen sich diese Neuerungen bewerten (s. Abschn. 8.4)?

Darüber hinaus finden sich Ansätze, die Dynamik und Lebendigkeit in Unternehmen zum Gegenstand haben. Es sind Methoden wie Lean Management, Business Process Reengineering oder Scrum, die sich darauf richten und große Versprechungen bieten. Alle diese Überlegungen sind sehr plakativ gehalten, setzen auf intuitive Zugänglichkeiten und versprechen eine leichte Implementierung sowie großen Erfolg. Wie ist die Wirkung derartiger Methoden einzuschätzen (s. Abschn. 8.5)?

Die folgenden Kapitel beschäftigen sich mit diesen vier Ausgangspunkten.

8.2 Kombinationen von Strukturbalancen: Zwischen Mechanistik und Organik

Die **drei generischen Strukturbalancen** mit ihren zwei jeweiligen Ausprägungen (s. Kap. 7) führen zu vielfältigen Kombinationen. Dies wird anschaulich, wenn man bedenkt, dass nicht nur Extremausprägungen existieren werden, sondern auch viele Zwischenlösungen. Besonders aussagekräftig sind die beiden Extremvarianten, also stark spezialisiert, zentralisiert und standardisiert auf der einen Seite sowie gering spezialisiert, dezentralisiert und wechselseitig abgestimmt auf der anderen Seite. Durch Auflockerung der einzelnen Extremausprägungen nähern sie sich einander an.

Hierbei handelt es sich um ein seit langem etabliertes Argument, das einen unmittelbaren Bezug zur Umwelt herstellt. Burns und Stalker (1968) diskutierten den Zusammenhang zwischen Umwelt und der als davon abhängig gedachten Organisationsstruktur erstmals systematisch. Sie betrachten Umwelten als ein **Kontinuum**, das von stabil bis turbulent verläuft. Sie argumentieren, dass jeweils konträre organisationsstrukturelle Ausprägungen zu den Umweltextrema passen. Diese Ausprägungen beschreiben die Autoren gesamthaft und verwenden dafür die Begriffe „**mechanistische**" und „**organische**" Struktur.

Der Ausgangspunkt, Umwelt als unabhängige und Organisationsstrukturen als abhängige Variable zu betrachten, passt nur partiell zu den hier vorgetragenen Argumenten. Es könnte schnell der Eindruck einer kausalen Determination entstehen. Dies ist aber offensichtlich zu undifferenziert. Es sind zum einen die ökonomischen Hebel (s. Kap. 1) und zum anderen die vielfältigen Möglichkeiten, Ressourcenabhängigkeit zu reduzieren (s. Kap. 12), die Entwicklungen auslösen. Dies stellt eine **einfache Kausalität** zwischen der Umwelt und Unternehmen in Frage. Dennoch verdeutlicht diese Sichtweise wesentliche Zusammenhänge. Die Kernaussage bleibt dabei erhalten, nach der kaum mechanistische Strukturen in turbulenten Umwelten existieren werden.

Mechanistische und organische Strukturausprägungen setzen an der Unterscheidung von **generellen und fallweisen Regelungen** an (s. Kap. 6). Die folgende Skizze verdeutlicht die Argumentation:

- Eine stabile Umwelt erlaubt bzw. fordert geradezu eine **mechanistische Struktur** ein. Das heißt, die Wertschöpfung verläuft weitgehend uniform oder wird zumindest in dieser Weise gedacht. Skaleneffekte lassen sich gut planen und realisieren. Verantwortungszentralisation, Planungsorientierung und formale Koordination sind wesentliche Kennzeichen. Dazu gehören beispielsweise auch die Integration durch Hierarchie sowie starre Abteilungsgrenzen. Es dominieren generelle Regelungen.
- Eine **organische Struktur** zielt auf eine turbulente Umwelt mit raschen Änderungsnotwendigkeiten ab. Es steht weniger ein systematisches Durchdenken von Geschäftsprozessen im Vordergrund, sondern vielmehr die zum Teil spontane Reaktion auf externe Gegebenheiten. Es ist dann gerade nicht die ablauforganisatorische Steuerung über Zentralität oder über eindeutig definierte Rollenvorgaben. Ganz im Sinne des Begriffes „Organik" funktionieren Unternehmen bei dieser Ausprägung als eine Art „sich selbststeuerndes, korrigierendes und entwickelndes Gebilde". Die Mitarbeiter haben hier ein umfassenderes Aufgabenspektrum und eine übergreifende Verantwortung. Fallweise Regelungen rücken in das Zentrum, sodass generelle Regeln kaum Anwendung finden.

Tab. 8.1 listet typische Kriterien zur Beschreibung von mechanistischen und organischen Organisationsstrukturen auf. Ganz im Sinne des bereits skizzierten Verständnisses

Tab. 8.1 Ausprägungen mechanistischer und organischer Strukturen (s. ähnlich Johns und Saks 2017, S. 523; Schreyögg und Geiger 2016, S. 214)

Charakteristika	mechanistisch	organisch
Anzahl an Hierarchieebenen	viele	wenige
Ausmaß der Zentralisation	hoch	niedrig
Ausmaß genereller Regeln	hoch	gering
Stellenbeschreibungen	präzise	offen
Spezifität von Zielen und Handlungen	hoch	niedrig
Kompetenzabgrenzung	scharf	unscharf
Kommunikationsfluss	vertikal	horizontal sowie lateral
Bandbreite formaler Qualifikationen	groß	gering
Kommunikationsinhalt	Anweisungen	Information und Beratung

von Management (s. Kap. 1) adressiert die Zusammenstellung vor allem Verknüpfungen, die nicht immer als „organisatorisch" angesehen werden. So stehen Strukturentscheidungen immer auch in enger Verbindung zu Fragen des Humanressourcen-Managements (Burns und Stalker 1968, S. 96–98; Johns und Saks 2017, S. 523; Schreyögg und Geiger 2016, S. 214). Gerade diese, auf die Mitarbeiter selbst gerichteten, Maßnahmen der strukturellen sowie der interaktionellen Führung unterfüttern die jeweiligen Ausprägungen in einem starken Ausmaß.

Beispiele für organische Strukturen finden sich bei Software-Firmen, bei vielen Dienstleistern, die projektorientiert arbeiten, oder bei einzelnen Funktionalbereichen, wie F&E-Abteilungen. Aber auch in Großunternehmen mit einem über Jahre hinweg stabilen Geschäftsmodell lassen sich eindeutig organische Strukturen finden. Aufwändige Abstimmungen und Koordinationen werden dann auf die operative Ebene verlagert. So können etwa günstige Voraussetzungen für die Diffusion unterschiedlicher Wissensbestände geschaffen werden, um im Ergebnis die Ideenentwicklung zu fördern. Eine Vielzahl formaler Regeln mit festgelegten Kommunikationswegen würde derart kreativen Prozessen entgegenlaufen. Das Einsparen einer Hierarchieebene, oder Teilen davon, ist ein weiteres Potenzial organischer Strukturen. Dies lässt sich so formulieren, da organische Strukturen dezentral funktionieren und Verantwortung gerade nicht zentralisiert ist.

Beispiele für mechanistische Strukturen sind leicht zu finden. So treffen relativ stabile Umweltbedingungen auf Energieversorger, Versicherungen oder produzierende, kleine und mittelständische Unternehmen zu. Ergebnisse mechanistischer Strukturen bestehen etwa in der Ausnutzung von Skaleneffekten sowie ausgeprägter Berechen- und Planbarkeit. Die Gründe für so generierbare Effizienzsteigerungen liegen zum Beispiel in der starken Standardisierung und führen so zu einer ressourcenschonenden Wertschöpfung.

Eine andere Begründung für die Realisierung mechanistischer Organisationsstrukturen ist **mangelndes Vertrauen** in das Wollen, Wissen und Können von Mitarbeitern. Eine Mechanistik hat demnach nicht nur effizienzsteigernde Wirkungen, sondern engt zudem den Handlungsspielraum für viele Mitarbeiter erheblich ein. Sie verantworten dann nur wenig, entscheiden selbst nur in geringem Maße und stimmen sich auch kaum mit Kollegen aus anderen Abteilungen wechselseitig ab. Dabei handelt es sich um eine **Misstrauensstruktur**. Sie rückt Eigennutzorientierungen sowie Opportunismus in den Mittelpunkt und strebt die Reduzierung beider durch Planung an. Das heißt, eine mechanistische Struktur reagiert dann auf begründbares oder bloß unterstelltes „Negativ-Handeln" von Mitarbeitern.

Im Unterschied dazu und ganz ohne negative Erwartungen kann allerdings die Existenz einer mechanistischen Struktur gerade dazu führen, dass Mitarbeiter Minder-Leistungen erbringen. Jede Organisationsstruktur formuliert implizit Erwartungen. Ist kein Spielraum für eigene Entscheidungen und für ein „Mitdenken" oder Engagieren strukturell vorgesehen, dann werden Mitarbeiter nach gar nicht allzu langer Zeit genauso handeln, wie es die Struktur „erwartet". Dies würde bedeuten, dass eine Misstrauensorganisation erst jenes Handeln produziert, dass sie verhindern soll. Dieses reduzierte oder insuffiziente Handeln rechtfertigt dann wiederum die existente Misstrauensorganisation. Irgendwann ist dann nicht mehr benennbar, ob Mitarbeiter wenig leistungsbereit sind, oder ob sie erst durch das Vorhandensein eines engen Regelungskorsetts dazu geworden sind. Einblicke hierzu bieten beispielsweise die Motivationstheorien, Haltungen oder das Job Characteristics Model (s. Kap. 2 und 4), die alle darauf verweisen, wie Strukturen die intrinsische Motivation der Mitarbeiter fördern können.

Diese Argumentation, auch wenn sie Plausibilität auf sich vereinen kann, ist dennoch verkürzt und trivialisiert einige Zusammenhänge. So ist es alles andere als einfach, eine Organik einzuführen, weiterzuentwickeln und lebendig zu halten. Werte, Haltungen, Motivation, Qualifikation, interaktionelle Führung und weite Teile der strukturellen Führung tragen gemeinsam zu deren Funktionieren bei. Aber auch die Einführung und Aufrechterhaltung einer mechanistischen Struktur ist hinsichtlich der Identifikation eindeutiger Wertschöpfungsstrukturen und deren informationstechnologischer Abbildung komplex.

8.3 Umgang mit Trends: Reduktion horizontaler Spezialisierung

8.3.1 Einordnung

Netzwerke und **modulare Unternehmen** gewannen vor allem durch Internationalisierung, offene Märkte sowie Digitalisierungsmöglichkeiten an Bedeutung und sind in der Unternehmenspraxis oft anzutreffen. Sie sind rechtlich selbstständig, weisen dabei aber zu einzelnen anderen Unternehmen eine besondere Nähe auf. Transaktionskostentheoretisch gesprochen (s. Kap. 1) sollen sie marktliche Nachteile, wie mangelnde Beständigkeit und Spezifität und vor allem Bürokratie reduzieren.

Oft ist ein deutlicher Spezialisierungsrückgang zu beobachten, sodass Komplexität ausgelagert werden kann. Das heißt, es werden nicht mehr alle typischen Abteilungen und Bereiche intern vorgehalten, sondern die jeweiligen Aufgaben werden von den externen Partnerunternehmen übernommen. Steigerung von Flexibilität und Standardisierung sowie Senkung von Kosten und der Kapitalbindung sind wesentliche Ziele (Picot et al. 2015).

Jedoch ist eine solche Auslagerung von Komplexität trotz der oben genannten Einschätzung kaum modern oder innovativ. Bereits der Begriff der **Transaktionskosten** erfasst diese Überlegungen (s. Kap. 1). So verweist die Transaktionskostentheorie auf wesentliche Anforderungen an Netzwerke und modulare Unternehmen. Wertschöpfungsstufen dürfen nicht stark miteinander verwoben sein, denn dies würde in intensiver Koordination sowie internen Transaktionskosten – oder eben Bürokratie – münden. Entsprechend haben derartige Konzepte kaum eine Relevanz für Nachhilfeunternehmen, Kiesgruben, Restaurants oder für technologieintensive Unternehmen. Vielmehr müssen Wertschöpfungsstufen aus funktionalen und gut differenzierbaren Zwischenergebnissen bestehen. Wenn dann noch externes Knowhow gut einsetzbar ist oder sogar mit Konkurrenten gemeinsame Produkte und Dienstleistungen entwickelt werden, rückt die Auslagerung von Komplexität in das Zentrum. Illustration 8.1 nennt hierzu Beispiele.

> **Illustration 8.1: Transaktionskosten bei hoher und bei geringer Verwobenheit**
>
> Eine gering verwobene Wertschöpfung ist zum Beispiel bei Mineralöl- und Erdgas-Unternehmen vorzufinden. Prägend sind hier weitgehend konstante und bewährte Wertschöpfungsprozesse, für die eigene organisatorische Einheiten existieren, wie die Förderung von Erdöl und Erdgas sowie die Weiterverarbeitung in petrochemischen Prozessen. Außerdem sind Wertschöpfungsprozesse etwa in der Automobilbranche relativ gut aufzuteilen. Dies zeigt das Beispiel der Kooperation von BMW und Daimler, die gemeinsam Techniken für automatisiertes Fahren entwickeln. Es wird also externes Knowhow des Konkurrenten genutzt, um die eigene Komplexität zu reduzieren (Wenzel 2019). Ein ähnliches Vorgehen im Bereich von Kiesgruben ist hingegen nur schwer vorstellbar. Dort existieren keine handhabbaren Zwischenprodukte, die etwa eine Zusammenarbeit bei der Förderung sinnvoll erscheinen lassen. Auch aufgrund unterschiedlicher geografischer Standorte der Kiesgruben mit spezifischen Förderungsbedingungen ist eine Kooperation schwer umsetzbar und die damit einhergehende Auslagerung von Komplexität potenziell transaktionskostenintensiv. ◄

Entsprechend erfährt die erste Strukturbalance – Spezialisierung und Integration – bei Netzwerken und modularen Organisationen eine besondere Ausformung: Die Perspektive verschiebt sich weg von einer umfänglichen Wertschöpfungsorientierung. Das heißt, Wertschöpfung erfolgt zu einem großen Teil durch vor- und nachgelagerte Unternehmen. Somit unterliegen wesentliche Funktionen einem „**Outsourcing**", sie werden also nicht selbst erstellt. Das kann sich auf jegliche Funktionen beziehen und sogar die Produktion selbst, F&E oder Marketing und Vertrieb umfassen.

8.3.2 Netzwerke

8.3.2.1 Formen der Verknüpfung
Unternehmensnetzwerke umfassen dauerhafte Austauschbeziehungen, ohne rechtlich legitimierte Autorität zu besitzen (Lechner 2001, S. 94–96, 2003, S. 307). Regelgebundenes Handeln und Handlungsbegrenzungen resultieren ausschließlich über sogenannte „**informelle Institutionen**". Dementsprechend besteht das Sanktionierungspotenzial alleine in der reduzierten Beachtung und dem Ausschluss aus dem Netzwerk. Dies führt zur folgenden Definition.

▶ **Unternehmensnetzwerke** Unternehmensnetzwerke stellen Beziehungen zwischen mindestens drei Unternehmen dar, welche auf dauerhaften Austausch ausgerichtet sind, jedoch keine rechtlich legitimierte Autorität besitzen.

Es lassen sich verschiedene Netzwerkarten unterscheiden und als Phasenfolge beschreiben. **Soziale Netzwerke** und **Reputationsnetzwerke** sind so etwas wie die

„Eintrittskarte" von Unternehmen in eine Branche (Lechner 2003, S. 311). Sie stellen die erste Phase der Netzwerkbildung dar. Während Netzwerke insofern Grenzen setzen, als dass der Kreis an potenziellen Kooperationspartnern festliegt, überwinden Reputationsnetzwerke diese Grenzen. Es besteht dabei eine ähnlich gelagerte Perspektive wie bei der Legitimationsforschung (s. Kap. 12).

Als zweite Phase der Netzwerkbildung schließen sich **Marketing- und Reziprozitätsnetzwerke** an (Lechner 2003, S. 312–314). Erstere erlauben den Zugang zu Marktinformationen oder relevanten Kundengruppen und entstehen durch sich verfestigende Kontakte zwischen jungen und vor allem etablierten Unternehmen. Der Begriff „Reziprozitätsnetzwerk" beschreibt horizontale Beziehungen zu Unternehmen mit ähnlichen oder komplementären Produkten, Dienstleistungen oder Ressourcen. Dies führt im Idealfall zu einem wechselseitigen Ausbau von Geschäftsbeziehungen und verdeutlicht, warum etablierte Unternehmen zunächst die Vorstufe eines eher einseitigen Marketingnetzwerkes eingehen.

Sogenannte **Wissensnetzwerke** bilden in der Systematik von Lechner (2003, S. 311–314) die abschließende dritte Phase der Netzwerkbildung. Technologiepartnerschaften, bewusster Ideenaustausch und übergreifendes Wissens- und Kompetenzmanagement sind die Charakteristika. Offensichtlich prägen solche Wissensnetzwerke Unternehmensentwicklungen maßgeblich, indem sie „Variationen" von Produkten oder Dienstleistungen einem netzwerkinternen Test unterziehen.

8.3.2.2 Netzwerke als organisatorische Verbindungen

Netzwerke lassen sich zweiteilen. Sie können grob mit den Adjektiven „stabil" und „virtuell" umschrieben werden (Johns und Saks 2017, S. 526). Die Idee einer Modularität knüpft daran an.

Stabile Netzwerkorganisationen

Stabile Netzwerkorganisationen – auch Unternehmensnetzwerke genannt – sind auf einzelne Funktionen oder einzelne, divisionale Objekte gerichtet. Stabilität resultiert aus der Etablierung und Beständigkeit von Produkten und Dienstleistungen sowie den darauf gerichteten, durchaus langfristigen Verträgen. Das heißt, kurzfristige und temporäre Projektrealisationen werden keine verlässlichen Beziehungen zwischen Netzwerkpartnern auslösen. Reputation der Netzwerkpartner und eine daraus resultierende Verlässlichkeit tragen ebenfalls zu einer Konstanz bei. Abb. 8.1 stellt die Grundstruktur vor.

Virtuelle Netzwerkorganisationen

Virtuelle Netzwerkorganisationen entstehen durch Allianzen zwischen unabhängigen Unternehmen oder einfach durch vertragliche Beziehungen über die Lieferung einer bestimmten Dienstleistung. Die Partnerunternehmen bringen ihre jeweiligen Kernkompetenzen in das Netzwerk ein. Sie verfügen damit über keine wesentlichen funktionalen oder objektorientierten Abteilungen. Die Netzwerkorganisation ist dann vielmehr ein Makler oder „Broker".

8.3 Umgang mit Trends: Reduktion horizontaler Spezialisierung

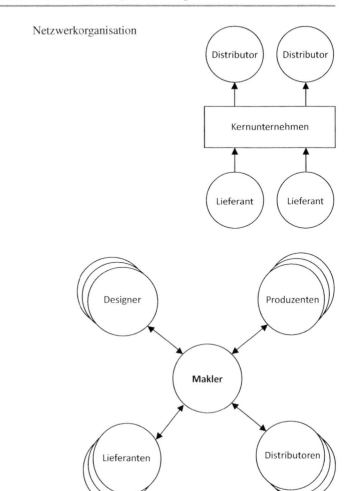

Abb. 8.1 Stabile Netzwerkorganisation

Abb. 8.2 Virtuelle Netzwerkorganisation

Die Tätigkeit ähnelt einem Immobilienmakler, der im Auftrag mehrerer Unternehmen passende Wohnungen und Häuser für neu eingestellte und versetzte, leitende Angestellte sucht. Auch hier handelt es sich um ein Netzwerk, das aus eingespielten Kontakten zu Auftraggebern, möglicherweise zu Immobiliengesellschaften sowie zu anderen Maklern und deren Zugang zu passenden Immobilien besteht. Ein virtuelles Netzwerk besteht beispielsweise, wenn ein Netzwerkunternehmen Ideen generiert und diese dann durch die Expertise vor- und nachgelagerter Unternehmen in die Realität umsetzt. Abb. 8.2 stellt diese Struktur vor.

Es existieren zahlreiche Beispiele für derartige Ausprägungen. So ist etwa die gesamte Computerspiele-Entwicklung von solchen virtuellen Netzwerken geprägt. Die folgende Illustration 8.2 veranschaulicht dies.

Illustration 8.2: Gaming

Die Anwendung virtueller Netzwerke findet sich gehäuft in der Computer- und Videospiele-Branche. Es geht um das Zusammenwirken einer Vielzahl von Entwicklern und einer verhältnismäßig geringen Anzahl an Konsolenherstellern.

Das Netzwerk besteht darin, dass die Entwickler vorschlagen, welche Konsole mit welchen Funktionen für das Spiel geeignet ist. Auf der anderen Seite haben die Konsolenhersteller zwar monopolähnliche Stellungen aufgrund der geringen Konkurrenz – Hauptprodukte sind Xbox, Playstation und Wii – sie müssen aber ihre Produkteinführung von neuen Konsolen mit der Markteinführung der neuen Videospiele synchronisieren und ihre Produktentwicklung an den Anforderungen der Spieleentwickler orientieren.

Durch die Einführung von „Wireless Gaming" hat diese Netzwerkform an Komplexität zugenommen, da weitere Marktteilnehmer wie Mobilfunkanbieter und Plattformbetreiber in den Markt eingetreten sind (s. ähnlich Johns und Saks 2017, S. 526 f.). ◄

Netzwerke ohne Kernunternehmen

Darüber hinaus existieren Netzwerke ohne Kernunternehmen. Hier fehlt die ordnende Hand, die Beziehungen bzw. Produkte und Dienstleistungen anfragt und somit belastbare und regelmäßige Geschäftsbeziehungen initiiert. Ein solches Netzwerk ist unter der japanischen Bezeichnung „**Keiretsu**" (Jones 2013, S. 96 f.) bekannt. Stabilität erfährt es etwa durch Kapitalverflechtungen, die Bezugnahme auf eine Bank und deren Finanzierungen aller Mitgliedsunternehmen. Auch wenn dann eine Bank den Mittelpunkt bildet, ist sie dennoch kein Kernunternehmen im oben verstandenen Sinne, das wertschöpfend eingreift und steuert. Es handelt sich letztendlich um **Reputationsnetzwerke**, die auf interpersoneller Wertschätzung, Vertrauen und Verflechtungen basieren. Dies führt zur formalen Darstellung eines Reputationsnetzwerkes (s. Abb. 8.3).

Abb. 8.3 Reputationsnetzwerk

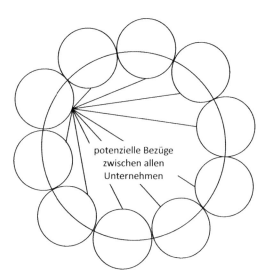

8.3 Umgang mit Trends: Reduktion horizontaler Spezialisierung

Kundenaufträge werden in das Netzwerk hinein vermittelt. Ähnliche Qualitätsvorstellungen und -erwartungen erleichtern dies, sodass jedes beteiligte Unternehmen von diesem Netzwerk profitieren kann. Solche Reputationsnetzwerke existieren auch im Handwerk oder bei mittelständischen Unternehmen. Dabei empfehlen die „Partnerunternehmen" – ohne vertragliche Abhängigkeiten – sich jeweils untereinander weiter. Dies kann auch die eigene Reputation gefährden, man vertraut jedoch auf deren „Insider-Reputation" und erwartet im Gegenzug Empfehlungen für die eigenen Produkte oder Dienstleistungen.

Netzwerke finden sich in ganz unterschiedlichen Branchen. So erfahren und erarbeiten sich viele Netzwerke eine Stabilität durch den Beitritt von Netzwerkpartnern und deren Mitgliedschaften. Transccop09, Benetton oder E/D/E sind Beispiele dafür. Transcoop09 hat sich als Kooperation mittelständischer Transport- und Logistikunternehmen am Markt einen Namen gemacht und etabliert. Zurzeit arbeiten 60 Unternehmen aus 17 europäischen Ländern erfolgreich zusammen (KOFA o. J.).

E/D/E ist Europas größter Interessenverband im Bereich Produktionsverbindungshandel (PVH). Unter anderem werden Werkzeuge, Bauelemente, Stahl und Industrietechnik an Großhändler geliefert. Diese beziehen Produktionsgüter nicht direkt bei Lieferanten, sondern bei E/D/E. Die Produktionsverbindungshändler – oft regional etablierte Großhändler – vertreiben eine enorme Anzahl an unterschiedlichen Produkten an Industrie-, Bau- oder Handwerksbetriebe sowie Einzelhändler. Insgesamt sind 964 Produktionsverbindungshändler, 250 Einzelhändler und über 1100 Mitarbeiter Teil der in 25 europäischen Ländern aktiven E/D/E. Für ihre Mitglieder übernimmt die E/D/E dabei den Zentraleinkauf. Das heißt, sie dient als Bindeglied zwischen den nationalen und internationalen Vertragslieferanten und den Produktionsverbindungshändlern sowie den Einzelhändlern.

Diese Struktur wird durch Abb. 8.4 verdeutlicht. Einzelhändler profitieren von der Effizienz, der Sicherheit und der Transparenz des zentralen Beschaffungsvorganges im Hinblick auf Auslieferungszeiten, Datenfluss und Kosten. Im Jahr 2017 umfasste das Handelsvolumen von E/D/E etwa sechs Milliarden Euro. Auch an diesem Beispiel zeigt

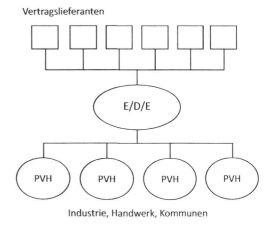

Abb. 8.4 Struktur des Einkaufsbüros Deutscher Eisenhändler GmbH (E/D/E) (WS WIPPERMANN GmbH o. J.)

sich, dass es standardisierbare Produkte und Dienstleistungen sind, die ein Netzwerk am Laufen halten.

Insgesamt kennzeichnet Netzwerke die Auslagerung von Komplexität. Es entstehen „**Wertschöpfungs-Lücken**", eben fremdbezogene Produkte oder Dienstleistungen. Eine solche Struktur ist gegenüber einer weitgehend internen Umsetzung fragil. Was passiert, wenn ein Lieferant Qualitätsanforderungen oder Termine nicht einhält? Zudem ist auch eine Änderung der strategischen Ausrichtung eines Lieferanten realistisch, sodass die Idee von Netzwerken und modularen Unternehmen stark gefährdet sein kann.

Darüber hinaus führt der reduzierte Wertschöpfungsprozess zu verschobenen Management- und Steuerungsaufgaben. Es ist nicht mehr die Gestaltung von Abteilungen – beispielsweise hinsichtlich Abstimmungen, Motivation, Werten, Entwicklungsperspektiven oder Innovationen – sondern zuerst die Koordination von Vertragsperspektiven. Entsprechend entscheidet sich der **Erfolg einer Netzwerkorganisation** an Koordinationsleistungen, die vor- und nachgelagerte Wertschöpfungsstufen umfassen. Die Ertragspotenziale bestehen nicht mehr in zahlreichen, gut funktionierenden Abteilungen.

8.3.3 Modulare Unternehmen

Ein Modul ist im Allgemeinen ein Element, eine technische Gerätschaft oder ein Programmteil, das eine geschlossene Funktionseinheit bildet. In einem modernen Auto garantiert beispielsweise eine Vielzahl an Modulen dessen Funktionstüchtigkeit. Eine solche Modularisierung bringt viele Vorteile, zum Beispiel eine genauere Fehlereingrenzung oder Professionalisierung. Zugleich geht damit allerdings auch eine reduzierte Reparierbarkeit einher. Ganz ähnlich funktionieren modulare Unternehmen. Es gilt die folgende Definition.

▶ **Modulare Unternehmen** Modulare Unternehmen lösen die Gesamtwertschöpfung insofern auf, als dass sie scharf abgrenzbare Wertschöpfungsbestandteile definieren und diese fremd beziehen.

Die Unterscheidung zwischen stabilen Netzwerken und modularen Organisationen setzt an deren Entwicklung an. Bindet ein Unternehmen externe Partner durch Verträge an sich und reicht Verantwortung einer noch aufzubauenden Wertschöpfung an Dritte weiter, so entsteht ein stabiles oder virtuelles Netzwerk.

Besteht ein Unternehmen mitsamt einer funktionierenden Wertschöpfung und spaltet im Verlauf Teile von diesem Prozess ab, so werden diese separierten Teile als Module bezeichnet. Es entsteht ein modulares Unternehmen. Während sich also ein Netzwerk als solches entwickelt, verläuft die Entwicklung eines modularen Unternehmens genau anders herum und von einem umfänglich wertschöpfenden Ideal weg.

Modulare Unternehmen kennzeichnet eine Wertschöpfungsstruktur im Sinne einer „langfristig verknüpften Wertschöpfung". Module werden als gut **abgrenzbare Aufgaben-**

8.3 Umgang mit Trends: Reduktion horizontaler Spezialisierung

oder Ergebnis-Pakete verstanden. Zusammen mit der für eine weit- und übergreifende Wertschöpfung typischen, gestuften Planbarkeit resultieren Modularisierungsmöglichkeiten. Vor allem Produkte und Dienstleistungen, die keine substanziellen Qualitätsverluste durch Auslagerungen zu befürchten haben, kommen in Frage.

Durch diese Module kann eine bereits bestehende Marktpositionierung, auch bei starken internen Schwierigkeiten – beispielsweise interner Bürokratie, Koordinationskosten, Anwachsen der Instanzen – durch die Reduktion einer funktionalen Struktur beibehalten werden. Der Fokus richtet sich dann konsequenter auf die übrig gebliebenen Wertschöpfungsaktivitäten, denn nur das Kerngeschäft bleibt erhalten. Von der Logistik über das Catering oder auch das Accounting sind die in Frage kommenden Aktivitäten mannigfaltig. Jedoch kommt es immer auf die betreffenden Geschäftsfelder an, die von einem Unternehmen bearbeitet werden: Ein Sportschuhhersteller könnte also beispielsweise sein gesamtes Rechnungswesen oder seinen internationalen Vertrieb ausgliedern, um die Ressourcen für Entwicklung neuer Schuhe und deren Marketing zu nutzen. Eine Wirtschaftsprüfungsgesellschaft wird kaum das Rechnungswesen, sondern eher die Personalrekrutierung oder das Marketing ausgliedern.

Ein prominentes Beispiel für Modularisierung ist der Technologiekonzern Apple (s. Illustration 8.3). Dieser hat mit der beginnenden Smartphone-Ära seine gesamte Fertigung an den taiwanesischen Elektrohersteller Foxconn abgetreten. Interessant ist diese als „Fox-Apple innovation axes" bezeichnete Verbindung vor allem, da Foxconn nicht als minderwertiges Subunternehmen fungiert oder als bloße „Werkbank" für Apple dient, sondern maßgeblich die technologische Entwicklung der Produkte beeinflusst (Liang 2016). Wesentlich umfänglicher tritt beispielsweise Amazon auf. Von Drohnenforschung und Serverarchitektur bis hin zu weltweiter operativer Logistik reicht das Angebot.

Illustration 8.3: Apple und Foxconn

Die Beziehung von Apple und Foxconn ist eingespielt und stabil. Ungewöhnlich ist jedoch, dass diese Beziehung auch die jeweilige Wettbewerbsfähigkeit stark positiv prägt.

Foxconn kennzeichnet mittlerweile nicht nur eine effiziente Produktion, sondern auch ein sehr großes Spezialwissen. Für Apple selbst scheint dies nicht erreichbar zu sein. Apple bleibt seinen Kernkompetenzen treu und vertreibt weiterhin benutzerfreundliche und intuitive High-Tech-Produkte.

Foxconn produziert nicht nur die „Designerträume", sondern steuert technologische Machbarkeitsüberlegungen bei. In absehbarer Zeit wird Foxconn eine Automatisierungsquote von beeindruckenden 30 % erreichen. Dafür nutzt das Unternehmen sogenannte „Foxbots". Die Fertigungsroboter, von denen Foxconn bereits im Jahr 2016 über 40.000 einsetzte, werden immer intelligenter und vielseitiger. Das Unternehmen ist mit seiner kostengünstigen Produktion durch die Roboter so erfolgreich, dass die Foxbots neben ihren Erzeugnissen selbst in das Produktportfolio aufgenommen werden sollen (Liang 2016). ◄

In der Literatur wird auch IKEA als Beispiel für eine **Modularisierung** angeführt (Johns und Saks 2017, S. 528). Jedoch liegen hier eher keine bewusste Modularisierung und Konzentration auf Kern-Funktionen vor. Die geradezu gigantische Verbundenheit mit unterschiedlichsten Unternehmen und die Fülle an Kapitalverflechtungen ist der weltweiten Nachfrage und Marktpräsenz geschuldet. Bis auf Südamerika und die Antarktis ist IKEA auf allen Kontinenten vertreten (Hohmann 2020). Erforderlich dafür sind gewaltige Mengen an Holz, Zubehörteile, wie Beschläge, sowie Fertigprodukte wie Plüschtiere, Duftkerzen oder Köttbullar. Eine Wertschöpfungskette etwa durch eine schwedische Zentrale gesteuert und verantwortet, wäre in ihrer Komplexität nicht beherrschbar.

8.3.4 Zusammenschau

Wie sind die skizzierten Organisationsstrukturen einzuschätzen? Man kann mehrere Kriterien zur Analyse bemühen. Dazu gehören beispielsweise die folgenden:

- **Produkt- und Dienstleistungseigenschaften**: Netzwerke und modulare Unternehmen setzen Produktions- und Dienstleistungsabschnitte voraus, die eine gute Planbarkeit aufweisen und differenzierbar sind. Diese muss man entkoppeln und anschließend trotz ihrer unterschiedlichen Herkunft wieder zusammenfügen können.
- **Umweltbedingungen**: Dynamik des organisatorischen Umfeldes reduziert die Verlässlichkeit vertraglicher Beziehungen zu den relevanten Ressourcengebern (s. Kap. 12). Bestehen die Gefahren einer Bindung eines Lieferanten an einen Konkurrenten – beispielsweise durch Verträge oder eine Übernahme – so wäre das Geschäftsmodell mit einem Schlag gefährdet.
- **Management-Qualifikationen**: Die Steuerung eines Netzwerkes verlangt ausgeprägte informelle Kontakte zu Lieferanten vor- und nachgelagerter Wertschöpfungsstufen. Zudem sind Geschäftsführer gefordert, ein umfängliches Wissen über die Möglichkeiten der Netzwerk-Unternehmen oder der „Module" zu erlangen. Wie sollte man sonst eine Netzwerksteuerung vornehmen? In einem integrierten Unternehmen, sind diese Anforderungen weniger deutlich ausgeprägt.

Netzwerkorganisationen funktionieren somit nur vor dem Hintergrund der geschilderten Voraussetzungen, die zudem stabil sein müssen. Relativ zu Unternehmen, die einen umfänglichen Wertschöpfungsprozess verantworten, bleibt das Geschäftsmodell fragil. Die gesamtorganisatorische Anpassungsflexibilität sowie die Entwicklungsperspektiven bleiben begrenzt. **Modulare Unternehmen** haben derartige Grenzen nicht. Da ihre Entwicklung das zumindest temporäre Beherrschen unterschiedlicher „Module" umfasst, sind inhaltliche Kenntnisse von Zuliefererleistungen und die Belastbarkeit von Wettbewerbssituationen gut einschätzbar.

8.4 Abgrenzung gegenüber typischen organisationsstrukturellen Überlegungen: Entgrenzung, Holokratie, Ambidextrie

8.4.1 Grenzenlose Unternehmen

Sogenannte entgrenzte oder **„grenzenlose Unternehmen"** basieren auf der Überzeugung, dass Wertschöpfung – im Unterschied zu typischen Unternehmen – einen fortwährenden Austausch mit Personen und Institutionen aus einem weiter gedachten Umfeld haben sollte. Dem stehen jedoch Grenzen in Abteilungen, Unternehmensbereichen oder durch Hierarchien entgegen. Die folgende Definition setzt dies um.

▶ **Entgrenzte Unternehmen** Entgrenzte Unternehmen sind durch die Auflösung vertikaler, horizontaler und externer Grenzen gekennzeichnet und zielen auf einen möglichst ungehinderten internen sowie externen Ressourcenfluss.

Das Ziel besteht also darin, dass Mitarbeiter, Führungskräfte, Kunden sowie Lieferanten oder Abnehmer Informationen austauschen und so die besten Ideen und Konzepte identifizieren können (Johns und Saks 2011, S. 483). Ein ungehinderter Ressourcenfluss zwischen nur lose gekoppelten Abteilungen oder Unternehmen ist das Ziel.

Was so abstrakt klingt, hat einen Vorläufer. So sind diese „Durchlässigkeitsüberlegungen" ein Ausgangspunkt organischer Strukturen. Insbesondere bei dem funktionenübergreifenden Einsatz von Teams oder Projektgruppen – duale Organisationsstrukturen – ist dies offensichtlich. Solche cross-funktionalen organisatorischen Einheiten haben ihre fachliche Heimat in einer spezialisierten Funktion, setzen sich aber ansonsten primär mit Personen aus anderen Funktionsbereichen zusammen. Entgrenzte Unternehmen gehen insofern noch darüber hinaus, als sie auch den Ressourcenfluss unternehmensextern organisch gestalten wollen. Die Illustration 8.4 stellt Beispiele vor.

> **Illustration 8.4: Beispiele cross-funktionaler Teams**
>
> Bei der Deutschen Telekom werden cross-funktionale Teams intensiv eingesetzt. Bereits seit 2010 setzt das Unternehmen auf organische Strukturen in der Produktentwicklung. Hier arbeiten fachübergreifende und autarke Teams an klar definierten Aufgaben. Sie genießen weitgehende Freiheiten und das Management schaltet sich nicht in operative Angelegenheiten ein, solange der erwartete Ziel- und Ergebnisrahmen nicht überschritten wird. 2018 arbeiteten bereits rund 5000 Telekom-Mitarbeiter nach diesem Modell.
>
> Weitere prominente Beispiele sind laut Kienbaum die Otto-Gruppe, Zalando und Adidas. Hier fällt auf, dass einer weitreichenden Entgrenzung vorgebeugt wird, indem diese auf das operative Geschäft begrenzt bleiben. Bei Otto wird der Begriff „Operating Modell" verwendet, während bei Zalando von „produktbezogenen Projektteams" die Rede ist (Jerzy 2018; Kienbaum Consultants International GmbH 2017). ◀

Wie weit kann eine Entgrenzung getrieben werden? Können Unternehmen auch ausschließlich aus solchen übergreifenden Projektgruppen bestehen? Die Antwort ist „Ja". Allerdings ließe dies den Nutzen spezialisierter Funktionsbereiche unbeachtet. So blieben die **Wertschöpfungshebel** (s. Kap. 1) – eben die Arbeitsteilung, Skaleneffekte, Management von Umwelt, Transaktionskostenreduktionen sowie die Herstellung von Verantwortlichkeiten – chronisch unausgeschöpft. Es sind dann nur Situationen, in denen sich kurzfristige Projekte, stark standardisierte, planbare und einfach zu überwachende Aufgaben mit passenden Qualifikationen, beispielsweise von Freiberuflern kombinieren lassen. Ein als grenzenlos bezeichnetes Unternehmen reagiert damit auf spezifische Wettbewerbsbedingungen und reichert ihre Belegschaft temporär und projektbezogen atypisch – durch befristete Arbeitsverhältnisse und damit vor allem durch freie Mitarbeiter – an.

Der Fokus entgrenzter Unternehmen liegt immer auf der **Zusammenführung unterschiedlicher Fachkenntnisse** und weniger auf der Neuschaffung und Erweiterung fachspezifischer Kenntnisse. So verkommen Unternehmen zu einem Sammelbecken an Einzellaufgaben, die sich immer wieder neu mischen, jedoch keinen nutzbaren organisationalen Zusammenhalt mehr finden. Dadurch kann sich kaum eine weitgehend geteilte Menge an Werten und Normen entwickeln, die Mitarbeiter und Führungskräfte in ihrem Handeln stark lenken kann (s. Kap. 9). So bedeutet Entgrenzung gerade, dass nicht so recht entschieden werden kann, wer zum Unternehmen zählt, wie dauerhaft Personen an Projekten und Folgeprojekten beteiligt sein werden und wie zeitnah eine Zusammenarbeit aufgehoben werden kann. Ebenso werden wichtige Ausprägungen wie organisatorische Selbstbindung („Commitment") oder die Verlässlichkeit von Karriereplanungen nur schwer entstehen können.

8.4.2 Holokratie

Eine „**Holokratie**" basiert auf den Ideen des Software-Unternehmers Brian Robertson (2016). Holokratie bedeutet so viel wie „ganzheitliche Herrschaft" und zielt auf eine umfängliche Dynamik sowie starken Austausch und institutionalisierte Kooperation ab. Jene Schwachstellen, mit denen man viele Unternehmen in Verbindung bringt – beispielsweise geringe Verantwortungsübernahme, zähe Entscheidungsprozeduren, geringe Innovationsneigung – sollen strukturell vermieden werden. Es gilt die folgende Definition.

▶ **Holokratie** Eine Holokratie rückt Selbstorganisation in den Fokus und zielt auf eine umfängliche Dynamik, starken Austausch und institutionalisierte Kooperationen ab.

Eine Abkehr von der hier bislang präsentierten Terminologie ist nur allzu deutlich. Individuelles Handeln ist nicht mehr in organisatorischen Einheiten wie Gruppen, Abteilungen, Funktionen oder Divisionen strukturiert, sondern in **Rollen, Kreisen sowie steuernden und operativen Prozessen** (Robertson 2016). Aufgaben werden in der Holokratie in über-, unter- und nebeneinander geordneten „Kreisen" bearbeitet. Diesen sind Mitarbeiter zugeordnet. Deren Tätigkeitsbeschreibungen sind die benannten Rollen. Thematisch erfolgt eine Ausrichtung von Kreisen auf Themen, wie sie auch für Hauptabteilungen typisch sind, also Kreise für Produktion und Dienstleistungserstellung oder Produktentwicklung und Marketing.

Die Koordination innerhalb einer Holokratie erfolgt – zumindest vordergründig – nicht auf Basis einer formalen Hierarchie. Vielmehr existieren „doppelte Verbindungen" der Kreise untereinander. Danach verhandelt jeder Kreis-Vertreter mit allen anliegenden Kreisen, bzw. deren Vertretern. Diese geben Informationen aus ihrem Kreis weiter und haben bei allen Entscheidungen in den fremden Kreisen gleiche Rechte. Operative, unmittelbar die Wertschöpfung bildende Prozesse erfolgen innerhalb der Kreise. Die strikte Trennung der Kreise soll der Effizienz, Fokussierung und Geschwindigkeit dienen.

Die Teilhabe-Rechte in Kreisen und Prozessen richten sich nach der „Holokratie-Verfassung". Diese setzt einen Rahmen für alle Handlungen. Die Verfassung besagt beispielsweise, dass in jedem Kreis erst über Zuständigkeiten, Prozesse und Entscheidungen diskutiert wird. Anders als bei funktionalen oder divisionalen Organisationsstrukturen, bei denen die Hierarchie und damit die Entscheidungskompetenz feststehen, werden diese in holokratischen Strukturen erst ausgehandelt. Dabei soll nicht die Frage gestellt werden, was zu tun ist, sondern was erwartet wird. Die Mitarbeiter sollen dadurch offen für Innovationen bleiben, nah am Kunden sein und ihren eigenen Verantwortungsbereich weiterentwickeln. Darüber hinaus existieren Regeln, wie jedes Thema einzubringen ist und wer wann was dazu sagen darf. Das alles soll durch einen geschulten Moderator überwacht werden.

Die folgende Illustration 8.5 schildert das vermutlich prominenteste Holokratie-Beispiel.

Illustration 8.5: Unternehmen ohne Hierarchie

Der erfolgreiche US-Online-Händler Zappos versucht seit seiner Gründung im Jahre 1999 den Kunden einen exzellenten Service zu bieten. Das Unternehmen, welches das Vorbild für Zalando war, konnte diesen Service mit zunehmendem Erfolg jedoch immer weniger gewährleisten. Die Kundennähe ging durch das Wachstum verloren. So wurde im Jahr 2004 eine Form des Selbstmanagements etabliert.

Jedoch sagt Zappos selbst, dass durch die Holokratie der Fokus vor allem auf den Aufgaben und Prozessen liege und nicht auf den Bedürfnissen der Mitarbeiter, sodass über die Jahre der praktischen Anwendung einige Anpassungen an Robertsons Idealbild vorgenommen wurden. So scheint die Holokratie eine extreme Form der Prozessorganisation zu sein, die sicher nicht in jedem Unternehmen anwendbar ist (Zappos Insights LLC o. J.). ◄

Die Kritik an der Idee einer Holokratie fällt deutlich aus. Diese Organisationsform ist nicht vielmehr als eine Umbenennung existenter, organisatorischer Beschreibungsmerkmale. Inwiefern unterscheiden sich Rollen und Kreise von Stellen und Abteilungen? Die typischen Begriffe wie Eigenverantwortung, dezentrale, konsensherstellende Entscheidungen oder auch vertrauensvoller Austausch mit anderen Abteilungen sind alt bekannt. Bei den beiden genannten Steuerungsprozessen ist das nicht anders. Auch die Ausstattung von Abteilungsleitern mit gleichwertigen Entscheidungsbefugnissen für andere Abteilungen steht nicht im Gegensatz zu den bisherigen Ausführungen. Zudem ist es nicht neu, strategische und operative Themen zu trennen.

Die Befürworter einer Holokratie versuchen, negative Entwicklungen – geringe Teilhabe einzelner Ebenen, Distanzen zwischen Abteilungen oder langsame, bürokratische Entscheidungsfindungen – fernzuhalten. Ist das neu? Dahinter steckt die Idee, individuelles Knowhow zu nutzen. Vermutlich noch wichtiger dabei sind die übergreifende Perspektive und die Abstimmung des dezentral verteilten Knowhows. Dies funktioniert am besten, wenn Knowhow-Träger in engem Austausch zueinanderstehen. Diese personelle Verwobenheit ist jedoch sicherlich keine Revolution, sondern gelebte Realität in vielen organischen Strukturen.

Welche **individuellen Anforderungen** benötigt eine Holokratie? Im Anschluss an eine organisatorische „Juvenilitäts-Phase" wachsen zwangsläufig Erwartungen der Mitarbeiter, an künftige Aufgabenbereiche, an die Honorierung oder an die Zukunftsperspektiven. Bei der extremen Verwobenheit und chronisch gemeinschaftlichen Idee von Leistung bei einer Holokratie zieht dies fast zwangsläufig Probleme nach sich. So resultieren Begründungsschwierigkeiten bei personalpolitischen Entscheidungen. So sind Entscheidungen über Karrieren, Zugang zu Personalentwicklungsmaßnahmen oder Honorierung immer an Leistungsbeurteilungen geknüpft und schon „konventionell nicht lösbar". Bei einer Holokratie wachsen die Hürden zusätzlich an. Dies ist nun kein generelles Argument gegen Holokratie, aber auch kein Argument für deren Stabilität.

Darüber hinaus stößt eine Holokratie bei Unternehmenswachstum rasch an ihre Grenzen. Dabei steigt die Zahl an generellen Regeln unweigerlich. Neue Kreise, zudem mit einer zunehmenden Spezialisierung und mehr Distanz zu anderen Kreisen, entstehen. Erforderlich sind also Regeln darüber, wie die Interaktion aussehen soll. Es besteht die Gefahr, dass die Menge genereller Regeln zur Aufrechterhaltung der holokratischen Funktionsfähigkeit, etwa durch vermehrte kreisbezogene Regeln, wachstumsbedingt deutlich steigen wird. Dies deutet an, dass eine Holokratie an ihrem Grundgedanken scheitern kann.

Warum hat eine Holokratie aber dennoch eine große Aufmerksamkeit und Akzeptanz erfahren? Es ist die Software-Branche, in der Robertson (2016) die Holokratie entwickelte und erfolgreich anwendete. In dieser spezifischen Branche sind Ergebnisse für einzelne Aufgaben fixierbar und wirken dann leitend für andere Abteilungen oder eben Kreise. Auch die Zusammenführung von Zwischenergebnissen funktioniert dann am besten, wenn unterschiedliche Personen sich daran beteiligen und sich zu genau definierten Zeitpunkten und Ausmaßen einbringen. Eine Übertragung auf Unternehmen, die nicht einem solchen Projekt-Geschäftsmodell folgen, bleibt zweifelhaft.

8.4.3 Ambidextrie

Das Thema „**Ambidextrie**" zielt auf bislang an mehrfacher Stelle angesprochene Gegensätze. So wurde bislang so argumentiert, eine stark ausgeprägte und eingespielte funktionale Organisationsstruktur eigne sich nicht für Produkt- oder Dienstleistungsinnovationen. Wertschöpfung setze an tendenziell isolierten Funktionsbereichen an und blende damit die Gesamtperspektive unweigerlich aus. Dies ist der Gegensatz von Effizienz zu Innovationen bzw. von Exploitation zu Exploration (Adriopolus und Lewis 2009). Wettbewerbsvorteile sollen aus der Fokussierung auf nicht kompatible Ausrichtungen resultieren (Raisch und Birkinshaw 2008). So lautet zumindest die gängige Argumentation. Ambidextrie im Sinne von „**Beidhändigkeit**" stellt die Frage, ob das immer so ist oder sein muss. Daraus folgt die Definition.

▶ **Ambidextrie** Ambidextrie zielt auf die gleichzeitige Erreichung von Effizienz und Innovationen bzw. von Exploitation und Exploration.

Das Ausschöpfen bzw. die **Exploitation** bestehender Wettbewerbsbedingungen entspricht dabei der Effizienz. Eine Erkundung bzw. **Exploration** neuer Geschäftsfelder und damit das Ausbrechen aus bestehenden Wettbewerbsgegebenheiten bzw. deren Veränderung stellt eine Fokussierung auf Innovationen dar. So existieren Argumente, den Zusammenhang von Effizienz und Innovation als ein Kontinuum zu betrachten. Abb. 8.5 skizziert dies.

Warum aber sollen Exploitation und Exploration bipolar zueinanderstehen? Ist es nicht viel eher so, dass Unternehmen in ihrem angestammten Geschäftsfeld und in stabilen Märkten die Effizienz – etwa durch die Nutzung von Skaleneffekten oder eine Implementierung stark strukturierender Prozesse – vorantreiben und sich gleichzeitig neuen Geschäftsfeldern zuwenden?

Derartige Beobachtungen stehen nicht im Widerspruch zur Idee des Kontinuums. Vielmehr ist dies der Hinweis, dass solche Unternehmen irgendwo in der Mitte des Kontinuums platziert sind und noch Potenzial besitzen, um eine der beiden Fokussierungen weiterzuentwickeln. Dies geht dann aber rasch zu Lasten des jeweils anderen Poles. Das heißt, alle Unternehmen sind demnach auf diesem Kontinuum positioniert und stehen in aller Regel für eine ungleiche Ausrichtung auf Effizienz und Innovation. Entsprechend wird häufig eine Positionsveränderung, beispielsweise durch eine angestrebte Steigerung der Effizienz, mit dem Verlust von Innovation einhergehen.

Worin liegen die **Ursachen** für diese Sichtweise? Exploitation oder Ausschöpfung lebt von generellen, organisatorischen Regelungen, von weit reduzierten Schnittstellen zwischen Abteilungen und einer tiefen, planerischen Durchdringung des Wertschöpfungspro-

Exploitation ◄———► Exploration

Abb. 8.5 Pole von Ambidextrie (March 1991)

zesses. Dies ermöglicht die Nutzung von Skaleneffekten und Übungsgewinnen und lässt eine große Verlässlichkeit entstehen. Bei einer funktionierenden Lösung geht es darum, diese aufrecht zu erhalten und durch ein passendes Personalmanagement umzusetzen. Es resultieren unweigerlich mechanistische Strukturen.

Die Ausrichtung auf Exploration ist genau das Gegenteil davon. Innovationen oder kreative Lösungen entstehen an zwei Schnittstellen: Zum einen an der Schnittstelle zwischen bewährtem und neuem Wissen, zum anderen an der interpersonellen Schnittstelle von ganz unterschiedlichen Personen, die über relevantes Wissen verfügen. Diese beiden Schnittstellen lassen sich gerade nicht durch Standardisierungsüberlegungen überwinden. Vielmehr muss Wissen möglichst frei zirkulieren können, was ganz eigene Formen der organischen Zusammenarbeit und Arbeitsgestaltung bedingt. Dies wird zusammengeführt, wenn gerade nicht in Standardisierungen gedacht wird, sondern organische Strukturelemente Verwendung finden.

Auch empirische Forschung legt nahe, dass eine Ambidextrie und starke Fokussierung auf Effizienz und Innovation immer ein komplexes Unterfangen bleiben wird (Benner und Tushman 2003). Hier spielen etwa die bereits diskutierten Ideen der Sekundär- bzw. der dualen Organisation eine Rolle (s. Kap. 7). Hier könne, so heißt es schon bei Bushe und Shani (1991) und McDonough und Leifer (1983), eine **Primärstruktur** für Routinen und unterstützende Aufgaben eingerichtet werden. So würde in mechanistischer Art Produktivität gedacht. Die Hierarchien wären verhältnismäßig steil und die Abläufe standardisiert. Der **Sekundärstruktur** würden auf innovative Produkte und Märkte bezogene Aufgaben zufallen. Im Unterschied zur Primärstruktur herrscht dann eine organische Struktur mit selbststeuernden Gruppen und einer temporären Ausrichtung vor. Die Schwierigkeiten bestehen in der Zusammenstellung von Mitarbeitern in Routinen und Projekten, sowie deren Befähigung für eine solche Zweiteilung.

Des Weiteren könnte man auf die Idee kommen, eine **organisatorische Trennung** zwischen Exploitation und Exploration vorzunehmen. Deren Zusammenführung müsste dann über Koordinationsmechanismen – beispielsweise Hierarchie, Konferenzen, informelle Treffen – gewährleistet werden. Es stellt sich dann aber die Frage, warum man nicht gleich konsequent ist und zwei rechtlich selbstständige Unternehmen schafft. Die Diskussion zur modularen Organisationsstruktur unterstützt genau dies. Besonders deutlich wird dies bei dem Apple-Foxconn-Beispiel (s. Illustration 8.3). Ohne konsequente Trennung wäre immer eine Überlagerung von noch so getrennten Bereichen vorhanden. Die Wettbewerbsfähigkeit wäre vermutlich bei beiden nicht so stabil wie in der gegebenen Struktur. Genau genommen ist die Existenz von modularen Unternehmen ein klarer Hinweis auf die Schwierigkeiten von Ambidextrie.

Insgesamt ist Ambidextrie ein faszinierender Gedanke, der zu Wettbewerbsvorteilen aus zwei unterschiedlichen Quellen führen soll. Gut möglich ist dies bei Mineralölunternehmen, pharmazeutischen Unternehmen oder bei Unternehmensberatungen. Die jeweilige Exploitation – Ölbohrungen, Arzneimittelforschung, transferierbares Wissen – steht einer Exploration nicht im Wege. Vielfach geht von Letzteren sogar eine Inspiration für eine verbesserte Exploitation aus. Wenn etwas Derartiges vorliegt, dann wäre es allerdings auch nicht gerechtfertigt, von Ambidextrie zu sprechen. Hingegen greifen beispielsweise viele Journalisten und TV-Sender auf Studien von Marktforschungsinstituten zurück. Die Ausschöpfung eines solchen Wissens durch journalistische Beiträge ist kaum vereinbar mit dem eigenen Durchführen von Studien. Eine Gleichzeitigkeit würde die Qualität reduzieren, da Studien möglicherweise das herausfinden würden, was Journalisten gerne beschreiben würden. In vielen Fällen, vor allem wissens- und technologieintensiven Unternehmen treten ähnliche Schwierigkeiten auf. Die Realisierung von Ambidextrie steht und fällt mit der jeweiligen Wertschöpfungsstruktur.

8.5 Methoden zur Überwindung vermuteter Schwierigkeiten: Substanz oder Mode?

8.5.1 Ausgangspunkt

Viele Unternehmensberater, Schulungsinstitutionen für Führungskräfte oder Journalisten beschäftigen sich gerne mit Ideen, die neu sind, ungeahnte Potenziale versprechen und auf eine Vielzahl von Unternehmen passen sollen. Das heißt, typisch ist nicht die Analyse bestehender Schwierigkeiten in Unternehmen, sondern die Überzeugung, dass bestimmte Methoden alle Unternehmen in ihrer Wertschöpfung verbessern werden.

Hier stellt sich unweigerlich die Frage: Substanz oder Mode? Substanz würde bedeuten, dass die Methoden Ideen umfassen, zu denen über 70 Jahre wissenschaftliche Auseinandersetzung mit Management nicht in der Lage waren. Es wäre hingegen eine bloße Mode, wenn sich zeigte, dass lediglich Bekanntes neu gemischt und mit einem plakativen Schlagwort versehen würde.

Ein Bedarf für derartige Methoden ist in der Unternehmenspraxis nicht zu leugnen. Jeden Tag erkennen verantwortliche Mitarbeiter und Führungskräfte, dass Verzögerungen in Abläufen vorliegen, dass die Fehlertoleranz von Mitarbeitern hoch ist, dass Wissen ungenutzt bleibt oder dass Unternehmensstrategien nicht wie erhofft implementiert werden. All dies legt die Sehnsucht nach spezifischen, rasch überzeugenden und leicht umsetzbaren Maßnahmen nahe.

Im Folgenden soll die Struktur dieser Methoden verdeutlicht werden. Mit Lean Management, Business Process Reengineering und agilen Organisationen bzw. Scrum werden drei besonders prominente Varianten ausgewählt. Dem schließt sich eine Beantwortung der Frage „Substanz oder Mode?" an.

8.5.2 Lean Management

Die erste international äußerst bekannte, Dynamik versprechende Methode stellt das sogenannte **Lean Management** dar. Es basiert auf den durchaus dramatischen Wettbewerbsvorteilen japanischer Automobilhersteller Ende der 1980er-Jahre. Dies wurde in Stunden pro gefertigtes Auto gemessen und zeigte, dass japanische Hersteller nur etwa die Hälfte an Zeit, Kapitalbindung und anderen Ressourcen benötigten. Womack et al. (1992) publizierten den Bestseller „Die zweite Revolution in der Automobilindustrie", der die Charakteristika des damals neuartigen Denkens aufdeckte. Lean Management oder Lean Production besteht aus fünf Prinzipien:

1. Kundenperspektive zum Ausgangspunkt machen,
2. den Wertschöpfungsprozess identifizieren,
3. kontinuierliche, geglättete Abläufe umsetzen,
4. Pull-Prinzip, das heißt vom Kunden her gesehen Produkte durch die Produktion „ziehen" und Planungsvorgaben sklavisch einhalten sowie
5. Perfektion durch kontinuierliche Verbesserungsprozesse anstreben.

Daraus folgt die Definition.

▶ **Lean Management** Lean Management ist eine simultane Betrachtung aller für die Wertschöpfung relevanten Arbeitsschritte, Prozeduren und Verfahren. Dabei wird sowohl unternehmensintern als auch unternehmensextern das Ziel verfolgt, eine Steigerung der Kundenorientierung mit gleichzeitiger Kostensenkung zu erzielen.

Lean Management kennzeichnen die Grundprinzipien von **Dezentralisierung und Simultanität**. Das heißt, eine strikte, sequenzielle Abfolge betrieblicher Funktionsbereiche wird infrage gestellt. Dabei wird sowohl unternehmensintern als auch unternehmensextern das Ziel verfolgt, für die gesamte Unternehmensführung eine Steigerung der Kundenorientierung mit gleichzeitiger konsequenter Kostensenkung zu erzielen. Unter anderem fallen unter die Dezentralisierung beispielsweise die Verringerung der Leitungstiefe durch das Auslagern und Zusammenschließen mit Partnerunternehmen wie Zulieferern, Händlern oder Spediteuren. Innerhalb der unternehmensübergreifenden Simultanität von Prozessen geht es im Wesentlichen um eine informationsorientierte Vernetzung mit den Partnerunternehmen.

Was ist an Lean Management wirklich „lean" und tatsächlich neu? Alle benannten fünf Prinzipien sind so selbstverständlich, dass man sich über deren Explizierung wundert. Darüber hinaus sind sie voll umfänglich durch die bisherigen Kapitel erfasst. Allerdings waren Anfang der 1990er-Jahre die Unternehmenssituationen nicht grundlegend anders als heute. Lean Management diente vielfach dazu, Personalabbau zu initiieren und weniger die Prinzipien umzusetzen.

8.5.3 Business Process Reengineering

Business Process Reengineering ist auf den Bestseller von Hammer und Champy (1994) zurückzuführen. Die Autoren beschreiben anhand des Schlüsselfaktors „Prozessgestaltung" geradezu dramatische Erfolge von Großunternehmen. Diese erreichen eine deutlich gesteigerte Planbarkeit und Sachressourceneffizienz. Im Folgenden wird sich allerdings die Frage stellen, worin die Unterschiede gegenüber der oben beschriebenen Ablauf- oder Prozessorganisationen bestehen (s. Kap. 7). Es gilt die folgende Definition.

▶ **Business Process Reengineering** Business Process Reengineering fordert dazu auf, alle Abläufe übergreifend und friktionsfrei zu planen.

Die Methode kennzeichnet in der wörtlichen Übersetzung eine „ingenieur-orientierte" Neugestaltung von Strukturen und Bereichen. Das heißt, alle Abläufe oder Prozesse sollen übergreifend und friktionsfrei geplant werden und im Zentrum stehen. Dieser analytisch und auf sachliche Themen fokussierte Ansatz bereitete die Basis für die seit den 1990er Jahren so starke Verwendung standardisierter Prozess-Software.

Die Ziele eines Reengineering-Prozesses sind zweigeteilt (Teng et al. 1994):

- Erstens geht es um eine Reduktion der vermittelnden Stufen innerhalb eines Geschäftsprozesses. Scheiden Tätigkeiten aus, die lediglich zwischen zwei operativen Abteilungen stehen, so soll der Prozess effizienter werden.
- Zweitens soll die Zusammenarbeit zwischen den in einem Prozess involvierten Personen gesteigert werden.

Zu den wesentlichen Aspekten zählt die Anreicherung von Tätigkeiten, die Fokussierung auf Teamarbeit, Abbau von Kontrollen sowie die Nutzung von elaborierten Informations- und Kommunikationstechnologien. Insgesamt stellt sich Business Process Reengineering als ein gesamthaftes Konzept dar. Die Frage, wie eine derartige Standardisierung in Abteilungen mit starker Ausrichtung auf dynamische Umweltkonstellationen geschehen kann, steht nicht im Vordergrund des Konzeptes.

8.5.4 Scrum

Der Begriff „**Scrum**" steht für „Gedränge" und ist eine seit einigen Jahren sehr populäre Methode zur Steigerung von Dynamik (Bibik 2018, S. 11; Hofert 2018, S. 6). Entlehnt ist die Bezeichnung „Scrum" dem Gedränge beim Rugby. So sind etwa beim Einwurf nicht nur Spieler unterschiedlicher Mannschaftsteile beteiligt, sondern sie interagieren hochgradig und sind maximal auf das Fangen des Rugbyballs fokussiert. Es war Sutherland (2015), der als Software-Unternehmer diese Methode entwickelte und einen Bestseller verfasste. Es gilt die folgende Definition.

▶ **Scrum** Scrum ist eine agile Methode, bei der innerhalb von Projektteams komplexe Produkte in einem iterativen Prozess entwickelt werden sollen.

Übertragen auf Unternehmen soll eine Art innerorganisatorisches, kontinuierliches und stark auf Projektziele gerichtetes Gedränge entstehen. Jenseits von Projektarbeit – etwa bei Routineprozessen – sind die Anwendungspotenziale geringer. Den Ursprung hat Scrum in der Produkt- und vor allem Softwareentwicklung, was geradezu idealtypisch als Projektarbeit gilt. Im Folgenden wird schrittweise ein Scrum-Projekt nach Sutherland (2015) beschrieben.

Rollen, Ablauf und Artefakte
Scrum kennt neben dem eigentlichen **Projektteam** den **Product Owner** und den **Scrum Master**. Der Product Owner soll das Projektziel im Blick haben. Innerhalb dieser Rolle werden die Ziele definiert und sukzessiv erweitert. Der Scrum Master ist für den Prozess verantwortlich, in dem diese Ziele – durch das Projektteam – umgesetzt werden. Die Rolle soll weiterhin zur Regeleinhaltung des Teams beitragen. Das Projektteam führt die Aufgaben aus und lässt sich vom Scrum Master leiten. Die Masterrolle ist dabei jedoch nicht wie eine Führungsfunktion zu verstehen, sondern eher als Coach und Partner.

Der Ablauf eines Projektes mit Scrum beginnt damit, das **Product Backlog** zu bestimmen. Es handelt sich dabei um eine Liste der erforderlichen Aufgaben, die für die Zielerreichung auszuführen sind. Dabei ist von großer Bedeutung, dass jede Aufgabe im Verhältnis zu allen anderen Aufgaben priorisiert wird. Der Product Owner tauscht sich dazu mit dem Team und dem Scrum Master aus und bestimmt diese Prioritäten. Die Aufgaben werden sodann vom gesamten Team genauer definiert.

Dabei wird die Schätzung des Arbeitsaufwandes nie in Zeitstunden vorgenommen. Stattdessen wird der Aufwand jeder Aufgabe im Verhältnis geschätzt. Dazu soll sich strikt an die **Fibonacci-Folge** (0, 1, 1, 2, 3, 5, 8, 13, …) gehalten werden. Diese Zahlenfolge ist ein Verhältnis indem Individuen am intuitivsten Einteilungen vornehmen können. Dabei wird die nächste Zahl im Zahlenstrahl durch die Addition der beiden vorherigen Zahlen gekennzeichnet, das heißt auf die 13 folgt eine 21, da $8 + 13 = 21$. Scrum kennt hierbei auch weitere spielerische Methoden, wie das Scrum-Poker, um diese Einteilungen übereinstimmend vorzunehmen.

Scrum Meeting
Im nächsten Schritt erfolgt das erste **Scrum-Meeting**. Das gesamte Team plant den ersten „Sprint". Ein **Sprint** ist ein Arbeitsabschnitt, in dem Teile der Aufgaben aus dem Product Backlog fertiggestellt werden. Um das Projektziel zu erreichen, werden in der Regel mehrere Sprints durchlaufen. Die Zeitdauer der Sprints wird einmal festgelegt und bleibt danach für das gesamte Projekt gleich. Ein Sprint könnte einen Tag oder auch eine Woche umfassen.

Die Aufgaben werden am Ende des ersten Scrum-Meetings auf Klebezetteln visualisiert und an das **Scrum-Board** angebracht. Die Fläche sollte in drei Spalten unterteilt werden können: Product Backlog, Sprint und Done. In der ersten Spalte (Product Backlog) sind entsprechend alle Aufgaben aufgeführt. An der zweiten Spalte (Sprint) werden die Klebezettel geheftet, die mit dem kommenden Sprint bearbeitet werden sollen. Sobald der erste Sprint abgeschlossen ist und es fertige Aufgaben gibt, werden die entsprechenden Klebezettel an die letzte Spalte (Done) geheftet.

Projektarbeit
Nachdem das erste Scrum-Meeting abgeschlossen ist, kann die eigentliche Projektarbeit beginnen. Die Teammitglieder bearbeiten ihre ersten Aufgaben innerhalb des ersten Sprints. Das gesamte Team trifft sich ab jetzt einmal täglich, um ein **Daily-Scrum-Meeting** abzuhalten. Dieses kurze Meeting zielt darauf ab, dass jedes Teammitglied folgende drei Fragen beantwortet:

1. Was wurde gestern getan, um das Ziel zu erreichen?
2. Was wird heute getan, um das Ziel zu erreichen?
3. Welche Probleme sind erkennbar, die von der Zielerreichung abhalten?

Dem Scrum Master obliegt es, die angesprochenen Probleme, gegebenenfalls durch Rücksprache mit Führungskräften oder anderen Stakeholdern, zu beheben. Der Scrum Master kann zur Problemlösung mit den einzelnen Teammitgliedern während des Sprints immer wieder Gespräche führen oder auch Meetings mit einem Teil des Teams abhalten.

Am Ende eines Sprints erfolgt die **Sprint Demo**. Bei diesem Meeting werden alle Ergebnisse des Sprints dem gesamten Team und Stakeholdern vorgestellt. Ziel der Sprints ist schließlich, durch die Erledigung zuvor definierter Aufgaben dem Projektziel näher zu kommen. Nun können Diskussionen über die Funktionalität der einzelnen Teilergebnisse erfolgen. Alle Diskussionen werden vom Product Owner angeleitet. Dieser Rolle obliegt es, Änderungen im Product Backlog vorzunehmen und Aufgaben den neuen Erwartungen anzupassen.

Kritische Beleuchtung
In dieser Beschreibung sind eine Schlüssigkeit und Ausgereiftheit augenscheinlich. Jedoch lässt Scrum eine ganze Reihe von Fragen offen:

- Warum soll bei Projekten, die in hohem Maße von intrinsischer Motivation abhängen, ein rigider Prozess eingesetzt werden?
- Wie sieht die Wirkung von Scrum auf Haltungen wie Arbeitszufriedenheit, organisatorische Selbstbindung oder wahrgenommene Unterstützung aus?
- Liegt nicht auch so etwas wie eine Entmündigung von Mitarbeitern vor? Immerhin impliziert die Einführung des Scrum-Prozesses eine Kritik.
- Wie sieht es mit den Wirkungen auf organisatorische Werte, die Rekrutierungswahrscheinlichkeit von Mitarbeitern oder die Fluktuation aus?
- Paradoxerweise könnte auch der Eindruck einer Misstrauensstruktur, ähnlich wie bei oben beschriebenen mechanistischen Strukturen, entstehen. Man denke nur an das obligatorische Daily-Scrum-Meeting. Dies kann ohne Zweifel sinnvoll sein, jedoch

könnte es auf Dauer und nach einer Vielzahl von Projekten auch als zwanghaftes Kontrollinstrument wahrgenommen werden.

Auch dieses Rahmenmodell hat mit seinem Gedränge so manches für sich. Wichtig sind jedoch immer auch Überlegungen, in welchen Branchen, in welchen Bereichen oder Abteilungen, unter welchen unternehmenskulturellen Gegebenheiten oder welchen Aufgaben oder Problemtypen eine Anwendung Vorteile verspricht. Leider stellt Scrum sich mit dessen umfänglichen Anspruch und enormen Geltungsbedürfnis sowie völlig haltlosen Versprechungen selbst in das Abseits. So berichtet der Urheber Sutherland (2015, S. 38) von Produktivitätssteigerungen von bis zu 800 Prozent. Unternehmensstrategien zielen ebenfalls auf Produktivitätssteigerungen oder Kostensenkungen ab. Wenn Produktivitätssteigerungen sowie Kostensenkungen im einstelligen oder sogar im unteren zweistelligen Prozentbereich realisiert werden, so ist das schon ein enormer Erfolg. Dieser schlüge sich deutlich in bilanziellen Kennziffern nieder. Eine Zahl im hohen dreistelligen Prozentbereich kann nicht ernst genommen werden.

8.5.5 Mehr Mode als Substanz

a) Ausgangspunkte
Die Kapitelüberschrift ist leicht zu beantworten: Ja, es gibt **Moden im Management** und oft sind diese ohne Substanz. Dabei handelt es sich um viel diskutierte und breit in der Praxis angenommene Lösungen zur Entfachung beispielsweise von Dynamik, Qualität oder Mitarbeiterorientierung (Abrahamson 1991; Kieser 1996). Bei den voranstehend ausgeführten Modellen handelt es sich tendenziell – genau kann man es erst bei deren Verschwinden sagen – um eben solche Moden. Es gilt die folgende Definition.

▶ **Managementmoden** Managementmoden sind vereinfachende Konzepte, die einen einzelnen Faktor für Managementerfolg in das Zentrum rücken, aber nicht auf einer überzeugenden theoretischen und empirischen Begründung beruhen.

Im Sinne des Wertschöpfungsmodells (s. Kap. 1) zielen Moden auf die Beeinflussung von Handlungen. Das heißt, die jeweiligen Modelle – wie Lean Management, Business Process Reengineering oder Scrum – werden zu alleinigen Lösungsansätzen gekürt. Aus der jeweiligen Perspektive sollen sie die gesamthafte Steuerung von Unternehmen sicherstellen. Warum es gerade diese Erklärungen sein sollen, wird regelmäßig nicht aufgearbeitet. Begründungen, warum andere Erklärungen ausgeschlossen bleiben sollen oder zumindest nachrangig sind, finden sich ebenfalls nicht.

Vielmehr argumentieren die jeweiligen Autoren äußerst überzeugt, dass alternative Überlegungen überflüssig seien. Damit sind auch die Unterschiede zu den organisatorischen Varianten **Netzwerke, modulare Unternehmen oder etwa Ambidextrie** deutlich. Diese schlagen spezifische strukturelle Anpassungen vor und gehen konstruktiv mit den generischen Strukturfragen um. Somit handelt es sich nicht um Moden, sondern um Diskussionsbeiträge zu strukturellen Alternativen.

b) Kennzeichen von Management-Moden
Das zentrale Kennzeichen solcher hier als **Managementmoden** bezeichneten Konzepte sind **plakativ formulierte Schlüsselfaktoren**. Solche Schlüsselfaktoren sind leicht eingängig und verkünden in einzigartiger Weise Erfolgspotenziale. Der Schlüsselfaktor der dargestellten Moden ist klar erkennbar und setzt sich jeweils von anderen Schlüsselfaktoren ab:

- Lean Management zielt auf Geschwindigkeit, Kostenreduktion sowie konsequente Ausrichtung auf Kunden (Womack et al. 1992).
- Business Process Reengineering umfasst die Idee, Unternehmen quasi ingenieurwissenschaftlich mit Prozessen zu durchziehen (Hammer und Champy 1994).
- Agile Methoden sowie Scrum sollen durch spezifische Ablaufnormierungen Dynamik erzeugen und auf turbulente Umwelten reagieren (Ashmore und Runyan 2015).

Auch bei weiteren Moden lässt sich dieses Muster identifizieren:

- Total Quality Management strebt eine sogenannte Nullfehler-Toleranz an, die strukturell erreicht werden soll (Crosby 1978).
- Empowerment (s. Kap. 4) fokussiert die Ermächtigung von Mitarbeitern durch mehr Verfügungsrechte, Vertrauen und Autonomie (Adams 2008).

Ein **formaler Hinweis** auf das Vorliegen einer Management-Mode resultiert aus dessen zyklischem Auftreten und dem ebenso regelmäßigen Abschwung (Kieser 1996, S. 22 f.). Management-Moden existieren oft nur zwischen fünf und zehn Jahren. Dies lässt sich beispielsweise durch Zitationen oder Angebote von Management-Seminaren operationalisieren. Das ist angesichts des jeweiligen Implementierungsaufwandes und der Verstetigung der neuen Entwürfe eine eher kurze Zeitspanne.

Ein **inhaltlicher Hinweis** auf Moden entstammt einer Parallele zu der Bekleidungsindustrie. Sowohl Management- als auch Bekleidungs-Moden eint ein spezifischer **Umgang mit Funktionalität**. So sehen Bekleidungsmoden unterschiedlich aus und fühlen sich unterschiedlich an. Schuhe und Hosen werden aber immer Schuhe und Hosen bleiben. Ganz ähnlich ist dies bei Management-Moden. Sie hinterlassen jeweils einen einzigartigen Eindruck, können sich aber letztendlich mit nichts anderem als den generischen Strukturfragen sowie der horizontalen und vertikalen Unterschiedlichkeit befassen. Management-Moden akzentuieren innerhalb dieses Rahmens Dinge neu und blenden Alternativen bewusst aus. Dies muss nicht schlecht sein, geht aber nicht über das Bestehende hinaus.

c) Ausbreitung und Rückgang

Diese Einordnung von in der Praxis sehr wertgeschätzten Themen als bloße Moden klingt fast etwas arrogant und kontraintuitiv. Sind es doch wissenschaftliche Autoren, international führende Unternehmensberatungen sowie Unternehmer und Top-Manager, die sich genau mit den benannten Themen intensiv auseinandersetzen. Üblicherweise und auch vielfach zurecht, trifft auf genau diese Personen und Unternehmen eine **pauschale Rationalitätsvermutung** zu. Wo soll dabei Platz für nicht mehr hinterfragte Moden sein? Warum sollte ein Druck entstehen, der sich zyklisch erneuert und neue Themen ermöglicht?

Inhaltliche Gründe für die Ausbreitung von Management-Moden lassen sich leicht finden. Alle Ausführungen zur organisatorischen Gestaltung und zu den anderen Moderatoren sind komplex und lassen sich nur schwer innerhalb des Management-Alltages analysieren und umsetzen. Es treten unweigerlich **Sehnsüchte nach Komplexitätsreduktion** und nach Trivialisierung auf. Wie bei Frisuren, Kleidung oder architektonischen Entwürfen auch, dienen Moden der Strukturierung und sie weisen den Weg zu Lösungen. Man macht nichts falsch und ist nicht angreifbar, wenn man einem Trend folgt. Warum die eine Management-Mode besser sein soll als die andere, beantworten die Befürworter pauschal mit Schlagwörtern wie Wettbewerbsentwicklungen, Wertewandel, Technologien oder Motivation. So übernehmen Management-Moden einen Teil des Analysierens und Umsetzens (Kieser 1996).

Die **Ausbreitung** von Management-Moden lässt sich recht einfach mit Abb. 8.6 skizzieren. Es sind unterschiedliche Akteure, die sich in einem nicht eindeutig fixierbaren Feld bewegen. Das Feld selbst lässt sich als **gewährte, öffentliche Aufmerksamkeit** darstellen und entspricht letztendlich einem Geschäftsfeld für unterschiedliche, klar umrissene Angebote.

Kommt ein neues Thema auf – beispielsweise ausgelöst durch einen Management-Bestseller – so stürzen sich ganz unterschiedliche Akteure darauf. Eine plötzliche Reaktion verspricht aufgrund ihrer Neuartigkeit Potenziale. Alle Akteure profitieren von der Wucht, die mit einem neuen Thema einhergeht. Die Aufmerksamkeit steigt und damit auch die Größe des Geschäftsfeldes, von dem alle profitieren. Diese Entwicklung war bei den benannten Themen vorhanden, das heißt, die Aufmerksamkeit erreichte ein Maximum und durch weiter eintretende Akteure sank die Attraktivität.

Abb. 8.6 Moden als Ausrichtung auf gewährte öffentliche Aufmerksamkeit

Treten aktuellere, besser klingende und noch mehr versprechende Themen an die Stelle der alten Mode, so genießt eine Mode bald nur noch eine geringe Aufmerksamkeit. Dies wird dann zu ihrem Verhängnis, denn auch innerhalb von Unternehmen lassen sich „neue" Themen vor allem dann umsetzen, wenn viele relevante Personen und Institutionen sich dazu äußern. Wie in der Bekleidungsbranche gilt, zwei Moden gleichzeitig sind nicht die Regel.

d) Schaden oder nützen Managementmoden?
Auch wenn bislang durch die Verwendung des Begriffs Mode die inhaltliche Qualität verschiedener populärer Themen deutlich in Frage steht, lässt sich die Frage nach dem Nutzen oder dem Schaden nicht einfach beantworten. So handelt es sich bei allen Moden um Trivialisierungen, die genau dann Schaden anrichten können, wenn sie unreflektiert bleiben. Der Einsatz von Scrum oder Business Process Reengineering in F&E-Abteilungen oder im Vertrieb mag manche Unternehmensberater begeistern, wird aber, wie angesprochen, keineswegs flächendeckend funktionieren.

Nutzt man andere Themen, beispielsweise Empowerment für F&E sowie Vertrieb, so wird die inhaltliche Begründung nicht besser, es liegt aber zumindest eher eine Passung zu den dortigen Aufgaben vor. Zudem resultieren positive Effekte durch die breite öffentliche Diskussion. Veränderungen und Entwicklungen zu mehr Eigenverantwortung sind dann nicht nur unternehmensinterne Entscheidungen, sondern sind in einem größeren Kontext eingebettet. So finden sich rasch Beispiele anderer Unternehmen, die ähnlich vorgehen.

Darüber hinaus wird die Überzeugung von internen und externen Stakeholdern besser gelingen, wenn bereits ein Hype besteht. Die Nacheiferung lässt Unternehmen als modern und „up to date" wirken. Es sind dann hauptsächlich Reorganisationsvorhaben, Überwindung von Trägheit, spezifische Personalreduktionen oder das Trennen von bestimmten Wertschöpfungsstufen, die einfacher erreichbar erscheinen.

Allerdings besteht auch eine erhebliche Gefahr. Wie bereits angesprochen, übernimmt jede Mode die Analyse und Umsetzungsverantwortung. Jedoch werden die Situationen immer so unterschiedlich sein, dass die Passung vieler Gegebenheiten zu den jeweiligen Erfolgsfaktoren nicht nur genau analysiert werden muss, sondern vielfach auch gar nicht bestehen kann.

8.6 Quintessenzen für Managementerfolg

Die **Komplexität der organisatorischen Gestaltung** ist so hoch, da sie unterschiedliche Faktoren wie Strategien, Wertschöpfungsstrukturen, Branchendynamiken oder Kernkompetenzen (s. Kap. 1) integrieren muss. Es geht aber nicht nur um diese Abbildung der genannten Faktoren, sondern zugleich auch um deren Wirkungen auf die Beweggründe des Handelns. Werte, Haltungen und Motive (s. Kap. 2) werden nicht zuletzt durch die Organisationsstrukturen (s. Kap. 6 und 7) und den damit einhergehenden Aufgaben, Routinen, Freiheiten und Verantwortlichkeiten geformt. Diese Komplexität wird durch die

Verbindung zwischen organisatorischer Gestaltung und Fragen der interaktionellen (s. Kap. 3) und strukturellen Führung (s. Kap. 4) noch weiter gesteigert. Sie wirken ebenso auf Handlungen ein und bedürfen somit einer Zusammenschau mit der organisatorischen Gestaltung. Die nachvollziehbare **Sehnsucht** vieler Führungskräfte nach überschaubaren und komplexitätsreduzierenden Überlegungen ist offensichtlich.

Eine solche Überschaubarkeit bieten die klassischen Pole von mechanistischen gegenüber organischen Strukturen. **Mechanistische Strukturen** beweisen sich in eher stabilen Umwelten. Die generischen Strukturbalancen (s. Kap. 7) sind hierbei in Richtung Zentralisation und Standardisierung ausgerichtet und Integration erfolgt größtenteils durch Hierarchie. Ein weiterer Grund für mechanistische Strukturen ist das Misstrauen von Führungskräften gegenüber Mitarbeitern, deren eigennützigem Handeln durch Kontrolle vorgebeugt werden soll. **Organische Strukturen** eignen sich in eher turbulenten Umwelten. Die Balancen sind hierbei in Richtung Dezentralisation und wechselseitige Abstimmung ausgerichtet, während die Integration durch die Mitarbeiter selbst geschieht. Diese Unterscheidung in mechanistisch und organisch gibt Aufschluss über das Vorliegen genereller und fallweiser Regelungen (s. Kap. 6) und bietet einfache und gut kommunizierbare Hinweise, wie Abteilungen, Bereiche oder Unternehmen gedacht und strukturiert werden können. Somit prägt die Kombination der generischen Strukturbalancen maßgeblich das Handeln und auch die Motivation von Mitarbeitern. Umgekehrt erfahren organisatorische Strukturen erst durch interaktionelle Führung oder Personalmanagementmaßnahmen ihre Sinnhaftigkeit und Lebendigkeit.

Auch **Netzwerke** und **modulare Organisationen** sollen der Überschaubarkeit dienen. Beide haben das Ziel, Spezialisierung und Komplexität zu überwinden, wählen dabei aber gegenläufige Ansätze. Netzwerke entwickeln sich zwischen einzelnen Unternehmen und sind langfristig angelegt. Modulare Unternehmen gehen einen anderen Weg. Sie wollen keine neuen Partner aufnehmen, um von der Vielfältigkeit zu profitieren. Vielmehr spalten sie modulare Teile ihres eigenen Wertschöpfungsprozesses als selbstständige Unternehmen ab, um sich dann besser auf ihre Kernkompetenzen konzentrieren zu können. Hierdurch werden Perspektiven zur Reaktion auf Umweltanforderungen deutlich (s. Kap. 1). Die organisatorische Komplexität erfährt so eine Reduktion, da die Wertschöpfung nicht mehr umfänglich, sondern stark beschnitten erfolgt.

Bei der **Implementierung** modularer oder netzwerkartiger Organisationsformen können allerdings Professionalisierungsnachteile in der Anwendung generischer Strukturfragen, interaktioneller und struktureller Führung entstehen, da sich Maßnahmen lediglich auf bestimmte Kernbereiche beziehen und sich anderen Bestandteilen der Wertschöpfung entziehen. Damit können geringere Ausschöpfungsmöglichkeiten von Skaleneffekten einhergehen. Zudem besteht die Gefahr, dass Transaktionskosten die koordinative Leistungsfähigkeit überbeanspruchen und eine effiziente Wertschöpfung behindern. Dies kann der Fall sein, wenn sich externe Wertschöpfungsstufen beispielsweise plötzlich als unzuverlässig erweisen und gleichzeitig eine hohe Spezifität der bezogenen Dienstleistungen und Produkte vorliegt, was ein Ausweichen auf Substitutionen deutlich erschwert. Die Vorteile einer Komplexitätsreduktion kehren sich dann in Nachteile um.

Eine deutliche Unterscheidung gegenüber typischen, organisationsstrukturellen Überlegungen nehmen die **Ideen entgrenzter Unternehmen, Holokratie und Ambidextrie** vor. Entgrenzung bedeutet die Auflösung inner- und außerorganisatorischer Grenzen. Wissen soll möglichst frei in ein Unternehmen hinein und innerhalb dessen fließen. Jedoch wird eine so gezeichnete, extreme Form einer organischen Struktur nicht überlebensfähig sein, zumal sie der Idee beständiger Grenzen (s. Kap. 1) widerspricht. Auch eine Holokratie erweist sich eher als eine bloße Idee und ist keine stringent begründbare Organisationsform. Zudem lassen sich Überschneidungen zu klassischen Überlegungen aufbauorganisatorischer Bausteine, sowie eine Orientierung an Fragen der organisatorischen Strukturbalancen, wie der Gestaltung von Zentralität und Dezentralität, nicht von der Hand weisen. Ambidextrie bezeichnet das gleichzeitige Erreichen von hohen Ausprägungen in den Bereichen Effizienz und Innovation. Dies ist mehr eine Forderung und lässt sich in nur wenigen Marktsegmenten realisieren.

Management-Moden versprechen einfache Lösungen für die organisatorische Komplexität bei gleichzeitig hoch wahrscheinlichem Erfolg. Andere Strukturüberlegungen – bisher diskutierte Strukturierungsüberlegungen – sollen demgegenüber in den Hintergrund treten. Anhand von Lean Management, Business Process Reengineering sowie agiler Organisation und Scrum wird somit ein ernüchterndes Fazit gezogen. Da mit diesen Methoden der Verzicht auf konzeptionell abgesicherte Analysen, Prognosen und Gestaltungen einhergeht, stellen sie eher eine Gefahr für Managementerfolg dar.

So ist es erstaunlich, welche Bestandteile durch Management-Moden ausgelassen werden, die aber hochrelevant für die Wertschöpfung sind. Management-Moden fokussieren mehrheitlich nur eine Facette des Umgangs mit Wertschöpfung. Das **Wertschöpfungsmodell** (s. Kap. 1) nennt das Personalmanagement als einen Bereich. Es umfasst die interaktionelle (s. Kap. 3) und strukturelle Führung (s. Kap. 4) sowie die informatorische Fundierung (s. Kap. 5). Drei an sich komplexe Themenbereiche, welche untereinander und auf die anderen Wertschöpfungsmoderatoren – organisatorische Gestaltung, emergente Phänomene sowie Umwelt und Wertschöpfungsvariationen – mit ihren verschiedenen Themenbereichen wirken.

Das derzeit so populäre „Scrum" richtet sich vor allem auf die Initiierung von Strukturen (s. Kap. 3). Ein Führungsstil alleine reicht aber kaum aus. Handlungsbegründungen fallen ebenso unter den Tisch wie emergente Phänomene oder Wertschöpfungsvariationen.

Management-Moden treten regelmäßig auf und hinterlassen Wirkungen. Die fehlende Ausrichtung auf Wertschöpfungsmoderatoren lässt sie scheitern. Sie geben Antworten auf allzu offensichtliche Fragen und blenden dabei den Problemkern aus.

8.7 Explorationen

Verständnisfragen

1. Mechanistische Strukturen sind eher in turbulenten Umwelten zu finden, organische Strukturen eher in stabilen Umwelten.
   a. richtig
   b. falsch
2. Netzwerke und modulare Organisationen sind dahingehend identisch, dass beide …
   a. einen umfänglichen Wertschöpfungsprozess in der Organisation verantworten.
   b. „Wertschöpfungs-Lücken" entstehen lassen, um Komplexität zu reduzieren.
   c. eine stabile und eine virtuelle Ausprägung haben.
3. Grenzenlose Unternehmen …
   a. sollten als Idealmaßstab für Unternehmen gelten, da Hierarchien Bürokratie verursachen.
   b. erfüllen die Kriterien von Unternehmen – Zielstruktur, Arbeitsteilung, beständige Grenzen – nur schlecht.
   c. werden meist mit funktionalen Strukturen kombiniert.
4. Entgrenzung, Holokratie und Ambidextrie sind unter den Managementmoden einzuordnen, da sie alle für sich beanspruchen, das eine richtige Element zum Erfolg zu sein.
   a. richtig
   b. falsch
5. Ambidextrie bedeutet „Beidhändigkeit" und meint im organisatorischen Kontext …
   a. die gleichzeitige Erreichung von Effizienz und Innovation.
   b. Exploitation und Ausschöpfung von Bestehendem.
   c. die gleichzeitige Erreichung mechanistischer und organischer Strukturen.
6. Welche der folgenden Aussagen zu Scrum ist korrekt?
   a. Die Passung von intrinsischer Motivation steht nicht im Zentrum.
   b. Durch Scrum werden Strukturentscheidungen getroffen, in der alle Personen gleichberechtigt und eigenverantwortlich handeln, wodurch interaktionelle Führung weitgehend obsolet wird.
   c. In „Daily-Scrum-Meetings" trifft sich nur der Scrum-Master mit Führungskräften aus der Linie, was in mangelnder Transparenz der Zielerreichung münden kann.
7. Managementmoden …
   a. lassen sich besonders gut in Krisen anwenden.
   b. helfen dabei, bürokratische und stabile Strukturen aufzubauen.
   c. rechnen sich zumindest eine Zeit lang für deren Protagonisten.

8.7 Explorationen

Tab. 8.2 Präferenzskala der Organisationsstruktur

1. I get most of my motivation to work from the job itself rather than from the rewards the company gives me for doing it.
2. I respect my supervisors for what they know rather than for the fact that the company has put them in charge.
3. I work best when things are exciting and filled with energy. I can feel the adrenalin rushing through me and I like it.
4. I like best if we can play things by ear. Going by the book means you do not have any imagination.
5. People who seek security at work are boring. I don't go to work to plan my retirement.
6. I believe that planning should focus on the short term. Long-term planning is unrealistic. I want to see the results of my plan.
7. Don't give me a detailed job description. Just point me in the general direction and I will figure out what needs to be done.
8. I don't expect to be introduced to new people. If I like their looks, I'll introduce myself.
9. Goals should be set by everyone in the organization. I prefer to achieve my own goals rather than those of someone else.
10. One of the things I prefer most about a job is that it be full of suprises.
11. I like a job that is full of challenges.
12. Organization charts are only needed by people who are already lost.
13. Technology is constantly changing.
14. Supervision and control should be face to face.
15. If organizations focus on problem solving, the bottom line will take care of itself.
16. I would never take a job that involved repetitive activities.
17. Organizations are constantly in a state of change. I don't worry about how the players line up.
18. Every decision I make is a new one. I don't look for precedents.
19. When people talk about efficiency, I think they really don't want to do a good job.
20. The people who know the most about the work should be put in charge.

Weiterführende Fragen
a. Bitte wählen Sie drei der benannten Moden. Analysieren Sie anhand einer gängigen Literatur-Datenbank, ob es ein Ansteigen oder Abnehmen von Nennungen gibt.
b. In welchem Bezug stehen Netzwerke und modulare Unternehmen zum Verständnis von Management als Moderation von Handeln?
c. Bringen Sie Netzwerke und modulare Unternehmen mit Branchen in Verbindung. Nennen und begründen Sie jeweils drei Branchen, die hierfür Ihrer Meinung nach geeignet und nicht geeignet sind.
d. Ermitteln Sie mithilfe der folgenden Präferenzskala der Organisationsstruktur Ihre persönliche Haltung. Welche Konsequenz sehen Sie in der Existenz unterschiedlicher Präferenzen (Johns und Saks 2017, S. 534 f.)? Tragen Sie folgende Werte in die Tab. 8.2 ein:
   1. Disagree strongly
   2. Disagree
   3. Neither agree nor disagree
   4. Agree
   5. Agree strongly

Zur Berechnung Ihrer persönlichen Präferenzausprägung addieren Sie einfach die Punkte Ihrer Antworten. Die Punktzahl kann zwischen 20 und 100 liegen. Weniger als 50 Punkte sind ein Indikator der Präferenz für mechanistische oder formale Organisationsstrukturen. Eine Punktzahl von über 50 weist auf eine Präferenz für organische bzw. auf Informalität beruhende Organisationsstrukturen hin.

Falldiskussion 1: Amazon.com Inc
Das US-amerikanische Unternehmen „Amazon.com Inc" dürfte jedem Leser als einer der größten Versandhändler bekannt sein. Das Unternehmen wurde 1994 im Bundesstaat Washington von Jeffrey Bezos gegründet und war zu dieser Zeit als reiner Onlinebuchhändler konzipiert. Das Geschäftsmodell erfuhr in der Folge jedoch zahlreiche Erweiterungen. Hier einige Auszüge:

- 1996: „Associate-Program": Eine Form der heutigen Affiliate-Links
- 1998: Erweiterung des Angebots um Musik und Filme
- 1999: Erweiterung des Angebots um Produkte wie Elektronik und Spielzeug
- 2005: „AmazonPrime"-Mitgliedschaft: Gratis Versand per Abo
- 2006:
  - „Fulfillment by Amazon (FBA)": Gewerbetreibende nutzen Amazon-Infrastruktur für Verkauf, Lagerung und Versand gegen Gebühr
  - „Amazon Web Services (AWS)": Öffnung der internen Rechenzentren auch für Unternehmenskunden
- 2007
  - „Amazon Kindle": Verkauf eigener E-book-Reader
  - „Next Day" Lieferung am Tag nach Bestellung
  - „Amazon Pay": Zahlungsdienstleister, Kunden können in anderen Webshops bezahlen
- 2011
  - „Amazon Fire": Verkauf eigener Tablets
  - „Prime Video": Einführung eines Streaming-Dienstes
  - „Amazon Drive": Cloudlösungen für Privatanwender
- 2012: Übernahme von „Kiva Systems", wird intern zu „Amazon Robotics" und entwickelt und produziert Roboter für die eigene Logistik
- 2015
  - „AmazonEcho" mit „Alexa"
  - „Amazon Logistics": Eigene Zustellung an Endkunden
  - „Prime Now": Zustellung innerhalb von 2h
  - „Dash-Button": Konsumgüter per Knopfdruck ordern
- 2016:
  - „Amazon Air": Erste Zustellung per Drohne in Cambridge (GB)
  - „Amazon Protect": Angebot zusätzlicher Garantie-Versicherungen

8.7 Explorationen

- 2017: Einführung Produktfinanzierung
- 2018: „Amazon Go": Eigene Läden, Bezahlung ohne Kassen

Heute beschäftigt Amazon nach eigenen Angaben über 500.000 Festangestellte. Herzstück des Kerngeschäfts sind die Logistikzentren. In Europa sind es 40 dieser Standorte, allein in Deutschland befinden sich 13. Kleinere Artikel werden in „Sortable"-Logistikzentren bearbeitet (bis zu 1500 MA, ca. 75.000 qm), für sperrigere Produkte gibt es „Non-Sortable"-Logistikzentren (bis zu 1000 MA, ca. 110.000 qm). Von dort aus gelangen die Bestellungen in Sortierzentren, wo sie nach Bestimmungsort sortiert und weitertransportiert werden. In den „Verteilzentren" erfolgt anschließend die Verteilung auf Zustellfahrzeuge. Die Zustellung führen dann teilweise Partner wie DHL oder aber Amazon Logistics durch.

Besonders der gesamte Versand- und Logistikbereich von Amazon steht immer wieder in der öffentlichen Kritik. Räumlichkeiten würden per Kamera überwacht und Leistungskennzahlen wie gepackte Pakete/Stunde oder „Time off Task" akribisch erfasst. Dies würde an einigen Standorten dann von einem System ausgewertet und analysiert, welches anschließend automatisiert Abmahnungen und Kündigungen verschicke. Auch bei der Auslieferung per Amazon Logistics setze der Konzern stark auf externe Partner, bei denen die Fahrer über schlechte Bezahlungen und Arbeitsbedingungen klagen würden.

Die Arbeitsbedingungen auf höheren Hierarchieebenen und in den Zentralabteilungen hingegen werden eher als positiv beschrieben. Die Führungsspanne sei niedrig und es werde in kleinen und autonomen Teams gearbeitet. Das von Bezos seit seinem ersten Brief an die Aktionäre eingeführte Prinzip des Kundennutzens als oberster Priorität werde hier gelebt und fungiere als eine Art Vision. Man begreife sich weniger als Angestellter, sondern vielmehr als Mitbesitzer des Unternehmens, da Führungskräfte größtenteils mit Aktien vergütet werden. Für Innovationen gibt es eine eigene Einheit „Lab126" (Amazon. com, Inc. 2019, o. J.a, b, c; Denning 2019; Goebel 2019; Hofen 2018; Kramper 2018; Lecher 2019; Nicolai 2019).

a. Welche Punkte sprechen für eine Ausrichtung auf Exploration, welche für Exploitation bei Amazon?
b. Wie schätzen Sie Amazons Position zwischen den beiden Polen Exploration und Exploitation ein?
c. Wie gelingt es dem Unternehmen, gleichzeitig bestehende Geschäftsfelder auszuschöpfen, aber auch immer wieder neue Geschäftsfelder zu schaffen?

Falldiskussion 2: Exzerpt GmbH
Heiner Schober ist Geschäftsführer der Exzerpt GmbH, Hersteller von Software zur Automatisierung von Textverarbeitungsprozessen. Seit der Markteinführung ihres bahnbrechenden Tools wurde die Software konstant weiterentwickelt und an die Bedürfnisse der Kundschaft angepasst. Doch an den Grundfunktionen hat sich selbst nach mehr als 10

Jahren nicht viel verändert. „Wir erleben hier, obwohl der Softwaremarkt grundsätzlich ein schnelllebiger Markt ist, nicht wirklich viel Bewegung", erklärt Schober. „Die Bedürfnisse unserer Kunden ändern sich nicht grundlegend, die Marktbedingungen ebenso wenig und bei der Konkurrenz steht bisher keinerlei vergleichbare Alternative in Aussicht. Dies erlaubt es uns, enorm effizient zu arbeiten."

Ganz im Sinne der eigenen Software sind auch die Geschäftsprozesse der Exzerpt GmbH weitgehend automatisiert: Der Kundensupport wird in den allermeisten Fällen über ein umfassendes FAQ geregelt, Entwickler erhalten einen zentral erstellten Arbeitsplan, der ihnen strikte Anweisungen für die weitere Arbeit an der Software liefert und Arbeitszeiten werden ebenso streng elektronisch erfasst. Entscheidungen werden grundsätzlich durch das Management getroffen. „Dies erlaubt uns eine enorme Schnelligkeit bei der Ausmerzung von Fehlern. Unsere Entwickler sind durchaus kreative Menschen, nur leider kann dies schnell zu Chaos führen, was in unserem Fall mit sehr hohen Kosten einhergehen kann und möglicherweise das Unternehmen an die Wand fahren könnte, wenn wir ihnen zu viele Freiheiten geben", betont Schober.

Kritisch betrachtet er hingegen den daraus folgenden Führungsaufwand: „Bereits häufiger mussten wir Mitarbeiter entlassen, weil sie ihren Dienstverpflichtungen nicht mehr angemessen nachgekommen sind. Es ist nicht immer einfach, all unsere 124 Entwickler und Kundendienstmitarbeiter zu managen. Aktuell experimentieren wir mit diversen Methoden zur Verringerung des Führungsaufwands, mit denen wir dennoch jegliche Effizienzeinbußen vermeiden können."

a. Wie sind die generischen Strukturbalancen in der Exzerpt GmbH ausgeprägt? Welcher Struktur nach Burns und Stalker (1968) ist das Unternehmen demnach zuzuordnen?
b. Schober möchte die Scrum-Methode einführen. Diskutieren Sie, inwieweit diese die Leitungsintensität der Exzerpt GmbH begrenzen kann.
c. Inzwischen lässt sich absehen, dass Wettbewerber ebenfalls Software zur Texterkennung entwickeln werden. Schober möchte daraufhin die Exzerpt GmbH mehr in Richtung Innovation treiben, aber dennoch die Effizienz beibehalten. Er überlegt, diese Ambidextrie durch die Kombination der bestehenden funktionalen Struktur mit einer divisionalen Struktur, welche an neuen Produktinnovationen arbeitet, zu erreichen. Wie bewerten Sie diese Überlegung?

Literatur

Abrahamson, E. (1991). Managerial fads and fashions: The diffusion and rejection of innovations. *The Academy of Management Review, 16*(3), 586–612.
Adams, R. (2008). *Empowerment, participation and social work* (4. Aufl.). Basingstoke: Palgrave Macmillan.
Adriopolus, C., & Lewis, M. (2009). Exploitation-exploration tensions and organizational ambidexterity: Managing paradoxes of innovation. *Organization Science, 20*(4), 696–671.

Amazon.com, Inc. (2019). *Fakten über die Amazon Logistikzentren. 13 Amazon Logistikzentren gibt es derzeit in Deutschland. Wir haben die aktuellen Fakten zu Löhnen, Arbeitsbedingungen, unserem Gesundheitssystem und zu den Aus- und Weiterbildungsmöglichkeiten zusammengestellt.* (23.02.2019). https://blog.aboutamazon.de/logistikzentren/fakten-%C3%BCber-die-amazon-logistikzentren. Zugegriffen am 08.04.2019.

Amazon.com, Inc. (o. J.a). *Unser Logistiknetzwerk.* https://www.aboutamazon.de/logistikzentrum/unsere-logistikzentren/unser-logistiknetzwerk. Zugegriffen am 08.04.2020.

Amazon.com, Inc. (o. J.b). *Unsere Geschichte: Was aus einer Garagen-Idee werden kann?* https://www.aboutamazon.de/%C3%BCber-amazon/unsere-geschichte-was-aus-einer-garagen-idee-werden-kann. Zugegriffen am 08.04.2020.

Amazon.com, Inc. (o. J.c). *Unsere Unternehmensstandorte in Deutschland.* https://www.aboutamazon.de/arbeiten-bei-amazon/unsere-unternehmensstandorte-in-deutschland. Zugegriffen am 08.04.2019.

Ashmore, S., & Runyan, K. (2015). *Introduction to agile methods.* Upper Saddle River: Pearson Education.

Benner, M. J., & Tushman, M. L. (2003). Exploitation, exploration, and process management: The productivity dilemma revisited. *The Academy of Management Review, 28*(2), 238–256.

Bibik, I. (2018). *How to kill the Scrum monster. Quick start to Agile Scrum methodology and the Scrum Master role.* Berkeley: Apress.

Burns, T., & Stalker, T. M. (1968). *The management of innovation* (2. Aufl.). London: Tavistock Publications.

Bushe, G. R., & Shani, A. B. (1991). *Parallel learning structures. Increasing innovation in bureaucracies.* Reading: Addison-Wesley.

Crosby, P. B. (1978). *Quality is free. The art of making quality certain.* New York: McGraw-Hill.

Denning, S. (02. Juni 2019). How Amazon became Agile. *Forbes Inc.* https://www.forbes.com/sites/stevedenning/2019/06/02/how-amazon-became-agile/#599d4c1731aa. Zugegriffen am 08.04.2020.

Goebel, J. (02. Dezember 2019). Das macht Amazons Paketdienst so mächtig. *WirtschaftsWoche.* https://www.wiwo.de/unternehmen/dienstleister/amazon-logistics-das-macht-amazons-paketdienst-so-maechtig/25290886.html. Zugegriffen am 08.04.2020.

Hammer, M., & Champy, J. (1994). *Business reengineering. Die Radikalkur für das Unternehmen.* Frankfurt a. M.: Campus.

von Hofen, M. (09. Juli 2018). Drängt Amazon ins Versicherungs-Geschäft? *WirtschaftsWoche.* https://www.wiwo.de/unternehmen/dienstleister/amazon-protect-draengt-amazon-ins-versicherungs-geschaeft/22770212.html. Zugegriffen am 08.04.2020.

Hofert, S. (2018). *Agiler führen. Einfache Maßnahmen für bessere Teamarbeit, mehr Leistung und höhere Kreativität* (2. Aufl.). Wiesbaden: Springer Gabler.

Hohmann, M. (26. März 2020). Statistiken zu IKEA. *Statista GmbH.* https://de.statista.com/themen/3233/ikea. Zugegriffen am 13.05.2020.

Jerzy, N. (28. August 2018). Arbeiten in Squads. Flink wie ein Start-up, mächtig wie ein Marktführer. *WirtschaftsWoche.* https://www.wiwo.de/erfolg/management/arbeiten-in-squads-flink-wie-ein-start-up-maechtig-wie-ein-marktfuehrer/22950414.html. Zugegriffen am 06.05.2020.

Johns, G., & Saks, A. M. (2011). *Organizational behaviour. Understanding and managing life at work* (8. Aufl.). Toronto: Pearson Canada.

Johns, G., & Saks, A. M. (2017). *Organizational behaviour. Understanding and managing life at work* (10. Aufl.). Toronto: Pearson.

Jones, G. R. (2013). *Organizational theory, design, and change* (7. Aufl.). Boston: Pearson.

Kienbaum Consultants International GmbH. (2017). *Studienreport – All Agile it. Shaping the future.* http://assets.kienbaum.com/downloads/Ergebnisbericht_All-Agile-IT.pdf. Zugegriffen am 22.04.2020.

Kieser, A. (1996). Moden & Mythen des Organisierens. *Die Betriebswirtschaft, 56*(1), 21–39.

KOFA. (o. J.). https://www.kofa.de/. Zugegriffen am 23.04.2019.

Kramper, G. (19. April 2018). Amazon am Pranger: Mitarbeiter pinkeln in Flaschen, weil der Zeitdruck so groß ist. *Stern.* https://www.stern.de/wirtschaft/job/amazon-am-pranger%2D%2Durinflaschen-statt-pinkel-pausen-7945642.html. Zugegriffen am 08.04.2020.

Lecher, C. (25. April 2019). How Amazon automatically tracks and fires warehouse workers for ‚productivity'. Documents show how the company tracks and terminates workers. *The Verge.* https://www.theverge.com/2019/4/25/18516004/amazon-warehouse-fulfillment-centers-productivity-firing-terminations. Zugegriffen am 08.04.2020.

Lechner, C. (2001). *The competitiveness of firm networks.* Frankfurt a. M.: Lang.

Lechner, C. (2003). Unternehmensnetzwerke: Wachstumsfaktor für Gründer. In M. Dowling & H.-J. Drumm (Hrsg.), *Gründungsmanagement* (S. 305–315). Berlin/Heidelberg: Springer.

Liang, G. (2016). The „fox-apple" partnership in the global value chain: How did foreign direct investment and contract manufacturing reshape the landscape of the electronics industry? In Y. Xing (Hrsg.), *Uncovering value added in trade. New approaches to analyzing global value chains* (S. 141–156). Singapore: World Scientific Publishing Co. Pte. Ltd.

March, J. G. (1991). Exploration and exploitation in organizational learning. *Organization Science, 2*(1), 71–87.

McDonough, E. F., & Leifer, R. (1983). Using simultaneous structures to cope with uncertainty. *Academy of Management Journal, 26*(4), 727–735.

Nicolai, B. (09. September 2019). Wie sich Amazon eine eigene Paketzustellung aufbaut. *Welt.* https://www.welt.de/wirtschaft/article199901618/Konkurrenz-fuer-DHL-Wie-sich-Amazon-einen-eigenen-Paketdienst-aufbaut.html. Zugegriffen am 08.04.2020.

Picot, A., Dietl, H., Franck, E., Fiedler, M., & Royer, S. (2015). *Organisation. Theorie und Praxis aus ökonomischer Sicht* (7. Aufl.). Stuttgart: Schäffer-Poeschel.

Raisch, S., & Birkinshaw, J. (2008). Organizational ambidexterity: Antecedents, outcomes, and moderators. *Journal of Management, 34*(3), 375–409.

Robertson, B. (2016). *Holacracy* (1. Aufl.). München: Franz Vahlen.

Schreyögg, G., & Geiger, D. (2016). *Organisation. Grundlagen moderner Organisationsgestaltung: mit Fallstudien* (6. Aufl.). Wiesbaden: Springer Gabler.

Sutherland, J. (2015). *Die Scrum-Revolution. Management mit der bahnbrechenden Methode der erfolgreichsten Unternehmen.* Frankfurt a. M./New York: Campus.

Teng, J. T. C., Grover, V., & Fiedler, K. D. (1994). Business process reengineering: Charting a strategic path for the information age. *California Management Review, 36*(3), 9–31.

Wenzel, C. (28. Februar 2019). Gemeinsam gegen Google. *Tagesschau.* https://www.tagesschau.de/wirtschaft/bmw-daimler-allianz-101.html. Zugegriffen am 22.04.2020.

Womack, J. P., Jones, D. T., & Roos, D. (1992). *Die zweite Revolution in der Autoindustrie. Konsequenzen aus der weltweiten Studie aus dem Massachusetts Institute of Technology* (5. Aufl.). Frankfurt a. M.: Campus.

WS WIPPERMANN GmbH. (o. J.). http://www.ws-wippermann.de/?page_id=95. Zugegriffen am 02.01.2020.

Zappos Insights LLC. (o. J.). *Holacracy and self-organization.* https://www.zapposinsights.com/about/holacracy. Zugegriffen am 25.04.2019.

Teil IV

Emergenz und Handeln

9 Unternehmenskultur: Das heimliche Zentrum der Handlungssteuerung

Zusammenfassung

Unternehmenskultur ist ein wirkungsmächtiges Phänomen. Es prägt Handlungen von Mitarbeitern und Führungskräften über erlernte sowie geteilte Werte und Normen. Dies führt dazu, dass beispielsweise Grundmuster des Führens, Informierens oder des zwischenmenschlichen Umgangs zu einem wesentlichen Teil über Unternehmenskultur greifbar werden. Wertschöpfung erfährt so ihre grundlegende Lenkung. Zugleich bestehen vielfältige Interdependenzen mit anderen Moderatoren der Wertschöpfung. Das heißt, Unternehmenskultur übernimmt oft Steuerungsaufgaben des Personalmanagements sowie der organisatorischen Gestaltung. Kultur erfährt ihrerseits eine Formung durch das Handeln von Mitarbeitern und Führungskräften. Zusammengenommen macht dies die Wirkungsbreite von Unternehmenskultur deutlich. Aber wie kann man das alles begründen und erklären? Lässt sich eine Unternehmenskultur anpassen oder sogar gestalten? Oder sind Unternehmen Gefangene ihrer ganz eigenen Kultur?

Vignette: W. L. Gore & Associates, Inc.

Wenn Sie kein begeisterter Wanderer oder Camper sind, dann sind Sie mit Gore möglicherweise nicht vertraut. Das Unternehmen mit Sitz in Newark, Delaware, ist bekannt für die Marke Gore, ein atmungsaktives und wasserabweisendes Gewebe, das in Outdoor-Kleidung und Raumanzügen verwendet wird. Gore stellt jedoch auch andere Produkte her, darunter Elektrokabel, Gefäßtransplantate und andere medizinische Produkte sowie eine Vielzahl von Umweltfiltern und anderen Industrieprodukten. Gitarrenseiten, Bremszüge für Mountain-Bikes oder Komponenten für Brennstoffzellen runden das Bild ab. Das Unternehmen verfügt über 5500 Patente und der Jahresumsatz liegt bei über 3,7 Milliarden US-Dollar. Seit über 50 Jahren werden durchgehend Gewinne erzielt.

Die 10.500 „Partner" (nicht Mitarbeiter) von Gore arbeiten unter einem vom Unternehmen bezeichneten „Unmanagement". Es gibt keine Titel, keine Chefs und keine Budgets. Weiterhin gibt es keine formale Hierarchie, keine vorgegebenen Kommunikationskanäle und keine typische Organisationsstruktur. Die Mitarbeiter werden nicht für einen Job eingestellt, sondern für ihr Engagement und Commitment. Aber wie wird die Arbeit dann dort erledigt?

Das Unternehmen verfügt über eine ungewöhnliche, flache Struktur, die als Gittersystem bezeichnet wird. Ein Mitarbeiter kann die Verantwortung für die Entwicklung eines neuen Produktes übernehmen, Freiwillige aus anderen Abteilungen des Unternehmens rekrutieren und ein Team bilden. Diese Teams können sich in kleinere Teams aufteilen, unternehmensintern wachsen und schließlich ein eigenes Werk für ihre Produkte eröffnen. Gore begrenzt die Werkgröße absichtlich auf 200 Mitarbeiter, um eine gute Kommunikation zu fördern. Jedes Werk ist autark, verfügt über eine eigene Fertigung und Finanzierung sowie über eine eigene Forschung und Entwicklung.

Anstelle von Vorgesetzten hat das Unternehmen Sponsoren. Ein neuer Mitarbeiter wird einem Sponsor zugeteilt, der ihm dabei hilft, seine Aufgaben zu finden und zu verstehen. Weiterhin vermittelt der Sponsor dem neuen Mitarbeiter, was erforderlich ist, um diese Verpflichtungen erfolgreich zu erfüllen. Eine weitere wichtige Aufgabe eines Sponsors ist es, ein „umfänglicher Unterstützer" für den neuen Mitarbeiter zu sein. Hierbei werden Informationen und Feedback zur persönlichen Entwicklung eines neuen Mitarbeiters gesammelt und einem Vergütungsausschuss vorgelegt. Diese Informationen werden dazu verwendet, um alle Mitarbeiter einzustufen und ihre Vergütungen zu bestimmen (Johns und Saks 2008, S. 480; W. L. Gore & Associates, Inc. o. J.). ◄

Gore & Ass. ist das organisationstheoretisch vermutlich am besten erforschte Unternehmen der Welt. Seit Jahrzehnten „pilgern" ganze Heerscharen von Professoren, Doktoranden und Studierenden dorthin und wollen etwas über die Funktionalität dieses so ungewöhnlichen Unternehmens erfahren. Entsprechend zeigt dieses Beispiel eine äußerst ungewöhnliche Kombination von wichtigen, bislang diskutierten personalwirtschaftlichen und organisationsstrukturellen Themen: Weitgehend zurückgedrängte organisatorische Regeln, gut funktionierende wechselseitige Abstimmung, hohe Motivation, dauerhafte organisatorische Selbstbindung, beeindruckende Innovationen sowie großen wirtschaftlichen Erfolg.

Man fragt sich sofort, wie kann so etwas „Unstrukturiertes" funktionieren? Was hält Gore & Ass. zusammen, wenn so wenig Kontrolle und Steuerung implementiert sind? Die Integration zwischen Ressourcen, Personen und Aufgaben gelingt bei Gore & Ass. durch stark verankerte Werte. Es ist die **Unternehmenskultur**, der die Steuerungsaufgaben obliegen. Damit gehen enorme Freiräume einher, was zugleich die extreme Bandbreite von Produktinnovationen begründet.

Es schließen sich unter anderem die folgenden Fragen an:

- Aus was setzt sich eine so positiv wirkende Unternehmenskultur zusammen?
- Wie entsteht eine solche zu Branche, Wettbewerb und Mitarbeiterpotenzialen passende Unternehmenskultur?
- Lässt sich Unternehmenskultur zielgerichtet gestalten und im Sinne eines Management-Ansatzes verwerten?

Bei der Beantwortung dieser Fragen wird jeweils das Zusammenwirken mit anderen Wertschöpfungsmoderatoren angesprochen oder zumindest treten diese Bezüge auf. Insgesamt soll deutlich werden, wie umfänglich Unternehmenskultur von den bisher diskutierten Themengebieten profitieren kann, darunter leidet oder sie substituieren kann.

9.1 Emergenz und Unternehmenskultur

9.1.1 Ausgangspunkte

Der Begriff „**Emergenz**" markiert einen zentralen Unterschied zu den voranstehenden Kapiteln des Personalmanagements (Teil 2) sowie der organisatorischen Gestaltung (Teil 3). Stand dort die zielgerichtete und auf möglichst umfänglicher Analyse beruhende Gestaltung von Unternehmen im Mittelpunkt, so geht es hier um **eigendynamische Prozesse**. Zwar werden auch im Folgenden Gestaltungsmöglichkeiten keineswegs in Abrede gestellt, jedoch entziehen sich diese einer Synoptik, wie sie beispielsweise für Organisationsstrukturen anwendbar ist. Es gilt die folgende Definition (Prechtl und Burkard 1999, S. 129–130).

▶ **Emergenz** Emergenz steht für das kaum vorhersehbare und nur schwer voraussagbare Auftreten neuer Qualitäten, die aus dem Zusammenwirken mehrerer Faktoren resultieren.

Welche **Faktoren** sind in Unternehmen für Emergenz verantwortlich? Als Faktoren fungieren beispielsweise arbeitsteilige Strukturen und Routinen, kommunizierte Erwartungen, Haltungen und Motive, Führungsstile, Leistungsbeurteilungen oder Gehaltsstrukturen. Derartige Faktoren werden in ihren unterschiedlichen Ausprägungen von allen Individuen fortwährend wahrgenommen, interpretiert und kategorisiert. Im Austausch vor allem mit Kollegen, Führungskräften, Meinungsführern oder besonders erfahrenen Mitarbeitern resultieren eigenständige Realitäten.

Die **nur schwer voraussagbaren Qualitäten** folgen genau aus diesen entstehenden und sich verfestigenden Realitäten. Selbstverständnisse, umfängliche Erwartungen sowie Handlungsideale werden produziert und lenken das Handeln von Mitarbeitern. Da sich diese Emergenz nicht planen und nur in Teilen formen, jedoch kaum kopieren oder verordnen lässt, führt an deren Akzeptanz kein Weg vorbei. Dieses Auftreten nur schwer vorhersehbarer Qualitäten findet sich bei den Themengebieten Macht, Politik und Ethik sowie bei Entscheidungen. Das Musterbeispiel emergenter Phänomene ist die Unternehmenskultur.

Unternehmens- oder Organisationskultur sind schillernde Begriffe. So fragen sich zum Beispiel manche unvermittelt, ob eine unternehmensrechtlich verfasste, ökonomisch geprägte und vielfachen Zwängen ausgesetzte Personenmehrheit überhaupt mit „Kultur" in Verbindung gebracht werden sollte. Trotz der großen Bandbreite individueller Interpretationen gibt es vermutlich keine Führungskraft, die sich nicht schon dieser Begriffe bedient hätte. Meistens gehen damit Hinweise auf die Erfolgspotenziale einer Kultur und auch deren spezifischen Ausprägungen einher. Fragt man jedoch nach, um was es sich konkret handelt, so tritt häufig eine gewisse Verunsicherung ein. „Man kann das gar nicht so genau sagen, die Unternehmenskultur spürt man einfach.", ist ein typisches Zitat.

Die Popularität des Themas Unternehmenskultur lösten vor allem Pascale und Athos (1982) sowie Peters und Waterman (1982) aus. Der Startpunkt dafür lag in den damaligen Wettbewerbsnachteilen westlicher Automobilhersteller gegenüber japanischen Produzenten. Deren höhere Entwicklungsgeschwindigkeit und Produktivität wurde in den 1980er-Jahren mittels der Relation „Arbeitsstunden pro produziertes Auto" festgestellt. Der Vorsprung japanischer Hersteller war unübersehbar. Daraufhin reisten ganze Heerscharen von Managern, Beratern und Wissenschaftlern nach Japan, um sich vor Ort zu informieren. Übereinstimmend wurde argumentiert, dass der Wettbewerbsvorteil japanischer Automobilproduzenten nicht nur durch betriebswirtschaftliche Optimierungskalküle erklärbar sei. Es sei vielmehr eine Steuerung durch Werte, die erheblich zum Erfolg beitrage (Womack et al. 1992).

Seitdem existieren viele Aussagen von Praktikern, die auf ein gespanntes Verhältnis zum Thema Unternehmenskultur hinweisen. Dies zeigt sich beispielsweise im Zuge des Volkswagen-Skandals und der Forderung von Vorständen, die VW-Kultur müsse sich rasch ändern (Handelsblatt 2018). Es wurde mehr Offenheit und Transparenz gefordert, aber dies nicht mit Überlegungen einer möglichen Umsetzung untermauert. Zudem fällt bei diesem Beispiel auf, dass die Manipulationen als individuelle Fehltritte bezeichnet wurden. Demgegenüber geht es bei der Unternehmenskultur um Individuen übergreifende, **kollektive Sachverhalte**.

9.1.2 Provenienz von Unternehmenskultur

Die Idee einer **Betriebsgemeinschaft** (Nicklisch 1932, S. 295 f.) in den 1920er- und 1930er-Jahren ist eine Art Vorläufer der Debatte um Unternehmenskultur. Eine Betriebsgemeinschaft sollte der damals typischen, sehr weitgreifenden Arbeitsteilung mit ihrer Entfremdung und mangelnden Sinnhaftigkeit entgegenwirken. Ziele waren eine gute Stimmung, Identifikation und ein Gefühl der Zusammengehörigkeit.

Auch wenn heute viele Personen gute Stimmung, Identifikation und Zusammengehörigkeitsgefühl als wesentliche unternehmenskulturelle Merkmale beschreiben, reichen sie zur Erfassung des komplexen Phänomens bei weitem nicht aus. So führen gute Stimmung,

Identifikation und Zusammengehörigkeit lediglich zu einer verbesserten Gemütslage. Mitarbeiter sind beschwingter und zeigen vermutlich mehr Bereitschaft zu **Extra-Rollenverhalten**. Das sogenannte „organizational citizenship behavior", ein freiwilliges, informelles Verhalten der Mitarbeiter, würde steigen.

Jedoch erhalten Mitarbeiter durch eine lediglich realisierte Betriebsgemeinschaft noch keine Hinweise darauf, auf welche Weise Informationen geteilt oder in welcher Tiefe Diskussionen vorbereitet und durchgeführt werden sollten. Um zum Kern der Idee einer Unternehmenskultur – dem Handeln von Mitarbeitern – vorzudringen, ist ein deutlich breiterer Zugang erforderlich, als das Konzept einer Betriebsgemeinschaft bieten könnte.

Viel weiter führt es, den Kulturbegriff der **Ethnologie** zu entlehnen. Demnach weisen unterschiedliche Volksgruppen trotz Globalisierung und Internet ganz offensichtlich auch noch heutzutage divergente Werte und Normen auf (Schein und Schein 2018, S. 4 f.). Diese machen das Verständnis einzelner Kulturen für Außenstehende schwer zugänglich. Handlungen und Gepflogenheiten erscheinen oft als unverständlich und fühlen sich befremdlich an.

Die Kulturen von Ethnien sind durch bestimmte Entwicklungen und Gegebenheiten geprägt. Dementsprechend lässt sich ein solches Werte- und Normengefüge nicht beurteilen. Vielmehr liegt ein **kultureller Relativismus** nahe. Das heißt, Kulturen sind hinsichtlich ihrer Unterschiede und Folgen beschreibbar, aber nicht qualitativ bewertbar (Hofstede und Mayer 2006, S. 6 f.). Die Illustration 9.1 verdeutlicht die Einzigartigkeit jeglicher Kultur und die oft fehlenden Anschlussmöglichkeiten an andere Wertvorstellungen.

Illustration 9.1: Indigenes Volk tötet Prediger

Auf dem zu Indien gehörenden North Sentinel Island lebt ein indigener und sehr aggressiver Stamm. Dieser ist vor jeglicher Kontaktaufnahme durch andere Personen gesetzlich geschützt.

Der Amerikaner John Allen Chau betrat die einsame Insel dennoch. Er gab sich als überzeugter Christ zu erkennen und wollte die Einwohner bekehren. Diese griffen ihn sofort an und töteten ihn mit Pfeilschüssen. Fischer beobachteten dies und sagten aus, der Leichnam liege am Strand vergraben.

Die indischen Behörden stehen nun vor einer schwierigen Aufgabe. Sie sollen einen Leichnam von einer Insel bergen, die sie nicht betreten dürfen (Stern 2018). ◄

Offenbar handelt es sich um ein kollektives und aus einer westlichen Perspektive unverständliches Handeln dieses Stammes. Aber woher rührt dieses und wie kommt das gleichgeschaltete Handeln zustande? Es kann kaum anders sein, als dass hier ein Weltbild vorherrscht, nach welchem Fremde als erhebliche Bedrohung gelten. Die Welt des Stammes scheint nur dann akzeptabel zu sein, wenn sie keine externen Veränderungen erfährt. Daraus folgen dann Prozesse der Verarbeitung und Vermittlung spezifischer Werte und Normen. Offensichtlich funktioniert beim Auftauchen einer fremden Person die Norm der bedingungslosen Verteidigung sehr gut.

Durchaus ähnlich lassen sich Unternehmenskulturen, als etwas „Ethnienartiges" beschreiben. Die folgende Illustration 9.2 schildert ein Beispiel einer extremen Unternehmenskultur.

Illustration 9.2: Milliarden-Verluste einer Großbank

Der ehemalige Investmentbanker der UBS Bank, Kweku Mawuli Adoboli, tätigte unautorisierte, hochspekulative Finanzgeschäfte und verursachte einen Verlust in Höhe von 2,3 Milliarden Euro. Doch wie konnte es soweit kommen?

Sein unautorisierter Handel scheint auch mit der Unternehmenskultur der UBS Bank in Einklang zu stehen. Nach Ansicht ehemaliger Investmentbanker wurde der individuelle Renditeerfolg gegenüber einer Zusammenarbeit im Team als deutlich höher geschätzt. „Das Problem ist nicht die Kultur", sagte einer von ihnen, „das Problem ist, dass es keine Kultur gab. Es gibt Silos. Jeder ist getrennt. Die Leute machen ihre eigenen Geschäfte und jeder ist auf sich allein gestellt." (Steward 2011). ◄

Die Schilderung, es liege überhaupt keine Unternehmenskultur vor, ist unzutreffend. Jegliches vertraglich gebundene Handeln von Personen innerhalb eines Unternehmens befördert Werte und Normen. Sind diese unscharf, so handelt es sich um eine nicht konturierte oder nicht verankerte Unternehmenskultur. Diese wirkt aber dennoch stark, da sie ein extrem egoistisches Handeln zulässt.

9.1.3 Unternehmenskulturelle Grundlagen

9.1.3.1 Definition

Die Eingangsvignette und auch das Beispiel der UBS Bank verdeutlichen die Mächtigkeit von geteilten Werten und Normen. Die Spezifizierung dieses Hauptkapitels, als **„heimliches Zentrum der Handlungssteuerung"**, setzt dies um. Die Handlungssteuerung kann so weit gehen, dass wie bei Gore & Ass. die anderen Moderatoren der Handlungssteuerung (s. Kap. 1) gegenüber einer Unternehmenskultur in den Hintergrund treten. Es gilt die folgende Definition (Johns und Saks 2017, S. 293; Schein und Schein 2018, S. 6).

▶ **Unternehmenskultur** Unternehmenskultur beschreibt die von Führungskräften und Mitarbeitern geteilte Menge an Werten und Normen. Sie ist das Produkt eines gemeinsamen Lernens.

Aus der Definition geht hervor, was Kultur nicht ist. Es geht nicht um „Kultur" im Sinne von „Kultiviertheit". Kunstausstellungen in der Cafeteria oder Bildschirmschoner mit Aphorismen haben kaum etwas mit Unternehmenskultur zu tun. Diese sind, wenn überhaupt, das Resultat einer Unternehmenskultur, sagen aber nur wenig über deren Substanz aus. **Teilung** deutet auf eine Auseinandersetzung mit bestehenden unternehmensbezogenen Werten und Normen hin, die eben einem Lernen entspricht.

Die Perspektiven für ein solches **Lernen** verlaufen grundlegend anders als beispielsweise die Schulungen einzelner Kompetenzen, Umgangsformen oder von technischem Knowhow. Das Erfahren und Lernen von Werten ist nichts, was in planbaren Zeitabschnitten fassbar wäre oder das sich für eine Fortschrittskontrolle anbietet. Diese Überlegung wird hier so umgesetzt, dass Begriffe wie Planung, Design oder Steuerung von Unternehmenskultur vermieden werden.

Damit Lernen im Unternehmen gelingen kann, sind institutionelle Voraussetzungen notwendig. Entscheidend dabei sind **beständige Grenzen** von Unternehmen und Organisationen (s. Kap. 1). Diese schaffen die Voraussetzungen für ein gemeinsames Lernen und die Herausbildung geteilter Werte und Normen. Das heißt aber genauso, dass vermeintlich moderne Organisationskonzepte, die besonders kurzfristig und mit befristeten Verträgen Mitarbeiterressourcen ausschöpfen wollen, unternehmenskulturell verarmen. Ohne beständige Grenzen ist gemeinsames Lernen und die Teilung von Werten und Normen unmöglich.

9.1.3.2 Gemeinsames Lernen

Schreyögg und Geiger (2016, S. 319 f.) präzisieren das gemeinsame Lernen anhand von drei Kategorien:

Lerninhalt und immanente Offenheit für Entwicklungen
Erlernt wird kein standardisierter Stoff, sondern Näherungen an unternehmensspezifische Werte sowie konkrete spezifische Normen. Dies kennzeichnet eine Offenheit für Alternativen und Entwicklungen. Versuchte man Werte, Normen und Handlungsmuster zu verschriftlichen und als Leitfaden zu übermitteln, so würde dies scheitern. Der Katalog wäre viel zu umfangreich und aufgrund seiner Abgeschlossenheit nur rückwärts orientiert und müsste ständig überholt werden. Zudem würde die Entstehung von Gemeinsamkeiten fehlen, die Mitarbeiter durch das Teilen von Werten und Normen erfahren.

Impliziter Charakter und Lernen
Unternehmenskultur hat einen impliziten Charakter. Dabei werden Sinn und Orientierung durch Muster vermittelt. Unternehmenskulturen basieren auf einer als selbstverständlich wahrgenommenen, „gelebten" Alltäglichkeit. Ein Nachdenken darüber erfolgt – wenn überhaupt – nur bei nachlassender Passung von Werten und Normen. Entsprechend erfolgt das Lernen der Lerninhalte immer interaktiv. Es handelt sich um eine Internalisierung, die vielschichtiger und schwerer zu steuern ist, als die Wertschöpfungsmoderatoren Personalmanagement (Teil 2) oder organisatorische Gestaltung (Teil 3).

Prägung der Lerninhalte
Ganz unterschiedliche Personen tragen zu Lerninhalten sowie zur Verstetigung des Gelernten bei. „Kulturelles" Handeln erfolgt, weil andere genauso handeln. Dieses Lernen zielt auf Umwelt- und Organisationsspezifika ab und markiert die Einzigartigkeit einer jeden Unternehmenskultur.

Abb. 9.1 Aufbau einer Unternehmenskultur (s. ähnlich Schein und Schein 2018, S. 15)

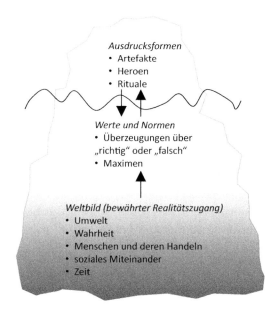

9.1.3.3 Modell der Unternehmenskultur

Das so beschriebene Konzept des Lernens lässt sich konzeptionell durch das **Kulturebenen-Modell** von Schein (1985) (s. Abb. 9.1) erfassen. Das Modell verdeutlicht, wie einzelne Ebenen ineinandergreifen und eine Handlungssteuerung auslösen. Es wird dadurch möglich, das Thema Unternehmenskultur systematisch zu denken, Wirkungsweisen zu verdeutlichen und über eine Gestaltung zu reflektieren.

Dieses Modell hat eine erhebliche Akzeptanz, wenn nicht sogar eine dominante Position gewonnen. Demnach sind es drei Ebenen, die miteinander verknüpft sind und handlungsrelevante Kulturmerkmale prägen. Damit ist bereits ein äußerst wesentlicher Hinweis auf die Wirksamkeit einer Unternehmenskultur enthalten. Es ist die enge Verknüpfung dieser drei Ebenen, die einerseits die enorm positiven Wirkungen, als auch das genaue Gegenteil etwa durch starke Beharrungskräfte, auslösen kann. Abb. 9.1 skizziert dies.

Die drei Ebenen sind Ausdrucksformen, Werte und Normen sowie ein Weltbild und darauf gerichtete, bewährte Realitätszugänge. Vorstellen kann man sich diese Ebenen als eine Art **Eisberg**. Sichtbar sind Artefakte, Heroen und Rituale, eben die kulturspezifischen **Ausdrucksformen**. Demgegenüber sind **Werte und Normen** keinesfalls umfänglich erkennbar, während **Weltbilder** verborgen und auch schwer entschlüsselbar bleiben. Genauso wie bei Eisbergen, verantworten auch bei Unternehmenskulturen die nicht sichtbaren Bestandteile die Beständigkeit sowie die Bewegungsrichtung. Die sichtbaren Bestandteile tragen ebenfalls zu einer Verstetigung von Werten und Normen bei. Dieser Bezug ist allerdings schwächer. Die folgenden Ausführungen erläutern das Modell näher.

9.2 Aufbau und Vermittlung einer Unternehmenskultur

9.2.1 Weltbild als Resonanzraum für Werte

Ein bewährter organisatorischer Realitätszugang beschreibt, welche Überlegungen beispielsweise hinsichtlich Konkurrenz, Mitarbeitern und Kollegialität erfolgreich waren. Dies führt zu einem unternehmensspezifischen **Weltbild** (Schein und Schein 2018, S. 17; Schreyögg und Geiger 2016, S. 325). Es ist jenes Weltbild, das in einer frühen Phase von Unternehmensgründern und anderen prägenden Köpfen geformt wird. In dieser Phase geschieht dies relativ bewusst, indem verantwortliche Personen einem Unternehmen „ihren Stempel" und damit ihre umfänglich verstandenen, betriebswirtschaftlichen Überzeugungen und Interpretationen über Mitarbeiter, Produktionsmöglichkeiten oder Märkte quasi automatisch „einimpfen". Zugleich tragen im weiteren Verlauf auch alle anderen Mitarbeiter sowie vielfältige Erfolge, Fehlschläge und Überzeugungen zur Formung dieses Weltbildes bei.

Somit ist ein solches Weltbild eine **Menge an Erfahrungen**, die sich auf zentrale Themen von Unternehmen richten. Lassen sich diese Erfahrungen replizieren und bewähren sie sich, so entsteht der implizite, also unbewusste Hintergrund für das Handeln und Entscheiden aller Führungskräfte und Mitarbeiter. Dadurch existieren komplexe, unsichtbare Orientierungen, beispielsweise über den Umgang mit externen Einflüssen und den daraus resultierenden Erfahrungen.

Dieses Weltbild speist sich aus unterschiedlichen Dimensionen. Auf den ersten Blick mag das Folgende etwas esoterisch klingen, es hat jedoch eine enorm prägende Wirkung auf Handlungen in Unternehmen. Ein Weltbild lässt sich anhand von fünf Dimensionen beschreiben (Schein und Schein 2018, S. 67–82):

Umwelt
Umfasst die relevante Umwelt in ihrer Dynamik eher Chancen oder eher Bedrohungen? Beispielsweise führt die Sicht der Umwelt als Bedrohung zu einer verteidigenden Haltung, die das bewährte Geschäftsfeld mit einem bewährten Zugang nur langsam weiterentwickelt. Das genaue Gegenteil, die Betrachtung der Umwelt als Chance, besteht zum Beispiel in einer geringen Standardisierungsneigung, eher organischen Strukturen, die Neues erkunden sollen. Dies setzt sich beispielsweise auch beim Personalmanagement fort. So schlägt sich die Perspektive von Umwelt als Bedrohung in der Ausdehnung struktureller Führung und dem Wunsch, Planbarkeit herzustellen, nieder. In jedem Fall zeigt schon die erste Facette eines organisatorischen Weltbildes, dass viele Ansatzpunkte zur Handlungssteuerung unternehmenskulturell verankert sind.

Wahrheit
Jedes Unternehmen produziert jeden Tag eine große Menge an „Wahrheiten". Hierbei wird Wahrheit aber nicht als etwas Objektives oder naturwissenschaftlich Überprüfbares

verstanden. Im privaten Bereich lässt sich das gut darstellen. Beim Kauf einer Waschmaschine halten sich manche sklavisch an die Ergebnisse der Stiftung Warentest, andere an Kundenbewertungen im Internet und nicht selten erfolgt eine konsequente Ausrichtung an Marken oder Preisen. Immer resultiert eine Art „Wahrheit" oder feste Überzeugung, genau den richtigen Weg gewählt zu haben. In Unternehmen ist dies strukturell vergleichbar. Wahrheiten in Unternehmen sind bekannte und akzeptierte Arten der Entscheidungsfindung. Damit ist zum Beispiel die Entscheidung für oder gegen ein neues Produkt, einen neuen Vertriebskanal oder eine neue Software gemeint. Ist dieser Entscheidungsprozess eingespielt, bewährt und breit akzeptiert, so ist auch die Entscheidung „quasi wahr". Das heißt, man hinterfragt die Entscheidung nicht, so als enthalte sie einen zumindest wahrheitsähnlichen und nicht diskutierbaren Charakter.

Die Produktion von Wahrheit geschieht beispielsweise durch die folgenden Herangehensweisen: Der Chef trifft die Entscheidungen. Genauso wahr kann es aber sein, wenn die zuständigen Abteilungsleiter entscheiden. Auch die konsequente Ausrichtung an aktuellen, wissenschaftlichen Prognosen oder an Einstimmigkeit dienen oft als Kriterien für Entscheidungen. Je nach Art der „Wahrheitsproduktion" resultieren Wirkungen auf die Mitarbeiterbeteiligung, Verantwortung oder auch die Vorbereitung sowie Implementierung von Entscheidungen.

Menschen und deren Handeln
Agieren Menschen in beruflichen Situationen letztlich eher opportunistisch oder sind sie kaum kontrollbedürftig? Dieser Teil des Weltbildes hat weitreichende Folgen. Damit geht beispielsweise das Ausmaß der denkbaren Verantwortungsdelegation oder das als passend eingestufte Ausmaß der Leitungsintensität einher. Weite Teile des Personalmanagements und der organisatorischen Gestaltung bauen auf einer – impliziten – Antwort auf diese Frage auf. Diese Frage findet ihren Niederschlag in ganz unterschiedlichen Facetten der organisatorischen Gestaltung, als auch des Personalmanagements.

Soziales Miteinander
Jegliche Unternehmensentscheidungen fußen auf der Frage des sozialen Miteinanders. Es geht um die prinzipielle Frage nach der Intensität und Produktivität sozialer Beziehungen im Unternehmenskontext. Die Bandbreite reicht hier sehr weit. In manchen Unternehmen werden jegliche Kleinigkeiten gefeiert und soziale Kontakte untereinander gepflegt, während in anderen selbst WM-Tippspiele verpönt sind. Die Realisierung von wechselseitiger Abstimmung, organisatorischer Selbstbindung oder Führungsbeziehungen im Sinne der LMX-Theorie (s. Kap. 3) hängen auch von dem sozialen Miteinander ab. Zudem manifestiert sich hier, ob Individuen als Produktionsfaktor funktionieren sollen oder Leistung als Menschen erbringen sollen.

Zeit
Üblicherweise denkt man Zeit als exakt getaktet und als überall gleich. Dies ist bei Arbeitszeiterfassungen, Maschinenbestückungen oder Lieferterminen auch selbstredend der

Fall. Allerdings erfolgen Denken und Handeln in kaum einem Unternehmen chronometrisch. Was bedeutet beispielsweise die verbreitete Abkürzung unter E-Mails „asap" – „as soon as possible" –, mit der Weisungsbefugte Hinweise auf die Dringlichkeit einer Aufgabe geben? Sind damit das Vermeiden jeglicher Pausen, das Ruhenlassen aller anderen Aktivitäten oder gar Nachtschichten gemeint? Sollen sogar Qualitätseinbußen in Kauf genommen werden? Oder bedeutet diese Abkürzung das Einflechten der neuen Bitte in den Arbeitsablauf nach eigenem Ermessen? Zusammenfassend zeigt sich, dass Zeit in Unternehmen etwas Relatives ist und erst vor dem Hintergrund der anderen Aspekte des Weltbildes verständlich wird.

Alle Facetten gemeinsam schaffen ein stabiles Muster, welches zurecht als Weltbild oder als bewährter Realitätszugang bezeichnet werden kann. Da dieser Erfahrungsschatz implizit, eher diffus, für viele nur ansatzweise und für andere gar nicht zugänglich ist, stellt sich die Frage nach der Wirkungsweise. Diese resultiert über die Konstrukte Werte und Normen. Somit sind der Hintergrund und die Verankerung von unternehmensspezifischen Werten geklärt. Das Weltbild stellt den **Resonanzraum für Werte und Normen** dar. Grundüberzeugungen, Erfahrungswerte und Erfolgsmuster erlangen so Geltung. Eine davon freie Diskussion führt zu Werten ohne Substanz.

9.2.2 Werte sowie ihre Vermittlung durch Sozialisation und Sprache

9.2.2.1 Eingrenzung von Werten und Normen

Die Konkretisierung des Weltbildes erfolgt über **Werte**. In Anlehnung an Scholl-Schaaf (1975, S. 31) ist ein Wert eine **Orientierungs- und Referenzgröße** für Handeln. In Unternehmen gehören beispielsweise Fairness, Unterstützung anderer Abteilungen oder ein zurückhaltender Umgang mit zwischenmenschlichen Schwierigkeiten dazu. Solche Orientierungsgrößen lenken das Handeln hinsichtlich ihres qualitativen und zeitlichen Ausmaßes. In diesem Sinne greifen Werte je nach Situation in das Handeln ein. Es gilt die folgende Definition (Johns und Saks 2017, S. 128, sowie Kap. 2).

▶ **Werte** Werte sind breit ausgerichtete, dauerhafte Überzeugungen darüber, was richtig und was falsch ist.

Davon ausgehend stellen **Normen** Konkretisierungen von Werten im Sinne von **Handlungserwartungen** dar. Normen sind in diesem Sinne eine Art Konsequenz aus Weltbild und Werten. Dazu zählen beispielsweise Beschwerden gegen andere Personen erst am nächsten Tag vorzutragen oder auf Kundenreklamationen eigenständig, unmittelbar und möglichst umfassend zu reagieren. Die unternehmensübergreifende Akzeptanz und Verbreitung von Werten und Normen führt zu dem, was man als geteiltes Werte- und Normensystem bezeichnet. Die folgende Illustration 9.3 kennzeichnet Normen.

> **Illustration 9.3: Normen**
>
> Das Zusammenwirken von Werten und Normen lässt sich wie folgt beschreiben:
>
> - Normen resultieren aus Werten und präzisieren diese.
> - Normen sind so etwas wie Verkehrsschilder für unternehmenskulturell passende Handlungen.
> - Wie im Straßenverkehr funktionieren Verkehrsschilder dann am besten, wenn eine Weltanschauung und Überzeugung deren Richtigkeit bestätigt. Dann liegt es nahe, dass eine Art Selbstverständlichkeit entsteht und Normen verlässlich wirken. ◄

Die angesprochene Teilung, im Sinne einer Verinnerlichung von Werten und Normen erfolgt durch eine **soziale Validierung** (Schein und Schein 2018, S. 15 f.). Dies deutet an, dass Werte und Normen auf einem gemeinsamen Erleben aufbauen und sich erst dadurch zu eigenen Werten und Normen entwickeln. Somit scheidet ein bloßes Verordnen von Werten und Normen aus oder führt zumindest nicht automatisch zu einer Handlungslenkung. Das geteilte System von Werten und Normen ist daher zentral für das Konstrukt Unternehmenskultur.

Da Normen existieren und laut Definition nicht nur leicht verständlich sind, steht im Folgenden die Vermittlung von Werten im Zentrum.

9.2.2.2 Wertevermittlung über Sozialisierung

Prozesse der **sozialen Beeinflussung** oder **Sozialisation** richten sich unmittelbar auf die Vermittlung von Werten und Normen. Derartige Prozesse prägen Größen wie Produktivität, Selbstbindung, Arbeitszufriedenheit oder Aufgabenbewältigung in hohem Maß. Es gilt die folgende Definition.

▶ **Sozialisierung** Sozialisierung ist ein fortlaufender Prozess, durch den Personen Werte, Wissen und Handlungsmuster erfahren und erlernen.

Jede soziale Beeinflussung durch Führungskräfte oder auch Gleichgestellte setzt zwei Abhängigkeiten voraus: Informations- und Effektabhängigkeit. Diese schaffen die erforderliche Offenheit für die kaum kodifizierbaren Werte und Normen. Aufmerksamkeit wird so auf unternehmenskulturell relevante Sachverhalte gelenkt (Robbins 2005, S. 494–497).

In den meisten Fällen besteht für beruflich Tätige eine **Informationsabhängigkeit**. So ist der berufliche Alltag eine fortwährende Suche nach Informationen über die Tragfähigkeit des eigenen Denkens, Handelns und Interpretierens. Einige Fragen verdeutlichen dies:

- Ist der Umgang mit Kollegen und Führungskräften akzeptabel?
- Ab welcher Menge informeller Hinweise durch Vorgesetzte drohen Konsequenzen?
- In welchem Umfang rechtfertigt die kommunizierte Erwartungshaltung „höchste Qualität" einen zeitlichen Aufschub?
- Empfinden Mitarbeiter die Zusammenarbeit als erfüllend?

Eine Annäherung an Antworten setzt immer das Verlassen auf andere Individuen voraus. Es resultiert eine Informationsabhängigkeit, um Hinweise auf das eigene Denken,

Handeln und Interpretieren zu erhalten. Diese Informationsabhängigkeit entfaltet ihre Wirkung durch eine vertiefte Möglichkeit, Ereignisse zu interpretieren und Erwartungen über viable Werte, Normen und Handlungen zu entwickeln.

Sofern die Informationsabhängigkeit nicht für eine akzeptierte Offenheit für Handlungserwartungen sorgt oder deren Vermittlung stockt, kommt die sogenannte **Effektabhängigkeit** zum Tragen. So sind Individuen hochgradig abhängig von den Effekten oder Wirkungen ihrer Handlungen. Zum einen, weil sie rückkoppelnde Informationen benötigen und zum anderen, weil ihre Leistungen für Vorgesetzte und Kollegen prägend sind.

Entsprechend unterliegt die Handlungswirkung der Individuen einer mehr oder weniger fortwährenden Bewertung durch Vorgesetzte und Gleichgestellte, durch die jede soziale Beeinflussung zum Tragen kommt. Dies funktioniert auch deshalb, weil sowohl Vorgesetzte als auch Kollegen in unterschiedlicher Art und Weise positive und negative Sanktionierungskapazitäten innehaben. Deren Abhängigkeit führt dann zur Eruierung und oft auch zur Akzeptanz unternehmensseitig erwünschter Werte und Normen.

Geht man einen Schritt weiter, so stellt sich die Frage nach der Erreichung von Folgsamkeit, Identifikation und Internalisierung. Sozialisierung lässt sich durch drei Stufen beschreiben. Abb. 9.2 skizziert diese Stufen des Sozialisationsprozesses.

Die erste Stufe beginnt **vor Eintritt in ein Unternehmen** und prägt bereits Erwartungen auf der Seite potenzieller Bewerber. Jegliches Informationsmaterial und vor allem Stellenausschreibungen wirken sich auf Erwartungshaltungen aus. Das „**Zusammentreffen**" markiert den Beginn einer Unternehmensmitgliedschaft. Erwartungen von neuen Mitarbeitern mit einem spezifischen Erfahrungshorizont treffen auf eine Unternehmensrealität. Sozialisierung ebnet diese Phase des Zusammentreffens. Die dritte Phase „**Formung**" zielt dann auf Rollenadaption, die Beherrschung von Aufgabenbewältigungsstrategien sowie den souveränen Umgang mit Normen ab. Diese drei Stufen wirken gemeinsam auf Handlungen. Allerdings soll diese Struktur keinesfalls ein planbares Funktionieren suggerieren. Das fehlende Eintreten der Wirkungen liegt genauso nahe.

9.2.2.3 Sprachliche Zuspitzung von Werten

Bestehende Verbindungen zwischen Werten, Normen und Ausdrucksformen konkretisieren den strukturellen Aufbau einer Unternehmenskultur. Eine solche Verbindung stellen Neuberger und Kompa (1987, S. 94–96) systematisch vor. Sie verknüpfen Werte und Normen mit passenden **sprachlichen Zuspitzungen**.

Tab. 9.1 stellt einprägsame Formulierungen vor und setzt an jeweils zwei gegenläufigen Werten an.

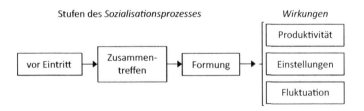

Abb. 9.2 Stufen des Sozialisationsprozesses (Robbins 2005, S. 496)

Tab. 9.1 Beispiele für Werte, Normen und sprachliche Zuspitzungen (Neuberger und Kompa 1987, S. 94–96)

Wertepolaritäten		Normen und Handlungserwartungen		sprachliche Zuspitzung	
Wert A	Wert B	Wert A	Wert B	Wert A	Wert B
Wandel, Risiko	Bewahrung, Sicherheit	Immer an der Spitze des Fortschritts sein. Wer wagt, gewinnt!	Keine Experimente! Sich der Tradition verpflichtet fühlen.	Es gibt für alles eine bessere Lösung. Man darf an nichts festhalten!	Man muss das Gute bewahren und jeder Neuerung misstrauen.
Nüchternheit, Bescheidenheit	Fantasie, Stolz	Keine Effekthascherei! Die Dinge sehen, wie sie sind!	Sei kreativ! Visionen, nicht Realitäten begeistern. Sei stolz auf Deine Leistung.	Es gibt eine objektive Realität.	Es gibt keine objektive Realität.
Erfolgsorientierung, persönliche Auszeichnung	Prozessorientierung, Dienst, Pflichterfüllung	Der Zweck heiligt die Mittel! Du musst unbedingten Erfolgswillen haben!	Tue gewissenhaft deine Pflicht. Der Weg ist das Ziel.	Nur das Ergebnis zählt. „Unterm Strich denken": Das Beste erreichen wollen.	Das ehrliche Bemühen und die gute Absicht zählen: Das Richtige wollen!
Ordnung, Struktur	Improvisation, Spontaneität	Halte Dich an bewährte Routinen und Systeme! Man muss sich auf dich verlassen können.	Den gesunden Menschenverstand brauchen! Nach Lage der Dinge entscheiden.	Jede Gemeinschaft braucht „Law and Order". Der Gang der Dinge folgt rationalen Gesetzmäßigkeiten.	Jedes Problem hat seine eigene Lösung. Es gibt keine allgemeingültigen Gesetze.

9.2 Aufbau und Vermittlung einer Unternehmenskultur

Diese Beispiele verdeutlichen die notwendige Passung zwischen Werten, Normen und den sprachlichen Ausdrucksformen. Eine derartige Passung trägt zum Transport sowie der Bestätigung von Werten bei und treibt das Handeln an. Ein Bruch in der Verknüpfung geht zu Lasten der Handlungssteuerung.

Eine interessante Ergänzung von Symbolsystemen stellen **Metaphern** dar (s. auch Kap. 1). Vielfach erkennt man die Vorstellung von Führungskräften, in die sich Unternehmen entwickeln sollen, anhand von bildlichen Darstellungen. Beispielsweise finden sich auf Websites oder Imagebroschüren oft Pfeile, elektronische Bauteile, Sonnenaufgänge und Ähnliches. Morgan (1997) befasst sich damit und weist derartigen metaphorischen Darstellungen eine Transportfunktion von Werten zu:

Maschine oder Bienenstock
Erfährt die Belegschaft von einer solchen Metapher, so lassen sich leicht Einschätzungen zur stabil eingestuften organisatorischen Domäne, zur geringen Bedeutung von Eigeninitiative oder Relevanz eher mechanistischer Strukturen ableiten.

Sinfonieorchester
Diese Metapher betont individuelles Vermögen und Kreativitätspotenzial der Musiker. Jedoch werden diese fortwährend und ohne jegliche Abweichung zentral durch Dirigenten gesteuert.

Familie
Kommt die Familien-Metapher zur Anwendung, so geht dies mit der Betonung eines stabilen Miteinanders und vermutlich sogar individueller Entfaltung einher. Allerdings scheitert man hieran schnell, denn Familienmitglieder werden kaum aufgrund einer ungünstigen Wettbewerbssituation, durch Fehlverhalten oder Missmanagement aus der Familie entfernt.

Bei Metaphern handelt es sich um einen sehr plastischen Zugang, um zentrale Werte und Normen zu transportieren.

9.2.3 Wertevermittlung durch Ausdrucksformen

9.2.3.1 Überblick zu Ausdrucksformen

Die Konkretisierung, der Transport sowie die Verstetigung von Werten und Normen verantworten sogenannte **Ausdrucksformen**. Solche Vehikel sind erforderlich, da man zwar leicht über Werte sprechen kann, was aber noch lange keinen Zugang eröffnet oder Verständnis und Akzeptanz zur Folge hat.

Die Bandbreite von Ausdrucksformen ist in der Praxis geradezu unüberschaubar. Dies liegt daran, dass der zu transportierende Inhalt weitreichend und weder scharf konturiert, noch trivial ist. Beispielsweise ist es in Hotels sicherlich nicht ausreichend, die Norm „unbedingte Zurückhaltung und Diskretion" lediglich mit einer – wenn auch scharf

Abb. 9.3 Zwiebelmodell
(Hofstede 1991, S. 9)

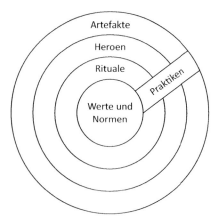

formulierten – Dienstanweisung zu belegen. Geschichten über extreme Umsetzungen dieser Norm, ritualisierte Verarbeitung der Normauswirkungen im Kollegenkreis oder ein mit Uniformierung einhergehendes „Untergehen" in der Menge des Hotelpersonals verstärken möglicherweise diese Norm.

Die Ebene der Ausdrucksformen einer Unternehmenskultur wird hier in die von Hofstede (1991) postulierten **Artefakte, Heroen und Rituale** dreigeteilt. Er charakterisiert dies als **Zwiebelmodell**. Die Ausdrucksformen werden nach außen hin ersichtlicher und transportieren alle drei auf je andere Weise Werte (Abb. 9.3).

Das Zwiebelmodell deutet an, dass Artefakte an der Oberfläche stehen und damit besonders einfach fassbar sind. Heroen sowie Rituale liegen zwischen Artefakten sowie Werten und Normen Es sind Praktiken oder spezifische Handhabungsformen, die die einzelnen Ebenen mit Werten und Normen verknüpfen.

Die Bandbreite der Ausdrucksformen ist deshalb so groß, weil die Gleichung „1 Wert = 1 Ausdrucksform" nicht zutrifft. Werte und Normen sind derart vielschichtig, dass – wenn überhaupt – ein Transport nur über mehrere Ausdrucksformen funktionieren kann.

9.2.3.2 Artefakte

Artefakte sind Gegenstände, die ihre Form durch menschliche Einwirkungen erfahren haben (s. Duden). Da es sich dabei um relativ dauerhafte und replizierte Einwirkungen handelt, bergen Artefakte Auskünfte zu ganz unterschiedlichen Themengebieten. Sie machen Kultur „anfassbar" oder erlebbar.

Besonders bekannt sind Artefakte in der Archäologie. Hier sind es vor allem Grabbeigaben. Finden sich dort aufwändig verarbeitete Gegenstände, so handelt es sich um Kulturgegenstände. Deren Interpretation ist kein leichtes Unterfangen, kann aber einen Schlüssel für das Kulturverständnis darstellen. So stammen viele Kenntnisse über die Spiritualität oder das soziale Miteinander urzeitlicher Völker aus Interpretationen von Grabbeigaben.

In Unternehmen finden sich vielfältige Umgangsformen, welche Artefakte darstellen. Viele Unternehmen führen das kollektive Duzen ein oder brechen mit der typischen

Bestückung von Türschildern. Akademische Grade, Doktoren- oder Professorentitel wurden verbannt. Ganz offensichtlich ist damit der Wunsch nach Hierarchieabbau, nach intensiverer Kommunikation und nach Geschwindigkeit verbunden. Diese Vorgehensweise kann jedoch kaum zum Erfolg führen. Wenn eine solche Optimierungsnotwendigkeit besteht, so heißt dies im Umkehrschluss, dass Hierarchiedominanz, fehlende Kommunikation und Langsamkeit vorherrschen. Somit werden es veränderte Türschilder und das „Du" kaum schaffen, bestehende, tradierte Werte zu verändern und neue Werte zu verbreiten.

Demgegenüber ist **Architektur** – sowohl auf der Ebene von Arbeitsplätzen, Abteilungen sowie einem gesamten Unternehmen – als Ausdrucksform ungleich wirksamer. Offenheit, abteilungsübergreifende Zusammenarbeit, aber auch Selbstbewusstsein und Zukunftsorientierung sind nicht nur unternehmenskulturelle, sondern genauso auch architektonische Dimensionen. Anders als bei der Ausdrucksform „Du" lässt sich durchaus eine Veränderung auch von Werten und Normen begründen. Architektonische Entwürfe und deren Implementierung wirken auf Wege, Kontakte und das Kommunikationsverhalten. Dies löst Emotionen, Wohlbefinden oder Freude am Kommunizieren aus und hat dann das Potenzial, eine Verschiebung der Werte und Normen anzustoßen.

Artefakte werden also immer durch Menschen bewusst oder unbewusst verursacht und sind mitunter schwierig zu interpretieren. Es existieren Artefakte, die bei einer Außensicht möglicherweise irritierend wirken, beispielsweise das Singen gemeinsamer Lieder oder die Bevorzugung eines bestimmten Kleidungsstils. Immer werden dadurch jedoch Werte und Normen transportiert und verstetigt.

9.2.3.3 Heroen

Ist hier die Rede von **Heroen**, so geht es nicht um Personen, die heldenhafte Leistungen in ihrem Unternehmen erbracht haben. Unternehmenskulturell handelt es sich nicht um Alleskönner, sondern um Personen, die bezogen auf bestimmte Werte Besonderes leisten. Ein Beispiel ist eine Vertriebsmitarbeiterin, die durch ihr freundliches und zugleich beharrliches Auftreten bei einem Kunden überraschend einen Großauftrag gewann.

Heroen sind also „gemachte Helden". Somit kann es auch um Personen gehen, die in der Hierarchie oder Sozialstruktur eher ein randständiges Dasein führen und nicht zwingend in einem „Vorbild-Verdacht" stehen. Für die betreffende Person selbst sind ihr Handeln sowie ihr Umgang mit Werten und Normen dagegen meist eher selbstverständlich und gar nichts Besonderes. Als Heroen eignen sich nicht nur lebende, sondern genauso auch verstorbene Personen. Deren Umgang mit Werten lässt sich dann sogar noch besser erklären.

Wie wird nun das Heroische übersetzt? Es sind nicht nur Gespräche in der Kantine, sondern eher das Aufgreifen bei offiziellen Anlässen wie Weihnachtsfeiern, Verabschiedungen, der Aufnahme neuer Mitarbeiter, internen Unternehmensinformationen und ähnliche Zusammenkünfte, die brauchbare Medien darstellen. Die Kommunikationsart funktioniert vor allem über die Produktion von Mythen, Anekdoten, Witzen oder Geschichten. Jede funktionierende Unternehmenskultur ist übersät mit derartigen Auseinandersetzungen.

Dazu zählen bereits Erzählungen von „Anfängersituationen" und den typischen Fehlern zwischen maximaler Zurückhaltung und dem Versuch, sehr vieles nach wenigen Wochen verändern zu wollen. Absolut gesehen, ist so etwas oft gar nicht amüsant und Außenstehende können dann auch meist nicht darüber lachen. Man hat eher Mitleid und kann die Notwendigkeit „negativer Heroen" nicht einordnen. Eine pikante Note bekommen solche Anfängersituationen erst vor dem Hintergrund der Kollision mit zentralen Unternehmenswerten und -normen. Eine Wirkung ist damit in jedem Fall vorhanden, denn zumindest die Geschichtenerzähler vergewissern sich wechselseitig ihrer Werte.

In Unternehmen finden sich häufig Geschichten und Erzählungen über Situationen, die Werte in besonderem Maße geprägt haben. Ein viel zitiertes und fast schon historisches Beispiel stellt die Geschichte über Bill Hewlett – Gründer von Hewlett & Packard – dar (Peters und Waterman 1982, S. 245). Hewlett & Packard ist einer der größten Drucker- und Hardwarehersteller, mit zehntausenden Mitarbeitern und einer rund 70-jährigen Tradition. Die folgende Geschichte (s. Illustration 9.4) wurde zumindest bis in die 1990er-Jahre eifrig erzählt und zeigt in geradezu einzigartiger Weise den Transport von Werten der Gründer-Heroen.

Illustration 9.4: William Hewlett

Es war ein Samstag. Bill Hewlett – ein begeisterter Tüftler – hatte eine Idee für die Veränderung eines Bauteils und wollte dies sofort in die Tat umsetzen. Er kam in die Firma, ging schnurstracks zum Materiallager und stand vor verschlossener Tür.

Er griff nach schwerem Werkzeug und brach das Schloss auf. Danach nahm er die von ihm benötigten Teile und ging nach draußen. Er griff sich einen Zettel und schrieb: „Diese Tür bitte nie wieder abschließen! Danke, Bill" (Peters und Waterman 1982, S. 245). ◂

Die **unternehmenskulturelle Aufladung** dieser Geschichte ist gewaltig:

- Sie transportiert vor allem die Werte „Aktivität und Eigeninitiative". Ideen werden sofort umgesetzt und Hindernisse werden nicht toleriert.
- Daneben liest sich auch die Bedeutung von Individuen heraus. Jeder soll – und auch wenn samstags niemand im Unternehmen ist – freien Zugang zum teuren Material haben. Resultierender Schwund wird relativ zu samstags produzierten Ideen als niedriger eingeschätzt – es handelt sich um den Wert „Vertrauen".
- Darüber hinaus setzt der Heroe auch ein starkes Signal hinsichtlich der Informalität. Um seine Überzeugung kundzutun, wählt Bill Hewlett keinen formalen Weg. Keine arbeitsrechtlich relevante Dienstanweisung und auch kein Memo werden zur Kommunikation verwendet, ein einziger Zettel muss ausreichen. Der Wert „selbstabstimmende und -organisierende Zusammenarbeit" findet seine Verbreitung.

9.2 Aufbau und Vermittlung einer Unternehmenskultur

Diese Geschichte hat dann für alle aktuellen und vor allem auch für alle neuen Mitarbeiter eine grundlegende Wirkung. Man erfährt äußerst rasch, was als richtig und was als falsch erachtet wird. Zudem greift die Geschichte für Mitarbeiter aller Hierarchieebenen und bereitet auch den Weg zu einer individuellen, beruflichen Identität.

Die Bedeutung der Geschichte erkennt man auch leicht, wenn man die Frage stellt, welche alternative Form eines Wertetransportes existiert. Rituale oder Symbole sind kaum so spezifisch und können individuelles Handeln nicht derart gezielt vermitteln. Ein Transport über verschriftlichte Normen führt in aller Regel dazu, dass negative Hinweise im Zentrum stehen. Solche Verbote haben den großen Vorteil und auch den großen Charme, dass sie eindeutig sind. Jedoch liegt dann immer eine Grenze vor, die den Bereich des Nichtgewollten eindeutig markiert und in der Regel auch mit Sanktionen belegt ist. Keine schriftliche Form kommt an die Präzision einer glaubhaften Geschichte heran.

Die folgende Illustration 9.5 schildert ein weiteres, typisches Beispiel einer unternehmenskulturell relevanten Geschichte. Diese nimmt eine überraschende Wendung und ist gerade dadurch eindrucksvoll und für unterschiedlichste andere Unternehmenssituationen wirksam.

Illustration 9.5: Aufklärung eines Vorstandes durch eine Produktionsmitarbeiterin

An einem Produktionsstandort eines internationalen Großkonzerns der pharmazeutischen Branche liegt höchster Wert auf Hygiene und auf Arbeitssicherheit. Alle Mitarbeiter absolvieren regelmäßig entsprechende Schulungen. Es existieren zahlreiche Vorschriften zum Reinigen und Wechseln von Schuhen und Arbeitskleidung. Genauso ist es untersagt, ein Produktionsgebäude ohne Handschuhe und Schutzbrille zu betreten. Entsprechende Schilder hängen gut sichtbar an den Wänden.

Der Vorstand für Produktion besucht den Produktionsleiter des Werkes. Nach dem Gespräch ist noch etwas Zeit. Der Vorstand bittet darum, die modernen Produktionsanlagen zu besichtigen. Bei Betreten des Gebäudes vergisst der Vorstand, Handschuhe und Schutzbrille aufzusetzen. Der Produktionsleiter empfindet dies als eine schwierige Situation. Nach kurzem Nachdenken entschließt er sich, den Vorstand nicht darauf hinzuweisen.

Der Vorstand geht auf eine Mitarbeiterin dieses Bereiches zu und beginnt einen Smalltalk. Sie zögert kurz und sagt dann: „Sie müssen erst eine Schutzbrille aufsetzen und Handschuhe anziehen, sonst dürfen Sie sich hier nicht aufhalten und auch nicht mit mir reden." Der Vorstand stutzt, entschuldigt sich aber daraufhin für seinen Fehler. Er setzt die Sicherheitsauflagen sofort um und führt den Smalltalk fort. Zum Abschluss bedankt er sich sehr herzlich bei der Mitarbeiterin für ihren deutlichen Hinweis. ◄

Diese Geschichte richtet sich im Kern auf die Arbeitssicherheit. Die folgenden Werte und Normen werden sichtbar:

- Regel vor Hierarchie
- Jeden Missstand trotz hierarchischer Unterschiede unmittelbar anzeigen
- Fehler unmittelbar eingestehen und beheben
- Beiträge der operativen Ebene werden ausnahmslos ernst genommen

Die Geschichte selbst hat eine potenzielle Wirkung für unterschiedliche Funktionsbereiche, Sparten oder Abteilungen und ist somit auch jenseits des Produktionsbereiches wirksam.

9.2.3.4 Rituale

Rituale sind kollektive Tätigkeiten, die für das Erreichen der angestrebten Ziele eigentlich überflüssig sind, innerhalb einer Kultur aber als sozial notwendig gelten. Sie werden daher um ihrer selbst willen ausgeübt und um Werte zu verfestigen sowie Orientierungspunkte für das Handeln zu geben.

Auch wenn dies einer Auflistung gleicht, so darf nicht an eine beliebige Bedienung aus der Menge von Ritualen gedacht werden. Eine Etablierung derartiger Zeremonien oder Rituale erfolgt nur dann dauerhaft und wirksam, wenn eine deutliche Nähe zu organisatorischen Werten existiert.

Ein recht anschauliches Ritual findet sich bei der Schokoladenmanufaktur Zotter GmbH in Österreich. Es handelt sich um einen Hersteller, der sehr aufwändig und nicht industriell Schokolade herstellt. Die Verwendung unterschiedlichster Ausgangsstoffe und Gewürze führt zu ungewöhnlichen Schokoladensorten, die man anderweitig nicht erwerben kann. Einige Kreationen werden ausschließlich für Firmenjubiläen oder ähnliche Anlässe geschaffen. Die Geschäftsidee besteht also aus dem immer neuen Entwickeln, Testen und Verwerfen von neuen Sorten und Darbietungsformen (s. Illustration 9.6; Abb. 9.4).

Illustration 9.6: Schokoladenfriedhof

Die Zotter GmbH hat einen Schokoladenfriedhof eingerichtet. Alle zum Teil sehr exotischen Kreationen, die meist nur in relativ geringer Stückzahl und mitunter sogar nur auf Wunsch eines einzelnen Kunden entwickelt und produziert werden, führen unweigerlich zu einer eher kurzen Marktpräsenz einzelner Sorten. Jene Schokoladensorten,

Abb. 9.4 Schokoladenfriedhof (Mit freundlicher Genehmigung von © Michael Knappstein [o. J.]. All Rights Reserved)

die keine Umsätze mehr generieren, landen als eine Art Grabstein mit kurzer Inhaltsbeschreibung sowie der Marktpräsenz auf dem unternehmenseigenen Schokoladenfriedhof (Zotter Schokolade GmbH o. J.). ◄

Dieses Ritual dient als **Erinnerungskultur** und transportiert die Geschäftsidee recht deutlich. Wenn gescheiterte Projekte beerdigt werden, so ist das gerade keine Mahnung gegenüber Fehlern, sondern die Betonung des Experimentierens. Wenn vom Markt genommene Kreationen auf diese Weise geehrt werden, so ist das zugleich die Aufforderung, genau in diesen Dimensionen zu denken und auch weiterhin extreme Variationen zu wagen.

9.3 Wirkungen und Eingrenzungen von Unternehmenskulturen

9.3.1 Positive und negative Effekte von Unternehmenskulturen

Unternehmenskultur steht nach der gängigen Meinung (Peters und Waterman 1982, S. 75–81) in enger Verbindung mit wirtschaftlichen Erfolgen. Seit von dynamischen Umwelten die Rede ist, soll Kultur einen passenden Umgang damit pflegen und beispielsweise Entscheidungs- und Implementierungsgeschwindigkeiten erhöhen (Steinmann et al. 2013, S. 668).

Hier liegt allerdings eine Verkürzung vor: Unternehmenskultur alleine führt nicht zu positiven Effekten, sondern transportiert und formt lediglich Werte und Normen für ein passendes Handeln. Deshalb ist der Erfolg maximal so groß, wie das Weltbild sowie Werte und Normen zu den aktuellen Gegebenheiten – vor allem der organisatorischen Domäne – passen. Dieses Argument ändert nichts an den voranstehenden Kapiteln, markiert aber eine Grenze zu den oft allzu trivialen Hoffnungen und Wünschen gegenüber dem Thema Unternehmenskultur.

Liegt eine solche Passung vor, so können die ökonomischen Wirkungen eine fundamentale und dauerhaft intensive Wirkung auf das Handeln haben. So übertrifft vermutlich eine Handlungssteuerung auf Basis von Werten jene durch Formalisierungen bei weitem. Zudem bringen Werte den großen Vorteil mit, dass sie nicht geplant, überwacht oder angereizt werden müssen, wie formalisierte Steuerungen:

- **Positive Wirkungen** liegen hinsichtlich organisatorischer Integration und der potenziellen Substitution von interaktioneller und auch struktureller Führung nahe.
- Zugleich ist Werten ganz automatisch eine Incentivierung inhärent. Das heißt, Handlungen, die im Einklang mit geteilten organisatorischen Werten stehen, werden als psychisch belohnend betrachtet.
- Demgegenüber können genau **gegenteilige, negative Wirkungen** nicht außen vor bleiben. Dies zeigt sich beispielsweise eindrucksvoll an dem Beispiel der UBS Bank zu Beginn dieses Kapitels.

Tab. 9.2 listet typische positive und negative Wirkungen auf.

Tab. 9.2 Häufig genannte Wirkungen einer starken Unternehmenskultur (Johns und Saks 2017, S. 295–297; Robbins und Judge 2005, S. 550; Sørensen 2002; Weibler 2016, S. 91)

positiv	negativ
Handlungsorientierung	tendenziell geringe Öffnung für veränderte Bedingungen
einfache Kommunikation	fehlende Loslösung von bisherigen Erfolgsmustern
rasche Informationsverarbeitung und Entscheidungen	Vermeidung von Änderungen der organisatorischen Differenzierung und Integration
reduzierte Überwachungsnotwendigkeit	Vermeidung ablauforganisatorischer Variationen

Diese positiven und negativen Effekte lesen sich beinahe etwas belanglos. Führt man sich jedoch die Bedeutung beispielsweise von „rasche Informationsverarbeitung und Entscheidungen" vor Augen, so ändert sich der Blick. Wenn gerichtete Werte nicht geteilt wären, was hätte das für Konsequenzen? Die Informationsverarbeitung sowie die Entscheidungsprozesse müssten durch organisatorische Regeln, Anreizsysteme, Leistungsbeurteilungen oder interaktionelle Führung auf das Unternehmensinteresse gelenkt werden, was ein enorm aufwändiges Unterfangen darstellen würde.

Die negativen Effekte starker Unternehmenskulturen treten bei Einschnitten in die Wettbewerbsbedingungen eines Unternehmens besonders deutlich hervor. Genau dies war mit der Digitalisierung spätestens seit Beginn des neuen Jahrtausends zu beobachten. Unternehmen wie das Versandhaus Quelle, Enzyklopädia Britannica und Nokia waren entweder nicht auf Digitalisierung vorbereitet oder konnten deren Herausforderungen nicht meistern.

Besonders deutlich zeigen sich negative Effekte bei Fusionen und Übernahmen. Nach dem sogenannten „**Merger-Syndrom**" (Marks et al. 2014; Marks und Mirvis 1997) verlaufen weniger als die Hälfte aller Unternehmenskäufe und -verschmelzungen erfolgreich. Sehr viele davon decken nicht einmal die angefallenen Fusions- oder Übernahmekosten ab (Marks und Mirvis 2011, S. 162). Illustration 9.7 schildert ein eindrucksvolles Beispiel.

> **Illustration 9.7: Fusion von Karstadt und Kaufhof**
>
> Unternehmensfusionen scheitern meistens weniger an strategischen Entscheidungen, als an divergierenden Werten und Normen. Somit sind Fusionen eine sehr komplexe Aufgabe. Dies betont vor allem das Risiko des Scheiterns bei Großfusionen wie der von Karstadt und Kaufhof Ende 2018.
>
> Die beiden Unternehmen standen bis dahin in ständiger Konkurrenz zueinander und müssen sich nun arrangieren. Von Seiten des Unternehmens sind intern wenige Informationen über das Funktionieren der Fusion bekannt. Es ist vielmehr von einer feindseligen Übernahme von Kaufhof durch Karstadt die Rede. Wer sich dem Hierarchiegeflecht von Karstadt nicht unterwerfen wollte, wurde systematisch ausgetauscht. Dies war vor allem auf Managementebene zu spüren. Nicht nur, dass eine Gewinner-Verlierer-Haltung keine guten Signale an die Mitarbeiter sendet, die vermeintlichen Gewinner verlieren dadurch ebenfalls kostbares Wissen über interne Prozesse und Abläufe des ehemaligen Konkurrenten (Backovic et al. 2019). ◄

Ursachen für dieses häufige Scheitern sind zu allererst bei den kulturellen Gegebenheiten zu suchen. Das heißt, Prognosen über das Potenzial von Unternehmensübernahmen und -käufen bleiben vage und sind sehr häufig falsch, da Unterschiede in den Unternehmenskulturen nicht systematisch ex ante berücksichtigt werden oder teilweise auch nicht berücksichtigt werden können.

Nachdem dieser Abschnitt Effekte einer starken Unternehmenskultur aufzeigt, geht es im Folgenden um die Klärung, was eben diese Stärke und Schwäche von Unternehmenskulturen ausmacht.

9.3.2 Starke und schwache Unternehmenskulturen

Die **Bestimmungsgrößen** von Unternehmenskulturen sind Prägnanz, Verankerungstiefe und Reichweite. Sie klären auf, was starke von schwachen Unternehmenskulturen unterscheidet. Es geht an dieser Stelle also nicht um materielle Ausprägungen von Werten und Normen, sondern um eine Beschreibung von Gegebenheiten. Diese drei Bestimmungsgrößen von Unternehmenskulturen lassen sich wie folgt beschreiben:

Prägnanz
Es ist unternehmenskultureller Alltag, dass sich Werte hinsichtlich ihrer Verständlichkeit, Eindeutigkeit und Prägnanz unterscheiden. Beispielsweise lässt sich Kundenorientierung leichter fassen und transportieren als Eigenverantwortung. Prägnanz besteht aus der Beschreibbarkeit, Bestimmtheit und Anschlussfähigkeit an andere Werte.

Verankerungstiefe
Die Verankerungstiefe spricht das Ausmaß der Verinnerlichung von Werten und Normen an. In der Definition von Unternehmenskultur ist diese Verinnerlichung bereits mit dem Begriff „Teilung" angesprochen. Eine hohe Prägnanz fördert die Verankerungstiefe, denn sie ermöglicht, dass sich Individuen mit Werten auseinandersetzen und sich diese zu eigen machen können.

Reichweite
Unternehmensweit wird kaum jemals eine Gleichverteilung von Werten und Normen vorliegen. Die Reichweite erfasst das Ausmaß der Akzeptanz auf unterschiedlichen Hierarchieebenen, Abteilungen und Unternehmensbereichen.

Diese drei Bestimmungsgrößen beschreibt Schein (1985) als unabhängige Dimensionen. Allerdings erscheint dies insofern fraglich zu sein, als eine ausgeprägte Verankerungstiefe und Reichweite einer Prägnanz bedürfen. Nicht konturierte Werte können nicht fest verankert sein. Zudem verbreiten sich diffuse, eben nicht prägnante Darstellungen von Werten und Normen nur schlecht. Ohne Prägnanz entsteht so etwas wie ein **Wertevakuum**.

Im Kern soll deutlich werden, dass die Prägnanz von Werten – überzeugende Ausdrucksformen sowie klare, sprachliche Zuspitzungen – die Ausprägung der anderen beiden Bestimmungsgrößen formt. Abb. 9.5 skizziert diese Zusammenhänge und zeigt das Zustandekommen einer starken Unternehmenskultur.

Abb. 9.5 Starke Unternehmenskultur

Diese Abb. 9.5 ordnet die Prägnanz in einem ersten Schritt als etwas zu Formendes ein. Entsprechend richtet sich die Prägnanz konsequent auf die bislang dargestellten Überlegungen zu Werten, Normen und Ausdrucksformen. Sie bildet somit einen konzeptionellen Ausgangspunkt. Darüber hinaus können die Verankerungstiefe und Reichweite zugleich die Prägnanz schärfen. Je mehr überzeugte Personen existieren, umso mehr Beispiele werden entstehen und den Werten eine Kontur verleihen.

Insgesamt entfalten starke Unternehmenskulturen nur über hohe Ausprägungen aller drei Bestimmungsgrößen ihre Wirkungen. Eine Unternehmenskultur ist jedoch schon schwach, wenn allein eine Bestimmungsgröße gering ausgeprägt ist. Vor allem eine geringe Prägnanz sowie eine geringe Verankerungstiefe reduzieren das unternehmenskulturelle Wirkungspotenzial beträchtlich.

Immer wenn die Bestimmungsgrößen deutliche Begrenzungen aufweisen, erfährt das dann existente Wertevakuum eine Anreicherung. Dies kann durch rein individuelle und entsprechend stark unterschiedliche Werte geschehen. Alternativ kann eine Gemengelage von Werten entstehen, die vergangenheits-, abteilungs- oder professionsbezogenen Vorstellungen folgt. Es resultieren dann sogenannte Subkulturen.

Subkulturen lassen sich mithilfe der Bestimmungsgrößen erläutern. Eine Subkultur liegt dann vor, wenn eine autonome Kombination von Werten und Normen in dezentralen, organisatorischen Einheiten wirkt. Solche Situationen entstehen aufgrund starker Persönlichkeiten und vor allem geringer Prägnanz und geringer Reichweite der eigentlichen Unternehmenskultur. Die Subkultur als solche prägen dann wiederum hohe Prägnanz, Reichweite und Verankerungstiefe.

9.4 Umwelt, Änderung und Ethik von Unternehmenskulturen

9.4.1 Umwelt und Unternehmenskulturen

9.4.1.1 Risiko und Feedbackspanne als Unterscheidungskriterium für Kulturen

Die Unterschiedlichkeit von realen Unternehmenskulturen wurde bislang anhand des dreistufigen Aufbaus sowie anhand der Bestimmungsgrößen deutlich gemacht. Dass Unternehmenskulturen hochgradig unterschiedlich sind, liegt dabei auf der Hand. Denk- und

Handlungsmuster von Gründern, Technologien, Qualitätserfordernissen oder auch Regionalität tragen dazu bei. Dies ist eine Betrachtung, die primär intern ausgerichtet ist. Wie sieht es aber mit dem **Bezug zur organisatorischen Domäne** (s. Kap. 12) aus? Ganz offensichtlich werden sich Werte bei einer öffentlichen Institution anders entwickeln, als bei einem mittelständischen Industriebetrieb oder einer Unternehmensberatung. Liegt dieser Unterschiedlichkeit eine Systematik zugrunde?

Die Beantwortung dieser Frage ist der Verdienst von Deal und Kennedy (1982). Sie beschreiben Unternehmenskultur anhand einer zweidimensionalen Typologie. Entscheidend für die Aussagekraft sind bei einer solchen Aufschlüsselung immer die Achsenbezeichnungen. Deal und Kennedy (1982, S. 107 f.) schlagen Risiko sowie die Zeitspannen bis zur Erfolgsfeststellung vor.

Risiko
Das Risiko ist genau dann am höchsten, wenn einzelne Analysen, Entscheidungen oder Handlungen enormen Schaden anrichten können. Ein besonders hohes Risiko liegt für Unternehmen vor, die von wenigen Produkten und zudem über Jahre hinweg abhängig sind. Beispiele bilden Werften oder Großturbinenbau. Fehlentscheidungen haben das Potenzial, sehr gravierenden, bis zur Insolvenz führenden Schaden anzurichten. Anders sieht es bei Unternehmen aus, die viele kleinteilige Produkte oder Dienstleistungen auf den Markt bringen. Fehlentscheidungen und genauso auch nachteiliges Handeln, beispielsweise von einzelnen Vertriebsmitarbeitern, fallen eher gering in das Gewicht. Die Risikosituation ist entsprechend geringer.

Zeitspanne bis zur Erfolgsrückkoppelung
Die andere Achse misst die Zeitspanne bis zur Erfolgsrückkoppelung. Diese Feedbackspanne geht vor allem von Kunden- und Lieferbeziehungen aus. Sie schwankt je nach Produktentwicklungskomplexität oder den erforderlichen Marktdurchdringungsaktivitäten. Sehr rasch erfolgt dieses Feedback beispielsweise in der Systemgastronomie. Änderungen in der Speisenzubereitung oder auch Qualität des Servicepersonals ziehen eine rasche Rückmeldung nach sich. Die Erfolgsbeurteilung liegt oft schon innerhalb weniger Tage vor. Anders sieht es bei solchen Gütern aus, die man erst im Gebrauch haben muss, um Qualitäten zu erfahren und eine Beurteilung abgeben zu können. Beispielsweise zählen Produktion und der Vertrieb von technischen Geräten – Waschmaschinen, Fernseher, Türschlösser, Solaranlagen oder auch Verpackungsanlagen – dazu.

Aus diesen beiden Achsen resultiert eine Darstellung von vier Quadranten. Diese werden von den Autoren mit plakativen Bezeichnungen versehen und als eine Art von „Stämmen" bezeichnet. Aus dieser Darstellungsweise geht das Vorliegen von Eigenheiten und damit die Entstehung verschiedenartiger Unternehmenskulturtypen hervor (Abb. 9.6).

Die folgenden Darstellungen geben einen Einblick in die jeweiligen kulturellen Ausprägungen.

Abb. 9.6 Unterschiedlichkeit von Unternehmenskulturen (s. ähnlich Deal und Kennedy 1982, S. 107–108)

9.4.1.2 „Work hard, play hard"-Kultur

Die **„Work hard, play hard"-Kultur** (Deal und Kennedy 1982, S. 113–116) prägt zwar auch ein schnelles Feedback, jedoch sind die Aufgaben mit wenigen Risiken verbunden. Diese Kultur ist stark von Aktivität geprägt, das heißt die Mitarbeiter müssen immer präsent sein, tun lieber zu viel als zu wenig, arbeiten persistent mit Kunden und gehen konsequent auf deren Bedürfnisse ein. Der Kunde wiederum gibt dem Verkäufer ein rasches Feedback, zum Beispiel in Form von Zufriedenheit, zurück. Hier findet sich also der Aspekt „work hard" der Kultur wieder, da von den Mitarbeitern stets ein hohes Maß an Aktivität und Initiative gefordert wird. Daher findet sich die „Work hard, play hard"-Kultur besonders in Vertriebsgesellschaften wieder. Immobilienverkäufe, Computerfirmen, KFZ-Betriebe oder Haustürgeschäfte sind weitere Beispiele.

Allerdings geht es hier nicht darum, der Beste zu sein. Vielmehr führt eine gute Teamarbeit, in der jeder seinen besten Beitrag leistet, dazu, dass großer Umsatz erreicht wird. Das Risiko, durch eine fehlerhafte Handlung das Unternehmen zu gefährden, ist also vergleichsweise gering. Erfolg in dieser Kultur bedeutet eher, dem Kunden ein Produkt von mittelmäßiger Qualität durch besonders viel Charme zu verkaufen und hohe Verkaufsmengen zu erreichen. Die Mitarbeiter sollten daher freundlich, hilfsbereit und vor allem teamorientiert sein, um das Unternehmen zu stärken. Damit die Motivation bei den Mitarbeitern aufrechterhalten bleibt, nutzen solche Unternehmen unterhaltsame Veranstaltungen wie Wettbewerbe, Versammlungen, Werbeaktionen oder Conventions, welche den Aspekt „play hard" symbolisieren. Hierzu zählen auch Lieder oder Slogans des Unternehmens bzw. Witze, Metaphern und Übertreibungen, um den Teamgeist zu stärken.

Insgesamt handelt es sich bei der „Work hard, play hard"-Kultur also um eine sehr lebhafte Kultur, in welcher quasi risikolos hohe Umsätze durch den Vertrieb von Massenprodukten erreicht werden. Daraus folgt jedoch, dass ein mengenorientiertes Arbeiten die Produkt- und Arbeitsqualität mindert, da überlegtes und aufmerksames Handeln unterdrückt wird. Generell können Unternehmen dieser Kultur ihre Mitarbeiter meist nicht langfristig halten, da die hohe Abwechslung und Aktivität im Arbeitsprozess eher für junge Leute ausgelegt sind.

9.4.1.3 „Tough guy, macho"-Kultur

Die „**Tough guy, macho**"**-Kultur** (Deal und Kennedy 1982, S. 108–113) ist geprägt von hohen Risiken, in Form von hohen monetären Einsätzen, und einer sehr kurzfristigen Ergebnisrückmeldung. Das bedeutet, in dieser Kultur kommt es nicht darauf an, eine besonnene, wohlüberlegte Entscheidung zu treffen, sondern diese möglichst schnell zu treffen, um der Erste zu sein. Nichtsdestotrotz nimmt die Wichtigkeit der Entscheidung dadurch nicht ab, weshalb die Individuen dieser „Alles-oder-Nichts"-Kultur immensen Druck erfahren. Berufe, die zu dieser Kategorie gehören, sind häufig solche, die eine hohe Verantwortung erfordern, wie Polizisten oder Chirurgen.

Es gehören auch Unternehmen der Entertainment-Branche – etwa Werbeagenturen oder Filmproduktionen –, Management-Beratungen oder Venture-Capital-Gesellschaften dazu. Wer in der „Tough guy, macho"-Kultur mithalten bzw. erfolgreich sein will, muss zwei wichtige Attribute mitbringen: Zum einen müssen die Individuen von Robustheit gekennzeichnet sein, um hoch risikohafte Entscheidungen schnell treffen und mögliche Fehlschläge verkraften zu können. Zum anderen meint der Begriff „Macho", dass Individuen oft auf sich allein gestellt sind. Das heißt, es kommt nicht auf gute Teamarbeit an, vielmehr herrscht ein unausgesprochenes Konkurrenzdenken in den Köpfen aller Mitarbeiter: Jeder will der Beste sein und alles dafür tun.

Insgesamt kennzeichnet die „Tough guy, macho"-Kultur hohe Unterschiedlichkeit bei den Erfolgen sowie Veränderungen unter den Mitarbeitern. Durch ein kurzfristiges Feedback ist es nicht möglich, langfristige Ressourcen aufzubauen. Das führt zu einer starken Kurzzeitorientierung, in welcher Konkurrenzdenken statt Kooperation und temperamentvolles Verhalten der Individuen gefördert wird. Auf der anderen Seite kann diese Kultur aber auch Individuen Erfolg in hohem Ausmaß bringen.

9.4.1.4 „Bet your company"-Kultur

Eine dazu fast schon gegenteilige Kultur ist die „**Bet your company**"**-Kultur** (Deal und Kennedy 1982, S. 116–119), in welcher hohe Risiken eingegangen werden, meist in Form von sehr hohen Investitionen. Eine Rückmeldung über einen potenziellen Erfolg oder Misserfolg erfolgt mitunter jedoch erst Jahre später. In diesem Kultursegment sind forschende und entwickelnde Unternehmen, zum Beispiel pharmazeutische oder Düngemittel herstellende Unternehmen vertreten. Genauso trifft eine solche Situation auf die Montan-Industrie, Öl-Gesellschaften, Investment-Banken, Architektur-Büros, Versicherungsunternehmen oder die Luft- und Raumfahrt-Branche zu.

Das Risiko ist in der „Bet your company"-Kultur besonders hoch. Eine einzige Fehlentscheidung kann die Zukunft des gesamten Unternehmens gefährden. Daher kann diese Kultur nur durch ein hohes Maß an Besonnenheit aller Individuen bestehen. Entsprechend werden Arbeitsprozesse „entschleunigt" und Antworten oder Entscheidungen nur über längere Zeiträume und durch viele Analysen fundiert getroffen. Dies geschieht meist in ritualisierten Meetings: Oft laufen diese Meetings streng hierarchisch ab. Die Sitzordnung steht fest und es sprechen nur die Senior-Vorgesetzten. Das heißt, Entscheidungsprozesse verlaufen top-down, bis jede Meinung schlussendlich berücksichtigt wurde. Der größte

Wert liegt darin, in die Zukunft zu investieren und Produkte immer weiter zu entwickeln und zu verbessern, weshalb keine Idee ausgeschlagen, sondern in den Prozess integriert wird.

Individuen aus der „Tough guy, macho"-Kultur wären hier fehl am Platz, da junge Mitarbeiter kein unreifes Verhalten, sondern Respekt gegenüber Autoritäten zeigen sollten und ihr Können durch ernsthaftes Ausführen auch trivialer Aufgaben beweisen müssen. Das Ziel ist, durch Beziehungen das hart erarbeitete Wissen zu teilen, wodurch jeder vom anderen abhängig wird und das Projekt vorangetrieben werden kann.

Abschließend betrachtet, ist es durch das verzögerte Feedback in der „Bet your company"-Kultur möglich, durch viel Reflektion und Diskussion hoch qualifizierte Entwicklungen oder wissenschaftliche Durchbrüche zu erreichen.

9.4.1.5 „Process"-Kultur

Die vierte Kulturvariante bildet die **„Process"-Kultur** (Deal und Kennedy 1982, S. 119–123). Von einzelnen Aktivitäten der Mitarbeiter gehen in den meisten Situationen keine hohen Risiken aus. Zudem ist das Feedback so langsam oder fehlt gänzlich, dass die Mitarbeiter sich weniger damit beschäftigen, was sie tun, als damit, wie sie es tun. Dadurch wird jeder noch so trivialen Tätigkeit höchste Bedeutung zugeschrieben und diese bis ins kleinste Detail ausgeführt. Der bedeutsamste Wert in dieser Kultur liegt also darin, größtmögliche Wertschöpfungspräzision anzustreben, was wenig Veränderung – die vom Kunden jedoch auch nicht unbedingt erwünscht wäre – zur Folge hat. Zu dieser Kultur zählen Banken, Versicherungsgesellschaften, Regierungsbehörden oder Energieversorgungsunternehmen.

Individuen in dieser Kultur arbeiten äußerst sorgfältig, um weniger sich selbst, als die Integrität des Systems zu schützen. Es geht also nicht darum, die eigene Meinung zu äußern oder Tätigkeiten zu hinterfragen, sondern sie gemäß Anweisung bestmöglich auszuführen, ob sie sinnvoll erscheinen oder nicht. Zentral in der „Process"-Kultur ist die Verbesserung von Arbeitsprozessen und -mustern. Dabei liegt ein hoher Wert auf Auszeichnungen, Titeln und Beförderungen in einem stark strukturierten, hierarchischen System. Dies macht sich auch optisch bemerkbar. Je höher die Stellung, desto schöner werden die Büros, das heißt, desto kostspieliger und luxuriöser wird das Mobiliar. Durch den Ausblick auf solche Belohnungen, sollen die Mitarbeiter noch mehr zum perfektionistischen Arbeiten motiviert werden.

9.4.2 Kulturveränderung durch Verkehrung der Zusammenhänge

9.4.2.1 Appellativischer Ansatz und Idee der Verkehrung

Wie kann eine Unternehmenskultur verändert und an neue Herausforderungen angepasst werden? Die naheliegende Herangehensweise setzt an Ausdrucksformen sowie sprachlichen Zuspitzungen von Werten an. Dies entspricht konsequent dem Modell von Schein (1985) (s. Abb. 9.1).

Jedoch ist dies alles andere als ein trivialer Zugang. Zum Ersten bleibt die Frage offen, auf welche Weise vor allem Überzeugungen und Werte aufgeschlossen und in einen Änderungsprozess überführt werden können. Zum Zweiten müsste zunächst ein **Verlernen** von bestehenden Werten und Normen eingeleitet und gesteuert werden. Abwehrreaktionen liegen bei einer solchen Offensichtlichkeit von Eingriffen in Wertesysteme und damit in Selbstverständnisse nahe. Erst im Anschluss ließe sich über die Formung von Werten und Sozialisierung sinnvollerweise nachdenken.

Dies gleicht dann einem **appellativischen Ansatz**. Da sich das Ausmaß einer Teilung von Werten sowohl einer Messung als auch einer Sanktionierung entzieht, stellen Appelle die Basis vieler Kulturveränderungen dar. Zu solchen Appellen werden hier vor allem Vorbildfunktionen, Hinweise und Ermahnungen sowie das Umsetzen der Grundstruktur der Unternehmenskultur gesehen. Die Kraft unterschiedlicher Ausdrucksformen soll dabei nicht in Abrede gestellt werden, Kulturveränderung bleibt jedoch auf der appellativischen Ebene.

Ein anderer, ergänzender Weg wird hier als **Verkehrung** vorgeschlagen. Dabei geht es nicht in erster Linie um die Vermittlung von Werten, sondern um die daraus resultierenden Handlungen und Handlungsfolgen. Es ist ein verändertes Handeln selbst, das ausgelöst wird und den Schlüssel zur Werteveränderung darstellt. Ist üblicherweise Handeln das Resultat von Werten und Normen, wird es nun als Impuls für Werte und Normen gesehen. Dies führt unweigerlich zu einer Spannung zwischen den existenten, aber zu verändernden Werten und dem veränderten Handeln (Jones und Bouncken 2008, S. 418 f.). So wie die meisten Formen von Spannungen, strebt auch diese nach einer Auflösung oder zumindest nach einer Milderung. Das heißt, Mitarbeiter realisieren rasch den Unterschied zwischen den geltenden und wirkenden Werten und Normen auf der einen Seite und ihren neuen Handlungsnotwendigkeiten auf der anderen Seite. Im Idealfall resultiert eine Infragestellung bisheriger, wahrgenommener Werte und Normen oder sogar eine Offenheit gegenüber neuen Werten und Normen.

Allerdings soll an dieser Stelle keinesfalls die Vorstellung einer Machbarkeit und Gestaltbarkeit von Unternehmenskulturen durch ein paar neue Rahmenbedingungen geweckt werden. Der vorgeschlagene Zugang verkehrt zwar die typische Kulturentwicklung und setzt zielgerichtete Akzente, die Zeitdauer wird aber immer noch schwer prognostizierbar und der Erfolg keineswegs planbar sein.

9.4.2.2 Manifeste Kulturveränderung

Jones (2013, S. 212) grenzt vier Zugänge mit dem Ziel einer Kulturveränderung ein. Dahinter verbergen sich eine ganze Reihe von Einzelmaßnahmen, die kontextspezifisch einsetzbar sind. Dies setzt an der Idee der Verkehrung an und führt zu **manifesten Veränderungen**. Appellative Überlegungen stehen demgegenüber zurück. Abb. 9.7 stellt dies vor.

Strukturgestaltung
Sowohl die horizontale und vertikale Differenzierung als auch die generischen Strukturfragen stellen organisatorische Regeln dar. Diese Regeln lenken Handlungen (s. Kap. 7).

Abb. 9.7 Ansatzpunkte zur Veränderung einer Unternehmenskultur (s. ähnlich Jones 2013, S. 212)

Zugleich produzieren sie ein Bewusstsein für die mit Regeln verbundenen Handlungserwartungen und die zu transportierenden Werte. Erfolgen nun Variationen von organisatorischen Regeln, so tritt nicht nur eine Kollision mit bisherigen, sondern auch eine Verdeutlichung neuer Handlungserwartungen auf.

Gute Beispiele für veränderte Handlungserwartungen und leicht erkennbare Werte stellen die Variation der Leitungsintensität, der Abteilungsbildung oder der Zentralisation dar. Das Handeln erfährt dadurch eine Änderung und bildet möglicherweise den ersten Schritt für einen Umgang mit neuen Werten. Es handelt sich um einen besonders unmittelbaren Zugang zur Kulturveränderung, weil zwar neue Regeln abgelehnt werden können, es sich aber auch dann um eine Auseinandersetzung mit dem „Neuen" handelt.

Personen und Personalmanagement
Auch auf der Ebene von Mitarbeitern und Führungskräften geht es um Handeln und dessen Variation. Allerdings steht hier nicht das Handeln durch organisatorische Regeln im Zentrum. Die Variationen im Handeln werden durch ganz unterschiedliche andere Ansatzpunkte ausgelöst. Eine unmittelbare Beeinflussung des Handelns erfolgt durch die interaktionelle Führung, also durch den direkten Austausch in einer hierarchischen Struktur. Rekrutierungs-, Personalentwicklungs-, Leistungsbeurteilungs- oder Vergütungsverfahren sowie die Arbeitsplatzgestaltung lenken Mitarbeiterhandeln ebenfalls nachdrücklich.

Genau wie bei der Strukturgestaltung führen Personen und Personalmanagementmaßnahmen zu verändertem Handeln und einer Lenkung des Bewusstseins auf angestrebte Werte und Handlungsmuster. Zu diesem Ansatzpunkt zählt auch der gezielte Austausch einzelner oder mehrerer Personen, um dann auf eher rabiate Weise gewünschte Handlungen zu implementieren. So bringen vor allem extern rekrutierte Personen einen eigenen Erfahrungsschatz mit.

Verfügungsrechte
Verfügungsrechte tragen ebenfalls zu veränderten Handlungen bei. Verfügungsrechte – oder Property Rights – stellen „erlaubende Erwartungen" dar und beschreiben das Recht, über etwas zu entscheiden. Knappe Ressourcen, Geld, Zeit, Durchlässigkeit zur nächst höheren Ebene oder thematische Neuausrichtungen sind Beispiele. Darüber hinaus können Verfügungsrechte auch die Veränderung von Abläufen, des Kommunikationsaustausches, von Widerspruchsmöglichkeiten und Ähnliches betreffen.

Alle diese Verfügungsrechte wirken sich auf das Handeln aus. Beispielsweise steigern größere Ermessens- und Handlungsspielräume als Verfügungsrechte die Dezentralität und die Art der Auseinandersetzung mit individueller Verantwortung. Erhält eine Abteilungsleiterin die Möglichkeit, Hard- und Software in einem deutlich größeren Ausmaß, ohne Konsultation einer zentralen Abteilung, zu beschaffen, so kann dies der Einstieg in ein verantwortungsvolles Denken sein. Dies strahlt möglicherweise sogar in andere Verantwortungsbereiche hinein.

Unternehmensethik
Unternehmensethik unterscheidet sich von den drei anderen Ansatzpunkten zur Beeinflussung der Unternehmenskultur. Ethik fokussiert weniger stark das individuelle Handeln, sondern vielmehr die Auseinandersetzung mit dem Handeln selbst. Ethik stellt somit den Versuch dar, Handeln auf ein abstraktes, konsensuelles Fundament von „richtigen" und „falschen" Handlungen zu stellen und plötzliche Ausuferungen im Handeln einzelner Individuen durch einen Metamaßstab einzudämmen (s. Kap. 10).

Die Wirkung auf Handeln erfolgt also durch ein überdauerndes, geteiltes Selbstverständnis. Es handelt sich also um das Bestreben, eine Art Weltanschauung zu formen. Da diese definitorisch offen für alle möglichen neuen Situationen ist, kann dann gerade keine Fokussierung einzelner Werte, wie beispielsweise bei bestimmten Verfügungsrechten, erfolgen. Falls jedoch eine Bewusstmachung erfolgreich ist, so besteht durch das dann vorhandene Grundverständnis immer auch eine positive Wirkung auf das Handeln. Allerdings ist Unternehmensethik jener Ansatz, der zumindest von der Zeitspanne und Durchdringungsmöglichkeit gegenüber den drei anderen Ansatzpunkten zurücksteht.

9.4.2.3 Grenzen einer Kulturveränderung
Trotz aller Argumente sind die benannten Änderungsansätze aus zwei Gründen nicht hinreichend: Zum einen bleibt es fraglich, ob und auf welche Art und Weise verändertes Handeln zu geteilten Werten und Normen führt. Erzwungenermaßen verändertes Handeln kann ebenso in massive Ablehnung führen. Zudem ist unklar, welche Werte oder welche Facetten davon eine Verankerung finden. Trotz verändertem Handeln ist es also durchaus plausibel, dass das gewünschte Ziel unerreicht bleibt. Es ist eben die Emergenz von Unternehmenskultur, die eindeutige Schlussfolgerungen nicht zulässt.

Zum anderen ist der Wertetransport über sich neu entwickelnde oder bewusst gestaltete Ausdrucksformen genauso relevant, wie bei der Darstellung des Kulturebenen-Modells nach Schein (1985). Das heißt wiederum, die Abstimmung zwischen Werten und Ausdrucksformen ist ein ebenfalls nicht zu unterschätzender Faktor, handelt es sich bei Artefakten, Heroen und Ritualen doch um stark akzeptierte und verinnerlichte Ausdrucksformen. Zugleich wird deutlich, dass deren zielgerichtete Abstimmung auf deutlich gewordene neue Werte und Normen sich nur schwer einer Planbarkeit unterziehen lassen.

Offen bleibt die Frage nach der Zeitdauer und der Umsetzungsqualität veränderter, geteilter Werte und Normen. Ganz offensichtlich sind alle angedachten Eingriffe fundamental und lassen sich vermutlich in aller Regel nicht in Monaten, sondern eher in Jahren bemessen. Die Umsetzungsqualität ist dabei der eigentlich problematische Punkt. Ausgehend von einer „Eisbergsituation" lässt sich hier bereits der Status quo nur unscharf erkennen. Entsprechend unscharf sind darauf gerichtete Entwürfe von erforderlichen Werten und Normen. Da deren Wirkungsrichtung und Wirksamkeit allenfalls grob bestimmbar sind, bleibt ein ernüchterndes Fazit: Die Änderung einer Unternehmenskultur ist ein komplexes, enorm aufwändiges und zeitbeanspruchendes Unterfangen, was nicht selten zum Scheitern verurteilt ist.

9.5 Quintessenzen für Managementerfolg

Unternehmenskultur ist als ein gemeinsamer Lernprozess zu verstehen, welcher zu einer Menge von geteilten Werten und Normen führt. Jegliches Handeln in Unternehmen erfährt vor diesem Hintergrund zu einem großen Teil seine grundlegende Kontur. Entscheidend sind hierbei zwei Punkte: Zum einen geht es nicht um individuelle Werte einzelner Mitarbeiter, sondern um kollektive, unternehmensspezifische Überzeugungen darüber, was richtig oder falsch ist. Zum anderen erfolgt deren Erlernen im Rahmen eines Sozialisationsprozesses. Handeln, Diskutieren, Beobachten oder Denken lassen Werte erfahrbar werden und stellen den Schritt zur Teilung bzw. Adaption dar.

Trotz dieser Ansatzpunkte besteht nur eine begrenzte Möglichkeit, die Unternehmenskultur aktiv zu planen oder zu gestalten. Sie ist nicht im Sinne eines in sich geschlossenen „Modells" im gesamtorganisatorischen Kontext schulungsartig vermittelbar, sondern emergiert über die Zeit durch komplexe Wechselwirkungen von Kognitionen und Handlungen innerhalb von Mehrpersonensituationen.

Unternehmenskulturen lassen sich anhand einer dreistufigen Schichtung erklären. Ein **Weltbild** schafft die Basis und ist meistens unbewusst und, wenn überhaupt, nur implizit zugänglich. Ein solches Weltbild stellt einen bewährten Realitätszugang dar und umfasst eine Bündelung aller Erfahrungen, erlebter Erfolge und Misserfolge. Das Weltbild wird vor allem von den Inhabern und prägenden Persönlichkeiten geformt. Solch ein Weltbild kann die Vertrauenswürdigkeit von Mitarbeitern und Führungskräften, die generelle Einschätzung technologischer Entwicklungen als Chance oder Bedrohung bis hin zu Vorstellungen von Entscheidungsstrukturen umfassen. Ein explizites Bewusstsein für dieses Weltbild existiert meistens nicht, vielmehr werden diese Dimensionen einfach „gelebt". Einer aktiven Formung entzieht sich ein Weltbild dann unweigerlich.

Werte und Normen konkretisieren das jeweilige Weltbild und machen es zumindest in Teilen erfahrbar und nachvollziehbar. Die Wirkung von Werten und Normen ist insofern intensiv, da sie weit über organisatorische Regeln hinausreicht. Werte durchziehen das gesamte Handeln eines Individuums. Werden diese, zunächst als individuell betrachteten Werte tatsächlich in Unternehmen geteilt, so ist dadurch eine geradezu ideale Anschlussfähigkeit an andere Mitarbeiter, Vorgesetzte und Abteilungen möglich. Erfährt beispielsweise der Wert „Kundenorientierung" eine besondere Bedeutung, so stellen sich kaum

9.5 Quintessenzen für Managementerfolg

Fragen, wie über Abteilungsgrenzen hinweg einer Reklamation nachgegangen wird und welch hohe Bedeutung das Feedback von Kunden hat.

Werte und Normen werden durch Verinnerlichung bzw. Internalisierung wirksam. Der Weg dorthin kann nicht einfach durch ein Memorandum oder eine andere Publikation eines Unternehmens erfolgen. Dies scheitert daran, weil sich Werte nur schwer in all ihren Facetten verbalisieren lassen. Sie repräsentieren in einem gewissen Maß das explizit gar nicht zugängliche Weltbild. Zudem unterscheiden sich Begriffsverständnisse von Sendern und Empfängern in den meisten Fällen so sehr, dass eine schriftliche Weitergabe von Werten eher einer „stillen Post" ähneln würde.

Der bessere Transport von Werten erfolgt stattdessen über verschiedene **Ausdrucksformen**, die den dritten Baustein der Unternehmenskultur darstellen. Dazu zählen Artefakte, Heroen und Rituale. Jede Ausdrucksform richtet sich hierbei auf andere Details von Werten. Dennoch kann auch durch sie keine aktive Gestaltung oder ein komplettes Verständnis der kulturell begründeten Handlungen in Unternehmen geschehen.

Die Unternehmenskultur steht in einer komplexen **Wechselwirkung** zu den anderen Management-Moderatoren. Dies zeigt sich vor allem in deren Substitutionspotenzialen. Durch passende Werte und Normen verliert beispielsweise die **interaktionelle Führung** (s. Kap. 3) an Bedeutung. So ist die Steuerung durch Werte und Normen nicht minder intensiv als Führungsstile. Werte können somit Koordinations- und Überwachungsaufgaben von Vorgesetzten übernehmen, die sonst durch die Management-Rollen erfüllt werden. Vorgesetzte haben dann primär die Aufgabe, fachlich zu führen. Weiterdenken lässt sich eine Verbindung zum Thema Konsideration und Initiierung von Strukturen. Sind durch Werte positive Haltungen vorhanden, kann auf ein gewisses Maß an Konsideration verzichtet und die Initiierung von Strukturen in den Fokus gerückt werden, ohne dass Mitarbeiter schnell unzufrieden werden.

Die **strukturelle Führung** (s. Kap. 4) ist ebenfalls von geteilten Werten und Normen betroffen. Sie wirkt durch dauerhafte, generelle Regelungen. Geteilte Werte können eine größere Offenheit auch für neue Lösungen erzeugen. Zum Beispiel kann der Wert „Wertschätzung anderer Abteilungen" bei zunehmenden Konflikten zu internen Absprachen oder direkter Ansprache von Problemen führen. Ein weiterer Ansatzpunkt sind variable Vergütungssysteme. Darin sollen Mitarbeiter monetär auf ein erwünschtes Handeln ausgerichtet werden. Verinnerlichte Werte machen nichts anderes, sofern sie passend zum erwünschten Handeln sind. Entsprechend kann Unternehmenskultur zumindest für Teile der strukturellen Führung den Aufwand reduzieren und sie somit teilweise substituieren.

Auch die **organisatorische Gestaltung** (s. Kap. 6, 7 und 8) wurde bisher weitgehend ohne die Wirkung von Unternehmenskultur diskutiert, obwohl diese auch hier weitgreifend sein kann. Jegliche organisatorische Gestaltung ohne Betrachtung von Werten und Normen lässt die handelnden Individuen außer Acht. Ganz offensichtlich steht und fällt beispielsweise eine Matrixstruktur (s. Kap. 6) mit einer Menge an Werten, die sich auf Kooperation, Gemeinnutz oder Kommunikation richten. Bei funktional und divisional (s. Kap. 6) ausgerichteten Unternehmen sind hingegen spezifische Werte erforderlich, die die Wertschöpfung als Prozess oder als Objektorientierung unterstützen. Beispiele dafür sind „Beachtung anderer Abteilungen" auf der einen oder „Kunden- und Marktorientierung" auf der anderen Seite.

Auch ablauforganisatorische Regelungen lassen sich nicht frei von Unternehmenskultur denken, die wiederum in einer komplexen Wechselwirkung zur Aufbauorganisation stehen. Die Analyse der **Viabilität von Organisationsstrukturen** durch die generischen Strukturbalancen (s. Kap. 7) zeigt diese Zusammenhänge. Alle drei Balancen sind bei weitem nicht nur Gegenstand organisatorischer Regelungsbindung, sondern werden unmittelbar von unternehmenskulturellen Gegebenheiten geprägt. Eine Integration ist bei weitem nicht nur durch die Schaffung organisationstheoretischer Maßnahmen gesichert. Die Unternehmenskultur bietet durch geteilte Werte und Normen erhebliche Potenziale, eine Integration zu erleichtern oder auch zu erschweren. Dies lässt sich für die anderen beiden Balancen weiterführen. Eine geplante Dezentralisierung kann beispielsweise nur geschehen, wenn Führungskräfte und Mitarbeiter offen sind, diesen neuen Weg zu gehen und entsprechend verantwortungsbewusst wechselseitige Entscheidungen treffen werden.

Zu diesen Ausführungen sind Ergänzungen hinzuzufügen. Zum einen ergeben sich Potenziale positiver Wirkungen der Unternehmenskultur nur dann, wenn ihr Inhalt eine Passung zur Ausrichtung der Wertschöpfungsmoderatoren aufweist. Andernfalls drohen erhebliche **negative, unternehmenskulturelle Wirkungen**. Abschottung, Beharren auf Bestehendes oder unproduktive Handlungsmuster beschreiben dies. Um dagegen anzukommen, sind in solchen Situationen mühevolle Gestaltungen der interaktionellen und strukturellen Führung sowie der organisatorischen Gestaltung erforderlich. Zum anderen ist die Verbindung zwischen Unternehmenskultur und den anderen Wertschöpfungsmoderatoren etwas **Zweiseitiges**. Beispielsweise wirken Regelungen des Personalmanagements (s. Kap. 3, 4 und 5) und der organisatorischen Gestaltung (s. Kap. 6, 7 und 8) auf die Kultur ein.

Auch einige der vorgestellten **Managementmoden** (s. Kap. 8) fallen aus unternehmenskultureller Perspektive auf. Sie stellen regelmäßig ein Thema oder sogar nur einen einzelnen Erfolgsfaktor in den Vordergrund. Kritisch ist es, wenn die Moden ohne Berücksichtigung auf eine existente Unternehmenskultur behandelt werden. Offensichtlich wirkt Unternehmenskultur auch immer auf Erfolgsfaktoren. Derartige Managementmoden sind dann sogar gefährlich, da sie von der Unternehmenskultur, dem heimlichen Zentrum der Handlungssteuerung, ablenken.

9.6 Explorationen

Verständnisfragen
1. Welche Aussage zu starken Unternehmenskulturen ist falsch?
   a. Sie haben einen großen Einfluss auf Mitarbeiter und Führungskräfte eines Unternehmens.
   b. Sie können schädlich sein.
   c. Sie führen immer zum Erfolg eines Unternehmens.
2. Bill Hewletts Einfluss auf Hewlett & Packard illustriert ...
   a. wie sehr Gründer Unternehmen prägen können.

b. das Zusammenspiel von Weltbild und Ausdrucksformen.
   c. die Grenzen der Sozialisationsmöglichkeiten von Mitarbeitern.
3. Die jährliche Weihnachtsfeier eines Unternehmens ist ein unternehmenskulturell bedeutsames Ritual, wenn …
   a. Vorstand oder Geschäftsführung vollständig vertreten sind.
   b. geteilte Werte deutlich werden und zur Selbstvergewisserung von Mitarbeitern führen, unabhängig davon, ob Vorstand oder Geschäftsführung anwesend sind.
   c. Fröhlichkeit spürbar ist.
4. Mit den richtigen Mitteln und Personen lässt sich die Unternehmenskultur eines großen Unternehmens innerhalb von einem bis zwei Jahren zielgerichtet gestalten.
   a. richtig
   b. falsch
5. Die Ausdrucksformen einer Unternehmenskultur sind beobachtbar.
   a. richtig
   b. falsch
6. Die drei Bestimmungsgrößen einer Unternehmenskultur lauten: Prägnanz, Verankerungstiefe und Reichweite. Eine Subkultur setzt sich zusammen aus …
   a. hoher Prägnanz, hoher Verankerungstiefe und niedriger Reichweite.
   b. niedriger Prägnanz, hoher Verankerungstiefe und hoher Reichweite.
   c. niedriger Prägnanz, niedriger Verankerungstiefe und niedriger Reichweite.
7. Ansatzpunkte zur Veränderung einer Unternehmenskultur bilden Strukturgestaltung, Personen und Personalmanagement, Verfügungsrechte und Unternehmensethik.
   a. richtig
   b. falsch

Weiterführende Fragen
a. Diskutieren Sie folgenden Satz: „Die Unternehmenskultur spiegelt die Geschichte eines Unternehmens wider."
b. Welche Bedeutung haben Subkulturen für ein Unternehmen?
c. Inwiefern stellt die Unternehmenskultur das „heimliche Zentrum der Handlungssteuerung" dar?
d. Diskutieren Sie folgende Aussage: „Die Unternehmenskultur ist ein maßgeblicher Erfolgsfaktor für Unternehmen."

Falldiskussion 1: Eine Gegenüberstellung zweier Kulturen
Hermann Wildenhain ist Geschäftsführer der Adapt Eisenbahn AG. Die Werte Service, Pünktlichkeit und Kollegialität sind sehr stark ausgeprägt. Eine informelle Norm ermöglicht es jedem Mitarbeiter, sich freitags mit Wildenhain beim Mittagessen in der Kantine zu treffen und ihm gegenüber Verbesserungen zu äußern. Außerdem ist bekannt, dass Wildenhain regelmäßig ein offenes Ohr für die privaten Probleme seiner Mitarbeiter hat. Drei

Mal im Jahr arbeiten die Manager von Adapt als Schalterpersonal oder Fahrkartenkontrolleure, um ein Gefühl für die Probleme der Angestellten zu entwickeln.

Wildenhain hält die Hierarchie so flach und informell, wie möglich. Dies soll die Kreativität und Beteiligung der Mitarbeiter anregen. Fehler werden nicht gleich bestraft, sondern als Möglichkeit zur Verbesserung aufgefasst. Die Angestellten besitzen 20 % der Unternehmensaktien und werden an Gewinnen des Unternehmens beteiligt. All diese Faktoren haben wahrscheinlich ihren Anteil daran gehabt, dass Adapt zum Marktführer aufstieg.

Im Gegensatz dazu prägte Ralf Morgret, Geschäftsführer des Ethos Verlags, eine Kultur, die von den Angestellten gehasst wird. Morgret war besessen davon, Kosten zu reduzieren und die Effizienz zu steigern. Täuschungsversuche beim Ein- und Ausstempeln führen gleich zu einer Entlassung. Die Stempeluhr wird jederzeit von einer Kamera überwacht. Morgret fordert von seinen Führungskräften regelmäßige schriftliche Berichte über die Gewissenhaftigkeit und das Ordnungsbewusstsein der jeweilgen Mitarbeiter. Mit Gehaltssteigerungen und Bonusprogrammen wird insgesamt sehr sparsam umgegangen.

All jene Faktoren führten dazu, dass viele Angestellte Ethos verlassen haben. Von ehemals 1200 Mitarbeitern verlor Ethos innerhalb kürzester Zeit 96 Mitarbeiter. Die Beziehung zwischen Morgret und den Angestellten wurde so schlecht, dass Morgret nichts anderes übrig blieb, als das Unternehmen zu verlassen. Mit Hannah Haensch wurde eine neue Geschäftsführerin eingestellt.

a. Anhand welcher Punkte lassen sich Unterschiede in der Unternehmenskultur der beiden Unternehmen ausmachen?
b. Kann Hannah Haensch die Kultur von Adapt 1:1 kopieren und auf Ethos übertragen?
c. Diskutieren Sie folgende Aussage zum Amtsantritt von Frau Haensch: „Wir werden die Unternehmenskultur von Ethos binnen Jahresfrist nachhaltig verändern!"

Falldiskussion 2: Falcon Versicherungen
Victoria Schlichting ist seit drei Jahren die Geschäftsführerin von Falcon Versicherungen. In der Branche ist sie bekannt als „Verfechterin der Turnierentlohnung". Sie ist fest davon überzeugt, dass dies die geeignetste Methode sei, um ihre Mitarbeiter zu Höchstleistungen anzutreiben und dadurch die Unternehmenszahlen zu maximieren.

Vierteljährlich findet eine Leistungsbeurteilung der Mitarbeiter statt. Die Mitarbeiter werden anhand der Anzahl abgeschlossener Versicherungen in eine Rangreihe gebracht. Die Mitarbeiter in den vorderen Positionen erhalten anschließend eine Gehaltserhöhung. Der leistungsstärkste Mitarbeiter wird sogar im Rahmen einer kleinen Zeremonie als „Mitarbeiter des Quartals" ausgezeichnet.

Anfangs schien Schlichting recht zu behalten, es wurden deutlich mehr Versicherungen abgeschlossen als vorher. Seit zwei Jahren sind die Zahlen allerdings rückläufig und das Unternehmen hat mit einer Vielzahl an Problemen zu kämpfen. Viele Mitarbeiter sind unzufrieden, es existiert praktisch kein Vertrauen unter den Mitarbeitern, Informationen werden vorenthalten und eine gegenseitige Unterstützung fehlt völlig. Teilweise werden Begrüßungen ausgelassen, die Kommunikation wurde auf ein Minimum reduziert und viele legen unbezahlte Überstunden ein, um möglichst gut im Ranking abzuschneiden. Viele Mitarbeiter klagen über ständigen Druck. Zudem steigt die Zahl der Kündigungen und der Fehlzeiten der Mitarbeiter.

Der Großteil der Mitarbeiter handelt egoistisch und versucht mit allen Mitteln, möglichst viele Versicherungen zu verkaufen. Dadurch wurde auch das Image des Unternehmens nachhaltig beschädigt. Immer mehr Kunden beschweren sich über schlechte Beratungen bei Versicherungsabschlüssen. Außerdem machen sich Probleme hinsichtlich des Personalmarketings bemerkbar, Falcon gilt in der Branche als unattraktiver Arbeitgeber. Im Raum steht eine mögliche Entlassung der Geschäftsführerin.

Zu welchen Problemen führte die Einführung der Turniervergütung? Welche Werte, Normen und Rituale haben sich im Laufe der Zeit bei Falcon Versicherungen verfestigt?

Literatur

Backovic, L., Flauger, Kolf, F., Obmann, C., & Scheppe, M. (16. Februar 2019). Warum Übernahmen so oft scheitern. *Handelsblatt*. https://www.handelsblatt.com/unternehmen/management/fusionen-warum-uebernahmen-so-oft-scheitern/23979016.html. Zugegriffen am 15.05.2019.

Deal, T. E., & Kennedy, A. A. (1982). *Corporate cultures. The rites and rituals of corporate life*. Reading: Addison-Wesley.

Handelsblatt. (2018). *VW setzt mit neuem Ethik-Programm auf offene Unternehmenskultur* (11.06.2018). https://www.handelsblatt.com/unternehmen/industrie/nach-dieselskandal-vw-setzt-mit-neuem-ethik-programm-auf-offene-unternehmenskultur/22671624.html?ticket=ST-10176860-B7k7u0CaJIqWzrv3v6tQ-ap2. Zugegriffen am 05.12.2019.

Hofstede, G. (1991). *Cultures and organizations. Software of the mind*. London: McGraw-Hill.

Hofstede, G., & Mayer, P. (2006). *Lokales Denken, globales Handeln. Interkulturelle Zusammenarbeit und globales Management* (3. Aufl.). München: Deutscher Taschenbuch.

Johns, G., & Saks, A. M. (2008). *Organizational behaviour* (7. Aufl.). Harlow: Prentice Hall.

Johns, G., & Saks, A. M. (2017). *Organizational behaviour. Understanding and managing life at work* (10. Aufl.). Toronto: Pearson.

Jones, G. R. (2013). *Organizational theory, design, and change* (7. Aufl.). Boston: Pearson.

Jones, G. R., & Bouncken, R. B. (2008). *Organisation. Theorie, Design und Wandel* (5. Aufl.). München: Pearson Studium.

Knappstein, M. (o. J.). *Schokoladenfriedhof der Zotter Schokolade*.

Marks, M. L., & Mirvis, P. H. (1997). Revisiting the merger syndrome: Dealing with stress. *Mergers and Acquisitions, 31*(6), 21–27.

Marks, M. L., & Mirvis, P. H. (2011). Merge ahead: A research agenda to increase merger and acquisition success. *Journal of Business and Psychology, 26*(2), 161–168.

Marks, M. L., Mirvis, P. H., & Ashkenas, R. (2014). Making the most of culture clash in M&A. *Leader to Leader, 2014*(71), 45–53.

Morgan, G. (1997). *Images of organization*. Thousand Oaks: SAGE.

Neuberger, O., & Kompa, A. (1987). *Wir, die Firma. Der Kult um die Unternehmenskultur*. Weinheim: Beltz.

Nicklisch, H. (1932). *Die Betriebswirtschaft* (7. Aufl.). Stuttgart: Poeschel.

Pascale, R. T., & Athos, A. G. (1982). *Geheimnis und Kunst des japanischen Managements*. München: Heyne.

Peters, T. J., & Waterman, R. H. (1982). *Search of excellence: Lessons from America's best-run companies*. New York: Harper & Row.
Prechtl, P., & Burkard, F.-P. (Hrsg.). (1999). *Metzler Philosophie Lexikon. Begriffe und Definitionen* (2. Aufl.). Stuttgart/Weimar: J.B. Metzler.
Robbins, S. P. (2005). *Organizational behavior* (11. Aufl.). Upper Saddle River: Pearson/Prentice Hall.
Robbins, S. P., & Judge, T. A. (2005). *Organizational behavior* (15. Aufl.). Boston: Pearson.
Schein, E. H. (1985). *Organizational culture and leadership*. San Francisco: Jossey-Bass.
Schein, E. H., & Schein, P. (2018). *Organisationskultur und Leadership* (5. Aufl.). München: Franz Vahlen.
Scholl-Schaaf, M. (1975). *Werthaltung und Wertsystem. Ein Plädoyer für die Verwendung des Wertkonzepts in der Sozialpsychologie*. Bonn: Bouvier.
Schreyögg, G., & Geiger, D. (2016). *Organisation. Grundlagen moderner Organisationsgestaltung: mit Fallstudien* (6. Aufl.). Wiesbaden: Springer Gabler.
Sørensen, J. B. (2002). The strength of corporate culture and the reliability of firm performance. *Administrative Science Quarterly, 47*(1), 70–91.
Steinmann, H., Schreyögg, G., & Koch, J. (2013). *Management. Grundlagen der Unternehmensführung. Konzepte, Funktionen, Fallstudien* (7. Aufl.). Wiesbaden: Springer Gabler.
Stern. (2018). *Das ist der Mann, der einem indigenen Volk Jesus bringen wollte. Sie töteten ihn mit Pfeil und Bogen* (23.11.2018). https://www.stern.de/panorama/weltgeschehen/north-sentinel-island%2D%2Dwer-war-der-amerikaner%2D%2Dden-eingeborene-mit-pfeilen-toeteten%2D%2D8461174.html. Zugegriffen am 27.05.2020.
Steward, J. B. (23. September 2011). At UBS, it's the culture that's Rogue. *The New York Times*. https://www.nytimes.com/2011/09/24/business/global/at-ubs-its-the-culture-thats-rogue.html. Zugegriffen am 15.05.2019.
W. L. Gore & Associates, Inc. (o. J.). *About Gore. Our culture*. https://www.gore.com/about/culture. Zugegriffen am 27.05.2020..
Weibler, J. (2016). *Personalführung* (3. Aufl.). München: Franz Vahlen.
Womack, J. P., Jones, D. T., & Roos, D. (1992). *Die zweite Revolution in der Autoindustrie. Konsequenzen aus der weltweiten Studie aus dem Massachusetts Institute of Technology* (5. Aufl.). Frankfurt a. M.: Campus.
Zotter Schokolade GmbH. (o. J.). *Produkteinführungen*. https://www.zotter.at/das-ist-zotter/biografie/produkteinfuehrungen. Zugegriffen am 27.05.2020.

Macht, Politik, Ethik: Helle und dunkle Seiten von Unternehmen

10

Zusammenfassung

Macht, Politik und Ethik bilden einen Dreiklang. Erst das Vorhandensein von Macht ermöglicht es, andere Individuen in ihren Zielstrukturen und Handlungen zu beeinflussen. So betrachtet, ist Macht eine Grundlage für Wertschöpfung und kann nicht nur negativ, im Sinne der Ausnutzung anderer Personen, gesehen werden. Aufbauend auf Macht kann politisches Handeln unterschiedliche Zwecke verfolgen. Jene, bei denen das Unternehmensinteresse im Vordergrund steht und solche, die individuelle Vorteile verfolgen. Letzteres erfährt zum Beispiel in Form von Betrugsfällen viel Aufmerksamkeit. Diese sind prädestiniert, einzelne Unternehmen, manche Branchen oder ganze Berufsgruppen in Verruf zu bringen. Wie lassen sich problematische, politische Handlungen am besten vermeiden? Auf der einen Seite können nachgelagerte Kontrollen stark eigennutzorientiertes Handeln aufdecken. Auf der anderen Seite soll Unternehmensethik Handeln prägen und somit vorgelagert das Ausmaß negativer Politik begrenzen.

Vignette: Beispiele für Skandale

- Die Olympischen Winterspiele 2002 in Salt Lake City wurden von einem Bestechungsskandal begleitet. Die für die Bewerbung verantwortlichen Personen veranlassten Geschenke und Barausgaben in Millionenhöhe für die Mitglieder des Internationalen Olympischen Komitees, um für Salt Lake City zu stimmen (Frankfurter Allgemeine Zeitung 2003).
- Im sogenannten Dieselskandal veranlassten Führungskräfte bei Volkswagen und beim Zulieferer Bosch, eine „Schummelsoftware" zu entwickeln und einzubauen.

Dadurch wurden Messungen der Umweltbelastungen manipuliert. Andere Automobilhersteller folgten (Slavik 2019).
- Über die Frau des Oberbürgermeisters von Frankfurt am Main wird aufgrund ihres relativ hohen Gehaltes als Leiterin einer Kita der Arbeiterwohlfahrt und aufgrund eines ihr dabei zur Verfügung gestellten Dienstwagens intensiv berichtet (Riebsamen und Davydov 2019). Da ihr Mann nicht nur über sein Amt, sondern auch als vormalige Führungskraft mit der Arbeiterwohlfahrt in Frankfurt verbunden ist, stehen Vorwürfe einer unrechtmäßigen Begünstigung und der Vetternwirtschaft im Raum. ◄

Anknüpfend an diesen Beispielen stellen sich drei Fragen:

- Welche übergreifenden Voraussetzungen ermöglichen derartige Skandale?
- Inwiefern passt hierzu der Begriff „Politik"?
- Welche Maßnahmen zur Verhinderung solcher Skandale gibt es?

Macht, Politik und Ethik stehen in einem engen Zusammenhang zueinander und prägen Unternehmensrealitäten substanziell. **Macht** ist dabei der Ausgangspunkt und beruht auf einer Asymmetrie der vorhandenen Mittel zur Durchsetzung von Interessen. Bei allen drei oben genannten Beispielen ist Macht die Voraussetzung für das bedenkliche Handeln.

Die Existenz von Macht allein ist nicht schädlich, sondern sogar konstitutiv für fast alle Unternehmen. So können in arbeitsteiligen Zusammenhängen keinesfalls alle Personen die gleiche Menge an Verantwortung, Durchsetzungskompetenz und somit auch an Macht haben. Die unweigerliche Nutzung von Macht nennt man **Politik**. Bei den drei Beispielen war dies Politik zu eigenen Gunsten oder zugunsten des eigenen Unternehmens. Politik besteht aber genauso auch aus Handlungen und Entscheidungen, die arbeitsvertraglich geregelt sind und im Einklang mit den Erwartungen des Arbeitgebers stehen.

An dieser Stelle wird der Stellenwert von **Ethik** allzu deutlich. Ethik als eine Art informale Handlungsanleitung soll den negativen Einsatz von Macht in und außerhalb von Unternehmen begrenzen oder sogar verhindern. Ethik dient somit als ein „ex ante-Korrektiv" für Machtasymmetrien. Man erkennt hieran die Bedeutung von Ethik relativ zu formalen Kontrollen von Führungskräften oder Revisionsabteilungen. Formale Kontrollsysteme sind so strukturiert, dass sie erst ex post und damit nach erfolgten Handlungen eingreifen. Es erfolgt somit eine Korrektur, wenn es bereits zu spät ist.

10.1 Macht: Chancen zur Beeinflussung des Handelns anderer

10.1.1 Grundlagen

10.1.1.1 Definition und Machtasymmetrien

Zentral für jegliche Überlegungen in diesem Buch ist der Begriff **Macht**. Von Führung, über Implementierung von Anreizsystemen, bis zur Bildung von Zentralabteilungen oder einer Matrixstruktur, immer geht es um Interessen, die in sehr vielen Fällen nicht geteilt oder nicht eindeutig sind.

So ist es eine Alltäglichkeit, die vermutlich jeder kennt: Mal wurde etwas über die Köpfe anderer hinweg entschieden, mal vermutet man Macht und tritt einer Person vorsichtig gegenüber oder man respektiert die Leistungen anderer besonders und folgt deren Hinweisen sehr gerne. Dies sind Beispiele von Macht und ohne diese ist kein Management im hier verstandenen Sinne denkbar. Es gilt die folgende Definition, die bereits im Zuge der interaktionellen Führung vorgestellt wurde (s. Kap. 3; Weber 1976, S. 28). Macht ist jede Chance, innerhalb einer sozialen Beziehung den eigenen Willen auch gegen Widerstreben durchzusetzen. Zentral ist hierfür die aus einer sozialen Beziehung entstehende Abhängigkeit.

Eine solche Abhängigkeit resultiert zum einen formal aus Kompetenzen, Verantwortungen oder Wissen sowie zum anderen informell durch Ansehen, Erfahrungen oder Vernetzung. Unweigerlich resultieren in allen Unternehmen Machtasymmetrien. Das heißt, die Ausstattung oder die Verfügungsmöglichkeit über Macht – um andere in deren Handeln zu beeinflussen – ist über alle Führungskräfte und alle operativ tätigen Mitarbeiter ungleich verteilt. Darüber hinaus umfassen Machtasymmetrien immer Schädigungspotenzial, da andere substanziell beeinflussbar werden. Dies soll nun aber nicht so gedeutet werden, dass **Machtasymmetrien** automatisch eine Schädigung anderer Personen oder des Unternehmens nach sich ziehen. Vielmehr sind Machtasymmetrien der Schlüssel, um positive Wirkungen von Management zu realisieren und den gesamten Wertschöpfungsprozess am Laufen zu halten.

10.1.1.2 Machtformen und Kooperation

Seit French und Raven (1959) ist die Unterscheidung von fünf Arten von Abhängigkeiten und damit auch von Macht üblich: Legitimations-, Droh-, Belohnungs-, Experten- und Referenzmacht (s. Kap. 3). Da in Unternehmen prinzipiell alle Machtformen existieren, stellt sich die Frage nach deren relativer Wirkung und bestehenden Machtgrenzen (Whetten und Cameron 2016, S. 229). Das sogenannte **Kooperationskontinuum** hilft bei der Beantwortung dieser Frage.

Kooperation richtet sich auf alle relevanten Fragen der Wertschöpfung. Dazu gehören unter anderem die Bereitschaft zum Austausch mit anderen Abteilungen, die Annahme struktureller Änderungen oder der bereitwillige Umgang mit neuen Kollegen oder Führungskräften. Wichtig ist nun, dass die eingesetzten oder mit unterschiedlichen Personen verbundenen Machtformen keineswegs die gleichen Kooperationsneigungen bei Mitarbeitern hervorrufen. So reicht das **Kooperationskontinuum** von Widerstand über Konformität, bis hin zu Commitment. Letzteres ist das besonders produktive Resultat von Macht (s. Abb. 10.1).

Diese Abb. 10.1 macht die Quelle, aus der sich Macht speist, zum Ausgangspunkt. Droht eine Führungskraft ständig mit negativen Konsequenzen, wenn den Anordnungen nicht Folge geleistet wird, so ruft dies mit einer erhöhten Wahrscheinlichkeit Widerstand bei den Mitarbeitern hervor. Die nächste Stufe der Kooperationsbereitschaft wird durch

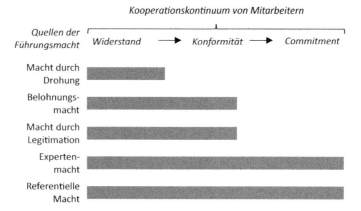

Abb. 10.1 Formen und Konsequenzen von Macht (Steers 1991, S. 487)

Belohnungs- sowie durch Legitimationsmacht erzeugt. Bei der Belohnungsmacht werden, gegenteilig zur Drohmacht, positive Ergebnisse oder die Abwendung negativer Ergebnisse in Aussicht gestellt. Die Legitimationsmacht speist sich schlichtweg aus hierarchischen Über- und Unterstellungen in Unternehmen. Mitarbeiter handeln in diesem Falle konform zu den Anweisungen. Allerdings kommt es hierbei noch nicht zu Leidenschaft oder gar Enthusiasmus für die Anweisungen, da Mitarbeiter eher auf Belohnung hoffen oder die Macht als legitim ansehen.

Anders verhält es sich, wenn Führungskräfte oder andere Personen über eine Referenz- oder Expertenmacht verfügen. Grundlage für die Referenzmacht ist die Identifikationsmöglichkeit mit einer Person, ihre Vorbildfunktion, Sympathie oder Charisma. Expertenmacht hingehen beruht auf Wissen und Expertise. Unter diesen Umständen identifizieren sich Geführte mit den Machtausübenden und deren Beweggründen. In der Folge steigt die Wahrscheinlichkeit, dass eine hohe Selbstbindung und ein hohes Maß an Engagement vorliegen (Steers 1991, S. 487).

10.1.2 Erlangung und Gebrauch von Macht

10.1.2.1 Erlangung von Macht

a) Handlungen als Ausgangspunkt
Nach der Unterscheidung von Machtformen und deren Wirkung stellt sich die Frage nach der Erlangung von Macht. Recht einfach ist die Antwort bei der Experten- und Referenzmacht. Personen erlangen diese Machtformen oft ungeplant. So sind es Knowhow, Erfahrungen sowie Anerkennung, die von anderen Personen zugesprochen und wahrgenommen werden. Legitimations- sowie Droh- und Belohnungsmacht hingegen beruhen auf der formalen Zuweisung einer Rolle mit einhergehenden Weisungsbefugnissen.

Dennoch reichen die benannten Machtformen in der Regel nicht aus, um die Handlungen anderer beeinflussen zu können. Wirksame Macht entsteht erst im informalen System eines Unternehmens durch bestimmte Aktivitäten und durch das Kontakte-Knüpfen mit verschiedenen Stakeholdern. Entsprechend ist die Erlangung von Macht organisationsseitig nur schwer steuerbar (Kanter 1977, S. 165–167).

Die Erlangung einer wirksamen Macht ist nach Kanter (1977, S. 176) durch außergewöhnliche, sichtbare und für die Problemlösung relevante Handlungen möglich. Diese umfassen nicht den Routinetätigkeiten zugehörige Handlungen. Das heißt, eine exzellente Leistung bei einer Sacharbeiter- oder Fließbandtätigkeit hat kein Potenzial, als eine außergewöhnliche Aktivität wahrgenommen zu werden. Anders verhält es sich, wenn eine Führungskraft einen wichtigen organisatorischen Wandel durchführt, ein Forscher eine revolutionäre Innovation entwickelt oder jemand unter dem Einsatz hoher Risiken erfolgreich einen maßgeblichen Beitrag für die Lösung organisatorischer Probleme leisten kann.

Solche außerordentlichen Aktivitäten zur Erlangung müssen also sichtbar und relevant sein. **Sichtbarkeit** meint, dass bestimmte Handlungen über den eigenen Arbeitsbereich hinaus von anderen wahrgenommen werden. **Relevanz** bedeutet, dass die Aktivitäten auf unternehmensinterne Gegebenheiten oder bestehende Umweltkräfte abzielen und einen Beitrag für die Unternehmensziele leisten. Beispielsweise wird eine brillante Innovation von den Stakeholdern mit einem höheren Einfluss honoriert, wenn sie Gewinne verspricht. Außergewöhnliche und sichtbare Aktivitäten, die keinen nennenswerten Beitrag leisten, sind im Hinblick auf die Erlangung von Macht in Unternehmen hingegen nutzlos.

b) Persönliche Kontakte als Ausgangspunkt
Gemäß der Machtdefinition von Max Weber (1972, S. 28) sind soziale Beziehungen, zusätzlich zu den richtigen Tätigkeiten, eine notwendige Bedingung für die grundlegende Entstehung von Macht. Daraus ergibt sich die Notwendigkeit, ein relevantes **Netzwerk an Kontakten** innerhalb und außerhalb des Unternehmens zu knüpfen.

Dies bedeutet nicht, dass eine enge Freundschaft oder ein Zusammentun von Personen mit ähnlichen Eigenschaften zwangsläufig vorteilhaft ist. Vor allem lose und weniger intensive Beziehungen sind für individuelle Macht von besonderer Relevanz. Der Vorteil solcher Beziehungen liegt in deren Brückenfunktion, also in einem Zugang zu anderen Netzwerken. Granovetter (1973) formulierte diesbezüglich das Konzept der „**strength of weak ties**". Relevante Personen in solch einem Netzwerk sind höhere Führungskräfte, Kollegen, unterstellte Mitarbeiter (Kanter 1977, S. 181–183) sowie externe Stakeholder (Johns und Saks 2014, S. 423).

Sponsoren
Bei Sponsoren handelt es sich um Mentoren oder Befürworter in einer höheren Hierarchiestellung, die eine betreffende Person in dem Unternehmen als „Coaches" fördern können. Es sind hierbei die folgenden drei Punkte, die der Person Macht verleihen: Erstens kämpfen Sponsoren für ihre Schützlinge oder legen ein gutes Wort in höheren Hierarchieebenen ein. Zweitens ermöglichen Sponsoren es, dass die betreffende Person formale

Strukturen umgehen kann, indem beispielsweise Beschwerden direkt weitergeleitet oder bestimmte Informationen eingeholt werden. Drittens hat das Vorhandensein eines Sponsors eine Signalwirkung auf andere. So entsteht der Eindruck, dass die betreffende Person von einer anderen einflussreichen Person unterstützt wird und von deren Ressourcen profitieren kann.

Allianz unter Kollegen
Eine breite Allianz unter Kollegen ist ein weiterer wichtiger Machtfaktor. Beweist man sich als ein guter Teamplayer, so kann dies als eine wichtige Führungsqualität bewertet werden und eine Vorrausetzung dafür sein, für eine Beförderung in Betracht zu kommen (Kanter 1977, S. 184 f.) . Darüber hinaus stellt eine gute Beziehung zu seinen Kollegen eine Investition in die zukünftige Macht dar, wenn ehemalige Kollegen weiterhin relevante Informationen liefern oder Gefälligkeiten erweisen (Johns und Saks 2014, S. 424).

Unterstellte Mitarbeiter
Eine gute Beziehung zu unterstellten Mitarbeitern ist ebenfalls von besonderer Relevanz, da sich hieraus künftige Führungskräfte entwickeln können, von denen eine besondere Abhängigkeit resultieren kann. Darüber hinaus ist die erfolgreiche Umsetzung von bestimmten Projekten meistens von den unterstellten Mitarbeitern auf der operativen Ebene abhängig. Eine Führungskraft kann daher ihre Macht auf der höheren Ebene durch erfolgreich operierende, unterstellte Mitarbeiter untermauern (Kanter 1977, S. 185 f.).

Externe Stakeholder
Schließlich können Beziehungen zu externen Stakeholdern die Macht innerhalb eines Unternehmens vergrößern (Johns und Saks 2014, S. 423). Wer beispielsweise eine gute Beziehung zu Geschäftsführern besonders wichtiger Lieferanten pflegt oder in Aufsichtsräten anderer Unternehmen sitzt, hat einen Zugang zu wichtigen Informationen, die das eigene Unternehmen betreffen können. Durch den Handel mit diesen äußerst relevanten Informationen kann die Chance deutlich gesteigert werden, andere Menschen unternehmensintern zu beeinflussen.

10.1.2.2 Gebrauch von Macht
Macht definiert als die Chance, andere zu beeinflussen, führt nicht automatisch zu Einflussnahmen, sondern bedarf einer Umsetzung. Für diesen Machtgebrauch stehen vor allem Führungskräften verschiedene **Beeinflussungstaktiken** zur Verfügung. Kipnis et al. (1980) unterteilen diese in acht Formen. Tab. 10.1 fasst relevante Beeinflussungstaktiken zusammen.

Die Gründe für die Wahl einzelner Beeinflussungsmöglichkeiten lassen sich in fünf Kategorien unterteilen (Kipnis et al. 1980). Die zu beeinflussende Person soll:

1. einen ihr nicht zugewiesenen Teil der Arbeit verrichten,
2. ihre zugewiesene Arbeit verrichten,

Tab. 10.1 Beeinflussungstaktiken (s. ähnlich Johns und Saks 2017, S. 438; Kipnis et al. 1980)

Beeinflussungstaktik	Beschreibung
Durchsetzungskraft	Anwendung konfliktintensiver Taktiken zur Beeinflussung des Gegenübers: Anordnungen, Setzen von Deadlines, Kontrollieren von Anderen bis hin zum „Nerven", Niedermachen oder offener Konfrontation.
Einfühlsamkeit	Teilweise manipulativer Charakter durch Komplimente, Erhöhung der Bedeutsamkeit einer Person oder Äußerung von Anliegen bei offensichtlich guter Stimmung.
Rationalität	Argumentative Untermauerung von eigenen Plänen: So können detaillierte Pläne oder Memos geschrieben, an die eigene Kompetenz erinnert und Kompromisse angeboten werden.
Sanktionierung	Androhung, aber auch Durchführung administrativer Sanktionen, zum Beispiel Androhung schlechter Leistungsbeurteilung oder Verweigerung von Gehaltserhöhungen oder Beförderungen als Druckmittel.
Austauschtaktik	Überspitzung des Reziprozitätsprinzips: „Eine Hand wäscht die andere".
nach oben gerichteter Appell	Nutzung übergeordneter Führungskräfte zur Stärkung eigener Anliegen: formale Anfragen oder Einholen informeller Unterstützung.
Blockade	Destruktive Orientierung: Verweigerung der Zusammenarbeit durch beispielsweise Arbeitsverschleppung oder Ignoranz.
Bildung von Koalitionen	Einholen von Unterstützung von gleichgestellten oder übergeordneten Instanzen, beispielsweise durch Ansprache in formalen Gremien.

3. persönliche Vorteile, zum Beispiel eine Gehaltserhöhung oder eine Beförderung, gewähren,
4. bestimmte Ideen oder Veränderung akzeptieren sowie
5. ihre Performanz steigern.

Aus welchem dieser Gründe eine Beeinflussungsmöglichkeit angewandt wird, ist nach den Autoren abhängig von der hierarchischen Beziehung zwischen der einflussnehmenden Person und der Zielperson der Einflussnahme. So ist unter Kollegen der häufigste Grund für eine Einflussnahme, Hilfe für die eigene Arbeit zu bekommen. Zur Beeinflussung nachgeordneter Mitarbeiter wird am häufigsten die ordnungsgemäße Verrichtung der Arbeit als Grund angegeben. Der Beeinflussungsgrund, eine Veränderung umzusetzen, wird sowohl von Führungskräften, als auch von unterstellten Mitarbeitern in fast gleichem Maße angeführt. Der zentrale Unterschied besteht hier darin, dass Führungskräfte größere Projekte umsetzen möchten – zum Beispiel ein neues Buchhaltungssystem einführen –, während unterstellte Mitarbeiter eher Rahmenbedingungen für die Steigerung der eigenen Jobperformanz verändern wollen.

Die Entscheidung für Beeinflussungsmöglichkeiten hängt von diversen individuellen und organisatorischen Faktoren ab (Kipnis et al. 1980, S. 449–451; Yukl und Falbe 1990).

Auf der **individuellen Ebene** hängt die Wahl der Beeinflussungstaktik unter anderem von den persönlichen Dispositionen des Anwenders ab (Barbuto und Moss 2006). Besonders relevante Einflussgrößen für die Auswahl von Beeinflussungstaktiken sind weiterhin die hierarchische Stellung, als auch die Machtform der einflussausübenden Person. Personen auf höheren Hierarchieebenen eines Unternehmens nutzen stärker Durchsetzungskraft und Rationalität bei der Beeinflussung anderer Unternehmensmitglieder und greifen gegenüber Untergebenen häufiger auf Sanktionierungen zurück. Insgesamt nutzen sie tendenziell direktere Beeinflussungstaktiken und agieren unabhängiger von Vorgesetzten (Kipnis et al. 1980, S. 450).

Darüber hinaus hat die relative hierarchische Stellung der Zielperson einen Einfluss auf die Auswahl von Beeinflussungstaktiken. So wird zur Beeinflussung von Untergebenen am häufigsten die Durchsetzungskraft und bei Kollegen am häufigsten der Austausch zur Beeinflussung genutzt. Auch die Form der eigenen Macht kann einen Einfluss darauf haben, welche Beeinflussungstaktik gewählt wird. Beispielsweise kann eine Person mit Macht durch Drohung oder durch Legitimität eher zu Beeinflussungstaktiken wie Durchsetzungskraft oder Sanktionierung greifen, während Expertenmacht eher mit Beeinflussung durch Rationalität einhergeht (Johns und Saks 2017, S. 438).

Auf **organisatorischer Ebene** stärkt der Zusammenschluss in Gewerkschaften die Mitarbeiter in der Regel soweit, dass gegenüber operativen Mitarbeitern eher Einfühlsamkeit und gegenüber Vorgesetzten eher die Blockierung genutzt wird. In größeren Organisationseinheiten kommt es zur stärkeren Nutzung von Durchsetzungskraft und Sanktionen gegenüber unterstellten Mitarbeitern (Kipnis et al. 1980, S. 450 f.).

10.1.2.3 Machtstreben: Wer strebt nach Macht und wie wirken sich unterschiedliche Machttypen aus?

Offensichtlich ist das Machtstreben von Individuen unterschiedlich, die Ausführungen zur Theorie der Leistungsmotivation nach McClelland (1961) zeigten dies (s. Kap. 2). Dies führt zur Frage, wer nach Macht strebt und damit besonders wertschöpfend umgeht.

Das **Bedürfnis eines Individuums nach Macht** bezeichnet McClelland (1987, S. 268) als „nPow" (need for power). Menschen mit einem hoch ausgeprägten „nPow" begeben sich bevorzugt in Situationen und Positionen, in denen sie andere für bestimmte Zwecke beeinflussen können. In Bezug auf Unternehmen charakterisieren McClelland und Burnham (1976, S. 103) ferner das Machtmotiv von Führungskräften und deren Effektivität in Unternehmen auf Basis einer von ihnen entworfenen Typologie:

- Die **institutionelle Führungskraft** hat ein hohes „nPow", nutzt die Macht zum Erreichen von Unternehmenszielen, wählt einen partizipativen Führungsstil, macht sich vergleichsweise wenig Sorgen um ihre Beliebtheit und sieht sich ganz dem Unternehmen verpflichtet. Sie versucht, andere dahingehend zu beeinflussen, die Erreichung gemeinschaftlicher Ziele zu fördern.
- Ihr gegenüber steht die **eigennützige Führungskraft**, die ihre Macht zur persönlichen Zielerreichung nutzt.
- Die **affiliative Führungskraft** priorisiert die eigene Beliebtheit und übt Macht eher ungerne aus.

10.1 Macht: Chancen zur Beeinflussung des Handelns anderer

McClelland und Burnham (1976) fanden zu dieser Typologie passende Führungskräfte. Sie befragten deren nachgeordnete Mitarbeiter zu Dimensionen, die für eine Produktivitätssteigerung relevant sind und von der Führungskraft beeinflusst werden können:

- Förderung von Verantwortungsübernahme
- Klärung von Unternehmenszielen, Aufgaben und Ressourcen
- Erzeugung von Teamgeist

Anschließend wurden die Ergebnisse in Relation zu US-amerikanischen Durchschnittswerten gesetzt. Unter einer institutionellen Führungskraft erzielten die Mitarbeiter über alle Dimensionen hinweg die höchsten Perzentilränge. Die eigennützigen Führungskräfte liegen bei Teamgeist auf etwa der gleichen Höhe, schneiden aber bei Eindeutigkeit und Verantwortungsgefühl schlechter ab. Abgeschlagen rangieren die affiliativen Führungskräfte (s. Abb. 10.2).

Diese Ergebnisse lassen sich wie folgt interpretieren:

- Der Erfolg institutioneller Führungskräfte begründet sich in dem Einsatz von Führung und Macht hinsichtlich der Unternehmensziele. Dabei versuchen sie, die Selbstwirksamkeit der Mitarbeiter zu erhöhen, gute Arbeit zu belohnen und das Handeln derart zu gestalten, dass jeder Mitarbeiter seine Aufgabe kennt und akzeptiert.
- Das Handeln eigennütziger Führungskräfte prägt das Ziel, eine auf sie zugeschnittene Loyalität bei den Mitarbeitern zu erzielen. Es besteht im Handeln daher kein so

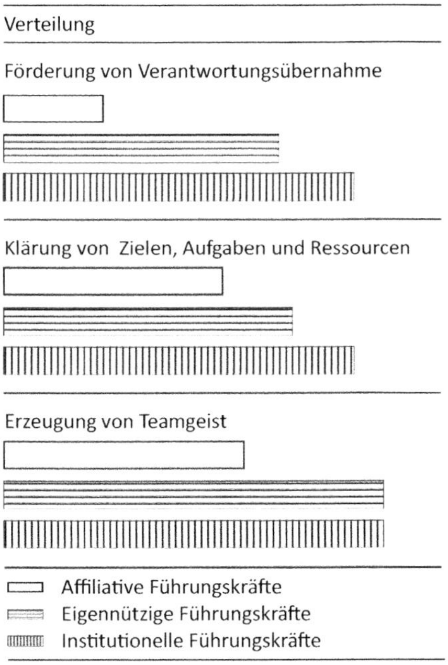

Abb. 10.2 Machttypologie von Führungskräften und die Wirkung auf die Mitarbeiter (s. ähnlich McClelland und Burnham 1976, S. 104)

Verteilung

Förderung von Verantwortungsübernahme

Klärung von Zielen, Aufgaben und Ressourcen

Erzeugung von Teamgeist

☐ Affiliative Führungskräfte
≡ Eigennützige Führungskräfte
⦀ Institutionelle Führungskräfte

offensichtlicher Bezug zum Unternehmen, was sich in den relativ niedrigeren Perzentilrängen bei Eindeutigkeit von Zielen und dem Verantwortungsbewusstsein ausdrückt. Die eigennützige Führungskraft schafft es zumindest, einen im Vergleich respektablen Teamgeist herzustellen.
- Affiliative Führungskräfte vermeiden hingegen unangenehme Diskussionen und entscheiden in vielen Situationen spontan. Dabei vernachlässigen sie ordnungsgemäße Abläufe in Unternehmen, was unter anderem zu einer empfundenen Ungerechtigkeit bei Mitarbeitern führen kann. Die Mitarbeiter fühlen sich aber vor allem verunsichert, nicht verantwortlich für das Geschehen in dem Unternehmen und es ist ihnen nicht klar, was von ihnen erwartet wird. Ein Zusammenhalt unter den Kollegen fällt dann auch zunehmend schwerer (McClelland und Burnham 1976, S. 103 f.).

Zusammenfassend konstatieren Johns und Saks (2017, S. 439), dass ein hohes Machtstreben eine wichtige Ressource bei Führungskräften darstellt, solange es keine neurotischen Züge aufweist. In einem richtigen Maß und für die richtigen Zwecke angewandt, führt sie zu einer Steigerung der Effektivität in Unternehmen.

10.1.3 Institutionelle Macht

Bislang wurde Macht isoliert von Wechselbeziehungen mit anderen Abteilungen, Bereichen sowie Stakeholdern diskutiert. Eine solche isolierte Betrachtung von Macht ist eine Verkürzung und unterstellt, dass die übertragene oder zugeschriebene Macht ausschließlich die Gestaltungsmöglichkeit von Führungskräften umfasst. Jedoch erlangen auch Abteilungen und andere organisatorische Einheiten Macht. Dabei handelt es sich um **institutionelle Macht**.

Es sind sogenannte **organisatorische Kontingenzen**, die organisatorische Macht aufbauen, begrenzen und dadurch deren reale Beeinflussungsmöglichkeiten formen. Darunter versteht man Wechselbeziehungen und Abhängigkeiten, die arbeitsteilige Strukturen notwendigerweise kennzeichnen (s. Kap. 1). Es sind Abhängigkeit von Zielvorgaben sowie von anderen Abteilungen oder die Möglichkeit, Druck auf andere Abteilungen oder sogar das Zielsystem auszuüben. Kontingenzen umfassen alle kritischen, sowohl internen als auch externen Einflüsse auf Unternehmen. Je größer die Kontrolle über diese Kontingenzen ist, desto mehr Macht besitzt eine organisatorische Einheit und umso mehr Einfluss und Ressourcenkontrolle kann sie durchsetzen (Hickson et al. 1971, S. 222 f.; Johns und Saks 2017, S. 440) Die Relevanz dieser Machtverteilung für den Unternehmenserfolg ergibt sich aus den resultierenden, spezifischen Handlungssequenzen sowie der entsprechenden Ressourcenausstattung.

Abb. 10.3 gibt einen Einblick in das Gefüge von Kontingenzen.

Die Kontrolle bzw. die Wirkungen von Kontingenzen stehen im Zentrum und erfahren eine Prägung durch vier Bedingungen (Johns und Saks 2017, S. 440–442):

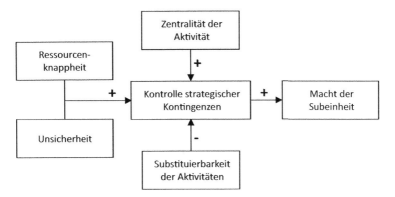

Abb. 10.3 Theorie organisatorischer Kontingenzen (s. ähnlich Hickson et al. 1971, S. 233.)

Knappheit

Es muss eine Knappheit an unternehmensinternen Ressourcen vorliegen. Die Macht einer Einheit erwächst dann aus der Kontrolle solcher knappen Ressourcen (Salancik und Pfeffer 1982, S. 13). Dieser Ressourcenmangel kann in unterschiedlichen Formen vorliegen. Typisch ist ein begrenztes, monetäres Budget, über dessen Verteilung bestimmte organisatorische Einheiten besonders stark Einfluss nehmen können.

Unsicherheitsquellen

Organisatorische Einheiten können zudem Macht erlangen, wenn sie Antworten für Unsicherheitsquellen in der Unternehmensumwelt bieten können (Kanter 1977, S. 101 f.; Salancik und Pfeffer 1982, S. 13). Unsicherheitsquellen können beispielsweise geänderte gesetzliche Anforderungen sein, wie die Einführung der Datenschutzgrundverordnung (DSGVO) in Deutschland. Das Regelwerk ist kompliziert und umfasst eine Fülle an regulatorischen Bestimmungen. Verstöße werden zum Teil mit hohen Bußgeldern geahndet. Dennoch besteht in vielen Punkten Unklarheit, wie die Anforderungen im Detail umgesetzt werden sollen. Eine Rechtsabteilung kann dann ihre Machtstellung vergrößern, wenn sie eine genaue Kenntnis über die Sachlage und die Umsetzungsmöglichkeiten dieser Anforderungen besitzt. Ein weiteres Beispiel einer Unsicherheitsquelle kann eine wachsende gesellschaftliche und politische Aufmerksamkeit für ökologische Belange sein. Sich mit Umweltschutz befassende Abteilungen können dann mit den richtigen Antworten ihre Macht in Unternehmen steigern (Johns und Saks 2017, S. 441).

Zentralität

Eine weitere Bedingung für eine Kontingenz ist die Zentralität von Organisationseinheiten. Eine Einheit ist dann zentral für Unternehmen, wenn sie durch ihre Aufgabe einen Einfluss auf viele andere Einheiten hat, eine große Bedeutung für die Wertschöpfung besitzt und die Wirkung von Handlungen unmittelbar eintritt und wahrgenommen wird. Beispielsweise hat die Finanz- und Buchhaltungsabteilung einen großen Einfluss auf andere Einheiten, wenn sie die Zahlungsströme autorisieren muss. Des Weiteren kann die

Produktionseinheit Macht erlangen, die das Flaggschiffprodukt oder relevante Teile davon herstellt. Im Gegensatz dazu erhalten Einheiten, die ihre Wirkung lediglich indirekt entfalten, weniger Macht. Ein Beispiel sind Einheiten, die für die Organisationsentwicklung zuständig sind. Durchgeführte Maßnahmen wirken indirekt und benötigen eine lange Zeit bis sie, wenn überhaupt, eine Wirksamkeit entfalten.

Substituierbarkeit
Schließlich bezeichnet die Substituierbarkeit einer organisatorischen Einheit, inwiefern auf sie verzichtet oder sie gar ersetzt werden kann. So kann eine Abteilung mit hoch spezialisierten Experten bei einer gleichzeitigen Verknappung auf dem Arbeitsmarkt ihre Macht deutlich geltend machen. Ändert sich die Arbeitsmarktlage und das Fachkräfteangebot steigt, so erhöht sich auch die Substituierbarkeit einer Abteilung (Johns und Saks 2014, S. 430 f.).

Illustration 10.1 gibt abschließend einen Einblick in die Entwicklung einer stark ungleichen Machtverteilung.

Illustration 10.1: Macht organisatorischer Einheiten bei einem Zigarettenhersteller

Die komplizierten und technisch anfälligen Produktionsmaschinen eines französischen Zigarettenherstellers fielen immer wieder durch technische Defekte aus. Dies führte zu zahlreichen Reparaturen und Produktionsstillständen. Auch die Reputation gegenüber Kunden litt unter den häufigen Ausfällen. Die Unternehmensleitung hatte große Schwierigkeiten, diese Situation zu strukturieren und zu verbessern.

Auffällig waren der große Einfluss und das Mitspracherecht der Instandhaltungs-Ingenieure eben dieser Maschinen. Demgegenüber einen sehr niedrigen Einfluss hatte die Produktionsabteilung, obwohl sie die Maschinenbedienung und etliche händische Arbeitsschritte zur Zigarettenproduktion verantwortete.

Die Nachfrage nach Zigaretten war stabil und die Produktionsplanung gut realisierbar. Auch die Lagerhaltung bereitete bei dieser Art Ware mittelfristig keine Probleme, sodass immer ein Lagerbestand zur Reserve gehalten werden konnte. Der Krankenstand der Produktionsmitarbeiter war gut einschätzbar und konnte so bei jeder Planung berücksichtigt werden. Kam es doch mal zu einer Kündigung oder einem langfristigen Ausfall, so war schnell Ersatz zu finden, da keine besonderen Qualifikationen für diese Arbeit notwendig waren.

Den einzigen kritischen Aspekt in der Produktion stellten die häufigen Ausfälle der unzuverlässigen Maschinen dar. Diese Ausfälle waren also die größte Quelle für Unsicherheit in diesem Unternehmen, mit der nur die Instandhaltungsabteilung umgehen konnte. So entwickelte sich eine Situation, in der die Ingenieure in jede Entscheidung im Unternehmen eingebunden wurden. In ihrem Bereich konnten sie als einzige Subeinheit Personal- und Budgetentscheidungen ohne Zustimmung des formal vorgesetzten Betriebsleiters treffen. Auch wenn die Instandhaltung der Maschinen in vielen Teilen nicht zufriedenstellend war, hatte jede Führungskraft die Befürchtung, ohne Wohlwollen der Instandhaltungsabteilung könnte es noch schlechter laufen (Salancik und Pfeffer 1982, S. 5 f.). ◄

10.2 Organisatorische Politik: Nutzung und Fehlnutzung von Macht

10.2.1 Dimensionen organisatorischer Politik

Politik existiert in vielen unterschiedlichen Teilbereichen: Außen-, Bildungs- und Sozialpolitik, Unternehmenspolitik, Transferpolitik von Fußballvereinen oder Symbolpolitik sind Beispiele dafür. Manchmal hört man auch: Politik ist ein schmutziges Geschäft oder die Politik verdirbt den Charakter. Was aber ist Politik?

Bei Politik geht es sowohl um die Erzeugung von Mehrheitsmeinungen, als auch um Maßnahmen, die sich auf die Durchsetzung von Interessen richten. Aus Unternehmensperspektive geht es im Folgenden um jene Politik, die innerhalb von Unternehmensgrenzen entsteht und Wirkungen entfalten kann. Dafür spielen Machtasymmetrien eine zentrale Rolle. Sie provozieren durch ihre Beeinflussungsmöglichkeiten eine Fokussierung auf Interessen. Zugleich zeigen Machtasymmetrien einen Weg zur Umsetzung von Interessen und damit für Politik auf. Es gilt die folgende Definition.

▶ **Politik** Politik ist die gerichtete Verwendung von Macht, um in Ziel/Ressourcen-Strukturen anderer Personen oder von Stakeholdern einzugreifen.

Wenn dieser Einsatz von Macht auf innerorganisatorisch und rechtlich geltenden Regeln beruht, so ist dies unbedenklich. Dies ist beispielsweise der Fall, wenn eine Führungskraft Mitarbeitern auf Basis guter Leistungen interessante und lohnende Projekte in Aussicht stellt. Eine arbeitsvertraglich begründete Machtasymmetrie dient also einer üblichen Politik mit dem Ziel, hohe Leistung und Erfolge zu erreichen.

Auch wenn es sprachlich etwas sperrig erscheint, die allermeisten in dieser Schrift diskutierten Handlungen entsprechen einer erwarteten und arbeitsvertraglich eingeforderten Politik. Somit ist auch Wertschöpfung – bestehend aus der Kombination von Ressourcen, Handeln, Mediation sowie Moderation – Politik. Diese Begriffswendung dient dazu, negatives Handeln bzw. Politik besser zu verdeutlichen.

Die Konkretisierung politischer Aktivitäten nehmen Mayes und Allen (1977, S. 675) anhand einer **Gegenüberstellung von Zielen und Ressourcen** vor, woraus eine Matrix resultiert. Politik kann danach differenziert werden, ob die angestrebten Ziele und verwendeten Ressourcen seitens des Unternehmens gebilligt sind oder nicht (s. Abb. 10.4).

Für Unternehmen besonders schädlich sind solche politischen Aktivitäten, deren Ziele nicht gebilligt sind, auch im Falle einer Akzeptanz der verwendeten Ressourcen. Sind die Ziele gebilligt, so müssen nicht gebilligte Ressourcen nicht zwingend schädlich für Unternehmen sein – obgleich kollaterale Schäden erwartet werden können. Folgende Beispiele verdeutlichen diese Logik:

	gebilligt	Ziele	nicht gebilligt
Ressourcen gebilligt	Notwendige Politik als erwartetes Handeln von Führungskräften und Mitarbeitern		Politik als Unternehmensschädigung durch Fehlnutzung von Ressourcen
Ressourcen nicht gebilligt	Politik als potenziell funktionaler Umgang mit Ressourcen		Politik als Unternehmensschädigung auf der Ressourcen- und Zielebene

Abb. 10.4 Dimensionen von Politik (s. ähnlich Mayes und Allen 1977, S. 645)

- Notwendige Politik: Das Ziel einer Umsatzsteigerung soll durch eine neue TV-Kampagne erreicht werden. Hierfür wird vom verantwortlichen Vorgesetzten ein Budget bereitgestellt. Sowohl das Ziel, den Umsatz zu steigern, als auch die Ressourcennutzung sind hierbei vom Unternehmen gebilligt.
- Politik als Unternehmensschädigung durch Fehlnutzung von Ressourcen: Einem Mitarbeiter wird von seinem Abteilungsleiter eine Gehaltserhöhung angeboten, damit er nicht über dessen Verstöße gegen die Unternehmensrichtlinien berichtet. Die Gewährung einer Gehaltserhöhung kann durchaus einen gebilligten Ressourceneinsatz darstellen. Das angestrebte Ziel ist hierbei jedoch mit Sicherheit nicht vom Unternehmen gebilligt.
- Politik als Unternehmensschädigung auf der Ressourcen- und Zielebene: Ein Konkurrenzunternehmen besticht einen Mitarbeiter. Dieser sammelt während seiner Arbeitszeit die interessierenden Daten. Ganz offensichtlich sind hier weder die eingesetzten Ressourcen, noch das angestrebte Ziel in irgendeiner Form gebilligt.
- Potenziell funktionale Politik auf der Ressourcenebene: Um die Produktionsvorgaben zu erreichen, droht der Produktionsleiter jedem Mitarbeiter mit schlechter Leistungsbeurteilung, der nicht unbezahlte Überstunden leistet. Das Ziel, die Erreichung der Produktionsmengen, ist seitens des Unternehmens gebilligt. Dies kann bei dem Aussprechen solcher Drohungen allerdings nicht angenommen werden.

Diese Dimensionen von Politik stellen zunächst nichts anderes als eine Systematik dar. Der folgende Abschnitt befasst sich mit deren Wirksamkeit.

10.2.2 Wirksamkeit organisatorischer Politik

Politik wird nicht alleine durch Abhängigkeiten oder bestimmte Rahmenbedingungen wirksam. Ausschlaggebend ist vielmehr das Vermögen, Menschen einzuschätzen und darauf aufbauend, andere zu beeinflussen.

Ferris et al. (2005, S. 128) unterteilen diese **Fähigkeiten und Eigenschaften zur Einflussnahme** in Unternehmen in vier Dimensionen:

- **Soziale Intelligenz** ist die Fähigkeit, das Handeln und die Interaktionen anderer Menschen zu beobachten, zu interpretieren und zu verstehen. So ermöglicht sie, die Bedürfnisse und Motivation anderer zu erkennen und in der Folge das eigene Handeln zielgerichtet anzupassen. Die Interaktion mit anderen Menschen stellt bei hoch ausgeprägter sozialer Intelligenz keine Schwierigkeit dar und es gelingt, sich selbst besser zu präsentieren.
- **Interpersoneller Einfluss** meint die Beherrschung eines besonders überzeugenden Stils, der starke Einflussnahme ermöglicht. Dies geht mit einer großen Flexibilität einher, sich auf verschiedene Situationen einzustellen und passend reagieren zu können.
- **Netzwerkfähigkeit** beschreibt die Kompetenz, sich ein informelles Netzwerk von Personen innerhalb und außerhalb eines Unternehmens aufzubauen, das für die eigene Zielerreichung oder das Funktionieren eines Unternehmens wichtig ist oder werden könnte. Politisch versierten Mitarbeitern gelingt der Aufbau eines Netzwerkes leicht.
- **Integrität** ist essenziell für die Beeinflussung anderer. Sie wird durch die Gleichung „Wort = Tat" deutlich. Abweichungen von zum Beispiel Zusagen lassen die Bereitschaft, einer machtvollen Person zu folgen, sinken.

Diese Fähigkeiten zur Einflussnahme steigern die Umsetzungswahrscheinlichkeit organisatorischer Politik. Sie leisten jedoch nicht nur Beiträge zur proaktiven Realisierung organisatorischer Politiken, sondern können genauso auch als **reaktives Schützen eigener und organisatorischer Interessen** auftreten. Handlungsweisen der defensiv-reaktiven Politik bestehen nach Ashforth und Lee (1990, S. 623) vor allem aus der Vermeidung von Handlungen. Die Autoren nennen drei Handlungsvarianten:

- Beim **Abwürgen** wird öffentlich Unterstützung zugesichert, die Ausführung der Handlung jedoch durch sehr langsames Arbeiten verschleppt. Damit kann eine Handlung vermieden werden, ohne eine direkte Absage zu erteilen.
- Steigt der Druck nach einer konkreten Handlung, kann dies durch das Zeigen von **Überkonformität** vermieden werden. Hier kann eine strenge Orientierung an protokollarischen Regeln und Arbeitsvorgaben als Grund vorgeschoben werden, weshalb eine Handlung nicht durchgeführt werden kann.
- Weiterhin besteht die Möglichkeit, die Handlung nicht selbst durchzuführen, indem eigene Fähigkeiten heruntergespielt werden, Verantwortlichkeiten abgelehnt und **auf andere Stellen abgewälzt** werden.

Diese Skizze von Dimensionen und Wirksamkeit von Politik in Unternehmen vernachlässigt einen Punkt. Gemeint ist jene politische Dimension, die auf einer massiven Eigennutzorientierung beruht und Unternehmensressourcen darauf ausrichtet. Der nächste Abschnitt befasst sich damit.

10.2.3 Mikropolitik

In jeglichen Unternehmen treten Situationen auf, die als bewusst dysfunktionales Handeln charakterisierbar sind. Das gelegentliche Prüfen privater Mails auf einem Dienstrechner wird nur eher selten als eine zu sanktionierende Verfehlung eingestuft. Es ist eine schleichende und unternehmensspezifische Abstufung, ab wann eigennutzorientiertes Handeln als Schädigung von Unternehmensressourcen gilt. Ab diesem Punkt spricht man von **Mikropolitik**. Es gilt die folgende Definition (Küpper und Felsch 2000, S. 149).

▶ **Mikropolitik** Mikropolitik bedeutet, Machtasymmetrien für eigene Interessen zu nutzen.

In Unternehmen tritt mikropolitisches Handeln kaum gleichmäßig oder durchgängig auf. Zu unterschiedlich sind die Charaktere der Personen. Auch die Situationen mit ihren Möglichkeiten für individuelle Handlungsauslösungen variieren. Interessant ist also, wann und unter welchen Bedingungen Mikropolitik besonders zu beobachten ist.

Ein positiver Zusammenhang besteht vor allem zwischen Macht durch Legitimität und dem Einsatz politischen Handelns für eigene Interessen. Ein Großteil aller mikropolitischen Aktivitäten findet demnach auf mittleren und hohen Hierarchieebenen statt (Madison et al. 1980, S. 94).

Daneben gibt es einige situative Bedingungen, die eigennützige Politikausübung in Unternehmen besonders befördern: (1) Umwelt- und Ressourcenunsicherheit, (2) besondere Wichtigkeit einer Situation für ein Unternehmen und (3) das Bewusstsein der Wichtigkeit einer Situation für das Individuum. Für das Auftreten von Mikropolitik besonders anfällig sind darüber hinaus organisatorische Veränderungen, Budget-Allokationen oder Personalwechsel (Madison et al. 1980, S. 94).

Insgesamt sollte in diesem Abschnitt deutlich geworden sein, dass Politik in Unternehmen für das Funktionieren des Wertschöpfungsprozesses zwingend notwendig ist. Schlichtes Unwissen, Orientierungslosigkeit, fehlende Werte und Mikropolitik stehen dem entgegen. All dies ist nur schwer unternehmensseitig begrenz- und steuerbar. Ein viel diskutiertes Korrektiv für diese negativen Politikauswirkungen stellt das Thema Unternehmensethik dar.

10.3 Unternehmensethik: Das vorgelagerte Korrektiv politischen Handelns

10.3.1 Ausgangspunkte

Bereits seit mehreren Jahrzehnten zählt eine Auseinandersetzung mit Ethik bzw. **Unternehmensethik** sowohl in der Betriebswirtschaft als auch der Unternehmenspraxis zu einem Standardthema. Immer liegt die Frage zugrunde, wie Entscheidungen in Unternehmen

10.3 Unternehmensethik: Das vorgelagerte Korrektiv politischen Handelns

zu einem Interessensausgleich führen können. Eng verknüpft ist die Erwartungshaltung vieler Stakeholder nach gesellschaftlicher Verantwortung von Unternehmen. Auch bereits angesprochene, mikropolitische Prozesse machen Ethikstandards in Unternehmen unverzichtbar.

Zwar leisten auch Vergütungssysteme, Leistungsbeurteilungssysteme oder kollegialer Druck wichtige Beiträge zur Begrenzung von Politik. Allerdings ist das Auftreten negativer Politik – wie beschrieben – kaum antizipierbar. Entsprechend kann strukturelle Führung die Vielfalt möglicher politischer Situationen bei weitem nicht abdecken. Es ist die Auseinandersetzung sowie die Nutzung von Erwartungen, mit der Unternehmensethik eine Lenkung anstrebt. Es geht also um eine direkt am Handeln ansetzende Handlungslenkung. Unternehmenspolitik soll proaktiv eine Beeinflussung erfahren. Dementsprechend soll Unternehmensethik als **vorgelagertes Korrektiv** des politischen Handelns wirken und substanzielle ethische Probleme begrenzen. Es gilt die folgende Definition.

▶ **Unternehmensethik** Unternehmensethik soll Handeln von Mitarbeitern und Führungskräften auf ein gesellschaftlich gebilligtes Fundament stellen.

Das Thema Unternehmensethik lässt sich aus zweierlei Hinsicht begründen: Zum einen kommen hier vermutlich in allen Gesellschaften vorherrschende Erwartungen zum Tragen, **begründet und akzeptiert zu handeln**. Den Referenzpunkt bilden dann zum anderen die jeweilige Gesamtgesellschaft sowie relevante Unternehmen. Unternehmensethik ist in dieser Hinsicht als weitgehend frei von funktionalen, betriebswirtschaftlichen Verwertungsinteressen zu sehen.

Relevant sind zumindest drei Arten von Ethiken: allgemeine, berufsständische sowie unternehmensspezifische Ethiken. Allgemeine ethische Maßstäbe gelten in einer Gesellschaft in all ihren Facetten. Berufsständische Maßstäbe machen beispielsweise deutlich, dass Personaler sich für einen anderen, weniger nüchternen Umgang mit Mitarbeitern einsetzen, als Controller. Unternehmensspezifisch erfolgt eine Präzisierung anhand spezieller Situationen.

Ethische Probleme kommen in Situationen mit mindestens einer Alternative vor. Auch das Unterlassen einer Entscheidung zählt zu einer solchen Alternative. Entweder führt die Entscheidung für eine Alternative aufgrund des Auslassens der anderen Alternative zwingend zu einer Schädigung oder durch die Wahl einer Alternative selbst entsteht die Schädigung. Langer (2019) unterscheidet hier zwischen einem ethischen Dilemma und einem Interessensdilemma.

Ein **ethisches Dilemma** besteht beispielsweise bei der Notwendigkeit, Entlassungen vorzunehmen, um ein Unternehmen vor der Insolvenz zu bewahren. Die entlassenen Mitarbeiter erfahren dann eine Schädigung durch den Ausfall ihrer Verdienstmöglichkeiten. Wird sich gegen Entlassungen entschieden, besteht die Möglichkeit der Zahlungsunfähigkeit und dass allen Mitarbeitern geschadet wird. Egal wie entschieden wird, ein Schaden kann nicht gänzlich vermieden werden. Gowans (1987) bringt es auf den Punkt: Eine

Person ist ethisch verpflichtet, gleichzeitig A und B zu tun, aber kann sich nur für eine Alternative entscheiden.

Eine andere Situation besteht, wenn durch die Wahl einer Alternative eine Schädigung vollständig abgewendet werden kann oder die Wahl erst eine Schädigung entstehen lässt. Es handelt sich hier um ein **Interessensdilemma**. Beispielsweise hat ein Mitarbeiter die Möglichkeit, Diebstahl zu begehen und Rohmaterialien im Lager auf dem Schwarzmarkt zu verkaufen. Es besteht aber auch die Möglichkeit, den Diebstahl einfach zu unterlassen. Ein weiteres Beispiel eines Interessensdilemmas kann die Abwägung finanzieller Verluste im Vergleich zur körperlichen Unversehrtheit sein (s. Illustration 10.2).

Illustration 10.2: Der Ford Pinto Skandal

Mit dem Namen Ford Pinto verbindet sich ein tödlicher Skandal in der Automobilindustrie. Der Benzintank fing schon dann Feuer, wenn ein anderer Wagen auch nur mit 10 Stundenkilometern auffuhr, da der Tank nur zehn Zentimeter hinter der Heckstoßstange des Pinto angebracht war. Der beim Aufprall entwichene Benzindunst vermischte sich mit der Luft der Passagierzelle und die elektrische Zündung ließ den Wagen explodieren wie einen Feuerball.

Wie viele Menschen in Fords Kleinwagen verbrannt sind, ist nicht bekannt. Die Schätzungen reichen von 50 bis zu 1000. Die Angelegenheit wird für Ford aber dadurch noch schlimmer, dass nach den bisherigen Beweisaufnahmen festzustehen scheint, dass die Manager des Unternehmens bereits vor dem Verkauf des ersten Pinto gewusst haben, wie feuergefährlich der Wagen ist. Aufpralltests mit Geschwindigkeiten von etwa 35 Stundenkilometern hatten ergeben, dass der Tank fast jedes Mal platzte.

Ford baute seinen Pinto jahrelang ohne entscheidende Veränderungen, da es sich auf Basis einer Kosten-Nutzen-Analyse nicht lohnte: 180 Brandtote, 180 Verletzte mit schweren Brandwunden, 2100 verbrannte Fahrzeuge kosten 200.000 Dollar je Toten, 67.000 Dollar je Verletzten und 700 Dollar pro Fahrzeug, zusammen 49,5 Millionen Dollar. Sicherheitsvorkehrungen für elf Millionen Pkw und 1,5 Millionen Kombis summieren sich dagegen bei elf Dollar je Einheit auf 137,5 Millionen Dollar.

Erst als die Behörden aufgrund der Meldungen über die Feuergefährlichkeit des Pinto-Tanks eine Anhörung von Pinto-Besitzern und Ford-Ingenieuren anberaumten, entschloss sich Ford „freiwillig" zu einem Rückruf von 1,5 Millionen Pintos: Am Tank wurden zusätzliche Schutzvorrichtungen angebracht – kostenlos für die Kunden, aber nicht für Ford. Nach Angaben eines Firmensprechers kostete die Aktion das Unternehmen bis zu 45 Millionen Dollar (Zeit 1978). ◂

Die Entstehung ethischer Maßstäbe hat zwei Ursachen:

- Typisch ist es, Ethik als eine Disziplin der Vernunft zu verstehen. Dies soll normative Handlungsmaßstäbe generieren. Dazu tragen unterschiedliche Denk- und Argumentationsfiguren bei. Ethik hat dann einen **normativen Charakter** (s. Abschn. 10.3.2).

- Darüber hinaus beruht Ethik zu einem erheblichen Teil auf der faktisch herrschenden Moralvorstellung. Da eine Lösung von Moral nicht naheliegt, schafft deren Beschreibung das ethische Fundament. Ethik hat dann einen **deskriptiven Charakter** (s. Abschn. 10.3.3).

Diese beiden Ethiken sind Gegenstand der folgenden Diskussion.

10.3.2 Normative Unternehmensethik

10.3.2.1 Ausgangspunkt
Normative Ethik erarbeitet **Metaprinzipien** für das Handeln nach einer logischen Argumentationslinie. Diese Metaprinzipien bilden dann die Grundlage, um zu entscheiden, welche Handlungen im Einzelnen ethisch oder unethisch bzw. richtig oder falsch sind. Die Entwicklung von Metaprinzipien geschieht unabhängig von vorherrschenden Moralvorstellungen (Langer 2019). Daher können Metaprinzipien auch als **algorithmisch** aufgefasst werden: Sie kommen immer zu einem gleichen Schluss, wenn die jeweiligen Leitlinien eines Ethikansatzes auf eine bestimmte Situation angewendet werden.

Die normative Ethik umfasst die vor allem auf Sokrates und Aristoteles zurückgehende Beschäftigung mit Gewohnheiten, Sitten und Bräuchen und deren Anpassung, das sogenannte „Ethos" (Höffe 1977, S. 52). Leitend ist die Überzeugung, dass es der Vernunftbegabung des Menschen nicht entspreche, wenn sein Handeln ausschließlich an Traditionen und Konventionen ansetzt. Menschliches Handeln gründe vielmehr prinzipiell auf einer vernünftigen und argumentativ fundierten Reflexion. Die normative Ethik rückt somit die Vernunftbegabung der Menschen ins Zentrum.

In Unternehmen kann die normative Ethik als die Begründung individueller Entscheidungen und Handlungen durch **Vernunft** verstanden werden. Kein Unternehmen kann sich dieser – zugegebenermaßen zunächst recht abstrakten – Ebene entziehen. Führungskräfte, Mitarbeiter und alle Stakeholder stellen die Frage nach der Vernunft. Vernunft ist dabei nicht deckungsgleich mit ökonomischer Vernunft, etwa dem Denken in Zahlungsströmen oder Return on Investment. Vernunft durch Ethik adressiert unterschiedliche Wege, um Entscheidungen und Handlungen mit einer gewissen Nachhaltigkeit und viel Akzeptanzpotenzial auszustatten.

Somit braucht die „Produktion" von Vernunft in Unternehmen eine Fundierung, um nicht in Beliebigkeit zu enden. Entsprechend geht es nun darum, auf welche Weise unternehmensbezogene, ethische Maßstäbe entstehen und greifen können. Ansätze, die beanspruchen, zu einem ethischen Verständnis zu führen, existieren in großer Zahl (s. Birnbacher 2007). Um diese Frage ganz im Sinne einer „Produktion von Vernunft" anzugehen, werden im Folgenden mit der

- Pflicht-,
- der Konsequenz- und
- der Verfahrensethik drei bekannte ethische Ansätze skizziert.

Im Anschluss daran erfolgt eine Anwendung der drei Ethiken auf spezifische Fälle.

10.3.2.2 Pflichtethik

Deontologie – griech. das „Gesollte" – oder **Pflichtethik** kürt übergeordnete Normen zum Ausgangspunkt. Diese sind geboten, auch wenn sich ungünstige Handlungsfolgen anschließen. Pflichtethik setzt also nicht an den Folgen, sondern an jenen Begründungen an, die Entscheidungen und Handlungen vorausgehen (Birnbacher 2007, S. 136–138).

Eine prominente Variante einer deontologischen Ethik hat Immanuel Kant entwickelt. Für Kant spielte der Begriff der „Maxime", das heißt einer Regel, die unser Wollen und Handeln bestimmt, eine zentrale Rolle. **Maximen** sollen immer einem „Test" unterzogen werden: Man soll prüfen, ob sie in ein System von Gesetzen für alle vernünftigen Wesen passen würden (Birnbacher 2007, S. 136–138):

„Handle nur nach derjenigen Maxime, durch die du zugleich wollen kannst, dass sie ein allgemeines Gesetz werde" (Kant 1785, S. 51).

In einer weiteren, ebenfalls berühmt gewordenen Formulierung von Kant heißt es: „Handle so, dass du die Menschheit, sowohl in deiner Person, als auch in der Person eines jeden anderen, jederzeit zugleich als Zweck, niemals bloß als Mittel brauchst" (Birnbacher 2007, S. 141). Kant nennt das Gebot, nur nach den Maximen zu handeln, die einem solchen Test standhalten, den **kategorischen Imperativ**, da er unbedingt gilt und jedem anderen Motiv oder Gebot übergeordnet ist. Dieser Imperativ wird auch als „Menschheitszweckformel" (Kant 1785, S. 61) bezeichnet.

Der außerordentliche Vorteil des kategorischen Imperativs besteht darin, dass er ohne konkrete Inhaltsaussagen oder moralische Regeln auskommt. Aus der Unternehmensperspektive bleibt aber der Vorbehalt, dass die jeweils produzierte Vernunft eine individuelle Basis besitzt. Dies muss nicht zu schlechtem Handeln führen. Allerdings sind auch viele Situationen denkbar, in denen Personen etwas als vernünftig „erprüfen", das jedoch nur schwer in Einklang mit Unternehmenszielen zu bringen ist.

Eine letztendlich pflichtethische Anwendung in der Unternehmenspraxis knüpft an die folgenden drei Fragen verbindend an (Trevino 1986, S. 605):

- Fällt die Entscheidung in den akzeptierten Rahmen von Werten und Standards, die in Unternehmen und deren Umgebung gelten?
- Ist der Entscheidungsträger bereit, dass die Entscheidung offen gegenüber allen Anspruchsgruppen kommuniziert wird?
- Würden jene Personen, zu denen der Entscheidungsträger in einer relevanten Beziehung steht, zum Beispiel Familie, Freunde, Kollegen, die Entscheidung bestätigen?

Bei der Beantwortung aller drei Fragen mit „Ja" gilt eine Entscheidung als ethisch akzeptabel.

10.3.2.3 Konsequenzethik: Das Beispiel des Utilitarismus

Konsequenzethik beurteilt die Richtigkeit von Entscheidungen und Handlungen ausschließlich nach der **Qualität der Handlungsfolgen**. Dies steht den deontologischen Überlegungen grundlegend entgegen (Birnbacher 2007, S. 173–175). Ein Kennzeichen ist zudem, dass Konsequenzialismus nicht nur beabsichtigte, sondern auch „Nebenfolgen", das heißt unbeabsichtigte, aber absehbare Folgen, berücksichtigt. Diese Nutzenorientierung drückt sich im Begriff **Utilitarismus** aus.

Drei Prinzipien tragen zum Verständnis der Konsequenzethik bzw. des Utilitarismus bei:

- Zum Ersten ist das Prinzip der Auswahl einer Nutzenkategorie prägend. Es tritt die Frage auf, welche Folgen einer Handlung maßgeblich sein sollen. Man könnte beispielsweise differenzieren nach Glück versus Interessenbefriedigung, nach ausschließlich negativem oder auch positivem Nutzen oder nach dem Gesamt- versus Durchschnittsnutzen. Im Sinne des Utilitarismus liegt das ethisch Vertretbare und Richtige außerhalb der Ethik selbst.
- Zum Zweiten ist das Prinzip der Maximierung kennzeichnend. Nur eine Entscheidungs- und Handlungsfolge darf gewählt werden, die mindestens so nützlich ist wie die zweitbeste Alternative.
- Zum Dritten steht der Gedanke der Überparteilichkeit im Zentrum. Das heißt, nach der Entscheidung für das Folgekriterium ist der Algorithmus nicht mehr beeinflussbar.

Gegen konsequenzialistische Ethik werden häufig drei Einwände erhoben. Der erste Einwand lautet, dass der Konsequenzialismus den Einsatz problematischer Handlungen zur Verwirklichung guter Zwecke zulasse. Darauf passt das Sprichwort „der Zweck heiligt die Mittel", was dann auch Korruption, individuelle Schädigungen oder Umweltschäden rechtfertigen kann. Zweitens führt die Ausschließlichkeit, mit der die Handlungsfolgen über den moralischen Wert einer Handlung entscheiden, rasch dazu, dass wichtige Aspekte von Handlungen übersehen und daher unseren moralischen Überzeugungen nicht gerecht werden. Der dritte Einwand zielt auf die mit dem Konsequenzialismus möglicherweise verbundene Überforderung. Führt das Gebot, das jeweils größtmögliche Glück aller Betroffenen, vielleicht sogar entfernter zukünftiger Generationen zu realisieren, nicht zu einem radikalen Altruismus, der dem Einzelnen unter Umständen extreme Opfer abverlangt?

10.3.2.4 Konsensuelle Ethik: Diskurse und Vernunft

Die **Konsensethik** oder auch **Verfahrensethik** begründet Normen und Entscheidungen durch spezifische Schrittfolgen. Die Nachvollziehbarkeit und Prozessgebundenheit ethischer Formulierungen stehen im Zentrum. Die wohl bekannteste Verfahrensethik stellt die **Diskursethik** von Karl Otto Apel (1988) sowie von Jürgen Habermas (1991) dar. Deren Kernanliegen ist nicht nur die Produktion ethischer Vorstellungen allgemein, sondern als Nebenbedingung auch immer die Herstellung eines Konsenses. Dies deutet an, dass die konsensuelle Ethik durch die Berücksichtigung aller Interessen ihre Interaktionsmächtigkeit erfährt.

Sollen Ergebnisse durch ein Verfahren entstehen, so ruft dies nach Verfahrenslogiken. Entsprechend befasst sich Habermas intensiv mit prozeduralen Fragen. Diskurse sollten herrschaftsfrei sowie non-persuasiv geführt werden. Gleichberechtigte Individuen könnten dann alle ihre mitgebrachten, existenten ethischen Vorstellungen einbringen, wodurch ihnen eine umfängliche Teilhabe zukomme. Werden dann Sprechakte – also Diskurse – durchgeführt, so gehen damit immer „Geltungsansprüche" einher. Argumente werden dann für einen Diskurs nutzbar, wenn die jeweiligen Redner vier Bedingungen erfüllen und damit Geltung erhalten:

1. Jede Rede, die etwas besagen will, muss Verständlichkeit aufweisen.
2. Argumente müssen für andere zustimmungsfähig sein, also auf Wahrheit gründen.
3. Ein Anspruch auf Richtigkeit erhalten Argumente durch Bezugnahme auf verbindliche Normen.
4. Argumentieren führt dann weiter, wenn eine Kongruenz zwischen Sagen und Meinen besteht, also eine Wahrhaftigkeit unterstellt werden kann.

Hinzu kommt der von Habermas (1991) sogenannte **Universalisierungsgrundsatz**: „So muß jede gültige Norm der Bedingung genügen, dass die Folgen und Nebenwirkungen, die sich jeweils aus ihrer allgemeinen Befolgung für die Befriedigung der Interessen eines jeden Einzelnen (voraussichtlich) ergeben, von allen Betroffenen akzeptiert (und den Auswirkungen der bekannten alternativen Regelungsmöglichkeiten vorgezogen) werden können" (Habermas 1991, S. 53). Der Universalisierungsgrundsatz überprüft die Umsetzung der Diskursbedingungen. Ein wahrhafter Diskurs liegt demnach vor, wenn niemand ausgeschlossen ist, Argumente und nicht Rhetorik zählen und ein Ergebnis in zwangloser Übereinkunft erreicht wird (Habermas 1991, S. 73).

Aufgrund der angewandten Prozeduren sowie des fehlenden Ausschlusses von Individuen und Institutionen braucht die Umsetzung und Wirkung einer so entstandenen Ethik nicht weiter diskutiert werden. Sie ist praktisch mit der Entwicklung und Formulierung bereits umfänglich präsent und wirksam.

10.3.2.5 Anwendungsbeispiele

Im Folgenden finden sich Skizzen realer Situationen. Alle drei umfassen ethische Interessensdilemmata. Zur Bearbeitung der Situationen werden die skizzierten ethischen Ansätze eingesetzt.

Beispiel 1: „Gehälter"

Der Aufsichtsrat einer Investmentbank muss die Entscheidung treffen, ob die Gehälter des Top-Managements weiter erhöht werden sollen. Die Gehälter würden dann 400 Prozent über den durchschnittlichen Gehältern aller Top-Manager in Deutschland liegen, wären dann jedoch gleichauf mit den marktüblichen Gehältern im Investmentbanking. Wie kann der Aufsichtsrat zu einer ethisch legitimierten Entscheidung gelangen (s. Tab. 10.2)?

10.3 Unternehmensethik: Das vorgelagerte Korrektiv politischen Handelns

Tab. 10.2 Argumente für „Gehälter des Top-Managements"

Ethik	Argumente für „Gehälter des Top-Managements"
Pflichtethik	Keine Steigerung der Gehälter. Kann ich wollen, dass bestimmte Menschen für ihre Leistung überproportional entlohnt werden (kategorischer Imperativ)? Es dürfen keine Überlegungen einbezogen werden, welche die Qualität der Leistung betreffen. Dies würde den Menschen zum Mittel des eigenen bzw. unternehmerischen Zwecks, nämlich der Leistungserbringung, degradieren.
Utilitarismus	Steigerung der Gehälter. Wie können wir entscheiden, um den größtmöglichen Gewinn für das Unternehmen und die Sicherung von Arbeitsplätzen zu erzielen? Gute Top-Manager steigen nur zu mindestens marktüblichen Gehältern ihrer Branche in ein Unternehmen ein.
Verfahrensethik	Ergebnis ist offen. In einem Diskurs sollen alle Gründe dieser Entscheidung mit möglichst allen Betroffenen diskutiert werden. Es gilt der zwanglose Zwang des besten Arguments. Die Diskursergebnisse müssen zur Gültigkeit dem Universalisierungsgrundsatz entsprechen.

Tab. 10.3 Argumente für „Überstunden"

Ethik	Argumente für „Überstunden"
Pflichtethik	Überstunden nicht leisten, weil die dienstliche Anweisung des Vorgesetzten vor der allgemeinen Unternehmensmaxime gilt.
Utilitarismus	Überstunden leisten, da viele Stakeholder von einem aktiven Wissensmanagement profitieren.
Verfahrensethik	Aktives Einpflegen von Wissen solange, wie dies die normale Arbeitszeit erlaubt.

Beispiel 2: „Überstunden"
Eine Mitarbeiterin aus dem Bereich Forschung & Entwicklung sieht sich der Unternehmensmaxime „möglichst viele Erfahrungen in ein Wissensmanagementsystem einzupflegen" gegenüber. Zugleich wies ihr Vorgesetzter sie bei der letzten Jahresbeurteilung darauf hin, weniger zu arbeiten und Überstunden abzubauen. Wie sollte sich die Mitarbeiterin nun nach ethischen Maßstäben verhalten (s. Tab. 10.3)?

Beispiel 3: „Bausparvertrag"
Ein Versicherungsberater rät einem 65-jährigen Mann zu einem Bausparvertrag, der in 20 Jahren zuteilungsreif ist. Wie kann dieses Vorgehen durch ethische Maßstäbe legitimiert werden (s. Tab. 10.4)?

Diese drei durchaus realen Beispiele von Interessensdilemmata zeigen vor allem Grenzen der normativ-algorithmischen Ethik auf. Je nach ethischem Ansatz lassen sich Entscheidungen ganz unterschiedlich begründen und es resultieren sich widersprechende Ergebnisse. Eine Meta-Entscheidung für die Wahl eines spezifischen ethischen Ansatzes gibt es dabei nicht.

Tab. 10.4 Argumente für den „Bausparvertrag"

Ethik	Argumente für „Bausparvertrag"
Pflichtethik	Kein Verkauf, unter anderem auch deswegen, weil es bei den Bausparkassen Handlungsanweisungen im Sinne von „Gesetzen für alle vernünftigen Wesen" gibt, die einen solchen Verkauf untersagen. Zudem: die Entscheidung fällt nicht in den akzeptierten Rahmen von Werten und Standards, die Entscheidung würde vermutlich nicht offen gegenüber allen Anspruchsgruppen kommuniziert, andere Personen würden die Entscheidung nicht bestätigen.
Utilitarismus	Verkauf, da der Berater (Provision, beruflicher Aufstieg, langjährige Kundenbindung), die Versicherungsgesellschaft und im Erlebensfall der Kunde bzw. im Erbfall die bauwilligen Erben profitieren können.
Verfahrensethik	Verkauf gegebenenfalls auf Basis einer ausführlichen Beratung, inklusive vom Kunden unterschriebenen Beratungsprotokoll, sonst eher *kein* Verkauf.

10.3.3 Deskriptive Unternehmensethik

10.3.3.1 Moral

Moral steht in engem Verhältnis zur deskriptiven Ethik und bildet sogar deren Grundlage. Es gilt die folgende Definition (s. ähnlich Hübner 2014, S. 13).

▶ **Moral** Moral besteht aus einem spezifischen Repertoire faktisch herrschender Normen zum menschlichen Handeln. Sie erhebt innerhalb einer Gemeinschaft einen unbedingten Anspruch auf Gültigkeit.

Moral bildet in diesem Verständnis einen Komplex von Handlungsregeln, Wertmaßstäben und Sinnvorstellungen. Dieser Komplex bleibt der situativen Veränderung durch Einzelne entzogen. Er normiert das Handeln gegenüber den Mitmenschen, Kollegen, Mitarbeitern, der Natur und sich selbst (Höffe 1977, S. 162; Hübner 2014, S. 13).

Moral zeigt somit an, welches Handeln in einer Gesellschaft als sittlich gut oder schlecht gilt. Darüber wird viel debattiert. Aufgrund ihrer sehr fundamentalen Orientierung verbietet sich jedoch in aller Regel ein Diskurs über Moral im Sinne einer spezifischen und situativen Anpassung. Moral gilt und verändert sich nur in langen Zeiträumen. Die Aussage, etwas sei „unmoralisch", ist entsprechend immer ein bedeutender Vorwurf. Diese fundamentale Ausrichtung von Moral hat zugleich zur Folge, dass Detailfragen ausgeblendet bleiben. Ansonsten könnte die sich entwickelnde Realität Moral allzu schnell überholen.

Die deskriptive Ethik behandelt die vorherrschende Moralvorstellung von Individuen empirisch. Die Moralvorstellungen sind dabei nicht nur individuell, sondern gesellschaftlich zu verstehen. Handeln ist so das Produkt existenter, überindividueller Moral. Somit erfasst deskriptive Ethik die Moral von Individuen in einer abgrenzbaren Gesellschaft und was sie als richtiges Handeln beurteilen. Metamaßstäbe kommen dabei nicht zum Einsatz.

10.3 Unternehmensethik: Das vorgelagerte Korrektiv politischen Handelns

Eine Diskussion über die Adäquanz von ethischen Prinzipien wird damit ausgeklammert. Die Ausgestaltung von ethischen Prinzipien obliegt dann dem gesellschaftlichen Kontext (Langer 2019).

10.3.3.2 Bezugsrahmen für die Bestimmung von Moral

Die voranstehende Beschreibung von Moral wird erst dann für eine unternehmensethische Diskussion verwendbar, wenn eine inhaltliche Strukturierung von Moral gelingt. Dies sollte dann die Basis für die Ausformung moralischer Maßstäbe auf der Unternehmensebene schaffen.

Ein solcher Bezugsrahmen für die Bestimmung von Moral sollte eine hohe empirische Validität aufweisen und gleichzeitig in Unternehmenskontexte gesetzt werden können. Die sogenannte **Moral Foundations Theorie** (Graham et al. 2011, 2018; Langer 2019) stellt ein ebensolches Konzept vor. Es ist dreigliedrig aufgebaut und umfasst von unten nach oben eine Zuspitzung (s. Abb. 10.5).

Das **moralische Fundament** kann als normativer Rahmen zur Gestaltung von Unternehmensethiken dienen. Dies ist deshalb möglich, weil Variationen kultureller Hintergründe und die psychologischen Mechanismen der individuellen Moral im Vordergrund stehen. Dies basiert auf einem evolutionspsychologischen Ansatz und beschreibt, dass bestimmte moralische Grundfunktionen im menschlichen Gehirn verankert sind und in Abhängigkeit zum Sozialisationskontext ihre relative Relevanz erfahren (Graham et al. 2013). Die **bipolaren Dimensionen** können über die adaptiven Funktionen charakterisiert werden und besitzen eine hohe emotionale Valenz:

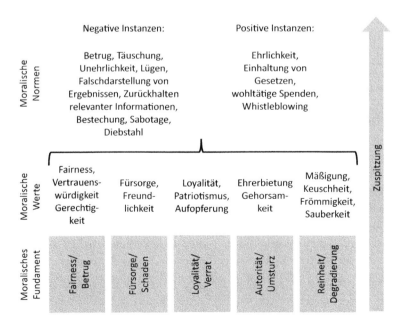

Abb. 10.5 Moralfundierungen, moralische Werte und moralische Normen (Langer 2019)

- Fairness/Betrug adressiert den wechselseitigen Altruismus, um einen Austausch in Kooperationen zwischen Menschen zu ermöglichen.
- Fürsorge/Schaden fokussiert die Schutzbedürftigkeit von Menschen.
- Loyalität/Verrat hat die Funktion, die Zusammenarbeit und die Bildung von Gruppen zu fördern, die mit anderen Gruppen konkurrieren.
- Autorität/Umsturz bezieht sich auf die Akzeptanz von Autoritäten, um die Bildung von Hierarchien zu fördern.
- Reinheit/Degradierung schließlich kennzeichnet die Vermeidung von Infektionskrankheiten (Graham et al. 2018, S. 211–213).

In westlichen Industrieländern sind beispielsweise Fairness/Betrug und Fürsorge/Schaden von besonderer Relevanz. Gängige Unternehmensskandale adressieren vorwiegend diese zwei Dimensionen, die in der Missbilligung von Stakeholdern außerhalb des Unternehmens ihren Ausdruck finden (Kluver et al. 2014, S. 154).

Die darüber liegende Ebene der **moralischen Werte** umfasst kulturell entwickelte Begriffe und normative Ideale, die als eine Art Referenz auf die Moralfundierung verweisen. Damit werden wünschenswerte Zustände beschrieben, die eine breitere Tendenz umfassen. Die Besonderheit von moralischen gegenüber anderen Werten liegt zunächst in der Adressierung von Handlungen anderer Menschen (Kekes 1993, S. 44). Darüber hinaus sind moralische Werte hoch emotional aufgeladen, wenn Handlungen konträr zu ihnen stehen (Haidt 2001, S. 818). Dies hat zur Folge, dass ethische Verstöße strikter geahndet werden als andere deviante Handlungen.

Die oberste Ebene zeigt schließlich mögliche **moralische Normen**, die in westlichen Industrieländern mit unethischem und ethischem Handeln in Verbindung stehen. Sie sind eine weitere Zuspitzung von Werten in Form von konkreten Handlungserwartungen. Diese können in Form von Geboten entweder als negative („andere erwarten, dass man nicht betrügen soll") oder positive Instanzen („andere erwarten, dass man ehrlich sein sollte") auftreten (Langer 2019).

10.3.3.3 Wirkung

Die Wirksamkeit der Moralfundierung ist durch die Fremd- und Selbstregulation erklärbar. Verstöße ziehen potenziell Sanktionen nach sich oder erfahren durch Selbstsanktionierung eine Vermeidung. Hierbei handelt es sich um eine Auslösung durch affektive Reaktionen (Langer 2019). Die Vernunft rückt dann als Auslöser ethischer Überlegungen zunächst in den Hintergrund. Sie kann sich aber post hoc einschalten, um eine emotionale Valenz zu rationalisieren (Haidt 2001, S. 819).

Im Kontext von Unternehmensethik und einer auf Gestaltung und Nutzung abzielenden Managementpraxis ist die Verknüpfung mit der informellen Organisation entscheidend. Ganz ähnlich wie die Entwicklung und der Transport im Rahmen der Unternehmenskultur verläuft, verhält es sich auch mit ethischen Maßstäben. Die Sozialisation durch Vorleben, Betonen und Sanktionieren ist beispielsweise für die besonders zentralen Moralfundierungen der Fairness und Fürsorge besonders zentral. Strukturierter erfolgt das gemeinsame Lernen über den Einsatz von Ritualen, Helden und Ausdrucksformen.

Durch Kenntnis und Zuwendung zu moralischen Prozessen lässt sich dann auch eine Diskutierbarkeit von Moral herstellen. Die genaue Ausgestaltung, was beispielsweise als Fürsorge aufgefasst wird, ist eine flexible Angelegenheit und führt zur unternehmensspezifischen Ethik. Deren Etablierung und ein Konsens über solche Qualitäten können dann als das **moralische Kapital** eines Unternehmens aufgefasst werden. Es entfaltet eine duale Handlungssteuerung durch die Moralität von anderen und durch die eigene Moral. Fehlende ethische Werte und Normen auf der organisatorischen Ebene sind schnell der erste Schritt in ein langsames, möglicherweise sogar unmerkliches Hineinrutschen in ethisch bedenkliche Prozeduren, die sich dann nach und nach verfestigen und gar nicht mehr als bedenklich angesehen werden (Langer 2019).

10.3.4 Zusammenfassende kritische Würdigung

10.3.4.1 Normative Ethik

Die normative Ethik hat ihre Stärken in der Auflösung von Allokationsproblemen (Freeman 1994) und im Umgang mit den damit einhergehenden ethischen Dilemmata. Gemeint ist die relative Bedienung von Anspruchsgruppen mit Aufmerksamkeit, Mitsprache und Ressourcen. Zum anderen steht die Anknüpfung an Unternehmensziele im Vordergrund. Dies soll als eine Art organisationsübergreifende Linie den Führungskräften und Mitarbeitern Halt in komplexen Situationen bieten. Solche Linien sind deshalb so wichtig, da sowohl bei der Verteilung von Ressourcen, als auch bei dem Versuch, übergreifende ethische Normen und Standards zu etablieren, Konflikte an der Tagesordnung sind. Die algorithmische Ethik versucht dann über die Produktion von Vernunft, eine Lösung zu generieren und führt durch ihre Diskutierbarkeit nach einer philosophischen Logik zu einer Anwendbarkeit auf verschiedene Bereiche.

Die so verstandene normative Ethik wird oft als eine Art Wunderwaffe zur Verhinderung von Fehlentwicklungen gesehen. Jedoch gestaltet sich die Aufarbeitung und Übertragung ihrer ethischen Prinzipien aufgrund der komplexen Argumente und über Jahrhunderte geformten Sprachspiele als mühsam. Es werden zudem immer unterschiedliche, bereichsbezogene Ethiken existieren, die ihrerseits konfligieren oder sich ergänzen können. Die Problematik besteht darin, dass normative Ansätze lose nebeneinanderstehen und es kein übergeordnetes Prinzip gibt, das über die jeweilige Relevanz entscheidet (Langer 2019). Luhmann (1998, S. 197) akzentuiert die Kritik:

- Der Utilitarismus hat ein Problem der sozialen Aggregation individueller Präferenzen.
- Aus der Pflichtethik lassen sich nur mühsam konkrete Handlungsanweisungen ableiten.
- Ferner besteht auch eine äußerst diffizile Umsetzung des zwanglosen Zwangs in der Diskursethik. Es kann bezweifelt werden, dass ein völlig herrschaftsfreier Dialog hergestellt wird und sich letztlich das beste Argument durchsetzt.

Ein weiterer Kritikpunkt besteht in der Fokussierung auf die ausschließliche Vernunftbegabung des Menschen. Sozialpsychologische Prozesse und Verzerrungen in Bezug auf das moralische Urteilen und Handeln werden vollständig ausgeklammert (Langer 2019).

10.3.4.2 Deskriptive Ethik

Die deskriptive Unternehmensethik hingegen hat ihren Vorteil in dem vorgelagerten Korrektiv von Interessensdilemmata. Sie bezieht jenen Teil mit ein, der nicht mit einem offensichtlichen Vernunftbezug behaftet ist. Es werden die tieferen psychologischen Prozesse der Moral berücksichtigt, um eine Handlungssteuerung zu erwirken. Die deskriptive Unternehmensethik ist daher eher dafür prädestiniert, eine Normierung der Eigenschaften sozialer Systeme über alle Hierarchieebenen hinweg herzustellen (Langer 2019).

Durch Kenntnisse moralpsychologischer Mechanismen kann das Management mit dieser Begründungslogik an der Gestaltung der Unternehmenskultur arbeiten. Dabei geht es nicht um die Veränderung individueller Moralstrukturen, sondern um eine Heraufsetzung solcher Strukturen auf die Unternehmensebene. Es muss mehr oder weniger der gesellschaftliche Rahmen der Moral auf das Unternehmen übertragen werden. Gegebenenfalls besteht auch die Möglichkeit, Allokationsproblemen durch die Dimensionen Fairness und Fürsorge zu begegnen und damit die algorithmische Ethik vollständig zu substituieren, wobei die konkreten Ausprägungen der Dimensionen kontextabhängig zu erörtern sind.

10.3.4.3 Fazit

Eine Entscheidung für einen normativen oder deskriptiven Ansatz als Unternehmensethik kann nicht eindeutig beantwortet werden. Eine Annäherung kann allerdings über die Wirksamkeit der Vermittlung erfolgen. Eine Wirksamkeit kann nur hergestellt werden, wenn ethische Prinzipien oder die Moralfundierungen in die Unternehmenskultur implementiert werden und eine nachhaltige Änderung des sozialen Systems erfolgt.

Damit ist gemeint, dass bestimmte Werte und Normen eine Verankerung in der Unternehmenskultur erfahren. An dieser Stelle ist die normative Ethik klar im Nachteil, da Metaprinzipien konträr zu den Moralfundierungen stehen können und durch ihr hohes Abstraktionsniveau ein breites Verständnis behindert werden kann. Eine Übersetzung in Werte und Normen gestaltet sich daher nicht als unmöglich, aber als sehr diffizil. Im deskriptiven Ansatz hingegen kann eine Kulturentwicklung auf Basis der moralischen Fundierung durch die Passung zwischen moralischen Werten und Normen auf der einen und der Moralpsychologie auf der anderen Seite vermutlich leichter gelingen (Langer 2019).

10.4 Quintessenzen für Managementerfolg

Was sich mit Macht, Politik und Ethik eher nach Soziologie anhört, sind vermutlich die mit am meisten unterschätzten ökonomischen Grundlagen. **Macht** ist die Möglichkeit, andere in deren Zielstruktur und Handeln zu beeinflussen und kann in Unternehmen in unterschiedlichen Formen ausgeprägt sein. Sie wird zum einen institutionell durch das

10.4 Quintessenzen für Managementerfolg

Unternehmen selbst verliehen, entweder durch Titel und Hierarchie, oder durch die notwendigen Verfügungsrechte, um Belohnungen oder Drohungen aussprechen zu können. Neben diesem Begriffsverständnis kann einer Person auch Macht von anderen Unternehmensmitgliedern zugesprochen werden, wenn sie als besonders charismatisch oder als Experte wahrgenommen wird. Es kommt zu einer **Machtasymmetrie**, also einer Ungleichverteilung der Machtverhältnisse in einem Unternehmen.

Für den Managementerfolg ist entscheidend, dass bestimmte Machtformen eine deutlich geringere Wahrscheinlichkeit des Widerstands mit sich bringen, sofern sie allgemein zugesprochen und nicht durch Zwang oder durch hierarchische Positionen zugeteilt werden. Neben bereits besprochenem Handeln im Rahmen von Führungsaktivitäten und Führungsstilen verweist dies auf einen substanziellen Zusammenhang zur interaktionellen Führung (s. Kap. 3). So können Führungskräfte nur dann erfolgreich Mitarbeiterhandeln und somit die Wertschöpfung beeinflussen, wenn die Wahrnehmung ihrer Person über ihre hierarchische Position hinausgeht. Damit geht ein höheres Commitment einher, was zu einer Ausdehnung der Indifferenzzone (s. Kap. 2) und somit des mitarbeiterseitigen Akzeptanzpolsters beitragen kann.

Politik beschreibt die Umsetzung von Macht, also der Möglichkeiten der Beeinflussung der Ziel/Ressourcen-Struktur und des Handelns von anderen Personen. Politisches Handeln ist in Unternehmen in einer großen Bandbreite von Handlungen denkbar. Ein Großteil dieses politischen Handelns wird dabei in der Regel im Unternehmensinteresse und somit ein erwünschtes und legitimes Mittel der Handlungssteuerung sein. Allerdings kann politisches Handeln auch in Form von radikal eigennutzorientierten Entscheidungen und Handlungen vorliegen, was hier als **Mikropolitik** bezeichnet wird. Es wird kein Unternehmen geben, das frei von solchen mikropolitischen Ausnutzungsversuchen durch asymmetrische Machtverhältnisse ist. Diese sind aus Unternehmenssicht als gänzlich unerwünscht zu bewerten, da sie durch unpassende Ziel- oder Mittelauswahl erhebliches Schädigungspotenzial beinhalten. Möglichkeiten der Vermeidung finden sich sowohl in organisatorischen Rahmenbedingungen, wie Budgetverteilung, dem Ausmaß der Legitimitätsmacht oder Berücksichtigung individueller Merkmale von Führungskräften, als auch in der Unternehmensethik. So ließe sich beispielsweise argumentieren, dass dezentrale Strukturen (s. Kap. 7) und damit einhergehend eine weniger asymmetrische Verteilung der Machtverhältnisse und Entscheidungsbefugnisse mikropolitisches Verhalten reduzieren.

Die Auseinandersetzung mit **Unternehmensethik** stellt den Versuch dar, Handeln auf ein gesellschaftlich gebilligtes Fundament zu stellen. Dies soll zu Maßstäben und Leitlinien für akzeptables Handeln führen. Existente unternehmensethische Maßstäbe wirken idealerweise regulierend auf jegliche Aktivitäten, Macht in Form von Mikropolitik opportunistisch auszunutzen. Geläufige ethische Denkrichtungen, die als normative Ethik verstanden werden, stellen hierfür keinen ausreichenden Ansatz dar. Vielmehr ist im Sinne einer deskriptiven Ethik die Auseinandersetzung mit moralischen Fundamenten und deren Spezifizierung für Unternehmensgegebenheiten erforderlich. Analog wie bei den Diskussionen um Unternehmenskultur (s. Kap. 9) können ethische Maßstäbe über Sozialisierung und Ausdrucksformen internalisiert werden und können somit eine starke, handlungssteuernde Wirkung entfalten. Diese Maßstäbe stellen dann eine Art Wegweiser für akzeptierte und tolerierte Handlungen dar.

Eine vorhandene Unternehmensethik im deskriptiven Sinne kann als Teil der Unternehmenskultur verstanden werden und hat demnach ähnliche Substitutionspotenziale auf die Wertschöpfungsmoderatoren (s. Kap. 1). Naheliegend sind Aspekte des Personalmanagements (s. Kap. 3, 4 und 5) und der organisatorischen Gestaltung (s. Kap. 6, 7 und 8). Beispielsweise kann durch ethische Standards der Umgang von Führungskräften mit Kunden, Mitarbeitern oder Ressourcen in einem gewissen Rahmen vordefiniert werden. Darüber hinaus können gelebte ethische Werte und Normen die Notwendigkeit einer direkten Einwirkung von Vorgesetzten auf das Handeln von Mitarbeitern reduzieren. Unter bestimmten Umständen kann so die Führungsspanne erweitert oder auch die Leitungsintensität abgebaut werden (s. Kap. 7).

Nicht vergleichbar ist Unternehmensethik mit Ausarbeitungen wie „Ethical Guidelines" oder einem „Code of Conduct", wie sie in etlichen Unternehmen implementiert werden. Zum einen ist deren Einhaltung eher freiwillig und eignet sich daher eher zu einer Art der Selbstbeweihräucherung. Zum anderen ist ihre Wirksamkeit in der Verhaltenssteuerung zumindest unwahrscheinlich, wenn sie keiner aufwändigen Kontrolle unterliegen oder von der Belegschaft internalisiert werden. Ähnlich der Unternehmenskultur wäre eine Internalisierung von bloßen vorgeschriebenen Werten ohne Berücksichtigung eines gemeinsamen Lernprozesses eher ein Zufallsprodukt.

Eine genauere Betrachtung des Zusammenhangs von **Politik und Organisationsstrukturen** (s. Kap. 6) eröffnet erneut Perspektiven auf das Thema. Politik setzt immer ein Abhängigkeitsverhältnis voraus, inklusive der Nutzung dieser dadurch verliehenen Macht. Dabei gibt es verschiedene Arten von Macht (s. Kap. 3), die Führungskräfte in verschiedenen Situationen und auch Organisationsstrukturen nutzen können. Betrachtet man eine mechanistische Struktur unter Berücksichtigung der dafür typischen Ausprägungen der generischen Strukturbalancen – Integration durch Hierarchie, Zentralisierung und Standardisierung (s. Kap. 7) – liegt eine Politik nahe, die sich auf Legitimationsmacht beschränkt. Eine Steuerung durch Belohnungs- und Drohmacht ist einer solchen Struktur ebenfalls dienlich. Die Mitarbeiter, welche keinen komplexen, sich gegenseitig beeinflussenden Tätigkeiten nachgehen, können somit effizient gesteuert werden.

Anders sieht das Verhältnis in **organischen Strukturen** aus, wo die Mitarbeiter dezentral Entscheidungen treffen und sich aufgrund komplexer Tätigkeiten wechselseitig abstimmen. Hier ist es zentral, dass die Führungskraft vielmehr als ein Teil des Teams gesehen wird, als dass sie eine herrschende und kontrollierende Persönlichkeit mimt. Ihren Mitarbeitern harsche Anweisungen unter Begründung ihrer Legitimität oder der Androhung von negativen Sanktionen geben, wird eine Führungskraft in einem solchen Bereich schnell unglaubwürdig machen. Zudem würden dadurch bei den Mitarbeitern sämtliche Ausprägungen, welche die Beweggründe des Handelns (s. Kap. 2) ausmachen, in eine negative Stimmung gezogen. Haltungen wie Arbeitszufriedenheit, Commitment oder Motivation würden Ausprägungen annehmen, die es eigentlich durch Führung zu verhindern gilt. Wenn dies nicht stattfindet, führt ein solches Verhalten einer Führungskraft unter Umständen zu Mikropolitik bei den qualifizierten Mitarbeitern. Ihre Ziele mögen aufgrund der falschen Politik von den Unternehmenszielen abweichen. Daher ist in solchen Strukturen eher eine Führungskraft als Partner gefragt. Referentielle Macht oder auch Expertenmacht ist hilfreich, um Mitarbeiter auf die richtige Seite zu befördern. Am besten ist eine Führungsbeziehung, in der Politik herrscht, diese von den Mitarbeitern aber gar nicht als solche wahrgenommen wird.

Eine weitere Verknüpfung lässt sich zur **transformationalen Führung** ziehen (s. Kap. 3). Hierbei geht es um den Augmentations-Effekt, die Extra-Anstrengung seitens der Mitarbeiter. Es sei unterstellt, dass die Ziele der Mitarbeiter den Zielen des Unternehmens entsprechen. Durch die Extra-Anstrengung, das Ziel zu erreichen, kann es sowohl auf Führungs- als auch auf Mitarbeiterebene zu einer Form von Mikropolitik kommen. Dies ist dann der Fall, wenn zum Erreichen eines gebilligten Ziels nicht gebilligte Ressourcen genutzt werden. So könnte eine Führungskraft ihre Mitarbeiter zu unbezahlten Überstunden motivieren, um die Arbeitsaufgabe weit vor Ende einer Frist fertigzustellen. Diese Begebenheit ist dann wiederum der Führung geschuldet. Alle Ausführungen zeigen auf, wie die Themen Führung, Struktur und Politik zusammenhängen. Gemeinsam sprechen sie die Beweggründe des Handelns sowie Machtformen an und prägen organisatorische Politik.

10.5 Explorationen

Verständnisfragen

1. Legitimationsmacht …
    a. ist weniger relevant als Belohnungsmacht.
    b. wirkt ähnlich stark auf Mitarbeiter wie referenzielle Macht und Expertenmacht gemeinsam.
    c. existiert in allen Unternehmen.
2. Eine Führungskraft, die einer Mitarbeiterin eine Gehaltserhöhung in Aussicht stellt, wenn sie ihren Verkaufsumsatz um 30 % steigert, setzt ein _____ Mittel ein, um ein _____ Ziel zu erreichen.
    a. gebilligtes, nicht gebilligtes
    b. gebilligtes, gebilligtes
    c. nicht gebilligtes, gebilligtes
3. Jede Machtform steigert die Möglichkeit, Mikropolitik einzusetzen.
    a. richtig
    b. falsch
4. Aktivitäten von Mitarbeitern sind für Unternehmen besonders schädlich bei nicht gebilligten Zielen. Der Einsatz nicht gebilligter Mittel wirkt weniger nachteilig.
    a. richtig
    b. falsch

5. Unternehmensethik soll als nachgelagertes Korrektiv politischen Handelns wirken.
   a. richtig
   b. falsch
6. Konsequenzethik beurteilt die Richtigkeit von Entscheidungen und Handlungen ausschließlich nach _____.
   a. übergeordneten Normen
   b. der Qualität der Handlungsfolgen
   c. einem ausführlichen Diskurs
7. Deskriptive Ethik ...
   a. beschreibt die Menge ethischer Normen in einzelnen Unternehmen.
   b. beschreibt die Menge gesellschaftlich wirksamer Normen.
   c. beschreibt die Menge in Unternehmen nicht vorzufindender ethischer Normen.

Weiterführende Fragen
a. Welche Faktoren begünstigen unethisches Verhalten in Unternehmen?
b. Diskutieren Sie folgenden Satz: „Die Belohnungsmacht einer Führungskraft ist immer an die formale Position gebunden."
c. Welche Möglichkeiten bestehen im Umgang mit Mikropolitik?

Falldiskussion 1: Abfindungen von Top-Managern
Zahlreiche Top-Manager können auch bei einer Entlassung mit einem Geldsegen rechnen. Sogar bei milliardenschweren Fehlentscheidungen winken häufig Abfindungszahlungen in Millionenhöhe. Einige gehen so weit, dass sie die Behauptung aufstellen, dass es teilweise profitabler sei, gefeuert zu werden, als zu arbeiten. Als Gründe für die hohen Abfindungen werden häufig die Aufsichtsräte genannt, die mit den Top Managern Zielvereinbarungen treffen. Zudem werden diese Vereinbarungen meistens unter Ausschluss der Öffentlichkeit getroffen. Demnach bleiben offizielle Aktionärsproteste häufig aus.

Jedoch entscheiden sich viele Top-Manager ohne hohe Abfindungssummen nicht für ein Unternehmen. Zudem wird häufig angeführt, dass die hohen Summen notwendig sind, um eine Interessengleichschaltung zwischen Führungskräften und Aktionären zu erreichen. Jedoch sind dramatische Fehlentscheidungen eines Top-Managers nur selten mit dessen Karriereende verbunden. Häufig werden Top-Manager gleich nach der Kündigung vom nächsten Unternehmen eingestellt.

a. Diskutieren Sie mögliche Ursachen dieser hohen Abfindungssummen. Beziehen Sie Ihre Überlegungen auf Aspekte der Politik sowie der Machtquellen.
b. Wie beurteilen Sie die hohen Abfindungssummen aus ethischer Perspektive? Erläutern Sie Ihre Einschätzungen anhand der drei ethischen Schulen: Pflichtethik, Utilitarismus und Verfahrensethik.

Falldiskussion 2: Eine Geschichte zweier Führungskräfte
Marc Rieth ist der Personalleiter von Vista Technologies. Er ist dazu befähigt, Personen einzustellen, zu entlassen und zu befördern. Der Geschäftsführer hat ihn vor einigen Jahren eingestellt, da er als einer der größten Experten im Personal-Bereich gilt. Die Mitarbeiter aus der Personalabteilung beschreiben ihn als sympathischen und charismatischen Vorgesetzten. Außerdem können sie sich im besonderen Maße mit ihm identifizieren, da er sich stets für seine Mitarbeiter einsetzt. Während der letzten Quartalssitzung zeigte sich, dass einige Dinge optimiert werden müssen. Besonders die Einsatzbereitschaft zahlreicher Mitarbeiter lässt zu wünschen übrig. Statt strukturelle Veränderungen anzustreben, sucht Rieth das Gespräch zu seinen Mitarbeitern und versucht sie von seiner Perspektive zu überzeugen und das mit Erfolg. Nach kurzer Zeit scheinen die Probleme verschwunden.

In einer ähnlichen Situation befindet sich Christian Helling von Tex Absolute. Auch er ist Personalleiter eines Software-Unternehmens. Anders als Rieth, wird Helling von seinen Mitarbeitern wenig gemocht. Zu häufig treffe er eigennützige Entscheidungen, die ihm Vorteile versprechen. Intern wird die fachliche Eignung Hellings seit Längerem diskutiert. Auch Helling sucht das Gespräch zu seinen Mitarbeitern, um deren Leistungsbereitschaft zu steigern. Während der Gespräche droht er mit Kündigungen. Der Erfolg dieser Gespräche war überschaubar. Nur die wenigsten Mitarbeiter zeigten eine Verhaltensänderung.

a. Weshalb ist Rieth erfolgreicher als Helling, wenn es darum geht das direkte Handeln der Mitarbeiter zu beeinflussen?
b. Weshalb sind Führungskräfte auf der mittleren und höheren Ebene besonders anfällig für Mikropolitik?

Literatur

Apel, K.-O. (1988). *Diskurs und Verantwortung. Das Problem des Übergangs zur postkonventionellen Moral* (1. Aufl.). Frankfurt a. M.: Suhrkamp.
Ashforth, B. E., & Lee, R. T. (1990). Defensive behavior in organizations: A preliminary model. *Human Relations, 43*(7), 621–648.
Barbuto, J. E., & Moss, J. A. (2006). Dispositional effects in intra-organizational influence tactics: A meta-analytic review. *Journal of Leadership & Organizational Studies, 12*(3), 30–48.
Birnbacher, D. (2007). *Analytische Einführung in die Ethik* (2. Aufl.). Berlin: de Gruyter.
Ferris, G. R., Treadway, D. C., Kolodinsky, R. W., Hochwarter, W. A., Kacmar, C. J., Douglas, C., & Frink, D. D. (2005). Development and validation of the political skill inventory. *Journal of Management, 31*(1), 126–152.
Frankfurter Allgemeine Zeitung. (2003). Skandal um Salt Lake City ohne strafrechtliche Folgen (06.12.2003). https://www.faz.net/aktuell/sport/olympia-skandal-um-salt-lake-city-ohne-strafrechtliche-folgen-11333083.html. Zugegriffen am 12.12.2019.
Freeman, R. E. (1994). The politics of stakeholder theory: Some future directions. *Business Ethics Quarterly, 4*(4), 409–421.

French, J. R. P., & Raven, B. H. (1959). The bases of social power. In D. Cartwright (Hrsg.), *Studies in social power* (S. 251–260). Ann Arbor: Institute for Social Research.
Gowans, C. W. (1987). Introduction. The debate on moral dilemmas. In C. W. Gowans (Hrsg.), *Moral dilemmas* (S. 3–33). New York: Oxford University Press.
Graham, J., Nosek, B. A., Haidt, J., Iyer, R., Koleva, S., & Ditto, P. H. (2011). Mapping the moral domain. *Journal of Personality and Social Psychology, 101*(2), 366–385.
Graham, J., Haidt, J., Koleva, S., Motyl, M., Iyer, R., Wojcik, S. P., & Ditto, P. H. (2013). Moral foundations theory: The pragmatic validity of moral pluralism. In P. Devine & A. Plant (Hrsg.), *Advances in experimental social psychology* (S. 55–130). Cambridge, MA: Elsevier Academic Press.
Graham, J., Haidt, J., Motyl, M., Meindl, P., Iskiwitch, C., & Moijmaan, M. (2018). Moral foundations theory: On the advantages of moral pluralism over moral monism. In K. J. Gray & J. Graham (Hrsg.), *Atlas of moral psychology* (S. 211–223). New York: The Guilford Press.
Granovetter, M. S. (1973). The strength of weak ties. *American Journal of Sociology, 78*(6), 1360–1380.
Habermas, J. (1991). *Erläuterungen zur Diskursethik* (1. Aufl.). Frankfurt a. M.: Suhrkamp.
Haidt, J. (2001). The emotional dog and its rational tail: A social intuitionist approach to moral judgment. *Psychological Review, 108*(4), 814–834.
Hickson, D. J., Hinings, C. R., Lee, C. A., Schneck, R. E., & Pennings, J. M. (1971). A strategic contingencies' theory of intraorganizational power. *Administrative Science Quarterly, 16*(2), 216–229.
Höffe, O. (1977). Kants kategorischer Imperativ als Kriterium des Sittlichen. *Zeitschrift für philosophische Forschung, 31*(3), 354–384.
Hübner, D. (2014). *Einführung in die philosophische Ethik*. Göttingen: Vandenhoeck & Ruprecht.
Johns, G., & Saks, A. M. (2014). *Organizational behaviour. Understanding and managing life at work* (9. Aufl.). Toronto: Pearson.
Johns, G., & Saks, A. M. (2017). *Organizational behaviour. Understanding and managing life at work* (10. Aufl.). Toronto: Pearson.
Kant, I. (1785). *Grundlegung zur Metaphysik der Sitten*. Riga: J. F. Hartknoch.
Kanter, R. M. (1977). *Men and women of the corporation*. New York: Basic Books.
Kekes, J. (1993). *The morality of pluralism*. Princeton: Princeton University Press.
Kipnis, D., Schmidt, S. M., & Wilkinson, I. (1980). Intraorganizational influence tactics: Explorations in getting one's way. *Journal of Applied Psychology, 65*(4), 440–452.
Kluver, J., Frazier, R., & Haidt, J. (2014). Behavioral ethics for Homo economicus, Homo heuristicus, and Homo duplex. *Organizational Behavior and Human Decision Processes, 123*(2), 150–158.
Küpper, W., & Felsch, A. (2000). *Organisation, Macht und Ökonomie. Mikropolitik und die Konstitution organisationaler Handlungssysteme*. Wiesbaden: Verlag für Sozialwissenschaften.
Langer, D. (2019). *When the organization hits an ethical meltdown: The structuration of moral capital and unethical behavior. Unveröffentlichtes Manuskript*. Wuppertal: Bergische Universität Wuppertal.
Luhmann, N. (1998). *Theorie sozialer Systeme*. Frankfurt a. M.: Suhrkamp.
Madison, D. L., Allen, R. W., Porter, L. W., Renwick, P. A., & Mayes, B. T. (1980). Organizational politics: An exploration of managers' perceptions. *Human Relations, 33*(2), 79–100.
Mayes, B. T., & Allen, R. W. (1977). Toward a definition of organizational politics. *Academy of Management Review, 2*(4), 672–678.
McClelland, D. C. (1961). *The achieving society*. New York: Van Nostrand.
McClelland, D. C. (1987). *Human motivation*. Cambridge: Cambridge University Press.

McClelland, D. C., & Burnham, D. H. (1976). Power is the great motivator. *Harvard Business Review, 54*(2), 100–110.

Riebsamen, H., & Davydov, A. (27. November 2019). Meine Ehefrau schuldet mir keine Rechenschaft. *Frankfurter Allgemeine Zeitung*. https://www.faz.net/aktuell/rhein-main/frankfurts-oberbuergermeister-aeussert-sich-zur-kita-affaere-16506673.html. Zugegriffen am 12.12.2019.

Salancik, G. R., & Pfeffer, J. (1982). Who gets power, and how they hold on to it: A strategic-contingency model of power. In M. L. Tushman & W. L. Moore (Hrsg.), *Readings in the management of innovation*. Boston: Pitman.

Slavik, A. (30. September 2019). Dämpfer für die Kläger. VW-Musterklage. *Süddeutsche Zeitung*. https://www.sueddeutsche.de/wirtschaft/vw-diesel-skandal-musterfeststellungsklage-musterverfahren-1.4621964. Zugegriffen am 12.12.2019.

Steers, R. M. (1991). *Introduction to organizational behavior* (4. Aufl.). New York: HarperCollins.

Trevino, L. K. (1986). Ethical decision making in organizations: A person-situation interactionist model. *The Academy of Management Review, 11*(3), 601–617.

Weber, M. (1972). *Wirtschaft und Gesellschaft. Grundriss der verstehenden Soziologie* (5. Aufl.). Tübingen: Mohr.

Weber, M. (1976). *Wirtschaft und Gesellschaft. Grundriss der verstehenden Soziologie* (5., rev. Aufl.). Tübingen: Mohr.

Whetten, D. A., & Cameron, K. S. (2016). *Developing management skills* (9. Aufl.). London: Pearson.

Yukl, G. A., & Falbe, C. M. (1990). Influence tactics and objectives in upward, downward, and lateral influence attempts. *Journal of Applied Psychology, 75*(2), 132–140.

Zeit. (1978). Ein tödliches Kalkül (16.06.1978). https://www.zeit.de/1978/25/ein-toedliches-kalkuel/seite-4. Zugegriffen am 12.12.2019.

11 Entscheidungen: Strukturen und Auffälligkeiten

> **Zusammenfassung**
>
> Unternehmensstrategien, Vergütungen, Organisationsstrukturen, Maßnahmen zur Förderung von Innovationen oder der Einsatz von Hightech sind der Gegenstand von Entscheidungen. Diese machen zu einem wesentlichen Teil die Wertschöpfung aus. Entsprechend sollten Entscheidungen möglichst nahe an Rationalität herankommen. Dafür werden Entscheidungen bezüglich der Individual-, Gruppen- sowie Organisationsebene diskutiert. Allerdings resultieren nicht nur Verbesserungshinweise, sondern vor allem Hinweise auf Entscheidungsgrenzen. Es ist die Vielzahl an problematischen Heuristiken, Gruppenphänomenen oder organisationsweiten Entscheidungen, die zum Tragen kommen. Deren Kenntnis schafft einerseits einen realistischen Einblick in das Zustandekommen von Entscheidungen und eine damit einhergehende Sensibilisierung für kaum vermeidbare Fehler. Zum anderen resultieren auch anwendbare Hinweise, wie die schlimmsten Auswüchse von Rationalitätsabweichungen eindämmbar sein können.

> **Vignette: Das Treffen wichtiger Entscheidungen**
>
> Wie treffen Sie wichtige Entscheidungen? Denken Sie an eine für Sie wichtige Entscheidungssituation, ganz gleich welcher Art. Im Folgenden finden Sie eine Reihe von Beschreibungen, die Ihren Entscheidungsstil möglicherweise beschreiben können. Wählen Sie jene fünf aus, die am besten beschreiben, wie Sie die Entscheidung getroffen haben.

1. Logik	6. Instinkt
2. Bauchgefühl	7. Konzepte
3. Daten	8. Ahnung
4. Sinnhaftigkeit	9. Erfahrung
5. Fakten	10. Gefühle

Die ungeraden Antwortmöglichkeiten weisen auf einen sogenannten linearen Entscheidungsstil und damit auf eine Rationalitätsfundierung hin. Demgegenüber beschreiben die geraden Nummern einen nicht linearen Entscheidungsstil, bei dem Intuition eine große Rolle zukommt.

Auswertung: Für jedes gewählte Wort mit ungerader Nummerierung addieren Sie einen Punkt, für jedes Wort mit gerader Nummerierung subtrahieren Sie einen Punkt. Der mögliche Punktestand reicht also von +5 bis −5. Wie hoch ist Ihr Punktestand?

Interpretation: Ein Punktestand von −5 bis +3 spricht für einen intuitiv-dominierten Entscheidungsstil, ein Punktestand von mehr als +3 bis +5 für einen eher rationalen Entscheidungsstil. Die Unterteilung der Skala bei +3 resultiert aus der Feststellung, dass nicht linearen Entscheidungen ein besonderer Stellenwert zukommt (s. ähnlich Daft 2016, S. 477). ◀

Viele Unternehmen streben danach, lineare Entscheidungsstile zu fördern. Die Einführung von Vergütungssystemen, die Auswahl von Führungskräften oder Entscheidung für einen Kooperationsvertrag sind so wirkungsmächtig, dass eine Offenlegung von Fakten und deren nüchterne Analyse meistens weiterführen als Emotionen.

Vor diesem Hintergrund schildert die Vignette, dass sich oft nicht-lineare Entscheidungsstile ihren Weg in Unternehmen bahnen. Sie emergieren in dem Sinne, als dass individuelle Handlungsbegründungen, Erfahrungen und Interpretationen gemeinsam mit gruppen- und organisationsbezogenen Phänomenen zusammentreffen. In vielen Entscheidungssituationen ist dies aufgrund von Werten, Haltungen, Spezialwissen, Macht oder Mikropolitik der Fall.

In diesem Kapitel stehen nicht-lineare Entscheidungsstile mit ihren problematischen Wirkungen im Zentrum. Es sind die Sensibilisierung für unvermeidbare Irrationalität sowie die Analyse von deren negativer Dynamik, die zu verbesserten Entscheidungen beitragen können.

11.1 Grundlegung

11.1.1 Entscheidungen und Handeln

Unternehmen streben fortwährend nach möglichst vorteilhaften Entscheidungen. Der Weg dorthin – der Entscheidungsprozess – ist Gegenstand dieses Kapitels. In Unternehmen prägen Entscheidungssituationen den Alltag. Ihre Tragweite reicht von Lieferverträgen für Büromaterial, Personalauswahl, generischen Strukturfragen, neuen Produkt-/Markt-Kombinationen, über Strategien bis hin zu Unternehmensfusionen. Es gilt die folgende Definition.

▶ **Entscheidung** Eine Entscheidung ist die Wahl zwischen Handlungsalternativen.

Das Gemeinsame derartiger Entscheidungen besteht darin, dass Personen – mit entsprechenden Verfügungsrechten – einen **Entscheidungsprozess** anstoßen und diesen verantworten. Es soll jene Alternative eingegrenzt und bewertet werden, die in Bezug auf messbare Größen – wie Kundengewinnung, Durchlaufzeiten, Motivation oder Qualität von Leistungsbeurteilungsverfahren – vor dem Hintergrund bemessener Eintrittswahrscheinlichkeiten den höchsten Nutzen verspricht.

Um eine Bindung an die Alternativenwahl zu erzeugen, kann die Übertragung nicht nur von Entscheidungs-, sondern auch von Umsetzungsverantwortung helfen. Vor diesem Hintergrund gilt die folgende Definition.

▶ **Entscheidungsprozess** Ein Entscheidungsprozess ist die Eingrenzung, Bewertung und Auswahl von Alternativen. Die Auswahl soll zur besten Alternative führen. Zudem soll der Entscheidungsprozess ein Verständnis für Handlungsperspektiven eröffnen und die Bindung der beteiligten Akteure daran fördern.

Entscheidungsprozesse weisen eine besonders enge, strukturelle Verknüpfung mit dem **Handeln von Mitarbeitern und Führungskräften** auf. So stellen die Ergebnisse von Entscheidungen formalisierte Erwartungen an das Handeln der betroffenen Personen dar. Das heißt, jegliche Alternativenwahl wirkt sich auf den Wertschöpfungsprozess aus. Entscheidungen sind somit der Startschuss für ein verändertes Handeln.

Die folgende Analyse unterscheidet sich von den bisherigen Kapiteln. Bislang richtete sich die Argumentation immer auf die Suche nach einem möglichst guten Zustand. So wurden beispielsweise bei der Arbeitsgestaltung, den Personalauswahlverfahren oder den Organisationsstrukturen immer neue Argumente hinzugeführt, um diese Themen zu analysieren. Dies ist bei Entscheidungsprozessen allerdings genau andersherum. Der Weg zu möglichst guten Entscheidungsalternativen steht von vornherein fest.

Dementsprechend geht es im Folgenden zunächst um einen solchen idealen Prozess. Im Anschluss daran werden Abweichungen und Gründe für die Nichterreichbarkeit des idealen Entscheidungsprozesses diskutiert. Die Kenntnis derartiger Verzerrungen soll dazu führen, dass Entscheidungsträger für Alternativen mit negativen Konsequenzen sensibilisiert werden.

11.1.2 Idealer Entscheidungsprozess als Referenz

Ein idealer Entscheidungsprozess soll als eine Referenz für die Erörterung von Abweichungen dienen. Das sogenannte **Grundmodell der Entscheidungstheorie** schafft genau einen solchen Rahmen (Laux und Liermann 1990, S. 50).

Dieses Grundmodell besteht aus der einfachen multiplikativen Verknüpfung des Wertes von Alternativen (W) mit deren Eintrittswahrscheinlichkeiten (p). Daraus resultiert ein

Erwartungswert (E), der mit Erwartungswerten anderer Alternativen verglichen werden kann. Es wird dann die Alternative ausgewählt, die den höchsten Erwartungswert aufweist. Ausgehend von diesem Grundmodell erhält der Entscheidungsprozess seine Klarheit. Abb. 11.1 skizziert dies.

Zunächst wird die Individualebene des Entscheidungsprozesses diskutiert (s. Abschn. 11.2). Relevant sind aber auch die in den späteren Kapiteln diskutierten „Einbettungen". Sowohl die Ebene der unmittelbaren Diskussionspartner in der Gruppe (s. Abschn. 11.3), als auch die organisatorischen Gegebenheiten prägen den ansonsten rein individuell gedachten Entscheidungsprozess (s. Abschn. 11.4).

Abb. 11.1 modelliert den Entscheidungsprozess als **vier aufeinander aufbauende Phasen**. Die informatorische Fundierung umfasst die Problemeingrenzung und Beschaffung sämtlicher relevanter Informationen. Dabei endet Phase ① zum Zeitpunkt der Berechnung von Erwartungswahrscheinlichkeiten bezüglich der verschiedenen Alternativen. Die Ermittlung von Günstigkeiten der Alternativen bzw. Erwartungswahrscheinlichkeiten und deren Auswahl bilden Phase ②. Es schließt sich die Implementierung in Phase ③ an. Abschließend folgt in Phase ④ die Analyse und Bewertung der Alternativen und deutet so eine mögliche Revidierung der Alternativenauswahl an. Ein wesentliches Kennzeichen eines solchen Entscheidungsprozesses stellt die Möglichkeit sowie Notwendigkeit von Rückkoppelungen dar. Das heißt, von allen Stufen können Informationen, Beiträge oder Zwänge ausgehen, die andere Stufen substanziell beeinflussen.

Tab. 11.1 skizziert auf Basis des Grundmodells die Auswahl von Alternative am Beispiel einer „Neukundengewinnung". Den unmittelbaren Weg stellt eine Direktansprache von Nicht-Kunden im Sinne einer „Kaltakquise" dar. Gut möglich ist hingegen die Ausdehnung von Print- sowie Sportstättenwerbungen. Dabei bleibt zwar die Wirkung einer Kundengewinnung vorhanden, ist aber relativ gering. Darüber hinaus sind Überlegungen

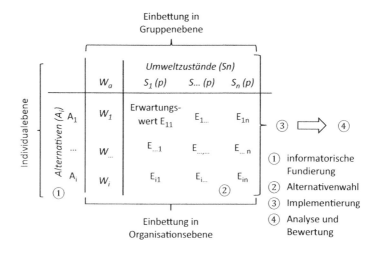

Abb. 11.1 Grundmodell der Entscheidungstheorie (s. ähnlich Laux et al. 2018, S. 12)

Tab. 11.1 Beispiel „Neukundengewinnung"

Neukundengewinnung durch	absoluter Wert	Eintrittswahrscheinlichkeit (p)	Erwartungswert
A 1: „durch Direktansprache"	280.000	,4	112.000
A 2: „Ausdehnung der bestehenden Print- und Sportstättenwerbung"	620.000	,15	93.000
A 3: „kundenspezifische Gratisproben"	80.000	,7	56.000

vorhanden, dass Kunden offensichtlich stark auf individualisierte Gratisproben von Produktmustern reagieren. Allerdings lassen sich diese Proben und Muster nur schwer auf viele potentielle Kunden ausrichten (s. Tab. 11.1). Die Alternative mit dem höchsten Erwartungswert (A 1) müsste demnach gewählt werden.

Allerdings soll dies keineswegs suggerieren, die Ausrichtung an derartigen Entscheidungsprozessstufen sei einfach realisierbar. Alltäglich und vielfach auch kaum vermeidbar sind zum Teil erhebliche Abweichungen von diesem Ideal, die unter anderem durch verschiedene Phänomene und Entscheidungsheuristiken auftreten. Bei Heuristiken handelt es sich um kognitive „Abkürzungen des Denkens". Heuristiken reduzieren die Komplexität, sodass eine rasche, individuelle Orientierung erfolgen kann. Andererseits führt dies zu Unvollständigkeiten, die fehlerbehaftete Entscheidungen auslösen können. Einige Beispiele verdeutlichen dies:

Wirkung von Stimmungen

Häufig wird bei einer **positiven Stimmung** die Eintrittswahrscheinlichkeit von positiven Ereignissen überschätzt und jene von negativen Ereignissen unterschätzt, während es sich bei einer negativen Stimmung umgekehrt verhält. Zudem treffen Menschen unter positiven Stimmungen risikoreichere Entscheidungen. Unter negativen Stimmungen hingegen neigt man zu risikoärmeren Entscheidungen. Dies hängt damit zusammen, dass schlecht gestimmte Personen Informationen analytischer verarbeiten und weniger Heuristiken nutzen (Johns und Saks 2017, S. 413).

Rekognitions- oder Wiedererkennungsheuristik

Diese Abkürzung des Denkens verweist auf die besondere Wirkung bekannter Namen oder Gegebenheiten. Allein das Auftauchen eines bekannten Namens reicht dafür aus. Auf die Frage in einem Experiment „Welche Stadt ist größer: San Diego oder San Antonio?" antworteten rund 62 Prozent der teilnehmenden Amerikaner richtig. Gleichzeitig wurden Deutsche befragt, die zu 100 Prozent richtig antworteten. San Antonio war kaum jemandem bekannt, San Diego jedoch schon. Zwar sind die Größenunterschiede nur marginal, jedoch führte die Wiedererkennungsheuristik zu einem Ergebnis bei den deutschen Teilnehmern, das zufällig richtig ist (Goldstein und Gigerenzer 2002, S. 76).

Affektheuristik
Hiernach substituieren emotionsgeleitete Schlussfolgerungen rationale Überlegungen. Es wird dann eine komplexe Frage „Wie kann ich eine Entscheidungswahrscheinlichkeit begründen oder erklären?" durch eine einfache Frage „Wie fühle ich mich dabei?" ersetzt (Kahneman 2014, S. 175). Demnach werden Entscheidungswahrscheinlichkeiten danach beurteilt, ob sie als angenehm oder unangenehm empfunden werden. Laien urteilen zudem häufiger nach der Affektheuristik als Experten (Slovic et al. 2002).

Im Folgenden werden **Abweichungen** vom idealen Entscheidungsprozess auf der Individual- (s. Abschn. 11.2), der Gruppen- (s. Abschn. 11.3), sowie der Organisationsebene (s. Abschn. 11.4) diskutiert.

11.2 Individualebene: Rationalitätsabweichungen in Entscheidungsprozessen

11.2.1 Informatorische Fundierung

11.2.1.1 Problemeingrenzung

Der obigen Einordnung (s. Abb. 11.1) folgend, beginnt ein Entscheidungsprozess mit der informatorischen Fundierung. Die Problemeingrenzung ist dabei selbst nur konzeptionell von der Informationssuche trennbar. Meistens gehen die beiden Stufen ineinander über. Was mit Informationssuche und Problemeingrenzung so nüchtern klingt, ist in hohem Maße durch **Verzerrungen** geprägt. Es sind dabei nicht nur die Auslösung individueller Betroffenheit und daran anknüpfende Präferenzen, die formend wirken, sondern auch viele weniger offensichtliche Verzerrungen.

Funktionale Spezifität
Das Phänomen der funktionalen Spezifität koppelt eine Problemeingrenzung an die jeweiligen beruflichen Erfahrungen, die Vorlieben oder den Ausbildungsstand (Cowan 1986). Im Ergebnis führt dies bei dem Problem „Kundenorientierung steigern" zu höchst heterogenen Argumenten, da die Sichtweisen in unterschiedlichen Kontexten eingebettet sind. Je nach funktionaler Zugehörigkeit von Personen werden Produktion, Logistik, Personalentwicklung oder Kundendienst zum zentralen Thema gemacht.

Problemeingrenzung als Lösung
Eine besondere Gefahr dieser Phase ist es, dass allzu rasch Problemlösungen mit Nachdruck benannt werden. Dies kann folgende Prozessstufen ausblenden und zum sofortigen Sprung in die Implementierungsphase führen. Die Vernachlässigung von Analyseschritten ist bei dieser „Problemeingrenzung als Lösung" vielfach groß. Fallen bei einer Bankfiliale seit mehreren Jahren niedrigere Umsätze als im Durchschnitt auf, so ist der Reflex „schlechtes Einzugsgebiet" und das daraus abgeleitete Reduzieren von Erwartungen problematisch. Was ist mit dem Handlungsvermögen, den -bereitschaften und -potenzialen

11.2 Individualebene: Rationalitätsabweichungen in Entscheidungsprozessen

der Mitarbeiter? Werden die Produkte auf die potenzielle Kundschaft ausreichend zugeschnitten? Was ist mit lokalem Sponsoring oder mit Personalentwicklung?

Problemeingrenzungen, die an Symptomen ansetzen
Darüber hinaus finden sich nicht selten Problemeingrenzungen, die an Symptomen ansetzen. Stellen Führungskräfte kostspielige Verzögerungen fest, die aufgrund von fehlender Kommunikation zwischen Abteilungen resultieren, so liegt der Schluss nahe, es handele sich um mangelnde Motivation. Die Einführung von Zielvorgaben, daran anschließende Abteilungsprämien sowie intensivierte Leistungsbeurteilungen mag dann als eine gute Lösung erscheinen. Genauso gut kann das Problem der mangelnden Kommunikation aber auch ein Resultat der Unternehmenskultur, einer geringen Selbstbindung oder individueller Karriereplanungen sein. Eine rasche Ausrichtung auf Lösungen verhindert möglicherweise bessere Erklärungen.

Ob es sich um eine Problemeingrenzung als Lösung oder Ursache bzw. Symptom handelt, kann nur der Entscheidungsprozess in seiner Gesamtheit klären. Die Basis dafür schafft unter anderem die Suche nach relevanten Informationen und die Auseinandersetzung mit Alternativen.

11.2.1.2 Suche nach relevanten Informationen
Die Suche nach relevanten Informationen unterfüttert die Problemeingrenzung. Dies ist der entscheidende Schritt, um im Anschluss daran **passende Alternativen zu generieren**. Häufig treten die folgenden zwei Begrenzungen auf.

Bestätigungsfehler
Entscheidungsträger verlassen sich oft auf **zu wenige Informationen**. Demnach wenden sie sich rasch bereits bekannten oder erst kürzlich aufgetretenen Informationen zu. Dies beruht auf dem sogenannten Bestätigungsfehler bzw. „Confirmation Bias" (Wason 1960). Dabei handelt es sich um die Neigung, jene Informationen zu suchen, zu analysieren und zu gruppieren, die die eigenen Erfahrungen, bisherige Entscheidungen oder Erwartungen bestätigen. Informationen, die solchen Auffassungen widersprechen, werden dagegen eher übersehen oder schneller vergessen. Dieser kognitive Fehler reduziert die Menge an Informationen bzw. die Suchintensität.

Der Bestätigungsfehler liegt vor allem dann nahe, wenn Personen nach Mustern bei Ereignissen suchen. Menschen neigen dann dazu, sich auf ihre Erinnerungen vorangegangener Lebenserfahrungen oder des Hörensagens zu beziehen, anstatt objektiven Ergebnissen zu vertrauen. Die folgende Illustration 11.1 führt zwei Beispiele an.

Illustration 11.1: Bestätigungsfehler bei der Suche nach Mustern

Viele haben in ihrem Umfeld oder in der Presse über Geburtenhäufungen, schlechten Schlaf oder Unglücken bei Vollmond gehört. Wären gegenteilige Hinweise aus dem

Geburtenregister, von Schlafforschern oder von Unfallstatistiken bekannt, so hätten diese vermutlich keine Auswirkungen.

Ebenso sind viele Führungskräfte überzeugt, dass die Auswahl passender Bewerber besonders gut mit aufwändigen Assessment Centern gelingt. Ihre Wahrnehmungen sowie möglicherweise auch der Wunsch, Verantwortung nicht vollständig selbst zu schultern, lassen umfassende empirische Ergebnisse zur prognostischen Validität in den Hintergrund treten (s. Kap. 4). ◄

Informationsüberflutung
Auch das Gegenteil, die Informationsüberflutung bzw. „Information Overload", kann die Entscheidungsqualität mindern. Ausgelöst durch eine chronische Unklarheit über einen „guten" Informationsstand, werden vielfältige und auch kleinteilige Informationen zusammengetragen. Informationsüberflutung kann sehr leicht Unproduktivität mit sich bringen, da kaum Filterkriterien existieren. Die Illustration 11.2 stellt ein Beispiel vor.

Illustration 11.2: Informationsüberflutung bei der Klausurvorbereitung

Situationen mit einer Informationsüberflutung sehen sich beispielsweise Studierende vor Klausurterminen gegenüber: Es kursieren angeblich hervorragende Skripte oder einige Studierende haben aus den Klausurstellungen der letzten fünf Jahre einen Algorithmus abgeleitet, der die kommenden Klausurthemen gut prognostizieren soll. Andere Studierende sind davon überzeugt, dass zum Nachschreibetermin die Klausuren immer anspruchsvoller sind. Der Professor hingegen sagt, dass die Klausur, wie in jedem Semester, sehr fair gestellt werde.

Es resultieren jeweils unterschiedliche Hinweise für den relevanten, zu beherrschenden Stoff und somit eine Informationsflut. Wer clever ist, geht in die Vorlesung, lernt ordentlich und spart sich die Auseinandersetzung mit dubiosen Quellen. ◄

In Unternehmen ist die Situation mit der Informationsüberflutung nicht viel anders: Inwieweit soll man beispielsweise der Frage nach individuellen Leistungssteigerungen nachgehen? Reicht eine Beschränkung auf individuelle Anreize im Rahmen der strukturellen Führung? Wie sieht es mit der interaktionellen Führung, den Organisationsstrukturen oder den generischen Strukturfragen aus? Oder sollte man auch die Themen Unternehmensstrategie, Innovation und organisatorische Veränderung zu Rate ziehen?

Ohne eine Filterung und Fokussierung sind in der Unternehmenspraxis keine Entscheidungen denkbar. Diese Filterung kann nur durch ein fundiertes Wissen, das daraus resultierende Selbstbewusstsein sowie durch die Kenntnis kognitiver Grenzen im Umgang mit derartigen Situationen zustande kommen.

11.2.2 Auswahl von Alternativen

11.2.2.1 Grundlegende Verzerrungseffekte

Der reibungslosen und fehlerfreien Anwendung des Grundmodells der Entscheidungstheorie stehen zahlreiche Argumente gegenüber. Abweichungen vom Grundmodell bei der Alternativenauswahl werden im Folgenden auf der Individualebene skizziert.

Umgang mit Statistik

Zu nennen ist zunächst der oft nur schwache methodische Zugang von Entscheidungsträgern. So kommt es häufig zu einer unzureichenden Einschätzung der Qualität von Eintrittswahrscheinlichkeiten. Unstrittig ist, dass nur repräsentative Ergebnisse valide und reliabel hinsichtlich ihrer Prognosekraft sind. Dennoch erlebt man häufig, dass Entscheidungsträger nicht repräsentative Studien – etwa, weil die Situationen ihnen vertraut sind – präferieren und sich nicht von repräsentativen Ergebnissen beeindrucken lassen.

Ankereffekt

Zudem ist eine Revision der Eintrittswahrscheinlichkeit nicht unabhängig von vorliegenden Zahlen. Beschrieben wird dies mit dem sogenannten Ankereffekt. Das heißt, die zuerst genannte Information beeinflusst den weiteren Entscheidungsprozess. Selbst wenn Versuchsteilnehmer zufällig ausgewählten Zahlen ausgesetzt waren, können diese einen Einfluss auf die Einschätzung nehmen. An eine Zufallszahl knüpfte Kahneman (2014, S. 152) die folgende Frage an: Wie groß ist der Anteil afrikanischer Staaten an den Vereinten Nationen? Es konnte eine Manipulation des Antwortverhaltens durch eine vorab kommunizierte Zufallszahl erreicht werden. Dieser Effekt ändert sich auch dann nicht, wenn ein inhaltlicher Bezug besteht. Eindrucksvoll ist die Studie, nach der Immobilienmakler ihre Wertermittlungen an zu hohen Vorstellungen von Hausbesitzern orientieren (Tversky und Kahneman 1974). Der Grund ist dabei nicht der angestrebte Verkaufsabschluss, sondern der gesetzte Anker der Hausbesitzer. Allerdings ist solch eine Preisfestsetzung sachlich gesehen eher hinderlich, da ein zu hoher Verkaufspreis die Wahrscheinlichkeit eines Kaufes deutlich senkt.

Repräsentativitätsheuristik

Darüber hinaus finden sich zahlreiche Studien zu weiteren Abweichungen vom Grundmodell. Tversky und Kahneman (1974) weisen beispielsweise auf die Repräsentativitätsheuristik hin (s. Illustration 11.3). Bei der Repräsentativitätsheuristik handelt es sich um eine Heuristik, die eine Situation oder Person einer typischen Kategorie zuordnet. Die entstehende Kategorisierung ist dann auf eine überzogene Gewichtung von bestimmten Eigenschaften zurückzuführen. Vernachlässigt wird dabei von vielen Menschen, dass bestimmte Eigenschaften nur einen geringen Aussagegehalt über deren Repräsentativität haben (Kahneman 2014, S. 522).

> **Illustration 11.3: Repräsentativitätsheuristik**
>
> Sie beobachten irgendwo in Bayern eine vierköpfige Familie mit blonden Haaren. Sie wissen, dass in Schweden blonde Haare verbreitet sind und vermuten: Das sind Schweden. Ist das eine gute heuristische Annäherung?
> Die Antwort ist: Nein. Auch in Bayern sind blonde Haare nicht selten, wenn auch vermutlich nicht so verbreitet wie in Schweden. Entsprechend sollte eine Heuristik an den relativen Wahrscheinlichkeiten ansetzen. Die Wahrscheinlichkeit, dass eine schwedische Familie in Bayern gesehen wird, sollte geringer sein, als dort blonde Bayern zu treffen. Deren Grundgesamtheit ist – trotz des geringeren durchschnittlichen Auftretens blonder Haare – viel größer und lässt die Wahrscheinlichkeit sinken, dass es sich um Schweden handelt.
> Die Repräsentativitätsheuristik beruht also auf einem als charakteristisch eingestuften Merkmal und vernachlässigt die Grundgesamtheit. ◄

Verfügbarkeitsheuristik
Diese Heuristik knüpft Entscheidungen an die Einfachheit und Schnelligkeit an, mit der Argumente aus dem Gedächtnis abgerufen werden können. Stehen Personen vor der Frage, ob „die Menge der deutschen Wörter mit einem „K" an erster oder an dritter Stelle größer ist?", so denken die Personen nach und stoßen leichter auf mehr Wörter, die mit einem „K" beginnen. Entsprechend fällt die Einschätzung zugunsten der verfügbaren Informationen aus, die aber nichts mit der Realität zu tun hat (Kahneman 2014, S. 18 f.).

11.2.2.2 Nicht-Neutralität gegenüber Risiken: „Framing"

„Framing" ist ein sehr präsentes und in vielen Nachrichtenmagazinen sowie Zeitungen diskutiertes Phänomen. Es tritt auf, wenn Entscheidungsträgern spezifisch formulierte Alternativen eröffnet werden. Die spezifische Formulierung – eben das Framing – bettet Entscheidungsalternativen, bezogen auf resultierende Gewinne und Verluste oder generelle Vorteilhaftigkeitsüberlegungen, in einen Rahmen ein.

Die Wirkungen erfährt Framing durch zugespitzte Formulierungen, die auffallend präsentiert werden (Entman 1993, S. 51 f.). Im Ergebnis wird eine Nicht-Neutralität gegenüber Risiken provoziert. Das heißt, „Framing" oder „Einbettung" enthält Potenzial für Manipulationen. Dies läuft dem Grundmodell der Entscheidungstheorie zuwider, indem es die im Grundmodell unterstellte **Risikoneutralität** aufhebt.

Prinzipiell kann jede Alternative positiv oder negativ eingebettet oder „geframed" werden. Gerade wenn es sich um eine identische Ergebnisbeschreibung handelt, prägt die Art der Einbettung entscheidend die Einschätzung der Vorteilhaftigkeit. Die folgende Illustration 11.4 erläutert dies.

11.2 Individualebene: Rationalitätsabweichungen in Entscheidungsprozessen

Illustration 11.4: Produkthaftungsklage

Ein Unternehmen produziert Humidore – Lagerungsmöglichkeiten für feuchtigkeitssensible Zigarren – und Spezialkühlschränke zur Lagerung von Wein. Verärgerte Kunden und ihre Rechtsanwälte sehen defekte Kühlaggregate des Unternehmens als verantwortlich für Stromausfälle, verglühte Leitungen und Wohnhausbrände. Sie machen Produkthaftung geltend. Der Streitwert umfasst € 50 Millionen.

Der Streitwert stellt für das Unternehmen eine substanzielle Bedrohung dar. Ein Rechtsanwalt kalkuliert die Erfolgswahrscheinlichkeit des Gerichtsprozesses mit 50 Prozent. Eine außergerichtlich verhandelte Einigung würde € 25 Millionen kosten.

Diese Angaben lassen sich als zwei Alternativenpaare (a und b bzw. c und d) erfassen:

Alternativenpaar 1	Alternativenpaar 2
a) außergerichtliche Einigung und sicherer *Verlust* von € 25 Millionen.	c) außergerichtliche Einigung und sicheres *Sparen* von € 25 Millionen, die vor Gericht verloren gehen könnten.
b) Gerichtsprozess mit 50%iger Wahrscheinlichkeit des *Verlustes* von € 50 Millionen.	d) Gerichtsprozess mit 50%iger Wahrscheinlichkeit des *Sparens* von € 50 Millionen.

Welche Entscheidung wird voraussichtlich getroffen? ◄

Zahlreiche Überprüfungen derartiger Framing-Situationen führten zu erstaunlichen Ergebnissen (Kahneman 2014, S. 452):

- Liegt den Versuchspersonen das Alternativenpaar 1 vor, so gibt es eine deutliche Tendenz für b). Dies gilt für ungefähr 78 Prozent der Befragten. Hier lässt sich eine Risikoneigung feststellen, wobei die Möglichkeit eines existenzgefährdenden Totalverlusts offensichtlich nicht besonders abschreckend wirkt.
- Liegt den Versuchspersonen das Alternativenpaar 2 vor, so führt dies zu einer deutlichen Tendenz für c). Rund 75 Prozent der Befragten entschieden so. Die Planbarkeit wird hierbei mit einem erheblichen Geldbetrag erkauft.

Kein Teilnehmer war auf die Inhalte eines solchen Experimentes vorbereitet. Das heißt, es kann von einer gewissen Leidenschaftslosigkeit gegenüber den Alternativen ausgegangen werden. Zudem müsste für die beiden Alternativenpaare eine Gleichverteilung resultieren, führen sie doch rechnerisch zu identischen Erwartungswerten.

Der Framing-Effekt beruht auf der Art der Einbettung von Entscheidungsalternativen. Die Alternativen a) und b) sind negativ eingebettet: Dies erkennt man daran, dass sie „Verluste" thematisieren. Hingegen ist bei den Alternativen c) und d) vom „Sparen" die Rede, was in dieser Situation in etwa einem Gewinn gleicht. Entsprechend liegt eine positive Einbettung vor. Die **Erklärung des Framing-Effektes** setzt an der unterschiedlichen

Wahrnehmung von Verlusten und deren Vermeidung an. Ganz offensichtlich ist man bei der Wahrnehmung einer Verlustsituation bereit, mehr zu riskieren. Wird eine Situation als „Spar-Situation" verstanden, so erhält das Verteidigen des verbleibenden Geldes einen größeren Stellenwert. Es ist somit nicht so, dass einem Gewinn der identische Stellenwert zukommt, wie einem Verlust des gleichen Betrages.

Ähnlich wird dies mit dem Begriff der **Verlustaversion** ausgedrückt. Sie besagt, dass bei Menschen der Verlust eines Betrags X schwerer wiegt, als der Gewinn des gleichen Betrags X. In der Folge gehen Menschen eher höhere Risiken in der Verlustzone ein, um zumindest die Möglichkeit der Vermeidung des Verlustes zu wahren (s. Kap. 4).

11.2.2.3 „Satisficing": Infragestellung von Maximierungs-Bestrebungen

Bezogen auf die Bewertung von Alternativen suggeriert das Grundmodell der Entscheidungstheorie, dass eine Maximierung über unterschiedliche Alternativen hinweg möglich sei. Das heißt, alles andere als die Bestimmung der optimalen Alternative bedeutete einen Verlust.

Maximierung kann in einer realen Welt allerdings kein Ziel sein. Auch nur der Versuch einer Annäherung an eine Maximierung würde einen stark steigenden Aufwand bedeuten. Zudem weiß man nie, wie weit man vom Optimum entfernt ist. Um nicht zeitliche Verzögerungen und erheblichen Aufwand in Kauf nehmen zu müssen, besteht die Notwendigkeit, der Optimierung eine Grenze zu setzen. Genau hieran setzt das sogenannte „**Satisficing**" an (Cyert und March 1963; March und Simon 1958). Es gilt die folgende Definition.

▶ **Satisficing** Satisficing ist die Auswahl jener erstbesten Handlungsalternative, die vorher definierten Ansprüchen gerade genügt. Dabei wird nicht nach Maximierung gestrebt. Somit beschreibt Satisficing eine Näherungsstrategie in dynamischen Situationen, die rasches Handeln erfordern.

Satisficing ist ein Kunstwort, das sich aus „to satisfy" – „zufrieden stellen" – und „to suffice" – „genügen" – zusammensetzt. Die folgende Illustration 11.5 erläutert dies näher.

Illustration 11.5: Satisficing bei der Befestigung einer Schraube

Sieht man die Notwendigkeit, eine Schraube festzuziehen, so begibt man sich auf die Suche nach Möglichkeiten der Fixierung. Die „maximierende Lösung" – beste Kraftübertragung des Schraubenziehers, geringste Wahrscheinlichkeit einer Beschädigung der Schraube, besonders gute Haptik – kann sich als schwierig herausstellen. Möglichst alle Schraubenzieher müssten gesucht und getestet und miteinander verglichen werden.

Die meisten Personen werden jedoch im Sinne des Satisficing jenen Schraubenzieher wählen, der rasch zur Hand ist und der eine akzeptable Wahrscheinlichkeit mit sich bringt, die Schraube zu fixieren. Optimalität in allen Bereichen – beispielsweise die Wahrscheinlichkeit der Schraubenbeschädigung – wird dann zurückgestellt. Gerne wird dann auch mit einem flachen Schraubenzieher eine Kreuzschlitzschraube angezogen oder eine Zange, eine Münze oder eine Gabel eingesetzt, sofern es dem Zweck dient.

Das heißt, das Anspruchsniveau wird definiert – „Hauptsache die Schraube ist fest" – und der Suchprozess direkt nach dem Finden eines Werkzeuges, das diese Bedingung erfüllt, eingestellt. Die Ökonomik hinsichtlich der Suche sowie der zeitnahen Lösung ist deutlich. ◄

Bei organisatorischen Veränderungen lässt sich dies genauso darstellen und alles andere wäre in einer Welt von begrenzter Rationalität auch unökonomisch. Sollen zwei Abteilungen gebündelt werden, so kann man viel Zeit und Kosten für das „Auftauen, Verändern und Wieder-Einfrieren" verwenden (s. Kap. 13). Eine Optimalität dieses Prozesses wird allerding nur selten angestrebt. Es liegt vielmehr nahe, ein gangbares Maß der Zusammenarbeit zu definieren und dann weitere Unterstützungsleistungen nicht mehr vorzunehmen.

Geht es beispielsweise um Wege, Kundenbindung zu stärken, so kommt man ebenfalls nicht um die **Formulierung eines Anspruchsniveaus** herum. Alle Lösungen kreisen dabei um die Fragen der gerade noch vertretbaren Belastung von Instanzen und Mitarbeitern, der noch akzeptablen Zeitspanne bis zur Umsetzung sowie der zu tolerierenden Mehrbelastung nach der Entscheidung. Welche Anspruchsniveaus genau definiert werden, hängt wesentlich von den dominanten Stakeholdern ab (Bromiley und Rau 2011, S. 162). Das Unterschreiten eines Anspruchsniveaus sollte unvermittelt zu Reaktionen führen. Das Überschreiten des Anspruchsniveaus sollte aber genauso wenig zu weiteren, vermutlich aufwändigen und kostspieligen Optimierungen führen. Ein großer Vorteil des Satisficing liegt darin, dass die benötigte Menge an Informationen drastisch reduziert wird (Bromiley und Rau 2011, S. 162).

11.2.3 Implementierung

Waren die bislang aufgezeigten Hürden auf dem Weg zu einer guten Alternativenauswahl hoch, so werden diese beim darauffolgenden Schritt der Implementierung nicht geringer. Allen in diesem Buch diskutierten Themenfeldern liegt der Implementierungsgedanke zugrunde. Es geht jeweils um passendere Lösungen oder um die Aufrechterhaltung der bisherigen Erfahrungen und Erfolge.

Um die Implementierung auch nur halbwegs erfolgversprechend zu bearbeiten, muss ein massiver Rückgriff auf viele Themen erfolgen. Alle Moderatoren der Wertschöpfung sind zugleich Objekte der Implementierung von Entscheidungen. Es sollte deutlich werden, dass der Aufwand und die thematische Dichte der Implementierung ungleich größer sind, als es der Begriff „Implementierung" alleine suggeriert.

11.2.4 Analyse und Bewertung implementierter Lösungen: Eskalierende Selbstbindung

11.2.4.1 Definition und Einordnung

Eskalierende Selbstbindung oder „escalation of commitment" ist die Tendenz, nicht nur an einer Entscheidung festzuhalten, sondern dies sogar mit wachsender Überzeugung, Leidenschaft und Intensität zu tun, obwohl sich diese Entscheidung bisher als ineffektiv erwiesen hat. Es gilt die folgende Definition.

▶ **Eskalierende Selbstbindung** Eskalierende Selbstbindung beschreibt das Festhalten an einer ungünstigen Alternativenwahl als selbstverstärkenden Prozess. Dies erschwert oder verhindert die Korrektur einer getroffenen Entscheidung.

Ein gutes Beispiel stellt der Wettlauf zwischen mehreren Unternehmen um die Vorherrschaft bei technologischen Standards dar. Setzt sich der Entwurf eines Unternehmens nicht durch, so ist die Abkehr von der eigenen Lösung zwingend. Andernfalls würden Ressourcen in eine nicht zukunftsfähige Perspektive gelenkt und zugleich erhebliche Ressourcen für einen anderen Standard vorenthalten. Immer wieder kommt es aber zu einer verteidigenden Haltung – eben der eskalierenden Selbstbindung. Im Nachgang erfährt dieses Festhalten vielfach die Einstufung als Managementfehler. Die folgenden Ausführungen lassen dies, zumindest in Teilen, anders erscheinen.

Der **Erklärungshintergrund** für eine eskalierende Selbstbindung lässt sich nach Staw und Ross (1989) in vier Bereiche von Ursachen aufteilen:

- Projektmerkmale, beispielsweise Abbruchkosten oder Verfügbarkeit realisierbarer Alternativen
- psychologische Phänomene, wie Selbstrechtfertigung oder Optimismus
- soziale Gegebenheiten, wie Ausrichtung auf externe Rechtfertigung sowie Erwartungen an „moderne" Organisationsformen oder Führungshandeln
- organisatorische Gegebenheiten, wie Reputation in einem bestimmten Bereich oder Überinterpretation bisheriger Erfolgsmuster

Die folgenden Ausführungen gehen darüber hinaus auf individuelle Auslöser, die Fehlinterpretation versunkener Kosten, sowie auf die strukturellen Gegebenheiten von Entscheidungssituationen ein.

11.2.4.2 Kognitive Effekte als Auslösung eskalierender Selbstbindung

Eskalierende Selbstbindung ist immer das Ergebnis unbewusster Handlungen von Individuen. Eine bewusste Lenkung von Entscheidungsvarianten, etwa im Sinne einer Eigennutzorientierung, zählt nicht dazu. Dies wäre keine eskalierende Selbstbindung, sondern Politik in eigener Sache. Jedoch existiert eine Vielzahl von Emotionen und Kognitionen, die ein Festhalten an getroffenen Entscheidungen, sowie darauf gerichtete Maßnahmen, för-

11.2 Individualebene: Rationalitätsabweichungen in Entscheidungsprozessen

dern. Im Folgenden finden sich einige individualpsychologische Effekte, die eine eskalierende Selbstbindung anfeuern.

Unterlassungseffekt

Der Unterlassungseffekt setzt am Handeln und dessen Unterlassen an (Göbel 2018, S. 216 f.). Obwohl Unterlassen keineswegs weniger Gefahren mit sich bringt, ist dies eine regelmäßige Präferenz, an die sich Menschen selbst binden. Demgegenüber erfährt aktives Handeln eher eine Risikozuschreibung. Das Beispiel eines Aktiendepots verdeutlicht den Unterlassungseffekt (s. Illustration 11.6).

Illustration 11.6: Umgang mit Aktiendepots

Zwei Personen verfügen zu einem Zeitpunkt über identische Aktien und auch identische Mengen zum gleichen Einstandskurs. Eine Person lässt das Portfolio unverändert, während die andere Person viele Informationen sammelt und gut fundierte Veränderungen am Aktiendepot vornimmt. Am Jahresende ist der Wert beider Depots gleich.

Aktives Handeln erfährt in solch einem Beispiel oft eine negative Bewertung und das Nichthandeln hinterlässt einen deutlich besseren Eindruck. Dies wiederum kann zur Folge haben, dass künftig das Nichthandeln präferiert wird (Unterlassungseffekt).

Die negative Bewertung des aktiven Handelns erfolgt dadurch, dass aktives Handeln eher mit Verantwortung und Fehlern verknüpft wird, die es dann negativ erscheinen lassen. Bemerkenswert ist an diesem Beispiel jedoch, dass Informieren und Umschichten viel eher einen fundamentalen Verlust ausschließen und damit verantwortungsvoller ist, als alle Aktien einfach liegen zu lassen. ◄

Bestätigungstendenz

Eine weitere kognitive Verzerrung ist die Bestätigungstendenz. Nach der Entscheidung für eine Alternative erfolgt eine Kanalisierung neuer Informationen in selektiver Weise. Dies zeigt sich immer dort, wo man sich zunächst eine Meinung bildet und diese dann vertritt. Beispiele sind Meinungen über das Image von Städten, konkurrierende Notebook-Marken oder Betriebssysteme von Mobiltelefonen. Jede weitere Information zu bestimmten Angelegenheiten führt regelmäßig zur Selektion von Quellen, die zur eigenen Meinung passen und diese bestätigen.

Tendenz zur voreiligen Schlussfolgerung

Die Tendenz zur voreiligen Schlussfolgerung entstammt aus einer Unempfindlichkeit für entscheidungsrelevante Informationen. Es ist ein Effekt, der die Güte und Menge von verfügbaren Informationen als hoch erscheinen lässt. Das heißt, man tut so, als seien Informationen gut eingegrenzt, im Wesentlichen frei von Verzerrungen und zudem auch replizierbar. Letztendlich handelt es sich im übertragenen Sinne um die statistischen Kriterien der Validität (eine angenommene Eigenschaft wird tatsächlich richtig eingeschätzt) und der Reliabilität (die Eigenschaft wiederholt sich in verschiedenen Situationen). Was aber sind Informationen wert, wenn sie aufgrund voreiliger Schlussfolgerungen in keiner nachvollziehbaren Beziehung zu Validität und Reliabilität stehen? Die folgende Illustration 11.7 stellt ein Beispiel vor.

> **Illustration 11.7: Voreilige Schlussfolgerungen bei Vorgesetzten/Mitarbeiter-Beziehungen**
>
> Ein neuer Mitarbeiter fällt nach kurzer Zeit sehr positiv auf. Er arbeitet fleißig, informiert seinen Vorgesetzten regelmäßig und substanziell, diskutiert intensiv mit ihm und löst einen motivierten Eindruck aus. Hinzu kommt extrafunktionales Engagement. Er arbeitet an seiner abteilungsübergreifenden Vernetzung und bietet sich mit seinen vorherigen Erfahrungen als Ratgeber an.
>
> Vorgesetzte warten häufig nicht die weitere Entwicklung ab und informieren sich auch nicht über die Situation beim vorherigen Arbeitgeber. Vielmehr „setzen" Vorgesetzte auf einen solchen Mitarbeiter und wundern sich später über dessen Eigennutzorientierung. ◄

Insgesamt basiert eine belastbare Situationseinschätzung immer auf vielschichtigen Hintergrundinformationen. Eine Einschätzung nach kurzer Zeit bleibt mit ihren schnellen Schlussfolgerungen fraglich. Für eine eskalierende Selbstbindung ist die Wirkung offensichtlich. Die eingeschränkte Suche nach weiteren Informationen fördert den Verbleib in dem bisherigen Denk- und Handlungsmuster.

11.2.4.3 Fehlinterpretation versunkener Kosten und eskalierende Selbstbindung

„Sunk Costs" oder „versunkene Kosten" heißen so, weil sie durch vorherige Entscheidungen entstanden sind und nicht wieder rückgängig gemacht werden können. Sie stehen in keinem Zusammenhang mit weiteren Entscheidungen und sind dementsprechend **entscheidungsirrelevant**. Jedoch resultiert ihre Bedeutung aus der Tatsache, dass ihnen eine **Entscheidungsrelevanz** – zumindest implizit – beigemessen wird. Versunkene Kosten fließen dann fälschlicherweise in ein Entscheidungskalkül ein, was zu einer fehlerhaften Alternativenwahl führen kann (Northcraft und Wolf 1984).

Viele Personen bilden sich ein, durch Berücksichtigung bereits getätigter Investitionen ließen sich getätigte und schmerzvolle Verluste in ihrer negativen Wirkung noch mildern. Es erfolgt dadurch keine Trennung aktueller Entscheidungen von vorherigen Entscheidungen und deren Kosten, da ein **Amortisationsgedanke** zugrunde gelegt wird. Das heißt, einen Verlust oder bestimmte Kosten lassen viele Menschen nur ungerne einfach so stehen und wollen diesen durch die Beibehaltung des eingeschlagenen Weges wieder ausgleichen. Die generelle Struktur von versunkenen Kosten verdeutlicht dies:

11.2 Individualebene: Rationalitätsabweichungen in Entscheidungsprozessen

Abb. 11.2 Versunkene Kosten und Wohlfahrtsverlust

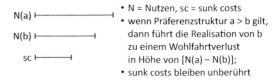

- N = Nutzen, sc = sunk costs
- wenn Präferenzstruktur a > b gilt, dann führt die Realisation von b zu einem Wohlfahrtverlust in Höhe von $[N(a) - N(b)]$;
- sunk costs bleiben unberührt

- Eine Person hat eine eindeutige Präferenzstruktur und bevorzugt die Alternative (a) gegenüber (b).
- Steht die Person vor einer Entscheidungssituation (Zeitpunkt t_0), so wählt sie Alternative (a).
- Hat nun die Entscheidungssituation einen Vorlauf und erfolgte eine frühere Investition (t_{-1}) in die Alternative (b), so stellt sich die Frage, ob die bisherige Entscheidung fortgesetzt werden soll.
- Oftmals entscheiden sich Personen gegen ihre eigentliche Präferenzstruktur und für Alternative (b). Es resultiert dann ein Wohlfahrtsverlust, der genau der Differenz zwischen (a) und (b) entspricht.

Graphisch lässt sich dieser Zusammenhang wie folgt darstellen (s. Abb. 11.2).

Dies führt vor dem Hintergrund einer bereits getätigten Investition – zum Beispiel Geld, Zeit und Mühe – dazu, dass man nicht das tut, was unter Nutzenüberlegungen richtig wäre. Man macht weiter im bisherigen Entscheidungsverhalten und zwar umso entschlossener, je mehr man investiert hat. Die **vorgelagerten Kosten** sind **entscheidungsirrelevant**, da sie in keinem Fall kompensiert, amortisiert oder genutzt werden können. Jegliche Gegenüberstellung von erwarteten Ergebnissen mehrerer Entscheidungen umfasst bereits alles, was erreicht werden kann.

Für dieses Phänomen gibt es im Alltag viele Beispiele (s. Illustration 11.8).

Illustration 11.8: Beispiele für die falsche Interpretation von Investitionen einer früheren Periode

Man bleibt in einem schlechten Film bis zum Ende, obwohl man eigentlich ziemlich sicher ist, dass er nicht besser wird – man hat schließlich dafür bezahlt. Der Wohlfahrtsverlust besteht in der Differenz von einem Wohlbefinden außerhalb und der Langweile im Kino.

Unternehmensübernahmen bringen oftmals enorme Kosten mit sich. Es ist nicht nur der Kaufpreis, sondern auch die voranstehende Analyse der erhofften Vorteilhaftigkeit, die Abfindung von Aktionären, Öffentlichkeitsarbeit, die Auseinandersetzung mit Kartellbehörden und vieles andere mehr. Sind diese Investitionen einmal getätigt, so bleibt es auch bei wachsenden Schwierigkeiten einer Fusion oder weiter sinkendem Unternehmenswert häufig bei der grundsätzlichen Entscheidung. Die Einordnung der vorbereitenden Kosten als versunkene Kosten fällt schwer.

In der Öffentlichkeit stark kritisiert und gescholten sind Bauwerke, die nie ihre Bestimmung fanden. Ein prominentes Beispiel ist die Autobahnbrücke – „Soda-Brücke", weil sie einfach „so da steht" – in der Nähe von Erkelenz und der A1. Ein kolossales Bauwerk, das alle Merkmale einer Autobahnbrücke trägt. Darum befindet sich allerdings nichts als Ackerland. Ganz offensichtlich eine Fehlplanung, da der Bedarf für eine Autobahn an dieser Stelle falsch eingeschätzt wurde. Allerdings zeigt diese Soda-Brücke auch etwas Positives. Ungeachtet der versunkenen Kosten – Erstellung der Brücke – wurde das Projekt abgebrochen. Bauruinen tragen also immer zweierlei in sich: eine grundlegend falsche Planung, aber auch den Mut zum Abbruch. Viel teurer ist es immer, wenn Bauten aufgrund von versunkenen Kosten weitergeführt werden. In diesem Fall wurde die Investition einer früheren Periode also richtigerweise als falsch interpretiert. ◄

Insgesamt tragen versunkene Kosten nicht unerheblich zu einer eskalierenden Selbstbindung bei.

11.2.4.4 Strukturelle Auslösung von eskalierender Selbstbindung

Strukturen bezeichnen hier eine spezifische Konstellation von Entscheidungsprozessen, die eine Auslösung eskalierender Selbstbindung zur Folge haben. Es ist die Existenz einer Struktur, die **eine Art Gefängnis** darstellt, aus dem man sich nur teuer freikaufen kann. Ganz ähnlich wurde bei den versunkenen Kosten argumentiert. Wobei die Begründung dort nicht strukturell, sondern individuell interpretierend verlief.

Das Grundmuster solcher Konstellationen lässt sich sehr gut anhand von Gütern aufzeigen, deren Wert unstrittig und konstant ist. Dies ist eindrucksvoll bei der Versteigerung einer gültigen Geldmünze der Fall. Der Wert ist eindeutig, sodass versteckte, spekulative Werte keine Rolle spielen. Auch Währungsrisiken scheiden aus, denn man setzt das Geld einer Währung ein, um Geld der gleichen Währung zu ersteigern. Obwohl dies als erstaunlich erscheint, lassen sich Situationen beschreiben, in denen mehr gezahlt wird, als das ersteigerte Geld wert ist. Die folgende Illustration 11.9 verdeutlicht dies.

Illustration 11.9: „1-Euro-Auktion" Shubik (1971)

Es gelten die folgenden Regeln:
Das höchste Gebot erhält den Zuschlag für eine Münze im Wert von 1 Euro.
   Gesteigert wird in Schritten von maximal 10 Cent.
   An den Auktionator muss das zweithöchste und das höchste Gebot entrichtet werden. Weitere Gebühren sind nicht enthalten.
   Typisch ist, dass der Auktionator recht gut verdient. Derartige Auktionen enden oftmals bei über 3 Euro, was bedeutet, dass bei einem Abstand zwischen Erst- und Zweitplatzierten von 10 Cent zu etwa 6 Euro für den Auktionator führt. Dessen Kosten betragen lediglich 1 Euro.
   Kommt die Auktion in Gang, so spitzt sich bei Geboten um etwa 40 Cent das Bieterfeld auf zwei Kontrahenten zu. Der Verlustbereich des Auktionators wird in Kürze verlassen werden, da irgendjemand nun dafür bezahlen muss. Zwei Bieter sind unweigerlich strukturell „gefangen", da dem Auktionator das höchste sowie das zweithöchste Gebot zustehen. Hinzu kommt ein falscher Umgang mit versunkenen Kosten, die ebenfalls die Auktion weiter antreiben.

Zudem ist es das Siegesstreben, das zusammen mit dem Wunsch nach Vermeidung von Peinlichkeit die Auktion anheizt. Viele Personen lassen außerdem ihrer Verlustaversion freien Lauf: Im Moment der Entscheidung über ein weiteres Gebot wurde zwar noch kein Verlust realisiert, aber um einen drohenden Verlust des Euros zu vermeiden, wird das noch nicht verlorene Gebot vehement durch weitere Gebote verteidigt. Jedoch ist es für jeden Bieter zu jedem Zeitpunkt rational, aus der Auktion auszusteigen, wenn der eingesetzte Geldbetrag in Relation zu dem Geldwert des Euros gesetzt wird. ◄

Bei einem Wert von einem Euro sieht das Ganze nach Spielerei aus. Ist es denkbar, dass Organisationen und Unternehmen einer der Euro-Auktion vergleichbaren Situation gegenüberstehen? Überraschenderweise ist dies gar nicht so selten. Die internationale Politik ist von strukturell vergleichbaren Situationen geprägt. Im sogenannten **Kashmir-Konflikt** streben die Regierungen Indiens, Pakistans und Chinas die territoriale Vorherrschaft an. Die strategische Bedeutung sowie die vorhandenen Rohstoffe nehmen – wenn überhaupt – nur langsam zu. Dennoch handelt es sich um eine Region für die immer weiter aufgerüstet wird. Ganz offensichtlich gibt es keine Rückzugsoptionen. Ob und wann die Kosten die Bedeutung dieser Region bereits überschritten haben, ist schwer einzuschätzen.

Ein ähnliches Grundmuster wie die Euro-Auktion weisen **Architektenwettbewerbe** für besonders prominente Lagen oder Gebäude auf. Unterschiedliche Büros reichen zum Teil sehr aufwändige Wettbewerbsbeiträge ein und wissen, dass keine Prämien fließen. Nur der Siegerbeitrag hat einen unmittelbaren Gewinn, was ein massives Engagement in dieser Wettbewerbssituation erfordert. Daher werden nur hoch qualifizierte und mit vielen Ressourcen ausgestattete Büros teilnehmen. Im Endergebnis werden die Wettbewerbsbeiträge tendenziell zu aufwändig gestaltet sein.

Genauso kann man sich **Bietergefechte bei Unternehmenskäufen** vorstellen. Beim Ringen von zwei Unternehmen um den Kauf eines Dritten steigen die Kosten mitunter dramatisch an. In Deutschland sind die Übernahmen von Mannesmann durch Vodafone und von Monsanto durch Bayer besonders populäre und kostspielige Beispiele. Ähnlich wie bei der Euro-Auktion gewinnt nur der Sieger, sofern die Kosten noch in einer akzeptablen Relation zum Unternehmenswert stehen. Der unterlegene Bieter bleibt auf den Kosten für Unternehmensberatungen, Rechtsanwälte, Steuerberatungen, Marketing und Öffentlichkeitsarbeit sitzen. Entsprechend neigen derartige Bietergefechte zur Irrationalität.

11.3 Gruppenebene: Prägung von Entscheidungen durch kollektives Handeln

11.3.1 Entscheidungen in Gruppen

Bislang wurden Entscheidungen auf individueller Ebene betrachtet. Da in modernen Organisationen Gruppenentscheidungen dominieren, bedarf die individuelle Ebene der Ergänzung durch Mehrpersonen-Phänomene. Die Analyse neuer Marktsegmente wie eine neue Software-Ausstattung oder die Erarbeitung unternehmenskultureller Perspektiven sind weitreichende Beispiele dafür. Nur die frühzeitige Einbindung mehrerer Personen sowie die Nutzung unterschiedlicher fachlicher Hintergründe kann hier erfolgversprechend sein.

Dies entspricht auch der Perspektive des deutschen Aktiengesetzes, das Vorstandsgremien als Kollegialorgane konzipiert. Das Gesetz geht soweit, dass für fundamentale Entscheidungen sogar die Zustimmung des Aufsichtsrates eingeholt werden muss und somit die Entscheidung auf eine „höhere Gruppe" ausgelagert wird. Es gilt daher die Regel: Je weitreichender die Entscheidungen sind, desto eher werden sie durch Gruppen getroffen.

Die Wirkungen von Gruppenentscheidungen sind vielschichtig. Einige **positive Wirkungen** sind nachfolgend skizziert:

- Beginnend mit Steiner (1972) und zahlreichen Folgestudien ist nicht zu bezweifeln, dass bei bestimmten Aufgabenstellungen Gruppen häufig mehr und bessere Problemlösungen erreichen als einzelne Personen. Dies kann im Wesentlichen durch die Steigerung der **Entscheidungsqualität** begründet werden. Gründlichere Informationssuche, Bewertung, Auswahl und Evaluation von Alternativen sind die Ursachen für eine bessere Entscheidungsqualität. Diese konjunktive Interpretation von Entscheidungssituationen findet allerdings bei vier oder fünf Personen durch Reibungsverluste ein Ende (Huber 1980, S. 143–145).
- Das **Tragen von alleiniger Verantwortung** ist für viele Personen eine große Bürde. Das gemeinsame Schultern von Verantwortung durch Gruppenentscheidungen hilft dann.
- Daneben dürfen **Personalentwicklung und Selbstbindung** als Punkte nicht vernachlässigt werden. Viele Menschen haben ein Bedürfnis, sich an relevanten Entscheidungen zu beteiligen, um sich so weiterentwickeln zu können. Des Weiteren gewährt die Beteiligung an Entscheidungsprozessen wertvolle **Informationen über Hintergründe**, **Erwartungen**, **Werte** und **Normen**. Durch deren Berücksichtigung im Entscheidungsprozess kann so die affektive Selbstbindung gesteigert werden. Dies resultiert aus der Durchdringung und dem Mitgestalten unterschiedlicher Logiken und Anforderungen im gemeinsamen Entscheidungsprozess.

Demgegenüber stehen Schwierigkeiten bei der Entscheidungsfindung in Gruppen, die zu erheblichen Nachteilen führen können: Zunächst spielt das Ausmaß an erforderlicher und verwendeter **Zeit** eine Rolle. Dieses Problem verstärkt sich mit zunehmender Gruppengröße. Darüber hinaus kann es zu **Konflikten** kommen, wenn einzelne Gruppenmitglieder ihre eigenen Ressourcen oder ihren Status beschützen möchten und es zu mikropolitisch motivierten Manövern kommt. Auch das **Dominanzverhalten** einzelner Person bringt oft negative Konsequenzen mit sich (Huber 1980, S. 146–148).

Schließlich sind insbesondere zwei kollektive Phänomene relevant. Das Gruppendenken sowie das Risikoschub-Phänomen besitzen eine fast schon erschreckend weitgreifende Wirkung.

11.3.2 Gruppendenken

Eine besondere Prominenz besitzt das kollektive Phänomen des **Gruppendenkens** oder des „groupthink" (Janis 1972). Es handelt sich um eine hochgradige Dysfunktionalität. Diese kann selbst dann auftreten, wenn Gruppen aus sehr gut ausgebildeten und äußerst erfahrenen Personen bestehen.

Kennzeichnend ist ein Denkmuster, das unweigerlich eine systematische und realistische Abschätzung von Handlungsalternativen ausschließt. In einer solchen Situation führt eine ausgeprägte Gruppenkohäsion – ausgelöst beispielsweise durch ähnliche Biografien oder sich ergänzende Überzeugungen – bei einer erheblichen Tragweite der anstehenden Entscheidung zu gemeinsam empfundenem Stress, was das **Streben nach Zugehörigkeit** noch weiter verstärkt. Die Folge ist, dass der Zusammenhalt einer Gruppe zulasten einer ausgewogenen, dialektischen Auseinandersetzung mit Sachargumenten überhöht wird.

Bekannt wurde das Gruppendenken durch eine Entscheidung der US-amerikanischen Regierung. Die Entscheidung betraf die Unterstützung von Exilkubanern bei der Invasion auf Kuba. Es war eine verheerende Fehleinschätzung. Folgende Illustration 11.10 stellt die sogenannte „**Schweinebucht-Affäre**" vor. Beispiele für Gruppendenken sind darüber hinaus zahlreich und vielfältig. Janis (1972) zählt beispielsweise den Einstieg und den Rückzug im Koreakrieg, die fehlende Wachsamkeit beim Pearl Harbor-Angriff sowie die Eskalation des Vietnam-Krieges dazu. Raven (1998) führt überdies den Watergate-Skandal und die Columbia-Katastrophe an.

Illustration 11.10: „Schweinebucht-Affäre"

Ein in der Literatur breit zitiertes Beispiel, das auch die weltpolitische Bedeutung von Gruppendenken unterstreicht, hat im April 1961 in der kubanischen Schweinebucht stattgefunden. In Kuba hatte in dieser Zeit der Kommunist Fidel Castro die Macht übernommen. Dieser pflegte ein enges Bündnis mit der Sowjet-Union. Mit Blick auf den gemeinsamen Feind USA kam es zu der Entscheidung, Atomraketen auf Kuba zu stationieren.

Die USA sahen darin eine enorme Provokation. Zudem war es eine reale Gefährdung, da die Raketen in kurzer Zeit auf Miami (Florida) hätten treffen können.

Zu der Zeit lebten in Miami mehrere Tausend Exilkubaner, die vor der kommunistischen Administration auf der Insel geflüchtet waren. Viele hatten Verwandte und Freunde, die unter der kommunistischen Administration schwerster Drangsalierung ausgesetzt waren.

Präsident Kennedy fasste nach Diskussionen mit den Nationalen Sicherheitsberatern, mehreren Generälen sowie dem Geheimdienst CIA den Entschluss, aktiv zu werden. Um keinen „offiziellen" Krieg zu beginnen und damit eine Auseinandersetzung mit der Sowjet-Union zu riskieren, wurde eine andere Idee geboren. Über 1000 Exilkubaner wurden militärisch trainiert, ausgerüstet und in die Schweinebucht auf Kuba geschickt. Die Aktion endete bereits nach wenigen Tagen in einem völligen Fiasko. Alle

Exilkubaner wurden getötet oder gefangengenommen. Die Regierung der USA musste sich national und international erklären. Diese Aktion trug maßgeblich zum sogenannten Kalten Krieg bei (Janis 1972, S. 14–49). ◄

Genau dieses Beispiel der „Schweinebucht-Affäre" machte Janis (1972) zum Ausgangspunkt für die Diskussion um das Gruppendenken. Er analysierte zahlreiche interne Protokolle sowie Erinnerungen beteiligter Generäle. Die Unterschätzung der Schwierigkeiten des Einsatzes sowie der Konsequenzen, erklärte er durch acht Symptome (Janis 1972, S. 197 f.). Diese entwickelten sich im Laufe einer sich zuspitzenden Gruppendiskussion:

1. Eine Illusion der Unverwundbarkeit wird von allen Gruppenmitgliedern geteilt. Dies kreiert Optimismus und ermutigt zur übermäßigen Übernahme von Risiken.
2. Es folgen kollektive Anstrengungen, um Warnungen oder weitere Hinterfragungen im Keim zu ersticken.
3. Eine nicht hinterfragte Überzeugung wird zum Standard, während die ethischen Fragestellungen verdrängt werden.
4. Stereotypisierungen führen dazu, „Gegner" in der Gruppe pauschal als negativ zu betrachten.
5. Direkter Druck wird auf Gruppenmitglieder ausgeübt, sofern sie starke Gegenargumente formulieren.
6. Es kommt zu einer Selbstzensur, das heißt, kaum jemand bringt abweichende Meinungen hervor.
7. Eine Illusion von Einstimmigkeit der Gruppenmeinung tritt auf.
8. Einzelne Gruppenmitglieder fühlen sich in der Rolle als Meinungswächter wohl. Dadurch erfährt die Gruppennormierung eine sichtbare und akzeptierte Ausprägung.

Diese Symptome lösen dann eine **Illusion der Einmütigkeit** aus. Fundierte Analysen der verschiedenen Stufen des Entscheidungsprozesses (s. Abb. 11.1) werden auch beim Gruppendenken den Kern von Entscheidungen bilden. Die Illusion von Einmütigkeit löst allerdings eine inhaltliche und argumentative Enge in den Stufen des Entscheidungsprozesses aus, was zu katastrophalen Fehlentscheidungen führen kann.

11.3.3 Risikoschub-Phänomen

Das Risikoschub-Phänomen beschreibt **veränderte Risikopositionen** der Gruppenmitglieder durch Gruppendiskussionen. Genauso wie der Risikoschub kann auch das Gegenteil, ein **Vorsichtsschub**, auftreten. Dieser ist weniger bekannt und korrespondiert weniger gut mit der oft vermuteten Risikoneigung von Gruppen. Die Funktionsweise ist jedoch die Gleiche. Solche Schub-Phänomene können bei jeglichen Gruppenentscheidungen auftreten.

11.3 Gruppenebene: Prägung von Entscheidungen durch kollektives Handeln

Das Risikoschub-Phänomen ist in der Literatur seit Langem gut dokumentiert (Isenberg 1986; Stoner 1961). Ursächlich sind vor allem die folgenden Punkte: Vielfach gilt **Risiko als ein sozialer Wert**. Das heißt, es wird ein Wagnis zur Steigerung des Unternehmenserfolgs präferiert. Entsprechend wird bei einer Anwesenheit anderer Personen eher Risikofreude gezeigt. Man gerät so in der Gruppe nicht in den Verdacht, kleinteilig oder innovationsfeindlich zu sein. Darüber hinaus macht auch die **Verantwortungsdiffusion** ein höheres Risiko akzeptabel, da die Entscheidungskonsequenzen von der ganzen Gruppe verantwortet werden müssen. Zudem trägt eine Gruppe viele Argumente und Analysen für eine Entscheidung zusammen. Daraus resultiert ein **höheres Informationsniveau**, was den Eindruck einer besseren Risikoeinschätzung mit sich bringt. Überdies sind formelle und vor allem informelle **Führungspersonen** innerhalb einer Gruppe häufig risikofreudiger als andere Gruppenmitglieder. So kommen mehr Pro-Risiko-Argumente zum Tragen.

Sind die beiden Schub-Phänomene durch die beteiligten Personen kontrollierbar? Können sich Individuen dem entziehen und ihre anfänglichen Risikopositionen beibehalten? Wie beim Gruppendenken können sich Individuen auch beim Risikoschub-Phänomen etwas Derartiges vornehmen. Der kontrollierte Einsatz der eigenen Risikoposition ist aufgrund der komplexen und oft sehr eindrücklichen, sozialen Interaktion aber schwierig. In der Regel kann man sich einer Verschiebung der eigenen, anfänglichen Risikoposition durch Gruppendiskussionen nur schwer entziehen.

Das Beispiel „Störfall in einem Atomkraftwerk" stellt dies eindrucksvoll dar (s. Illustration 11.11).

> **Illustration 11.11: Störfall in einem Atomkraftwerk**

In einem Atomkraftwerk tritt ein Störfall auf. Die verantwortlichen und entscheidungsbefugten sieben Sicherheitsingenieure erhalten eine Nachricht über die Art des bisher bekannten Fehlers. Alle sind sehr qualifiziert. Sie kennen sich mit der potenziellen Dynamik und der schwierigen Beherrschbarkeit des Atomkraftwerkes gut aus.

Die Sicherheitsingenieure eilen zur Leitstelle. Jeder macht sich unweigerlich Gedanken über mögliche Ursachen, Zusammenhänge und Auswirkungen. Gehen wir nun von zwei unterschiedlichen Ausgangssituationen aus. Ein Teil der Ingenieure schätzt den Störfall als einfach strukturiert, nicht von Dynamik betroffen und als nachrangig ein. Der andere Teil macht sich Gedanken über unterschiedliche Wechselwirkungen in der komplexen Technologie und tendiert deshalb zur Vorsicht.

Angekommen im Besprechungsraum kommt es zu einer gemeinschaftlichen Analyse, einem Austausch und schließlich zu einer Abstimmung. Kommt es bei den unterschiedlichen Ausgangssituationen zu einer Änderung der jeweiligen Einschätzungen?

Von einer Diffusion von Verantwortung oder der Wahrnehmung von Risiko als sozialem Wert wird hier bei gut ausgebildeten Sicherheitsingenieuren nicht ausgegangen. Jedoch könnte der Diskussionsprozess leicht zu einer Verschiebung sowohl der eher vorsichtigen und der eher weniger vorsichtigen Ingenieure kommen. Der Grund liegt in dem Informationsaustausch, der aufgrund von vorhandenen Risikopositionen nicht neutral erfolgt (Johns und Saks 2017, S. 418 f.). ◄

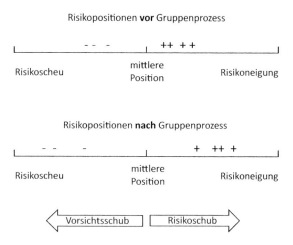

Abb. 11.3 Risikoschub- und Vorsichtsschub-Phänomene

Eine Verschiebung von Risikopositionen setzt immer an deren ursprünglicher Ausprägung an. Sind alle Teilnehmer einer solchen Entscheidungssituation risikogeneigt, so bedeutet dies die Gefahr einer riskanteren Entscheidung, als es der Mittelwert der ursprünglichen Risikoposition nahelegt. Abb. 11.3 skizziert dies. Enthalten ist eine Situation mit zwei Gruppen. Die (+) stehen für Gruppenmitglieder, die anfangs tendenziell eine höhere Risikoneigung haben und bei denen es nach der Diskussion zu einem Risikoschub kommt. Die (−) stehen für Gruppenmitglieder, die eher risikoscheu in ihrer ursprünglichen Risikoposition sind und bei denen es nach der Diskussion zu einem Vorsichtsschub kommt.

Jegliche Diskussion in Gruppen liefert – wie oben angesprochen – zusätzliche Informationen. Die Diskussionen klären zum einen über Sachaspekte und zum anderen über die Position anderer relevanter Personen auf. Wenn man sich nicht selbst eine fehlerhafte Meinung eingestehen muss, dann verleiten Informationen über die Risikoposition der anderen Gruppenmitglieder dazu, die eigene Position weiter zu verstärken.

Zudem wird jeder Teilnehmer einer solchen Diskussion bestrebt sein, seiner Position zum Erfolg zu verhelfen. Am ehesten gelingt dies – und das lässt sich in Gruppendiskussionen alltäglich beobachten – wenn man der eigenen Position ein wenig mehr Nachdruck verleiht. Das heißt, es kommt nicht zwangsläufig zu einer Übertreibung, aber doch zu einer gewissen Zuspitzung der Argumente. Dies führt dann auch zu einem anerkennungsvollen „Ansehen" bei den Vertretern der eigenen Risikoposition.

Die angeführten Argumente sind eine wesentliche Ursache für die Verstärkung oder Abmilderungen von anfänglichen Risikopositionen bei Gruppenprozessen und setzen an den bereits vorliegenden, individuellen Risikotendenzen an. Sind hingegen die ursprünglichen Risikopositionen sehr divers, so kann es entweder zu starken Konflikten und einer bipolaren Risikoverteilung innerhalb der Gruppe führen – die Linien verhärten sich – oder die Argumente einer Seite sind so überzeugend, dass eine gesamte Verschiebung individueller Risikopositionen in eine bestimmte Richtung auftreten kann.

11.4 Organisationsebene: Modelle und Instrumente zur Formung von Entscheidungsprozessen

11.4.1 Einordnung

Bislang wurden Entscheidungsprozesse als über die Individual- und Gruppenebene vermittelt beschrieben. Dies führte zu ganz unterschiedlichen Einflüssen und Verzerrungen. Demgegenüber betreffen Überlegungen zur Organisationsebene nicht die Realisierung von Entscheidungen direkt, sondern deren **Hintergrund**.

Der Hintergrund besteht aus einer **paradigmatischen Sichtweise**. Das Paradigma bezeichnet an dieser Stelle eine Normierung, wie mit Entscheidungssituationen unternehmensspezifisch umgegangen werden soll. Erfahrungen, Beobachtungen und Überzeugungen schaffen einen solchen Rahmen. Dieser prägt die Art des Entscheidens und wirkt bei Individuen und Gruppen. Offensichtlich resultiert daraus ein Beitrag zur Reduktion von Orientierungslosigkeit und Unsicherheit.

In Unternehmen werden immer solche normativen Auseinandersetzungen mit Entscheidungsprozessen existieren – zu gewichtig ist die Bedeutung vieler Entscheidungsthemen. Dies wirkt sich beispielsweise auf die Intensität der Informationssuche, das Anspruchsniveau beim Satisficing oder die Gegenwehr gegen starke Gruppenkonformität aus. Im Endeffekt führt dies dazu, dass Entscheidungsträger derartige Weichen nicht autonom stellen, sondern über Leitlinien verfügen. Der Entscheidungsprozess selbst bleibt in seiner grundlegenden Struktur und Schrittfolgen gegenüber den oben genannten Ausführungen unverändert.

Die folgenden Ausführungen spezifizieren diesen Hintergrund. Es geht zunächst um Modi des Entscheidens und im Anschluss um spezifische Maßnahmen.

11.4.2 Grundlegende Modi des Entscheidens

Modi des Entscheidens sind jene Prozesse, die Unternehmen in ihrem Alltag prägen. Ein **organisationsweites Grundmuster** von Entscheidungen ist das Ziel. Im Folgenden geht es um zwei grundlegende Modi. Sie stehen sich wie zwei Pole gegenüber und konkretisieren einen jeweils anderen, grundlegenden Rahmen zum Umgang mit Entscheidungsprozessen. Der eine Pol lässt sich als „inkrementell" und der andere als „unstrukturiert" beschreiben.

Inkrementell
„Inkrementell" bedeutet so viel wie schrittweise, kleinteilig oder „durchwurschtelnd" (Lindblom 1959). Das heißt, es kommt nicht zu großen Änderungen oder das in Frage stellen bisheriger Situationen, sondern zu einer starken Orientierung an den bisherigen Gegebenheiten. Entscheidungen variieren dann nur geringfügig gegenüber dem Status

quo. Es handelt sich um eine Vorgehensweise, bei denen Individuen nicht viel falsch machen können. Ausgeprägte Risikoneigung lässt sich hier nicht recht unterbringen.

Tragfähig ist eine inkrementelle Vorgehensweise dann, wenn die Umwelt weitgehend stabil ist. Dies ist der Fall, wenn die organisatorische Domäne – das Gefüge von beispielsweise Lieferanten, Wettbewerbern oder Abnehmern (s. Kap. 12) – ein geringes Veränderungspotenzial aufweist. Dabei kennzeichnet jegliche Entwicklung das Streben nach guter Planbarkeit, wie der Umgang mit Kundenwünschen, Werbemaßnahmen, Beschaffungs- oder Logistikprozessen. Illustration 11.12 zeigt anhand eines Beispiels die Vorteile des inkrementellen Modus.

Illustration 11.12: Wuppertaler Schwebebahn

Die Wuppertaler Stadtwerke betreiben neben einem ausgedehnten Netz an Buslinien auch die berühmte Schwebebahn. Es handelt sich um eine Technologie, die 1902 in Betrieb genommen wurde und die werktags rund 70.000 Fahrgäste transportiert. Die Schwebebahnstrecke ist, topografisch und technologisch bedingt, nicht sinnvoll erweiterbar. Eine Verkürzung der Strecke ist aufgrund der relativ großen Transportkapazität und aufgrund städtischer Emotionalität nicht vorstellbar. Die Züge selbst sind sehr langlebig und werden etwa alle 30 Jahre ersetzt.

Es ist leicht ersichtlich, dass es sich um keine dynamische Situation handelt. Die Nachfrage wird sich nicht rasch ändern und Konkurrenz durch andere Verkehrssysteme ist auch nicht in Sicht. Alle neuen Investitionen, Strukturen, Abläufe, Sichtweisen über Personalthemen und Ähnliches werden eine konsequente Fortschreibung vergangener Entscheidungen darstellen. Es wird so möglich, sehr systematisch alle Bereiche von Werkstatt, Personal bis hin zum Marketing weiterzuentwickeln. Alles andere als Stetigkeit führte zu Anknüpfungsproblemen in einem in sich stabilen System und wäre demnach problematisch (schwebebahn.de o. J.; WSW mobil GmbH o. J.). ◄

Der Modus des inkrementellen Entscheidens hat allerdings enge Grenzen. Diese werden offensichtlich, wenn auftretende Dynamik oder eine Verknappung von Ressourcen ein rasches Agieren erzwingen. Eine Abwendung vom Inkrementellen erfordert dabei nicht nur den Umgang mit neuen Parametern, sondern auch mit geänderten Risiken. Solch einem Umstand wird der inkrementelle Modus des Entscheidens nicht gerecht.

Unstrukturiert
Daher rückt bei solchen Situationen der unstrukturierte Modus des Entscheidens in den Vordergrund. Dieser stellt die Auseinandersetzung mit Dynamik in das Zentrum des Entscheidens (Mintzberg et al. 1976). Dem Modell zufolge, umfasst eine Entscheidungsfindung eine Serie vieler verschiedener, kleiner, nicht linearer Schritte, die zusammengenommen und über die Zeit einen positiven Effekt auf die Wertschöpfung in dynamischen Umwelten haben können.

„Unstrukturiert" bedeutet dabei aber nicht, dass einzelne Stufen chaotischer als beim inkrementellen Modus ablaufen. Die fehlende Struktur deutet vielmehr an, dass in dynamischen Situationen der ganze Entscheidungsprozess nicht geradlinig verläuft. Wie soll auch eine systematische Abfolge der Entscheidungsprozessstufen (s. Abb. 11.1) durchgehalten werden, wenn immer wieder Problemeingrenzungen, Informationen und auch Eintrittskalküle eine substanzielle Veränderung erfahren? Unstrukturiert ist somit **keine Aufforderung zur Nachlässigkeit**, sondern die Einladung zum offensiven Umgang mit Dynamik. Entscheidungsprozessstufen werden ausgelassen, mehrfach wiederholt, miteinander gekoppelt oder der ganze Prozess abgebrochen.

11.4.3 Unstrukturierter Modus: organisierte Anarchie oder „Mülleimer-Modell"

Das sogenannte „Mülleimer-Modell" der Entscheidung spitzt den unstrukturierten Modus weiter zu und versteht Unternehmen als „organisierte Anarchien". Trotz dieser für Unternehmen atypischen Begriffe wird sich zeigen, dass solche Überlegungen Entscheidungssituationen realitätsnah abbilden (Cohen et al. 1972; Lomi und Harrison 2012). Insgesamt stellt dieses Modell den Entscheidungsprozess auf den Kopf. Es wird argumentiert, dass Führungskräfte und Mitarbeiter auf Lösungen für schon einmal aufgetretene Probleme treffen und diese zum Ausgangspunkt machen.

Anarchie beschreibt einen gesellschaftlichen Zustand, in dem eine minimale Gewaltausübung durch Institutionen und maximale Selbstverantwortung des Einzelnen vorherrscht (s. Duden). Dezentralität und Eigenverantwortung sind prägende Momente, sodass die institutionelle Steuerung durch Instanzen zurücktritt. „**Organisierte Anarchie**" bedeutet, dass Anarchie zwar in der Spontanität und Unkalkulierbarkeit vorherrscht, aber immer noch Regeln durch Arbeitsverträge und sonstige Normen vorliegen. Des Weiteren kann das jeweilige Ausmaß von Dezentralität und Eigenverantwortung variieren, beispielsweise je nach Produktlebenszyklusphase. Falsch wäre daher die Annahme, jegliche Organisationen seien vollumfänglich und dauerhaft organisierte Anarchien.

Cohen et al. (1972) entwickelten die Idee einer **organisierten Anarchie**. Sie analysieren Entscheidungssituationen mit einer starken Prägung durch Unregelmäßigkeiten, Mehrdeutigkeiten und Zufälle. Als erstes Beispiel wurde das Entscheidungsverhalten einer Universität als organisierte Anarchie beschrieben. Daraus wurden drei grundlegende Merkmale einer organisierten Anarchie abgeleitet:

- **Problematische Präferenzstrukturen** bilden den Ausgangspunkt. Damit ist gemeint, dass Unternehmen auf der Basis inkonsistenter und schlecht definierter Präferenzen arbeiten. Die handelnden Personen erkennen ihre Präferenzen häufig erst im Laufe des Prozesses und/oder wechseln ihre Präferenzen. Es handelt sich um eine Art lose Sammlung von Ideen. Eine klare Struktur ist häufig nicht erkennbar.

- Hinzu treten **Unschärfen über Vorgehensweisen**. Dies deutet auf das ausschnitthafte Bild von Führungskräften und Mitarbeitern über das eigene Unternehmen hin. Die Wenigsten werden von sich behaupten können, über Wechselwirkungen zwischen Abteilungen, Individuen, Technik, Abläufen oder Ressourcenknappheiten vollumfänglich informiert zu sein. Somit treffen auch bei Entscheidungen unterschiedliche Realitätsausschnitte aufeinander, was der Linearität von Entscheidungen entgegensteht.
- Zudem liegt eine **fluide Beteiligung** an Entscheidungsprozessen nahe. Dieser Punkt besagt, dass die Mitglieder von Entscheidungsgremien ständig wechseln. Auch der Einsatz und die Beteiligung dieser Personen variiert über die Zeit. Darüber hinaus sind die beteiligten Personen weder in ihrer Präsenz, noch in ihren Prioritäten beständig. Dies liegt an Fluktuationen, sich entwickelnden persönlichen Perspektiven, unterschiedlichen Interessen oder Eigennutzüberlegungen.

Cohen et al. (1972, S. 2 f.) formen dies zu einer speziellen Organisationstheorie. Aus dem Zusammenspiel der drei oben genannten Faktoren ergeben sich Situationen, die bestimmte Entscheidungen begünstigen können. Die Entscheidungen in Unternehmen sind dabei gekennzeichnet durch vier voneinander unabhängige, dynamische Ströme. In Unternehmen befinden sich fortwährend Probleme, Lösungen, Teilnehmer sowie Entscheidungsgelegenheiten. Es handelt sich in gewisser Weise um „Ströme", die in Teilen zufällig aufeinandertreffen und dann einen bestimmten Entscheidungsprozess auslösen. Diese Ströme weisen eine Entwicklung auf, die nicht durch eine sequenzielle Differenzierung von Entscheidungsstufen erfasst werden kann. Wesentliche Bestimmungsgrößen für Entscheidungen in Organisationen sind somit Gelegenheiten, Glück und das passende Timing. Entscheidungen stellen demnach nicht das Produkt einer rationalen Analyse dar, sondern entspringen aus dem stochastischen Zusammenfluss der vier Ströme. Die folgende Illustration 11.13 veranschaulicht die vier Ströme – Probleme, Lösungen, Teilnehmer und Entscheidungsgelegenheiten – anhand eines Beispiels.

Illustration 11.13: Probleme, Lösungen, Teilnehmer und Entscheidungsgelegenheiten

Zwei Führungskräfte verabreden sich ohne konkrete Gesprächsabsichten routinemäßig zum Mittagessen. Einer von beiden ist genervt, weil zwei Vakanzen immer noch nicht besetzt sind und er selbst Daten für eine Monatsstatistik sammeln und aufbereiten muss.

„Ich bin total genervt, jetzt muss ich das machen, was auch ein Praktikant kann." Der andere pflichtet bei: „Mir geht das auch oft so, ich habe den Eindruck, unsere Personalabteilung ist viel zu bürokratisch und schreckt gute Kandidaten eher ab." Die andere Führungskraft antwortet: „Ja, das sollten wir irgendwann mal thematisieren."

Beim Hinausgehen stoßen sie auf den Geschäftsführer. „Na, Ihr seht ja gar nicht zufrieden aus." Die sarkastische Antwort: „Ich habe einen Nebenjob: Ich bin in meiner Abteilung auch noch der Praktikant." Die Führungskräfte erläutern anschließend Ihre Sorgen.

11.4 Organisationsebene: Modelle und Instrumente zur Formung von …

Der Geschäftsführer hat bereits eine Lösung parat. „Geeignet sei doch ein Strategietreffen aller Beteiligten. Ich habe schon länger vor, mal eins zu organisieren. Wir sollten das dort auf die Tagesordnung bringen". Eine Führungskraft erwidert frohlockend: „Das ist eine gute Idee! Bei meinem letzten Arbeitgeber war die Personalabteilung nur formal involviert und eigentlich sollte das nicht so sein. Wir müssen Vorgaben machen, welchen Prozess wir brauchen und den verantworten wir dann auch." ◄

Probleme sind wahrgenommene Defizitausprägungen und Anliegen von jeglichen Stakeholdern. Sie reichen dabei von Frustrationen während der Arbeit, bis hin zu unternehmensexternen Krisen. Es ist deren relative Bedeutung, die Probleme in den Fokus rücken lässt.

Lösungen richten sich an dieser Stelle nicht auf einen spezifischen Entscheidungsprozess, sondern entstammen vergangenen Situationen. Das heißt, vergessene, verdrängte oder als nicht-potenzialreich bemessene Antworten auf bisherige Problemstellungen stellen ein Antwortpotenzial für zukünftige Probleme dar.

Teilnehmer von formalen Entscheidungssituationen kommen und gehen. Dies liegt an verschobenen Prioritäten, Unternehmenswechsel, Aufstieg und Ähnlichem. Das heißt, die Menge und Qualität an Teilnehmern ist nicht gut planbar. So suchen auch Mitarbeiter und Führungskräfte nach passenden Entscheidungsgelegenheiten für sich. Zudem werden Teilnehmer auch nicht-umgesetzte Lösungen in einer heterogenen Art und Weise präferieren.

Entscheidungsgelegenheiten sind unabdingbar für Entscheidungen. Preisgestaltung, Ersatzinvestitionen oder Produkthaftungsklagen zählen dazu. Es ist deren wahrgenommene, relative Bedeutung, die zu Entscheidungen führt. Dies ist beispielsweise für Motivationsprogramme, Dezentralisierung oder Leistungsspannen typisch. Zu Entscheidungen kommt es dabei nur, wenn die anderen drei Ströme Perspektiven bieten.

In gewisser Weise muss man sich diese Komponenten in einem „Mülleimer" vorstellen, die dort „herumlungern". Hier treffen die entscheidungsauslösenden Komponenten aufeinander. Bei der Bezeichnung „Mülleimer" handelt es sich jedoch nicht um einen realen Mülleimer, der geleert werden kann und es wäre auch völlig falsch, ihn leeren zu wollen. Die Bezeichnung ist dennoch passend, da es sich jeweils um Erinnerungen an „Nicht-Genutztes" oder um „vermeintlich Nicht-Nutzbares" handelt. Diese Komponenten lösen beim Aufeinandertreffen Entscheidungen aus und erfahren dadurch ihre Substanz. Sie nehmen daher bei als passend interpretierten Kombinationsmöglichkeiten rasch an Fahrt auf. Von den Potenzialen her betrachtet, sollte man lieber von einer Schmuckschatulle, die wahre Schätze in sich birgt, als von einem Mülleimer sprechen.

Aus dieser Perspektive entziehen sich viele Entscheidungssituationen einer umfänglichen Planung. Cohen et al. (1972) beobachteten, dass die Realität von Entscheidungsfindungen nicht zum rationalen Modell der Entscheidungsfindung passt. Die Beschreibung einer „organisierten Anarchie" macht genau diese erratischen Momente und die Zufälligkeit deutlich. Sie prägt außerdem, wie der Verdichtungsprozess dieser vier Komponenten abläuft (s. Abb. 11.4).

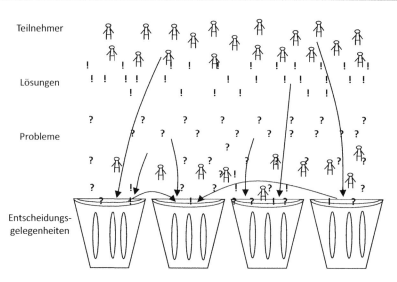

Abb. 11.4 „Mülleimer-Modell" nach March 1994 (Kieser und Ebers 2014, S. 134)

Zudem wird an dieser Stelle das außerordentliche Flexibilitäts-, Kreativitäts- und Innovationspotenzial des Mülleimer-Modells deutlich. Die folgende Illustration 11.14 richtet sich darauf.

Illustration 11.14: Wertschöpfung in der Produktionsabteilung

In enger Absprache mit dem Personalleiter möchte der Vorstandsvorsitzende die Produktionsabteilung des Unternehmens „beleben". Handeln soll durch quantitative Grundlagen messbar werden und hinsichtlich des Geldes, Aufstiegsperspektiven und in unternehmensweite Anerkennung münden.

Der Produktionsleiter kommt von der Jahrestagung eines Ingenieurverbandes zurück. Das Thema lautete „Operative Tätigkeiten und Leistungssteigerung". Es wurde viel über Motivation, Führung und Gruppendynamik referiert. Der Produktionsleiter empfindet diese Gedanken als anregend, kann sich die Umsetzung jedoch derzeit nicht vorstellen.

Der Vorstandsvorsitzende begleitet seinen Sohn zum Fußball, der seit kurzem in der E-Jugend spielt. Er trifft auf gleich vier Produktionsmitarbeiter, die ihn grüßen. Sie streichen die Umkleidekabine. Zudem berichten sie, dass sie bereits den Zaun an vier Wochenenden und im Regen komplett erneuert haben. Es kamen immer wieder Hunde auf den Rasenplatz, das musste verhindert werden. Diese Verantwortungsübernahme sei ihr Ding.

Bei der letzten Weihnachtsfeier erlebt der Produktionsleiter die enorme Gruppenkohäsion einer großen Zahl seiner Mitarbeiter. Ähnliches deutet der seit Jahren existierende, zwanglose „Freitagsgrill" an, der jeweils am ersten Freitag eines jeden Monats stattfindet. Die geringe Abwesenheitsquote führte der Produktionsleiter auf diese Kohäsion zurück.

Auf der halbjährlichen Sitzung des Beirates schildert ein externes Mitglied die Wirkungen einer organischen Struktur, die in dessen Industriebetrieb seit Jahren Anwendung findet.

Der Vorstandsvorsitzende ist irritiert. Er revidiert während der Sitzung seinen ursprünglichen Plan und beauftragt einen Stabsmitarbeiter zur tiefergehenden Analyse von handlungsorientierten Zusammenhängen. Auf der nächsten Klausursitzung möchte er in eine Diskussion mit den Führungskräften treten, um Probleme, Lösungen und Entscheidungsgelegenheiten auszuloten. ◄

In diesem Beispiel „lungern" Probleme, Problemlösungen, Teilnehmer sowie Entscheidungsgelegenheiten „herum". Sie treffen tatsächlich zufällig aufeinander. Organisierte Anarchie lässt genau diese Richtungslosigkeit zu und führt dadurch zu Entscheidungen.

Das Mülleimer-Modell beschreibt hier nicht nur eine durchaus naheliegende Art und Weise von Entscheidungsstrukturen. Vielmehr erfährt auch die Entscheidungsfindung auf Individual- sowie auf Gruppenebene eine theoretische Fundierung. So werden Entscheidungssituationen erzeugt und auch geprägt, die dann von Individuen sowie von der Gruppenebene eine Bearbeitung erfahren.

11.4.4 Ansatzpunkte zur Verbesserung von Entscheidungen

11.4.4.1 Verbesserung der Datenlage sowie deren Auswertung

Zur Verbesserung der Datenlage für Entscheidungen werden drei Ansatzpunkte diskutiert: Evidenzbasierte Entscheidungen, Crowdsourcing sowie Big Data Analytics.

Evidenzbasierte Entscheidungen

Evidenzbasierte Entscheidungen beruhen auf dem Prinzip, die besten verfügbaren Erkenntnisse in Unternehmen zu überführen und auf deren Basis Entscheidungen zu treffen. Evidenzen umfassen vor allem wissenschaftliche und aus Unternehmensdaten gewonnene Erkenntnisse. Solche Entscheidungen sollten eine bessere Qualität haben, als wenn sie lediglich auf persönlichen Präferenzen oder unsystematischen Erfahrungen beruhen.

Allerdings werden evidenzbasierte Entscheidungen nicht durchgängig praktiziert. Die Ursachen hierfür sind vielfältig. Beispielsweise haben Führungskräfte schlicht kein Wissen über bestimmte wissenschaftliche Methoden oder Erkenntnisse und eher wenige befassen sich mit der hierfür relevanten Literatur zum Management. Dies ist auch auf den Umstand zurückzuführen, dass solches Wissen im Rahmen von betriebswirtschaftlichen Ausbildungen nicht immer umfangreich gelehrt wird. Des Weiteren üben Stakeholder, wie beispielsweise Aktionäre, Druck aus, um schnelle Erfolge zu erzielen. Hierbei wird nicht nur der Entscheidungshorizont eingeschränkt, sondern auch qualitativ hochwertige Entscheidungen, die eine längere Zeit für ihre Reifung benötigen, reduziert (Johns und Saks 2017, S. 419 f.; Rousseau 2006, S. 256–258).

Crowdsourcing

Crowdsourcing bedeutet, dass ein Unternehmen eine ursprünglich interne Funktion an ein undefiniertes (und im Allgemeinen großes) Netzwerk von Personen auslagert. Die entscheidende Voraussetzung ist die Nutzung des Open-Call-Formats und die Adressierung eines großen Netzwerks potenzieller Nutzer. Üblicherweise erfolgt solch ein Aufruf über das Internet, indem ein Unternehmen ein Problem online stellt und eine Prämie für die beste Lösung in Aussicht stellt. Das veröffentlichte Problem wird dann von einer großen Anzahl von Personen im Netzwerk bearbeitet, die vielfältige Lösungen anbieten.

Die generierten Lösungen können dann als Grundlage für Entscheidungen im Unternehmen herangezogen werden. Crowdsourcing kann daher als ein strategisches Instrument eingesetzt werden, um eine interessierte und motivierte Menge von Individuen anzuziehen, die in der Lage sind, qualitativ und quantitativ bessere Lösungen anzubieten als herkömmliche Unternehmensfunktionen (Brabham 2008, S. 76–78). Mit diesem Ansatz kann der Entscheidungsprozess im Unternehmen vor allem verbessert werden, wenn die Expertise im Unternehmen fehlt (Johns und Saks 2017, S. 421) und es sich nicht um ein dialektisches Problem handelt. Folgende Illustration 11.15 zeigt auf, wie Crowdsourcing erfolgreich eingesetzt werden kann.

> **Illustration 11.15: „Do Us a Flavor"-Kampagne von Lay's**
>
> PepsiCo startete im Juli 2012 erstmals die Kampagne „Do Us A Flavor" in den USA. PepsiCo setzte eine Crowdsourcing-Lösung ein, um Produktinnovationen anzuregen und die Begeisterung der Verbraucher für seine Kartoffelchipmarke Lay`s zu wecken. Das Unternehmen erstellte eine Facebook-Seite, die den Teilnehmern die Möglichkeit bot, auf einfache Weise Vorschläge für neue Kartoffelchips-Aromen einzureichen. Hierfür schrieb das Unternehmen eine Prämie von $ 1 Million für den gewinnenden Chips-Geschmack aus.
>
> Nach der Einreichung erhielten die Benutzer ein generiertes Bild einer Chipstüte, die an ihren Geschmack angepasst wurde. Die Teilnehmer konnten dann das Bild mit Freunden auf ihren Social Media Plattformen teilen. Nach Ablauf der Einreichungsfrist half eine Jury, die Einreichungen auf die Top 3 zu begrenzen. Die drei Aromen wurden dann in die Geschäfte geliefert, damit die Kunden sie kaufen und probieren konnten. PepsiCo öffnete dann die finale Online-Abstimmung. Die Geschmacksrichtung „Cheesy Garlic Bread" gewann schließlich die Abstimmung und die Einreicherin Karen Weber-Mendham konnte sich über die Prämie freuen.
>
> Die erste Crowdsourcing-Kampagne von PepsiCo in den USA war ein großer Erfolg. Während der zehnmonatigen Kampagne des Unternehmens erhielt es 3,8 Millionen Einreichungen, erzielte über 22,5 Millionen Facebook-Besuche und verzeichnete schließlich eine Umsatzsteigerung von +12 % gegenüber dem Vorjahr (HBS Digital Initiative 2018). ◄

Big Data Analytics

Eine wachsende Zahl von Unternehmen konzentriert ihre Investitionen auf Big Data Analytics mit dem Ziel, wichtige Erkenntnisse für die Steuerung des Unternehmens auf Basis großer Datenmengen zu gewinnen. Dabei unterscheidet sich Big Data Analytics von herkömmlichen Datenanalysen, da die herangezogene Datenbasis umfassender ist. In der Regel handelt es sich um Datenmengen in der Größenordnung von Peta- oder Exabytes (Mikalef et al. 2018, S. 548–550). Big Data stellt ein umfangreiches Datenvolumen dar, das eine Live-Aktualität hat und eine große Bandbreite an unterschiedlichen Formaten und Inhalten aufweist (Davis 2014, S. 41). Dies kann mit gängigen Softwaretools weder erfasst, noch in einer angemessenen Zeit verarbeitet werden (Bharadwaj et al. 2013, S. 476 f.). Es werden daher besondere Server-Infrastruktureinrichtungen, spezielle Software und Humanressourcen benötigt, um Big Data zu erfassen und zu analysieren (Akter et al. 2016, S. 118–120).

Da der Umgang mit Big Data Analytics große, traditionsreiche, produzierende Unternehmen vor große Herausforderungen stellt – üblicherweise liegt es nicht in ihrer Kernkompetenz, derartige Datenmengen zu verarbeiten –, gehen manche von ihnen strategische Partnerschaften mit Big Data Experten ein, wie es die folgende Illustration 11.16 zeigt.

> **Illustration 11.16: Besonderer Deal zwischen Amazon und VW**
>
> VW hinkt bei der Produktivität und Schnelligkeit seiner weltweiten Produktion im Vergleich zur Konkurrenz noch an einigen Stellen deutlich hinterher. Weder eine Live-Übertragung, zum Beispiel der Lagerstände oder welche Maschinen in Betrieb sind, noch die nötige Transparenz dazu sind bis jetzt in der VW-Zentrale der Alltag. Das soll sich jedoch mit Hilfe von Amazon schnell ändern. Durch den Einsatz von Big Data Analytics soll die Transparenz verbessert werden, Geld gespart und die Qualität in der Produktion erhöht werden, sodass diese wieder als echter Wettbewerbsvorteil für VW gegenüber anderen Konzernen gilt.
>
> In Zukunft sollen auch die Zuliefererfirmen, alle Standorte sowie Fabriken miteinander vernetzt werden. Hierfür wird eine öffentliche Plattform entwickelt, sodass dem ganzen Konzern Echtzeit-Daten zur Verfügung stehen. Amazon soll dabei als strategischer Partner sein Wissen über die Big Data Technologien mit einbringen (Martin-Jung und Hägler 2019). ◄

11.4.4.2 Formung des Entscheidungsprozesses durch normierte Techniken

a) Delphi-Methode

Die Delphi-Methode ermöglicht es, eine große Menge von Experten-Urteilen durch die Nutzung einer Reihe zunehmend verfeinerter Fragen zu gewinnen und so Entscheidungen zu verbessern. Hierbei ist die Abgabe der Experten-Urteile nicht an einen Ort gebunden, wodurch die Teilnahme einer deutlich höheren Anzahl von Experten erlaubt wird. An die Experten wird eine Serie von Fragebögen verschickt, die mehrere Runden umfasst.

Ein Beispiel wäre der Wunsch einer Geschäftsleitung, den Kundenservice zu bewerten und zu verbessern. Die erste Runde der Fragebögen wird dann an die Mitarbeiter adressiert, die im direkten Kontakt zu den Kunden stehen. Gestellte Fragen weisen ein offenes Antwortformat auf und die Mitarbeiter können dann die wahrgenommenen Stärken und Schwächen in Bezug auf den Kundenservice auflisten. Anschließend werden die Probleme zusammengefasst und in einer weiteren Runde Lösungsvorschläge eingeholt, die schließlich quantitativ von den betreffenden Mitarbeitern bewertet werden. Die identifizierten Probleme und Lösungen, inklusive der Bewertungen, werden dann den Entscheidern vorgelegt (Johns und Saks 2014, S. 36).

Die Delphi-Methode basiert auf den **Grundprinzipien** der Anonymität, der Iteration, dem kontrollierten Feedback und der statistischen Aggregation von Gruppenantworten. Anonymität wird dadurch erreicht, dass die Teilnehmer ihre Antworten in Form von anonymen Fragebögen abgeben. So soll sozialer Druck vermieden werden. Iteration beschreibt die Beantwortung einer Serie von Fragebögen in Runden, so dass jeder Experte seine Meinung von Runde zu Runde ändern und weiterentwickeln kann. Zwischen den Runden bekommt jeder Teilnehmer Informationen über die Antworten der anderen Teilnehmer, wodurch kontrolliertes Feedback gewährleistet wird (Rowe et al. 1991, S. 236 f.).

Ein großer **Vorteil** dieser Methode ist es, dass gruppenkonformes Verhalten und Beeinflussung durch dominante Gruppenmitglieder vermieden werden. Diese vorteilige Arbeitsweise bringt jedoch durch die stark dezentrale Arbeitsweise ebenfalls Nachteile mit sich. So ist, auch in Zeiten elektronischer Kommunikation, das benötigte Zeitfenster der Durchführung vergleichsweise hoch. Die Effektivität der Delphi-Methode hängt zudem stark von den teilnehmenden Experten, ihrer Motivation und von der Fähigkeit ab, Expertise in schriftlicher Form auszudrücken. Unter Berücksichtigung dieser Vor- und Nachteile ist die Delphi-Methode allerdings eine effiziente Methode, um eine größere Menge von Experten-Urteilen sammeln zu können. Im organisatorischen Entscheidungsprozess wird sie jedoch größtenteils nur unterstützend eingesetzt. Das heißt, das Urteil der Experten dient zur besseren Orientierung der Entscheidungsträger und stellt keine formale Entscheidung an sich dar.

b) Nominal-Gruppen-Technik

Die nominale Gruppentechnik ist eine strukturierte Technik der Gruppenentscheidung, die eine Generierung und Evaluation von Ideen umfasst und diese Phasen voneinander abtrennt (Johns und Saks 2014, S. 408 f.). Die Gruppe trifft sich, ähnlich wie bei einem regulären Abstimmungsprozess, um den Prozess gemeinsam zu durchlaufen.

Zuerst erfolgt die Generierung von Ideen in Einzelarbeit, ohne Abstimmung oder Diskussion untereinander. Im Anschluss werden diese Ideen von den Teilnehmern vorgetragen und beispielsweise an einer Tafel **gesammelt**. Die Ideen werden in dieser Phase noch nicht kommentiert oder näher besprochen, sondern lediglich von den Teilnehmern vorgestellt. Auf die Sammlung folgt eine **Diskussionsphase** über alle eingereichten Ideen. Somit wird sichergestellt, dass jede Idee die gleiche Aufmerksamkeit erhält und Unklarheiten beseitigt werden.

Der Prozess schließt mit einer **geheimen Abstimmung** über die gesammelten Ideen. Dies kann beispielsweise in ein Ranking aller Alternativen münden, welche abgegeben wurden (van de Ven und Delbecq 1974, S. 606). Das strukturierte Vorgehen und die Trennung von der Ideensammlung und Evaluation kann Symptome des Gruppendenkens und die Beeinflussung durch dominante Teammitglieder reduzieren. Nachteilig ist jedoch der hohe Ressourcenaufwand, um eine adäquate Gruppe für die persönliche Interaktion zusammenzustellen (Johns und Saks 2014, S. 409).

c) Teufels-Advokat
Eine weitere Technik, die als Gegenmittel zum Gruppendenken beschrieben wird, ist die Technik des Teufels-Advokaten von Janis (1982). Eine zum Teufels-Advokaten ernannte Person hat die Aufgabe, einen von der Gruppe vorgesehenen Plan zu hinterfragen und dessen Schwachstellen aufzudecken. Dies folgt der Vorstellung, dass ein „guter" Plan auch härtester Kritik widerstehen muss (Mason 1969, S. 407). Die Kritik muss nicht der persönlichen Meinung des Teufels-Advokaten entsprechen, sondern soll bewusst misstrauisch und sachlich sein.

Häufig wird Entscheidungsqualität durch eine solche **Kontroverse** verbessert. Sie hat gegenüber anderen Ansätzen jedoch auch einige Nachteile. So äußert der Anwalt des Teufels ausschließlich Kritik, hilft jedoch nicht direkt bei der Entwicklung eines Soll-Zustands. Im „Erfolgsfall" des Teufels-Advokaten ergibt sich höchstens die Ablehnung eines bestehenden Planes, jedoch keine neue Alternative. Auch aus psychologischer Sicht kann der Ansatz als destruktiv und möglicherweise demotivierend kritisiert werden (Mason 1969, S. 407).

So ist der Ansatz des Teufels-Advokaten eine Methode zur Evaluation bestehender Entscheidungsalternativen, muss aber ggf. mit anderen Ansätzen zur Verbesserung von Entscheidungen kombiniert werden, die dann konstruktiv bessere Entscheidungsalternativen erzeugen können.

11.4.4.3 Veränderung von Entscheidungsstrukturen
a) Verwendung von heterogenen Gruppen
In sehr homogenen Gruppen kommt es immer wieder zu Prozessen, die zu suboptimalen Entscheidungen führen. Führungskräfte fördern teilweise die Homogenität in ihrem Zuständigkeitsbereich, indem sie Kandidaten mit ähnlichem Bildungsweg und gesellschaftlichem Hintergrund bevorzugen (Gutting 2015, S. 8). Dies kann allerdings unter anderem zum bereits genannten Gruppendenken führen.

Bei dem Begriff Heterogenität geht es in erster Linie um die Unterschiedlichkeit von Mitarbeitern in Bezug auf entscheidungsrelevante Merkmale. Somit wird eine heterogene Gruppe als solche verstanden, in der durch die unterschiedlichen Hintergründe vielfältige Informationsgrundlagen, vorgeschlagene Entscheidungsalternativen und Meinungen vorliegen und dass dort auch ein Austausch darüber ohne größere Schwierigkeiten möglich ist.

Mitglieder einer heterogenen Gruppe verarbeiten Informationen auf unterschiedliche Weise und können so schon zu Beginn des Entscheidungsprozesses zu einer größeren Vielfalt an Perspektiven beitragen. Durch den Austausch dieser Perspektiven und Interpretationen können dann im nächsten Schritt auch am ehesten alle Argumente (Kosten, Nutzen und Risiken) berücksichtigt werden (Nemeth und Staw 1989). Bei der eigentlichen Entscheidung ist dann der fachliche Konflikt durch heterogene Ansichten sehr förderlich. So ist die Qualität von kreativen und intellektuellen Problemlösungen in heterogenen Gruppen unter bestimmten Bedingungen höher als in stark homogenen Gruppen (Cox und Blake 1991; Hoffman 1959; Hoffman und Maier 1961; Johns und Saks 2014, S. 235; Nemeth 1986; Olson et al. 2007). Dies gilt insbesondere auch für Top-Management-Teams. So lässt sich beispielsweise im Bankensektor ein Zusammenhang zwischen der Heterogenität des Top-Managements und der Innovationsrate des Unternehmens beobachten (Bantel und Jackson 1989). Demgegenüber zeigt die folgende Illustration 11.17, welches Problem eine zu homogene Gruppe mit sich bringen kann.

Illustration 11.17: Entscheidungsfindung bei RIM

Am 22. Januar 2012 veröffentlichte Research in Motion (RIM) den Rücktritt des Führungsduos Mike Lazaridis und Jim Balsillie. RIM, ein Unternehmen, das die mobile E-Mail erfunden und so einen großen Teil zum heutigen Smartphone beigetragen hatte, war nicht mehr das dominierende Unternehmen wie einige Jahre zuvor. RIM hatte einen großen Teil des Börsenwerts verloren, verbuchte ein deutlich gesunkenes Wachstum an Abonnenten/Kunden und musste viele Entlassungen vornehmen.

Das schnelle Wachstum hatte dazu geführt, dass vorhandene Management-Strukturen den Entscheidungsprozess verlangsamten und eher für ein junges Start-Up passend waren. Alle Entscheidungen wurden von Lazaridis und Balsillie dominiert. So passten sich alle Führungskräfte ihren Entscheidungen an. Allerdings übersah RIM somit unmittelbare Wettbewerbsbedrohungen (zum Beispiel das Apple iPhone) und die notwendigen Anpassungen des Portfolios an die sich wandelnden Kundenbedürfnisse.

Ein weiterer, gewichtiger Grund für die Schwierigkeiten in der Entscheidungsfindung war die starke Angewohnheit, fast ausschließlich Mitarbeiter aus den eigenen Reihen zu befördern, anstatt auch außerhalb des Unternehmens neue Talente zu rekrutieren. Dies führte unter den Führungskräften zu einer schlechten Informationslage über die Entwicklungen außerhalb des Unternehmens und zu einem insularen Denken. Die geringe Durchlässigkeit von außen hatte zu einer zu großen Homogenität der Perspektiven und zu einem Scheitern des Unternehmens durch schlechte Entscheidungen geführt (Johns und Saks 2014, S. 404). ◄

Es lässt sich jedoch nicht sagen, dass eine maximale Heterogenität das Optimum für erfolgreiche Gruppenentscheidungen darstellt. So wächst der Abstimmungsbedarf innerhalb der Gruppe (Watson et al. 1993), das Einbringen unterschiedlicher Expertisen wird

11.4 Organisationsebene: Modelle und Instrumente zur Formung von ...

diffiziler (Stasser und Titus 1985, S. 1477) und die Gruppenkohäsion nimmt ab (Harrison et al. 1998, S. 101–103; Tsui et al. 1992, S. 574).

b) Heranziehen von externen Experten
Ein weiterer Ansatz zur Verbesserung von Entscheidungen in Organisationen ist das Heranziehen von externen Experten. Der Markt für externe Beratungsleistungen ist in Deutschland stark wachsend. Allein von 2007 bis 2017 erhöhte sich der Branchenumsatz von € 16,4 Milliarden auf € 31,5 Milliarden (Bundesverband Deutscher Unternehmensberater e.V 2015, 2018). Die Einsatzfelder für externe Experten reichen von der Strategieberatung über Prozesse, der Personalberatung bis hin zur IT-Beratung.

Im Idealfall haben diese externen Berater in der spezifischen Beratungsleistung eine große Expertise, auf die sie zurückgreifen können. Expertise meint „Kenntnisse und intellektuelle Fähigkeiten einzelner Personen, deren Leistung auf einem bestimmten Fachgebiet weit über dem Durchschnitt liegen. Expertenwissen besteht in der Regel aus sehr großen Informationsmengen in Verbindung mit Vereinfachungen, wenig bekannten Fakten, Faustregeln und klugen Verfahrensweisen (Heuristiken), die eine effiziente Problemlösung (in diesem Gebiet) ermöglichen" (Siepermann o. J.).

c) Kollaterale Organisationsstruktur
Die allgemeine Lern- und Entscheidungsfähigkeit eines Unternehmens kann durch eine sogenannte Collateral Organizational Structure erhöht werden. Dabei handelt es sich um eine informale Schattenorganisation von Führungskräften, die parallel zur formalen Organisationsstruktur geschaffen wird. Sie soll die Entscheidungen der Führungskräfte in der formalen Organisation begleiten und evaluieren (Jones 2013, S. 380).

Die formale Organisationsstruktur mit Über- und Unterstellungen sowie Verantwortlichkeiten eignet sich für den Umgang mit gut definierten und sich wiederholenden Problemen. Die informale Organisation soll hingegen den Umgang mit unsicheren, schlecht definierten und schwer vorhersagbaren Problemen verbessern. Sie ist als eine Art Ergänzung der formalen Organisationsstruktur gedacht und soll diese keinesfalls ersetzen. Die informale Organisationsstruktur hat somit keine Daseinsberechtigung an sich, sondern besteht einzig und allein zum Nutzen der formalen Organisation. Sie enthält auch keine anderen Führungskräfte, sondern vernetzt die vorhandenen Führungskräfte mit anderen Normen. Diese Normen beinhalten eine sorgfältige Fragekultur und Analyse von Problemen, Alternativen, Annahmen und Evaluationskriterien (Zand 1974, S. 71).

Vorteile hierdurch sind, dass bestimmte Entscheidungen einzelner Führungskräfte in der Schattenorganisation als Vorbild für weitere Entscheidungen in der formalen Organisation dienen können und somit eine Art Lernobjekt darstellen. Des Weiteren besteht umgekehrt die Möglichkeit, dass Entscheidungen von Führungskräften nachträglich durch den Diskurs in der informalen Organisation kritisch hinterfragt und verbessert werden können. Außerdem kann das Bestehen einer informalen Organisation Druck auf die Entscheider ausüben, gewissenhaftere Entscheidungen zu treffen. Dies ist dem Umstand geschuldet, dass jede Entscheidung durch das Kollegium in der Schattenorganisation kritisch reflektiert werden kann. Darüber hinaus kann auch das Verständnis der Führungskräfte untereinander durch solch eine Organisationsstruktur erhöht werden, da der Austausch über Probleme und Entscheidungen in verschiedenen Konfigurationen vorgenommen wird (Jones 2013, S. 380; Zand 1974, S. 65).

11.5 Quintessenzen für Managementerfolg

Entscheidungen bilden die Grundlage jeder Wertschöpfung. So wird über jegliche Ressourcen und deren Transformation sowie über Wertschöpfungsmoderatoren in der ein oder anderen Form entschieden. Sie reichen von weitgehend unkritischen Alltagsentscheidungen, wie beispielsweise Büromaterialbestellungen, bis hin zu oft kritischen Entscheidungen, wie beispielsweise zu Unternehmensstrategien, Vergütungsstrukturen, Joint Ventures, Lieferverträgen oder Produktprogrammen. Ein differenzierter Umgang mit Entscheidungen leistet also einen erheblichen Beitrag zum Managementerfolg.

Wichtig für das Verständnis von Entscheidungen ist das **Grundmodell der Entscheidungstheorie**, das vollumfänglich Alternativen und deren Eintrittswahrscheinlichkeiten kombiniert und zu Ergebnisvergleichen überführt. Die Perspektive, es könne eine rein rationale Optimierung bei der Ausgestaltung der Wertschöpfung geben, wird mit dem Thema „Entscheidungen" allerdings relativiert. Dies liegt an der Komplexität vieler Entscheidungen, die zu diversen kognitiven Verzerrungen und somit zu einer Abweichung von idealen, rationalen Entscheidungen führt. So formen einerseits individuelle, gruppenhafte und organisatorische Handlungsbegründungen jegliche Benennung, Analyse, Prognose und Bewertung von Entscheidungsalternativen. Zum anderen liegen einer optimalen Entscheidung unweigerlich unzählige Überlegungen zugrunde, wie sich diese auf die Qualität und Struktur der Wertschöpfung auswirken könnten. Diese Anzahl von Informationen können weder effizient noch umfassend aufgrund begrenzter, kognitiver Kapazitäten in der Entscheidungsfindung berücksichtigt werden.

Auf der individuellen Ebene finden sich Entscheidungsprobleme bei der **informatorischen Fundierung** (s. Kap. 5). Es ergeben sich Verzerrungen bei der Problemeingrenzung und bei der Suche nach relevanten Informationen, so dass weder die Identifizierung möglicher Alternativen noch deren Bewertung rational stattfinden können. So ist schon die Basis einer Entscheidung potenziell unvollständig. Auch die anschließende Auswahl von Alternativen unterliegt dem nachlässigen Umgang mit statistischen Daten und ist von der sprachlichen Einbettung der Alternativen abhängig. Selbst bei der Analyse und Bewertung bereits implementierter Lösungen kann sich die **eskalierende Selbstbindung** in den Weg einer optimalen Entscheidung stellen. Diese führt zu einer übermäßigen Fixierung von bereits ausgewählten Alternativen und zu einem unausweichlichen Wohlfahrtsverlust.

Aufgrund der Abweichungen vom rationalen Ideal auf individueller Ebene könnte es nahe liegen, Entscheidungen teilweise in Gruppen zu treffen, zumal hier Argumente für eine höhere Entscheidungsqualität existieren. Dennoch ergeben sich hier weitere, gruppenspezifische Phänomene der Rationalitätsabweichung. Das **Gruppendenken** beschreibt

11.5 Quintessenzen für Managementerfolg

eindrucksvoll, wie sich die beteiligten Individuen in ihrem Denken einengen, andere auf den gleichen Kurs bringen und bar jeglicher Kritikfähigkeit sind. Im Nachhinein und wenn sich die Fehlerhaftigkeit der Entscheidungen herausstellte, sind viele erstaunt, wie es zu dieser Entscheidung kommen konnte und warum sie selbst dazu beitragen konnten. Wenn dies auf höchster, weltpolitischer Bühne – wie im Text beschrieben – nicht verhindert werden kann, wie gefährlich ist das Gruppendenken erst in weniger professionellen Zusammenhängen.

Das **Risikoschubphänomen** beschreibt eine gruppenspezifische Entscheidungsverzerrung, die zu riskanteren Entscheidungen führt. Die ursprüngliche, individuelle Risikopositionen wird durch den Diskussionsprozess innerhalb der Gruppe verschärft und gestärkt. So ist es typisch, dass einzelne Diskussionsbeiträge ein klein wenig schärfer als die tatsächlichen Risikopositionen klingen. Dies sichert generelle Aufmerksamkeit und Anerkennung durch Gleichgesinnte, hat aber den negativen Effekt, dass Entscheidungen die Managementperformanz durch unerwünschte Konsequenzen bedrohen können. Umgekehrt funktioniert der Vorsichtsschub, bei dem anfängliche Vorsichtspositionen durch die Diskussionsbeiträge stärker ausgeprägt werden.

Entscheidungen auf der Individual- und Gruppenebene sind durch eine organisatorische Entscheidungsebene eingerahmt. Konkret meint dies unternehmensweite **Paradigmen**, die normieren, wie mit Entscheidungen generell umgegangen werden soll. Das aktuelle Entscheidungsparadigma in einem Unternehmen wirkt dann auf die beschriebenen Rationalitätsabweichungen beim Entscheiden. Je nachdem, welches Paradigma vorherrscht, werden unterschiedliche Verzerrungen im Vordergrund stehen. Begrifflich werden diese Paradigmen mit „inkrementell", im Sinne von eher schrittweisen und kleinteiligen Entscheidungen mit starker Orientierung an den bisherigen Gegebenheiten, und „unstrukturiert", als nicht-lineare und dynamische Entscheidungsfindung, beschrieben.

Eine Zuspitzung des unstrukturierten Verständnisses stellt das sogenannte „**Mülleimer-Modell**" dar, das eine hohe Zugkraft für Innovationsentscheidungen aufweisen kann. Demnach werden Unternehmen als eine Ansammlung von Führungskräften und Mitarbeitern, nicht realisierter Lösungen, nicht bearbeiteter Probleme sowie Entscheidungsgelegenheiten verstanden. Diese vier Ströme durchziehen jedes Unternehmen und treffen eher zufällig aufeinander. Dieses Aufeinandertreffen bearbeitet dann aktuelle Probleme vor dem Hintergrund gesammelter Erfahrungen und Interpretationen. Durch aktive Pflege dieser vier Ströme können Entscheidungen auf Unternehmensebene und die Generierung von Innovationen verbessert werden.

Neben dieser umfänglichen Sensibilisierung für Schwierigkeiten und Verzerrungen bei der Entscheidungsfindung wird für die Praxis besonders relevant sein, welche Ansätze die Entscheidungsqualität verbessern können. Beispielsweise können Entscheidungsprozesse in Gruppen durch **organisatorische Regeln** verbessert werden. Normierende Techniken von Entscheidungssituationen oder die gezielte Veränderung von Entscheidungsstrukturen hinsichtlich Zusammensetzung, Rollen und Verantwortungen zählen dazu. Auswüchsen von Entscheidungsirrationalitäten kann dadurch zumindest in Teilen begegnet werden. Auch können durch kompetenzerweiternde Personalentwicklungsmaßnahmen, zum Beispiel Erlernen von Gruppenentscheidungstechniken oder Sensibilisierung für kognitive Verzerrungsmuster, solche Irrationalitäten bewusst gemacht werden. Nicht selten finden in der Praxis solche Schulungen im Rahmen der Personalrekrutierung (s. Kap. 4) statt, um so auf Wahrnehmungsverzerrungen wie den Ähnlichkeits- oder den Ausstrahlungseffekt (s. Kap. 5) aufmerksam zu machen und Fehlentscheidungen bei der Bewerberauswahl zu minimieren.

Die unterschiedlichen **Organisationsstrukturen** (s. Kap. 6, 7 und 8) führen zu unterschiedlichen Wertschöpfungsstrukturen sowie Aufgaben von Mitarbeitern und Führungskräften. Trotz dieser Unterschiede sind jeweils alle drei Entscheidungsebenen vollumfänglich relevant. Bei Funktionsbereichen kann beispielsweise das Mülleimer-Modell auf der Ebene der Hauptabteilungen Nutzen stiften. Bei einer divisionalen Struktur greift es auf der Spartenebene und bei einer Matrixorganisation über die beiden dort typischen zweiten Hierarchieebenen. Auch Gruppenentscheidungen sowie die individuellen Phänomene werden überall vorfindbar sein. Somit sind auch alle diskutierten Eingriffs- und Steuerungsmöglichkeiten bei allen Organisationsformen relevant.

Darüber hinaus prägt die Art der Entscheidungsfindung auch geteilte Werte und Normen und damit die **Unternehmenskultur** unmittelbar. Das Ausmaß der Einbeziehung von Mitarbeitern, die zeitliche Struktur, der Umgang mit Widerspruch oder die Zuschreibung von Erfolg und Misserfolg sind hier zu nennen. Kollisionen oder Unterstützungen von Werten resultieren hieraus. Auch Haltungen wie Arbeitszufriedenheit, Commitment oder Vertrauen stehen unter dem Vorbehalt von passenden Entscheidungen. Diese Überlegungen lassen sich leicht auf die **interaktionelle Führung** und die Vorgesetzten/Mitarbeiter-Beziehung übertragen.

11.6 Explorationen

Verständnisfragen

1. Ein Devil's Advocate (Anwalt des Teufels) ist …
   a. ein Gruppenmitglied, das generell unbeliebt ist.
   b. eine Person, die absichtlich Kontroversen anregt.
   c. ein Gruppenmitglied, das andere Mitglieder dazu nötigt, den Gruppenkonsens zu akzeptieren.
2. In einem Unternehmen sind Fehlzeiten zu einem Problem geworden. Führungskräfte haben beschlossen, die erste Lösung zu wählen, die verspricht, die Fehlzeiten des Vorjahres zur erreichen. Wofür ist das ein Beispiel?
   a. Ankerheuristik
   b. Bestätigungsfehler
   c. Satisficing
3. Ein Unternehmer tendiert dazu, riskantere Entscheidungen zu treffen, nachdem er einen thematisch passenden Artikel in einer Wirtschaftszeitung gelesen hat. Dies ist ein Beispiel für das Risikoschub-Phänomen.

a. richtig
   b. falsch
4. Zu wenig Informationen können die Qualität von Entscheidungen beeinträchtigen, sehr viele Informationen haben hingegen immer einen positiven Einfluss auf Entscheidungen.
   a. richtig
   b. falsch
5. Eskalierende Selbstbindung …
   a. tritt nur auf, wenn Entscheider für die versunkenen Kosten selbst verantwortlich waren.
   b. zeigt, dass Personen falsch mit versunkenen Kosten umgehen.
   c. tritt nur in sehr wettbewerbsintensiven Situationen auf.
6. Eine Führungskraft „framed" ein Problem als eine Wahl zwischen zwei Verlusten. Was wird sie nun wahrscheinlich tun?
   a. eine risikoreiche Entscheidung treffen
   b. eine konservative Entscheidung treffen
   c. versunkene Kosten ignorieren
7. Nach einer Gruppendiskussion neigen die Gruppenmitglieder dazu, Entscheidungen zu treffen, die _____ die Positionen der einzelnen Gruppenmitglieder sind.
   a. riskanter als
   b. genauso riskant wie
   c. riskanter oder vorsichtiger als

Weiterführende Fragen
a. Diskutieren Sie mögliche Ansatzpunkte zur Vermeidung einer eskalierenden Selbstbindung.
b. Diskutieren Sie mögliche Vor- und Nachteile von Gruppenentscheidungsfindungen.
c. Welchen Einfluss könnten Stimmungen auf Entscheidungen haben?

Falldiskussion 1: Vis-Illustrations
Susanne Lindner, Geschäftsführerin des Gaming-Unternehmens Vis-Illustrations ist nach einer zweitägigen Verhandlung mit der Gewerkschaft zurückgekehrt. Die Vorsitzenden der Gewerkschaft haben ein endgültiges Angebot unterbreitet und drohen mit einem Streik, sollte die Geschäftsführung es ablehnen. Susanne Lindner muss sich nun mit ihrem Geschäftsführungskollegen Georg Glanz treffen, um ihn zu informieren. Lindner hofft, dass dieser ebenfalls dem Angebot zustimmen wird.

Lindner fasst die Situation wie folgt zusammen: „Wenn wir das Angebot annehmen, werden wir in den nächsten drei Jahren weitere 20 Millionen € dafür bezahlen müssen". Wenn wir das Angebot ablehnen, besteht eine 50-prozentige Chance, dass es uns 40 Millionen € kostet, aber auch eine 50-prozentige Chance, dass es uns nichts kostet.

a. Glauben Sie, dass Georg das Angebot annehmen oder ablehnen wird? Verwenden Sie ihr Wissen über Framing, um zu erklären warum.
b. Wie sollte das Angebot stattdessen formuliert werden, damit Georg es annimmt?
c. Diskutieren Sie weitere, mögliche Einsatzmöglichkeiten des Framings in Unternehmen.

Falldiskussion 2: Problemtypen und Satisficing
Dennis Wiemann von CenterPoint Computer trifft in der Cafeteria auf den Geschäftsführer und stellt ihm eine Frage bezüglich des Satisficings. Er sei neulich bei einer Fortbildung auf das Satisficing aufmerksam geworden, habe es im Unternehmensalltag aber ständig mit verschiedenen Problemen zu tun. Wiemann möchte wissen, ob Satisficing bei allen drei Problemtypen (interpolierend, synthetisierend & dialektisch) gleichermaßen angewendet werden kann.
Wie würde die Antwort des Geschäftsführers ausfallen?

Literatur

Akter, S., Wamba, S. F., Gunasekaran, A., Dubey, R., & Childe, S. J. (2016). How to improve firm performance using big data analytics capability and business strategy alignment? *International Journal of Production Economics, 182*, 113–131.
Bantel, K. A., & Jackson, S. E. (1989). Top management and innovations in banking: Does the composition of the top team make a difference? *Strategic Management Journal, 10*(1), 107–124.
Bharadwaj, A., El Sawy, O. A., Pavlou, P. A., & Venkatraman, N. (2013). Digital business strategy: Toward a next generation of insights. *MIS Quarterly, 37*(2), 471–482.
Brabham, D. C. (2008). Crowdsourcing as a model for problem solving. *Convergence, 14*(1), 75–90.
Bromiley, P., & Rau, D. (2011). Strategic decision making. In S. Zedeck (Hrsg.), *APA handbook of industrial and organizational psychology, volume 1: Building and developing the organization* (1. Aufl., S. 161–182). Washington, D.C: American Psychological Association.
Bundesverband Deutscher Unternehmensberater e.V. (2015). *Facts & Figures zum Beratermarkt, 2014/2015*. https://www.bdu.de/media/18888/facts-figures-zum-beratermarkt-2015.pdf. Zugegriffen am 15.04.2020.
Bundesverband Deutscher Unternehmensberater e.V. (2018). *Facts & Figures zum Beratermarkt, 2018*. https://www.bdu.de/media/353280/bdu_facts_figures_2018_final_screen.pdf. Zugegriffen am 15.04.2020.
Cohen, M. D., March, J. G., & Olsen, J. P. (1972). A garbage can model of organizational choice. *Administrative Science Quarterly, 17*(1), 1–25.
Cowan, D. A. (1986). Developing a process model of problem recognition. *Academy of Management Review, 11*(4), 1–25.
Cox, T. H., & Blake, S. (1991). Managing cultural diversity: Implications for organizational competitiveness. *Academy of Management Perspectives, 5*(3), 45–56.
Cyert, R. M., & March, J. G. (1963). *A behavioral theory of the firm*. Englewood Cliffs: Prentice-Hall.
Daft, R. L. (2016). *Organization theory & design* (12. Aufl.). Boston.: Cengage Learning.
Davis, C. K. (2014). Beyond data and analysis. *Communications of the ACM, 57*(6), 39–41.
Entman, R. M. (1993). Framing: Toward clarification of a fractured paradigm. *Journal of Communication, 43*(4), 51–58.

Göbel, E. (2018). *Entscheidungstheorie* (2. Aufl.). Konstanz/München/Stuttgart: UVK.
Goldstein, D. G., & Gigerenzer, G. (2002). Models of ecological rationality: The recognition heuristic. *Psychological Review, 109*(1), 75–90.
Gutting, D. (2015). *Diversity Management als Führungsaufgabe. Potenziale multikultureller Kooperation erkennen und nutzen*. Wiesbaden: Springer Gabler.
Harrison, D. A., Price, K. H., & Bell, M. P. (1998). Beyond relational demography: Time and effects of surface- and deep-level diversity on work group cohesion. *Academy of Management Journal, 41*(1), 96–107.
HBS Digital Initiative. (2018). *Crowdsourcing Your Next Chip Flavor: Lay's „Do Us A Flavor" Campaign* (24.03.2018). https://digital.hbs.edu/platform-digit/submission/crowdsourcing-your-next-chip-flavor-lays-do-us-a-flavor-campaign/. Zugegriffen am 19.12.2019.
Hoffman, L. R. (1959). Homogeneity of member personality and its effect on group problem solving. *Journal of Abnormal and Social Psychology, 58*, 27–32.
Hoffman, L. R., & Maier, N. R. F. (1961). Quality and acceptance of problem solutions by members of homogeneous and heterogeneous groups. *Journal of Abnormal and Social Psychology, 62*(2), 401–407.
Huber, G. P. (1980). *Managerial decision making*. Glenview: ScottForesman.
Isenberg, D. J. (1986). Group polarization: A critical review and meta-analysis. *Journal of Personality and Social Psychology, 50*(6), 1141–1151.
Janis, I. L. (1972). *Victims of groupthink. A psychological study of foreign-policy decisions and fiascoes*. Boston: Houghton Mifflin.
Janis, I. L. (1982). *Groupthink. Psychological studies of policy decisions and fiascoes* (2. Aufl.). Boston: Houghton Mifflin.
Johns, G., & Saks, A. M. (2014). *Organizational behaviour. Understanding and managing life at work* (9. Aufl.). Toronto: Pearson.
Johns, G., & Saks, A. M. (2017). *Organizational behaviour. Understanding and managing life at work* (10. Aufl.). Toronto: Pearson.
Jones, G. R. (2013). *Organizational theory, design, and change* (7. Aufl.). Boston: Pearson.
Kahneman, D. (2014). *Schnelles Denken, langsames Denken* (1. Aufl.). München: Pantheon.
Kieser, A., & Ebers, M. (Hrsg.). (2014). *Organisationstheorien* (8. Aufl.). Stuttgart: W. Kohlhammer.
Laux, H., & Liermann, F. (1990). *Grundlagen der Organisation. Die Steuerung von Entscheidungen als Grundproblem der Betriebswirtschaftslehre* (2. Aufl.). Berlin/Heidelberg: Springer.
Laux, H., Gillenkirch, R. M., & Schenk-Mathes, H. Y. (2018). *Entscheidungstheorie* (10. Aufl.). Berlin/Heidelberg: Springer.
Lindblom, C. E. (1959). The science of „muddling through". *Public Administration Review, 19*(2), 79–88.
Lomi, A., & Harrison, J. R. (Hrsg.). (2012). *The garbage can model of organizational choice. Looking forward at forty* (1. Aufl.). Bingley: Emerald.
March, J. G. (1994). *A primer on decision making. How decisions happen*. New York: Free Press.
March, J. G., & Simon, H. A. (1958). *Organizations*. New York: Wiley.
Martin-Jung, H., & Hägler, M. (27. März 2019). Warum der Deal von VW mit Amazon besonders ist. *Süddeutsche Zeitung*. https://www.sueddeutsche.de/wirtschaft/amazon-vw-kooperation-1.4385157. Zugegriffen am 19.12.2019.
Mason, R. (1969). A dialectical approach to strategic planning. *Management Science, 15*(8), 403–414.
Mikalef, P., Pappas, I. O., Krogstie, J., & Giannakos, M. (2018). Big data analytics capabilities: A systematic literature review and research agenda. *Information Systems and e-Business Management, 16*(3), 547–578.

Mintzberg, H., Raisinghani, D., & Theoret, A. (1976). The structure of „unstructured" decision processes. *Administrative Science Quarterly, 21*(2), 246–275.

Nemeth, C. J. (1986). Differential contributions of majority and minority influence. *Psychological Review, 93*(1), 23–32.

Nemeth, C. J., & Staw, B. M. (1989). The tradeoffs of social control and innovation in groups and organizations. *Advances in Experimental Social Psychology, 22*, 175–210.

Northcraft, G. B., & Wolf, G. (1984). Dollars, sense, and sunk costs: A life cycle model of resource allocation decisions. *Academy of Management Review, 9*(2), 225–234.

Olson, B. J., Parayitam, S., & Bao, Y. (2007). Strategic decision making: The effects of cognitive diversity, conflict, and trust on decision outcomes. *Journal of Management, 33*(2), 196–222.

Raven, B. H. (1998). Groupthink, bay of pigs, and watergate reconsidered. *Organizational Behavior and Human Decision Processes, 73*(2), 352–361.

Rousseau, D. M. (2006). Is there such a thing as „Evidence-based management"? *Academy of Management Review, 31*(2), 256–269.

Rowe, G., Wright, G., & Bolger, F. M. I. (1991). The Delphi technique: A re-evaluation of research and theory. *Technological Forecasting and Social Change, 39*(3), 235–251.

schwebebahn.de. (o. J.). https://www.schwebebahn.de/. Zugegriffen am 01.07.2020.

Shubik, M. (1971). The Dollar Auction game: A paradox in noncooperative behavior and escalation. *Journal of Conflict Resolution, 15*(1), 109–111.

Siepermann, M. (o. J.). Expertenwissen. *Gabler Wirtschaftslexikon*. https://wirtschaftslexikon.gabler.de/definition/expertenwissen-34831. Zugegriffen am 19.12.2019.

Slovic, P., Finucane, M., Peters, E., & MacGregor, D. G. (2002). The affect heuristic. In T. Gilovich (Hrsg.), *Heuristics and biases. The psychology of intuitive judgment* (7. Aufl., S. 397–420). Cambridge: Cambridge University Press.

Stasser, G., & Titus, W. (1985). Pooling of unshared information in group decision making: Biased information sampling during discussion. *Journal of Personality and Social Psychology, 48*(6), 1467–1478.

Staw, B. M., & Ross, J. (1989). Understanding behavior in escalation situations. *Science, 246*(4927), 216–220.

Steiner, I. D. (1972). *Group process and productivity*. New York: Acad. Press.

Stoner, J. A. F. (1961). *A comparison of individual and group decisions involving risk*. Cambridge, MA: Massachusetts Institute of Technology.

Tsui, A. S., Egan, T. D., & O'Reilly, C. A. (1992). Being different: Relational demography and organizational attachment. *Administrative Science Quarterly, 37*(4), 549–579.

Tversky, A., & Kahneman, D. (1974). Judgment under uncertainty: Heuristics and biases. *Science, 185*(4157), 1124–1131.

van de Ven, A. H., & Delbecq, A. L. (1974). The effectiveness of nominal, delphi, and interacting group decision making processes. *Academy of Management Journal, 17*(4), 605–621.

Wason, P. C. (1960). On the failure to eliminate hypotheses in a conceptual task. *Quarterly Journal of Experimental Psychology, 12*(3), 129–140.

Watson, W. E., Kumar, K., & Michaelsen, L. K. (1993). Cultural diversity's impact on interaction process and performance: Comparing homogeneous and diverse task groups. *Academy of Management Journal, 36*(3), 590–602.

WSW mobil GmbH. (o. J.). www.schwebebahn.de. Zugegriffen am 27.05.2020.

Zand, D. E. (1974). Collateral organization: A new change strategy. *The Journal of Applied Behavioral Science, 10*(1), 63–89.

Teil V

Umwelt, Wertschöpfungsvariationen und Handeln

12 Umwelt und Wertschöpfung: Zum Umgang mit Unsicherheit und Abhängigkeit

Zusammenfassung

Die Umwelt von Unternehmen stellt etwas Zweiseitiges dar. Zum einen resultieren durch sie Begrenzungen. Diese wirken sich in knappen Rohstoffen, problematischen Markteintrittschancen oder Unsicherheit und schlechter Planbarkeit aus. Zum anderen stehen Unternehmen Möglichkeiten zur Verfügung, um solche Begrenzungen zumindest in Teilen zu entschärfen. Über sogenannte Institutionen kann es gelingen, das Schädigungspotenzial von Konkurrenten, Lieferanten, oder Ressourcenknappheiten zu reduzieren und Planbarkeit zu erhöhen. Institutionen konkretisieren sich beispielsweise in Absprachen, Vertrauensaufbau sowie Verträgen bis hin zu Unternehmensübernahmen. Zudem besteht ein Umgang mit externen Einflussfaktoren darin, gesellschaftliche Erwartungen zu bedienen. Die Vermeidung von ausbeuterischen Lieferstrukturen und von Umweltbelastungen sind gängige Erwartungen. Insgesamt resultieren Einblicke, die die Umwelt weniger als Bedrohung, sondern vielmehr als Chance erkennen lassen.

Vignette: Kaufleute unter sich

In der Hansestadt Hamburg gründete sich im Jahr 1517 die „Versammlung Eines Ehrbaren Kaufmanns zu Hamburg e. V." Das dort beschriebene kaufmännische Ideal findet sich immer noch in den Statuten der Industrie- und Handelskammern. Was hat es damit auf sich?

Das 16. Jahrhundert stand im Zeichen der Globalisierung. Neue Schiffsrouten erschlossen die Welt militärisch und wirtschaftlich. Der Handel dehnte sich aus und unterlag im In- und Ausland vielfältigen Bedrohungen. Rohstoffe erreichten nicht die qualitativen Vereinbarungen, Zwischenhändler tauchten plötzlich nicht mehr auf oder

Finanziers fühlten sich nicht mehr an Verabredungen gebunden. Bis derartige Sachverhalte Gegenstand einer gerichtlichen Klärung wurden, verging in den zersplitterten, regionalen Strukturen, oft viel Zeit.

Die ganz offensichtliche Sehnsucht vieler Kaufleute nach Verlässlichkeit wurde von dem Bild des ehrbaren Kaufmannes bedient. „Die Eigenschaften, die dieser Typus kultivierte, waren vor allem Sekundärtugenden. Er war verlässlich, trat korrekt und verbindlich auf – und hatte dazu eine sehr schöne Handschrift – all das war weniger moralisch als ökonomisch bedingt. Wer in fernen Regionen Geschäfte machte, war auf langfristige Beziehungen angewiesen, auf einen guten Namen und auf ungeschriebene Gesetze, die über wechselnde Herrschaftsverhältnisse erhaben waren. Der ehrbare Kaufmann hielt sich eine gewisse Fantasielosigkeit zugute. Nicht genial wollte er sein, sondern bodenständig, vorsichtig, nur keine großen Pläne haben, die ihn womöglich ruiniert hätten" (Richter 2014).

Jeder, der in die „Versammlung Eines Ehrbaren Kaufmanns zu Hamburg e. V." aufgenommen wurde, hielt sich in den meisten Fällen strikt an alle Gepflogenheiten. Dies war eine hervorragende Grundlage um Handel zu betreiben und Geschäfte zu machen. Den Verlust dieses Status riskierte man nicht (Richter 2014). ◄

An der voranstehenden Vignette erkennt man einen zentralen Punkt: Kaufleute, und somit auch jegliche Unternehmen, sind von vielen Ressourcen abhängig. Deren Verfügbarkeit ist mit Unsicherheiten verbunden. Die Etablierung des Bildes und damit die „Institution" des ehrbaren Kaufmanns, reduzierte Unsicherheit. Jeder, der als ein solcher akzeptiert war, besaß einen Trumpf im Geschäftsleben. Geschäfte unter ehrbaren Kaufleuten besaßen besondere Qualitäten: Verlässlichkeit und Planbarkeit. Handel fand dann, wenn irgend möglich, zwischen ehrbaren Kaufleuten statt. Die Kaufleute selbst waren es, die ihre Umwelt planbarer machten. Jeder ehrbare Kaufmann war gut beraten, sich strikt an die Regeln zu halten und keinen Ausschluss aus dieser Versammlung zu riskieren. Dies hätte weniger stabile Geschäftsgrundlagen nach sich gezogen.

Ganz in diesem Sinne sind auch Unternehmen keine bloßen Opfer sich verändernder Nachfrage- und Anbieterstrukturen. Dieses Kapitel faltet einige Facetten des Umgangs mit Umweltunsicherheiten auf und verdeutlicht, warum stabiles Wachstum auch innerhalb großer Dynamik möglich ist.

12.1   Eingrenzung von Umwelt

12.1.1 Definition und Tragweite

Die Berücksichtigung der Umwelt ist der Idee „Unternehmen" insofern inhärent, als dass jede Wertschöpfung von Unternehmen zu einem wesentlichen Teil aus extern bezogenen Ressourcen besteht. Die transformierten Ressourcen werden als fertige Produkte und Dienstleistungen in die Umwelt zurückgeführt. Dies führt zur folgenden Definition.

▶ **Umwelt** Jene Individuen und Organisationen, die nicht einem Unternehmen zugehörig sind, aber dennoch Relevanz für dessen Wertschöpfung besitzen, werden als „Umwelt" bezeichnet. Die belebte und die unbelebte Natur gehören nur indirekt dazu.

Die angesprochene Wertschöpfungsrelevanz gilt beispielsweise für Lieferanten, Mitarbeiter, Kunden und staatliche Stellen. Sie alle stellen Ressourcen, wie Rohstoffe, Dienstleistungen, Wissen, Qualifikationen, Kaufbereitschaften, Marktzugang oder rechtliche Rahmenbedingungen bereit.

Umwelten sind enorm facettenreich, was sich anhand der Automobilbranche erkennen lässt: Es sind externe Einflüsse und Notwendigkeiten, wie Subventionen, länderspezifische Vertriebsanforderungen, Zuliefererstrukturen oder Umweltschutz, um nur einige Beispiele zu nennen, die sich auf die Unternehmen auswirken. Die gesellschaftlichen Erwartungen an ökologisch akzeptable Antriebe tragen dazu bei, dass Margen bei Verbrennungsmotoren sinken. Zudem führt diese Antriebsverschiebung zu neuen Lieferantennetzwerken und Konkurrenzsituationen. All dies mündet in **Dynamik und Komplexität**.

12.1.2 Generelle Umwelt und organisatorische Domäne

Umwelt oder das Bündel von externen Bedingungen, ist unterscheidbar in zwei verschiedene Bereiche: Mit der **generellen Umwelt** sind alle Bedingungen gemeint, die weder unternehmensspezifisch gelten, noch gestaltbar sind. Die **organisatorische Domäne** umfasst jene externen Bedingungen, die unternehmensspezifische Geltung haben und grundsätzlich durch Unternehmen gestaltbar sind (Jones 2013, S. 82). In Abb. 12.1 wird dies dargestellt.

Generelle Umwelt
Hierunter finden sich all jene Rahmenbedingungen, die von einem Unternehmen nicht beeinflusst werden können und daher als Zwänge zu verstehen sind. Aufgrund dieser Unbeeinflussbarkeit – von Lobbyarbeit abgesehen – kann bei der generellen Umwelt von einer Generalisierbarkeit gesprochen werden. Das heißt, die Zwänge gelten nicht unternehmensspezifisch, sondern für alle Unternehmen gleichermaßen. Welches Unternehmen kann sich schon ökonomischen Kräften, wie dem Zinsumfeld, oder internationalen Kräften, wie Handelsverboten oder Zöllen, widersetzen oder diese seinerseits prägen?

Die Wirkung auf einzelne Unternehmen entfalten diese Zwänge in erster Linie dadurch, dass sie auf die Ressourcenaustauschpartner der organisatorischen Domäne wirken. Alle Unternehmen sind somit in ihrer Interaktion miteinander durch die generelle Umwelt in gewisser Weise eingeschränkt bzw. müssen sich an übergeordnete Regeln halten. Zwänge der generellen Umwelt sind in positiver und negativer Hinsicht denkbar. Neben der Gesetzgebung und der demografischen Entwicklung sind es Aspekte, wie internationale Handelspolitik oder makroökonomische Indikatoren, die als negativer Zwang wirken. Das heißt, es resultieren immer veränderte Rahmensetzungen, denen Unternehmen in aller Regel nur durch Verlassen des relevanten Marktes entfliehen können.

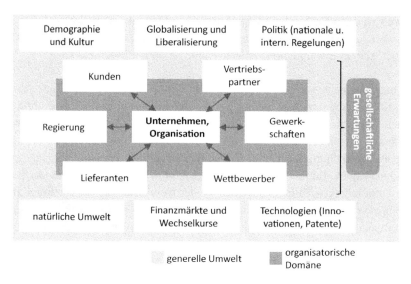

Abb. 12.1 Generelle Umwelt und organisatorische Domäne (s. ähnlich Jones 2013, S. 82)

Zwänge gleichen in diesem Verständnis jedoch nicht ausschließlich einer Alternativlosigkeit oder einer ärgerlichen Einengung. Vielmehr ist auch ein positiver Zwang möglich. Besonders offensichtlich ist diese Charakteristik der Zwänge bei Disruptionen von Technologien (Anderson und Tushman 1990). Damit sind fulminante, technologische Veränderungen mit dem Potenzial, ganze Marktsegmente neu zu sortieren, gemeint. Somit herrscht zunächst ein negativer Zwang, denn nur die Umsetzung neuer technologischer Rahmensetzungen sichert das Überleben. Zugleich wirkt dieser Zwang im Anschluss positiv, als dass sich erhebliche, neue Perspektiven bieten können. Die Welt der Smartphones oder der Biotechnologie sind gute Beispiele dafür. Ein solcher positiver Zwang geht oft auch von liberalisierten Märkten aus.

Organisatorische Domäne
Hierzu zählen alle außerorganisatorischen Anspruchsgruppen, die **spezifische wertschöpfungsrelevante Ressourcen** kontrollieren oder maßgeblich beeinflussen. Das heißt, es geht um alle Lieferanten, Konkurrenten, Abnehmer, Interessenvereinigungen und Individuen, die relevante Ressourcen für ein singuläres Unternehmen bereitstellen. Somit besteht die organisatorische Domäne aus der spezifischen, auf eine Unternehmenssituation bezogenen Vielfalt von Anspruchsgruppen oder Stakeholdern (s. Kap. 1).

Die organisatorische Domäne kennzeichnet eine **Zweiseitigkeit**. Einerseits hat sie erheblichen Einfluss auf ein Unternehmen und seinen Wertschöpfungsprozess. Andererseits kann sie vom Unternehmen maßgeblich beeinflusst werden. Dies ist beispielsweise durch Verhandlungen, Vereinbarungen, technologische Dominanz oder Unternehmenserfolg möglich. Die Position der Anspruchsgruppen auf der Grenze zur generellen Umwelt (s. Abb. 12.1) zeigt die Beeinflussung durch die Zwänge der generellen Umwelt und die sich dadurch ergebende indirekte Wirkung der generellen Umwelt auf das betrachtete Unternehmen.

Die Relevanz der organisatorischen Domäne für Unternehmen lässt sich am besten durch den Begriff **Unsicherheit** kennzeichnen. Dies bedeutet, dass Vorbehalte darüber bestehen, wie sich Ressourcenaustauschbeziehungen darstellen und entwickeln werden. Entsprechend lenkt dieser einfache Gedanke das Augenmerk auf Überlegungen und Vorgehensweisen zur Reduktion der Unsicherheit. Durch Analysen und Entscheidungen soll die Zukunft planbarer gemacht werden.

Darüber hinaus existieren zahlreiche **sozioökonomische Erwartungen**. Es handelt sich dabei um gesamtgesellschaftliche Vorstellungen über akzeptable Arten und Weisen des wirtschaftlichen Handelns. Solche sozioökonomischen Institutionen beeinflussen den Zugang zu sehr vielen Ressourcen der organisatorischen Domäne.

Einen Einblick in solche Erwartungen bieten jegliche gesellschaftlichen Diskurse, beispielsweise über die lokale Verantwortung eines Unternehmens, über die Beachtung von Arbeitsbedingungen vor Ort und in der gesamten Lieferkette oder über das Anstreben eines möglichst klimaneutralen Handelns. Deren Beachtung ist vor dem Hintergrund von Ressourcenabhängigkeiten mehr als nur das Bedienen des Zeitgeistes. Deutlich wird dies vor allem bei Humanressourcen, aber auch bei Lieferanten und Kunden. Sofern diese eine Wahl zwischen unterschiedlichen Unternehmen haben, so werden sie nicht zuletzt auf sozioökonomische Aspekte oder vereinfacht gesagt, die Reputation, achten.

Schließlich stehen die Themen Unsicherheit und Ressourcensicherung nicht unabhängig von den anderen Moderatoren der Wertschöpfung. So hängen einzelne, unsicherheitsreduzierende Vorgehensweisen von unternehmensinternen Bedingungen ab. Das heißt, es existieren Gemeinsamkeiten, die einer separaten Betrachtung bedürfen.

Diese Zusammenhänge werden von den folgenden Fragen aufgegriffen und vertieft:

- Was ist Unsicherheit genau und wie kann sie analysiert werden? (s. Abschn. 12.2)
- Welche Maßnahmen zur Unsicherheitsreduktion werden üblicherweise eingesetzt? (s. Abschn. 12.3)
- Welche gesellschaftlichen Erwartungen wirken auf Unternehmen und wie kann der Umgang damit erfolgen? (s. Abschn. 12.4)

12.2 Unsicherheit und Institutionen

12.2.1 Zum Verständnis von Unsicherheit

Alle Menschen sind jeden Tag und in den allermeisten Situationen von Unsicherheit betroffen: Mitunter reißen Schnürsenkel zu ungünstigen Zeitpunkten, nicht immer gelingt das Wiener Schnitzel und manchmal regnet es und man führt keinen Schirm mit sich. Viele Studierende empfinden während der Klausurphasen ein dauerhaft komisches Gefühl in der Magengegend und manche Unternehmen müssen zur Kenntnis nehmen, dass Konkurrenzprodukte den eigenen Angeboten vorgezogen werden. Was aber bedeutet Unsicherheit genau? Es gilt die folgende Definition (Gifford 2005; Milliken 1987).

▶ **Unsicherheit** Bestehen mehrere mögliche, künftige Umweltzustände, deren Eintritt aufgrund fehlender Informationen nicht vorausgesagt werden kann, so nennt man dies „Unsicherheit".

Um mit Unsicherheit umzugehen und passende Optionen zu ergreifen, bedarf es einer weitergehenden Differenzierung. Schon Knight (1921, S. 197–232) führte die grundlegende Differenzierung in versicherbares und nicht versicherbares Risiko ein. Andere Bezeichnungen dafür sind Entscheidungs- und Informationsrisiko. Ersteres ist ein Risiko, das aufgrund seiner ausreichenden und stabilen Datenlage einfach berechenbar und in Versicherungsprämien transferierbar ist. Bei zweiterem besteht aufgrund fehlender Eintrittswahrscheinlichkeiten keine wahrscheinlichkeitsstatistische Handhabung.

Entscheidungsrisiko
Alltäglich sind in Unternehmen Situationen, in denen man vor dem Problem steht, zwischen zwei oder mehr Alternativen auswählen zu müssen. Eine Entscheidung zwischen Alternativen erfolgt dann anhand der prognostizierten Wahrscheinlichkeit von Umweltzuständen. In einem solchen Entscheidungsrisiko besteht das Problem der falschen Zuweisung von Eintrittswahrscheinlichkeiten.

Informationsrisiko
Wissen ist nicht gleichverteilt und über die Qualität des Wissens lassen sich in vielen Situationen erst im Nachhinein genauere Aussagen treffen. Daraus leitet sich ab, dass das Informationsrisiko ein Risiko über das Wissen ist. Das heißt, es liegen häufig keine hinreichenden Einschätzungen vor, wie gut die Informationen sind und welche relevanten Aspekte unberücksichtigt bleiben. Das Informationsrisiko ist daher die offene Menge aller künftigen, zum Planungszeitraum nicht antizipierbaren oder übersehenen Ziele, Mittel oder Handlungsmöglichkeiten (Schneider 1987, S. 2 f.).

Entscheidungs- und Informationsrisiko greifen ineinander. Es lässt sich festhalten, dass Unsicherheit aus dem „Nicht-Auflisten-Können", was alles eintreten mag, besteht (Schneider 1987, S. 8). Das folgende, bereits ältere Beispiel von einer Fehlplanung eines bedeutenden Automobilherstellers veranschaulicht dies deutlich (s. Illustration 12.1).

Illustration 12.1: Maybach-Absatz schwächelt

Im Jahr 2002 brachte Daimler Benz die Luxusmarke Maybach auf den Markt. Jährlich sollten 1000 dieser exklusiven Automobile verkauft werden. Der Verkauf blieb weit hinter den Erwartungen zurück. So seien in der ersten Hälfte des Jahres 2005 nur 118 Wagen von der Maybach-Manufaktur in Stuttgart-Sindelfingen hergestellt worden.

Das Beratungsunternehmen Global Insight rechnet mit einer Produktion von höchstens 360 Autos für das Jahr 2005. In den beiden Jahren zuvor waren es 600 und 500 Wagen. Nach einer Kalkulation des Instituts für Automobilwirtschaft (IFA) an der Fachhochschule Nürtingen, müssten mindestens 1500 Limousinen hergestellt werden, damit die Gewinnschwelle erreicht wird (Autohaus 2005). ◀

Eigentlich sollte man in der Automobilindustrie – mit ihren eingespielten Zuliefererbeziehungen, klaren Markenpositionierungen sowie ihren stabilen Vertriebskanälen – annehmen, dass Unsicherheit zwar bei jedem neuen Modell existiert, aber zumindest der relevante Markt genau eingrenzbar ist. Wie konnte es trotzdem zu dem Reinfall der Marke Maybach kommen? Es wird kolportiert, dass der deutlich unter den Erwartungen zurückgebliebene Umsatz in der ungenauen Einschätzung des Marktes für Autokäufer liegt, die einen Chauffeur engagieren wollten.

Potenzielle Käufer, vor allem in westlichen Ländern, die genauso zahlungskräftig wie technik- und qualitätsverliebt sind, fahren gerne selbst. Steigt man jedoch aus einem so mächtigen Auto wie dem Maybach aus, so kommt rasch der Gedanke auf, es müsse sich dabei um den Chauffeur handeln. Die Freude der selbstfahrenden Eigentümer endet also beim Aussteigen. Der Markt für Kunden mit Chauffeur war ganz offensichtlich kleiner als geplant. Dabei handelt es sich um ein typisches Informationsrisiko.

Die so beschriebene Unsicherheit macht sich in erheblichem Maße über die organisatorische Domäne von Unternehmen bemerkbar. Die hier beschriebene Unsicherheit resultiert explizit nicht aus der generellen Umwelt und den ihr inhärenten Zwängen. Die folgenden Abschnitte befassen sich mit der Strukturierung von Umwelt und deren Wirkungen auf Geschäftskonzepte.

12.2.2 Unsicherheit als Ergebnis der Domänenstruktur

Wie bereits betont, resultiert aus dem gemeinsamen Wirken der generellen Umwelt und der organisatorischen Domäne Unsicherheit. Wenn nun Umwelt aus dem Zusammenspiel von genereller und spezifischer Umwelt resultiert, so entscheidet zuallererst die organisatorische Domäne über das Unsicherheitsausmaß. Dies lässt sich so formulieren, da die generelle Umwelt die Unsicherheit durch alle Elemente der organisatorischen Domäne vermittelt. Die Unsicherheit lässt Domänen dann als Bedrohung oder als Chance erscheinen.

Die bestehende Unsicherheit ist dabei aufgrund der Spezifität der organisatorischen Domäne keinesfalls bei allen Unternehmen einer Branche gleich. Es existiert somit immer eine **relative Unsicherheitssituation**. Das heißt, es können sich diesbezüglich erhebliche Unterschiede zwischen Konkurrenten ergeben. Hinsichtlich ihrer Unsicherheitssituation kann die organisatorische Domäne anhand von drei Kriterien charakterisiert werden:

Reichhaltigkeit
Die Reichhaltigkeit beschreibt die Menge an Ressourcen, die für Unternehmen einer Domäne zur Verfügung stehen – Vertriebskanäle, Kunden, Vorprodukte und Ähnliches. Es ist leicht ersichtlich, dass dies je nach Umweltsituation und Domäne von spärlicher bis hin zu üppiger Ressourcenausstattung reicht. Eine spärlich ausgestattete Domäne kann sowohl in der geringen Reichhaltigkeit der regionalen Umwelt als auch in hoher Konkurrenz um die vorhandenen Ressourcen begründet sein.

Komplexität

Die Komplexität verlässt die Ebene der Ressourcen. Sie adressiert die Beschaffenheit der Domäne selbst. Die Anzahl, Intensität, Dauerhaftigkeit und Exklusivität von Geschäftsbeziehungen oder vertraglichen Bindungen zählen dazu. Bestehen beispielsweise viele Beziehungen zu und zwischen Zulieferern, Vertriebsgesellschaften oder Kapitalgebern, so erhöht dies die Komplexität und erschwert Planung und Abstimmung.

Dynamik

Die Dynamik beschreibt, dass diese Komplexitätsstruktur nicht statisch gedacht werden kann, da sie fortwährenden Entwicklungen ausgesetzt ist. Solche Entwicklungen werden nicht nur extern ausgelöst, vielmehr befördern Unternehmen sie mit ihren Entscheidungen: Neue Unternehmen treten auf, Beziehungen zwischen einzelnen Akteuren festigen oder lösen sich oder es kommt gar zu Übernahmen und Fusionen.

Abb. 12.2 führt die drei Kriterien zusammen, grenzt Unsicherheit ein und skizziert die Zusammenhänge.

Die Kombinationen der Unsicherheitskriterien löst Unsicherheit aus:

- Eine Reichhaltigkeit an Ressourcen lässt bedrohliche Ressourcensituationen gar nicht erst auftreten. Das heißt, Komplexität und Dynamik spielen keine Rolle. Die Realität ist jedoch von Ressourcenknappheit geprägt und entsprechend werden Komplexität und Dynamik einer Domäne wirksam.
- Die Kombination aus knappen Ressourcen und Dynamik (1) ist eine typische Situation. Da keine Verbindungen zwischen Ressourcengebern im Vordergrund stehen, können viele Unternehmen gut damit existieren.
- Komplexität ist überschau- und kalkulierbar, auch wenn der Aufwand dafür groß ist und Ressourcenknappheit besteht (2).
- Die Kombination aus Komplexität und Dynamik ist normalerweise kaum beherrschbar, da in aller Regel die Kosten für die Informationssuche und -verarbeitung exponentiell steigen. Besteht jedoch keine Ressourcenknappheit (3), so wendet sich die Dramatik dieses Feldes. Reichhaltige Ressourcensituationen sind in gewisser Weise immun gegen negative Auswirkungen von Komplexität und Dynamik.

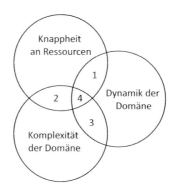

Abb. 12.2 Verursachung von Unsicherheit (s. ähnlich Jones 2013, S. 88)

12.2 Unsicherheit und Institutionen

- Sofern alle drei ungünstigen Ausprägungen der Umweltfaktoren vorliegen (4), handelt es sich für jedes Unternehmen um eine geradezu dramatische Situation. Gemeint sind ein schlechtes Ressourcenangebot, eine hohe Komplexität zwischen Akteuren der organisatorischen Domäne sowie deren große Dynamik.

Von besonders hoher Unsicherheit ist die Luftfahrtbranche betroffen (Jones 2013, S. 89 f.). Facetten der **generellen Umwelt**, wie Wetter, volatile Öl- und Kerosinpreise und internationale Politik, prägen die Branche grundlegend. Darüber hinaus besteht **Komplexität** durch die Vielzahl an Fluggesellschaften, deren relativ einfache Gründung, der Marktmacht von Tourismusunternehmen und Tarifpartnern sowie der nicht immer einfach einschätzbaren Kundenströme. Zusammenschlüsse von Fluggesellschaften – beispielsweise „Star Alliance" oder „oneworld" – und die Übernahme von Fluggesellschaften durch Tourismusunternehmen, lassen die **Dynamik** der organisatorischen Domäne wachsen. Die **Reichhaltigkeit** an Ressourcen ist dabei begrenzt. Es existieren nationale Bevorzugungen einzelner Fluggesellschaften bei der Vergabe von Landerechten. Hinzu kommen Nachtflugverbote oder auch die starke Verhandlungsmacht des fliegenden Personals. Insgesamt zeigt sich eine hohe Unsicherheit, die Fehlentscheidungen zeitigen oder Fluggesellschaften zur Insolvenz treiben kann. Hierfür ist die Fluggesellschaft Air Berlin, mit ihrer spektakulären Insolvenz, ein gutes Beispiel.

Das genaue Gegenteil davon findet sich in Branchen, wie der Pharmazie. Hier steht weniger ein mittelfristiges Reagieren auf Branchensituationen im Fokus, sondern der langfristige Umgang mit zunächst nicht prinzipiell knappen Ressourcen. Dies bezieht sich jedoch nur auf die Produktion und Verwertung von Wirkstoffen, während deren Erforschung wiederum mit Unsicherheit verbunden ist. Im Idealfall mündet die Forschung in ökonomisch nutzbare Patente. Die Folge ist eine starke Konzentration von internationalen Großkonzernen in der Pharmaziebranche.

Die geschilderte Abhängigkeit von Ressourcen ist nichts anderes als die Begrenzung des unternehmerischen Planungs- und Entscheidungsraumes. Dies ist dann der Fall, wenn das angestammte und künftige Geschäft Limitationen unterliegt. Hierbei handelt es sich um die **Ressourcenabhängigkeits-Theorie** (Pfeffer und Salancik 1978). Die Minimierung von Abhängigkeiten gegenüber anderen Unternehmen sowie die Sicherung eines kontinuierlichen Ressourcenstromes (Jones 2013, S. 91) sind die Ideen dieser Theorie. Ein Beispiel zur Ressourcenabhängigkeit und damit für eine reduzierte strategische Ausrichtung deutet die folgende Illustration 12.2 an.

> **Illustration 12.2: Ressourcenabhängigkeit bei VW**
>
> Das Projekt von Volkswagen, gemeinsam mit dem koreanischen Zellspezialisten SK Innovation in die Massenproduktion von Batteriezellen für E-Autos einzusteigen, wird, so heißt es in Unternehmenskreisen, von den bisherigen Zelllieferanten verhindert.
>
> Den Plänen zufolge sollten in Deutschland bis zu drei Gigafabriken gebaut werden. Laut „Manager Magazin" sollte der Aufsichtsrat das Milliardenprojekt ursprünglich

bereits im Dezember verabschieden. Um das enorme Elektrifizierungsprogramm des Konzerns abzusichern, soll Volkswagen-Chef Herbert Diess bereit gewesen sein, Investitionen in Multimilliardenhöhe in das Projekt zu tätigen.

Insbesondere LG Chem – der aktive Zelllieferant – wehre sich. Die Koreaner drohen, unter Umständen nicht mehr zu liefern, falls VW mit dem Zellspezialisten SK Innovation in die Massenproduktion einsteige.

Einen Lieferstopp könnte VW kaum kompensieren, da fast der komplette Zellbedarf in den nächsten Jahren von koranischen Herstellern abgedeckt wird. An dieser Stelle haben die Batteriezellkonzerne ihren „längeren Hebel" demonstrativ eingesetzt. Unter Einbeziehung der protestierenden Zelllieferanten wird nun laut dem „Manager Magazin" neu verhandelt (manager magazin 2019). ◄

Diese Illustration 12.2 verdeutlicht die Wirkung der Ressourcenabhängigkeit. Es sind die schlechte Vorausschaubar- sowie Planbarkeit und damit die Fragilität des Ressourcenstromes, die das Problem darstellen.

Mit der bloßen Beschreibung organisatorischer Domänen und ihren Abhängigkeiten ist es nicht getan. Vielmehr dienen die bisherigen Ausführungen als Aufforderung, den Umgang mit Unsicherheit zu thematisieren. Dies geschieht im Folgenden durch sogenannte Institutionen.

12.2.3 Institutionen und ihre Relevanz

Institutionen lassen sich grundsätzlich definieren als allgemein bekannte Regeln, mit deren Hilfe wiederkehrende Interaktionssituationen strukturiert werden können (Kiwit und Voigt 1995, S. 121–123). Daraus folgt eine **kalkulierbare Menge an Handlungen und Folgehandlungen**, die jeweils einzelne künftige Situationen, Ergebnisse oder Entwicklungen ausschließen und die Schwankungsbreite von Umweltfaktoren reduzieren. Dies ermöglicht Planbarkeit (Schneider 1987, S. 4). Insgesamt dienen Institutionen der Schaffung von Stabilität, die zu einer Situation des „Sich-Verlassen-Können-Auf" führt (Schneider 1987, S. 4). Es gilt die folgende Definition (North und Streissler 1992, S. 3).

▶ **Institutionen** Institutionen sind die von Menschen erdachten Regeln zur Strukturierung menschlicher Interaktionen.

Beispiele für Institutionen sind zum einen Tabus, Sitten oder Gebräuche. Hierbei handelt es sich um gewohnheitsmäßige oder stillschweigende Übereinkünfte, in spezifischer Weise zu interagieren. Zum anderen sind es Institutionen, Absprachen, Anordnungen, Verträge oder Gesetze, die die Menge möglicher Handlungen beschränken. Dies funktioniert, weil Institutionen mit kollektiven, sozialen oder ökonomischen Sanktionen bewährt sind. Diese Beschränkungen wirken oft unmittelbar und können tiefgreifenden Einfluss auf die

12.3 Planbarkeit durch Gestaltung von Institutionen

Individuen haben. Institutionen sind daher weitreichender als Vertrauen, welches nicht zwangsläufig mit Sanktionierungspotenzial einhergeht.

Die Funktion, Unsicherheit zu reduzieren, lässt sich an vielen alltäglichen Beispielen erkennen (s. Illustration 12.3).

> **Illustration 12.3: Unsicherheitsreduktion durch Institutionen**
>
> - Die breit akzeptierte Spielregel, nochmals zu würfeln, wenn der Würfel auf der „Kippe" liegen bleibt oder vom Tisch rollt, reduziert Diskussionen über ein faires Vorgehen. Ein Verstoß dagegen könnte zum Ende des Spieles führen.
> - Wenn Cowboys vor dem Betreten eines Saloons den Revolver abgeben, reduziert sich die Zahl wüster Schießereien beim Kartenspiel unter Alkoholeinfluss. Dies steigert die Wahrscheinlichkeit, einen Saloon wieder gesund zu verlassen. Ist ein Besucher dazu nicht bereit, könnte er beispielsweise lebenslang aus der Lokalität ausgeschlossen oder selbst Opfer eines Schusswechsels werden.
> - Der traditionelle Handschlag von Kaufleuten besiegelt Verträge und reduziert die Unsicherheit von nachträglichen Korrekturen, Abweichungen und Unstimmigkeiten. Ein Bruch einer so getroffenen Abmachung könnte zu einem Verlust der Reputation und einem Abbruch der Geschäftsbeziehung führen.
> - Das Rechtssystem reduziert in sehr vielen Lebensbereichen die Unsicherheit künftiger Entwicklungen. Beispielsweise reduziert die Einklagbarkeit von Arbeitsverträgen die Unsicherheit nicht-selbstständiger Personen hinsichtlich ihres künftigen Einkommenserwerbs. ◄

Unter der Voraussetzung, dass Institutionen beachtet werden, kanalisieren sie Handlungen und Folgehandlungen. Darauf aufbauend geht es im Folgenden konkreter um Möglichkeiten des „Sich-Verlassen-Könnens-Auf" in organisatorischen Domänen.

Das Problem der Planbarkeit wird im Folgenden aus zweierlei Perspektiven diskutiert:

- Planbarkeit durch Gestaltung von Institutionen. Hierbei geht es um eine passgenaue Sicherung von Ressourcen der organisatorischen Domäne (s. Abschn. 12.3).
- Planbarkeit durch Bedienung sozioökonomischer Erwartungen. Hier existieren Institutionen, an deren Annäherung kein Weg vorbeiführt (s. Abschn. 12.4).

12.3 Planbarkeit durch Gestaltung von Institutionen

12.3.1 Institutionen zur Förderung von Domänenverlässlichkeit

So wie in den oben angesprochenen unterschiedlichen Lebensbereichen auch, ist das Wirtschaftsleben voll von Institutionen zur Förderung von Domänenverlässlichkeit. Diese werden im Folgenden systematisiert und auf Unternehmen angewendet.

Die erste Gruppe von Institutionen soll die Verfügbarkeit von Ressourcen in bestehenden Austauschbeziehungen **stabilisieren**. Dies passiert, indem der eigene Einfluss ausgebaut wird, ohne dabei jedoch die Eigentumsverhältnisse zu ändern und die Abhängigkeiten selbst zu eliminieren. Solche Institutionen sind also eher defensiv und zielen nur auf Verringerung von Unsicherheit. Komplexität und Dynamik erfahren durch lang ausgerichtete und intensive Austauschbeziehungen einen Abbau. In einer solchen Situation versuchen Entscheidungsträger ihren Einflussbereich auszudehnen und so den Ressourcenstrom zu konservieren und auszubauen. Dies kann entweder informal (1) oder formal (2) geschehen.

Die zweite Gruppe von Institutionen soll ebenfalls Dynamik und Komplexität der Domäne verringern. Dies geschieht hier jedoch durch die Eliminierung spezifischer Abhängigkeiten. Kontrolle über relevante Ressourcen wird ausgedehnt und macht Austauschbeziehungen unnötig. Sowohl spezifische organisatorische Lösungen (3) als auch eine Integration anderer Unternehmen leisten dies (4).

Die genannten Arten von Institutionen erfahren eine Komplettierung durch die Unterscheidung der Art von Abhängigkeiten, auf die sie zielen. Hier gibt es **symbiotische** sowie **kompetitive** Abhängigkeiten.

Symbiotische Abhängigkeit

Eine symbiotische Abhängigkeit herrscht dann, wenn zwei Unternehmen voneinander abhängig sind, dabei aber nicht um die gleichen Ressourcen konkurrieren. Ein Beispiel hierfür ist die Beziehung zu einem Lieferanten. Beide benötigen gegenseitige Geschäftsbeziehungen und hängen voneinander ab.

Kompetitive Abhängigkeit

Eine kompetitive Abhängigkeit herrscht immer dann, wenn zwei Unternehmen von gleichen Umweltressourcen abhängig sind, also um diese konkurrieren. Haben zwei Unternehmen den gleichen Lieferanten geht es beispielsweise darum, wer mit welchen Terminen, Qualitäten oder welchem Entwicklungs-Knowhow bedacht wird. Zudem können Lieferanten keine beliebigen Mengen und Qualitäten produzieren. Sie kommen an der Festlegung einer Rangordnung von Kunden nicht vorbei.

Die beschriebene Systematik und die sich daraus ergebenden Institutionen werden in Abb. 12.3 vorgestellt. Im Anschluss wird auf die unterschiedlichen Institutionen genauer eingegangen.

Informale Ausdehnung des Einflusses

Die informale Ausdehnung des Einflusses setzt **Vertrauen** als relevanten Bestandteil institutioneller Lösungen voraus. **Vertrauen** ist die positive Erwartungshaltung gegenüber Personen oder Organisationen, trotz eines erheblichen Risikos der Erwartungsenttäuschung (Luhmann 1998, S. 45; Nooteboom 2002, S. 193). Vertrauen ist damit nicht vielmehr als der Glaube, dass Erwartungen erfüllt werden. Man erkennt leicht: Sowohl symbiotische als auch kompetitive Ressourcenabhängigkeiten werden stabilisiert, aber nicht verändert.

12.3 Planbarkeit durch Gestaltung von Institutionen

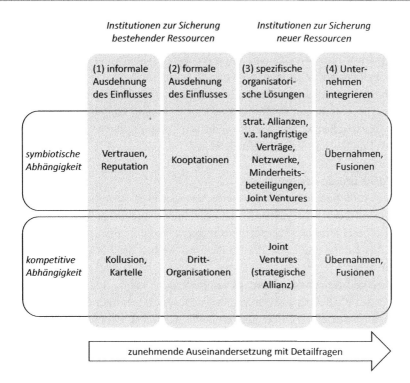

Abb. 12.3 Institutionen zur Förderung von Domänenverlässlichkeit

Bei **symbiotischer Abhängigkeit** ist es das regelmäßig bestätigte Vertrauen, das zu einer **Reputation** führt. Dies kann auch als wissensbasiertes Vertrauen bezeichnet werden. Bestehen erfahrungsgemäß belastbare Geschäftsbeziehungen, so liegt es nahe, diese fortzusetzen. Fragen der Veränderung des Ressourcenstromes oder Nachverhandlung können dann unaufgeregt angegangen werden, da die Erfahrungen miteinander den Ressourcenstrom stabilisieren.

Bei **kompetitiven Abhängigkeiten** ist es weniger die Reputation, sondern die Erzeugung eines wechselseitigen, meist monetären Nutzens. So beruhen eben auch **Kollusionen** und **Kartelle** auf Vertrauen. Dies wird als kalkulatives Vertrauen bezeichnet, wobei die eine Partei der anderen nicht schadet, da sie sonst selbst einen Schaden erleiden oder einen Vorteil verlieren würde. Gemeint ist hiermit die Erwartung, dass alle soweit von dieser Illegalität profitieren, dass sich jeder an Absprachen zu Preisen, Produktionsmengen oder Ausschreibungsteilnahmen hält. Hierfür gibt es vielzählige Beispiele, eines davon stellt das sogenannte „Kaffeekartell" dar (s. Illustration 12.4).

Illustration 12.4: Kaffeekartell

Zwischen den Jahren 2000 und 2008 sollen die Unternehmen Tchibo, Melitta und Dallmayr durch illegale Absprachen und Vereinbarungen erheblich höhere Preise durchgesetzt haben, so das Bundeskartellamt. Verbraucherschützer beziffern den entstandenen Mehrpreis für die Endkunden auf bis zu 4,8 Milliarden. Euro.

Nach Angaben des Bundeskartellamts hätten sich die Unternehmen auf Geschäftsführer- und Vertriebsleiter-Ebene über Höhe, Ausmaß und Umfang von Preiserhöhungen und deren zeitlicher Planung abgesprochen. Unabhängiger Wettbewerb habe so nicht mehr, oder nur in geringerem Ausmaß, stattgefunden.

Nach der Aufdeckung dieses Falls wurden noch weitere wettbewerbswidrige Absprachen in verschiedenen Konstellationen bekannt, so beispielsweise im Jahre 2007/2008 zwischen Krüger, Melitta und Kraft Foods mit der Marke Jacobs (Der Spiegel 2009; Süddeutsche Zeitung 2010). ◄

Formale Ausdehnung des Einflusses
Die formale Ausdehnung des Einflussbereiches geht über Vertrauen und Reputation hinaus und manifestiert sich dadurch, dass sie intensivere Wege des „Gehörtwerdens" schafft. Dies beschreibt ein Mitspracherecht beim jeweiligen Austauschpartner, was die eigene Einflussnahme erleichtert und so die Unsicherheit der Verletzung von Abhängigkeiten verringert:

Bei einer **symbiotischen Austauchbeziehung** geht es hier in erster Linie um **Kooptationen**. Dabei handelt es sich um Ergänzungswahlen von internen Gremien, oft auch von unternehmensexternen Personen. Das heißt, Aufsichts- oder Entscheidungsgremien werden auf diesem Wege durch Mitglieder von anderen Unternehmen, die oft über Kapitalbeteiligungen verfügen, erweitert. Dies stabilisiert dann gegenseitige Austauschbeziehungen.

Bei **kompetitiv** zueinanderstehenden Unternehmen erfolgt eine formale Ausdehnung des eigenen Einflussbereiches durch Beteiligungen an **Dritt-Organisationen**. So bilden Verbände sowie Wirtschaftsprüfer-, Architekten- oder Ärztekammern immer Konkurrenzsituationen ab. Durch Professionalisierung und gemeinsames Auftreten sollen, trotz Mitgliedsbeiträgen und der Reduktion von Unterschiedlichkeiten, für alle bessere Bedingungen – beispielsweise mit dem Gesetzgeber – verhandelt werden. Zudem kann hier eine Regelung des eigenen, verbands- oder kammerinternen Wettbewerbs um Ressourcen erfolgen (s. Kap. 8).

Spezifische organisatorische Lösungen
Die spezifischen organisatorischen Lösungen beziehen sich auf die Erlangung von Kontrolle über bisher nicht kontrollierte Ressourcen. Dies kann sich auf alle Abhängigkeiten der organisatorischen Domäne beziehen, denen ein Unternehmen ausgesetzt ist. Zu erhöhter Planbarkeit führen die organisatorischen Lösungen aufgrund der juristischen Behandlung, sowohl vor dem Start der Geschäftsbeziehung als auch während der Zusammenarbeit oder deren Beendigung. Dies reduziert in der Regel die Dynamik und Komplexität der organisatorischen Domäne. Gleichzeitig werden durch die juristische Zugänglichkeit auch Abhängigkeiten neu gestaltet, was die strukturellen Lösungen von den vorherigen Institutionen zur Ausdehnung des Einflusses abgrenzt. Beispiele für spezifische, organisationsstrukturelle Lösungen sind Joint Ventures, Minderheitsbeteiligungen

12.3 Planbarkeit durch Gestaltung von Institutionen

oder Netzwerke. Überschrieben werden diese oft mit dem Begriff „strategische Allianz", was genau den substanziellen Eingriff in die Leistungserstellung erfasst.

Joint Ventures – „gemeinsame Wagnisse" – stellen Institutionen dar, die sich aus Ressourcen zweier Organisationen speisen. Thematisch geht es hierbei häufig um technologische Entwicklungen. Die Verbindung von Osram und Continental ist ein typisches Joint Venture bei symbiotischer Abhängigkeit (s. Illustration 12.5). Netzwerke und Minderheitsbeteiligungen folgen einem ähnlichen Muster.

Illustration 12.5: Osram und Continental gründen Joint Venture

Der Automobilzulieferer Continental, der neben Software auch Elektronik, wie Sensoren für autonomes Fahren anbietet und der Leuchtmittelhersteller Osram schließen sich zu einem Joint Venture auf dem Lichtmarkt zusammen. Das Gemeinschaftsunternehmen, mit Sitz in der Region München, soll rund 1500 Mitarbeiter beschäftigen. Beide Seiten sollen jeweils 50 Prozent der Anteile halten. Umfassen soll das Joint Venture die Bereiche Licht, Lichtsteuerung sowie Elektronik. Halbleiterbasierte Lichtmodule, wie beispielsweise LED-Module für Front- und Heckscheinwerfer und Lasermodule sowie Lichtsteuereinheiten zählen dabei zum Produktportfolio.

Um „noch innovativere und intelligentere Lichtlösungen" zu entwickeln, werden die Expertise von Continental bei Software und Elektronik und die Erfahrung von Osram im Bereich Automobilbeleuchtung miteinander verbunden, wie Andreas Wolf, Leiter der Continental-Einheit Body & Security erklärte.

Hans-Joachim Schwabe, Leiter des Bereichs „Specialty Lighting" bei Osram, verweist auf die Digitalisierung, die ebenso den Bereich der Fahrzeugbeleuchtung umfasst. Nach Schwabe ermögliche die Zusammenarbeit mit Continental die Weiterentwicklung neuer Funktionen, wie die Kombination von Licht und Sensorik sowie einer „lichtbasierten Kommunikation" zwischen Fahrern, der Umgebung und anderen Verkehrsteilnehmern. Neben traditioneller Beleuchtung stellt Osram vor allem halbleiterbasierte Produkte her und verfügt über Erfahrung im Bereich LED-Lampen und Lichtmanagementsysteme.

Bei der Vorstellung der Geschäftszahlen 2018 erklärte Elmar Degenhart, Continental-Chef, dass sich Continental von einem reinen Reifenhersteller und Zulieferer in den letzten 20 Jahren zu einem Technologieunternehmen entwickelt habe (manager magazin 2018). ◄

Selbst Unternehmen in **kompetitiven Abhängigkeiten** gehen gemeinsame strukturelle Lösungen ein und entwickeln ihr Geschäftsmodell so gemeinsam weiter. Auf den ersten Blick mag dies erstaunen. Angesichts gewaltiger Investitionsvolumina bei einzelnen technologischen Fragestellungen, wird es jedoch nachvollziehbar. Deren Bedeutung ist teilweise so relevant, dass die künftige Existenz vom Erfolg eines solchen **Joint Ventures** abhängen kann. Das Beispiel von Daimler und Renault-Nissan verdeutlicht dies (s. Illustration 12.6).

> **Illustration 12.6: Daimler und Renault-Nissan starten ein Produktions-Joint-Venture in Mexiko**
>
> Daimler und Renault-Nissan haben sich zu einem Joint Venture zusammengeschlossen, an dem beide Seiten zu 50 Prozent beteiligt sind. In die neue Gesellschaft COMPAS (Cooperation Manufacturing Plant Aguascalientes) haben Daimler und Renault-Nissan insgesamt eine Milliarde US-Dollar investiert. Gebaut werden soll ein neues Werk für die Produktion von Premium-Kompaktfahrzeugen der nächsten Generationen der Marken Mercedes-Benz und Infiniti. Das Joint Venture soll für den Bau des Werkes sowie dessen anschließender Inbetriebnahme verantwortlich sein.
>
> Internationale Vertreter von Daimler und Renault-Nissan bilden das COMPAS-Management, welches bei Entscheidungsprozessen von einem Board of Directors, dem jeweils drei Vertreter beider Partner angehören, begleitet wird.
>
> Der Standort verfügt über eine gut etablierte und solide Lieferantenlandschaft, in der Renault-Nissan bereits seit mehr als drei Jahrzehnten erfolgreich eine hocheffiziente Fertigung betreibt. Zudem wird Mercedes-Benz Cars erstmals mit einer Kompaktwagenproduktion in der NAFTA-Region präsent sein und damit flexibel und effizient seine Kunden marktnah bedienen können. Abhängig von der Marktentwicklung und der Kundennachfrage, besteht die Möglichkeit zum Aufbau weiterer Kapazität.
>
> Indem die beiden Unternehmen bei Fertigungs- und Qualitätsprozessen zusammenarbeiten, werden Ressourcen maximal genutzt und gleichzeitig die Kosten optimiert. Weiterhin bleibt die Markenidentität gewahrt, da sich die Fahrzeuge beider Marken hinsichtlich Produktdesign, Fahreigenschaften und Spezifikationen eindeutig voneinander unterscheiden werden (Daimler AG 2015). ◄

Integration von Unternehmen

Die Integration von Unternehmen stellt die völlige Eliminierung einzelner Abhängigkeiten dar, indem Kontrolle über den vorherigen Austauschpartner erlangt wird. Unternehmen werden aus bestehenden Ressourcenströmen herausgelöst und in die eigenen integriert. **Übernahmen** und **Fusionen** sind die besten Beispiele dafür. Das Volumen ist in allen Branchen und nicht nur bei Großunternehmen sehr hoch: Allein in Deutschland wurden im Jahr 2019 laut Statista GmbH (2020) rund 134 Milliarden Euro durch Unternehmensübernahmen bewegt. Einen gewichtigen Anteil haben dabei prominente Übernahmen, wie die der Monsanto Company durch die Bayer AG oder die des Roboterherstellers KuKa durch den chinesischen Elektrogeräte-Hersteller Midea. Hinzu kommen in Teilen große Beträge für Verhandlungen, juristische Begleitung und die oft so schwierige „Post Merger"-Integration.

12.3.2 Perspektivenerweiterung: Standortwechsel und -verbünde

Bislang wurde die Diskussion ausgehend von einer bestehenden, organisatorischen Domäne geführt. Gedanklich blieb diese sowohl bei der Sicherung eines etablierten Ressourcenzugangs als auch bei der Sicherung neuer Ressourcen unverändert. Die Themen Standortwechsel und Standortverbünde erweitern diese Annahme.

Standortwechsel
Standortwechsel bieten Möglichkeiten, unliebsamen Elementen einer Domäne zumindest partiell zu entfliehen. So können internationale Kräfte, wie Zölle und Handelsbarrieren und demografische sowie kulturelle Kräfte, umgangen werden, indem der Standort auf internationaler Ebene verschoben wird. Auf diese Weise haben viele Unternehmen durch ein „Global Sourcing", Lieferbedingungen optimiert. Zudem lassen sich häufig die Logistik oder auch die Kostenstrukturen verbessern. Entscheidend für die hier vorgetragene Argumentation ist jedoch der verbesserte Zugang zu Informationen, Wissen, Humanressourcen und Kapital (s. zu einem Überblick Fallgatter 2006).

Vor dem Hintergrund dramatischer Veränderungen der Informations- und Kommunikationstechnologie, stellt sich die Frage, ob die Wahl des Standortes nicht an Bedeutung einbüßt. So sind Produktionsfaktoren, wie Kapital, Einsatzgüter und Informationen, leicht „per Mausklick" weltweit verfügbar. Zumindest auf den ersten Blick könnte man dies leicht als Begrenzung des Themas „Standortwahl" interpretieren. Einer solchen Interpretation stehen jedoch Standortverbünde entgegen.

Standortverbünde
Bei Standortverbünden handelt es sich um geografische, regionale Konzentrationen von Unternehmen oder gar ganzen Branchen, deren Wertschöpfung miteinander verbunden ist oder große Gemeinsamkeiten aufweist. Dieser Zusammenhang wird in Anlehnung an Porter (1998, S. 154) als „**Standortparadoxon**" bezeichnet. Es erfasst den Widerspruch zwischen der Annahme, dass Standortfaktoren, und damit letztlich auch die Standortwahl, aufgrund neuer Informations- und Kommunikationstechnologien auf der einen Seite an Bedeutung verlieren und der beobachtbaren Agglomeration von Unternehmen auf der anderen Seite. Solche Standortverbünde prägen nicht nur Lieferbeziehungen, sondern auch enge Verwobenheiten mit öffentlichen und privaten Organisationen, wie Universitäten, Forschungseinrichtungen und staatlichen Stellen sowie vielen Dienstleistern. Diese pflegen eine Vielzahl von Kooperationen und Austauschbeziehungen, wodurch intensive Rückkopplungen und Verstärkungseffekte entstehen (Michler 2005, S. 50).

Somit umfasst ein **Standortverbund** eine Reihe vernetzter Branchen sowie in ihren Sachzielen komplementäre Unternehmen. Auch sind in solchen Regionen vertikale Ausweitungen beobachtbar, da sich Abnehmer ansiedeln und Absatzkanäle ausbauen. Hinzu kommen Unternehmen, die verwandte Produkte anbieten oder ähnliche Kompetenzen, Techniken oder Produktionsstrukturen einsetzen.

Unternehmen erhoffen sich von der dortigen Ansiedlung Vorteile, wie Informationen und Lösungen zu technologischen Fragen, bei dem Bezug von Humanressourcen oder dem Zugang zu Fremd- und Eigenkapitalgebern. Mitunter können auch nur die postalische Adresse und daraus erhoffte Legitimation die Ursache der Ansiedlung sein.

Besonders stehen dabei Innovationsbelange, also der Zugang zu intangiblen Ressourcen, vor allem Informationen und Wissen, im Vordergrund. Innovationsbedarf ist nicht nur rasch erkennbar, sondern lässt sich in Standortverbünden auch schneller befriedigen als bei zufälliger Standortverteilung. Dies liegt an der typischen Orientierung am anspruchsvollsten Kunden, dem intensiven Kundenkontakt sowie dem starken Konkurrenzdruck. Einprägsame Beispiele sind – um nicht immer das Silicon Valley zu benennen – die Software-Region um Cambridge (UK), die Ansammlung von High-Tech-Unternehmen an der Route 128 in der Nähe von Boston oder das sogenannte „Wein-Cluster" in Kalifornien. Auch in Deutschland existieren Standortverbünde, beispielsweise die Biotech-Regionen in Deutschland – München und Rhein-Neckar-Dreieck –, die Medien-Cluster in Berlin und Düsseldorf oder der IT-Cluster um München.

Damit stellen Standortverbünde eine besondere Form der Zusammenführung von getrennten Märkten und vertikal nicht integrierten Unternehmen dar. Gegenüber einer horizontalen und vertikalen Ausweitung der Wertschöpfungskette bieten Standortverbünde also eine leicht gangbare Alternative. Im Unterschied zu Transaktionen zwischen regional verstreuten Kunden und Anbietern fördert die räumliche Nähe zu diesen zudem Koordination und Vertrauen. Es werden Hürden abgebaut, die mit Beziehungen auf Distanz verbunden sind, ohne die verringerte Flexibilität von formellen Organisationsformen, wie Allianzen, Partnerschaften oder vertikaler Integration, in Kauf nehmen zu müssen.

Agglomerationswirkungen bestehen zudem in Produktivitätsvorteilen von Standortverbünden gegenüber einem unabhängig gewählten Standort. Neben der einfacheren und kostengünstigeren Personalrekrutierung wirken auch die vorhandenen Vergleichsmaßstäbe mit anderen Unternehmen effizienzsteigernd. Zudem bieten Standortverbünde ein für hoch spezialisierte Mitarbeiter mit spezifischen Vorstellungen, Werten und Ansprüchen erforderliches Umfeld. Abb. 12.4 skizziert als Beispiel den Aufbau des kalifornischen Wein-Clusters (Porter 1998, S. 77 f.).

Den eigentlichen Kern des Clusters bilden zwei Arten von Unternehmen. Der eine Teil dieser Unternehmen betreibt den Anbau von Weintrauben. Diese Unternehmen stehen in Verbindung mit einer Vielzahl von Partnern, die notwendige Ausrüstung und Technologien, wie Erntemaschinen, Düngemittel und Bewässerung, zur Verfügung stellen (linke Seite). Diese wiederum sind Teil eines landwirtschaftlichen Clusters. Der andere Teil der Kernunternehmen, die Weinkellereien, verarbeiten die Weintrauben weiter. Sie verfügen über ein Netzwerk zu Herstellern von Fässern, Flaschen, Korken und Dienstleistern sowie Marketingagenturen. Gleichzeitig sind sie in ein Tourismuscluster und ein Lebensmittelcluster in der Region eingebettet. Den Rahmen bilden Regierungen, Behörden und Organisationen, wie Universitäten und Forschungseinrichtungen.

Dies alles gemeinsam sichert die oben beschriebenen Vorteile eines Standortverbundes.

12.3 Planbarkeit durch Gestaltung von Institutionen

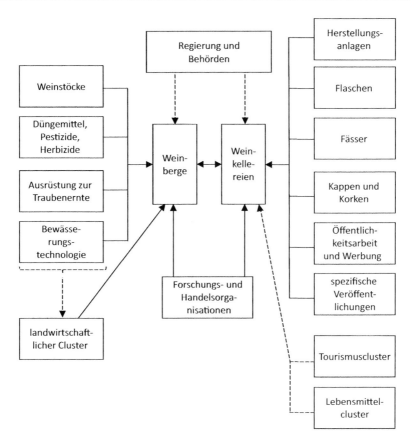

Abb. 12.4 Das kalifornische Wein-Cluster (s. ähnlich Porter 1998, S. 79)

12.3.3 Zur Entscheidung über Institutionen: Transaktionskostentheorie

Bislang wurde die Diskussion um die Institutionen zur Stabilisierung und Erweiterung von Ressourcenbeziehungen einseitig geführt. Institutionen wurden lediglich hinsichtlich ihrer Vorteilhaftigkeit beschrieben. Angesichts der Risiken und auch des zum Teil hohen Aufwandes von Institutionen, stellt sich die Frage nach deren Analyse und Auswahl. Die Transaktionskostentheorie (s. Kap. 1) bietet hierfür erforderliche Ansatzpunkte.

Alle vorgestellten Institutionen bieten spezifische Vor- und Nachteile. Die Unterschiede bestehen in dem Ausmaß der Sicherung von Ressourcen und deren Nutzbarkeit. Ebenso variieren die institutionellen Regelungen mit ihren spezifischen Such- und Anbahnungs- sowie Abwicklungs- und Nachverhandlungskosten.

Die Konkretisierung der relativen Vorteilhaftigkeit von Institutionen setzt eine Klarheit über die Quellen von Transaktionskosten voraus. Dabei helfen vier Begriffspaare, die in Relation zueinander stehen. Abb. 12.5 skizziert dies.

Abb. 12.5 Faktoren von Transaktionskosten (s. ähnlich Jones 2013, S. 102)

Die Punkte (1), (2) und (3) wurden oben als Charakteristika der organisatorischen Domäne beschrieben, die Unsicherheit verursachen (s. Abschn. 12.2.2). Punkt (4) ergänzt diese Perspektive der Merkmale von Austauschprozessen und weist durch die transaktionskostentheoretische Einbettung auf ein weiteres Problem hin. So wirken sich die negativ behafteten Charakteristika der organisatorischen Domäne nur vor dem Hintergrund vorliegender Gefahren auf Unternehmen aus. Das heißt, es resultieren Transaktionskosten, da mit den Risiken und der Unsicherheit umgegangen werden muss. Die folgenden Ausführungen gehen auf die einzelnen Faktoren von Transaktionskosten ein.

Domänenkomplexität und Domänendynamik
Die oben beschriebene Unsicherheit durch hohe Komplexität (1) und Dynamik (2) von Abhängigkeiten lässt sich kaum beherrschen. Dies ist in den für Unternehmen immer bestehenden Grenzen der Informationsbeschaffung und -verarbeitung begründet. Die Informationslage sowie die rationale Analyse werden immer fraglich sein. Bei Umweltunsicherheit und dadurch stärker wirkenden Grenzen der Rationalität rückt das Thema Eigenfertigung in den Vordergrund. Wie sich diese geringe Prognostizierbarkeit und Planbarkeit auswirken kann, zeigt Illustration 12.7.

Illustration 12.7: Übernahme von Anadarko durch Occidental Petroleum

Das US-amerikanische Unternehmen Occidental Petroleum ist sowohl in der Exploration, Förderung, Verarbeitung und Lagerung von Erdöl und -gas als auch in der Weiterverarbeitung zu Chemikalien tätig. Die Aktivitäten konzentrieren sich dabei primär auf die USA, den mittleren Osten, Afrika und Lateinamerika.

Dem Wertschöpfungsprozess selbst kann eine gewisse Stabilität und Kontinuität unterstellt werden. Die Ressourcen werden selbst kontrolliert und es werden langfristige Förderrechte vergeben. 2019 hat das Unternehmen für 55 Milliarden Dollar den

12.3 Planbarkeit durch Gestaltung von Institutionen

Konkurrenten Anadarko übernommen, man rechnete mit erheblichen Synergieeffekten und gesteigertem Shareholder-Value.

Doch hier könnte Occidental Petroleum sich übernommen haben. 2020 ist der Marktwert, trotz der getätigten Übernahme, zwischenzeitlich bei unter 10 Milliarden Dollar angekommen. Aufgrund des niedrigen Ölpreises muss die Dividende massiv gekürzt und mit Fremdkapitalgebern verhandelt werden. Dieser Verfall der Preise ist auf die sinkende Nachfrage aufgrund des „Corona-Virus" und den Streitigkeiten um Fördermengen zwischen Russland und Saudi-Arabien zurückzuführen.

Ein derartiger Preisrutsch war folglich nicht vorhergesehen worden, als die Übernahme und Integration von Anadarko beschlossen wurde. Es ist mehr als fraglich, ob eine Prognose über diese Umweltentwicklungen überhaupt möglich gewesen wäre. Dies ist in der komplexen organisatorischen Domäne und der Wirkung der generellen Umwelt begründet (Bloomberg o. J.; Doherty und Crowley 2020; n-tv Nachrichtenfernsehen o. J.; Occidental Petroleum Corporation o. J.). ◄

Ressourcenknappheit und opportunistisches Handeln
Ein vorherrschender **Opportunismus** von Austauschpartnern wird besonders bei einer Ressourcenknappheit (3) in der organisatorischen Domäne zum Problem. Die Austauschpartner haben dann immer eine erhöhte Machtposition, da notwendige Ressourcen bei Entzug aufgrund der geringen Verfügbarkeit nur erschwert ersetzt werden können. Das unternehmerische Risiko des Ressourcenentzugs durch einen Austauschpartner, ist hier also besonders angesprochen. Es entstehen so Transaktionskosten durch die Einplanung dieses opportunistischen Ressourcenentzugs, durch entsprechende Kontrollen oder aber Nachverhandlungen.

Ist die geringe **Reichhaltigkeit** der organisatorischen Domäne zudem durch eine kleine Zahl von relevanten Austauschpartnern in den eigenen Abhängigkeitsbeziehungen ausgeprägt, so verschärft sich das Problem des opportunistischen Handelns weiter. Der Austauschpartner kann beispielsweise eine drastische Erhöhung der Preise erzwingen, wenn es wenige andere Austauschpartner gibt. Diese Problematik verursacht hohe Transaktionskosten, da aufwendige Verhandlungen geführt, Austauschbeziehungen überwacht und unter Umständen Vereinbarungen juristisch erzwungen werden müssen. Umgekehrt ist die Situation für das eigene Unternehmen, wenn der jeweilige Austauschpartner wenige andere Austauschbeziehungen pflegt. Die Gefahr des Opportunismus bei einer geringen Anzahl von Austauschpartnern wird an der Geschichte von DM und Alnatura deutlich (s. Illustration 12.8).

Illustration 12.8: Alnatura und DM

Seit 1986 verkaufte das Unternehmen Alnatura seine Bio-Produkte auch bei der Drogeriemarktkette DM. Lange Zeit stellte Alnatura einen Großteil der Bio-Lebensmittel im DM-Sortiment. Die Bedeutung von DM als Abnehmer wurde so groß, dass bis zu 40 % des Umsatzes von Alnatura auf diese Austauschbeziehung zurückzuführen war.

Die wohlgesonnene Zusammenarbeit endete 2014 abrupt, nachdem DM entschied, künftig Bio-Produkte unter eigener Marke zu vertreiben. Diese margenstärkeren Alternativen verdrängten Alnatura-Produkte zunehmend aus dem Sortiment der Drogerie-Filialen. Besonders brisant ist die Geschichte der Zusammenarbeit, von der am Ende nur noch rechtliche Streitigkeiten übrig blieben, vor dem Hintergrund der verwandtschaftlichen Beziehung beider Unternehmensgründer. Sie sind verschwägert und pflegten langjährigen freundschaftlichen Kontakt (beck-aktuell 2019; Gassmann 2019; Hielscher 2016). ◄

Ressourcenspezifität
Eine ausgeprägte Spezifität der bezogenen Ressourcen (4) betont besonders das Risiko der Nichtpassung von Ressourcen. Hier kann es ebenso notwendig werden, die jeweilige Austauschbeziehung zu überwachen, zu kontrollieren und nachzubessern. Ressourcenspezifität bedeutet, dass bestimmte Ressourcen nur genau in einer definierten Verwendung einsetzbar oder an ein Unternehmen gebunden sind. Das heißt, sie sind nicht marktgängig und haben somit nur einen geringen Veräußerungswert. Sowohl die schlechte Veräußerbarkeit als auch die Frage der Bindung, führen zu einem erhöhten Risiko. Stellt ein Unternehmen Büroartikel her, so sind diese in potenziell jeder professionellen Bürosituation verwertbar. Anders verhält es sich bei der Pflege von individualisierter Spezialsoftware bei einem primären Kunden. Diese hat keine Passung zu anderen Kunden und kann dementsprechend nicht anderweitig veräußert werden. Die Abhängigkeit von diesem einen konkreten Austauschpartner macht das besonders hohe Risiko hinsichtlich Kosten und Planung aus.

Dieser Zusammenhang ist jedoch abhängig von der Perspektive. Ist die Ressource, die das eigene Unternehmen in eine Austauschbeziehung einbringt, sehr spezifisch für den Austauschpartner, so steigt das Risiko für das eigene Unternehmen. Das ist darin begründet, dass das Austauschgut nur in wenige andere Austauschbeziehungen eingebracht werden kann. Ist die Ressource aus Sicht des Austauschpartners sehr spezifisch, so ergibt sich ein geringes Risiko für das eigene Unternehmen. Die Begründung ist hier genau entgegengesetzt, nun kann der Austauschpartner das Austauschgut in nur wenige oder gar keine anderen Austauschbeziehungen einbringen. Entstehen bei der Betrachtung der Ressourcenspezifität und des sich ergebenden Risikos hohe Transaktionskosten für Absicherung, Lagerhaltung etc., so erscheint der Einsatz von Institutionen oder die Eigenfertigung als sinnvoll.

12.4 Planbarkeit durch Bedienung institutionalisierter Erwartungen

12.4.1 Einordnung

Bisher wurden – neben der externen Umwelt – Abhängigkeiten diskutiert, die der organisatorischen Domäne zugehörig sind. Diese „direkten" Abhängigkeiten zwischen den Austauschpartnern können rein ökonomisch analysiert werden. Es reicht jedoch nicht aus, nur über Institutionen, wie langfristige Verträge, Joint Ventures oder Kartelle, nachzudenken.

So existieren auch indirekte Abhängigkeiten, die sozioökonomische Aspekte umfassen und vermittelnd auf die organisatorische Domäne wirken. Beispielsweise sind Ressourcenaustauschbeziehungen immer dann bedroht, wenn gesellschaftliche Wertvorstellungen – zum Beispiel durch Kinderarbeit eines Lieferanten – verletzt sind. Im Sinne des sogenannten **Institutionalismus** (DiMaggio und Powell 1983; Meyer und Rowan 1977) existieren solche branchenübergreifend wirksamen und somit grundlegend akzeptierten Werte, Normen und Erwartungen.

Im Folgenden wird die organisatorische Legitimation als erste sozioökonomische Orientierungsgröße diskutiert (s. Abschn. 12.4.2). Dem schließt sich die Diskussion eines weiteren interessanten Phänomens an. So unterliegen Unternehmen einem Druck, sich gängigen und zumindest vermeintlich bewährten Ausgestaltungen anzunähern. Es kommt zu Isomorphismus, dem sich viele Unternehmen kaum entziehen können (s. Abschn. 12.4.3).

12.4.2 Legitimation als Mittler für Austauschbeziehungen

12.4.2.1 Konstrukt „Legitimation"

Legitimation beschreibt in etwa die „**Güte**" und „**Unbedenklichkeit**" der Wertschöpfung von Unternehmen. „Güte" ist auf qualitative Merkmale von Produkten und Dienstleistungen bezogen. „Unbedenklichkeit" ist institutionell zu verstehen und betrifft vor allem die Solvenz, das Geschäftsgebaren sowie den Umgang mit gesellschaftlichen Normen, Werten und Erwartungen. Beides gemeinsam eröffnet den Weg hin zu Legitimation und stellt die Voraussetzungen für das Einsetzen und die Aufrechterhaltung von Ressourcenaustauschprozessen dar. In Anlehnung an Suchman (1995, S. 574) gilt die folgende Definition.

▶ **Legitimation** Legitimation bildet das unternehmensspezifische Ausmaß der durch Personen, Organisationen und Institutionen zugeschriebenen Güte und Unbedenklichkeit ab.

Es geht also darum, ob prägende Merkmale von Unternehmen selbst, deren Produkte oder Dienstleistungen vor dem Hintergrund eines gesellschaftlich konstruierten Systems von Werten und Normen, wünschenswert, angemessen oder passend sind. Für Individuen, Unternehmen und Institutionen stellt dies, neben der rein ökonomischen und technologischen Analyse, eine zentrale Information für die Glaubwürdigkeit und Verlässlichkeit von Ressourcenaustauschpartnern dar.

Diese Definition weist drei entscheidende Charakteristika auf:

- Erstens existiert kein irgendwie geartetes „tatsächliches" oder „objektives" Ausmaß an **Güte und Unbedenklichkeit**. Entscheidend für die Zuschreibung von Legitimation ist vielmehr die durch die relevanten Ressourcenaustauschpartner, bzw. Anspruchsgruppen, wahrgenommene, subjektiv richtige Ausprägung bestimmter Merkmale.

- Zweitens ist der **Gegenstand der Legitimationseinschätzung** nach dieser Definition weit gefächert und nicht vorherzusehen. Zu nennen sind das gesamte Unternehmen, die Geschäftskonzeption, Produkte und Dienstleistungen oder spezifische organisatorische Prozeduren, wie beispielsweise Personalpolitik oder die Umsetzung von Umweltstandards.
- Drittens hängt die Zuschreibung von Legitimation davon ab, welche Merkmale für Anspruchsgruppen relevant sind.

Eine empirische Untermauerung findet das Konstrukt der Legitimation durch zahlreiche Studien, die einen Zusammenhang zwischen Legitimation und Unternehmenserfolg belegen (Delmar und Shane 2004, S. 408; Zimmerman und Zeitz 2002, S. 417). Zudem hilft das Konstrukt Legitimation, unterschiedliche Branchenentwicklungen zu erklären. So zeigen bereits Klepper und Graddy (1990, S. 28–30), dass in einzelnen Branchen sehr unterschiedlich lange Zeitspannen bis zur Etablierung eines einvernehmlichen Verständnisses von Legitimation existieren. Diese umfassen Zeiträume, die von zwei bis über 50 Jahre reichen.

12.4.2.2 Modell der Legitimation

Legitimation kann als Kombination von zwei Dimensionen dargestellt werden (Suchman 1995). Die eine Dimension zielt auf die Arten der Legitimationsausprägung ab. Hierbei handelt sich um **kognitive** und **soziopolitische Legitimationsausprägungen**. Die andere Dimension beschreibt die Entwicklungsstufen **Vertrauen**, **Zuverlässigkeit**, **Reputation** und **Legitimation**. Sie bewirken Veränderungen der beiden Legitimationsausprägungen. Abb. 12.6 skizziert diesen Zusammenhang.

Kognitive Legitimation

Kognitive Legitimation setzt am Wissensstand der Austauschpartner an und beschreibt den Bewährungsgrad, die Verständlichkeit sowie die Selbstverständlichkeit einer Geschäftskonzeption, eines Produktes oder zentraler Prozeduren eines Unternehmens. Der Bezug zu Kognitionen zeigt, dass Wahrnehmungen, Attributionen und Einschätzungen

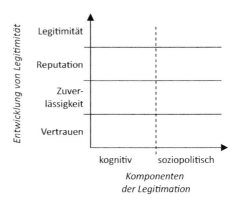

Abb. 12.6 Stufen und Merkmale von Legitimation (s. ähnlich Aldrich und Fiol 1994, S. 646–648; Suchman 1995, S. 571–574)

von Individuen im Mittelpunkt stehen. Kognitive Legitimation setzt sich damit aus dem Wissen der relevanten Ressourcenbereitsteller zusammen (Berger und Luckmann 1977, S. 100).

Der Bezug zu ökonomischen Abhängigkeiten ist eindeutig: Bei einer hohen kognitiven Legitimation – weitreichendes Wissen über ein Unternehmen ist vorhanden und die Geschäftskonzeption geradezu selbstverständlich – werden Zeit und andere Ressourcen zur Analyse einer Geschäftskonzeption reduziert. Ressourcenaustausch ist dann einfach. Kognitive Legitimation lässt sich wie folgt operationalisieren:

- Breite Diskussionen über Unternehmen und deren Vorgehensweisen ebnen den Weg zur Legitimation. Mithin ist der Grad des öffentlichen Wissens über neue Aktivitäten ein erster Hinweis auf Legitimation.
- Hoher kognitiver Legitimation schließen sich Kopien der bewährten Geschäftskonzeption an. Es besteht keine Veranlassung, mit alternativen Geschäftskonzeptionen auf den Markt zu drängen.
- Aus der Perspektive von Verbrauchern bedeutet kognitive Legitimation, dass viele interessierte Nutzer eines Produktes oder einer Dienstleistung sowie entsprechend viele Angebote existieren (Aldrich und Fiol 1994, S. 648; Hannan und Freeman 1984, S. 63).

Soziopolitische Legitimation
Soziopolitische Legitimation stellt eine Erwartung dar und erfasst das Ausmaß der Passung von Geschäftskonzeptionen, Organisationen, Produkten oder Prozeduren eines Unternehmens zu breit akzeptierten Standards, Regeln und Prinzipien der Gesellschaft. Angesprochen sind damit die prinzipielle Anschlussfähigkeit von Geschäftskonzeptionen einer Branche sowie das darauf beruhende wirtschaftliche Potenzial (Aldrich und Fiol 1994, S. 646). Damit bezieht sich soziopolitische Legitimation auf die Akzeptanz und Billigung durch die wichtigsten Bezugsgruppen. Operationalisierbar ist die soziopolitische Legitimation, beispielsweise anhand der öffentlichen Akzeptanz einer Branche, staatlicher Unterstützungen sowie Subventionen oder durch das öffentliche Ansehen der Meinungsführer dieser Branche (Aldrich und Fiol 1994, S. 648).

Der Weg zur kognitiven und soziopolitischen Legitimation ist ein fortlaufender Prozess. Dieser ist in aller Regel nicht auf ein einzelnes Unternehmen beschränkt. Das heißt, wenn sich die Legitimationssituation eines Unternehmens verbessert, so färbt dies mit hoher Wahrscheinlichkeit auf andere Unternehmen der Branche ab. Für die Gewinnung von Legitimation, bietet sich daher eine unternehmens- und branchenbezogene, branchenübergreifende sowie institutionelle Analyse an (Aldrich und Fiol 1994).

Die Entwicklungsstufen bzw. Analyseebenen selbst richten sich nur prozessual und damit indirekt auf Legitimation, da diese erst das Ergebnis eines ganzen Prozesses ist. Die Vorstufen sind: **Vertrauen**, **Zuverlässigkeit** und **Reputation**. Ein Überspringen einzelner Stufen hat keinen beschleunigenden Effekt, da es sich eben nicht um Treppenstufen handelt, sondern um jeweils erforderliche Voraussetzungen für den Fortgang.

Vertrauen wurde definiert als die positive Erwartungshaltung gegenüber Personen oder Institutionen trotz eines erheblichen Risikos der Erwartungsenttäuschung (s. Kap. 2). Vertrauen ist in diesem Sinne nicht viel mehr als der Glaube daran, dass trotz des Fehlens konkreter Belege, Erwartungen erfüllt werden. In der ungewissen Situation der Entstehung einer neuen Branche ist Vertrauen die einzige relevante, ökonomische Größe, da darüber hinaus wenige Informationen verfügbar sind. Die grundlegende Voraussetzung für alle Austauschbeziehungen besteht in dem Aufbau von Vertrauen.

Dem schließt sich **Zuverlässigkeit** an. Zuverlässigkeit als Merkmal wird durch Stakeholder zugeschrieben, wenn eine gehäufte Erfüllung von Erwartungen vorliegt. In diesem Sinne wurde Vertrauen bestätigt. Eine aufgrund von Erfahrung belastbare Zuverlässigkeit führt zu **Reputation**. Diese lässt sich danach beschreiben, ob und in welchem Umfang andere Unternehmen positiv über ein Unternehmen und seine Produkte und Dienstleistungen diskutieren (Aldrich und Fiol 1994, S. 649 f.). **Legitimation** verankert Reputation von Produkten und Dienstleistungen in fachlichen und öffentlichen Diskursen als normenkonforme Lösungen.

12.4.2.3 Zusammenspiel der beiden Dimensionen

Tab. 12.1 beschreibt die parallele Entwicklung der Legitimation von Unternehmen und Branchen hinsichtlich typischer Einzelmaßnahmen. Diese richten sich auf die zuvor beschriebenen Stufen sowie auf die Unterscheidung von kognitiver und soziopolitischer Legitimation.

Kognitive sowie soziopolitische Legitimation lässt sich anhand der **Automobilindustrie** gut verdeutlichen: Beispielsweise werden hier Planungsrhythmen, Produktionsprozesse, Finanzierungswege oder übergreifende Wertschöpfungsketten nicht mehr hinterfragt und gelten, zumindest in der Grundstruktur, als selbstverständlich. Angesprochen ist die kognitive Legitimation. Darüber hinaus passen die Geschäftskonzeption, die zentralen Prozeduren oder die zentralen unternehmenspolitischen Entscheidungen in hohem Maße

Tab. 12.1 Konkretisierung von Legitimationsstufen (Aldrich und Fiol 1994, S. 649)

Analyseebene	Kognitive Legitimation	Soziopolitische Legitimation
unternehmensbezogen	symbolische Sprache und Verhaltensweisen	Entwicklung von *Vertrauen* in neue Geschäftskonzeptionen durch konsistente Beschreibungen und passende Einordnungen
branchenbezogen	Kreierung von Konvergenz um eine dominante Geschäftskonzeption	Entwicklung der Wahrnehmung von *Zuverlässigkeit* durch Mobilisierung gemeinsamer Aktivitäten
branchenübergreifend	Beförderung von Aktivitäten durch nicht unmittelbar verbundene Akteure	Entwicklung von *Reputation* einer neuen Geschäftskonzeption als Realität durch Anschlüsse an andere Branchen
institutionell	Verknüpfungen mit etablierten (Aus-)Bildungssystemen	Entwicklung von *Legitimation* durch Organisation von übergreifenden Marketingaktivitäten und Lobbyismus

12.4 Planbarkeit durch Bedienung institutionalisierter Erwartungen

zu weit verbreiteten, bzw. weit geteilten Normen und Wertvorstellungen. Dabei wird die soziopolitische Legitimation angesprochen.

Die Legitimation offenbart sich in geradezu extremer Weise in der Einrichtung automobilwirtschaftlicher Schwerpunkte an Hochschulen. Viel stärker kann eine gesellschaftliche Anerkennung kaum ausfallen. Selbst Standortverlagerungen, öffentlich ausgetragene Personaldebatten oder auftretende Unregelmäßigkeiten, wirken sich offensichtlich nicht grundlegend negativ aus. Zwar kratzt die zeitweilige Zurückhaltung hinsichtlich alternativer Antriebstechnologien und vor allem der enorm weitreichende Dieselskandal am Image von manchen Automobilherstellern, zu nachteiligen Konsequenzen auf der Ebene von Ressourcenaustauschprozessen scheint es jedoch bisher nicht gekommen zu sein.

Neben den positiven existieren auch zahlreiche Beispiele von Unternehmen, die weit von Legitimation entfernt sind (s. Illustration 12.9).

Illustration 12.9: Beispiel schlecht legitimierter Branchen und Unternehmen

Beispiele für mangelnde Legitimation finden sich bei Geschäftsmodellen, die einen Strukturvertrieb zum Ausgangspunkt ihrer Geschäftstätigkeit küren. Diese Vorgehensweise – auch als „Schneeballsystem" bekannt – kennzeichnet, dass jeder Vertriebsmitarbeiter seinen Umsatz – die entscheidende Erfolgskennziffer – über die Akquise sowie das Anlernen und die Steuerung neuer Mitarbeiter ausdehnt.

Solche Strukturvertriebe charakterisiert regelmäßig eine aggressive Vertriebspolitik. Auf der Produktseite handelt es sich oft um wissenschaftlich nicht haltbare, pseudomedizinische Gesundheitsprodukte oder Telekommunikationsverträge. Die Legitimation solcher Unternehmen ist oftmals sehr gering. So ist es kognitiv kaum nachvollziehbar, wie die üblichen Einstiegskosten ohne arbeitsvertragliche Absicherung zu einem soliden Auskommen führen können. Oft profitieren nur die Gründer, die an der Spitze eines solchen Schneeballsystems stehen.

Darüber hinaus sind die typischen Vertriebs- und Akquisetätigkeiten im Freundes- und Bekanntenkreis soziopolitisch fraglich. So sind Vertriebsmitarbeiter häufig nicht nur Lieferanten von Humanressourcen, sondern durch das erforderliche Einkaufen in die Geschäftskonzeption auch noch Fremdkapitalgeber und schließlich sogar Freunde und Verwandte der Kunden. Diese Legitimationsüberlegungen begründen, warum derartige Branchen nur ein geringes Ansehen haben und in der Regel keinen Anschluss an etablierte Unternehmen finden werden. ◄

Auch wenn Branchen und Unternehmen schlecht legitimiert sind, so führt dies nicht automatisch zu geringen Margen. Erforderlich ist es jedoch dann, sich genau auf solche Mitarbeiter und Abnehmer zu beziehen, die für die Kriterien Güte und Unbedenklichkeit nicht empfänglich sind.

Die Wirkungen von Legitimation – und damit einer auf den ersten Blick nichtökonomischen Größe – prägen Wertschöpfungsstrukturen. Diese Heranziehung sozioökonomischer Argumente wird im folgenden Abschnitt noch weiter ausgedehnt. So wirkt Isomorphismus ebenfalls prägend und nimmt seinen Ausgangspunkt in Umweltbedingungen.

12.4.3 Institutioneller Isomorphismus: Beschränkung des unternehmerischen Handelns

Isomorphie – im Sinne von struktureller Ähnlichkeit – beschreibt, dass Unternehmen sich innerhalb einer organisatorischen Domäne immer ähnlicher werden. Institutioneller Isomorphismus verweist damit auf **Ähnlichkeitsannäherungen**, die durch das gesamte institutionelle Umfeld von Unternehmen verursacht werden.

Dieses Phänomen ist von der zuvor thematisierten Legitimation nicht völlig trennscharf abgegrenzt. Es geht hierbei ebenfalls um die Abhängigkeiten von den Erwartungen der institutionellen Umwelt und den Umgang damit. Während Legitimation jedoch die aktive Gestaltung der Umweltwahrnehmung des eigenen Unternehmens beschreibt, bezieht sich die Perspektive des institutionellen Isomorphismus auf die nahezu zwanghafte Anpassung an die Erwartungen der institutionellen Umwelt aufgrund bestehender Abhängigkeiten. Man kann hier also auch von einer Begrenzung des unternehmerischen Handelns durch Anpassungszwänge sprechen. Dies grenzt den Bereich der aktiv gestaltbaren Legitimation ein.

Die Angleichung der Unternehmen einer Branche wird von DiMaggio und Powell (1983) in drei Wirkungen unterteilt (s. auch Walgenbach 2002, 2006, S. 369–375).

Zwangsisomorphismus
Dieser entsteht durch Druck, der auf Unternehmen ausgeübt wird. So erzwingt der Staat etwa durch neue Gesetze Anpassungen von Unternehmen. Beispiele hierfür sind die Umsetzung von betrieblicher Mitbestimmung oder die Errichtung spezifischer Rekrutierungsstrukturen, die nicht diskriminieren. Dabei muss dieser Druck nicht unbedingt offen ausgeübt werden. Er kann auch von der Forderung nach logistischer Einpassung in „Just in Time"-Systeme von Abnehmern ausgehen. Jeweils schaffen bestimmte Merkmale und Strukturen von Unternehmen die Voraussetzung, um überhaupt mit der relevanten Umwelt interagieren zu können.

Mimetischer Isomorphismus
Mimese bedeutet in etwa Nachahmung und findet sich in der Tierwelt, beispielsweise bei Lurchen, die ein offensives schwarz-gelbes Muster tragen. Es ist die vorgetäuschte Giftigkeit, die einen Vorteil beim Kampf um das Überleben bietet. Ganz ähnlich stellt mimetischer Isomorphismus eine Reaktion von Unternehmen auf Unsicherheit und Uneindeutigkeit in ihrer Umwelt dar. Wenn Situationen, Technologien, Zielsetzungen oder Umwelteinflüsse unklar sind, orientieren sich Unternehmen – genauer, deren Entscheidungsträger – an wichtigen anderen Unternehmen und imitieren bewusst deren Strukturen und Prozesse. So breiten sich Organisationsmuster innerhalb der organisatorischen Domäne aus.

Eine solche Ausbreitung beruht vielfach auf Personalfluktuation, auf Analysen von Unternehmensberatungen oder einfach nur auf Presseberichten. Auch Wirtschafts- und Branchenverbände tragen häufig mit spezifischen Leitlinien und beispielsweise Benchmark-Studien zu einer mimetischen Isomorphie bei.

Normativer Isomorphismus
Diese Ähnlichkeitsannäherung resultiert aus Professionalisierungstendenzen moderner Gesellschaften. Berufsbezogene Organisationen, wie Universitäten, Berufsschulen oder -verbände, entwickeln und verbreiten bestimmte Denkhaltungen und Verhaltensregeln, welche die jeweilige Berufsgruppe prägen. Legen Hochschulen Wert auf eine fundierte statistische Ausbildung, um Daten verarbeiten zu können, so bringen Absolventen solche Vorstellungen automatisch mit zu ihrem Arbeitgeber.

12.5 Quintessenzen für Managementerfolg

Die Unternehmensumwelt besteht aus Chancen und Bedrohungen. Der Umgang erfolgt für beide durch Unternehmensstrategien sowie Wertschöpfungsvariationen. Darüber hinaus wird hier argumentiert, dass Unternehmen keine Gefangenen ihrer Umwelt sind. Vielmehr ist Umwelt in wesentlichen Bereichen nichts Gegebenes oder Unabänderliches. Unternehmen können sich oft dem Umweltdruck entziehen oder in Teilen sogar ihre Umwelt gestalten. So werden Bedrohungen und Chancen mittels der SWOT-Analyse direkt zu Beginn einer geplanten Strategieentwicklung aufgegriffen und berücksichtigt.

Die große Relevanz der Umwelt für Unternehmen beruht auf deren Bereitstellung von Ressourcen, wie beispielsweise Sachwerte, Humankapital, technologische Dienstleistungen oder Zugang zu Vertriebskanälen. Das zentrale Problem für Unternehmen besteht in der Knappheit von Ressourcen, da die Wertschöpfung nicht nur davon abhängt, sondern auch ihre Ausrichtung darauf erfährt. Diese Ressourcenabhängigkeiten resultieren direkt aus dem jeweiligen Geschäftsfeld, was als **organisatorische Domäne** bezeichnet wird. Die **generelle Umwelt** hingegen – Staat, Gewerkschaften, Verbände, Wertewandel oder Wechselkurse – wirkt lediglich mittelbar auf Ressourcenabhängigkeiten und gilt für alle Unternehmen gleichermaßen.

Ressourcenabhängigkeiten ziehen **Unsicherheit** in der Planbarkeit der Wertschöpfung nach sich. Das heißt, es ist fraglich, ob Unternehmen über die erforderlichen Ressourcen in der gewünschten zeitlichen, quantitativen und qualitativen Struktur verfügen können. Dies schränkt das Kalkül strategischer Entscheidungen ein. Beispielsweise können Investitionen in neue Geschäftsfelder nicht in Angriff genommen werden und laufende Produktions- oder Dienstleistungsprozesse als auch Absatzmöglichkeiten planerisch nur mit Vorbehalten durchgeführt werden.

Unternehmen verfügen über Möglichkeiten, die Unsicherheit zu verringern und Planbarkeit herzustellen, auch wenn dies nur in einem begrenzten Maße möglich ist. Es sind sogenannte **Institutionen** – von Menschen erdachte Beschränkungen menschlicher Interaktionen –, die dies leisten können. Solche Institutionen reichen von Vertrauen, Eingriffen durch Drittparteien über Joint Ventures, bis hin zu Fusionen und Unternehmensübernahmen. Einzelne Ressourcenabhängigkeiten können demnach nahezu gänzlich kontrolliert und somit Unsicherheiten vollständig eliminiert werden. Dies ist jedoch lediglich für Extremfälle denkbar, da dies mit hohen Kosten, organisatorischer Komplexität und dem

Widerspruch zu Spezialisierungstendenzen einhergeht. Ein Ansatz zur Analyse und Implementierung adäquater Institutionen bietet hier die Transaktionskostentheorie.

Auf der **sozioökonomischen Ebene** können institutionelle Gestaltungsüberlegungen zur **Legitimation** wirtschaftlichen Handelns führen. Der **Isomorphismus** kann an dieser Stelle die Planbarkeit und Ressourcensicherung weiter erhöhen. Legitimiert sind Unternehmen dann, wenn ihrem Geschäftsgebaren von Anspruchsgruppen die Attribute „Güte" und „Unbedenklichkeit" beigemessen werden. Isomorphismus stellt eine erzwungene oder freiwillige Orientierung an üblichen Geschäftstätigkeiten dar. Anders als bei der Gestaltung von Institutionen wird durch die Herstellung eines Isomorphismus keine Kontrolle über Ressourcen ausgedehnt. Für Stakeholder wird es jedoch leichter, mit einem Unternehmen Ressourcenaustauschprozesse einzugehen, wenn Legitimation vorliegt, die durch einen Isomorphismus weiter verstärkt wird. Dies verringert das Risiko, dass Austauschbeziehungen scheitern.

Solche institutionellen, legitimatorischen und isomorphen Argumente sind in sich keine isolierten Überlegungen. Das im Zuge der Unternehmenskultur diskutierte Weltbild (s. Kap. 9) oder auch unternehmensstrategische Voraussetzungen, wie die Vision und Mission von Unternehmen (s. Kap. 1), klären den Umgang von Ressourcenabhängigkeiten und Unsicherheiten innerhalb einer organisatorischen Domäne vor.

Darüber hinaus resultieren mannigfaltige Interdependenzen mit den anderen Moderatoren der Wertschöpfung. Das bedeutet, dass die Gestaltung von **Wertschöpfungsmoderatoren** erst durch Berücksichtigung von Ressourcenabhängigkeitsüberlegungen komplettiert werden. Beispielsweise resultieren Organisationsstrukturen zu einem wesentlichen Teil aus den wahrgenommenen oder realen Ressourcenabhängigkeiten. Je nach Strukturierung der zweiten Hierarchieebene in funktionale, divisionale oder Matrixorganisationen entstehen unterschiedliche Fokussierungen auf derartige Abhängigkeiten in Form von Verrichtungen, Objekten oder Märkten (s. Kap. 6). Dabei erfahren die jeweiligen Abhängigkeiten eine unterschiedlich intensive Bearbeitung. Auch die Themen des Personalmanagements sowie der Unternehmenskultur bringen zwangsläufig eine Einschätzung über die Relevanz und auch die Gestaltbarkeit von Ressourcenabhängigkeiten mit sich. So ist die Rekrutierung von Fachkräften unter anderem auch immer von der Arbeitsmarktsituation oder dem demografischen Wandel abhängig. Demnach muss das Personalmarketing derartig vorgenommen werden, um eine gewünschte Aufmerksamkeit bei potenziellen Bewerbern auszulösen. Die Qualität einer Unternehmenskultur kann hierbei als zusätzlicher Faktor eingesetzt werden, um ein positives Arbeitgeberimage beim Personalmarketing zu unterstreichen.

Die Einbettung von Unternehmensethik in die Umweltanalyse soll deren Stellenwert skizzieren und wertet sie zugleich auf. **Unternehmensethik** wurde bisher als Korrektiv unerwünschter organisatorischer Politik beschrieben (s. Kap. 10). Insbesondere durch die deskriptive Ethik gelingt dies durch Übertragung moralischer Vorstellungen aus der Umwelt auf Unternehmen. Die Übertragung kann durch die sogenannte informelle Organisation und damit auf dem gleichen Wege wie Unternehmenskulturen vorangebracht werden. Als verwerflich eingestuftes Handeln von Führungskräften und Mitarbeitern bleibt demnach genau aus, wenn gesellschaftlich vorherrschende Moralvorstellungen eine Verankerung in der Unternehmung finden. Somit ist Unternehmensethik den hier thematisierten institutionellen Erwartungen ähnlich und kann ebenfalls in Austauschbeziehungen zur Herstellung einer Domänenverlässlichkeit bedeutend sein.

12.6 Explorationen

Verständnisfragen
1. Welches Unternehmen hat wahrscheinlich eine mechanistische Struktur?
    a. Eine, die im Bereich der fortschrittlichen Technik tätig ist.
    b. Eine, die die Produktion von Einheiten in einer unsicheren Umwelt übernimmt.
    c. Eine Massenproduktionsfirma in einer statischen Umwelt.
2. Eine Fusion zwischen Unternehmen ist ein gutes Beispiel für eine strategische Allianz.
    a. richtig
    b. falsch
3. Dynamische Umwelten …
    a. befinden sich in einem Zustand unvorhersehbarer Veränderungen.
    b. sind in einem ständigen, zyklischen Wandel.
    c. bleiben nach organisatorischen Anpassungen im Zeitablauf eher stabil.
4. In einer Studie von Lawrence und Lorsch (1967) haben viele erfolgreiche, produzierende Unternehmen mechanistische Strukturen übernommen, weil …
    a. die Manager der Ansicht waren, dass dies der sinnvollste Weg sei, mit einer unsicheren Umwelt umzugehen.
    b. sie sich einer ziemlich konstanten Umwelt gegenüber sahen.
    c. sie keine Routinetätigkeiten verwendeten.
5. Organisationen in einer _____ Umwelt müssen im Allgemeinen mehr Veränderungen vornehmen, um effektiv zu sein, als solche, die in einer _____ Umwelt tätig sind.
    a. dynamischen, stabilen
    b. stabilen, dynamischen
    c. dynamischen, feindlichen
6. Isomorphie ist …
    a. ein gängiger Begriff für die Produktionsabteilung in pharmazeutischen Unternehmen.
    b. eine organisatorische Ähnlichkeitsvermeidung.
    c. eine Ähnlichkeitsannäherung.
7. Der Begriff „Legitimation" …
    a. hat für die meisten etablierten, mittelständischen Unternehmen kaum eine Relevanz.
    b. ist eine Vorstufe von Reputation und Vertrauen.
    c. ebnet den Weg für Geschäftsbeziehungen.

Weiterführende Fragen
1. Diskutieren Sie folgenden Satz: „Da die Umwelt turbulent und dynamisch ist, sollten Unternehmen mit Stabilität dagegenhalten".
2. Was versteht man unter Transaktionskosten? Unter welchen Bedingungen steigen bzw. sinken Transaktionskosten?
3. Überlegen Sie sich jeweils ein Beispiel für eine Branche, die mit einer dynamischen oder stabilen Umwelt assoziiert ist.

Falldiskussion 1: Die Fusion zweier Sportartikel-Hersteller
Es vergeht kaum ein Monat, ohne dass auf den Wirtschaftsseiten der Tagespresse ein neuer Mega-Deal bzw. eine Fusion zweier Unternehmen angekündigt wird. So kam es zum Zusammenschluss der beiden Sportartikel-Hersteller Viper Sports und Sports Boom. Neben Synergieeffekten wurde das Ziel verfolgt, das Wachstum zu steigern und neue Märkte zu erschließen. Die anfängliche Euphorie ist jedoch schnell verflogen.

Zunehmend machen sich Konflikte auf der obersten Führungsebene bemerkbar. Durch das langsame Stellenbesetzungsverfahren ist der Zusammenschluss gelähmt. Nachdem nun vier Monate vergangen sind, sind wichtige Führungspositionen nach wie vor nicht besetzt. Der Schlagabtausch der beiden Geschäftsführer um die Vorherrschaft trägt ebenfalls nicht zur Beruhigung der Gesamtsituation bei. Kritiker bemängeln vor allem den mangelhaften Informationsaustausch und die Planung vor dem Zusammenschluss. Außerdem machten sich nach kurzer Zeit bereits kulturelle Unterschiede bemerkbar.

Während Sports Boom den Mitarbeitern viele Freiräume lässt, um neue Ideen zu generieren, räumt Viper Sports ihren Mitarbeitern wenig Freiheiten ein. Widerstände seitens der Mitarbeiter von Sports Boom machten sich schnell bemerkbar. Sprüche, wie „hier wird man ja ständig überwacht" häufen sich. Während die Widerstände der Mitarbeiter zunehmen, werden diese von den Führungskräften ignoriert. Es wurde verpasst, den Mitarbeitern transparente Informationen bereitzustellen oder das Meinungsbild zu erfragen. Zudem ist die Zukunft zahlreicher Mitarbeiter ungeklärt, da noch weitere 600 Stellen gestrichen werden sollen. Während die beiden Geschäftsführer weiterhin keinen Schritt aufeinander zugehen, steht das Unternehmen still.

a. Wie schätzen Sie die Perspektiven des Zusammenschlusses unter den gegebenen Bedingungen ein? Diskutieren Sie mögliche Faktoren eines Scheiterns.
b. Stellen Sie sich folgendes Szenario vor. Sie sind ein Unternehmensberater und werden beauftragt, die Fusion doch noch zum Erfolg zu führen. Erläutern Sie, an welchen Punkten Sie ansetzen würden.
c. Diskutieren Sie folgenden Satz: „Aufgrund der extrem unterschiedlichen Kulturen ist die Fusion zum Scheitern verurteilt."

Falldiskussion 2: Doc Morris
Die erste europäische Internetapotheke „DocMorris" mit Sitz in den Niederlanden wurde im Jahr 2000 von dem Apotheker Jacques Waterval und dem IT-Experten Ralf Däinghaus

12.6 Explorationen

gegründet. Das Unternehmen vertreibt über das Internet sowohl verschreibungspflichtige, als auch -freie Medikamente und richtet sich mit seinem Angebot vor allem an preisbewusste Patienten mit planbarem Bedarf.

Aufgrund der Verknüpfung zweier schon existenter Konzeptionen – Vertrieb von Medikamenten durch Apotheke und Internethandel – kann von einem gegebenen Maß an Verständnis und Wissen über die Aktivitäten, Ziele und Strukturen von DocMorris ausgegangen werden. Mit der Güte der Leistungen beschäftigen sich Fragen, die beispielsweise die Beratungsleistung von DocMorris, die Sicherheit des Medikamentenversands oder die Qualität der logistischen Leistung betreffen. Derartige Fragestellungen stellen nicht auf die bestehende Wissensbasis hinsichtlich eines Geschäftskonzeptes ab, sondern richten sich auf Erwartungen, die von einer bestimmten Anspruchsgruppe an das Unternehmen gestellt werden und sich aus dem gesellschaftlichen Werte- und Normensystem ableiten lassen. Damit wird also nicht das Verstehen einer Geschäftskonzeption, sondern viel mehr dessen Akzeptanz angesprochen.

Nach eigenen Angaben konnten im vierten Quartal des Gründungsjahres noch 6300 Bestellungen verzeichnet werden, während im vierten Quartal des Jahres 2001 bereits 25.000 Aufträge bei DocMorris eingingen (DocMorris N. V. 2002). Trotz des Verstoßes gegen das im deutschen Arzneimittelgesetz verankerte Versandverbot für Medikamente und der daraufhin erwirkten einstweiligen Verfügung, haben Kunden aufgrund der vielfältigen Vorteile in Preis, Anonymität und Lieferung das Vertrauen in das Unternehmen nicht verloren. Unterstützt wurde dieser Vertrauensaufbau durch eine Service-Auskunft im Internet und das Angebot einer kostenfreien Info-Hotline, die die Beratungsleistung traditioneller Apotheken ersetzen sollen. Hier werden beispielsweise auch Fragen zum logistischen Ablauf einer Bestellung beantwortet und damit ein Beitrag zur Verbreiterung der Wissensbasis geleistet.

Trotz des gerichtlichen Verbotes des Medikamentenversandes schrieben Kunden und Lieferanten DocMorris Zuverlässigkeit sowie Beständigkeit zu. Die entscheidende Maßnahme bestand darin, dass mit einer Bestellung bei DocMorris die Kunden gleichzeitig einen Kurierdienst beauftragen, der die Medikamente für sie abholte und kostenfrei auslieferte. Die Kosten dafür trug DocMorris selbst (Martens et al. 2002, S. 167). Diese Vorgehensweise, und vor allem auch europaweit einheitliche Preise, die weit unter denen stationärer Apotheken liegen, ermöglichten es dem Unternehmen, die gestellten Erwartungen zu erfüllen und das in es gesetzte Vertrauen zu bestätigen. Darüber hinaus beförderten auch gemeinsame Branchenaktivitäten die Zuverlässigkeit. So zum Beispiel die Gründung des Bundesverbandes Deutscher VersandapothekerInnen (BV-DVA) im Jahr 2002. Außerdem deutet die Multiplizierung der Geschäftskonzeption „Internetapotheke" beispielsweise in Gestalt der „Europa Apotheke" und dem „Pharmakontor" darauf hin, dass auch eine Erweiterung auf brancheninterner Ebene stattgefunden hat.

Nachdem sowohl die Vertrauensbildung auf Unternehmensebene, als auch die Signalisierung von Zuverlässigkeit auf brancheninterner Ebene stattgefunden hat, lassen sich auch reputationsfördernde Maßnahmen feststellen. So erstatteten bereits im Jahr 2002 mehr als 90 Prozent der deutschen Krankenkassen die bei DocMorris eingereichten Rezepte.

Außerdem strebte die Bundesregierung im Januar 2003 eine Legalisierung und Professionalisierung des Versandhandels mit Medikamenten an und die Proteste der traditionellen Apotheken ließen zunehmend nach (Hoffritz 2003, S. 24). Das Grundsatzurteil des Europäischen Gerichtshofes im Jahr 2003, nach welchem der Vertrieb von Arzneimitteln über das Internet genehmigt wurde, sorgte dafür, dass DocMorris als legaler Anbieter eingestuft wurde (EuGH 2003, S. 5).

Ein Beleg für die weiterhin positiv verlaufende Entwicklung von DocMorris sind die stetig wachsenden Kundenzahlen – im Jahr 2006 waren es nach eigenen Angaben über 700.000 Besteller. Auch die zunehmende Anzahl der Mitarbeiter, deren Zahl auf mehr als 330 angestiegen ist, zeigt diese positive Entwicklung. Ferner wurde DocMorris nur sechs Jahre nach seiner Gründung auf einer veröffentlichten Liste des Bundesministeriums für Gesundheit als ein anerkannter und den deutschen Apotheken ebenbürtiger Partner im Gesundheitssystem ausgewiesen (DocMorris N. V. o. J.).

a. Beschreiben Sie die Entwicklung der beiden Legitimationsdimensionen von DocMorris.
b. Diskutieren Sie folgende Aussage: „Der Aufbau von Legitimität war für den Erfolg von DocMorris irrelevant. DocMorris hat sich lediglich durchgesetzt, weil es preiswerte Medikamente anbietet."

Literatur

Aldrich, H. E., & Fiol, C. M. (1994). Fools rush in? The institutional context of industry creation. *Academy of Management Review, 19*(4), 645–670.

Anderson, P., & Tushman, M. L. (1990). Technological discontinuities and dominant designs: A cyclical model of technological change. *Administrative Science Quarterly, 35*(4), 604–633.

Autohaus. (2005). *Maybach-Absatz liegt weit unter den Erwartungen* (19.09.2005). https://www.autohaus.de/nachrichten/maybach-absatz-liegt-weit-unter-den-erwartungen-342926.html. Zugegriffen am 02.01.2020.

beck-aktuell. (2019). *OLG Frankfurt am Main: Kooperationsvertrag zwischen dm und Alnatura wirksam beendet* (13.02.2019). https://rsw.beck.de/aktuell/meldung/olg-frankfurt-am-main-kooperationsvertrag-zwischen-dm-und-alnatura-wirksam-beendet. Zugegriffen am 01.05.2020.

Berger, P. L., & Luckmann, T. (1977). *Die gesellschaftliche Konstruktion der Wirklichkeit. Eine Theorie der Wissenssoziologie*. Berlin: Fischer.

Bloomberg. (o. J.). https://www.bloomberg.com/quote/OXY:US. Zugegriffen am 21.03.2020.

Daimler AG. (2015). *Daimler und Renault-Nissan Allianz starten Produktions-Joint Venture in Mexiko* (28.07.2015). https://media.daimler.com/marsMediaSite/de/instance/ko/Daimler-und-Renault-Nissan-Allianz-starten-Produktions-Joint-Venture-in-Mexiko.xhtml?oid=9914993. Zugegriffen am 02.01.2020.

Delmar, F., & Shane, S. (2004). Legitimating first: Organizing activities and the survival of new ventures. *Journal of Business Venturing, 19*(3), 385–410.

Der Spiegel. (2009). *Preisabsprachen sollen Verbraucher Milliarden gekostet haben. Das Kartellamt beschuldigt Tchibo, Melitta und Dallmayr, illegale Preisabsprachen getroffen zu haben. Nach Berechnungen von Verbraucherschützern haben Kaffee-Trinker durch diese fast fünf Milliarden Euro zu viel gezahlt. Tchibo sagt, die angeführte Summe entbehre jeder Grundlage* (22.12.2009).

https://www.spiegel.de/wirtschaft/unternehmen/kaffee-kartell-preisabsprachen-sollen-verbraucher-milliarden-gekostet-haben-a-668678.html. Zugegriffen am 13.05.2020.

DiMaggio, P. J., & Powell, W. W. (1983). The iron cage revisited: Institutional isomorphism and collective rationality in organizational fields. *American Sociological Review, 48*(2), 147–160.

DocMorris N. V. (2002). *Gründungsphase abgeschlossen: 0800DocMorris auf Erfolgskurs*. https://www.docmorris.de/service/unternehmen/presse/pressemitteilungen/2002/docmorris-auf-erfolgskurs. Zugegriffen am 03.06.2020.

DocMorris N. V. (o. J.). *Wie schreibt man Erfolgsgeschichte?* https://www.docmorris.de/service/unternehmen/ueber-uns/historie. Zugegriffen am 03.06.2020.

Doherty, K., & Crowley, K. (20. März 2020). Occidental Holds Talks With Investors to Address Debt Pile. *Bloomberg L. P.* https://www.bloomberg.com/news/articles/2020-03-20/occidental-holds-talks-with-borrowers-to-address-debt-pile. Zugegriffen am 01.05.2020.

EuGH. (2003). *Artikel 28 EG und 30 EG — Richtlinien 92/28/EWG und 2000/31/EG — Nationale Rechtsvorschriften, die den Verkauf von Humanarzneimitteln über das Internet durch in einem anderen Mitgliedstaat ansässige Apotheken beschränken — Erfordernis einer ärztlichen Verschreibung für die Lieferung — Werbeverbot für den Versandhandel mit Arzneimitteln. in der Rechtssache C-322/01 (Vorabentscheidungsersuchen des Landgerichts Frankfurt am Main): Deutscher Apothekerverband e. V. gegen 0800 DocMorris NV und Jacques Waterval* (11.12.2003). http://curia.europa.eu/juris/document/document.jsf?text=&docid=52029&pageIndex=0&doclang=DE&mode=req&dir=&occ=first&part=1. Zugegriffen am 03.06.2020.

Fallgatter, M. (2006). Standortwahl bei Unternehmensgründungen. *Das Wirtschaftsstudium: Zeitschrift für Ausbildung, Prüfung, Berufseinstieg und Fortbildung, 35*(1), 75–80.

Gassmann, M. (13. Februar 2019). dm verliert bizarren Bio-Streit gegen Alnatura. *Welt*. https://www.welt.de/wirtschaft/article188746267/Urteil-Drogeriekette-dm-muss-sich-jetzt-Alnatura-beugen.html. Zugegriffen am 01.05.2020.

Gifford, S. (2005). Limited attention as the bound on rationality. *The B.E. Journal of Theoretical Economics, 5*(1), 1–42.

Hannan, M., & Freeman, J. (1984). Structural inertia and organizational change. *American Sociological Review, 49*(2), 149–164.

Hielscher, H. (16. März 2016). Alnatura und DM: Die Anatomie einer Bio-Krise. *WirtschaftsWoche*. https://www.wiwo.de/unternehmen/handel/alnatura-und-dm-die-anatomie-einer-bio-krise/13326176.html. Zugegriffen am 01.05.2020.

Hoffritz, J. (22. Dezember 2003). Ullas Segen: Viele Apotheker profitieren von der Gesundheitsreform gegen die sie monatelang protestiert haben. *Die Zeit, 1*, 24.

Jones, G. R. (2013). *Organizational theory, design, and change* (7. Aufl.). Boston: Pearson.

Kiwit, D., & Voigt, S. (1995). Überlegungen zum institutionellen Wandel unter Berücksichtigung des Verhältnisses interner und externer Institutionen. *Jahrbuch für die Ordnung von Wirtschaft und Gesellschaft, 46*, 117–148.

Klepper, S., & Graddy, E. (1990). The evolution of new industries and the determinants of market structure. *The RAND Journal of Economics, 21*(1), 27–44.

Knight, F. H. (1921). *Risk, uncertainty and profit*. New York: Hart, Schaffner and Marx.

Lawrence, P. R., & Lorsch, J. W. (1967). *Organization and environment. Managing differentiation and integration*. Boston: Harvard Business School Press.

Luhmann, N. (1998). *Theorie sozialer Systeme*. Frankfurt am Main: Suhrkamp.

manager magazin. (2018). *Conti und Osram wollen Auto-Beleuchtung revolutionieren* (04.04.2018). https://www.manager-magazin.de/unternehmen/autoindustrie/osram-und-continental-bilden-joint-venture-ums-thema-licht-und-auto-a-1201049.html. Zugegriffen am 02.01.2020.

manager magazin. (2019). *Volkswagen plant eigene Batteriefabriken. Der Zellkonflikt mit den Zulieferern* (21.02.2019). https://www.manager-magazin.de/premium/volkswagen-lg-chem-torpediert-batteriefabriken-mit-sk-innovation-a-00000000-0002-0001-0000-000162495930. Zugegriffen am 03.06.2020.

Martens, H., Meyer, C., & Neubacher, A. (29. April 2002). Körbeweise Rezepte. *Der Spiegel, 18*, 166–168.

Meyer, J. W., & Rowan, B. (1977). Institutionalized organizations: Formal structure as myth and ceremony. *American Journal of Sociology, 83*(2), 340–363.

Michler, I. (2005). *Internationaler Standortwettbewerb um Unternehmensgründer. Die Rolle des Staates bei der Entwicklung von Clustern der Informations- und Biotechnologie in Deutschland und den USA* (1. Aufl.). Wiesbaden: Deutscher Universitätsverlag.

Milliken, F. J. (1987). Three types of perceived uncertainty about the environment: State, effect, and response uncertainty. *Academy of Management Review, 12*(1), 133–143.

Nooteboom, B. (2002). *Trust. Forms, foundations, functions, failures and figures.* Cheltenham: Edward Elgar.

North, D. C., & Streissler, M. (1992). *Institutionen, institutioneller Wandel und Wirtschaftsleistung.* Tübingen: Mohr Siebeck.

n-tv Nachrichtenfernsehen. (o. J.). *Russland will Ölmengen neu verhandeln* (10.03.2020). https://www.n-tv.de/wirtschaft/Russland-will-Olmengen-neu-verhandeln-article21631115.html. Zugegriffen am 21.03.2020.

Occidental Petroleum Corporation. (o. J.). *Our Businesses.* https://www.oxy.com/OurBusinesses/Pages/default.aspx. Zugegriffen am 21.03.2020.

Pfeffer, J., & Salancik, G. R. (1978). *The external control of organizations. A resource dependence perspective.* New York: Harper & Row.

Porter, M. E. (1998). Clusters and the new economics of competition. *Harvard Business Review, 76*(6), 77–90.

Richter, K. (2014). Worauf Sie sich verlassen können. Der hanseatische Kaufmann gilt als Gegenmodell zum Finanzmarktzocker. Zu Recht? *Zeit.* https://www.zeit.de/2014/34/hamburg-kaufmann-hanseatenehre. Zugegriffen am 02.01.2020.

Schneider, D. (1987). *Allgemeine Betriebswirtschaftslehre* (3. Aufl.). Berlin, Boston: De Gruyter.

Statista GmbH. (2020). *Volumen der M&A Deals in Deutschland von 1991 bis 2020* (19.05.2020). https://de.statista.com/statistik/daten/studie/233970/umfrage/volumen-der-munda-deals-in-deutschland/. Zugegriffen am 22.06.2020.

Suchman, M. C. (1995). Managing legitimacy: Strategic and institutional approaches. *Academy of Management Review, 20*(3), 571–610.

Süddeutsche Zeitung. (2010). *Pro Domo – das Kaffee-Kartell schenkte sich ein. Das Kartellamt verhängt drastische Geldbußen gegen drei deutsche Kaffee-Giganten. Sie sollen Preise in „Gesprächskreisen" abgesprochen haben. Was sagen die Attackierten?* (17.05.2010). https://www.sueddeutsche.de/wirtschaft/kartellamt-millionen-bussen-pro-domo-das-kaffee-kartell-schenkte-sich-ein-1.76929. Zugegriffen am 01.03.2020.

Walgenbach, P. (2002). Neoinstitutionalistische Organisationstheorie: State of the Art und Entwicklungslinien. In G. Schreyögg & P. Conrad (Hrsg.), *Theorien des Managements* (S. 155–202). Wiesbaden: Springer Gabler.

Walgenbach, P. (2006). Neoinstitutionalistische Ansätze in der Organisationstheorie. In A. Kieser & M. Ebers (Hrsg.), *Organisationstheorien* (6. Aufl., S. 353–402). Stuttgart: Kohlhammer.

Zimmerman, M. A., & Zeitz, G. J. (2002). Beyond survival: Achieving new venture growth by building legitimacy. *Academy of Management Review, 27*(3), 414–431.

13 Wertschöpfungsvariationen und Innovationen: Typen, Struktur und Ermöglichung

Zusammenfassung

Wertschöpfungsvariationen sind jene Maßnahmen, die für eine verbesserte Passung zu unternehmensinternen sowie -externen Gegebenheiten, Entwicklungen, Problemen und Potenzialen gestartet werden. Deren Realisierung folgt den Ideen sowohl geplanter Projekte als auch einer Entwicklung aus sich selbst heraus. Im Idealfall führt beides zu Innovationen. Erforderlich dafür ist ein organisatorisches Lernen. Angesprochen ist eine kollektive Fähigkeit, organisatorische Regelungen durch Wissensbestände anzureichern und zu implementieren. Was so einfach klingt, ist überaus anspruchsvoll. Unterschiedliche Lernformen müssen verstanden werden, passende Wissensbestände müssen gesucht und nachgehalten werden, um dann in geeigneter Form Mitarbeitern und Führungskräften zur Verfügung zu stehen. Diese Komplexität erfährt noch eine Steigerung aufgrund von Barrieren, die Veränderungen behindern. Auch ein Umgang damit wird in diesem Kapitel deutlich.

Vignette: Papst Franziskus und der Karneval

Der Abend nach dem letzten Konklave begann erstaunlich. Der neue Papst Franziskus sollte von der Loggia des Petersdoms erstmals zu den Gläubigen sprechen. Zuvor reichte man ihm feinste Kleidung, einen Purpur-Umhang, ein pompöses Kreuz sowie die päpstlichen roten Schuhe aus feinstem Leder. All dies lehnte Papst Franziskus mit den Worten, „der Karneval ist vorbei", ab. Vor die Gläubigen trat der Papst mit schlichter Kleidung, Blechkreuz und den Schuhen, die er immer trug. Gemeinsam mit dem von ihm gewählten Namen Franziskus – ein Heiliger, der in bewusster Armut lebte und gegen Luxus sowie für Gerechtigkeit kämpfte – war das für viele Anhänger der katholischen Kirche eine Provokation.

Danach dauerte es nicht lange und jeder wusste, dass Veränderungen anstehen. So sei die katholische Kirche starr, zentralistisch und fern von den Menschen. Die Kirche sei „aufgerufen, an die Ränder zu gehen", sagte er; eine Kirche, die das nicht tut, „kreist um sich selbst. Dann wird sie krank." (Drobinski 2018). Das klang überzeugend. Da könnte einer in der Lage sein, die katholische Kirche aus ihrer Erstarrung und Selbstbezogenheit zu führen, dachten viele.

Rund sieben Jahre ist das mittlerweile her. Es heißt, mancher Kardinal bereue die Wahl. Zu sehr versuchte Papst Franziskus die katholische Kirche durchzuschütteln, zu kapitalismuskritisch argumentierte er und zu radikal ging er mit Traditionen um. Demgegenüber bleiben massive Kritikpunkte immer noch ungehört. Vor allem Gläubige in Nordamerika und Europa stören sich an der so konservativen und scheinbar unverrückbaren Haltung der katholischen Kirche gegenüber Sexualität, Homosexualität oder Scheidung. Auch das Zölibat und das unrealisiert bleibende Frauenpriestertum stoßen vielen auf (Drobinski 2018). ◄

Die katholische Kirche ist formal eine Organisation wie alle anderen (s. Kap. 1). Ihre Zielstruktur ist, von außen betrachtet, weitgehend eindeutig, die Arbeitsteilung bis hinunter zu Dorfkirchen, Krankenhäusern sowie Wanderpredigern enorm bewährt und die beständigen Grenzen wurden vor allem durch die Heilige Inquisition im Mittelalter extrem in den Vordergrund gerückt. Insgesamt ist die katholische Kirche vermutlich die erfolgreichste Organisation in der Geschichte der Menschheit. Sie ist über 2000 Jahre alt, seit rund 500 Jahren global aktiv, bindet sehr viele Gläubige und verfügt über großen Reichtum.

Wenn nun der Papst formuliert, „der Karneval ist vorbei", dann deutet dies auf Veränderungen mitsamt einer Rückbesinnung auf die Wurzeln des katholischen Glaubens hin. Allerdings ist dies kein einfaches Unterfangen. Seit dem Amtsantritt treten die benannten und viele andere Widerstände gegen eine Neuausrichtung der katholischen Kirche zutage. Wesentliche Schritte konnten bislang nicht umgesetzt werden.

Es zeigt sich, dass selbst der Stellvertreter Christi auf Erden sich dabei schwertut, innerorganisatorische Widerstände zu überwinden und Veränderungen umzusetzen. Dies spricht Probleme an, die in Unternehmen nicht viel besser realisierbar sein dürften.

13.1 Überblick und Ausgangspunkte von Wertschöpfungsvariationen

13.1.1 Überblick

Fusionen, Auslagerung von Produktbereichen, Internationalisierung von Lieferketten, Produktionsmethoden, Qualifikationen oder IT-Systeme haben eines gemeinsam: Sie stellen Variationen der Wertschöpfung dar und sind im unternehmerischen Alltag all-

13.1 Überblick und Ausgangspunkte von Wertschöpfungsvariationen

gegenwärtig. Solche Variationen stellen spürbare und deutlich erkennbare Veränderungen der Summe aller Handlungen dar. Besonders prominente Beispiele sind die Übernahme von Monsanto durch Bayer, der Verkauf der Aufzugsparte bei ThyssenKrupp, die jahrelangen Versuche einer Reduktion von Software-Kosten der Deutschen Bank oder die Veränderungen der Produktionsmethoden bei Opel. Wie viele Unternehmen sind Ihnen hingegen bekannt, deren Wertschöpfung über Jahre hinweg unverändert blieb?

Dies steckt einen breiten Veränderungsrahmen ab und Wertschöpfungsvariationen erhalten den Charakter von etwas Permanentem. Für deren Umsetzung kommen neben Transformationsüberlegungen, vor allem sämtliche bislang diskutierten Moderatoren der Wertschöpfung in Frage. So wird sich zeigen, **Wertschöpfungsvariationen** nur beispielsweise als etwas Ablauforganisatorisches zu verstehen, greift viel zu kurz. Es gilt die folgende Definition.

▶ **Wertschöpfungsvariationen** Wertschöpfungsvariationen bestehen aus veränderten Handlungen, Folgehandlungen und Handlungssequenzen. Eine Analyse und Umsetzung setzt an Transformationsüberlegungen sowie den Moderatoren der Wertschöpfung an.

Dieses Kapitel zielt darauf, ein tief gehendes Verständnis dieser Wertschöpfungsvariationen zu vermitteln:

- Zunächst soll die Struktur von Wertschöpfungsvariationen deutlich werden. Hierfür werden interne Potenziale, Umweltherausforderungen und Unternehmenswachstum als Ausgangspunkte skizziert (s. Abschn. 13.1).
- Bei der Frage, was für Variationen der Wertschöpfung es geben kann, wird zwischen zwei Typen unterschieden, die mit „synoptisch" und „organisch" bezeichnet werden. Einen weiteren, besonders herausragenden und populären Variations-Typ stellen Innovationen dar, die aus beiden Typen bestehen (s. Abschn. 13.2).
- Nach der Vorstellung von Typen der Wertschöpfungsvariation wird die Frage nach dem Zustandekommen, also dem „Wie?" behandelt. Hier werden grundlegende Antriebe oder Modi der Wertschöpfungsvariationen vorgestellt. Das organisatorische Lernen (s. Abschn. 13.3) charakterisiert dabei die Entstehung von Variationen als Ergebnis des Lernens aus Erfahrungen und des infrage stellen von Interpretationsmustern.
- Der Umgang mit Widerständen (s. Abschn. 13.4) berücksichtigt die vielfachen Widerstände, Barrieren und Hemmnisse von Wertschöpfungsvariationen und beschreibt anhand zweier populärer Modelle, wie diese überwunden werden können.
- Ist die Variation der Wertschöpfung, deren Notwendigkeit und Potenziale, die in diesem Kapitel betont wurden, durchgängig positiv zu beurteilen? Diese Frage wird abschließend aufgeworfen und behandelt (s. Abschn. 13.5).

13.1.2 Umweltherausforderungen und interne Potenziale als Ausgangspunkte

Wertschöpfungsvariationen resultieren vielfach aus legislativen Zwängen, beispielsweise dem Arbeitnehmer-, Umwelt- sowie Verbraucherschutz. Diese setzen relevante Akzente und schlagen sich in der Wertschöpfung nieder. Hier stehen jedoch Ursachen im Vordergrund, die aus wirtschaftlichen Zusammenhängen entstehen.

Wertschöpfungsvariationen setzen in vielen Situationen an Umweltherausforderungen sowie an deutlich werdenden unternehmensinternen Potenzialen an und werden von Stakeholder-Ansprüchen geprägt. Die Dynamik dieser Ausgangspunkte ist es, die bestehende Wertschöpfung unattraktiv, Potenziale offensichtlich oder Variationen notwendig macht. Gleichzeitig herrscht bei der Gestaltung der Wertschöpfung begrenzte Rationalität. Diese Punkte sind nicht überschneidungsfrei und unterliegen vielfachen Wechselwirkungen. Sie werden im Folgenden konkretisiert.

Umweltherausforderungen
Durch die Dynamik der Umwelt, also von organisatorischer Domäne und genereller Umwelt (s. Kap. 12), verändert sich auch fortwährend der Rahmen der Wertschöpfung. Diese Dynamik kann unterschiedlich sein. Denkbare Entwicklungen sind Übernahmen von Vertriebspartnern oder Lieferanten, der Markteintritt neuer Wettbewerber, die Fusion zweier Konkurrenten, aber auch Veränderungen von gesetzlichen, politischen oder demografischen Rahmenbedingungen. Hier ergeben sich Potenziale für Unternehmen, sich an die Umweltsituation anzupassen oder aber die organisatorische Domäne zu gestalten. Wertschöpfungsvariationen sind also eine Möglichkeit, auf sich verändernde Umweltbedingungen zu reagieren und langfristig im Wettbewerb zu bestehen.

Interne Potenziale, Entwicklungen und Notwendigkeiten
Auch intern können sich Entwicklungen ergeben, die Veränderungen erstrebenswert oder notwendig machen. So können sich Routinen zur Trägheit entwickeln oder Hierarchieebenen durch funktionierende, formelle und informelle Kommunikation überflüssig werden. Auch die Unternehmenskultur oder die Machtverteilung können als emergente Phänomene Ausprägungen annehmen, die bei der Analyse als negativ beurteilt werden. Ebenfalls können sich negative Entwicklungen bei den individuellen Beweggründen des Handelns (s. Kap. 2) ergeben, denen etwa durch eine Veränderung der Arbeitsgestaltung entgegengewirkt werden kann. Auch werden vorherige Variationen der Wertschöpfung immer wieder zu veränderten Bedingungen führen, die dann bestehende, organisatorische Regelungen unvorteilhaft oder ineffizient erscheinen lassen und weitere Wertschöpfungsvariationen nach sich ziehen. Zudem ergeben sich interne Potenziale in der Nutzung von individuellem Wissen.

Veränderungen der Stakeholder-Ansprüche
Zum einen ist es möglich, dass sich die Ansprüche und Erwartungen einzelner Stakeholder im Zeitverlauf ändern. Mitarbeiter können andere Erwartungen an ihre Arbeitsplatzgestaltung entwickeln, die gesellschaftlichen Vorstellungen von unternehmerischem Handeln können sich verändern oder die Renditeerwartungen der Eigentümer steigen. Dies verstärkt sich dadurch, dass die Stakeholder-Gruppen von einer gewissen Durchlässigkeit durch Dynamik geprägt sind. Während einige Mitarbeiter das Unternehmen verlassen, werden neue eingestellt, Teile des Managements oder der Eigentümer wechseln oder die Regierung wechselt. Auch können sich die einzelnen Stakeholder hinsichtlich ihrer Macht, Legitimation und Ethik verändern und somit in veränderter Intensität auf die Berücksichtigung ihrer Erwartungen drängen. Variationen der Wertschöpfung sind dann notwendig, um auch beim durchgängigen Wandel von Erwartungen und Ansprüchen ausreichend Zuspruch zu erhalten.

13.1.3 Unternehmenswachstum als Ausgangspunkt

Unternehmenswachstum führt in den wenigsten Fällen zu einer linear veränderten Wertschöpfung. Das heißt, Aufgaben, Ressourcen, Mitarbeiter und Organisationsstrukturen werden nicht in relativ gleichem Umfang ausgedehnt. Allein der Blick auf Skaleneffekte zeigt dies: Im Personalbereich können sie beispielsweise bei Qualifizierungsmaßnahmen nutzbar sein, aber vermutlich nie so konsequent, wie im Produktionsbereich oder der IT-Infrastruktur. Hingegen scheiden Skaleneffekte bei Themen, wie interaktioneller Führung, individueller Handlungsbegründung oder Führungs- und Leitungsspannen, weitgehend aus. Wachstum zieht somit ungleich verteilte Variationen nach sich und verändert Unternehmen substanziell.

Ein prominentes Beispiel, das zeigt, welche internen Entwicklungen Veränderungen notwendig machen können, ist das sogenannte Krisenmodell von Greiner (1972). Zwar ist es weder theoretisch noch empirisch haltbar, es macht aber den Grundgedanken deutlich. Dieser besteht darin, dass Wachstum neue Situationen heraufbeschwört, die nicht einfach linear ausbaubar sind. Das Krisenmodell verbindet Unternehmenswachstum mit der Notwendigkeit von Variationen, indem es Unternehmensentwicklung als einen ständigen **Wechsel** von Wachstum und Krisen versteht. Nach Greiner (1972) haben Unternehmen gar keine andere Möglichkeit, als im Rahmen der eigenen Entwicklung Wertschöpfungsvariationen vorzunehmen. Im Rahmen des Krisenmodells sind es fünf Phasen, die Unternehmen typischerweise durchlaufen:

- Wachstum durch interaktionelle und strukturelle Führung
- Wachstum durch Delegation
- Wachstum durch Koordination
- Wachstum durch Akquisition oder Fusion
- Wachstum durch Zusammenschluss.

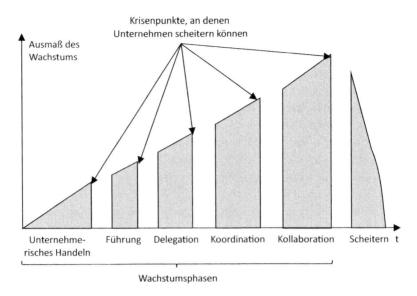

Abb. 13.1 Greiners Model of Organizational Growth (s. ähnlich Greiner 1972, S. 37–46)

Jede dieser Wachstumsphasen ist das Ergebnis einer Krise, die mit gewissen Variationen überwunden wird. Abb. 13.1 illustriert Greiners Model of Organizational Growth.

Gelänge es einem Unternehmen nicht, solche Krisen erfolgreich zu bewältigen, so würde es entweder auf der jeweiligen Stufe verbleiben oder gar aus dem Markt ausscheiden. Deutlich zeichnet das Krisenmodell eine Vorstellung davon, dass Variationsnotwendigkeiten teilweise erwartbar sind. Der Verlauf des Gesamtprozesses nimmt mithin die Form eines unidirektionalen Stufenmodells an. Dabei würden Perioden von weniger umfangreichen, organischen Variationen innerhalb einer Entwicklungsstufe von umfangreicheren Umwälzungen unterbrochen, die ihrerseits den Übergang auf eine neue Stufe einleiten würden.

Auch wenn derartige Phasengliederungen ein gewisses Beschreibungs- und Erklärungspotenzial für sich beanspruchen können, so ist die mit einer biologischen Analogie verbundene, quasi-genetische Abfolge, unbrauchbar. Gesetzmäßigkeiten sind für Unternehmen allein wegen diskontinuierlicher Marktentwicklungen ausgeschlossen. Es bleibt eine grobe Heuristik zu generellen Krisenverursachungen und der Rolle von Wertschöpfungsvariationen.

13.2 Typen von Wertschöpfungsvariation

13.2.1 Synoptische Wertschöpfungsvariation

Wertschöpfungsvariationen können grundsätzlich in zwei Typen unterschieden werden. Einer dieser Typen kann mit dem Begriff „synoptisch", der andere mit „organisch" beschrieben werden. Hierbei handelt es sich um eine idealtypische Betrachtungsweise, welche im weiteren Verlauf deutlich wird.

13.2 Typen von Wertschöpfungsvariation

Die **synoptische Variation** ist bewusst hierarchisch, also von Verantwortungsträgern im Unternehmen initiiert und dabei projektartig angelegt. Die Umsetzung erfolgt dann in vorab geplanten und definierten Veränderungsschritten. Diesen Charakter soll der Begriff „synoptisch" – im Sinne von umfänglich und als Überblick dargestellt – oder auch der Begriff „episodisch" akzentuieren. Institutionell betrachtet, richten sich synoptische Wertschöpfungsvariationen auf ganze Unternehmen sowie auf organisatorische Einheiten, beispielsweise Abteilungen oder Sparten. Wertschöpfungsbezogen richten sie sich auf alle Moderatorenbereiche. Das heißt, Variationen reichen vom Personalmanagement, der organisatorischen Gestaltung, über emergente Phänomene bis hin zu Reaktionen auf Umwelten oder erkannte, interne Potenziale. Es gilt die folgende Definition.

▶ **Synoptische Wertschöpfungsvariation** Eine synoptische Wertschöpfungsvariation ist eine plandeterminierte Änderung organisatorischer Regeln hin zu potenziell besser passenden Ausprägungen. Die Initiierung sowie die Umsetzungsverantwortung obliegt Führungskräften.

Typische Objekte der synoptischen Variation finden sich, wie bereits beschrieben, im Themenbereich aller Wertschöpfungsmoderatoren. Im Bereich der organisatorischen Gestaltung können sich synoptische Variationen beispielsweise auf Aspekte, wie die Art der Arbeitsteilung, deren Integration, die Zahl der Hierarchieebenen, das Ausmaß von Dezentralisierung und Zentralisierung oder die Aufbauorganisation, beziehen. Im Rahmen des Personalmanagements sind Leistungsbeurteilungssysteme, Vergütungen und Verantwortungsbreite von Führungskräften typische Objekte synoptischer Wertschöpfungsvariation. Unter den emergenten Phänomenen treten vor allem unternehmenskulturelle Werte und Normen in den Veränderungsfokus.

Sogenannte **Reorganisationen** oder **Unternehmensübernahmen** bzw. „**Mergers & Acquisitions**" sind synoptische Wertschöpfungsvariationen, die besonders weit greifen. Synoptische Entwürfe setzen an der Ebene von Strukturen, Einsparpotenzialen und Neuausrichtungen an. Die Illustration 13.1 stellt ein Beispiel vor.

Illustration 13.1: Commerzbank und Comdirect

Die Commerzbank kann ihre Onlinetochter Comdirect komplett übernehmen. Durch den Kauf eines Aktienpakets von dem Hedgefonds Petrus Advisers hält die Commerzbank mehr als 90 Prozent an der Comdirect Bank.

„Dies ist ein wichtiger Schritt, um die Integration unserer erfolgreichen Direktbank-Tochter schnell und effizient umzusetzen und erhebliche Synergien zu erzielen", sagte Commerzbank-Chef Martin Zielke. (Der Spiegel 2020). Über den tatsächlichen Kaufpreis wird von allen Seiten Stillschweigen gewahrt.

Mit Hilfe der Comdirect will das Mutterhaus das Online- und Smartphone-Banking massiv ausbauen. Darüber hinaus locken geschätzte 150 Millionen Euro an Einsparungen, da IT-Lösungen künftig nicht mehr für beide Unternehmen entwickelt werden müssen und dadurch zweifache Funktionen wegfallen. Insgesamt geht dies zu Lasten von über 4000 Stellen, die bei der Comdirect Bank und auch bei der Commerzbank selbst wegfallen werden. Die künftige Rolle des Comdirect-Standorts in Quickborn bei Hamburg muss noch geklärt werden (Der Spiegel 2020). ◄

Bei der Comdirect Bank und der Commerzbank dominieren informationstechnologische Themen die Entscheidung und es sollen sogar Geschäftsfelder ausgebaut werden. Leicht absehbar ist, dass es nicht bei der IT-Implementierung bleiben wird. Solche veränderten organisatorischen Regeln werfen immer auch Fragen zu Vergütungssystemen, Karriereplanungen, Zuschnitten von Abteilungen oder unternehmenskulturellen Werten und Normen auf. Die Beschreibung als radikale, organisatorische Veränderung trifft sehr gut zu und wird später, vor allem beim Umgang mit Widerständen, noch zu einem zentralen Thema werden.

13.2.2 Organische Wertschöpfungsvariation

Die **organische Variation** richtet sich nicht zwangsläufig auf ganze organisatorische Einheiten, sondern kann in jeder Gruppe von Mitarbeitern stattfinden. Sie bezieht sich auf einzelne Handlungen, Handlungsbündel oder Vorstellungen. Die Initiierung erfolgt hierbei, ebenso wie der weitere Verlauf, nicht hierarchisch im Sinne einer Episode oder eines Plans. Vielmehr wird die organische Variation durch einzelne Mitarbeiter selbst angestoßen, entwickelt sich aus sich selbst heraus und verläuft inkrementell und teilweise unvorhersehbar und ungeplant. Dies soll mit dem Begriff „organisch" erfasst werden und führt zu folgender Definition.

▶ **Organische Wertschöpfungsvariationen** Organische Wertschöpfungsvariationen sind frei von hierarchischen Anweisungen. Sie verlaufen ungeplant, inkrementell und sind schwer vorhersehbar.

Im Gegensatz zu synoptischen Variationen stellen die organischen Wertschöpfungsvariationen nicht die zeitlich begrenzte Ausnahme dar, die nach der Erreichung eines vordefinierten Zieles beendet ist. Vielmehr sind sie die Regel, indem durchgängig neue, mitunter kleinteilige, organische Anpassungen von Handlungen begonnen werden und sich in weiteren Variationen fortsetzen. Wann solch eine Variation abgeschlossen ist oder in welchen Folgevariationen sie aufgeht, ist dabei kaum anseh- und steuerbar. Auch wenn einzelne organische Wertschöpfungsvariationen eher weniger umfangreich sind, könnten Unternehmen ohne sie nicht existieren. Dies lässt sich so eindeutig formulieren, da jegliche Erwartungen an Mitarbeiter und Abteilungen sowie deren Umsetzung in folgerichtige Handlungen, fortwährenden Anpassungen und Korrekturen bedürfen. Hinzu kommen Technologieverbesserungen, Anforderungen aus der generellen Umwelt sowie Handhabungen der organisatorischen Domäne, welche oftmals organische Variationen der bestehenden Wertschöpfung nach sich ziehen. Die folgende Illustration 13.2 skizziert die Idee einer organischen Veränderung.

13.2 Typen von Wertschöpfungsvariation

Illustration 13.2: Anpassung der Routenplanung

Die Kurierfahrer einer Apothekenkette können ihre Routenplanung selbstständig vornehmen, solange die Lieferungen in der vorgegebenen Zeit zuverlässig ausgeliefert werden. Bei der privaten Nutzung einer Karten-App auf seinem Smartphone, kommt einer der Kurierfahrer auf die Idee, die bisherige Route abzuändern. Ein erster Test zeigt, dass diese Route nicht nur eine Zeitersparnis von ca. 30 Minuten bringt, sondern auch deutlich weniger Einbahnstraßen und aufwändige Parksituationen erfordert.

Die Kollegen sind begeistert angesichts der angenehmeren Route und zeigen sich einverstanden, diese zu übernehmen. Ein anderer Kurierfahrer experimentiert mit der Beladung des Auslieferungsfahrzeugs, um sie an die neue Route anzupassen. Dabei kommt ihm die Idee, andere Kisten zum Transport der Medikamente zu verwenden, um die Be- und Entladung zu erleichtern und die Zuladungsmenge zu erhöhen. Dieses Geschehen kann in viele Richtungen weitergedacht werden. Entscheidend ist, dass die Mitarbeiter nach und nach Variationen der bestehenden Abläufe vornehmen, die nicht projektartig geplant werden. ◄

Die beiden beschriebenen Typen der Wertschöpfungsvariation sind von ihren Merkmalen her gegensätzlich. Bei ihnen steht die konsistente Beschreibung und Kennzeichnung im Vordergrund. In der Realität finden sich die beiden Typen so jedoch kaum exakt wieder. Dies liegt daran, dass jeder Typ früher oder später auf den jeweils anderen angewiesen ist. Wie sollte eine synoptische Veränderung des Produktprogramms möglich sein, wenn sich Mitarbeiter nicht organisch beteiligen? Andersherum gilt das Gleiche: Mitarbeiter entwickeln dezentral Vorstellungen zu Produktveränderungen. Wie sollten sie realisierbar sein, ohne eine synoptische Herangehensweise? Funktionalbereiche, wie Beschaffung, Produktion, Logistik und Marketing, müssen eingebunden und abgestimmt werden.

13.2.3 Innovationen als herausragende Wertschöpfungsvariation

13.2.3.1 Innovationen

Innovation ist ein schillernder Begriff, der ein großes Versprechen in sich trägt. Es ist die Aussicht, durch Variationen auf der Produkt- sowie auch auf der Produkterstellungsebene Zukunft sichern oder verbessern zu können. Für das weitere Verständnis ist zunächst eine begriffliche Abgrenzung von Inventionen und Innovationen entscheidend:

- Inventionen sind technologische, gestalterische oder soziale Neuerungen, die als substanzielle Ideen oder als Erfindungen bezeichnet werden.
- Diese werden zu Innovationen, wenn ihr Test am Absatzmarkt erfolgreich verlief.
- Das heißt, Innovationen bauen auf Inventionen auf und haben eine zumindest erste, wirtschaftliche Bewährung durchlaufen.

Innovationen werden hier als eine besonders herausragende und **komplexe Form der Wertschöpfungsvariation** verstanden, die, wie oben bereits für die Praxis beschrieben, sowohl organische als auch synoptische Bestandteile beinhaltet. Gute Beispiele hierfür sind der Buchdruck mit beweglichen Lettern, das iPhone, die Internet-Taxen oder die Online-Vermietung von privaten Schlafgelegenheiten oder Wohnungen.

Innovationen führen oft zu **Verwerfungen** auf den Absatz- und Zuliefererm ärkten. Sie prägen organisatorische Domänen und, zumindest bei den voranstehenden Beispielen, sogar die generelle Umwelt. Dies wiederum stellt eine Vielzahl von anderen Unternehmen vor Herausforderungen und schafft weitere Perspektiven, was sich nicht selten in einer Steigerung der Wirtschaftskraft und in Wohlfahrtsgewinnen niederschlägt. Neben solchen Innovationen von erheblichem Einfluss gibt es jedoch ebenso Innovationen, die unternehmensintern wirken und Produktveränderungen erst ermöglichen. Es gilt die folgende Definition.

▶ **Innovationen** Innovationen sind Wertschöpfungsvariationen, die ihre Bedeutung aus besonderen Nutzungspotenzialen ziehen. Mit ihnen geht das Versprechen erheblicher, wirtschaftlicher Gewinne einher. Teilweise verändern sie Märkte und Branchen grundlegend. ◀

Es war Joseph Alois Schumpeter (1934), der das Denken über Innovationen erstmals systematisch vornahm und seitdem durchgängig prägt. Innovationen im schumpeterianischen Sinne umfassen dabei die eigentliche Invention – dies ist die bloße Erfindung oder Neuerung noch ohne Marktzugang – bis hin zur Markteinführung. Innovationen erfolgen in diesem Verständnis

- erstens durch Herstellung eines neuen, das heißt dem Konsumentenkreis noch nicht vertrauten Gutes oder einer neuen Qualität eines Gutes,
- zweitens durch Einführung einer neuen, das heißt in der betreffenden Branche noch nicht etablierten, Produktionsmethode,
- drittens durch Erschließung eines neuen Absatzmarktes,
- viertens durch „Eroberung" einer neuen Bezugsquelle von Rohstoffen oder Halbfabrikaten,
- und schließlich fünftens durch branchenbezogene Neuorganisationen, wie Schaffung einer Monopolstellung oder Durchbrechen eines Monopols (Schumpeter 1934, S. 100 f.).

Im Folgenden wird ein kurzer Einblick in das schumpeterianische Denken gegeben. Im Mittelpunkt dieser Argumentation steht die wirtschaftliche Entwicklung, wobei Schumpeter (1928, 1934) den Wirtschaftsprozess „aus sich selbst heraus" analysierte. Was für uns heute banal klingt, war damals ein neuartiger Zugang. Demnach würden manche Individuen über die wirtschaftliche Erfahrung und die erprobte Routine hinaus in den jeweils gegebenen Verhältnissen des Wirtschaftslebens neue Möglichkeiten aufdecken (Schumpeter 1928, S. 483). Entsprechend werde wirtschaftliche Entwicklung nicht primär durch externe Einflüsse, wie Kriege oder technologischen Fortschritt ausgelöst, vielmehr sei Volkswirtschaften die Fähigkeit zur Selbstentwicklung eigen.

Die Auslösung sowie auch die Umsetzung der wirtschaftlichen Entwicklung bewirkten dabei „dynamisch", „zerstörerisch" oder auch „schöpferisch" genannte Unternehmer (Schumpeter 1934, S. 88 f.). Unternehmer stellten demnach die Schlüsselvariable für gesamtwirtschaftliche Entwicklungen dar, weil sie durch Innovationen in das Gleichgewicht des Wirtschaftslebens einbrechen und ihm zu einem höheren Niveau verhelfen würden. Der Unternehmer verändere die Bedingungen des Angebots, kombiniere vorhandene Ressourcen auf neuen Wegen und entwickle dadurch eine neue Produktionsfunktion. Ganz in diesem Sinne schreibt Schumpeter (1934) spontane und diskontinuierliche Veränderungen immer der Produzentenseite zu. Er formulierte diese zentrale Idee wie folgt (s. Illustration 13.3).

Illustration 13.3: Anerziehung neuer Bedürfnisse

„Wenngleich die ökonomische Betrachtung von der fundamentalen Tatsache ausgeht, dass die Bedarfsbefriedigung die Ratio alles Produzierens ist und der jeweils gegebene Wirtschaftszustand von dieser Seite her verstanden werden muß, so vollziehen sich Neuerungen in der Wirtschaft doch in der Regel nicht so, daß erst neue Bedürfnisse spontan bei den Konsumenten auftreten und durch ihren Druck der Produktionsprozess umorientiert wird ..., sondern so, daß neue Bedürfnisse den Konsumenten von der Produktionsseite her anerzogen werden, so daß die Initiative bei der letzteren liegt." (Schumpeter 1934, S. 99 f.) ◄

Entscheidend ist also ein „Anerziehen" von neuen Bedürfnissen. Zwar könnten auch Konsumenten derartige Änderungen verursachen, Schumpeter (1934, S. 99) benennt hier Änderungen in der Geschmacksrichtung der Endverbraucher. Diese seien jedoch im Allgemeinen nur von geringer Spontaneität und typischerweise auch nicht der Ausgangspunkt von Änderungen des „Produktionsapparates" bzw. von Unternehmen insgesamt.

Die folgende Illustration 13.4 erklärt das Missverständnis des von Schumpeter verwendeten Begriffs der „Zerstörung" und grenzt ihn von den üblicherweise verstandenen Zerstörungen ab.

Illustration 13.4: Handelt es sich bei Innovationen um Destruktives und für viele Menschen Schädliches?

Schumpeter wird oft kritisiert, weil er von „kreativer Zerstörung" sprach. Auf der analytischen Ebene ist dies eine exakte Beschreibung, sie weckt jedoch Vorbehalte. Allerdings findet ganz und gar keine Zerstörung statt, sondern eine Entwertung.

Bisherige Produkte und Dienstleistungen erleben eine Entwertung, da sie deutliche Nachteile gegenüber Innovationen aufweisen. Beispiele lassen sich leicht finden: So lässt sich für den innerstädtischen Einzelhandel durchaus eine Auflösung und damit Zerstörung erkennen. Tatsächlich ist es aber eine Entwertung in den Augen der Kunden. Diese schätzen dortige Produkte und Dienstleistungsangebote als nicht mehr zeitgemäß ein. Konsumentenströme selektieren sich dann hin zum Online-Handel, da die Konsumenten diesen als zeitgemäßer empfinden. Innerstädtischer Einzelhandel verliert an Bedeutung und an Wert. ◄

13.2.3.2 Zeitlicher Zusammenhang von Diskontinuitäten und Innovationen

Innovationen, im Sinne von Diskontinuitäten, stehen in einem Zusammenhang mit synoptischen und organischen Variationen. Dies zeigt deren Zeitraumbetrachtung. So greifen Innovationen immer über einen größeren Zeitraum und nur selten besteht durch ein umfängliches Patent ein dauerhafter Schutz vor der Konkurrenz. Das bedeutet zugleich, dass viele andere Unternehmen von einer Innovation profitieren können. Sei es durch Nachahmung, durch ergänzende Produkte, durch Implementierungsdienstleistungen oder durch Folgeinnovationen. Entsprechend ist ein zeitlicher Überblick über Innovationen hilfreich.

Anderson und Tushman (1990) beschreiben einen Zyklus, der sich aus zwei **Innovationsphasen** zusammensetzt:

- Ausgelöst durch schumpeterianisches Unternehmertum kommt es in unregelmäßigen Abständen und auf unterschiedlichen Märkten zu Diskontinuitäten. Das heißt, das bisherige Wirtschaftsgeschehen wird durch neue Entwicklungen unterbrochen bzw. „aufgewirbelt".
- Nach einer solchen Diskontinuität entsteht eine Phase der Fermentierung oder Gärung. Es entbrennt ein Innovationswettbewerb um das dominante Design und die Ersetzung der alten Technologie.
- Es kristallisiert sich ein dominantes Design heraus, das marktführend wird. Dem schließt sich ein inkrementeller Wandel an, durch den der Konkurrenzdruck steigt. Verdrängungswettbewerb und eine Optimierung des dominanten Designs sind die Folgen bis zur nächsten Diskontinuität.

Abb. 13.2 skizziert den Zusammenhang.

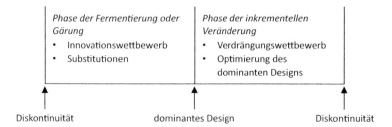

Abb. 13.2 Innovationsphasen (s. ähnlich Anderson und Tushman 1990, S. 606)

13.2 Typen von Wertschöpfungsvariation

In der **Phase der Gärung** nehmen viele Unternehmer und Unternehmen das Potenzial und vor allem die Perspektiven von Innovationen als so groß wahr, dass mehrere Umsetzungskonzeptionen für eine solche Diskontinuität auftreten. Mehrere Unternehmer oder Anbieter drängen auf den entstehenden Markt, in der Hoffnung, von dessen Wachstum profitieren zu können. Anfänglich aussichtsreiche Konzeptionen werden durch den Innovationswettbewerb substituiert.

So war es beispielsweise im Jahr 2007 – Markteinführung des iPhones – noch keine Selbstverständlichkeit, dass die Idee eines Smartphones einen Siegeszug antreten wird. Dies klärte sich aber rasch. Ein Nebeneinander von bis dahin angebotenen Mobiltelefonen und Smartphones, war zumindest auf den Massenmärkten aussichtslos. Die Diskontinuität, ausgelöst durch Smartphones, war hinsichtlich ihrer Perspektiven zu mächtig. Apple gelang es dabei sogar, den Innovationswettbewerb zu verzögern. Neuigkeitsgrad, Qualität, Anwendungspotenziale und Technologieführerschaft führten direkt zu einem **dominanten Design**.

Innovationswettbewerb

Die über einen Innovationswettbewerb verlaufende Entwicklung hin zu einem dominanten Design lässt sich gut anhand der sogenannten sozialen Medien, Online-Versteigerungen oder Lieferdiensten verdeutlichen. Facebook, Ebay oder Amazon waren zumindest anfänglich nicht allein auf dem Markt. Es gelang ihnen jedoch, ein dominantes Design – Idee, Konzeption, Funktionalität und Perspektiven – grundlegend zu prägen. Das dominante Design bedeutet dann, dass eine kognitive sowie soziopolitische Akzeptanz für den oder die Gewinner des Innovationswettbewerbs besteht (s. Kap. 12). In einer außergewöhnlich extremen Weise trifft dies auf Produkte zu, deren Markenname als Synonym für Produkte oder auch andere Anbieter steht. So wird „Tesa" statt „Klebestreifen" verwendet oder „Tempo" statt „Taschentuch".

Verdrängungswettbewerb

In der Phase des inkrementellen Wettbewerbs stehen sich nicht nur Gewinner des Innovationswettbewerbs gegenüber, sondern auch Unternehmen, die in der Lage sind, das dominante Design zu kopieren. Entsprechend geht es dann um schrittweise Optimierungen der gesetzten Konzeption. Dauerhafte Optimierungserfolge führen folglich zu den Marktführern, wie wir sie kennen. Dies geht so lange, bis eine weitere Diskontinuität über den Markt hereinbricht.

Sowohl beim Innovations- als auch beim Verdrängungswettbewerb sind synoptische sowie organische Veränderungen gleichermaßen maßgeblich. Das Beispiel des iPhones zeigt dies (s. Illustration 13.5).

Illustration 13.5: Geschichte des iPhones

Die Geschichte des iPhones ist spannend. Steve Jobs, der berühmte Apple-Vorstand und Inhaber, hatte bereits im Jahr 2000 die Idee zu einem Multi-Touch-Bildschirm.

Dies sollte die typische Eingabe über spezielle Stifte verbessern. Man sollte tippen können wie auf einer Tastatur. Dieser Bildschirm war ursprünglich für ein Tablet gedacht, Jobs entschied jedoch, dass zuerst ein Telefon gebaut werden sollte. Zugleich hatte er die Idee, die Funktionen Telefon, Internet-Browser und Musik-Player zu integrieren.

2004 begann die Entwicklung des späteren iPhones. Während der Entwicklung wurde das Projekt selbst vor vielen Apple-Mitarbeitern geheim gehalten. Die Angst vor der Konkurrenz war groß.

Bis zur Präsentation im Jahr 2007 meldete Apple über 300 Patente und Geschmacksmuster an. Unterdessen wurde im Jahre 2005 ein Motorola mit iTunes-Synchronisation vorgestellt. Das wurde allerdings den Ansprüchen von Apple nicht gerecht. Man trieb daraufhin umso intensiver ein eigenes Produkt voran. Dies ist nur eine von vielen Zwischenstufen und Tests, die bis zur Einführung des iPhones im Jahr 2007 vorgenommen wurden (Apple Inc. 2005, 2007; Fröhlich o. J.; Hayes 2018; O'Brien 2013).

Das iPhone ist eine geradezu ideale Innovation. Es hob sich nicht nur vom damaligen Technologiestand ab, sondern eröffnete dem geschäftlichen und sozialen Leben mobile Formen der Kommunikation. ◄

Auch wenn mit Steve Jobs eine geniale Persönlichkeit hinter dem Erfolg von Apple steht, so ist genauso erkennbar, dass viele Schritte und kleinteilige Arbeit erforderlich waren. Denkt man an Innovationen, so wäre es eine starke Verkürzung, nur Unternehmer oder geniale Erfinder in den Vordergrund zu stellen. Wirkliche „Daniel Düsentriebe" sind nur selten zu beobachten.

13.3 Zum organisatorischen Lernen und Wissensmanagement: Ursprung von Wertschöpfungsvariationen

13.3.1 Organisatorisches Lernen: 3E-Modell

13.3.1.1 Ausgangspunkte

Wertschöpfungsvariationen haben zwei grundlegende Antriebe. Zum einen ist dies das **organisatorische Lernen** (Argyris und Schön 1978, S. 17 f.) und zum anderen das Wissensmanagement. Ersteres stellt auf den ersten Blick ein befremdliches Phänomen dar. So verbindet man „Lernen" üblicherweise mit Individuen, die auf der Individualebene über operantes oder Modelllernen eine dauerhafte Modifikation ihrer Handlungen erfahren. Durch die Übertragung auf die organisatorische Ebene ist Lernen dann gegeben, wenn mehrere Personen ihren Umgang mit Erwartungen und Anforderungen kollektiv anpassen und aufeinander abstimmen.

▶ **Organisatorisches Lernen** Organisatorisches Lernen geht von mehreren Personen aus, die gemeinsam an der gleichen oder einer aufeinanderfolgenden Wertschöpfungsstufe tätig sind. Dieser kollektive Vorgang besteht aus umgesetzten Erfahrungen sowie Erwartungen über die Art der Zusammenarbeit, die das Handeln prägen.

Das zentrale Kennzeichen ist hierbei, dass einem solchen Lernen eine mitarbeiterseitige Auslösung zugrunde liegt. Der **Nutzen** eines erfolgreichen, organisatorischen Lernens liegt auf der Hand: Gelingt ein organisatorisches Lernen, so werden Handlungsanpassungen frühzeitig vorangetrieben. Es sind dann die handlungsverantwortlichen Mitarbeiter selbst, die Wertschöpfungsprozesse in Richtung Effizienz und Effektivität formen. Das „Tor zur Veränderung" öffnen die betroffenen Personen unmerklich mit.

Das 3E-Modell bringt die drei Varianten des organisatorischen Lernens zusammen, deren Anfangsbuchstaben zu seiner Bezeichnung führen: Erfahrungs-, Erwartungs- und Ermöglichungslernen. Die ersten beiden Varianten beschreiben zwei unterschiedliche Zugänge zum organisatorischen Lernen. Die dritte Variante beschreibt die Unterstützung der ersten beiden. Es handelt sich dabei um eine Kategorisierung, die sich in dieser Reinform in der Praxis nur selten finden lassen wird.

13.3.1.2 Erfahrungslernen

Der besonders naheliegende Typ des organisatorischen Lernens ist das **Lernen aus Erfahrungen**. Hierbei sind es festgestellte oder erfahrene „Nicht-Passungen" der Produkte oder Verfahren, die zu Korrekturen drängen. Besonders offensichtlich ist dies beispielsweise bei Beschwerden von Kunden, sinkender Kundenbindung oder sinkendem Produktionsausstoß. Die jeweils geltenden Handlungen und Handlungsfolgen stellen eine Art Hypothese dar, die ein positives Ergebnis unterstellt. Diese Hypothese wird dann von der Realität fortwährend einer Prüfung unterzogen. Je zielgerichteter Produkte und Dienstleistungen auf den Märkten platziert werden, umso eindeutiger erfolgt der Hypothesentest bzw. das Feedback von Abnehmern.

Dieses Lernen richtet sich auf Handlungen sowie auf organisatorische Regeln. Entsprechend sind die Lernobjekte konkret formulierbar und einfach zugänglich. Die vorhandene Beobachtbarkeit von unzureichenden Handlungen und Strukturen erlaubt es den beteiligten Personen zu reagieren. Sofern keine inneren Überzeugungen, sondern allenfalls Gewöhnungen damit einhergehen, ist eine Korrektur der Handlungsmuster und Strukturen relativ einfach realisierbar. Seit March und Olsen (1979, S. 12–15) ist dieses Lernen aus Erfahrungen als „adaptiv-erfahrungsbasiertes Lernen" ein Bestandteil der Literatur. Abb. 13.3 skizziert das Erfahrungslernen.

Abb. 13.3 Erfahrungslernen

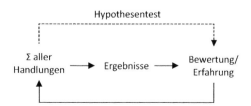

Die Motive der Personen, die auf solche Nicht-Passungen mit einem Lernen reagieren, bestehen dabei weniger in erwarteten extrinsischen Anreizen. Vielmehr begründen Persönlichkeitsmerkmale, Werte und Haltungen das organisatorische Lernen, genauso wie das intrinsisch motivierte Streben nach Leistung.

Bekannt ist dieses Modell als „**Single Loop-Learning**" oder „**Einkreislernen**" (Argyris und Schön 1996, 1978). Es ähnelt einer Art Regelkreis, dem die Idee eines etablierten und generell akzeptierten Bezugsrahmens zugrunde liegt. Vor dem Hintergrund der damit einhergehenden und nicht hinterfragten Beschreibung eines „richtigen" Systemzustands (Sollzustand), werden Abweichungen registriert und durch angepasstes Handeln korrigiert. Diese Sollgröße in einer sich verändernden Umwelt durch die Veränderung der Summe aller Handlungen aufrecht zu erhalten, ist die Ausrichtung des „Einkreislernens". Dies führt zu der Definition.

▶ **Erfahrungslernen** Erfahrungslernen registriert und korrigiert Abweichungen zwischen erwarteten und realen Ergebnissen.

Illustration 13.6 verdeutlicht, wie **Erfahrungslernen** in der Praxis ablaufen kann. Hier führt das Feedback bzw. der Hypothesentest zu einem Anpassungsdruck. Da die beteiligten Personen die Erfahrungen aufgreifen und Prozeduren beginnen, die eine intensivere, organisatorische Integration sicherstellen, handelt es sich um ein Lernen aus der Erfahrung.

Illustration 13.6: Erfahrungslernen in einer Tischlerei

In einer Tischlerei, die maßgefertigte Türen im gehobenen Preissegment anbietet, mehrten sich Beschwerden der Kunden über die Qualität der Produkte. Ein Großkunde macht Mängel an mehreren hundert Zimmertüren geltend und wünscht keine Nachbesserung, sondern einen Preisnachlass.

Dieser Vorfall war für die Angestellten, der sonst so erfolgsgewohnten Tischlerei, sehr belastend. Sie hatten sich immer als höchst präzise und gewissenhaft arbeitend wahrgenommen. Ohne Rücksprache mit ihren Vorgesetzten, einigten sie sich darauf, Trennwände zu entfernen, um sich schneller verständigen zu können. Waren die Maßvorgaben aus der Montage bis jetzt immer nur unleserlich auf kleine Klebezettel gekritzelt worden, die regelmäßig verloren gingen, wurde nun ein separater Ordner mit Ablagesystem auf dem Firmenlaufwerk eingerichtet. Zusätzlich verständigten sich beide Abteilungen, informelle und bedarfsorientierte Schulungen an den Maschinen vorzunehmen. Dies sollte das Verständnis der jeweiligen Abteilungsnotwendigkeiten erhöhen. ◀

Dieses Tischlereibeispiel reduziert alle handelnden Personen deutlich. Sie reagieren lediglich auf einen positiven oder negativen Stimulus, eben die Erfahrung bzw. den Hypothesentest. Jenseits von getakteter Fließbandarbeit sind jedoch individuelle Beiträge allgegenwärtig. So werden Individuen in den meisten Fällen Arbeitsschritte hinterfragen, Vorschläge für die wechselseitige Abstimmung machen oder neue Ideen zur Strukturierung des von ihnen verantworteten Wertschöpfungsausschnittes produzieren. Dies macht die **konzeptionelle Enge** des Erfahrungslernens deutlich. Es bedarf der Ergänzung durch nicht-umweltinduzierte Lernauslöser. Angesprochen ist das sogenannte Erwartungslernen.

13.3.1.3 Erwartungslernen

Jegliches Handeln und damit jegliche Ausformung von Wertschöpfung hat einen gemeinsamen Ursprung: Überzeugungen, wie Handlungen kombiniert werden sollten, um zu einem angestrebten Ziel zu gelangen. Angesprochen sind **Interpretationsmuster**, die ihrerseits aus einer Menge an Erwartungen bestehen und Handeln prägen. Solche Erwartungen fügen sich aus Ausbildungsstand, Persönlichkeit, Knowhow, Professionalität oder Einschätzungen der eingebundenen Personen zusammen. Diese Interpretationsmuster sind beim Erwartungslernen angesprochen.

Anders als beim Erfahrungslernen kommt es beim Erwartungslernen erst in einem zweiten Schritt zur Korrektur der Handlungen und Handlungssequenzen, nachdem ein Interpretationsmuster verändert wurde. Daraus folgt die Definition.

▶ **Erwartungslernen** Erwartungslernen umfasst die Veränderung der Handlungsgrundlage, dem Interpretationsmuster. Dies ermöglicht besonders weitreichende und substanzielle Änderungen von Handlungssequenzen.

Ohne explizite Auseinandersetzung mit Kognitionen ist ein Erwartungslernen nicht denkbar. Kognitionen – hier vor allem im Sinne von Analyse, Bewertungen und Einsichten verstanden – rücken in das Zentrum des Lerngeschehens, um die Interpretationsmuster thematisieren zu können. Unternehmen werden aus dieser Perspektive als „**Wissenssysteme**" aufgefasst. Es ist ein Begriff, der den Unterschied zum Erfahrungslernen markiert. Es geht hier nicht um gemachte Erfahrungen, sondern um die Prospektion über künftig erst noch zu produzierende Erfahrungen. Das Wissenssystem besteht dann aus technischen, personellen und organisatorischen Wissensbeständen. Weisen diese Wissensbestände unter den betroffenen Mitarbeitern und Führungskräften eine Akzeptanz auf, so resultiert ein **kollektives Interpretationsmuster**. Dies führt zur folgenden Definition.

▶ **Kollektives Interpretationsmuster** Ein kollektives Interpretationsmuster ist der von mehreren Personen geteilte und als passend befundene Umgang mit technischen, personellen und organisatorischen Wissensbeständen. Ein solches kollektives Interpretationsmuster trägt erheblich zur Reibungslosigkeit bei der Erstellung von Produkten oder Dienstleistungen bei.

Auch wenn diese Basis nie umfänglich sichtbar wird, so sind in allen Unternehmen solche Bewertungen von Ergebnissen und Überzeugungen wirksam und werden oft auch geteilt. Sie sind auf allen hierarchischen Ebenen präsent und stellen die Basis für jegliche Unternehmensentwicklungen dar. Ohne eine derartige Beschreibung einer kollektiven Handlungstheorie wäre eine Anpassung und Steuerung von Wertschöpfung nur hierarchisch realisierbar.

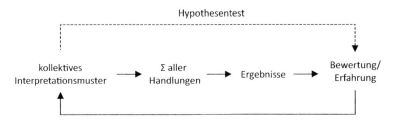

Abb. 13.4 Erwartungslernen

Solche Interpretationsmuster sind allerdings nicht immer leicht zu identifizieren. So existieren immer auch sogenannte „**espoused theories**" (Argyris und Schön 1978, S. 11). Es handelt sich um meist sozial erwünschte, angenommene und bewusst „verheiratete" Entwürfe. Man möchte kooperativ, mitarbeiterzentriert und dezentral funktionieren und formuliert dies dann als einen Idealzustand. Dies lässt sich dann nicht als Handlungstheorie oder Interpretationsmuster beschreiben, da die Wirksamkeit der Entwürfe erst aus der Annahme durch die Beteiligten resultiert. Die Handlungstheorie, um die es beim organisatorischen Lernen geht, ist jene, die Mitarbeiter leitet. Angesprochen ist die Auseinandersetzung mit einer „**theory in use**". Nur diese umfasst eine Wissensbasis und stellt ein kollektives Interpretationsmuster dar.

Wie beim Erfahrungslernen auch, handelt es sich beim Erwartungslernen um eine Art Hypothesentest. Hier steht jedoch nicht die Summe aller Handlungen, sondern das zugrundeliegende, kollektive Interpretationsmuster auf der Probe. Abb. 13.4 skizziert den Zusammenhang.

In der Literatur wird das Erwartungslernen auch mit „**Double-Loop-Learning**" oder „**Zweikreis-Lernen**" betitelt (Argyris und Schön 1996, 1978). Die **Wirkungen** des Erwartungslernens sind vielfältig. Die Veränderung des kollektiven Interpretationsmusters erlaubt grundlegende Variationen des Wertschöpfungsprozesses, da dessen Hintergrund adressiert wird. So sind immer auch Haltungen, Werte, Präferenzen und Ethiken betroffen. Es können eine größere Umsetzungsgeschwindigkeit von Innovationen, eine Verbesserung der Kundenzufriedenheit oder neue Abstimmungsmuster zwischen Abteilungen resultieren. Durch die Auseinandersetzung mit der kollektiven Handlungsbasis, sind solche Variationen deutlich komplexer als das Erfahrungslernen, das lediglich an den Handlungen selbst ansetzt.

Diese **Lernform** tritt auf, wenn sich bis dahin funktionierende Prämissen und grundlegende Ausformungen als problematisch erweisen. Anders als bei dem Erfahrungslernen treten hier oft **unterschiedliche Erwartungen** von Organisationsmitgliedern zutage. Individuelle Interpretationen von Problemursachen sowie von Gestaltungsnotwendigkeiten stehen einander plötzlich gegenüber. Lernen erfolgt dabei nicht als „Lösung" der Konflikte auf Basis hierarchischer Verfügungsrechte oder durch den Einsatz einer informellen Machtposition. Ein Lernen ist erst dann erreicht, wenn eine passende kollektive Handlungstheorie entstanden ist.

Die folgende Illustration 13.7 führt die Überlegungen zum Erwartungslernen zu-sammen.

> **Illustration 13.7: Erwartungslernen in einer Tischlerei**
>
> In einer Tischlerei wurden die Türen bisher immer im Akkord hergestellt. Arbeitsteilung wurde hierbei nicht angewandt, dadurch würde die Qualität leiden, so die Meinung. Auch der Stolz der Mitarbeiter, alle ausgebildete Tischler-Gesellen, stand einer Arbeitsteilung und damit einhergehenden Spezialisierung im Weg. Bei Tischlerarbeiten wäre „echtes Handwerk mit Handarbeit" und keine Fließbandarbeit notwendig.
>
> Einer der Tischler-Gesellen, der nebenberuflich Betriebswirtschaftslehre studierte, erzählte in den Mittagspausen immer wieder von den Vorteilen der Spezialisierung. Anfangs stieß er auf große Ablehnung und wurde von seinen Kollegen verspottet, doch bald wurde in den Pausenzeiten angeregt diskutiert. Einige der Gesellen vermuteten nun in der bisherigen Art der Herstellung die Ursache der hohen Fertigungskosten. Gemeinsam beschlossen sie, die Herstellung einer Tür in mehrere Arbeitsschritte zu unterteilen und dies einige Zeit zu versuchen.
>
> Schon nach kurzer Zeit konnte die produzierte Stückzahl vervierfacht werden, ohne dass weitere Kosten entstanden. Allein durch die Hinterfragung des bisherigen kollektiven Interpretationsmusters, wie die Herstellung von Türen zu gestalten sei, konnte sich die finanzielle Situation der Tischlerei erheblich verbessern. ◄

Das Erfahrungs- und das Erwartungslernen sind das Objekt des Ermöglichungslernens. Es handelt sich dabei um Prozesse, die das Auftreten der beiden Lernformen regulieren.

13.3.1.4 Ermöglichungslernen

Die beiden vorgestellten Modi des organisatorischen Lernens verändern Handeln bzw. Handlungssequenzen unmittelbar. Deren Variation wurde oben durch Erkenntnisse, die zu Erfahrungen sowie deren Bewertungen, die wiederum zu Erwartungen führen, dargestellt. Solche Variationen sind allerdings **keine Selbstverständlichkeiten**. Zu komplex sind die individuellen Beweggründe des Handelns. Dies betrifft sowohl den Rahmen individueller Werte, Haltungen und Motivationen – als auch den der Handlungstheorien (s. Kap. 2).

Somit rückt der Umgang mit den beiden Arten des organisatorischen Lernens in den Vordergrund. Damit sich die Variationen auf der Ebene von Handlungen oder der Interpretationsmuster ergeben können, ist es von besonderer Bedeutung, das Lernen an sich zu lernen. Es handelt sich hierbei um den dritten Typen des organisatorischen Lernens: Das **Ermöglichungslernen**. In der Literatur ist dieses Phänomen als „**Lernen des Lernens**" oder „**Deutero-Learning**" – Lernen der zweiten oder höheren Art – bekannt (Bateson 1958; Visser 2007). Informationen über vergangene Lernprozesse werden dabei gesammelt und kommuniziert. Es wird deshalb als Meta-Ebene des Lernens bezeichnet, da Lernerfolge und -misserfolge erkannt werden und das organisatorische Lernen als solches reflektiert wird. Das Ermöglichungslernen erhöht somit die Realisierungswahrscheinlichkeit und Reibungslosigkeit von Handlungsvariationen. Es gilt die folgende Definition.

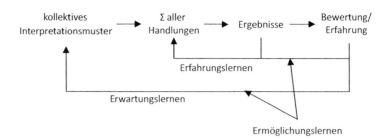

Abb. 13.5 3E-Modell des organisatorischen Lernens

▶ **Ermöglichungslernen** Ermöglichungslernen ist das „Lernen des Lernens". Es beschreibt den Umgang mit Erfahrungs- und Erwartungslernen, indem Informationen über vergangene Lernprozesse reflektiert werden. Die Institutionalisierung des Ermöglichungslernens soll Lernen auch für künftige Situationen sicherstellen.

Abb. 13.5 bindet diese Lernform in den Kontext des Erfahrungs- und des Erwartungslernens ein, was hier zu dem 3E-Modell des organisatorischen Lernens zusammengeführt wird.

13.3.2 Voraussetzung, Barrieren und Auslöser des organisatorischen Lernens

13.3.2.1 „Verlernen" als Voraussetzung

Die zu lernenden Sachverhalte bzw. der Umgang mit Handlungsnotwendigkeiten können durchweg kaum als kumulativ verstanden werden. Das heißt, organisatorisches Lernen zielt auch auf einen Bruch mit bislang erfolgreichen Hypothesentests beim Erfahrungslernen und Erwartungslernen. Eine nahelegende Voraussetzung für organisatorisches Lernen ist das „Verlernen" bereits erlernter Inhalte.

So kämpft organisatorisches Lernen fortwährend gegen **Historizität**. Das heißt, etwas Gelerntes existiert weiter, auch wenn Strukturen oder Handlungsfolgen eine Änderung erfahren bzw. erfahren sollten. Während man üblicherweise davon ausgeht, ein erreichter Zwischenschritt schaffe die erforderliche Basis für einen folgenden Schritt, so wirkt ein vorheriger Schritt oft nachteilig auf Lernprozesse. Somit verläuft organisatorisches Lernen nicht kumulativ.

Nystrom und Starbuck (1984) formulieren, jegliches Lernen stelle eine Bürde für ein weiteres Lernen dar. Nur ein „**Verlernen**" bereite den Boden für die jeweils aktuellen Lernnotwendigkeiten. Die Autoren beschreiben genau diesen Zustand einer Notwendigkeit des Verlernens als „Lock-in". Nach dem Lock-in wirken Routinen und Ordnungen so nachhaltig, vor allem auf das Interpretationsmuster ein, dass ein Lernen kaum noch erfolgt. Unternehmen verharren dann zumindest eine Zeit lang in den bewährten Mustern. Illustration 13.8 macht diesen Zusammenhang deutlich. Erfolgt hier kein Verlernen des erlernten Führungsstils, kann eine den Mitarbeitern zugewandte interaktionelle Führung kaum gelingen.

Illustration 13.8: Notwendigkeit des Verlernens

Bei einem deutschen Lebensmitteldiscounter wurde viele Jahre ein sehr autoritärer Führungsstil gegenüber den Filialmitarbeitern angewendet. Es dominierte das Bild des „faulen Mitarbeiters". So würden Mitarbeiter nur dann arbeiten, wenn sie ordentlich angetrieben werden.

Arbeits- und Pausenzeiten wurden auf das penibelste überwacht, Kassiergeschwindigkeiten nachgehalten und für das Einräumen jeder Warengruppe gab es sekundengenaue Zeitvorgaben. Hierauf wurde jede neue Führungskraft von Beginn an eingeschworen. Ein Teil der Führungskräfte, der diese Methoden besonders „gut" anwendete und interne Erfolge vorweisen konnte, stieg in der Hierarchie des Unternehmens weiter auf.

Diese Art des Mitarbeiterumgangs wurde jedoch zunehmend in den Medien publik, was zu einem verschlechterten Image und sinkenden Umsätzen führte. Gleichzeitig kam die Vermutung auf, dass die hohe Fluktuation und der hohe Krankenstand ebenfalls im Zusammenhang damit stehen könnten.

Die beschriebenen Führungskräfte, die mit eben diesem problematischen Führungsstil erfolgreich geworden waren, zogen andere Schlüsse aus den Problemen. Sie waren der Meinung, der Umsatzrückgang wäre durch die untüchtigen Mitarbeiter bedingt, die nicht ausreichend unter Druck gesetzt oder nicht für die Kundenzufriedenheit sorgen würden. Fluktuation und Krankenstand wären ja ein Beweis, dass ein Teil der Belegschaft generell zu faul für die Arbeit wäre oder sich ihr zeitweise durch „Blaumachen" entziehen würde. So wurden neue Kontrollmechanismen und Überwachungsmethoden erdacht, um den Problemen zu begegnen. ◄

Weiterhin beschreiben Nystrom und Starbuck (1984) die aktive Auseinandersetzung mit Kritik, das Umdenken von Ereignissen als Fragestellungen und das Experimentieren mit neuen Sachverhalten als Möglichkeiten, der Entstehung eines Lock-ins aktiv entgegenzuwirken. Auch die Idee des „Auftauens" (s. Abschn. 13.4.3.1) kann auf den Bereich des organisatorischen Lernens übertragen werden. Es meint hier das infrage stellen und „Lockern" bereits gelernter Inhalte mit dem Ziel, weiteres Lernen zu begünstigen und eben diesen Lock-in-Zustand zu verlassen.

Was trivial klingt, kann durchaus anspruchsvoll sein. Bereits beim Auseinandersetzen mit Kritik wird dies deutlich: Empirie (Lies 2011, S. 145–153) legt beispielsweise nahe, dass sich Manager sukzessiv mit „Ja-Sagern" umgeben. Es besteht außerdem die Tendenz dazu, Informationen stets so zu filtern, dass sie zu den eigenen Ansichten passen (s. Kap. 5). Genauso filtern auch Mitarbeiter Informationen in dem Sinne, dass sie zu den Vorgesetzten und deren Erwartungen passen. Damit zeigt sich die Schwierigkeit, Kritik wirksam werden zu lassen. Die Illustration 13.9 zeigt einen strukturellen Weg auf, um Kritik zu ermöglichen.

> **Illustration 13.9: Screening Prozedur**
>
> Die Autoren empfehlen eine „Screening Prozedur".
>
> 1. Zunächst sollte jede Kritik grundsätzlich als Warnung und mindestens partiell als korrekt angesehen werden. Die Grundannahme solle also sein, dass Kritik nie völlig gegenstandslos ist.
> 2. Im nächsten Schritt sollte überlegt werden, wie hoch die Kosten wären, wenn die Kritik vollständig korrekt wäre und ob es sich die Organisation leisten könnte, sie zu ignorieren.
> 3. Falls die Kritik nicht ignoriert werden könne, sollte schließlich mit der gezielten Suche nach Evidenz begonnen werden. Dabei müsse diese Evidenz aus anderen Quellen stammen als den bereits bekannten.
> 4. Bei positiven Ergebnissen sollte unbedingt gehandelt werden (Nystrom und Starbuck 1984, S. 59). ◄

Zuletzt, so stellen Nystrom und Starbuck (1984, S. 64) nüchtern fest, können Lernbarrieren immer noch am besten aufgelöst werden, wenn „die Blockaden" – also die festgefahrenen Interpretationen von Mitarbeitern oder Führungskräften – das Unternehmen verlassen müssen. Insbesondere in der Phase nach dem Lock-in besteht häufig keine andere Möglichkeit, wieder zu einer Lernbereitschaft zu gelangen. Kündigung und Neubesetzung können hier somit ein probates Mittel darstellen.

13.3.2.2 Barrieren und Auslöser des organisatorischen Lernens
a) Überblick

Bislang dominierte die Skizze, Erfahrungslernen erfolge durch bewertete Ergebnisse und vor dem Hintergrund entsprechender Handlungsspielräume in gewisser Weise automatisch und selbstverständlich. Ähnlich wurde bislang das Erwartungslernen konzipiert. Kollisionen mit existenten Interpretationsmustern würden genau dann eine Variation erfahren, wenn die entsprechenden Bedingungen bestünden. Nach der Voraussetzung des Verlernens geht es im Folgenden um weiterhin bestehende Lernbarrieren. Zudem sollen Hinweise erfolgen, wie Lernen ausgelöst werden kann.

An dieser Stelle eignet sich eine Überlegung auf drei verschiedenen Ebenen (s. Abb. 13.6). Die im Folgenden dargestellten Einflussgrößen können organisatorisches Lernen sowohl begünstigen, als auch hemmen. Umweltfaktoren beeinflussen individuelle bzw. gruppenbezogene sowie organisatorische Faktoren. Letztere haben ihrerseits für die Umwelt eine Wirkungsrelevanz, wie im Zuge der Diskussion um die Ressourcenabhängigkeit deutlich wurde (s. Kap. 12).

Dies skizziert die Struktur der folgenden Argumentation.

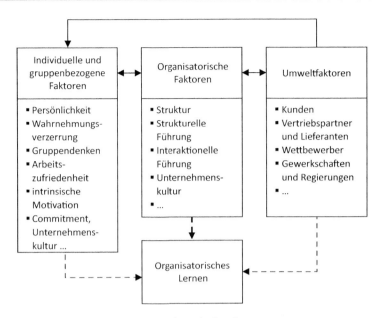

Abb. 13.6 Barrieren und Auslöser des organisatorischen Lernens

b) Individuelle und gruppenbezogene Faktoren

Lernbarrieren auf der individuellen und Gruppenebene haben in weiten Teilen dieselben Ursachen, wie die bisher beschriebenen Abweichungen vom Ideal rationaler Entscheidungen durch individuelle Verzerrungen und Gruppenphänomene (s. Kap. 11). Ebenso wie die Qualität von Entscheidungen setzt die Qualität des organisatorischen Lernens an einer breiten Informationsbasis, deren Akzeptanz sowie der Zurückdrängung schädlicher Gruppenprozesse an.

Persönlichkeitsdimensionen

Auch die Persönlichkeit von Personen (s. Kap. 2) kann organisatorisches Lernen behindern. Denkt man an die Big Five, so steht die Dimension „Offenheit für neue Erfahrungen" in diesem Kontext im Vordergrund. Personen mit einer niedrigen Ausprägung auf dieser Persönlichkeitsdimension sind nicht offen für neue Ideen und mögen Routinen. Da solche Personen zu konservativen Haltungen neigen, haben sie Schwierigkeiten dabei, kollektive Interpretationsmuster in Frage zu stellen. Dies erschwert das Erwartungslernen erheblich. Es lässt sich jedoch auch in die entgegengesetzte Richtung argumentieren. Persönlichkeit kann demnach auch organisatorisches Lernen begünstigen, wenn beispielsweise überwiegend „offene" Personen in einer Abteilung arbeiten.

Wahrnehmungsverzerrungen

Erfahrungen entstehen durch Handlungen und Handlungsfolgen. Deren Eignung als tragfähige Basis für organisatorisches Lernen ist jedoch eingeschränkt. So behindern beispielsweise Wahrnehmungsverzerrungen, wie Kontrollillusionen oder kognitive Dissonanzen, die Auseinandersetzung mit unerwünschten Handlungsergebnissen. Wie soll ein konkreter Entwurf über eine Handlungsfolge – eben ein Interpretationsmuster – entstehen, wenn die Basis dafür unscharf bleibt?

Kontrollillusion
Die Kontrollillusion stellt die Überzeugung dar, etwas objektiv Unbeeinflussbares doch beeinflussen zu können. So neigen Menschen dazu, ihre Fähigkeiten und ihr Können zu überschätzen (Langer 1982). Weiterhin führt der Gedanke an Kontrolle und Steuerung von Sachverhalten zu einer höheren Zufriedenheit. In jedem Unternehmen und faktisch bei jeder Aufgabe ist diese Verzerrung von Relevanz. Die Kontrollillusion erweckt den Eindruck, etwas nicht Kontrollierbares beherrschen zu können. Sie kann zu völlig falschen Einschätzungen von Ergebnissen führen und damit das Lernen blockieren (Dobelli 2011). Dies verdeutlicht die folgende Illustration 13.10.

Illustration 13.10: Kontrollillusion im Marketing

Bei Herstellern für Wearables, also Smartwatches, Fitnesstrackern und Ähnlichem, stehen immer wieder neue Produktgenerationen an. Diese stellen Weiterentwicklungen von Funktionalität und Design dar, was zu einer völligen Inaktualität der vorherigen Generation führen kann.

Denkbar ist, dass ein Hersteller die Einführung einer neuen Generation mit starkem Marketingaufwand hinterlegt. Ist das Produkt dann übermäßig erfolgreich, stellt diese Kampagne einen Einflussfaktor des Markterfolgs dar. Dieser wird jedoch von unzähligen, weiteren Faktoren beeinflusst, die teilweise kaum unternehmensseitig beeinflussbar, geschweige denn kontrollierbar sind. Ein Beispiel hierfür wären gesundheitspolitische Entwicklungen oder neue Forschungsbefunde hinsichtlich Smartwatches.

Nimmt der Marketingleiter nun an, mit Werbekampagnen den Markterfolg kontrollieren zu können, stellt dies eine Kontrollillusion dar, die organisatorisches Lernen behindert. Möglicherweise werden andere Aufgaben des Marketings vernachlässigt oder Ressourcen werden von anderen, ggf. produktiveren Verwendungen in den Marketingaufwand gelenkt. ◄

Kognitive Dissonanzen
Ein anderes Phänomen stellen kognitive Dissonanzen dar (s. Kap. 2). Es handelt sich um ein starkes individuelles Unbehagen oder eine massive Anspannung. Kognitive Dissonanzen treten in Erscheinung, wenn Kognitionen – vor allem Überzeugungen und Haltungen – nicht zur beobachteten und von Mitmenschen akzeptierten Realität passen. Diese Spannung ist dabei so mächtig, dass Individuen versuchen, eine Konsistenz in ihren Handlungen und Kognitionen zu bewahren bzw. wiederherzustellen. Menschen halten eine solche kognitive Dissonanz generell nur kurzfristig aus und streben möglichst rasch nach

einer Auflösung (Myers 2005, S. 620 f.). Das gelingt durch Re- und Fehlinterpretation von Informationen oder durch deren Ignorierung. Dies verhindert in der Folge dann, dass Lernnotwendigkeiten erkannt werden.

Normen
Es existieren nicht nur intra-individuelle, sondern auch inter-individuelle Einflussfaktoren auf das organisatorische Lernen. So sind zum einen Gruppennormen und zum anderen die Symptome des Gruppendenkens zu nennen (s. Kap. 11). Innerhalb von Gruppen existieren informelle Normen, die ein bestimmtes Verhalten spezifizieren. Sollten die Inhalte des organisatorischen Lernens nicht zu der Gruppennorm passen, könnten Normen zu Barrieren für das organisatorische Lernen werden. Darüber hinaus stellen **Symptome des Gruppendenkens** eine weitere Zuspitzung dar. Die Gruppe unternimmt Anstrengungen, um Hinterfragungen im Keim zu ersticken. Dies ist maximal konträr zum Erwartungslernen. Die kollektiven Interpretationsmuster werden nicht hinterfragt, diese sind das Fundament der Gruppenidentität und leiten das Handeln innerhalb der Gruppe. Gruppendenken führt zu einer Art Selbstzensur (Janis 1972), es werden demnach kaum abweichende Meinungen hervorgebracht. Ein organisatorisches Lernen, im Sinne des 3E Modells, kann im Kontext von Gruppendenken kaum stattfinden.

Arbeitszufriedenheit
Auch hinsichtlich des Einflusses der Arbeitszufriedenheit (s. Kap. 2) auf das organisatorische Lernen ist eine differenziertere Sichtweise notwendig. Einerseits lässt sich argumentieren, dass eine hohe Arbeitszufriedenheit zu mehr Leistungen oder Beiträgen, die über das arbeitsvertraglich geregelte Maß hinausreichen, führt. Fasst man organisatorisches Lernen nun als eine derartige Leistung oder Beitrag auf, lässt sich daraus schließen, dass eine hohe Arbeitszufriedenheit organisatorisches Lernen begünstigt. Andererseits lässt sich argumentieren, dass eine hohe Arbeitszufriedenheit eine Barriere für das organisatorische Lernen darstellt. So sind die Arbeitsbedingungen, wie bereits erwähnt, besonders prägend für die Arbeitszufriedenheit. Da organisatorisches Lernen immer mit Veränderungen einhergeht, könnte man annehmen, dass Personen mit einer hohen Arbeitszufriedenheit wenig Interesse daran haben, ihre Arbeitsbedingungen zu verändern.

Intrinsische Motivation
Einen weiteren Einflussfaktor auf das organisatorische Lernen stellt die intrinsische Motivation (s. Kap. 2) dar. Diese lässt sich, wie bereits erwähnt, durch Autonomie, Kompetenzerleben und Affiliationsmöglichkeiten steigern. Personen, die autonom sind, Kompetenz erleben und das Gefühl haben, an einer bedeutsamen Aufgabe zu arbeiten, werden wahrscheinlich langfristig motiviert sein, aus Erfahrungen zu lernen, kollektive Interpretationsmuster zu hinterfragen und auch das Lernen des Lernens offen anzugehen.

c) Organisatorische Faktoren

Organisatorische Faktoren des Lernens finden sich vor allem in den Bereichen organisatorische Gestaltung, Personalmanagement und Kultur. Dabei sind wiederum sowohl Behinderungen als auch Beförderungen realistisch.

Strukturen

Strukturen, die Lernbarrieren darstellen, können verschiedenen Ursprungs sein. Besonders unmittelbar treten Barrieren durch die bereits diskutierten generischen Strukturbalancen (s. Kap. 7) sowie Entscheidungen über die horizontale und vertikale Differenzierung (s. Kap. 6) auf. So behindert eine hohe Zentralisation organisatorisches Lernen. Wie sollen Organisationsmitglieder im Sinne des Erfahrungs- und Erwartungslernens agieren, wenn sie keine Entscheidungsbefugnisse haben? Ohne Entscheidungsbefugnisse können die kollektiven Interpretationsmuster nicht real hinterfragt und ausgetauscht werden. Demnach kann die Realisierung von **Dezentralisation** organisatorisches Lernen fördern. Durch eine hohe **wechselseitige Abstimmung** werden zudem zahlreiche Austauschmöglichkeiten geschaffen, die den Wissensaustausch beschleunigen und kurzfristige Rückmeldungen ermöglichen.

Strukturelle Führung

Auch Überlegungen der strukturellen Führung scheinen in diesem Kontext angebracht. Wie bereits in Kap. 4 beschrieben, können sich **Leistungsbeurteilungsverfahren und variable Vergütung** schädlich auf Entwicklungen auswirken. Mit zunehmender Standardisierung und dem Streben nach interpersoneller Vergleichbarkeit wäre der Raum für organisatorisches Lernen geschrumpft. Der Fokus der Mitarbeiter liegt demnach nicht auf dem organisatorischen Lernen, sondern darauf, bestehende Erwartungen zu erfüllen, sodass kein Spielraum für neue Entwicklungen im Sinne des organisatorischen Lernens besteht. Interaktionelle Führung kann beispielsweise durch Feedback-Gespräche, dem Interagieren mit den Mitarbeitern und dem Aufzeigen von zukünftigen Zielen das Lernen fördern.

Unternehmenskultur

Auch die Unternehmenskultur (s. Kap. 9) kann für organisatorisches Lernen vorteilhaft sein, wenn sie den Wissensaustausch beschleunigt und kurzfristige Rückmeldungen ermöglicht. Wird beispielsweise den Mitarbeitern allgemein ausgeprägtes Engagement, Vertrauenswürdigkeit und Verantwortungsbereitschaft unterstellt, so kann dies das Lernen erleichtern. Ebenso wird Lernen durch eine vertrauensvolle und offene Feedbackkultur und dem Verständnis von Kritik als Chance zur Verbesserung gefördert. Für Erwartungslernen ist es besonders förderlich, wenn kollektive Interpretationsmuster durchgängig in Frage gestellt werden können, ohne dass Sanktionen folgen. Andersherum kann eine festgefahrene, seit geraumer Zeit stabile und sich nicht mit Veränderungen beschäftigende

Unternehmenskultur, genau gegenteilige Wirkungen auslösen. Jeder Versuch, etwas Neues zu lernen, wird von Führungskräften und Mitarbeitern sofort abgeblockt.

d) Umweltfaktoren
Bei den Umweltfaktoren des organisatorischen Lernens richtet sich der Fokus auf die organisatorische Domäne (s. Kap. 12).

Kunden
Durch ein Kundenfeedback-System können Kunden beispielsweise unmittelbar Verbesserungsvorschläge äußern. So könnten Kunden, die sich über zu lange Lieferzeiten beschweren, zu einer Optimierung der Versandstruktur des Unternehmens beitragen.

Vertriebspartner und Lieferanten
Auch durch Austausch und Kommunikation mit Vertriebspartnern und Lieferanten können Veränderungen angeregt werden. Beispielsweise könnte ein Vertriebspartner, der von seinen monatlichen Sitzungen und dort hervorgebrachten Verbesserungsvorschlägen berichtet, zu einer Adaption verschiedener Vorschläge seitens des Unternehmens führen. Darüber hinaus stellen Vertriebspartner gerade dann einen wichtigen Feedbackkanal dar, wenn kein direkter Kontakt zu Kunden besteht. Das Unternehmen ist dann auf die Weiterleitung von Kritik und anderen Rückmeldungen angewiesen.

Wettbewerber
Auch wenn es im ersten Moment nicht intuitiv klingen mag, können Wettbewerber organisatorisches Lernen auslösen. Unternehmen können erfolgreiche Praktiken von Wettbewerbern imitieren und so kollektive Interpretationsmuster und Handlungen anpassen. Auch wenn dieser Lernprozess allein unternehmensintern niemals angestoßen worden wäre, könnte er einen erheblichen Vorteil nach sich ziehen.

Gewerkschaften und Regierungen
Auch Gewerkschaften können organisatorisches Lernen beeinflussen, beispielsweise indem sie im Rahmen von Streiks auf unternehmerische Missstände aufmerksam machen und somit organisatorisches Lernen anstoßen. Ebenso können Gewerkschaften solchen Lernprozessen im Wege stehen, die Arbeitsschutz und -belastung der Mitarbeiter potenziell negativ beeinflussen. Auch Regierungen können organisatorisches Lernen fördern, indem sie zum Beispiel bestimmte Branchen staatlich subventionieren. Die Bundesregierung förderte im Jahr 2020 beispielsweise den Erwerb von Elektroautos. Dies könnte die kollektiven Interpretationsmuster bei Automobilherstellern beeinflussen und so zu Modifikationen führen. Regierungen können zudem Rahmenbedingungen schaffen, die den Raum für organisatorisches Lernen begrenzen, wie etwa durch gesetzliche Rahmenbedingungen.

13.3.3 Wissensmanagement

13.3.3.1 Wissen und Wissensmanagement

Der Bestand an **Wissen** prägt alle Facetten der Wertschöpfung. So baut die Summe aller realisierten Handlungen unmittelbar auf Fachkenntnissen, Erfahrungen, Erwartungen oder Interpretationen auf. Dabei prägt Wissen nicht nur jegliche Wertschöpfung, sondern ist zugleich auch für deren Variationen maßgeblich. Dies lässt sich für die synoptischen und organischen Veränderungen sowie Innovationen folgern, da sie alle drei auf unterschiedlichen Formen von Wissen beruhen. Vor allem bei der Betrachtung des zugrunde liegenden organisatorischen Lernens, sind Wissensbestände und deren Variationen die Auslöser. Hinzu tritt die Frage der Überwindung von Barrieren auf. Auch dabei wirkt Wissen antreibend und schafft zugleich Möglichkeiten, Widerstände zu überwinden.

Wissen setzt sich aus **expliziten und impliziten Bestandteilen** zusammen (Polanyi 1966). Ersteres ist dokumentierbar und oft Gegenstand von detailreichen Diskussionen. Analysierbarkeit kennzeichnet explizites Wissen. Da explizites Wissen fassbar ist, steht eine Systematisierung und Vermittlung im Zentrum. Hingegen ist implizites Wissen eng mit einer Person verbunden und entsprechend spricht man auch von stillschweigendem Wissen. Es ist der Schatz an Erfahrungen, Erwartungen und Interpretationsmustern, die sich oft in längerer Perspektive bewährt haben, aber an Individuen gebunden sind. Es gilt die folgende Definition.

▶ **Wissen** Wissen stellt die Gesamtheit aller individuellen Kenntnisse, Erfahrungen, Erwartungen und Interpretationen in einem bestimmten Fachgebiet dar. Teile davon sind explizit und analysierbar, während implizites Wissen individuell verankert und nur begrenzt kommunizierbar ist. ◀

Die Aufgabe von Wissensmanagement besteht in der Erfassung, Speicherung und Bereitstellung von unternehmensintern vorhandenem sowie von unternehmensexternem Wissen. Es gilt die folgende Definition.

▶ **Wissensmanagement** Wissensmanagement umfasst die Beschaffung, Systematisierung und Bereitstellung von unternehmensinternen und -externen Wissensbeständen. Die Schwierigkeit besteht in der Explizierung von implizitem Wissen. ◀

Hier stellt sich die Frage, ob implizites Wissen überhaupt so geöffnet werden kann, dass andere es nutzen können. So gibt es Beispiele, die dem entgegenstehen. Ein Skifahrer, der elegant eine schwarze Piste mit Buckeln bewältigt, wird dies kaum hinreichend erklären können. Eine solche Fahrt ist das Ergebnis von viel Übung, der Schneebeschaffenheit, der Temperatur, der Skilänge, der Griffigkeit von Stahlkanten, Körpergeometrie, Risikobereitschaft und weiteren Faktoren.

Dieses implizite Wissen ist nicht so dokumentierbar, dass andere darauf zurückgreifen und nach kurzer Zeit Ähnliches leisten können. Der überwiegende Teil impliziten Wissens

13.3 Zum organisatorischen Lernen und Wissensmanagement: Ursprung von ...

Abb. 13.7 Wissensspirale (s. ähnlich Nonaka und Takeuchi 1997, S. 84 f.)

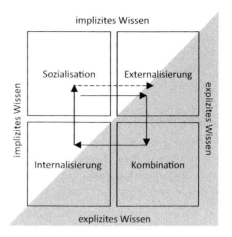

ist jedoch interessant für ein Wissensmanagement. Beispiele finden sich in den oben angesprochenen Erfahrungen, Erwartungen und Interpretationsmustern, wie es in nahezu allen Funktionsbereichen existiert. Diese entwickeln sich zwar auf individueller Basis, lassen sich jedoch diskutieren und konkretisieren.

Aus den bisherigen Ausführungen resultieren die folgenden Ideen einer Wissensspirale. Das heißt, Wissensmanagement setzt an implizitem Wissen an und überführt dieses sukzessive in eine nutzbare Form. Letzteres erfährt wiederum eine Aufbereitung und Ergänzung durch neues implizites Wissen. Abb. 13.7 skizziert dies.

Die Abb. 13.7 illustriert hier einen Zyklus von vier ineinandergreifenden Stufen zur Wissensumwandlung. Diese Abfolge führt zu jenem Wissen, das von mehreren Individuen genutzt werden kann und organisatorisches Lernen ermöglicht (Nonaka und Takeuchi 1997, S. 74–76):

- Die **Sozialisation** – vom impliziten zum impliziten Wissen – beschreibt den Erfahrungsaustausch ohne sprachliche Verständigung, etwa durch Beobachtung und Nachahmung.
- Die **Externalisierung** – vom impliziten zum expliziten Wissen – ist die Vermittlung impliziten Wissens in expliziter Form. Es handelt sich um eine Vorstufe einer letztlich schriftlichen Darstellung. Es bietet sich an, implizites Wissen durch explizite Ausdrucksformen wie Metaphern, Analogien oder Konzepte zugänglich zu machen.
- Die **Kombination** – von explizitem zu explizitem Wissen – beinhaltet die Neuzusammenstellung von explizitem Wissen durch Vorgänge wie Sortieren, Hinzufügen, Kombinieren oder Klassifizieren, wodurch es auch zu neuem Wissen kommen kann.
- Die **Internalisierung** – von explizitem zu implizitem Wissen – stellt die Verinnerlichung von explizitem Wissen dar. Ein Schritt, der zu einem selbstverständlichen Umgang mit explizitem Wissen führt. Hier entstehen dann weitere Variationen, denn verin-

nerliches Wissen erfährt immer wieder Bestätigung und auch Konfrontation bildet den Resonanzraum für die weitere „Produktion" von implizitem Wissen.

Illustration 13.11 zeigt, welche Vorteile der von Nonaka und Takeuchi propagierte Umgang mit Wissen im Unternehmen haben kann.

Illustration 13.11: Wissensschaffung bei Nissan – Das Primera-Projekt

1986 wurde beim japanischen Autobauer Nissan der Entschluss gefasst, ein Auto für den Weltmarkt zu bauen, das später „Primera" getauft wurde.

Im ersten Schritt wurden Mitarbeiter gesucht, die über Erfahrungen in den relevanten Märkten verfügten, sodass eine implizite Wissensbasis entstand. Es folgte ein Katalog von Anforderungen des europäischen Marktes. All dieses explizite Wissen wurde auf der Grundlage des impliziten Wissens geschaffen, das schon durch Erfahrungen einzelner Mitarbeiter im Unternehmen verfügbar war.

Mitarbeiter ohne eigene Erfahrung mit europäischen Autobahnen gelangten trotz aller expliziten Ausführungen schnell an ihre Verständnisgrenze. Es schien notwendig zu sein, eine breitere Basis impliziten Wissens zu schaffen. Entsprechend wurden insgesamt 1500 Mitarbeiter aller Funktionsbereiche nach Europa geschickt, um Erfahrungen zu sammeln. Hierzu gehörte beispielsweise die Erfahrung, wie wichtig ein bequemer Sitz auf der Route Brüssel – Zürich ist, um diese 800 km Fahrt zu überstehen. Dies war für einige japanische Mitarbeiter vorher schlicht nicht vorstellbar gewesen. Durch diese Schaffung weiteren impliziten Wissens entstand eine gemeinsame Basis, auf der nun wieder explizite Entwicklungsziele formuliert und Modelle angefertigt werden konnten. Diese wurden anschließend von europäischen Händlern beurteilt, die über großes implizites Wissen des europäischen Vertriebs von Autos verfügten. Das implizite Wissen half, erste Prototypen zu bauen (explizit) mit denen dann in Testfahrten im Umfang von 180.000 km weitere Erfahrungen gesammelt werden konnten (implizit).

Hier wurden autobahnspezifische Nachteile japanischer Motoren deutlich, so dass man sich für die Konstruktion eines völlig neuen Motors entschied. Erneut wurde eine große Zahl von Mitarbeitern, diesmal aus dem Motorkonstruktionsteam, zum Erfahrungsaufbau nach Europa geschickt.

Insgesamt konnte ein reger Austausch aller beteiligten Abteilungen erreicht werden. Durch den immer wieder stattfindenden Aufbau impliziten Wissens und ebenso durch dessen Umwandlung in explizite Formen, konnte eine weitreichende gemeinsame Wissensbasis, also Unternehmenswissen, geschaffen werden. Der Nissan Primera wurde aus Unternehmenssicht ein voller Erfolg, die Verkaufszahlen waren deutlich höher als geplant und auch in Europa konnten bis 1994 19 Preise gewonnen werden (Nonaka und Takeuchi 1997, S. 225 f.). ◄

Diese Anwendung der Wissensspirale erlaubt einen flexiblen Umgang mit veränderten – oder in der Folge gesammelter Erfahrungen verändert wahrgenommenen –

Wissensbestandteilen. Zudem verkürzen sich die Laufzeiten von Innovations- oder Produktentwicklungsprojekten, da der rege Wissensaustausch enge Zusammenarbeit und Arbeitsüberschneidungen erlaubt. Alle relevanten Abteilungen lassen sich von Beginn an einbinden (Nonaka und Takeuchi 1997, S. 237–239).

13.3.3.2 Veränderungen von Wissensbeständen

Eine Veränderung der bestehenden Wissensbestände stellt die Voraussetzung organisatorischen Lernens dar. Dafür bieten sich drei Zugänge an (Levitt und March 1988):

- Generierung von neuem Wissen
- Inkorporation neuer Wissensbestände
- vermitteltes Lernen

a) Generierung von neuem Wissen

Die Generierung neuen Wissens bedeutet in der Regel, vorhandene Wissenselemente durch interne Kommunikation neu zu verknüpfen. Neue Einsichten und Ideen sollen daraus entstehen.

Dies kann sich allein schon durch den Abbau von Abteilungsgrenzen und dem daraus resultierenden Bewusstsein für dynamische Zusammenhänge ergeben. Zudem liegen in der Generierung von Wissen immer auch Ansatzpunkte für ein verändertes Erfahrungslernen. Breiteres Wissen führt zu einer anderen Einschätzung und Bewertung von realisierten Ergebnissen. Die jeweils interpretierte Notwendigkeit des Lernens aus Erfahrungen verändert sich. Was so abstrakt klingt, kann mit einem Beispiel erklärt werden (s. Illustration 13.12).

> **Illustration 13.12: Generierung neuen Wissens am Beispiel eines Automobilkonzerns**
>
> Bei einem großen Automobilkonzern wurde vor zwei Jahren erstmalig die Produktion von Elektroautos beschlossen. Hierfür wurde das Unternehmen eigens auf der zweiten Hierarchieebene divisional strukturiert, da man der Meinung war, Elektrofahrzeuge wären derart revolutionär, dass sie besser getrennt von Fahrzeugen mit Verbrennungsmotor bleiben sollten. Nach dem Anlauf der Produktion des ersten elektrischen Modells „Model A" wurden Unterschiede in Qualitätsmerkmalen, wie Spaltmaß und Dicke des Lacks, im Vergleich zur konventionellen Modellpalette deutlich. Als Reaktion auf das kurzfristig nicht lösbar erscheinende Problem, ersann das Vorstandsgremium folgende Maßnahme.
>
> Es sollte ein Gremium aus Führungskräften und Ingenieuren beider Sparten gebildet werden, das wöchentlich über Fragen und Probleme bei der Herstellung von Fahrzeugen tagte. In diesen Treffen, konnten nicht nur die Mitarbeiter der Elektro-Sparte ausreichend Wissen zur Herstellung qualitativer Karosserien erhalten, in den Gesprächen wurden ungeplant auch diverse andere technische Aspekte besprochen. Da großes Wis-

sen von Funktion und Entwicklung sowohl von Verbrennungsmotoren als auch von Elektromotoren vorhanden war, entstand bald die Idee für einen völlig neuen Hybrid-Antrieb. Dieser erreichte eine bisher unbekannte Antriebseffizienz bei sehr geringem Schadstoffausstoß. ◄

In dieser Illustration 13.12 gelang die Generierung neuen Wissens erst durch das Aufeinandertreffen und die Verbindung von bereits vorhandenem Wissen. Dies war weder hierarchisch vorgegeben noch geplant, sondern erfolgte als eine Art Nebenprodukt in einem anderen Austauschprozess. Mit diesem Beispiel ist bereits eine Definition der Generierung neuen Wissens erfolgt (Grant 1996). Die Generierung neuen Wissens erfolgt demnach innerorganisatorisch.

b) Inkorporation neuer Wissensbestände
Die Inkorporation neuer Wissensbestände zielt auf externes Wissen, das beispielsweise durch die Abwerbung von Experten oder durch die Übernahme von Unternehmen nutzbar wird. Externe Rekrutierung ist damit nicht nur auf die Besetzung von Vakanzen gerichtet, sondern vor allem auch auf das „Einkaufen" von Erfahrungen und Kompetenzen (Puranam et al. 2006). Das folgende Beispiel illustriert dies (s. Illustration 13.13).

Illustration 13.13: Inkorporation von neuen Wissensbeständen

Nach seinem Ausscheiden bei der Daimler AG übernimmt der langjährige und erfolgreiche Vorstandsvorsitzende Dieter Zetsche branchenfremde Engagements: Aufsichtsratsvorsitzender des Reiseunternehmens TUI und Beirat bei Aldi Süd.

Bei Aldi Süd ist es Tradition, dass man sich Expertise von außen holt, wie es schon Karl Albrecht vormachte. Er legte sehr früh Wert auf familienfreundliche Manager und zog sich selbst aus dem operativen Geschäft zurück.

Um einen breiten Horizont für relevante Entscheidungen zu haben, frische Impulse und neue Ideen zu generieren setzt Aldi Süd auch im Beirat auf branchenfremde Mitglieder. Denn auch Aldi muss, wie alle Discounter gerade, damit klarkommen, dass bisher gut etablierte Geschäftsmodell in ein digitales zu übertragen und sich so dem heutigen Zeitalter anzupassen. Bisher hält sich Aldi Süd aus dem Online-Geschäft ganz zurück, was auch geringere Wachstumszahlen als in der Vergangenheit erklärt (Kolf 2019). ◄

Die Inkorporation von Wissen transferiert neue Erfahrungen und Interpretationsmuster in das eigene Unternehmen. Jedoch sind die Folgekosten einer solchen Einverleibung von Wissen mitunter groß. Einerseits sind die Arbeitsaufgaben, die organisatorische Einbettung sowie die Schwierigkeit der individuellen Integration unklar. Zudem droht eine zerstörerische Dynamik aus Widerständen, wenn ein Unternehmen die Handlungssequenzen eines anderen aufnimmt.

c) Vermitteltes Lernen

Vermitteltes Lernen zielt auf Wissen, das in irgendeiner Form kodifizierbar ist. Es handelt sich oft um sogenannte „Best Practice"-Modelle, Schulungen von Führungsstilen oder wissenschaftliche Publikationen. Eine derartige Vermittlung stattet Mitarbeiter und Führungskräfte mit neuem Wissen aus. Letzteres ist dann innerorganisatorisch präsent und kann zum Umgang mit Variationen beitragen. Vermitteltes Lernen erfolgt über die Einsichtnahme und Übernahme der Interpretationsmuster anderer Unternehmen oder Individuen. Die Vermittlung kann zum Beispiel auf Messen und Konferenzen erfolgen oder auf schlichter Kennzahlenanalyse basieren.

Ähnlich, aber systematischer auf das Lernen von den Besten ausgerichtet, ist das sogenannte Benchmarking. Dabei sollen stets bewährte Lösungsansätze der Besten übernommen werden (Meyer 1996). Dieses ist im Kern zwar ein Imitationslernen, erfährt aber seine Vermittlung durch vielfältige Analysen und Studien.

13.4 Zum Umgang mit Widerständen: Ermöglichung von Wertschöpfungsvariationen

13.4.1 Theorie des Kraftfeldes

Die Diskussion um Wertschöpfungsvariationen sowie vor allem deren Umsetzungen sind immer anfällig für Widerstände vonseiten der betroffenen Mitarbeiter und Führungskräfte. Die individuelle Betroffenheit ist oft sehr groß und wird später diskutiert. Zum einen sind es Veränderungskräfte, die das Neue adressieren sowie wirtschaftliche Verbesserungen erkennen, und zum anderen beharrende Kräfte, die Unsicherheit und individuelle Nachteile zum Gegenstand haben. Das heißt, es existiert ein **Kraftfeld**.

Kurt Lewin (1951) wies früh auf dieses Kraftfeld hin und eröffnete die Übertragung auf Wertschöpfungsvariationen. Vor jeder organisatorischen Variation der Wertschöpfung existiert ein Kräftegleichgewicht. Gleichgewicht bedeutet jedoch nicht automatisch Effizienz und Effektivität, sondern lediglich Stabilität. So führt der Einsatz einer Projektgruppe oder die Beauftragung einer Unternehmensberatung üblicherweise nicht dazu, dass angestrebte Veränderungen einfach durch Zuruf erreichbar sind. Es existieren Beharrungskräfte, die dem entgegenstehen.

Ein solches Kraftfeld mündet in ein Anpassungs- und letztendlich Leistungsniveau, das genau auf der Intensität von Zwängen und Widerständen beruht. Eine Steigerung des Leistungsniveaus setzt dann am Reaktanzabbau an. Die Zusammenführung dieser Argumente führt zu Abb. 13.8.

Den eigentlichen Wandel skizziert die Abb. 13.8 als eine Art Zwangsläufigkeit zwischen veränderten Kräften. Dies greift allerdings zu kurz. Vielmehr ist eine aktive und oft sehr aufwändige Veränderung sämtlicher Bedingungen erforderlich. Vor allem Werte, Normen, Abläufe, Aufbauorganisation, interaktionelle und strukturelle Führung zählen dazu und heben das Leistungsniveau von P(1) auf P(2).

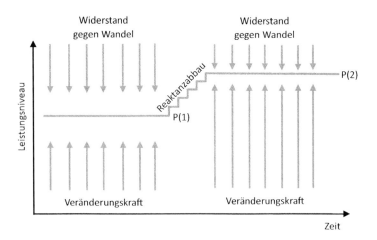

Abb. 13.8 Kraftfeld-Theorie (s. ähnlich Lewin 1951)

Ein weiterer Punkt ist an dieser Stelle wichtig. Sind Beharrungskräfte nur ein Übel, das Veränderungen entgegensteht? Wäre das **Fehlen von Beharrungskräften** eine erstrebenswerte Perspektive? Sicherlich nicht, denn das Resultat wäre eine weitgehend „fluide Struktur", in der zwar Variationen rasch implementierbar wären, jedoch Routine und Verlässlichkeit keine Rolle spielten. Mitarbeiter kämen ihrer beruflichen Tätigkeit weitgehend ohne organisatorische Selbstbindung und ohne Arbeitszufriedenheit nach (s. Kap. 2). Entsprechend sind gerade fehlende Beharrungskräfte ein Grund zur Sorge. Beharrung bedeutet, dass gerade keine jederzeitige Bereitschaft besteht, den Arbeitsvertrag aufzulösen. Beharrung verweist also auf eine „Nicht-Neutralität" gegenüber Werten und Normen.

Bislang wurden die Begriffe „Widerstände" oder „Beharrungskräfte" weitgehend unspezifisch verwendet. Dies kann leicht zu dem Eindruck führen, Widerstände seien etwas wie Bockigkeit, Egoismen oder eine Unlust, arbeitsvertraglichen Pflichten nachzukommen. Widerstände oder Beharrungskräfte wirken Variationen allgemein entgegen. Sie entstammen allen Kapiteln, die bislang diskutiert wurden. Widerstandskräfte können wie folgt definiert werden.

▶ **Widerstandskräfte** Widerstandskräfte wirken Variationen der Wertschöpfung entgegen. Diese beharrenden Kräfte speisen sich aus der Unsicherheit sowie möglicher Nachteile für die Mitarbeiter.

Der folgende Abschnitt eröffnet den Blick für eine Vielfalt von Widerständen. Diese zeichnen das Bild einer regelrechten Unausweichlichkeit des Auftretens von Widerständen. Diskutiert werden:

- das Phänomen der strukturellen Trägheit und
- die sogenannte Pfadabhängigkeit, die ganze Unternehmen fesseln kann.

13.4.2 Beharrende Kräfte

13.4.2.1 Strukturelle Trägheit
In der Organisationstheorie verwendet man **strukturelle Trägheit** oder synonym **Inertia**, ähnlich wie in der Medizin oder der Psychologie. Dort meint Inertia Dickflüssigkeit oder Schwerfälligkeit. Es ist ein Sammelbegriff, der die Unangepasstheit an aktuelle Veränderungszwänge aufgreift. Angesprochen ist ein Phänomen, das unmittelbare, „unaufgeregte" und „selbststeuernde" Anpassungen an Änderungszwänge verhindert und somit gegen Wertschöpfungsvariationen wirkt. Solche Beharrungskräfte lassen sich anhand der Individual-, Abteilungs- und Organisationsebene festmachen.

Individualebene
Beharrend wirken vor allem Persönlichkeitsmuster, Erfahrungen, Gewöhnungen, Werte, Haltungen, Motivlagen oder persönliche Perspektiven. Sie können als manifeste Widerstände gegen extern induzierte Veränderungen sichtbar werden. Hinzu treten oft fehlende Kompetenzen. So führen beispielsweise „sunk costs" zu einer oft nur schleppend vollzogenen Trennung von Fehlinvestitionen und dem Festhalten an einem fehlerhaften Entscheidungsstrom (s. Kap. 11) (Northcraft und Wolf 1984). Auch unzureichende Informationen oder unscharfe Zweck/Mittel-Beziehungen können Widerstände gegen angedachte Veränderungen auslösen.

Abteilungsebene
Gute Beispiele aus dem beruflichen Alltag für Beharrungskräfte, ausgehend von mehreren Personen, sind affektive Bindungen gegenüber einer spezifischen Arbeitsplatzsituation, einer Kollegenschaft und einem stabilen, informellen Netzwerk. Der Parkinson-Effekt, Gruppenphänomene oder Funktionsbereichsegoismen tragen ebenfalls dazu bei.

Organisationsebene
Auch aus kollektiver Sicht wirken Beharrungskräfte. Deutlich ist dies bei geteilten Werten und Normen. So lässt sich eine wenig innovationsförderliche Unternehmenskultur, die sich über Jahre hinweg entwickelt hat, nicht einfach komplett umformen. Ebenfalls kulturell gebunden ist oft der Umgang mit Kunden, was entsprechend auch zu einer langsamen Entwicklung einer Dienstleistungsorientierung beitragen kann.

13.4.2.2 Pfadabhängigkeit: zunehmende Determinierung von Unternehmensentwicklungen

a) Theorie der Pfadabhängigkeit
Pfadabhängigkeit entfaltet den Gedanken, dass die Entwicklung von Unternehmen dem Beschreiten eines Pfades ähnelt. Pfadabhängigkeit ist dann gegeben, wenn der bisherige Pfad das „Weitergehen" genau dieses Pfades hervorruft.

Bei Unternehmen ist eine Pfadabhängigkeit kein seltenes Phänomen. Ein Pfad prägt Lösungen und führt zu Unumkehrbarkeiten von Unternehmensentwicklungen (Schreyögg et al. 2003, S. 261). Nokia ist ein sehr prominentes Beispiel für Pfadabhängigkeit (s. Illustration 13.14).

Illustration 13.14: Nokias Pfadabhängigkeit

Der einstige, unangefochtene Marktführer im sich entwickelnden Mobiltelefonmarkt, wurde mit der Entwicklung der Smartphones um etwa 2007 von Unternehmen, wie Apple oder Samsung, deutlich überholt. Nokia führte seine bisherigen Erfolgsmuster konsequent weiter. Bildschirme, das Betriebssystem Symbian, Kundensegmentierung, Preisgestaltung und auch das Vertriebssystem blieben weitgehend unberührt. Dies führte letztlich dazu, dass Nokia „die Abzweigung in die ernsthafte Entwicklung alternativer Antworten auf sich ändernde Kundenbedürfnisse und technologische Möglichkeiten verpasst" hat (Schumacher und Wimmer 2018, S. 10).

Es ist geradezu grotesk, dass ein Gigant wie Nokia absehbare, technologische und kundenspezifische Entwicklungen nicht aufgriff bzw. nicht aufgreifen konnte. Die Pfadabhängigkeitstheorie liefert einen naheliegenden Erklärungsansatz und zeigt, wie kraftvoll Pfade sein können. ◄

Wie kommt es zu einer solchen, oft sehr negativ wirkenden, Pfadabhängigkeit? Drei aufrechterhaltende Phänomene sind hier zu nennen: Positive Rückkopplungen, Nonergodizität und Verlaufsabhängigkeit.

Positive Rückkopplungen
Positive Rückkopplungen sind Verstärkungsmechanismen, die zu sich selbst verstärkenden Schleifen werden (Schreyögg et al. 2003, S. 269). Demnach erhöht das Einschlagen eines Pfades die Wahrscheinlichkeit, dass die nächsten Schritte ebenfalls entlang dieses Pfades führen. Der Pfad erfährt auf diese Weise eine Verstärkung. Das führt wiederum dazu, dass der relative Nutzen, in diesem Pfad zu verbleiben, größer wird, je mehr Zeit vergeht, da der Wechsel zu höheren Kosten führen würde (Ackermann 2001; Arthur 1989; Pierson 2000).

Nonergodizität
Diese positiven Rückkopplungen können zudem als Ursache für das Phänomen der Nonergodizität von pfadabhängigen Prozessen bzw. Systemen betrachtet werden (Ackermann 2001). Nonergodizität beschreibt, dass künftige Prozesse durch vergangene Ereignisse beeinflusst werden. Daraus leitet Ackermann ab, dass bei pfadabhängigen Prozessen „(Ackermann 2001) mehrere Ergebnisse möglich sind und (Anderson und Tushman 1990) das Ergebnis, welches sich einstellt, sich daraus ergibt, welche zeitliche Entwicklung der Prozess nimmt" (Ackermann 2001, S. 11).

13.4 Zum Umgang mit Widerständen: Ermöglichung von Wertschöpfungsvariationen

Verlaufsabhängigkeit
Der Begriff der Verlaufsabhängigkeit lehnt an das Verständnis der positiven Rückkopplungen und der Nonergodizität an. Der Verlauf eines Prozesses hängt von den inhaltlichen und zeitlichen Abfolgen bzw. Entscheidungen, also von dem Pfad, der ursprünglich eingeschlagen wurde, ab (Wolf 2013). Durch positive Rückkopplungen wird dieser Pfad in seiner Entwicklung so stark geprägt, dass eine Abweichung schon aus ökonomischen Gründen kaum möglich ist.

Deutlich werden diese Überlegungen an einem einfachen Urnenbeispiel (s. Illustration 13.15).

Illustration 13.15: Urnenbeispiel

Aus einer Urne sollen Kugeln gezogen werden. Enthalten sind je eine rote und eine weiße Kugel. Nach jedem Zug wird eine weitere Kugel mit der gezogenen Farbe (zum Beispiel rot) in die Urne gelegt. Somit steigt bei jedem Zug die Wahrscheinlichkeit, eine weitere Kugel dieser Farbe beim nächsten Mal zu ziehen. Im Verlauf mehrerer Züge, also vergangener Ereignisse, wird sich eine Mehrheit einer bestimmten Farbe einstellen.

An diesem Beispiel kann ein pfadabhängiger Prozess abgeleitet werden: Es sind mehrere Ergebnisse möglich (weiß oder rot) und das Ergebnis (zum Beispiel eine Mehrheit roter Kugeln) ergibt sich aus der zeitlichen Entwicklung, welche durch positive Rückkopplungen (zum Beispiel mehrmals hintereinander rot ziehen) zunehmend verstärkt wird (Arthur 1994). ◄

b) Implikationen
Pfadabhängige Prozesse gehen mit drei zentralen Folgen bzw. Implikationen einher, auf die bereits die oben genannten, aufrechterhaltenden Phänomene hinweisen (Ackermann 2001; Arthur 1994). Zum einen besteht eine **Nichtvorhersagbarkeit** von pfadabhängigen Prozessen, da zu Beginn eines Prozesses aufgrund verschiedener möglicher Ergebnisse und Gleichgewichte nicht vorhergesagt werden kann, welche Richtung ein Pfad einschlägt. Durch positive Rückkopplungen gelangt das System an „kritische Kreuzungen", also an wichtige Entscheidungspunkte, die bereits durch „kleine Ereignisse" entschieden werden können (Arthur 1994).

Weiterhin stellt sich im weiteren Verlauf des Prozesses eine gewisse **Inflexibilität** des Systems ein. Je ausgeprägter sich der Pfad in eine bestimmte Richtung entwickelt, desto schwieriger wird es, das System zu verändern.

Zuletzt muss auch die Möglichkeit einer potenziellen **Ineffizienz** in Betracht gezogen werden. Da zukünftige Prozessverläufe nicht vorhergesagt werden können, ist die Möglichkeit einer ineffizienten Entscheidung durch scheinbar unbedeutende, kleine Ereignisse nicht unwahrscheinlich. Diese wird wiederum durch positive Rückkopplungen so weit verstärkt, dass sie nicht mehr rückgängig gemacht werden kann. Allerdings sollte an dieser

Stelle betont werden, dass Pfadabhängigkeit nicht automatisch zu Ineffizienz führen muss, sondern dass lediglich unerwünschte Zustände entstehen und auch von Dauer sein können (Ackermann 2001).

c) Phasenmodell

Die Pfadabhängigkeit darf nicht so verstanden werden, dass es große Ereignisse sind, die einen Pfad verfestigen. Es sind vielmehr viele kleine historische Ereignisse (Arthur 1994, 1989), sogenannte „Bifurkationspunkte" – kritische Gabelungen –, die den weiteren Verlauf prägen (Ackermann 2001; Wetzel 2005). Solche kleinen Ereignisse sind beispielsweise das Auftreten eines neuen Konkurrenten oder emergenter Strategien, die Erfahrungen mit Strukturen oder Prozessinnovationen sowie eine durch neue Führungskräfte realisierte, interaktionelle Führung.

Sobald ein Unternehmen einem bestimmten Pfad konsequent folgt, spricht man, wie auch zuvor bei der Notwendigkeit des Verlernens, von einem Lock-in. Der Begriff ist in diesem Zusammenhang aber unabhängig von der zuvor verwendeten Bedeutung. Ab diesem Zeitpunkt ist der Entwicklungsprozess geschlossen, das heißt, ein Unternehmen folgt nur noch einer bestimmten Richtung, sodass andere Alternativen nicht mehr als relevant erscheinen (Schreyögg et al. 2003). Aus diesen Überlegungen, welche den zeitlichen Verlauf eines pfadabhängigen Prozesses charakterisieren, wurde das Berliner Phasenmodell (s. Abb. 13.9) entwickelt, welches drei Verlaufsphasen beschreibt (Schreyögg et al. 2003; Sydow et al. 2009).

Die erste Phase, die **Präformationsphase**, ist die Vorphase, welche durch eine hohe Variationsbreite und damit einen großen Handlungsspielraum für ein Unternehmen gekennzeichnet ist. In dieser Phase ist noch völlig unklar, ob die Wahl von Optionen dazu führt, dass das System einen bestimmten Pfad einschlägt. Erst ab dem **Bifurkationspunkt**, welcher den Übergang zur zweiten Phase, der **Formationsphase**, ankündigt, bahnt sich eine bestimmte pfadförmige Verlaufsrichtung an. Jedoch sind andere Verläufe immer noch

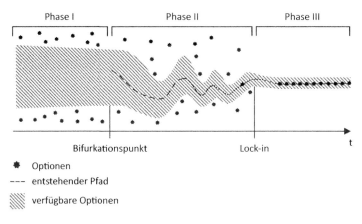

Abb. 13.9 Berliner Phasenmodell (s. ähnlich Sydow et al. 2009, S. 4)

13.4 Zum Umgang mit Widerständen: Ermöglichung von Wertschöpfungsvariationen

möglich (Schreyögg et al. 2003, S. 263). Erst ab der dritten und letzten Phase, der **Lock-in-Phase**, welche dem **Lock-in Punkt** folgt, ist die Abweichung zu anderen Alternativen nicht mehr möglich. Die Variationsbreite nimmt immer weiter ab, sodass der Pfad eine eindeutige Verlaufsrichtung annimmt (Schreyögg et al. 2003). Im Folgenden wird das Phasenmodell am Beispiel der QWERTZ-Tastatur verdeutlicht (s. Illustration 13.16).

Illustration 13.16: Die QWERTZ-Tastatur

Haben Sie sich schon einmal gefragt, warum Tastaturen – PC, Laptop, Tablet und Smartphone – so sind, wie wir sie kennen? Warum gibt es hier keine Innovationen?

Die sogenannte QWERTY-Tastaturanordnung – in Deutschland QWERTZ – ist ein faszinierendes Beispiel von Pfadabhängigkeit und ihren Auswirkungen (David 1985). Der Pfad hin zur uns bekannten Tastaturbelegung begann um etwa 1867 mit der Konstruktion einer Schreibmaschine von C. L. Sholes und einer langjährigen Suche nach der optimalen Anordnung der Tasten. Das Ergebnis war eine vierreihige Tastatur nach dem heutigen QWERTY-Standard.

Die QWERTY-Anordnung wurde zunehmend universalisiert (positive Rückkopplungen). Durch die weitere Entwicklung des Zehnfinger-Schreibsystems verfestigte sich QWERTY zunehmend als dominante Tastatur-Anordnung (Lock-in). Die weite Verbreitung dieses Systems führte schließlich zu Lerneffekten, da die Anwender sich an das Schreibsystem gewöhnten. Dies führte zu einer Quasi-Unumkehrbarkeit, wodurch eine Umgewöhnung an andere Systeme zunehmend schwieriger und ineffizient wurde (David 1985; Sydow et al. 2009). Bis heute hat sich die QWERTY-Tastatur durchgesetzt und steht völlig außer Frage.

Auch wenn die QWERTY-Tastatur für ihre Erfinder und Profiteure eine faszinierende Entwicklung nahm, so sorgte sie dafür, dass Veränderungen und Innovationen in diesem Bereich ausblieben. Dies ist auch die übliche Perspektive, mit der Pfadabhängigkeit diskutiert wird. Die Anpassungsflexibilität sinkt und kann sich bei entsprechender Pfadbeschreitung sowie sich ändernder organisatorischer Domäne nachteilig auswirken. ◄

Die geschilderte Pfadabhängigkeit hat durch ihre vielen Bestätigungen in der Vergangenheit oft eine mächtige Wirkung. Den Umgang damit schildert der folgende Abschnitt.

13.4.3 Modelle zur Überwindung von Widerständen

13.4.3.1 Ein altes Modell von großer Relevanz: Drei Phasen-Modell nach Lewin

a) Ausgangspunkte und Speiseabscheustudien
Der Umgang mit Widerständen gegenüber organisatorischen Veränderungen, die hier als synoptische Variationen bezeichnet wurden, ist ein seit Langem breit diskutiertes Thema.

Es war Kurt Lewin, der in den 1940er Jahren geradezu bahnbrechend darüber publizierte. Der Gegenstand einer seiner frühen Studien hatte einen militärischen Hintergrund und bestand im Widerstand privater Haushalte gegenüber bestimmten Nahrungsmitteln. Dieser Widerstand und der Umgang damit ließen sich später gut auf Unternehmen übertragen. Die folgende Illustration 13.17 skizziert das Ausgangsbeispiel.

> **Illustration 13.17: Versorgung von Soldaten im zweiten Weltkrieg**
>
> Nach dem Beginn des zweiten Weltkriegs und dem Einmarsch der USA in Europa 1941, gewann die Versorgung der etlichen 100.000 Soldaten fern der Heimat an Relevanz. Man suchte nach Wegen, die Soldaten mit guter Nahrungsqualität an der Front zu versorgen. Dies sollte dem damaligen Geschmack folgend Rindfleisch sein. Somit wurde viel Rindfleisch an der Front benötigt.
>
> Jedoch arbeiteten viele Soldaten zuvor als Bauern und Viehzüchter oder in vor- und nachgelagerten Branchen der Lebensmittelindustrie. Darüber hinaus sah man die Gefahr von Versorgungsengpässen, sowohl an der europäischen Front als auch an der „Heimat-Front". Letzteres spricht eine bröckelnde Unterstützung für den Krieg an. Dafür wären Versorgungsengpässe ein schlechtes Signal, denn sie könnten das Vertrauen in die Kriegspläne reduzieren.
>
> Für die amerikanische Armee war die Lösung einfach. Das Rindfleisch sollte zu den Soldaten gehen und in den USA selbst sollte deutlich sparsamer mit Rindfleisch umgegangen werden. Um Rationierungen zu vermeiden, sollten verstärkt „Rindfleisch-Alternativen" in die heimischen Kochtöpfe gelangen (Lewin 1947, S. 5). ◄

Die geschilderte Situation ist der Ausgangspunkt für die berühmten **Speiseabscheustudien**. Das US-amerikanische Militär beauftragte Lewin, das Interesse an Lunge, Hirn, Leber, Niere, Magen und Ähnlichem als Rindfleischersatz zu steigern. Lewin setzte zwei gegensätzliche Vorgehensweisen ein, um zunächst die Reaktion von den kochenden Hausfrauen zu testen. In einer Gruppe wurden die **Hausfrauen geschult**. Ihnen wurde über den Nährstoffgehalt der Rindfleischsubstitute berichtet und es wurde auf ihre vaterländische Pflicht aufmerksam gemacht. Zudem wurden ihnen Rezepte an die Hand gegeben. Der Erfolg war sehr überschaubar. Eine grundlegende Veränderung des Denkens und Handels erfolgte nicht.

In einer zweiten Gruppe wurden die Hausfrauen nicht geschult, sondern es wurden Gruppen gebildet, die sich **mit der gesamthaften Situation auseinandersetzen** sollten. Die Hausfrauen gingen selbstständig auf die Suche nach neuen Rezepten oder kreierten diese am heimischen Herd selbst. So kamen mit einer gewissen Begeisterung sozusagen „abscheuliche" Speisen auf den heimischen Tisch. Die Unterschiede der Ergebnisse zwischen den beiden Gruppen waren frappierend.

Lewin (1958) leitete daraus **goldene Wandelregeln** ab, mit denen er den Erfolg eines Wandelprozesses erklärt:

13.4 Zum Umgang mit Widerständen: Ermöglichung von Wertschöpfungsvariationen 581

Auftauen ⟶ Verändern ⟶ Einfrieren

Abb. 13.10 Dreistufiger Wandelprozess (s. ähnlich Lewin 1958, S. 210)

- Frühzeitige Informierung über die Situation, aktive Teilhabe am Veränderungsgeschehen sowie Partizipation an den Veränderungsentscheidungen.
- Nutzung der Gruppe als Wandelmedium, da dort Sorgen weniger deutlich werden und das Wandelthema schneller bearbeitet wird.
- Kooperation unter den Beteiligten fördern.

An dieser Stelle soll die Relevanz der Speiseabscheustudien für synoptische Wertschöpfungsvariationen in Unternehmen deutlich werden. Jeweils bildeten Haltungen, Selbstverständnisse und Erfahrungen den zu überwindenden Kern. Diese Überwindung denkt Lewin (1958) in einem dreistufigen Prozess. Abb. 13.10 skizziert diesen Wandelprozess.

Der Dreiklang „Auftauen, Verändern, Einfrieren" setzt an einem Zustand mit Widerständen und Beharrungskräften an und beschreibt diesen als etwas Tiefgefrorenes. Bewegung und Anpassung ist hier nicht möglich. Eine Veränderung von etwas Tiefgefrorenem gelingt mit Gewalt, würde jedoch zu einem Bruch oder zumindest einer Beschädigung der Struktur führen. Dies beschreibt sehr bildlich die Komplexität und Langwierigkeit von organisatorischen Veränderungen. Die Begriffe „Auftauen" und „Einfrieren" beschreiben somit keine einzelnen Handlungen, sondern vielmehr Phasen, die sich über eine gewisse Zeitspanne, die nicht selten in Jahren bemessen werden muss, erstrecken.

Im Folgenden werden Inhalte und Methoden zur Überwindung von Beharrungskräften skizziert. Es ist das Ziel, den Dreiklang „Auftauen, Verändern, Einfrieren" inhaltlich mit Leben zu füllen. Zudem wird an etliche, in diesem Buch diskutierte Themen, angeknüpft (s. Abb. 13.11).

Man erkennt, dass das „Verändern" oder die Variation nicht mit den meisten Hinweisen versehen wurde. Die folgenden Ausführungen begründen dies.

b) Auftauen

Das Ziel des Auftauens ist es, trotz einer bereits bestehenden Wertschöpfung mit vorhandenen Handlungsfolgen, eine Bereitschaft für deren Variation herzustellen und Widerstände und Beharrungskräfte zu bekämpfen. Veränderungen haben nur wenig Aussicht auf Erfolg, wenn die bisherige Herangehensweise nicht in Frage gestellt und Änderungsnotwendigkeiten nicht nachvollziehbar aufgezeigt werden. Die Auftauphase bildet somit das Fundament eines Veränderungsprozesses.

Im Einzelnen basiert ein Auftauen auf verschiedenen Überlegungen. Der Abbau von Beharrungskräften beginnt hier mit der Darlegung seiner Unausweichlichkeit, also dem Vermitteln der Notwendigkeit einer Wertschöpfungsvariation. Darüber hinaus sollen im Folgenden weitere Ansätze erläutert werden. All diese Punkte greifen allerdings nur, wenn die oben erwähnten goldenen Wandelregeln als Grundlage beachtetet werden.

Abb. 13.11 Durchführung synoptischer Variationen – Eckpunkte

Unzufriedenheit

Der vermutlich beste inhaltliche Ansatz, um bei den Mitarbeitern eine Bereitschaft für Veränderungen zu schaffen, ist Unzufriedenheit. Durch das Erzeugen von Unzufriedenheit werden Widerstände abgebaut und zugleich ein Antrieb für Erneuerungen erzeugt. Die Wirkung von Unzufriedenheit lässt sich am Beispiel einer Diät verdeutlichen. Die meisten Diäten beginnen mit der Unzufriedenheit über den eigenen Körper. Erst dann folgt eine Umstellung des Ernährungsverhaltens. Dieser Gedanke ist auf zahlreiche Unternehmensbeispiele übertragbar.

Paradoxe Intervention

Neuerdings gewinnen auch Methoden, wie die paradoxe Intervention oder das Unternehmenstheater, zunehmend an Akzeptanz. Die paradoxe Intervention hat ihren Ursprung in der Psychotherapie. Es handelt sich um Methoden, die im scheinbaren Widerspruch zu den therapeutischen Zielen stehen, die aber tatsächlich dafür entworfen sind, eben jene zu erreichen. Kurz gesagt geht es darum, das Gegenteil von dem zu fordern, was man eigentlich möchte („Symptomverschreibung"). So kann beispielsweise einem Raucher, der aufhören möchte, erst dadurch klar werden, wie schädlich der Zigarettenkonsum für ihn ist, indem ihm angewiesen wird, einfach doppelt so viele Zigaretten am Tag zu rauchen. Dies lässt sich analog auf Situationen im Unternehmenskontext übertragen. In verfahrenen Situationen kann es sich anbieten, diese Methode zu nutzen.

Unternehmenstheater

Bei dem sogenannten Unternehmenstheater werden alltägliche, organisatorische Probleme (zum Beispiel Konflikte oder strukturelle Trägheit) in einer überspitzten Art und Weise auf der Bühne dargestellt. Nach der Vorführung beginnt die „Nacharbeit" des Theaterstücks. Die Mitarbeiter sollen Ihre Eindrücke miteinander teilen und mögliche Konsequenzen diskutieren.

Insgesamt lässt sich festhalten, dass paradoxe Interventionen und Unternehmenstheater Wandelbarrieren aufbrechen und so zu einer Offenheit gegenüber Veränderungen führen können. Allerdings handelt es sich hierbei eher um zwei extreme Beispiele und kaum um flächendeckend einsetzbare Methoden.

c) Verändern

Die Variation oder **Veränderung des Handlungsrahmens** bezieht sich auf alle Wertschöpfungsmoderatoren und basiert auf dem vorherigen Auftauen. Je ausgeprägter das Auftauen erfolgt ist, umso leichter lassen sich beispielsweise strukturelle Führung, ablauforganisatorische Gestaltungen oder Schritte hin zu veränderten Werten und Normen variieren und implementieren.

Als wichtig erscheint es bei der Veränderung des Handlungsrahmens, Gruppen als Wandelmedium einzusetzen. Als ein weiteres Instrument dient die sogenannte **Prozessberatung**. Diese Interventionsform versteht sich als eine Art „Hilfe zur Selbsthilfe". Unternehmen sollen mit Hilfe eines Beraters („Change Agent") dazu befähigt werden, möglichst fundierte Analysen vorzunehmen und anhand derer selbst gute Lösungen zu finden. Wie der Name bereits verrät, zielt die Prozessberatung nicht auf das Resultat ab, sondern auf den Prozess an sich.

Bei sozialen Problemen innerhalb einer Gruppe bietet sich das **Team Building** als Gegenmaßnahme an. Das Ziel dieser Intervention ist die Verbesserung der Zusammenarbeit. Der Schwerpunkt liegt dabei auf der Verbesserung der Beziehungen. Da die Veränderungsphase sich auch als einzelne Episode fassen lässt, liegen Überlegungen zum Einsatz eines **Projektmanagements** nahe. Ziele und Teilziele, verschiedene parallele Analysen und Maßnahmen lassen sich so synoptisch überblicken.

d) Einfrieren

Ein erneutes **Stabilisieren im Sinne eines Einfrierens** von Handlungen und Handlungssequenzen soll nach der Variation der Wertschöpfung zu Verlässlichkeit in Prozessen und geänderten Routinen sowie angenommenen Regelungen führen. Alle Variationen sind somit nach ihrer Implementierung der Gegenstand des Einfrierens. Zunächst ist es das Handeln in einer neuen Struktur selbst, das Potenzial für eine Stabilisierung von ganz unterschiedlichen Wertschöpfungsvariationen in sich trägt.

Darüber hinaus stellt das Einfrieren als solches einen Lernprozess dar. Alle neuen Regeln und Handlungserwartungen unterziehen sich diesem Lernprozess. Das heißt, ein Funktionieren und Verinnerlichen der Veränderungen benötigt nicht nur Zeit, sondern auch passende Unterstützungsmaßnahmen durch Begleitungen von Beratungen, Vorgesetzten und einer Selbstinformierung.

Wesentliche Ansatzpunkte für das Management finden sich diesbezüglich zum einen in der **strukturellen Führung** (s. Kap. 4). Hier bietet es sich an, die Leistungsbeurteilungsverfahren an den veränderten Handlungsrahmen anzupassen. Ebenso können Personalentwicklungsmaßnahmen notwendig sein, um erforderliche Kompetenzen seitens der Mitarbeiter aufzubauen. Auch mit der Anpassung von Themen, wie Vergütung und Karriereplanungen, an die vollzogenen Veränderungen, lässt sich eine Bindung diesbezüglich erzeugen.

Zum anderen bieten auch Aspekte der **Unternehmenskultur** (s. Kap. 9) erhebliches Potenzial zum Einfrieren. Regelmäßig werden im Rahmen eines Veränderungsprozesses bestehende Bestandteile der Unternehmenskultur nicht mehr passend zum veränderten Handlungsrahmen sein. Umso notwendiger ist es, die Ausdrucksformen einer Unternehmenskultur, Artefakte, Heroen und Rituale, nicht völlig unberücksichtigt zu lassen. So können einzelne Artefakte an den „neuen" Handlungsrahmen angepasst werden, um dessen Einfrieren zu unterstützen. Rituale bieten sich ebenfalls an, um Regelmäßigkeiten zu verankern, beispielsweise im Anschluss an eine Team Building-Maßnahme, um die Zusammenarbeit der Mitarbeiter dauerhaft zu stärken. Die wirksame Anpassung dieser Ausdrucksformen einer Unternehmenskultur ist jedoch hoch komplex und schwer greifbar.

13.4.3.2 Acht-Phasen-Modell nach Kotter

a) Hintergrund
Neben dem Modell von Lewin existieren zahlreiche andere, oft sehr ähnliche Konzeptionen synoptischer Veränderungsprozesse. Besonders bekannt ist hier das Acht-Phasen-Modell nach Kotter (1995). Es enthält Ratschläge für Führungskräfte, wie sie aktiv an einer erfolgreichen Gestaltung von Wertschöpfungsvariationen mitwirken können.

Der Konzeption folgend, müssen alle acht Stufen durchlaufen und von den Führungskräften begleitet werden, damit die Variation im Unternehmen Erfolg hat. Diese Phasen werden im Folgenden einzeln erläutert.

b) Die acht Phasen im Detail
(1) Dringlichkeit aufzeigen
Die Dringlichkeit der Variation deutlich zu machen ist entscheidend, um genügend Glaubwürdigkeit und Antrieb für die Veränderung zu erreichen. Eine ausreichende Dringlichkeit ist nach Kotter dann erreicht, wenn mehr als 75 % der Führungskräfte den Status-Quo als inakzeptabel ansehen (Kotter 1995, S. 2). Unter dem Aufzeigen der Dringlichkeit versteht Kotter die Senkung der Selbstgefälligkeit in dem Unternehmen, sodass ausreichend Kooperationsbereitschaft gegeben ist (Kotter 2011, S. 31–33).

(2) Aufbau einer Führungskoalition
Um Entscheidungen zu treffen, bedarf es nach Kotter dem Aufbau einer Führungskoalition. Hierdurch sollen vor allem zwei Aspekte vermieden werden: Einerseits der hohe Zeitaufwand durch einen sequenziellen Prozess des Treffens und Kommunizierens von

Einzelentscheidungen, andererseits die zu geringe Informationsbasis, die einem einzelnen Entscheider zugrunde liegt (Kotter 2011, S. 50).

(3) Entwicklung einer Vision und Strategie
Durch die Entwicklung einer Vision und Strategie können Beharrungskräfte durchbrochen werden. Durch autoritäre Führung und Mikromanagement können diese Barrieren nicht in angemessener Zeit, oder gar nicht, überwunden werden (Kotter 2011, S. 59 f.). Die Vision vermittelt ein vorstellbares Bild der Zukunft und macht so Richtung und Sinn der Veränderung deutlich und koordiniert das Handeln (Kotter 2011, S. 60 f.). Für die Erstellung einer Vision gilt also folgende Regel: Sie sollte innerhalb von fünf Minuten kommunizierbar sein und dabei Verständnis und Interesse hervorrufen (Kotter 2011, S. 65 f.).

(4) Kommunikation der Vision der Variation
Durch die Kommunikation der Vision soll ein gemeinsames Verständnis der Richtung und der Ziele der Veränderung erreicht werden (Kotter 2011, S. 73). Wichtig ist hier nicht nur, „ob" die Vision kommuniziert wird, sondern vor allem „wie". Hier sollte berücksichtigt werden, mit welcher Menge an Informationen ein durchschnittlicher Mitarbeiter im Arbeitsalltag in Berührung kommt und dementsprechend Bilder, Beispiele und eine einfache Darstellung gewählt werden.

(5) Empowerment
Die Ermächtigung von Mitarbeitern auf breiter Basis macht es möglich, diese aktiver einzubinden. In dieser Phase sollen so viele Hindernisse wie möglich für die Implementierung der Vision der Variation eliminiert werden. Hierzu zählen strukturelle Hindernisse, die das Handeln im Sinne der Veränderung erschweren, ungenügend ausgeprägte Fähigkeiten bei Mitarbeitern, die für das veränderungsorientierte Handeln notwendig wären, Informationssysteme, die das notwendige Handeln erschweren und Vorgesetzte, die bewusst notwendige Schritte bezüglich der Umsetzung der Vision blockieren.

(6) Kurzfristige Erfolge
Um die Glaubwürdigkeit des eingeschlagenen Kurses zu steigern, sind kurzfristige Erfolge notwendig. Ein Erfolg in diesem Sinne sollte sichtbar, eindeutig, und auf den Veränderungsprozess bezogen sein. Diese Erfolge können dann nicht nur zur Steigerung der Glaubwürdigkeit genutzt werden, sie erlauben dem Management die Vision einem „Realitätstest" zu unterziehen und ermöglichen auch Rückschlüsse zur Anpassung der Strategie (Kotter 2011, S. 102 f.).

(7) Konsolidierung von Erfolgen und Einleitung von Veränderungen
Ist die Wertschöpfungsvariation eingeleitet und sind erste Erfolge erzielt, so sollten die Erfolge konsolidiert und Veränderungen eingeleitet werden. Als eine große Gefahr sieht Kotter (2011, S. 118), dass das Veränderungsvorhaben angesichts der ersten Erfolge schon als Gesamterfolg bewertet werden könnte und so keine weiteren Anstrengungen mehr

unternommen würden. An diesem Punkt sollten jedoch erst recht weitere Anstrengungen ergriffen werden, um die Vision auch wirklich zu erreichen (Kotter 2011, S. 113–115).

(8) Kulturelle Verankerung
Schlussendlich müssen alle Veränderungen kulturell verankert werden, um deren langfristigen Bestand zu sichern. Dies muss nach Kotter als letzter Schritt folgen, da hier für Mitarbeiter der Nutzen der Veränderung am deutlichsten hervortritt (Kotter 2011, S. 123–125).

c) Kritische Auseinandersetzung
Rajan und Ganesan (2017) haben diesen Ansatz des Change Managements in seiner praktischen Anwendung in kleinen und mittelständischen Unternehmen untersucht. Hierbei konnte beobachtet werden, dass eine grundlegende Akzeptanz für den Prozess nach Kotter besteht.

Nach der Bewertung der Unternehmen handle es sich um einen geeigneten Ansatz zur Weiterentwicklung, der aber in der praktischen Umsetzung noch einige Unzulänglichkeiten aufweise. So wurde kritisiert, dass der Ansatz von Kotter keine genauen Anleitungen und Vorlagen für die Implementierung beinhalte, wie beispielsweise Checklisten und andere Prüfungsinstrumente (Rajan und Ganesan 2017, S. 199 f.).

Neben diesen praktischen Verbesserungspotenzialen weist Kotters Modell noch weitere kritisierbare Aspekte auf. Widerstand der Mitarbeiter, der insgesamt auch als Chance und Beurteilungshilfe von Wertschöpfungsvariationen gesehen werden könnte, wird von Kotter lediglich als persönliche Angst begriffen, die durch kurzfristige Erfolge beseitigt werden könnte (Rajan und Ganesan 2017, S. 198).

Die Veränderung kann nach Kotter (1995, S. 2) initiiert werden, wenn mindestens 75 % des Managements die Notwendigkeit dafür sehen. Wer in diesen Kreis fällt und was zu tun ist, wenn ein deutlich geringerer Anteil des Managements die Notwendigkeit einer Variation der Wertschöpfung sieht, bleibt offen.

Auch das Verständnis von Unternehmenskultur ist möglicherweise zu kurz gedacht. Es berücksichtigt nicht ausreichend dessen Emergenz. Unternehmenskultur wird bei Kotter also nicht als etwas begriffen, was sich schon während des Veränderungsprozesses anpassen kann, sondern als etwas, das unverändert weiterläuft, bis es gezielt nachjustiert wird. Zudem ist Unternehmenskultur nicht so leicht veränderbar, wie Kotter es postuliert (s. Kap. 9).

Ein weiteres Problem ist der streng sequenzielle Ablauf. Fehler in einzelnen Phasen seien hinterher nur noch schwer zu korrigieren (Kotter 1995, S. 5), dennoch wird keine Möglichkeit des iterativen Durchlaufens der Phasen beschrieben.

13.4.3.3 Lewin und Kotter: Eine Gegenüberstellung
Unterscheiden sich beide auf den ersten Blick noch stark, so sind die Modelle von Kotter und Lewin durchaus als komplementär aufzufassen. Bei genauerer Betrachtung folgt Kotters Acht-Phasen-Modell ebenfalls Lewins Grundgedanken vom Auftauen, Verändern und Einfrieren. Abb. 13.12 greift dies auf.

13.5 Zwischen Stabilität und Veränderungen

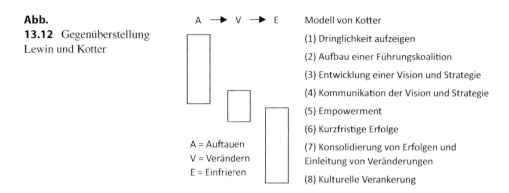

Abb. 13.12 Gegenüberstellung Lewin und Kotter

A = Auftauen
V = Verändern
E = Einfrieren

Modell von Kotter
(1) Dringlichkeit aufzeigen
(2) Aufbau einer Führungskoalition
(3) Entwicklung einer Vision und Strategie
(4) Kommunikation der Vision und Strategie
(5) Empowerment
(6) Kurzfristige Erfolge
(7) Konsolidierung von Erfolgen und Einleitung von Veränderungen
(8) Kulturelle Verankerung

Durch das Aufzeigen der Dringlichkeit, der Bildung von Führungskoalitionen und der Entwicklung einer Vision wird der Status-Quo **aufgetaut**. Die Kommunikation der Vision bildet dann die Schnittstelle zu Lewins **Veränderungsphase**, die spätestens mit der Motivation von Mitarbeitern begonnen wird. In den letzten drei von Kotters acht Phasen wird die Veränderung verankert, was dem grundlegenden Gedanken Lewins des **Wiedereinfrierens** nahekommt. Kotter beschreibt diesen Schritt jedoch größtenteils auf kultureller Ebene, während nach Lewin hier auch weitere Maßnahmen des Personalmanagements einbezogen werden.

13.5 Zwischen Stabilität und Veränderungen

Unstrittig ist, dass Wertschöpfungsvariationen und organisatorisches Lernen wesentliche Beiträge für jede erfolgreiche Organisation darstellen. Entsprechend war die Argumentation bislang „pro Lernen" ausgerichtet. Implizit galt das Motto: „Je mehr Lernen und je weniger Lernbarrieren, umso besser."

Ist es aber wirklich so, dass Lernen generell positiv belegt ist? Oder hat auch ein „Nicht-Lernen", und damit Stabilität, einen Wert? Diese beiden Fragen irritieren insofern, als dass „Lernen" im Allgemeinen uneingeschränkt positiv belegt ist. Ein Blick auf die Idee von Strukturen – insbesondere im Rahmen der strukturellen Führung sowie von Organisationsstrukturen – eröffnet eine andere Argumentationslinie. Strukturen sind „**enttäuschungsresistent programmiert**" (Luhmann 1984, S. 430–432). Das heißt, etwas funktioniert nicht – eine Enttäuschung tritt ein – und dennoch werden die strukturellen Lösungen beibehalten.

Es ist die grundlegende Überzeugung, dass nicht an jeder Stelle auf Fehler oder Ineffizienzen reagiert werden muss. Dies stellt die grundlegende Basis für Effizienz und Effektivität dar und ermöglicht erst die organisatorischen Wertschöpfungshebel Skaleneffekte, Arbeitsteilung, Reduktion von Transaktionskosten und die Gestaltung der Umwelt (s. Kap. 1). Diesen Wertschöpfungshebeln liegt zugrunde, dass sich Tätigkeits- und Aufgabenbereiche, darauf bezogene Ressourcen und Zwischenprodukte, gefertigte Produkte und Dienstleistungen sowie Herstellungsverfahren und Transaktionspartner, über gewisse Zeitspannen nicht verändern. Nur dann kann eine Professionalisierung der Wertschöpfung folgen. Die folgende Illustration 13.18 verdeutlicht dies.

Illustration 13.18: Marketing-Management

Ein sogenanntes Marketing-Management setzt an der Spezialisierung funktionaler Organisationsstrukturen an (s. Kap. 6). Die daraus resultierende schwierige Koordination und Abstimmung zwischen mehreren großen und hierarchisch gleich hoch eingeordneten – zweite Hierarchieebene – Funktionalabteilungen soll gemildert werden. Die Marketingleitung erhält aufgrund ihrer Marktnähe fachliche Weisungsbefugnis.

Aufgrund der anzunehmenden Dauerhaftigkeit lässt sich das Aufgabenspektrum breit denken. Der Marketingleiter sammelt Informationen und Erfahrung der jeweiligen Planungs- und Berichtszeiträume seiner Kollegen. Darüber hinaus ergreift er vertrauensbildende Maßnahmen – beispielsweise informelle Besuche, regelmäßige Treffen zwischen Führungskräften der dritten Ebene – und arbeitet auch an der informellen Vernetzung. Außerdem regt einer der Teilnehmer einen monatlichen Jour Fixe an. Hierbei sollen die Funktionalleiter über wesentliche Entwicklungen und Probleme informieren.

Derartige Ansätze bergen gute Chancen, Abteilungsegoismen zurückzudrängen, Planungen zu beschleunigen und diese stärker auf die Nachfrageseite auszurichten. Die Wirkung dieser Maßnahmen ist aber keinesfalls kurzfristig zu erwarten. Es handelt sich auch weiterhin um eine enttäuschungsresistent gedachte Struktur. Lassen sich nicht sofort unmittelbare Verbesserungen prognostizieren, so wird die Geschäftsführung kaum nach kurzer Zeit das Projekt Marketing-Management ad acta legen. ◄

Denkt man nun an das Spiegelbild „enttäuschungsresistenter Strukturen", so taucht wiederum das organisatorische Lernen in Reinform auf. Es sind **„enttäuschungsanfällige"** Strukturen, bei denen auftretende Mängel rasche Korrekturen auslösen. Dies ist mit einem Verlust der oben angesprochenen Vorteile verbunden. Solche „chronisch aufgetauten" Strukturen (Weick 1977) können nicht ähnlich verlässlich funktionieren. Ohne, zumindest zeitweise, stabile Strukturen wären sie nicht in der Lage, Komplexität sinnvoll zu reduzieren. Ein solches Unternehmen würde sich in einem ständigen Lernprozess befinden und wäre in einer endlosen Lernschleife gefangen. Jeder neue Impuls würde im nächsten Schritt wieder hinterfragt werden. Das Unternehmen wäre weder handlungs-, noch überlebensfähig.

Das Gegenteil stellt eine dauerhafte Stabilität dar. Diese ist einerseits das Produkt eines vorausgegangenen Lernprozesses. Andererseits bedarf diese Stabilität einer kontinuierlichen Überprüfung. Es muss regelmäßig geprüft werden, ob diese Stabilität noch Vorteile mit sich bringt. Es lässt sich festhalten, dass auch die Vorstellung einer dauerhaften Stabilität nicht erstrebenswert ist. Man denke nur an das Beispiel Nokia (s. Illustration 13.14).

An dieser Stelle ist eine dichotome Sichtweise auf Stabilität und Veränderung ungeeignet. Vielmehr stellt die passende Balance eine der zentralen Managementaufgaben dar. Um dauerhaft zu bestehen, setzen Unternehmen sowohl auf Stabilität als auch auf Veränderungen. Sie benötigen eine zumindest kurzweilige Stabilität, damit Orientierungsgrundlagen für Handlungen geschaffen werden können. So muss auch ein lernendes Unternehmen in der Lage sein, bestimmte Dinge, zumindest kurzzeitig, dem Lernprozess zu entziehen.

Das Spannungsfeld von Stabilität und Wandel ist auf Wettbewerbsmärkten nicht einseitig auflösbar. Wertschöpfungsstrukturen würden rasch an Grenzen stoßen. Wo aber kommen die Ideen zur Stabilisierung und zur Veränderung her? Es sind alle bisher diskutierten Themenbereiche, die dafür herangezogen werden müssen. Handlungsbegründungen, Personalmanagement, organisatorische Gestaltung sowie emergente Phänomene führen sowohl zu Stabilität als auch zu Veränderung. Managementerfolg erfährt so seine Substanz und Wertschöpfung ihre Struktur.

13.6 Quintessenzen für Managementerfolg

Wertschöpfungsvariationen zielen auf die Anpassung unternehmensinterner und -externer Gegebenheiten. Sowohl unternehmensintern als auch -extern herrschen in der Regel Dynamiken, die eine statische Perspektive von Wertschöpfung unhaltbar und langfristig zum Scheitern verurteilt erscheinen lassen. Wertschöpfungsvariationen sind somit essenziell für den Managementerfolg.

Zum einen machen es unternehmensexterne Bedrohungen und Zwänge (s. Kap. 12) notwendig, Wertschöpfungsvariationen zur Sicherung des langfristigen Bestehens vorzunehmen. Darüber hinaus lässt sich deren Bedeutung mit der Ausrichtung unternehmerischen Handelns auf unterschiedliche Stakeholder erklären (s. Kap. 1). Immer dann, wenn die Gesamtheit aller Stakeholder-Ansprüche mit einer Wertschöpfungsvariation besser bedient werden kann als zuvor, drängt sich ihre Umsetzung auf.

Während sich die vorherigen Kapitel der Analyse, Prognose und der inhaltlichen Gestaltung von Wertschöpfung widmen, erweitert die Perspektive der Wertschöpfungsvariationen dies um die Frage nach deren Umsetzung. Objekte dieser Variationen sind einerseits die Transformation von Ressourcen in Produkte und Dienstleistungen selbst sowie andererseits die **Wertschöpfungsmoderatoren**. Das heißt, Wertschöpfungsvariationen können an die ganze Bandbreite des Personalmanagements (s. Kap. 3, 4 und 5), der organisatorischen Gestaltung (s. Kap. 6, 7 und 8) sowie der emergenten Phänomene (s. Kap. 9, 10 und 11) ansetzen. Zur Analyse von Veränderungsnotwendigkeiten und deren zielgerichteter Umsetzung gibt das Wertschöpfungsmodell Hinweise.

Drei Typen von Wertschöpfungsvariationen werden diskutiert. **Synoptische** Veränderungen haben eine projektartige Struktur, werden von Führungskräften initiiert und verantwortet und stellen eine abgegrenzte Episode dar. **Organische** Veränderungen stammen aus dem Handeln von Führungskräften oder Mitarbeitern selbst und sind dann nicht als

Episode fassbar. **Innovationen** sind Wertschöpfungsvariationen, die ihre Bedeutung aus besonderen Nutzungspotenzialen ziehen. Mit ihnen geht das Versprechen erheblicher, wirtschaftlicher Gewinne einher. Teilweise verändern sie Märkte und Branchen grundlegend. Innovationen beruhen ihrerseits immer auf synoptischen sowie organischen Wertschöpfungsvariationen.

Alle drei Wertschöpfungsvariationen sind zum einen das Ergebnis eines kollektiven, **organisatorischen Lernens**. Dies resultiert aus der Zusammenarbeit zwischen unterschiedlichen Mitarbeitern und Führungskräften. Deren Erfahrungen sowie Erwartungen über die Wertschöpfung, und vor allem die Art der dabei stattfindenden Zusammenarbeit, hat das Potenzial, Variationen der Wertschöpfung auszulösen. Zum anderen ist es ein **Wissensmanagement**, das für den informatorischen Hintergrund sorgt und Ideen generiert.

Bei einem Großteil aller, vor allem aber bei synoptischen Wertschöpfungsvariationen, treten **Widerstände** auf, was mit dem Begriff der **strukturellen Trägheit** beschrieben wird. Ein entscheidendes Mittel zur Ermöglichung und Umsetzung von Wertschöpfungsvariationen ist also die Überwindung solcher Widerstände, die sich auf Individual-, Abteilungs- und Organisationsebene finden lassen. Hierfür bietet sich das klassische Schema des **Auftauens**, **Veränderns** und **Einfrierens** an. Mitarbeiter werden eingeladen, Veränderungen mitzudenken und mitzutragen. Für dieses dreiphasige Vorgehen steht eine Vielzahl unterschiedlichster Methoden und Maßnahmen zur Verfügung. So legen die goldenen Wandelregeln nach Lewin, speziell die frühzeitige Involvierung und Nutzung von Gruppen als Wandelmedium, sowie strukturelle (s. Kap. 4) als auch interaktionelle Führungsmaßnahmen (s. Kap. 3) nahe.

Neben dem aktiven und direkten Umgang mit Wertschöpfungsvariationen durch die angesprochenen Möglichkeiten zur Beförderung des organisatorischen Lernens, des geeigneten Wissensmanagements und der Überwindung von Widerständen, ist es ebenso bedeutend, proaktiv eine allgemeine Bereitschaft für Veränderung zu schaffen. Insbesondere die **Unternehmenskultur** (s. Kap. 9) muss dafür berücksichtigt werden. So formen geteilte Werte und Normen auch die Sichtweise von Veränderung innerhalb eines Unternehmens. Werden Werte, wie Neugier, Innovationsorientierung und Flexibilität, unternehmenskulturell verankert, wird sich auch das Ausmaß von Widerständen deutlich verringern. Ebenso ist es möglich, dass organisatorisches Lernen vermehrt auftritt. Werden Wertschöpfungsvariationen als Notwendigkeit des unternehmerischen Alltags begriffen, ist die Frage nach geeigneten unternehmenskulturellen Werten und Normen also ebenso zwingend.

Auch über die unternehmenskulturelle Komponente hinaus, erfährt der Umgang mit Wertschöpfungsvariationen durch organisatorische Regelungen aus dem Bereich aller Moderatoren eine Prägung. Es sind also auch Organisationsstrukturen, Leistungsbeurteilungsverfahren, variable Vergütungssysteme, Vorgesetzten/Mitarbeiter-Beziehungen oder Personalrekrutierung und -entwicklung, die auf den unternehmensinternen Umgang mit Wertschöpfungsvariationen wirken. Ebenso wie alle Moderatoren Objekte von Wertschöpfungsvariationen sein können, kann ihre Ausgestaltung auf deren Beförderung ausgelegt sein. Ein besonders prägnantes Beispiel kann die Matrix-Organisation (s. Kap. 6) sein, die unabhängig aller möglichen Nachteile den Wissensaustausch und die Kommunikation intensivieren soll.

Weiterführend ist auch die genauere Betrachtung der **Unternehmenskultur** (s. Kap. 9). An fast keiner Stelle zeigt sich ihre Macht und die Rechtfertigung als „Heimliches Zentrum der Handlungssteuerung" so gut wie beim organisatorischen Lernen. In einer sehr innovations- und lernfreudigen Kultur sinkt die Bedeutung einer durch Führungskräfte initiierten, gezielten Steuerung von Wertschöpfungsanpassungen an die relevante Umwelt (s. Kap. 12). Bei Fehlentscheidungen oder Nicht-Passungen wird jeder Mitarbeiter seine Entscheidungen kritisch hinterfragen und Anpassungen vornehmen. Auch die Fehlertoleranz wird in einer solchen Kultur höher sein.

Eine weitere Verbindung zum Lernen stellt die **interaktionelle** (s. Kap. 3) und die **strukturelle Führung** (s. Kap. 4) dar. Führungskräfte zeigen durch ihr Verhalten und die Wahl ihres Führungsstils eine Richtung auf. Gelten sie als Vorbild, werden ihre Handlungen als Referenz gesehen. Ihr Umgang mit Fehlern der Mitarbeiter, dem Vertrauen in sie oder dem Aufzeigen von Perspektiven stellen einen erheblichen Beitrag zum Lern- und Anpassungsverhalten der Mitarbeiter dar. Die strukturelle Führung trägt insbesondere durch Personalentwicklungsmaßnahmen zum Lernen in Unternehmen bei. Gibt es zahlreiche Angebote für die Mitarbeiter, sich weiter zu qualifizieren, so obliegt dem Unternehmen offenbar eine gewollte Lernkultur, in der Veränderungen und Anpassungen durch die Generierung neuen Wissens erwünscht sind. Bietet die strukturelle Führung eher wenige Qualifizierungsmaßnahmen und liegt beispielsweise zusätzlich eine Vergütungsstruktur vor, welche das schnelle Erreichen der nächst höheren Hierarchieebene in den Fokus stellt – etwa eine Turnierentlohnung – so wird schnell klar, dass dem Lernen hier kein besonders hoher Stellenwert zukommen wird.

Die **Bedeutung** der Wertschöpfungsvariationen kann nicht hoch genug eingeschätzt werden. Hieraus resultieren alle wettbewerbsrelevanten Vorteile, wie Geschwindigkeit, Sorgfalt, Qualität, Veränderungsbereitschaft oder Innovativität. Da Umwelten dynamisch sind, sind auch Wertschöpfungsvariationen ein Dauerthema.

13.7 Explorationen

Verständnisfragen

1. „Auftauen" oder „unfreezing" …
    a. ist verantwortlich dafür, dass Wertschöpfungsvariationen dauerhaft verinnerlicht werden.
    b. ist der erste Schritt im Rahmen einer synoptischen Wertschöpfungsvariation.
    c. ist eine Technik der Organisationsentwicklung, die von Microsoft entwickelt wurde.
2. Die meisten organisatorischen Variationsprojekte scheitern …
    a. am Versuch die Unternehmenskultur zu verändern.
    b. am Versuch die Organisationsstruktur zu verändern.
    c. am Einsatz eines ungeeigneten „Change Agents".

3. Wertschöpfungsvariationen sind eine Möglichkeit, auf dynamische Umweltbedingungen zu reagieren und langfristig im Wettbewerb zu bestehen.
   a. richtig
   b. falsch

4. Welches ist kein Kennzeichen einer synoptischen Wertschöpfungsvariation?
   a. projektartig
   b. hierarchisch angeordnet
   c. inkrementell

5. Laut Joseph Schumpeter ist eine Innovation eine bloße Erfindung oder Neuerung ohne Marktzugang.
   a. richtig
   b. falsch

6. Was stellt keine Barriere des organisatorischen Lernens dar?
   a. Dezentralisation
   b. kognitive Dissonanzen
   c. Gruppendenken

7. Paradoxe Interventionen sind im Rahmen der „Auftauphase" geeignet.
   a. richtig
   b. falsch

Weiterführende Fragen
1. Inwiefern unterscheiden sich synoptische Wertschöpfungsvariationen von organischen Wertschöpfungsvariationen?
2. Ist das Ideal einer ständigen Lernorganisation erstrebenswert?
3. Inwiefern können Pfadabhängigkeiten zu Innovationsbarrieren führen?

Falldiskussion 1: Zum Miteinander synoptischer und organischer Wertschöpfungsvariationen

In einem mittelständischen Unternehmen ist ein neuer Mitarbeiter damit beauftragt worden, die Eignungsdiagnostik der Bewerber auf einen Ausbildungsplatz zu evaluieren und ggf. zu modifizieren. Nach einer ausführlichen Analyse der diagnostischen Instrumente kam der Mitarbeiter zum Entschluss, dass die vorhandenen Tests nicht die gängigen Gütekriterien erfüllen. Außerdem wurde deutlich, dass auch die Bewerbungsinterviews nicht die üblichen Standards erfüllen. Nach einem Gespräch mit dem Personalleiter wurde der gesamte eignungsdiagnostische Prozess überprüft. Es wurden neue Einstellungstests ausgewählt, ein strukturierter Interviewleitfaden erstellt und Kriterien für die Personalauswahl festgelegt.

Diese Änderungen sorgten bei den Ausbildern für massive Widerstandskräfte. Sie wollten sich nicht mit einem neuen Bewerbermanagementsystem vertraut machen. Das alte System sei „gut genug gewesen". Auch einen Leitfaden für die Bewerberinterviews

13.7 Explorationen

bräuchten sie nicht, da sie über genug Erfahrung verfügen. Obwohl das neue System übersichtlicher, einfacher und valider war, entwickelten die Ausbilder eine negative Haltung gegenüber dieser Veränderung. Sie reichten gemeinsam eine Beschwerde beim Personalleiter ein. Nichtsdestotrotz wurde die Veränderung durchgeführt.

Nach den ersten Bewerbungsgesprächen zeigten sich schnell positive Resultate. Die Ausbilder berichteten dem Mitarbeiter in der Mittagspause von positiven Ergebnissen. Sie hätten tolle Bewerber eingeladen, „die Tests sind super und einfach zu interpretieren". Auch den Interviewleitfaden fanden sie plötzlich toll. Dieser vereinfache das Gespräch, man habe nun mehr Ressourcen, um sich auf den Bewerber zu konzentrieren. Außerdem sorge der Leitfaden für eine bessere Vergleichbarkeit zwischen den Bewerbern.

Einige Monate später ging einer der Ausbilder während der Weihnachtsfeier auf den Mitarbeiter zu und berichtete von weiteren positiven Resultaten. Die Ausbilder seien sehr zufrieden mit der Auswahl der Azubis, dieses Mal habe man wirklich „fähige Leute ausgewählt". Auch die Kriterien zur Personalauswahl seien von Vorteil. Diese würden die Auswahl ökonomischer machen. Sie bräuchten nun deutlich weniger Zeit für die Bewerberinterviews und die Personalauswahl. Der Ausbilder bedankte sich beim Mitarbeiter und fragte spaßeshalber, ob es nicht noch weitere Dinge zu verändern gäbe.

1. Handelt es sich hier eher um eine synoptische oder um eine organische Wertschöpfungsvariation?
2. Wie kann mit diesem Beispiel die Kombination synoptischer und organischer Variationen beschrieben werden? Welche Bestandteile sind jeweils zu erkennen?
3. Diskutieren Sie mögliche Quellen der Widerstandskräfte der Ausbilder.

Falldiskussion 2: Scape Electronics
Der Elektronik-Riese „Scape Electronics" befindet sich in einer Krise. Der Umsatz sank dieses Jahr auf 3,645 (Vorjahr: 3,982) Milliarden Euro. Der bereinigte operative Verlust stieg von 25 auf 40 Millionen Euro. Der Haushalt wird zudem mit einem laufenden Sparprogramm in Höhe von 60 Millionen Euro belastet. Scape Electronics prognostiziert weitere Umsatzeinbußen für das kommende Jahr. Zu groß sei die Konkurrenz von Online-Anbietern, wie Amazon.

Um den Nettoverlust zu senken, wurden Unternehmensanteile an einen großen Handelskonzern veräußert. Jedoch schreibt Scape Electronics nach wie vor rote Zahlen. Der neue Konzernchef Marvin Herwig bemüht sich deshalb, die Kosten zu reduzieren. Etwa 400 Verwaltungsstellen sollen wegfallen. Ab dem kommenden Geschäftsjahr sollen dadurch weitere 95 Millionen Euro eingespart werden.

1. Entwerfen Sie je ein Beispiel, wie der Lernprozess bei Scape Electronics im Rahmen des Erfahrungslernens und im Rahmen des Erwartungslernens aussehen könnte. Bedenken Sie, dass organisatorisches Lernen eine nicht-hierarchisch geprägte Korrektur darstellt.

2. Was könnte Scape Electronics tun, um organisatorisches Lernen zu befördern?
3. Welche Möglichkeiten hat Scape Electronics, den Wissensbestand zu verändern? Entwerfen Sie ein Beispiel für jeden Zugang. (Hinweis: Generierung neuen Wissens, Inkorporation neuer Wissensbestände, Vermitteltes Lernen).

Literatur

Ackermann, R. (2001). *Pfadabhängigkeit, Institutionen und Regelreform*. Tübingen: Mohr Siebeck.

Anderson, P., & Tushman, M. L. (1990). Technological discontinuities and dominant designs: A cyclical model of technological change. *Administrative Science Quarterly, 35*(4), 604–633.

Apple Inc. (2005). *Apple, Motorola & Cingular Launch World's First Mobile Phone with iTunes. Motorola ROKR Available at Cingular Stores Nationwide* (07.09.2005). https://www.apple.com/newsroom/2005/09/07Apple-Motorola-Cingular-Launch-Worlds-First-Mobile-Phone-with-iTunes/. Zugegriffen am 04.05.2020.

Apple Inc. (2007). *Apple Reinvents the Phone with iPhone* (09.01.2007). https://www.apple.com/newsroom/2007/01/09Apple-Reinvents-the-Phone-with-iPhone/. Zugegriffen am 04.05.2020.

Argyris, C., & Schön, D. A. (1978). *Organizational learning*. Reading: Addison-Wesley.

Argyris, C., & Schön, D. A. (1996). *Organizational learning II. Theory, method and practice*. Reading: Addison-Wesley.

Arthur, W. B. (1989). Competing technologies, increasing returns, and lock-in by historical events. *The Economic Journal, 99*(394), 116–131.

Arthur, W. B. (1994). *Increasing returns and path dependence in the economy*. Ann Arbor: University of Michigan Press.

Bateson, G. (1958). *Naven, a survey of the problems suggested by a composite picture of the culture of a New Guinea tribe drawn from three points of view*. Stanford: Stanford University Press.

David, P. A. (1985). Clio and the economics of QWERTY. *The American Economic Review, 75*(2), 332–337.

Der Spiegel. (2020). *Commerzbank kann Onlinebank Comdirect übernehmen* (03.01.2020). https://www.spiegel.de/wirtschaft/unternehmen/comdirect-commerzbank-kann-online-bank-uebernehmen-a-1303538.html. Zugegriffen am 09.01.2020.

Dobelli, R. (2011). *Die Kunst des klaren Denkens. 52 Denkfehler, die Sie besser anderen überlassen* (1. Aufl.). München: Carl Hanser.

Drobinski, M. (13. März 2018). Der Karneval ist vorbei. Fünf Jahre Papst Franziskus. *Süddeutsche Zeitung*. https://www.sueddeutsche.de/panorama/papst-franziskus-fuenf-jahre-pontifikat-1.3901800. Zugegriffen am 18.05.2020.

Fröhlich, C. (o. J.). „Die Idee fürs erste iPhone kam beim Mittagessen". Geschichte des Kult-Smartphones. *Stern*. https://www.stern.de/digital/smartphones/apple%2D%2D-die-idee-fuers-erste-iphone-kam-beim-mittagessen%2D%2D7511544.html. Zugegriffen am 04.05.2020.

Grant, R. M. (1996). Toward a knowledge-based theory of the firm. *Strategic Management Journal, 17*(S2), 109–122.

Greiner, L. E. (1972). Evolution and revolution as organizations grow. *Harvard Business Review, 50*(4), 37–46.

Hayes, M. (13. September 2018). Who Invented the iPhone? It all depends on what you mean by „invented". *Scientific American*. https://blogs.scientificamerican.com/observations/who-invented-the-iphone/. Zugegriffen am 04.04.2020.

Janis, I. L. (1972). *Victims of groupthink. A psychological study of foreign-policy decisions and fiascoes*. Boston: Houghton Mifflin.
Kolf, F. (23. August 2019). Dieter Zetsche soll Aldi Süd neue Impulse geben. *Handelsblatt*. https://www.handelsblatt.com/unternehmen/handel-konsumgueter/ex-daimler-chef-dieter-zetsche-soll-aldi-sued-neue-impulse-geben/24933752.html?ticket=ST-2067223-22viBFLsczCo7o7Ycn03-ap6. Zugegriffen am 22.04.2020.
Kotter, J. P. (1995). *Leading change. Why transformation efforts fail*. Boston/London: Harvard Business; McGraw-Hill.
Kotter, J. P. (2011). *Leading Change. Wie Sie Ihr Unternehmen in acht Schritten erfolgreich verändern*. München: Franz Vahlen.
Langer, E. J. (1982). The illusion of control. In D. Kahneman, P. Slovic & A. Tversky (Hrsg.), *Judgement under uncertainty: Heuristics and biases* (S. 231–239). Cambridge: Camebridge University Press.
Levitt, B., & March, J. G. (1988). Organizational learning. *Annual Review of Sociology, 14*(1), 319–338.
Lewin, K. (1947). Frontiers in group dynamics. *Human Relations, 1*(1), 5–41.
Lewin, K. (1951). *Field theory in social science*. New York: Harper & Row.
Lewin, K. (1958). Group decision and social change. In E. E. Macoby, T. M. Newcomb & E. L. Hartley (Hrsg.), *Readings in social psychology* (S. 197–211). New York: Methuen.
Lies, J. (2011). Mine: Ja-Sager statt Fehler- und Konfliktkultur. In S. Mörbe, J. Lies, S. Schoop & U. Volejnik (Hrsg.), *Erfolgsfaktor Change Communications* (S. 145–153). Wiesbaden: Gabler.
Luhmann, N. (1984). *Soziale Systeme. Grundriß einer allgemeinen Theorie* (1. Aufl.). Frankfurt a. M.: Suhrkamp.
March, J. G., & Olsen, J. P. (1979). *Ambiguity and choice in organizations* (2. Aufl.). Bergen: Universitetsforlaget.
Meyer, J. (Hrsg.). (1996). *Benchmarking. Spitzenleistungen durch Lernen von den Besten*. Stuttgart: Schäffer-Poeschel.
Myers, D. G. (2005). *Psychologie*. Heidelberg: Springer.
Nonaka, I., & Takeuchi, H. (1997). *Die Organisation des Wissens. Wie japanische Unternehmen eine brachliegende Ressource nutzbar machen*. Frankfurt/New York: Campus-Verlag.
Northcraft, G. B., & Wolf, G. (1984). Dollars, sense, and sunk costs: A life cycle model of resource allocation decisions. *Academy of Management Review, 9*(2), 225–234.
Nystrom, P. C., & Starbuck, W. H. (1984). To avoid organizational crises, unlearn. *Organizational Dynamics, 12*(4), 53–65.
O'Brien, C. (10. September 2013). Timeline: The history of the iPhone. *The Irish Times*. https://www.irishtimes.com/business/technology/timeline-the-history-of-the-iphone-1.1522373. Zugegriffen am 04.05.2020.
Pierson, P. (2000). Increasing returns, path dependence, and the study of politics. *The American Political Science Review, 94*(2), 251–267.
Polanyi, M. (1966). *The tacit dimension*. Garden City: Doubleday.
Puranam, P., Singh, H., & Zollo, M. (2006). Organizing for innovation: Managing the coordination-autonomy dilemma in technology acquisitions. *Academy of Management Journal, 49*(2), 263–280.
Rajan, R., & Ganesan, R. (2017). A critical analysis of John P. Kotter's change management framework. *Asian Journal of Research in Business Economics and Management, 7*(7), 181–203.
Schreyögg, G., Sydow, J., & Koch, J. (2003). Organisatorische Pfade – Von der Pfadabhängigkeit zur Pfadkreation? *Managementforschung, 13*, 257–294.

Schumacher, T., & Wimmer, R. (2018). Gleichzeitig optimieren und neu erfinden? Zum produktiven Miteinander von Innovationslabs und etablierten Unternehmen. *Organisationsentwicklung, 1*(18), 10–17.

Schumpeter, J. A. (1928). Unternehmer. In L. Elster, A. Weber & F. Wieser (Hrsg.), *Handwörterbuch der Staatswissenschaften* (4. Aufl., S. 476–487). Jena: Fischer.

Schumpeter, J. A. (1934). *Theorie der wirtschaftlichen Entwicklung. Eine Untersuchung über Unternehmensgewinn, Kapital, Kredit, Zins und den Konjunkturzyklus* (4. Aufl.). Berlin: Ducker & Humblot.

Sydow, J., Schreyögg, G., & Koch, J. (2009). Organizational path dependence: Opening the black box. *Academy of Management Review, 34*(4), 689–709.

Visser, M. (2007). Deutero-learning in organizations: A review and a reformulation. *Academy of Management Review, 32*(2), 659–667.

Weick, K. E. (1977). Organization design: Organizations as self-designing systems. *Organization Dynamics, 6*(2), 31–46.

Wetzel, A. (2005). *Das Konzept der Pfadabhängigkeit und seine Anwendungsmöglichkeiten in der Transformationsforschung.* (Arbeitspapiere des Osteuropa-Instituts der freien Universität Berlin, 52). Berlin: FU Berlin; Osteuropa-Institut Abt. Politik.

Wolf, J. (2013). *Organisation, Management, Unternehmensführung.* Wiesbaden: Gabler.

Stichwortverzeichnis

A
Abhängigkeit
　kompetitive 516
　symbiotische 516
Ablauforganisation 258
Abstimmungsfunktion 190
Abstimmung, wechselseitige 307
Abteilung 262
　Haupt- 265
　Integrations- 312
　Linien- 263
　operative 262
　Zentral- 263, 311
Abteilungsleiterkonferenz 312
Acht-Phasen-Modell 584
Ähnlichkeitseffekt 227
Affektheuristik 464
Agenda
　-Implementierung 128
　-Setzung 128
Allianz unter Kollegen 428
Alternativenauswahl 462
Ambidextrie 36, 363
Anarchie 485
Ankereffekt 467
Anreizsystem, gesamthaftes 186
Anspruchsgruppe 23
Arbeitgeberattraktivität 156
Arbeitsgestaltung 170
Arbeitsgruppe 174
Arbeitsnachfrage-Kurve, rückwärtsgeneigte 179
Arbeitsplatzpräferenz 156
Arbeitsprobe 158
Arbeitsstruktur 170

Arbeitsteilung 9, 10
Arbeitszufriedenheit 69
　Messung 214
　mittelfristige 155
　Modell 215
Architektur 401
Artefakt 400
Assessment Center 158
Attribution 228
Attributionsfehler, fundamentaler 230
Aufbauorganisation 258
　Grundmodelle 267
Aufgabe
　Analysierbarkeit 269
　Anforderungsvielfalt 171
　Bedeutsamkeit 171
　Ganzheitlichkeit 171
　Komplexität 91
　Merkmale 171
„Auftauen" 581
Augmentations-Effekt 144
Ausdrucksform 399
Auslöschung 169
Ausschuss 312
Ausstrahlungseffekt 227
Authentizität 127
Autonomie 83, 171

B
Bedürfnis
　-hierachie 79
　-pyramide 79
Beeinflussungstaktik 428

Beharrungskraft 574
Beidhändigkeit 363
„Berliner Phasenmodell" 578
Bestätigungsfehler 465
Bestätigungstendenz 473
Bestrafung 169
Betriebsgemeinschaft 388
Beurteiler
   -schulung 228
   -steuerung 228
Beweggründe des Handelns 55
Big Data Analytics 491
Big Five 62, 212
Binnengefüge, Variationen des 331
Budgetierung 39
Bürokratie 291
   -kosten 266
   -prinzipien 293
Business Process Reengineering 366

C

Calculated Intangible Value (CIV) 236
Charisma 143
Cluster 522
Commitment 70, 216
Contingent Reward 142
Controlling, strategisches 40
crowding-out-Effekt 195
Crowdsourcing 490

D

Defizitprinzip 79
Delphi-Methode 491
Deontologie 442
„Deutero-Learning" 559
Dezentralisation 306
Dilemma
   ethisches 439
   Interessens- 440
Diskurs 444
Dissonanz, kognitive 92
Dokumentationsfunktion 190
Domäne
   Dynamik 512, 524
   Komplexität 512, 524
   Reichhaltigkeit 511
   Unsicherheitskriterien 511
„Double-Loop-Learning" 558

„Drei-Phasen-Modell" 581
Dualität von Struktur und Handeln 257
Durchführungskontrolle 40

E

Ebene
   horizontale 286
   vertikale 286
Economies
   of Scale 12
   of Scope 12
Effektabhängigkeit 397
Effizienzlohn 179
Eigenfertigung 13
Einfluss, idealisierter 143
„Einfrieren" 583
Einliniensystem 264
Eisberg-Modell 392
Emergenz 387
„3E-Modell" 555
Empowerment 371
Entscheidung 460
   Evidenzbasiert 489
   Grundmodell 461
   Grundmuster 483
   Gruppen- 477
   Heuristiken 463
   Modi 483
   Rationalitätsabweichungen 464
   Verbesserung 489
Entscheidungsgelegenheit 487
Entscheidungsprozess 461
   Formung 483
Equity-Theorie 92, 189
„Erfahrungslernen" 555
Erfolg
   Management- 20
   Unternehmens- 20
ERG-Theorie 81
„Ermöglichungslernen" 559
„Erwartungslernen" 557
Erwartung, sozioökonomische" 509
Erwartungstheorie, neue 191
Erwartungs/Valenz-Theorie 86
Ethik 439
   algorithmische 441
   deskriptive 446, 450
   Dilemma 439
   Diskurs- 443

Konsens- 443
Konsequenz- 443
normative 441, 449
Pflicht- 442
Problem 439
Experte, externer 495
Exploitation 36, 363
Exploration 36, 363
Extra-Rollenverhalten 389
Extraversion 62

F
Fähigkeit 91
Fayolsche Brücke 264, 314
Feedback 91, 171
Finten 29
Fluktuationsquote 233
Framing 468
Fremdbezug 13
Frustrations-/Regressions-Effekt 81
Führung
    interaktionelle 113, 118
    strukturelle 113
    transaktionale 141
    transformationale 142
Führungsaktivität, übergeordnete 129
Führungsbelastung 320
Führungsfunktion 191
Führungsgenese 121
Führungskraft
    affiliative 430
    eigennützige 430
    institutionelle 430
Führungsspanne 319
Führungsstil 130, 137
    direktiver 137
    Führen nach dem Ausnahmeprinzip 142
    Initiierung von Strukturen 130
    Konsideration 130
    kontingente Belohnung 142
    leistungsorientierter 138
    partizipativer 138
    transaktionaler 141
    transformationaler 142
    unterstützender 137
Führungstheorie 130
    Kontingenztheorie 134
    Leader-Member Exchange-Theorie 138
    Weg-/Ziel-Theorie 136

Fundierung, informatorische 114, 211
Funktion
    administrative 115
    führungspolitische 222
    personalpolitische 222
    primäre 114
Fusion 520

G
Gehaltsband 189
Gehaltsdifferenzierung
    horizontale 188
    vertikale 184
Gehaltsvariabilisierung 190
    Funktionen 190
Gerechtigkeit
    Anforderungs- 188
    distributiv 190
    Leistungs- 189
    prozedurale 190
    soziale 189
Gewissenhaftigkeit 62
Gift/Exchange-Effekt 181
Gleichgewicht, punktiertes 175
Goal-Setting Theorie 170
Grenze, beständige 9
Gruppen
    -arbeit 174
    -denken 479
    -entscheidung 477
    -formierung 174
    heterogene 493
    -kohäsion 177

H
Härte-Effekt 227
Haltung 66
    Messung 214
Handeln 18
    Beweggründe 55
    Metaprinzipien 441
Handlung
    Facetten 19
    Varietät 269
Handlungsbereitschaft 111
Handlungspotenzial 111
Handlungstheorie 54, 56
Handlungsvermögen 111

Heroen 401
Hierarchie 319
   -ebenen 265
   flache 265
   steile 265
   Verlässlichkeit 292
Holding 331, 333
   Finanz- 334
   Management- 334
   organisatorisches 334
Holokratie 360
Human
   -kapital 111, 236
   -ressourcen 17, 111, 116
Hygienefaktor 84

I
Illusion der Einmütigkeit 480
Imperativ, kategorischer 442
Incentivierungs-Effekt 180
Indifferenzzone 56
„Inertia" 575
Informationsabhängigkeit 396
Informationsüberflutung 466
Initiierung von Strukturen 130
„Innovation 549
   zeitlicher Zusammenhang" 552
„Innovationswettbewerb" 552, 553
Instanz 262
Institution 514, 515
Institutionalismus 527
Instrumentalität 86
Integration 291, 306
Integrität 73
Intelligenztest 158
Interdependenz von Handlungsfolgen 272
   gepoolte 273
   intensive 275
   sequenzielle 274
„Interpretationsmuster 557
   kollektives" 557
„Intervention, paradoxe" 582
Interview, strukturiertes 158
Intrinsic Motivation Inventory (IMI) 220
„Invention" 549
Isomorphismus 532
   institutioneller 532
   mimetischer 532
   normativer 533
   Zwangs- 532

J
Job Characteristics Model 143, 171, 219
Job Diagnostic Survey (JDS) 219
Joint Venture 519

K
Keiretsu 354
Kennziffer, präsenzbezogene 233
Kernkompetenz 33, 237
Key-Account-Management 330
Kognition 58
Kohäsion 177
Kommunikationsverdünnung 267
Kompetenz 83, 164
   durch Fertigkeiten und Wissen 164
   einer kulturellen Aufmerksamkeit 165
   interpersonelle 165
   intrapersonelle 164
   Kern- 33, 237
Komplexitätseffekt 325
Konflikt 281
   institutionalisierter 280
Konsideration 130
Kontingenz, organisatorische 432
Kontingenztheorie 134, 325
„Kontrollillusion" 564
Kontrollspanne 319
Kooperationskontinuum 425
Koordination 311
Koordinationsgremium 312
Korrumpierungs-Effekt 195
Kosten
   Durchschnitts- 337
   Grenz- 337
   versunkene 474
„Kraftfeldtheorie" 573
Kultur 388, 390
   Aufbau 393
   Ausdrucksformen 399
   Bestimmungsgrößen 407
   „Bet your company"- 411
   -ebenen 392
   Modell 392
   Prägnanz 407
   „Process"- 412
   Reichweite 407
   Stärke 407
   Sub- 408
   „Tough guy, macho"- 411
   Typologie, zweidimensionale 409

Veränderung 412
Verankerungstiefe 407
Vermittlung 395, 396
Wirkung 405
„Work hard, play hard"- 410
Kumulationsthese, implizite 194

L

Leader-Member Exchange-Theorie 138
Lean Management 365
Legitimation 527, 530
    Ausprägungen 528
    kognitive 528
    Modell 528
    soziopolitische 529
Legitimitätsglaube 292
Leistung 221
Leistungsbedürfnis 82
Leistungsbeurteilung 221
    Funktionen 222
    Grundfragen 221
Leistungsbeurteilungsverfahren 223
    eigenschaftsorientiertes 223
    ergebnisorientiertes 225
    tätigkeitsorientiertes 225
Leitungsintensität 322, 324, 327
Lenkung, pretiale 335
Lernen
    Beobachtungs- 169
    operantes 167
    Theorien 166
    vermitteltes" 573
„Lernen, organisatorisches 554
    Auslöser" 562
    Barrieren" 562
    Erfahrungs-" 555
    Ermöglichungs-" 559
    Erwartungs-" 557
    Ver-" 560

M

Macht 122, 424
    -asymmetrien 425
    Ausübung 15
    -bedürfnis 83
    Belohnungs- 124
    charismatische 124
    durch Drohung 124
    durch Legitimation 123
    Erlangung von 426
    Experten- 125
    -formen 122, 425
    institutionelle 432
    referenzielle 124
    -streben 430
Management 7
    by Exception 142
    -erfolg 20
    Moden 370
    Querschnitts- 7
    -rollen 126
Managerial Grid 130
Markt
    Arbeits- 178
    -logik 182
Markt, interner 335
    Arbeits- 338
Massenproduktion 274
Matrixstruktur 277, 280
Maxime 442
Mehrliniensystem 264
Mentoring 162
Midpoint Transition 176
Mission 35
Misstrauen 74
Misstrauensstruktur 349
„Model of Organizational Growth" 546
Moderator der Wertschöpfung 19
Modularisierung 356
Moral 446
    Foundations Theorie 447
    -fundierungen 447, 448
Motivation 76
    autonome 83
    extrinsische 77
    gesteuerte 83
    Inhaltstheorien 78, 79, 310
    inspirierende 143
    intrinsische 77, 170, 197
    Messung 219
    Prozesstheorien 79, 86, 310
Motivationspotenzial 171, 172, 219
    Berechnung 172
Motivator 84
Motive nach McClelland 82
Motivierungsfunktion 191
Mülleimer-Modell 485

N

Nachsicht 226
NEO-FFI 212
Networking 128
Netzwerk
    Reputations- 351, 354
    Reziprozitäts- 352
    soziales 351
    stabiles 352
    -struktur 352
    Unternehmens- 351
    virtuelles 352
    Wissens- 352
„Nonergodizität" 576
Norm 65, 395, 448
    moralische 448

O

Obstipation 322
Offenheit für neue Erfahrungen 62
Off-Shoring 13
Onboarding 162
Opportunismus 525
Optionswert 186
Organigramm 264
Organisation 8
    Ablauf- 258
    Aufbau- 258
    divisionale 277
    Dritt- 518
    duale 317, 364
    funktionale 277
    Kriterien 9
    Matrix- 277, 280
    mechanistische 348
    Netzwerk- 352
    organische 348
    Prozess- 315
    Sekundär- 317
    Substitutionsgesetz der 260
Organisationsstruktur 256
Organisationsstruktur, kollaterale 495
Orientierungsprogramm 161

P

Parkinsonsches Gesetz 323
Passerelle 264, 314
Perceived Organizational Support 75
Performanz
    qualitätsbezogene 198
    quantitätsbezogene 198
Persönlichkeit 61, 212
    Messung 212
Personal
    -auswahl 154, 156
    -controlling 232
    -einführung 154, 159
    -entwicklung 164
    -entwicklungsaufwand 233
    -management 111, 154
    -marketing 154
    -rekrutierung 154
    -strategie 243
Perspektive 29
„Pfadabhängigkeit 575
    Phasenmodell" 578
Plan 29
Politik 435
    Dimensionen 435
    Mikro- 438
Positionierung 29
Prämissenkontrolle 40
„Preis 336
    Markt-„ 337
    Verrechnungs-„ 337
Primärorientierung, Veränderung der 332
Prinzipal-Agenten-Paradigma 182
Prinzip der minimalen Befehlskette 266
Problem 42, 487
    dialektisches 44
    -eingrenzung 464
    -eingrenzung als Lösung 464
    ethisches 439
    Interpolations- 43
    Synthese- 43
    -typen 43
Produktmanagement 329
Profit Center 336
Programm 39
Progressionsprinzip 80
„Projektmanagement" 583
Prozedur 39
„Prozessberatung" 583
Punctuated Equilibrium-Theorie 175
Pyramide, inverse 266

R

Rationalisierungseffekt 325
Regel, organisatorische 258
  fallweise 259
  generelle 259
Rekognitionsheuristik 463
Rekrutierungsprozess 154
Repräsentativitätsheuristik 467
Reputation 517, 530
Re-Shoring 13
Ressourcen
  -abhängigkeit 513, 516
  Bewertung 18
  finanzielle 17
  Human- 17, 111, 116
  -knappheit 525
  organisatorische 18
  physische 17
  -Pool 17
  -spezifität 526
  technologische 18
Restriktion, situative 91
Return on Assets (ROA) 236
Re-Verzahnung 291
Re-Zentralisation 332
Reziprozitätsnorm 196
Risiko 409
  -aversion 192
  Entscheidungs- 510
  Informations- 510
  -neutralität 468
  -schub 480
Ritual 404
Rolle 261
  Entscheidungs- 126
  Informations- 126
  Interpersonalitäts- 126
  Liaison- 314
  Management- 126
„Rückkopplung, positive" 576

S

Saarbrücker-Formel 239
Satisficing 470
Schwartz Value Survey 213
Scrum 367
Selbstbestimmungs-Perzeption 196
Selbstbestimmungstheorie 83, 196

Selbstbindung
  affektive 71
  eskalierende 472
  kalkulatorische 71
  normative 71
  organisatorische 70, 216
Selbstregulation 170
Selbstwirksamkeit 170
Shareholder-Value-Ansatz 23
Skaleneffekt 11
Sockelarbeitslosigkeit 178
Sozialisation 159, 396
Sozialisationstaktik 159
  individualisierte 160
  institutionalisierte 159
„Speiseabscheustudie" 580
Spezialisierung 9, 10, 306
Spezifität, funktionale 464
Spill Over-Effekt 197
Sponsor 427
„Stabilität" 587
Stabilität, emotionale 62
Stabsstelle 263, 311
Stakeholder 23, 428
  -Ansatz 23
  relative Relevanz 25
  Typologie 26
Stammhauskonzern 334
Standardisierung 307
Standort
  -paradoxon 521
  -verbünde 521
  -wechsel 521
Statistik, Umgang mit 467
Stecknadelbeispiel 10
Stelle 262
Stimmung, Wirkung von 463
Stimulation, intellektuelle 143
Strategie 28, 30
  -arten 36
  -ebenen 37
  Emergenz 29
  Facetten 29
  -formierung 30
  Funktionsbereichs- 38
  Unternehmens- 28, 30
  Wettbewerbs- 38
Struktur 256

-balance, generische 305, 308
divisionale 277
funktionale 277
Holding- 331, 333
kollaterale 495
Matrix- 277, 280
mechanistische 348
Misstrauens- 349
Netzwerk- 352
organische 348
Primär- 364
Sekundär- 364
Steuerung durch 15
Viabilität von" 304
Strukturbalance, generische
    Anwendung 308
    Kombinationen 347
Substitutionsgesetz der Organisation 260
Substitutionspotenzial 22
SWOT-Analyse 32

T
Task Force 317
„Team Building" 583
Tendenz
    zur Mitte 227
    zur voreiligen Schlussfolgerung 473
Teufels-Advokat 493
Theorie, sozialkognitive 169
Total Quality Management 371
„Trägheit, strukturelle" 575
Training
    „off-the-job" 165
    „on-the-job" 165
Traits-School 120
Transaktionskosten 12, 350, 523
    Quellen 523
Turnierentlohnung 184

U
Übernahme 520
„Übernahmen" 547
Überwachung, strategische 40
Umwelt 506
    generelle 507
    -herausforderungen" 544
Universalisierungsgrundsatz 444
Unsicherheit 509, 511

Unsicherheitskriterium 511
Unsicherheitssituation 511
Unterlassungseffekt 473
Unternehmen 8
    grenzenloses 359
    modular 356
    Unternehmenstheater" 583
Unternehmenserfolg 20
Unterstützung, wahrgenommene
    organisatorische 75
Utilitarismus 443

V
Valenz 86
Validität, prognostische 157
„Verändern" 583
Verantwortungsdiffusion 481
Verdrängungseffekt 195
„Verdrängungswettbewerb" 552, 553
Verfügbarkeitsheuristik 468
Vergütung 178
    institutionelle Logik 182
    Marktlogik 182
Verkehrung 413
„Verlaufsabhängigkeit" 577
„Verlernen" 560
Verlustaversion 192, 470
Vernunft 441
Verstärker 168
Verstärkungseffekt 199
Verträglichkeit 62
„Vertrag, psychologischer 57
Vertrauen 72, 216, 516, 530
    generalisiertes 216
    spezifisches 217
Verwobenheit 350
„Viabilität von Organisationsstrukturen" 304
Vision 35
Vorsichtsschub 480
Vorstandsressortierung, funktionale 332
VRIO-Schema 18

W
„Wachstum" 322, 545
Wahrnehmungsverzerrung 226
„Wandelregel, goldene" 580
Weg-/Ziel-Theorie 136
Weltbild 393

Wert 36, 64, 213, 395, 448
    Messung 213
    moralische 448
    sprachliche Zuspitzung 397
    Vermittlung 396, 399
Wertschöpfung 16
    Kategorien 270
    mediierend 273
    Modell 17
    Moderatoren 19
    reziproke 275
    umfänglich-verknüpfende 274
Wertschöpfungshebel 10
    externe Ansätze 12
    interne Ansätze 10
Wertschöpfungs-Imperativ 276
„Wertschöpfungsvariation
    organische" 548
    synoptische" 547
    Widerstand" 573, 574
„Wertschöpfungsvariation" 543, 583
Wettbewerbskraft 34
„Widerstandskraft" 574
Wiedererkennungsheuristik 463
„Wissen 568
    explizites" 568
    Externalisierung" 569
    Generierung" 571
    implizites" 568
    Inkorporation neuer Bestände" 572
    Internalisierung" 569
    Kombination" 569
    Sozialisation" 569
„Wissensmanagement" 568
„Wissensspirale" 569
Work Extrinsic and Intrinsic Motivation Scale
    (WEIMS) 220

Z
Zeitspanne bis zur Erfolgsrückkoppelung 409
Zentralisation 306
Zentrifugalkraft 290
Ziel 38
    -commitment 90
    Dimensionen 39
    Funktionen 39
    -schwierigkeit 88
    -spezifität 88
    -struktur, geteilte 9
Zugehörigkeit 83
    Bedürfnis nach 82
Zuverlässigkeit 530
Zuwendung, individuelle 143
Zwang 507
Zweifaktoren-Theorie 84
Zwiebelmodell 400

Printed by Printforce, the Netherlands